도
교
사
전

도교사전

초판 1쇄 인쇄 2018년 11월 20일
초판 1쇄 발행 2018년 12월 01일

주　편 | 종자오펑(鍾肇鵬)
옮긴이 | 이봉호, 신진식, 최재호, 이대승, 박용철
펴낸이 | 배규한(대순사상학술원장), 김태화
펴낸곳 | 대순사상학술원, 파라북스
편　집 | 전지영
디자인 | 김현제

등록번호 | 제313-2004-000003호　등록일자 | 2004년 1월 7일
주소 | 서울특별시 마포구 와우산로29가길 83 (서교동)
전화 | 02) 322-5353　팩스 | 070) 4103-5353

ISBN 979-11-88509-16-4 (91240)

*이 도서의 국립중앙도서관 출판예정도서목록(CIP)은 서지정보유통지원시스템 홈페이지
(http://seoji.nl.go.kr)와 국가자료종합목록시스템(http://www.nl.go.kr/kolisnet)에서 이용하실 수
있습니다. (CIP제어번호 : CIP2018033739)

*이 책은 대진대학교 대순사상학술원의 번역사업의 지원을 받아 만들었습니다.

*값은 표지 뒷면에 있습니다.
* 파라아카데미는 파라북스의 학술 관련 전문 브랜드입니다.

도교사전

이봉호 · 신진식 · 최재호
이대승 · 박용철 옮김

파라아카데미

발간사

　대진대학교 대순사상학술원은 도교와 대순사상 연구의 학문적 지평을 확대하기 위한 번역사업의 일환으로 ≪도교사전≫을 펴내게 되었습니다. ≪도교사전≫은 중국어판 ≪도교소사전(道敎小辭典)≫(任繼愈 主編, 上海辭書出版社, 2010)의 역서로, 도교의 개념과 용어 총1,632개의 항목을, 도교 교파와 조직, 인물, 교의, 경전서목, 신선, 도술, 제계 · 의례, 궁관 등 아홉 가지 주제로 나누어 쉽게 찾아볼 수 있도록 구성되어 있습니다.

　이번 ≪도교사전≫ 발간의 의의는 무엇보다도 그동안 도교 개념을 제대로 설명해 주는 한글판 도교사전이 없어 겪어야 했던 국내외 연구자들과 도교와 대순사상에 관심을 가진 대중들의 어려움을 이제야 해소할 수 있게 되었다는 것입니다.

　그런 점에서 먼저 이 귀중한 역서를 펴낼 수 있도록 기획시점부터 격려와 물심양면의 지원을 아끼지 않으신 학교법인 대진대학교 윤은도 이사장께 깊은 감사의 말씀을 전합니다. 그리고 누구나 쉽게 이해할 수 있는 좋은 번역을 위하여 3년이 넘는 시간 동안 많은 고생을 하신 이봉호, 박용철, 신진식 교수와 최재호, 이대승 선생께도 고마움을 전합니다. 특히 이 책을 번역하신 분들은 모두 도교의 전문가로

명성이 높고 한문과 중국어에도 조예가 깊어, 원저의 참뜻이 잘 드러
나면서도 이해하기 쉽고 질 높은 역서가 나올 수 있었습니다.

　도교는 동아시아의 핵심사상입니다. 중국의 대문호인 루쉰이 중국
의 정신은 도교에 있다고 주장할 정도로, 도교는 중국뿐만 아니라 동
아시아의 중요한 종교이자 철학입니다. 저는 중국과 대만, 홍콩을 다
니거나 체류하면서 많은 도관을 참관하고 답사한 경험이 있습니다.
여기서 느낀 점은 도교가 불교 · 기독교 · 이슬람교처럼 누군가가 창
시하여 생긴 종교는 아니지만, 사람들의 삶속에서 여전히 살아 있는
종교이자 중국인의 문화와 심성 깊은 곳에서 생명력 있는 숨을 쉬고
있다는 것입니다. 물론 한국의 문화와 사상에서도 도교적 요소는 중
요한 축으로서 역할을 해왔습니다. 그래서 한국인의 삶과 문화, 사상
과 철학, 세시풍속에도 도교적 요소와 관념이 여전히 살아 숨쉬고 있
습니다.
　사람들은 흔히 동양사상의 원천은 유 · 불 · 도, 삼교(도)에 있다고
말합니다. 바로 이 세 원천에서 비롯된 사상과 철학이 서로 교섭하고
융합되면서 동양문화의 사조를 형성해 왔습니다. 하지만 한국의 도
교에 대한 관심은 유학을 중시하는 조선시대와 한국문화가 일본문화
에 병합되는 일제강점기를 거치면서 점차 억제되고 줄어들었습니다.
이 외에도 여러 이유로 최근에는 사상과 문화, 풍속과 민간신앙 그리
고 한국 신종교 등의 연구자들에게만 그 관심이 남아 있을 정도입니
다. 그래서 중국과 대만, 일본과는 달리 유독 한국에서는 도교 일반
에 대한 소개나, 대중적으로 흥미롭게 읽을 수 있는 도교 관련 서적
을 찾아보기 어렵게 되었습니다. 뿐만 아니라 도교 이해의 출발점인

도교사전과 도교에 대한 종합적 이해를 구할 수 있는 총론서도 불비했습니다.

금번 ≪도교사전≫의 출간은 바로 동양사상의 한 축인 도교에 대한 이해와 소통을 가로 막는 여러 장애들을 한꺼번에 해결하는 의미 있는 열정과 노력의 결과입니다. 또한 이 책은 대순사상에 내포되어 있는 도교적 요소와 신선사상에 대한 이해와 연구의 외연을 확대하는 새로운 전기를 마련할 것으로 생각됩니다. 대순사상은 유 · 불 · 도 사상의 본원적 요소를 포용하면서도 이들을 넘어서는 독특한 진리와 사상체계를 형성해 왔습니다. 그래서 대순사상과 도교사상 중에는 같지만 다른, 다르지만 비슷한 용어와 내용들이 있습니다. 따라서 비교종교학의 관점에서 대순사상과 도교사상을 연구하는 데에도 ≪도교사전≫이 많은 도움이 되리라 판단됩니다.

비교종교학은 종교 간의 공통성과 차이성을 추출하고, 이를 통해 한 종교를 분명히 규정하는 학문입니다. 그렇기 때문에 향후 대순사상과 도교의 비교종교학적 연구의 확대는 대순사상의 정수를 더욱 분명히 나타내거나, 대순사상에 용해되어 있는 동양사상의 진수를 찾아 나가는 데에도 큰 도움이 될 것입니다. 아울러 종교문화가 한 종교의 정체성을 이루어 실천된 신앙의 결과물이라고 볼 때, 대순진리회의 종교문화와 도교의 종교문화를 비교 연구하는 것은 관련학문의 발전뿐만 아니라 종교간 이해와 통섭을 확장하는 새로운 길이 될 것입니다.

오늘날의 한국에서 도교는 다소 생소하고 잊힌 분야이지만, ≪도교사전≫을 통해 동양사상의 한 축을 이어가는 도교사상에 대한 학계와 대중의 관심과 이해가 확대되고, 아울러 유·불·선 사상의 정수를 녹여내면서도 새로운 차원의 인류화평의 길을 열어가는 대순사상에 대한 이해와 연구가 더욱 더 활발해지기를 기대합니다.

≪도교사전≫의 발간을 위해 노력해 주신 모든 분들과 지원을 아끼지 않은 대순진리회 여주본부도장에 감사드립니다. 그리고 본서가 출간되기까지 인내심을 가지고 기다려주신 독자 여러분과 출판사에 감사드립니다. 감사합니다.

2018년 10월

대순사상학술원 원장 배규한

추천사

김낙필

전 원광대학교 교수, 전 한국도교문화학회 회장

≪도교사전≫이 출간된 것을 매우 기쁘게 생각합니다. 도교 연구에 일생을 바친 학자로서 후배 학자들이 이렇게 각고의 노력을 기울여 성과를 낸 것에 경의를 표합니다.

번역이라는 작업은 노력을 들인 것에 비해, 학계의 평가가 박합니다. 하지만 어떤 분야에서든지 번역작업 없이는 제대로 된 연구를 진행할 수 없습니다. ≪도교사전≫을 번역한 이봉호 교수를 비롯한 연구자들은 지속적으로 도교의 경전을 번역해 왔습니다. 이 분들은 도교수련이론을 체계화한 ≪종려전도집≫을 번역한 것을 비롯해 많은 경전을 번역했습니다. 이분들에 따르면, 이러한 도교경전 번역 작업을 하다가 도교사전의 필요성을 느꼈다고 합니다. 한국 학계에는 제대로 된 ≪도교사전≫이 지금껏 없었습니다. 일생을 도교 연구에 바친 선배 학자로서 ≪도교사전≫의 필요성은 인식했습니다. 하지만 그 작업의 지난함과 막대한 비용에 엄두를 내지 못했습니다. 그 힘든 작업을 후배 연구자들이 해낸 것에 고마움을 느낍니다.

도교는 한국의 정신문화에서 기층문화를 형성해 왔습니다. 한국의 풍습과 의례, 사상에서 도교의 사상은 면면히 이어져 오고 있습니다. 하지만 한국의 역사적 흐름에서 도교는 밀려나 희미해졌습니

8

다. 그래서 학계에서 주목을 받지 못해왔습니다. 한국 학계에서는 도교에 주목하지 않지만, 전 세계 학계에서는 도교에 대해 지속적인 연구를 진행해 오고 있습니다. 서구와 일본에 의해 19세기부터 도교는 연구되기 시작해, 1968년에 이탈리아에서 최초의 국제도교학술대회가 열렸습니다. 이를 필두로 국제도교학연구회의(The International Conference on Taoist Studies)는 정기적으로 개최되어 현재는 40여 회를 넘기고 있습니다.

이러한 전 세계의 도교 연구는 사전 편찬으로 이어졌습니다. 대표적인 도교사전을 거론하면, 일본에서 펴낸 『道敎事典』, 중국사회과학원이 펴낸 『中華道敎大辭典』이 있고, 서구에서 펴낸 도교사전은 『Daoism Handbook』 등이 있습니다. 어떤 학문에 전문적인 사전을 편찬한다는 것은 쉬운 일이 아닙니다. 수십 년간 연구한 연구자들에 의해 그 분야의 주제들이 분류되어야 하고, 항목들이 확정되어야 합니다. 이를 위해서는 수많은 연구자들의 연구가 일정 기간 축적되어야 합니다. 그래서 사전을 번역하는 일도 쉬운 일이 아닙니다. 그 분야에 대한 전문성을 갖추어야 합니다. 금번에 번역 작업에 참여한 연구자들은 모두 도교의 전문가입니다. 이들은 번역과 토론, 원전 검토를 거쳐 번역을 했다니 더 신뢰가 갑니다.

'사전'은 한 학문 분야의 정수를 모은 것입니다. 그러기에 '사전'을 통해 그 학문 분야의 연구 주제와 방향 등을 알 수 있습니다. 이 ≪도교사전≫에도 그 연구 주제와 방향이 잘 드러나 있습니다.

아무쪼록 금번에 출간되는 ≪도교사전≫이 도교에 관심이 미진한 한국 학계에서 도교의 관심을 불러일으키고, 도교 연구자들에게 길잡이가 되길 기원합니다. 다시 한 번 노고에 감사드립니다.

추천사

최일범
성균관대 교수, 전 한국도교문화학회 회장

  이 사전은 중국 상해사서출판사(上海辭書出版社)에서 발간된 ≪종
교대사전≫에서 도교항목만 따로 정리해 출판한 ≪도교소사전≫의 우
리말 번역이다. 도교의 용어 총 1,620조목을 골라서 수록하였는 바,
도교총론, 교파·조직, 인물, 교의, 경적서문, 신선, 도술, 명칭·재
계·의례·절일, 선경·명산·궁관 등 9개의 대분류로 구성하였다.
이는 도교 연구에 있어서 반드시 참고해야 할 중요한 조목들이다.
  사전의 출간은 학술 발전에 가장 근본적이며 중요한 작업이다. 지
금까지 우리나라에 참고할 만한 도교사전이 없었던 것은 도교사상의
연구 발전에 있어서 크게 아쉬운 점이었다. 이제 이 사전이 출간됨으
로써 도교 학자는 물론 도교에 관심이 있는 지식인들에게 적지 않은
도움이 될 것이며, 향후 도교사상을 연구, 발전시키는 데 기여할 것
으로 믿는다.

  도교는 춘추전국시대에 태동 발전한 도가사상과 진한시대에 등장
한 황로도를 배경으로 음양가, 역학, 방술, 의학, 민간신앙 등이 혼합
되어 후한 말 장도릉의 천사도로 출발하였다. 교단종교가 부재했던
중국에 불교가 전입하면서 그 영향으로 중국의 잡다한 사상, 문화,

종교가 도교라는 명칭 하에 결합한 것이다.

춘추전국시대의 제자백가 중에서 중국의 양대 사상으로 수립된 것은 유교와 도교이다. 유교가 지식인들의 인문학이요 정치와 긴밀한 관계를 유지하면서 상부 계층에서 발전했다면, 도교는 민간이 중심인 하부 계층의 문화 종교의 총합이다. 다시 말하면, 유교가 중국사상 문화의 현교라면 도교는 밀교에 해당하는 것이다. 불교의 전입으로 동아시아의 사상 문화는 유 · 불 · 도, 삼교의 정립(鼎立)으로 발전하였다. 정립이란 발이 셋 달린 솥에 비유해 하나라도 없으면 지탱할 수 없는 형국을 표현한다. 즉 유 · 불 · 도, 삼교는 상호 영향을 주고받으며 발전하여 결국 동아시아를 대표하는 사상으로 우뚝 선 것이다.

21세기 오늘날 도교의 사상과 문화가 갖는 의미는 심대하다. 도교는 기본적으로 몸의 문화를 대표한다. 불교가 마음 또는 정신 문화, 유교가 윤리 혹은 도덕 문화라면, 도교는 몸을 기반으로 하는 문화요, 사상이다. 예컨대, 우리나라 전통의학을 대표하는 『동의보감』의 의학 이론을 이해하려면 도교의 내단사상을 반드시 학습해야 한다. 내단사상은 도교의 민간 종교적 측면과는 달리, 음양, 주역의 세계관을 몸에 적용하여 발견한, 일종의 생리학이며 수련도교이다. 특히 송대 이후 발전한 내단학은 일종의 신도교로서 불교의 선종, 유교의 성리학과 병립하여 동아시아 사상과 문화 발전에 크게 기여하였다. 오늘날 인류의 문명은 생명공학에 기초하여 발전하고 있는데, 동아시아 전통 사상의 관점에서 보면 도교는 바로 생명공학에 해당한다. 실제로 서양사회에서 도교의 기공(氣功) 문화는 널리 알려져 있으며, 도교의 정기신(精氣神)은 향후 현대의 생명공학이나 유전공학 등에 기여할 요인이 적지 않을 것으로 기대된다. 또한 도교의 기공 및 성명쌍수 이론은 오늘날 몸과 마음의 건강을 위한 명상수련과 결합하여 보다 과학적으로 발전할 수 있을 것이다.

아쉬운 것은 우리나라에는 도교사상을 연구하는 학자들이 상대적으로 소수에 불과하며 중국이나 일본에 비해 학술적 인프라도 열악하다는 점이다. 이런 현실에서 이번에 ≪도교사전≫을 번역 출간하게 된 것은 참으로 높이 평가할 만한 일이 아닐 수 없다.

≪도교사전≫을 번역한 연구자들의 말에 따르면, 이 사전을 번역하겠다고 기획한 것이 2014년 말이라고 한다. 2015년 초에 중국 출판사에 연락해 판권의 문제를 논의하여 긍정적인 답변과 함께 중국 출판사로부터 사전의 MS워드 파일을 전달받아 작업을 시작하였다고 한다. 또한 번역자들은 3년이 넘는 기간 동안 매주 만나서 번역을 하면서 그 내용을 토론하고, 사전에서 인용한 도교 경전의 원문을 찾아 앞뒤로 그 맥락을 파악한 다음, 해당 항목들을 번역하는 방식으로 작업을 진행했다고 한다. 사전은 해당 항목의 내용을 압축적으로 서술할 수밖에 없기에, 사전에 기록된 내용만을 그대로 번역할 경우 오해를 유발할 수 있다. 이러한 문제점을 해결하기 위해서 취한 방법이겠지만, 그 작업의 지난함을 익히 알고 있는 입장에서 그 노고를 치하하는 바이다.

번역자들은 모두 도교 연구에 매진하면서 여러 논문과 책들을 펴내고 있는 도교의 전문 학자들로서, 나는 번역자 제위와 도교문화학회에서 함께 공부하고 활동한 인연으로 추천사를 쓰게 되었다. 어려운 환경에서 도교의 발전을 위해 노력하는 번역자 제위의 노고를 거듭 치하하며, 이 사전을 토대로 한국 도교의 항목들이 보완되고 증보되기를 기대한다. 아울러 일본 도교 전문 연구자들이 펴낸 책을 ≪도교백과≫라는 이름으로 동시에 출간한다고 하니, ≪도교사전≫과 ≪도교백과≫가 한국 도교 연구에 밑거름이 되리라 확신한다. 더욱 매진하여 한국 도교사전도 출간하기를 기대하면서 추천의 말씀을 마친다.

출판설명

　　『종교대사전』의 출판은 독자들의 많은 환영을 받았다. 동시에『종교대사전』을 각 종교 별로 나누어 한 세트의 소사전으로 다시 만들어 각기 다른 독자들의 수요를 충족시켜 주기를 희망하는 건의가 있었다. 이에 따라 우리는 '종교소사전' 시리즈를 출판하기를 결정했다. 아울러『종교대사전』주편이었던 임계유 선생에게 계속해서 시리즈의 총주편을 맡아주기를 청했고,『종교대사전』의 각 종교 분과 주편에게도 각 소사전의 주편을 맡아주기를 청했다. 이 시리즈는『불교소사전』,『기독교소사전』,『이슬람교소사전』, 원서 등을 포함하는데, 여기 실린 조목은『종교대사전』에서 뽑았다. 더불어 최근의 진전된 연구 상황에 따라 필요한 내용을 보충하였다. 이 시리즈는 출판된 후 널리 호평을 받았고, 여러 차례 거듭 인쇄되었다. 이번 수정판에서는 초판 이후의 종교학술연구의 새로운 성과를 포함시키고 또 새로운 항목들을 추가했다. 각 소사전의 표제어는 몇 가지 기준으로 분류하였고, 본문 뒤에 표제어의 색인을 덧붙여서 검색하고 열람할 수 있게 했다.

－ 상해사서출판사(上海辭書出版社)

범례

1. 본 사전은 도교 용어 총 1,620조목을 골라서 수록하였다. 도교총론, 교파·조직, 인물, 교의, 경적서문, 신선, 도술, 명칭·재계·의례·절일, 선경·명산·궁관 등 9개의 대분류로 구성된다.
2. 본문은 표제어 분류에 따라 배열한다. 하나의 용어에 많은 의미를 지닌 표제어는 ①, ②, ③, ④ 등으로 항목을 나누어 서술한다.
3. 연대 표시 방식은, 1911년 신해혁명 이전은 일반적으로 쓰이던 과거 연대 표시 방식(연호)을 사용하고, 서기를 괄호 안에 넣어 덧붙인다. 1911년 이후는 서기를 사용한다. 서기를 사용할 때, "서기" 두 글자는 생략한다. 괄호 속의 서기는 "년(年)"자를 생략한다.
4. 『도장』 경서의 책수는 상해함분루(上海涵芬樓) 영인본을 따른다.
5. 책 말미에 '도교장천사세계표', '도교 기념일표', '표제어 색인'을 두어 참고 및 검색 자료로 제공한다.

차 례

표제어 차례

인물

교의

경적서문

신선

명칭 · 재계 · 의례 · 절일

선경 · 명산 · 궁관

도교사전

서론

런지위(任繼愈)

　종교는 인류사회의 발전이 일정한 수준에 도달하면 필연적으로 나타나는 일종의 사회현상이다. 종교는 역사의 산물로, 인류가 200만년 전에 이미 출현하였다고는 하나 고고학이 발견한 유물들에서는 당시에 종교 신앙이 있었다는 흔적은 발견되지 않았다. 종교 발생의 지표로 영혼불사 관념의 출현을 들 수 있다.

　중국에는 고인류 화석과 구석기 문화가 매우 풍부하게 보존되어 있다. 구석기 시대의 원모원인(元謀猿人), 남전원인(藍田猿人), 북경원인(北京猿人) 등의 유적에는 원시인의 고분 및 종교 신앙과 관련된 흔적은 발견되지 않았다. 지금으로부터 1만 8,000년 전 구석기시대 후기의 원시인인 산정동인(山頂洞人)은 모계사회로 진입하고 있었다. 산정동인의 생활지역 또한 북경원인이 활동하던 지역과 같다. 이들의 무덤 유적에서 사자(死者)들을 매장하는 일정한 규칙이 발견되었다. 수장품 중에는 죽은 자들이 생전에 사용하던 일상 생활용구와 생산도구가 있었고, 더불어 정밀하게 구멍이 뚫린 돌구슬, 짐승의 이빨, 물고기 뼈 등의 장식품이 있었다. 당시의 생산 조건하에서 이러한 물품들을 제조하려면 많은 인력을 필요로 했을 것이니, 이들은 상당히 사치스런 장식품이라 할 수 있을 것이다. 산정동인의 뇌는 북경원인에 비하여 훨씬 발달하여 이미 현대인의 두개골 크기에 이르렀다. 게다가 더욱 주의를 끄는 것은 사자의 주변에 붉은색 철광 분말이 뿌려져 있었다는 점이다. 이것은 산정동인에게 이미 영혼불사의 관념이 있었다는 것을 설명한다. 이러한 현상은 세계의 다른 지역에서도 나타난다. 그들의 영혼불사 관념이 후대인들처럼 분명하고 체계적이지는 않지만, 그들이 사람들이 죽은 후에 일종의 다른 형식으로 지속될 것이라고 생각했다는 점은 단정할 수 있다. 그렇지 않다면 고분에 보이는 일정한 규칙과 수장품들은 아무런 의미가 없게 된다.

고고학자들의 분석에 따르면 붉은색은 피와 생명을 대표하고 불과 따뜻함을 상징한다. 붉은색 철가루를 뿌린 것은 아마도 죽은 자를 따듯하게 해줌을 표시하며, 이는 죽은 자가 생전과 같이 생활하기를 희망하는 것이라고 할 수 있다. 베이징(北京) 저우커우뎬(周口店)의 지질은 석회암으로 철광석이 함유되어 있지 않다. 철광석이 있는 가장 가까운 곳은 허베이(河北) 쉬안화(宣化)로, 저우커우뎬으로부터 200km 떨어져 있다. 이는 당시 사람들이 어떤 의도를 가지고 운반해 와서 함께 매장했음을 알 수 있다. 상고시대 사람들은 불을 사용하여 야간에 짐승들을 쫓아내고 스스로를 보호하였다. 이로부터 우리가 추측할 수 있는 것은 붉은색 가루는 또한 죽은 자를 보호하고 침해당하는 것을 막아준다는 점이다. 이후로 붉은색은 사람들에게 존숭되는 색이 되었다. 허난(河南) 왕완(王灣)의 선하(先夏)문화 고분 유해의 해골에는 붉은색이 많이 칠해져 있다. 중국 고대에는 재물로 삼은 가축의 피를 기물에 발랐는데, 이를 "흔(釁)"이라고 부른다. 이는 붉은 피의 신비함에 대한 상고시대의 숭배와 관련이 있다. 새롭게 제조한 종·북·방패·깃발과, 신에 대한 제사, 전쟁 등의 중대한 활동과 관계 있는 기물은 사용하기 전에 반드시 가축을 죽여 피를 그 틈에 발랐다. 중국 서남 지역의 소수민족 중에는 아직도 희생 가축의 피를 몸에 발라 귀신을 막는 종족이 있다. 중국 고대에 궁전과 사원의 벽에 붉은색을 칠했는데 이 또한 이러한 의미가 변천되어온 것이다.

영혼불사의 관념은 종교의 중요한 지표로, 원시인들이 삶과 죽음의 문제를 사고하기 시작했음을 표명한다. 그들은 현실생활로부터 사후의 생활을 추측하였는데, 그것은 사람들의 수면, 꿈, 사망, 병 등 생리현상 대한 몰이해와 죽은 가족에 대한 그리움이 일으킨 것이다. 고대인들은 여전히 신체의 구조와 사유 활동의 원인에 대해 몰랐기 때문에 사람의 몸 안에 독특한 어떤 것이 있어, 이것이 죽은 후에 몸을 떠나 독자적으로 존재할 수 있다고 생각했다. 이것이 이른바 영혼이다. 여기에서 신체와 영혼의 관계 문제에 직면하게 되었다. 이후의 체계적인 종교 신학은 바로 이러한 생각을 따라 발전하여 형성된 것이다. 중세기에 영혼불사와 상제의 존재, 자유의지는 신학에서 유행하는 3대 주제가 되었다.

인류사회 생산의 발전과 지능의 향상, 과학의 진보에 따라 모계씨족 사회는 원시적인 농업 활동을 하게 되었고 화살과 도자기 제조 기술을 발명하였다. 화살의 발명은 인류가 인장력과 탄력을 이해했다는 사실을 말해준다. 도자기 제조 기술의 발명은 이미 불을 이용하여 진흙을 변화시켜 기물을 만들 수 있는 화학 원리를 이해했다는 점을 보여준다. 그렇게 사람들은 원재료의 성질과는 다른 새로운 생산물을 만들어 내었다. 인간은 한편으로는 자연을 개조하는 데 성공을 거두었지만, 동시에 홍수와 자연재해 앞에서는 무기력하였다. 인간은 자연에 의존하기도 하고 개조하기도 하고, 때때로 두려움을 드러내기도 하고 숭배하기도 하였다. 자연을 이해하지 못하면서도 지배욕에 의해 환상 속에서 자연을 정복하는 신화를 만들었다. 최초의 자연관은 원시종교에 포함되어 있다.

원시인들 마음속의 해와 달, 비바람, 번개는 모두 신령이며, 산하대지 또한 신령이 주재한다. 사람에게 영혼이 있고, 산천초목 또한 영혼이 있다. 만물에 영혼이 있다는 것은 원시인들이 자연을 인식하는 공통의 사유방식이다. 만물에 영혼이 있게 되어 인간과 만물이 공통적으로 서로 통하게 되었기에, 사람은 제사활동을 통해 신의 환심을 구하게 되었다. 고대 각지의 원시부락은 모두 제사를 제일 큰일로 간주하였다. 고대 중국에서는 주로 농업을 통해 옷과 음식을 얻었기에 토지와 곡물의 신은 더욱이 숭배되었다. "사(社)"는 토지의 신이고, "직(稷)"은 오곡의 신이다.

씨족사회에서 국가를 성립하는 데에 이르면서 지상왕국의 권력과 관할 지역은 확대되었다. 지상에는 통일 국왕이 있게 되었고, 천상에도 이에 따라 모든 것을 통치하는 "제(帝)" 또는 "천제(天帝)"가 있게 되었다. 지상의 국왕은 상벌을 주는 막대한 권력을 가졌고, 천신(天神) 또한 선을 장려하고 악을 벌하는 권력을 지녔다. 고대 중국은 시작부터 정교합일의 통치형식이 이루어졌다.

생산수단이 진보하고 과학이 발달함에 따라, 자연계에 대한 인류의 이해 수준은 더욱더 높아졌다. 그러나 사람들의 사회와 인류에 대한 이해는 자연에 대한 이해에 비하면 상대적으로 정체되었다. 주변에서 매일 접하게 되는 현상은 도리어 이해하기가 쉽지 않다. 예를 들어, 이론적으로 하늘은 선한 것에 상을 주고 악한 것에 벌 준다고 하는데, 현실에서는 착한 사람들이 죄를 받고 악인들이 복을 누리는 현상을 도처에서 볼 수 있다. 종교는 사람이 모두 관심을 갖는 이러한 절실한 문제에 반드시 해답을 주어야 한다. 인문종교 가운데 각 지역, 각 민족의 모든 종류의 종교는 모두 자기의 해석, 즉 종교이론을 제시하였다. 각 종교마다 자신의 체계 속에서 두 세계의 이론을 구축했으니, 하나는 현실세계이고, 다른 하나는 초현실의 피안세계이다. 현실세계에서는 불행과 고난을 맞닥뜨려도 종교의 인도 하에 피안세계인 천당에서 보상을 받을 수 있다. 악을 행한 자는 비록 현세에서 징벌을 받지 않는다고 하더라도 사후에 더욱 무거운 처벌을 받게 된다. 모든 종교는 각각의 내세관이 있다. 어떤 종교는 사후에 해탈하게 된다고 하고, 어떤 종교는 현실 세계 가운데 극락정토인 피안이 있으니 반드시 사후를 기다릴 필요는 없다고 말하면서 정신적인 해탈만 있다고 주장한다. 내세와 피안에 관한 서로 다른 의견은 종교 교의 내에서 많은 학설과 유파를 형성하게 하였다. 때로는 지역과 집단의 경제 이익, 종족의 이익, 정치적 이익 문제가 제기되면서 동일한 종교 신도들끼리도 유혈전쟁을 일으키며 서로 종교 수호 전쟁이라고 칭하였다. 이로써 종교는 결코 사회밖에 고립된 것이 아님을 알 수 있다. 종교는 바로 현실 사회의 정치, 경제 현상의 거울이라 할 수 있다. 종교가 단지 천국만을 말하고 현실 생활을 언급하지 않는 것은 결코 아니다. 종교는 현실 생활의 우여곡절을 반영한다. 우리는 종교로 역사를 설명하는 것이 아니고, 역사로 종교를 설명하는 것이다.

  원시사회의 종교는 아직 후대에 같이 완비된 종교형식과 내용을 갖추지 못했다. 단지 약간의 모호한 귀신 관념이 있어서, 사람이 죽은 후에 신체는 활동이 정지하더라도 몸의 다른 일부분인 영혼은 여전히 평상시와 같은 활동을 한다고 생각하였다. 고고학계에서 발견한 대량의 순장품은, 당시 사람들이 죽은 후에 생전과 같은 생활을 할 수 있다고 믿었기 때문에 죽은 자가 생전에 사용했던 생활용품과 생산도구를 그의 옆에 두었다는 것을 설명한다.

종교라는 이 사회현상도 발생에서 성숙에 이르는 발전과정을 거친다. 이 세계의 모든 사물은 출현한 후에는 소멸하게 되는데, 예외 없는 사물의 법칙이다. 우리는 이미 종교의 탄생과 발전을 보았다. 하지만 종교가 소멸에 이르는 것은 요원한 장래의 일이며, 심지어는 국가조직이 소멸된 이후의 일일 것이다. 현재 우리가 관심을 기울여야 할 것은 눈앞에서 벌어지는 종교 현상과 사회 작용에 대한 인식이다.

전 세계 60억 인구 가운데 종교 신앙이 없는 사람은 소수이며, 신앙을 가진 사람이 다수이다. 종교를 믿는 사람들 가운데 일부는 원시종교를 믿고, 다른 일부는 인문종교를 믿는다. 원시종교는 문화와 과학이 발달하지 않은 지역에서 유행한다. 그들 대다수는 생산이 낙후되고 교통이 막혀 있다. 어떤 지역 사람들은 언어만 있고 문자가 없으니 과학과 철학에 대해서는 말할 것도 없다. 원시종교 신앙은 그들의 풍속 습관과 완전히 일치한다. 그들의 종교 행사는 전 민족적인 성격을 지닌다. 그들의 종교 행사는 곧 민족 명절행사이자 생산(수렵과 재배) 활동이며 풍작을 경축하는 행사이다. 이는 전 민족이 참가하는 문화 오락 행사이고 제사 활동이다. 제사를 집행하는 지도자는 종교의식의 주재자이기도 하다. 전 세계적으로 경제 교류가 날로 빈번해짐에 따라 원시사회는 점차 해체되고 원시종교는 고대사회의 화석이 되어 점차 소멸되었다. 원시종교의 종류는 복잡하고 다양하지만, 활동범위는 그 민족에만 국한되어 있어 먼 곳으로 전파될 수 없다. 원시종교는 자연 발생적인 형태로 존재하기에 자연종교라고 칭하기도 한다.

사회의 발전과 과학문명의 진보에 따라 종교의 형태 또한 자연종교에서 인문종교로 발전하였다. 종교가 저급하고 자연적 상태를 벗어나 문화적 내용이 증가하여 인문종교가 출현하게 되었으니, 이것은 종교발전의 고급 단계이다.

인문종교가 원시종교와 다른 점은 다음과 같은 세 가지이다. ① 체계적인 종교 교의가 있어 그 종교의 기본적인 주장을 제시하고 있고, 교도들이 독송을 할 수 있는 자신의 경전이 있으며, 이론체계도 갖추어져 있다. ② 고정적이고 체계적인 종교 행사의 규범과 의식이 있어서 그 의식을 보고 다른 여타 종교와의 명확한 차이를 판정할 수 있다. ③ 일정한 종교 조직이 있어 상층에는 핵심적인 역할을 하는 지도자들이 있고 아래에는 층차와 등급이 나뉘는 조직이 있다. 위와 아래를 통괄하는 기구에 일정한 규정이 있으며 이것이 교단을 이룬다. 인문종교에는 반드시 교리와 의례와 교단이 있다. 지금도 세계적으로 많은 영향을 끼치는 몇몇의 대종교는 모두 인문종교에 속하는데, 기독교, 이슬람교, 불교가 그것이다. 이 삼대종교의 영향은 이미 원래의 창시된 발원지를 넘고 국경을 넘어 세계적 종교가 되었다. 삼대종교는 각각의 내부에 많은 종파가 있다. 기독교의 경우 그 안에는 로마 천주교도 있고 로마 천주교와 대립하는 동방정교도 있다. 천주교 안에는 또 종교혁명에 의한 신교가 있고 신교 가운데에서 또 나뉘어 다른 교파들이 이루어져 있다. 이 밖에도 중국의 도교, 인도의 힌두교, 일본의 신도, 유대민족에게만 유행하는 유대교 등 원래 그 민족과 그 지역에서만 유행하는 몇몇 종교가 있다.

불교·기독교·이슬람교, 이 세계 삼대 종교는 오늘날까지 세계의 많은 사람들에게 영향을 끼치고 있다.

불교는 대략 BC 6세기에서 5세기경에 창립되었다. 고대 인도 지역에서 발원하였고 창시자는 석가모니이다. 불교는 브라만교에 대한 반대 운동 중에 생겨난 새로운 종교이다. 일찍이 BC 3세기에 아소카왕에 의해 국교로 정해졌다. 그러나 고대 인도에는 여러 나라가 즐비하여 서로 통속되지 않아 통일 시기에도 그 통일이 결코 공고하지 못했다. 이후 인도의 이웃나라에 전래되어 국경을 넘어 점차 세계적 종교가 되었다. 6~7세기에는 점차 동북방으로 전파되어 중앙아시아, 중국 및 티베트지역까지 영향을 미쳤다. 불교는 처음에 신봉자가 많지 않았으나 후에 세력이 확대되어 몇몇 부파(剖派)로 나뉘었는데, 후기 불교는 스스로를 대승이라 칭하였고, 초기 불교를 소승이라 칭했다. 13세기 인도에서 힌두교가 흥성하고 이슬람교가 전래되어 들어오면서, 불교는 인도 본토에서 한번 넘어지자 다시는 일어나지 못하고 소멸되기에 이르렀다. 19세기 말 인도에서 중건되기는 하였으나 황금기의 모습과는 한참 차이가 난다. 불교가 인도 본토를 떠나면서 몇몇 지파들은 도리어 흥성하기 시작하였다. 동남아에는 주로 소승불교가 전파되었고, 중국에서는 대승불교와 티베트불교, 양대 지파가 형성되었다. 대승불교는 먼저 중국에서 크게 발전하여 일본과 한국, 베트남에 전해졌으며, 티베트불교는 중국 서남, 서북 및 몽고에서 러시아 동부까지 전파되었고, 19세기에는 유럽과 미국에까지 전래되었다.

기독교는 1세기에 생겨났다. 팔레스타인 및 소아시아 지역에 전파되기 시작하여 고대 로마제국의 전역에서 발전하였으며, 4세기 말에 로마제국의 국교가 되면서 기독교는 유럽 전체에 영향을 끼치게 되었다. 근대 이래로 유럽 식민주의의 확장에 따라 기독교는 아프리카, 아메리카, 아시아, 오스트레일리아 등지로 전래되었으며, 세계에서 신자가 가장 많고 영향력이 큰 종교가 되었다.

이슬람교는 7세기에 창립되었고, 창시자는 아라비아 반도의 마호메트이다. 8세기에 유럽과 아시아, 아프리카, 세 대륙으로 진출한 세계 종교로 발전하였다. 이슬람교는 아랍 세계를 중심으로 이란, 파키스탄, 인도차이나, 중국 서부와 내륙으로 확산되었다. 근대 이래로 석유자원 쟁탈이 날로 격렬해짐에 따라 유럽과 미국, 일본 등에도 이슬람 신도가 나타났다.

제1차 세계대전 후에 구질서는 무너졌고, 전쟁은 사람들에게 생명과 재산상의 막대한 손실을 가져다주었으며, 경제는 쇠퇴하고 생활은 곤란하게 되었다. 사람들은 전통종교의 교리와 교의에 대해 회의를 품게 되었고, 서구와 동방에서 지역마다 다른 특색을 보여주는 많은 신흥종교가 생겨났다. 전반적으로 구종교에 대해 새로운 해석을 가하는 경향이 나타났다. 제2차 세계대전 후에 세계적으로 더욱 큰 동요가 일어났다. 사람들은 사회질서 및 전통적 인생관과 가치관, 종교관에 불만을 품고 새로운 요구를 하게 되었고, 신흥종교는 크게 발전하게 되었다. 1960~1970년대에는 아프리카와 라틴아메리카에도 신흥종교 교파가 생겨났다. 이들 신흥종교는 대부분 정통적 교회와 교파에게 받아들여지지 않았다. 이들 교파의 교단은 아프리카에 8,000개 이상, 라틴아메리카에 3,000개 이상, 북미와 유럽에 각각 2,000개 이상이 생겼다. 남아시아와 동아시아, 오스트레일리아 및 구소련 지역에도 수천 이상의 교단이 생겨났다. 동북아시아에서는 일본이 가장 많았다. 신흥종교의 교주는 청년 신도들에게 호소력을 지녔는데, 일반적으로 정치적 야심이 있거나 또는 개인의 사적 이익 혹은 집단 이익을 추구하는 조직자 또는 지도적 인물이 교주가 되었다. 또 별도로 저의를 지닌 교주는 종교의 탈을 쓰고 사회적으로 악행을 저지르기도 했다. 그것들은 종교가 아니고 인류에게 해를 끼치는 사교이다. 예를 들어, 일본의 옴진리교는 독가스를 제조하여 평범한 수많은 시민들을 중독시켜 죽음에 이르게 했으며, 북미의 인민사원(Peoples Temple)은 무기제조 도구를 팔기 위하여 교도들을 집단 자살하게 만들었다.

신흥종교 종파는 복잡하고 다양하며, 수천 종에 달하고 생겨났다 사라진다. 그 가운데 대다수는 종교적 성질을 갖추고 있지만, 소수는 종교의 탈을 쓴 사교이며 실질적으로는 조폭조직과 같은 성격을 띤다. 교주는 교도들의 재산을 긁어모을 뿐만 아니라 교도들이 입교한 후에는 개인의 자유도 빼앗고, 또 이 종교에서 탈퇴할 자유도 빼앗는다. 사교를 믿는 사람들은 많지 않지만 그 위해함은 너무나도 크다. 이것이 반세기 동안에 나타난 상황이고 마땅히 우리가 주의를 기울여야 하는 문제이다.

중국은 다민족 다종교 국가이다. 지역이 광대하고 경제와 문화발전이 지역마다 불균형하여 이에 따라 원시종교(자연종교)와 인문종교(인위종교)가 동시에 존재한다. 불교, 기독교, 이슬람교와 같은 외래종교도 있고 본토에서 탄생한 도교와 유교도 있다.

유교는 중국 고유의 종교로, 상고시대의 "경천법조(敬天法祖; 하늘을 우러르고 조상을 받듦)"의 종교 신앙에서 기원한다. 유교는 통일된 중국의 농업사회의 산물로 중국 사상문화에 심원한 영향을 끼쳤으며 고대 화하(華夏) 문명의 전통 정신을 대표한다. 불교는 인도에서 중국으로 전래된 후 유교, 도교와 사상적인 융합을 거쳐 중국화되었고, 중국 특색의 불교 종파를 형성하였다. 일본, 한국 등 여러 나라들이 모두 일찍이 중국 불교의 직접적인 영향을 받았다. 도교 또한 유구한 역사와 수많은 신도를 거느린 중국 본토의 종교이다. 2세기에 종교 교단이 점차 형성되었고, 5세기에서 10세기에 이르는 기간에 유교, 불교와 병립하여 "삼교(三教)"라고 칭해졌다.

5세기에서 10세기까지는 중국의 3대 종교 가운데 불교의 세력이 가장 컸고, 도교가 두 번째, 유교가 마지막을 차지했다. 10세기에서 20세기 초 신해혁명까지 1,000여 년의 기간 동안 삼교의 지위는 변화하였다. 유교는 정교합일(政敎合一)의 특권을 충분히 이용하여 절대적인 우세를 점하였고, 불교와 도교는 종속적 지위에 처하였다. 유·불·도, 삼교의 세력은 사회 정치 형세의 변화에 따라 서로 흥망을 거듭하였다. 그러나 삼교는 모두 중국 전통문화에 심원한 영향을 끼친 종교로서 중국 전통문화의 삼대 지주이다.

유교는 중국 고대에 매우 긴밀한 정교합일의 형식을 창조하였다. 정치권력이 곧 종교권력으로, 황제가 반포하는 정령(政令)의 첫머리는 "천명을 받들어 새로운 기운을 따라 황제가 명하노라[奉天承運, 皇帝詔曰]"로 시작한다. 황제는 하늘의 아들이라는 신분을 갖는다. 중국에서 진한(秦漢) 이후의 정치와 종교가 나뉘지 않은 정교합일의 형식은 지역이 광활하고 다민족인 국가에서 효과적인 통치를 실행하기 위해 찾아낸 가장 좋은 정치 체제였다. 중국에서 유교의 정교합일 체제는 통일을 오랫동안 유지하게 하는 중요한 작용을 했다. 정치권력과 종교권력이 장기간 하나로 융합되었던 까닭에 신해혁명(1911)

으로 전제 정권이 전복되고 황권이 와해됨에 따라 유교의 교단조직도 해체 되었다. 유교는 정치권력과의 긴밀함을 유지함으로써 그 세를 얻었기 때문에 정권의 몰락에 따라 소멸할 수밖에 없었다. 불교와 도교는 정치권력과 하나로 융합되지 않았었기에 전제 정권이 전복된 후에도 여전히 존재할 수 있었다. 불교와 도교 같은 종교는 정치권력과 달랐기 때문에 그 정치적 힘에 의해 소멸될 수 있는 것이 아니다.

　7세기에 경교(景敎)가 중국에 전래되었는데, 이것이 기독교의 중국 유입의 시작이다. 이후 원(元), 명(明), 청(淸)을 거쳐 여러 차례 중국에서의 전도가 이어졌으나 모두 발붙일 수 없었고, 1840년 아편전쟁 이후 외국의 무력에 의한 간섭이 있은 후에야 비로소 뿌리를 내리게 되었다. 이슬람교는 당(唐)·송(宋) 교체기에 해상과 육로, 두 통로를 통해 중국에 전래되었다. 나중에는 서부에서 동부로 확장되어, 신강(新疆) 및 서부 지역에 원래 있었던 불교 세력을 제외한, 위구르족 등 10개 이상의 소수민족 속에서 점차 뿌리를 내리고 중국 서부 지구 특색의 이슬람교를 형성하여 중국식 이슬람문화를 구현해냈다. 마니교는 수(隋)·당(唐) 시기에 중국에 전래되어 신장 일대에서 유행하였다. 그 뒤에 점차 이슬람교에 의해 배척당하여 오늘날에는 존재하지 않고, 다만 당시의 일부분의 석굴 벽화가 유적으로 보존되어 남아 있다. 중국에 들어온 유태인들은 송대에 하남(河南)의 개봉(開封) 등지에서 유태교 사회를 조직했다. 그 후에 유태인들은 중국의 유교문화를 학습하고 중국 전통문화에 융합되었다. 그들은 중국 유생이 치루는 과거 시험에도 참가하며 유교에 유입되어, 원래의 신앙을 버리게 되면서 유태교가 중국에서 완전히 사라지게 되었다. 역사적 사실은 개인이든 민족이든 불문하고 그 종교 신앙을 바꿀 수 없는 것이 아니라는 것을 보여준다.

1996년의 통계에 따르면 중국의 신앙 인구는 대략 일억이 넘는다. 그 가운데 티베트불교 신도는 약 800만, 운남(雲南) 상좌부불교 신도는 약 150만, 이슬람교도는 약 1,700만, 천주교 신자는 약 400만, 기독교 신자는 약 1,000만에 이른다. 대승불교와 도교는 한족들의 거주 지역에서 주로 유행하며 광범위한 영향을 끼쳤지만 확실한 통계 자료는 없다. 저우언라이(周恩來)는 중국의 각종 종교의 신도는 수천만 명에 이르고 절이나 도관, 교당에 가지 않는 재가 신도까지 합하면 대략 일억 이상에 이를 것이라고 말한 적이 있다. 이 밖에도 몇몇의 민간신앙은 종교의 완전한 형태를 갖추지 못해서 종교로 인정되지 않아 그 신앙 인구는 통계로 잡지 않는다.

중화인민공화국의 헌법은 국민들의 종교 신앙의 자유를 보장한다. 어떠한 국가기관이나 사회단체나 개인도 국민에게 종교를 믿거나 믿지 말도록 강압할 수 없으며, 종교를 믿는 국민과 믿지 않는 국민을 차별할 수 없다. 국가는 정상적인 종교 활동을 보장한다. 그러나 어느 누구도 종교를 이용하여 사회질서를 파괴하고 국민의 건강을 해치는 행위를 할 수 없으며 국가 교육 제도 운영을 방해해서는 안 된다. 종교 단체와 종교 사업은 외국 세력의 지배를 받지 않는다.

사회주의 제도하에서의 종교 정책은 종교 신앙의 자유를 보장하고, 헌법에서 존중하는 국민의 민주적 권리를 충분히 구현한다. 역사유물주의의 입장에서 종교를 볼 때, 사회주의에서도 여전히 종교가 존재하는 사회토대가 있음을 인정해야 한다. 종교 신앙의 자유는 모든 국민들의 권리이며, 애국주의는 모든 국민들의 의무이다. 중화인민공화국의 국민은 종교 신앙을 막론하고 반드시 애국이 필수이며, 애국주의는 모든 국민들이 반드시 준수해야 하는 총원칙이다. 바로 애국주의의 총원칙하에서 종교 신자와 마르크스주의 무신론자는 비로소 단결할 수 있고 함께 사회주의를 건설할 수 있다. 애국주의와 종교 신앙의 자유는 없어서는 안 되는 양대 원칙이다.

『종교대사전』이 출판된 이래로 사회로부터 광범위한 관심을 받았다. 종교문화에 관심을 가지거나 종교를 연구하는 독자에게 유용한 대형 공구서를 제공하게 되어, 우리들은 편집자로서 매우 기쁘고 위안이 된다. 독자들의 요구는 다양한 방면에 걸쳐있다. 전문적으로 종교 업무에 종사하는 일부 사람들과 종교를 신앙하는 독자들은 수중에 자기가 연구하는 내용을 전문적으로 검색할 수 있으면서도 사용하기에 더욱 편리한 공구서를 요구했다. 여러 독자들의 요구에 맞추기 위하여 편집위원회는 상해사서출판사(上海辭書出版社)의 위탁을 받아 종교 부문별로 나누어 전문종교소사전을 출판하게 되었다.

문화가 고도로 발전함에 따라, 종교 지식이 지금과 같이 중시된 적이 없었다. 편집자로서 오늘날의 문화 건설과 국제문화 교류의 증진을 위해 또 인민들의 종교문화 지식수준의 제고를 위해 힘을 다할 수 있어서, 우리는 더할 나위 없이 기쁘다.

2001년 8월 베이징에서

도교 총론

도교

• • •

도교는 중국에서 발생한 전통종교이다. 이는 고대의 신선사상, 도가학설, 귀신제사 및 점복 참위 부록 주술 등의 무술(巫術)을 종합하여 이루어 낸 산물이다. 그래서 옛 사람들은 "도가의 방술은 복잡하고 다양하다[道家之術, 雜而多端]"『문헌통고(文獻通考)』「경적고(經籍考)」고 말하였다.

도교는 동한(東漢) 시기에 형성되었다. 처음에는 민간교단이었는데, 주요한 것으로는 다음과 같은 것들이 있다. ① 오두미도(五斗米道). 한나라 순제(順帝, 재위 126~144) 때 패국(沛國) 풍읍(豐邑)지금의 강소성(江蘇省) 풍현(豐縣) 사람인 장릉(張陵)이 학명산(鶴鳴山)지금 사천성(四川省) 대읍현(大邑縣) 부근에서 수도하면서, 당시 현지의 저족(氐族) 강족(羌族) 등 소수민족의 신앙을 흡수하고 부록서(符籙書)를 만들며 부수(符水)와 한약재로 사람들의 병을 치료하고, 노자(老子)를 교주로 받들어 "태상노군(太上老君)"이라 존칭하였다. 교인들은 『노자』를 읽었고, 모든 입도자들은 다섯 말의 쌀을 바쳤기에 오두미도(五斗米道)라 일컬었다. 장릉이 바로 후세 사람들이 말하는 장천사(張

天師)이다. 그 손자 장로(張魯)는 동한 말에 한중(漢中) 지역에서 정교합일의 정권을 건립하고 호칭을 "사군(師君)"이라 하고, 그 아래에 24치(治)교구를 세워 30여 년을 통치하면서 한족과 소수민족의 지지를 받았다. 그 후 자손들에게 대대로 전해졌는데, 이것이 "천사도(天師道)"가 되어 오늘날에 이르기까지 이어져온다. ② 태평도(太平道). 한나라 영제(靈帝, 재위 167~189) 때 거록(巨鹿) 사람 장각(張角)이 『태평경(太平經)』『태평청령서(太平靑領書)』라고도 한다을 경전으로 받들었다. "선한 도로써 교화하며[以善道敎化]" 부수로 병을 치료하여 신도들의 수가 수십 만에 이르렀다. 청주(靑州)·서주(徐州)·유주(幽州)·익주(冀州)·형주(荊州)·양주(揚州)·연주(兗州)·예주(豫州), 여덟개 주에 두루 퍼져 기세등등한 황건(黃巾)의 봉기가 일어났다. ③ 동한 말의 위백양(魏伯陽)이 찬술한 『주역참동계(周易參同契)』는 단경의 비조로서 민간에 유통되어 후세 도교의 단도이론과 수련에 막대한 영향을 끼쳤다. 위진남북조 시기에 도교에서는 중대한 발전이 있었다. 동진(東晉) 시기의 갈홍(葛洪)은 육경(六經)으로는 나라를 다스려 백성을 안정시키고, 도술을 사용해서는 양생을 추구하고 선도를 닦는, 외유내도(外儒內道)를 주장하였다. 그는 『포박자(抱朴子)』 내외편(內外篇)을 저술하였는데, 내편에서 금단(金丹)을 단련하여 신선을 이루는 방술을 강론하였고, 외편에서 유가의 수신치국(修身治國)의 도리를 강론하였다. 동진 말에는 갈홍의 종손인 갈소보(葛巢甫)가 『영보경』를 지었는데 이를 믿는 풍속이 크게 행해졌다[造構靈寶, 風敎大行]."『진고서록(眞誥敍錄)』. 또 『동현영보경(洞玄靈寶經)』을 경전의 으뜸으로 받들고, 원시천존(元始天尊)을 교주로 여기며, 태상노군을 존신(尊神)으로 삼았으니, 이것이 "영보파(靈寶派)"이다.

서진(西晉) 시기에 위부인(魏夫人)이 『상청황정경(上淸黃庭經)』을 전하였고, 동진(東晉) 시기에 양희(楊羲)가 부계(扶乩)로 위부인과 여러 진인들이 내려준 『상청경(上淸經)』을 얻었다. 이는 예서(隸書)로 필사되어 허밀(許謐)과 허휘(許翽)에게 전수되었다. 남조(南朝) 양(梁)나라 도사 도홍경(陶弘景)은 스스로 양희와 허씨 형제의 필적을 얻었다고 말하면서 『진고(眞誥)』를 편찬했다. 이 교파는 『상청대동진경(上淸大洞眞經)』과 『황정경(黃庭經)』을 주된 경전으로 받들고, 원시천왕(元始天王)과 태상도군(太上道君)을 존신으로 삼았으니, 이것이 "상청파(上淸派)"이다.

북위(北魏)의 구겸지(寇謙之)는 본래 천사도의 교도였다. 그런데 훗날 숭산(嵩山)에 들어가 수도할 때, 태상노군이 천사의 지위를 내려주고 아울러 『운중음송신과지계(雲中音誦新科之戒)』20권을 전수해 주면서, 그에게 "도교를 깨끗이 정비하고, 삼장(三張)장릉, 장형, 장로의 거짓된 법을 제거하라[淸整道敎, 除去三張僞法]"고 요구했다고 스스로 말하였다. 그는 북위의 태무제(太武帝) 척발도(拓跋燾)와 재상 최호(崔浩)의 지지를 얻었기에 "국사(國師)"로 존중받으며 북위에서 도교가 성행하게 되었으니, 이를 "북천사도(北天師道)"라고 일컫는다. 남조(南朝) 시기 송(宋)나라 육수정(陸修靜)은 "삼장을 근본으로 삼아 서술하고, 이갈(二葛)갈현, 갈홍을 널리 부연[祖述三張, 弘衍二葛]"하여, 천사도와 금단도를 결합해 내었다. 그는 도교와 불교가 "길은 다르지만 결국 하나에 이른다[殊途一致]"고 여기고, 더불어 불교의 의례를 흡수하여 재계와 계율 관련 규범 100여 권을 편집 저술함으로써, 비교적 온전한 도교 과의(科儀)를 제정하였다. 또 도교 경전을 모아서 이를 정리하여 『삼동경강목록(三洞瓊綱目錄)』으로 편집하였는데, 이는 후세 『도장(道藏)』의 분류 편찬에 기초가 되었다. 이렇듯 이론과 경전 그리고 조직 면에서 도교를 더욱 완전하게 하였으니, 이것이 "남천사도(南天師道)"이다. 남북천사도가 형성된 이후 도교는 역대 봉건왕조의 지지를 얻었다. 육수정의 재전 제자 도홍경(陶弘景)은 도교를 중심으로 유교와 불교를 융합하고, 아울러 신선 계보인 『진령위업도(眞靈位業圖)』를 제정하였다. 그의 삼교합류(三敎合流)의 주장은 후대 도교사상에 지대한 영향을 미쳤다.

당(唐)·송(宋), 두 왕조는 도교를 모두 존숭하였다. 당나라 이씨(李氏) 왕조는 자신들을 노군의 후예로 여겼다. 당 고종(高宗)은 노자를 "태상현원황제(太上玄元皇帝)"로 추존하였다. 당 현종(玄宗)은 직접 『도덕경』 주소(注疏)를 짓고 사대부와 서민들의 집에 『노자(老子)』를 간직하게 하였다. 개원(開元) 29년(741)에는 조서를 내려 장안과 낙양 및 각 주(州)에 현원황제묘(玄元皇帝廟)를 건립하고, 장안(長安)에는 숭현관(崇玄館)를 설치하였다. 또 각 주에는 『노자』, 『장자』, 『열자』, 『문자』 등을 학습하는 학생들을 두고, 그 중 몇몇을 선발하여 "도거(道擧)"라 불리는 과거시험을 보게 하였다. 천보(天寶) 원년(元年)(742)에는 장자, 열자, 문자, 항창자(亢倉子)를 진인(眞人)으로 봉하는 조서를 내리고, 그들의 책을 "진경(眞經)"으로 받들었다. 당대부터 오대(五代) 사이에는 사회적 영향력과 학식을 상당히 갖춘 도사들이 끊임없이 나타났다. 이들은 손사막(孫思邈), 성현영(成玄英), 사마승정(司馬承禎), 오균(吳筠), 두광정(杜光庭), 여암(呂嵒) 여동빈(呂洞賓), 담초(譚銷), 진단(陳摶) 등으로 모두 도교사에서 중대한 공헌과 영향력을 미쳤다. 송나라 진종(眞宗)은 도교를 숭배하여 노자에게 태상혼원황제(太上混元皇帝)라는 봉호를 덧붙였다. 또 왕흠약

(王欽若)과 장군방(張君房)에게 도서(道書)의 편집·교정을 명하여 『대송천궁보장(大宋天宮寶藏)』을 만들었다. 장군방은 그 가운데 정수를 뽑아 편집하여 『운급칠첨(雲笈七籤)』을 만들었다. 송나라 휘종(徽宗)은 스스로 "교주도군황제(敎主道君皇帝)"라고 일컫고, 조서를 내려 천하의 도서(道書)를 모아 『정화만수도장(政和萬壽道藏)』을 간행하게 하였고, 아울러 태학에 『도덕경』·『장자』·『열자』 박사(博士)를 두었다.

수(隋)·당(唐) 이후로 국가 정치의 통일로 인해 남북천사도는 빠르게 합쳐졌다. 북송 이후 도교의 주요 유파는 다음과 같다. ① 정일도(正一道). 당·송 이래로 남북천사도가 영보파 상청파 등의 유파와 융합하여 정일도를 형성하였다. 정일도는 장천사(張天師) 집안을 세가(世家)로 삼고 용호산(龍虎山)을 본산(本山)으로 삼았다. 원(元)나라 성종(成宗)이 38대 천사인 장여재(張與材)를 정일도의 교주로 봉하고, 용호산 합조산(閤皂山) 모산(茅山) 등 삼산(三山)의 부록(符籙)을 주관하여 거느리게 하였다. 정일도는 부록재초(符籙齋醮)와 기복양재(祈福禳災)를 위주로 하였다. 정일도는 도교 가운데 역사가 가장 유구하고 광범위하게 유포된 일파이다. ② 전진도(全眞道). 금나라 때 왕중양(王重陽)이 창시하였다. 전진도는 유교와 불교를 융합하여 삼교합일을 주창하였다. 교도들에게 『도덕경』, 『효경』, 『반야심경』을 읽게 하였다. 부록과 단정(丹鼎)을 추구하지 않고 또 신선에 대해서 내세워 말하지 않았으며, 마음을 깨끗이 하고 욕심을 줄이고, 기(氣)를 단련하여 신(神)을 온전히 하며, 마음을 알아 본성을 깨우치는 것을 위주로 하였다. 전진도 교도들은 모두 출가하여 계율을 지키고 사원에 거주하면서 청정하게 수행하였다. 왕중양에게는 마옥(馬

鈺), 담처단(譚處端), 유처현(劉處玄), 구처기(丘處機), 왕처일(王處一), 학대통(郝大通), 손불이(孫不二) 등 7명의 수제자들이 있었는데, 이들은 각각 종파를 창립하였다. 그 가운데 구처기의 용문파(龍門派)가 가장 흥성하였으며, 그 지파가 지금까지 이어지고 있다. ③ 진대도(眞大道). 금(金)나라 초기에 유덕인(劉德仁)이 창시하였다. 진대도 역시 삼교를 회통하고 부록을 추구하지 않으며, 장생하고 신선을 이루는 것에 내세워 말하지 않았다. 이 파는 원(元)나라 말기에 분화되어 전진도와 정일도로 흡수되었다. ④ 태일도(太一道). 금나라 초기에 소포진(蕭抱珍)이 창시하였다. 태일도는 "인륜을 중시하고 세상의 교화를 도왔다[篤人倫, 翊世教]." 부록재초를 중시하였는데, 원대 이후 점차 정일도와 전진도로 합류되었다. ⑤ 정명도(淨明道). 남송 이후에 흥기한 도파로 강서(江西) 홍주(洪州)에서 나왔다. 동진(東晉) 시기 도사 허손(許遜)을 교주로 받들고 삼교의 융합을 주장하였다. 유가 윤리도덕을 표준으로 삼고 충효를 근본으로 강조하였기 때문에 "정명충효도(淨明忠孝道)"라고도 불렸다. 정명도의 지파는 청(淸)대까지 전해졌다. 명(明)대 이래로 도교 속에서는 오직 전진도와 정일도 양대 도파만이 존재하여 현재까지 전해 내려오고 있다. 전진도 교도들은 혼인하지 않고 채식하며 항상 도관에 머무르면서 청정수행을 하는 출가도사이다. 정일도 교도들은 도관에 머무르지 않고 가정을 가질 수 있는 재가도사이다. 당(唐)대 이후 도교는 한국, 일본, 베트남 및 동남아 등지로 전해 들어갔다. 근래에는 프랑스, 영국, 미국, 호주 등의 나라에서 모두 도교를 연구하고 있다.

도교는 노자를 존숭하여 교주로 받들지만, 가장 높이 신앙하는 것은 "도(道)"이다. 이 때문에 도를 믿고[信道], 도를 배우며[學道], 도

를 닦고[修道], 도를 얻는 것[得道]을 목적으로 삼는다. 『노자』의 도
는 자연청허(自然淸虛), 무위자화(無爲自化), 무욕자정(無欲自正)을
주장한다. 그래서 도교 또한 청정무위(淸靜無爲), 염담과욕(恬淡寡
欲)을 추구하는데, 이는 『노자』의 도와 기본적으로 일치하는 것이다.
하지만 도교는 노자를 신격화하여 그를 바로 "도"의 화신이라고 여긴
다. 원시묘일(元始妙一)의 기로부터 원시천존(元始天尊), 영보천존
(靈寶天尊), 도덕천존(道德天尊)이 화생되어 나오는데, 이것이 이른
바 "일기가 세 청천(淸天)으로 화생한다[一氣化三淸]"는 것이다. 삼
청천 아래에 32천이 있는데, 이는 종교적인 피안의 세계이다.

　장생하며 신선을 이루는 것은 도교의 중심사상으로, 신선을 이루기
위해서는 반드시 수련을 해야 한다. 도교의 수련방술은 복식(服食),
도인(導引), 행기(行氣), 벽곡(辟穀), 존신(存神), 송경(誦經) 등 매우
다양하지만, 가장 중요한 것은 바로 연단(煉丹)이다. 도교의 단법(丹
法)은 외단(外丹)과 내단(內丹)으로 나뉜다. 외단은 단사(丹砂) 웅황
(雄黃) 등의 광물질을 화로와 솥[爐鼎] 속에서 소련(燒煉)하여 "금단
(金丹)"을 이루는 것으로, 소량의 금단을 복식하면 신선을 이룰 수 있
다고 한다. 그러나 이러한 광물질은 종종 독성을 지니고 있어, 금단
을 복식하면 수명을 연장하지 못하고 신선을 이룰 수 없을 뿐 아니라
도리어 중독되어 죽음에 이르기도 한다. 외단술의 실패는 내단의 발
전에 기회를 제공했다. 내단은 인체를 화로와 솥으로 삼고 정(精)·
기(氣)·신(神)을 대약으로 삼아, 신으로 정기를 운용하고 단련하여
단(丹)을 이룬다. 이는 중국 고대의 의학과 기공 지식을 흡수하여 발
전시키고 아울러 여기에 도교의 수련을 결합시킨 것이다. 내단은 성
과 명을 함께 닦아[性命雙修] 정을 단련하여 기로 변화시키고[煉精

化氣], 기를 단련하여 신으로 변화시키며[煉氣化神], 신을 단련하여 허로 돌이켜[煉神還虛] 도로 복귀해야 한다고 주장한다. 북송시기 장백단(張伯端)은 삼교가 하나의 이치임을 제창하고 내단수련을 주장하면서 『오진편(悟眞篇)』을 저술하였는데, 이는 위백양의 『참동계』와 더불어 단도(丹道)의 경전이 되는 저작이다. 내단가의 정기신과 성명쌍수설은 도교 연양(煉養)에서 가장 뛰어난 이론이다.

도교는 중국 고대문화를 계승하여 발전시켰다. 도교는 중화민족의 문화와 폭넓은 연관성을 맺으면서 선대를 계승 발전시키는 역할을 하였다. 그 예는 다음과 같다. ①『도장』은 도교 전적(典籍)을 모은 대총서(大叢書)이다. 당(唐)대 이래로 역대 왕조마다 모두 『도장』을 결집하였다. 현존하는 명대 『정통도장(正統道藏)』과 만력(萬曆) 『속도장(續道藏)』에는 1,473종의 책이 수록되어 있다. 그 속에는 도교의 경론(經論)을 제외하고 50여 종의 『노자도덕경』, 10여 종의 『장자』 등과 같은 제자서(諸子書)가 있다. 또 『손자(孫子)』, 『묵자(墨子)』, 『한비자(韓非子)』, 『공손룡자(公孫龍子)』, 『회남자(淮南子)』, 『태현경(太玄經)』 등이 있다. 『황제내경(黃帝內經)』, 『팔십일난경(八十一難經)』, 『본초(本草)』 등과 같은 의약서 20여 종도 있고, 50여 종의 양생서도 있다. 또 점복, 천문역법, 풍수지리[堪輿] 및 시문집 등도 있다. 명대 도장에 수집된 도서(道書)들은 완비되어 있지 않았다. 청대에는 『도장집요(道藏輯要)』를 간행하여 『도장』 속에 중요한 전적을 선별하여 집록하고, 또 명·청대 사람들이 엮어 주석을 단 도서와 도장목록 등 100여 종을 보충하였다. 근년에 대만 자유출판사(自由出版社)에서는 『도장정화(道藏精華)』를 간행하여 도서 800여 종을 수록하였고, 최근에 파촉서사(巴蜀書社)에서는 『장외도서(藏外道書)』를 출판하여 도교연구를 위한 중요한 자료를 제공하였다. ② 과학. 도교의 연단술은 신선이 되기 위한 것으로 그 목적은 허황된 것이다. 하지만 연단술은 과학적인 행위로서, 외단 황백술(黃白術)은 과학적 경험을 쌓아 고대 화학과 약물학을 발전시켰다. 예를 들어 도홍경은 수은이 금과 은을 소화(消化)시킬 수 있어서 금속이나 비금속의 표면에 금과 은을 얇게 입히는 도금(鍍金), 도은(鍍銀)에 쓸 수 있다고 기재하였다. 또 당대 초 손사막의 "내복유황법(內伏硫磺法)"은 최초의 화약의 발명이다. 이러한 것들이 모두 연단술이 과학에 기여한 공헌들이다. "도를 행하는 자는 의술을 겸하여 닦지 않을 수 없다[爲道者, 莫不兼修醫術]"『포박자(抱朴子)』「잡응(雜應)」는 말처럼, 갈홍 도홍경 손사막 등과 같은 여러 도교학자들은 모두 저명한 의학자들이다. 나아가 도교의 복식(服食) 연양(煉養) 도인(導引) 행기(行氣) 등은 기공양생학에 중대한 공헌을 하였다. 특히 태극권(太極拳)과 팔단금(八段錦)과 같은 것들은 매우 광범위한 영향을 끼쳤다. ③ 문학예술. 도교는 중국 문학사에서도 심원한 영향을 끼쳤다. 신선사상은 일찍이 "유선시(遊仙詩)", "보허사(步虛詞)", "청사(靑詞)" 등의 문학 양식을 이루었다. 도교 고사를 소재로 삼은 희극과 소설은 매우 많다. 원대 잡극(雜劇) 작가 마치원(馬致遠)은 신선도를 희곡으로 각본화한 인물로 가장 유명하다. 희극에서 팔선(八仙)을 소재로 한 것이 특히 많은데, 각색된 『팔선경수(八仙慶壽)』는 광범위하게 유행하며 수많은 관중들에게 많은 사랑을 받았다. 도교를 소재로 한 신마소설(神魔小說) 『봉신연의(封神演義)』 또한 광범위하게 유포되었다. 신선을 소재로 한 도교회화도 있다. 예를 들어, 태산 대묘(岱廟)의 천황전(天貺殿)에 있는 송대 벽화 「태산신후필회난도(泰山神後蹕回鑾圖)」는 동악대제(東嶽大帝)가 순회 나갔다가 돌아오는 장면을 묘사했는데, 수많은 대중들과 웅장한 기백을 생동감 있게 표현했다. 산서(山西) 영락궁(永樂宮)의 원대 도교 벽화인 「순양제군신유현화도(純陽帝君神游顯化圖)」의 경우, 총 52폭으로 산수(山水), 화조(花鳥), 인물(人物)이 서로 뒤섞여 있는데, 이는 당·송대 도교회화의 빼어난 전통을 계승하고 그 위에 민간 예술가의 독창적인 창작을 더한 것으로서, 중국 미술사의 걸작이다. 또 일부 도교미술 작품은 민간에 스며들었는데, 목각인쇄의 문신(門神), 조군(竈君), 재신(財神), 영관(靈官) 등과 같은 경우 민간의 정서와 풍속에 모두 광범위한 영향을 끼쳤다. 이외에 또 도교음악, 도교석각 등도 모두 연구할 가치가 있는 문화유산이다.

교파 · 조직

방선도(方仙道)

. . .

신선도교의 전신. 방선도라는 명칭은 다음의 『사기(史記)』「봉선서
(封禪書)」에서 가장 먼저 보인다. "송무기, 정백교, 충상, 선문자고
는 모두 연(燕)나라 사람이다. 방선도를 행하여 몸의 형태를 바꾸고
귀신의 일에 의지하였다.[宋毋忌 · 正伯僑 · 充尙 · 羨門子高最後皆
燕人, 爲方仙道, 形解銷化, 依於鬼神之事.]" 전국시대에 연나라와
제나라 일대의 방사들은 신선설과 방술을 추연(鄒衍)의 음양오행설
과 섞어서 방선도를 형성하였다. 방선도는 주로 연나라와 제(齊)나라
의 상류사회에서 유행하였다. 방선도에서 "방(方)"이란 불사의 처방
을 가리키고, "선(仙)"이란 장생불사하는 신선을 가리키며, 장생불사
를 목적으로 한다. 신선사상은 그 유래가 매우 오래되었다. 『산해경
(山海經)』에는 죽지 않는 사람들에 대한 기록이 실려 있고, 『한비자
(韓非子)』「외저설좌상(外儲說左上)」에는 "식객 중에 연나라 왕에게
죽지 않는 방법을 가르친 자가 있었다[客有敎燕王爲不死之道者]"라
고 언급하고 있다. 『장자(莊子)』와 『초사(楚辭)』에는 선인(仙人)과 선
경(仙境)에 대한 각종 묘사가 가득하다. 이는 모두 고대 중국인의 불

사에 대한 믿음과 열망을 반영하는 것이다. 춘추전국시대에는 장생불사를 추구하는 방사들의 무리가 점차 형성되었는데, 그들은 통치자의 마음에 영합하여 신선장생설을 강력하게 주창하였다. 전국시대 중후기부터 한무제(漢武帝) 시기에 이르기까지, 신선가와 제왕은 서로 부추겨서 중국 역사상 유명한 바다에 나아가서 신선을 찾는 사건을 불러일으켰다. 제위왕(齊威王), 제선왕(齊宣王), 연소왕(燕昭王) 및 진시황(秦始皇), 한무제 등은 모두 방사들을 바다로 파견하여 삼신산인 봉래(蓬萊), 방장(方丈), 영주(瀛洲)에 가서 신선과 불사약을 찾아오게 하였는데, 그 규모는 갈수록 커졌으나 모두 조금의 성과도 얻지 못했다. 방선도가 흥성했던 시기는 전국시대 후기에서 한무제 때까지이다. 이 시기의 대표적인 인물로는 송무기, 정백교, 서복(徐福), 노생(盧生), 이소군(李少君), 이소옹(李少翁), 난대(欒大), 공손경(公孫卿) 등이 있다. 방선도에서 신봉하는 신선장생설은 후세 도교의 가장 기본적인 신앙이 되었고, 그 신선방술도 후세 도교에 의해 계승 발전되었다. 방선도는 도교의 탄생을 위한 조건을 마련했다.

황로도(黃老道)

• • •

도교 태평도(太平道)의 전신. "황(黃)"은 "황제(黃帝)"를 가리키고, "노(老)"는 "노자(老子)"를 말한다. "황로도"는 황로사상에 가탁하여 만들어진 교단이다. 황로학파는 전국시대에 일어나, 서한(西漢) 초에 흥성하였다. 원래는 일종의 정치·철학 유파이지, 종교는 아니었다. 동한(東漢) 초, 초(楚)나라 왕 유영(劉英)은 "황로를 좋아하여 불교를 배워 재계하고 제사 지냈다[更喜黃老, 學爲浮屠齋戒祭祀]."『후한서(後

漢書」「초왕영전(楚王英傳)」, "연희 연간에 환제는 황로도를 섬겨서 다른 여러 사당을 모두 허물었고[延熹中, 桓帝事黃老道, 悉毀諸房祀]"「후한서」「왕환전(王渙傳)」, 또 궁내에 황로와 불교의 사당을 세우고 노자에게 제사 지냈다. 이러한 내용은 황로도가 이미 종교의식을 갖추었다는 것을 보여준다. 후대의 태평도 창립자인 "장각은 스스로 '대현양사'라 칭하고 황로도를 받들었다[張角自稱大賢良師, 奉事黃老道]."「후한서」「황보숭전(皇甫嵩傳)」.

오두미도(五斗米道)

• • •

"미도(米道)", "귀도(鬼道)"라고도 칭한다. 초기 도교 교파 중 하나. 동한(東漢) 순제(順帝, 재위 126~144) 때, 장릉(張陵)이 학명산(鶴鳴山)지금의 사천(四川) 대읍(大邑) 지역에서 창립했다. 입도자는 다섯 말의 쌀을 내야 했기 때문에 오두미도라 불렀다. 또 도교도들이 장릉을 천사일설에는 장릉이 스스로 천사라 칭했다고 한다라고 불렀기 때문에 "천사도(天師道)"라고 부르기도 한다. 해당 지역의 저(氐) 강(羌) 등 소수민족의 종교신앙 내용을 흡수하고, 노자(老子)를 교조로 받들며 태상노군(太上老君)으로 존숭하였다. 『노자』를 주요 경전으로 삼고, 『태평동극경(太平洞極經)』, 『태청경(太淸經)』, 『태현경(太玄經)』, 『정일경(正一經)』, 『오두경(五斗經)』 등을 전수하고 신봉하였다. 도를 처음 배우는 자는 "귀졸(鬼卒)"이라 칭하고, 교도 중 중추적인 역할을 담당하는 직책을 "제주(祭酒)"라 칭했다. 교도들은 모두 호적을 등록했는데, 도를 받드는 집에서는 정실(靖室)을 두어 경전을 암송하고 도를 닦는 곳으로 삼았다. "치(治)"로 교구를 나누고, 각 치마다 치두제주

(治頭祭酒)라고도 불리는 대치제주(大治祭酒)를 두어 통솔하게 하였다. 한안(漢安) 2년(143)에 이르러서는 24치로 발전했는데, 대부분 지금의 사천(四川) 지역에 분포했다. 교도가 병이 생기면, 무릎 꿇고 엎드려 잘못을 고백하여 회개하고 사죄하게 하는 동시에 신에게 빌어 귀신을 내쫓는다. 도사가 병자의 이름과 죄를 인정하는 뜻을 적어 올리는데, 3부를 써서 1부는 산에 묻고 1부는 땅에 묻고 1부는 물에 넣는다. 이를 "3관수서(三官手書)"라고 한다. 장릉이 죽자 그 아들 장형(張衡)에게 전해졌고, 장형이 죽자 그 아들 장로(張魯)에게 전해졌다. 동한 말, 장로는 한중(漢中)에서 정교합일의 정권을 세워 30여 년을 다스렸다. 건안(建安) 20년(215)에 조조(曹操)에게 투항하여, 진남장군(鎭南將軍) 낭중후(閬中侯)에 봉해졌다. 한중의 민중 수십만이 중원의 관농(關隴) 지역으로 이동함에 따라, 오두미도도 이를 따라 북방으로 전해졌다. 서진(西晋) 이후 일부는 사대부 속으로 전파되었으나, 일부는 여전히 농민 속에서 은밀하게 활동하였다. 동진(東晋) 시기에 손은(孫恩)과 노순(盧循)이 오두미도를 이용하여 농민봉기를 이끌었는데, 그 기간이 거의 10여 년에 달했다. 남북조 시기, 북방에서는 숭산(嵩山)의 도사 구겸지(寇謙之)가 위(魏) 태무제(太武帝, 재위 423~451)의 지지 하에서, 태상노군의 "천사의 지위를 계승하고[就系天師正位]", "도교를 깨끗하게 정리하고 삼장(三張)장릉·장형·장로의 거짓된 법을 제거하라[淸整道敎, 除去三張僞法]"는 뜻을 받들어, 유가의 "나랏일을 보좌하고 백성을 돕는다[佐國扶命]"는 사상을 이용하여 예배와 수련을 주요 형식으로 삼는 신천사도(新天師道)를 창립하였다. 이후 북천사도라 불렸다. 남방에서는 여산(廬山)의 도사 육수정(陸修靜)이 "삼동(三洞)"의 경전을 정리하고, 불교의 사상과

의식을 흡수하여 보다 체계적인 도교 재계의례를 만들었다. 이후 남천사도라 불렸다. 당(唐)·송(宋) 이후, 남북천사도는 상청(上淸) 영보(靈寶) 등의 유파와 차츰 합류하였고, 원대(元代) 이후에는 정일도(正一道)라 통칭했다.

귀도(鬼道)

오두미도(五斗米道)를 말한다. 『화양국지(華陽國志)』「한중지(漢中志)」에 장로(張魯)는 "귀도로 익주목사 유언에게 신임을 얻었고[以鬼道見信於益州牧劉焉]", 또 "귀도로 가르치고 의사(義舍)를 세웠다[以鬼道敎立義舍]"고 하였다. 『후한서』「유언전(劉焉傳)」에 "패(沛) 땅 사람인 장로의 어머니는 아름다운 용모를 지니고 귀도를 믿었으며 유언의 집에 왕래했다[沛人張魯, 母有姿色, 兼挾鬼道, 往來焉家]"고 하였다. 『진서(晋書)』「이특전(李特傳)」에서 "한나라 말기에 장로는 한중에 살면서 귀도로 백성을 가르쳤다. 종(賨) 땅 사람들은 무당을 공경하고 믿었기에 많이 와서 그를 섬겼다[漢末, 張魯居漢中, 以鬼道敎百姓. 賨人敬信巫覡, 多往奉之]"라고 하였다.

미도(米道)

오두미도(五斗米道)를 말한다. 『화양국지(華陽國志)』「한중지(漢中志)」에 다음과 같이 말하고 있다. "한나라 말기에 패국의 장릉은 촉(蜀) 땅 학명산에서 도를 닦고 도서를 지었다. 스스로 태청현원이라 칭하면서 백성을 미혹시켰다. 장릉이 죽자 아들 장형이 이어받았고,

장형이 죽자 그 아들 장로가 이어받았다. …… 공물을 쌀 5말로 제한했기 때문에 사람들이 미도라 불렀다.[漢末, 沛國張陵學道於蜀鶴鳴山, 造作道書. 自稱太淸玄元, 以惑百姓. 陵死, 子衡傳其業, 衡死, 子魯傳其業. …… 其供道限出五斗米, 故世謂之米道.]"

태평도(太平道)
• • •

초기 도교 교파의 하나. 『태평경(太平經)』을 경전으로 받들고, "중황태일(中黃太一)"신의 이름을 숭배하며, "황천태평(黃天太平)"이라는 구호를 제기했다. 동한(東漢) 영제(靈帝) 희평(熹平) 연간(172~178)에 장각(張角)이 창립했다. 『후한서(後漢書)』「황보숭전(皇甫嵩傳)」에서 다음과 같이 말하고 있다. "처음에 거록(巨鹿)의 장각은 스스로 대현양사(大賢良師)라 칭하고, 황로도를 받들어 섬기면서 제자들을 길렀다. 무릇 꿇고 엎드려 죄를 고백하게 하고, 부수와 주술로 병을 치료했다. 병자가 자못 나아지자 백성들이 그를 믿고 따랐다. 이에 장각은 제자 8명을 사방에 보내어 선한 도로써 천하를 교화하게 하였다. …… 10여 년 만에 신도 수가 10만이 되었다. 여러 군국을 결합시켰는데 청주(靑洲)로부터 서주(徐洲)·유주(幽洲)·기주(冀洲)·형주(荊洲)·양주(揚洲)·연주(兗洲)·예주(豫洲)에 이르기까지 8개 주에서 모두 응하지 않은 사람이 없었다.[初, 鉅鹿張角自稱大賢良師, 奉事黃老道, 畜養弟子. 跪拜首過, 符水呪說以療病, 病者頗愈, 百姓信向之. 角因遣弟子八人使於四方, 以善道敎化天下. …… 十餘年間, 衆徒數十萬. 連結郡國, 自靑徐幽冀荊揚兗豫八州之人無不畢應.]" 장각은 신도를 36방(方)으로 나누었다. "대방(大方)"은 1만여 명, "소방(小方)"은 6,000~7,000명의 규모이고, 각 방에 거수(渠帥)를 두어 신도를 통솔하게 하였다. 갑자(甲子)년 갑자일, 즉 영제(靈帝) 중평(中平) 원년(184) 3월 5일에 봉기를 예정하고, 구호를 "창천은 이미 죽었으니, 황천이 세워질 것이다. 때는 갑자이니, 천하가 크게 길해질 것이다[蒼天已死, 黃天當立. 歲在甲子, 天下大吉]"라고 하였다. 당주(唐周)의 밀고로 인해 봉기를 앞당겼는데, 봉기하는 자들은 모두 황색 두건을 둘러 표식을 삼았기 때문에 "황건군(黃巾軍)"이라 칭했다. 하지만 그 후에 진압되어 봉기는 실패했다. 이후 민간에서는 여전히 비밀리에 전해져 내려왔다. 태평도의 가르침 중 부수(符水)로 치료하고 무릎 꿇고 엎드려 죄를 고백하는 것은 오두미도(五斗米道)와 비슷했다.

백가도(帛家道)

• • •

초기 도교의 일파. 백화(帛和)가 창시했다고 전해진다. 남북조시대에 지금의 강소성(江蘇省)과 절강성(浙江省) 일대에서 유행했다. 기도를 중시했다. 남조(南朝) 양(梁)나라 도홍경(陶弘景)의 『주씨명통기(周氏冥通記)』권1 주석에서 "주(周)가는 본래 세속의 신을 섬겨 기도했는데, 세속에서 이를 백가도라 한다[周家本事俗神禱, 俗稱是帛家道]"고 하였다. 주씨는 주자량(周子良)으로 도홍경(陶弘景)의 제자이다.

이가도(李家道)

· · ·

위진(魏晉)시대 도교의 한 유파. 강남 일대에서 활약했다. 『포박자
내편(抱朴子內篇)』「도의(道意)」에서 다음과 같이 말하고 있다. "오
나라 손권(孫權) 시기에 촉(蜀) 땅에 이아(李阿)란 자가 있었는데 동
굴에 살면서 먹지 않았다. 여러 대에 걸쳐 목격되어 팔백세공(八百
歲公)이라 불렸다. …… 하루아침에 홀연히 떠나간 곳을 몰랐다. 후
일에 성은 이(李)요, 이름은 관(寬)인 사람이 오나라에 와서 촉 지방
말을 하면서 축수(祝水)로 병을 치료했는데 꽤 효과가 있었다. 이에
사방에서 일제히 이관을 이아라고 여기고, 공공연히 그를 이팔백(李
八百)이라 불렀으나, 실은 아니다. 공경대부로부터 그 이하로 그 집
앞에 모여들지 않은 자가 없었다.[吳大帝時, 蜀中有李阿者, 穴居不
食. 傳世見之, 號爲八百歲公. …… 後一旦忽去, 不知所在. 後有一
人姓李名寬, 到吳而蜀語, 能祝水治病頗愈. 于是遠近翕然, 謂寬爲
李阿, 因共呼之爲李八百, 而實非也. 自公卿以下, 莫不雲集其門.]"
"부역을 피해 도망간 아전이나 백성 중에 이관에게 의탁하여 제자가
된 사람이 1,000여 명에 달했다. 그러나 제자들 중에 높은 경지에 올
랐다는 자도 축수 및 삼부부, 도인, 일월행기를 얻었을 뿐이고, 몸을
다스리는 법, 신약을 복식하는 법, 수명을 늘리는 법, 죽지 않는 법에
대해서는 전혀 몰랐다.[避役之吏民, 依寬爲弟子者恒近千人. 而升
堂入室高業先進者, 不過得祝水及三部符導引日月行炁而已, 了無
治身之要, 服食神藥, 延年駐命, 不死之法也.]" 이관은 도를 받드는
방을 '여(廬)'라고 하였다. 이관이 열병에 걸렸는데, 여에 들어가 재
계한다고 핑계 삼았으나 결국 여 안에서 죽었다. 그러나 이관을 모시

는 자들은 여전히 시해선이 된 것이지 진짜 죽은 것이 아니라고 말했다. 그 제자들은 "서로 전수하면서 양자강 이남 지역에 널리 퍼졌는데, 활동하는 자가 1,000여 명쯤 된다[轉相傳授, 布滿江表, 動有千許]." 이가도는 사천(四川)에서 기원했는데, 삼국시대에는 오(吳) 지역에 널리 전파되었다. 축수신부(祝水神符)로 병을 치료한다는 점에서 장릉(張陵)의 오두미도(五斗米道)와 서로 유사하며, 단을 단련하고 복식하여 장생불사를 구하는 갈홍(葛洪)의 금단도파와는 다르다. 이가도는 초기 오두미도에 비해 더욱 성숙되어 사회상층에 전파되었고, 동진(東晋) 갈홍 때에도 여전히 강남에서 성행했다. 진(晋) 이후 이가도가 점차 사라졌는데, 아마도 천사도(天師道)와 융화되었기 때문인 것 같다.

상청파(上清派)

• • •

도교 교파의 하나. 동진(東晋) 애제(哀帝) 흥녕(興寧) 2년(364)에 양희(楊羲)가 『상청경(上清經)』『상청대동진경(上清大洞眞經)』을 말한다을 내놓고, 허밀(許謐) 허홰(許翽) 부자에게 전수하여 세상에 널리 전해졌다. 위화존(魏華存)을 조사로 받들었다. 상청파는 주로 『상청경』을 수련하는데 존사(存思)를 위주로 하고, 금단술(金丹術)을 위주로 하지 않았다. 남조(南朝) 제(齊)나라 양(梁)나라 시기에, 도홍경(陶弘景)이 모산(茅山)에서 도관을 짓고 수도하면서 옛 경전을 수집하고 제자들에게 전수했다. 그래서 모산파(茅山派)라고도 칭한다. 남북조(南北朝)·수(隋)·당(唐)·오대(五代)·송(宋)을 거치면서 천사도(天師道)·영보파(靈寶派)와 함께 세상에 나란히 전해지다가 원대(元代)

에 이르러 정일파(正一派)와 합병됐다. 그 전수체계는 도홍경의 『진고서록(眞誥敍錄)』, 당(唐) 이발(李渤)의 『진계전(眞系傳)』『운급칠첨(雲笈七籤)』 권5에 실려 있다과 『모산지(茅山志)』에 상세히 보인다.

모산종(茅山宗)

. . .

"모산파(茅山派)"라고도 한다. 도교 교파의 하나. 남조(南朝) 양(梁)나라 도홍경(陶弘景)이 창립했다. 그가 모산에서 도관을 짓고 수도하였고, 또 삼모진군(三茅眞君)을 조사로 받들어 존숭하였기 때문에 모산종이라고 이름하였다. 이 교파는 『상청경(上淸經)』을 위주로 수련하고 『영보경(靈寶經)』, 『삼황경(三皇經)』을 학습하며, 아울러 유교와 불교의 사상을 흡수였는데, 이는 삼교합일의 산물이다. 교도들은 출가하여 도관에서 거처하며 수련하는 것을 위주로 하였다. 교도들을 통상 상청제자(上淸弟子) 혹은 삼동제자(三洞弟子)라고 칭한다. 그 수련방법은 존사(存思)와 송경(誦經)을 위주로 하며 원시천존(元始天尊)을 최고신으로 숭배한다. 세속의 제왕이나 관료, 사대부가들 역시 상청경의 법을 받들어 수련하는 자가 많았다. 당(唐)나라 때에 이르러 왕원지(王遠知), 반사정(潘師正), 사마승정(司馬承禎), 이함광(李含光) 등의 종사들 노력으로 이 종파가 당대 도교의 주류파가 되었고, 세력이 두루 확대되어 강남과 강북에 이르렀으며, 당나라 황실로부터 매우 존숭을 받았다. 송(宋)·원(元) 시기에도 모산파는 여전히 성행했고, 용호종(龍虎宗), 각조종(閣皁宗)과 함께 도교 부록파의 3대 종파라고 불렸다.

모산파(茅山派)

• • •

"모산종(茅山宗)"을 말한다.

영보파(靈寶派)

• • •

도교 교파의 하나. 『동현영보경(洞玄靈寶經)』이 전해온다. 『영보경』의 연원은 도서마다 기록이 일치하지 않는다. 그 전수에 대해 『도교의추(道教義樞)』 권2 "삼동의(三洞義)"에서는 다음과 같이 기록하고 있다. 오(吳)나라 적오(赤烏) 연간(238~251)에 태극진인 서래극(徐來勒)이 갈현(葛玄)에게 강림하여 전하였고, 갈현은 또 정은(鄭隱)과 형인 효원(孝爰)에게 전하였으며, 효원은 아들인 제(悌)[1]에게 전하였다. 그리고 제의 아들 갈홍(葛洪)이 정은에게 맹세하고 전수받았다. 『운급칠첨(雲笈七籤)』 권3 "영보약기(靈寶略記)"에는 다음과 같이 기록하고 있다. 갈홍이 죽고 나서 형의 아들인 해안군(海安君)에게 전수되었다가 종손인 갈소보(葛巢甫)에 이르러 『영보경』의 책들이 저술되었고, 동진(東晋) 융안(隆安, 397~401) 말기에 도사 임연경(任延慶), 서영기(徐靈期)에게 전해졌다. 남조(南朝) 송(宋)나라 육수정(陸修靜)이 더욱 증수하여 의궤(儀軌)를 완성하자, 영보파의 가르침이 세상에 크게 성행했다. 북송(北宋) 시기에 출현한 각조종(閣皂宗)은 영보파가 널리 퍼져서 이루어진 것이다.

---

1. 제(悌): 원서에는 '弟'로 되어 있으나, 원문에 따라 '悌'로 교감하였다.

누관파(樓觀派)

• • •

　도교 교파의 하나. 전하는 바에 따르면, 누관은 윤희(尹喜)의 고택인데, 풀로 엮어서 누(樓)를 짓고 별들의 운행을 살피고 기(氣)의 변화를 관찰하였기에 누관이라 명명하였다고 한다. 혹은 윤희가 수도하던 곳을 누관이라고 부르기도 한다. 그 유적지는 현재 섬서성(陝西城) 주지현(周至縣)에 위치한다. 『역세진선체도통감(歷世眞仙體道通鑒)』「양심전(梁諶傳)」에 다음과 같이 기록되어 있다. 양심이 "위나라 원제 함희 연간(264~265) 초기에 누관에서 법사(法師) 정리도(鄭履道)를 사사하였다[魏元帝鹹熙初, 事鄭法師於樓觀]." 전하는 바에 따르면, 진(晉)나라 혜제(惠帝) 영흥(永興) 2년(305)에 노군이 진인 윤궤(尹軌)에게 명하여 누관에 강림하여 양심에게 "연기은형법(煉氣隱形法)", "수석환단술(水石還丹術)", 『일월황화상경(日月黃華上經)』 및 『본기내전(本起內傳)』을 전하게 하였다고 한다. 남북조시기에 이르러 북조(北朝) 도사들 대부분이 누관에 몰려들면서 당시 도법(道法)의 요충지가 되어 점차로 누관파를 형성하였다. 이 교파는 『노자』와 "삼동경문(三洞經文)"을 주요 경전을 삼는다. 내외단을 함께 수련하며, 또 부록을 사용해 신을 부르고 귀신을 물리쳐 사람들의 병을 치료했다. 또한 불교와 맞서 일찍이 노자화호설(老子化胡說)을 주장하였다. 북조와 수(隋)나라 초기에 뚜렷하게 교세가 나타났다가 당(唐)나라 시기에 크게 성행하였고, 원대(元代)에 전진도(全眞道)에 병입되었다. 그 교파의 전수과정은 『누관내전(樓觀內傳)』이라고 약칭되는 『누관선생본행내전(樓觀先生本行內傳)』 세 권에 기록되어 있었으나 지금은 일실되었다. 『역세진선체도통감』에 이 책의 일부가 남아 있다. 원나라 시기 주상선(朱象先)이 『종남산설경태역대진선비기(終南山說經臺歷代眞仙碑記)』 한 권을 남겼는데, 『역세진선체도통감』의 내용을 발췌하고 윤문조(尹文操) 등 다섯 사람의 전기를 덧붙여 쓴 것이다.

천사도(天師道)

"오두미도(五斗米道)"를 말한다.

남천사도(南天師道)

천사도 계파의 하나. 남북조시기에 남조(南朝) 송(宋)나라 여산(廬山) 도사 육수정(陸修靜)이 천사도를 신봉하였다. 태시(泰始) 3년(467)에 건강(建康) 숭허관(崇虛館)에 거처하면서 제자 손유악(孫遊岳) 등과 "삼장_{장릉, 장형, 장로}의 도를 근본으로 삼아 이를 계승하고 이갈_{갈홍, 갈현}의 도를 널리 폈다[祖述三張, 弘衍二葛]." 삼동경서(三洞經書)를 정리하여 재계의범(齋戒儀範)을 편찬했다. 부도(符圖)와 재초(齋醮) 의식을 주요한 수행방법으로 삼았다. 도교의 전례와 종교의식이 이 때문에 완비되었다. 북천사도와는 서로 구별되기에 남천사도라고 불린다. 당(唐)·송(宋) 이래로 남북천사도가 점차로 합해져 원대(元代)에는 정일도(正一道)라고 통칭했다.

북천사도(北天師道)

. . .

천사도 계파의 하나. 남북조시기에 북위(北魏)의 숭산(嵩山) 도사 구겸지(寇謙之)가 스스로 태상노군(太上老君)으로부터 천사의 지위를 받았다고 하고, 도교를 청정하게 하고 삼장_{장릉, 장형, 장로}의 거짓된 법과 쌀과 돈을 걷는 것 및 방중술(房中術)을 제거하라는 명을 받았다고 하였다. 오로지 의례를 최우선으로 삼고 여기에 복식(服食)과 폐관(閉關)수련을 덧붙였다. 북위 태무제(太武帝) 시광(始光, 424~427) 초기에 "대도(代都)의 동남지역에 단(壇)과 집을 짓고 도사 120여 명에게 그 법을 드러내 밝히고 천하에 선포하였다. 태무제가 친히 어가를 타고 와서 부록을 받았다. 이로부터 북천사도의 도가 크게 행해졌다.[於代都東南, 起壇宇, 給道士百二十餘人, 顯揚其法, 宣布天下. 太武親備法駕, 而受符籙焉. 自是道業大行.]" 신천사도(新天師道)라고 불렀다. 후대 사람들이 남천사도와 구별해 북천사도라고 불렀다. 당(唐)·송(宋) 이래로 남북천사도가 점차로 합해져 원대(元代)에는 정일도(正一道)라고 통칭했다.

용호종(龍虎宗)

. . .

도교 교파의 하나. 구겸지(寇謙之)와 육수정(陸修靜) 등이 개혁한 천사도(天師道)가 민간 도교에서 변화하여 관방 도교가 되었다. 이후 장릉(張陵)의 후손이 강서(江西) 용호산(龍虎山)에서 도를 전하여, 천사도는 용호종이라는 이름으로 지속적으로 전해져 왔다. 용호종의 창립 시기는 학술계에서 아직 정론이 없다. 『한천사세가(漢天

師世家)』,『역세진선체도통감(歷世眞仙體道通鑒)』등 도교 전적에서는 장로(張魯)의 넷째아들인 장성(張盛)이 용호산으로 옮겨왔는데, 이때를 삼국(三國)시기라고도 하고, 서진(西晉) 영가(永嘉) 때라고도 한다. 이는 위진(魏晉) 시기에 이미 용호종이 성립했다고 여긴 것이다. 그러나 이러한 설명은 모두 믿을 만한 사료에 근거한 것이 아니다. 현존하는 사료에서는 천사 계보의 상황이 여기저기 흩어져 있다. 이러한 사료 가운데『모산지(茅山志)』권15에서는 장릉 후손 9대와 10대 손의 이름을 기록하고 있다. 또 양(梁)나라 간문제(簡文帝)『초진관비(招眞館碑)』에서는 장릉 12대 손인 장도유(張道裕)의 도교 활동을 기록하고 있다. 그런데 이러한 자료에서 용호종 창립의 흔적은 모두 찾아볼 수 없다. 한편 당(唐) 현종(玄宗) 천보(天寶) 7년(748)에 유관 관청으로 하여금 장천사 자손을 심사해 결정하여 실제 자손으로 봉하여 높이고, 아울러 천사(天師)를 태사(太師)로 책봉하였다. 당시에 굉도관(宏道觀) 도사 채위(蔡瑋)가 찬술한「장존사유열비(張尊師遺烈碑)」에서는 장탐원(張探元)이 장릉의 후손이라고 명확하게 기재하였는데, 이는 장탐원이 성당(盛唐) 시기에 장릉 후손으로서 사회에서 활약하고 있었고 아울러 도교계의 승인을 받았다는 사실을 표명한다. 당나라 후기에 이르면 이미 용호산 장천사라는 표현이 명확히 존재한다. 돈황에 남아 있는 이상(李翔)의『섭도시(涉道詩)』중의 하나인「헌용호산장천사(獻龍虎山張天師)」라는 제목의 시에는 당시 용호산 장천사를 "세상에서 그를 보고 존귀하게 여기지 않은 사람이 없었다[世上無人見不尊]"라고 기록하고 있다. 오대(五代)시기 인물 서개재(徐鍇在)가 지은「모산도문위의등선생비(茅山道門威儀鄧先生碑)」에서도 도사 등계하(鄧啓霞)가 당나라 함통(咸通) 12년(871)

에 "용호산 19대 천사를 참방하여 정일법록을 받았다[詣龍虎山十九代天師參授都功正一法籙]"고 언급하고 있다. 이러한 내용을 통해 당대에 장릉의 후손들이 이미 용호산에 거처를 정했고 또 천사의 가계(家系)도 이미 잘 갖추고 있었음을 알 수 있다. 이후 남당(南唐)의 중주(中主) 이경(李璟)은 용호산에 새롭게 천사묘를 건립하였는데, 오대의 진교(陳喬)가 편찬한 「신건신주용호산장천사묘비(新建信州龍虎山張天師墓碑)」에 이에 관한 사실이 상세하게 기록되어 있으며, 아울러 여기에는 당시 21대 천사 장병일(張秉一)이 거론되고 있다. 이는 남당 조정이 용호종을 존숭하고 있었음을 반영한 것이다. 당나라 함통 연간(860~873)의 20대 천사로부터 남당 시기(937~975)의 23대 천사에 이르기까지, 당 후기와 오대시기는 용호종이 체계화하는 시기로서 이 기간에 장릉의 후손 가계(家系)도 체계화된다. 이는 송(宋)·원(元) 이후 용호산 천사도의 흥성의 기초를 다진 시기이다. 송대 제왕들의 전폭적인 지지 아래 용호종은 당시의 모산종(茅山宗), 각조종(閣皂宗)과 더불어 3대 부록종파라고 칭해졌고, 원대(元代)에는 변천하여 정일도(正一道)가 되었다.

현교(玄教)

. . .

① 도교의 별칭. 도교는 도(道)를 최고의 신앙으로 삼는다. 『도덕경』에서 도를 "그윽하고도 그윽하니 온갖 오묘함의 문이다[玄之又玄, 衆妙之門]"라고 하였기에 현교라 명명하였다. 『진서(晉書)』 「악지(樂志)」에서 "현교가 왕성하다[玄教氤氳]"고 하였다. 원대(元代)에 묘선시(苗善時)는 『현교대공안(玄教大公案)』을 지었다. 『한천사세가

(漢天師世家)』에는 원나라 성종(成宗)의 찬사를 싣고 있는데, 이 글에서 도교는 장종연(張宗演) 때문에 "종교의 기풍이 더욱 떨쳐졌고, 현교가 더욱 빛을 발하였다[宗風爲之益振, 玄敎爲之增光]"고 말하고 있다.

② 도교 교파의 하나. 원대 도사 장유손(張留孫)은 어려서부터 백부를 따라 용호산(龍虎山) 상청궁에서 도를 배웠고, 장종연의 제자가 되었다. 지원(至元) 13년(1276) 원나라 세조가 36대 천사 장종연을 조정으로 불렀다. 장유손이 장종연을 따라 갔으며, 이듬해까지 황제를 모셨다. 장유손은 지원 15년(1278)에 "현교종사(玄敎宗師)"라는 시호를 받고, 도교도제점(道敎都提点)에 제수되어 강북(江北), 회동(淮東), 회서(淮西), 형양(荊襄)의 도교 사무를 통괄하였으며, 은인(銀印)을 하사받았다. 정치적으로도 원 세조의 신임을 받아 조정에서 대사를 결정할 때 반드시 그에게 자문을 받았다. 장유손의 지위는 날로 높아지는 것과 동시에 그의 문하에 수십 명의 뛰어난 제자들이 모여 들었다. 그는 제자들을 숭진궁(崇眞宮)과 강남 각지의 큰 궁관(宮觀)에 나누어 도직(道職)을 담당하게 하고 강남도교 사무를 관리하게 하면서, 용호산 천사도(天師道)에서 상대적으로 독립한 지파인 현교(玄敎)를 형성하였다. 장유손은 호를 "현교대종사(玄敎大宗師)"로 불리며, 원나라 수도인 대도(大都)의 숭진만수궁(崇眞萬壽宮)에 거처하였다. 현교대종사를 보좌하여 도교 사무를 관장하는 직은 현교사사(玄敎嗣師)이다. 이후에 오전절(吳全節), 하문영(夏文泳), 장덕륭(張德隆)이 현교를 이어 제2대, 제3대, 제4대 대종사가 되었다. 명대(明代)에 이르러 현교 일파는 해체되고 다시 천사도에 귀속되었다.

각조종(閣皂宗)

. . . .

　도교 교파의 중에 하나. 영보파(靈寶派)에서 변천되어 나와 강서(江西) 각조산(閣皂山)을 본산으로 삼기에 각조종이라고 부른다. 영보파는 육수정(陸修靜) 이후 그 전승이 불분명하여 수(隋)·당(唐) 시기에는 세상에 알려지지 않다가 북송(北宋) 시기에 이르자 비로소 각조산에서 영보경록(靈寶經籙)을 전수하는 각조종이 나타났다. 송나라 철종(哲宗)이 소성(紹聖) 4년(1097)에 용호산(龍虎山), 모산(茅山), 각조산을 경록삼산(經籙三山)으로 삼으라는 칙령을 내리자, 세 종파가 병립하는 형국이 이루어졌다. 양송 시기에 영보파 도사가 몇 부의 대형 제초과의전서(齊醮科儀全書)를 편찬하였는데, 임영소(林靈素)의『영보영교제도금서(靈寶領敎濟度金書)』, 김윤중(金允中)의『상청영보대법(上淸靈寶大法)』과 같은 것이다. 이 당시 영보 도사들은 대부분 사회의 밑바닥에서 활동하며 그 지위와 영향이 용호파나 모산파 도사에 미치지 못하였다. 원대(元代)에 이르러서는 이 종파는 이미 쇠퇴하였다. 그러나 여전히 원나라 황실의 존숭을 받아 각조산 만수숭진궁(萬壽崇眞宮) 제46대 종사 양백수(楊伯受)는 "태현숭덕익교진인(太玄崇德翊敎眞人)"에 봉해졌다. 원대 이후 각조종은 정일도(正一道)에 흡수되었다.

삼산부록(三山符籙)

. . . .

　도교 부록의 세 파를 가리킨다. 상청록(上淸籙)은 모산(茅山)에서 나왔고, 영보록(靈寶籙)은 각조산(閣皂山)에서 나왔고, 정일록(正一

籙)은 용호산(龍虎山)에서 나왔다. 그래서 이들을 삼산부록이라고 부른다.

단정파(丹鼎派)
· · ·

"금단도교(金丹道敎)"라고도 칭한다. 도교에서 연단(煉丹)하고 복식(服食)하여 신선되기를 구하거나 장생을 구하는 것을 위주로 하는 각 파의 통칭. 고대의 신선가와 방선도가 변화하여 이루어진 것이다. 이 파가 지금까지 전하는 초기 이론저작은 『주역참동계(周易參同契)』이다. 이 책은 "만고단경왕(萬古丹經王)"이라고 받들어지며 후세에 매우 큰 영향을 끼쳤다. 위진(魏晉) 시기에 갈홍(葛洪)은 금단파의 신선도교를 더욱 발전시켜 이론적인 총결을 이루었다. 남북조(南北朝)와 수(隋)·당(唐) 시기는 외단(外丹)을 제련하는 것을 주요한 특징으로 한다. 송(宋)·원(元) 시기 이후는 외단에서 내단(內丹)으로 전향하였는데, 이를 두고 이른바 종려금단도(鍾呂金丹道)라고 부른다. 전진도(全眞道) 남북종은 모두 내단 수련에 속한다. 이 파는 중국 고대 화학과 제련술, 기공양생학의 발전에 일정한 공헌을 하였다.

금단도교(金丹道敎)
· · ·

"단정파(丹鼎派)"를 말한다.

부록파(符籙派)

• • •

"부수도교(符水道敎)"라고도 부른다. 도교 중에서 부적과 주문으로 귀신을 쫓고 병을 치료하는 것을 위주로 하는 각 파의 통칭. 동한(東漢) 시기의 태평도(太平道), 오두미도(五斗米道) 및 이후의 영보파(靈寶派), 상청파(上淸派), 정일도(正一道) 등이 여기에 속한다. 한위(漢魏) 시기 이래로 줄곧 도교의 주류가 되었다. 송(宋)·원(元) 시기에는 신소파(神霄派), 청미파(淸微派), 정명파(淨明派) 등이 출현하였다. 이들은 내단과 부록을 결합한 신부록파를 형성하여 부록 방술에 새로운 발전을 이루었다. 원대 이후에는 각 파들이 모두 정일도에 귀속되었다. 부록파는 고대 무술(巫術) 문화에서 변천해 온 것이다. 귀신을 숭배하고 부적을 그리고 주문을 외며, 귀신을 쫓고 요괴를 항복시키고 복을 빌고 재앙을 물리치는 것을 선양하여 중국 민간 생활습속과 밀접한 관련을 맺었다. 초기에 주로 민간에 전파되어 일찍이 농민봉기에 이용되었다.

부수도교(符水道敎)

• • •

"부록파(符籙派)"를 말한다.

우군도(于君道)

• • •

삼국시대 동오(東吳) 일대에서 전해 내려온 도교 일파로서 존재한 기간이 길지 않았다. 우군도는 우길(于吉)의 이름에 기탁한 교파로서 북방에서 강남으로 유입되었다. 우길은 동한(東漢)의 저명한 도사로서 『태평경(太平經)』을 전수하였다. 『후한서(後漢書)』 「양해전(襄楷傳)」에 의하면, 한(漢) 순제(順帝) 때 낭야(琅邪) 사람 궁숭(宮崇)이 조정에 『태평청령서(太平淸領書)』를 헌상하였는데, 이 책은 그의 스승인 우길이 곡양천(曲陽泉) 물가에서 얻은 신서(神書)라고 한다. 이는 우군도가 태평도와 관련 있다거나 혹은 태평도의 작은 지파임을 표명한다. 우군도는 삼국시대 때 동오에 전해졌다. 『삼국지(三國誌)』 「손책전(孫策傳)」 주석에서 「강표전(江表傳)」을 인용하여 다음과 같이 말하고 있다. "이때에 낭야 도사 우길이 있었는데, 그는 동방에 살다가 오회(吳會)를 왕래하면서 정사를 세우고 향을 태우며 도서를 읽었고, 부수를 만들어 병을 치료하니 많은 오회인들이 그를 따랐다.[時有道士琅邪于吉, 先寓居東方, 往來吳會, 立精舍, 燒香讀道書, 制作符水以治病, 吳會人多事之.]" 우길이 "백성을 미혹시키는[幻惑衆心]" 것을 막기 위해 손책(孙策)이 그를 죽였다고 한다. 삼국시대의 도사 우길은 동한의 우길의 이름에 가탁하여 도를 전했으며, 사후에도 그를 받드는 자들은 그가 죽었다고 여기지 않고 시해(尸解)했다고 말하며, 여전히 "제사를 지내고 복을 빌었다[祭祀求福]." 『운급칠첨(雲笈七籤)』 권111에서 『동선전(洞仙傳)』을 인용하여 "세상에는 여전히 우군도를 섬기는 자들이 있다[世中猶有事于君道者]"고 하였다.

청수도(淸水道)
• • •

도교 교파의 하나. 오두미도(五斗米道)의 일파로, 장천사(張天師)의 노비가 창시하였다고 가탁하였다. 청수(淸水)로 사람들의 병을 치료했는데, 『삼천내해경(三天內解経)』에 따르면 다음과 같이 기록되어 있다. 그 도를 받드는 자는 "기도드리는 길일인 청명구원일에 도옥(道屋)에 제단도 갖추지 않고, 제문이나 부적을 쓰는 의례도 없이, 오직 한 항아리의 청수를 올리고 향을 피워 예배를 드리면서, 도가 물속에 있다[清明求願之日, 無有道屋廚覆, 章符跪儀, 惟向一甕淸水而燒香禮拜, 謂道在水中]"고 하였다. 또한 『비구니전(比丘尼傳)』 권1 「도용니전(道容尼傳)」에 따르면 동진(東晉) 간문제(簡文帝) 사마욱(司馬昱)은 "먼저 청수도사를 섬겼는데, 이 도사는 경도(京都)에서 왕복양이라고 불렸다[先事淸水道師, 道師京都所謂王濮陽也]." "왕복양"은 도교 경전에서는 "복양"이라고 하였는데 일찍이 청수로써 사람들의 병을 치료하였고 간문제의 아들을 구하였다.『삼동주낭(三洞珠囊)』 권1 『구도품(救導品)』에서 인용한 『도학전(道學傳)』에 보인다. 청수도의 도법은 도교 부록파에 속한다.

동화파(東華派)
. . . .

  북송(北宋) 말 영보파(靈寶波)에서 갈라져 나온 하나의 지파로서 도사 영전진(寧全眞, 1101~1181)에 의해 창시되었다. 『제도금서사교록(濟度金書嗣教錄)』에 의하면 송(宋) 상서(尙書) 왕고원(王古原)은 동화의 적전(嫡傳)으로 단원진인(丹元眞人)을 계승하였고, 후에 영보법을 전영허(田靈虛)에게 전했으며, 전영허는 동화와 영보 양가(兩家)의 학문을 합하여 영전진에게 전해주었다고 한다. 영전진은 일찍이 송 고종(高宗)의 부름을 받아 입궁하여 금나라 군사의 남침을 막아내어 "동미고사(洞微高士)"라는 시호를 받았으며, 후에는 "찬화선생(贊化先生)"에 봉해졌다. 그는 항상 조정의 초제(醮祭)를 주관하여 경도(京都)에서 "통진달령(通眞達靈)"이라는 이름을 떨쳤다. 『도법회원(道法會元)』에 따르면, 영전진 이후로는 왕홍(王鋐), 조덕진(趙德真), 송존진(宋存真), 장동진(張洞真), 공경진(孔敬真), 노심진(盧諶真), 설이진(薛頤真)을 거쳐 임영진(林靈真)에게 전해졌다고 한다. 임영진은 동화의 가르침을 이어받아 1대 진사(眞師)가 되어 생명을 구하고 죽은 자를 천도하는 것을 자신의 임무로 삼아 중생을 제도하는 대회를 자주 열었다. 그는 영보통현홍교법사교문고사(靈寶通玄弘教法師教門高士)로 제수되어 천경관(天慶觀)의 도교 업무를 주관하였고 그 문도는 100여 명에 이르렀다. 동화파의 제초 제련 속으로 내단법을 흡수하여, 내단으로써 부록의 근본을 삼았다.

정일도(正一道)

. . .

"정일파(正一派)"라고도 한다. 즉 "천사도(天師道)"이다. 한대(漢代) 장릉(張陵)이 "정일맹위지도(正一盟威之道)"를 창시하였고, 『정일경(正一經)』을 받들었다. "정일"은 곧 진일(真一)로서 바른 도, 참된 도라는 뜻이다. 송 이후로 도교 부록 각파의 총칭이 된다. 원대(元代) 이후로는 전진도(全真道)와 함께 도교의 양대파가 된다. 장릉은 자신의 후손과 그 문도에게 도를 전수하였다. 후에 장릉을 천사로 추존되었기 때문에 그가 창시한 도파를 천사도라 칭하였다. 당(唐)·송(宋) 이래로 남북 천사도와 상청파(上淸派) 영보파(靈寶派) 등의 도파들이 점차 합류하게 되었다. 원 대덕(大德) 8년(1304) 장릉의 제38대 후손인 장여재가 "정일교주(正一教主)"로 봉해져, 삼산(三山)용호산, 각조산, 모산의 부록파를 통솔하게 되었다. 이후에 모든 도교의 부록 각파를 정일도라고 통칭하게 되었다. 주로 『정일경』을 받들고 귀신을 숭배하며, 부적을 그리고 주문을 외우며, 귀신을 쫓고 요괴를 굴복시키며, 복을 구하고 재앙을 물리치고자 하였다. 정일도를 신봉하는 도사는 결혼이 허락된다.

정일파(正一派)
• • •

"정일도(正一道)"를 말한다.

천심파(天心派)
• • •

송대(宋代) 도교 정일파(正一派)의 지파. 새로운 부록인 "천심정법(天心正法)"을 전수하여 그 이름을 얻었다. 등유공(鄧有功)의 『상청천심정법서(上淸天心正法序)』에서는 순화(淳化) 5년(994)에 요동천(饒洞天)이 땅을 파서 천심법록(天心法籙)을 얻어 "천심파의 초조[天心初祖]"가 되었다고 하였다. 이후 도사 왕태초(王太初)는 천심정법으로 귀신과 요괴를 다스려 유명해졌으며, 조산사랑(朝散仕郎) 노시중(路時中)은 천심정법으로 사기(邪氣)를 몰아내어 민간에서 "노진관(路眞官)"이라 불렸다. 뇌수성(雷守聲)은 천심정법을 행하여 조정에 이름이 알려졌다. 그는 조정의 부름을 받고 입궁하여 황후의 병을 치유하고, "동원법사(洞元法師)"라는 시호를 받았으며, 선화(宣和) 5년(1123)에는 원소대부(元素大夫)의 지위에 올랐다. 송(宋)·원(元) 시기에 뇌시중(雷時中)은 단을 설치하여 천심정법을 전하였는데, 제자가 수천 명에 달하였다. 제자들이 동남(東南)과 서촉(西蜀) 두 파로 나뉘어 혼원의 가르침이 세상에 크게 행해졌다. 천심정법은 천상의 북극성을 주신(主神)으로 삼아 천강대성(天罡大聖)·흑살(黑煞)·삼광(三光)·삼부(三符)와 북극구사원(北極驅邪院)·도천대법주(都天大法主)·이인(二印)을 전하였는데, 부록법이 간략하여 널리 유행하였다. 후에는 상청파(上淸派)의 존사법(存思法)을 흡수하여 도(道)를 근본으로 삼고 법(法)을 말단으로 삼았다.

전진도(全眞道)

· · ·

"전진교(全眞敎)", "전진파(全眞派)"라고도 일컫는다. 도교의 주요 유파이다. 창시자는 왕철(王嚞)로 호는 중양자(重陽子), 즉 왕중양이다. 금(金)나라 대정(大定) 7년(1167)에 왕중양이 산동(山東) 영해_寧^{海, 지금의 산동성 연태시(烟台市)}에 이르러 도를 전하였는데, 성을 온전히 하고 참됨을 회복하는 것[全性返眞]을 종지로 삼고, 도를 강론하는 곳을 "전진암(全眞庵)"이라 이름하며, 입도자를 "전진도사(全眞道士)"라 하였다. 당시 남송(南宋)은 금과 대치하고 있었고, 중국 북방은 금나라 귀족인 여진족에 의해 통치받고 있었다. 전진도는 금대에 중국 북방에서 탄생한 신도교로, 그 교리의 특징은 다음과 같다.

① 삼교합일을 제창한다. 왕중양은 본래 유가 출신인데 불교의 『반야심경(般若心經)』을 계속해서 읽고서 깨달음을 얻었다. 이후 감하진(甘河鎭)에서 선인을 만나 비결을 전수받은 이후에 바로 출가 수도하였다. 이러한 경력 때문에 그가 삼교융합의 사상을 제시한 것은 매우 자연스러운 것이다. 그가 건립한 "삼교칠보회(三敎七寶會)", "삼

교금련회(三教金蓮會)" 등은 모두 삼교를 명시했다. 그는 "유교와 불교 그리고 도교는 서로 통하니, 삼교는 한 조사의 기풍으로부터 나왔다[儒門釋戶道相通, 三教從來一祖風]"고 하였다. 아울러 삼교를 하나의 뿌리에서 나온 세 개의 가지로 비유하며 "삼교는 참된 도에서 분리되지 않는다[三教者不離眞道]"『금련옥쇄결(金關玉鎖訣)』고 여겼다. 가르침은 비록 셋이지만, 그 도는 하나이다. 그래서 교인들로 하여금 『도덕경(道德經)』, 『청정경(淸靜經)』, 『반야심경』, 『효경(孝經)』 등을 읽게 하여 유·불·도 삼교의 경전을 함께 습득하게 하였다. ② 부록을 숭상하지 않고 장생하며 신선이 되는 것을 내세워 말하지 않았다. 성(性)과 명(命)을 함께 닦아야 함을 말하되, 성을 먼저 닦고 명을 나중에 닦는 내단 수련을 주장하였다. 왕중양은 "불사를 추구하면서 세속에서 벗어나려 하는 사람은 매우 어리석어 도리를 통달할 수 없다[欲求不死而離凡世者, 大愚不達道理也]"『중양입교십오론(重陽立教十五論)』고 하였다. 따라서 근본적으로 장생불사의 설을 부정하였다. 구장춘(丘長春)은 "우리 종사께서 장생을 말하지 않은 까닭은 장생할 수 없어서가 아니라 그것을 초탈한 것이다[吾宗所以不言長生者, 非不長生, 超之也]"『구조어록(丘祖語錄)』고 하였다. 마음을 알아 본성을 깨달으면 생사를 초탈할 수 있으니, 자연히 장생이 문제되지 않는다. 그는 마음을 밝게 살펴 본성을 깨닫고 정욕을 제거해야 함을 주장하였다. 수도란 바로 마음을 밝게 살피는 것이라고 여겼다. 왕중양은 "먼저 마음을 밝게 살필 것을 구하라. 마음이 본래 도이며, 도가 바로 마음이다[先求明心. 心本是道, 道即是心]"『중양수단양이십사결(重陽授丹陽二十四訣)』고 하였다. 마음을 밝게 살펴 본성을 깨닫는 것은 본래 불교 선종의 구호였다. 전진도의 내단이론은 심성(心性)은 생하지도 멸하지도 않으니 마음을 밝게 살펴 본성을 깨닫는다는 불교의 설을 흡수하고, 또 마음을 바루어 뜻을 진실하게 하며 마음을 오롯이 하여 본성을 안다는 유교의 설과 서로 결합하였다. 이 내단사상은 삼교를 회통하는 특징을 구현하고, 동시에 또 선종과 이학을 흡수한 후 철학적으로 더욱 심화한 것이다. ③ 공행병중(功行並重) 청정염담(淸淨恬淡) 무사과욕(無私寡欲)을 주장하였다. 공(功)은 내단 수행 공부를 가리키며, 행(行)은 세상을 구제하고 사람을 이롭게 하는 덕행을 가리킨다. 이른바 "공부는 있으나 덕행이 없으면 도과는 성취되기 어려우니, 공부와 덕행 두 가지가 온전한 이를 진인이라 말한다[有功無行, 道果難成, 功行兩全, 是謂眞人]"『진진인어록(晉眞人語錄)』는 것이다. 왕중양은 사람들에게 "술, 여자, 재물, 객기를 끊으라[斷酒色財氣]"『중양교화집(重陽敎化集)』고 가르쳤다. 자기 자신에 대해서는 결혼하지 않고, 소박하게 먹고, 욕심을 절제하며, 잠을 적게 잔다. 곤란 속에서도 절개를 굽히지 않고 힘써 행하며, 심지어 걸식도 한다. 또 맨발로 가시나무 길을 가고, 여름에 물을 마시지 않고, 겨울에 불을 가까이 하지 않으며, 고행을 갈고 닦는다. 타인에 대해서는 타인을 우선하고 자신을 뒤로 하며, 사물에 사심이 없고, 고통을 제거하여 빈민을 구제하며, 의술을 행하고 약을 베푸니, 이러한 것이 전진도 전통의 세상을 구제하고 사람을 살리는 도이다. 전진도사는 띠풀로 만든 암자에 거주하며 고행하면서 청정하게 수행하였다. 하지만 후대에는 총림(叢林) 도관에 거처하면서 봉건 제왕의 총애를 받게 되어, 이러한 고생스럽고 소박한 기풍에서 점차 탈피하였다. ④ 유가의 윤리도덕의 실천을 중시하고, 군주와 부모에 대한 충효를 강조하였다. 왕중양은 "군왕에게 충성하고 부모에게 효도하며 스승에게 공경하라[忠君衛, 孝敬父母師

資]」『금관옥쇄결(金關玉鎖訣)』고 말하였다. 그는 이것이 연단수도의 전제 조건이라고 여겼다. 전진도는 충효를 강조하고 출세(出世)와 입세(入世)를 조화함으로써 후대 봉건사회의 요구에 적응할 수 있었다.

　왕중양은 7명의 수제자가 있었다. 이들은 바로 마단양(馬丹陽) 담처단(譚處端) 유처현(劉處玄) 구처기(丘處機) 왕처일(王處一) 학대통(郝大通) 손불이(孫不二)로서, "북칠진(北七眞)"이라 불렸다. 대정(大定) 10년(1170)에 왕중양이 선화한 후, 일곱 수제자들은 스승의 가르침을 널리 선양하며 각각 종파를 세웠다. 마단양은 우산파(遇山派), 담처단은 남무파(南無派), 유처현은 수산파(隨山派), 구처기는 용문파(龍門派), 왕처일은 유산파(嵛山派), 학대통은 화산파(華山派), 손불이는 청정파(淸靜派)를 세웠다. 그 중 용문파만이 가장 성행하였다. 1220년대에 구처기는 칭기즈칸의 조서에 응해 제자 18명을 데리고 서역 설산을 넘어 그를 알현했다. 구처기는 칭기즈칸에게 사람 죽이기를 즐기지 말고 하늘을 공경하며 백성을 사랑하는 것을 근본으로 여기라고 말하였다. 칭기즈칸은 구처기를 존숭하여 지극히 융성하게 예우하며, "신선"으로 호칭하면서 이름을 부르지 않았다. 연경(燕京)지금의 북경에 도착한 후, 칭기즈칸은 구처기로 하여금 모든 도교 교파를 관장하게 하고, 아울러 도관에 있는 도사들의 노역과 부세를 면제하여, 용문파는 일시에 매우 성행하게 되었다. 전진도사들은 총림 도관에 오래도록 거주하였으니, 이미 예전의 띠풀로 만든 암자에 거처하던 기풍이 아니었다. 이 때문에 계율을 청정하게 정비하는 것이 중요한 임무가 되었다. 장춘(長春) 문하의 조도견(趙道堅)은 계율 지키는 것을 강조하여 "용문율종(龍門律宗)"을 열어 제1대 율사(律師)가 되었다. 제6대를 지나 제7대 율사 왕상월(王常月)은 청(淸)

나라 초기에 백운관(白雲觀)에서 여섯 차례나 도단(道壇)을 열어 계법을 전하면서, 계율 지키는 것을 수도의 가장 중요한 공행(功行)으로 삼았다. 왕상월은 전진도 "중흥의 조사[中興之祖]"라 일컬어지며, 그가 저술한 『용문심법(龍門心法)』은 전진도 율종의 중요한 전적이 되었다. 내단은 비교적 높은 단계의 수련으로서 단법 수양의 우열은 명확한 표준을 정하여 점검하기 어렵다. 하지만 계율을 지키는 것은 모든 사람들이 알 수 있기에 이것이 도에 들어가는 문이 된다. 아울러 높은 단계의 내단 수련 역시 마땅히 계율을 지키는 것과 심신을 청정하게 하는 것으로부터 착수한다. 단법이 청정하게 수행하는 것으로부터 엄격하게 계율 지키기 위주로 전향한 것은 전진도가 또 한 번 변화 발전한 것이다. 명(明)·청(淸) 시대 이래로 도교는 오직 전진교와 정일교(正一敎) 양대 교파만이 유행하여 지금에 이르기까지 전해진다.

우산파(遇山派)

• • •

도교 전진도 지파의 하나. 북칠진(北七眞)의 하나인 장현진인(長玄眞人) 마옥(馬鈺)에 의해 창건되었다. 마옥의 자는 현보(玄寶)이고, 호는 단양(丹陽)이다. 왕중양(王重陽)을 스승으로 모셨고 오로지 청정(淸靜)에 힘썼다. 원(元) 세조(世祖)가 마옥을 "단양포일무위진인(丹陽抱一無爲眞人)"으로 봉했고, 원 무종(武宗)이 추가로 "단양포일무위보화진군(丹陽抱一無爲普化眞君)"에 봉했다. 마옥 이후 이 파의 전승과 활동 정황은 분명치 않다.

남무파(南無派)

· · ·

도교 전진도 지파의 하나. 북칠진(北七眞)의 하나인 장진조사(長眞祖師) 담처단(譚處端)에 의해 창건됐다. 담처단의 자는 통정(通正)이고 호는 장진자(長眞子)이다. 왕중양(王重陽)을 스승으로 섬겼다. 원(元) 세조(世祖)가 담처단을 "장진수운온덕진인(長眞水雲蘊德眞人)"에 봉했다. 『남무도파종보(南無道派宗譜)』에 의하면, 담처단이 1대 종사이며, 계속 전해져 5대종사 양리신(楊理信)에 이르렀는데, 이때는 명(明)나라 초기이다. 또 호현종(胡玄宗), 마미선(馬微善), 유지동(劉至洞), 주묘초(周妙超), 진선후(陳仙後), 주립강(朱立剛)을 거쳐 12대 종사 허거건(許去乾)에 전해졌는데, 이때는 명나라 말기이다. 명대에 남무파 종사는 대부분 화북(華北) 일대에서 활동했는데, 그 세력과 영향은 용문파(龍門派)에 전혀 미치지 못했다.

수산파(隨山派)

· · ·

도교 전진도 지파의 하나. 북칠진(北七眞)의 하나인 장생진인(長生眞人) 유처현(劉處玄)에 의해 창건됐다. 유처현의 자는 통묘(通妙)이고, 호는 장생자(長生子)이다. 금(金) 대정(大定) 9년(1169)에 왕중양(王重陽)에게 도를 배웠다. 원(元) 세조(世祖)가 유처현을 "장생보화명덕진인(長生輔化明德眞人)"에 봉했고, 원 무종(武宗)이 추가로 "장생보화종현명덕진인(長生輔化宗玄明德眞人)"에 봉했다. 유처현 이후 수산파의 전승과 활동 정황은 고찰할 수 없다.

용문파(龍門派)

• • •

　도교 전진도 지파의 하나. 원대(元代) 도사 구처기(丘處機)가 창립했다. 원대 이래로 전진도 "칠진(七眞)"의 문하는 각자 지파를 열었는데, 그 중에 용문파의 세력이 가장 크고 성행했다. 구처기의 저술은 『대단직지(大丹直指)』, 『반계집(磻溪集)』 등이 있다. 그가 창건한 용문파는 마음을 깨끗이 하고 욕심을 줄이는 것을 수도의 근본으로 삼고, 한 생각도 생기지 않는 것이 바로 자유이고, 마음에 아무런 대상이 없는 것이 바로 신선이고 부처라고 여겼다. 구처기가 죽은 뒤에 그 가르침을 계승한 인물로 윤지평(尹志平), 이지상(李志常), 송덕방(宋德方) 등 "18종사(十八宗師)"가 있다. 용문파에서는 명대(明代)에 들어와 계율을 은밀히 전하는 "용문율종(龍門律宗)"이 나타났다. 구처기 문하의 조도견(趙道堅)이 용문 1대 율사이고, 장정정(張靜定)과 심정원(沈靜圓)에 이르러 용문 5대 율사가 되었다. 이때 용문율종은 장·심, 두 파로 나뉘어 전해졌다. 『도통원류(道統源流)』에 의하면 용문율종은 3대 진통미(陳通微)로부터 4대 주현박(周玄朴), 5대 심정원까지의 계보를 일명 "용문영보파(龍門靈寶派)"라고 하는데, 이는 이미 영보법록(靈寶法籙)이 함께 전해졌음을 말한다. 명(明)·청(淸) 이래로 전진도는 날로 쇠퇴하다가 청대(淸代) 초에 한 차례 중흥했지만, 전진도 유파 중 중흥의 모습을 드러낸 것은 오직 용문파로서 7대 율사 왕상월(王常月)이 "중흥의 조사[中興之祖]"가 된다. 왕상월은 수도에서 계율을 지키는 것이 가장 중요한 공행(功行)이라고 제창했다. 그는 백운관(白雲觀)에서 여섯 차례나 도단(道壇)을 열어 계율을 설하였고, 『심법정언(心法正言)』이라는 강연 원고를 지었는데, 뒤에 제자들이 정리하여 『용문심법(龍門心法)』

이 되었다. 이 책은 청대 이후의 전진도에 깊은 영향을 끼친 책으로, 청정하게 단법을 닦는 데 편중된 교의를 엄격하게 계율을 지키는 것으로 방향을 바꾸어 전진도의 또 한 번의 변화 발전을 이루어냈다. 계율을 청정하게 지키는 것은 왕상월이 용문파를 중흥시키기 위해 취한 주된 조치였다. 오늘날까지 전진도는 여전히 용문파로서 성행하고 있다.

유산파(崳山派)

도교 전진도 지파의 하나. 북칠진(北七眞)의 하나인 왕양진인(王陽眞人) 왕처일(王處一)에 의해 창건됐다. 왕처일의 자는 정통(精通)이고, 호는 옥양(玉陽)이다. 왕중양(王重陽)을 스승으로 모시고 도를 배웠다. 곤유산(昆崳山) 연하동(烟霞洞)에 거하면서 수련했다. 원(元) 세조(世祖)가 왕처일을 "옥양체현광도진인(玉陽體玄廣度眞人)"에 봉했고, 원 무종(武宗)이 추가로 "옥양체현광도진군(玉陽體玄廣度眞君)"에 봉했다. 왕처일 이후 유산파의 전승은 분명치 않다.

화산파(華山派)

도교 전진도 지파의 하나. 북칠진(北七眞)의 하나인 광녕조사(廣寧祖師) 학대통(郝大通)에 의해 창건됐다. 학대통의 자는 태고(太古)이고, 호는 광녕자(廣寧子)이다. 왕중양(王重陽)에게 도를 배웠다. 원(元) 세조(世祖)가 학대통을 "광녕통현태고진인(廣寧通玄太古眞人)"에 봉했고, 원 무종(武宗)이 추가로 "광녕통현태고진군(廣寧通玄太古眞君)"에 봉했다. 학대통 이후 화산파의 전승은 실전되었다.

청정파(清靜派)

도교 전진도 지파의 하나. 북칠진(北七眞)의 하나인 청정산인(清靜散人) 손불이(孫不二)에 의해 창건됐다. 손불이의 호는 청정산인(清靜散人)이고, 마옥(馬鈺)의 처이다. 왕중양(王重陽)을 스승으로 모셨다. 원(元) 세조(世祖)가 "청정연진순덕진인(清靜淵眞順德眞人)"에 봉했다. 손불이 이후 청정파의 전승은 고찰할 수 없다.

금산파(金山派)

일명 노산파(嶗山派). 전진도 용문파(龍門派)의 지파. 명(明)나라 가정(嘉靖, 1522~1566) 시기에 노산 도사 손현청(孫玄清)이 개창했다. 손현청일명 손현정(孫玄靜)은 자는 금산(金山)이고 호는 해악산인(海嶽山人)으로 도교에서는 "현정조사(玄靜祖師)"라고 일컫는다. 본래 용문파 제4대 도사로, 처음에는 노산 명하동(明霞洞)의 이현타(李顯陀)를 사사했는데, 이후에는 철사산(鐵査山) 운광동(雲光洞)에서 통원자(通源子)를 만나 천문승강운주법(天門升降運籌法)을 전수받았다. 또 두봉(斗蓬) 장진인(張真人)을 만나 수진결(修真訣)을 전수받았다. 가정제(嘉靖帝)가 "호국사좌찬교주자양진인(護國師左贊教主紫陽眞人)"으로 봉하였다. 가정 연간에 전진도 도사 가운데 가장 영예를 누렸다. 손현청 이후 금산파의 전승은 상세하지 않다.

벽동종(碧洞宗)

· · · ·

전진도 용문파(龍門派)의 지파. 청나라 강희(康熙) 연간(1662~1722)에 용문파 도사 진청각(陳淸覺)이 창건했다. 진청각은 호북(湖北) 무창(武昌) 사람으로 일찍이 전진도 도사 첨태림(詹太林)을 스승으로 모셨다. 이후에 사천(四川)에 들어가 청성산(靑城山)에서 도를 전했다. 성도부(成都府) 안찰사(按察使) 조양벽(趙良壁)이 이선암(二仙庵)을 중수하고 그에게 주지를 맡아달라고 청하였다. 이후에 강희제가 조정에 불러 "벽동진인(碧洞眞人)"에 봉하였다. 아울러 강희제는 "벽동단대(碧洞丹臺)"라는 편액과 『오진편(悟眞篇)』의 "적룡흑호(赤龍黑虎)" 장(章)을 직접 쓴 글 등의 하사품을 주었다. 이로부터 벽동종이 창건되었다. 진청각의 뒤를 이어 장청호(張淸湖)가 청성산 천사동(天師洞)의 주지를 맡고, 장청운(長淸雲)이 삼태산(三台山) 운대관(雲臺觀)의 주지를 맡고, 장청야(張淸夜)는 성도 청양궁(靑羊宮)과 무후사(武侯祠) 주지, 장청사(張淸仕)는 청성 문창궁(文昌宮)의 주지, 목청풍(穆淸風)은 미산(眉山) 중동관(重瞳觀)의 주지를 맡아 사천 도교에 큰 영향을 미쳤다. 진청각이 창건한 촉(蜀) 지방의 벽동종은 청대(淸代)로부터 1990년대에 이르기까지 24대를 거치면서 근대 사천 도교의 주요 유파를 형성하였다. 현재 청성산 청양궁의 도사들이 이 파에 속한다.

남북종(南北宗)

· · ·

전진도의 남종과 북종을 말한다. 전진도는 금(金)나라의 왕중양(王重陽)에 의해 창시되어 북방에서 널리 퍼졌다. 북송(北宋)의 장백단

(張伯端)은『오진편(悟眞篇)』을 짓고 연양(煉養)을 위주로 하였는데, 남방에 널리 퍼졌다. 수련 측면에서 북종은 성의 수련을 먼저하고 명의 수련을 나중에 하는 선성후명(先性後命)을 주장하고, 남종은 명의 수련을 먼저하고 성의 수련을 나중에 하는 선명후성(先命後性)을 주장한다. 원(元)나라 때 진치허(陳致虛)는 장백단과 왕중양이 전한 도를 아울러 받아 전진도에 통합하여 귀속시켰지만, 그 근원을 따져보면 장백단이 전한 도는 남종이고, 왕중양이 전한 도는 북종이다. 남북종 두 파는 모두 동화소양군(東華少陽君)왕현보(王玄甫)과 종리권(鍾離權)을 조사로 삼는다. 명(明)나라 도앙(都卬)의『삼여췌필(三餘贅筆)』에 다음과 같이 기록하고 있다. "남종은 동화소양군이 노담의 도를 얻어 종리권에 주었고, 종리권은 당나라 진사인 여암, 요나라 진사 유조에게 전하였다. 유조는 송나라 장백단에게 전수하였고, 장백단은 석태에게 전수하였으며, 석태는 설도광에게 전하였고, 설도광은 진남에게 전수하였고, 진남은 백옥섬에 전하였고, 백옥섬은 팽사에게 전수하였다. 북종은 여암이 금나라 왕중양에게 전수하였고, 왕중양은 일곱 제자즉, 북칠진(北七眞)에게 전수하였다.[其南宗者, 謂自東華少陽君得老聃之道, 以授鍾離權, 權授唐進士呂嵒, 遼進士劉操. 操授宋張伯端, 伯端授石泰, 泰授薛道光, 道光授陳楠, 楠授白玉蟾, 玉蟾授彭耜. 其北宗者, 謂呂嵒授金王重陽, 重陽授七弟子.]"

남종(南宗)

• • •

도교 교파의 이름. "남북종(南北宗)"을 보라.

북종(北宗)

도교 교파의 이름. "남북종(南北宗)"을 보라.

남오조(南五祖)

북오조(北五祖)에 대해 상대적으로 부르는 명칭. 전진도가 숭상하는 송대(宋代)의 다섯 명의 도사로, 장백단(張伯端), 석태(石泰), 설도광(薛道光), 진남(陳楠), 백옥섬(白玉蟾)을 말한다. 이들의 가르침이 내단수련을 위주로 하고 전진도와 서로 비슷하기 때문에 이후에 남오조로 존숭되었다. 도교에서는 "남종" 혹은 "자양파(紫陽派)"라고 칭한다.

자양파(紫陽派)

"남오조(南五祖)"를 보라.

북오조(北五祖)

남오조(南五祖)에 대해 상대적으로 부르는 명칭. 왕현보(王玄甫), 종리권(鐘離權), 여암(呂嵒), 유조(劉操), 왕중양(王重陽)에 대한 전진도의 존칭이다. 전진도는 원래 왕중양이 처음 창립했지만, 그 도통의 원류가 오래되었음을 표명하기 위하여 왕중양 외에 네 사람을 존숭하여 조사로 삼았다. 원(元)나라 지대(至大) 3년(1310)에 동화제군(東華帝君)이라고 칭해졌던 왕현보를 제외한 네 사람이 제군(帝君)에 봉해졌다.

오조(五祖)

· · ·

"북오조(北五祖)"·"남오조(南五祖)"를 가리킨다.

북칠진(北七眞)

· · ·

전진도의 지파를 연 7명의 조사. 전진도를 개창한 왕중양(王重陽)
의 7대 제자를 말한다. 이들은 마옥(馬鈺), 담처단(譚處端), 유처현
(劉處玄), 구처기(丘處機), 왕처일(王處一), 학대통(郝大通), 손불이
(孫不二)로, 원(元)나라 지원(至元) 6년(1269)에 "진인(眞人)"으로 봉
해졌고, 지대(至大) 3년(1310)에는 "진군(眞君)"으로 봉해졌다. 왕수
(王粹)의 「칠진찬(七眞贊)」의 기록에 따르면, 칠진은 본래 왕중양과
그 6명의 제자인 마옥, 담처단, 유처현, 구처기, 왕처일, 학대통이었
다. 후대에 왕중양이 오조 중의 한 사람이 되자, 손불이를 칠진 중의
한 사람으로 포함한 것이다.

진대도교(眞大道敎)

· · ·

원래 이름은 "대도교(大道敎)". 도교 교파의 중의 하나. 금(金)나라
초기 유덕인(劉德仁)이 창립하였다. 5대 조사 역희성(酈希誠)에 이르
러 원(元)나라 헌종(憲宗, 재위 1251~1260)을 알현하고, 처음으로 그
이름을 "진대도교"라고 하였다. 노자의 "청정무위(淸靜無爲)", "소사
과욕(少私寡欲)", "자검부쟁(慈儉不爭)"의 가르침에 근본을 두고, 사
람들에게 충효를 행하고 정성스럽고 겸손할 것, 악을 제거하고 선을

회복할 것, 욕망을 끊고 인고할 것, 백성을 이롭게 하고 사랑할 것을 가르쳤다. 그리고 "신선이 되어 하늘을 날거나 장생하는 술법에 관한 일들[飛升化煉, 長生久視]"에 대해서는 말하지 않았다. 『원사(元史)』 「석노전(釋老傳)」에는 "그 교파는 굳은 절개로 고행하는 것을 핵심으로 삼아, 남에게서 망령되이 취하지 않고 자신을 꾸미지 않았다[其教以苦節危行爲要, 而不妄取於人, 不苟侈於己]"고 하였다. 6대 조사 손덕복(孫德福)은 원나라 지원(至元) 5년(1268)에 제로(諸路)의 "진대도(眞大道)"를 통괄하라는 명을 받았다. 또 9대 조사 장청지(張淸志)에 이르러 그 교세는 더욱 융성해져 "연교대종사(演敎大宗師)", "응신충묘현응진인(凝神沖妙玄應眞人)"에 제수되었다. 교도들은 황하유역과 강남 일대에 걸쳐 두루 펴졌다. 10여 대를 전한 이후 전진도와 합해졌다.

대도교(大道敎)

"진대도교(眞大道敎)"를 말한다.

태일도(太一道)

도교 교파의 하나. 금(金)나라 초기 소포진(蕭抱珍)이 위주(衛州) 지금의 하남(河南) 위휘(衛輝)에서 창립하였다. 소포진이 태일삼원법록술(太一三元法籙術)을 전하였다거나, 또는 "혼륜한 원기에서 태극이 나뉘는데 지극한 이치는 순일하다는 뜻을 취한다[取元氣渾淪, 太極剖判, 至理純一之義]"고 말한 까닭에 교파의 명칭을 "태일(太一)"이라고 하였다. 태일도는 노자의 학을 바탕으로 수신(修身)하는 것을 교지(教旨)로 삼았는데, "신선이 되거나 부처가 되는 것은 어렵지 않으니, 단지 약(弱)이라는 글자에 의지하기만 하면 된다[做仙做佛不難, 只依一弱字便是]"고 여겼다. 또 무축술(巫祝術)로 사람들을 제도하는데 "기도하고 제사를 지내서 액막이를 하면 증험이 나타나지 않음이 없었다[祈禳訶禁, 罔不立驗]." 왕운(王惲)의 『추간집(秋澗集)』에는 "태일교법은 오로지 인륜을 돈독히 하고, 세상의 교화를 돕는 것을 근본으로 삼는다[太一教法專以篤人倫, 翊世教爲本]"고 기록되어 있다. 이 교파는 법통을 잇는 자에게 비록(秘籙)과 법물(法物)을 전수하였다. 법통을 받는 자들은 모두 성을 소(蕭)씨로 개명하였으니, 곧 조사(祖師)의 성씨를 그들의 성씨로 삼았다. 부록으로 사람들을 구제하였기 때문에 전진도나 진대도교와는 상이하였다. 4대 조사 소보도(蕭輔道)와 5대 조사 이거수(李居壽)입도 후에 소씨로 성을 바꾸었다를 원(元)나라 조정에서 중시하였기에 이때 교단은 전성기를 맞이했고, 7대조 이후로는 점차 쇠퇴하였다.

정명도(淨明道)

· · ·

"정명충효도(淨明忠孝道)"라고도 칭한다. 도교 교파의 하나. 허손(許遜)에 대한 숭배에서 시작되었다. 『정명충효전서(淨明忠孝全書)』권1에 의하면, 남송(南宋) 건염(建炎) 2년(1128), 하진공(何眞公) 등이 진군(眞君)에게 세상 구제를 치성으로 빌어 『비선도인경(飛仙度人經)』, 『정명충효대법(淨明忠孝大法)』 등을 얻었다. 하진공이 익진단(翼眞壇)을 세우고, 500명의 제자를 제도하고 액운을 없애서, 백성이 이에 의지하여 평안하게 되었다. 그러나 당시에는 정명도라는 명칭이 없었다. 원(元)나라 지원(至元) 19년(1282)에 옥진자(玉真子) 유옥(劉玉)이 동진천사(洞真天師) 호혜초(胡慧超)가 하강하여 자신을 만났다고 말하고, 호혜초를 가탁하여 정명대교가 흥성할 것이며, 800명의 제자가 나올 것이고, 유옥이 조사가 될 것이라고 말하였다. 원정(元貞) 2년(1296)에, 또 허진군을 가탁하여 그가 강림하여 유옥에게 중황대도(中黃大道)와 팔극진전(八極真詮)을 전수하며, 제자들로 하여금 마음이 현혹되지 않게 하고 생명을 해치지 말며, 충효를 마음에 품고 세상을 널리 이롭게 할 것을 당부했다고 말했다. 그 후 그는 크게 교단을 열어 후학에게 가르침을 주었다. 『서산은사옥진유선생전(西山隱士玉真劉先生傳)』에서 그 종지(宗旨)는 충효를 바탕으로 하고, 하늘을 공경하고 도를 숭상하며 생명을 구제하고 죽은자를 천도하는 것을 일삼는다고 하였다. 이후에 황원길(黃元吉)이 교단을 관장하여 정명도를 상층사회로 이끌었다. 유옥이 정식으로 "정명"을 도파의 명칭으로 사용하였기에, 후세 도교에서 유옥을 정명도의 창시자로 여겼다. 정명도는 허손을 조사로 삼고, 그 외에 법사 호혜초, 경사(經師) 장온(張氳), 감도사(監度師) 곽박(郭璞) 세 사람을 "삼대 스승[三師]"으로 삼았다. 그 근본 교의는 정명(淨明)한 경지에 도달한 충효인데, 이른바 정이라 함은 세속에 물들지 않음을 가리키고, 명이라 함은 세속과 접하지 않음을 가리키는데, 이러한 경지야말로 진정한 충효라고 하였다. 이 경지에 다다르는 방법은 "마음과 뜻을 바르고 참되게 하고[正心誠意]" "성냄과 욕망을 막아서[懲忿窒欲]" 삿된 생각이 일어나지 않게 하는 것이다. 수행하는 방법은 영보파(靈寶派)와 유사하다. 이들은 존신(存神)과 복기(服氣)를 주장하고, 비부(飛

符)와 상장(上章)을 행하고 재초(齋醮)와 기도(祈禱)를 행하는데, 내수(內修)를 부록(符籙)의 근본으로 삼았다. 정명도는 유가 사상을 대량 흡수한 까닭에 도교 부록파와 송대 성리학이 결합되어 탄생한 새로운 도파로서, 윤리도덕 수양을 중시하는 것이 이 교파의 큰 특징이다.

정명충효도(淨明忠孝道)

"정명도(淨明道)"를 말한다.

무당도(武當道)

도교 교파의 하나. 호북(湖北) 무당산(武當山)에서 일어났기 때문에 무당도라 명명하였다. 무당산은 명대(明代) 이전에 이미 도교 활동의 성지였으며, 도교에서 받드는 "현천진무대제(玄天眞武大帝)"의 발상지이다. 당(唐) 정관(貞觀) 연간(627~649)에 균주(均州) 태수(太守) 요간(姚簡)이 무당산에 오룡사(五龍祠)를 건립했다. 송(宋) 진종(眞宗) 천희(天禧) 2년(1018)에 "사를 관으로 승격시켰다[升祠爲觀]." 원(元) 세조(世祖) 22년(1285)에는 "관을 궁으로 개칭하였다[改觀爲宮]." 원나라 말기에는 현존하는 천을진경궁(天乙眞慶宮), 고동전(古銅殿), 경대중관석전(瓊臺中觀石殿) 외에 나머지 궁관들이 모두 전란으로 훼손되었다. 명대에는 무당산 궁관이 가장 흥성했다. 명 성조(成祖) 주체(朱棣)는 영락(永樂) 10년(1412)에 공부시랑(工部侍郞) 곽진(郭璡)과 융평후(隆平侯) 장신(張信), 부마도위(駙馬都尉) 목청(沐聰) 등에게 명을 내려, 군부(軍夫) 30여 만 명을 지휘 감독하여 토목

공사를 크게 일으켜서, 8궁, 2관, 36암당(庵堂), 72암묘(庵廟), 39교량(橋梁), 12정대(亭臺)의 방대한 건축군을 계속해 건설했다. 무당산 도교는 잇따라 정일파(正一派), 전진파(全眞派) 양대 도파에 귀속됐다. 송 진종(眞宗, 재위 997~1022) 때, 정일파가 먼저 무당산에 전해져 송(宋)·원(元) 시대에 무당산 도교의 주체가 되었고, 여기에서 다음과 같은 분파들이 형성됐다. ① 대모파(大茅派). 남송 소흥(紹興) 11년(1141) 손원정(孫元政)이 이 종파를 열었으나, 현재는 전해지지 않는다. ② 삼모파(三茅派). 개희(開禧, 1205~1207) 연간 조묘관(曹妙觀)이 종파를 열었다. ③ 화거도(火居道). 무당산 주위의 향촌에 분포하여 단문(壇門)을 세웠는데, 각 단문은 대부분 가문에서 세습되었다. 전진교는 정일교보다 약 200년 늦게 전해졌다. 명(明)나라 홍무(洪武, 1368~1398) 연간에 용문파(龍門派) 4대 도사 구현청(丘玄淸)이 무당산에 와서 오룡궁의 주지를 맡았고, 청(淸)나라 중엽에는 용문파가 이미 무당 도교의 주체가 되었다. 영락(永樂, 1403~1424) 연간에는 전진교 일파에 속하는 도사 장삼풍(張三豊) 문하에 전진도 와는 교의(敎義)와 교제(敎制), 종풍(宗風)이 다른 도파가 형성되었는데, 사람들은 이를 무당도파라 불렀다. 이 도파는 진단(陳摶) 일파와 연원 관계가 있는데, 당시 조정에서 이를 전진도에 귀속시켰다. 이 도파는 "진무대제"를 숭상하며 제사 지내고 무당 내가(內家)권법을 수련하며 내단을 중시하였다. 이들은 특히 성공(性功)을 강조하고 삼교합일을 제창하여, 원(元)·명(明) 연간에 새롭게 탄생한 전진교 분파가 되었다.

청미파(清微派)

• • •

당(唐)나라 말기에 내단과 부록을 결합하여 만든 새로운 부록도파. 이 교파는 그 부록법이 청미천원시천존(清微天元始天尊)으로부터 나왔기 때문에 청미파라 명명하였다. 『청미선보(清微仙譜)』에 따르면, 당나라 말기에 광서(廣西) 영릉인(零陵人) 조서(祖舒)로부터 발원하여, 곽옥륭(郭玉隆), 부앙육(傅央焴), 요장(姚莊), 고석(高奭), 화영(華英), 주동원(朱洞元), 이소미(李少微) 등을 거쳐, 제9대 남필도(南畢道)에게 전해졌다. 『청미재법(清微齋法)』에서는 주동원, 이소미, 남필도 모두가 사천(四川) 청성산(青城山)에 은거했다고 한다. 남필도는 황순신(黃舜申)에게 뇌법(雷法)을 전수하였는데, 황순신이 마침내 뇌법을 자유롭게 사용하여 수도까지 명성을 떨쳐 송(宋) 이종(理宗)의 부름을 받았다. 그는 이종으로부터 "뇌연진인(雷困眞人)"이라는 글을 하사받았고, 원(元)나라 때에는 또 "뇌연광복보화진인(雷淵廣福醬化眞人)"으로 봉해졌다. 황순신이 청미파 제10대 종사가 되자, 청미법은 그 종지가 널리 선양되고 펼쳐져 크게 흥성하였고, 문도들도 매우 많아져 사방으로 유포되었다. 청미파 부록은 신소파(神霄派) 부록과 마찬가지로 뇌법을 위주로 삼고 그 명칭이 매우 다양하다. 『도법회원(道法會元)』에 다양한 종류의 청미파 뇌법이 수록되어 있다. 이 도파는 내련을 근본으로 삼아 부록을 활용해야 함을 주장했는데, 그 종지는 신소파와 비슷하며 단지 사용되는 부록이 다를 뿐이다.

신소파(神霄派)

• • •

　북송(北宋) 말기에 내단과 부록을 결합하여 만든 새로운 부록도파. 창시자는 강서(江西) 남풍(南豊)의 도사 왕문경(王文卿)이다. 그는 당(唐)나라 도사 왕군(汪君)에게 전수 받았다고 가탁하여, 송나라 휘종(徽宗)의 부름을 받아 태소대부(太素大夫)·응신전교적(凝神殿校籍)의 직책을 부여받았고, 후에 또 금문우객(金門羽客)으로 봉해져 응신전시신(凝神殿侍宸)으로 승급되었으며 "충허통묘선생(沖虛通妙先生)"의 호를 하사받았다. 그 제자로는 웅산인(熊山人) 평경종(平敬宗) 원정식(袁庭植) 등이 있다. 이 파는 자신들의 부록법이 남극장생대제(南極長生大帝)·부상일궁대제(扶桑日宮大帝)라고도 불리는, 모든 우레를 총괄하는 고상신소옥청진왕(高上神霄玉清眞王)으로부터 나왔다고 말한다. 이 파의 신소뇌법(神霄雷法)은 송 휘종의 도교를 숭상하고자 하는 열망에 영합하였기에 매우 빨리 유행하게 되었다. 당시 저명했던 도사 장계선(張繼先), 류혼강(劉混康), 서수신(徐守信), 살수견(薩守堅), 임영소(林靈素) 등은 송 휘종을 신소진왕(神霄眞王)이 세상으로 강림한 황제라 칭하고, 재상인 채경(蔡京)을 옥청좌선백(玉清左仙伯)이라고 칭하여, 이 때문에 금문우객으로 봉해졌다. 아울러 휘종은 전국의 모든 주(州)에 신소옥청만수궁(神霄玉清萬壽宮)을 건립하고 신소대제(神霄大帝)를 섬기라고 명하여, 신소파의 부록법은 이로부터 전승이 끊이지 않았으며 수많은 서로 다른 지파들이 파생되었다. 신소파는 내단과 부록의 융합을 특징으로 하며, 그 내단법은 장백단 남종 일파로부터 연원한다. 이들은 내련과 외용 모두 본성원신(本性元神)을 위주로 하면서, 내련을 체(體)

로 삼고 부록을 용(用)으로 삼아야 한다고 강조한다. 신소파 도사들은 '인체는 소천지이고 우주는 대천지'라는 학설로부터 출발하여, 뇌법 가운데 소환되는 뇌신(雷神)과 신장(神將)은 사실상 자신의 정기신(精氣神) 및 오장의 기운이라고 여긴다. 원(元)나라 때에 이르러, 이 파는 전진도와 유학의 영향을 받아 점차 종교적 도덕실천과 계율 지키기를 중시하고 아울러 충효를 우선시하였다.

중파(中派)

• • •

도교 내단의 일파. 원(元)나라 때 도사 이도순(李道純)은 도호(道號)는 영섬자(瑩蟾子)이고 남종 백옥섬(白玉蟾)의 재전 제자이다. 그는 『중화집(中和集)』, 『삼천역수(三天易髓)』, 『영섬자어록(瑩蟾子語錄)』 등을 저술하고, 새로운 내단 공법을 창립했다. 그 단법은 삼교를 융합하고 "수중(守中)", "중화(中和)"를 핵심 요결로 삼아 내단법에서 일가를 이루어, 후세 도교인들에게 내단 "중파"라 불리게 되었다. 명대(明代) 윤진인고제(尹眞人高弟), 청대(淸代) 황원길(黃元吉)이 그 요지를 계승하여 중파의 학설을 창도하였다. 윤진인고제는 『성명규지(性命圭旨)』를 저술하여 중(中)을 지키는 요결을 논하고, 유・불・도 삼가를 융합하여야 높은 경지가 된다고 강조하였다. 황원길은 『낙육당어록(樂育堂語錄)』, 『노자도덕경정의(老子道德經精義)』, 『도덕경주석(道德經注釋)』 등의 책을 저술하였다. 그 공법은 중맥(中脈)을 곧바로 오르내리는 중황직투(中黃直透)의 수행법을 구할 것을 강론하고, 중을 지키는 것을 일관된 공부로 삼는다. 중파의 발전은 황원길에 이르러 그 공법이 완전한 경지의 수준에 도달하였다.

동파(東派)

● ● ●

도교 내단의 일파. 명(明)나라 가정(嘉靖) 연간(1522~1566)에 육서성(陸西星)이 창립했다. 육서성은 호는 잠허(潛虛)로 청년 시기에는 유가에 편중되었다가 이후 내단으로 전향했는데, 스스로 말하기를 여동빈(呂洞賓)이 몸소 자신의 북해초당(北海草堂)에 왕림하여 그 단법을 은밀히 전수해 주었다고 하였다. 『빈옹자기(賓翁自記)』, 『도연휘록(道緣彙錄)』을 쓰고, 『방호외사총서(方壺外史叢書)』를 저술하고, 『여조전서(呂祖全書)』를 집간(輯刊)하여 단도(丹道)를 크게 드러내 마침내 동파의 내단 공법을 개창했다. 그 공법은 음양파(陰陽派)에 속한다. 도에 도달하기 위해서는 삿됨으로 흐르지 않고 쌍수(雙修)를 수행하는데, 부부와 함께 수련하는 것에 한정하였다. 그 요점은 "신을 응결하여 기를 모으며[凝神聚氣]" "도를 행하여 자연으로 돌아감[道歸自然]"에 있다. 육서성은 동파를 창립했지만 결코 교단을 세우지 않았기 때문에 사제 간 전승 계통의 기록이 상세하지 않다. 명나라 말기에 『금단진전(金丹眞傳)』을 저술한 손여충(孫汝忠)과 청(淸)나라 때 『증도비서십칠종(證道秘書十七種)』을 편찬한 부금전(傅金銓)의 단법이 모두 동파와 유사하다.

서파(西派)

● ● ●

도교 내단의 일파. 청(淸)나라 함풍(咸豐) 연간(1851~1861)에 이함허(李涵虛)가 창립했다. 이함허는 사천(四川) 낙산(樂山) 사람으로, 스스로 말하기를 아미산(峨眉山)에서 여동빈(呂洞賓)과 장삼풍(張三

豊)을 만나 단법의 비결을 얻어 함풍 6년에 도를 이루었다고 하였다. 당시에 서촉(西蜀)의 낙산 일대에서 주로 활동했기 때문에 서파라 일컫는다. 이함허는 육서성의 『도연휘록(道緣彙錄)』, 『빈옹자기(賓翁自記)』를 정리하여 『해산선적(海山仙跡)』을 만들고 아울러 『여조연보(呂祖年譜)』를 개정하여 동파 육서성의 후예로 자처하고 또 그 단법을 따랐다. 하지만 이함허는 일찍이 장삼풍의 단법을 받아 이를 종려도법(鍾呂道法)과 합쳤기 때문에 동파와 완전히 같지는 않다. 그는 성공(性功)을 아홉 단계의 연심(煉心)으로 나누고, 또 명공(命功)을 네 단계로 나누어, 단법은 청정(清靜)으로 기초를 세운 연후에 음양쌍수(陰陽雙修)해야 한다고 주장했다. 이함허의 저술에는 『도규담(道竅談)』, 『삼거비지(三車秘旨)』, 『태상십삼경주해(太上十三經注解)』 등이 있다. 서파는 동파와 동일하게 여조(呂祖)에게 전수받았다고 자처하고 도파를 개창하였다. 도통(道統)상에서 각자 일가를 이루었고, 모두 남종 음양파에 속하며 청수파(清修派)에게 반대를 받았다.

중현학파(重玄學派)

· · ·

"중현(重玄)" 사상으로 『도덕경』을 주석하여 세상에 명성을 떨친 학파. 조직이 있는 도파는 아니다. "중현"이란 말은 『도덕경』의 "현묘하고도 현묘하니, 모든 현묘함의 문이다[玄之又玄, 衆妙之門]"에서 나왔다. 중현학파는 위진현학(魏晋玄學)의 영향을 받은 산물이다. 동진(東晋) 시기에 손등(孫登)은 "중현을 종지로 삼아[以重玄爲宗]" 『노자』를 해석하여 중현학파의 발전의 초석을 다졌다. 중현학파는 위진 이래로 지속적으로 도교학자에 의해 발전되었고 아울러 불교의 중관사상을 흡수했주. 남조(南朝) 양(梁)나라 도사 맹지주(孟智周) 장현정(臧玄靜), 진(陳)나라 도사 제유(諸糅), 수대(隋代) 도사 유진희(劉進喜), 당대(唐代) 도사 성현영(成玄英), 채자황(蔡子晃), 황현색(黃玄賾), 이영(李榮), 차현필(車玄弼), 장혜초(張惠超), 여원흥(黎元興) 등이 중현의 도를 천명했다. 당대는 중현학파의 전성시기로 일군의 도교학자들을 배출했는데, 그 중 성영현, 이영 등이 가장 뛰어났다. 그들의 노력으로 중현학파는 『노자』학에 관한 가장 영향력 있는 유파가 되었다. 당말의 저명한 도교학자 두광정(杜光庭)은 그들을 매우 칭송하였다. 두광정은 노자를 해석한 각 파의 종지 중에서 중현을 종지로 삼은 손등이 가장 현묘하다고 여겼다. 중현학파의 『노자』해석에는 크게 두 가지 특징이 있다. ① 장자를 인용하여 노자사상을 상세히 해석했다. ② 불교철학, 특히 불교 삼론종과 천태종의 사상을 흡수하여 노자의 심오한 이치를 상세히 밝혀냈다. 그렇게 함으로써 도교의 교리와 교의를 발전시키고, 다시 사변성을 갖추게 하였다. 다른 한편으로, 중현학파 역시 불교사상에 영향을 주었다. 가령 삼론종 저작 중에서 자주 현(玄)과 우현(又玄)의 개념을 언급하고 있다. 중현학파는 오묘한 이치와 사변을 중시했기에, 수·당 시기 도불 논쟁에서 많은 중현학파의 인물이 도교 측을 대표하여 참가했다. 남송(南宋) 때 소약우(邵若愚), 동사정(董思靖) 등은 노자를 해석하면서 모두 중현의 뜻을 밝혔고, 송대의 몇몇의 노자집주에서는 대량으로 중현 학설을 인용하였는데, 이는 중현학파의 유풍이다.

중국도교협회(中國道敎協會)

. . .

중국의 전국적인 규모의 도교 단체. 1957년 4월, 중국 도교 각 종파와 도교계 인사 그리고 도교학자 악숭대(岳崇岱)·진영녕(陳攖寧) 등의 발기에 의해 설립됐다. 이 협회의 장정(章程)1998년 수정하였다에서 규정하는 종지는 다음과 같다. "인민정부의 영도 아래 전국의 도교도들을 단결시켜 애국애교하며 국가의『헌법』법률 법규와 정책을 준수한다. 도교의 우수한 전통을 계승하고 드높이며 교단의 업무를 잘 처리한다. 도교계의 합법적인 권익을 지키고, 인민정부에서 철저히 실행하는 종교 신앙 자유정책에 협조한다. 도교를 사회주의체제에 적합하도록 촉진시키며, 사회주의의 현대화 건설에 적극 참가한다. 사회 안정과 조국통일과 세계평화를 위해 역량을 다한다.[在人民政府領導下團結全國道敎徒, 愛國愛敎, 遵守國家憲法法律法規與政策. 繼承和發揚道敎的優良傳統, 辦好敎務. 維護道敎界合法權益, 協助人民政府貫徹執行宗敎信仰自由政策, 促進道敎與杜會主義社會相適應, 積極參加社會主義現代化建設, 爲維護社會安定, 祖國統一, 世界和平貢獻力量.]" 최고기구는 전국대표회의이다. 협회 소재지는 북경(北京) 백운관(白雲觀)이다.『중국도교(中國道敎)』격월간를 발행하고 있다.

중국도교학원(中國道敎學院)

. . .

도교도를 양성하고 훈련시키는 학원. 1990년 5월 중국도교협회 주최로 설립됐다. 그 전신은 중국도교협회가 개설한 도교지식(道敎知

識) 전수반(專修班)과 진수반(進修班)이다. 현재 연수반과 진수반을 두고 있으며 학제는 각 2년이다. 전수반 수강생은 지방 도교협회에서 추천하고 고시를 통해 인재를 뽑는다. 입학 후에는 종교를 배우고, 또 문화·정치·체육 등의 과목을 배운다. 연수반 수강생은 전수반과 각지의 도교학교 졸업생 중에서 선발하고, 한 등급 높은 과정을 학습한다. 학원 소재지는 북경(北京) 백운관(白雲觀)이다. 학원은 필요에 따라 외지에 교학소를 설립하기도 한다. 예를 들면, 1998년에 상해 도학원(道學院)에 위탁하여 상해 백운관에 중국도교학원 상해 진수반(전문대학)을 개설하여 상해지역의 도교 고급인재를 배양하고 있다.

홍콩도교학원(香港道敎學院)

• • •

홍콩 도교에서 도교 고급인재를 양성하는 학원. 1992년에 홍콩 청송관(青松觀)에서 설립했다. 전문대학과 대학원 수준을 갖추고, 홍콩 도교계와 홍콩사회에 봉사하는 전문인재를 양성하는 것을 목표로 삼는다. 연구반(研究班), 연습반(研習班), 기초과의반(基礎科儀班)을 두고 있다. 광주(廣州) 중산대학(中山大學)과 협력하고 있는 연구반은 대학 학부과정 혹은 대학원생과 같은 수준이다. 연습반은 홍콩과 국내외에서 초청된 학자들이 강의를 담당하여 전문대학과 같은 수준이다. 기초과의반은 홍콩도교에서 상용되는 도교 의례를 가르친다. 학생 구성원은 홍콩 사회와 홍콩도교 궁관 출신이다. 잘 갖추어진 도서관과 선진화된 교육 시설을 갖추고 있으며, 국내외 도교계 및 학술계와 폭넓은 관계를 맺고 있다. 도교문화 학술연구를 중시하여 일찍

이 『도가문화연구(道家文化硏究)』을 편집하여 상해고적출판사(上海
古籍出版社)와 삼련서점(三聯書店)에서 잇따라 출판하였다. 학원의
소재지는 구룡(九龍) 장사만(長沙灣) 원주가(元洲街) 창화각(昌華
閣)이다.

인물

노자(老子)

• • •

춘추시대(春秋時代)의 사상가로 도가학파의 창시자. 후세에 도교에
서 그를 신격화하여 교조로 받들었다. 『사기(史記)』 「노자열전(老子列
傳)」에 따르면, 성은 이(李)이고, 이름은 이(耳)이며, 자는 백양(伯陽)
이고, 시호는 담(聃)이다. 초(楚)나라 고현(苦縣)지금의 하남(河南) 녹읍(鹿
邑) 동쪽 여향(厲鄉) 곡인리(曲仁里) 사람으로, 일찍이 동주(東周)의 수
장실(守藏室) 사관을 지냈다고 한다. 전하는 바에 따르면, 공자가 일
찍이 노자에게 예를 물었는데 노자가 다음과 같이 대답했다. "그대가
말한 내용은 그 말을 한 사람의 육신과 뼈가 모두 썩어 문드러지고 그
말만 남아 있는 것일 뿐이다. 그리고 군자는 때를 만나면 수레를 타고
벼슬에 나아가지만, 그때를 얻지 못하면 야인으로 떠도는 것이다. 내
가 듣기로 훌륭한 장사꾼은 물건을 깊이 감추어 두어 마치 없는 것같
이 하고, 덕이 가득 찬 군자는 용모가 마치 어리석은 사람처럼 보인다
고 들었다. 그러니 그대는 교만한 기색과 과욕과 잘난 척하는 태도와
음흉한 뜻을 버려라. 이것들은 모두 그대의 몸에 아무 이익도 되지 않
는다. 내가 그대에게 말할 것은 이것뿐이다.[子所言者, 其人與骨皆已

朽矣. 獨其言在耳. 且君子得其時則駕, 不得其時則蓬累而行. 吾聞之, 良賈深截若虛, 君子盛德, 容貌若愚. 去子之驕氣與多欲, 態色與淫志, 是皆無益於子之身. 吾所以告子, 若是而已.]" 공자는 물러나와 제자에게 말하기를, "용은 내가 알 수가 없구나. 바람과 구름을 타고 하늘을 오르는구나! 나는 오늘 노자를 만났는데, 그가 용과 같구나![龍吾不能知. 其乘風雲而上天! 吾今日見老子, 其猶龍邪!]"라고 하였다. 역사에 전해지는 노자는 오랫동안 도(道)와 덕(德)을 닦았고, 그의 학문은 자연(自然)과 무명(無名)에 힘썼다고 한다. 주나라 황실이 쇠퇴하여 어지러워지자 관직을 사임하고 서쪽으로 가다가 함곡관(函谷關)에 이르렀는데, 관령(關令) 윤희(尹喜)의 청에 응하여 도와 덕의 뜻을 말한 상하편 오천언의 책을 써주고 떠났다. 이후 그의 종적은 알 수가 없었다고 한다. 그가 남긴 책을 후세사람들은 『노자(老子)』 혹은 『노자도덕경(老子道德經)』이라고 한다. 그 사상은 "도"를 핵심으로 하고 청정자연(清靜自然)과 반박귀순(返朴歸淳)을 종지로 삼으며, 양생과 치국의 두 측면을 겸하고, 포함하고 있는 철학적 의미가 매우 풍부하다. 전국(戰國) 시기에 신선가(神仙家)가 황제(黃帝)를 숭상하면서 노자와 황제를 병칭하여 "황로(黃老)"라고 불렀다. 서한(西漢) 초기에 "핵심이 되는 근본을 잡을 줄 알고, 청허로 스스로를 지키며, 낮고 약함으로 스스로 보존한다[知秉要執本, 清虛以自守, 卑弱以自持]"는 황로학이 성행하면서, 노자는 두루 존숭되기에 이른다. 동한(東漢) 시기에는 황로학의 청정무위(清靜無爲) 사상과 방선도(方仙道)의 신선신앙(神仙信仰)이 결합해 '황로도(黃老道)'를 형성하였고, 노자는 점점 신격화되었다. 『후한서(後漢書)』에서는 초(楚)나라 왕 유영(劉英)이 "황로도의 은미한 말을 암송하고 불교사원을 숭상하며, 3개월 동안 재계하면서 신에게 맹서하였다[誦黃老之微言, 尙浮屠之仁祠, 潔齋三月, 與神爲誓]"고 기술하고 있다. 익주(益州) 태수 왕부(王阜)는 『노자성모비(老子聖母碑)』를 지었는데, 노자를 "도"와 동등하게 보고 "무형보다 앞서 생겨났으며, 태초보다 이전에 나왔다[生於無形之先. 起於太初之前]"고 하여, 천지의 신령보다 앞선 것으로 여겼다. 동한 중기에 패(沛) 땅 사람 장릉(長陵)이 촉(蜀)지금의 사천(四川) 땅에서 "정일맹위지도(正一盟威之道)천사도(天師道)라고도 한다"를 창립하고 노자를 교주로 받들어 태상노군(太上老君)으로 신격화하였다. 그리고 『노자상이주(老子想爾注)』에서 "일은 도이다[一者, 道也]", "일이 자신의 형태를 흩뜨리면 기가 되고, 형태를 모으면 태상노군이 된다[一散形爲氣. 聚形爲太上老君]"라고 주장했다. 이는 노자가 도교 교주가 된 시초이다. 동한 환제(桓帝) 때 진상(陳相)인 변소(邊韶)가 지은 『노자명(老子銘)』에서는 "도를 이루면 신선이 되어 인간의 몸을 벗어버리고 세상을 구한다. 복희와 신농 이래로, 세상에서 성인으로 여기는 자는 스승이 되었다[道成仙化, 蟬蛻度世. 自羲農以來, 世爲聖者作師]"라고 하였다. 위진남북조(魏晉南北朝) 시기에 남·북천사도와 상청(上淸) 영보(靈寶) 등 여러 파가 모두 노자를 존숭하였다. 다만 그 지위에는 약간의 차등이 있었다. 당대(唐代)에는 도교를 숭상하여 노자를 이씨(李氏) 황실의 선조로 여겼다. 당 태종(太宗) 이세민(李世民)은 "짐의 본래 계보는 주하사(柱下史)노자로부터 시작되었다[朕之本系, 起自柱史]"고 공언하였다. 고종(高宗) 건봉(乾封) 원년(666)에는 노자를 "태상현원황제(太上玄元皇帝)"로 봉하였다. 그 이후 현종(玄宗)은 또 천보(天寶) 연간(742~756)에 잇달아 "대성조현원황제(大聖祖玄元皇帝)", "성조대도현원황제(聖祖大道玄元皇帝)", "대성조고상금궐현원천황대제(大聖祖高上金闕玄元天皇大帝)"라는 호를 더했다. 송(宋)나라 대중상부(大中祥符) 6년(1013)에는 "태상노군혼원상덕황제(太上老君混元上德皇帝)"라는 호가 내려졌다. 도교의 신(神) 계보에서도 노군을 존숭하여 "태청도덕천존(太淸道德天尊)"이라 하는데, 옥청원시천존(玉淸元始天尊) 상청영보천존(上淸靈寶天尊)과 합하여 "삼청(三淸)"으로 부르고, 삼청전(三淸殿)을 건립하여 제사를 받든다.

노군(老君)

• • •

노자(老子)를 말한다. 노군이라는 명칭은 『노자상이주(老子想爾注)』에서 최초로 보인다.

태상현원황제(太上玄元皇帝)

• • •

노자(老子)의 봉호(封號). 『구당서(舊唐書)』 권5 「고종본기(高宗本紀)」에 따르면, 당(唐) 고종(高宗)이 건봉(乾封) 원년(666) 2월에 박주(亳州)지금의 하남(河南) 녹읍(鹿邑)에 이르러 노군묘를 알현하고 노자를 제사 지내며, "태상현원황제(太上玄元皇帝)"로 추봉(追封)하였다. 그리고 사당을 창건하고 묘를 관리하는 령(令)과 승(丞)이라는 관원을 1명씩 배치했다고 한다.

태상혼원황제(太上混元皇帝)

• • •

노자(老子)를 말한다.

장홍(萇弘)

• • •

주(周)나라 경왕(敬王)의 대신인 유문공(劉文公)의 대부(大夫)로,
자(字)는 숙(叔)이다. 『국어(國語)』「주어(周語)」에 의하면, 경왕 10년
(BC 510)에 유문공과 장홍이 성주(成周)에 성을 쌓으려 하였는데, 위
(魏)의 대부 표혜(彪傒)가 그 소식을 듣고서 "주나라에 허물이 없다
면 장숙은 반드시 죽임을 당하리라[周若無咎, 萇叔必爲戮]"라고 하
였다. 이후에 진(晉)나라에서 범씨(范氏)와 중항씨(中行氏)의 난리가
있었는데, 유문공은 진나라 범씨와 대대로 혼인관계였고, 장홍은 유
문공을 섬기고 있었기에 몸소 범씨의 난리에 참여하였다. 진나라 사
람들이 장홍을 잡아 주나라에 넘겨주자, 주나라에서는 그를 죽였다.
『사기(史記)』「봉선서(封禪書)」에는 다음과 같이 기록하고 있다. "이
때 장홍(萇弘)은 방사(方士)로서 주나라 영왕(靈王)을 섬겼는데, 제후
(諸侯)들이 조회(朝會)를 하지 않았다. 주나라의 힘이 쇠약해지자, 장
홍이 귀신을 부리는 일을 드러내놓고 행하면서 여우머리[狸首]로 과
녁을 만들어 쏘는 의식을 만들었다. 여우머리는 바로 조회를 오지 않
는 제후를 상징하는 것이었다. 괴이한 물건에 의지하여 제후들을 오
게 해 보려고 하였으나 제후들이 따라 주지를 않았다. 결국은 진(晉)
나라 사람이 장홍을 잡아 죽였다. 주나라 사람들이 방술과 괴이를 이
야기하기 시작한 것은 장홍으로부터 비롯되었다.[是時萇弘以方事周
靈王, 諸侯莫朝周, 周力少, 萇弘乃明鬼神事, 設射狸首. 狸首者, 諸
侯之不來者. 依物怪欲以致諸侯, 諸侯不從, 而晉人執殺萇弘. 周人之
言方怪者自萇弘.]" 『습유기(拾遺記)』에서는 다음과 같이 말한다. 장
홍은 신통력을 부릴 수 있었는데, 그가 아첨하였기 때문에 주나라 사

람들이 죽였다. 그가 흘린 피가 돌이 되었다고도 하고, 벽옥(碧玉)이 되었다고 하며 그의 시체는 볼 수 없었다고 한다. 『한서(漢書)』「예문지(藝文志)」의 병음양가(兵陰陽家) 조목에 15편으로 된 『장홍』이라는 책이 있다고 나오는데, 이는 후대 사람들이 그 이름을 가탁하여 지은 것이다. 지금은 전해지지 않는다.

장자(莊子, BC 369경 ~ BC 286)

∙ ∙ ∙

전국시대(戰國時代) 철학자. 송(宋)나라 몽(蒙)지금의 하남(河南) 상구(商丘) 동북 지역 사람. 이름은 주(周)이며 몽의 칠원리(漆園吏)를 지냈다. 집이 가난하여 감하후(監河侯)관직명에게 곡식을 빌리기도 했다. 초(楚)나라 위왕(威王)은 그가 매우 뛰어나다는 소식을 듣고 후한 선물을 보내어 초청하고 재상으로 삼으려 하였으나 이를 거절하고 종신토록 벼슬을 하지 않았다. 장자는 학문에 두루 통달하였으며, 저서는 10여 만 자에 이르는데, 대체적으로 우언 형식으로 이루어졌다. 그 핵심 사상은 노자(老子)에 근본을 두고 있으며, 도법자연(道法自然) 사상을 계승 발전시켰다. 선진(先秦) 시기 장자학파의 창시자이다. 후에 도교도들이 장자를 신격화하였는데, 『진고(眞誥)』 권14에서는 장상공자(長桑公子)를 사사하여 은밀한 가르침을 전수 받고, 포독산(抱犢山)에 은거하며 북육화단(北育火丹)을 복용하고, 대낮에 하늘로 올라가 태극위편랑(太極闈編郞)에 임명되었다고 하였다. 당(唐)나라 현종(玄宗) 천보(天寶) 원년(742) 2월에 "남화진인(南華眞人)"에 봉해졌으며, 『장자』는 『남화진경(南華眞經)』이라는 칭호를 받았다. 송나라 휘종(徽宗)은 장자를 "미묘원통진군(微妙元通眞君)"에 봉했다.

남화진인(南華眞人)

· · ·

"장자(莊子)"를 말한다.

열자(列子)

· · ·

전국시대(戰國時代) 도가 인물이라고 전해진다. 열자는 열어구(列禦寇)를 말하며, "어구(圄寇)" 또는 "어구(圉寇)"라고도 한다. 서한(西漢)의 유향(劉向)은 정목공(鄭穆公) 때의 사람이라고 하였으며, 『한서(漢書)』「예문지(藝文誌)」에서는 장자보다 앞선다고 하였고, 당(唐)나라 성현영(成玄英)의 『장자소(莊子疏)』, 유종원(柳宗元)의 『변열자(辨列子)』에서는 모두 정수공(鄭繻公)과 동시대 사람이라고 하였다. 『장자』에 열자에 관한 전설이 많이 실려 있다. 후에 도교도에 의해 신격화되었다. 『역세진선체도통감(歷世眞仙體道通鑒)』 권6에 의하면, 그는 정(鄭)나라 사람이며, 정나라의 포(圃) 땅에서 40년간 거주하였으나 그를 아는 사람은 없었다고 한다. 관윤자(關尹子)에게 도를 물었고 호구자(壺丘子)를 사사하였으며, 후에 노상씨(老商氏)와 지백고자(支伯高子)를 사사하여 두 사람의 도를 진일보 발전시켰다. 9년 뒤에는 바람을 부릴 수가 있게 되었다. 『열자』 8권을 지었다고 하나 오래전에 일실(逸失)되었다. 현재 전해지고 있는 『열자』는 학계에서는 일반적으로 위진(魏晉) 시기에 만들어진 것으로 본다. 진(晉)나라 사람 장잠(張湛)의 주석본이 있다. 당(唐)나라 현종(玄宗) 천보(天寶) 원년(742)에 "충허진인(沖虛眞人)"에 봉해졌고, 『열자』는 『충허진경(沖虛眞經)』이라는 칭호를 받았다. 송(宋)나라 휘종(徽宗)은 "치허관묘진군(致虛觀妙眞君)"에 봉하였다.

열어구(列禦寇)

· · ·

 "열자(列子)"를 말한다.

충허진인(沖虛眞人)

· · ·

 "열자(列子)"를 말한다.

문자(文子)

· · ·

 주(周)나라 말기 도가(道家)의 은자라고 전해진다. 『역세진선체도통감(歷世眞仙體道通鑒)』권4에는 다음과 같이 기록되어 있다. 문자의 성은 신(辛)이고 이름은 견(鈃)이며, 일명 계연(計然)이라고도 한다. 규구(葵丘) 복상(濮上) 사람이다. 그의 선조는 진공자(晉公子)이며, 노자에게서 도를 배웠다. 초(楚) 평왕(平王)은 문자가 말한 도덕으로 사악함을 바로 잡고, 어지러움을 다스리며, 퇴폐와 사치를 교화하여 순박하게 하고, 덕을 다시 생겨나게 하여 천하를 다스렸다. 후에 남쪽의 오(吳)나라와 월(越)나라를 돌아다니다가 범려(範蠡)의 스승이 되었다. 후에 상대부(上大夫)의 지위를 받았으나 나아가지 않고 오흥(吳興) 여영(余英)의 우산(禺山)지금의 절강(浙江) 덕청(德淸)에 은거하였다. 구름을 타고 승천했다고 전해진다. 당(唐)나라 현종(玄宗) 천보(天寶) 원년(742) 2월에 "통현진인(通玄眞人)"에 봉해졌다. 세상에 전해지던 『문자』는 『통현진경(通玄眞經)』이라는 칭호를 받았다.

통현진인(通玄眞人)

. . .

"문자(文子)"를 말한다.

항창자(亢倉子)

. . .

"항상자(亢桑子)" 또는 "경상자(庚桑子)"라고도 하는데, 바로『장자
(莊子)』우언 중에 나오는 인물인 "경상초(庚桑楚)"를 말한다.『역세
진선체도통감(歷世眞仙體道通鑒)』권4에 다음과 같이 기록되어 있
다. 진(陳)나라 사람으로 노군(老君)의 도를 얻어 귀로 보고 눈으로
들을 수 있었다. 일설에는 외루산(畏壘山)에 살면서 벼슬을 버리고
처를 멀리하며 6년을 거처하였는데, 외루산 일대가 풍족해졌다고 한
다. 이후에 오(吳)나라를 돌아다니다가 비릉(毗陵) 맹봉(孟峰)에 은거
하여 도를 이루고 신선이 되어 떠났다고 한다.『선원편주(仙苑編珠)』
하권에는, 항창자가 우산(羽山)에 3년간 거처하자 속세의 역병이 없
어졌다고 한다. 당(唐)나라 현종(玄宗) 천보(天寶) 원년(742) 2월에
"동령진인(洞靈眞人)"에 봉해졌다. 그 저서로는『항창자』가 있으며,
『동령진경(洞靈眞經)』이라는 칭호를 받았다.

동령진인(洞靈眞人)

. . .

"항창자(亢倉子)"를 말한다.

관윤자(關尹子)

춘추전국(春秋戰國) 시기의 도가(道家) 인물이라고 전해진다. 이름은 윤희(尹喜)이며, 함곡관(函谷關)을 다스리는 관직을 역임했다. 『고금도서집성(古今圖書集成)』 권225에 다음과 같은 기록이 있다. "관령 윤희의 자는 공문(公文)이고 주나라의 대부이다. 내학(內學)참위설에 뛰어났고, 항상 일월의 정화를 섭취하였으며 덕을 감추고 수행을 하였으나, 당시에 그를 알아보는 사람이 없었다. 노자가 서쪽으로 갈 적에 윤희가 자색 기운이 몰려오는 것을 보고서 진인(眞人)이 지나갈 것임을 알았다. 그리하여 관문을 막고 사람들을 물색하다가 노자를 만나게 되었다.[關令尹喜, 字公文, 周大夫. 善內學, 常服日精月華, 隱德修行, 時人莫知. 老子西遊, 喜先見紫氣來, 知有眞人當過, 物色而遮之, 果得老子.]" 노자가 그의 요구에 응하여 즉석에서 『도』와 『덕』 상하편 오천언『도덕경』을 말한다을 써서 이 책이 세상에 전해지게 하였다. 이후에 윤희는 노자를 따라 관문을 나가 서쪽으로 떠나, "둘이 함께 유사(流砂)에서 노닐었는데, 그 종적을 알 수 없었다[與俱遊流沙, 莫知所終]." 도교에서는 윤희를 무상진인(無上眞人), 문시선생(文始先生)으로 존승한다.

윤희(尹喜)

"관윤자(關尹子)"를 말한다.

노생(盧生)

• • •

진대(秦代)의 방사(方士). 연(燕)나라 사람. 진시황(秦始皇) 32년
(BC 215)에 명을 받들어 불사약을 얻고자 선인(仙人)인 선문(羨門)
과 고서(高誓)를 찾아 다녔다. 바다로 나갔다가 돌아와 귀신에 관한
일로 보고하였는데, 녹도서(錄圖書)를 바치면서 "진나라를 망하게 할
자는 호입니다[亡秦者胡也]"라고 말했다. 이에 진시황은 대장군 몽염
(蒙恬)에게 명하여 병사 30만으로 북의 호(胡)를 공격하게 하였다. 진
시황 35년에 황제에게 또 다음과 같이 고하였다. "신들이 영지와 기
이한 약을 구하고자 하였으나 늘 신선은 만날 수가 없었는데, 필시
무언가가 방해를 하는 것 같았습니다. 방술에 따르면, 주상께서 때때
로 은밀하게 움직여서 악귀를 물리치셔야 하는데, 악귀를 물리치면
진인(眞人)이 올 것입니다. 주상께서 거처하는 곳을 신하가 알게 되
면 신령의 강림을 방해 받게 될 것입니다. …… 바라옵건대 주상께서
궁궐에 거하실 때 다른 사람이 모르도록 해야만 비로소 불사약을 얻
을 수 있을 것입니다.[臣等求芝奇藥, 仙者常弗遇, 類物有害之者. 方
中, 人主時爲微行以辟惡鬼, 惡鬼辟, 眞人至. 人主所居而人臣知之,
則害於神. …… 願上所居宮毋令人知, 然後不死之藥殆可得也.]" 진
시황은 이에 함양 200리 내의 궁관(宮觀) 270개소를 다리와 회랑으
로 서로 연결하였으며, 휘장을 두르고 종, 북, 미인으로 채웠다. 또
궁인들은 소속된 각자의 관서에서 함부로 이동하지 못하도록 하였
다. 그리고 진시황이 행차하여 거처하는 곳을 발설하는 자는 사형에
처하였다. 이후로부터 진시황이 어디에 있는지 그 소재를 알 수가 없
게 되었다. 훗날 노생은 진시황의 사람됨이 흉폭하고 제멋대로이기

에 화를 입을까 두려워 달아났다. 이 일은 『사기(史記)』「진시황본기(秦始皇本紀)」에 보인다.

서복(徐福)

· · ·

"서불(徐市)"이라고도 한다. 진(秦)나라 방사. 자는 군방(君房). 낭야(琅邪)지금의 산동(山東) 교남(膠南) 낭야대(琅邪台) 서북쪽 사람이며, 일설에는 지금의 강소(江蘇) 공유(贛榆) 사람이라 한다. 『태평광기(太平廣記)』에 다음의 기록이 있다. 진시황(秦始皇) 때에 대완국(大宛國)에 억울하게 죽은 수많은 이들이 길가에 널브러져 있었는데, 까마귀가 풀을 물고와 죽은 이들의 얼굴에 덮자 모두 곧바로 살아났다. 귀곡선생(鬼谷先生)은 그 풀이 동쪽 바다의 조주(祖洲)에서 자라는 불사초(不死草)라고 하였다. 이에 진시황이 서복과 동남동녀 각 3,000명을 누선(樓船)에 태워 바다로 보내 조주를 찾게 하였다. 하지만 그들은 돌아오지 않았고, 그 뒤로 서복이 간 곳을 알지 못했다. 『사기(史記)』「진시황본기(秦始皇本紀)」에서는 다음과 같이 말한다. 진시황 28년(BC 219)에 서불 등이 글을 올려 바다에 봉래(蓬萊), 방장(方丈), 영주(瀛洲)라 불리는 삼신산(三神山)이 있는데, 그곳에 신선이 살고 있으니, 청컨대 재계하고 동남동녀를 데리고 신선을 찾게 해달라고 하였다. 이에 진시황이 동남동녀 수천 명을 데리고 바다로 나아가 "선인(仙人)"을 구하게 하였으나 한번 떠나고서 돌아오지 않았다. 『태평광기』와 『사기』의 내용이 약간 다르다. 하맹춘(何孟春)의 『여동서록(餘冬序錄)』 권48 『고거(考古)』「성명자학(姓名字學)」에서 "서불은 서복이라고도 하는데, 이름이 두 개 있는 것은 아니다. 불(市)은 바로 불(黻)

의 옛 글자로서, 한나라 때에는 번절법이 없었다. 그런데 소리가 서로 비슷한 자음(字音)으로 그 아래에 주석을 달았는데, 후대인들이 불(市)을 시전(市廛)으로 읽었기 때문에 아마도 복(福)이라는 다른 이름이 된 듯하다[徐市又作徐福, 非有兩名. 市, 乃古黻字, 漢時未有翻切. 但以聲相近字音注其下, 後人讀市作市廛字, 故疑福爲別名]"고 하였다. 전설에 따르면, 서복은 바다에서 표류하다가 지금의 일본 국토까지 이르렀다고 한다. 7, 8세기 후반의 일본 문헌 속에는 서복과 관련된 기록이 자못 많으며, 그는 농경과 의약을 관장하는 신으로 존숭되었다. 일본은 지금도 서복을 기념하는 명승지가 여전히 남아 있다.

서불(徐市)

. . .

"서복(徐福)"을 말한다.

공손경(公孫卿)

. . .

서한(西漢) 시기의 방사. 제(齊)지금의 산동(山東) 땅 사람. 스스로 신선과 통할 수 있다고 말했다. 한무제(漢武帝, 재위 BC 141 ~ BC 87)가 그에게 벼슬을 내려 랑(郎)으로 삼았고, 그 후 또 중대부(中大夫) 벼슬을 내렸다. 『사기(史記)』「봉선서(封禪書)」에 보인다.

난대(欒大)

　서한(西漢) 시기의 방사. 원래 이소옹(李少翁)과 동일한 스승을 모셨다. 한무제(漢武帝)의 총애를 받아 오리장군(五利將軍)으로 봉해지고, 오리장군·천사장군(天士將軍)·지사장군(地士將軍)·대통장군(大通將軍)·낙통후(樂通侯)·천도장군(天道將軍) 등 여섯 개의 인장(印章)을 차 천하에 그 고귀함을 떨쳤다. 후에 그는 방술을 다 써도 대부분 효험을 얻지 못해 주살당하였다. 『사기(史記)』「봉선서(封禪書)」에 보인다.

이소옹(李少翁)

　서한(西漢) 시기의 방사. 제(齊)지금의 산동(山東) 땅 사람. 신(神)을 부르고 귀(鬼)를 물리치는 술법으로 한무제(漢武帝)의 총애를 받았다. 이 때 왕부인(王夫人)『한서(漢書)』에는 이부인(李夫人)으로 되어 있다이 일찍 사망하자 한무제는 그리움에 사무쳤다. 이소옹이 그녀의 신(神)을 부를 수 있다고 말하고, 야간에 등불을 켜 놓고 휘장을 설치한 후 한무제에게 그 휘장 너머를 멀리 바라보게 했는데, 여기에 왕부인과 같은 여인의 형체가 나타났다. 한무제가 벼슬을 내려 문성장군(文成將軍)이 되었다. 후에 방술이 실패하여 주살당하였다. 『사기(史記)』「봉선서(封禪書)」에 보인다.

이소군(李少君)

서한(西漢) 시기의 방사. 제(齊)_{지금의 산동(山東)} 땅 사람. 한무제(漢武帝)가 방사들을 불러 모을 때, 부뚜막 신에게 제사하여 복을 구하는 사조(祠灶), 곡식을 끊어 불로장생을 구하는 곡도(穀道), 노쇠(老衰)를 물리치는 각로(卻老)의 술법으로 무제의 신임을 얻었다. 후에 병으로 사망하였다. 『사기(史記)』「교사지상(郊祀志上)」에 보인다.

모영(茅盈, BC 145~?)

모산파(茅山派)의 조사(祖師). 자(字)는 숙신(叔申). 한(漢)나라 경제(景帝, 재위 BC 157 ~ BC 141) 때 함양(鹹陽)_{지금의 협서(陝西)에 속함} 사람이라고 전해진다. "어릴 적부터 품성이 남달랐고[少稟異操]" 18세에 항산(恒山)에 들어가 수도하다가 49세에 집으로 돌아왔다. 훗날 구곡산(句曲山)_{지금의 강소(江蘇) 서남쪽}에 은거하였다. 수련하면서 한편으로는 약을 캐어 사람들의 병을 치료하였다. 그의 둘째동생의 이름은 고(固), 셋째동생의 이름은 충(衷)으로, 그를 따라 도를 배웠다. 후인들이 이들을 대모군(大茅君), 중모군(中茅君), 소모군(小茅君)이라고 불렀다. 이들을 합하여 "삼모진군(三茅眞君)"이라 일컫는다.

모고(茅固)

서한(西漢) 시기의 방사. 자(字)는 계위(季偉). 모산파(茅山派) 조사 모영(茅盈)의 둘째동생. 한(漢)나라 선제(宣帝) 때 집금오(執金吾)가 되었는데, 후에 형 모영의 권유로 관직을 사직하고 형을 따라 수도하며 도술선결(道術仙訣)과 금단신방(金丹神方)을 전수받았다. 부상태제군(扶桑太帝君)이 그에게 지선(地仙)의 직책을 내려 구곡산(句曲山)을 다스리게 하였다고 전해진다. 훗날 모산파에서 중모군(中茅君)으로 존숭되었다. 형 모영과 동생 모충(茅衷)과 함께 "삼모진군(三茅眞君)"으로 일컬어졌다.

모충(茅衷)
• • •

서한(西漢) 시기의 방사. 자(字)는 사화(思和). 모산파(茅山派) 조사 모영(茅盈)의 셋째 동생. 한(漢)나라 선제(宣帝) 때 오관대부(五官大夫)·서하태수(西河太守)를 지냈는데, 후에 그의 형 모고(茅固)와 함께 관직을 사직하고 장강을 건너 첫째 형 모영을 찾아갔다. 산 속에서 수도하며 도술선결(道術仙訣)과 금단신방(金丹神方)을 전수받았다. 부상태제군(扶桑太帝君)이 그에게 지선(地仙)의 직책을 내려 양상산(良常山)을 다스리게 하였다고 전해진다. 훗날 모산파에서 소모군(小茅君)으로 존숭되었다. 형 모영·모고와 함께 "삼모진군(三茅眞君)"으로 일컬어졌다.

감충가(甘忠可)
• • •

서한(西漢) 시기의 방사. 제(齊)지금의 산둥(山東) 땅 사람. 일찍이 『천관력(天官曆)』과 『포원태평경(包元太平經)』 두 책을 지었는데, "한나라 왕조가 천지 운명의 막바지를 맞이하여 다시 천명을 받아야 하는

데, 천제께서 진인 적정자로 하여금 나에게 이 도를 하교하셨다[漢家逢天地之大終, 當更受命於天, 天帝使眞人赤精子, 下教我此道]"고 하였다. 또 "천지를 존숭하고, 음양을 중시하며, 사시를 공경히 받들고, 월령을 엄격히 해야 한다[尊天地, 重陰陽, 敬四時, 嚴月令]"고 주장하였다. 그는 황로도(黃老道)와 참위학설(讖緯學說)을 서로 결합시키고, 장생하며 신선을 이루는 것을 추구하였다. 또 나라를 부흥시키는 방법을 강론하면서 천하의 태평을 이루고자 하였는데, 후에 "조정을 간섭하는 말을 함[語涉朝政]"으로써 해를 입었다. 그의 주요 제자로 이심(李尋), 하하량(夏賀良) 등이 있다. 저작으로 『포원태평경』 12권이 있지만 일찍이 일실되었다.

엄군평(嚴君平)

• • •

서한(西漢) 말의 은사(隱士). 본래 성은 장(莊)이고, 이름은 준(遵), 자는 군평(君平)이다. 한(漢) 명제(明帝) 유장(劉莊)을 피휘하여 "장(莊)"을 "엄(嚴)"으로 고쳤기 때문에 엄군평이라 불린다. 촉(蜀)군 성도(成都)지금의 사천(四川)에 속한다 사람이다. 한 성제(成帝) 연간에, 성도의 시장에서 점치는 일을 하면서 "각자의 처한 형세에 따라 선으로 인도하여[因勢導之以善]", 많은 사람들에게 은혜를 베풀었다. 매일 몇 사람만 봐주면서 백전을 벌어 자기가 먹을 만큼이 되면 자리를 접고서 『노자』를 강의했다. 『한서(漢書)』의 기록에 의하면, 엄군평은 자연을 숭상하고, 청정함을 좋아했으며, 사람들에게 충효예의를 가르치되 도가의 "무위"의 뜻에 근본을 두었다. "유약(柔弱)을 믿고 따르며, 몸소 경작하여 먹고, 항상 그칠 줄 알고 만족할 줄 알며, 무명으로 돌아가기[信順柔弱, 躬耕而食, 常於止足, 歸乎無名]"를 주장했다.
"나의 재물을 더해주는 것은 나의 신을 해치고, 나의 이름을 날리게
하는 것은 나의 몸을 해친다[益我貨者損我神, 生我名者殺我身]"고
여기고, 평생 벼슬하지 않았다. 『노자』와 『장자』에 근거하여 10여 만
자의 글을 지었다. 90여 세에 생을 마쳤다. 저작에 『노자주(老子注)』
와 『노자지귀(老子指歸)』즉 『도덕진경지귀(道德眞經指歸)』가 있다. 현재 『도
장』『동신부(洞神部)』「옥결류(玉訣類)」에 실린 『도덕진경지귀』는 총
13권 중 후반의 7권만 남아 있다.

서문군혜(西門君惠)

. . .

서한(西漢) 말의 도사. 『한서(漢書)』「왕망전하(王莽傳下)」에 다음과
같은 기록이 있다. "위나라 장군 왕섭은 평소에 도사 서문군혜를 잘
봉양했다. 군혜는 천문과 참위서를 좋아했는데, 왕섭에게 말하기를,
'패성이 궁궐로 떨어졌으니 유씨가 다시 부흥할 것인데, 지금 국사공
의 성이 유씨입니다'라고 하였다[衛將軍王涉素養道士西門君惠. 君
惠好天文讖記, 為涉言, 星孛掃宮室, 劉氏當復興, 國師公姓名是也]."
그를 방사라고도 하는데, 환담(桓譚)의 『신론(新論)』「변혹(辨惑)」에
다음과 같은 기록이 있다. "곡양후(曲陽侯) 왕근(王根)은 방사 서문군
혜를 맞이하여 그의 장생불로술을 배웠다[曲陽侯王根迎方士西門君
惠, 從其學養生却老之術]." 여기에서 방사를 도사라고도 칭한 것이
서한 말에 시작되었음을 알 수 있다.

윤집(尹軌)

• • •

누관파의 도사. 자는 공도(公度)이고, 태원(太原)지금의 산서(山西)에 속한다 사람이다. 『신선전(神仙傳)』권9에 의하면, "오경에 해박했고, 특히 천문 · 점성 · 하도낙서 · 참위에 밝았다. 만년에 도를 배웠다[博學五經, 尤明天文星氣河洛讖緯. 晚乃學道]"고 한다. 항상 허리에 옻칠한 죽통 10여 개를 차고 다녔다. 그 안에는 모두 약이 있었는데, 그 약으로 전란의 화나 질병을 피할 수 있었다고 한다. 도교에서는 그를 태화진인(太和眞人)이라고 부른다. 또 『회경부지(懷慶府志)』에 의하면, 이소군(李小君)이 『신단경(神丹經)』을 곽연(郭延)에게 전했고, 곽연은 윤집에게 전했으며, 윤집은 산세원(山世遠)에게 전했고, 산세원은 계자훈(薊子訓)에게 전했다고 한다.

장릉(張陵, ?~156)

• • •

"장도릉(張道陵)"이라고도 한다. 동한(東漢) 오두미도(五斗米道)의 창시자. 패(沛)국 풍(豊)지금의 강소(江蘇) 풍현(豊縣) 땅 사람이다. 한(漢)나라 유후(留侯)였던 장량(張良)의 후예라고 전해진다. 어려서부터 『노자』 및 천문 · 지리 · 하도낙서 · 참위서 등을 깊이 연구했다. 일찍이 태학에 들어가 오경에 통달했으며, "현량방정직언극간과(賢良方正直言極諫科)"에 급제했다. 동한 명제(明帝) 때, 파군(巴郡) 강주(江州)현재의 중경(重慶)의 수령을 역임했다. 후에 관직을 사퇴하고 북망산(北邙山)현재의 하남(河南) 낙양(洛陽) 북쪽에 은거하여 장생의 도를 닦았다. 조정에서 여러 차례 관직을 주어 불렀으나 모두 따르지 않았다. 동한 순제(順帝) 연간(126~144)에, 촉 땅이 명산이 많고 풍습이 순후하여 교화하기 쉽다는 말을 듣고 제자들을 데리고 촉으로 들어가 학명산(鶴鳴山)에 거처하면서 도를 닦았다. 스스로 태상노군(太上老君)에게서 "삼천정법(三天正法)"을 받았다고 말하고, "삼천법사정일진인(三天法師正一眞人)"을 호로 삼았다. 24편의 도서(道書)를 지었으며, 오두미도(五斗米道)즉 "정일맹위지도(正一盟威之道)"를 창립했다. 노자를 교주로 존숭하고 『노자』를 경전으로 받들었다. 『노자상이주(老子想爾注)』를 지어, "나라를 보좌하고 백성을 돌보며 뭇 생명을 기르는[佐國扶命, 養育群生]" 일을 자신의 소임으로 삼았다. 그 제자들이 많았는데, 그 중 왕장(王長)과 조승(趙升)이 참된 도를 얻었다. 『신선전(神仙傳)』에 의하면, "장릉과 조승, 왕장, 세 사람은 모두 백일승천했다[陵與升長三人, 皆白日沖天而去]"고 한다. 후에 장릉의 4대손 장성(張盛)이 본거지를 학명산에서 강서(江西) 용호산(龍虎山)으로 옮기고, 대대로 그 도를 전하면서 모두 "천사(天師)"로 불렸다. 장릉은 당(唐) 희종(僖宗) 때 "삼천부교보원대법사(三天扶敎輔元大法師)"에 봉해졌다. 송(宋) 이종(理宗)은 그를 "삼천부교보원대법사정일정응현우진군(三天扶敎輔元大法師正一靜應顯佑眞君)"에 책봉했으며, 원(元) 성종(成宗)은 추가로 "정일충원신화정응현우진군(正一沖元神化靜應顯佑眞君)"에 봉했다. 도교에서는 조천사(祖天師)로 높이 받들었고, "항마호도천존(降魔護道天尊)"으로 칭하기도 한다.

장도릉(張道陵)

• • •

"장릉(張陵)"을 말한다.

장천사(張天師)

● ● ●

① "장도릉(張道陵)"을 말한다.

② 역대 천사(天師)들에 대한 통칭.

우길(于吉)

● ● ●

간길(干吉) 또는 간실(干室)이라고도 한다. 동한(東漢) 시기 도사. 낭야(琅邪)지금의 산동(山東) 임기(臨沂) 사람이다. 역사서에 두 가지 설이 있다. ①『태평경(太平經)』의 저자이다. 『후한서(後漢書)』「양해전(襄楷傳)」에 다음과 같은 기록이 있다. "순제(順帝) 때, 낭야 땅 사람 궁숭(宮崇)이 입궐하여 그 스승 간길이 곡양(曲陽)의 샘에서 얻은 신서(神書) 170권을 바쳤는데, 모두 푸른빛이 도는 흰 비단으로 되어 있고, 붉은 색으로 칸을 쳐서 줄을 나누고 청색의 제첨(題籤)에 붉은색으로 제목이 쓰여 있었는데,『태평청령서(太平清領書)』라 하였다.[順帝時, 琅邪宮崇詣闕, 上其師干吉于曲陽泉水上所得神書百七十卷, 皆縹白素朱介清首朱目, 號太平清領書.]" ②『삼국지(三國志)』「손책전(孫策傳)」의 주에「강표전(江表傳)」을 인용하여 다음과 같은 기록이 있다. "이때 낭야에 우길이라는 도사가 있었는데, 동방에 살다가 오회(吳會)를 왕래하면서 정사를 세우고 향을 불사르고 도서를 읽으며, 부수를 만들어 병을 치료하니 오회의 많은 사람들이 그를 따랐다[時有道士琅琊于吉, 先寓居東方, 往來吳會, 立精舍, 燒香讀道書, 制作符水以治病, 吳會人多事之]." 이후에 손책에게 죽임을 당했다.

간길(干吉)

• • •

"우길(于吉)"을 말한다.

간실(干室)

• • •

"우길(于吉)"을 말한다.

장형(張衡)

• • •

장릉(張陵)의 아들로, 동한(東漢) 오두미도(五斗米道)의 대표인물 중 하나. 자는 영진(靈眞)이다. 아버지의 뒤를 이어 도를 전하여, 후에 도교에서 그를 "사사(嗣師)"라 칭했다. 광화(光和) 2년(179)에 "백일승천(白日升天)"했다고 전해진다.

장각(張角, ?~184)

• • •

동한(東漢) 말, 태평도(太平道)의 창립자이자 황건봉기의 우두머리. 거록(巨鹿)지금의 하북(河北) 평향(平鄕)의 서남쪽 사람이다. 황로도(黃老道)와 『태평경(太平經)』을 받들었다. 부수(符水)의 주술법으로 사람들의 병을 치료하였고, 스스로 "대현양사(大賢良師)"라 칭했다. 영제(靈帝, 재위 167~189) 때, 치병과 전도를 명목으로 농민들 속에서 비밀리에 조직을 만들어 나갔다. 10여 년 사이에 따르는 무리가 수십만에 달했고, 청주(靑洲), 서주(徐洲), 유주(幽洲), 기주(冀洲), 형주(荊

142

洲), 양주(揚洲), 연주(兗洲), 예주(豫洲) 등 8개 주에 두루 퍼졌다. 중평(中平) 원년(184)에 봉기하여, "천공장군(天公將軍)"이라 칭했다. 노란 두건을 머리를 둘러서 표식을 삼았기 때문에 황건군(黃巾軍)이라 불렸다. 동생 장량(張梁)과 함께 유주(幽洲)와 기주(冀洲)의 황건군을 모아, 광종(廣宗)지금의 하북(河北) 위현(威縣) 동쪽에서 북중랑장(北中郎將) 노식(盧植)의 공격을 격퇴시켰고, 또 얼마 후에 동중랑장(東中郎將) 동탁(董卓)을 물리쳤다. 그러나 오래지 않아 병으로 죽었다. "태평도(太平道)" 참조.

장량(張梁, ?~184)

• • •

동한(東漢) 말기의 태평도(太平道) 창립자이자 황건봉기 우두머리인 장각(張角)의 동생. 거록(巨鹿)지금의 하북 평향(河北平鄉) 서남 사람. 중평(中平) 원년(184)에 장각과 함께 봉기하여 "인공장군(人公將軍)"이라 칭하였다. 일찍이 장각과 더불어 북중랑장(北中郎將) 노식(盧植), 동중랑장(東中郎將) 동탁(董卓)의 공격을 격퇴시켰다. 같은 해에 광종(廣宗)지금의 하북 (河北) 위현(威縣)의 동쪽에서 좌중랑장(左中郎將) 황보숭(皇甫嵩)의 공격을 반격하였으나, 그 이후에 경계를 소홀히 하여 한(漢)나라 군대의 야습을 당해 패하여 죽었다.

장보(張寶, ?~184)

• • •

동한 말기에 태평도(太平道) 창립자이자 황건봉기 우두머리인 장각(張角)의 동생. 거록(巨鹿)지금의 하북 평향(河北平鄉) 서남 사람. 중평(中平)

원년(184)에 장각, 장량과 더불어 봉기하면서 "지공장군(地公將軍)"
이라 칭했다. 같은 해에 장량이 광종(廣宗)지금의 하북 (河北) 위현(威縣)의 동
쪽에서 패하여 전사한 이후, 황건군을 이끌고 하곡양(下曲陽)지금의 하
북(河北) 진주(晋州) 서쪽에서 한(漢)나라 장군 황보숭(皇甫嵩)에 항거하다
가 패전하여 죽었다.

장수(張修)

. . .

동한(東漢) 말기 오두미도(五斗米道)의 신도. 『후한서(後漢書)』「영
제기(靈帝紀)」 주석에서 유애(劉艾)의 『영헌이제기(靈獻二帝紀)』를 인
용해 다음과 같이 말하고 있다. "이때에 파군의 무당 장수가 병을 치
료하였는데, 병이 나은 사람들이 치료비로 쌀 다섯 말을 내어 놓았기
때문에 오두미사라고 불렸다[時巴郡巫人張修療病, 愈者雇以米五斗,
號爲五斗米師]." 중평(中平) 원년(184) 7월에 황건의 봉기를 따라서
파군(巴郡)에서 봉기하였다.

궁숭(宮崇)

. . .

'궁숭(宮嵩)'이라고도 한다. 동한(東漢)의 도사로, 낭야(琅邪)지금 산동
(山東) 임기(臨沂) 땅 사람이다. 전해오는 말에 일찍이 간길(干吉)을 스승
으로 섬겼고, 간길로부터 『태평경(太平經)』을 받았다고 한다. 순제(順
帝, 재위 125~144) 때, 궁궐에 들어와 "그 스승 간길(干吉)이 곡양의
샘에서 얻은 신서 170권을 진상하였는데, 모두 푸른빛이 도는 흰 비
단으로 되어 있고 붉은색으로 칸을 쳐서 줄을 나누고, 청색의 제첨

(題簽)에 붉은색으로 제목이 쓰여 있었는데, 『태평청령서』라 하였다. 그 내용은 음양오행을 주로 하지만 대부분 무당의 잡스러운 말이었다. 관리들이 궁숭이 진상한 것은 요망하고 법도에 맞지 않는 책이라고 주청하니, 보관해 두기만 하였다.[上其師于吉於曲陽泉水上所得神書百七十卷, 皆縹白素朱介, 靑首朱目, 號太平淸領書. 其言以陰陽五行爲家, 而多巫覡雜語. 有司奏崇所上妖妄不經, 乃收藏之.] 『신선전(神仙傳)』권10에는 "운모를 복용하여 나이가 수백 세인데도 어린아이의 얼굴을 하고 있었으며, 훗날 저서산에 들어가 신선이 되었다[服雲母, 數百歲有童子之色, 後入紵嶼山仙去]"고 기록하고 있다.

궁숭(宮嵩)
• • •

'궁숭(宮崇)'을 말한다.

양해(襄楷, ?~186경)
• • •

동한(東漢) 시기 평원(平原) 현음(隰陰)지금의 산둥(山東)에 속한다 사람으로, 자는 공거(公矩)이다. 배우기를 좋아하였고 고문에 밝았으며, 천문과 음양술을 잘했다. 연희(延熹) 9년(166)에 입궐하여 상소하기를, 천문과 음양, 재이술(災異術)로 인사를 참작해 보이면서, 환제(桓帝)에게 간언을 받아들이고 현명한 이를 등용하며 사람의 생명을 소중히 할 것과 하늘의 뜻을 받들어 억울한 옥살이를 해원하기를 권하였다. 아울러 『태평경(太平經)』을 바쳤다. 10여 일 후 다시 글을 올리며 다음과 같이 말하였다. "전에 궁숭이 헌상한 신서(神書)는 오직 천지를 받들고 오행을 따르는 것을 근본으로 하고 있으며, 나라를 일으키고 자손을 번창하게 하는 술수도 있습니다. 그 글은 매우 쉽고 경전과 일치하는데도 순제가 행하지 않았기 때문에, 나라의 자손이 흥하지 않았습니다.[前者宮崇所獻神書, 專以奉天地順五行爲本, 亦有興國廣嗣之術. 其文易曉, 參同經典, 而順帝不行, 故國胤不興.]" 그러나 "거짓으로 천문을 빌리고 신령에 위탁하여 자신의 사사로운 뜻에 부합하게 하고 황제를 무함하면서 받들지 않는다[假借星宿, 偽托神靈, 造合私意, 誣上罔事]"고 질책을 당하고, 하옥당해 벌을 받았다. 영제(靈帝, 재위 167~189) 즉위 이후에 양해가 올린 글이 옳다고 여겨졌다. 중평(中平) 연간(184~189)에 박사를 보내 불렀으나 오지 않았고 자기 집에서 죽었다. 『후한서(後漢書)』「양해전(襄楷傳)」에 보인다.

장로(張魯, ?~216)
· · ·

동한(東漢) 시기 오두미도(五斗米道)의 대표인물 중 하나. 자는 공기(公旗)이고, 패(沛)국 풍(豊)지금의 강소(江蘇) 풍현(豊縣) 땅 사람이다. 장릉(張陵)의 손자이다. 역사서에 다음과 같이 기록하고 있다. "장릉이 죽고 나서 아들인 장형이 그 도를 행하였고, 장형이 죽자 장로가 다시 행하였다[陵死, 子衡行其道, 衡死, 魯復行之]." 초평(初平) 2년(191)에 익주(益州) 목사 유언(劉焉)의 독의사마(督義司馬)를 역임하면서 신도들을 이끌고 한중(漢中)을 공격해 점령하고서 정교합일의 지역 정권을 건립하고 스스로 '사군(師君)'으로 칭하였다. 교단에 '제주(祭酒)'직을 두어 지방정치를 관리하였고, 아울러 각 지역에 '의사(義舍)'를 건립하고 '의미(義米)'와 '의육(義肉)'을 두어 그 길을 지나는 사람들이 마음껏 먹을 수 있게 하였다. 술 빚는 것을 금지하였고, 봄 여름으로 제물로 바치려고 동물을 죽이는 일을 금지하였다. 범법자는 세 차례 용서를 해준 뒤에 형벌을 집행하였으며, 작은 잘못이 있는 자에게는 100걸음의 길을 정비하게 하였다. 한중을 30여 년 통치하면서 한족과 소수민족의 옹호를 받았다. 관서(關西)의 인민들이 난리를 피해 한중으로 옮겨온 집이 수만에 이르렀고, 파(巴) 지역 사람들도 많은 수가 옮겨와 거주하였다. 건안(建安) 20년(215)에 조조(曹操)가 한중을 공격하자 파중(巴中)지금의 사천(四川)에 속한다으로 피해갔다. 오래지 않아 조조에게 항복하고서 진남장군(鎭南將軍)과 낭중후(閬中侯)에 봉해졌다. 후대 도교에서 그를 '계사(系師)'라고 칭한다.

삼장(三張)

. . .

동한(東漢) 시기 오두미도(五斗米道) 창립의 대표인물인 장릉(張陵), 장형(張衡), 장로(張魯) 세 명을 합쳐 부르는 말. 『위서(魏書)』「석노지(釋老志)」에 이미 '삼장(三張)'이라는 말이 있으며, 원(元)나라 조도일(趙道一)의 『역세진선체도통감(歷世眞仙體道通鑑)』 권19에는 장릉을 '천사(天師)'로, 장형을 '사사(嗣師)'로, 장로는 '계사(系師)'로 칭하고 있다. 그러므로 '삼장'을 '삼사(三師)'라고도 부른다.

백화(帛和)

. . .

백가도(帛家道)의 조사(祖師). 백화와 관련하여 세 가지 설이 있다.
① 『신선전(神仙傳)』에 따르면, 백화의 자는 중리(仲理)이고 요동

(遼東)요동 요양(遼陽)시 소재 사람이다. 지폐산(地肺山)종남산(終南山)을 말한다
에 들어가 동봉(董奉)을 섬겼는데, 동봉이 행기복술법(行氣服術法)을
그에게 전수하였다고 한다. 또 전하는 말에 서성산(西城山) 석벽에서
『태청중경(太淸中經)』, 『신단방(神丹方)』, 『삼황천문(三皇天文)』, 『오
악진형도(五嶽眞形圖)』를 얻었다고 하며, 이후에 임여산(林慮山)일명
융여산(隆慮山), 지금의 하남(河南) 임주(林州)에 있다에 들어가 지선(地仙)이 되었
다고 한다. 일찍이 우길(于吉)에게 『소서(素書)』 두 권을 주었는데, 우
길이 부연하여 170권의 『태평경(太平經)』을 만들었다고 한다.

　②『수경주(水經注)』에 따르면, 백중리(帛仲理)의 이름이 호(護)이고,
익주 파군(巴郡)지금 중경시(重慶市) 북가릉강(北嘉陵江) 북쪽 사람이다. 일찍이
융려산(隆慮山)에서 도를 닦았으며, 무종산(無終山)에서 신단(神丹)을
합성하여 "5,000금에 해당하는 금을 만들어 백성을 구제하였다[作金
五千金 以救百姓]"고 한다. 사후에 전수(瀍水)의 서남쪽에 장사 지냈
는데, 비문에 "진인(眞人) 백군(帛君)의 묘표"라고 쓰여 있다고 한다.

　③ '백(帛)'은 '백(白)'이라고도 쓴다. 『포박자(抱朴子)』「거혹편(袪惑
篇)」에는 진대(晋代)에 이미 "백화와 같은 앞선 시대의 유명한 도사에
가탁한 자들[假托作前世有名之道士者, 如白和者]"이 있었다고 적고
있다. 남북조(南北朝) 시기에 백가도(帛家道)가 지금의 강소(江蘇)와
절강(浙江) 일대에 유행했다.

위백양(魏伯陽)

• • •

　동한(東漢) 시기의 연단(煉丹) 방사(方士). 일설에 의하면 이름은
고(翶)이며, 호는 백양(伯陽)이고, 또 다른 호는 운아자(雲牙子)라고

한다. 회계(會稽) 상우(上虞)지금의 절강(浙江) 사람. 본래 명문대가의 자식이었는데 천성적으로 도술(道術)를 좋아하였다. 저서로『주역참동계(周易參同契)』가 있는데,『주역(周易)』의 효상(爻象)으로써 신선 수련법을 논술하였고, 연단술[鍊丹術, 노화(爐火)]과 "대역(大易)", "황로(黃老)", 세 가지를 종합하여 하나로 합치시켰다. 도교 연단술 초기의 중요 저작 중 하나이다. 진(晉)나라 갈홍(葛洪)의『신선전(神仙傳)』에는 산에 들어가 수련을 하고 단을 복용하여 신선이 되었다는 등의 고사가 실려 있다.

비장방(費長房)

• • •

동한(東漢)의 방사(方士). 여남(汝南) 지금의 하남(河南) 평여(平輿) 북쪽 사람. 시연(市掾)시장 관리인이었다. 전해지기로는, 약을 팔던 노인 호공(壺公)을 따라 산에 들어가 도를 닦았다고 한다. 비장방이 뜻을 이루지 못하고 돌아가려하니 노인이 대나무 지팡이를 주며 말하길, "이것을 타면 가고자 하는 곳에 저절로 이르게 될 것이다[騎此任所之, 則自至矣]"라고 하였다. 또 부적을 그려주며 "이것으로써 지상의 귀신을 주재할 수 있을 것이다[以此主地上鬼神]"라고 하였다. 이에 비장방은 지팡이를 타고 순식간에 되돌아왔다. 이후로부터 여러 가지 병들을 치료할 수 있었고, 여러 귀신들과 토지신을 부릴 수 있었으며, 신기한 일들을 자주 보여주었다. 축지법을 할 수 있어서 하루 동안에도 수천 리 밖의 여러 곳에서 그가 목격되었다고 한다. 훗날 그 부적을 잃어버리고 귀신들에게 죽임을 당했다고 한다. 이 내용들은『후한서(後漢書)』「방술열전(方術列傳)」에 보인다.

치검(郗儉)

　　동한(東漢)의 방사(方士). 양성(陽城)_{지금의 하남(河南) 상수(商水) 서남쪽} 사람이라고도 하고, 의천(潁川)_{지금의 하남(河南) 우주(禹州)} 사람이라고도 한다. 조조(曹操)의 군리(軍吏)였다고 한다. 벽곡(辟穀)에 뛰어났고, 복령(伏苓)을 주로 먹었다고 전해진다. 조식(曹植)의『변도론(辯道論)』에서는 "곡식을 끊는 100일 동안, 몸소 옆에서 지켜보았으나 그의 행동이나 기거함은 전과 같았다[絕穀百日, 躬與之寢處, 行步起居自若也]"라고 하였다. 조비(曹丕)의『전론(典論)』에서는 "치검이 이르는 곳에는 복령 가격이 수배로 폭등하였다[儉之所至, 伏苓價暴數倍]"라고 하였다. 이 내용은『후한서(後漢書)』「좌자전(左慈傳)」 주석에 보인다.

좌자(左慈)

　　동한(東漢) 말의 방사(方士). 자는 원방(元放). 여강(廬江)_{지금의 안휘(安徽)} 사람. 갈현(葛玄)의 스승으로, 도술에 뛰어났다. 조조(曹操)가 군리(軍吏)로 거두었다. 조조가 시험 삼아 그를 가두고 곡식을 한 달 동안 끊게 하였으나 안색이 변하지 않고 기력도 그대로였다고 한다. 이에 조조는 그가 도술을 부린다고 여기고 죽이려 하자, 좌자는 달아났다. 형주(荊州)에서는 지방관이었던 유표(劉表)가 백성들을 미혹시킨다는 이유로 또 그를 죽이려하자, 유표를 피하여 동쪽으로 갔다. 손책(孫策)을 만났는데, 손책 또한 그를 죽이려고 하였다. 마침내 손권(孫權)을 만났는데, 손권은 평소 그가 도술을 부리는 것을 알았지만 예로써 그를 중시하였다.『신선전(神仙傳)』에서는 좌자가 오경(五

經)에 밝고 점성술에 통달했다고 한다. 후에 도를 배워 귀신을 부릴수 있게 되었고, 앉은자리에서 먹을거리를 만들어낼 수 있었으며, 변화무쌍하여 그의 기미를 알아차릴 수 없었다고 한다. 『후한서(後漢書)』「좌자전(左慈傳)」에서는 농어로 변신하기도 하고, 은신술로 몸을숨길 수도 있었다고 한다. 또 방중술도 알았다고도 한다. 갈홍(葛洪)의 『포박자(抱朴子)』「금단편(金丹篇)」에서는 좌자가 『태청단경(太淸丹經)』3권, 『구정단경(九鼎丹經)』1권, 『금액단경(金液丹經)』1권을갈현(葛玄)에게 전수했다고 기록되어 있다. 동한 시기 단정파(丹鼎派)의 도술 계통은 그로부터 흘러나왔다.

감시(甘始)

한(漢)말의 방사(方士). 감릉(甘陵)지금의 하북(河北) 청하(淸河) 동남쪽 사람. 일찍이 조조(曹操)에게 채용되었다. 전해지기로는, 한아(韓雅)에게 도를 배웠으며, 용성공(容成公)의 어부술(御婦術)을 할 수 있었고, 행기(行氣)에도 뛰어났으며, 늙어서도 젊은 용모를 유지했다고 한다. 그 내용은 『후한서(後漢書)』「방술전(方術傳)」과 『삼국지(三國誌)』「위지(魏誌)·화타전(華佗傳)」의 주석 및 조식(曹植)의 『변도론(辯道論)』과 갈홍(葛洪)의 『포박자(抱朴子)』「논선편(論仙篇)」에 보인다.

갈현(葛玄, 164~244)

삼국(三國) 시대의 방사(方士). 자는 효선(孝先). 단양(丹陽) 구용(句容)지금의 강소(江蘇)에 속한다 사람. 갈홍(葛洪)의 종조부(從祖父). 『포박자(抱朴子)』「금단편(金丹篇)」에 따르면, 일찍이 좌자(左慈)에게서 도를 배웠으며, 『태청단경(太淸丹經)』 3권, 『구정단경(九鼎丹經)』 1권, 『금액단경(金液丹經)』 1권을 받았고, 후에 제자인 정은(鄭隱)에게 전수해 주었다고 한다. 강서(江西)의 각조산(閣皂山)에서 도를 닦았으며, 항상 복이술(服餌術)을 행하고, 부적을 쓰고 주문을 외우며, 여러 가지 기이한 술수를 행하였다고 한다. 도교에서는 "갈선공(葛仙公)"이라고 존숭하며, "태극좌선공(太極左仙公)"이라고도 칭한다. 송(宋)나라 휘종(徽宗) 숭녕(崇寧) 3년(1104)에 "충응진인(沖應眞人)"에 봉해졌다. 이종(理宗) 순우(淳右) 3년(1243)에는 "충응부우진군(沖應孚佑眞君)"에 봉해졌다.

장성(張盛)

• • •

장로(張魯)의 아들. 천사도(天師道)즉 오두미도(五斗米道)의 제4대 "천사(天師)". 서진(西晉) 영가(永嘉) 연간(307~313)에 강서(江西)의 용호산(龍虎山)으로 이주하였으며, 장릉(張陵)을 장교(掌敎)와 "정일천사(正一天師)"로 존숭하였다고 전해진다.

진서(陳瑞, ?~277)

• • •

서진(西晉)의 오두미도(五斗米道) 교도(敎徒). 일찍이 건위군(犍爲郡)지금의 사천(四川) 팽산(彭山)에서 도를 전했다고 한다. 『화양국지(華陽國誌)』「대동지(大同誌)」에는 다음과 같은 내용이 실려 있다. "진서는 스

스로 천사라고 칭하였으며, 교도들은 수천을 헤아렸다. …… 처음에
는 귀도로써 백성들을 미혹시키다가, 그 도가 술 한 되와 물고기 한
마리를 쓰기 시작하면서 여타의 신은 신봉하지 않고 신선하고 청결
함을 귀하게 여겼다. 상을 당하거나 아이를 낳은 자는 100일이 되지
않으면 도치(道治)에 들어갈 수 없었으며, 그 가르침을 담당하는 자
를 제주라고 하였다. 부모나 처자가 상을 당해도 빈소를 차리지도 않
았고 조문을 하지도 않았으며, 어린아이와 병자도 돌보지 않았다.[瑞
自稱天師, 徒衆以千百數……初以鬼道惑民, 其道始用酒一斗, 魚一
頭, 不奉他神, 貴鮮潔, 其死喪產乳者不百日不得至道治, 其爲師者
曰祭酒, 父母妻子之喪, 不得撫殯入吊及間乳病者.]" 함녕(咸寧) 3년
(277)에, 익주(益州) 자사(刺史) 왕준(王濬)은 "불효(不孝)"의 죄를 물
어 진서와 제주(祭酒) 원정(袁旌)을 죽이고, 그 모임터를 태워버렸다.
그리고 파군(巴郡) 태수(太守) 당정(唐定)건위(犍爲)사람처럼 그 도를 받
드는 자는 모두 관직에서 파면하였다.

정은(鄭隱, ?~302)

• • •

서진(西晉)의 방사. 갈홍(葛洪)의 스승. 자(字)는 사원(思遠). 어릴
적에는 유생이 되어 오경(五經)에 통달하였다. 만년에는 도(道)를 좋
아하였으나, 여전히 『예기(禮記)』와 『상서(尙書)』를 가르치는 것을 끊
지 않았다. 구궁(九宮), 삼기(三奇), 추보(推步), 천문(天文), 하락(河
洛), 참기(讖記) 등에 두루 능통했다. 음률(音律)에 통달했고 거문고
를 잘 탔다. 스승 갈현(葛玄)으로부터 『구정단경(九鼎丹經)』, 『금액단
경(金液丹經)』, 『태청단경(太淸丹經)』을 전수받았다. 80세에도 안색

이 윤택하고 흰했으며, 강궁(强弩)을 당길 수 있었고, 몸이 가볍고 재빨라 높고 험한 곳도 잘 다녔다. 태안(太安) 원년(302)에 진(晉)나라가 장차 어지러워질 것을 느끼고 동쪽의 곽산(霍山)에 들어가 종적을 감췄다. 소장한 도서(道書)가 매우 많았다. 갈홍이 기록한 서명(書名)만도 670여 권이고, 부록(符籙)도 500 수십 권으로, 총 1,200여 권에 달하였다. 갈홍은 "그러나 제자 50여 명 가운데 오직 나만 금단(金丹)에 대한 경전과 『삼황내문(三皇內文)』, 『침중오행기(枕中五行記)』를 전수받았다[然弟子五十餘人, 唯余見受金丹之經及三皇內文枕中五行記]"『포박자(抱朴子)』「하람편(遐覽篇)」라고 하였다.

왕부(王浮)

．．．

서진(西晉) 혜제(惠帝, 재위 290~306) 시기 도사. 일찍이 불교도 백원(帛遠)과 논쟁하였으며, 『노자화호경(老子化胡經)』을 만들었다고 전해진다. 그는 이 책에서 노자가 관윤희(關尹喜)와 함께 서쪽 유사(流沙)로 가서 부처가 되었는데, 이로부터 불교가 일어났다고 주장하였다. 이 『노자화호경』은 후세에 영향이 컸는데, 도불(道佛) 논쟁 속에서 도교도들이 불교를 공격하고 폄하하는 주요 근거가 되었다.

무물진(務勿塵)

．．．

서진(西晉) 시기 사람. 『위서(魏書)』「석로지(釋老志)」에 따르면, 원래 선비족(鮮卑族) 탁발부(拓跋部) 사마한(沙漠汗)사마한이 빈객이 되어 낙양(洛陽)에 거처하던 때의 시종으로, 용모와 기색이 빼어났으며, 이궐산(伊

闕山)에서 신선이 되었다고 한다. 도교가 탁발부에 최초로 영향을 끼친 사례이다.

범장생(範長生, ?~318)
• • •

십육국(十六國) 성한(成漢)의 도사. 이름은 연구(延九), 중구(重九), 혹은 문(文)지(支)라고도 한다이라고도 한다. 자(字)는 원(元)이다. 배릉(涪陵) 단흥(丹興)지금의 중경(重慶) 검강(黔江) 구역 사람이다. 청성산(青城山)에 거처하면서 그 지역 천사도(天師道)의 수령이 되어 부곡(部曲)의 천여 가(家)를 관장하였다. 이특(李特)과 이웅(李雄)이 봉기를 일으킬 때 군량을 공급하였다. 『진서(晉書)』 「이웅전(李雄傳)」에 따르면, 이웅이 성도(成都)를 공격하며 익주(益州)를 점유했을 때 "서산의 범장생이 바위굴 속에 거처하면서 도를 구하고 뜻을 기르고 있었는데, 이웅이 군주로서 그를 신하로 영입하려 하였으나 범장생이 고사하였다[以西山範長生岩居穴處, 求道養志, 欲迎立爲君而臣之, 長生固辭]"라고 하였다. 이웅이 왕위에 올라 범장생을 승상(丞相)에 봉하여 범현(範賢)이라 존칭하고 "천지태사(天地太師)"라 호칭하였다. 이웅은 "또 그 부곡에서는 군량을 모으지 않았고, 조세는 한결같이 범장생의 집에 들여 넣었다[復其部曲不豫軍糧, 租稅一入其家]"고 한다. 저술로 『역(易)』에 대한 주석이 있는데, 당나라 이정조(李鼎祚)의 『주역집해(周易集解)』에 보인다.

허손(許遜, 239~374)

· · ·

동진(東晉)의 도사. 자(字)는 경지(敬之). 여남(汝南)지금의 하남(河南)에 속한다 사람이지만, 집은 예장(豫章)지금의 강서(江西) 남창(南昌)에 거처했다. 20세 때 오맹(吳猛)에게 도를 배웠고 삼청법요(三淸法要)를 전수받았다. 뒷날 향시에 효렴과(孝廉科)로 급제하였고, 태강(太康) 원년(280)에는 정양(旌陽)지금의 호북(湖北) 지강(枝江) 현령에 부임했다. 그 업적이 매우 탁월하여 관리들과 백성들이 진심으로 탄복했다고 전해진다. 원강(元康) 원년(291)에 팔왕(八王)의 난이 일어나자 관직을 버리고 동쪽으로 되돌아가, 오맹과 함께 예장 지역에서 효(孝)의 도(道)를 전파했다. 이 도에는 허손, 오맹, 시하(時荷), 감전(甘戰), 주광(周廣) 등 주축이 되는 인물이 열두 명 있었는데, 세간에서 이들을 "십이진군(十二眞君)"이라 일컬었다. 도교 전설에 따르면, 영강(寧康) 2년(374) 8월 15일에 허손이 총 42명의 식구를 데리고 집까지 송두리째 뽑아 승천했다고 한다. 송(宋)나라 때 허손은 "신공묘제진군(神功妙濟眞君)"으로 봉해졌으며, 민간에서 그를 신봉하는 이가 매우 많았다. 송원(宋元) 시기에는 정명충효도(淨明忠孝道)가 유행하였는데, 모두 허손을 시조로 존숭하였다. 세간에서는 허손을 허진군(許眞君) 혹은 허정양(許旌陽)으로 일컬었다.

위화존(魏華存, 252~334)

· · ·

진대(晉代)의 여도사. 자(字)는 현안(賢安). 임성(任城)지금의 산동(山東) 제령(濟寧) 사람. 사도(司徒)였던 위서(魏舒)의 딸. 어릴 적부터 도를 좋아했으며 제자백가를 두루 읽었고 유학의 오경에 통달하였는데, 특히 노장(老莊)에 깊이 빠졌다. 늘 조용한 곳에 지내면서 도인술(導引術)과 토납술(吐納術)을 했으며, 호마산(胡麻散) 복령산(茯苓散) 등의 약물을 복식했다. 독신으로 신선이 되는 도를 닦겠다는 뜻을 가지고 자신이 원하는 바를 좇았다. 그녀의 부모는 이 뜻을 허락하지 않고, 24세 때에 태보연(太保掾)인 남양(南陽)의 유문(劉文)에게 시집보냈다. 유문이 수무(修武)지금의 하남(河南)에 속한다 현령을 맡자, 위화존은 그를 따라 임지로 가서 아들 둘을 낳았다. 첫째아들 이름은 박(璞), 둘째아들 이름은 하(瑕)였다. 두 아들이 어느 정도 성장하자, 위화존은 한적한 방에 따로 지내면서 몇 년간 계율을 지키며 도를 닦았다. 널리 도교의 신서(神書)와 비급(秘笈)을 수집하였고, 천사도의 제주(祭酒)를 지내기도 했다. 전해지기로는, 청허진인(淸虛眞人) 왕포(王褒) 등이 강림하여 "신령스런 참된 도[神眞之道]"를 전수하며, 그녀에게 『태상보문(太上寶文)』, 『대동진경(大洞眞經)』, 『영서자문(靈書紫文)』, 『팔색은서(八索隱書)』, 『고선우현(高仙羽玄)』 등을 전수했다고 한다. 또 경림진인(景林眞人)은 그녀에게 『황정내경경(黃庭內景經)』을 전수했다고 한다. 훗날 유문이 세상을 떠난 뒤, 전란이 일어날 것을 예측하고 두 아들을 데리고 강남(江南)으로 내려갔다. 그녀의 첫째 아들 유박은 관직이 태수(太守)에 이르렀고, 둘째 아들 유하는 관직이 종사중랑장(從事中郎將)에 이르렀다. 함화(咸和) 9년(334)에 뭇 진인들에게 받은 선약 두 첩을 복용하고 7일 뒤에 우화등선하였다. 도교 경전에서는 그녀가 여러 번 모산(茅山)에 내려와 큰아들 유박에게 『상청진경(上淸眞經)』을 주고 회계(會稽) 왕공부(王公府)의 사인(舍人) 양희(楊羲)에게 전하게 했다고 서술하고 있다. 훗날 상청

파(上淸派) 제1대 조사로 받들어지고, "자허원군상진사명남악부인
(紫虛元君上眞司命南嶽夫人)"으로 일컬어졌다. 송(宋)나라 원우(元
祐, 1086~1091) 연간에 "고원신조자허대도원군(高元宸照紫虛大道
元君)"으로 봉해졌다. 『도장집요(道藏輯要)』 저집(氐集)에 『원시대동
옥경(元始大洞玉經)』 3권, 『원시대동옥경소요십이의(元始大洞玉經疏
要十二義)』 1권, 『대동옥경단의(大洞玉經壇儀)』 1권, 『총론(總論)』 1권
이 수록되어 있는데, 모두 위화존소의(魏華存疏義)라는 표제어가 달
려 있다.

곽박(郭璞, 276~324)

• • •

동진(東晉)의 문학가이자 훈고학자. 도교에서 선인으로 받든다. 자
(字)는 경순(景純). 하동(河東) 문희(聞喜)지금의 산서(山西)에 속한다 사람.
박학다재하고 천문(天文) · 복서(卜筮)의 술법에 정통하였다. 동진 초
기에는 저작좌랑(著作佐郎)이 되었고, 후기에는 왕돈(王敦)이 기실참
군(記室參軍)으로 임명하였다. 왕돈이 모반을 꾀하며 곽박에게 점을
칠 것을 명하였는데, 곽박이 불길하다고 하자 왕돈이 크게 노하여 그
를 죽였다. 왕돈의 난이 평정되자 홍농태수(弘農太守)로 추증(追贈)
되었다. 도교 전설에서는 곽박이 시해선이 되어 떠났다고 한다. 『동
선전(洞仙傳)』에서 다음과 같이 말한다. "곽박을 장례 지내고 3일 후,
남주시(南州市)의 사람이 곽박이 평상시 입던 복식을 팔고 있는 것을
보았으며, 서로 알아보고 말을 나누었다고 한다. 왕돈이 이를 듣고서
믿지 않고 관을 열어보았더니 시신이 없었다. 곽박은 시해의 도를 얻
었던 것이다. 지금은 수선백이 되었다.[殯後三日, 南州市人見璞貨其

平生服飾, 與相識共語. 敦聞之, 不信, 開棺無屍. 璞得屍解之道. 今爲水仙伯.]" 저서에 『이아주(爾雅注)』, 『방언주(方言注)』, 『산해경주(山海經注)』, 『목천자전주(穆天子傳注)』, 『유선시(遊仙詩)』 등이 있다. 원래는 문집이 있었지만 일실되었다. 지금 전해지는 『곽홍농집(郭弘農集)』은 명(明)나라 사람이 편집한 판본이다.

허밀(許謐)

• • •

동진(東晉)의 도사. 허목(許穆)이라고도 한다. 자는 사현(思玄)이며, 단양(丹陽) 구용(句容)_{지금 강소(江蘇)성에 속한다} 사람이다. 어려서부터 총명하고 박학다식했으며, 맑고 깨끗한 기품이 있어 당시의 사람들에게 칭송을 받았다. 간문제(簡文帝) 때 벼슬하여 군주부(郡主簿)와 공조사(功曹史)가 되었고, 후에 태학박사에 선보(選補)되었다. 계속해서 여요령(餘姚令), 상서랑(尙書郎), 급사중(給事中), 산기상시(散騎常侍), 호군장사(護軍長史) 등의 관직을 역임했다. 그래서 "허장사(許長史)"라고도 부른다. 비록 벼슬길에 들어서기는 했으나, 마음만은 도에 뜻을 두고 항상 방외의 일을 생각하였다. 훗날 양희(楊羲)에게서 『상청경(上淸經)』을 전수받았다. 그 후에 상청파에서 제3대 진사(眞師)로 받들었다._{『모산지(茅山志)』에 보인다.} 도홍경(陶弘景)의 『진령위업도(眞靈位業圖)』에서는 그를 선반(仙班)의 반열에 두고 "좌경선후진군(左卿仙侯眞君)"이라 칭했다. 북송(北宋) 선화(宣和) 연간(1119~1125)에 칙령으로 "태원광덕진인(太元廣德眞人)"에 봉해졌다.

허홰(許翽)

• • •

동진(東晋)의 도사. 어릴 적 이름은 옥부(玉斧)이고, 자는 도상(道翔)이며, 단양(丹陽) 구용(句容)지금의 강소(江蘇)에 속한다 사람이다. 허밀(許謐)의 아들이다. 어려서부터 총명함이 남달라 아버지로부터 두터운 신임을 받았다. 장성하여서는 군(郡)에서 상계연(上計掾)과 주부(主簿)로 천거하였으나이 때문에 허연(許掾)이라고도 칭한다 사양하고 나아가지 않았으며, 뇌평산(雷平山) 밑에서 지내면서 수도에 정진하였다. 아버지와 함께 양희(楊羲)로부터 『상청경(上淸經)』을 전수받았다. 지금 전해지는 경서 10여 편은 대부분 허홰가 쓴 것이다. 후에 상청파에서 제4대 종사로 받들었다. 도홍경(陶弘景)의 『진령위업도(眞靈位業圖)』에서는 그를 선반(仙班)의 반열에 두고 "시제신우선공(侍帝晨右仙公)"이라 칭했다. 북송(北宋) 선화(宣和) 연간(1119~1125)에 "혼화원일진인(混化元一眞人)"에 봉해졌다.

포정(鮑靚)

• • •

동진(東晋)의 도교도. 남해(南海) 태수. 자는 태현(太玄)이고, 동해(東海)지금의 강소(江蘇)에 속한다 사람이다. 『진서(晉書)』「포정전(鮑靚傳)」에 의하면 "내외를 겸하여 공부했으며, 천문과 하도낙서에 밝았다[學兼內外, 明天文河洛書]"고 한다. 일찍이 허밀(許謐)과 왕래하였고, 또 도사 음장생(陰長生)을 만나서 도결(道訣)을 얻었다고 전해진다. 갈홍(葛洪)과 허매(許邁)가 스승으로 모셨으며, 갈홍의 장인이다.

허매(許邁)

• • •

동진(東晉)의 도사. 자는 숙현(叔玄)이고, 이름은 영(映)이라고도 한다. 단양(丹陽) 구용(句容)지금의 강소(江蘇)에 속한다 사람이다. 허밀(許謐)의 형이다. 박학하고 문장에 능통했으나 벼슬길 나가는 데 마음을 두지 않았다. 허순(許詢)과 함께 도술을 좋아하는 것으로 유명하였다. 일찍이 포정(鮑靚)을 스승으로 모셨다. 또 왕희지(王羲之)와는 세속을 벗어난 사귐으로 시서를 주고받았는데 복이(服餌)를 논한 것이 많았다. 처음에는 여항현(餘杭縣) 뇌산(雷山)에 은거하였다. 또 동려현(桐廬縣)의 환산(桓山)에서 약을 캐면서 3년간 복이하면서 때때로 벽곡을 했다. 평소 복기(服氣) 할 때, 한 번의 숨쉬기가 일반인의 천여 번의 숨에 해당했다. 영화(永和) 2년(346)에 임안(臨安) 서산(西山)으로 옮겨가 암벽에 올라 버섯을 캐먹으며 작은 것에 만족하면서 일생을 마치고자 하였다. 이에 이름을 현(玄), 자를 원유(遠遊)로 고쳤다. 그 후로 종적을 알 수 없었다. 왕희지가 일찍이 그를 위해 전기를 썼는데, 그의 기이한 행적에 대한 서술이 매우 많았다. 허매가 지은 12수의 시는 신선의 일을 언급하고 있다. 『진서(晋書)』 권80에 그의 전기가 있다.

오맹(吳猛)

• • •

진대(晋代)의 도사. 자는 세운(世雲)이고, 예장(豫章)지금의 강서(江西) 남창(南昌) 사람이다. 40세에 정의(丁義)로부터 신방(神方)을 받았고, 또 비법과 신부(神符)를 얻었다. 전해지는 말에 의하면, 고향으로 돌아갈 때 강물이 심하게 파도치는데 배와 노를 쓰지 않고 백우선(白羽扇)으로 물을 저어 강을 건넜다고 한다. 훗날 시해선이 되었다고 한다. 그 내용이 『진서(晉書)』「예술전(藝術傳)」에 보인다.

갈홍(葛洪, 283~363)

● ● ●

동진(東晋)의 도교학자이자 의약학자이자 연단가. 자는 치천(稚川)이고, 호는 포박자(抱朴子)이며, 단양(丹陽) 구용(句容)지금의 강소(江蘇)에 속한다 사람이다. 갈현(葛玄)의 종손(從孫)으로, 세상 사람들은 그를 소선옹(小仙翁)이라 불렀다. 강남(江南)의 사족 출신이나 13세에 아버지가 돌아가시자 가세가 기울었고, 굶주림과 추위에 시달리며 땔감을 팔아 종이와 붓을 대는 지경에 이르렀다. 16세에 유가 경서를 공부하기 시작했으나, 오히려 신선의 도인양생법(導引養生法)을 좋아했다. 일찍이 갈현의 제자 정은(鄭隱)으로부터 연단술을 전수받았으며, 그에게 두터운 신임을 받았다. 태안(太安) 2년(303)에 장창(張昌)과 석빙(石冰)이 양주(揚州)에서 병란을 일으켰는데, 갈홍은 장병도위(將兵都尉)로 진압에 참여하여 공을 세우고 복파장군(伏波將軍)이 되었다. 그러나 난이 평정되자 곧바로 군직을 버리고 널리 기이한 책을 찾아다니며 세속의 잡무를 끊어버렸다. 신선의 도에 굳게 마음을 두고 복식양성(服食養性)하면서 현정(玄靜)을 닦았다. 후에 포정(鮑靚)을 스승으로 섬겼고, 포정은 갈홍에게 딸을 시집보냈다. 건흥(建興) 4년(316)에 고향으로 돌아갔다. 동진이 개국하면서 옛 공을 생각해 관내후(關內侯)의 작위를 주고 구용의 200호를 식읍으로 하사했다. 함화(咸和, 326~334) 초, 사도(司徒) 왕도(王導)가 갈홍을 보주주부(補州主簿)로 불렸고, 다시 사도연(司徒掾)으로 옮겼다가 자의참군(咨議參軍)으로 천거했다. 갈홍은 교지(交趾)에서 단사(丹砂)가 나온다는 소문을 듣고 구루(勾漏)의 현령이 되기를 원했다. 이윽고 자식과 조카들을 데리고 가는데, 광주(廣州)에 이르러 자사 등악(鄧嶽)의 만류로 나부산(羅浮山)에 머물면서 연단하고 저술하다가 생을 마쳤다. 저서로 『포박자(抱朴子)』가 있다. 이 책의 내편은 "신선이 되는 방술과 약물, 예측하기 어려운 괴이한 변화, 생명을 연장하는 양생술, 삿됨과 화를 물리치는 방법 등의 일[神仙方藥, 鬼怪變化, 養生延年, 禳邪却禍之事]"을 말했고, 외편은 "인간의 이해득실, 세상사의 옳고 그름[人間得失, 世事臧否]"을 말했다. 그는 진(晉) 이전의 신선이론과 방술을 총괄하였고, 동시에 유가의 강상과 명분을 결합시켰다. 그는 신선의 도를 닦는 자는 "충효, 화순(和順), 인신(仁信)을 근본으로 삼아야 하며, 덕행을 닦지 않고 방술에만 힘쓰면 장생할 수 없다[以忠孝和順仁信爲本, 若德行不修, 而但務方術, 皆不得長生也]"고 주장하였다. 안으로는 신선양생을 추구하고 밖으로는 유가의 학술로 세상에 응함을 주장하여 도교이론의 발전을 촉진시켰다. 그는 신선의 도를 닦으면 장생할 수 있다고 굳게 믿었는데, 그 방법은 내수(內修)와 외양(外養)의 두 방면으로 나뉜다. ① 내수란 자신의 몸 속의 정기신(精氣神)을 연양(煉養)하는 것이다. "보정행기(寶精行氣)", 염담수진(恬淡守眞), "정적무위(靜寂無爲)"를 중요하게 여긴다. "현(玄)"을 최고의 신앙으로 받들고, "현"을 "도(道)" 혹은 "일(一)"이라고 칭한다. "현도(玄道)"를 생각하는 요체는 "수일(守一)"에 있다. "일(一)에는 이름과 복색이 있으니, 남자 체내신의 크기는 9푼이고 여자 체내신의 크기는 6푼으로[一有姓字服色, 男長九分, 女長六分]",

단전 또는 양미간을 존사(存思)하여 형체와 정신이 서로 합하여 떨어지지 않게 하면 장생할 수 있다고 한다. ② 외양은 곧 "외물을 빌려서 자신을 견고하게 하는[假外物以自堅固]" 것이니, 바로 금단을 제련하여 복용하는 것이다. 연단하여 장생하는 것은 환상에 속하지만, 그는 장기적인 금단 제련의 실천 과정에서 풍부한 경험을 축적하여 물질의 일부 특성과 그 화학반응을 알게 되었고, 대량의 연단 방법을 기록해 둠으로써 고대 실험화학의 진귀한 자료를 제공하였다. 이로써 중국 연단사에서 이전의 연단술을 계승하고 후대의 연단술을 열어주는 가장 중요한 인물이 되었다. 그는 의학과 약물학에 정통하였으며, 도사는 의술을 겸비해야 한다고 주장했다. 그가 편찬한 『주후비급방(肘後備急方)』에는 대량의 민간 치료 처방전이 실려 있고, 많은 고대 의학 전적을 보존하고 있다. 그 중에는 천연두, 쯔쯔가무시병 등에 대한 세계 최초의 기록도 있다. 흥녕(興寧) 원년(363)에 생을 마치니, 향년 81세였다. 혹은 건원(建元) 원년(343)에 생을 마쳤다고도 한다. 저작이 매우 많은데, 위에서 서술한 책 외에, 『신선전(神仙傳)』, 『은일전(隱逸傳)』, 『대단문답(大丹問答)』 및 유흠(劉歆)에 가탁한 『서경잡기(西京雜記)』 등이 있다.

이갈(二葛)

• • •

갈현(葛玄)과 갈홍(葛洪)을 말한다.

장충(張忠)

• • •

  동진(東晉)의 도사. 자는 거화(巨和)이고, 중산(中山)지금의 하북(河北) 정주(定州) 사람이다. 어려서부터 도를 좋아하였고 성정이 담박하고 조용하였으며, 맑고 깨끗하고 욕심이 적었다. 진(晉)나라 말기에 세상이 어지러워지자 태산(泰山)에 은거하여 아침저녁으로 도인법을 행하며, 복기(服氣)와 복이(服餌)를 하며 도를 닦고 성을 길렀다. 바위투성이의 깊은 계곡에 거처하면서 동굴을 파고 방을 만들었다. 굴의 윗부분에 도단(道壇)을 설치하고 제자들에게 절하게 하였다. 그의 가르침은 허무자연(虛無自然)을 핵심으로 삼았다. 평소에 말을 적게 하며, 대부분 형상으로 가르쳤다. 제자들에게 수업할 때는 오직 그 형상만 관하게 할 뿐이었다. 어떤 사람이 세상의 홍수와 가뭄에 관한 일을 묻자, '하늘은 말하지 않지만 사시가 운행하고 만물이 생겨나니, 음양의 일에 대해 궁벽한 산야에 사는 늙은이가 어찌 알리오'라고 답했다고 한다. 전진(前秦)의 왕 부견(苻堅)이 그 명성을 듣고 사신을 보내 불렀다. 마침내 장충이 수레를 타고 서쪽에 이르러 장안에 들어왔다. 부견이 "선생은 홀로 몸을 닦음은 충분하나 더불어 세상을 구제하는 공이 없습니다[獨善之美有餘, 而兼濟之功未也]"라면서 산을 내려오기를 권하였다. 장충은 완강하게 거절하면서 태산[岱宗]으로 되돌아가길 요청했다. 이에 부견은 그를 안거(安車)에 태워 전송하였다. 수레가 화산(華山)에 이르자 탄식하면서 "나는 동악(東嶽)의 도사인데 서악(西嶽)에서 죽게 되었으니 명을 어찌하겠는가[我東嶽道士, 沒於西嶽, 命也奈何]"라고 말하였다. 이윽고 관문에 이르러 서거하였다. 시호를 "안도선생(安道先生)"이라고 하였다. 이 내용은 『진서(晉書)』「장충전(張忠傳)」에 보인다.

손철(孫徹, 303~373)

• • •

　북조(北朝)의 도사. 자는 중선(仲宣). 18세에 왕선생(王先生)을 따라 수도하면서 누관(樓觀)에 거처하였다. 성정은 단아하면서도 곧았고, 말이 적으면서 어눌하였다. 겉으로 보기에 바보 같지만 평소에 수양하여 이룬 것이 있었다. 당시에 왕선생은 대련사(大煉師)로 불리고 손철은 소련사(小煉師)로 불리면서 누관파(樓觀派)의 중요 인물이 되었다. 늘 단정히 앉아 눈을 감고 있으면서도 사람들의 길흉을 미리 알고 말해 주었다. 누관에서 우화등선하였다.

양희(楊羲, 330~386)

• • •

　동진(東晉)의 도사. 오(吳)지금 강소(江蘇) 땅 사람이다. 어려서부터 학문하기를 좋아해 경학과 역사서를 두루 섭렵하였다. 허매(許邁), 허밀(許謐)과 일찍이 정신적 교류를 맺었다. 남조(南朝) 양(梁)나라 간문제(簡文帝)가 회계(會稽) 왕으로 있을 때, 공부(公府)의 사인(舍人)으로 채용되었다. 영화(永和) 5년(364)에 『중황제호표부경(中黃制虎豹符經)』을 전해받았고, 영화 6년에는 유박(劉璞)에게 『영보오부경(靈寶五符經)』을 받았다. 흥녕(興寧) 2년(364)에 『상청대동진경(上淸大洞眞經)』을 전해받아 예서체로 베껴 허밀과 허홰(許翽)에게 전했다.

이홍(李弘)

. . .

　동진(東晉)의 도사이자 농민 봉기의 우두머리. 『태상동연신주경(太上洞淵神咒經)』속에서는 그를 "목자궁사(木子弓厶)"라고 칭했다. 구겸지(寇謙之)는 『노군음송계경(老君音誦誡經)』에서 반역자라고 공격했다. 『진서(晉書)』속의 「주차전(周劄傳)」, 「석계용전(石季龍傳)」, 「해서공기(海西公紀)」, 「주초전(周楚傳)」, 「요흥전(姚興傳)」의 기록에 따르면, 동진(東晉) 태녕(太寧) 원년(323)에서부터 의희(義熙) 10년(414)에 이르기까지 90여 년간 동쪽 산동(山東)에서 시작하여 서쪽으로는 사천과 섬서에 이르고, 남쪽으로는 안휘(安徽)에 이르기까지 이홍을 이름으로 한 봉기 지도자가 지속적으로 일어나 끊어지지 않았다. 그러므로 이홍은 결코 한 사람이 아니다. 『도장(道藏)』제876책 『삼천내해경(三天內解經)』상권에서는 노자(老子)는 대대로 세상에 나와 국사가 되었다고 하면서 다음과 같이 말하고 있다. "복희 시기에는 호를 울화자(鬱華子)라고 하였고, …… 변화가 무상하였다. 어떤 때는 성은 이(李), 이름은 홍(弘), 자는 구양(九陽)이라고 하였다. 어떤 때는 이름은 담(耼), 자는 백양(伯陽)이라고 하였다.[伏羲時號爲鬱華子……變化無常, 或姓李名弘, 字九陽, 或名耼字伯陽.]" 즉 노자의 다른 이름이라고도 불리면서, 당시에 농민 봉기자들은 그를 받들어 모심으로써 민중을 모았다. 남조(南朝) 제(齊)나라 때, 파서(巴西)_{행정구역이 지금의 사천(四川) 면양(綿陽)의 동쪽에 있다} 사람 조속백(趙續伯)이 민중을 모아 봉기하면서 이홍을 성주(聖主)로 받들었다. 후에 이봉백(李奉伯)이 공격을 받고 봉기는 실패하였다.

심경(沈警)

· · ·

　동진(東晉)의 도사. 자는 세명(世明). 오흥(吳興) 무강(武康)지금 절강(浙
江) 덕청(德淸) 사람이다. 대대로 오두미도(五斗米道)를 받들었고, 일찍이
두자공(杜子恭)을 공경하여 섬겼다. 두자공이 죽은 뒤, 문도인 손태(孫
泰)와 그 제자 손은(孫恩)이 그 술법을 전해주자 심경은 다시 그들을 섬
겼다.『송서(宋書)』「자서(自序)」에는 다음과 같이 실려 있다. "사안(謝
安)사안석(謝安石)이 명하여 참군으로 삼고 매우 공경하게 대우하였다. 심
경은 동남의 호걸로 자신이 가진 것에 만족하였기에 벼슬길에 나갈 생
각이 없었다. 이에 병을 핑계로 집으로 돌아갔다.[謝安命爲參軍, 甚相
敬重, 警內足於財, 爲東南豪士, 無意仕進, 謝病歸.]" 이후에 손은이
봉기하였는데, 심경의 아들인 목부(穆夫)자는 산화(產和)는 당시에 손은의
여요령(余姚令)이었다. 손은이 패하자 심경 부자가 모두 해를 입었다.

두자공(杜子恭)

· · ·

　동진(東晉)의 도사. 이름은 경(炅)이고, 전당(錢塘)지금 절강(浙江) 항주
(杭州) 사람이다. 대략 왕희지(王羲之)와 동시대 인물이다. 오두미도
(五斗米道)를 신봉하였고, 비술이 있어 사람들의 병을 잘 치료했다.
"동토의 부자들과 서울의 귀족들이 모두 그를 섬겨 제자가 되었다[東
土豪家及都下貴望, 並事之爲弟子]." 마침내 강남에서 일파를 이루었
다. 사후에 문도인 손태(孫泰)와 손은(孫恩傳)이 그 법술을 전파하자,
"삼오진(晉)의 오흥(吳興), 오군(吳郡), 회계(會稽) 지역을 말한다의 백성 중 대부분
이 그를 따랐다[三吳士庶多從之]."

구겸지(寇謙之, 365~448)

● ● ●

북위(北魏)의 도사. 자(字)는 보진(輔眞). 본적은 상곡(上谷) 창평(昌平)지금의 북경시(北京市)속한다. 후에 빙익(馮翊) 만년(萬年)지금의 섬서(陝西) 서안(西安) 북쪽으로 이주하였다. 동한(東漢) 구순(寇恂)의 13대 손이라고 자칭하였다. 남옹주(南雍州) 자사(刺史) 구찬(寇贊)의 친동생이다. 젊었을 때 장로(張魯)의 도를 배웠다. 18세에 공성흥(成公興)을 따라 숭산(嵩山)에 들어가 7년간 도를 닦았다. 북위(北魏)가 개국한 후에 숭도억불(崇道抑佛) 정책을 시행하자, 기회를 틈타 천사도(天師道)를 개혁하였다. 신서(神瑞) 2년(415)에 태상노군(太上老君)이 숭산(嵩山)에 친히 임하여 "천사(天師)의 지위"를 내려주고 『운중음송신과지계(雲中音誦新科之誡)』 20권을 하사하였고, 도인(導引)과 복기(服氣), 구결(口訣)과 같은 여러 법술을 전수해 주었다고 공언하였다. 또 노군이 명하기를 "도교를 청정하게 정비하여, 삼장장릉, 장형, 장로의 거짓된 법과 곡물이나 돈을 세금으로 받는 일과 남녀교합술을 없애고[淸整道教, 除去三張僞法, 租米錢稅及男女合氣之術]" "오로지 예의와 법도를 우선으로 하고 더하여 복식하고 폐기 수련하라[專以禮度爲首, 而加之以服食閉煉]"고 하였다고 공언하였다. 이러한 말로 상층도교의 입장에서 민간도교를 깨끗하게 정비하고 개혁했다. 8년 후, 또 노군(老君)의 현손이라 하는 이보문(李譜文)이 숭산에 강림하여 『녹도진경(錄圖眞經)』 60여 권을 친히 전수하고, 귀신을 부르는 법과 금단(金丹) 옥장(玉漿)의 비법을 하사하면서, 북방 "태평진군(泰平眞君)"을 보좌할 것을 당부했다고 공언하였다. 시광(始光) 연간(424~428)에 구겸지는 친히 위나라의 수도 평성(平城)지금의 산서(山西) 대동(大

同)으로 가서 중신 최호(崔浩)의 도움을 받아 북위(北魏)의 태무제(太武帝)에게 도서(道書)를 헌상하고 평성의 동남쪽에 신천사도 도장(道場)을 세웠는데, "단을 5층으로 쌓고, 새로운 경전의 제도를 따랐다[重壇五層, 遵其新經之制]." 후인들은 이를 "북천사도(北天師道)"라고 칭하였다. 태연(太延, 435~440) 말에 태무제가 친히 도장에 와서 도록(道籙)을 받고 "태평진군(太平眞君)"이라 자칭하였으며, "태평진군원년(太平眞君元年)"이라고 연호를 고쳤다. 아울러 구겸지를 "국사(國師)"에 봉하였다. 구겸지의 개혁을 종합해 보면 다음과 같은 특징이 있다. ① 도교에 유가의 예법과 도덕을 흡수하여, 사람들이 자신의 분수에 만족하고 스스로의 덕성을 지켜 망령되이 욕망을 추구하지 않도록 교육함으로써 봉건 제왕의 통치 질서를 유지할 수 있게 하였다. ② 불교의 윤회 및 인과응보설과 지옥설을 받아들여, 종교 신학의 도덕적 압력을 강화하였고, 선을 행하고 악을 버리도록 가르침으로써 사회를 안정시켰다. ③ 장로(張魯) 이후로 날로 문란해져가는 도교 계율을 새롭게 정비하여 엄격하게 만들고 수도와 계율의 중요성을 강조하였다. ④ 도교의 제초(齋醮) 과의(科儀)를 개선 발전시켜 더욱 규범화 하였다. 천사도는 이러한 개혁으로 제왕들의 중시를 더욱 받게 되어 북방에서 크게 흥성할 수 있었고, 후대의 도교 발전에 심대한 영향을 끼치게 되었다.

손태(孫泰)

• • •

동진(東晉)의 도사. 자는 경원(敬遠). 낭야(琅琊)지금의 산동(山東) 교남(膠南) 낭야대(琅琊臺) 서북쪽 사람. 일찍이 전당(錢塘)지금의 절강(浙江) 항주(杭州)

의 두자공(杜子恭)을 스승으로 모시고, 그 비술을 전수받았다. 두자공이 죽은 후에 손태가 그 비술을 전하였다. 천하에 전쟁이 일어나는 것을 보고 진(晉)나라의 운수도 다할 것이라 여기고, 오두미도(五斗米道)를 이용하여 무리를 모아 농민봉기를 일으켰다. 삼오(三吳) 지방의 백성들 대부분이 그를 따랐다. 이때에 조정의 인사들은 모두 손태가 난을 일으키는 것을 염려하였으나 회계왕(會稽王)의 세자 원현(元顯)과 손태의 관계가 두터운 것을 알고 누구도 감히 발설하지 못하였다. 결국엔 회계내사(會稽內史) 사유(謝輶)가 모반(謀叛) 혐의로 고발(告發)하자 회계왕(會稽王) 도자(道子)가 그를 죽였다.

손은(孫恩, ?~402)

동진(東晉)의 도사이자 농민봉기의 우두머리. 자는 영수(靈秀). 낭야(琅琊)지금의 산동(山東) 교남(膠南) 낭야대(琅琊臺) 서북쪽 사람. 대대로 오두미도(五斗米道)를 받들었다. 그의 숙부(叔父) 손태(孫泰)가 오두미도를 이용하여 농민봉기를 일으켰기 때문에 진(晉) 왕조로부터 해를 당하였다. 손은은 바다로 도망갔다가 다시 신도들을 조직하여 회계(會稽)를 공격하고, 내사(內史) 왕응지(王凝之)를 죽였다. 이때에 모여든 군중이 수만에 이르렀다. 강남(江南)의 여덟 군(郡)에서 봉기한 농민들은 지방 관리를 죽임으로써 이에 응하였으며, 열흘 사이에 그 무리가 수십 만으로 늘어났다. 손은이 스스로를 정동장군(征東將軍)이라고 칭했으며, 그 신도들은 "장생인(長生人)"이라고 불렀다. 그들이 이르는 곳마다 관청은 불탔고 관리는 살해되었기 때문에 군현(郡縣)의 관군은 적들이 온다는 소리만 듣고도 뿔뿔이 흩어져 도망갔다. 후에 봉기군은 동진의 진북장군(鎭北將軍) 유뢰지(劉牢之)에게 패했고, 손은은 20여 만 명을 이끌고 섬으로 후퇴하였다. 그 후 3년간 네 차례 상륙하여 10여 차례 전투를 계속하다가 원흥(元興) 원년(元年 402)에 패하고 나서 손은은 바다로 뛰어들어 자살하였다. 남은 무리들은 그의 매부인 노순(盧循)을 우두머리로 추종하고 전투를 계속하였다. 의희(義熙) 7년(411)에 노순도 전투에 패하고 물에 뛰어들어 죽었으며 남은 무리들도 죽임을 당하였다.

노순(盧循, ?~411)

동진(東晉)의 농민봉기 영수(領受). 범양(範陽) 탁현(涿縣)지금의 하북(河北) 탁주(涿州) 사람. 자는 우선(于先). 어렸을 때 이름은 원룡(元龍). 손은(孫恩)의 매부(妹夫). 손은(孫恩)이 오두미도(五斗米道)를 이용하여 일으킨 봉기에 참여하였다. 손은이 전투에 패한 후에 바다에 뛰어들어 죽자, 남은 무리가 그를 우두머리로 추대하고 전투를 지속하였다. 후에 광주(光州)를 공격하여 점령하였다. 의희(義熙) 7년(411)에 유유(劉裕)의 부장(部將)인 손처(孫處)에 패하고 물에 뛰어들어 죽었으며 남은 무리들도 죽임을 당하였다.

왕응지(王凝之)

동진(東晋)의 오두미도(五斗米道) 신봉자. 왕희지(王羲之)의 둘째 아들. 초서(草書)와 예서(隸書)에 뛰어났다. 강주자사(江州刺史)와 좌장군(左將軍), 회계내사(會稽內史)를 역임했다. 『진서(晉書)』「왕희지전(王羲之傳)」에는 다음과 같은 내용이 있다. "왕씨 집안에서는 대대로 장씨의 오두미도를 섬겼는데, 왕응지가 가장 독실하였다. 손은(孫恩)이 회계를 공격하자 보좌관이 방비할 것을 요청하였으나, 이에 따르지 않고 정실에 들어가 기도를 하고 나와 장수들에게 말하길, '내가 이미 대도를 청하였으니 귀병이 서로 도와 적들이 자멸할 것이다.'라고 하였다. 결국 방비를 하지 않았기에 손은에게 살해당하였다.[王氏世事張氏五鬥米道, 凝之彌篤. 孫恩之攻會稽, 僚佐請為之備, 凝之不從, 方人靖室請禱, 出語諸將佐曰, '吾已請大道, 許鬼兵相助, 賊自破矣.' 既不設備, 遂為孫恩所害.]"

은중감(殷仲堪)

. . .

　동진(東晉)의 천사도(天師道) 교도. 진군(陳郡)지금의 하남(河南) 회양(淮陽)에 속한다 사람. 효무제(孝武帝)의 신임을 얻어 태원(太元) 17년(329)에 도독형익양제군사(都督荊益梁諸軍事)전(傳)에는 "梁"이 "녕(寧)"으로 되어 있다와 형주자사(荊州刺史)에 제수되었다. 『진서(晉書)』「은중감전(殷仲堪傳)」에 "은중감은 어려서부터 천사도를 신봉하였고, 정성을 다해 신을 섬겼다. …… 환현이 공격하여 왔는데도 오히려 기도를 드리기만 하였다[仲堪少奉天師道, 又精心事神……及(桓)玄來攻, 猶勤請禱]", "매번 말하길, 3일이라도 『도덕론』을 읽지 않으면 혀뿌리가 굳는 것을 느낀다[每云三日不讀道德論, 便覺舌本間強]"고 하였다. 후에 환현(桓玄)에게 죽임을 당하였다.

두경산(杜京産)

• • •

남조(南朝) 제(齊)나라의 도사. 자는 경제(景齊). 오군(吳郡) 전당
(錢塘)지금의 절강(浙江) 항주(杭州) 사람. 두자공(杜子恭)의 증손자이다. 두
자공으로부터 두경산의 아들인 두서(杜栖)에 이르기까지 대대로 오
두미도(五斗米道)를 전해져 내려왔다. 제나라 조정에서 수차례 등용
하고자 하였으나, 사양하고 나아가지 않았다. 회계(會稽)의 일문산
(日門山)에서 "정사(精舍)를 열고 가르침을 전하였다[開舍授學]." 이
에 모여든 교도가 많았다. 건무(建武, 494~498) 초에 죽었다. 이 내
용은 『남사(南史)』 권75에 보인다.

손유악(孫遊嶽, 399~489)

• • •

남조(南朝)의 송(宋)·제(齊) 시기의 도사. 자는 현달(玄達)영달(穎達)'로
쓰기도 한다. 동양(東陽) 영강(永康)지금의 절강(浙江)에 속한다 사람. 손오(孫吳)
의 후예. 일찍이 육수정(陸修靜)을 스승으로 섬기면서 진운산(縉雲山)
에서 47년을 은거하였다. 송 명제(明帝, 재위 465~472) 시기에 부름을
받은 육수정을 따라 수도로 들어가 도교 경전의 교감 정리에 참여하였
다. 저백옥(褚伯玉), 장영민(章靈民), 주승표(朱僧摽)와 가깝게 교제하
였다. 제 영명(永明) 2년(481)에 다시 부름을 받고 수도로 들어갔다. 흥
세관(興世館)의 주지를 맡으면서, 공치규(孔稚圭), 유준(劉峻) 등과 친
교를 맺었다. 저명한 인사였던 심약(沈約), 육경진(陸景眞), 진보식(陳
寶識) 등이 찾아와 수학하였다. 부도(符圖)와 경법(經法)에 능통하였
다. 문도들이 수백 명이었는데 도홍경(陶弘景)이 가장 뛰어났다.

육수정(陸修靜, 406~477)

• • •

남조(南朝)의 송(宋)나라 도사. 자(字)는 원덕(元德). 오흥(吳興) 동천(東遷)지금의 절강(浙江) 호주(湖州) 사람. 독서를 매우 좋아하여 유학(儒學)과 도참(圖讖)에 통달하고 불전(佛典)까지 두루 읽었다. 어릴 적에 출가하여 운몽산(雲夢山)에 들어가 도를 닦았으며, 속세를 떠나 노닐길 좋아하였다. 원가(元嘉) 말년(453)에 건강(建康)지금의 강소(江蘇) 남경(南京)에서 약을 팔고 있었는데, 송 문제(文帝)가 좌복야(左仆射) 서담(徐湛)을 시켜 육수정에게 궁에 들어와 도를 강론해 달라고 청했다. 태후 왕씨(王氏)가 평소 황로(黃老)를 신봉하여 육수정에게 제자의 예를 행했다.일설에는 육수정이 극구 사양하고 떠나서 태후를 보지 못했다고 한다. 이후 유소(劉劭)의 태초(太初, 453)의 난을 피해 남경(京南)을 떠나 유람하다가 여산(廬山)에 이르러 도관(道觀)을 짓고 은거하며 도를 닦았다. 태시(泰始) 3년(467)에 황제의 부름에 응해 다시 건강(建康)에 이르렀다. 명제(明帝)는 친히 도를 물었고, 북쪽 성 밖 천인산(天印山)방산(方山)에 숭허관(崇虛館)을 지어 그를 거처하게 하였다. 이후 제자들과 함께 오랜 기간 도교 경전을 정리하면서 널리 도교를 선양하여 "도교의 부흥은 이때에 가장 왕성하였다[道教之興, 於斯爲盛]."『도학전(道學傳)』 육수정의 도교사상은 "위로는 삼장장릉, 장형, 장로을 잇고 이갈갈홍과 갈현의 도를 널리 폈으며[祖述三張, 弘衍二葛]", 천사도(天師道)를 중심으로 "영보(靈寶)"・"상청(上淸)" 등의 파를 융합하였다. 그가 개혁한 천사도를 후세에서 "남천사도(南天師道)"라 일컬었다. 육수정은 도교에 다음과 같은 공헌을 하였다. ① 도교조직을 정비하였다. 천사도 교도들은 일반적으로 온 식구가 도를 신봉하기에 "도민(道民)"이라 일컬어졌다. 도민은 모두 도적(道籍)을 지니고, 성명과 연령 등을 등록하는데, 이를 "택록(宅錄)"이라 일컬었다. 그런데 오래 전에 사망한 자는 삭제되지 않고 태어난 자는 보고되지 않아, "백세의 남자 아이와 백세의 처녀[百歲男童, 期頤處女]"가 생기는 데 이르렀다. 이를 해결하기 위해 매년 삼회일(三會日)을 제정하고, 이때 도민으로 하여금 반드시 "죽은 이는 삭제하고 태어난 이는 등록하는[落死上生]" 것을 처리하게끔 하여 도민 인구의 실태를 조사하였다. 또 도관(道官)이 임의로 직책을 겸임하는 금지하고, 도관의 승급제도를 엄격하게 실행하였다. ② 도경을 편집하고 정리하였다. 육수정은 숭허관에서 널리 도경을 모으고, 선별하여 편집·정리하였다. 그는 경계(經戒) 방약(方藥) 부도(符圖) 등에 관한 책 1,228권을 모아 "삼동(三洞)동진(洞眞)·동현(洞玄)·동신(洞神)의 대 분류"으로 분류하였다. 태시(泰始) 7년에 편성한 『삼동경서목록(三洞經書目錄)』은 최초의 도장(道藏) 서목이다. 그의 분류 방법도 후세 도장의 전례가 되었다. ③ 재계의범(齋戒儀範)을 제정하였다. 그는 재초(齋醮)를 통해 신(身)·구(口)·심(心), 삼업(三業)을 청정하게 할 수 있다고 여겼다. 예배(禮拜), 송경(誦經), 존사[思神]를 통해 마음을 씻고 행업(行業)을 청결하게 하여 지극한 도에 도달할 수 있다고 여겼다. 그는 재초·계율·의례의 규범 100여 권을 편집하고 정리하여 도교의 예의재초(禮儀齋醮)를 더욱 온전히 갖추었다. 육수정은 건강(建康)에서 사망하였고, 여산에서 장례를 지냈다. 시호는 "간적선생(簡寂先生)"이고, 그가 도를 닦았던 옛집은 "간적관(簡寂觀)"이라 칭했다. 북송(北宋) 휘종(徽宗) 시기에 단원진인(丹元眞人)으로 봉해졌다. 육수정의 저술은 매우 풍부한데, 지금까지 전해지는 것으로 『육선생도문과략(陸先生道門科略)』, 『영보경목록(靈寶經目錄)』, 『동현영보오감문(洞玄靈寶五感文)』, 『태상동현영보중간문(太上洞玄靈寶衆簡文)』, 『동현영보수도의(洞玄靈寶授度儀)』, 『보허사(步虛詞)』 등이 있다. 남조(南朝) 도교가 정부의 승인을 얻고 비교적 큰 발전을 이루는 데는 육수정이 중요한 역할을 하였다.

고환(顧歡)
• • •

남조(南朝)의 송(宋)·제(齊) 시기의 도교 사상가. 자(字)는 경이(景怡), 혹은 현평(玄平)이라고도 한다. 오군(吳郡) 염관(鹽官)지금의 절강(浙江) 해녕(海寧) 지역 사람. 출신은 빈천한 농민 집안이었지만 어릴 적부터 배우는 것을 좋아하였다. 20살 즈음에 뇌차종(雷次宗)을 따라 "현학과 유학의 뭇 의미[玄儒諸義]"를 연구하였다. 황로학(黃老學)을 좋아하였고, 음양서(陰陽書)에 통달하였다. 언변은 어눌했으나 저술에 뛰어나 일찍이 제(齊) 고제(高帝)재위 479~482에게 『치강(治綱)』 1권을 진상하였다. 영명(永明) 원년(483) 태학박사(太學博士)로 임명되었지만 나아가지 않았다. 64세에 섬산(剡山)지금의 절강(浙江) 승주(嵊州) 지역에서 사망했다. 도교 전설에 따르면, 그의 시신은 향기가 나고 부드러웠으며 시해선이 되었다고 한다. 그는 자신이 저술한 『이하론(夷夏論)』에서 "도(道)는 바로 불(佛)이고, 불은 바로 도이다. 그 성스러움은 부합하지만 그 자취는 상반된다[道則佛也, 佛則道也. 其聖則符, 其跡則反]", "중화를 버리고 이적(夷狄)을 본받는다면 뜻은 어디에서 취할 것인가[舍華效夷, 義將安取]"라고 하여 표면상으로 도(道)·불(佛), 두 가르침이 동등하다고 여겼지만 실제로는 도교를 주로 받들었다. 저술에 『노자의소(老子義疏)』가 있다.

도홍경(陶弘景, 456~536)

• • •

　남조(南朝) 제(齊)·량(梁) 시기의 도사이자 도교학자이자 의약학자. 자는 통명(通明)이고, 자호(自號)는 화양은거(華陽隱居)이다. 단양(丹陽) 말릉(秣陵)지금의 강소(江蘇) 남경(南京) 사람이다. 남조의 사족 출신으로, 어려서부터 총명하였고 품행이 남달랐다. 10세에『신선전(神仙傳)』을 읽고 곧바로 양생에 뜻을 두었다. 20여 세에 제(齊)나라 고제(高帝)가 불러 제왕시독(諸王侍讀)으로 삼았고, 후에 좌위전중장군(左衛殿中將軍)의 벼슬을 내려주었다. 일찍이 육수정(陸修靜)의 제자 손유악(孫遊嶽)으로부터 부도(符圖)와 경법(經法)을 전수받았고, 계속해서 명산을 두루 유람하면서 진경(眞經)과 선약(仙藥)을 찾아다녔다. 제나라 영명(永明) 6년(488)에 모산(茅山)에서 양희(楊羲)와 허밀(許謐)이 직접 쓴 도서(圖書)를 얻었다. 영명 10년에 관직을 사퇴하고 모산에 은거하였다. 양(梁)나라 무제(武帝)가 즉위하고 나서 여러 번 사신을 보내 예로써 초빙했으나 산에서 나오지 않았다. 그렇지만 조정에 큰 일이 있을 때마다 산 속의 도홍경에게 가서 자문하였기에, 세상 사람들이 "산중재상(山中宰相)"이라 불렀다. 그는 박학다식하고 재주가 많아 도교 다방면에 걸쳐 공헌하였다. ① 상청파(上淸派) 모산종(茅山宗)을 열었다. 상청파는 동진(東晋) 중엽에 강동(江東) 사족인 양희와 허밀에 의해 창건됐는데, 상청경(上淸經)을 신봉하였으므로 상청파라 이름하였다. 도홍경은 상청파의 계승자가 되어 오랜 기간 모산에 머물면서 도관을 개설하고 널리 교도를 불러 모았고,『상청대동진경(上淸大洞眞經)』을 주된 경전으로 받들었으며, 원시천존(元始天尊)을 최고신으로 존숭하였다. 수행방법은 존사(存思)를 위주로 하면서 경을 외우고 공덕을 쌓는 것 등을 보조로 삼았다. 그는 상청파 초기 계승자의 도서를 수집하고 정리하여『진고(眞誥)』를 편찬하였는데, 여기서 상청파 초기의 교의(敎義) 방술(方術) 및 전수된 사승 관계에 대해 체계적인 서술을 하고 있다. 이로부터 모산이 상청파의 도를 전하는 중심이 되었다. ② 체계적이고 완전하게 갖춘 신선의 계보를 편찬했다. 신선의 명칭은 많고 다양한데, 도홍경 이전에는 이에 대한 체계적인 서술이 없었다. 도홍경은 봉건사회의 등급제도를 신선세계에 적용하여『진령위업도(眞靈位業圖)』를 만들었다. 역사상의 일부 제왕 장군 재상과 유가의 성현을 포함한 700여 위의 신령을 7개 계급으로 나누고 배열하여, "동일하게 부르는 진인이라도 품계는 여러 가지이며, 선인이라는 조목도 있지만 선인에도 수많은 등급이 있다[雖同號眞人, 眞品乃有數, 具目仙人, 仙亦有等級千億]"고 하였으며, 처음으로 통일된 도교 신의 계보를 세웠다. ③ 도교를 위주로 하여 삼교융합을 주장하였다. "수많은 법이 난무하더라도 삼교의 범위를 넘어서지 못한다[百法紛湊, 無越三敎之境]"고 여겨, 법을 전하고 도를 넓혔을 뿐만 아니라, 직접 무현(鄮縣)지금의 절강성(浙江省) 영파시(寧波市) 은주구(鄞州區)의 아육왕사(阿育王寺)에 가서 불계(佛戒)를 받았으며, 모산의 도관에 도당(道堂)과 불당(佛堂)을 함께 설치하고 격일로 번갈아 아침마다 예배하였다. 그가 편찬한『진고』에도 불교의 지옥과 환생설을 끌어넣었다. ④ 의약과 양생 방면에서도 많은 공헌을 했다. 그는『신농본초경(神農本草經)』을 정리하였고, 위진(魏晉) 시기의 명의가 사용한 신약(新藥)을 수집하고 증보하여『본초경집주(本草經集注)』7권을 펴냈다. 이 책은 모두 700여 종의 약물을 기록하고 있는데, 원래의『본초경(本草經)』에 비해 두 배가 많다. 원래의『본초경』은 이미 사라졌고, 현재 두루마리로 된 돈황의 낙질본만 존재하며, 송(宋)『정화증류본초(征和證類本草)』에 그 글이 많이 인용되고 있다. 최초로 옥석(玉石), 초목(草木), 충(蟲), 수(獸), 과(果), 채(菜), 미실(米實)의 분류를 창안하여 분류하여 비교적 과학적이고 합리적이며 수(隋)·당(唐) 이후의 본초학의 저본이 되었다. 양생 방면의 저작으로는 『양성연명록(養性延命錄)』이 있다. 의학 방면에는 『보궐주후백일방(補闕肘後百一方)』, 『약총결(藥總訣)』 등이 있다. 연단 방면에는 『태청옥석단약집(太淸玉石丹藥集)』, 『태청제단집요(太淸諸丹集要)』, 『복이방(服餌方)』 등이 있다. 이외에 천문역산(天文曆算), 산천지리(山川地理), 방도물산(方圖物産), 점복도참(占卜圖讖) 등에도 통달했다. 또 서예에 뛰어나 초서와 예서를 잘 썼으며, 특히 행서에 뛰어났다. 죽고 나서 "정백선생(貞白先生)"이란 시호를 받았다. 일생동안의 저술이 풍부하여 위에 열거한 책을 제외하고 두드러진 책으로 『등진은결(登眞隱訣)』, 『화양도은거집(華陽陶隱居集)』, 『도씨효험방(陶氏效驗方)』, 『집금단황백방(集金丹黄白方)』 등이 있다. 그는 남조에서 육수정 이후의 도교 전파에 가장 중요한 인물이 되었다.

진보치(陳寶熾, 474~549)

• • •

북위(北魏)의 도사. 영천(潁川)지금의 하남(河南) 허창(許昌)에 속한다 사람이다. 태화(太和, 477~499) 연간에, 누관(樓觀)에 출가하여 수도했으며, 왕도의(王道義)를 스승으로 섬겼다. 후에 화음(華陰)을 유람하다가 육경(陸景)을 만나 비결을 얻었다. 평소 감응하여 신령과 통할 수 있었고, 조짐이 드러나기 전에 앞일을 알 수 있었다고 일컬어진다.

서위(西魏) 문제(文帝) 때, 진보치가 부름을 받고 궁궐에 들어가 도법을 강의하자, 태사(太師)와 조정 사대부들이 한꺼번에 모두 그를 따르고 스승으로 섬겼다. 그는 죽고 사는 것에 대해 논하기를, "어째서 태어나는 것은 기쁘게 여기면서 죽는 것은 슬퍼하는가? 죽고 사는 것은 한 가지 도이고, 꿈꾸거나 깨어 있거나 모두 같은 이치이다[來何爲欣, 去何爲愴? 生死道一, 夢覺理均]"라고 하였다. 대통(大統) 15년에 죽었고, 시호는 "정의선생(正懿先生)"이다. 그 문하의 제자로 왕연(王延) 후해(侯楷) 이순흥(李順興) 등이 있다.

왕연(王延)

• • •

  북조(北朝)의 도사. 자는 자원(子元)이고, 부풍(扶風)_{행정소재지 상 지금}의 섬서(陝西) 흥평(興平) 사람이다. 서위(西魏) 대통(大統, 535~551) 초년에 누관(樓觀)에서 수도하였고, 진보치(陳寶熾)를 스승으로 섬겼다. 후에 화산(華山) 운대관(雲臺觀)에 갔다가 초광(焦曠)을 다시 스승으로 섬기고, 『삼동비결(三洞秘訣)』을 전해받았다. 후에 주(周) 무제(武帝)가 명성을 듣고 그를 불렀다. 초광이 왕연에게 말하길, "도교가 쇠퇴하여 지원이 끊긴 지 오래됐다. 부름에 응해 나간다면 도교를 크게 넓힐 것이다[道教陵夷, 久失拯援. 可應詔出, 弘大道教]"라고 하였다. 이때 무제는 불교도를 탄압했는데 그 영향이 도교에까지 미쳤다. 오직 왕연만이 무제에게 신임을 얻어 때때로 부름을 받고 궁에 들어가 도의 요체로 자문에 응했다. 후에 명을 받들어 삼동경도(三洞經圖) 과의계율(科儀戒律) 등에 관한 경서를 교정하고, 『삼동주낭(三洞珠囊)』7권을 편찬했는데, 황제가 특별히 조서를 내려 이를 통도관(通

道觀)에서 반포했다. 이로부터 도교가 다시 부흥했다. 수(隋) 문제(文帝)는 현도관(玄都觀)을 건립하고, 왕연을 현도관의 주지로 삼았다. 개황(開皇) 6년(586)에 문제는 왕연을 대흥전(大興殿)으로 불러들이고 목욕재계하고 도계(道戒)를 받았으며, 아울러 왕연에게 도문위의(道門威儀)의 직함을 내려주었다. 왕연은 인수(仁壽, 601~604) 말에 선도관(仙都觀)에서 사망했다.

노태익(盧太翼)

• • •

수대(隋代)의 도사. 자는 협소(協昭)이고, 본래 성은 장구(章仇)이며, 하간(河間)행정구역상 지금의 하북(河北)의 헌현(獻縣) 사람이다. 어려서부터 총명하였고, 장성하여서는 도를 좋아했으며, 성정이 담백하여 영리를 추구하지 않았다. 여러 학파의 학문에 두루 통달했는데 특히 불교와 도교의 심오한 이치에 정통했고, 평소 점술과 역법에 뛰어났다. 백록산(白鹿山)과 임려산(林慮山)에 잇달아 은거하였다. 후에 오대산(五臺山)에서 제자 몇 명과 바위 아래 오두막을 짓고 살면서, 세상일을 버리고 수도에 몰두하면 신선이 될 수 있다고 여겼다. 태자 양용(楊勇)이 명성을 듣고서 그를 불렀다. 노태익은 그가 결국은 왕위에 오르지 못할 것을 알고 친한 이에게 말하길, "내가 그에게 얽매이게 됐는데 언제 풀려날지 모르겠구나[吾拘逼而來, 不知所稅駕也]"라고 하였다. 후일 태자는 결국 실패했고, 노태익은 연좌법으로 죽어야 하나 문제(文帝)가 그 재능을 아깝게 여겨 사면하였다. 오래지 않아 눈이 멀자 손으로 글자를 더듬어 책을 읽었다. 인수(仁壽, 601~604) 말년에 문제가 인수궁(仁壽宮)으로 피서를 가려하자, 노태익이 강경하게 간하였으나 받아들이지 않고 화를 내면서 그를 장안(長安)의 옥에 감금했다. 문제는 궁에 이르러 과연 병에 걸려 죽음에 이르게 됐다. 그는 임종 전에 황태자에게 말하길, 노태익은 보통사람이 아니고 줄 곧 말한 것이 일찍이 적중하지 않은 적이 없으니 그를 풀어주라고 하였다. 대업(大業) 9년(613)에 황제를 따라 요동(遼東)에 갔었는데, 노태익이 황제에게 여양(黎陽)에 병란의 기운이 있다고 말했다. 며칠 후에 양현감(楊玄感)이 반란을 일으키자 황제는 매우 신기하게 여겼다. 조정에 있는 동안 천문과 인사에 대해 말한 것이 헤아릴 수 없으나, 모두 비밀에 부쳐 세상에 알려지지 않았다.

소원랑(蘇元朗)

•••

수(隋)·당(唐) 시기의 도사. 자호(自號)는 청하자(靑霞子)이다. 『나부산지(羅浮山志)』에 따르면, 일찍이 모산(茅山)에 은거하여 도를 공부하였으며, 생명을 주관하는 신인 사명(司命)의 참된 비결을 얻고 수도하여 신선이 되었다고 한다. 또 나부산 청하곡((靑霞谷)에서 은거하여 수도하면서 대단(大丹)을 연양하였다고 한다. 『태청석벽기(太淸石壁記)』를 지어 단도의 요지를 밝혔고, 이후에 『지도편(旨道篇)』을 지어 내단(內丹) 수련법을 천명했다. 또 『고문용호경(古文龍虎經)』, 『주역참동계(周易參同契)』, 『금벽잠통결(金碧潛通訣)』 세 책이 "문장은 번잡하고 뜻은 은미한 것[文繁義隱]"을 거울로 삼아 『용호금액환단통현론(龍虎金液還丹通玄論)』을 저술하였다. 이 책에서 "신단을 내련으로 귀착시켰[歸神丹于心煉]"으며, 외단(外丹)의 용어로 내단(內丹)을 설명하였다. 심신(心身)을 솥으로 삼아 "성명쌍수(性命雙

修)"를 주장하면서 내단수련을 위주로 하였는데, 이것이 이후 내단
수련의 핵심이 되었다. 그의 내단 수련학설은 후세 도교에 큰 영향을
미쳤다.

기휘(岐暉, 557~630)
· · ·

수(隋)·당(唐) 시기의 도사. 평정(平定)이라고도 한다. 경조(京兆)
지금의 섬서(陝西) 서안(西安) 사람이다. 어려서 도에 마음을 두고 13세에 출
가하여 수도하였다. 그러나 북주(北周) 무제(武帝)가 불교와 도교를
탄압하는 일이 생겨 오래지 않아 환속했다. 수나라가 도교의 법을 중
흥시키자 마침내 통도관(通道觀)에서 소법사(蘇法師)를 스승으로 섬
겨 삼동경법(三洞經法)을 전수받았다. 이후에 누관(樓觀)에 거처하면
서 안으로는『도덕경』의 뜻으로 진(眞)을 온전히 하고, 밖으로는『장
자』의 뜻으로 풍취를 즐겼다. 평소 존삼수일법(存三守一法)[1]과 와두
법(臥斗法)[2]을 수련하였다. 세상 물정에 밝았으며, 식견이 뛰어났다.
대업(大業) 7년(611)에 수나라 양제(煬帝)가 몸소 요동을 정벌할 때,
기휘가 제자에게 다음과 같이 말하였다. "몇 년 안에 천도가 바뀌는
것을 내가 볼 수 있겠구나[天道將改, 吾猶及見之, 不過數載矣]." 어

---

1. 존삼수일법(存三守一法): 내단 수련법의 일종으로 정·기·신을 간직하는 법(存
   三)과 원기를 지키는 법(守一)을 말한다. - 역자주
2. 와두법(臥斗法): 일월의 정기를 복식하는 법으로, 고요한 밤에 별실에서 분향을
   한 뒤 북쪽을 향해 머리를 두고 누워 몸과 마음을 안정시키고 고치를 24회 한 다
   음 북두칠성의 아래에 자신의 몸을 누인 것으로 생각하고 일곱 별의 빛이 자신의
   몸을 덮는 것을 명상하는 수련법. - 역자주

떤 사람이 물었다. "앞으로 어떻게 될지는 모르십니까[不知來者若何]?" 대답하기를, "마땅히 노자의 자손이 세상을 다스리게 될 것이다. 그 이후로 도교가 크게 흥할 것이다[當有老君子孫治世. 此後吾教大興]"라고 하였다. 이후에 이연(李淵)이 태원(太原)에서 군대를 일으키니, 누관의 재물과 식량을 그 군대에 지원해주었고, 자신의 이름을 평정(平定)으로 고치고 이연을 응대하였다. 이연이 당나라를 건국한 이후에 특별히 그를 '자금광록대부(紫金光祿大夫)'에 봉하였으나 극구 사양하였다. 이연이 말하기를, "선생은 일단 받으라. 경성에 돌아가면 별도의 포상이 있을 것이다[師且受, 俟得京城, 別有進止]"라고 하였다. 이후 당 고조 이연은 기휘를 누관의 관주로 삼고, 여러 차례 몸소 누관을 방문했는데, 이는 기휘를 숭상하고 공경함을 보이기 위한 것이었다. 또 조서를 내려 누관을 "종성(宗聖)"으로 바꾸게 하였다. 기휘는 누관에서 사망하였다.

왕원지(王遠知, 528~635)

• • •

수(隋)·당(唐) 시기의 도사. "원지(遠智)"라고도 하며, 자는 광양(廣陽)이며, 양주(揚州) 사람이다. 15세에 도홍경(陶弘景)을 스승으로 모시면서 그 도법을 전수받았고, 또 장긍(臧矜)장경(臧兢)으로 쓰기도 한다으로부터 여러 비결을 전수받았다. 훗날 모산(茅山)에 은거하였다. 수나라 개황(開皇) 12년(592)에 양제(煬帝) 양광(楊廣)이 양주(揚州)에 와서 예를 갖추어 왕원지를 불렀다. 이에 왕원지는 산을 내려와 양제를 만났으나, 바로 산으로 되돌아가 후학을 제도했다. 대업(大業) 7년(611)에 양제가 고구려를 쳐들어가면서 최봉거(崔鳳擧)를 파견하여 만나기를 청하자, 탁군(涿郡)의 임소궁(臨朔宮)에서 만났다. 양제는 제자의 예를 행하면서 선계의 일들을 물어보았다. 이후에 낙양(洛陽)에 옥청현단(玉淸玄壇)을 설치하고 그곳에 머물게 하였다. 당나라 태종(太宗)이 진왕(秦王)일 때, 일찍이 왕원지로부터 삼동법(三洞法)을 전수 받았다. 즉위 이후에 높은 관직을 주려하자 왕원지는 고사하고 산으로 돌아가려했다. 이에 낙주(洛州)에 조서를 내려 사람과 배를 공급하게 하고 아울러 법복을 내려주었다. 또 모산에 태평관(太平觀)을 짓도록 명하였다. 그러나 태평관이 완성되기 전에 왕원지가 죽었다. 당시 사람들이 왕법주(王法主)라고 칭송했다. 고종(高宗) 조로(調露) 2년(680)에 "대중대부(太中大夫)"로 추증하고 시호를 "승진선생(升眞先生)"이라고 하였다. 무측천(武則天)이 "금자광록대부(金紫光祿大夫)"로 추증하고 "승현선생(升玄先生)"이라고 시호를 고쳤다. 그 제자 중에서 이름난 자로는 반사정(潘師正)과 서도막(徐道邈)이 있다.

성현영(成玄英)

• • • •

당(唐)나라 초기의 도사이자 도교학자. 자는 자실(子實)이고 섬주(陝州)지금의 행정소재지는 하남(河南) 섬현(陝縣) 사람이다. 동해(東海)지금의 강소(江蘇)에 속한다에 은거하였다. 정관(貞觀) 5년(631)에 황제가 성현영을 수도로 부르고, "서화법사(西華法師)"라는 호를 내려주었다. 영휘(永徽, 650~655) 연간에 욱주(郁洲)지금의 강소(江蘇) 연운항시(連雲港市) 운대산(雲臺山)를 유람하였다. 그의 사상은 진(陳)나라와 수(隋)나라의 도가(道家) 중현학(重玄學)을 계승하고 불교이론을 끌어와 도교에 접목하여, 두 가지에 치우침을 모두 버리는 중현의 "쌍견이편(雙遣二偏)" 설을 주장하였다. 그 내용은 다음과 같다. "유욕의 사람은 오직 유에만 막혀 있고, 무욕의 선비는 또 무에만 막혀 있다. 그러므로 하나의 '현(玄)'을 말하여 두 가지 집착을 버리게 하는 것이다. 또 행하는 이가 이 '현'에 집착할까 염려하여, 지금 '우현(又玄)'을 말하여, '현'에 집착하는 병통을 다시 없앤 것이다. 그리하여 막힌 데에도 막혀 있지 않을 뿐만 아니라 막히지 않은데도 막혀 있지 않게 되니, 이것은 버리고 또 버린 것이다. 그러므로 '현지우현(玄之又玄)'이라고 한다.[有欲之人, 唯滯於有. 無欲之士, 又滯於無. 故說一玄, 以遣雙執. 又恐行者, 滯於此玄, 今說又玄, 更祛後病. 旣而非但不滯於滯, 亦乃不滯於不滯. 此則遣之又遣. 故曰玄之又玄.]" 이 말의 핵심은 중도(中道)의 약으로써 두 가지에 막힌 병을 고쳐 제거하는 것으로, "두 가지에 막힌 병이 제거되고 나면, 중이라는 약도 버려서 약과 병이 동시에 모두 사라지는 것[二偏之病旣除, 一中之藥還遣, 唯藥與病, 一時俱消]"을 중현(重玄)이라고 한 것이다. 저서로는 『남화진경주소(南華眞經注疏)』30권이 있다. 『노자도덕경주(老子道德經注)』2권, 『개제서결의소(開題序訣義疏)』7권은 이미 사라지고 없지만, 근대의 몽문통(蒙文通)이 그 일실된 문장을 편집하여 『도덕경의소(道德經義疏)』6권을 만들었다. 별도로 성현경의 『도인경주(度人經注)』가 있는데, 그 일부가 진경원(陳景元)의 『도인경사주(度人經四注)』에 수록되어 있다.

이영(李榮)

• • •

당대(唐代)의 도사이자 도교학자. 호는 임진자(任眞子)이고, 면주(綿州) 파서(巴西)지금의 사천(四川) 면양(綿陽) 사람이다. 어려서부터 뜻이 곧고 배우기를 좋아하였으며, 재치가 뛰어났다. 당나라 초기에 출가하여 도사가 되었고, 수도에 정진하여 촉(蜀) 지역의 도교 유명 인사가 되었다. 고종(高宗)이 즉위한 후 그를 경성으로 불러 장안(長安)지금의 섬서(陝西) 서안(西安)의 동명관(東明觀)에 거주하게 하였다. 그는 평소에 이름난 승려와 뛰어난 유학자들과 서로 왕래하면서 도학을 담론하였으며, 불교의 삼론종(三論宗)에 깊이 영향을 받았다. 당나라 초기의 도불논쟁에서 여러 차례 교지를 받들어 도교 대표자가 되어서, 조정에서 주최하는 삼교변론에 참가하였다. 이영은 삼교변론에서 "본제(本際)", "육동(六洞)", "도현은 언어와 형상으로 설명할 수 없음[道玄不可以言象詮]" 등의 논리를 힘껏 주장하였다. 당시의 사람들은 그를 "도교의 우두머리[老宗魁首]"라고 칭송했다. 현경(顯慶) 5년(660)에 사정으로 인해 촉(蜀) 땅으로 돌아갔다. 용삭(龍朔) 3년(663)에 다시 장안으로 불려와 도교의 사무를 담당하였다. 무측천(武則天) 집권한 다음 불교를 높이고 도교를 억압하는 정책을 펴자, 이영은 배척되었고 오래지 않아 사망했다. 당나라 초기에 도교 중현학이 세상에 성행하자 이영은 도교를 대표하는 저명한 사람의 하나로서 서화법사(西華法師) 성현영(成玄英)과 이름을 나란히 하였다. 저서로는 『노자주(老子注)』, 『장자주(莊子注)』, 『서승경주(西升經注)』 등이 있었으나, 모두 사라졌다. 근대의 몽문통(蒙文通)이 이영의 『노자주(老子注)』 4권을 편집하였고, 1947년 사천성 성립도서관에서 이를 출간하였다.

손사막(孫思邈, 581~682)

• • •

수(隋)·당(唐) 시기의 도사이자 도교학자, 의학자. 경조(京兆) 화원(華原)지금의 섬서(陝西) 동천(銅川) 요주구(耀州區) 사람. 노장(老莊)과 제자백가의 학문에 통달하였고, 의학 및 천문 역법에 정통하였다. 오랫동안 종남산(終南山)에 거처하면서 저명한 승려인 도선(道宣)과 친하게 지냈다. 명예와 지위를 탐하지 않아 산에 은거하면서 저술 활동을 하였고, 사람들의 병을 치료해주었기에 후인들은 그를 "약왕(藥王)"이라고 존숭하였다. 그는 도교의 양생이론과 의학을 결합시켰는데, 사람이 장수하려면 반드시 음식과 일상생활에 주의를 기울이고, 감정을 절제하고 성정(性情)을 기르며, 더불어 도인행기법(導引行氣法)을 행하고, 음식과 약으로 보신을 해야만 비로소 천수를 누릴 수 있다고 하였다. 또한 금단을 복식하는 것은 "신령스런 도는 멀고 아득하여, 구름의 자취처럼 멀리 사라진[神道懸邈, 雲跡疏絶]" 것과 같은 일이라고 여기며, 연단을 약을 제조하여 병을 치료하는 수단으로 간주하여, 단지 "뛰어난 의사가 약초와 약석으로 잘 다스리고, 침과 제조약으로 치료하면[良醫導之以藥石, 救之以針劑]" 천하에서 치료 불가능한 병은 없다고 하였다. 송(宋)나라 휘종(徽宗, 재위 1100~1125)은 그를 "묘응진인(妙應眞人)"에 봉하였다. 저서로는 『천금요방(千金要方)』, 『천금익방(千金翼方)』, 『섭생론(攝生論)』, 『복수론(福壽論)』, 『보생명(保生銘)』, 『존신연기명(存神煉氣銘)』, 『섭양침중방(攝養枕中方)』 등이 있다.

반사정(潘師正, 586~684)

수(隋)·당(唐) 시기의 도사. 자는 자진(子眞). 패주(貝州) 종성(宗城) _{『구당서(舊唐書)』「은일전(隱逸傳)」에는 "조주(趙州) 찬황(贊皇)"이라고 되어 있다} 사람. 수(隋)나라 대업(大業) 연간(605~618)에 도사 유애도(劉愛道)가 그를 보고 기특하게 여기면서, "삼청의 천리마를 그대가 아니면 누가 올라타겠는가?[三淸之驥, 非爾誰乘之]"라고 말하였다. 이때 왕원지(王遠知)가 양제(煬帝, 재위 604~618)로부터 예를 다해 존숭받고 있었다. 유애도는 반사정에게 왕원지를 스승으로 섬길 것을 권하였고, 왕원지는 도문은결(道門隱訣)과 부록(符籙)을 반사정에게 모두 전수해 주었다. 그리고 얼마 지나지 않아 왕원지를 따라 모산(茅山)으로 갔다. 훗날 숭산(嵩山)의 소요곡(逍遙谷)에서 20여 년 동안 은거하면서 솔잎과 물만 먹고 마셨다고 전해진다. 상원(上元) 3년(676)에 당나라 고종(高宗)이 불렀는데, 이때 산중에서 꼭 필요한 것이 무엇인가를 물었다. 그는 "신이 필요로 하는 것으로 무성한 소나무와 맑은 샘인데 산속에는 넉넉합니다[茂松淸泉, 臣之所須, 此中不乏]"라고 답하였고, 이에 고종은 매우 감탄하였다. 조로(調露) 원년(679)에는 칙령을 내려 소요곡에 숭당관(崇唐觀) _{원래 이름은 융당관(隆唐觀)}을 건설하고 산봉우리에 별도로 정사원(精思院)을 세워 거처하게 하였다. 반사정이 사망하자 태중대부에 제수하고 "체현선생(體現先生)"이라는 시호를 내렸다. 18명의 제자 중 위법소(韋法昭), 사마승정(司馬承禎), 곽숭진(郭崇眞) 등이 유명하다. 『도장(道藏)』에 수록된 『도문경법상승차서(道門經法相承次序)』에 고종과 소요곡에서 문답을 나눈 것이 기록 되어 있는데, 근대 학자 진국부(陳國符)의 고증에 따르면 이는 실제로 고종과 반사정 간의 대화록이라고 한다.

반체현(潘體玄)

반사정(潘師正)을 말한다.

섭법선(葉法善, 616~720)

당대(唐代)의 도사. 자는 도원(道元). 괄창현(括蒼縣)지금의 절강(浙江) 여수(麗水) 사람. 증조부 이하 삼대가 모두 도사였으며, 섭생과 양생, 점복(占卜) 등의 술법을 가지고 있었다. 섭법선은 어려서부터 가전(家傳)을 전수받았는데, 특히 부록(符籙)에 뛰어나 귀신을 물리치고 질병을 치료하였다. 고종(高宗), 측천무후(則天武后), 중종(中宗)에 이르기까지 50년에 걸쳐 산 속을 왕래하면서 여러 차례 부름을 받아 입궁하였고, 황제들도 예를 다해 그에게 도를 물었다. 평소 힘써 불법(佛法)을 비방하였다. 선천(先天) 2년(713)에 홍로경(鴻臚卿)에 제수되었고, 월국공(越國公)에 봉해져 깊은 총애를 받았다.

왕현람(王玄覽, 626~697)

당대(唐代)의 도사. 이름은 휘(暉)이고, 법명은 현람(玄覽)이다. 한주(漢州) 면죽(綿竹)지금의 사천(四川)에 속한다 사람. 일찍이 고향 친구 두세 명을 데리고 모산(茅山)으로 가다가 중도에 고향 마을로 되돌아왔다. 장생의 도를 함께 닦을 수 없음을 탄식하며, 이 몸은 이미 틀렸기에 마음에서 증험을 취해야 한다고 여겼다. 이에 앉거나 서거나 가거나 멈추거나 오직 도에 힘썼다. 측천무후(則天武后)가 신공(神功) 원년(元年, 697), 그의 나이 72세 때 경성으로 부름을 받고 가다가 낙주(洛州)에 이르러 죽고 말았다. 호는 홍원선생(洪元先生)이다. 그의 사상은 도가에 연원을 두며 불교의 색채가 섞여 있다. 『노자(老子)』의 "도가도비상도(道可道非常道)"라는 명제에 근거하여 "도"를 "가도(可道)"와 "상도(常道)" 두 가지로 나누고, "도 가운데 중생이 있고, 중생 가운데 도가 있다[道中有衆生, 衆生中有道]"고 여겼다. 그러나 "상도"는 중생에 앞서서 존재하는 불생불멸의 절대적 실체라고 하였다. 그리고 "일체의 중생은 도를 구하고자 하면, 마땅히 지견(知見)을 멸해야 하고, 지견을 멸하면 도를 얻을 수 있다[一切衆生欲求道, 當滅知見, 知見滅, 乃得道矣]"고 말하였다. 저서로는 『현주록(玄珠錄)』, 『둔갑사합도(遁甲四合圖)』, 『진인보살관문(眞人菩薩觀門)』, 『혼성오장도(混成奧藏圖)』, 『구진임증송도덕제행문(九眞任證頌道德諸行門)』, 『노경구결(老經口訣)』 등이 있는데, 지금은 『현주록(玄珠錄)』만 남아 있다.

사마승정(司馬承禎, 647~735)

· · ·

당대(唐代)의 도사. 자(字)는 자미(子微), 법호(法號)는 도은(道隱). 하내(河內) 온(溫)지금의 하남(河南) 온현(溫縣) 사람. 어릴 적부터 배우길 좋아했고, 21세에 입도하였다. 숭산(嵩山) 도사 반사정(潘師正)을 스승으로 섬기고 상청경법(上淸經法)과 부록법(符籙法), 도인술(導引術), 복이법(服餌法) 등의 뭇 방술을 전수받았다. 이후 천하의 명산을 두루 유람하고서 천태산(天台山) 옥소봉(玉霄峰)에 은거하며 천태백운자(天台白雲子)라 자호(自號)하였다. 무측천(武則天)이 그 명성을 듣고 경도로 오라고 친필 칙서(勅書)를 내려 그를 찬미하였다. 당 예종(睿宗) 경운(景雲) 2년(711)에 부름을 받고 입궁하였다. 황제는 음양 술수와 나라를 다스리는 일에 대해 물었고, 사마승정은 음양 술수는 이단이며 나라 다스리는 것은 마땅히 "무위(無爲)"을 근본으로 해야 한다고 하였다. 황제가 보금(寶琴)과 하문피(霞紋帔)를 하사하고서 그를 떠나보내는데, 시(詩)로써 송별한 고관이 수백 명이었다. 상시(常侍) 서언백(徐彦伯)이 그 시들을 총합하여 서문을 작성하고서 『백운기(白雲記)』라 이름하였다. 현종(玄宗)이 개원(開元) 9년(721)에 그를 경도로 불러들여 내전(內殿)에 머물게 하면서 친히 법록(法籙)을 받았다. 개원 15년에는 다시 궁궐로 부르고, 왕옥산(王屋山)에서 형세가 뛰어난 곳을 선택하도록 명했다. 그리고 그곳에 특별히 양태관(陽台觀)을 지어 사마승정을 거주하게 하였고, 친히 편액을 써주었다. 사마승정은 전서(篆書)와 예서(隸書)에 능통하여 자신만의 하나의 서체를 이루었는데 "금전도서(金剪刀書)"라 불렀다. 현종은 세 가지 서체로 『노자도덕경』을 필사하고 문구를 교정하고서 돌에 새겨 석경(石經)을 만들라고 명하였다. 사마승정의 사상은 노장을 근본으로 삼고, 유가의 정심성의(正心誠意)와 불교의 지관(止觀)·선정(禪定) 학설을 흡수하고서, 이들을 융합하여 도교의 수도성선(修道成仙) 이론을 만들었다. 사마승정은 "신선도 사람[神仙亦人]"이므로 사람이 품부 받은 것에는 신선의 소질이 갖추어져 있다고 여기고, "나의 허령한 기를 닦고[修我虛氣]" "나의 스스로 그러한 본성에 순응[遂我自然]"하기만 하면 바로 신선이 될 수 있다고 보았다. 수행하여 신선이 되는 과정을 재계(齋戒), 안처(安處), 존상(存想), 좌망(坐忘), 신해(神解)의 "다섯 개의 점진적인 문[五漸門]"으로 나누고, "신선의 도는 이 다섯 가지가 하나의 문으로 귀결한다[神仙之道, 五歸一門]"고

하였다. 또 도를 닦는 것을 경신(敬信), 단연(斷緣), 수심(收心), 간사(簡事), 진관(眞觀), 태정(泰定), 득도(得道)의 "일곱 개의 단계[七階次]"로 나누었다. 이 다섯 개의 점진적인 문과 일곱 개의 단계는 또 간연(簡緣), 무욕(無欲), 정심(靜心)의 삼계(三戒)로 개괄할 수 있다. 부단히 삼계를 닦으면서 게을리 하거나 물러나지 않는다면 바로 "도와 그윽이 합일되어 모든 사려가 다 사라지는[與道冥一, 萬慮皆遺]" 신선의 참된 경지에 도달할 수 있다. 그의 사상은 북송 이학의 "주정거욕(主靜去欲)" 사상에 일정한 영향을 끼쳤다. 사마승정은 사망한 후 "은청광록대부(銀靑光祿大夫)"로 추증되었고, "정일선생(貞一先生)"이라는 시호를 받았다. 제자는 70여 명이며, 그 중 이함광(李含光), 설계창(薛季昌)이 가장 뛰어났다. 저술에 『천은자(天隱子)』,『좌망론(坐忘論)』,『수진비지(修眞秘旨)』,『수신양기결(修身養氣訣)』,『복기정의론(服氣精義論)』,『상청함상검감도(上淸含象劍鑒圖)』등 10여 종이 있다.

윤문조(尹文操)

. . .

당대(唐代)의 도사. 자(字)는 경선(景先). 농서(隴西) 천수(天水)지금의 감숙(甘肅) 천수(天水) 사람. 집안 대대로 벼슬하였다. 어릴 적에 『노자』를 읽고, 커서 도교 사당에 들어가 주법통(周法通)을 사사하여 "청우은법(靑羽隱法)"을 전수받았다. 15세에 도사적(道士籍)에 이름을 올렸고, 장성해서는 종성관(宗聖觀)에 거주하였다. 이후 명산을 두루 유람하다가 종남산에 머물렀다. 고종(高宗)이 그 명성을 듣고 조정으로 불렀다. 윤문조는 간언(諫言)을 받아들이고 현자를 취하며, 부역과 정벌을 그치고, 허물을 자신에게 돌리고 행실에 힘써서, 위로는 천심(天心)에 합하고 아래로는 민의(民意)를 얻어야 한다고 진언했다. 고종은 매우 흡족해하고, 조서를 내려 호천관(昊天觀) 관주(觀主)에 임명하고 아울러 종성관(宗聖觀)의 일을 주관하게 하였다. 후에 윤문조는 칙령을 받들어 『현원황제성기(玄元皇帝聖紀)』10권을 수찬하였다. 또 『누관선생본행내전(樓觀先生本行內傳)』1권, 『거혹론(袪惑論)』4권, 『도덕경요의(道德經要義)』5권, 『소마경(消魔經)』30권을 지었다. 별도로 『옥위서목(玉緯書目)』을 편집했는데, 경서(經書) 목록 7,300여 권이 실려 있다.

유지고(劉知古)

• • •

당대(唐代)의 도사. 자(字)는 광현(光玄). 임공(臨邛)지금의 사천(四川) 공내(邛崍) 사람. 용삭(龍朔) 연간(661~663)에 출가하여 태청관(太淸觀) 삼동도사(三洞道士)가 되었다. 훗날 이인을 만나 『신호보경(神虎寶經)』, 『상청은문(上淸隱文)』, 『고분상도지요(高奔上道之要)』 등을 전수받았다. 유교를 형, 불교를 아우로 여기고, 삼교(三敎)의 상(像)을 세워 이를 섬겼다. 연국공(燕國公) 장열(張說)이 그 소문을 듣고 기뻐하며 『삼교명(三敎銘)』을 지었는데, "연꽃의 불교이든 기린 뿔의 유교이든, 법은 한가지로 둘이 아니니, 마음에서는 똑같이 하나를 얻을 뿐이다. 도심(道心)은 오직 은미하니 잘 지켜 잃지 말아야 하네[蓮華釋門, 麟角儒術, 法共不二, 心同得一. 道心惟微, 守而勿失]"라고 하였다.

장온(張氳, 652~745)

• • •

당대(唐代)의 도사. 이름은 온(蘊)이라고도 하며, 자(字)는 장진(藏眞), 호(號)는 홍애자(洪崖子)이다. 진주(晉州)지금 산서(山西)에 속한다 사람. 서예와 거문고에 뛰어났고 황로술(黃老術)을 좋아하였다. 경성자(景成子)를 따라 도를 닦았으며, 고야산(姑射山)에 15년간 은거하며 선경(仙經)과 비전(秘典)에 통달하였다. 푸른 나귀를 타고 곤륜산(昆侖山), 종남산(終南山), 대종산(岱宗山), 서악산(西嶽山) 등 명산을 탐방하며 유람하였고, 청성산(靑城山), 태행산(太行山), 왕옥산(王屋山) 사이를 왕래하였다. 섭법선(葉法善), 나공원(羅公遠)과 친하게 지냈고, 금단(金丹)·화지(華池)의 일을 연구하며, 형체를 바꾸어 허(虛)로 변화시키는 비술(秘術)을 단련하였다. 개원(開元) 7년(719)에 현종(玄宗)이 담로전(湛露殿)으로 불러 만나보았다. 혹자가 회남왕이 닭과 개와 함께 승천한 일에 대해 묻자, 장온은 "도를 배워 신선을 구하는 것은 같이 누워 자더라도 서로 다른 꿈을 꾸는 것과 같아, 부자나 부부라도 함께 할 수 없습니다[學道求仙, 如同睡異夢, 父子夫婦莫相及也]"라고 하였다. 또 신단(神丹)과 황금(黃金)의 비술에 대해 묻자, "부귀와 성색은 본성을 해치는 도끼요, 삶고 단련하여 변화시키는 연단은 수명을 요절시키는 도끼요, 초목과 금석은 장부를 썩게 하는 약이니, 모두 배울만한 것이 아닙니다[富貴聲色, 伐性之斧. 點化烹煉, 夭命之斤. 草木金石, 腐腸之藥. 皆不可學也]"라고 답했다. 그리고 연양(煉養)의 핵심은 "그대의 형체를 수고롭게 하지 말고, 그대의 정을 동요시키지 말며, 마음에 욕심을 없애면 오래 살 수 있고 수명을 온전히 누릴 수 있다[毋勞汝形, 毋搖汝精, 恬淡寡欲, 可以久

生, 可以盡年]"고 하였다. 일찍이 『노자』와 『주역』을 주해하였고, 또 『신선기(神仙記)』, 『고사전(高士傳)』, 『하동기(河東記)』 등 여러 종류의 책을 찬술하였다고 하는데, 모두 전해지지 않는다.

이전(李筌)

· · · ·

당대(唐代)의 도사. 자호(自號)는 달관자(達觀子). 농서(隴西)_{지금의} 감숙(甘肅) 천수(天水) 사람. 숭산(嵩山)의 작은 집에 지내며 신선의 도를 좋아하였다. 개원(開元, 713~741) 연간에 강릉절도부사(江陵節度副使), 어사중승(禦史中丞)이 되었다._{일설에는 형남절도판관(荊南節度判官)이 되} _{었다고, 또 일설에는 형남절도부사(荊南節度副使), 선주자사(仙州刺史)가 되었다고도 한다.} 이때에 권세를 지녔던 재상 이임보(李林甫)에게 배척당하여 관직을 그만두고 명산에 들어가 도를 닦았는데, 이후 간 곳을 알지 못했다. 『태백음경(太白陰經)』 10권, 『중태지(中台志)』 10권을 지었다. 『태백음경』에서 "현자에게 맡기고 유능한 이를 부리면 때에 상관없이 일이 이롭게 된다. 법을 명백히 하고 시령을 자세히 밝히면 점을 치지 않아도 일이 길해진다. 공을 이룬 자를 귀하게 여기고 수고한 이에 상을 주면 제사 지내지 않아도 복을 얻는다[任賢使能, 不時日而事利. 明法審令, 不卜筮而事吉. 貴功賞勞, 不禳祀而得福]"라고 말하며, 점치는 것과 미신에 반대하고 개혁 정치를 주장하였다. 병법에 환히 통달하여 일찍이 『손자(孫子)』에 주석을 달았다고 전해진다. 전쟁의 승패 갈림 길은 인사(人事)에서 결정된다고 여기며 선진(先秦) 시기의 군사 철학을 계승 발전시켰다. 숭산(嵩山) 호구암(虎口岩) 석벽에서 『황제음부경(黃帝陰符經)』을 얻었다고 전해진다._{일설에는 그가 황제의 이름을 가탁하}

여 지었다고 한다. 현재 전해지는 이전(李筌)의『음부경(陰符經)』주(注)는 두 종이 있다. 하나는『황제음부경집주(黃帝陰符經集注)』속의 이전(李筌)의 주(注)로서 비교적 신뢰할 만하다. 다른 하나는 이전(李筌)의『황제음부경소(黃帝陰符經疏)』3권인데 후인이 가탁한 것으로 의심된다. 두 종 모두『도장(道藏)』제55책에 수록되어 있다.

이함광(李含光, 682~769)

· · ·

당대(唐代)의 도사. 광릉(廣陵) 강도(江都)현재의 강소(江蘇) 양주(揚州) 사람. 아버지는 정은선생(貞隱先生) 이효위(李孝威)이다. 이함광은 황노술(黃老術)에 정통하였고, 사마승정(司馬承禎)과 허물없는 사이였다. 개원(開元) 17년(729) 사마승정을 따라 왕옥산(王屋山)에 들어갔다. 사마승정이 사후, 현종(玄宗, 재위 712~756)은 이함광을 불러 양태관(陽台觀)에 머물면서 사마승정의 뒤를 잇도록 했다. 후에 병을 핑계로 모산(茅山)으로 돌아가 상청경법에 관한 책을 편찬했다. 천보(天寶) 4년(745)에 다시 수도로 불러 궁궐에 머물면서 도법을 말해주기를 청하였는데, 이함광이 병을 핑계로 사양하고 산으로 돌아가기를 원하자 현종은 시를 지어 전별했다. 천보 7년에 현종이 대동전(大同殿)에서 상청경록(上清經籙)을 받으면서, 멀리 있는 이함광에게 스승의 예를 올리고 "현정선생(玄靜先生)"이란 호를 내려주었고, 아울러 법의 한 벌을 내려주어 사제지간의 예를 행했다. 이함광은 사망 후에 "정의대부(正議大夫)"로 추증됐다. 제자 중 뛰어난 자로 위경소(韋景昭), 맹담연(孟湛然), 곽굉(郭閎), 은숙(殷淑), 위거모(韋渠牟) 등이 있다.『모산지(茅山志)』권9의 기록에 의하면, 저서로『주역의략

(周易義略)』,『노장학기(老莊學記)』,『삼현이동론(三玄異同論)』,『본초음의(本草音義)』 등이 있다. 『도장』에 『태상자비도장소재구유참(太上慈悲道場消災九幽懺)』이 실려 있다.

설계창(薛季昌)

• • • •

당대(唐代)의 도사. 한주(漢州) 금죽(綿竹)_{지금의 사천(四川)에 속한다} 사람. 일설에는 하동(河東)_{지금의 산서(山西) 영제(永濟)} 사람이라고도 한다. 집안 대대로 높은 관직에 나아갔는데, 유독 설계창은 영화를 추구하지 않고 산수(山水) 자연에 뜻을 두었다. 처음에는 촉(蜀) 땅의 청성산(靑城山)에서 노닐었는데, 후에 남악(南嶽)에서 사마승정(司馬承禎)을 만나 예를 올리고 "삼동(三洞)"의 경록을 받았다. 아침저녁으로 궁구하고 익히기를 오랫동안 부지런히 행하자 마침내 대도를 깨달았다. 일찍이 현종(玄宗)이 궁궐로 불러들여 도덕(道德)의 뜻을 물었는데, 설계창은 정밀하고 자세하게 설명하여 자못 황제의 뜻에 부합했다. 저술에 『도덕현추(道德玄樞)』가 있는데, 『도덕경』의 현묘한 뜻을 밝혔다. 후에 축융봉(祝融峰)에서 연단하여 하늘로 올랐다고 전해진다.

오균(吳筠, ?~778)

• • • •

당대(唐代)의 도사. 자는 정절(貞節). 화주(華州) 화음(華陰)_{지금의 섬서(陝西)에 속한다} 사람. 어려서 유생이 되어 진사시에 응했다가 낙제한 후에, 숭산(嵩山)에 들어가 반사정(潘師正)을 모시면서 도사가 되었다. 상청경법(上淸經法)을 고심하며 깊이 연구하고 익혀서 그 술법에 모두 통하였다. 시문에 뛰어났고, 개원(開元) 연간(713~741)에 모산(茅山) 천태산(天台山)을 방문하고 금릉(金陵)을 유람하면서 이백(李白) 등 당시의 문사들과 어울렸다. 당(唐) 현종(玄宗)이 그를 불러서 한림(翰林)에 임명하고, 도법에 대해 물었다. 오균이 답하길, "도법의 정수로『도덕경』만한 것이 없습니다. 다른 여러 번잡하고 조리 없는 글들은 한갓 종이와 붓을 낭비할 뿐입니다[道法之精, 無如五千言. 其諸枝詞蔓說, 徒費紙札耳]"라고 하였다. 현종이 또 신선이 되는 수련의 일에 대해 묻자 답하길, "이는 야인의 일로서, 오랜 시간을 두고서 수행을 통해 구하는 일이니, 임금께서 마음에 둘 만한 일이 아닙니다[此野人之事, 當以歲月功行求之, 非人主之所宜留意]"라고 하였다. 안사(安史) 의 난이 일어나기 전에 되돌아가길 청해 모산에 은거했다. 사망 후에, 제자들이 "종현선생(宗玄先生)"이라 높여 불렀다. 『종현선생문집(宗玄先生文集)』3권이 있는데,『도장(道藏)』제726~727책에 실려 있다.

적법언(翟法言, 714~835)

• • •

　당대(唐代)의 도사. 자는 건우(乾佑). 기주(蘷州)지금의 사천(四川) 봉절(奉節) 사람. 노자와 도가의 학문을 좋아하여 청수(淸修)에 뜻을 두었으며 옥석향(玉石鄕)의 정사에 은거했다. 현종(玄宗) 때, 진인을 만나『장군비술(將軍秘術)』,『자허비술(紫虛秘術)』,『태상정일맹위비법(太上正一盟威秘法)』을 전수받았다. 적법언의 스승 송충원(宋沖元)이 갈선공(葛仙公)으로부터 비밀리에 진원소신(鎭元召神)의 술법을 받아 적법언에게 전수했고, 법언이 이를 수년간 닦고서 "6기를 잡고서 온갖 영을 지휘할[執持六氣, 指揮萬靈]" 수 있게 되었는데, 수명을 늘리고 귀신을 부리며 장래의 일을 점치는 등 여러 증험이 있었다고 전해진다. 제자에게 이렇게 타일렀다. "음양이 나뉘기 전의 도가 근원이니, 도는 일기로써 삼재를 낳는다. 따라서 하늘에는 구양(九陽)이 있고, 사람에게는 구원(九元)이 있고, 땅에는 구음(九陰)이 있다. 사람이 생을 품부 받고서 그 근원으로 돌아가 근원을 지킬 수 있다면, 변화에 감통하여 들어맞지 않음이 없다[二氣之前道爲祖, 道以一氣生三才. 故天有九陽, 人有九元, 地有九陰. 人之稟生, 苟能歸其祖, 守其元, 則感通變化, 無所不適]." 대종(代宗) 때 "통령대사(通靈大師)"라는 호를 받았다.

장지화(張志和, ?~772)

. . .

당대(唐代)의 도사. 자는 자동(子同), 초명(初名)은 구령(龜齡), 호는 현진자(玄眞子). 회계(會稽) 산음(山陰)지금의 절강(浙江) 소흥(紹興) 사람이고, 무주(婺州) 금화(金華) 지금의 절강(浙江)에 속한다 사람이라고도 한다. 그의 아버지 장유조(張遊朝)는 도가의 학문을 좋아해 일찍이 『남화상설(南華象說)』 등을 지었다. 장지화는 어려서부터 재주와 학식이 있어 숙종(肅宗) 때 명경과(明經科)에 합격해 대조한림(待詔翰林)을 명받고 좌금오녹사참군(左金吾錄事參軍)에 제수되었다. 후에 일로 인해 남포위(南浦尉)로 좌천됐다가 사면받고 돌아왔다. 결국에는 관직을 사퇴하고 강호를 떠돌아다니며 스스로 "연파조도(煙波釣徒)"라 칭했다. 물고기 잡는데 뜻을 두지 않았기 때문에 낚시할 때 미끼를 달지 않았다고 전해진다. 시를 쓰고 그림을 그리는 데 뛰어났고, 술을 세 말이나 마셔도 취하지 않았으며, 진기(眞氣)를 수양하여 눈 위에 누워도 춥지 않았다고 한다. 타고난 성품이 홀로 드높아 안진경

(顔眞卿) 만이 벗으로 친하게 지냈다. 『어부사(漁父詞)』를 지었는데 아주 널리 전해졌다. 호주(湖州)에서 사망했다. 저서에 『현진자(玄眞子)』 12권이 있다. 『도장(道藏)』「태현부(太玄部)」에 『현진자외편(玄眞子外篇)』 3권이 있는데, 온전한 책은 아니다.

현진자(玄眞子)

• • •

장지화(張志和)를 말한다.

오선경(吳善經, 731~814)

• • •

당대(唐代)의 도사. 동오(東吳) 진운(縉雲)_{지금의 절강(浙江)에 속한다} 사람. 어려서부터 도를 좋아하여 욕망을 끊고 부귀영화를 멀리했다. 17세에 출가하여 도사가 되었다. 여산(廬山) 천태산(天台山) 모산(茅山) 등을 돌아다니다가, 후에 선도산(仙都山)에 은거하여 수도하면서 사람을 구제하고 이롭게 하기를 일삼았다. 당(唐)의 권덕여(權德輿)가 지은 『고태청궁삼동법사오선생비명(故太淸宮三洞法師吳先生碑銘)』에 그의 사적이 기록되어 있다.

시견오(施肩吾)

• • •

① 당대(唐代)의 도사. 자는 희성(希聖), 호는 동재(東齋). 목주(睦州) 분수(分水)_{지금의 절강(浙江) 동로(桐廬) 서북} 사람. 원화(元和) 10년(815)에 과거에 급제했다. 홍주(洪州) 서산(西山)_{지금의 강서(江西) 신건(新建) 서쪽, 일명 남창산}

(南昌山)에서 수도했다. 저서로『양생변의결(養生辨疑訣)』이 있다.

② 북송(北宋) 초 도사. 세상 사람들은 "화양진인華陽眞人"이라 칭한다. 여동빈(呂洞賓)을 스승으로 섬겼다. 육유(陸遊)의『위남집(渭南集)』「심감발(心鑒跋)」에 그의 고조부가 시견오를 만났다는 기록이 있는데, 이 기록 때문에『문헌통고』권225에서 "시견오라는 사람이 두 명인 것 같다[施肩吾似有二人]"고 하였다. 저서로『서산군선회진기(西山群仙會眞記)』,『태백경(太白經)』,『황제음부경해(黃帝陰符經解)』,『종려전도집(鍾呂傳道集)』등이 있다. 따로 시집『서산집(西山集)』10권이 있다.

유원정(劉元靖, ?~846)

. . .

당대(唐代)의 도사. 무창(武昌)지금의 호북(湖北)에 속한다 사람이다. 도사 왕도종(王道宗)으로부터 정일교(正一敎)의 법록(法籙)을 받았다. 명산을 유람하다가 형산(衡山)에 들어가 석굴을 파고 거처하면서 곡식을 끊고 기를 수련하였다. 보력(寶曆, 825~826) 연간 초기에 경종(敬宗)이 사정전(思政殿)에 불러 들여 장생술에 대해 물었는데, 유원정은 사사로운 욕망을 줄이는 것이라고 답했다. 회창(會昌) 원년(841)에 "은청광록대부(銀靑光祿大夫)"에 봉해졌고, 숭현관(崇玄館) 학사(學士)에 충원되고, "광성선생(廣成先生)"이라는 호를 하사받았다. 도사 조귀진(趙歸眞)과 함께 황궁에서 법록을 닦으라고 명받았다. 좌보궐(左補闕) 유언모(劉彦謨)가 상소로 관직에서 쫓겨났다. 회창(會昌) 5년에 도사 조귀진 등과 불교를 비방하였다. 선종(宣宗)이 즉위(846)하고 나서 피살되었다.

조귀진(趙歸眞, ?~846)

· · ·

당대(唐代)의 도사. 연단술에 정통했다. 보력(寶曆) 2년(826)에 양개도문도교수박사(兩阶道門都教授博士)에 임명됐다. 당 문종(文宗) 때 사고로 인해 영남(岭南)에 유배되었다. 당 무종(武宗, 재위 840~846)은 즉위하고서 황궁에 망선대(望仙台)를 짓고는 조귀진을 소환하였다. 조귀진은 황궁에서 신선 수련을 주관하면서 막대한 재화를 소비하였다. 전해지기로는, 여러 날 제초를 거행하면서 황제의 글을 베껴 바위 틈에 숨겨두고는 감응이 온 것이라고 하였고, 산속의 신인(神人)을 시켜 연단에 필요한 만큼의 은을 솟아나게 했다고 한다. 회창(會昌) 5년(845)에 유원정(劉元靖)과 함께 불교를 배척하면서 절을 부수자는 청을 올려 시행되었으며, 좌우가도문교수선생(左右街道門教授先生)에 임명되었다. 선종(宣宗)이 즉위한 이후에 곤장을 맞아 죽었다. 일설에는 영외(岭外) 지역으로 유배되었다고도 한다.

신고(神姑, 792~?)

· · ·

당대(唐代)의 여도사. 태어나면서 눈썹이 길고 초록빛이어서 노미랑(盧眉娘)이라고 불렸다. 남해(南海) 사람이다. 14세 되던 해, 남해 태수가 기이한 재주와 신이한 능력이 있음을 알고 그녀를 조정에 바쳤다. 어려서부터 총명하고 지혜로웠다. 한 가닥 실을 쪼개 세 가닥으로 만들어서 염색하고, 실을 늘어뜨려 방안에 걸어두고 다섯 겹의 우산 형태로 수를 놓았는데, 중심에는 십주(十州) 그림, 삼도(三島) 그림, 천인(天人)과 옥녀(玉女) 그림, 기린과 봉황이 그려진 대전(臺

展) 그림이 있었고, 테두리에는 깃발을 잡고 늘어 선 선동이 수천 명이었다. 그 넓이는 한 길이지만 무게는 채 3냥이 되지 않았다. 이를 보고 궁궐 사람들이 "신고(神姑)"라고 불렀다고 한다. 헌종(憲宗)이 원화(元和, 806~820) 연간에 노미랑의 총명함을 가상하게 여겨 봉황이 새겨진 금팔찌를 하사하였다. 오랜 뒤에 궁중에서 떠날 것을 원하자, 황제가 도사가 되게 하고 "소요(逍遙)"라는 호를 내려주고 남해로 돌려보냈다. 여러 해 먹지 않았으며 항상 그에게 신인이 내려와 모였다고 한다. 『용성집선록(墉城集仙錄)』에 보인다.

응이절(應夷節)

• • •

당대(唐代) 도사. 자는 적중(適中)이고, 여남(汝南)지금 하남(河南) 상채(上蔡) 사람. 7세에 난계(蘭溪) 영서관(靈瑞觀)에 가서 오존사(吳尊師)를 모시고 『노자(老子)』, 『장자(莊子)』, 『주역(周易)』을 공부하였다. 13세에 도사가 되었다. 이후에 천태산(天台山), 용호산(龍虎山) 등 명산을 유람하면서 이름난 스승으로부터 진전(眞傳)을 얻었다. 이때를 전후로 『정일자허도공록(正一紫虛都功錄)』, 『승현상청회거필도(升玄上淸回車畢道)』, 『자문소대차지등천부(紫文素帶借地騰天符)』 등을 전수받았다. 평소 제자들에게 다음과 같이 말하였다. "내가 교법을 유지한 이유는 자취나 실마리를 없애는 도의 경기에 이르지 못했기 때문이다. 도가 사람과 떨어지지 않는다고 하지만 착실히 행해야 이를 수 있다. 그렇다면 옥경이나 금궐, 곡천이나 풍도의 신선 세계는 얼마나 걸리는가? 오직 마음먹기에 달렸으니 너희들은 힘쓸지니라.[吾以維持教法, 不能滅跡匿端. 雖道不違人, 而勤行方至, 然玉京

金闕, 泉曲酆都, 相去幾何? 唯心所召, 爾等勉之.]" 건녕(乾寧) 연간
(894~898)에 사망했는데, 85세였다.

여구방원(閭丘方遠, ?~902)

• • •

　당말(唐末)의 도사. 자는 대방(大方)이다. 서주(舒州) 숙송(宿松)지
금의 안휘(安徽)에 속한다 사람이다. 『속선전(續仙傳)』에 의하면, "나이 16
세에 경학과 역사서에 통달하였고, 여산의 진원오에게 『주역』을 배웠
다. 29세에 향림의 좌원택에게 대단을 물었다. …… 다시 선도산 은
진암에 이르러 유처정을 스승으로 섬기면서 속세를 벗어나 도를 닦
는 법을 배웠다. 34세에 천태산 옥소궁의 섭장질에게 법록을 받았다
[年十六, 通經史, 學易於廬山陳元晤, 二十九歲, 問大丹於香林左元
澤, 復詣仙都山隱眞岩事劉處靜, 學修眞出世之術. 三十四歲受法錄
於天台山玉霄宮葉藏質]"고 한다. 또 "『태평경』을 주석하여 30편을
만들었는데, 그 핵심을 온전히 갖추었다[詮太平經爲三十篇, 備盡樞
要]"고 한다. 당나라 소종(昭宗, 재위 888~904)이 거듭 여러 번 불렀
는데, "당나라에 내린 천명은 반드시 바뀔 것[唐祚必當革易]"이라며
부름에 나아가지 않았다. 시호는 "묘유대사현동선생(妙有大師玄同
先生)"이다. 『태상동현영보대강초(太上洞玄靈寶大綱鈔)』 및 『태평경
초(太平經鈔)』 10권을 펴냈다. 제자로는 하은언(夏隱言), 정자소(程
紫霄), 섭사도(聶師道) 등이 있다.

여암(呂嵒)

당말(唐末)의 도사. "여암(呂岩)"이라고도 하는데, "여동빈(呂洞賓)"을 말한다.

여암(呂岩)

"여동빈(呂洞賓)"을 말한다.

여순양(呂純陽)

"여동빈(呂洞賓)"을 말한다.

두광정(杜光庭, 850~933)

당말오대(唐末五代) 시기의 도사이자 도교학자. 자는 빈성(賓聖)이고 호는 동영자(東瀛子)이다. 처주(處州) 진운(縉雲)절강(浙江)에 속한다 사람이다. 장안(長安)섬서(陝西) 서안(西安) 사람이라고도 한다. 송(宋)의 장당영(張唐英)이 쓴 『촉도올(蜀檮杌)』에는 "처주에 잠시 거처하였는데, 방간이 그를 가리켜 '종묘 가운데 보배로운 큰 홀과 같은 사람이다' 하고 하였다[寓居處州, 方幹稱之爲宗廟中寶玉大圭]"라고 한다. 원래는 유생이었는데, 당나라 함통(咸通) 연간(860~873)에 구경거(九經擧)에 응시하였으나 급제하지 못하자 천태산(天台山)에 들어가 수도하였다. 희종(僖宗) 때 부름을 받고 인덕전(麟德殿) 문장응제

(文章應制)와 내공봉(內供奉)의 직책을 맡았다. 중화(中和) 원년(881)에 희종을 따라 촉(蜀) 땅으로 들어갔다가 마침내 성도(成都)에 머물게 되었다. 이후에 전촉(前蜀)을 세운 왕건(王建)을 섬기어 금자광록대부(金紫光祿大夫)와 좌간의대부(左諫議大夫)를 지냈고 채국공(蔡國公)에 봉해졌으며, 광성선생(廣成先生)이라는 호가 더해졌다. 왕연(王衍)은 즉위하고 나서 궁중에서 도록(道籙)을 받고, 두광정을 전진천사(傳眞天師)와 숭진관대학사(崇眞館大學士)로 삼았다. 만년에는 청성산(靑城山) 백운(白雲) 계곡에 머물면서 수도에 전념하였다. 사후 청성산에 장사지냈는데, 85세라고 전해진다. 도교 교의와 제초과의(齋醮科儀), 수도방술 등의 방면에 대해 체계적으로 정리하고 학설을 계발하였는데, 이는 후세 도교에 막대한 영향을 미쳤다. 그는 일찍이 한천사(漢天師)들과 육수정(陸修靜)이 찬집한 도문의 과교(科教)는 세월이 오래되어 허물어졌으므로 이에 진위를 따져 교정하고 조리를 분명히 하여 열거하였으니, 천하의 도교인들이 쫓아 행하기를 바란다고 하였다. 이전에 『도덕경(道德經)』을 주석한 60여 학자들의 주석을 비교 고찰하여 그 뜻을 개괄하고, 이를 '오도(五道)'와 '오종(五宗)'으로 나누었는데, '중현(重玄)의 도'를 매우 중시하였다. 아울러 유교와 도교의 사상을 조화시켰다. 노자 사상의 주지는 "인의와 성지를 끊으라는 것이 아니라 거짓된 총명을 물리치는데 있다. 그래서 군신과 부자의 도리와 소박함을 지키는 이치를 태화에서 혼합하여 도를 체득하고 근원으로 돌아가면 충효가 저절로 이른다[非謂絶仁義聖智, 在乎抑澆詐聰明, 將使君君臣臣父父子子, 見素抱樸, 泯和於太和, 體道復元, 自臻於忠孝]"고 하여, 공맹(孔孟)의 도를 노군의 도에 통일시켰다. 그는 당나라 현종의 『당현종어주도덕경(唐玄宗

禦注道德經)』을 추앙하고 그 뜻을 진전시켜서 『도덕진경광성의(道德
眞經廣聖義)』 50권을 편찬하였다. 그 주된 내용은 "안으로는 수신하
며[內則修身]", "밖으로는 나라를 다스린다[外以理國]"는 것이다. 또
"신선의 도는 하나가 아니니[仙道非一]" 한 가지 길에만 매이지 말라
고 주장하여 도교의 전파와 발전을 유리하게 하였다. 일생 동안의 저
술은 매우 풍부한데, 『정통도장(正統道藏)』에 수록된 것으로는 『광성
집(廣成集)』, 『도문과범대전집(道門科範大全集)』, 『태상황록제의(太
上黃籙齋儀)』, 『태상노군설상청정경주(太上老君說常清靜經注)』, 『도
교영험기(道教靈驗記)』 등 20여 종이 있다. 『전당문(全唐文)』에도 그
의 글 300여 편이 수록되어 있다.

섭사도(聶師道)

• • •

당말(唐末) 오대(五代) 시기의 도사. 자는 통미(通微)이고 호는 소
요대사(逍遙大師)이다. 신안흡(新安歙)지금의 안휘(安徽) 흡현(歙縣) 사람.
어려서 방외인을 스승으로 섬기고 법록(法籙)과 수진(修眞)의 요체를
전수 받았다. 계속하여 여구방원(閭丘方遠)에게서 배우고, 오(吳) 땅
에서 가르침을 베풀었다. 후에 형산(衡山)과 구의산(九嶷山)을 유람
하면서 신선을 찾아다녔다. 매복(梅福)과 소자운(蕭子雲)을 찾고자
했으나 만나지 못하자 그 모습을 그려놓고 참배하였다. 문정산(問政
山)에 30여 년간 거처하면서 수도에 정진하였다. 왕서하(王栖霞), 양
광익(楊匡翼), 왕용진(汪用眞) 등에게 상청경법(上清經法)을 전수했
는데, 모두 그 요지를 얻었다. 68세에 광릉(廣陵)의 자극궁(紫極宮)에
서 생을 마감했다.

팽효(彭曉, ?~954)

. . .

오대(五代) 후촉(後蜀)의 도사. 본래의 성은 정(程)이고, 자는 수천(秀川)이며, 호는 진일자(眞一子)이다. 영강(永康)지금의 사천(四川) 숭주(崇州) 서북(西北) 사람. 후촉 때에 명경과(明經科)에 급제하였고, 조산랑(朝散郎) 사부원외랑(祠部員外郎) 등의 직책을 역임하였으며, 자금어대(紫金魚袋)를 하사 받았다. 평소 도를 좋아하고 양생술 수련하기를 좋아하였으며, 기인을 만나 진경(眞經)과 단결(丹訣)을 전수 받았다고 한다. 늘 부적을 그려 사람들의 병을 치료하였기에 "철선부(鐵扇符)"라고 불렸다. 일찍이 『음부경(陰符經)』과 『참동계(參同契)』에 주석을 달았다. 후촉의 군주 맹창(孟昶)의 부름으로 조정에 들어갔는데, 장생구시의 도에 대하여 묻자, "인의로써 나라를 다스리면 요순처럼 이름날 것이니, 이것이 만고토록 죽지 않는 장생의 도입니다[以仁義治國, 名如堯舜, 萬古不死, 長生之道也]"라고 답하였다. 이에 맹창은 훌륭하다고 칭찬했다. 저술로 『주역참동계분장통진의(周易參同契分章通眞義)』3권과 『주역참동계정기가명경도(周易參同契鼎器歌明鏡圖)』1권이 『정통도장(正統道藏)』「태현부(太玄部)」에 수록되어 있다.

담자소(譚紫霄, 823~973)

. . .

오대(五代)의 도사. 일명 자뢰(子雷)라고도 하며, 호는 금문우객(金門羽客)이다. 천주(泉州)지금의 복건(福建)에 속한다 사람. 일설에는 금릉(金陵)지금의 강소(江蘇) 남경(南京) 사람이라고도 한다. 처음에는 옥사산(玉笥山)에 거처하면서 도를 닦았고 제가(諸家)의 술수를 연구하여 통달했다. 후에 기인을 만나 괴강두극관등비부(魁罡斗極觀燈飛符)의 술법을 비밀리에 전수받았는데, 그 술법이 영험했다고 한다. 사방을 유람하다가 민(閩) 땅에 이르렀는데, 민의 군주였던 왕심지(王審知)가 예를 다해 후하게 대하고 "동현천사(洞玄天師)"와 "좌가도문위의정일선생(左街道門威儀貞一先生)"이라는 호를 하사했다. 남당(南唐)의 열조(烈祖)가 그 명성을 듣고 불러서 만나보고 "진요선생(眞曜先生)"이라는 호를 더해주었다. 그 다음의 군주는 "금문우객(金門羽客)"이라는 호를 하사했다. 담자소는 일찍이 여산(廬山)의 서은동(栖隱洞)에 터를 잡고 살았는데, 그에게 배운 사람이 학생이 100여 명이었다. 스스로 말하길, 친구인 진수원(陳守元)의 거처에서 장도릉(張道陵)의 천심정법(天心正法)을 얻었는데, 귀신을 물리치고 병을 치료하는 등 많은 기이한 효험이 있었다고 하였다. 후대에 천심정법을 말하는 자는 모두 담자소를 조사(祖師)로 삼았다.

담초(譚峭)

· · ·

오대(五代) 시기의 도사이자 도교학자. 자는 경승(景升). 천주(泉州) 사람. 그의 아버지 담수(譚洙)가 담초에게 진사 시험을 보라고 하였으나 따르지 않았다. 담초는 황로학과 『목천자전(穆天子傳)』『한무제내전(漢武帝內傳)』『모군열선내전(茅君列仙內傳)』 등의 도교서를 좋아하였다. 후에 아버지에게 고하고 종남산(終南山)으로 유람을 나갔다. 결국 명산을 두루 돌아다니면서 다시 집으로 돌아가지 않았다. 십여 년간 숭산(嵩山)의 도사를 스승으로 모시면서 벽곡(辟穀) 양기(養氣) 연단의 술법을 터득하였다. 담초는 세계는 "허(虛)"로부터 기원하는데, "허가 화하여 신이 되고, 신이 화하여 기가되며, 기가 화하여 형이 되며[虛化神, 神化氣, 氣化形]", 이로 말미암아 만물이 생성되고, 끝내는 다시 "허"로 되돌아간다고 생각하였다. 백성들의 노고로 이룬 결실이 제왕과 사대부, 군사와 벼슬아치, 상인 등에 의해서 침탈당하고 있음을 지적하고, "식량을 균등하게 나눌 것[均其食]"을 주장하며, "친근함도 없고[無親]", "소원함도 없으며[無疏]", "사랑도 없고[無愛]", "미움도 없는[無惡]" "태화(太和)"의 사회를 꿈꿨다. 그의 학설은 대부분 황로학과 노자의 사상에 근본을 두고 있다. 저서로는 『화서(化書)』 6권이 있다. 그가 일찍이 남당(南唐)의 대신(大臣)인 송제구(宋齊丘)에게 서문을 써줄 것을 요청하였는데, 담초가 죽고 나서 송제구가 훔쳐서 자기 것으로 만들고 서문을 지었다. 때문에 이 책을 『제구자(齊丘子)』라고도 한다. 후인들이 책 제목을 고쳐 『담자화서(譚子化書)』라 하였으며, 『도장(道藏)』 제724책에 수록되어 있다.

진단(陳摶, ?~989)

• • •

오대(五代) 송초(宋初) 시기의 도사. 자는 도남(圖南)이고, 호는 부요자(扶搖子)이다. 『송사(宋史)』에 따르면 박주(亳州) 진원(眞源)지금의 하남(河南) 녹읍(鹿邑) 사람이다. 일설에는 진주(普州) 숭감(崇龕)지금의 사천(四川) 안악(安岳), 또다른 설에는 동남(潼南) 사람이라고도 한다. 어려서 유교를 학습하여 『시(詩)』, 『서(書)』, 『역(易)』, 『예(禮)』에 능통하였으며, 백가(百家)의 학문에 널리 통달하였고, 세상을 구제할 관리가 되려고 하였다. 후당(後唐) 장흥(長興, 930~933) 연간에 진사시험을 보았으나 낙방하자 전향하여 도를 닦았다. 20여 년간 무당산(武當山) 구실암

(九室巖)에 은거하면서 복기(服氣)와 벽곡(辟穀)을 수행하였다. 후에
화산(華山) 운대관(雲臺觀)으로 옮겨 여암(呂嵒), 이기(李琪), 담초
(譚峭) 등의 은자들과 교우하였다. 후주(後周) 세종(世宗)의 현덕(顯
德) 3년(956)에 조정에 불려갔다. 세종이 연단비승(煉丹飛升)의 방법
에 대해 묻자, "폐하께서는 사해의 주인이시니 마땅히 세상을 다스리
는데 유념하셔야 하는데 어찌하여 황백의 일에 마음을 두십니까?[陛
下為四海之主, 當以致治為念, 奈何留意黄白之事乎]"라고 답했다.
세종이 그를 간의대부(諫議大夫)로 삼으려고 하였으나 완강히 사양
하고 받지 않으니, "백운선생(白雲先生)"이라는 호를 하사했다. 일찍
이 공주(邛州)지금의 사천(四川) 공래(邛崍) 천경관(天慶觀) 도사 하창일(何
昌一)로부터 쇄비술(鎖鼻術)을 배워 여러 달 동안 깨지 않고 잠들 수
있었는데, 이에 사람들은 그를 "은우수(隱于睡)"라 칭하였다. 또 마의
도인(麻衣道人)으로부터 『역(易)』을 배워 상수(象數)에 정통하게 되었
다. 북송(北宋) 태평흥국(太平興國, 976~984) 초에 왕의 명을 받고
입궐하여, "멀리 있는 뛰어난 선비는 불러들이고, 가까이 있는 아첨
하는 간신들은 쫓아버리며, 백성들의 조세를 가볍게 하고, 삼군에게
는 중한 상을 내려주십시오[遠招賢士, 近去佞臣, 輕賦萬民, 重賞三
軍]"라고 간하였다. 이에 태종은 그를 공경하며 중시하였다. 태평흥
국 9년에 다시 불러서, "희이선생(希夷先生)"이라는 호를 하사했다.
진단은 시문(詩文)에 뛰어났고 행서와 초서에도 빼어났다. 도교 역사
상 선대를 계승 발전시킨 중요한 인물이다. 그가 공헌한 바는 다음과
같다. ① 부록(符籙)과 단정(丹鼎)을 배척하고 내단을 수련할 것을 주
장하고 몸소 행했다. 『지현편(指玄篇)』81장을 지어 내단의 도를 분명
하게 밝혔다. 장백단(張伯端)이 『오진편(悟眞篇)』에서 "진인이 나에게

『지현편』을 전수해주었다[眞人授我指玄篇]"고 하였는데 여기서 진인이란 바로 진단을 가리킨다. 진단이 『무극도(無極圖)』를 지어 화산의 석벽에 새겨놓았다고 전해진다. ② 도교사상을 근본으로 하고 유교와 불교를 융합해서 삼교를 회통시켰다. 그의 내단수련은 성명쌍수를 주장하여 마음을 닦고 신(腎)을 기르는 것을 중시하였다. 진단은 "마음은 곧 부처의 도이고[心卽佛之道]" "신은 곧 신선의 도이다[腎卽仙之道]"라고 하였다. 또한 『관공편(觀空篇)』을 지어 다섯 가지 공(空)에 관한 설을 논했는데, 여기서 불교를 도교에 끌어 들인 것이 매우 분명하게 드러난다. ③ 역학방면에서 상수도서파(象數圖書派)를 이루었다. 소백온(邵伯溫)은 "진단은 번잡하게 문자로 해설하지 않고 도상으로 음양소식의 수와 괘의 생성과 변화를 나타냈다[不煩文字解說, 止有圖以寓陰陽消長之數與卦之生變]"라고 하였다. 그의 상수학은 소옹(邵雍)을 거쳐 계승발전되어 선천상수학을 이루게 되었다. 또 그의 도서학은 목수(穆修)를 거쳐 주돈이(周敦頤)에게 전해졌다. 주돈이가 『태극도설(太極圖說)』을 만들어 송대 성리학을 여는데 있어서 진단의 도서학이 많은 영향을 끼쳤다. 진단은 화산의 연화봉(蓮花峰) 아래에서 생을 마감하였다. 그의 저술은 매우 많으나 대부분 일실되었다. 도장에 『음진군환단가주(陰眞君還丹歌註)』가 수록되어 있는데 제명(題名)에 진단의 저작으로 되어 있다.

유해섬(劉海蟾)

· · · ·

오대(五代) 도사. 본명은 유조(劉操), 자(字)는 종성(宗成). 입도한 후에 이름을 철(哲)로 개명하였으며, 자는 현영(玄英)혹은 원영(元英), 또 다른 자로는 소원(昭遠)이라고도 하며, 호(號)는 해섬자(海蟾子)이다. 연산(燕山)지금의 북경시(北京市) 서남(西南) 완평(宛平) 사람이다. 요(遼)나라 때 과거에 급제하여 일찍이 연왕(燕王) 유수광(劉守光)을 받들면서 관직이 승상(丞相)까지 이르렀다고 전해진다. 본래 황로학을 좋아하였다. 하루는 자칭 정양자(正陽子)라는 도인이 찾아오자 유해섬은 손님의 예로서 대접하였다. 도인은 청정무위(淸靜無爲)의 종지와 금액환단(金液還丹)의 요체를 자세히 설명하였다. 더불어 계란 10개와 금전 10개를 달라고 하여, 금전을 책상 위에 두고 부도(浮圖)와 같은 모양으로 금전 위에 계란 10개를 차례로 쌓았다. 유해섬이 놀라 "위험합니다[危哉]"라고 말하자, 도인은 "부귀영화를 누리면서 속으로 근심하고 걱정하는 것이 훨씬 더 위험하다네[居榮祿, 履憂患, 其危殆甚]"라고 말하고, 그 동전의 탑을 허물어 버리고 작별 인사하고 떠났다. 유해섬은 "크게 깨달아[大悟]", 마침내 관직을 버리고 화산(華山)과 종남산(終南山)에 은거하였다. 득도하여 신선이 되었다고 전해진다. 전진도(全眞道)에서는 유해섬을 북오조(北五祖)의 한명으로 받든다. 원(元)나라 세조가 "명오홍도진군(明悟弘道眞君)"으로 봉하였다. 이 내용은 『고금도서집성(古今圖書集成)』 권252에 보인다. 후대에 민간에서는 유해섬과 관련하여 '유해가 금두꺼비를 희롱한다[劉海戲金蟾]'는 설화가 있는데, 이는 대개 매우 경사스런 일이 일어날 상징으로 사용된다.

유조(劉操)

• • • •

"유해섬(劉海蟾)"을 말한다.

장무몽(張無夢)

• • •

　북송(北宋) 초의 도사. 자(字)는 영은(靈隱), 호(號)는 홍몽자(鴻濛子). 봉상부(鳳翔府) 주질(盩厔)지금의 섬서(陝西) 주지(周至) 사람. 타고난 성품이 청허(淸虛)를 좋아하였고, 제자백가에 두루 통달했는데, 특히 『노자(老子)』와 『주역(周易)』을 연구하길 좋아하였다. 일찍이 화산(華山)에 들어가 유해섬(劉海蟾) 종방(種放) 등의 은자들과 방외(方外)의 교우를 맺고, 진단(陳摶)을 사사하여 그 심오한 뜻과 진전(眞傳)을 얻었다. 이후 경대관(瓊臺觀)에 거처를 마련하고 적송자(赤松子)의 도인술(導引術), 안기생(安期生)의 환단술(還丹術) 등 양생의 도를 오랜 기간 수련하였다. 진종(眞宗)이 그 명성을 듣고 그를 불러 장생의 방책을 묻자, 장무몽은 황제를 위해 『역』을 강론하면서 '겸괘(謙卦)'를 말하였다. 이후에 또 진종을 위해 『환원편(還元篇)』의 요지를 강론하며 "나라는 마음과 같으니, 마음에 작위함이 없으면 기운이 화평해지고, 기운이 화평해지면 수많은 보배가 맺어집니다[國猶心耳, 心無爲則氣和, 氣和則萬寶結矣]"라고 하였다. 황제가 금과 비단, 처사(處士)·선생(先生)의 호칭을 하사하였으나, 모두 받지 않고 산으로 되돌아가길 간구하였다. 이에 진종은 전별시를 내려주고 돌려보냈다. 장무몽은 천태산(天台山), 종남산(終南山) 등지에서 계속해서 은거하다 99세의 나이로 생을 마쳤다. 저술에 『환원편』과 『학선변의결(學仙辨疑訣)』이 있다.

유약졸(劉若拙)

북송(北宋) 초의 도사. 호(號)는 화개선생(華蓋先生). 촉(蜀)^{지금의 사}천(四川) 사람. 오대(五代) 후당(後唐) 시기에 산동(山東) 노산(嶗山)에 들어가 도를 찾다가 구호암(驅虎庵)에 은거하였다. 건륭(建隆) 2년 (961)에 부름을 받들어 경성에 들어갔다. 이후 노산으로 돌아가 태천 궁(太淸宮)을 중수(重修)하였다. 건덕(乾德) 5년(967)에 우가도록(右街道錄)이 사건에 연루돼 유배되자, 황제가 유약졸을 불러 좌가도록 (左街道錄)을 삼고 그로 하여금 도교를 바로잡게 하였다. 일찍이 개 보(開寶) 5년(972)에 경성에서 도사고시(道士考試)를 주관했는데, 그 학업에 이르지 못한 자들은 모두 물리쳤다. 복기(服氣)에 능했고, 걸 음걸이가 매우 경쾌하였으며 90여 세에도 노쇠하지 않았다. 심한 장 마나 가뭄이 있을 때마다 유약졸을 궁중으로 불러 제단을 설치하고 초제(醮祭)를 지냈는데 그 법이 정밀하고 자세하였다. 제자들이 매우 많았는데, 그 중 견서진(甄棲眞)이 유명하다. 현재『도장(道藏)』속의 『삼동수도의(三洞修道儀)』는 손이중(孫夷中)이 유약졸에게 전수받아 엮은 것이다.

유고상(劉高尙)

북송(北宋)의 은자. 집은 대대로 농사를 지었다. 글로 쓰거나 말한 것이 잘 들어맞아서 지역 사람들이 신기하게 여겼다. 휘종(徽宗, 재 위 1101~1125) 때 세 차례나 사신을 보내 그를 초빙하였으나 모두 병을 이유로 거절하고 조서를 받들지 않았다. 이에 "고상처사(高尙處

上)"라는 호를 내리고, 칙령으로 도관을 지어 거주하게 하였다. 『현품록(玄品錄)』 권5에 유고상의 말을 싣고 있는데, "세상 사람들은 욕심으로 자신을 죽이고 재화로 자손을 죽이며 정치로 사람을 죽이고 학술로 천하 사람들을 죽인다[世之人以嗜欲殺身, 以貨財殺子孫, 以政事殺人, 以學術殺天下]"라고 하였다. 식자들이 그를 칭송하였다.

왕흠약(王欽若, 962~1025)

• • •

북송(北宋) 신유(新喻)지금의 강서(江西) 신여(新余) 사람. 자(字)는 정국(定國). 한림학사(翰林學士), 태자태보(太子太保), 사공(司空), 문하시랑(門下侍郎), 동평장사(同平章事), 옥청소응궁사(玉清昭應宮使), 소문관대학사(昭文館大學士), 감수국사(監修國史)를 역임하였다. 송(宋) 진종(眞宗)과 인종(仁宗)에게 많은 총애를 받았다. 직무를 역임하던 기간에 도교를 널리 알리는 데 힘썼다. 일찍이 『도장(道藏)』에서 황제와 같은 성씨인 조씨(趙氏) 신선 40인을 찾아내고, 그들의 사적(事迹)을 낭무(廊廡)에 그렸다. 평일에도 늘상 도교 과의(科儀)를 행하고 제단을 세워 예배했다. 아울러 일찍이 진종으로 하여금 "천서(天書)"를 만들도록 권하고 태산(泰山)에서 봉선제(封禪祭)를 지냈다. 또 진종의 명을 받들어 도교 서적을 교정하고 600여 권을 증보하여 『보문통록(寶文統錄)』4,359권을 만들었다. 사후에 태사(太師)·중서령(中書令)에 추존되었고 문목(文穆)이란 시호가 내려졌다. 『송사(宋史)』의 기록에 따르면, 왕흠약은 당시에 "간사하고 음흉[奸邪險僞]"하기로 유명했으며, 정위(丁謂)·임특(林特)·진팽년(陳彭年)·유승규(劉承珪)와 함께 "오귀(五鬼)"로 불렸다고 한다. 저술에 『천서의제(天

書儀制)』, 『익성진군전(翊聖眞君傳)』, 『나천대초의(羅天大醮儀)』 등이 있다.

장군방(張君房)

• • •

송대(宋代) 『도장(道藏)』의 총감수자. 안륙(安陸)지금의 호북(湖北)에 속한다 사람. 북송(北宋) 진종(眞宗) 경덕(景德, 1004~1007) 연간에 진사가 되었다. 상서탁지원외랑(尙書度支員外郞)과 집현교리(集賢敎理) 등을 역임하였다. 후에 어사대(御史臺)에 의해 영해(寧海)로 좌천되었다. 대중상부(大中祥符) 5년(1012)에 비각도서(秘閣道書)의 교정을 주관하라는 명을 받들어 조정에서 내린 도교서와 소주(蘇州) 월주(越州) 대주(臺州) 등지의 옛 도장(道藏)을 취합하여 도사(道士) 10명과 함께 편수(編修)·교정(校正)하여, 천희(天禧) 3년(1019)에 『대송천궁보장(大宋天宮寶藏)』 4,565권을 편찬했다. 또 그 핵심을 취합하여 『운급칠첨(雲笈七籤)』 122권을 만들었다. 이 책은 대부분 원문만 발췌하였고 논설은 덧붙이지 않았다. 『사고전서총목제요(四庫全書總目提要)』에서는 이 책에 대해 "항목을 분류한 것이 분명하고 중심 사상도 대략 구비하였으며, 큰 조목과 작은 조목의 등급도 아울러 갖추었다. 『도장』의 정수(精髓)도 대개 여기에 구비되어 있다[類例旣明, 指歸略備, 綱條科格, 無不兼賅. 道藏菁華, 亦大略具於是矣]"고 하였다. 고대 도교 전적(典籍)의 보존에 상당한 공헌을 하였다.

장백단(張伯端, 984~1082)

• • •

　북송(北宋)의 도사. 내단파 남종의 창시자. 자는 평숙(平叔)이고,
후에 용성(用成)_{또는 用誠}으로 개명했다. 호는 자양진인(紫陽眞人)이
고, 후세에는 또 장자양(張紫陽)이라 불린다. 천태(天台)_{지금의 절강(浙}
_{江)에 속한다} 사람. 어려서부터 학문을 좋아하여, 도교·유교·불교의
경서를 두루 섭렵했다. 그리고 형법, 서산(書算), 의약학, 복서(卜筮),
병법, 천문, 지리, 길흉사생(吉凶死生)의 점술 등의 방술에 이르기까
지 주의를 기울여 연구하지 않은 것이 없었다. 일찍이 지방관청의 아
전이 되어 십수 년을 지내다가 어느날 "한 집안의 부귀는 천 집안의
원망을 사고, 반평생의 공명은 백 대의 허물이 됨[一家溫暖千家怨,
半世功名百世怨]"을 홀연히 깨달았다. 마침내 공명과 복록의 진상을
간파하고 봉래산의 신선이 되는 일에 마음을 두었다. 이에 탁자 위의
문서를 모두 불태워버리고, "문서를 불태운[火燒文書]" 죄로 영남(嶺
南)에 귀양 갔다. 치평(治平, 1064~1067) 연간에, 육선(陸詵)이 계림
(桂林)에 주둔할 때 장백단을 불러 기밀을 담당하는 일을 맡겼다. 희
녕(熙寧) 2년(1069)에 육선을 따라 성도(成都)로 옮겨갔다. 여기서 진
인을 만나 금단약물화후의 비결을 받았는데, 그 비결로부터 "지류를
가리키나 근원을 알게 됐고, 한마디를 말하나 백 가지를 깨달았다[指
流知源, 語一悟百]"고 한다. 죽기 전에 남긴 『시해송(尸解頌)』에 "사
대가 흩어지려하니 뜬구름처럼 공허하구나. 그러나 영은 오묘하니
법계에 두루 통하는구나[四大欲散, 浮雲已空, 一靈妙有, 法界圓通]"
라고 하였다. 『오진편(悟眞篇)』을 지어 내단수련의 이론을 천명했다.
이 책은 "먼저 신선술의 핵심으로 그 수련을 인도하고, 다음으로 불

교의 묘용으로 그 신통을 넓히고, 끝으로 진여를 깨우침으로서 환상과 망상을 내쫓아서, 궁극적으로 공적의 본원으로 돌아갈 것[先以神仙命脈誘其修煉, 次以諸佛妙用廣其神通, 終以眞如覺悟遣其幻妄, 而歸於究竟空寂之本源]"을 주장한다. 도·유·불은 "가르침은 셋으로 나뉘었으나, 도는 하나로 돌아간다[敎雖分三, 道乃歸一]"고 여겼다. 그리하여 유학의 "궁리진성(窮理盡性)"과 불가의 "돈오원통(頓悟圓通)"을 도교의 내단수련에 끌어들여서 삼교를 융합시키고, 먼저 명(命)을 닦고 다음에 성(性)을 닦는 "성명쌍수(性命雙修)"의 학문을 주장했다. 이 책은 후세에 주석한 사람이 매우 많으며, 위백양(魏伯陽) 『주역참동계(周易參同契)』이후의 중요한 연단경전이다. 그의 사상이 후세 도교에 미친 영향은 매우 크며, 남송 이후에 남종 오조의 으뜸으로 존숭되어, "자양진인(紫陽眞人)"으로 불린다. 『도장』에는 또 『옥청금사청화비문금보내련단결(玉淸金笥靑華秘文金寶內煉丹訣)』 3권과 『금단사백자(金丹四百字)』 1권이 수록되어 있는데, 표제에 장백단이 지었다고 되어 있다. 다만 『금단사백자』는 장백단의 이름을 가탁한 것이라고 의심하기도 한다.

장용성(張用成)

• • •

"장백단(張伯端)"을 말한다.

자양진인(紫陽眞人)

• • •

"장백단(張伯端)"을 말한다.

장정수(張正隨)

• • •

송대(宋代)의 도사. 『한천사세가(漢天師世家)』의 기록에 의하면, 천사도(天師道)의 24대 천사이다. 자는 보신(寶神). 신주(信州) 귀계(貴溪)지금의 강서(江西)에 속한다 사람. 성격이 곧고 순박하며, 늘 약물을 만들고 베풀어 사람들을 제도했다. 대중상부(大中祥符) 8년(1015)에 진종(眞宗)이 장정수를 수도로 불렀고, 이듬해에 "정정선생(貞靜先生)"이란 호를 하사했다. 이부상서(吏部尙書) 왕흠약(王欽若)의 주청으로 용호산(龍虎山)에 수록원(授籙院)을 세워지면서 아울러 칙령으로 용호산 진선관(眞仙觀)을 상청관(上淸觀)으로 고쳐 부르게 하였다. 87세에 생을 마쳤다. 원(元) 순제(順帝) 지정(至正) 13년(1353)에 "청허광교묘제진군(淸虛廣敎妙濟眞君)"으로 추증되었다.

석태(石泰, 1022~1158)

• • •

송대(宋代)의 도사. 내단파 남종의 제2대 조사. 자는 득지(得之). 호는 행림(杏林). 취현자(翠玄子)라고도 한다. 진릉(晉陵)지금의 강소(江蘇) 상주(常州) 사람. 장백단(張伯端)을 만나 금단의 도를 전수받았다. 늘 의술과 약을 베풀어 사람을 제도했는데, 사례를 받지 않고 다만 살구나무 한 그루 심기를 원했다. 오래지나 살구나무가 숲을 이루자 사람들이 그를 "석행림(石杏林)"이라 불렀다. 저서로 『환원편(還源篇)』이 있다.

진경원(陳景元, ?~1094)

· · ·

북송(北宋)의 도사. 자는 태허(太虛)이고, 스스로 벽허자(碧虛子)라 칭했다. 건창(建昌) 남성(南城)지금의 강서(江西)에 속한다 사람. 늙어서까지 책읽기를 게을리 하지 않았다. 경력(慶曆) 2년(1042)에 고우(高郵)의 천경관(天慶觀) 도사 한지지(韓知止)를 스승으로 모시고, 이듬해에 경전을 시험보고 도사가 되었다. 일찍이 천태산(天台山)을 유람하다가 장무몽(張無夢)을 쫓아 도를 닦아 『노자』와 『장자』의 심오한 뜻을 깨우쳤다. 오랜 기간 장강(長江)과 회수(淮水) 일대에서 은거하면서 서예와 거문고를 즐겼다. 송(宋) 신종(神宗, 재위 1067~1085)이 그의 명성을 듣고, 천장각(天章閣)으로 불러 만났다. 진경원은 관직을 여러 번 옮겨 우가부도록(右街副道籙)에 이르렀고, "진인(眞人)"의 호를 하사받았다. 훗날 여산(廬山)으로 돌아가길 청했는데, 봇짐이 100여 개가 모두 경전과 역사서였다. 이때 경사에 도관(道官)은 모두 12명이었는데, 일찍이 "결원이 생기면 『도덕경』, 『남화경』, 『영보도인경』 3경과 10가지 도의로 시험을 치도록 해주십시오[凡闕員, 乞試 道德南華靈寶度人三經十道義]"라고 주청하자, 신종이 이를 허락했다. 그의 시(詩)·서(書)·화(畵)가 모두 맑고 아름다워 즐길 만하다. 저서에 『서승경집주(西升經集注)』 6권, 『도덕진경장실찬미편(道德眞 經藏室纂微篇)』 10권, 『남화진경장구음의(南華眞經章句音義)』 14권, 『충허지덕진경석문(沖虛至德眞經釋文)』 2권 등이 있는데, 모두 『정통도장(正統道藏)』에 수록되어 있다.

위한진(魏漢津, ?~1105)

• • •

송대(宋代)의 도사. 스스로 당(唐)의 신선 이팔백(李八百)을 사사하여 정(鼎)·악(樂)의 법을 전수받았다고 말했다. 음양의 술수에 밝았다. 송(宋) 휘종(徽宗) 숭령(崇寧, 1102~1106) 연간 초년에, 음악에 관한 의론[樂議]을 바쳤는데, 재상 채경(蔡京)이 신기하게 여겼다. 이 의론에서 먼저 구정(九鼎)을 주조하고, 다음으로 제좌대종(帝座大鍾) 및 24기종(氣鍾)을 주조하기를 청했다. 숭령 4년 3월, 구정이 완성되자 황제가 "충현처사(沖顯處士)"라는 호를 내려주었다. 8월에 대성악(大晟樂)이 완성되자 "허화충현보응선생(虛和沖顯寶應先生)"이라는 호를 더해주었다. 사망 후에, 구정을 주조한 곳에 보성전(寶成殿)을 지어서 위한진을 황제(黃帝)·하우(夏禹)에 배사(配祀)했다. 시호는 "가성후(嘉成侯)"이다.

유혼강(劉混康, 1036~1108)

• • •

북송(北宋)의 도사. 모산(茅山) 상청파(上淸派)의 25대 종사(宗師). 자는 지통(志通). 진릉(晉陵)지금의 강소(江蘇) 상주(常州) 사람. 13세에 태화관(泰和觀)의 탕함상(湯含象)을 스승으로 모셨다. 가우(嘉祐) 5년(1060)에 경전시험을 보고 도사가 되었다. 세상에 밝은 스승이 없는 것을 근심하여 하늘을 조종으로 삼고 고요한 밤마다 단에 올라 머리를 풀고 향을 불살랐다. 후에 모산 상청파 24대 종사 모봉유(毛奉柔)을 쫓아 상청경록을 수련하여 그 종전(宗傳)을 얻었다. 역사서에서는 그가 성격이 조용하고 침착하면서도 절개가 있어 평소 황실로부터 존중받았다고 칭찬한다. 원우(元祐) 원년(1086), 철종(哲宗)이 수도로 불러서 "동현통묘법사(洞玄通妙法師)"라는 호를 내려주고, 상청저상궁(上淸儲祥宮)의 주지로 삼았다. 숭령(崇寧) 2년(1103)에 "보진관묘선생(葆眞觀妙先生)"이라는 호를 내려주었다. 철종 때 강령부(江寧府)에 특별히 명하여 유혼강이 머물던 모산 잠신암(潛神庵)에 원부궁(元符宮)을 세우게 했다. 휘종(徽宗) 때 추가로 증축하고, "원부만령궁(元符萬寧宮)"이라는 이름을 내려주었으며, 아울러 "구노선도군(九老仙都君)"이라는 옥인을 내려주고, 직접 시를 지어 서화로 만들어 내려주었다. 사후에 "태중대부(太中大夫)"의 벼슬을 내려주었고, 관리에게 운구하게 하여 모산으로 돌려보냈다. 첩옥봉(疊玉峰)에 장사지냈고, 시호는 "정일(靜一)"이다. 채경(蔡京)이 명을 받들어 지은 『모산화양선생해화지비(茅山華陽先生解化之碑)』가 있다.

임영소(林靈素, 1075~1119)
· · ·

북송(北宋) 말의 도사. 자는 통수(通叟), 본명은 영악(靈噩)으로 온주(溫州)지금의 절강(浙江)에 속한다 사람이다. 어려서 불교에 입문하였으나, 스승의 꾸지람과 매질을 괴로워하다가 도교로 개종하였다. 요환술(妖幻術)과 기우술(禱雨術)에 뛰어났고, 회수(淮水)와 사수(泗水) 일대를 왕래하였다. 좌도록(左道錄) 서지상(徐知常)이 그를 조정에 추천하였다. 송나라 휘종(徽宗, 재위 1110~1125)은 신소옥청왕(神霄玉淸王)이 하강한 자라고 하여, 휘종의 총애와 신망을 얻었다. 휘종이 통진달영선생(通眞達靈先生)이라는 호를 하사하고, 상청보록궁(上淸寶籙宮)을 지어 거처하게 하였다. 임영소를 따르는 무리 중에 부귀한 자가 이만 명에 달했다. 황제의 명을 받아 삼계(三界)의 성인들의 지위를 편성하여 만들고 도교 경전을 교정하였으며, 도교사 등을 다듬어 정리하였다. 이에 또 원묘선생(元妙先生), 금문우객(金門羽客), 충화전시진(沖和殿侍宸) 등의 호를 내려주었다. 휘종은 이때부터 더욱 도교를 숭상하고 믿어 온 나라에 신소만수궁(神霄萬壽宮)을 짓도록 명령하고, 궁정에 도단을 세우고 모임을 열었다. 도사 왕윤성(王允誠)과 수도에서 패권을 다투었는데, 사람들이 이를 "도가양부(道家兩府)"라고 불렀다. 선화(宣和) 원년(1119)에 경성에 큰 홍수가 나자 임영소가 성에 올라가 술법을 행하였는데, 어떤 인부가 몽둥이를 휘두르며 공격하자 놀라 도망쳤다. 이후에 황태자를 무례하게 대한 일로 태자가 황제에게 호소하자, 이 일로 배척을 당해 고향으로 돌아가 죽었다.

설도광(薛道光, 1078~1191)

• • •

송대(宋代) 도사. 내단파 남종의 제3대 조사. 이름은 식(式), 다른 이름은 도원(道原)이며, 자는 태원(太源)이다. 낭주(閬州)지금 사천(四川)의 낭중(閬中)에 속한다 사람이다. 일설에는 섬부(陝府) 계족산(雞足山) 사람이라고도 한다. 처음에는 승려가 되었는데, 법호는 자현(紫賢)이고, 또 다른 호는 비릉선사(毗陵禪師)이다. 후에 도사로 전향하였다. 금단수련과 도인양생법을 좋아하였다. 숭녕(崇寧) 5년(1106)에 미현(郿縣) 청진(靑鎭)에 거처하면서 도사 석태(石泰)를 만나 장자양(張紫陽)의 금단 비결을 전수받았다. 저서에는 『환단복명편(還丹複命篇)』, 『단수가(丹髓歌)』가 등이 있는데, 모두 『도장(道藏)』에 수록되어 있다.

진남(陳楠, ?~1213)

송대(宋代) 도사. 내단파 남종의 제4대 조사. 자는 남목(南木)이고, 호는 취허(翠虛)이다. 혜주(惠州) 박라현(博羅縣)지금의 광동(廣東)에 속한다 백수암(白水岩) 사람이다. 대바구니와 통발 만드는 일을 했는데, 본성을 깨닫고서 일반인을 넘어섰다. 전해오는 말에 따르면, 여모산(黎姆山)에서 신인을 맞나 『경소대뢰낭서(景霄大雷琅書)』(도사가 단을 설치하고 뇌신을 불러 삿된 것과 요사스러운 귀신을 몰아내는 뇌법 비결서)를 얻었다고 한다. 이로부터 남종이 뇌법도 함께 전수하기 시작한다. 이후에 설도광(薛道光)으로부터 태을금단결(太乙金丹訣)을 얻었다. 평소에 진흙을 이겨 환처럼 만들어 병을 낫게 하였는데, 이 때문에 사람들이 "진니환(陳泥丸)"이라고 불렀다. 정화(政和, 1111~1118) 연간에 도록원사(道籙院事)에 발탁되었다. 후에 나부산(羅浮山)으로 되돌아갔다. 백옥섬(白玉蟾)에게 단법을 전해주었다. 저서로는 『취허편(翠虛篇)』이 있다.

진니환(陳泥丸)

진남(陳楠)을 말한다.

왕자석(王仔昔)

송대(宋代) 도사. 홍주(洪州)지금의 강서(江西) 남창(南昌) 사람이다. 처음에는 유학을 공부하였는데, 허손을 만나 "대동은서(大洞隱書)", "활락칠원(鵠落七元)"의 법을 얻었다고 스스로 말하였다. 숭산(嵩山)을 유람하면서 사람들의 미래를 말해주었다. 정화(政和) 5년(1115)에 조정에 불려가 "충은처사(沖隱處士)"라는 호를 받았다. 때마침 황비의 눈병을 치료했는데 효과가 있었다. 황제가 "통묘선생(通妙先生)"에 봉하고, 상청보록궁(上淸寶籙宮)에 거처하게 했다. 구정(九鼎)을 궁궐 내 천장각(天章閣)으로 옮길 것을 건의하였다. 이후에 도사 임영소(林靈素)의 시기와 또 환관들의 모함에 의해, 언어가 불손하다는 죄를 입고 하옥되어 죽었다. 이와 관련된 일이 『송사(宋史)』 권462 「방기전(方伎傳)」에 보인다.

왕로지(王老志, ?~1122)
. . .

　송대(宋代) 도사. 복주(濮州) 임천(臨泉)지금 산서(山西) 임현(臨縣) 사람이다. 하급 관리였을 때, 자칭 종리권이라는 기인을 만나 내단요결을 전수받았고, 도술로 이름을 날렸다. 밭에 초막을 짓고 살면서, 때때로 사람들에게 길흉을 점쳐주었다. 정화(政和) 3년(1113)에 부름을 받고 수도에 와서 대신 채경(蔡京)의 집에 머물렀고, "동미선생(洞微先生)"에 봉해졌다. 황제가 여행할 때, 왕로지는 깃털 옷을 입고 수레를 인도하였다. 후에 복주에 되돌아와 죽었다.

왕문경(王文卿, 1093~1153)
. . .

　북송(北宋) 말의 도사. 자는 술도(述道)이고 호는 충화자(沖和子)이며, 건창(建昌) 남풍(南豐)지금 강서(江西)에 속한다 사람이다. 선화(宣和)

초에 기인을 만나 비신술(飛神術)과 뇌서(雷書)를 전수받았다. 오뢰법(五雷法)으로 귀신을 부려서 이름을 날렸다. 선화(宣和) 4년(1122)에 휘종(徽宗)이 사신을 보내 예를 갖추어 초빙하자 수도로 와서, 황제에게 현화무위(玄化無爲)의 대도를 말했다. 이에 황제는 매우 기뻐하였으며, 그를 "충허통묘선생(沖虛通妙先生)"에 봉하였다. 선화 7년에 태소대부(太素大夫)에 제수하였고, 얼마 안 되어 응신전시신(凝神殿侍宸)으로 삼았으며, 이후에 추가로 구양총진궁(九陽總眞宮)과 제거사명부(提擧司命府)를 관할하게 하였다. 정강(靖康) 원년(1126)에 산으로 돌아가 어머니를 모시겠다는 상소를 올렸는데, 오래지 않아 북송이 멸망하였다. 남송(南宋) 소흥(紹興) 23년(1153)에 자신의 관에 "나의 몸도 가짜요, 소나무관도 참이 아니네. 좁디좁은 소견, 세속을 벗어나네[我身是假, 松板非眞. 牢籠俗眼, 跳出紅塵]"라고 쓰고는 죽었다. 그가 전한 신소뇌법(神霄笛法)은 내단(內丹)과 부록(符籙)과 결합한 것이다. 뇌법에서 뇌체(雷體)는 자신의 원신(元神)이고, 뇌법에 쓰이는 신장은 원신(元神), 원기(元氣), 원정(元精) 그리고 오장(五臟)의 기가 변한 것이 아님이 없고, 뇌법을 행했을 때의 신묘함은 몸속의 조화에 달려있다고 한다. 그러므로 안으로 내단 수련하는 것을 근본으로 삼고, 밖으로 부록법을 행하는 것을 말단으로 삼는다고 말하였다. 후세에서 신소파의 중요 창시자로 받들어진다. 『정통도장(正統道藏)』에 『충허통묘시신왕선생가화(沖虛通妙侍宸王先生家話)』 1권이 수록되어 있다.

증조(曾慥)

• • •

　북송말(北宋末) 남송초(南宋初) 도교학자. 자는 단백(端伯)이고, 호
는 지유자(至遊子)로 진강(晋江)지금의 복건(福建)에 속한다 사람이다. 상서
랑(尚書郎)과 직보문각(直寶文閣)을 역임했다. 말년에 은봉(銀峰)에
은거하며 수도에 전념했다. 시와 문장에 능했다. 그는 여러 도교학자
의 학설과 방술을 두루 모았는데, 주로 단도(丹道)와 기법(氣法)에 관
련된 것들로 의리(義理), 음부(陰符), 황정(黃庭), 태극(太極), 복기
(服氣), 대단(大丹), 연정(煉精), 태식(胎息), 금벽용호(金碧龍虎), 연
홍오행(鉛汞五行) 등을 포괄하고 있다. 이를 분류하고 편집하여『도
추(道樞)』42권을 만들었다. 이 책은『도장(道藏)』제641~648책에 수
록되어 있다.

영전진(寧全眞, 1101~1182)

• • •

　북송(北宋)과 남송(南宋) 사이의 도사. 이름은 본립(本立)이고, 자
는 도립(道立), 법명은 전진(全眞)이다. 개봉부(開封府)지금의 하남(河南)
개봉(開封) 사람. 일찍이 전영허(田靈虛)를 만나 육수정(陸修靜)의 삼동
경록(三洞經籙)을 전수받았다. 삼청영보대법(大法)에 능했으며, 특
히 천문 술수에 뛰어났다. 정강의 변[靖康之變] 때 어머니를 모시고
송 황실을 따라 남쪽으로 내려갔다. 소흥(紹興) 연간(1131~1162)에
여러 차례 칙령을 받고 조정에 들어가 재앙을 물리치고 복을 비는 초
제(醮祭)를 주관했다. 이에 "동미고사(洞微高士)"라는 호를 하사받았
고, 이어서 "찬화선생(贊化先生)"이라는 호도 받았다. 좌가도록(左

街道篆) 유능진(劉能眞)이 그로부터 영보대법(靈寶大法)을 배웠는데, 후에 시기와 질투를 받고 모함을 당해 감옥에 갇히게 되었다. 이에 영전진은 그를 위해 맹세하기를, "동화영보상청파는 영전진이 유능진에게 전수하니 다른 황관에게 전하는 것을 불허한다[東華靈寶三淸宗派, 眞眞相授, 不許傳黃冠]"『도덕회원(道德會元)』권214에 보인다고 하였다. 송나라 이후의 영보법은 모두 영전진으로부터 나왔기에, 왕계진(王契眞)이 편찬한 『상청영보대법(上淸靈寶大法)』과 임영진(林靈眞)이 편찬한 『영보영교제도금서(靈寶領教濟度金書)』에는 표제에 '영전진수(寧全眞授)'라고 되어 있다.

왕중양(王重陽, 1112~1170)

• • •

금대(金代)의 도사이며, 전진도(全眞道)의 창립자. 원래 이름은 중부(中孚)이고, 자는 윤경(允卿)이다. 후에 무과(武科)에 합격하고 개명한 이름은 덕위(德威)이며 자는 세웅(世雄)이다. 입도한 후에는 개명한 이름은 철(嘉)이며 자는 지명(知明)이고, 호는 중양자(重陽子)이다. 본적은 함양(咸陽)지금의 섬서(陝西)에 속한다이고, 종남(終南) 유장촌(劉蔣村)에서 태어났다. 어려서부터 비범하였고 의기가 넘치고 성격이 호방하였다. 위제(僞齊) 부창(阜昌, 1130~1140) 연간에 예부시(禮部試)에 응시하였다가 낙방하였다. 금(金) 천권(天眷, 1138~1140) 연간에 무과(武科)에 응시하여 갑과(甲科)에 합격했고, 감격하며 천하를 다스리는 데 뜻을 두었다. 후에 오랜 동안 정유(征酒)라는 작은 벼슬에 머물자, 분개하며 관직을 그만두고 외딴 산림에 은거하였다. 정융(正隆) 4년(1159)에 감하진(甘河鎭)에서 기인을 만나 수진비결(修眞秘訣)을 전수받았다. 마침내 깨달음을 얻고 출가하여 종남산(終南山) 일대를 떠돌았다. 대정(大定) 원년(1161)에 남시촌(南時村)에서 토굴을 파고 거처했는데, 그 토굴을 "활사인묘(活死人墓)"라고 하였다. 대정 7년에 돌연히 거처를 태우고 산동(山東)으로 가서 도를 전하며 사람들을 제도하였다. 영해(寧海)지금의 산동 연태(煙臺) 모평구(牟平區)에 이르러 마단양(馬丹陽)을 제자로 받아들이고, 암자를 "전진(全鎭)"이라 이름 지었다. 이 때문에 그의 도를 받드는 자들을 전진도사(全眞道士)라 칭하였다. 계속해서 담처단(譚處端), 왕처일(王處一), 구처기(丘處機), 학대통(郝大通), 유처현(劉處玄), 손불이(孫不二)를 제자후세에 이들을 "북칠진(北七眞)"이라고 부른다로 삼았다. 이들은 문등(文登), 영해(寧海), 복산(福山), 등주(登州), 내주(萊州)에서 각각 칠보회(七寶會) 금련회(金蓮會) 삼광회(三光會) 왕화회(五華會) 평등회(平等會) 등을 잇달아 세우고, "삼교를 원융하여 마음을 알고 본성을 깨달아, 오로지 참된 도를 온전히 할 것[三敎圓融, 識心見性, 獨全其眞]"을 종지로 삼고 전진도를 개창하였다. 대정 9년에 제자 마단양, 담처단, 유처현, 구처기 네 사람을 데리고 서쪽으로 돌아가 이듬해 1월 대양(大梁)지금의 하남(河南) 개봉(開封)에서 생을 마감했다. 제자들은 종남산 유장촌의 옛날 살던 집으로 시체를 운구하여 장례를 지냈다. 후세에 전진도에서는 이곳을 조정(祖庭)으로 떠받들었다. 원(元) 세조(世祖) 지원(至元) 6년(1269)에 "중양전진개화진군(重陽全眞開化眞君)"이라는 시호가 내려졌다. 지대(至大) 3년(1310)에는 "중양전진개화보극제군(重陽全眞開化輔極帝君)"이라는 호가 추증되었다. 전진도는 왕중양을 조사로서 존숭하였다. 세상에 전해지는 저술로는 『중양전진집(重陽全眞集)』, 『중양교화집(重陽敎化集)』, 『중양

입교십오론(重陽立教十五論)』, 『중양분리십화집(重陽分梨十化集)』,
『중양금궐옥쇄결(重陽金闕玉鎖訣)』 등이 있으며, 현재 『정통도장(正
統道藏)』에 남아 있다.

중양조사(重陽祖師)

• • •

왕중양(王重陽)을 말한다.

마단양 (馬丹陽, 1123~1183)

• • •

금대(金代)의 도사. 원래의 이름은 종의(從義), 자는 의보(宜甫)이
다. 후에 개명한 이름은 옥(鈺)이며, 자는 현보(玄寶)이고 호는 단양
자(丹陽子)이다. 영해(寧海)지금의 산동(山東) 연대(煙臺) 모평구(牟平區) 사람.
그의 집안은 지방의 권문세가였다. 약관의 나이에 시에 능했으며, 침
술에 뛰어났다. 대정(大定) 7년(1167) 7월에 왕중양(王重陽)이 영해
(寧海)에 와서 전진도를 전파하자, 처인 손불이(孫不二)와 함께 그를
스승으로 섬겼다. 왕중양은 신선술은 오로지 청정에 힘써야 한다고 가
르쳤다. 왕중양이 임종 전에 그에게 전진비결(全眞秘訣)을 전수해주
며, 전진도를 전도할 계승자가 되어 줄 것을 부탁하였다. 후에 온갖 힘
든 일을 겪고 나서 도를 널리 펴겠다고 맹세하고, 전진도 우선파(遇仙
派)의 창시자가 되었다. 원(元) 세조(世祖) 지원(至元) 6년(269)에 "단
양포일무위진인(丹陽抱一無為眞人)"에 봉해졌다. 세칭 "단양진인(丹
陽眞人)"이라 하며, "북칠진(北七眞)"의 한 사람이다. 저술로는 『신광
찬(神光璨)』, 『동현금옥집(洞玄金玉集)』, 『점오집(漸悟集)』 등이 있다.

단양진인(丹陽眞人)

· · ·

마단양(馬丹陽)을 말한다.

마옥(馬鈺)

· · ·

마단양(馬丹陽)을 말한다.

담처단(譚處端, 1123~1185)

· · ·

금대(金代)의 도사. 처음 이름은 옥(玉)이고 자는 백옥(伯玉)이었다가, 후에 고쳐서 법명으로 처단(處端)이라 하고 자는 통정(通正), 호를 장진자(長眞子)라 하였다. 영해(寧海)지금의 산동(山東) 연대(煙臺) 모평구(牟平區) 사람. 왕중양(王重陽)을 스승으로 섬겼으며, 전진도(全眞道) 남무파(南無派)의 창시자이다. 전해지기로는, 중풍을 앓았는데 침술이나 약으로도 치료하지 못했다고 한다. 대정(大定) 7년(1167)에 왕중양이 종남산(終南山)에서 왔다는 소문을 듣고 지팡이를 짚고 찾아가 뵙고 치료법을 물었다. 왕중양이 문을 닫고 받아들이지 않자 밤이 될 때까지 꿋꿋이 문 앞을 지켰다. 문득 문이 열리고 왕중양이 크게 기뻐하며 신선의 인연이 맺어졌다고 말하며, 그를 불러 한 이불을 덮고 잠을 잤다. 동이 트고 침실에서 나오니 이전의 병이 모두 치유되었다. 이로 인해 담처단은 왕중양을 곁에서 모시기를 청했다고 한다. 담처단은 평소 귀사(龜蛇) 두 글자를 쓰기를 좋아했는데, 오묘한 필법이 입신의 경지에 이르러, 그 글자가 날아오르는 변화의 형상이 있었다.

도를 받들고 믿는 선비들이 그 글씨를 수장하여 진귀한 보배로 삼았다. 왕중양이 서거한 후에 이수(伊水)와 낙수(洛水) 사이에 은거하였다. 낙양(洛陽)의 조원궁(朝元宮)에서 생을 마감했다. 원(元) 세조(世祖) 지원(至元) 6년(1269)에 "장진수운온덕진인(長眞水雲蘊德眞人)"이라는 시호를 하사받았다. 세칭 "장진진인(長眞眞人)"이라 한다. 북칠진(北七眞) 중의 한 사람이다. 저술로는 『수운집(水雲集)』이 있는데, 『도장(道藏)』 제789책에 수록되어 있다.

장진진인(長眞眞人)

담처단(譚處端)을 말한다.

학대통(郝大通, 1140~1212)

금대(金代)의 도사. 이름은 린(璘), 스스로 태고도인(太古道人)이라 일컬었다. 법명은 대통(大通), 호는 광녕자(廣寧子). 영해(寧海)지금의 산동(山東) 연태(烟臺) 모평구(牟平區) 사람. 일찍이 꿈에서 신인(神人)이 『주역(周易)』의 비의(秘義)를 전수해주었고, 이로 인해 복서(卜筮)에 빠져들었다고 전해진다. 대정(大定) 8년(1168)에 왕중양(王重陽)에게 도를 배웠다. 대정 15년에 옥주(沃州)에서 걸식을 하다 홀연히 깨달음을 얻었다. 마침내 옥주의 다리 아래에서 정좌(靜坐)하고서 6년 동안 몸을 잊으며 연공하였는데, 말을 하지 않아서 사람들이 "불어선생(不語先生)"이라 불렀다. 수행의 결실을 맺고, 진정(眞定) 일대에서 가르침을 전하고 사람들을 구제했다. 영해(寧海) 선천관(先天觀)에서 생을 마쳤다. 전진도(全眞道) 화산파(華山派)의 창시자이다. 원(元) 세조(世祖) 지원(至元) 6년(1269)에 "광녕통현태고진인(廣寧通玄太古眞人)"으로 봉해졌다. 세칭 "광녕진인(廣寧眞人)"이라 한다. "북칠진(北七眞)"의 한 사람이다. 저술로서 『태고집(太古集)』 『태역도(太易圖)』 등이 있다.

광녕진인(廣寧眞人)

· · ·

'학대통(郝大通)'을 말한다.

왕처일(王處一, 1142~1217)

· · ·

금대(金代)의 도사. 호는 옥양(玉陽)일설에는 자가 옥양이며, 호는 전양자(全陽子)라 하고, 또 다른 일설에는 호가 화양자(華陽子)라고 한다 영해(寧海)지금의 산동(山東) 연태(烟臺) 모평구(牟平區) 사람. 대정(大定) 8년(1168)에 왕중양(王重陽)을 스승으로 섬기고, 오랜 기간 곤륜산(崑崙山) 연하동(烟霞洞)에 은거하며 도를 닦았다. 전진도(全眞道) 유산파(嵛山派)의 창시자이다. 대정 28년에 황제의 부름에 응하여 궁궐에 나아가 만춘절(萬春節) 초제(醮祭)를 주관하였다. 승안(承安, 1196~1200) 연간에 금(金)나라 장종(章宗)이 왕처일을 불러 만났는데, 장종이 "앞일을 알 수 있는 것은 어떻게 가능한가?[能前知, 何也]" 하고 묻자, "거울의 밝음은 사물을 비출 수 있는데, 이는 자신의 신묘한 영명(靈明)함으로 말미암을 뿐입니다[鏡明能鑒物, 此自己靈明之妙耳]"라고 답하였다. 또 양생의 도와 성명의 이치에 대해 묻자, 도가의 청정무위(淸靜無爲)와 내단

조화(內丹造化) 그리고 작위하지 않아도 이룬다는 등의 말로 답하여 "대답하는 것마다 진실로 황제의 마음에 들어맞지 않는 것이 없었다 [所對莫不允合上心]"고 한다. 일찍이 철사산(鐵查山) 운광동(雲光洞) 에 9년간 은거했다. 성수옥허관(聖水玉虛觀)에서 사망했다. 원(元) 세조(世祖) 지원(至元) 6년(1269)에 "옥양체현광도진인(玉陽體玄廣 度眞人)"으로 봉해졌고, 세칭 "옥양진인(玉陽眞人)"이라 한다. "북칠 진(北七眞)"의 한 사람이다. 저술로서 『운광집(雲光集)』, 『청진집(淸 眞集)』이 있다.

옥양진인(玉陽眞人)
● ● ●

"왕처일(王處一)"을 말한다.

유처현(劉處玄, 1147~1203)
● ● ●

금대(金代)의 도사. 자는 통묘(通妙), 일설에는 도묘(道妙)라고도 한다. 호는 장생자(長生子). 동래(東萊)지금의 산동(山東) 내주(萊州) 사람. 젊을 때에는 도살도 하거나 취해서 난폭하게 굴기도 했다. 대정(大 定) 9년(1169)에 왕중양(王重陽)에게 도를 배웠다. 왕중양이 서거한 이후 홀로 낙양(洛陽)에 은거하며 마음을 닦는 수련을 하였다. 대정 28년에 창양(昌陽)에 단을 설치하여 기우제를 지냈는데 자못 효험이 있었다. 승안(承安) 3년(1198)에 황제의 부름에 응하여 궁궐로 나아 가자 장종(章宗)이 귀빈으로 대우했다. 다음해 산으로 돌아가길 청하 자, 황제로부터 "영허(靈虛)"라는 명문(銘文)을 하사받아 전진도(全

眞道)를 빛냈다. 전진도 수산파(隨山派)의 창시자이다. 원(元) 세조(世祖) 지원(至元) 6년(1269)에 "장생보화명덕진인(長生輔化明德眞人)"으로 봉해졌고, 세칭 "장생진인(長生眞人)"이라 한다. "북칠진(北七眞)"의 한사람이다. 저술로서 『선악집(仙樂集)』, 『지진어록(至眞語錄)』, 『도덕경주(道德經注)』, 『음부연(陰符演)』, 『황정술(黃庭述)』등이 있다.

장생진인(長生眞人)
• • •

"유처현(劉處玄)"을 말한다.

구처기(丘處機, 1148~1227)
• • •

"구처기(邱處機)"라고도 한다. 금대(金代) 원초(元初)의 도사. 자(字)는 통밀(通密). 자호(自號)는 장춘자(長春子)이다. 등주(登州) 서하(棲霞)지금의 산동(山東)에 속한다 사람. 19세에 영해(寧海) 곤유산(昆崙山)에서 출가하여 왕중양(王重陽)을 스승으로 모셨다. 왕중양이 서거한 후, 구처기는 대정(大定) 14년(1174)에 반계(磻溪)에 들어가 동굴에 기거하였다. 걸식 생활을 하면서 도롱이 하나만 걸치고 다녔기에 사람들이 "사의선생(蓑衣先生)"이라 불렀다. 이후 농주(隴州) 용문산(龍門山)에서 은거해 수도하여 용문파(龍門派)의 창시자가 되었다. 원나라 태조(太祖)가 즉위 14년(1219)에 사신을 보내 그를 불렀다. 다음해에 부름에 응하여 제자 윤지평(尹志平), 송덕방(宋德方), 이지상(李志常) 등 18명과 함께 서역 설산(雪山)으로 갔다. 태조가 치국(治國)의 방도를 묻자 구처기는 하늘을 공경하고 백성을 아끼는 것[敬天愛民]을 근본으로 해야 한다고 답하고, 장생구시(長生久視)의 도를 묻자 마음을 청정하게 하고 욕심을 줄이는 것[淸心寡欲]이 핵심이라고 고하였다. 태조가 그 말을 깊이 새기고, 그를 신선(神仙)으로 받들었다. 구처기의 제자 이지상이 『장춘진인서유기(長春眞人西遊記)』를 지어 그러한 일에 대해 상세히 기록했다. 연경(燕京)지금의 북경시(北京市)으로 돌아온 후, 태조가 호부(虎符)와 새서(璽書)를 수여하여 그로 하여금 천하의 도교를 관장하게 하였고, 아울러 도원(道院)과 도사(道士)들의 모든 부역을 면제하였다. 이에 도첩(度牒)을 널리 발행하고 궁관(宮觀)을 지어 사방에서 전진도(全眞道)의 가르침을 베풀자, 도교 수행자들이 운집하여 전진도는 크게 발전했다. 보현당(寶玄堂)에서 세상을 떠났으며, 백운관(白雲觀) 처순당(處順堂)지금의 북경(北京) 백운관(白雲觀) 구조전(丘祖殿)에서 장사지냈다. 원(元) 세조(世祖) 지원(至元) 6년(1269)에 "오조칠진(五祖七眞)"의 휘호가 추증될 때 "장춘연도주교진인(長春演道主教眞人)"이라는 호가 내려졌으며, 세칭 "장춘진인(長春眞人)"이라 한다. 전진도(全眞道) "북칠진(北七眞)"의 한 사람이다. 저술에 『섭생소식론(攝生消息論)』, 『대단직지(大丹直指)』, 『반계집(磻溪集)』, 『현풍경회록(玄風慶會錄)』, 『명도집(鳴道集)』 등이 있다.

구처기(邱處機)

. . .

"구처기(丘處機)"를 말한다.

장춘진인(長春眞人)

● ● ●

"구처기(丘處機)"를 말한다.

손불이(孫不二, 1119~1182)

● ● ●

"손선고(孫仙姑)"라고도 일컬어진다. 금대(金代)의 여도사. 법명은 불이(不二), 호는 청정산인(淸靜散人). 영해(寧海)_{지금의 산동(山東) 연태(煙臺) 모평구(牟平區)} 사람. 마단양(馬丹陽)의 처. 마단양과 함께 왕중양(王重陽)을 스승으로 섬기고 금련당(金蓮堂)에서 출가했다. 전진도(全眞道) 청정파(淸靜派)의 창시자이다. 대정(大定) 15년(1175) 낙양(洛陽)의 봉선고동(鳳仙姑洞)에 기거하며 수도했고, 이후 여기에서 세상을 떠났다. 원(元) 세조(世祖) 지원(至元) 6년(1269)에 "청정연진순덕진인(淸靜淵眞順德眞人)"으로 추존되었다. "북칠진(北七眞)"의 한 사람이다. 저술에 『손불이원군법어(孫不二元君法語)』 등이 있다.

청정산인(淸靜散人)

● ● ●

"손불이(孫不二)"를 말한다.

장도청(張道淸)

● ● ●

남송(南宋)의 도사. 자는 득일(得一)이고, 포기(蒲圻)_{지금의 호북(湖北)에 속한다} 사람. 소흥(紹興) 연간(1131~1162)에, 스스로 말하길 진인을 만나 신령스런 글과 비결을 전수받았다고 한다. 이로써 기도로 가뭄과 장마를 물리치고 부수(符水)로 질병을 치료할 수 있었는데 이것으로 경한(京漢) 지역에 이름을 날렸다. 순희(淳熙) 원년(1174)에 용호산(龍虎山)에 들어가 정일천사(正一天師)에게 예를 올리고 대동경록을 받고, 영주(郢州) 장삼만(長森灣)에 돌아가 거주하였다. 후에 경사(京師), 호상(湖湘), 촉중(蜀中) 등을 돌아다니다가, 고평(古平)에 도관을 지었다. 소희(紹熙) 원년(1190)에 광종(光宗)이 불렀으나 나아가지 않았다. 이에 광종이 사신을 보내 향촉(香燭)과 비단 번(幡)을 가지고 장도청이 거하는 산에 들어가 국초(國醮)를 지내게 했고, 그가 기거하는 곳에 "흠천관(欽天觀)"이라는 이름을 내려주었다. 영종(寧宗) 경원(慶元) 5년(1199)에 "진목진인(眞牧眞人)"이라는 호를 내려주었다. 가태(嘉泰) 4년(1204)에 "태평호국진목진인(太平護國眞牧眞人)"에 가봉(加封)되었다. 장도청이 개창한 "어제구궁산파(禦制九宮山派)"에 대한 기록이 『제진종파총부(諸眞宗派總簿)』에 실려 있다.

사수호(謝守灝, 1134~1212)

• • •

남송(南宋)의 도사. 자는 회영(懷英). 영가(永嘉) 서안(瑞安)지금의 절강(浙江) 서안 사람. 14세에 이미 글짓기에 능했고, 육경에서 제자백가에 이르기까지 정밀하게 연구하지 않은 것이 없었다. 후에 황보탄(皇甫坦)을 사사하면서 유학을 버리고 도교에 들어갔다. 일찍이 스스로 말하길, "나는 학문을 닦아 교단을 보필하고, 옳고 그름을 밝게 분별하는데 뜻을 두었다[吾志在修文輔敎, 明辨正邪]"고 하였다. 30년 동안 방외를 떠돌다가 도사 심약수(沈若水)를 만나 『허진군석함비문(許

眞君石函秘文)』을 전수받았다. 후에 천태산(天台山)에 들어가 10여 년간 황보탄을 모셨는데, 그를 따라 수차례 효종(孝宗)을 알현했다. 순희(淳熙) 13년(1186)에 강서(江西) 조사(漕使)의 천거로 서산(西山) 옥륭만수궁(玉隆萬壽宮)의 주지가 되었다. 광종(光宗)이 즉위하고 "관복선생(觀復先生)"이라는 호를 내려주었다. 만년에 서안(瑞安) 자화봉(紫華峰)에 안주하여 구성궁(九星宮)을 짓고 거처하면서 수도에 전념했다. 『노자도덕경(老子道德經)』을 주해했다. 또 『태상노군연보요략(太上老君年譜要略)』 1권, 『태상혼원노자사략(太上混元老子史略)』 3권, 『혼원성기(混元聖紀)』 9권을 지었는데, 현재 『도장(道藏)』 제551~554책에 남아 있다.

소포진(蕭抱珍, ?~1166)

금대(金代)의 도사. 태일도(太一道)의 창시자. 일명 원승(元升). 위주(衛州)^{지금의 하남(河南) 위휘(衛輝)} 사람. 진인의 거처에서 비록을 얻었는데, 이를 발전시켜 "태일삼원법록(太一三元法錄)"을 만들었다고 전해진다. "선성이 전수한 비록으로 사람을 제도하고, 기도로 복을 부르고 재앙을 물리침에 증험되지 않은 것이 없었다. 천권(天眷) 초에 그 법이 크게 행해져 이름을 태일교라 하였다.[即以仙聖所授秘籙濟人, 祈禳訶禁, 罔不立驗, 天眷初, 其法大行, 因名之曰太一教.]" 금희종(熙宗)은 황통(皇統) 8년(1148)에 조정으로 불러들여 예와 공경을 대하고, 칙령으로 그가 머물던 암자를 "태일만수관(太一萬壽觀)"이라 이름하였다. 원(元)대 『홀필렬대왕령지비(忽必烈大王令旨碑)』에 다음과 같이 기록하고 있다. "한 번 깨달아 도를 이루고 법록을 삼

242

원에 밝혀 태일의 문을 열었다. 다스림과 교화를 은밀히 돕고 나라의 일에 마음을 쏟았으니, 한나라 장도릉이나 위나라 구겸지라도 이보다 더할 수 없다. 마땅히 태일일오전교진인에 추층하고, 태일만수관을 고쳐 태일광복만수궁이라 한다.[道成一悟, 錄闡三元, 創興太一之門, 密毗治化, 潛王邦家, 雖漢張道陵魏寇謙之, 無以過也. 宜贈太一一悟傳教眞人, 改太一萬壽觀爲太一廣福萬壽宮.]" 금대 왕약허(王若虛)가 『일오진인전(一悟眞人傳)』을 지었는데 실전되었고, 그 내용의 일부분이 『중수태일광복만수궁비(重修太一廣福萬壽宮碑)』에 인용되어 있다.

유덕인(劉德仁, 1122~1180)

• • •

금대(金代)의 도사. 대도교(大道教)의 창시자. 호는 무우자(無憂子). 창주(滄州) 악릉(樂陵)지금의 산동(山東)에 속한다 사람. 독서를 통해 대의에 통달했다. 후에 염산(鹽山) 태평향(太平鄉)에 옮겨 살았다. 어느 날 아침에 일어나니, 한 노인이 송아지가 끄는 수레를 타고 지나가다가 『도덕경』의 요지를 모은 책을 전해 주었다. 이로부터 현학(玄學)에 급작스런 진전이 있었고 그를 따르는 자가 많아졌다. 이에 전해 받은 책에서 내용을 취하여 9개 조목으로 부연 설명하고 사람들에게 권면하면서 스스로 그 가르침을 "대도교"라 칭했다. 그 교지는 "소박함을 찾아 지니며, 생각을 적게 하고 욕심을 줄이며, 마음은 비우고 배는 채우며, 기를 지켜 신을 기름[見素抱朴, 少思寡欲, 虛心實腹, 守氣養神]"을 주로 삼았으며, 연단하여 신선이 되는 일은 숭상하지 않았고, "굳은 절개로 준엄하게 행동함[苦節危行]"을 주장했다.

유덕인이 교리를 편 것은 38년에 달한다. 대정(大定, 1161~1189) 초, 황제가 경성 천장관(天長觀)으로 불러 머물게 하면서, "동악진인(東嶽眞人)"이라는 호를 내려주었다. 원대(元代)에 "무우보제개미동명진군(無憂普濟開微洞明眞君)"에 가봉(加封)되었다. 『송학사문집(宋學士文集)』, 무억(武億)의 『언사금석기(偃師金石記)』 등에 그의 전기가 실려 있다. 대도교는 다섯 번 전해져 역희성(酈希誠)에 이르러 "진대도교(眞大道敎)"로 개명했다.

조도견(趙道堅, 1163~1221)

• • •

금(金)·원(元) 사이의 도사. 원래 이름은 구고(九古)이고, 호는 허정자(虛靜子)이다. 평량(平涼)지금의 감숙(甘肅)에 속한다 사람. 집안 대대로 벼슬을 지냈으며, 아버지는 동지평량부사(同知平涼府事)였다. 처음에 평량부의 최양두(崔羊頭)를 몇 년간 사사했는데, 최양두가 조도견이 고된 일도 마다하지 않고 부지런하며 교만하지 않음을 보고 가르칠 만하다고 여겼기 때문이다. 금 대정(大定) 19년(1179), 마단양(馬丹陽) 문하로 들어가 가르침을 청했고, 마단양이 받아들였다. 후에 용문(龍門)으로 가 구처기에게 가르침을 받았다. 구처기가 "도견(道堅)"으로 이름을 바꿔주었다. 기묘년(1219), 구처기가 원 태조의 부름을 받들어 서역으로 갔는데, 조도견이 행자의 우두머리였다. 새람성(賽藍城)에 이르러 윤지평(尹志平)에게 말하길, "내가 선덕(宣德)에 이르렀을 때, 먼 길을 갈 조짐을 알았다. 일찍이 도인은 생사에 마음에 두지 않는다고 스승의 가르침을 받았는데 어디든 가지 못하겠는가! 그대들은 스승님을 잘 모셔라[我至宣德時覺有長往之兆, 嘗蒙

師訓, 道人不以死生介懷, 何所不可! 公等善事師眞]"고 하였다. 말을 마치고나서 생을 마쳤다. 이에 일행은 묏자리를 골라 장사 지냈다. 원 지대(至大) 2년(1309)에 "중정익교현응진인(中貞翊教玄應眞人)"에 추증됐다. 『백운선표(白雲仙表)』의 기록에 의하면, 조도견은 구처기에게서 계율을 받아 전진도(全眞道)의 율종을 열었고, 그 율종의 1대 종주가 되었다.

윤지평(尹志平, 1169~1251)

• • •

원대(元代) 도사. 자는 대화(大和)이고 내주(萊州)_{지금의 산동(山東)에 속한다} 사람. 14세에 몰래 마단양(馬丹陽)을 따라가 입도하였다. 몇 년 뒤에 그 아버지가 강제로 집으로 데리고 와 가두었으나 결국은 도망쳤다. 이후에 서하관(捿霞觀)에서 구처기(丘處機)를 스승으로 모셨다. 또 왕처일(王處一)로부터 구결을 받았으며, 학대통(郝大通)으로부터 역학(易學)을 전수받았다. 이로부터 그의 도교 학업과 수행이 날로 두터워졌다. 14년(1219)에 원 태조(太祖)가 사신을 파견해 구처기를 불렀다. 다음해 윤지평은 구처기를 따라 서역으로 가서 4년 만에 되돌아왔다. 운중(雲中)_{지금의 산서(山西) 대동(大同)}에 되돌아왔을 때, 원나라 군대가 남하하여 산동(山東)에 난리가 났다는 소식이 들렸다. 윤지평은 구처기의 명으로 산동에 가서 백성들을 안심시켰고, 이에 산동이 안정되었다. 훗날 덕흥(德興)_{지금의 하북(河北) 탁록(涿鹿)}의 용양관(龍陽觀)에서 머물렀는데, 구처기가 "청화자(淸和子)"라는 호를 내려 주었다. 구처기가 사망 후, 장춘궁(長春宮)으로 되돌아와 구처기의 자리를 이어 도교를 주관하였다. 태종(太宗) 4년(1232)에 남쪽을 정

벌하고 돌아오자 윤지평이 극진히 위문하였다. 이어 장춘관에서 황
후를 대신한 제사를 올리라는 명을 받았는데, 하사받은 물품이 매우
많았다. 태종 6년에 황후가 사신을 파견하여 위로하고 도경(道經) 한
질을 하사하였다. 태종 8년에 윤지평은 종남산(終南山)으로 가서 도
교의 본산을 복원하였다. 태종 10년에 도통을 이지상(李志常)에게 전
하고 교석(敎席)을 주관하게 하였다. 장춘궁 서원(西院)의 즙도원(葺
道院)을 양로원으로 만들었다. 저서로는 『보광집(葆光集)』, 『청화진
인북유어록(淸和眞人北遊語錄)』이 있다. 중통(中統) 2년(1261)에 "청
화묘도광화진인(淸和妙道廣化眞人)"에 추증되었다. 지대(至大) 3년
(1310)에 "청화묘용광화숭교대진인(淸和妙用廣化崇敎大眞人)"이라
는 시호가 더해졌다.

역희성(酈希誠, 1182~1259)

• • •

원대(元代) 도사. 대도교(大道敎) 5대 조사로 희성(希成)이라고도
한다. 규주(嬀州)지금의 하북(河北) 부래(懷來) 사람이다. 어려서부터 대도교
4대 조사 모희종(毛希悰)을 사사하였다. 모희종이 사망하자 법통을
이어받았다. 법통을 잇고 나서 산속 깊이 은거하였는데, 그의 도를
사모하는 무리들이 모이고 따르게 되어 도풍이 크게 진작되었다. 진
(秦), 진(晉), 촉(蜀), 낙(洛), 연(燕), 대(代), 제(齊), 노(魯) 등지에서
교화를 행하였다. 후에 연경(燕京)지금의 북경의 천보궁(天寶宮)에 거처
하였다. 원나라 헌종(憲宗, 재위 1251~1259)이 그의 명성을 듣고서,
유덕인(劉德仁)이 창교한 "대도교"에 "진대도(眞大道)"라고 이름을
하사하였다. 또 역희성에게 "태현진인(太玄眞人)"이라는 호를 하사하

였고, 교문(教門)의 일을 통솔하게 하였다. 이로부터 "대도교"는 "진대도교"라고도 불렸다.

송덕방(宋德方, 1183~1247)

. . .

원대(元代) 도사. 자는 광도(廣道)이고 호는 피운(披雲)으로, 내주(萊州)지금 산동(山東)에 속한다 사람이다. 어렸을 때 유처현(劉處玄)을 쫓아 도사가 되었고, 이어서 구처기(丘處機)를 스승으로 섬겼다. 유가와 도가의 경전을 좋아하였고, 제자서와 역사서를 섭렵하였다. 원나라 태조(太祖) 15년(1220)에 구처기를 따라 서역으로 간 18명의 제자 중에 한 사람이다. 돌아와 연경(燕京)지금의 북경의 장춘궁(長春宮)에 거처하면서 교문제점(教門提點)이 되었다. 태종(太宗) 9년(1237)에 스승 구처기의 유지를 따라 서산(山西) 평양(平陽) 현도관(玄都觀)에서 이지전(李志全) 및 제자 진지안(秦志安) 등과 함께 『도장(道藏)』을 교감하고 판각하였다. 몸소 여러 지역을 다니면서 흩어져 없어진 도경(道經) 자료를 수집하였으며, 8년이나 걸려 『현도보장(玄都寶藏)』 7,800여 권을 간행하였다. 또 내주 신산(神山)에서 구양동(九陽洞)을 개척하여 궁관을 건립하였는데, 연(燕)지역에서 진(秦)·진(晉)지역에 이르기까지 대략 40여 지역에 이르렀다. 내마진(乃馬眞) 황후 섭정 3년(1224)에 "현도지도진인(玄都至道眞人)"이라는 호를 하사받았다. 세조(世祖) 지원(至元) 7년(1270)에 "현통홍교파운진인(玄通弘教披雲眞人)"으로 추증되었다. 저서로는 『낙전전후이집(樂全前後二集)』이 있다.

이지상(李志常, 1193~1256)

• • •

원대(元代) 도사. 자는 호연(浩然) 호는 진상자(眞常子)로, 관성(觀城)지금 하남(河南) 범현(範縣) 사람이다. 내주(萊州)지금의 산동(山東)에 속한다에서 구처기(丘處機)를 스승으로 섬겼다. 원 태조(太祖) 15년(1220)에 스승을 따라 서쪽으로 갔다가 이후에 스승과 함께 연경(燕京)지금의 북경에 되돌아왔다. 태조 22년 도도록겸영장춘궁사(都道錄兼領長春宮事)가 되었다. 태종(太宗) 5년(1233)에 명을 받들어 몽고의 귀족 관리 자제를 교육하였다. 태종 10년에 교주의 자리를 이었다. "현문정파사법연교진상진인(玄門正派嗣法演教眞常眞人)"이라는 호를 받았다. 헌종(憲宗) 5년(1255)에 황제 앞에서 『화호경(化胡經)』의 진위를 변론하였는데, 이치가 통하지 않고 말이 막혔다. 다음해에 화림성(和林城)에서 승려의 요구로 재차 변론하였으나 패하였고, 이 해에 사망하였다. 세조(世祖)가 중통(中統) 2년(1261)에 "진상상덕선교진인(眞常上德宣教眞人)"이라는 호를 추증하였다. 저서로는 『장춘진인서유기(長春眞人西遊記)』2권이 있다.

백옥섬(白玉蟾, 1194~1229)

• • •

남송(南宋)시기 도사. 내단파 남종(南宗) 제5대 조사로, 원래 성은 갈(葛)씨이고 이름은 장경(長庚), 자는 여해(如晦), 또 다른 자로는 백수(白叟)가 있으며, 호는 해경자(海瓊子)이다. 경주(瓊州)지금의 해남(海南) 해구(海口) 경산구(瓊山區) 사람이다. 일설에는 복건(福建) 민청(閩淸) 사람이라고도 한다. 12세에 동자과(童子科)에 합격하였다. 구경(九經)

을 암송하였고 시부(詩賦)에 능했으며 서화(書畵)에 뛰어났다. 의협심 때문에 사람을 죽여 무이(武夷)로 망명하였고, 도사차림으로 꾸미고 화남(華南) 각 지역을 유랑하였다. 가정(嘉靖) 5년(1212)에 진남(陳楠)을 스승으로 섬겨 금단비결을 얻었다. 일찍이 스스로 "오래전부터 머리를 풀어 헤치고 맨발로 다니며 일생을 복기하며 이슬을 마셨네. 웃으며 무이산 아래를 가리키니, 흰 구름 깊은 곳에 내 집이 있네[千古蓬頭跣足, 一生服氣餐霞, 笑指武夷山下, 白雲深處吾家]"라고 하였다. 가정(1208~1224) 연간에 부름을 받아 조정으로 가서 황제를 만났다. 황제가 대화를 해보니 자신의 뜻에 부합하였다. 황제가 태을궁(太乙宮)에 머물라고 명하였으나 하룻만에 그의 소재를 알 수 없었다. 우강(籲江)에서 사망하였다. 조서를 내려 "자청진인(紫淸眞人)"에 봉하였는데, 세상 사람들은 "자청선생(紫淸先生)"이라고 불렀다. 그의 내단이론은 남종의 전통을 받들면서 홀로 청수(淸修)할 것을 주장하였으며, 아울러 몸소 힘써 수행하고 죽을 때까지 결혼하지 않을 것을 주장하였다. 수련은 연정(煉精), 연기(煉氣), 연신(煉神)을 핵심으로 하면서 유학과 선종의 이론을 융합하여 "마음으로 삼교를 통하고 학문으로 구류를 관통하였다[心通三敎, 學貫九流]." 그의 사상은 송·원 이후 도교에 상당한 영향을 미쳤다. 저서로는 『해경문도집(海瓊問道集)』유원장(留元長) 편, 『해경백진인어록(海瓊白眞人語錄)』사현도(謝顯道) 등 편, 『해경옥섬선생문집(海瓊玉蟾先生文集)』팽사(彭耜) 편 등이 있다.

갈장경(葛長庚)

백옥섬(白玉蟾)을 말한다.

이도순(李道純, 1219~1296)

송말(宋末), 원초(元初)의 도사. 자는 원소(元素), 호는 청암(清庵), 다른 호로는 영섬자(瑩蟾子)로 도량(都梁)지금의 호남(湖南) 무강(武閔) 사람이다. 백옥섬(白玉蟾)의 재전 제자이다. 그의 내단학설은 대부분 남종(南宗)을 주로 하지만, 북종(北宗)을 겸하고 있다. 그의 학설은 "중화(中和)"를 종지로 삼아 유·불·도, 삼교를 융합하였다. "불교는 원각, 도교는 금단, 유교는 태극[釋曰圓覺, 道曰金丹, 儒曰太極]"이라고 하지만, 삼교의 성명(性命)에 대한 학은 모두 "중화" 두 글자로 개괄할 수 있다고 여겼다. 단을 수련하는 핵심은 "먼저 계·정·혜를 지켜 그 마음을 텅 비우고, 그 후에 정·기·신을 단련하여 그 몸을 보존하는 데[先持戒定慧而虛其心, 後煉精氣神而保其身]" 있다고 주장하였다. 또 성을 먼저 수련하고 명을 나중에 수련하여 최후에 "원만한 깨달음을 혼연히 이루고 곧바로 무위에 들어가서 성명이 모두 온전해지고 형신이 모두 신묘해지는[混成圓頓, 直入無爲, 性命雙全, 形神俱妙]" 경지에 도달하는 것이라고 주장하였다. 후세 사람들은 그의 이러한 수련이론을 송원 내단파의 "중파(中派)"라고 불렀다. 문하에서 수학한 학자로는 묘선시(苗善時), 왕지도(王志道) 등의 사람이 있다. 저작은 매우 많은데, 주요한 것으로는 『전진집현비요(全眞集玄秘要)』, 『청정경주(清靜經注)』, 『도덕회원(道德會元)』, 『중화집(中和

集)』,『청암영섬자어록(淸庵瑩蟾子語錄)』,『대통경주(大通經注)』,『삼천역수(三天易髓)』등이 있다.

뇌사제(雷思齊, 1230~1301)

· · ·

송말(宋末) 원초(元初)의 도사이자 도교학자. 자는 제현(齊賢). 임천(臨川)지금의 강서(江西) 무주(撫州) 사람. 유년시절에 출가하여 오석관(烏石觀)에서 살았다. 본성이 배우기를 좋아하고, 박학다식하고 기억력이 좋았으며, 역사서에서는 그가 "읽지 않은 책이 없었다[於書無所不讀]"고 언급하고 있다. 송(宋)나라가 망한 후에 홀로 공산(空山)에 거처하면서 오랫동안 책을 쓰고 학설을 세웠기에 세상에서는 "공산선생(空山先生)"이라고 칭하였다. 원(元) 세조(世祖)가 강남(江南)을 평정한 후에, 제36대 천사(天師) 장종연(張宗演)이 세조의 명을 받들어 도교의 일을 주관하였는데, 뇌사제에게 현학(玄學)을 강론하는 스승이 되기를 예로써 청하였다. 뇌사제는 문사(文士)인 오징(吳澄), 증량(曾良) 등과 친하게 지냈다. 만년에는 광신산(廣信山)에 거처하며 따르는 무리들에게 강학을 하였고, 오석관으로 돌아가 생을 마쳤다. 역학(易學)에 뛰어났으며, 저서로는 『역도통변(易圖通變)』5권, 『역서통변(易筮通變)』3권이 있는데, 유가와 도가의 역학의 같은 점은 합하고 다른 점은 애써 부정하였다. 또 노장(老莊)을 상세히 연구하여 『노자본의(老子本義)』와 『장자지의(莊子旨義)』등을 저술하였다. 제자로는 오전절(吳全節), 부성진(傅性眞), 주유화(周維和) 등이 있다.

유옥(劉玉, 1257~1308)

• • •

　원대(元代)의 도사. 자는 이진(頤眞)이고 호는 옥진자(玉眞子)이다. 건창(建昌)지금의 강서(江西) 봉신(奉新) 사람. 원대 신정명도(新淨明道)의 창시자. 대대로 유학자 집안이었다. 부모가 일찍 죽고 집이 가난하여 농사를 짓고 살면서 신선의 도에 굳게 뜻을 두게 되었다. 일찍이 동진법사(洞眞法師) 호혜초(胡惠超)를 만나 정명도법(淨明道法)을 전수받았고, 나중에는 또 수부선백(水府仙伯) 곽박(郭璞)을 만나 경산위수술(經山緯水術)을 전수받았다고 전해진다. 이로부터 도법이 정진되어 사방에 이름을 떨쳐서 신도들이 날로 늘어났다. 원정(元貞) 2년(1296)에 정명 교주 허손(許遜)이 강림하여 참된 뜻을 전해주었다고 하면서, "그 법은 충효를 근본으로 하고, 하늘을 공경하고 도를 숭상하는 것과 삶과 죽음을 구제하는 것을 일로 삼는다[其法以忠孝爲本, 敬天崇道, 濟生度死爲事]"고 하였다. 남창(南昌) 서산(西山)에 은진(隱眞)과 동진(洞眞)의 정려(靖廬)를 건립하였다. 유불도 삼교의 학문을 통합하여, 충효의 윤리도덕을 주요한 교의로 삼고, 정(精)·기(氣)·신(神)의 수련과 부록(符篆) 제초(齋醮)를 부차적인 방법으로 삼았다. 마음속으로 스스로 성찰하여 선을 실천할 것을 주장하였고, 유교와 도교를 융합하는 색채를 띠었다. 신도들은 허손(許遜)의 제2의 전수자로 존숭하였다. 저서로는『옥진선생어록내외집(玉眞先生語錄內外集)』등이 있다.

유염(俞琰, 1258~1314)

• • •

　송말(宋末) 원초(元初)의 도교 학자. 자는 옥오(玉吾)이고, 자호(自

號)는 전양자(全陽子), 임옥산인(林屋山人), 석간도인(石澗道人)이
다. 오군(吳郡)지금의 강소(江蘇) 소주(蘇州) 사람. 일찍이 사부(詞賦)를 잘
짓는 것으로 이름이 났다. 송(宋)나라가 망한 후에는 은거하며 책을
썼다. 『주역』과 단도(丹道)에 정통하였고, 유교와 도교를 회통시켰는
데 그 단법은 청수(淸修)를 위주로 하고 음양쌍수(陰陽雙修)는 반대
하였다. 저서로는 『주역집설(周易集說)』, 『주역찬요(周易纂要)』, 『주
역참동계발휘(周易參同契發揮)』및 『주역참동계석의(周易參同契釋
疑)』, 『역외별전(易外別傳)』, 『음부경주(陰符經註)』, 『심원춘단사주해
(沁園春丹詞註解)』, 『석상부담(席上腐談)』등이 있다.

소보도(蕭輔道, ?~1252)

• • •

원대(元代)의 도사. 태일도(太一道)의 제4대 조사. 자는 공필(公
弼), 호는 동영자(東瀛子). 위주(衛州)지금의 하남(河南) 위휘(衛輝) 사람. 태
일도의 종풍(宗風)을 계승 발전시켜, 정종(定宗) 2년(1247)에 "중화
인정진인(中和仁靖眞人)"이라는 호를 하사받았다. 태자 홀필열(忽必
烈)이 그 명성을 듣고 수도인 화림(和林)으로 불러 통치자는 어찌해
야 하는가를 물었다. 이에 백성들을 사랑하고, 효를 극진하고 행하
고, 국사를 잘 닦고, 대성(臺省)을 설치해야 한다고 대답하였다. 태자
가 칭찬하고 보배를 내렸으나 받지 않았다. 그는 궁에 머물다가 나이
가 들어 사직하면서, 제자 이거수(李居壽)에게 자리를 물려주어 태일
교의 일을 관장하도록 하였다.

이거수(李居壽)

• • •

원초(元初)의 도사. 태일도(太一道)의 4대 교주인 소보도(蕭輔道)의 제자이다. 원(元) 세조(世祖, 재위 1260~1294)가 태자일 때 태일도를 중시하여 소보도를 수도 화림(和林)으로 불러들였는데 자신의 물음에 소보도가 답한 말이 마음에 들어 궁실에 머물게 하였다. 후에 소보도가 나이가 들어 물러나면서 이거수에게 자신의 지위를 물려주어 태일도의 일을 관장할 수 있도록 청하였다. 지원(至元) 11년(1274)에 태일궁(太一宮)을 두 수도에 건립하여 세조는 이거수가 거처할 것을 명하였고, 제사를 주관하게 하여 육정신(六丁神)을 제사 지내도록 하였다. 지원 13년에는 태일장교종사인(太一掌教宗師印)을 하사받았다. 지원 16년 10월에는 칙령을 받들어 제초 제사를 지내며 붉은 종이에 쓴 기도문[赤章]으로 5일 밤낮 동안 하늘에 아뢰었다. 제사가 끝난 후에는 원 세조(世祖)에게 황태자연왕(燕王) 진금(眞金)를 국정에 참여시킬 것을 건의하였는데 받아들여졌다.

이도겸(李道謙, 1219~1296)

• • •

원대(元代)의 도사. 자는 화보(和甫), 자호(自號)는 천락도인(天樂道人)이며, 사호(賜號)는 "현명문정천락진인(玄明文靖天樂眞人)"이다. 이산(夷山)지금의 하남(河南) 개봉(開封) 사람. 7살 때 경동과(經童科)를 거쳐 예부(禮部)에 천거되었다. 후에 집을 떠나 입도하였다. 24살 때는 서쪽의 진중(秦中)을 유람하다가 전진도(全眞道) 도사 우지도(于志道)를 스승으로 섬겼다. 이도겸은 스승으로부터 깊은 총애를 받았

254

다. 전후로 "제점중양궁사(提點重陽宮事)", "경조도문제점(京兆道門提點)", "제점섬서오로서촉사천도교겸령중양만수궁사(提點陝西五路西蜀四川道教兼領重陽萬壽宮事)"를 역임했다. 종남산(終南山) 조정(祖庭)에서 50여 년간 살았다. 저서로는『종남산조정선진내전(終南山祖庭仙眞內傳)』,『칠진연보(七眞年譜)』,『종남산기(終南山記)』,『감수선원록(甘水仙源錄)』등이 있다.

장종연(張宗演, 1244~1292)

· · ·

원대(元代)의 도사. 제36대 천사. 자는 세전(世傳), 호는 간제(簡齊). 신주(信州) 귀계(貴溪)_{지금의 강서(江西)에 속한다} 사람. 집안 대대로 강서 용호산(龍虎山)에서 살았다. 지원(至元) 13년(1276) 원 세조(世祖)가 장종연을 불러서 연회를 베풀어주었다. 또 강남 도교를 총괄하라고 명하면서, 은인(銀印)을 하사하였다. 세조는 지원 18년과 25년에도 두 차례에 걸쳐 불러 만났는데, 대대로 장천사(張天師)가 전하는 옥인과 보검을 가져오라고 하여, 살펴보고 크게 찬탄하였다. 장종연은 사후에 "연도영응충화현정진군(演道靈應沖和玄靜眞君)"에 추증되었다.

장여체(張與棣, ?~1294)

· · ·

원대(元代)의 도사. 제37대 천사. 자는 국화(國華), 호는 희미자(希微子). 신주(信州) 귀계(貴溪)_{지금의 강서(江西)에 속한다} 사람. 지원(至元) 28년(1291)에 부친 장종연(張宗演)으로부터 천사의 지위를 이어받아 강남(江南)의 도교를 주관했고, "체현홍도광교진인(體玄弘道廣教眞人)"이란 호를 받았다. 지원(至元) 31년에 성종(成宗)이 즉위(即位, 1294)하면서 장여체에게 궁궐 내 원전(圓殿)과 장춘궁(長春宮)에서 초제(醮祭)를 주관하라고 명하고, 아울러 온 나라에 그 초제의 의식을 행하라고 명하였다. 그러나 장여체는 수도에서 갑자기 사망하였다.

장여재(張與材, ?~1316)

· · ·

원대(元代)의 도사. 제38대 천사. 자는 국량(國梁), 호는 광미자(廣微子). 신주(信州) 귀계(貴溪)_{지금의 강서(江西)에 속한다} 사람. 장여체(張與棣)의 동생. 원정(元貞) 원년(1295)에 천사의 지위를 이어받았다. 원정(元貞) 2년에 "태소응신광도진인(太素凝神廣道眞人)"이란 호를 받고, 도교를 관장하였다. 대덕(大德) 2년(1298)에 염관(鹽官)_{지금의 절강(浙江) 해녕(海寧)에 속한다}, 해염(海鹽)_{지금의 절강(浙江) 가흥(嘉興)에 속한다} 두 주(州)의 해조(海潮)로 인한 재난이 무척 심해지자, 장여재를 불러 초제(醮祭)를 행하게 하였다. 장여재가 쇠로 된 부적을 던지자 해조의 재난이 사그라졌다고 전해진다. 대덕 5년에는 황제가 장여재를 상도(上都)의 이궁(離宮)으로 불러 만났다. 대덕 8년에는 정일교주(正一教主)의 지위를 제수하고, 용호산(龍虎山), 각조산(閣皂山), 모산(茅山) 세 산의 부록(符籙)을 통솔하게 하였다. 원 무종(武宗)이 즉위(1307)할 때, 장여재는 조정에 나아가 황제를 알현했는데, 특별히 금자광록대부(金紫光祿大夫)의 지위를 부여받고, 유국공(留國公)에 봉해졌으며, 금인(金印)을 하사받았다. 인종(仁宗)이 즉위(1311)할 때에는 보물로 장식된 보관(寶冠)과 금으로 무늬가 수놓아진 의복을 특별히 하사받았다. 사후에 "태소응신광도덕대진인(太素凝神廣道明德大眞人)"으로 추증되었다.

장유손(張留孫, 1248~1321)

원대(元代)의 도사. 자는 사한(師漢). 신주(信州) 귀계(貴溪)_{지금의 강서(江西)에 속한다} 사람. 어릴 적에 용호산(龍虎山)으로 들어가 도사가 되었다. 지원(至元) 13년(1276)에 천사 장종연(張宗演)을 따라 조정에 들어갔다. 원 세조가 장유손과 대화해 보고 마음에 들어 북경에 머무르게 하였다. 그를 상경(上卿)으로 삼고 숭정관(崇貞觀)을 지어 거처하게 하였으며, 제례의 일을 전담하게 하였다. 지원 15년에는 "현교종사(玄教宗師)"란 호칭을 부여하고 은인(銀印)을 하사하였으며, 강남제로도교도제점(江南諸路道教都提點)의 직책을 부여하였다. 장유손이 황로(黃老)의 다스림은 청정무위(清靜無爲)를 귀하게 여긴다고 진언하였는데, 세조의 뜻에 깊이 부합하였다. 또 복서(卜筮)의 결과를 빌어 완택(完澤)을 승상으로 삼는 것을 재촉하였다. 대덕(大德, 1297~1307) 연간에 "현교대종사(玄教大宗師)"의 호칭이 추가되고, 동지집현원도교사(同知集賢院道教事)가 되었다. 또 장유손의 조상 3대가 모두 위국공(魏國公)으로 추봉(追封)되면서 모두 제1품이 되었다. 무종(武宗)이 즉위(1307)하자 대진인(大眞人)으로 승급되었고, 지집현원(知集賢院)이 되었는데, 품계가 대학사(大學士)보다 높았다. 연우(延祐) 2년(1315)에는 직위가 개부의동삼사(開府儀同三司)로 진급되었고, "보성찬화보운현교대종사(輔成贊化保運玄教大宗師)"의 호칭이 더해졌다. 또 "천도굉교충원인정대진인(闡道宏教沖元仁靖大眞

人)"에 봉해졌다. 사후, 천력(天曆) 원년(1328)에 "도조신응진군(道祖神應眞君)"으로 추증되었다. 그 제자 가운데 유명한 이로는 오전절(吳全節)이 있다.

오전절(吳全節)

• • •

원대(元代)의 도사. 자는 성계(成季). 요주(饒州) 안인(安仁)지금의 강서(江西) 여강(餘江) 사람. 어릴 적에 용호산(龍虎山)에서 도를 배우고 비법을 전수받았다. 지원(至元) 24년(1287)에 수도로 가서 장유손(張留孫)을 스승으로 모셨고, 원(元) 세조(世祖)를 알현했다. 지원 31년에 성종(成宗)이 그를 불러서 보고, 해마다 황제의 외부 행차에 따를 것을 명했다. 대덕(大德) 11년(1307)에 현교사사(玄教嗣師)의 지위를 부여받았다. 지대(至大) 3년(1310)에 그의 조부는 소문관(昭文館) 대학사(大學士)로 추증되었고, 그 부친은 사도(司徒)·요국공(饒國公)으로 봉해졌으며, 모친은 요국태부인(饒國太夫人)에 봉해졌다. 그리고 그가 살던 고향을 영록향(榮錄鄉) 구경리(具慶里)라 명하였다. 지치(至治) 2년(1322)에는 상경현교대종사(上卿玄教大宗師)로 특진되었고 "숭문홍도현덕진인(崇文弘道玄德眞人)"이란 호칭을 부여받았으며, 강회(江淮)와 형양(荊襄) 일대의 도교를 총괄하였고, 지집현원도교사(知集賢院道教事)가 되었다. 사대부와 교제하길 좋아하면서도 곤궁한 사람들을 도와주었다. 82세에 세상을 떠났다. 저술에 『선단기(仙壇記)』가 있다.

황원길(黃元吉)

· · ·

① 황원길(黃元吉, 1271~1325). 원대(元代) 정명파(淨明派) 도사. 자는 희문(希文), 호는 중황자(中黃子)이다. 그래서 황중황(黃中黃)이라고 부르기도 한다. 강서(江西) 풍성(豊城) 사람으로, 유옥진(劉玉眞)을 스승으로 모시고 그의 진전(眞傳)을 온전히 얻었다. 그가 편집한 『정명충효전서(淨明忠孝全書)』가 『도장(道藏)』에 수록되어 있다.

② 황상(黃裳). 청대(淸代) 도광(道光) 함풍(咸豊) 연간의 도사. 자는 원길(元吉). 강서(江西) 풍성(豊城) 사람. 함풍 연간(1851~1861)에 성도에 이르러 낙육당(樂育堂)을 창립하여 강학(講學)과 전도(傳道) 활동을 하였다. 그의 학문은 성명쌍수(性命雙修)를 위주로 하며, 내단 사상으로 『도덕경(道德經)』의 뜻을 상세히 밝혔다. 그의 해설은 간단명료하여 알기 쉽고, 내단가의 은밀하고 심오하여 알기 어려운 말을 쓰지 않았다. 내단학의 일반화와 보급에 공헌했다. 그 제자들이 편찬한 『낙육당어록(樂育堂語錄)』이 세상에 전해진다.

진치허(陳致虛, 1289~?)

· · ·

원대(元代)의 도사. 자는 관오(觀吾), 호는 상양자(上陽子). 강우(江右) 여릉(廬陵)지금의 강서(江西) 길안(吉安) 사람. 40세에 비로소 조우흠(趙友欽)으로부터 도를 배우며, 북종(北宗)의 내단술(內丹術)을 수련하였다. 이후 청성산(靑城山)의 은자를 만나 남종(南宗)의 음양쌍수법(陰陽雙修法)을 전수받았고, 남북(南北) 양종의 단법이론을 융합하여 『금단대요(金丹大要)』16권을 지었다. 진치허는 금단의 도가 황제와 노

자로부터 연원했으며, 이것이 대대로 전해져 자신에게 이르러 제37대
가 되었다고 여겼다. 그가 전한 단도(丹道)는 정(精)·기(氣)·신(神)을
수련하는 것을 핵심으로 삼는다. 정·기·신은 금단을 만드는 상약(上
藥) 삼품(三品)으로서, 순행하면 사람을 생하고 역행하면 단을 생하는
데, 이 밖의 것들은 모두 "삿됨을 추구하는 길[趨邪之道]"이라고 여겼
다. 아울러 금단의 도로써 삼교를 조화시켰는데, 그 금단의 도를 "불교
에서는 불법이라 말하고, 유교에서는 인의라 말하며, 도교에서는 금단
이라 말하니[釋云佛法, 儒云仁義, 道曰金丹]", "이 셋은 비록 이름은
다르지만 그 도리는 동일하다[三者, 名雖殊, 而道則同也]"고 여겼다.
저술에 『금단대요』 외에 또 『주역참동계분장주(周易參同契分章注)』,
『상양자금단대요열선지(上陽子金丹大要列仙志)』 등이 있다.

장사성(張嗣成, ?~1344)

· · ·

원대(元代)의 도사. 제39대 천사. 자는 차망(次望), 호는 태현자(太
玄子). 연우(延祐) 4년(1317)에 천사의 지위를 이어받았다. 용 그림을
잘 그렸으며, 초서에 능했다. 인종(仁宗)이 "태현보화체인응도대진인
(太玄輔化體仁應道大眞人)"에 봉하고, 삼산(三山)의 부록을 총괄하
고 강남 도교의 일을 통솔하게 하였다. 영종(英宗) 때 명을 받들어 눈
과 비가 내리기를 빌었는데, 꽤 영험이 있었다고 한다. 태정(泰定) 2
년(1325)에 "익원숭덕정일교주(翊元崇德正一敎主)"에 봉해졌다. 지
원(至元) 3년(1337)에 "지집현원사(知集賢院事)"의 지위가 더해졌다.
명(明) 태조(太祖) 홍무(洪武) 3년(1370)에 "태현홍화명성숭도대진인
(太玄弘化明誠崇道大眞人)"라는 호를 받았다. 저서로 『도덕진경장구

훈송(道德眞經章句訓頌)』2권이 있는데, 『도장(道藏)』제387책에 실려 있다.

장정상(張正常, ?~1378)
• • •

　원말(元末) 명초(明初)의 도사. 제42대 천사. 자는 중기(仲紀)이고, 호는 충허자(沖虛子). 신주(信州) 귀계(貴溪)지금의 강서(江西)에 속한다 사람. 홍무(洪武) 원년(1368), 명(明) 태조(太祖)의 즉위를 축하드리러 갔는데, 태조가 "하늘에도 사(師)가 있겠는가?[天有師乎]"라고 하였다. 이에 정일사교진인(正一嗣教眞人)로 고쳐 봉했으며, 은인(銀印)을 하사하여 2품에 제수하고 찬교(贊教)와 장서(掌書)의 두 보좌관을 두게 하였다. 홍무(洪武) 5년에 또 영장천하도교사(永掌天下道教事)의 벼슬을 내리고, "호국천조통성숭도홍덕대진인(護國闡祖通誠崇道弘德大眞人)"에 봉했다.

냉겸(冷謙)
• • •

　원(元) 명(明) 교체기의 도사. 자는 계경(啓敬)이고, 기경(起敬)이라고도 한다. 절강(浙江) 전당(錢塘)지금의 항주(杭州) 사람이고, 일설에는 무릉(武陵)지금의 호남(湖南) 상덕(常德) 사람이라고도 한다. 호는 용양자(龍陽子). 음률에 정통했고, 회화에도 능했다. 명(明) 태조(太祖) 홍무(洪武) 연간에, 부름을 받고 협율랑(協律郎)이 되어 종묘 제례악을 바로잡고 조정하였다. 냉겸은 명대 교사악(郊祀樂)의 기초를 닦은 사람으로, 저서에 『금성십육법(琴聲十六法)』이 있다.

장우초(張宇初, ?~1410)

• • •

  명대(明代)의 도사. 제43대 천사. 자는 자선(子璿), 호는 기산(耆山). 장정상(張正常)의 큰아들로, 어려서부터 총명하고 진중했으며, 도교서를 즐겨 탐독하였으며 20여 년간 글공부에 뜻을 두었다. 명(明) 태조(太祖) 홍무(洪武) 13년(1380)에 칙명으로 "정일사교도합무위천조광범대진인(正一嗣教道合無爲闡祖光範大眞人)"에 제수되어, 도교의 일을 통솔했다. 홍무 17년에 입궐하여 명을 받고 자금산(紫金山)에서 옥록대재(玉籙大齋)를 열었다. 홍무 19년에 명을 받들어 신악관(神樂觀)에서 기우제를 지냈다. 후에 "정일현단지인(正一玄壇之印)"을 하사받았다. 영락(永樂) 4년(1406)에 명을 받들어 『도장(道藏)』을 편집하고 수정하다가 완성하지 못하고 사망했다. 저서에 『현천집(峴泉集)』 12권, 『도문십규(道門十規)』, 『원시무량도인상품묘경통의(元始無量度人上品妙經通義)』 등이 있다.

유연연(劉淵然, 1351~1432)

• • •

  명대(明代)의 도사. 호는 체원자(體元子). 공현(贛縣)지금의 강서(江西)에 속한다 사람. 우도(雩都)지금의 강서 우도(于都) 자양관(紫陽觀)의 조원양(趙原陽)에게서 여러 단계의 부록과 금화대단(金火大丹)의 비결을 전수받았고, 바람과 우뢰를 부르고 귀신을 쫓을 수 있다고 전해진다. 의술에 통달해 사람들의 병을 치료해 주었다. 명 홍무(洪武) 26년(1393)에 태조(太祖)가 유연연을 수도로 불러 도술을 시험하고 고도(高道)라는 호를 내려주었으며, 조천궁(朝天宮)에 서산도원(西山道

院)을 짓고서 그를 거처하게 했다. 이에 궁궐을 출입하면서 황제에게
도의 요체에 대해 논했다. 영락(永樂) 연간(1403~1424)에 황제를 따
라 북경으로 갔다. 그러나 권문귀족의 미움을 사 운남(雲南)으로 귀
양 갔다. 인종(仁宗)이 즉위(1424)하자 다시 불러들여 "충허지도현
묘무위광범연교장정보제장춘진인(沖虛至道玄妙無爲光範衍教莊靜
普濟長春眞人)"의 호를 하사하고 2품의 인(印)과 고명(誥命)을 내려
주어 천하의 도교를 다스리게 하였다. 선덕(宣德, 1426~1435) 초에
"대진인(大眞人)"으로 호를 높여주고, 법의와 보검을 내려주었으며
황제의 총애는 더욱 두터워졌다. 남경에서 사망했다. 『명사(明史)』권
299에 유연연의 전(傳)이 있다.

장삼풍(張三豊)

· · ·

원말(元末) 명초(明初)의 도사. 이름은 통(通), 또 다른 이름은 전일
(全一). 자는 군실(君實)또는 군보(君寶)이고, 호는 현현자(玄玄子)이다.
또 다른 자는 삼풍(三豊)또는 삼봉(三峰)이며, 산봉(山峰)이라고도 한다.
그 외에 가명이 상당히 많다사렴(思廉), 현소(玄素), 현화(玄化), 곤양(昆陽). 요
양(遼陽) 의주(懿州)지금의 요녕(遼寧) 창무(彰武) 사람. 『명사(明史)』「장삼
풍전(張三豊傳)」에서는 그를 일러, 풍채가 좋고 기골이 장대하며 거
북이상에 등은 학과 같고 큰 귀에 둥근 눈과 수염은 창끝처럼 꼿꼿하
며, 여름이나 겨울이나 한 벌의 장삼과 도롱이로 지냈다고 한다. 겉
모습에 신경 쓰지 않아서 사람들이 장납탑(張邋遢)이라 불렀다. 책
을 한 번 훑어보면 외울 수 있었고 앞일을 알 수 있었으며, 정해진 곳
이 없이 떠돌아 다녀 호북(湖北), 사천(四川), 섬서(陝西), 하북(河北)

등에 모두 그의 발자취가 남아 있다. 일찍이 무당산(武當山)에서 지냈다. 명 영락(永樂) 연간(1403~1424)에 황제가 무당산의 도관을 크게 중수하면서 오로지 장삼풍을 위해 "우진궁(遇眞宮)"을 지었고, 또 여러 차례 사신을 보내 그를 찾아보게 하였으나 모두 만나지 못했다. 영종(英宗) 천순(天順) 3년(1459)에 "통미현화진인(通微顯化眞人)"에 봉해졌다. 헌종(憲宗) 성화(成化) 22년(1486)에 "도광상지진선(韜光尚志眞仙)"에 봉해졌다. 세종(世宗) 가정(嘉靖) 42년(1563)년에 "청허원묘진군(淸虛元妙眞君)"에 봉해졌다. 희종(熹宗) 천계(天啓) 3년(1623)년에 "비룡현화굉인제세진군(飛龍顯化宏仁濟世眞君)"에 가봉(加封)되었다. 그는 고금의 도법을 정교(正敎)와 사교(邪敎)로 나누었는데, 유·도·불은 모두 정교로서 "자신을 닦아 타인을 이롭게 하는 점에서 그 추구하는 바는 동일하다[敎修己利人, 其趣一也]"라고 여겼다. "음양(陰陽)·성명(性命)"의 도를 닦기를 주장했는데, "삼교의 성인은 모두 이 도로써 그 교를 세웠다"라고 하였다. 또 "현학에서는 공덕을 체로 삼고 금단을 용으로 삼은 뒤에라야 신선이 될 수 있다[玄學以功德爲體, 金丹爲用, 而後可以成仙]"고 하였다. 『대도론(大道論)』, 『현기직지(玄機直指)』 등 여러 종의 저서가 있는데, 이에 근거하여 청대(靑代) 왕석령(汪錫齡)이 『삼풍조사전집(三豐祖師全集)』을 펴냈다. 도광(道光) 연간에, 이서월(李西月)이 왕석령의 잔본(殘本)을 보충하고 편집하여 『장삼풍선생전집(張三豐先生全集)』을 만들었는데, 『도장집요(道藏輯要)』 필집(畢集) 7권에서 12권까지에 실려 있다.

소이정(邵以正, ?~1462)

명대(明代)의 도사. 호는 지지도인(止止道人)이며, 다른 호는 승강자(承康子)이다. 강소(江蘇) 소주(蘇州) 사람이다. 유연연(劉淵然)을 스승으로 섬겼다. 유연연이 부름을 받아 궁궐에 들어갔을 때, 소이정을 도록사좌현의(道錄司左玄義)에 추천하였다. 수도의 도교를 관리하였고, 조정의 대형 초제를 주관하였다. 백운관(白雲觀)을 수리하여 복원하고 새롭게 세 개의 전각을 건립하였는다. 그 중에 하나의 전각을 구조전(丘祖殿)으로 삼아 구처기(丘處機)를 받들어 제사하고, 아울러 벽에 구처기 제자 18명의 상을 그렸다. 정통(正統, 1436~1449) 연간 중에 황실의 명을 받아 『도장(道藏)』의 교감을 감독하였다. 그의 수도(修道) 방법은 세속과 떨어지는 것이 아니라, 고요히 마음을 간직하여 일상적으로 타인을 만나면서도 마음으로는 도를 향하는 데 힘쓰는 것이다.

소원절(邵元節, ?~ 1539)

명대(明代)의 도사. 귀계(貴溪)지금의 강서(江西)에 속한다 사람이다. 원래는 용호산(龍虎山) 상청궁(上淸宮) 도사였다. 명나라 세종(世宗, 재위 1521~1566)이 도교를 신봉하여 그를 수도로 불러들였고, 신뢰와 총애를 크게 받아 현영궁(顯靈宮)에 거처하면서 기도와 제사를 전담하였다. 기우제나 기설제에 영험하다는 평에 의해 "청미묘제수정수진응원연범지묵병성치일진인(淸微妙濟守靜修眞凝元衍範志默秉誠致一眞人)"에 봉해졌고, 도교를 총괄하여 관할하게 되었으며, 금·옥·

은·상아로 된 인(印)을 각각 하나씩 하사받았다. 그 부모와 자손도 은사(恩賜)을 받았다. 어떤 사람이 그가 대학사(大學士)를 비방하고 공경하지 않는다고 고발하자 하옥되어 죄를 받았다. 후에 세종이 또 그에게 황제의 후사를 기원하는 초제를 열게 하였는데, 효험이 있자 예부상서(禮部尙書)에 제수하였다. 그 자손과 제자들도 모두 상을 받았다. 사후에 "소사(少師)"에 추증하고, 백작(伯爵)의 예로 장사지냈으며, "문강영정(文康榮靖)"이라는 시호를 내렸다.

도중문(陶仲文, 1475경~1560)

명대(明代)의 도사. 초명(初名)은 전진(典眞)이다. 황강(黃岡)_{지금의 호북(湖北)에 속한다} 사람. 일찍이 나전(羅田) 만옥산(萬玉山)에서 부수(符水)의 비결을 받았다. 소원절과 친했다. 가정(嘉靖) 18년(1539)에 소원절(邵元節)을 이어 도교를 총괄하면서 세종을 따라 남행하였다. 또 "신소보국홍렬선교진법통진충효병일진인(神霄保國弘烈宣教振法通眞忠孝秉一眞人)"에 봉해졌다. 후에 세종을 위해 기도를 하여 병이 낫는 공이 있게 되자 특별히 소보(少保)·예부상서(禮部尙書)에 제수되었고, 또 소부(少傅)·소사(少師)의 직위가 더해졌다. 전국의 향과 현에 뇌단(雷壇)을 열어 황제의 장수를 축원할 것을 주청하였는데, 이 일로 조정과 민간에서 논란이 많았다. 어사(御使)와 낭중(郎中), 급사중(給事中) 등이 이 일을 반대하자 모두 하옥시키면서 고문하고 오랫동안 가두었다. 이 때문에 도교가 유행하여 안팎에서 다투어 부서(符瑞)를 바쳤으며, 분향을 하거나 초제를 지내는 일에 대해 감히 지적하는 자가 없어졌다. 가정 36년에 병을 이유로 산으로 돌아갈 것을 요청하면서, 여러 해 동안 받았던 망옥(蟒玉), 금보(金寶), 법관(法冠) 및 백금 1만 냥을 헌상하였다. 사후에 "영강혜숙(榮康惠肅)"이라는 시호가 내려졌다.

탁만춘(卓晚春, ?~1562)

명대(明代)의 도사. 호는 무산자(無山子), 다른 호는 상양자(上陽子)이다. 복건(福建) 보전(莆田) 사람이다. 어려서 고아가 되어 시장에서 구걸하였다. 총명하였으며, 앞일의 길흉에 대해 자주 말했는데 매번 적중하였다. 시에 능했고 초서(草書)에 뛰어났다. 권력자가 부르면 번번이 대등한 예로 응대하였고, 그로부터 얻은 돈과 재물은 사람들에게 골고루 나누어 주었다. 평소 맨발로 다녔고, 추운 겨울에도 바위 위에서 노숙하였다. 때때로 계곡에서 목욕을 하고 십여 사발의 물을 마시며, 이를 "자금단(紫金丹)"이라 하였다. 사람들이 간혹 그에게 물으면, 대답이 모두 괴이하여 이해하기 어려웠다. 삼일교(三一教) 교주 임조은(林兆恩)과 친하게 지냈다. 그의 언행과 사상은 "삼일교"에 큰 영향을 미쳤다. 임조은은 그가 남긴 시와 말들을 모아 『오언록(癏言錄)』을 편찬하여 『임자삼교정종통론(林子三教正宗統論)』의 뒤에 덧붙였다.

육서성(陸西星, 1520~1606)

명대(明代)의 도사. 자는 장경(長庚), 호는 잠허(潛虛)이다. 양주(揚州) 흥화(興化)지금 강소(江蘇)에 속한다 사람. 어려서부터 총명하여 일반인들과 달랐다. 시문에 뛰어났고 서화를 잘했으며, "배움을 시작하여 책을 받자마자 바로 성과 천도의 뜻을 깨달았다[束髮受書, 輒悟性與天道之旨]." 장성하여서 9차례나 향시에 응시하였으나 모두 합격하지 못하였다. 이에 유학을 버리고 도를 배웠고, 명산과 신선이 산다는 사는 곳을 찾아 다녔다. 여러 차례 기인을 만나 수도의 비결을 받았다. 스스로 말하기를 여동빈(呂洞賓)이 일찍이 자신이 거주하는 북해초당(北海草堂)에 임하여 친히 단법을 전수해 주었다고 하고, 이 일을 근거로 『빈옹자기(賓翁自記)』와 『도연휘록(道緣彙錄)』을 펴냈다. 그의 단법은 음양쌍수(陰陽雙修)를 주장하여, "남녀음양의 도를 따르면 사람을 낳고, 이를 역행하면 단을 이룬다[男女陰陽之道, 順之則生人, 逆之則成丹]"고 하였다. 단도의 진전(眞傳)을 은밀하게 전수받았다고 공언하고, 널리 문도를 모아 내단 동파(東派)를 창립하였다. 또 『칠파론(七破論)』을 편찬하여 다른 연양(煉養) 방술을 비판하였다. 저서로는 『금단취정편(金丹就正篇)』, 『현부론(玄膚論)』, 『노자도덕경현람(老子道德經玄覽)』 등이 있는데, 『방호외사(方壺外史)』에 수록되었다. 만년에 참선하며 불교를 연구하여 『능엄술지(愣嚴述旨)』를 저술하였다. 또 불교의 이론으로 『장자(莊子)』를 해석하여 『남화진경부묵(南華眞經副墨)』을 저술하였다. 근대 사람의 고증에는 『봉신연의(封神演義)』도 육서성이 지었다고 한다.

장국상(張國祥, ?~1611)

• • •

명대(明代)의 도사. 제50대 천사. 자는 문징(文徵), 호는 심담(心湛)이다. 만력(萬曆) 5년(1577)에 천사 지위를 이어받았고, 북경으로 와서 황제를 알현하였다. 신종(神宗)이 "종전(宗傳)"이라는 글자를 직접

268

쓴 액자를 주고, 또 금관(金冠)과 옥대(玉帶)를 하사하였다. 황제의 명을 받들어 『속도장(續道藏)』을 보완하여 편찬하였다. 북경에 머문 지 13년이 지나 용호산(龍虎山)으로 되돌아갔다. 용호산에서 천사도의 조사(祖師)들의 언행을 모아 『천사세가(天師世家)』를 증보 개정하였는데, 49대 천사까지 이르렀다. 또 『용호산지(龍虎山志)』 2권을 펴냈다. 사후에 "정일사교응성지도천현홍교대진인(正一嗣教凝誠志道闡玄弘教大眞人)"에 봉해졌고, 태자소보(太子少保)에 추증되었다.

오수양(伍守陽, 1563경~1632경)
· · ·

명대(明代)의 도사. 호는 충허자(沖虛子)이다. 강서(江西) 남창(南昌) 사람이다. 불교이론에 통달하였고, 도덕(道德)과 성명(性命)의 말을 좋아하였다. 조환양(曹還陽)으로부터 단법을 전수받아 용문파(龍門派) 4전 제자가 되었다. 그의 학문은 삼교를 회통하였는데, 유가의 도덕수양과 정심성의(正心誠意)를 도교 내단학설에 융합시키고, 불교이론과 선정(禪定) 공부를 결합한 것이다. 이후 유화양(柳華陽)에 의해 그의 내단이론이 드러났고, 그 문도가 융성해져 오류파라고 칭해졌다. 저서로는 『천선정리직론(天仙正理直論)』, 『선불합종어록(仙佛合宗語錄)』, 『금단요결(金丹要訣)』이 있다.

백운제(白雲霽)
· · ·

명대(明代)의 도사. 자는 명지(明之), 호는 재허자(在虛子). 상원(上元)지금의 강소(江蘇) 남경(南京) 사람. 상원의 야성산(冶城山) 조천궁(朝天

宮)에서 살았다. 천계(天啓) 6년(1626)에『도장목록상주(道藏目錄詳註)』4권을 지었다. 서명(書名) 아래에 권수와 작가를 기록하였고 해제 또는 서목을 썼는데 그 내용이 매우 간략하다. 그가 저술한『도장목록상주(道藏目錄詳註)』의 내용과 현존하는『정통도장(正統道藏)』의 표제, 권수, 존결(存缺)이 약간 다르다.

왕상월(王常月, ?~1680)
• • •

명말(明末) 청조(淸初)의 도사. 원래 이름은 평(平)이고 호는 곤양자(昆陽子). 산서(山西) 장치(長治) 사람. 명말의 난세에 태어나 느낀 바가 있어 세상을 벗어나려는 마음을 가지고 오랫동안 천하의 명산을 두루 유람하며 참된 도를 찾아다녔다. 왕옥산(王屋山)의 전진도(全眞道) 용문파(龍門派) 6대 조사인 조복양(趙復陽)으로부터 계율을 전수받았다. 후에 구궁산(九宮山)에서 "천선대계(天仙大戒)"를 받았다. 청(淸) 순치(順治) 13년(1656)에 황제의 명을 받아 백운관(白雲觀)에서 도법 강론을 담당하였다. 이 일을 전후로 자의(紫衣)를 세 차례 하사 받았다. 아울러 강소(江蘇) 절강(江浙) 지방과 호북(湖北)의 무당산(武當山)에서 초진(初眞) · 중극(中極) · 천선(天仙), 세 등급으로 나뉘는 "삼당대계(三堂大戒)"를 전하며 천여 명의 제자들을 제도하여 도풍을 크게 진작시켰다. 이에 전진도 용문파의 중흥조사로 받들어졌다. 그가 지은『초진계율(初眞戒律)』은 후인들이『용문심법(龍門心法)』『벽원단경(碧苑壇經)』이라고도 칭한다 2권으로 정리하였고, 이 책을 전진도 입도(入道)를 위한 입문서로 삼았다. 모든 법문(法門) 중에서도 "계율을 지키는 것이 첫 번째이고[守戒第一]" "계율은 전진도의 첫째의 관건[戒是全眞第一關]"이라 주장하였다. 아울러 신선의 도를 닦고자 한다면 마땅히 먼저 인도(人道)를 닦아야 하며, 인도를 닦지 못하면 선도는 요원하다고 여겼다. 강희(康熙) 19년(1680)에 제자 담수성(譚守誠)에게 의발(衣鉢)을 전수하고 세상을 떠났다. 강희 45년에는 "포일고사(抱一高士)"라는 시호를 받았다.

곽정중(郭靜中)

　• • •

명청(明淸) 교체기의 도사. 호는 환양자(還陽子). 하남(河南) 수무(修武) 사람. 세상일에 염증을 느끼던 차에 화음(華陰)을 지나다가 유(劉)씨 성을 가진 이인(異人)을 만나 금단술(金丹術)과 오뇌법(五雷法)을 전수 받았다고 전해진다. 기우제를 잘 지냈기에 가뭄을 만나면 각 성(省) 및 주(州) · 현(縣)의 관리들이 항상 서신을 보내 기도해줄 것을 요청했다. 산서부(山西府) 총독이 그의 명성을 흠모하여 특별히 회백원(會柏園)에 도원(道院)을 짓고 거처하도록 하였으나 오래지 않아 사퇴하고 돌아갔다. 그는 경서에 널리 통달하였는데 특히 『역(易)』에 정통하였다. 당시 문학가인 조남성(趙南星, 1550~1627) 등이 모두 그와 사귀었으며, 사상가 부산(傅山, 1607~1684)은 그를 스승으로 섬겼다. 이러한 일들이 『산서통지(山西通誌)』에 보인다.

진청각(陳淸覺, 1606~1705)

　• • •

명말(明末) 청조(淸初)의 도사. 호는 연하자(煙霞子)이고 또 다른 호는 한송(寒松)이다. 어려서 과거에 급제하여 서상(庶常)이 되었으나 후에 관직을 사퇴하고 은거하였다. 무당산(武當山)의 태자파(太子坡)에서 전진도(全眞道) 용문파(龍門派) 도사 첨태림(詹太林)을 스승으로 모시고 출가하여 도를 닦았다. 청(淸) 강희(康熙) 8년(1669)에 촉(蜀)땅으로 들어가 도인을 찾아다녔다. 청성산(青城山) 천사동(天師洞)에 이르러 산천은 기이하고 빼어난데 전당(殿堂)이 황폐한 것을 보았고, 이에 이곳에 거주하며 힘써 보수하였다. 몇 년 후에 하산하여 성도(成都) 청양궁(青羊宮)에 가서 수양하였다. 강희(康熙) 34년에 사천(四川)의 안찰사(按察使) 조양벽(趙良璧)이 청양궁에 왔다가 우연히 진청각을 만났다. 그와 더불어 이야기를 나누다 감탄을 금치 못하고 말하길, "도사께서는 보통사람이 아니라 세상을 벗어나신 것 같습니다[道長非常人, 儼有出世之姿]"라고 하였다. 이에 스승에 대한 예를 다해 모시고 은을 시주하여 이선암(二仙庵)을 짓고, 진청각에게 주지가 되어줄 것을 청하였다. 후에 왕명을 받아 수도로 들어와 강희제(康熙帝)를 알현하였다. 강희 41년에 칙령으로 "벽동진인(碧洞眞人)"에 봉해졌고, "벽동단대(碧洞丹臺)"라는 편액(匾額)을 하사받았다. 이로부터 촉땅에 전진도 용문파 벽동종(碧洞宗)이 개창되어 지금까지 전승되고 있다.

유화양(柳華陽)

• • •

청대(淸代)의 도사(道士). 강서(江西) 남창(南昌) 사람. 원래는 유생(儒生)이었다가 후에 삭발하고 승려가 되었다. 스스로 말하길, 승려가 된 이후에 오수양(伍守陽)을 만나 단법(丹法) 비결을 전수 받고 활연히 깨닫게 되었다고 하였다. 그의 학설은 삼교를 회통하고, 성명

(性命)의 종지(宗旨)를 드러내 밝혀 "오류파(伍柳派)"를 이루었다. 그의 제자는 매우 많았고 단법은 널리 퍼졌다. 저서로는 『금선증론(金仙證論)』과 『혜명경(慧命經)』이 있다.

루근원(婁近垣, 1689~1776)
• • •

청대(清代)의 도사. 자는 삼신(三臣), 호는 낭재(朗齋), 또 다른 호는 상청외사(上清外史). 송강(松江) 루현(婁縣)_{지금의 상해시(上海市)에 속한다} 사람. 조상 중 여러 명이 도사였다. 어려서 출가하여 도를 배웠다. 용호산(龍虎山)에서 주대경(周大經)을 스승으로 모시고 정일법록(正一法籙)을 익혔다. 옹정(雍正) 5년(1727)에 55대 천사 장석린(張錫麟)이 관례에 따라 황제를 배알하기 위해 수도에 들어갈 때 따라갔다. 옹정 8년에 용호산 제점(提点)과 흠안전(欽安殿) 주지에 제수 되었다. 옹정 11년에 "묘정진인(妙正眞人)"에 봉해졌다. 건륭(乾隆) 때에 통의대부(通議大夫)에 봉해져 삼품록(三品祿)을 식읍으로 받고 수도 동악묘(東嶽廟)의 주지가 되었다. 저서로는 『중수용호산지(重修龍虎山誌)』『남화경주(南華經註)』『묘정진인어록(妙正眞人語錄)』이 있다. 그가 펴낸 『황록과의(黃籙科儀)』는 청대 도교 제초(齋醮) 과의(科儀)의 주요한 경전이다.

장청야(張清夜, 1676~1763)
• • •

청대(清代)의 도사. 원래의 이름은 존본(尊本), 자는 자환(子還), 호는 자목도인(自牧道人). 장주(長洲)_{지금의 강소(江蘇) 소주(蘇州)} 사람. 어려서는 유생(儒生)이었는데, 편지글에 뛰어났으며 시구(詩句)에 빼어났다. 여기저기 떠돌다가 무당산(武當山) 태자파(太子坡)에 와서 진인(眞人) 여태원(余太源)을 스승으로 모시고 출가하여 도를 닦았다. 옹정(雍正) 원년(元年, 1723)에 촉(蜀) 땅으로 들어가 성도(成都)의 임강사(臨江寺) 석자궁(惜字宮)에 거주했다. 옹정(雍正) 7년에 무후사(武侯祠) 주지가 되었다. 건륭(乾隆) 8년(1743)에 화양령(華陽令) 안홍덕(安洪德)과 성도령(成都令) 하소(夏紹)가 청양궁(靑羊宮)을 중수(重修)하고 장청야에게 도관의 일을 맡아 주기를 청하였다. 그러나 장청야는 나이를 이유로 사양하고 제자인 왕일줴(汪一萃)를 추천하여 맡게 하였고, 자신은 무후사와 청양궁을 왕래하였다. 몇 년 후에 청양궁에 새롭게 종(鐘)이 걸리고 패루(牌樓)가 세워지자 사방에서 몰려 온 신도들을 장청야가 접대하였다. 도의 요지를 널리 알리기 위해 『현문계백(玄門戒白)』을 지었는데, 수도의 근본은 청정(淸靜)과 수진(守眞)에 있으며 삼교의 요체는 곧 효(孝)·제(悌)·충(忠)·신(信)이라고 하였다. 건륭(乾隆) 19년에 『음부발비(陰符發秘)』를 짓고 도교의 남종(南宗) 이론을 널리 드러내었다. 현대 학자 몽문통(蒙文通)은 이 책을 정리하고 교정하여 『음부발비교후기(陰符發秘校後記)』를 지었는데, 『음부발비』를 "당 이후에 많은 학자들이 유교와 불교를 융합하였는데, 홀로 그 정수를 취하였다[融匯唐後之儒釋, 而獨取其精]"고 칭찬하였다.

장기륭(張起隆, ?~1798)

• • •

청대(淸代)의 도사. 제58대 천사(天師). 자는 소무(紹武), 호는 금애(錦崖) 혹은 체산(體山)이라고도 한다. 침착하고 지혜로우며 시문(詩

文)에 매우 뛰어났다. 청 건륭(乾隆) 39년(1774)에 "사고전서관(四庫全書館)"에 들어갔다. 이후 하남(河南)으로 파견되어 개봉부경청(開封府經廳), 양저도고대사(糧儲道庫大使), 포정사사도사(布政使司都事) 등을 역임했다. 건륭(乾隆) 44년에 제57대 천사인 그의 당질(堂侄) 장존의(張存義)가 유소(遺疏)를 올려 장기륭이 천사 직위를 잇기를 간청하였다. 다음 해에 통의대부(通議大夫)를 제수 받았다. 가경(嘉慶, 1796~1820) 연간 초에 병을 연유로 고향으로 돌아갔다.

유일명(劉一明, 1734~1821)
• • •

청대(淸代)의 도사. 건륭(乾隆)·가경(嘉慶) 연간의 사람. 호는 오원자(悟元子)이며, 별도로 소박산인(素樸散人)이란 호가 있다. 산서(山西) 곡옥(曲沃) 사람. 집안이 매우 부유했으나 이를 버리고 도를 배웠다. 금현(金縣)지금의 감숙(甘肅) 유중(楡中)의 서운산(棲雲山)흥륭산(興隆山)에 오두막을 짓고 살았는데, 난성(蘭城)지금의 감숙(甘肅) 난주(蘭州)을 왕래할 때는 백도루(白道樓)에서 지냈다. 『주역(周易)』·『참동계(參同契)』·『오진편(悟眞篇)』의 이치를 연구하였고, 의술에도 뛰어났다. 그에게 배운 이들이 많았다. 저서에 『음부경주(陰符經注)』, 『참동직지(參同直指)』, 『오진직지(悟眞直指)』, 『수진변난(修眞辨難)』, 『상언파의(象言破疑)』, 『오도록(悟道錄)』 등의 책이 있는데, 성명(性命)의 학문과 내단(內丹)의 요지를 상세히 서술하였다. 세간에 유일명의 여러 저술을 모은 책이 전해지는데 『도서12종(道書十二種)』이라 불린다.

민일득(閔一得, 1758~1836)

• • •

청대(淸代)의 도사. 용문파(龍門派) 제11대 전인(傳人). 자는 소간(小艮), 호는 나운자(懶雲子). 오흥(吳興)지금의 절강(浙江) 호주(湖州) 사람. 용문파 10대 전인 고동리(高東籬)를 스승으로 섬겼다. 일찍이 운남(雲南)을 다스리던 관리가 되었을 때 계족산(雞足山)의 계족도자(雞足道者)를 방문하여 서축두법(西竺斗法)을 얻었다. 건륭(乾隆) 말기에 벼슬을 버리고 오흥으로 돌아갔다. 금개산(金蓋山)에 은거하며 저술활동에 종사하였다. 저서에 『금개심등(金蓋心燈)』이 있는데, 책머리에 「도보원류도(道譜源流圖)」를 두어 내단 남북종의 전수도(傳授圖)를 상세히 나열하였다. 게다가 1대부터 14대에 이르는 용문파 전인을 중점적으로 서술하고, 106명의 전기를 함께 찬술하여, 용문파의 역사를 연구하는 데 있어 중요한 전적이 된다. 또 『고서은루총서(古書隱樓叢書)』 30여 종을 편찬하여 청대의 내단서와 민일득 자신의 저작을 수록하였는데, 내단학을 연구하는 데 중요한 자료가 된다.

이서월(李西月, 1806~1856)

• • •

청대(淸代)의 도사. 내단(內丹) 서파(西派)의 창시자. 이름은 평천(平泉). 호는 함허(涵虛), 장을산인(長乙山人)이라고도 한다. 사천(四川) 낙산(樂山) 사람. 그의 학문은 성명쌍수(性命雙修)와 청정자연(淸靜自然)을 위주로 하였다. 육서성(陸西星)잠허(潛虛)의 내단 동파(東派)와 나란히 어깨를 견주었다. 이서월은 만년에 친척들에게 주연(酒宴)을 베풀며, 시를 짓는 연구(聯句)에서 "남여 영웅들의 빛, 이제부터 말끔히 내려놓네[兒女英雄債, 從今一筆勾]"라 하고서 갑작스럽게 세상을 떠났다. 저서에 『도규담(道竅談)』, 『삼거비지(三車秘旨)』, 『무근수해(無根樹解)』 등이 있다.

부금전(傅金銓)
· · ·

청(淸) 건륭(乾隆)·도광(道光) 연간의 도사. 자는 정운(鼎雲), 호는 제일자(濟一子). 강서(江西) 금계(金溪) 사람. 가경(嘉慶) 22년(1817)에 서촉(四川) 파현(巴縣)지금의 중경(重慶)에 정착하여 전도(傳道) 활동을 시작했는데 따르는 사람들이 매우 많았다. 박학(博學)하면서 기예(技藝)도 뛰어나 거문고를 잘 타며 시(詩)·서(書)·화(畫)에 능했다. 그는 도를 전할 때 정명충효(淨明忠孝)의 요지를 상세히 밝혔다. 그는 충효(忠孝)는 인도(人道)의 큰 근본이 되고, 인도는 또 선도(仙道)의 사다리가 된다고 여겼다. 또 선도는 바로 인도의 극치라고 여겼다. 그는 "신선이 되기를 배우고자 한다면 먼저 군자가 되어야 한다. 인도를 닦지 않는다면 선도는 요원하다. 인도가 없다면 어떻게 선도를 구하겠는가?[欲學神仙, 先爲君子. 人道不修, 仙道遠矣. 不有人道, 安求仙道?]"『도해진량(道海津梁)』라 말하며, 유학과 도교를 회통해야 한다는 뜻을 분명히 밝혔다. 『제일자도서(濟一子道書)』를 지었고, 또 『증도비서(證道秘書)』를 편집하여 세상에 전했다.

장인정(張仁晟, 1841~1903)
· · ·

청대(淸代)의 도사. 제61대 천사(天師). 자는 병상(炳祥), 호는 청암

(淸岩). 제60대 천사 장배원(張培源)의 아들. 동치(同治) 원년(1862)에 천사 지위를 물려받고, 통의대부(通議大夫)를 제수 받았다. 광서(光緒) 9년(1883)에 촉(蜀)의 청성산(靑城山)으로 가서 조상들의 묘에 성묘하고, 천사동(天師洞)에서 선조 장도릉(張道陵) 천사에게 제사 지냈다. 세상을 떠난 다음 해에 광록대부(光祿大夫)에 추증되었다.

리리샨(李理山, 1873~1956)

현대의 전진도(全眞道) 도사. 강소(江蘇) 남통(南通) 사람. 어려서 항주(杭州) 옥황산(玉皇山) 복성관(福星觀)에서 출가하여 도를 배웠다. 도교 경전과 전진도 과의(科儀)에 통달했고, 도문(道門)의 내수술(內修術)과 내가(內家) 권법에 능숙했다. 1893년에 옥황산복성관 주지(住持)를 맡았다. 1939년에는 상해(上海)에서 옥황산복성관 상해분원을 창건하고 스스로 주지를 맡았다. 1941년에는 정일파(正一派) 도관 영희암(迎禧庵)을 접수하고, 계속해서 옥황산복성관 상해 분원의 규모를 확장시켰다. 1947년에는 상해시 도교회(道敎會) 이사장과 항주(杭州) 도교회 이사장을 맡았다. 1948년에는 상해 백운관(白雲觀) 주지를 겸임했다. 근현대 강남 지역 전진도의 발전에 상당한 영향을 끼쳤다.

천잉닝(陳攖寧, 1880~1969)

현대의 도교학자. 호는 원둔자(圓頓子). 안휘(安徽) 회녕(懷寧) 사람. 청(淸) 말기의 수재로서 안휘고등정법학당(安徽高等政法學堂)을 졸업했으나, 관직에 나아갈 뜻을 두지 않고 전향하여 도를 배웠다. 29세부터 구화산(九華山) 무당산(武當山) 노산(嶗山) 등 명산을 두루 유람하면서, 빼어난 스승들을 찾아 양생술을 익혔다. 38세 이후에는 상해(上海)에 상주하며 선학원(仙學院) 교수를 맡았고, 『선학월간(仙學月刊)』, 『양선월간(揚善月刊)』 등 도학(道學) 잡지의 주편(主編)을 맡았다. 일찍이 『도장(道藏)』을 연구하면서, 『도장』의 목록과 색인 일부, 그리고 도서(道書) 여러 권을 썼다. 중의학 이론에 대해서도 연구와 저술활동을 하여, 도교와 의학계에 광범위한 영향을 끼쳤다. 1957년에 중국도교협회(中國道教協會) 부회장을 맡았고, 1961년에는 회장을 맡았다. 저서에 『황정경강의(黃庭經講義)』, 『손불이여단시주(孫不二女丹詩注)』 등이 있다. 중국도교협회(中國道教協會)에서는 그의 시문(詩文)과 유고(遺稿)를 모아 『도교여양생(道教與養生)』이란 책을 만들었다.

위에총따이(岳崇岱, 1888~1958)

• • •

현대의 도사. 또 다른 이름은 운발(雲發). 도호는 동초자(東樵子). 산동(山東) 수광(壽光) 사람. 1912년에 요녕(遼寧) 여산(閭山) 성청궁(聖清宮)에서 출가하여 수도했다. 이 때를 전후하여 동북 여러 지역의 이름난 도교 궁관을 참방했다. 1920년에 심양(沈陽) 태청궁(太清宮)에 상주하면서 태청궁 지객(知客)으로 추천되었고, 후에 또 도관감원(道觀監院)을 맡았다. 1944에서 1948년까지 여산 성청궁에 돌아와 수행에만 전념했다. 중화인민공화국 건국 후에 심양 태청궁 방장으로 추천되었고 전진도(全眞道) 용문파(龍門派) 정종(正宗) 제26대법사(法嗣)가 되었다. 1956년에 천잉닝(陳攖寧), 리시칭(李錫庚), 이신잉(易心瑩), 챠오칭신(喬淸心), 류즈웨이(劉之維) 등의 도교계 인사들과 함께 발기하여 중국도교협회(中國道教協會)를 설립했고, 중국도교협회준비위원회 주임으로 추천되었다. 1957년에 중국도교협회 초대회장을 맡았다. 도교계도 자신의 힘으로 생활함[自食其力]이 마땅하므로 생산노동에 참여하여 수련과 생산 둘 다 확실하게 하기를 주장했다. 그는 제2차 전국정협위원(全國政協委員)이다

이신잉(易心瑩, 1896~1976)
· · ·

현대의 도사이자 도교학자. 법명은 역리륜(易理綸)으로, 역리(易理)라고도 한다. 사천(四川) 수령(遂寧) 사람. 7세에 청성산(靑城山) 상도관(常道觀)에서 출가하여, 전진도(全眞道) 용문파(龍門派) 벽동종(碧洞宗)의 도사 웨이즈링(魏至齡)을 스승으로 모셨다. 일찍이 오경을 숙독했고, 이후에『도장(道藏)』을 익혔으며 방술에 대해 두루 알았다. 중화민국(中華民國) 초에, 성도(成都) 청양궁(靑羊宮) 잠상학교(蠶桑学校)에 다녔다. 후에 상도관 지객(知客)과 주지(住持)를 맡았다. 1957년에 중국도교협회(中國道教協會) 부회장을 맡았다. 도교서를 매우 많이 모았으며, "상도(常道)"를 중심으로 한 강연을 하였는데 유학까지 언급하였다. 겸손과 검소함을 일삼고 "방편을 알지만 정도를 지키는[知奇守正]" 학문을 주로 했다. 저서에『도교삼자경(道教三字經)』,『독노심해(讀老心解)』 등이 있으며, 또『여자도교총서(女子道教叢書)』,『노자팔십일화도(老子八十一化圖)』를 편집했다.

쟝웨이신(張維新, 1895~1948)

• • •

근대의 정일파(正一派) 도사. 상해시(上海市) 사람. 도사 집안 출신으로, 10여 세에 상해 보안사도묘(保安司徒廟)홍묘(虹廟)라고도 한다에서 도를 배우기 시작해서 도교경전과 과의에 통달했다. 1915년 보안사도묘 주지를 이어서 맡았다. 후에 노갑대왕묘(老閘大王廟)와 송남도원(淞南道院)의 주지를 겸임했다. 매번 상해도교조직의 요직을 담당했고, 계속해서 중국도교총회(中國道教總會) 부이사장, 중국도교총회 상해특별시분회이사장, 상해시도교회(上海市道教會) 상무이사 등을 맡았다. 사회적으로 명망이 높았으며, 항상 전면에 나서서 도교 안팎의 분쟁을 조정하였다. 쟝웨이신은 정일파와 상해도교사업 발전에 상당한 영향을 끼쳤다.

화옌쥔(華彦鈞, 1893~1950)

• • •

현대의 민족음악가이자 도사. 아병(阿炳)이라고도 부른다. 만년에 두 눈이 실명됨에 따라 속칭 장님아병이라 불렸다. 강소(江蘇) 무석(無錫) 사람. 어려서부터 아버지를 따라 도를 배웠고, 강남(江南)의 민간음악을 공부했으며, 피리·해금·비파·북 등의 악기 연주에 정통했다. 아버지가 돌아가신 후에, 무석 통허궁(洞虛宮) 뇌존전(雷尊殿)의 도사가 되었다. 그 사이에, 강남의 민요와 전통관현악 전통악극을 폭넓게 공부하여 음악 표현 능력을 크게 높였다. 1930년대 이후, 시국이 소란하고 어지러워지자 도문을 떠나 유랑예술인이 되었다. 일찍이 무석 숭안사(崇安寺) 등에서 구국운동가[救亡歌曲]를 공연했고, 시사적인 소식들을 소재로 곡을 지어 불렀다. 또 민간음악을 소재로 삼아 예술적으로 가공하여 곡을 만들었다. 해금곡인『한춘풍곡(寒春風曲)』,『청송(聽松)』,『이천영월(二泉映月)』과 비파곡인『대낭도사(大浪淘沙)』,『소군출새(昭君出塞)』,『용선(龍船)』등의 악보가 전해지는데, 중화인민공화국 건국 후에 본인의 연주를 녹음하여 정리한 후에 출판한 것이다.

왕쟈오화(王教化, 1901~1989)

현대의 전진도(全眞道) 도사. 하남(河南) 정주(鄭州) 사람. 1926년에 무당산(武當山) 자소궁(紫宵宮)에서 출가했다. 1931년 봄, 허룽(賀龍)이 이끄는 홍삼군(紅三軍)이 균현(均縣)지금의 호북(湖北) 단강구(丹江口)을 해방시키고, 무당산으로 이동해 왔다. 이때 왕쟈오화는 쉬번샨(徐本善) 도장(道長)의 인솔에 따라 홍군을 맞이하여 자소궁에 머물게 하고, 온 마음을 다해 부상자를 돌봤다. 또 건강을 회복한 병사를 참배객·장사꾼·도사 등으로 분장시켜서 본래의 부대로 돌려보냈다. 부상병이 떠날 즈음에 은화 35개를 주었는데, 그는 이 은화와 문중의 보물, 즉 명대 황제가 하사한 책으로 금가루로 쓴『고상옥황본행집경(高上玉皇本行集經)』을 모두 잘 보존했다. 홍군이 떠난 후에, 쉬번샨은 살해당했고, 왕쟈오화도 심한 구타를 당했다. 중화인민공화국 건국 후에, 성(省)과 현(縣)의 인민대표(人民代表)와 성(省) 정협위원(政協委員)에 여러 차례 당선됐다. 1957년부터 중국도교협회(中國道教協會) 이사와 부회장을 역임했다. 1984년에 무당산도교협회 명예회장을 맡았다.

쟝언푸(張恩溥, 1904~1969)

• • •

현대의 도사. 제63대 천사(天師). 자는 학금(鶴琴)이고 호는 서령(瑞齡)이다. 한천사보(漢天師譜)에 따른 이름은 도생(道生)이다. 제62대 천사 정위엔쉬(張元旭)의 첫째아들이다. 도학(道學)에 정밀했으며, 부법(符法)에 뛰어났다. 1924년에 천사의 지위를 계승하였고, 주로 상해 일대에서 도교 사무에 종사했다. 1946년 겨울에 "상해시도교회(上海市道教會)" 창립을 발기하면서 "종교가 중시되려면 단결이 중요하다[宗教爲重, 團結爲重]"라는 구호를 제시하였으며, "현학(玄學)을 연구하고 교의(教義)를 드러내며, 교계의 규율을 쇄신하고 도우들 간의 친밀감을 형성하며 종교사업을 발전하는 것[研究玄學, 闡揚教義, 刷新教規, 聯絡道友感情. 發展宗教事業]"을 목표로 하였다. 다음 해에 도교회가 만들어지고, 천잉닝(陳攖寧)이 초고를 쓴 『부흥도교계획서(復興道教計劃書)』를 간행했는데, 그 내용은 경전 강학, 도학 연구, 구제, 과의 등 8개 방면의 부흥 계획이었다. 그러나 당시의 제한적인 조건 때문에 시행되지는 못했다. 1949년 여름에 광동을 거처 홍콩으로 갔다가 다음해에 대만에 도착하였다. 1950년 대만에서 대만성 도교회(台灣省道教會)를 창립하여 이사장을 역임하였고, 사한천사부주대만(嗣漢天師府駐台灣) 사무소를 설립하고 법록(法籙)을 전수하였다. 1957년에 또 도교거사회(道教居士會)와 도교대법사회(道教大法師會)를 설립하여 도학을 연구하고 선양하였다. 1964년에 말레시아, 싱가포르 등 동남아 각지를 방문하였다. 1969년에는 필리핀을 방문하였다. 대북시(臺北市) 북투구(北投區) 거처에서 사망하였다.

시에쫑신(謝宗信, 1914~2005)

• • •

현대의 도사. 속명은 인명(仁銘)으로, 호북(湖北) 황파(黃陂) 사람
이다. 어렸을 때 황파의 목란산(木蘭山) 도관에서 출가하여 전진도
(全眞道) 용문파(龍門派) 제23대 현예제자(玄裔弟子)도교의 출가 제자가
되었다. 어려서부터 도경(道經)과 과의(科儀), 도교 전통 의약학과
양생법을 익혔다. 이후에 목란산 도관의 주지를 역임하였다. 중화인
민공화국 건국 이후에 무한(武漢)의 교구(礄口)에 "한수의원(漢水醫
院)"을 세우고 원장을 지냈다. 1982년에는 무창(武昌)의 전진총림(全
眞叢林)인 장춘관(長春觀)에 상주하면서 도관수리와 교무활동을 주
관하였다. 1989년에 북경(北京) 백운관(白雲觀)에서 행한 전계성전
(傳戒盛典)에 참가하여 방편계(方便戒)를 받았다. 1991년부터 호북
성(湖北省) 도교협회회장, 안휘성(安徽省) 도교협회회장, 중국도교협
회부회장 및 고문, 북경 백운관 방장(方丈) 등을 역임했다.

민즈팅(閔智亭, 1924~2004)

• • •

현대의 도사. 호는 옥계도인(玉溪道人)으로 하남(河南) 남소(南召)
사람이다. 18세에 화산(華山)에 들어가 화산 전진교(全眞教) 도사 리
우리시엔(劉禮仙)을 스승으로 섬겼다. 20세부터 계속해서 서안(西安)
의 팔선궁(八仙宮), 무한(武漢)의 장춘관(長春觀), 항주(杭州)의 복성
관(福星觀), 상해(上海)의 백운관(白雲觀)의 명부에 이름을 등록하고
배우고 수련했다. 아울러 서화(書畵), 거문고, 바둑, 고시가 및 천문
성상(天文星相), 기문둔갑술 등을 학습하였다. 32세에 화산으로 되돌

아왔다. 1985년부터 중국도교협회(中國道教協會) 상무이사, 부회장, 회장을 역임하였으며, 중국도교학원(中國道教學院) 부원장, 원장, 도교문화연구소(道教文化硏究所) 소장을 역임하였다. 제9차 전국정협 상무위원(全國政協常委)을 역임하였다. 1989년 북경 백운관에서 단을 세우고 계를 전할 때, 전진전계대사(全眞傳戒大師)에 천거되었다. 저서에는 『도교의범(道敎儀範)』, 『오조칠진전(五祖七眞傳)』, 『전진정운보집(全眞正韻譜輯)』, 『도교잡강수필(道教雜講隨筆)』이 있으며, 『도교선화(道敎仙話)』 등을 주편하였다.

판위팅(潘雨廷, 1925~1991)

• • •

현대의 도교학자. 상해시(上海市) 사람. 1949년에 상해시에 소재한 성요한대학[聖約翰大學] 교육학과를 졸업했다. 조우샤오화이(周孝懷), 탕원쯔(唐文治), 마이푸(馬一孚), 시옹스리(熊十力), 니에슈에치엔(薛學潛), 양치엔싱(楊踐形) 등의 학자에게 배웠다. 1970년대부터 중국 도교문화를 연구했다. 특히 『주역(周易)』 연구에 조예가 깊어, 『주역종시(周易終始)』, 『주역표해(周易表解)』, 『역학사논문집(易學史論文集)』 등의 책을 저술하였다. 일찍이 화동사범대학(華東師範大學) 고적연구소 철학과 교수와 주임을 역임했다. 중국주역연구회 부회장, 상해시종교학회 이사, 상해기공과학연구회 고문을 역임했다. 1985년 상해시도교협회(上海市道教協會)가 성립되자 부회장에 임명되었고, 또 도교문화연구실 주임과 『상해도교(上海道敎)』 주편을 겸했다.

푸위엔티엔(傳圓天, 1925~1997)

원천(元天)이라고도 한다. 현대의 도사. 또 다른 이름으로는 장림 (長林)이다. 사천(四川) 간양(簡陽) 사람이다. 1946년에 관현(灌縣) _{지금 사천(四川) 도강언(都江堰)}의 황룡관(黃龍觀)에서 출가하여, 전진도(全 眞道) 용문파(龍門派)의 도사가 되었다. 1955년에 청성산(靑城山) 상도관(常道觀)에 올라가, 이신잉(易心瑩) 도장(道長)을 찾아뵈었 다. 후에 상청궁(上淸宮)의 교무를 주관하였다. 1979년 이후 도관을 정비하고 도교 학교를 창립하여 도교 인재를 배양하였다. 청성산도 교협회 회장, 사천성도교협회 회장을 역임하였다. 1986년부터 중국 도교협회 부회장, 회장을 역임했다. 그는 제8차 전국정협(全國政協) 상무위원이다. 1995년에 전진도 제23대 전계대율사(傳戒大律師)에 추천되었다.

교의(教義)

도(道)

· · ·

  도교의 최고 교리. 모든 도교 경전은 "도(道)"가 신앙의 근본이 됨을 표명한다. "도"는 도가 사상의 최고의 철학 범주이다. 노자(老子)는 도가 천지에 앞서 생긴 우주의 근원이라고 여긴다. "어떤 물이 혼연히 이루어져 천지에 앞서 생겼으니 고요하면서도 텅 비었도다. 홀로 서서 바뀌지 않고, 두루 행하면서도 위태롭지 않으니, 천하의 어미라 할 수 있다. 나는 그 이름을 알지 못하지만, 억지로 이름 붙여 '도'라 한다.[有物混成, 先天地生, 寂兮寥兮. 獨立而不改, 周行而不殆, 可以爲天下母. 吾不知其名, 字之曰道.]"『노자(老子)』 25장 또『도덕경(道德經)』첫 장에서 "말할 수 있는 도는 상도(常道)가 아니다[道可道, 非常道]"고 하여, 대도(大道)는 형체가 없어 언설로 말할 수 없다고 여겼다. 장자(莊子)는 노자의 사상을 계승·발전시켰는데, 그 역시 도가 우주만물의 근본이라 주장하였다.『대종사(大宗師)』에서는 다음과 같이 말한다. "무릇 도에는 실재도 있고 믿음도 있지만 작위함도 없고 형체도 없다. 전할 수는 있지만 받을 수는 없고, 체득할 수는 있지만 볼 수는 없다. 스스로 근원이요 스스로 뿌리이니, 천지가 있기 이전에 오래전부터 본디 있어 왔다. 귀신을 신령스럽게 하고 상제를 신령스럽게 하며, 하늘을 낳고 땅을 낳는다. 태극의 위에 있지만 높지 않고, 육극의 아래에 있지만 깊지 않다. 천지에 앞서 생하였지만 오래되지 않았고, 상고보다 오래되었지만 늙지 않았다.[夫道有情有信, 無爲無形. 可傳而不可受, 可得而不可見. 自本自根, 未有天地, 自古以固存. 神鬼神帝, 生天生地. 在太極之上而不爲高, 在六極之下而不爲深. 先天地生而不爲久, 長於上古而不爲老.]"

　도교는 창립된 후, 노자를 교주이자 신성(神聖)으로 받들어 "태상노군(太上老君)"으로 존칭하였고 『노자』를 경전으로 삼았으며, "도" 개념을 개조하여 도교의 핵심 신앙으로 만들었다. 동한(東漢)의 도교 경전 『태평경(太平經)』은 다음과 같이 말한다. "도란 무엇인가? 만물의 근원으로 이름 부를 수 없는 것이다. 육극 속의 모든 것은 도가 없으면 변화할 수 없다. 원기가 도를 행하여 만물을 생한다. 천지의 모든 것은 도로 말미암아 생하지 않은 것이 없다.[夫道何等也? 萬物之元首, 不可得名者. 六極之中, 無道不能變化. 元氣行道, 以生萬物, 天地大小, 無不由道而生也.]" 천사도의 경전인 『노자상이주(老子想爾注)』에서는 "일자는 도[一者, 道也]"로서 "천지 밖에 있으면서도[在天地外]" "천지 사이에도 들어 있으며[入在天地間]", 또 "사람 몸속을 왕래하고[往來人身中]", "형체가 흩어지면 기가 되었다가, 형체가 모이면 태상노군이 된다[散形爲氣, 聚形爲太上老君]"고 말하였다. 이후의 『혼원성기(混元聖紀)』·『태상노군설상청정묘경(太上老君說常淸靜妙經)』등 도교 경전에서는 기본적으로 『노자상이주』의 도에 대한 학설을 따르면서, "대도는 현묘하면서 고요하고[大道玄寂]" 없는 곳이 없고 없는 때가 없으며, "허무의 실마리이자 조화의 근원[虛

無之系, 造化之根]"이라고 여겼다. 즉 도는 우주 만물의 근원이자 주
재자로서 천지·음양·사시·오행 등이 모두 "대도(大道)"로부터 말
미암아 화생한다고 여겼다. 동시에 도교에서 성행한 신선신앙에서도
"지극히 참된 도[至眞之道]"는 생겨나지도 죽지도 않으면서 아주 오
랜 옛적부터 늘 있어왔다고 여겼다. 『소마경(消魔經)』에서는 "참된 도
를 일삼으면 쇠하지도 병들지도 않으며 죽지 않고 장생한다[眞道之
業, 不衰不病, 不死長生]"고 말하고, 일정한 수련을 통해 "마음을 비
우고 전일하게 하며 고요하게 하여[虛壹而靜]" "참된 도의 상태를 회
복하여[返朴歸眞]" 도와 합일하게 되면 "장생구시(長生久視)"하고
"형체가 길이 굳건해져[形體永固]" 도를 닦아 신선을 이룰 수 있다고
주장하였다. 수(隋)·당(唐) 시대에는 도교의 철학적 이치를 탐구하
는 사조가 흥기하였는데, 수많은 도교학자들 역시 "도"를 "허무의 이
치[虛無之理]"로 해석하였다. 가령 『도교의추(道教義樞)』와 이영(李
榮)의 『노자주(老子注)』에서는 모두 "도는 이치이다[道者, 理也]"고
말하고, 이 "지극한 허무의 이치[至虛之理]"가 자유로이 변통하고 만
법(萬法)으로 화생하면서 영원히 소멸되지 않는다고 여겼다. 그리고
도를 닦는 자가 "이치[理]"를 체득할 수 있다면, 일체의 덧없고 헛된
현실 세계를 잊어버리고, 범인의 상태를 뛰어넘어 성인의 경지로 들
어가 참됨을 닦아 도를 얻을 수 있다고 여겼다. 이러한 사조를 특징
으로 하는 도교철학은 이후 송대(宋代) 이학(理學)에 중요한 영향을
끼쳤다. 북송(北宋) 이래로 남(南)·북(北) 양종의 도교내단가(道教內
丹家)들은 모두 삼교의 이치를 회통하며 성명쌍수(性命雙修)의 도를
강론하였다. 그리고 도(道)·불(佛)이 전한 것 역시 바로 유가의 성의
(誠意)·정심(正心)·수신(修身)·치평(治平)의 도와 같다고 여겼다.

유가들이 도를 행하며 세상을 구하는 것, 불가들이 도를 깨달으며 세상을 깨우치는 것, 선가들이 도를 체득하여 사람을 제도하는 것, 이러한 삼교의 행위들은 비록 서로 다를지라도 그 "도"는 동일하다고 여겼다. 이른바 "천하에는 두 가지 도가 없고, 성인은 두 마음이 없다[天下無二道, 聖人無兩心]"는 것이다. 왕중양(王重陽)은 "도를 얻은 이는 몸은 범인의 몸이지만 마음은 성인의 경지에 있다[得道之人, 身在凡, 而心在聖境矣]", "영원히 죽지 않고자 하여 속세를 떠나는 자는 매우 어리석어 도의 이치에 도달할 수 없다[欲永不死而離凡世者, 大愚不達道理也]"『중양입교십오론(重陽立教十五論)』고 하였다. 이처럼 삼교 합일의 도를 공개적으로 말하고 신선불사의 설을 비판하여 철학적으로 "도"에 대한 이론을 매우 깊은 수준으로 끌어올려 도교사상의 발전에 새로운 길을 열었다.

덕(德)

• • •

도교 교리의 중요 개념. 선진 도가에서 노자는 청정무위(淸靜無爲)를 추구하고 저절로 그러함을 좇아 도(道)에서 얻음이 있게 되면 "덕(德)"이 있게 된다고 여겼다. 그래서 "큰 덕의 모습은 도만 따른다[孔德之容, 惟道是從]"『노자(老子)』 23장고 하였다. 또 "만물은 '도'를 존숭하며 '덕'을 귀하게 여기지 않음이 없다[萬物莫不尊道而貴德]"고 말하였다. 『장자(莊子)』「천지편(天地篇)」에서는 "만물이 (하나를) 얻음으로써 생겨나는데 이를 덕이라 한다[物得以生謂之德]", "형은 도가 아니면 생겨나지 않고, 생겨난 것은 덕이 아니면 밝혀지지 않는다[形非道不生, 生非德不明]"라며 "덕"의 중요성이 도에 버금간다고 여겼다.

도교는 노장(老莊)의 "덕"에 대한 철학사상을 따르고, 나아가 신선수련의 선학(仙學) 내용을 추가하여, 도를 닦아 이룸이 있고 도와 일체가 되면 저절로 장생한다고 여기고, 이를 바로 "덕"이라 불렀다. 예를 들어 『자연경(自然經)』에서는 "덕이란 얻음을 말한다는 것은 도과(道果)를 얻음을 말한다[德言得者, 謂得於道果]"고 하였다. 이와 동시에 도교는 또 다음과 같이 여긴다. "도"는 만물을 생하면서도 스스로 자랑하며 공으로 여기지 않고, "낳으면서도 소유하지 않고 기르면서도 주재하지 않는데[生而不有, 長而不宰]", 만일 도를 배우는 이가 수행하여 이러한 특성을 얻어 "일을 행하는데 도와 합치된다면[擧事與道合]" 또 "덕"이라 일컫는다. 이른바 "도가 나에게 있는 것을 덕이라 일컫는다[道之在我之謂德]"『송휘종어주서승경서(宋徽宗御注西升經序)』에 보인다는 것이다. 이외 도교 경전 속에서는 "덕"을 사회윤리규범으로 말하는 경우도 있다. 예를 들어 "널리 도덕을 닦는다[廣修道德]", "선을 쌓고 남모르게 덕을 행한다[積善陰德]"는 말들은 『노자』속의 "천도는 사사로운 친함이 없으며 항상 선한 이와 함께 한다[天道無親, 常與善人]"는 사상을 계승한 것이다. 총괄하면, 도교에서 덕과 도는 공동으로 교리의 핵심내용을 구성한다. 그래서 『도교의추(道教義樞)』「도덕의(道德義)」에서는 "도와 덕은 몸은 하나이면서 그 뜻은 둘이다[道德一體, 而其二義]"라 하였다. 그리고 당(唐)나라 도사 오균(吳筠)은 『현강론(玄綱論)』에서 다음과 같이 총결하여 말했다. "도덕은 천지의 조상이요, 천지는 만물의 아비요, 제왕은 천·지·인 삼재의 주인이다. 그렇기에 도덕과 천지와 제왕은 하나이다[道德者天地之祖, 天地者萬物之父, 帝王者三才之主. 然則道德天地帝王一也]."

현(玄)

. . .

도교 교의의 중요 개념. 도가 경전 『노자(老子)』속에는 "현(玄)"이란 개념이 여러 차례 사용된다. 가령 "아득하고도 아득하구나, 모든 신묘함의 문이로다[玄之又玄, 衆妙之門]", "현덕은 깊도다, 멀도다[玄德深矣, 遠矣]"라 말하고 있는데, 그 의미는 "아득하고 심원하다[渺冥幽遠]"는 것으로서 일종의 "도(道)"나 "덕(德)"을 형용하는 말이다. 도교가 창시될 때, 노자의 "현" 개념을 계승하고, 이를 더 변화 발전시켜 그 교의의 중요한 내용으로 만들었다. 『노자상이주(老子想爾注)』에서는 "현은 하늘이다. 옛날의 선인은 미묘함을 지키고 믿어서 하늘과 서로 통할 수 있었다[玄, 天也. 古之仙士, 能守信微妙, 與天相通]"고 하였다. 동진(東晉) 시기의 갈홍(葛洪)은 도교의 교의 이론 체계를 만들 때 "현"을 우주의 근원적 실체로 격상시켰다. 『포박자(抱朴子)』「창현편(暢玄篇)」에서는 "현은 자연의 시조이며 만물의 큰 근본이다. 그 깊이가 어렴풋하고 가마득하여 미(微)라고 일컫는다. 그 멂이 막연하고 아득하여 묘(妙)라고 일컫는다[玄者, 自然之始祖, 而萬殊之大宗也. 眇昧乎其深也, 故稱微焉. 綿邈乎其遠也, 故稱妙焉]"고 하였다. 이에 "현"은 천지에 앞서 존재하며 만물을 낳는 근본이 되었다. 또 「창현편」에서는 "해와 달보다 빛나고 번개보다도 빠르다. 만물을 통해서 유(有)가 되고, 적막에 기대어 무(無)가 된다. 근원이 되는 하나를 품고서 양의를 주조하여 태초의 시작을 토해내고 수억의 무리를 만든다[光乎日月, 迅乎電馳. 因兆類而爲有, 托潛寂而爲無. 胞胎元一, 範鑄兩儀, 吐納大始, 鼓冶億類]"고 하였다. 현이 천지 만물을 통해 드러나면 유(有)가 되고, 또 텅 비고 적막함의 상태로 돌아가면 무(無)로 복귀한다. 이러한 "현"은 근본적으로 "도"와 동일하다. 이 때문에 갈홍은 "무릇 현도(玄道)는 이를 얻는 것은 안이고 이를 지키는 것은 밖이며, 이를 쓰는 것은 신(神)이고 이를 잊는 것은 기(器)이다. 이것이 현도 사상의 핵심이다[夫玄道者, 得之乎內, 守之者外, 用之者神, 忘之者器, 此思玄道之要言也]"고 하였다. 수(隋)·당(唐) 교체기에 중현학(重玄學)의 사조가 흥기하여 의리학(義理學)이 성행하였다. 이 시기에 일련의 도교학자들은 이전의 "현" 개념을 사용하고 이를 발전시켜 "현"을 "지극히 참된 대도[至眞大道]"를 깨닫는 일종의 정신의 경지로 만들었다. 당(唐)나라 초기 도사 이영(李榮)은 "위진(魏晉) 시기의 뛰어난 유자들은 현을 모르는 채 유와 무를 오갔다[魏晉英儒, 滯玄通於有無之際.]"이영의 『노자주서(老子注序)』고 말하고, 이는 "무"나 "유" 모두 한쪽에 치우쳐 집착한 것이라 주장하였다. 때문에 "유도 아니고 무도 아니며[非有非無]" "중도에 부합해야 한다[合於中道]"고 하며, 이를 "현"이라 일컬었다. 그러나 "(노자가) 또 수행하는 이들이 이 현에 얽매일 것을 염려하여, 이제 '우현(又玄)'을 말함으로써 현에 얽매이는 병통을 제거하여, '얽매임'에 얽매이지 않을 뿐 아니라 '얽매이지 않음'에도 얽매이지 않게 했다[又恐行者滯於此玄, 今說又玄, 更祛後病, 既而非但不滯於滯, 亦乃不滯於不滯]"성현영(成玄英)의 『노자의소(老子義疏)』고 하였다. "우현(又玄)"은 바로 "중현(重玄)"이다. 그들은 중현사상으로 세간의 일체사물과 현상을 마주하여 인식(認識) 상에서 강과 유, 동과 정, 유와 무, 선과 악, 시와 비 등과 같은 일체의 대립을 소거함으로써 "인식의 대상과 인식 주체의 지혜가 모두 사라지고[境智雙泯]" "주관과 객관이 모두 사라지는[能所都忘]" 허무(虛無)의 경지에 도달할 수 있다고 주장하였다.

일(一)

• • •

    도교 교의의 중요 개념. 『노자』는 "하늘은 일을 얻어 맑고, 땅은 일을 얻어 안정되며, 신은 일을 얻어 신령스럽고, 계곡은 일을 얻어 가득차고, 만물은 일을 얻어 생장하며, 후왕은 일을 얻어 천하를 바르게 한다[天得一以淸, 地得一以寧, 神得一以靈, 谷得一以盈, 萬物得一以生, 侯王得一以爲天下貞]"고 하였다. 여기서 "일(一)"은 천지만물을 생성하며 정상적으로 운행시키는 보편적 본질을 지칭하는 것으로서 그 의미는 "도(道)"와 동일하다. 때문에 『회남자(淮南子)』「전언훈(詮言訓)」에서는 "일이라는 것은 만물의 근본으로 상대가 없는 도이다[一也者, 萬物之本也, 無敵之道也]"라고 하였다. 도교는 도가의 학설을 계승하고 게다가 종교 신학적인 내용을 추가하였다. 『노자상이주(老子想爾注)』에서는 "일은 도이다[一者, 道也]", "일이 형상을 흩트리면 기가 되고, 형상을 모으면 태상노군이 된다[一散形爲氣, 聚形爲太上老君]"라고 하였다. 도교는 이처럼 "일"을 "도"와 동등하다고 여기고, "도"의 화신이 바로 도교의 교조인 태상노군이라고 여겼다. 『황정경(黃庭經)』에서는 "그대가 일을 지킬 수 있다면 모든 일이 이루어진다[子能守一萬事畢]"라고 하였는데, 이에 대해 무성자(務成子)는 "일은 최고의 신으로서 천지의 근본이다[一爲大神, 天地之根]"라고 주석하였다. 이는 일을 신화화한 것이다. 도교는 또 "일"을 원기라 여기기도 한다. 『태평경(太平經)』에서는 "일은 바로 도의 뿌리이자 기의 시초이며, 수명이 매인 것이고, 뭇 마음의 주인이다[一者, 乃道之根也, 氣之始也, 命之所系屬, 衆心之主也]"라고 하며, "일"을 "도"와 같은 것으로서 천(天)·지(地)·인(人)의 근본이라고 여겼다. 또 갈홍(葛洪)은 『포박자(抱朴子)』 「지진편(地眞篇)」에서 "일은 음양을 생성하고 한서(寒暑)를 전환시키니, 봄은 일을 얻어 (만물을) 발생시키고, 여름은 일을 얻어 기르고, 가을은 일을 얻어 거두며, 겨울은 일을 얻어 간직한다. 그것의 큼으로 말하면 육합(六合)으로도 견줄 수 없고, 그것의 작음으로 말하면 털끝으로도 비교할 수 없다[一能成陰生陽, 轉步寒暑, 春得一以發, 夏得一以長, 秋得一以收, 冬得一以藏. 其大, 不可以六合階, 其小, 不可以毫芒比也]"라며 "일"에 대해 진일보한 해설을 하였다. 도교는 수도자들이 장생하고자 한다면 반드시 "일을 지키는[守一]" 법을 닦아야 한다고 주장하였다. 『태평경』은 "예나 지금이나 중요한 도는 모두 일을 지킴으로서 장생하여 늙지 않을 수 있다고 말한다. 사람들은 수일법을 알아야 하는데, 이를 무극(無極)의 도라고 이름한다[古今要道, 皆言守一, 可長存而不老. 人知守一, 名爲無極之道]"고 말하고, 구체적으로 다양한 종류의 일을 지키는 법[守一法]에 대해 서술하였다. 『포박자』에서는 "사람이 일을 지킬 수 있으면 일 또한 사람을 지킨다[人能守一, 一亦守人]"고 하였다. 도교에서는 또 "일을 지키는[守一]" 법을 "진일을 지킴[守眞一]"과 "현일을 지킴[守玄一]" 두 종류로 나누기도 하였다. 『포박자』에서는 "일을 지키고 진을 보존하면 신에 통할 수 있다[守一存眞, 乃能通神]", "진일은 성과 자, 크기와 복색 등이 있는데, 현일은 그 이름만으로도 나타난다[眞一有姓字長短服色目, 玄一但此見之]"라며, 이와 같이 하여야 비로소 재앙을 없애고 화를 면하여 수명을 연장하고 불로장생할 수 있다고 여겼다.

자연(自然)

• • •

도교 교의의 중요 개념. 도가의 노장철학에서 연원한다. 노자는 처음으로 "자연"이란 관념을 제시하여 이를 "도(道)"와 "덕(德)"으로 해석하고, 아울러 이를 인간 활동의 준칙으로 삼았다. 『노자(老子)』25장에서는 "사람은 땅을 본받고, 땅은 하늘은 본받고, 하늘은 도를 본받고, 도는 자연을 본받는다[人法地, 地法天, 天法道, 道法自然]"라고 하였다. 이 장의 뜻은 도가 만물을 낳는 것과 또 천·지·인의 활동 과정이 모두 "자연무위(自然無爲)"에 따른다는 것으로, 이는 결코 "도" 위에 또 하나의 "자연"이란 실체적 존재가 있다는 것이 아니다. 장자는 노자의 천도자연(天道自然) 사상을 계승하여 "지극한 즐거움은 자연스러움으로 응대하는 것이다[至樂者, 應之以自然]"『장자(莊子)』「천운편(天運篇)」라고 하고, "작위로써 하지 말고 항상 자연스럽게 하라[莫之爲而常自然]"「선성편(繕性篇)」고 하였다. 장자는 인생의 목적이 바로 그러한 자연에 맡기는 것이라 주장하며, "인위로서 자연의 천도를 멸하지 말고[無以人滅天]" 조건 없이 자연과 융합하여 하나가 됨으로써 "지인(至人)"의 경지에 도달한다고 주장하였다. 도교는 "자연" 관념을 흡수하였는데, 이에 대한 주요한 관점으로 다음의 세 가지가 있다.

① "자연"이 "도"를 낳는 근본이라고 여긴다. 가령 『서승경(西升經)』에서는 "허무가 자연을 낳고 자연은 도를 낳는다[虛無生自然, 自然生道]"고 하였고, 『승현내교경(升玄內教經)』에서는 "무릇 도는 현묘하니, 자연에서 나와 생이 없는 데서 생하고 앞섬이 없는 것보다 앞선다[夫道玄妙, 出於自然, 生於無生, 先於無先]"고 하였다. 당(唐) 초기의 도사 성현영(成玄英)는 분명하게 "도는 자취요 자연은 근본이

다. 근본으로 자취를 거두기 때문에 '본받는다[法]'고 말한 것이다[道是跡, 自然是本. 以本收之跡, 故義言法也]"고 하였는데, 그의 견해는 『노자』의 본래 의미와 확실히 차이가 있다.

② 자연은 우주만물의 본성(本性)으로, 만물은 도를 법도로 삼고 도는 자연은 법도로 삼는다고 여긴다. 가령 당 현종(玄宗)은『노자어소(老子御疏)』에서 "혹자(惑者)"가 "도가 자연을 본받는다[以道法效於自然]"고 한 말을 비판하였다. 현종은 혹자의 주장대로라면 "이 세상에는 큰 것이 다섯 개가 있게 되니, 네 개의 큰 것이 아니다[則域中有五大, 非四大也]"가 된다고 비판하며, 『노자』는 일찍이 "이 세상에는 네 개의 큰 것이 있으니, 도가 크고 하늘이 크며 땅이 크고 사람 또한 크다[域中有四大, 道大天大地大人亦大]"라고 하였다.

③ 자연은 도의 본성으로서, 그 자체가 바로 도 가운데 있으니 본받을 필요가 없다고 여긴다. 이러한 관점은 당 현종이 대표가 된다고 할 수 있다. 그는 "'도법자연'이란 도가 '법으로서 저절로 그러하다[法自然]'는 말로서, 다시 자연을 법도로 본뜬다는 것이 아니다[道法自然, 言道之爲法自然, 非復仿法自然也]"고 하였다. 아울러『서승경』의 "자연이 도를 낳는다[自然生道]"는 설을 "망령되게 선후의 뜻을 내어 (도와 자연 사이에) 존비의 명목을 정한다[妄生先後之義, 以定尊卑之目]"고 비판하고, "자연이란 오묘한 근본의 성이다. 성은 조작되지 않기에 자연이라 말한 것이다[自然者, 妙本之性. 性非造作, 故曰自然]"고 하였다. 총괄적으로 말하자면, "즉 허무 자연의 도를 말할 뿐이다[即謂之虛無自然之道爾]."『노자어소(老子御疏)』

무위(無爲)

• • •

도교 교의의 기본 개념. 사람이 사회에서 취해야 한다고 여기는 태도와 기본 법칙. 도교는 천도(天道)는 자연무위(自然無爲)하는데, 사람이 일을 행하는 것 역시 천도를 본받아야 하고 스스로 함부로 작위해서는 안되며, 청정과욕(淸靜寡欲)을 추구하고 세상과 다투지 말며 행위를 삼가고 화를 멀리해야 한다고 여긴다. 『노자(老子)』 37장에서는 "도는 항상 무위하지만 행하지 않음이 없다[道常無爲而無不爲]"고 하였다. 도교는 "도(道)"를 우주만물을 낳는 주체로 여기는데, 만물을 낳는 과정을 볼 때 이는 자연히 그러한 것으로서 외재적인 힘에 의한 어떠한 작용도 없기 때문에 "도"는 "무위"라고 말한 것이다. 그러나 만물이 생겨난 결과로부터 보자면, 일체 만물은 모두 "도"로부터 생겨난 것이기 때문에 또 "도"는 "하지 않음이 없다[無不爲]"고 말할 수 있다. 장자(莊子)는 노자의 "무위"사상을 "소요유(逍遙遊)"로 발전시켜 "명예의 주인이 되지 말고, 모략의 창고가 되지 말며, 일의 책임자가 되지 말고, 지혜의 주인공이 되지 말라[無爲名尸, 無爲謀府, 無爲事任, 無爲知主]"『장자(莊子)』「응제왕(應帝王)」고 말하고, 이렇게 하면 마음이 사해 밖으로 노닐며 천지정신과 서로 왕래할 수 있다고 주장하였다. 초기 도교에서는 노장의 "무위" 관념을 흡수하여, 한 편으로는 사물이나 세상을 대하는 원칙으로 만들고, 다른 한편으로는 국가를 다스리는 정치 규범으로 만들었다. 가령 『노자하상공주(老子河上公注)』에서는 "도의 무위함을 법도 삼아, 몸을 다스리면 정과 신이 유익하게 되고, 나라를 다스리면 온 백성이 유익하게 된다[法道無爲, 治身則有益精神, 治國則有益萬民]"고 하였고, 『노자상이주(老子想爾

注)』에서는 "천하를 소유하더라도 반드시 무위하고 소박함을 지켜서 도의 뜻에 부합해야 한다[有天下, 必無爲, 守樸素, 合道意矣]"라고 하였다. 『운급칠첨(雲笈七籤)』권56에서는 또 수도자가 구체적으로 어떻게 "무위"의 원칙을 실행하는지에 대해 상세하게 설명한다. 그 중 일부에서는 다음과 같이 말한다. "무위하고자 한다면 먼저 해로움을 피해야 한다. 어떻게 해야 하는가? 미심쩍음을 멀리하고, 소인을 멀리하며, 부당하게 취하는 것을 멀리하고, 행동거지를 멀리한다. 먹는 음식을 삼가고, 말로 인한 이익을 삼가며, 시끄러운 곳을 삼가고, 힘을 써서 싸우는 것을 삼간다. 항상 과실을 생각하여 이를 고쳐 선을 좇는다. 또 천문에 통하고, 지리에 통하며, 인사에 통하고, 귀신에 통하며, 때에 통하고, 술수에 통해야 한다. 이와 같다면 성인과 공이 같고 하늘과 덕이 같다.[欲求無爲, 先當避害. 何者? 遠嫌疑, 遠小人, 遠苟得, 遠行止. 愼口食, 愼舌利, 愼處鬧, 愼力鬪. 常思過失, 改而從善. 又能通天文, 通地理, 通人事, 通鬼神, 通時機, 通術數. 是則與聖齊功, 與天同德矣.]" 이는 사실 노자의 "그 수컷을 알고 그 암컷을 지키면 천하의 계곡이 된다[知其雄, 守其雌, 爲天下谿]"는 사상을 도교 수행 속에 실천하고 적용한 것이다.

청정(淸靜)

• • •

도교 교의의 기본 개념. 그 함의는 마음을 맑게 하고 욕심을 적게 하며, 작위하지 않고 고요히 한다는 뜻을 지니고 있다. 노자는 청정을 중시하여 "청정은 천하를 바르게 하는 것[淸靜爲天下正]"으로 "내가 고요함을 좋아하면 백성들은 절로 바르게 된다[我好靜而民自正]"

『노자(老子)』 57장고 말하며, 청정을 심신을 수양하고 나라를 다스리며 백성을 편안하게 하는 기본 원칙으로 여겼다. 도교는 "청정"이 "도"의 본래 속성으로서 사람과 만물이 만일 도를 본받아 청정무위함에 이르게 된다면 "도가 저절로 와서 머문다[則道自來居]"고 여겼다. 이 때문에 『노자상이주(老子想爾注)』에서는 "도는 항상 무욕하여 청정을 좋아하므로 천지를 항상 머물게 할 수 있다[道常無欲樂淸靜, 故令天地常止]", "사람은 천지를 본받기 때문에 조급한 곳에 처하지 않고 항상 청정에 힘쓴다[人法天地, 故不得燥處, 常淸靜爲務]"고 하였다. 도교는 또한 사람은 천지를 본받고 천지는 도를 본받으니, 항상 욕망과 잡념을 제거하고 마음을 맑게 하고 거처하는 곳을 고요히 하며 "생각을 참되게 하고 도에 뜻을 두게 되면[眞思志道]", 바로 수행하여 "지극히 참된 도[至眞之道]"를 얻을 수 있다고 주장한다. 당(唐)나라 사마승정(司馬承禎)은, 도를 닦을 때는 반드시 마음을 수렴해야 하는데, 수렴의 관건은 "고요함을 지키고 욕망을 제거하는 것[守靜去欲]"에 달려 있다고 여겼다. 그는 다음과 같이 말한다. "마음은 도가 깃드는 곳으로서, 마음을 비우고 고요하게 하는 것을 지극하게 한다면 도가 머물며 지혜가 생긴다[心爲道之器宇, 虛靜至極, 則道居而慧生]." "고요해지면 총명함이 생기고, 움직이면 혼미함이 생긴다[靜則生聰, 動則生昏]"『좌망론(坐忘論)』. 이는 수도하는 이가 단지 마음을 텅 비우고 전일하게 하여 고요해지면 비로소 대도를 깨닫는 지혜가 발생되어 자연스레 도와 상합할 수 있다는 뜻이다. 만일 마음을 조급하게 움직여 심신(心神)이 바깥으로 치달리며 물욕을 추구하게 되면, "지혜가 평온함을 해쳐 근본이 상하게 되니, 비록 한 시대를 풍미했던 준걸일지라도 끝내는 만대를 그르치는 업이 된다[以智害恬, 爲子傷本, 雖

300

騁一時之俊, 終虧萬代之業]." 당(唐) · 송(宋) 이후에 도교 내단술이 점점 유행하자 "청정"을 다시 금단을 수련하는 원칙으로 삼았다. 『태상노군설상청정묘경(太上老君說常淸靜妙經)』 등에서는, 사람이 정기를 수련할 때에 마땅히 "도"의 청정한 본성을 본받아야 한다고 여기면서, "그 마음의 근원을 깨끗이 하고[淸其心源]", "그 기의 바다를 고요히 하며[靜其氣海]", "항상 청정하게 하면서 털끝만큼의 잡념도 일어나지 않게 하고[常淸常靜不起纖毫塵念]", "안으로는 마음을 살펴 마음에 어떤 특정한 마음이 없고, 밖으로는 형체를 살펴 형체에 어떤 특정한 형체가 없는 상태[內觀於心, 心無其心, 外觀於形, 形無其形]"에 이르며, 종국에는 여섯 가지 욕망조차 일어나지 않는 텅 빈 허무를 깨닫는 경지에 이르러야 비로소 금단의 도를 성취할 수 있다고 여겼다.

과욕(寡欲)

• • •

도교 교의의 기본 개념. 이 뜻은 도교 신도들이 수행할 때나 일상생활에서나 모두 엄격하게 개인의 사욕을 절제하는 것을 말하는데, 그렇지 않으면 수도(修道)에 성과가 없다. 선진(先秦) 시기에 노자(老子)가 "소박함을 살펴 끌어안고, 사욕을 줄여 적게 함[見素抱樸, 少私寡欲]"을 제창하였다. 그는 "오색은 사람의 눈을 멀게 하고, 오음은 사람의 귀를 멀게 하며, 오미는 사람의 입맛을 상하게 하고, 말을 달려 사냥하는 것은 사람의 마음을 미치게 만들며, 얻기 어려운 재화는 사람의 행실을 망치게 한다[五色令人目盲, 五音令人耳聾, 五味令人口爽, 馳騁畋獵令人心發狂, 難得之貨令人行妨]"고 하여, 물욕이 많으면 사람의 마음에 혼란만 일으킨다고 여겼다. 도교는 노자의 과욕 관념을 흡수하고 또 이를 종교 수행 실천과 서로 결합하여, 세속의 아름다운 미색, 훌륭한 음식, 성대한 의복, 매혹적인 음악 등은 모두 분수가 지나친 물욕으로 기를 상하게 하고 본성을 해치는 "해침과 재앙의 근본[凶害之根]"이기에, 수도자는 이러한 것을 단연히 끊어버려야 한다고 주장하였다. 갈홍(葛洪)의 『포박자(抱朴子)』에서는 선도(仙道)를 배우는 사람은 마땅히 "담박함을 편안하게 즐기고, 탐욕을 제거하며, 감각기관을 내면으로 되돌리고, 죽은 듯이 무심하게 처해야 한다[恬愉澹泊, 滌除嗜欲, 內視反聽, 屍居無心]"고 하였다. 후대 도교에서는 많은 계율을 제정하면서 탐욕에 대해 제한과 규정을 두었다. 가령 초진십계(初眞十戒)에서는 "음란함을 경계할 것[戒淫邪]", "술을 마시거나 고기를 먹지 말 것[不得飮酒食肉]", "지나치게 탐하지 말 것[不得貪求無厭]" 등을 두었고, 중극삼백계(中極三百戒)에서는 살생하지 말고 육식하지 말 것, 도둑질하지 말고 음란하지 말 것, 술 마시지 말고 매운 것을 먹지 말 것 등을 규정하였다. 천선대계(天仙大戒)에서는 "몸으로 짓는 업을 멀리 할 것[遠身行]", "악한 생각을 제거할 것[除惡想]", "소리와 색을 끊을 것[絕聲色]", "애욕을 절제할 것[儉愛欲]", "음란한 생각을 하지 말 것[不淫想]" 등의 수행법을 두었다. 이외 노군이십칠계(老君二十七戒) 역시 "미색을 즐기지 말 것[勿樂美色]", "보화를 탐내지 말 것[勿貪寶貨]", "공명을 탐하지 말 것[勿貪功名]", "이목구비의 즐거움을 추구하지 말 것[勿爲耳目鼻口所娛]", "호의호식 하지 말 것[勿資身好衣美食]", "빈천을 싫어하여 부귀를 억지로 구하지 말 것[勿厭貧賤強求富貴]" 등의 규정을 두었다.

부쟁(不爭)

• • •

   도교 교의의 기본 개념. 도교 신도들이 사회생활에서 취해야 할 기본적인 인생 태도. 『노자(老子)』에서는 "하늘의 도는 이롭게 하면서 해치지 않는다. 성인의 도는 위해 주면서 다투지 않는다[天之道, 利而不害. 聖人之道, 爲而不爭]"라는 말을 제창하였다. 또 물의 성질을 찬탄하면서 "가장 뛰어난 선은 물과 같다. 물은 만물을 매우 이롭게 하면서 다투지는 않고, 사람들이 싫어하는 곳에 거처한다. 때문에 거의 도와 같다[上善若水, 水善利萬物而不爭, 處衆人之所惡. 故幾於道]"고 말하였다. 이를 빌어 성인은 마땅히 천도(天道)를 본받으면서 만물을 양육하고 저절로 그러하게 무위를 행하면서 공리(功利)를 다투지 않는다고 여겼다. 이와 같을 때 비로소 "자신을 뒤로 하지만 도리어 앞서게 되고, 자신을 도외시하지만 도리어 보존[後其身而身先, 外其身而身存]" 될 수 있다고 여겼다. 도교는 이 개념을 흡수하여 종교 수행의 중요한 준칙으로 삼았다. 『노자상이주(老子想爾注)』에서는 "장생을 구하는 자는 정밀하게 생각하거나 재물을 구하는 것으로 몸을 기르려 애쓰지 않으며, 공도 없이 군주를 위협하여 복록을 취하는 것으로 몸을 영화롭게 하지 않으며, 다섯 가지 맛을 마음 내키는 대로 먹지 않으며, 옷이 낡고 신발이 뚫어져도 세속과 더불어 다투지 않는다[求長生者, 不勞精思求財以養身, 不以無功劫君取祿以榮身, 不食五味以恣, 衣弊履穿, 不與俗爭]"고 훈계하며, "성인은 속인과 다투지 않는다. 다툼이 있으면 높이 떠나 피하니 속인이 어찌 그와 더불어 다툴 수 있겠는가?[聖人不與俗人爭. 有爭, 避之高逝, 俗人如何能與之共爭乎?]"라며 부쟁을 강조하여 말한다. 그러나 도교가 추구한 부쟁은 결코 만사에 대해 어떠한 작위도 없는 것은 아니다. 이는 세상 사람들과 세속의 공명과 이익을 다투거나 재화와 미색 등을 애써 추구하지 않지만, 천도(天道)가 저절로 그렇게 운행하는 법칙에 부합하는 일에 대해서는 마땅히 사람의 힘을 다하여 행함으로써 "천리(天理)"를 뚜렷이 드러내야 한다고 여긴 것이다. 『운급칠첨(雲笈七籤)』권89에서는 "때를 다투는 이는 번창하고 사람과 다투는 이는 망한다. 그러므로 군대를 두어도 진을 치지 않는 까닭은 다투지 않기 때문이다. 무릇 상서롭지 못한 것은 사람들이 다투지 않고, 더럽고 욕된 것은 사람들이 바라지 않으니, 사람들이 바라지 않는 것을 받아들일 수 있다면 충분하다[與時爭之者昌, 與人爭之者亡. 是以有兵甲而無所陳之, 以其不爭. 夫不祥者, 人之所不爭, 垢辱者, 人之所不欲, 能受人所不欲則足矣]"고 말한다. 이는 "상서롭지 못함[不祥]"과 "더럽고 욕된 것[垢辱]"은 모두 사람들이 다투지 않는 것이기에, 도를 닦는 이가 사람들이 다투지 않는 것과 다투며 상서롭지 못한 것과 더럽고 욕된 것을 받아들일 수 있다면 도교의 "부쟁"의 교의 요구에 도달할 수 있음을 뜻한다. 예로부터 지금까지 도가와 도교는 모두 "부쟁"을 인생철학의 기준으로 여겼다.

무극(無極)

• • •

도교 교의의 개념. 본래 선진 도가의 용어이다. 『노자(老子)』28장에서 "그 흼을 알고 그 검음을 알면 천하의 법도가 된다. 천하의 법도가 되면 항상 덕이 어긋나지 않아 무극으로 되돌아간다[知其白, 守其黑, 爲天下式. 爲天下式, 常德不忒, 復歸於無極]"고 하였다. 이는 성인은 깊이 알고 분명하게 살피지만 도리어 우매함을 편히 지킴으로써 천하의 법도가 되고, 이렇게 영원히 항존하는 "덕"이 어긋남이 없게 되면 최후에는 허정(虛靜)하고 무궁(無窮)한 근본으로 되돌아가게 됨을 말한다. 때문에 여기서 "무극"은 만물이 되돌아가는 근본인 "대도(大道)"에 대한 일종의 형용이며, 이는 다함이 없고[無窮] 끝이 없다[無際]는 뜻으로서 결코 실체(實體) 개념이 아니다. 『열자(列子)』「탕문(湯問)」에서는 "만물의 시작과 끝은 애초에 극이 없다[物之終始, 初無極矣]"라고 하였는데, 그 의미는 거의 차이가 없다.

도교는 이 용어를 계속 사용하면서 더욱 변화 발전시켜 마침내 다양한 함의를 발생시켰다. 『하상공주(河上公注)』는 양생(養生)·장수(長壽)의 측면에서 "무극"을 강론하면서, "사람이 천하의 법식이 될 수 있다면 덕이 항상 자신에게 있게 되며 다시는 어긋남이 없게 된다[人能爲天下法式, 則德常在於己, 不復差忒也]"고 말하고, 이와 같이 되면 "바로 장생구시하고 신체가 무궁한 지경으로 되돌아간다[則長生久壽, 歸身於無窮極也]"고 여겼다. 이러한 관점은 이후 도교 내단 연양가(煉養家)들이 "무극"을 수련의 최고 목적으로 삼는 효시를 열었다. 『노자상이주(老子想爾注)』에서는 정(精)을 저장하고 스스로를 지키면서 "마음을 끊고 상념을 단절함[絶心閉念]"을 일러 "대무극(大無極)"이라 불렀다. 송(宋) 초의 진단(陳摶)은 『무극도(無極圖)』를 지어 내단 수련 이론을 집중적으로 서술하였다. 그 그림은 아래에서부터 위로 오르면서 "거슬러 가서 단을 이루는 법을 밝혔다[以明逆則成丹之法]." 그 내용은 먼저 "정을 단련하여 기로 변화시키고[煉精化氣]" 이어서 "기를 단련하여 신으로 변화시키며[煉氣化神]" 종국에는 "신을 단련하여 허로 돌아가 무극으로 복귀[煉神還虛, 復歸無極]"

하여 "탈태하여 신선을 이루는[脫胎成仙]" 최고의 경지에 도달한다. 이러한 내적 수련의 경지는 대부분 "허공(虛空)" "원명(圓明)" 등으로 일컬어지기에 후세 단경(丹經)에서는 항상 "○" 부호를 사용하여 무극을 대표하였다. 당(唐) 성현영(成玄英)은 직접적으로 "무극은 도[無極, 道也]"라는 사유를 제출하면서 "항상 밝음을 버리고 어두움을 지키면서 그 덕이 어그러지지 않으면 맑고 텅 빔을 회복하고 지극한 도로 돌아간다[常能棄明守暗, 其德不差, 旣復淸虛, 歸於至道]"고 여겼는데, 이러한 것은 철학적 각도에서 무극을 해석한 것이다.『도덕경의소(道德經義疏)』에 보인다.

태극(太極)

● ● ●

  도교 교의의 개념. 태극 개념은 도가 경전인 『장자(莊子)』「대종사(大宗師)」에서 최초로 보인다. 『장자』「대종사」에서는 "태극의 위에 있지만 높지 않고, 육극의 아래에 있지만 깊지 않다.

  무릇 도는 태극의 앞에 존재하면서도 높다 여기지 않고, 육극의 뒤에 존재하면서도 깊다 여기지 않는다[夫道, 在太極之先而不爲高, 在六極之下而不爲深]"라고 하였는데, 여기서 "태극"은 도의 성질과 상태를 지칭하는 것으로 실체 개념이 아니다. 『주역(周易)』「계사상(系辭上)」에서는 "역에 태극이 있으니, 이것이 양의를 낳고, 양의가 사상을 낳고, 사상이 팔괘를 낳는다[易有太極, 是生兩儀, 兩儀生四象, 四象生八卦]"라고 하였는데, 이는 "태극"이 지극히 높아 더 이상 위가 없는 우주의 근원으로서, 이 태극으로부터 나뉘어 천지·음양이 생기고 또 천지·음양으로부터 춘하추동의 사시(四時)가 생기며, 사시가 건(乾)·곤(坤)·진(震)·손(巽)·감(坎)·리(離)·간(艮)·태(兌) 팔괘를 낳는다는 것을 의미한다. 『주역』은 "태극"을 천지만물의 근원이 되는 실체라 여겼는데, 이는 후대에 큰 영향을 끼쳤다. 한(漢)나라 때에는 참위(讖緯)가 유행하여 오운(五運)의 학설이 있었다. 『효경구명결(孝經鉤命訣)』에서는 "천지가 나뉘기 이전에 태역이 있었고, 태초가 있었고, 태시가 있었고, 태소가 있었고, 태극이 있었으니, 이를 오운이라 말한다[天地未分之前, 有太易, 有太初, 有太始, 有太素, 有太極, 是謂五運]"라 하여, 태극을 혼돈의 원기로서 오기(五氣)가 변화하여 천지를 형성하는 과정 중의 하나의 단계로 여겼다. 이상의 여러 학설이 도교 "태극"설 이론의 토대이다. 『도장(道藏)』, 『건원자시시론(乾元子三始論)』에서는 "천지는 태역에서 일어났으니, 태역은 볼 수 없다. 두 기가 이루어져 서로 사귀어 태소를 이룬다. 태소가 태극에 이르고, 태극이 양의에 이르러 팔괘를 낳는다[天地者起於太易, 太易者不可見也. 二氣其濟, 交成太素, 至之太極, 太極至二儀而生八卦]"고 하여, 위서(緯書)의 오운이 변해서 삼시(三始)가 되었지만 그 골격이 되는 구조는 기본적으로 동일하다. 『상방대동진원묘경도(上方大洞眞元妙經圖)』에서는 "태극의 도는 고금이 없고 시작과 끝이 없다. 태극이란 천지의 큰 근본이다[太極之道, 無古無今, 無始無終也. 太極也者, 天地之大本耶]"라고 하여, 태극이 천지만물을 화생하는 우주의 근원이라고 여긴다. 당(唐)나라 성현영(成玄英)이 주소(注疏)를 단 『장자(莊子)』에서는 위서의 오운과 건원(乾元) 삼시설 모두 지나치게 번잡하다고 여기고, 명쾌하게 "태극은 오기다. 도는 오기 위에 있으니 고원하지 않다[太極, 五氣也. 道在五氣之上, 不爲高遠]"라고 말하며, 태극이란 천지가 형성되기 이전의 기화(氣化)의 다섯 단계를 포괄한다고 보았다. 송(宋)나라 때 이학(理學)은『주역』과 도교의 태극설을 흡수하여 "태극"을 최고의 우주 본체로 삼는 사상체계를 구축하고, 태극이 바로 도이며, 태극이 바로 리이며, 태극이 바로 심이라고 여겼다.

삼원(三元)
● ● ●

도교 명사.

① 도교 교의. 도교는 가르침을 세울 때 반드시 교리·교의가 있어야 한다고 여기며, 교의는 반드시 경전의 가르침이 있어야 하고, 경전의 가르침은 반드시 경전을 가르치는 스승으로부터 전수받아야 하는데, "도가의 경전의 가르침은 삼원으로부터 일어났다[道家經誥, 起自三元]"고 여긴다. 『운급칠첨(雲笈七籤)』「도교삼동종원(道敎三洞宗元)」에서는 "삼원이란 첫째는 혼동태무원이며 둘째는 적혼태무원이며 셋째는 명적현통원이다[其三元者, 第一混洞太無元, 第二赤混太無元, 第三冥寂玄通元]"고 하였다. 삼원으로부터 각각 천보군(天寶君), 영보군(靈寶君), 신보군(神寶君)이 생기는데, 이를 "삼보(三寶)"라 일컫는다. 삼보군(三寶君)은 각각 옥청경(玉淸境), 상청경(上淸境), 태청경(太淸境)을 다스리는데, 이 때문에 삼보군을 "삼청(三淸)"이라고도 부른다. 삼청경(三淸境)은 각각 청미천(淸微天), 우여천(禹餘天), 대적천(大赤天)이 되는데, 이 때문에 또 "삼천(三天)"이라고도 부른다. 삼천의 기는 각각 시청(始靑), 원백(元白), 현황(玄黃)이 되기에 "삼기(三氣)"라고도 일컫는다. 삼기는 본래 삼원으로부터 유래하며, 삼원은 또 "묘일(妙一)"로부터 생겼다. 그래서 『구천생신장경

(九天生神章經)』에서는 "세 호칭은 비록 다를지라도 근본은 동일하다 [三號雖殊, 本同一也]"고 하였다. 삼보군은 각각 동진(洞眞), 동현(洞玄), 동신(洞神)의 교주(教主)가 되어 삼동경전비록(三洞經典秘籙)을 전수한다.

② "삼관(三官)"을 지칭한다. 『당육전(唐六典)』권4 "사부랑중(祠部郞中)"에서는 "(도사에게는) 삼원재가 있다. 정월 15일은 천관으로 상원이며, 7월 15일은 지관으로 중원이며, 10월 15일은 수관으로 하원이니, 이때 모두 법신이 스스로 허물을 뉘우친다[三元齋, 正月十五日天官爲上元, 七月十五曰地官爲中元, 十月十五日水官爲下元, 皆法身自懺愆罪焉]"고 하였다. 옛 풍속에 삼원절(三元節)이란 명칭이 있는데, 절일(節日)은 『당육전』에서 서술한 삼원재의 날짜와 동일하다. 조익(趙翼)의 『해여총고(陔餘叢考)』권35에서는 "정월, 7월, 10월의 15일이 삼원일이 되니, 북위(北魏)로부터 비롯되었다[其以正月七月十月之望爲三元日, 則自元魏始]"고 하였다. "삼관(三官)"을 참고하라.

③ 천(天)·지(地)·수(水)를 지칭한다. 『운급칠첨』권56에서 "혼돈이 나뉜 후로 천·지·수 삼원의 기가 있어 인륜을 생성하고 만물을 기른다[夫混沌分後, 有天地水三元之氣, 生成人倫, 長養萬物]"고 하였다.

④ 일(日)·월(月)·성(星)을 지칭한다. 또 일·월·성의 신(神)의 총칭으로 쓰이기도 한다. 『황정내경경(黃庭內景經)』에서 "위로 구슬이 연결된 것 같은 삼원을 본다[上睹三元如連珠]"라 하였는데, 이 주석에서 "삼원은 삼광의 근원인 일·월·성을 말한다[三元, 謂三光之元, 日月星也]"라고 하였다.

⑤ 삼단전을 지칭한다. 『주역참동계(周易參同契)』하(下)에서 "정신을 함양하여 덕이 삼원에 통한다[含養精神, 通德三元]"고 하였는데, 유염(俞琰)은 주석에서 "삼원은 상·중·하 삼단전이다[三元, 上中下之三田也]"라고 하였다.

⑥ 정(精)·기(氣)·신(神)을 지칭한다. 『오진편(悟眞篇)』권상에서 "사상과 오행은 오로지 토에 의지하니, 삼원과 팔괘가 어찌 (토인) 임(壬)을 떠나겠는가?[四象五¹行全籍土, 三元八卦豈離壬]"라고 하였는데, 동덕녕(董德寧)은 주석에서 "삼원이란 삼재이다. 삼원이 하늘에 있으면 일·월·성 삼광이 되고, 땅에 있으면 수·화·토 삼요가 되며, 사람에게 있으면 정·기·신 삼물이 된다[三元者, 三才也. 其在天爲日月星之三光, 在地爲水火土之三要, 在人爲精氣神之三物也]"라고 하였다. 진영녕(陳攖寧)은 『황정경강의(黃庭經講義)』에서 "삼원은 바로 원정·원기·원신이다[三元, 即元精元氣元神]"라고 하였다. "원기(元氣)"를 참조하라.

⑦ 수술가(術數家)는 육십갑자를 구궁에 배합하여 180년을 천지가 한번 순환하는 주기[一周始]로 삼았다. 이 때, 첫 번째 갑자는 상원(上元)이 되고, 두 번째 갑자는 중원(中元)이 되며, 세 번째 갑자는 하원(下元)이 되니, 셋을 합하여 삼원이라 일컫는다. 『진서(晉書)』「부견재기하符堅載記下)」에서 "상원으로부터 인황이 일어나 중원에 이르고 하원에서 마치니, 천지가 한번 변하는 것은 삼원을 다하면 그친다[從上元人皇起, 至中元, 窮於下元, 天地一變, 盡三元而止]"라고 하였다.

---

1. 五: 원서에는 '化'로 되어 있으나 원문에 따라 교감하였다.

원기(元氣)

• • •

　도교 교의 개념. 도교 경전에서는 일반적으로 원기는 "무상대도(無
上大道)"가 변화하여 생긴 것으로, 혼돈의 때에는 형체가 없지만 원
기가 음양 이기(二氣)를 산생한 것으로 인해 음양이 화합하여 만물
이 산생된다고 여긴다. 도가 가운데 장자(莊子)는 먼저 근원적인 각
도에서 "기" 개념을 제출하여, 『장자』「지북유(知北遊)」에서 "사람의
생은 기가 모인 것이다[人之生, 氣之聚也]", "천하를 두루 통하는 것
은 일기일 뿐이다[通天下一氣耳]"고 하였다. 초기 도교에서는 장자
의 사상과 한대(漢代)에 유행한 고전적인 원기설을 흡수하여 도교 특
유의 원기생성론을 형성하였다. 『태평경(太平經)』에서는 "원기는 황
홀하며 저절로 그러하니 한데 엉겨 하늘을 이루니 하나라 이름 한다.
나뉘어 음양을 생하여 땅을 이루니 둘이라 이름 한다. 이로 인해 위
는 하늘이 되고 아래는 땅이 되어 음양이 상합하여 사람을 생하게 되
니 이를 삼이라 이름 한다[元氣怳惚自然, 共凝成天, 名爲一也. 分而
生陰而成地, 名爲二也. 因而上天下地, 陰陽相合施生人, 名爲三也]"
라며, 천·지·인은 본질적으로 동일한 원기가 세 몸체로 나뉜 것이
라고 여겼다. 또 "기는 (정기인) 정을 낳고, 정은 (의식인) 신을 낳으
며, 신은 (지혜의 능력인) 밝음을 낳는다[氣生精, 精生神, 神生明]"라
며, 사람의 인식능력 또한 "혼돈의 기"로부터 산생된 것으로 여겼다.
그러나 원기 위에 또 본체가 되는 "도(道)"를 두어 "도는 조화롭게 하
지 못하는 바가 없기 때문에, 원기는 도를 지킴으로써 이에 그 기를
운행하여 천지를 낳는다[道無所不能化, 故元氣守道, 乃行其氣, 乃
生天地]"라며, 원기가 단지 도를 지키고 운행하기만 하면 비로소 천

지만물을 산생할 수 있다고 여겼다. 『태평경』의 사상은 사실상 "도가 원기를 낳는다[道生元氣]"는 학설이다. 남조(南朝) 시기 양(梁)나라의 도홍경(陶弘景)은 『진고(眞誥)』를 지어 『태평경』의 학설을 약간 변모시켜 "도는 혼연하니, 이것이 원기를 낳는다. 원기가 이루어진 이후에 태극이 있다. 태극은 천지의 부모요, 도를 깊숙이 간직한 것이다[道者混然, 是生元氣. 元氣成, 然後有太極. 太極則天地之父母, 道之奧也]"라는 사유를 제출하여, 원기와 천지 사이에 일종의 매개체로서 "태극(太極)"을 첨가하였다. 당(唐)나라 성현영(成玄英)은 『노자의소(老子義疏)』에서 "원기란 무 가운데 유요, 유 가운데 무로서, 그 넓음은 헤아릴 수 없고 그 미세함은 살필 수 없다. 음양이 화합된 기운이 점차 나타나지만 아득하게 섞여 있음이 끝이 없으며, 온갖 형상의 단초가 여기에서 조짐으로 나타난다. 이에 깨끗하여 어디든 통하는 맑고 밝은 기가 떠올라 하늘이 되고, 탁하여 정체된 어지럽고 어두운 기가 쌓여 땅이 된다. 평화롭고 유순한 기가 결집하여 사람의 무리가 되고, 어지럽고 사나운 기가 흩어져 잡스런 무리가 된다[元氣者, 无中之有, 有中之无, 廣不可量, 微不可察, 氤氳漸著, 混茫无倪, 萬象之端, 兆朕於此. 於是淸通澄朗之氣, 浮而爲天. 濁滯煩昧之氣, 積而爲地. 平和柔順之氣, 結爲人倫. 錯謬剛戾之氣, 散爲雜類]"라며, 도가 끊기어 이름으로 드러나자 비로소 원기를 낳고, 원기가 분화하여 서로 다른 성질과 형태를 이루어, 청양(淸陽)의 기가 있고 되고 탁음(濁陰)의 기가 있게 되며, 평화(平和)의 기와 강려(剛戾)의 기가 있게 되어, 이러한 기가 나뉘고 변화하여 천(天), 지(地), 인(人)과 뭇 사물의 부류를 낳는다고 여긴다. 성현영의 사상은 도교 교의의 우주생성 이론을 심화시켰다. 이외 도교 연양가(煉養家)들도 연기양생(煉氣養

生)의 각도에서 "원기"에 대해 강론했다. 가령 『포박자(抱朴子)』「지리편(至理篇)」에서는 "무릇 사람은 기 속에 있고, 기는 사람 속에 있다. 천지로부터 만물에 이르기까지 기로 말미암아 생기지 않은 것이 없다[夫人在氣中, 氣在人中. 自天地至於萬物, 無不須氣以生者也]"라며 양생의 지극한 요체는 "정을 보배로 여기고 기를 운행함[寶精行氣]"에 달려 있으며, 이를 통해 "온갖 병을 치료할 수 있고, 생명을 연장할 수 있다[可以治百病, 可以延年命]"고 보았다. 『운급칠첨(雲笈七籤)』 권58에서는 윤진인(尹眞人)의 원기를 복용하는 법술[服元氣術]을 다음과 같이 서술하고 있다. "무릇 인체 속의 원기는 항상 입과 코를 통해 배출되니, 이제 이를 제어하여 배출시키지 않고 단전에 가득 차게 한다. 단전이 가득차면 주리지 않고 목마르지 않으니 거의 신인에 가까워진다[夫人身中之元氣, 常以口鼻而出, 今制之令不出, 便滿丹田, 丹田滿即不饑渴, 蓋神人矣]." 도교 단경 속에는 수많은 복기(服氣)·행기(行氣)의 술법이 기술되어 있다.

음양(陰陽)
• • •

도교 교의의 중요한 개념 중 하나. 노자는 "만물은 음을 지고 양을 안고 있다[萬物負陰而抱陽]"「노자(老子)」 42장고 말하여, 만물은 "도(道)"로 말미암아 생기는데 모두 음양의 대립적인 속성을 가지고 있다고 여겼다. 『장자(莊子)』「전자방(田子方)」에서는 다음과 같이 말한다. "지극한 음은 고요하면서 차가우며, 지극한 양은 활발하면서 뜨겁다. 고요하면서 차가운 것은 하늘에서 나오고 활발하면서 뜨거운 것은 땅에서 나온다. 이 둘이 서로 사귀어 합해지면 만물이 생겨난다.[至

陰蕭蕭, 至陽赫赫. 蕭蕭出乎天, 赫赫發乎地, 兩者交通成合, 而物生焉.]" 이는 음양이 서로 교감하고 상합하여 만물을 생한다는 뜻이다. 『주역(周易)』 「계사전(繫辭傳)」에서는 음양의 상호 교감 작용을 우주의 근본 법칙으로 여겨, "한 번은 음이 되고 한 번은 양이 되는 것을 도라고 한다[一陰一陽之謂道]"는 명제를 제시했는데, 그 영향은 매우 심원하였다. 도교에서는 위에서 서술한 관념들을 흡수하여 음양설의 내용을 풍부하게 발전시켰다. 초기 도교 경전인 『태평경(太平經)』에서는 천·지·인 또는 군신(君臣)·사시(四時) 등은 모두 음양의 속성을 갖고 있어서, "천하의 모든 일은 모두 한 번은 음이 되고 한 번은 양이 되어, 서로 낳을 수도 있고 서로 자라게 할 수도 있다[天下凡事, 皆一陰一陽, 乃能相生, 乃能相養]"고 하였다. 따라서 "하늘이 음양을 잃으면 그 도가 어지러워지고, 땅이 음양을 잃으면 그 물품이 어지러워지고, 사람이 음양을 잃으면 그 후사가 끊어지고, 군신이 음양을 잃으면 그 도가 다스려지지 않고, 오행과 사시가 음양을 잃으면 재앙이 된다[天失陰陽則亂其道, 地失陰陽則亂其財, 人失陰陽則絕其後, 君臣失陰陽則其道不理, 五行四時失陰陽則爲災]"고 하였다. 또 음과 양은 홀로 생길 수 없고 반드시 이 둘의 화합작용이 있어야 하며, "음과 양이 서로 만나 사귀어서 합해진[陰陽相得, 交而爲合]" 것의 세 가지가 힘을 합치고 마음을 모아야만 비로소 자연과 사회에서 사람이 살아가는 여러 가지 사물들을 생산할 수 있다고 하였다. 동한(東漢) 위백양(魏伯陽)은 『주역참동계(周易參同契)』을 지어 신선이 되는 연단방술에 대하여 다음과 같이 논했다. "음과 양이 서로 먹고 마시니, 그 교감하는 도는 자연스럽다[陰陽相飲食, 交感道自然]", "건의 강함과 곤의 부드러움이 짝이 되어 합하고 서로 껴안는다. 양은 주고 음은 받으니, 수컷과 암컷이 서로 의지한다. 반드시 조화로써 하니 정과 기가 이에 펴진다[乾剛坤柔, 配合相包. 陽稟陰受, 雌雄相須. 須以造化, 精氣乃舒]." 이는 천지의 만물은 모두 음양의 속성을 갖고 있는데, 건과 곤이 서로 감싸안아 융합하여 떨어지지 않으며 수컷과 암컷이 서로 교구하여 정과 기가 펴져 만물을 화생한다는 뜻이다. 『참동계』는 음양으로써 단도를 논했는데, 이는 단정파(丹鼎派)에게 큰 영향을 주었다. 동진(東晉)의 갈홍(葛洪)은 『포박자(抱朴子)』에서 "음양이 도야되어 만물이 뭇 부류로 나뉜다[陰陽陶冶, 萬物群分也]"「힐포편(詰鮑篇)」, "사람은 결코 음양과 떨어질 수 없는데, 음양이 사귀지 않게 되면 꽉 막히는 병에 이를 것이다[人復不可都絕陰陽, 陰陽不交, 則坐致癰閼之病]"「석체편(釋滯篇)」라고 하였다. 당(唐)의 이전(李筌)은 『태백음경(太白陰經)』에서 "음양이 물에 의해서 생겨난 것이 아니라 만물이 음양으로 인해서 생기는 것이다[陰陽不爲物所生, 萬物因陰陽而生之]"고 하였다. 또 『음부경(陰符經)』을 주석하면서 "음양과 일월은 신묘함도 없는 것으로부터 생겨난다. 신묘함도 없는 것이란 지극한 도이다[陰陽日月從不神而生焉, 不神者, 至道也]"라고 하였다. 이는 음양으로 우주만물의 생성을 설명한 것이다. 북송(北宋)의 장백단(張伯端)은 『오진편(悟眞篇)』에서 내단 연양(煉養)의 전통을 계승하면서 단법으로 음양을 논했다. 그는 "도는 허무로부터 일기를 낳는다. 또 일기로부터 음양이 나오고, 음양은 다시 합해져 삼체를 이루는데, 삼체는 다시 만물을 생하고 번창하게 한다[道自虛無生一氣, 又從一氣產陰陽, 陰陽再合成三體, 三體重生萬物昌]"고 하였는데, 이 뜻은 다음과 같다. 생명의 본원인 "도(道)"가 선천지기(先天之氣)를 낳는다. 이 "일기(一氣)"로부터 음양이 나뉘는데, 심

(心)은 성(性)이 되고 신(腎)은 명(命)이 되며, 심은 리(離)가 되어 양(陽)에 속하고, 신은 감(坎)이 되어 음(陰)에 속한다. 음양이 삼(三)을 낳으니, 정(精)·기(氣)·신(神) 삼합(三合)이다. 이로부터 순행하면 사람이 되는데, 역행하여 근본으로 돌아가면 단을 이루어 장생할 수 있다. 도교에서 음양에 관한 해설은 여러 가지가 있는데, 대략 다음과 같다. ① 음양은 천지의 만물을 생겨나게 하는 원질(原質)의 기이다. ② 음양은 인체 내에 있으면서 사람을 생존하게 하는 동력이다. ③ 음양은 만물에 품부된 강함과 부드러움[剛柔], 뜨거움과 차가움[熱寒] 등의 자연 속성이다. ④ 선함과 악함[善惡], 인자함과 괴팍함[仁戾] 등의 도덕 속성이다.

오행(五行)

• • •

도교 교의의 개념. 수(水)·화(火)·목(木)·금(金)·토(土)를 가리킨다. 오행에 관한 관념은 『상서(尙書)』「홍범(洪範)」에 처음 보이며, 춘추전국시대에 유행했다. 『좌전(左傳)』과 『국어(國語)』에서는 오행을 만물을 구성하는 다섯 가지 물질원소로 여겼다. 전국시대에 추연(鄒衍)이 음양오행 학설을 세웠는데, 오행은 서로 극하고 또 서로 생한다고 여겼다. 후에 도교에 흡수되어 교의 이론의 중요한 내용이 되었다. 또 내단 연양가(煉養家)는 오행설을 그 연단술에 끌어 들였다. 『선불합종(仙佛合綜)』에서는 "심장 속의 원신은 형체 없는 화에 속하고, 신장 속의 원기는 형체 없는 수에 속한다. 눈빛으로 오로지 바라보기만 하면 신은 위에서 응결되고 수인 기는 끓어오르니, 곧 화로 수를 연단하여 심장과 신장이 서로 사귀는 것이다[心中元神屬無形之

火, 腎中元氣屬無形之水, 用目光專視, 神凝於上, 水氣蒸騰, 即以火煉水, 心腎相交也]"고 하였다.

혼돈(渾沌)
• • •

도교 교의 명사. 일반적으로 원기(元氣)가 나뉘지 않은 천지가 형성되기 이전의 혼연한 일체의 상태를 가리킨다. "혼돈"이란 용어는 『장자(莊子)』「응제왕(應帝王)」에서 나왔는데, 그 내용은 다음과 같다. 중앙의 임금은 칠규(七竅)눈·코·귀·입의 일곱 구멍가 없었는데, 그의 친구인 남해의 임금과 북해의 임금이 그의 은덕에 보답하고자 그에게 칠규를 뚫어 주기로 했다. 그 결과 칠규는 모두 뚫렸으나 중앙의 임금인 혼돈은 죽어버렸다. 장자는 이 비유로써 사람은 자연적인 상태를 따라야 하고 자연을 거슬러 억지로 작위함은 반대해야 함을 말했다. 『노자(老子)』 42장에서는 "도는 일을 낳고, 일은 이를 낳고, 이는 삼을 낳고 삼은 만물을 낳는다[道生一, 一生二, 二生三, 三生萬物]"고 했다. 당(唐)의 도사 이영(李榮)은 이를 주석하여 "원기가 나뉘기 전이므로 일이라고 한다[元氣未分, 故言一也]"고 하며, "일(一)"은 "도(道)"가 변화하여 생긴 혼돈의 기라고 여겼다. "혼돈(渾沌)"은 "혼돈(混沌)"이라고도 하는데, 도교에서는 창세기(創世紀) 중 중고기(中古紀)의 제1기로 여긴다. 『태상노군개천경(太上老君開天經)』에서 다음과 같이 말한다. "혼돈의 때에 비로소 산천이 있게 되었다. 노군이 내려와 스승이 되어 혼돈에게 가르침을 주어 72겁 동안 천하를 다스리게 했다. 혼돈이 널리 퍼져 산천과 오악(五嶽)과 사독(四瀆)을 이루자, 고하(高下)와 존비(尊卑)가 일어나기 시작했다. 혼돈 이래로 비로소 인식할 수 있는 이름이 있게 됐다. 혼돈이 이름을 부르자 두 아들이 생겨났는데, 큰아들은 호신(胡臣)이고 작은 아들은 호령(胡靈)이다. 호신은 죽어서 산악의 신이 되었고, 호령은 죽어서 물의 신이 되었기 때문에, 이름하여 오악과 사독이라고 한다.[混沌之時, 始有山川, 老君下爲師, 敎示混沌, 以治天下七十二劫. 混沌流行, 成其山川, 五嶽四瀆, 高下尊卑, 乃其始起也. 混沌以來, 始有識名. 混沌號生二子, 大者胡臣, 小者胡靈. 胡臣死爲山嶽神, 胡靈死爲水神, 因卽名爲五嶽四瀆.]" 도교 경전 중에서, 혼돈(混沌)은 세기명(世紀名)이면서, 또 일기가 변화한 상태의 이름이자 신의 이름으로 쓰인다.

성명(性命)
• • •

도교 교의 개념. 성명에 대한 도교 각파의 해석이 모두 같은 것은 아니다. 도가에서 장자(莊子)는 "성(性)"을 사람이 태어나면서 가지고 있는 소질로 여기고, "성이란 타고난 질(質)이다[性者, 生之質也]"『장자(莊子)』「경상초(庚桑楚)」라고 하였다. 또 "오래 되면 성이 되고, 결국에는 명이 된다[長乎性, 成乎命]"라고 하였다. 임희일(林希逸)은 이를 주석하여 "명(命)"은 곧 자연의 이치라고 했다. 내단파는 "성명(性命)"을 수련의 핵심 내용으로 삼았다. 『대단직지(大丹直指)』에서는 "금단의 이치는 성명 하나에 있을 뿐이다[金丹之理, 在一性命而已]"라고 한다. 일반적으로 성명에서 성은 심성(心性) 명은 생명으로 여겨진다. 남종(南宗)의 백옥섬(白玉蟾)은 "신은 곧 성이요, 기는 곧 명이다[神卽性也, 氣卽命也]"라고 하여, 의식[神識]을 성으로, 선천지기(先天之氣)를 명으로 여겼다. 그는 마음을 닦아 성을 단련하고[修心煉

性] 기를 단련하여 명을 닦는[煉氣修命] 수련을 통해 사람의 정신과 신체에 근본적인 변화를 생기게 함으로써 환골탈태하여 늙은이를 어린이로 돌아가게 하고 청춘을 영원히 간직하게 할 수 있다고 주장했다. 금단파(金丹派) 남·북종은 모두 "성명쌍수(性命雙修)"를 주장하는데, 다만 수련방법에서 순서가 다르다. 장백단(張伯端)을 으뜸으로 삼는 남종은 선명후성(先命後性)을 주장한다. 장백단은 "명이 없다면 어찌 성이 있겠는가?[命之不存, 性將焉存?]"라고 하여 명공(命功)을 닦는 것을 근본으로 삼았다. 유일명(劉一明)은『오진편(悟眞篇)』을 주석하면서 다음과 같이 말했다. "성명은 반드시 함께 닦아야 하니, 공부에도 또한 두 가지가 필요하다. 대개 금단의 도는 성을 닦고 명을 닦는 도이다. 명을 닦는 것은 작위가 있고, 성을 닦는 것은 무위하다. 작위가 있는 도란 술(術)로 명을 늘리는 것이요, 무위한 도란 도로 형을 온전히 하는 것이다. 그러므로 금단의 도는 반드시 유위하여 후천에서 선천으로 돌아가 나의 본래 명보(命寶)를 되돌려야 한다. 명보를 얻고 난 후에는 조화가 떠나지 않는다. 이에 근원을 안고 하나를 지키며 무위의 도를 행하여 진공의 본성을 깨달으면 곧바로 가장 높은 일승의 묘한 도로 넘어갈 수 있다.[性命必須雙修, 工夫還要兩段. 蓋金丹之道, 爲修性修命之道, 修命有作, 修性無爲. 有作之道者, 以術延命也; 無爲之道者, 以道全形也, 故金丹之道, 必須有爲, 於後天中返先天, 還我本來命寶, 命寶到手後, 不爲造化所移, 於是抱元守一, 行無爲之道, 以了眞空本性, 直超最上一乘之妙道矣.]"『오진직지(悟眞直指)』권2. 이는 유위인 명공은 단법을 시작하는 공부로, 무위인 성공은 단법을 마치는 공부로 여긴 것이다. 왕중양(王重陽)을 으뜸으로 하는 북종(北宗)은 선성후명(先性後命)을 주장하여 성을 닦는 것을 주로 삼았다. 『중양수단양이십사결(重陽授丹陽二十四訣)』에서 "주인은 성이요, 손님은 명이다[主者是性, 賓者是命]"라고 했다. 왕중양의 제자 구처기(丘處機)는 "우리 북종은 오로지 견성을 귀하게 여기고, 수화배합은 그 다음으로 여긴다[吾宗惟貴見性, 而水火配合其次也]"고 말한다. 여기에서 수화배합(水火配合)은 명을 닦는 술법을 가리키는 것으로, 도를 닦는 것은 마땅히 성을 닦음을 주로 하고 명을 닦음을 그 다음으로 삼아야 한다고 여긴 것이다.

현덕(玄德)

• • •

도교 교의 개념. 도가에서는 만물이 "도(道)"로부터 얻은 것을 "덕(德)"이라 칭하는데, "현덕(玄德)"은 곧 아득하고 심원한 덕이다. 『노자(老子)』 51장에서는 "도가 낳고 덕이 기른다[道生之, 德蓄之]", "낳고도 소유하지 않고, 하고도 의지하지 않으며, 기르고도 주재하지 않으니 이를 일러 현덕이라고 한다[生而不有, 爲而不恃, 長而不宰, 是謂玄德]"고 하였다. 이 뜻은 만물을 길러내지만 공이 있다고 자처하지도 않고 주재하지도 않으며 스스로 그러함에 맡기는데, 이를 가장 심원한 덕이라고 부른다는 것이다. 따라서 65장에서 또 "현덕은 깊도다, 멀도다, 물과 함께 되돌아가도다. 그런 연후에 크게 따름에 이르는구나[玄德深矣, 遠矣, 與物反矣, 然後乃至大順]"라고 한다. 임희일(林希逸)은 이를 주석하여 "크게 따른다는 것은 곧 스스로 그러함을 말한다[大順即自然也]"라고 한다. 도교에서는 현덕이란 개념을 흡수하여 교의 내용으로 만들었다. 『노자상이주(老子想爾注)』에서는 "현은 하늘이다[玄, 天也]"라고 한다. 이는 현덕을 하늘의 덕으로 해석하고, 하늘의 덕은 도에서 품부 받았다고 여긴 것이다. 그리고 도교에서는 현덕을 사람이 본받아야 할 법으로 삼았다. 『하상공주(河上公注)』에서도 『상이주』와 같이 말하고서, "자신을 다스리고 나라를 다스리는 법식을 알 수 있는 것을 하늘과 같은 덕이라고 한다[能知治身治國之法式, 是謂與天同德]"라고 하였다. 성현영(成玄英)은 "아득한 진이 도와 들어맞는 것을 현덕이라고 한다. 궁극의 깊은 경계를 심원이라고 한다[冥眞契道, 謂之玄德. 窮深極際, 謂之深遠]"『노자의소(老子義疏)』라고 말했다. 이 뜻은 도를 닦는 자가 "만물을 이롭게 하되 공은 잊어버리고[利物忘功]", 성인을 본받으며 참된 도를 체득하는 것이 바로 심원한 덕이라는 것이다. 장사성(張嗣成)은 『도덕진경장구훈송(道德眞經章句訓頌)』에서 수도자의 현덕의 경지에 대해 다음과 같이 묘사하고 있다. "사대가 임시로 모여 영명함에 의탁했구나. 순리로써 유지하니 텅 비어 영위할 바가 없다. 안으로 자신을 살펴보니 천하는 저절로 평안하다. 들고나는 때에 움직임과 고요함을 살펴보네. 뭇사람들은 밝음에 현혹되나 홀로 눈먼 듯하구나. 그 공이 없으면 그 성스러움도 성스럽지 않네. 체와 용은 저저로 그러하니 이것이 참된 성명이라네.[四大假合, 托乎靈明. 順以保之, 沖然無營. 內視何有, 天下自寧. 出入之機, 審動與靜. 衆眩其聰, 我則若瞑. 不有其功, 不聖其聖. 體用自然, 斯眞性命.]"

현람(玄覽)

• • •

도교 교의 개념. 마음의 경지가 맑고 밝으면 곧바로 도를 깨닫는다는 것을 의미한다. 노자(老子)가 가장 먼저 언급했다. 그는 "깨끗이 씻어내고 현람하여 흠이 없게 할 수 있겠는가?[滌除玄覽, 能無疵乎?]"『노자(老子)』 10장라고 말해, '현람'을 일종의 신비로운 직관적 인식방법과 마음 수양의 방식으로 만들었다. 그 구체적인 방법은 "텅 빔에 이르길 지극히 하고, 고요함을 지키길 돈독히 하라[致虛極, 守靜篤]"『노자』 16장, "그 구멍을 막고 그 문을 막으며, 날카로움을 꺾고 어지러움을 풀며, 빛을 부드럽게 하여 티끌과 함께 한다[塞其兌, 閉其門, 挫其銳, 解其紛, 和其光, 同其塵]"『노자』 56장라는 것이다. 도교에서는 이 개념을 따르고 발전시켜서 "도를 닦아 신선이 되는[修道成仙]" 수행방식으로 만들었다. 하상공(河上公)은 『노자주(老子注)』에서 "마음이 아득하고 어둑한 곳에 거하면서 만물을 살펴보고 알기 때문에 현람이라고 한다[心居玄冥之處, 覽知萬物, 故謂玄覽]"라고 말했는데, 이는 도를 닦아 몸을 보양하는 측면에서 현람을 해석한 것이다. 『노자상이주(老子想爾注)』에서는 "사람은 천지를 닮았다. 람(覽)은 넓다는 뜻이다. 자(疵)는 악함이니, 도가 좋아하는 것이 아니다. 마땅히 자신을 깨끗이 씻어내어 행동에 악이 없도록 해야만 한다[人身象天地. 覽, 廣也. 疵, 惡也, 非道所喜. 當滌除一身, 行必令無惡也]"고 하였다. 이는 선행을 쌓는 수행으로 자신을 깨끗이 한다는 종교적 측면에서 현람을 해석한 것이다. 당(唐) 현종(玄宗)은 『도덕경어소(道德經御疏)』에서 "현람이란 마음의 거울이다. 사람이 탐욕에 물듦은 욕심이 일어났기 때문이니, 마땅히 씻어내고 다스려 마음의 거울을 청정하게 하면 정욕이 일어나지 않을 것이니 병을 없앨 수 있지 않겠는가? 이는 사람들에게 마음 닦음을 가르친 것이다[玄覽, 心照也. 人之耽染, 爲起欲心, 當須洗滌除理, 使心照清靜, 情欲不起, 能令無疵病乎? 此教人修心也]"라고 말했는데, 이는 현람을 도를 행하는 사람이 마음을 닦는 방식으로 여긴 것이다.

허무(虛無)

● ● ●

도교 교의 개념. 그 뜻은 "무(無)"와 같다. 『일체경음의(一切經音義)』에서는 『성류(聲類)』를 인용하여 "무는 허무이다[無, 虛無也]"라고 했다. 노자(老子)는 "도(道)"는 형체도 없고 이름도 없고 소리도 없고 색깔도 없고 끝도 없지만 만물을 낳아 기름에 다함이 없다고 여겼다. 그러므로 "천하의 만물은 유에서 나왔고, 유는 무에서 나왔다[天下萬物生於有, 有生於無]"고 말했다. 노자의 "무(無)"는 곧 도의 본체에 해당한다. 장자(莊子)는 "도"는 절대적이고 상대가 없는데 "도"를 "무"라고 간주하면 "유(有)"의 상대가 되므로 마땅히 "도"를 "무무(無無)"라고 간주해야 옳다고 여겼다. 도교는 이 개념을 계승 발전시켜 교의의 하나로 만들었다. 『포박자(抱朴子)』「지리편(至理篇)」에서는 "유는 무로 인해 생겨나고, 형은 신에 의지하여 나타난다. 유란 무의 궁실이다[夫有因無而生焉, 形須神而立焉. 有者, 無之宮也]"라고 한다. 이는 무가 본원이고 유는 무가 구체적으로 드러난 것이자 무가 기거하는 궁실이라고 여긴 것이다. 당(唐)의 성현영(成玄英)은 "삼라만상은 모두 허상이다. 그러므로 이 유로써 표지로 삼은 것이니, 곧 유로 공을 드러냄을 밝힌 것이다[萬象森羅, 悉皆虛幻, 故標此有, 明即以有體空]", "이제 유가 곧 유가 아니고, 또한 무도 무가 아님을 밝혔다[今明非但有即不有, 亦乃無即不無]"고 말한다. 이는 천지만물은 도의 본체로부터 나오는데 도의 본체는 본래 공허하므로, 만물이 유이지만 실제로는 무이고, 무가 곧 유이며 유가 곧 무라고 여긴 것이다. 그러므로 "도라는 것은 유가 아니면서 유이다. 유이면서 유가 아니라면 무가 아니면서 무인 것이다. 무이면서 무가 아니라면 유와 무가 정해지지 않은 것이다[道之爲物也, 不有而有, 雖有不有, 不無而無, 雖無不無, 有無不定].”『노자의소(老子義疏)』. 성현영은 사변적 특징이 있는 중현학의 관점으로 허무를 해석한 것이다. "중현(重玄)"을 참고하라. 북송(北宋)의 진경원(陳景元)은 “허정이란 만물의 근본이다. 유는 일이다. 일이란 원기이다. 천하의 만물은 모두 원기에서 나왔음을 말한다. 원기는 유에 속하고 빛은 있으나 상은 없고, 비록 빛은 있지만 허무에서 나왔다. 허무란 도의 체이다[虛靜者, 物之本. 有, 一也. 一者元氣也. 言天下之萬物皆生於元氣也. 元氣屬有, 有光而無象, 雖有光景, 出於虛無. 虛無者, 道之體也]”라고 말했다. 그밖에 도교 연양(煉養) 이론에는 “13허무(十三虛無)”의 설이 있다. 즉, 허(虛)·무(無)·청(淸)·정(靜)·미(微)·과(寡)·유(柔)·약(弱)·비(卑)·손(損)·시(時)·화(和)·색(嗇) 등 13가지의 허무를 주로 하는 양생 요지를 말한다. 그 중에서 허와 무에 대해 “형체를 잊어버리고 없는 듯 조용히 있는 것을 허라고 한다. 심의를 잊어버리고 작위적인 욕심을 없애버리는 것을 무라고 한다[遺形忘體, 恬然若無, 謂之虛. 損心棄意, 廢僞去欲, 謂之無]”라고 했다.

귀유(貴柔)
• • •

도교 교의 내용 중 하나. 유(柔)란 유약하다는 뜻이다. “귀유(貴柔)”는 원래 노자(老子)의 처세철학이다. 그는 “사람이 살아 있을 때는 부드럽고 약하지만 죽으면 단단하고 억세다. 만물과 초목은 살아 있을 때는 부드럽고 연하지만 죽으면 마르고 거칠다. 그러므로 단단하고 억센 것은 죽음의 무리이고, 부드럽고 약한 것은 생의 무리이다[人

之生也柔弱, 其死也堅强. 萬物草木之生也柔脆, 其死也枯槁. 故堅强者死之徒, 柔弱者生之徒]"라고 말했다. 이로부터 "단단하고 억센 것은 아래에 처하고 부드럽고 약한 것은 위에 처한다[堅强處下, 柔弱處上]", "부드럽고 약한 것이 강하고 억센 것을 이긴다[柔弱勝剛强]", "부드러움을 지키는 것을 강이라 한다[守柔曰强]"라는 주장을 제시했는데, 이는 노자의 중요한 인생관이 되었다. 도교에서는 이 사상을 흡수하여 수도하여 장생한다는 수행관념과 세상에 대처하는 방법으로 발전시켰다. 북송(北宋)의 진경원(陳景元)은 『노자(老子)』 10장 "기를 전일하게 하여 부드러움을 이루어 어린아이와 같이 될 수 있겠는가?[專氣致柔, 能如嬰兒乎?]"라는 구절을 주석하여 다음과 같이 말했다. "사람은 우뚝하게 독화하니, 자연의 조화롭고도 오묘한 기를 품부 받아 형을 갖고 태어날 때는 저절로 뒤섞이거나 물듦이 없었다. 만약 전일하게 조화롭고도 오묘한 기에 맡기고 식견을 모두 잊어 기를 저절로 순화되게 하면, 형체는 저절로 유약해지고 뭇 악에게 해를 입지 않으니 이것이 영아의 온전한 조화로움을 얻은 것이다. 이는 사람들에게 기를 기르는 것을 말한 것이다.[夫人卓然獨化, 稟自然沖和妙氣, 氣降形生, 自無雜染. 若乃專任沖妙, 知見都忘, 使氣自純和, 形自柔弱, 不爲衆惡所害, 是得嬰兒之全和也. 此敎人養氣也.]" 이는 양생의 각도에서 "유약"의 묘용을 설명한 것이다. 당(唐)의 성현영(成玄英)은 "작음을 보는 것을 밝음이라 하고, 부드러움을 지키는 것을 강함이라 한다[見小曰明, 守柔曰强]"라는 구절을 해석하여 다음과 같이 말한다. "작음을 볼 수 있다면 지혜는 더욱 밝아지고, 더하여 도를 쓸 수 있다면 겸허하고 온화하며 부드러워질 것이다. 그러므로 그 덕업이 날로 강성해진다. 도를 배우는 처음에는 정(定)과 혜(慧)가 있고, 행(行)과 해(解)가 있다. 작음을 보는 것은 혜와 해의 문이요, 부드러움을 쓰는 것은 정과 행의 기술이다. 그러므로 육도(六度) 속에 정·혜·행·해가 있다. 육도의 앞의 다섯보시(布施)·지계(持戒)·인욕(忍辱)·정진(精進)·선정(禪定)은 행이요, 뒤의 하나지혜(智慧)는 해이다. 해는 곧 혜이며, 그 행은 정과 유를 겸하고 있다. 그리하여 공으로 유를 인도하고 유로 공을 도와주니, 도와주고 끌어주는 주체를 밝히고자 한 것이다. 그러므로 부드러움을 쓰고 작음을 본다고 말한 것이다.[旣能見小, 卽智慧增明, 復能用道, 謙和柔弱, 故其德業日日強盛也. 夫學道之初, 有定有慧, 有行有解, 見小卽是慧解之門, 用柔卽是定行之術. 故六度之中, 卽有定行慧解, 前五是行, 後一是解. 解則是慧, 其行則兼定兼有, 而以空導有, 以有資空, 欲明資導之能, 故言用柔見小也.]" 이 중에서 정(定)·혜(慧)·행(行)·해(解)는 모두 불교 용어를 끌어들인 것인데, 그 뜻을 나누어 보면 선정(禪定)·지혜(智慧)·수행(修行)·지해(知解)이다.

색(嗇)

· · ·

도교 교의 개념. 노자(老子)가 가장 먼저 제시했는데, 절약하고 아낀다는 뜻으로 "검(儉)"과 같은 뜻이다. 노자의 "삼보(三寶)" 중 하나이다"삼보"를 참고하라. 『노자』 59장에서는 "사람을 다스리고 하늘을 섬기는 데 아끼는 것 만한 것이 없다[治人事天莫若嗇]"라고 한다. 이는 "색"으로 몸을 다스리면 정이 고갈되지 않아 비로소 생을 온전히 하고 성을 길러서 타고난 수명을 다할 수 있다고 여긴 것이다. 또 "색"을 써서 나라를 다스리면 백성을 수고롭게 하지 않아 비로소 그 나라를 향유할 수 있고 사직을 편안하게 할 수 있다고 여긴 것이다. 도교는 이 개념을 흡수하여 선학(仙學)의 중요한 양생 원칙으로 발전시켰다. 『하상공노자주(河上公老子注)』에서는 "색은 아낀다는 뜻이다. 몸을 다스리는 자는 마땅히 정기를 아끼고 함부로 쓰지 말아야 한다[嗇, 愛也. 治身者當愛精氣而不放逸]"고 말하여 몸의 정기를 아끼고 방사(房事)를 삼가하여 몸을 수고롭게 하지 말 것을 강조했다. 당대(唐代) 두광정(杜光庭)은 『도덕진경광성의(道德眞經廣聖義)』에서 다음과 같이 말했다. "도를 닦는 사람이 신을 아껴 몸을 편안하게 하고 기를 쌓아 조화를 온전하게 하며 안으로 삼관을 견고히 하고 밖으로 모든 사려를 없앤다면, 온갖 신들이 복종하여 모든 행동에 둘러싼다. 변화가 무궁하며 오랫동안 삶을 누리게 된다. 혼원의 영역과 무하유의 고향에 깊이 뿌리박고서 구노(九老) 칠원(七元)과 어깨를 나란히 할 수 있다.[修道之士, 嗇神以安體, 積氣以全和, 內固三關外²祛萬慮, 百神率服衆行周圓. 變化莫窮, 享年長久, 固蒂於混元之域, 深根於無何有之鄉, 與夫九老七元差肩接武矣.]" 이와 같다면 "깊이 뿌리박아서 오랫동안 살 수 있고[深根固蒂, 長生久視]" 신선이 될 수 있다.

생(生)

. . .

도교 교의의 기본 개념. 도교에서는 도를 닦아 신선이 되고 죽지 않고 오랫동안 사는 것을 추구하기 때문에 특히 "생(生)"을 중시한다. 생이란 생명을 유지한다는 뜻이다. 『노자(老子)』에서는 "깊이 뿌리박

---

2. 外: 원서에는 '而'로 되어 있으나 원문에 따라 교감하였다.

아서 오랫동안 살 수 있는[深根固蒂, 長生久視]" 도를 강조했다. 초기 도교는 이 사상을 계승하고 개조하여 발전시켰다. 예를 들면 『노자상이주(老子想爾注)』에서는 『노자』 본문의 "공정하게 되면 왕과 같이 되고 왕과 같이 되면 광대해진다[公乃王, 王乃大]"라는 구절을 "공정하게 되면 살아가게 되고 살아가면 광대해진다[公乃生, 生乃大]"고 고쳤다. 또 "생"을 도(道)·천(天)·지(地)와 나란히 놓아 "세상에서 큰 것 네 가지[域中四大]" 중의 하나로 만들고 여기에 "생은 도의 다른 체이다[生, 道之別體也]"라고 주석했다. 이는 "생"을 "도"가 드러난 형식으로 여겨서, "생을 배움[學生]" 즉 장생하는 법을 배워서 "중화의 도를 지키기[守中和之道]"를 주장한 것이다. 『역(易)』 「계사(繫辭)」에서는 "천지의 큰 덕을 생이라 한다[天地之大德曰生]"라고 했다. 『포박자(抱朴子)』「근구편(勤求篇)」에서는 "천지의 큰 덕을 생이라 한다. 생은 물을 좋게 하는 것이다. 그래서 도가에서 지극히 비밀스럽게 여기고 중시하는 것으로 장생의 방법보다 더한 것이 없다[天地之大德曰生. 生好物者也. 是以道家之所至秘而重者, 莫過乎長生之方也]"라 한다. 이는 "생"은 천지가 도로부터 품부 받은 가장 큰 덕성으로 "지극히 비밀스럽고 귀중하며[至秘而重]", 도교에서 전수되는 것 중에 "선사가 감히 가벼이 전수해 주지 않은 것[先師不敢以輕行授人]"으로 여긴 것이다. 『태평경(太平經)』에서도 "천도는 죽임을 싫어하고 살림을 좋아한다[天道惡殺好生]"라고 했다. 이러한 "생"에 대한 중시는 도교 각 파에서 기본적으로 같다. 위진(魏晉) 이후에 이를 기초로 하여 도교이론가들이 또 "생과 도를 지켜서 오랫동안 사라지지 않게 해야 한다[生道相守, 長存不亡]"라는 교의를 제시하고 밝혔는데, 이는 "양생하는 사람은 삼가 도를 잃어버리지 않도록

하여[養生者愼勿失道] "생과 도가 하나로 합해지게[生道合一]" 해야
만, 선학 수련의 장생 목적에 도달할 수 있다고 주장한 것이다.

동정(動靜)

• • •

　도교 교의 개념. 동은 변하고 움직인다는 뜻이고, 정은 정지하고 변
하지 않는다는 뜻이다. 『노자(老子)』에서는 "무릇 물은 많고도 많지
만, 각자 그 뿌리로 돌아간다. 뿌리로 돌아가는 것을 정이라 하니, 이
것을 복명이라 한다[夫物芸芸, 各復歸其根, 歸根曰靜, 是謂復命]"라
고 하였다. 이는 곧 만물은 계속 변화하여 항상됨이 없으나 결국에는
허정으로 돌아간다고 말한 것이다. 『노자』에서는 또 "정은 조급함의
임금이다[靜爲躁君]"라고 주장했다. 도교에서는 노자의 이러한 사상
을 흡수하고 발전시켜 교의 이론의 내용으로 만들었다. 한대(漢代)의
위백양(魏伯陽)은 『주역참동계(周易參同契)』에서 "동정은 항상됨이
있는데 그 법칙을 따르면 사시의 변화를 따를 수 있고 음양의 기와
서로 통할 수 있다[動靜有常, 奉其繩墨, 四時順宜, 與氣相得]"라고
하였다. 이는 곧 천지가 동정하는 운행에는 따를만한 일정한 법칙이
있는데, 만약 이를 장악하게 되면 단도의 연양이 사계의 변화와 서로
적절하게 화합하고 따르게 할 수 있고, 음양의 기와 통하는 데 지장
이 없게 될 수 있다고 말한 것이다. 또 "건은 동하여 곧아서 기가 펴
지고 정이 흐르며, 곤은 정하여 수렴해서 도가 거처할 집이 된다[乾
動而直, 氣布精流, 坤靜而翕, 爲道舍廬]"라고 주장하여, 동정과 『역
경(易經)』의 건곤 두 괘를 연결시켜 단을 만드는 뜻을 논술했다. 『태
평경(太平經)』에서도 동정을 언급한다. "사람은 나면서 음양을 갖추

고 있는데, 동하거나 정하며 노하거나 기뻐함에는 각각의 때가 있으나 이때는 빈모가 합쳐지지 않은 때이다[人生備具陰陽, 動靜怒喜皆有時, 時未牝牡之合也]." 이 뜻은 하늘은 양이며 움직임을 주로 하여 낳고 땅은 음이며 고요함을 주로 하여 키우니, 음과 양이 서로 화합하여 만물을 낳는 것처럼 사람도 모두 음양의 성질을 갖고 있다는 뜻으로 이는 양생의 측면에서 동정을 설명한 것이다. 당대(唐代) 사마승정(司馬承禎)은 "좌망(坐忘)" 수도를 주장했는데, "고요함은 지혜를 낳고 움직임은 어리석게 만든다[靜則生慧, 動則成昏]"라고 하여, 심령(心靈)이 텅 비고 고요해야 참된 도를 깨달을 수 있는 지혜를 낳을 수 있고, 심신(心神)이 빨리 움직이면 사람을 어리석게 하여 도와 멀어지게 한다고 여겼다. 당(唐)의 이영(李榮)은 "중현(重玄)"의 관점으로 동정을 해석했다. 그는 『노자주(老子注)』에서, "지극한 도[至道]"는 가마득하고 고요하며 맑고 동요함이 없는데, 만물을 낳고 기르는 측면에서 보면 무로부터 유가 생겨나 변동이 그치지 않기 때문에 또 동(動)한 것이 있다고 말했다. 도가 만물을 생성한다는 것은 정[寂]으로부터 동이 일어난다는 것이요, 만물이 뿌리로 돌아간다는 것은 동을 멈추고 정으로 돌아간다는 것이다. 이와 같다면 "동하더라도 항상 동하지 않고 정하더라도 항상 정하지 않아서[動不常動, 寂不常寂]" 영구히 그러한데, 다만 "중생(衆生)"을 가르치기 위해 "도(道)"에 정도 있고 동도 있다고 말한 것이다. 실제로 동과 부동[적정(寂靜)]을 "동도 아니고 동 아님도 아니다[非動非不動]"라고 보아야 비로소 중현(重玄)의 중도(中道)의 뜻이 된다. 궁극적으로는 "정하거나 동함에 정과 동을 모두 멈추어야[唯寂與動, 寂動俱息]" 지극히 허하고 공무(空無)한 중현의 경지에 도달할 수 있다.

중현(重玄)

* * *

"우현(又玄)"이라고도 한다. 도교 교의 개념. 남북조(南北朝) 후기
에서 수당(隋唐)에 이르는 시기에 일부 도교학자들이 『노자(老子)』의
언어형식을 빌려 위진(魏晉) 현학(玄學)과 불교 사상의 일부분을 흡
수하고 융합하여 형성한 사변적 특징을 가진 새로운 도교 교의 이론
이다. 도가 경전인 『노자』에서는 "현하고 또 현하니, 모든 현묘함의
문이로다[玄之又玄, 衆妙之門]"라 했다. 이 속의 "현(玄)"은 속성개
념일 뿐이지 실체를 표현한 것은 아니다. 이는 "도(道)"의 아득하고
심원한 상태를 표현한 것이다. 도교의 중현학자들은, 세속의 사람들
은 "만물은 유이다[萬物爲有]"라고 주장하고 도를 닦는 사람들은 "만
물은 무이다[萬物爲無]"라고 여기는데, 이는 모두 한쪽에 치우친 병
폐가 있다고 여겨서 "위진(魏晉) 시기의 뛰어난 유자들은 현을 모른
채 유와 무를 오갔다[魏晉英儒, 滯玄通於有無之際]"이영의 『노자주서(老
子注序)』라고 말하기도 했다. 그러므로 "유도 아니고 무도 아닌[非有非
無]" 중도를 주장하며, "중도라는 약으로 한 쪽으로 치우친 두 가지
병을 치료하는[以中道之藥, 醫治二偏之病]" 것을 "현(玄)"이라고 불
렀다. 그러나 "또 수행하는 이들이 이 현에 얽매일 것을 염려하여, 이
제 '우현(又玄)'을 말함으로써 현에 얽매이는 병통을 제거하여, '얽매
임'에 얽매이지 않을 뿐 아니라 '얽매이지 않음'에도 얽매이지 않게 했
다. 이는 곧 떠나보내고 다시 떠나보내는 것이다. 그러므로 현묘하고
또 현묘하다고 말한 것이다[又恐行者滯於此玄, 今說又玄, 更袪後病,
既而非但不滯於滯, 亦乃不滯於不滯. 此則遣之又遣, 故曰玄之又玄]"
성현영(成玄英)의 『노자의소(老子義疏)』라고 하였다. 이와 같이 "한 쪽으로 치

우친 병폐를 제거하고 나면, 중이라는 약도 다시 떠나보내서[二偏之病旣除, 一中之藥還遣]", "약과 병을 한꺼번에 모두 없애버린다[唯藥與病, 一時俱消]." 이는 "현"으로 "유무"의 한쪽으로 치우친 병을 깨부순 후에 사람의 의식이 여전히 현에 집착하지 못하도록 한 걸음 더 나아가 "우현" 즉 "중현"을 주장하여, "현"이라는 중도도 떠나보내고 아무것도 없도록 하여 일종의 "인식의 대상과 인식 주체의 지혜가 모두 사라지고[境智雙泯]", " 주관과 객관이 모두 사라지는[能所都忘]" (객관인 대상의 경계와 주관인 마음의 인식을 잊어버리는) 완전한 허공의 경지에 도달한다는 뜻이다. 이러한 중현의 경지는 "텅 비어 끝없이 넓고 환히 트여 걸림이 없으며, 만상의 핵심을 총괄하고 백령의 문을 열어준다[寥廓無端, 虛通不礙, 總萬象之樞要, 開百靈之戶牖]." 이 경지는 통하지 않는 바가 없으며 시작도 없고 끝도 없으니, 도를 닦는 자가 이 이치를 철저하게 깨닫는다면 마음[心靈]의 문을 열 수 있으며 우주만물의 관건을 파악하고 인식할 수 있게 된다. 중현사상은 봉건시대 도교 교의 이론에 막대한 영향을 끼쳤다.

중도(中道)

· · ·

도교 교의 개념. "중도(中道)"는 원래 불교의 용어인데, 도교에서 이를 차용해 "중현(重玄)"의 도를 닦는 과정 중의 한 단계를 표현했다. 당(唐)의 이영(李榮)은 "지극히 낮은 것이 유에 빠질까 염려하여 들어 올려 유가 아니게 한다. 유도 아니고 공도 아니고 중도에 합치해야 한다[極下慮之滯有, 擧之令不有也. 不有不空, 合於中道也]"라고 말했다. 이 뜻은 하고자 함이 있는 사람[有欲之人]은 "유(有)"를 주장하고 하고자 함이 없는 사람[無欲之人]은 "공(空)"즉 "무(無)"를 주장하는데, 모두 치우친 견해라는 뜻이다. 이영은 이를 "두 가지의 치우침[二偏]"이라고 불렀다. 그는 병과 약의 관계로 비유하여 다음과 같이 말한다. "도는 치우치지 않아서 도의 쓰임은 반드시 중에 있으며, 반드시 유에 있는 것은 없다. 중화의 도는 유도 아니고 무도 아니다. 이미 유와 무가 아니니 저 중도의 약을 빌려 양쪽의 병을 깨뜨려야 한다. 그 후에 병이 사라지면 약도 버려서 치우침도 사라지고 중도 잊어버려서 아무것도 없게 해야 한다.[道非偏物, 用必在中, 無必有有. 中和之道, 非有非無. 有無旣非, 借彼中道之藥, 以破兩邊之病, 病去藥遺, 偏去中忘, 都無所有.]"이영 『노자주(老子注)』 이러한 중도를 "현(玄)"이라고도 한다. 이영은 중도의 관점으로 만사만물을 대하면서 다음과 같이 말했다. "조용하지도 않고 시끄럽지도 않아 중화에 처하는 것이 도에 들어가는 기초이다. 그러므로 수컷의 사나운 마음을 가진 자는 진을 온전하게 할 수 없고, 암컷의 부드러운 성을 가진 자는 도에 뜻을 둘 수 없음을 알아야 한다. 이제 수컷의 성이면서 암컷의 성향을 지키면 시끄럽지도 않고 빠르지도 않게 됨을 알아야 하고, 암컷의 성이면서 수컷의 성향을 지키면 조용하지도 않고 느리지도 않음을 알아야 한다. 이렇게 되면 양 극단에 얽매이지 않아 저절로 중도에 합해진다.[不靜不躁, 處於中和, 入道之基也. 故知懷雄猛之心者未可全眞, 抱雌柔之性者不能志道. 今知性雄而守雌, 則不躁不速. 亦知性雌而守雄, 則不靜不遲, 不滯兩邊, 自合中道.]"『노자주』 즉 중도에 도달하는 것이 곧 도에 들어가는 기초를 다지는 것이라는 뜻이다.

승부(承負)

• • •

도교 교의 개념. 선대의 선행과 악행에 대한 응보를 그 후손에게 부담한다는 뜻이다. 이러한 관념은 초기 도교에서 유행했다. 『태평경(太平經)』에서 다음과 같이 말한다. "승(承)하는 자는 선대이고 부(負)하는 자는 후손이다. 승이란, 선대가 본래부터 천심을 계승하여 행하다가 자기도 모르는 사이에 조금씩 잃어버리게 되는데, 그것이 날마다 쌓이고 모여서 많아지면 후손이 죄도 없이 그 잘못에 대한 벌을 받아 대를 이어 재앙을 입는다는 것을 말한다. 그러므로 선대가 승하고 후손이 부하게 된다. 부란, 선대가 후손에게 부담지우는 것이다. [承者爲前, 負者爲後. 承者, 乃謂先人本承天心而行, 小小失之, 不自知, 用日積久, 相聚爲多, 令後生人反無辜蒙其過謫, 連傳被其災, 故前爲承, 後爲負也. 負者, 乃先人負於後生者也.]" 이 말은, 선대가 과실을 범하고 그것이 쌓여 많아지면 후손이 되갚음을 받게 되는데 후손이 죄도 없이 선대의 잘못을 이어받는 것을 "승부(承負)"라고 부른다는 것이다. 같은 이치로 선대가 선을 행해 덕을 쌓으면 후손이 되갚음으로 복을 받을 수 있다. 그러므로 "힘써 선을 행하나 도리어 악한 결과를 얻는 사람이 있고, 힘써 악을 행하나 도리어 선한 결과를 얻는 자가 있는[力行善反得惡者, 或有力行惡反得善者]" 것은 모두 선대의 행위로 인한 까닭이다. 아울러 천도의 순환은 10대를 한 주기로 하기 때문에 이전 10대 조상의 과실은 모두 이후 10대의 후손에게 돌아가 벌을 받게 된다고 한다. 또 "승부는 하늘이 정한 세 가지 부류가 있다. 제왕의 승부는 3만 년 동안 흘러가고, 대신들의 승부는 3,000년 동안 흘러가고, 백성의 승부는 300년 동안 흘러가서 후손에게 미친다[承負者, 天有三部, 帝王三萬帝王歲相流, 臣承負三千歲, 民三百歲, 皆承負相及]"고 한다. 이것은 사람의 승부는 사회적 지위의 차이에 근거하여 시간의 장단이 있다는 것이다. 조상이나 부모는 마땅히 후손을 생각하여 과실을 범하지 말아야 자손들이 승부의 재앙을 면할 수 있다. 『태평경』에서는 또 "하늘[天]"이 승부의 재앙이 사방에 퍼짐을 염려하고, 이에 천신이 천사에게 천서를 베풀어 보여 도를 전하고 사람들을 제도하게 하였으니, "참된 도[眞道]"를 믿기만 한다면 "크고 작은 승부의 재앙은 모두 없어지게 되어[承負之厄大小, 悉且除矣]" 승부를 끊고 신선이 될 수 있다고 하였다.

양반(兩半)

• • •

도교 교의 개념. 위진(魏晉) 시기 신선가와 방사들은 양반은 곧 음양이고, 또 해와 달을 가리킨다고 여겼다. 『포박자(抱朴子)』「미지편(微旨篇)」에서는 "시청(始青)의 아래에 달과 해가 있는데, 이 둘이 함께 올라가 하나로 합해진다. 옥지(玉池)에서 나와서 금실(金室)로 들어가는데, 탄환만한 크기에 귤같이 노랗고, 그 속에 꿀같이 단 좋은 맛을 지니고 있다. 네가 그것을 얻게 되면 지켜서 잃지 않도록 해야 한다[夫始青之下月與日, 兩半同升合成一. 出彼玉池入金室, 大如彈丸黃如橘, 中有嘉味甘如蜜. 子能得之謹勿失]"고 하였다. 이 말은 해와 달을 존사하여 음양을 합일시키면 형체를 단련하여 장생할 수 있다는 뜻이다. 당대(唐代) 초기의 도사 맹안배(孟安排)는 『현문대의(玄門大義)』의 내용에 근거하여 『도교의추(道教義樞)』를 지었는데, 여기서 "양반"의 새로운 뜻을 제시했다. 이 내용은 다음과 같다. 세계가 형성된 초기에는 다만 "청허지기(淸虛之氣)"만 있었다. 이로부터 사람의 "신본(神本)사람의 정신과 의식을 구성하는 근본"이 형성되었는데, 이 "신본"은 본래 맑고 깨끗하여 어떤 것도 뒤섞이지 않은 것이다. 그 후에 "인온지기(氤氳之氣)"가 생겨났는데, 이를 일컬어 "계외(界外)욕계(欲界) · 색계(色界) · 무색계(無色界)의 삼계 이외 일반(一半)"이라 한다. 사람은 형체가 생겨난 뒤에는 육정(六情)에 물들어 청허한 본질을 잃어버리고, 삼계육도(三界六道)에서 윤회하여 무색계(無色界) · 색계(色界) · 욕계(欲界) · 삼악도(三惡道)의 네 가지 물듦이 있게 되는데, 이를 일러 "계내사반(界內四半)"이라 한다. 계외일반과 계내사반을 합하여 "양반"이라 한다. 현세의 중생은 널리 선행을 쌓고 도계(道戒)를 닦고 지켜야만 삼악도의 반(半)에서 벗어날 수 있다. 계속해서 구업(口業)을 깨끗이 하여 욕계의 반을 벗어나고, 신업(身業)을 깨끗이 하여 색계의 반을 벗어나며, 심업(心業)을 깨끗이 해서 무색계의 반을 벗어나면 완전히 "계내사반"을 벗어나게 된다. 다시 계속하여 도를 닦아 "계외일반"을 벗어나고, 참된 도를 닦아 도과(道科)를 증험하면 본래의 "청허지기"로 돌아가게 되어, 결국에는 "나의 양반을 되돌려 자연에 처하게 된다[反我兩半, 處於自然]"는 것이다.

삼일(三一)

도교 교의 명사. 『도덕경(道德經)』에서는 "도는 일을 낳고, 일은 이를 낳고, 이는 삼을 낳고, 삼은 만물을 낳는다[道生一, 一生二, 二生三, 三生萬物]"라고 한다. 초기 도교경전인 『태평경(太平經)』에서는 "세 기가 함께 하나가 되어 신의 뿌리가 된다. 하나는 정이고, 하나는 신이고, 하나는 기이다. 이 세 가지는 모두 동일한 위격이다[三氣共一, 爲神根也. 一爲精, 一爲神, 一爲氣. 此三者, 共一位也]"라고 한다. 이는 정(精)·기(氣)·신(神) 삼위일체설이다. 『현문대론삼일결(玄門大論三一訣)』에서는 맹법사(孟法師)를 인용하여 "삼일이란 신·기·정, 희·미·이, 허·무·공을 말한다[今三一者, 神氣精, 希微夷, 虛無空]"라고 한다. 또 『석명(釋名)』을 인용하여 "'희'는 성기다는 뜻이다. '미'는 미세하다는 뜻이다. '이'는 평평하다는 뜻이다. '이'는 곧 정이요, '희'는 곧 신이요, '미'는 곧 기이다[希, 疏也. 微, 細也. 夷, 平也. 夷即是精, 希即是神, 微即是氣]"라고 한다. 그리고 "쓸 때는 셋으로 나뉘지만, 본체는 항상 하나이다[用則分三, 本則常一]"라고 한다. 또 동진(洞眞) 동현(洞玄) 동신(洞神) 황인(皇人) 태청(太淸) 태평(太平) 태현(太玄) 정일(正一) 자연(自然) 등 아홉 경전[九經]에 열거된 삼일에 대한 해설 가운데 위에서 언급한 것을 제외하고, 별도로 3신(三神)의신(意神)·지신(志神)·염신(念神), 3광(三光)허적광(虛赤光)·원황광(元黃光)·공백광(空白光), 3색(三色)시청(始靑)·원백(元白)·현황(玄黃) 및 몸속의 삼궁(三宮) 신의 이름상원니환궁천제제경(上元泥丸宮天帝帝卿)·중원강궁단황보황경(中元絳宮丹皇輔皇卿)·하원단전궁황정원왕보진필경(下元丹田宮黃庭元王保鎭弼卿) 또는 상단전적자(上丹田赤子)·중단전진인(中丹田眞人)·하단전영아(下丹田嬰兒) 등의 명칭이 있다. 『태상동현영보법촉경(太上洞玄靈寶法燭經)』에서는 "몸속에 있는 삼일은 신·혼·백이다[人身中有三一者, 神魂魄也]"라고 말한다. 신은 중앙에 있어 중화지정(中和之精)이 된다. 혼은 왼쪽에 있으면서 양정(陽精)이 되는데 그 기는 맑다. 백은 오른쪽에 있으면서 음정(陰精)이 되는데 그 기는 탁하다. 진(陳)·수(隋) 시대의 도사 장현정(臧玄靜)은 정·기·신을 삼일로 해석하여 다음과 같이 말했다. "정이란 영묘하고 밝은 지혜의 마음이다. 신이란 방소도 없고 헤아릴 수도 없는 작용이다. 기란 색상과 형상의 법이다. 이 세 법을 총괄하면 하나의 성체가 된다.[精者, 靈智慧照之心. 神者, 無方不測 之用. 氣者, 色象形相之法. 總此三法, 爲一聖體.]"『노자개제서결의소(老子開題序訣義疏)』인용. 이는 도교와 불교를 결합하여 "삼일"을 해석한 것이다. 다만 도교의 학설은 모두 수련과 방술에 근거하고 있다. 그래서 『삼일구궁법(三一九宮法)』에서는 "삼일이란 한 몸의 영의 종주이자 온갖 신의 명의 근원이다[夫三一者, 乃一身之靈宗, 百神之命根]"라 고 말한다. 『운급칠첨(雲笈七籤)』 권49와 권50에 보인다.

삼보(三寶)

• • •

도교 교의 명사. 삼보는 원래 『노자(老子)』 67장 "나에게 세 가지 보물[三寶]이 있으니 그것을 간직하여 지킨다. 첫째는 자애로움이고, 둘째는 검약이고, 셋째는 감히 천하에 앞세우지 않는 것이다[我有三寶, 持而保之. 一曰慈, 二曰儉, 三曰不敢爲天下先]"에서 나왔다. 도교는 노자의 말을 발전시켜서 수행의 법칙으로 만들었고, 아울러 교의 · 경전 · 스승의 전수와 관계시켜 도(道) · 경(經) · 사(師)의 삼보설을 제시했다. 당대(唐代)의 성현영(成玄英)은 노자의 위의 말을 해석하여 다음과 같이 말한다. "첫째, 자애로움이란 모든 사람을 가엾게 여겨서 괴로움을 덜어주고 즐거움을 함께 하는 것이니, 이것이 도보(道寶)이다. 둘째, 검약이란 적게 바라고 만족할 줄 알며 분수를 지키고 탐내지 않는 것이니, 이것이 경보(經寶)이다. 셋째, 감히 천하에 앞세우지 않음이란 겸손하고 부드러우며 남을 앞세우고 자신을 뒤로 하며 뒤로 물러나 다른 사람을 헤아리는 것이니, 이것이 사보(師寶)이다.[一曰慈, 愍念蒼生, 拔苦與樂, 此道寶也. 二曰儉, 少欲知足, 守分不貪, 此經寶也. 三曰不敢爲天下先, 謙麼柔弱, 先物後己, 退身度人, 此師寶也.]"몽문통(蒙文通)이 편집한 성현영의 『노자도덕경의소(老子道德經義疏)』이는 도·경·사로 "삼보"를 해석한 것이다. 여기서 당(唐) 초기에 "삼보"가 이미 도교의 중요한 교의 내용으로 발전했음을 알 수 있다. 그밖에 도교에서는 또 옥청원시천존(玉淸元始天尊)을 도보존(道寶尊)으로 삼고, 상청영보천존(上淸靈寶天尊)을 경보존(經寶尊)으로 삼고, 태청도덕천존(太淸道德天尊)을 사보존(師寶尊)으로 삼아 도법을 뒤따르는 "삼보"로 만들었다. 도교 내단가들은 연양을 중시하여 몸속의 정·기·신을 명을 닦아 성을 기르고 세속을 벗어나는 공부의 삼보로 삼았다.

육극(六極)

. . .

"육합(六合)"이라고도 한다. 위아래와 동서남북 사방을 가리킨다. 도교 교의 용어. 『장자(莊子)』「응제왕(應帝王)」에서 "육극의 밖으로 나가 무하유지향에서 노닌다[以出六極之外, 而遊無何有之鄉]"라고 했는데, 당(唐)의 성현영(成玄英)은 주석하여 "육극은 육합과 같다[六極, 猶六合也]"라고 했다. 도교에서는 육극에 각각의 천제(天帝)가 있어서 다스린다고 여기고, 이들을 "육천제군(六天帝君)"이라 불렀다. 『상청영보대법(上淸靈寶大法)』에 따르면, 육천제군은 중궁자미북극대제(中宮紫微北極大帝), 태상호천옥황상제(太上昊天玉皇上帝), 후토황지기(后土皇地祇), 동극청화태을구고천존(東極靑華太乙救苦

天尊), 남극장생대제(南極長生大帝), 백옥귀대구령태진금모원군(白
玉龜台九靈太眞金母元君)이다. 그밖에 시대와 교파에 따라 육천제군
에 대한 다른 설명이 있다.

육합(六合)
. . .

"육극(六極)"을 말한다.

팔괘(八卦)
. . .

도교 교의 명사. 원래는『주역(周易)』속의 상징적 의미를 가진 여
덟 가지의 기본 도상으로서, 양효인 "━"와 음효인 "--"를 조합하여
만든 것이다. 세 효를 조합하여 하나의 괘를 만드는데, 그 괘명과 괘
형은 다음과 같다. 건(乾, ☰), 곤(坤, ☷), 진(震, ☳), 손(巽, ☴), 감
(坎, ☵), 리(離, ☲), 간(艮, ☶), 태(兌, ☱). 이들은 각각 하늘[天],
땅[地], 우레[雷], 바람[風], 물[水], 불[火], 산[山], 연못[澤] 등 여덟
가지의 자연현상을 상징한다. 또 경괘(經卦)라고도 하는데, 두 경괘
를 중첩하여 64개의 중괘(重卦)를 이룬다. 64중괘는 64별괘(別卦)라
고도 하는데, 이로써 자연과 사회 그리고 사람과 관련된 모든 사물과
현상을 미루어 연역할 수 있다. 도교는『주역』8괘의 구조와 음양변
화 학설에 연단양생사상을 혼합시켜 선학(仙學) 이론을 펼쳤고, 이로
써 내외단 수련의 지침으로 삼았다. 만고단경왕(萬古丹經王)으로 칭
송받는『주역참동계(周易參同契)』는 "대역(大易)"의 효상을 빌려 단
을 만드는 뜻을 논했다. 후세의 연단가들은 이를 근본으로 삼아 "건

곤을 정기로 삼고, 감리를 약물로 삼아서[以乾坤爲鼎器, 以坎離爲藥物]", "감괘 중의 양을 취하여 리괘 중의 음을 메우고[取坎中之陽, 塡離中之陰]", 수화기제(水火既濟)하여 금단을 결성할 것을 추구했다. 청대(淸代) 유일명(劉一明)은 이를 총괄하여 다음과 같이 말했다. "단경에서는 모두 64괘를 빌려 양화음부(陽火陰符)의 법상으로 삼았다. 건괘와 곤괘로 정로를 삼은 것은 양강음유(陽剛陰柔)가 체가 됨을 취한 것이다. 감괘와 리괘로 약물을 삼은 것은 강유중정(剛柔中正)이 용이 됨을 취한 것이다. 복괘와 구괘로 음양의 경계를 삼은 것은 강유가 운용됨에 각각 때가 있음을 취한 것이다. 둔괘와 몽괘로 조화의 시작을 삼은 것은 진화(進火)할 때는 강을 써야 하고 퇴화(退火)할 때는 유를 써야 함을 취한 것이다. 기제괘와 미제괘로 조화의 끝을 삼은 것은 양화에는 강을 쓰되 지나쳐서는 안 되며 음부에는 유를 쓰되 모자라서는 안 됨을 취한 것이다. 나머지 54괘는 모두 건·곤·감·리·복·구·둔·몽·기제·미제 10괘의 운용에 따라 저절로 운용된다. 요약하자면, 음과 양에 해당하는 것을 음양으로 총괄하여 하나로 합해서 혼성된 상으로 귀착시키면 끝나는 것이다.[丹經皆借六十四卦, 爲陽火陰符之法象. 以乾坤二卦爲鼎爐者, 取其陽剛陰柔爲體也. 以坎離二卦爲藥物者, 取其剛柔中正爲用也. 復姤二卦爲陰陽之交界, 取其剛柔運用各有時節也. 屯蒙二卦爲造化之始, 取其當進火而須用剛·當退火而須用柔也. 既未爲造化之終, 取其陽火而用剛不可太過, 陰符而用柔不可不及也. 其餘五十四卦皆隨乾坤坎離復姤屯蒙既未十卦運用, 自然而然. 約而言之, 總以陰陽相當, 兩而合一, 歸於混成之象而後已.]"『도서십이종(道書十二種)』「상언파의(象言破疑)」. 이는 사실상 『주역』상수학을 응용한 것이다. 이 외에도 도교 경서에서 팔괘의 음양변화에 대해 논술한 것이 매우 많은데, 대부분 명대(明代)의 『정통도장(正統道藏)』에 실려 있다.

도생천지(道生天地)

• • •

도교의 가장 근본적인 교의. 도교에서는 천지의 만물은 모두 지극히 높은 대도(大道)에서 나왔다고 여긴다. 『노자(老子)』에서는 "도(道)"는 "천지보다 앞서 생긴[先天地生]" 것이라고 말하는데, 도교는 이 사상을 계승하여 발전시켰다. 『태상노군설상청정묘경(太上老君說常清靜妙經)』에서는 "대도는 형체가 없지만 천지를 낳고 기른다. 대도는 정이 없지만 일월을 운행시킨다. 대도는 이름이 없지만 만물을 기른다[大道無形, 生育天地. 大道無情, 運行日月. 大道無名, 長養萬物]"라고 한다. 『태상노군개천경(太上老君開天經)』에서는 "형체가 없는 대도[無形大道]"가 우주만물을 창조하는 과정을 다음과 같이 구체적으로 묘사하고 있다. 천지가 아직 생기지 않았을 때에는 음양도 없고 생사도 없으며, 남북도 없고 형상도 없으며, 헤아릴 수 없이 크고 넓어서 자연스레 텅 비어 아득한데, "오직 우리 노군께서 공현과 적요의 밖이자 현허의 속에 머물러 있었다[唯吾老君, 猶處空玄寂寥之外, 玄虛之中]." 여기서 비로소 세계가 나뉘어 홍원(洪元)이 되었다. "홍원의 때에는 천지가 아직 생기지 않았고, 허공도 나뉘지 않았으며, 청탁도 나뉘지 않았다[洪元之時, 未有天地, 虛空未分, 清濁未判]." 홍원의 시기는 만겁(萬劫)에 이른다. 홍원 다음은 혼원(混元)인데, 혼원의 시기도 만겁에 이른다. 혼원 다음은 백성(百成)인데, 백성의 시기는 81만 년에 이른다. 백성 다음에 비로소 태초(太初)가 된다. 이때 태상노군이 허공에서 내려와 『개천경(開天經)』을 뱉어냈는데, 총 48만 권으로 각 권마다 48만 자가 있었다. 이에 "어둑한 앙금 상태의 홍몽에서 형상이 세워져[溟滓鴻濛, 置立形象]", 맑은 기는 위로 올라가 하늘이 되고 탁한 기는 아래로 가라앉아 땅이 되니, 이로부터 천지가 있게 됐다. 이에 "위로 하늘의 정을 취하고 아래로 땅의 정을 취해서 중간에서 화합하여 하나의 신을 이루니, 사람이라 부른다[上取天精, 下取地精, 中間和合以成一神, 名曰人也]." 천지 사이에서 만물이 각각 기를 받아 생겨났는데, 질박한 기를 받은 것은 산과 바위가 되고, 움직이는 기를 받은 것은 날짐승과 길짐승이 되었다. 이때 "천지 일월 인민이 있었으나, 아직 구별되는 이름이 없었다[唯有天地日月人民, 都未有識名]."

오점문(五漸門)

. . .

도교 교의 용어. 당(唐)의 사마승정(司馬承禎)이 제시한 다섯 가지의 수도 단계. 『천은자(天隱子)』에서 다음과 같이 말한다. "『역』에는 점괘가 있고, 도에는 점문이 있다. 사람이 참됨을 닦아 본성에 통하게 되는 것은 문득 깨달아 될 수 있는 것이 아니고, 반드시 차례대로 닦아 나아가고 익숙하게 행하여야 하므로 점문을 둔 것이다.[易有漸卦, 道有漸門. 人之修眞達性, 不能頓悟, 必須漸而進之, 安而行之, 故設漸門.]" 오점문의 순서는 다음과 같다. ① 재계(齋戒). 사마승정은 다음과 같이 말한다. "재계란 채식을 하는 것뿐만이 아니고, 조신이란 목욕으로 때를 씻는 것뿐만이 아니다. 그 법은 먹는 것을 조절하고 몸을 문질러 따뜻하게 하는 데 있다.[齋戒者, 非蔬茹飮食而已. 澡身, 非湯浴去垢而已. 蓋其法, 在節食調中, 摩擦暢外者也.]"

② 안처(安處). 이는 조용한 방에 머물면서 감정과 욕망을 줄이고 생각을 없애는 것이다. 거처하는 곳은 밝기를 적당하게 하고 음기와 양기를 적절하게 하며, "안으로 마음을 안정시키고 밖으로 눈을 안정시켜 마음과 눈을 모두 안정시킨다[內以安心. 外以安目, 心目皆安矣]." ③ 존상(存想). "존이란 나의 신을 보존함을 말하고, 상이란 나의 몸을 생각함을 말한다. 눈을 감으면 자신의 눈을 볼 수 있고 마음을 거둬들이면 자신의 마음을 볼 수 있다[存謂存我之神, 想謂想我之身, 閉目即見自己之目. 收心即見自己之心]." 즉 마음을 안으로 거둬들이고 오로지 정신을 집중하여 본성을 온전히 하고 양생하는 것이니, "이 존상의 단계는 도를 닦는 공부의 절반이다[此存想之漸, 學道之功半矣]." ④ 좌망(坐忘). 즉 정좌를 통해 외물과 자아를 모두 잊고 완전히 허정(虛靜)한 정신의 경지에 도달하는 것이니, "안으로 내 자신을 의식하지 못하고 밖으로 우주를 인지하지 못하며 도와 하나로 융합되어 온갖 생각이 없어진 상태이다[內不覺其一身, 外不知乎宇宙, 與道冥一, 萬慮皆遺]." 드넓은 우주와 홀로인 이 몸의 존재를 모두 잊고 도와 융합하여 하나가 되면 "차근차근 나아가 다섯 번째 단계에 이르러 신선이 된다[漸次至五, 神仙成矣]." ⑤ 신해(神解). 사마승정은 "만법통신(萬法通神)"이라고도 칭한다. 여기서 신(神)의 뜻은 "가지 않아도 이르며 급하게 하지 않아도 빠르며 음양이 막힘없이 통하며 천지처럼 장구하다[不行而至, 不疾而速, 陰陽變通, 天長地久]"는 것을 가리킨다. 그는 앞에서 닦은 네 가지 점문을 신해(信解), 한해(閑解), 혜해(慧解), 정해(定解)로 나눈다. 수련이 이 단계에 이르면 천지조화의 공을 훔쳐서 정신이 모든 일을 훤히 꿰뚫고 신선이 되어 불로장생할 수 있기 때문에 "신해(神解)"라고 부른다.

오도(五道)

· · ·

도교 교의 명사. 도교가 불교의 "윤회전생[輪回轉世]"설을 흡수하여 만든 교의. 사람은 본성을 닦아 도를 지키며 청정하고 과욕해야 하는데, 그렇지 않으면 미망에 빠져 욕심이 생기고, 본래의 참됨을 어지럽혀 근본으로 돌아가 도와 함께 할 수 없게 되고, 그 신은 다섯 가지의 도에 들어가게 된다는 것이다. 『태상노군허무자연본기경(太上老君虛無自然本起經)』에 의하면, 오도는 다음과 같다. "첫 번째 도에서는 신이 하늘로 올라가 천신이 된다. 두 번째 도에서는 신이 사람의 몸에 들어가 인신이 된다. 세 번째 도에서는 신이 짐승에게 들어가 금수신이 된다. 네 번째 도에서는 신이 벽려에 들어가는데, 벽려는 아귀의 이름이다. 다섯 번째 도에서는 신이 니려에 들어가는데, 니려는 지옥인의 이름이다.[一道者, 神上天爲天神. 二道者, 神入骨肉, 形爲人神. 三道者, 神入禽獸, 爲禽獸神. 四道者, 神入薜荔, 薜荔者, 餓鬼名也. 五道者, 神入泥黎, 泥黎者, 地獄人名.]" 이는 선을 행한 사람은 신이 되고 악을 행한 사람은 지옥으로 떨어진다고 선전하여, 사람들에게 악을 버리고 선을 따를 것을 권면하려는 의의를 가진다.

칠보(七報)

· · ·

도교 교의 명사. 사람이 살면서 행한 일에 대한 7가지의 인과응보를 가리킨다. 『운급칠첨(雲笈七籤)』 권91에서 다음과 같이 말한다. 전생과 현생에 공덕을 베풀면 다음 생에 복된 집에 태어나 팔난(八難)에서 벗어나니, 이것이 첫 번째 응보이다. 전생과 현생에 신선의 학문을 즐겨하며 항상 선을 생각하고 악을 고치면 다음 생에 옥신(玉晨)에 올라가니, 이것이 두 번째 응보이다. 전생과 현생에 스승을 모시고 도를 즐기면 다음 생에 오악(五嶽)을 날아다니며 노닐게 되니, 이것이 세 번째 응보이다. 전생과 현생에 곧은 정조로 행실을 깨끗이 하며 도를 지키면 다음 생에 삼도(三塗)와 오고(五苦)에서 벗어나게 되니, 이것이 네 번째 응보이다. 전생과 후생에 널리 베풀고 두루 구제하면 후생에 상선(上仙)으로 예우되니, 이것이 다섯 번째 응보이다. 전생과 후생에 충효를 다하고 예의를 지키며 경건하게 지내면 후생에 삼도와 팔난을 벗어나게 되니, 이것이 여섯 번째 응보이다. 살아 있을 때 간사하고 악한 마음을 품고 겉과 속이 다르며 스승과 성인을 비방하면 삼도와 오고를 만나고 만겁토록 용서받지 못하니, 이것이 일곱 번째 응보이다.

영허(盈虛)

• • •

도교 교의 개념. 영(盈)은 "가득 참[充溢]"을 뜻하고, 허(虛)는 "텅 빔[虛空]"을 뜻한다. 『주역(周易)』「풍괘(豐卦)」 단사(彖辭)에서는 "해는 중천에 오면 기울고 달은 차면 먹히니, 천지의 차고 기움도 때에 따라 사라지고 자라나고 한다[日中則昃, 月盈則食, 天地盈虛, 與時消息]"라고 한다. 『장자(莊子)』「추수편(秋水篇)」에서는 "모든 것은 찼다 기울었다 하는 것임을 알고 있으므로 얻는 것이 있어도 기뻐하지 않고 잃는 것이 있어도 걱정하지 않는다. 사람의 분수가 일정하지 않다는 것을 알기 때문이다[察乎盈虛, 故得而不喜, 失而不憂, 知分之無常也]"라고 한다. 성영현(成玄英)은 『장자주소(莊子注疏)』에서 다음과 같이 말한다. "천도에 이미 차고 기움이 있는데 인사에 어찌 득과 실이 없겠는가! 따라서 차고 기움의 변화를 살펴보면 얻고 잃어버림의 이치에 통달할 수 있다. 시(時)는 별안간 얻은 것이니 기뻐할 필요가 없고, 명은 우연히 잃어버리는 것이니 슬퍼할 필요가 없다.[夫天道旣有盈虛, 人事寧無得喪. 是以視乎盈虛之變, 達乎得喪之理, 故儻然而得, 時也, 不足爲欣, 偶爾而失, 命也, 不足爲戚也.]" 이는 장자의 뜻을 천도의 영허 변화로 인사의 득실 현상을 해석한 것으로 본 것이다. 또한 이 "시(時)"와 "명(命)"은 인력으로 거부할 수 없는 것으로 여긴 것이다.

도화(道化)
• • •

도교 교의 개념. "도(道)"의 자연법칙은 바로 생성변화라는 뜻이다. 도가에는 원래 도화라는 말이 있다. 가령, 『사기(史記)』「태사공자서(太史公自序)」에서는 "『역』으로써 변화를 알려준다.[易以道化]"라고 했다. 또 『열자(列子)』「설부편(說符篇)」에서는 "그러므로 성인은 도화를 믿지 지혜와 기교를 믿지 않는다[故聖人恃道化, 而不恃智巧]"고 했다. 도교에서는 이 말을 흡수하여 발전시켰는데, 오대(五代)의 도사 담초(譚峭)가 『화서(化書)』에서 천명한 "도화"사상이 비교적 전형이 된다. 그 책의 「도화편(道化篇)」에서 다음과 같이 말한다. "도가 쇠퇴되는 것으로 보면 허가 신이 되고, 신이 기가 되고, 기가 형이 된다. 형이 생겨서 만물이 막히게 된다. 도가 쓰이는 것으로 보면 형이 기가 되고, 기가 신이 되고, 신이 허가 된다. 허하고 밝아서 만물이 통하게 된다.[道之委也, 虛化神, 神化氣, 氣化形, 形生而萬物所以塞也. 道之用也, 形化氣, 氣化神, 神化虛, 虛明而萬物所以通也.]" 이는 도의 변화의 결과에서 보자면, 허가 변화하여 신이 되고, 신이 변화하여 기가 되고, 기가 변화하여 유형한 물질이 되는데, 만물이 일정한 형태를 지니면 곧 변화의 통로가 막힌다고 여긴 것이다. 또 도의 작용으로 보자면, 유형한 물질이 변화하여 무형의 기가 되고, 기가 변화하여 신이 되고, 신이 변화하여 허명(虛明)이 되는데, 이렇게 되면 만물이 변화하는 통로가 막힘없이 통한다고 여긴 것이다. 『화서』에서는 세계의 모든 것은 변화하고 있다고 본다. 예컨대 "늙은 단풍나무는 변화하여 도사가 되고, 썩은 보리는 변화하여 나비가 되는[老楓化爲羽人, 朽麥化爲蝴蝶]" 것처럼 무정물(無情物)이 변화하여 유정물(有情物)이 되는 것으로 본다. 또 "어진 여인이 변화하여 단단한 돌이 되고, 산메뚜기가 변화하여 백합이 되는[賢女化爲貞石, 山蚱化爲百合]" 것처럼 유정물이 변화하여 무정물이 된다고 여겼다. 도를 닦는 것은 "통하고 막히는 단초를 궁구하여 조화의 근원을 얻어서[窮通塞之端, 得造化之源]", 사물 변화의 본원을 통달하는 데 달려 있다. "형을 잊음으로써 기를 기르고, 기를 잊음으로써 신을 기르며, 신을 잊음으로써 허를 기른다. 그리하여 허와 실이 서로 통하게 되면 이를 대동이라 부르는데[忘形以養氣, 忘氣以養神, 忘神以養虛, 虛實相通, 是謂大同]", 이는 "삶도 없고 죽음도 없는[無死無生]" 신성(神聖)의 경지에 도달한 것이다.

십삼허무(十三虛無)

• • •

도교 교의 명사. 허무를 첫머리로 하는 13개의 도를 닦는 요점, 즉 허(虛)·무(無)·청(淸)·정(靜)·미(微)·과(寡)·유(柔)·약(弱)·비

(卑)·손(損)·시(時)·화(和)·색(嗇)을 가리킨다.『운급칠첨(雲笈七籤)』권91에서는『칠부명수요기(七部名數要記)』를 인용하여 다음과 같이 말한다. "하나, 형체를 잊어버리고 태연하게 마치 없는 것 같은 상태를 '허'라고 한다. 둘, 생각을 버리고 작위적인 행위와 욕구를 제거한 것을 '무'라고 한다. 셋, 정을 오로지하고 신을 모으며 다른 것과 섞이지 않게 하는 것을 '청'이라 한다. 넷, 신을 되돌리고 기를 마시면서 움직이지 않고 편안히 있는 것을 '정'이라 한다. 다섯, 깊숙한 곳에 머물면서 공명에 자신을 드러내지 않는 것을 '미'라고 한다. 여섯, 처자식과 떨어져 홀로 도와 더불어 노니는 것을 '과'라고 한다. 일곱, 호흡이 중화되어 미세하면서도 매끄럽고 부드러운 상태를 '유'라고 한다. 여덟, 몸을 느슨하고 느릿하게 하여 모든 일을 행하는 것을 '약'이라 한다. 아홉, 존귀하고 영예로움을 싫어하고 가난을 편안히 여기고 욕됨을 즐기는 것을 '비'라고 한다. 열, 가득 채우는 것을 피하여 거칠고 소박하게 입고 먹는 것을 '손'이라고 한다. 열하나, 고요하게 양(陽)을 따르면서 변화에 따라 삿됨을 물리치는 것을 '시'라고 한다. 열둘, 배고프지도 목마르지도 않고 춥지도 덥지도 않으며 기쁘지도 성나지도 않고 슬프지도 즐겁지도 않으며 빠르지도 느리지도 않은 상태를 '화'라고 한다. 열셋, 보지도 듣지도 않고 말하지도 생각하지도 않아서 굳게 지켜 쓰지 않음으로써 정신이 안에서 지켜지는 것을 '색'이라 한다.[一曰遺形忘體, 恬然若無, 謂之虛. 二曰損心棄意, 廢僞去欲, 謂之無. 三曰專精積神, 不與物雜, 謂之淸. 四曰反神服氣, 安而不動, 謂之靜. 五曰深居閑處, 功名不顯, 謂之微. 六曰去妻離子, 獨與道遊, 謂之寡. 七曰呼吸中和, 滑澤細微, 謂之柔. 八曰緩形從體, 以奉百事, 謂之弱. 九曰憎惡尊榮, 安貧樂辱, 謂之卑. 十曰遁盈逃滿,

衣食粗疏, 謂之損. 十一曰靜作隨陽, 應變却邪, 謂之時. 十二曰不饑不渴, 不寒不暑, 不喜不怒, 不哀不樂, 不疾不遲, 謂之和. 十三曰無視無聽, 無言無慮, 堅固不費, 精神內守, 謂之嗇.]" 이러한 내용은 주로 양생과 처세의 법칙에 대한 것이다.

칠상(七傷)
• • •

도교 교의 명사. 수도자가 금기해야 할 일곱 가지 행위를 가리킨다. 도교에서는 도를 배우는 자는 설령 몸에 신선의 자질이 있다 하더라도 마땅히 무위자연(無爲自然)하고 청정과욕(淸靜寡欲)하며 세상 사람들과 다투지 말고 참된 도에 합해져야 한다고 여긴다. 그렇지 않으면 점차 칠상의 조목을 범하게 되고 신선의 장부에 이름을 올리기 어려울 뿐만 아니라 심지어는 죽음을 면할 수 없게 된다. 따라서 수양을 통해 칠상을 제거할 것을 주장한다. 『운급칠첨(雲笈七籤)』 권91의 『회천구소경(回天九霄經)』에서는 칠상을 다음과 같이 분별하였다. ① 진(眞)을 지닌 채 거짓된 행위를 하며 색(色)을 밝혀서 신(神)을 상실함. ② 몸으로는 도를 닦고 있으면서도 마음으로는 음적(陰賊)을 품고서, 능력 있는 사람과 현명한 사람을 질투하고 동학(同學)을 헐뜯고 업신여기며 스승과 벗을 공격함. ③ 만취하도록 술을 마셔서 기(氣)를 손상시키고 영(靈)을 상실하게 됨. ④ 마음에 분노를 품고 입으로 언쟁을 하며 성내거나 기뻐함에 절도를 잃음. ⑤ 과의(科義)에서 맹세(盟誓)한 것을 따르지 않고 천진(天眞)을 누설함. ⑥ 몸이 더러운 데 처해 있어서 기를 손상시키고 정이 혼란스러워짐. ⑦ 고기를 먹어서 장부에 악취가 가득 참.

팔난(八難)

· · · ·

도교 교의 명사. 사람이 도를 배우는 과정에서 겪어야 할 여덟 가
지 어려운 일을 가리킨다. 도교 경전에는 "팔난"에 관한 서로 다른 견
해가 있다. 『도전론(道典論)』에서는 『영보진일자연경결(靈寶眞一自
然經訣)』을 인용하여 다음과 같이 말하고 있다. 사람으로 태어날 때
여자가 아니고 남자로 태어나길 바라는 것이 일난(一難)이다. 남자로
태어날 때 재능과 지혜가 밝고 뛰어나길 바라고 용모가 단정하고 훌
륭하길 바라는 것이 이난(二難)이다. 게다가 도가 있는 나라에 태어
나기를 바라는 것이 삼난(三難)이다. 빈궁한데도 도를 좋아할 수 있
는 것이 사난(四難)이다. 부귀한데도 도사를 숭상하며 경전을 존숭하
여 받들 수 있는 것이 오난(五難)이다. 사람의 미움을 받았으면서도
염두에 두지 않을 수 있는 것이 육난(六難)이다. 삼동(三洞)의 보배로
운 경전을 얻어 보고 부지런히 수양하고 신을 공양하는 것이 칠난(七
難)이다. 선진(仙眞)이 설법하고 교화할 때 뜻을 같이하는 자를 만나
는 것이 팔난(八難)이다. 『운급칠첨(雲笈七籤)』권35에 기록된 팔난은
다음과 같다. 도심(道心)을 유지하기 어려운 것이 일난이다. 밝은 스
승을 만나기 어려운 것이 이난이다. 한가롭게 거처하기 어려운 것이
삼난이다. 세상에 일을 그만두기 어려운 것이 사난이다. 은혜와 사랑
을 끊어내기 어려운 것이 오난이다. 이욕(利欲)을 버리기 어려운 것
이 육난이다. 기쁨과 노여움의 감정을 절제하기 어려운 것이 칠난이
다. 색욕을 끊기 어려운 것이 팔난이다.

아명재아부재천(我命在我不在天)

• • •

  도교 교의의 하나. 개인의 생명은 천지와 마찬가지로 모두 자연의 기로부터 생겨난 것이기에 만일 수도하여 기를 지켜서 근본으로 돌아가면 도와 함께할 수 있게 되고, 수명은 하늘과 같이 길어지게 된다. '아명재아부재천'은 이렇듯 나의 수명은 내가 결정할 수 있는 것이지 천지에 메어 있는 것이 아니라는 것을 강조한 말이다. 이러한 관념은 동진(東晉)의 갈홍(葛洪)이 지은 『포박자(抱朴子)』에 처음으로 보인다. 『포박자』 「황백편(黃白篇)」에서 인용한 『귀갑문(龜甲文)』에서는 "나의 목숨은 나에게 달려있지 하늘에 있는 달려있는 것이 아니다. 단을 이루게 되면 억만년도 살 수 있게 된다.[我命在我不在天, 還丹成金億萬年]"고 말하고 있다. 이는 인간 자신의 노력 여부에 따라서 자연 사물과 현상의 법칙을 바꿀 수 있다고 믿은 것이다. 갈홍의 이러한 사상은 『서승경(西昇經)』에도 보인다. 이 경전의 「아명장(我命章)」에서 다음과 같이 말하고 있다. "나의 수명은 나에게 달려있는 것이지 천지에 속한 것이 아니다. 내가 보지도 않고 듣지도 않고 알지도 않으면, 신이 몸에서 나가지 않게 되어 도와 함께 영구할 수 있다. 내가 천지와 함께 일기를 나누어 다스리니 스스로 근본을 지킨다.[我命在我, 不屬天地. 不視不聽不知, 神不出身. 與道同久. 吾與天地分一氣而治, 自守根本也.]" 북주(北周)의 도사 위처현(韋處玄)은 이를 다음과 같이 주해(註解)하였다. "천지와 더불어 내가 자연의 일기를 품부 받아 생겨났으니 각각은 하나의 물일뿐이다. 천지가 어찌 나의 수명을 정할 수 있겠는가? 내가 단지 마음속에 앎을 없애고 이목을 끊어 근본의 일기를 지키게 되면 도와 함께 영구할 수 있게 된다.[天地與我俱稟自然一氣之所生, 各是一物耳, 焉能生我命乎?
我但去心知, 絕耳目, 各守本根之一氣, 則與道同久矣]"

반박귀진(返樸歸眞)

• • •

도교 교의의 하나. 도를 배우는 자가 성명(性命)을 수련하고 정욕
과 거짓된 성품을 버림으로써 순박하고 천진한 본성으로 되돌아가게
되어, 마치 갓난아이와 같아져서 도와 더불어 하나가 될 수 있음을
뜻한다. "반박귀진"은 원래 선진(先秦) 도가의 수양의 원칙이다. 노
자는 대도를 형체도 없고 이름도 없는 혼돈 상태로 여겼으며, 이러한
상태를 "박(樸)"이라고 하였다. 도는 "가마득하고 아련한데[惟恍惟
惚]" 하지만 그 가운데 정(精)이 있고, "그 정은 매우 참되기에[其精
甚眞]" 도의 존재는 절대적으로 진실한 것이다. 이 때문에 도를 배우
는 자는 도를 법칙으로 삼아 성인과 단절하고 지혜를 버리며, 마음이
청정하고 통나무와 같이 돈후하여야 하며, 본성을 온전히 하고 참됨
을 보존해야 한다. 장자 또한 박(樸)과 진(眞)을 사람의 본래 자연 상
태라고 하였으며, 꾸밈과 작위가 도리어 사람으로 하여금 명예와 이
익, 시비를 따지는 마음을 일으키게 만든다고 생각하였다. 장자는 여
기서 전자를 "천(天)"이라고 하였고 후자를 "인위[人]"라고 하였으며,
천을 보존하고 인위를 없앨 것을 주장하였다. 도교는 이러한 관념을
흡수하고 종교화하여 수도와 장생을 위한 중요한 방법으로 삼았다.
성현영(成玄英)은 "박은 도이다[樸, 道也]"라고 하였고, 또 "도(道)"를
"진실하고 항상된 도[眞常之道]"라고 하였다. 도교 경전에서는 "박"
과 "진"은 모두 "도"의 본질로서, 수도는 사람의 심성을 근본으로 되돌

리고 도의 본질에 합일하도록 하는 것으로, "몸이 조화롭게 되고 신이 맑아지며 마음을 텅 비우고 편안히 몸을 잊게 되면, 지극한 정에 합해지고 나의 근본으로 돌아가 다시 도와 같아지는[體和神淸, 虛夷忘身, 乃合至精, 返我之宗, 復與道同]" 경지에 도달하게 된다.오균(吳筠)의 『현망론(玄綱論)』「성정장(性情章)」에 보인다. 도교 내단가는 "도는 일을 낳고, 일은 이를 낳고 이는 삼을 낳으니[道生一, 一生二, 二生三]" "순행하면 사람을 낳는다[順則生人]"고 여긴다. 그런데 연단 장생은 그 도를 거슬러 가고 그 근본으로 되돌아가는 데 달려있다고 여긴다. 그러기 위해서는 정을 단련하여 기로 화하게 하고[煉精化氣], 기를 단련하여 신으로 화하게 하고[煉氣化神], 신을 단련하여 허로 돌아가게 하여[煉神還虛], 참되고 소박하고 허정한 도와 융합하여 하나가 되어야 한다. 남종(南宗)의 장백단(張伯端)은 "만물은 무성하지만 각각 그 뿌리로 돌아가는데, 그 뿌리로 돌아가 명을 회복하면 영원할 수 있다[萬物芸芸各返根, 返根復命即常存]"고 하였다. 옹보광(翁葆光)은 『오진직지상설삼승비요(悟眞直指詳說三乘秘要)』에서 "그 지극한 참된 체는 지극히 조용한 곳에 처해서 고요히 작위함이 일어나지 않은 것, 이것이 신과 성, 형과 명이 도와 합해진 상태이다[其至眞之體, 處於至靜之域, 寂然而未嘗有作者, 此其神性形命俱與道合矣]"라고 묘사하였다. 이는 내단가가 도달하게 되는 최고의 경지를 말한 것이다.

일체유형개함도성(一切有形皆含道性)

. . .

도교 교의 하나. 세상에서 눈으로 볼 수 있는 모든 유형의 사물은, 자아의식이 있든지 없든지 모두 "도"의 특성을 포함하고 있다는 뜻이다. 바로 이 도성(道性)은 도를 체득하게 하는 인연의 기틀이다. 이 교의와 도교 사상은 밀접한 관계를 가지고 있다. 노자는 "도는 만물을 낳는다[道生萬物]"고 여겨, 우주생성론의 철학적 기초를 다졌다. 장자는 이 사상을 계승하여 부연하였는데, "도"가 존재하지 않는 곳이 없어서, 심지어는 잡초와 같이 의식이 없는 사물이나 똥과 오줌 같은 더러운 사물에도 도가 존재한다고 하였다. 도교는 이러한 도가 사상을 계승하고 점차 더 발전 변화시켜 독특한 도성설(道性說)을 이루어냈다. 『노자상이주(老子想爾注)』에서는 "일(一)"은 곧 "도"로서, 형체로 흩어지면 기가 되어 사람과 사물 속에 두루 존재하게 되었다고 주장한다. 『서승경(西升經)』은 더 나아가 "도는 나에게만 있는 것이 아니고 만물 모두에 있는 것이다[道非獨在我, 萬物皆有之]"라고 하였다. 『태상소마보진안지지혜본원대계상품(太上消魔寶眞安誌智慧本願大戒上品)』에서도 "도는 무이다. 널리 흩어져 다함이 없으니 그대가 찾고자 하는 것은 그대 몸 가까이에 있다[夫道, 無也. 彌落無窮. 子欲尋之, 近在我身]"고 하였다. 당(唐) 초기의 도사 맹안배(孟安排)는 『현문대의(玄門大義)』에 근거해 『도교의추(道教義樞)』를 편찬하였는데, 그 가운데 "도성은 이치상으로는 진극이고 의미상으로는 원통이다. 다시 그윽하고 적막한 일원으로 되돌아가지만, 만물에 두루 갖추어져 있는 것이다[道性者, 理存眞極, 義實圓通. 雖復冥寂一源, 而亦備周萬物]"라는 말이 있다. 도성은 "도"에서 나온 것으로 원만하고 두루 통하여 막힘없이 만물 속에 두루 존재한다는 것이다. 또 "도성은 청허한 자연을 본체로 삼는다. 일체의 의식이 있는 것뿐만 아니라 가축이나 나무, 돌조차도 모두 도성이 있다[道性以淸虛自然爲體. 一切含識乃至畜生果木石者, 皆有道性也]"고 주장하였다. 이는 의식이 있는 사물이나 의식이 없는 사물 모두 도성이 있으니, "이러한 도성을 깨닫는다면, 바른 도를 이룰 수 있다[能了此性, 即成正道]"고 생각한 것이다. 『도문경법상승차서(道門經法相承次序)』는 수당(隋唐)의 반사정(潘師正)이 당(唐)의 천황(天皇)즉 고종(高宗)의 물음에 답한 내용을 다음과 같이 기술하고 있다. "도는 원만하고 두루 통하는 오묘한 것을 칭한다. 성이란 아득히 깨달은 지극한 것을 이름 한다. 모든 유형의 존재는 모두 도성을 품고 있다. 그러나 득도에도 많고 적음이 있고 통각에도 깊고 낮음이 있다. 속된 것에 통했는데 참된 것에 통하지 못하면 도를 얻을 수 없고, 가까운 것은 깨닫는데 먼 것은 깨닫지 못하면 성인이라 이름 할 수 없다.[夫道者, 圓通之妙稱. 聖者, 玄覺之至名. 一切有形, 皆含道性. 然得道有多少, 通覺有深淺. 通俗而不通眞, 未爲得道. 覺近而不覺遠, 非名聖人.]" 대도는 원만하고 두루 통하는 것인데, 성인은 통함과 깨달음이 있지만 보통 사물은 통하지도 못하고 깨닫지도 못한다. 통하지도 깨닫지도 못한 사람이 통하고 깨닫고 계속하여 대각하는 데 관건은 바로 도를 깨닫는 데 있다. 그렇기에 "모든 유형의 존재는 모두 도성을 품고 있다[一切有形, 皆含道性]"는 참된 진리를 인식해야만 비로소 득도하고 증과(證果)한 신인(神人)이 될 수 있다.

명수선기(命受仙氣)

• • •

도교 교의의 하나. 신선 도교가 유교의 "삶과 죽음은 명에 달려 있고, 부귀는 하늘에 달려있다[死生有命, 富貴在天]"는 관념의 영향을 받아 위진(魏晉)시대에 형성된 종교 수행 관념. 갈홍(葛洪)의 『포박자(抱朴子)』 「색난편(塞難篇)」에서는 "수명의 길고 짧음은 실로 기를 받아 수태할 때 각각의 별자리로부터 말미암는다[命之修短, 實由所值, 受氣結胎, 各有星宿]"고 하였다. 이는 사람 목숨의 길고 짧음은 사람이 기를 받아 수태할 때 해당 날짜의 명을 주관하는 별자리에 의하여 수명이 결정되는 것이기에 바꿀 수가 없다는 것이다. 이로써 보면 사람의 빈부귀천과 복을 받거나 화를 당하는 것, 도를 닦는 자가 장생하고 신선이 되는 것 모두 명으로 정해진다는 것이다. 도를 닦아 신선이 되는 자는 "모두 명을 받을 때 마침 신선의 기를 받아 자연스레 품부 받기 때문에 자궁 속에서 이미 도를 믿는 성품을 지니게 된다. 그리하여 자라면서 사리분별을 할 수 있게 되면 그것을 좋아하게 되어, 반드시 밝은 스승을 만나 그 법을 터득하게 된다. 이러한 경우가 아니면 믿지도 구하려고도 하지 않을 뿐만 아니라 설령 구하려 한다 해도 역시 얻을 수가 없다[皆其受命偶値神仙之氣, 自然所禀, 故胞胎之中, 已含信道之性, 及其有識, 則心好其事, 必遇明師而得其法, 不然, 則不信不求, 求亦不得也]."「포박자(抱朴子)」「변문편(辯問篇)」. 신선이 되는 자는 모두 수태되어 명을 받을 때에 신선의 기를 받는다. 따라서 장성한 후에는 선도(仙道)를 좋아하게 되고, 밝은 스승을 만나 수도의 비법을 전수 받아 끝내는 반드시 신선이 된다. 만일 명을 받을 때 신선의 기를 받지 못하면 도를 믿을 수도, 도를 구할 수도 없으니, 설령 억지로 도를 좋아하여 구하고자여도 얻을 수 없다. 따라서 "성인도 명을 받을 때 장생의 도를 얻지 못하면[聖人受命, 不値長生之道]", 수행하여 선인(仙人)이 될 수 없다. 사람의 운명은 출생 전에 하늘에 있는 별자리의 기운을 받아 결정된다. 이것은 일종의 숙명에 의해 신선이 된다는 사상이다.

천도조약(天道助弱)

· · ·

    도교 교의의 하나. 천신(天神)이 착한 자는 상을 주고 악한 자는 벌을 주며 약자는 도와준다는 뜻이다. 도가는 예로부터 천도(天道)를 숭상하여 받들었다. 『노자(老子)』 77장에서는 "하늘의 도는 활을 당기는 것과 같다. 높은 쪽은 누르고 낮은 쪽은 올린다. 남은 것은 덜어내고 부족한 것은 보태준다[天之道, 其猶張弓與. 高者抑之, 下者擧之. 有余者損之, 不足者補之]"고 하여, 자연의 법칙은 많거나 남는 것에서 취하여 부족한 것을 보충하며, 약한 것을 도움으로써 강한 것을 누른다고 여겼다. 『장자(莊子)』 「재유편(在宥篇)」에서도 "무엇을 일러 도라 하는가? 천도가 있고 인도가 있다. 무위하지만 존귀한 것이 천도이고, 유위하기에 얽매이는 것이 인도이다[何謂道? 有天道, 有人道. 無為而尊者, 天道也. 有為而累者, 人道也]"라고 하였다. 도교는 이러한 관념을 흡수하고 개조하여, 천도 또는 천을 의지를 지닌 인격신으로 신격화하였다. 이 신은 선한 자에게는 상을 주고 악한 자에게는 벌을 주며 약자는 돕고 강자는 누른다. 『태평경(太平經)』에서는 "지혜가 많은 자가 도리어 부족한 자를 업신여기고, 힘이 강한 자가 도리어 약한 자를 업신여긴다. 또 젊은 자가 도리어 늙은이를 업신여기니, 이는 모두 (천도를) 거스르는 것이기에 하늘은 오래도록 그들을 돕지 않는다[或多智, 反欺不足者. 或力強, 反欺弱者. 或後生, 反欺老者. 皆為逆, 故天不久佑之]"라고 하였다.

생도합일(生道合一)

- - -

도교 기본 교의 가운데 하나. 생(生)은 생명(生命)·생존(生存)을 말한다. 도교는 선학(仙學) 전통을 계승하여, 현세의 생명을 장구히 보존하는 것을 특히 중시하여 "뿌리를 깊게 하고 꼭지를 굳게 하는, 장생구시의 도[深根固蔕, 長生久視之道]"를 추구하였다. 『태상노군 내관경(太上老君內觀經)』에서는 "도는 볼 수 없으니, 생으로 말미암 아 도를 드러낸다. 생은 영원할 수 없으니, 도를 써서 생을 지킨다. 만일 생이 끝나면 도는 작용이 그치게 되고, 도가 작용이 그치게 되면 생은 끝난다. 생과 도가 합일하면 죽지 않고 장생하게 된다[道不可見, 因生以明之. 生不可常, 用道以守之. 若生亡, 則道廢, 道廢則生亡. 生道合一, 則長生不死]"고 하였다. 또 "천지가 정을 얽어내면 만물이 생성되고[天地構精, 萬物以生]", "부모가 화합하면 사람이 생명을 받으며[父母和合, 人受其生]", "도로부터 생겨나는 것을 명(命)이라 하고, 하나로부터 형을 품부 받은 것을 성(性)이라 한다[從道而生謂之命, 自一稟形謂之性]"며, 허무대도(虛無大道)로부터 사람의 성명(性命)이 생긴다고 여겼다. 이 때문에 만물 가운데 사람이 가장 신령스러우니, "성명을 도와 합하면서 보배처럼 아끼고[性命合道, 當寶愛之]", 생명을 소중히 아끼는 존재가 되어야 한다. 그런데 사람이 태어날 때 신(神)은 본래 청정하고 티 없이 맑지만, 형(形)을 받은 후에는 육정(六情)에 물들게 되어 "눈은 색을 탐하고, 귀는 소리에 집착하며, 입은 맛을 탐하고, 코는 향기만을 맡으려 하며, 뜻은 매우 부러워하는 것을 생각하고, 몸은 가벼운 가죽옷과 살진 말을 얻고자 한다[眼則貪色, 耳則滯聲. 口則耽味, 鼻則受馨, 意懷健羨, 身欲輕肥]."

그리고 육정에 물들임이 오래 지속되어 스스로 자신을 해치고 도를 잃어버려 죽게 된다. 그래서 반드시 도성(道性)을 구현한 생명을 도와 오랫동안 서로 계합하게 하여, "도를 지켜 생을 온전히 하고 진을 잘 보존하며[守道全生, 爲善保眞]", 모든 것을 도에 따라 행하고 청정과욕(淸靜寡欲)하며 "사치와 교만을 제거하고[去奢去泰]" 자연무위(自然無爲)해서, "도와 생이 서로 지키고 생과 도가 서로 보존하여[道與生相守, 生與道相保]" 생과 도가 합일한 상태[生道合一]에 도달하면 죽지 않고 장생할 수 있다. "생과 도가 합일함[生道合一]"이라는 교의는 도교 선학(仙學)의 핵심 내용으로서, 도교는 이를 준칙으로 여겨 내단(內丹), 존사(存思), 수일(守一), 복기(服氣), 벽곡(辟穀), 방중술(房中術) 등 여러 다양한 연양(煉養) 방술을 채택하고 조작하여 "생도합일"의 목적에 도달하길 구하였다.

사미정지(思微定志)

. . .

도교 교의 용어. 『전수삼동경계법록약설(傳授三洞經戒法錄略說)』 하권에서 "사미(思微)란 생을 처음 받던 때에 신은 본래 청정하다는 것을 생각함을 말한다. 정지(定志)란 망상을 제거하고 생각을 끊는 것을 말한다.[思微者, 念昔受生之初, 神本淸淨也. 定志者, 除諸妄想, 絕思惟也.]"라고 말하였다. 이는 다음을 뜻한다. 사람이 생명을 품수 받는 처음에 받는 것은 선천의 청허(淸虛)한 기이기 때문에 그 신은 본래 청정(淸靜)하지만, 세상을 살아가면서 육정(六情)에 물들어 "보이는 것에 미혹되고 인식하고 식별하는 마음의 작용에 몽매하게 되어[惑於所見, 昧於心識]" 욕심에 빠지고 미혹되어 가르침을 받지 않는다. 이 때문에 존신(存神) 수일(守一)하여 세속의 "망상(妄想)"을 끊고 질박함[樸]과 진(眞)으로 돌아가 도와 합일해야 한다.

상(常)

• • •

도교 교의 명사. 본래는 영원함[恒久]·항상됨[經常]을 뜻했지만, 이후에는 만물 변화의 마지막 단계인 귀근(歸根)·복명(復命)을 지칭하였다. 『도덕경(道德經)』제16장에서 "텅 빔에 이름을 지극히 하고, 고요함을 지킴을 돈독하게 한다. 만물이 나란히 일어나니, 나는 그 돌아감을 본다. 무릇 만물은 무성하게 생겨나지만, 각각 그 뿌리로 되돌아가며, 뿌리로 되돌아간 것을 정(靜)이라 한다. 이러한 것을 일러 명으로 돌아간다[復命]고 한다. 명으로 돌아가는 것을 상(常)이라 하며, 상을 아는 것을 명(明)이라 한다. 상을 알지 못하면 망령되게 움직여 흉하게 된다[致虛極, 守靜篤, 萬物並作, 吾以觀復. 夫物芸芸, 各復歸其根, 歸根曰靜. 是謂復命, 復命曰常, 知常曰明. 不知常, 妄作, 凶]"고 하였다. 만물은 도로부터 화생한 이후에 끊임없이 변화하는데, 만물은 이러한 변화를 반복해서 따르다가 최후에는 근본으로 되돌아가지 않음이 없다. 사물의 이러한 현상을 "상(常)"이라 일컫는다. 이러한 점을 깨닫고 마음속으로 청정(淸靜)·무위(無爲)를 보존해야만 비로소 도를 깨닫고 또 도와 합치될 수 있다. 만약 도에서 벗어나게 되면 재난 속에 빠지게 된다. 상(常)의 경지에 도달하기 위해서는 다음과 같이 해야 한다고 한다. "하나의 뜻도 생하지 않고 한 생각도 일으키지 않아야 한다. 말은 구태여 만들지 않고, 몸은 함부로 움직이지 않는다. 일은 일어나기 전에는 바라지 않고 일어난 후에는 따지지 않는다. 남의 단점은 알려하지 않고, 자기의 장점은 의식하지 않는다. 언제나 도를 돌이켜 보고 어디서나 내면을 살핀다. 배고픔과 목마름으로 마음을 상하게 하지 말고, 옷과 음식으로 도를 해치지 않는다. 살고 죽는 것은 명(命)을 따르고, 남과 나를 분별하지 않는다. 예가 아니면 보지 말고 예가 아니면 듣지 말며, 예가 아니면 말하지 말고 예가 아니면 움직이지 말며, 모든 상황에서 어둡지 않고 어두우나 밝으나 속이지 않는다. 망념이 제거되면 진념이 생하고, 도심이 드러나면 범심이 멸한다. 이것을 일러 진정이라 한다.[一意不生, 一念不起. 言不苟造, 身不妄動. 事前不想, 事後不計. 人短不知, 己長不覺. 時時顧道, 處處返照. 不以饑渴害心, 不以衣食敗道. 生死順命, 人我無別. 非禮勿視, 非禮勿聽, 非禮勿言, 非禮勿動, 境遇不昧, 幽明不欺. 妄念去而眞念生, 道心現而凡心滅. 是謂眞靜.]"유일명(劉一明), 『신실팔법(神室八法)』. 정(靜)에 도달하는 것이 바로 상(常)에 도달하는 것이다.

도기(盜機)

• • •

도교 교의 용어. 천인(天人) 관계와 연관된 용어이다. 이 용어는 『음부경소(陰符經疏)』에서 나왔다. 당(唐)나라 이전(李筌)은 천지·만물과 인류는 "서로가 도둑이 되고[更相爲盜]", 서로 "훔치는[盜竊]" 관계로 존재한다고 여겼다. 가령 동식물 등은 천지간의 음양오행의 기를 훔쳐야 비로소 성장하고 발육할 수 있다. 인류는 밭에 씨 뿌리고 누에를 기르는 등의 과정에서 천지의 기를 훔쳐야 비로소 생활 재료를 획득하여 심신(心身)을 길러낼 수 있다. 그리고 만물 또한 자연재해나 질병 등과 같은 여러 종류의 재화(災禍)를 통해 반대로 인류를 훔치게 된다. 이렇게 "서로 도둑이 되는[更相爲盜]" 상황은 바로 자연의 이치이자 자연의 규율이다. 이전은 또 인류는 이러한 "서로 도둑이 되는" 과정 속에서 반드시 "그 깊은 이치를 알고[知其深理]" "그 기틀의 마땅함과 부합해야만[合其機宜]" 한다고 보았다. 그는 반드시 객관적인 규율에 따라 행위 해야만 이러한 것들이 비로소 성공할 수 있다고 여기고 이를 "도기(盜機)"라 불렀다. 그는 사람이 주관적인 능동성을 충분히 발휘하면 자연인 하늘조차 이길 수 있다고 본 것이다. 이는 사람이 하늘을 이길 수 있다는 도교의 자연관 및 변증법 사상을 반영한다.

이관(二觀)
. . .

도교 교의 개념. 도교 중현학파(重玄學派)에서 제시한 수행 연양(煉養) 법칙. 하나는 기관(氣觀)이고 다른 하나는 신관(神觀)이다. 이 두 가지 관[二觀]에 대해, "정(定)과 혜(慧)의 심오한 경지요, 공(空)과 유(有)의 오묘한 문이다. 이 두 가지 관으로 마음을 다스려서 곧장 중현의 경지로 나아간다. 이 두 가지 관으로 광대하게 씻어냄으로써 결국에는 두 가지 모두를 놓아 버리는 경지에 이른다[定慧之深境, 空有之妙門. 用以調心, 直趣重玄所致. 因之蕩濾, 終歸雙遣之津]"고 여겼다. 신(神)과 기(氣)는 몸을 닦고 마음을 안정시키는 것이니, 신과 기로써 마음과 몸을 모두 꿰뚫어야 한다. 신관은 경계 바깥[界外]을 닦는 것이요, 기관은 경계 안[界內]을 닦는 것이니, 몸과 마음이 둘이 아니게 되면 신과 기가 혼용하여 하나가 된다. 이 두 관에 따라 수련하면 도를 얻고 진(眞)을 이룰 수 있다.

조화(造化)

• • •

도교 교의 명사. 자연의 창조(創造)와 화육(化育) 작용을 가리킨다. 창조란 만물을 생성함이고, 화육이란 고정불변함이 없음이다. 조화하는 주체는 도이며, 천(天)·조물주(造物主)를 가리키기도 한다. 『장자(莊子)』「대종사(大宗師)」에서는 "이제 일단 천지를 큰 화로로 삼고, 조화를 큰 대장장이로 삼는다[今一以天地爲大爐, 以造化爲大冶]"고 하였다. 도교에서는 내단을 수련함으로써 천지의 조화를 훔칠 수 있다고 여겼는데, 이는 내단 선학(仙學)이 인체가 노쇠하는 자연 법칙의 속박을 극복하여, 늙음을 되돌려 어린 상태로 돌아갈 수 있다고 여긴 것이다.

상도(常道)

• • •

도교 교의 명사. 『도덕경(道德經)』에 "말할 수 있는 도는 상도가 아니다[道可道, 非常道]"라는 구절이 있다. 당(唐) 왕현람(王玄覽)은 이로부터 도를 "가도(可道)"와 "상도(常道)" 두 종류로 나누고 다음과 같이 여겼다. 상도는 천지를 낳고, 가도는 만물을 낳는다. 만물에 태어남이 있고 죽음이 있는 것은 가도가 변화가 무상(無常)하기 때문이다. 천지가 장구하고 영원한 것은 상도가 불변하기 때문이다. 가도는 사물의 형상일 뿐이며, 상도야말로 사물의 실질이다. "가도는 임시적 도이며, 상도는 참된 도이다[可道爲假道, 常道爲眞道]." 상도는 "참되고 항상된 도[眞常之道]"이며, 또 수도의 최고 경지이다. 그래서 왕현람은 사람들이 상도를 추구하여 새 생명을 획득해야 한다고 주장하였다. 이처럼 상도와 가도가 비록 차별이 있지만, 만물을 생성하는 근본으로서 상도와 가도는 동일한 것이며, 둘은 서로 인연적인 조건으로 존재한다. 때문에 "가도가 가(可)할 뿐 아니라 상도 또한 가하다. 상도가 영원할 뿐 아니라 가도 또한 영원하다. 모두 서로를 말미암아 생성되지만, 그 생성되는 것은 생성되는 것이 아니다. 또 서로를 말미암아 소멸되지만, 그 소멸되는 것은 소멸되는 것이 아니다[不但可道可, 亦是常道可. 不但常道常, 亦是可道常. 皆是相因生, 其生無所生. 亦是相因滅, 其滅無所滅]."

가도(可道)

· · ·

도교 교의 명사. 『도덕경(道德經)』 첫머리의 "말할 수 있는 도는 상도가 아니다[道可道, 非常道]"라는 구절에서 나왔다. 당(唐) 왕현람(王玄覽)은 이 장에 의거하여 도를 "가도(可道)"와 "상도(常道)" 두 부류로 나누고, 이를 이용하여 도와 사물중생을 포함의 관계를 설명했다. "상도"와 "가도"는 생성 작용이 다르다. 상도는 천지를 낳고, 가도는 만물을 낳는다. 즉 "상도는 본래 도라 할 수 없고, 말할 수 있는 가도는 무상하다. 도라 할 수 없는 도가 천지를 낳고, 말할 수 있는 가도가 만물을 낳는다[常道本不可, 可道則無常. 不可生天地, 可道生萬物]"라는 것이다. 천지는 장구(長久)하니 상도가 영원하고 불변하기 때문이며, 만물은 태어남과 죽음이 있으니 가도가 변화가 일정치 않기 때문이다. 왕현람은 더 나아가 상도는 적본(寂本)고요한 근본이자 진도(眞道)이고, 가도는 표상(表相)겉모습, 가도(假道)임시적 도, 남도(濫道)퍼져나가는 도라고 여겼다. "이 도는 퍼져나가는 도[濫道]라 할 수 있는 것이 있고, 이 신은 퍼져나가는 신[濫神]이라 할 수 있는 것이 있으니, 당연히 남도 남신은 무상하다[此道有可是濫道, 此神有可是濫神, 自是濫神濫道是無常]." 그러나 가도와 상도, 남도와 진도가 결코 어떤 관련도 없는 것은 아니다. 가도 역시 결국 일종의 도로서, 가도가 비록 상도와 구별될지라도 또 도라는 관점에서 통일된다. 이 때문에 가도와 상도는 나눌 수 없고 상호 연관된 것이다.

허(虛)

• • •

도가와 도교철학 및 내단학의 기본 개념. 우주가 생겨나기 이전의 형체도 형상도 없는 텅 빈 태허(太虛)의 상태를 허라 일컫는다. 『관자(管子)』「심술상(心術上)」에서는 "하늘의 도는 텅 비어 그 형체가 없다[天之道, 虛其無形]", "허는 만물의 시초이다[虛者萬物之始也]"라고 하였다. 노자는 '허'를 도의 경지를 형용하는 데 사용하여, "텅 빔에 이름을 지극히 하고, 고요함을 지킴을 돈독하게 한다[致虛極, 守靜篤]", "텅 비었으나 다함이 없고 움직일수록 더욱 나온다[虛而不屈, 動而愈出]"라고 하였다. 장자(莊子)는 사람이 무정무욕(無情無欲)의 허적(虛寂)한 상태에 도달하면 도(道)가 바로 마음속에서 나타난다고 여기고 "도는 텅 빈 곳에 모이니, 텅 비게 하는 것이 심재이다[唯道集虛, 虛者心齋也]"라고 하였다. 순자(荀子)는 인식론으로부터 출발하여 텅 빈 마음[虛心]으로 새로운 지식을 받아들일 것을 주장하며, "이미 지니고 있는 것으로 장차 받아들일 바를 해치지 않는 것을 허라 일컫는다[不以已藏害所將受, 謂之虛]"고 하였다. 도가는 모두 허로써 도의 본질을 묘사하고, 허로써 실재하지 않는 텅 빈 상태를 표시했다. 『중화집(中和集)』에서는 "이로써 허는 대도의 체이자 천지의 시작으로, 동정이 이로부터 나오고, 음양이 이로 말미암아 세워지며, 만물이 이로부터 생겨남을 알 수 있다. 그러므로 허는 천하의 큰 근본이다[是知虛者, 大道之體, 天地之始, 動靜自此出, 陰陽自此立, 萬物自此生. 是故虛者, 天下之大本也]"라고 하였다. 도교철학과 내단학 역시 허를 우주의 원시상태이자 수도의 최고 경지로 여겼기 때문에, 허를 우주와 정신의 궁극적 상태로 보았다. 『창도진언(唱道眞言)』에서는 "연허(煉虛)란 양신(陽神)의 허를 태허(太虛)의 허와 어떠한 틈도 없이 융합하는 것이다. 이른바 형과 신이 함께 오묘해지고 도와 함께하고 진과 합해지도록 하는 것이다[煉虛者, 以陽神之虛, 合太虛之虛, 而融洽無間. 所謂形神俱妙, 與道合眞者也]"라고 하였다.

공(空)

· · ·

원래 불교용어이다. 색계(色界) 만물은 실재가 아닌 환각이며, 일체 현상은 모두 인연에 따라 결합하여 이루어진 것으로, 홀연히 생겨났다가 홀연히 사라져 자신이라고 규정할 수 있는 성질이 없음을 지칭한다. 도교에서는 이 개념을 차용하여 도의 존재상태를 나타낸다. 『태상노군허무자연본기경(太上老君虛無自然本起經)』에서 "무엇을 공이라 하는가? 공이란 천지와 산천이 있기 이전으로, 좌우를 돌아보아도 끝없이 아득하게 넓어 어디에도 가로막힐 것이 없고 끝도 없다. 하지만 찬연히 밝아 볼 수도 없고 들을 수도 없으니, 도가 자연스레 그 속에서 생겨난다[何謂空? 空者未有天地山川, 左顧右視, 蕩蕩潺潺, 無所障礙, 無有邊際, 但洞白無所見, 無以聞, 道自然從其中

生]"라고 하였다. 도교철학은 종종 허(虛) · 무(無) · 공(空)을 서로 의미가 같은 글자로 해석한다.

현동(玄同)

• • •

　도교 교의 명사. "현(玄)"은 아득히 깊고 미묘함을 말한다. "동(同)"은 가지런히 하나가 됨[齊同], 뒤섞여 하나가 됨[混同]을 말한다. "현동(玄同)"은 대도(大道)와 혼용하여 하나가 되는 것을 말한다. 『도덕경(道德經)』에서 "그 구멍을 막고 그 문을 닫으며, 그 날카로움을 무디게 하고 그 얽힌 것을 풀며, 그 빛을 온화하게 하고 그 티끌과 함께 하니, 이를 현동이라고 한다[塞其兌, 閉其門, 挫其銳, 解其紛, 和其光. 同其塵, 是謂玄同]"고 하였다. 현동은 자신을 '도'와 융합한 일체(一體)의 상태에 이르게 하여 진정으로 도와 천지만물의 본성을 파악하게 하는 방법이다. 『태상대도옥청경(太上大道玉清經)』에서는 다음과 같이 말하였다. "움직이지 않는 듯하지만 늘 움직이고, 텅 빈 곳에 처하는 듯하지만 이미 자리해 있고, 갓난아이의 상태이지만 갓난아이는 아닌 것과 같으니, 들을 수도 볼 수도 없지만 이를 따르는 정이 있고, 버려지지도 않고 취해지지도 않고 채워지지도 않고 비워지지도 않지만 흐릿하여 끝이 없는 것, 이를 현동이라 말한다.[能不動而常行, 宅中虛而已立, 恒如嬰兒之未嬰, 不聽不窺, 隨之有情, 不釋不取, 不滿不空, 泯而無際, 是謂玄同.]"

소성(小成)

• • •

도교 교의 명사. 작은 성취를 가리킨다. 『주역(周易)』「계사전(繫辭傳)」에서, "18번 변하여 괘를 이루니, 팔괘가 작게 이루어진다. 이를 이끌어내어 거듭 펼친다[十有八變而成卦, 八卦而小成. 引而伸之]"고 하였고, 『장자(莊子)』「제물론(齊物論)」에서 "도는 작은 성취에 숨어 있고, 말은 영화로움에 숨어 있으니, 그러므로 유·묵의 시비가 있다[道隱於小成, 言隱於榮華, 故有儒墨之是非]"고 하였다. 도는 존재하지 않은 곳이 없고 하지 못하는 것이 없는데, 작은 성취에 집착하여 뽐내기를 희망한다면, 도로 하여금 본성을 드러내지 못하게 하고 도의 결손을 초래하게 만든다. 단지 작은 성취에 만족하지 않고 끊임없이 추구해야 비로소 도의 본성을 몸소 깨달을 수 있다.

소지(小知)

• • •

도교 교의 명사. 시비분별 수준에 머무는 지혜를 가리킨다. 『장자(莊子)』「제물론(齊物論)」의 "큰 지혜는 넉넉하고, 작은 지혜는 깐깐하다[大知閑閑, 小知間間]"는 구절에서 나왔다. 소지는 마음으로 만물을 분별하고 그 시비를 따지는 데 쓰인다. 그래서 한없는 다툼의 실마리의 소용돌이 속에서 스스로 벗어나지 못하고 우려, 공포, 비관을 만들어내어, 결국 대도(大道)에서 멀어지게 만든다. 소지에 힘쓰는 사람은 만물과 인생의 지극한 도를 몸소 깨달을 수 없다.

대지(大知)

• • •

   도교 교의 명사. 도를 깨달을 수 있는 큰 지혜를 가리킨다. 『장자(莊子)』「제물론(齊物論)」의 "큰 지혜는 넉넉하고, 작은 지혜는 깐깐하다[大知閑閑, 小知間間]"는 구절에서 나왔다. 대지[3]는 만물을 모두 도의 체현으로 여기게 한다. 텅 빈 마음으로 사물에 응함으로써 광대한 기백과 도량이 드러나게 되고 마음의 절대적 평정(平靜) 상태에 도달하게 되어, 저절로 무위(無爲)하여 대도와 합일하는 것, 이것이야말로 도를 체득하고 도를 깨달은 진정한 지혜이다.

성심(成心)

• • •

   도교 교의 명사. 편견(偏見)을 말한다. 『장자(莊子)』「제물론(齊物論)」의 다음의 구절에서 나왔다. "무릇 그 성심을 따라 스승으로 삼으면 누구인들 스승이 없겠는가? 어찌 꼭 변화를 알아서 마음에서 스스로 취하는 것이 있는 자만이 성심이 있겠는가? 어리석은 이 역시 가지고 있다. 마음에 아직 정해진 것이 없는데 시비가 있다면, 이는 오늘 월나라로 가서 어제 이르렀다는 것과 같다.[夫隨其成心而師之, 誰獨且無師乎? 奚必知代, 而心自取者有之, 愚者與有焉. 未成乎心, 而有是非, 是今日適越而昔至也.]" 편견은 일종의 견해로 이는 세상에서 시비관념을 낳는 근원이다. 세상을 살아가는 사람은 마땅히 세

---

3. 대지: 원서에는 "대도(大道)"로 되어 있으나, 문맥상 '대지'가 되어야 하므로 교감하였다.

속의 편견을 버려야 하며, 이렇게 될 때 세상은 안정되고 너그러워질
수 있다.

손(損)

· · ·

  도교 명사. 손(損)은 감소, 절약, 제거를 말한다. 이는 도교 수련의
중요한 법결(法訣)이자 행위 규범이다. 『도덕경(道德經)』에서는 "배
우는 것은 날마다 더하는 것이요, 도를 행하는 것은 날마다 덜어내는
것이다. 덜어내고 또 덜어내어 무위에 이른다. 무위하면 행하지 않는
바가 없다[爲學日益, 爲道日損. 損之又損, 以至於無爲, 無爲而無不
爲]"라고 하였다. 사람이 도를 닦을 때에는 마땅히 생각을 적게 하고
정신을 덜 쓰며 마음의 혼란을 제거해야 한다. 이러한 것을 줄이고
또 줄여야 바로 무위의 경지에 도달할 수 있다.

역(逆)

· · ·

  도교 명사. 역(逆)은 전도(顚倒), 반환(返還)을 말한다. 이는 도교
수련이론의 핵심이자 도교철학의 중요한 범주이다. 도교에는 "순행
하면 사람이 되고, 역행하면 신선이 된다[順則生人, 逆則成仙]"는
원칙이 있다. 그래서 "역은 역행하는 수이다. 도가는 감괘(의 중효)
를 취해 리괘(의 중효)를 메우는데, 모두 역행하는 수를 취한 것이다
[易, 逆數也. 道家取坎填離, 皆取逆數]"라고 말한다. 도교에서 채택
한 "역" 역시 일종의 행위 규범으로, 도교도들로 하여금 세속과 함께
휩쓸리거나 다투지 않게 한다. 중인(衆人)들이 좋아하는 것은 싫어

하고, 중인들이 귀하게 여기는 것은 천하게 여기고, 중인들이 하고자 하는 것은 반대로 함으로써, 천하의 범부와 다르게 역행한다.

화(化)

. . .

도교 명사. 본래 변화(變化)한다는 뜻이다. 이는 도교 수련의 법결(法訣)이자 도교 철학의 범주이다. 도교는 불로장생하며 범인을 벗어나 성인의 경지로 들어가는 것을 추구하는데, 이것이 바로 "화(化)"의 결과이다. 또 "화"는 중요한 법결이다. 갈홍(葛洪)은 『포박자내편(抱朴子內篇)』「황백(黃白)」에서 "변화는 천지가 저절로 그러함이다[變化者, 乃天地之自然]", "무릇 변화의 술법은 행하지 못할 것이 있겠는가?[夫變化之術, 何所不爲?]"라 하였다. 이후 오대(五代) 담초(譚峭)가 저술한 『화서(化書)』에서는 "화"를 가르침으로 삼아 도화(道化), 술화(術化), 덕화(德化) 등을 상세히 서술하고 있다. 도를 닦는 이가 변화를 안 연후에 변화할 수 있고 이후 천지와 동화할 수 있게 되면 출신입화(出神入化)의 경지에 들어갈 수 있다. 도교에서 제창한 사물의 부류가 변화할 수 있다는 관념[物類變化觀]은 도교철학에서 가장 생동감 있는 사상이자, 또 외단황백술(外丹黃白術) 내단선학(內丹仙學) 등 각종 법술의 이론 기초이다.

칠정(七情)

. . .

사람의 일곱 가지 감정을 가리킨다. 즉 기쁨[喜], 노여움[怒], 슬픔[哀], 두려움[懼], 좋아함[愛], 싫어함[惡], 욕망[欲] 등의 심리 상태를 말한다. 『예기(禮記)』「예운(禮運)」에서 "무엇을 일러 인정이라 하는가? 기쁨, 노여움, 슬픔, 두려움, 좋아함, 싫어함, 욕망, 이 일곱 가지는 배우지 않아도 할 수 있는 것이다[何謂人情? 喜怒哀懼愛惡欲, 七者弗學而能]"라고 하였다. 도교의 『태상노군청정경도주(太上老君淸靜經圖注)』에서는 "칠정은 기쁨, 노여움, 슬픔, 두려움, 좋아함, 싫어함, 욕망이다[七情者, 喜怒哀懼愛惡欲, 是也]"라고 하였다. 수양법에서, 유가(儒家)는 예(禮)理로써 정(情)을 절제하며 욕심을 줄일 것을 주장한다. 도교 수련은 정을 잊고[忘情] 무욕(無欲)하기를 주장한다.

삼기(三氣)

"삼기(三炁)"라 쓰기도 한다. 현기(玄炁), 원기(元炁), 시기(始炁) 세 기를 가리킨다. 이 세 기로부터 청천(淸天)이 화생한다. 상세한 것은 "삼청경(三淸境)"을 참고하라.

삼재(三災)

큰 가뭄[大旱], 큰 홍수[大水], 큰 역병[大疫]을 가리킨다. 또는 수(水), 화(火), 풍(風), 세 종류의 자연 재해를 가리키기도 한다. 『도문경법상승차서(道門經法相承次序)』에 보인다.

삼관(三觀)

　　· · ·

　　도교 연양(煉養) 용어. 관심(觀心), 관형(觀形), 관물(觀物)을 가리킨다. 『태상노군설상청정묘경(太上老君說常淸靜妙經)』에서 "안으로 그 마음을 살피면 마음에 그 마음이 없게 되고, 밖으로 그 형체를 살피면 형체에 그 형체가 없게 되고, 멀리 그 사물을 살피면 사물에 그 사물이 없게 된다. 세 가지를 깨달은 뒤에는 오직 공이 드러난다[內觀其心, 心無其心. 外觀其形, 形無其形. 遠觀其物, 物無其物. 三者既悟, 惟見於空]"고 하였다. 도교의 청허(淸虛) 수련에서는 삼관을 거쳐야 허무정적(虛無靜寂)한 진공(眞空)의 경지에 도달한다.

삼도(三盜)

　　· · ·

　　『음부경(陰符經)』에서는 이렇게 말한다. "천지는 사람의 도적이고, 사람은 만물의 도적이며, 만물은 사람의 도적이다. 세 훔침이 마땅해지면 삼재가 안정된다[天地, 人之盜. 人, 萬物之盜. 萬物, 人之盜. 三盜既宜, 三才既安]."[4] 이는 다음을 내용을 뜻한다. 천지는 만물을 낳고, 사람 또한 만물 가운데 하나이다. 하지만 사람은 만물 가운데에서 신령하기에 천·지·인, 삼재를 구성한다. 천지와 사람 그리고 만물 셋은 모순적인 통일체이다. 천지는 사람을 훔치고, 사람은 만물을 훔치며, 만물은 또 반대로 사람을 훔친다. 그 이면에는 사람과 자연

---

4. 『음부경』의 이 구절은 대개 "天地, 萬物之盜. 萬物, 人之盜. 人, 萬物之盜. 三盜既宜, 三才既安"으로 되어 있는 경우가 많다.

이 모순적인 통일관계를 가지고 있다는 뜻을 담고 있다. 천지, 인, 만물이 상대적인 평형관계에 도달하는 것이 바로 "세 훔침이 마땅해짐[三盜旣宜]"이다. 이러할 때 비로소 천지인이 조화롭게 되며, 사람과 자연이 조화롭게 되는 것이 바로 "삼재가 안정됨[三才旣安]"이다. 그러므로 "삼도(三盜)"의 학설은 천지, 인, 물이 모순적 통일관계를 지닌다는 변증법 사상을 풍부하게 지니고 있다.

수일(守一)

· · ·

도교 교의 및 연양(煉養) 용어. 『태평경(太平經)』에서 "수일(守一)"을 강론하였다. 『태평경초(太平經鈔)』「임부(壬部)」에서는 "형체는 죽음을 주관하고, 정신은 생을 주관한다. (형과 정신이) 항상 합해 있으면 길하고, 떨어져 있으면 흉하다[形者乃主死, 精神者乃主生. 常合則吉, 去則凶]"라고 말하며, 형(形)·신(神)이 항상 합해야 장생할 수 있다고 여겼다. 『서승경(西升經)』에서는 "만 권의 단서를 읽더라도 수일 하는 것만 못하다[丹書萬卷, 不如守一]"라고 하였다. 『포박자(抱朴子)』「지진편(地眞篇)」에서는 "그대가 장생하고자 한다면 수일에 밝아야 한다[子欲長生, 守一當明]"라고 하였다. "수일" 공부에서 "일"은 도대체 무슨 뜻인가? 이에 대해 도교의 각 학파의 견해는 다르다. ① "수일"은 "수신(守神)"을 말한다. ② "수일"은 "수기(守氣)"이다. ③ "수일"은 정기신(精氣神)을 지키는 것이다. ④ "일"은 도를 말하며, "수일"은 바로 도를 지키는 것이다. 도를 지키거나 도에 밝아지거나 도를 얻으면, 생사를 초월하여 천인일체, 천인합일의 최고 경지에 도달할 수 있다. 이 경지는 바로 생도 없고 죽음도 없이 멸하지 않고 길이 존재하는 것이다. 여러 학설을 비교해 보면, 네 번째 학설이 뛰어나다.

십선(十善)
• • •

도교에서 도덕수양 및 자연환경의 생태 보호를 염두에 두고 굳게 지키고자 하는 열 가지 선한 일. ① 부모에게 효도하기. ② 임금과 스승을 충심으로 섬기기. ③ 만물을 자애롭게 대하기. ④ 인내심을 가지고 잘못을 용납하기. ⑤ 간언하여 악을 없애기. ⑥ 자신을 희생하여 대중을 구제하기. ⑦ 생물을 풀어주고 길러주며, 과실의 씨를 뿌려 산림을 조성하기. ⑧ 가옥과 우물가에 나무를 심어 푸르게 만들기, 도로 양쪽에 나무 심기, 강에 다리를 놓아 지나다니는 사람들을 이롭게 하기. ⑨ 타인의 이로움을 늘려주고 해로움을 제거하며, 깨우치지 못한 사람들을 교화하기. ⑩ 경을 암송하고 계율을 지키기. 『운급칠첨(雲笈七籤)』 권37 『동현영보육재십직(洞玄靈寶六齋十直)』에 보인다.

겸망(兼忘)
• • •

도교 교의 명사. 안으로는 심신(心身)에 뜻을 두고 밖으로는 만물을 잊어버린 경지를 가리킨다. 『운급칠첨(雲笈七籤)』 권89 『제진어론(諸眞語論)』에서 다음과 같이 말하였다. "서래늑이 물었다. 무엇을 일러 겸망이라 하는지요? 고현진인이 말하였다. 일체 범부는 태어날 때부터 어리석어 온갖 유(有)에 물들어 집착하니, 비록 부단히 공덕을 쌓더라도 얽매이지 않을 수 없다. 그러므로 정(定)을 갖추어 유에 얽매어 있는 것을 제거하게 해야 한다. 그런데 유에 얽매임이 비록 없어졌더라도 여전히 공에는 얽매여 있다. 공과 유에 대한 얽매임을 모두 없애야 하니, 그래서 아울러 잊음[兼忘]이라고 한다. 이 때문에 정관(正觀)의 상에 처음 들어갔다고 말한다.[徐來勒問曰, 何謂兼忘? 高玄眞人曰, 一切凡夫, 從氤氳之際起愚疵, 染著諸有, 雖積功勤, 不能無滯. 故使備定, 除其有滯. 有滯雖淨, 猶滯於空. 空有雙淨, 故曰兼忘. 是故名初入正觀⁵之相.]" 세속 사람들은 흔히 유(有)에 집착한다. 유를 깨뜨리기 위해서는 공이 필요한데, 비록 유를 제거하더라도 또 공에 집착한다. 유와 공을 모두 제거해야만 비로소 "겸망(兼忘)"이라 할 수 있다.

정명(淨明)

. . .

　도교 교의 명사. 더할 수 없이 높은 청허(淸虛)한 경지를 가리킨다. 도를 배우는 자가 수행하여 도달할 수 있는 가장 높은 상태인, 청허자연(淸虛自然), 여도합진(與道合眞), 원융무애(圓融無礙)의 경지. 『정명충효전서(淨明忠孝全書)』「정명대도설(淨明大道說)」에서 "맑으면 깨끗해지고, 텅 비면 밝아지니, 더할 수 없이 높은 청허한 경지를 정명이라 말한다[淸則淨, 虛則明, 無上淸虛之境. 謂之淨明]"라고 하였다. 남송(南宋) 이후에 유옥(劉玉) 등이 유가(儒家)의 충효도덕의 뜻을 흡수하여 정명충효도(淨明忠孝道)를 건립하였다. 이는 "정명도(淨明道)"라고도 일컫는데, 후대에 정일파(正一派)로 합류되었다.

---

5. 觀: 원서에는 빠져 있지만, 원문에 따라 보충하였다.

삼교귀일(三教歸一)

∙ ∙ ∙

"삼교합일(三教合一)"이라고도 칭한다. 도교가 동한(東漢) 시기에 시작되고, 불교가 한대(漢代)부터 중국으로 전해 들어와, 전통적인 유학(儒學)과 솥의 세 발처럼 유(儒)・도(道)・불(佛) 삼교를 이루었다. 남북조(南北朝)와 당송(唐宋)을 거치면서 삼교는 서로 투쟁하기도 하고 서로의 이론을 흡수하기도 하였다. 도덕교화와 철학사상 측면에서 볼 때, 삼교는 본래 서로 통하는 곳이 있다. 남조(南朝)시대 제(齊)・량(梁) 때의 도홍경(陶弘景)은 모산(茅山)에 불당(佛堂)과 도당(道堂)을 설치하여 도교와 불교를 모두 존숭하며 공양했다. 아울러 삼교합일(三教合一)을 주장하며 다음과 같이 말하였다. "만물이 빼곡히 있지만 양의(兩儀)가 기르는 바를 벗어나지 않는다. 온갖 법이 분분하지만 삼교의 진리를 벗어나지 않는다.[萬物森羅, 不離兩儀所育. 百法紛紜, 無越三教之境.]"『모산장사관비(茅山長沙觀碑)』 전진도(全眞道)의 조사 왕중양(王重陽)은 "유교와 불교 그리고 도교는 서로 통한다. 삼교는 동일한 조사의 기풍에서 유래한다[儒門釋戶道相通. 三教從來一祖風]."『중양전진집(重陽全眞集)』권1『손공문삼교(孫公問三教)』라고 하였다. 남종(南宗)의 조사 장백단(張伯端)은「오진편서(悟眞篇序)」에서 "가르침이 비록 셋으로 나뉘지만 도는 하나로 모인다[教雖分三, 道乃歸一]"라며 삼교는 원융(圓融)하니 도리가 다르지 않음을 설명하였다. 정일파(正一派)의『용호산지(龍虎山志)』에서는 다음과 같이 말하였다. "세상에는 세 가르침이 있으니, 유교・불교・도교라 말한다. 유교는 성인이 백성을 위해 명을 세운 것에 근본을 두니, 바로 세상을 다스리는 큰 도리이자 법도이다. 불교의 명심견성(明心見性)과 도교의 연

378

기응신(煉氣凝神) 또한 유교의 존심양기(存心養氣)의 뜻과 어긋나지 않는다. 또 그 가르침이 모두 사람들에게 선은 행하길 권고하고 악은 행함을 경계하는 것을 주로 하니, 또한 다스리고 교화하는 데 보탬이 된다. 도교의 경록부장(經籙符章)은 맑은 날을 빌거나 비가 오길 빌며, 병을 치료하거나 삿됨을 물리칠 수 있으니, 사람들을 구제하고 사물을 이롭게 하는 효험이 있음을 사람들이 모두 알고 있다.[域中有三敎, 曰儒曰釋曰道. 儒敎本於聖人爲生民立命, 乃治世之大經大法. 而釋氏之明心見性, 道家之煉氣凝神, 亦於吾儒存心養氣之旨不悖. 且其敎皆主於勸人爲善, 戒人爲惡, 亦有補於治化. 道家所有經籙符章, 能祈晴禱雨, 治病驅邪, 其濟人利物之功驗, 人所共知.]"

삼교합일(三敎合一)

• • •

"삼교귀일(三敎歸一)"을 말한다.

경적서문(經籍書文)

『도장(道藏)』

• • •

도교 전적(典籍)의 집대성. 『한서(漢書)』 「예문지(藝文志)」에 비록 도가와 신선에 관한 책이 실려 있지만, 도교 경전을 한데 모아 기록한 것은 실질적으로 남북조(南北朝) 시기에 시작되었다. 그러한 예로 남조(南朝) 송(宋)나라 육수정(陸修靜)의 『삼동경서목록(三洞經書目錄)』, 양(梁)나라 맹법사(孟法師)의 『옥위칠부경서목(玉緯七部經書目)』, 양(梁)나라 도홍경(陶弘景)의 『경목(經目)』 등이 있다. 도교 경전을 집록하여 "장(藏)"을 이룬 것은 당(唐)나라 개원(開元) 연간 (713~741)의 일로, 이때 도교 경전을 찾아 조사하는 과정을 거쳐 『삼동경강(三洞瓊綱)』 총 3,744권 일설에는 5,700권, 다른 설에서는 7,300권을 집성 (輯成)하여, 천보(天寶) 7년(718)에 황제의 명으로 필사하여 유포하였다. 하지만 당말오대(唐末五代)의 난을 거치는 동안 경적은 흩어지고 없어졌다. 송(宋)나라 진종(眞宗)은 대중상부(大中祥符) 3년(1010)에 왕흠약(王欽若)에게 명을 내려 도교 경전의 편집을 주관하게 하였다. 이에 『보문통록(寶文統錄)』 총 4,359권이 6년의 기간을 거쳐 대중상부 9년에 완성되었다. 대중상부 5년에 장군방(張君房)을 저작좌랑

(著作佐郎)으로 임명하여『도장(道藏)』편찬을 통솔하게 하였다. 이에 기존 도서를 증보하여 총 4,565권을 만들었는데, 삼동사보(三洞四輔) 분류 방식에 따르며『천자문(千字文)』일련번호를 채택하였고, 천희 (天禧) 3년(1019)에 7부를 필사하여『대송천궁보장(大宋天宮寶藏)』이 라 칭하였으며, 이로써 후대『도장』의 편찬 체제를 정립하였다. 숭녕 (崇寧) 연간(1102~1106)에 이를 다시 교정·보충하고 387권으로 증 보하여『숭녕중교도장(崇寧重校道藏)』이라 일컬었다. 정화(政和) 연 간(1111~1118)에는 경국(經局)을 설립하고 도사(道士) 여러 명을 모 아 편집과 교감(校勘)을 맡겨서, 기존 도서를 5,481권으로 증보하고, 이를 목판 간행하여『정화만수도장(政和萬壽道藏)』이라 일컬었다. 이 때에 이르러 인쇄본『도장』이 나오게 되었다. 이후 금원(金元) 시기의 각『도장』은 이를 저본(底本)으로 삼았다. 금대(金代)에『도장』은 명창 (明昌) 원년(1190)에 간행되었다. 이는 손명도(孫明道)가 증수(增修) 를 주관하여 총 6,455권으로 집성한 것으로,『대금현도보장(大金玄 都寶藏)』이라 일컬었다. 원나라 때『도장』은 내마진후(乃馬眞后) 3년 (1244)에 간행되었다. 이는 송덕방(宋德方), 진지안(秦志安) 등이 편 집을 주관하여 총 7,800여 권으로 증보한 것으로, 이 또한『현도보장 (玄都寶藏)』이라 일컬었다. 이상에서 서술한 필사본과 목판본『도장』 은 전쟁 혹은 원대(元代)의 도불(道佛) 논쟁 과정 속에서 몇 차례 경 적이 불살라져 이미 흩어지고 없어졌다. 현존하는 것은 명(明)나라 정통(正統) 10년(1445)에 소이정(邵以正)이 교감을 감독하고 간행한 『정통도장(正統道藏)』5,305권, 480질로 분장(分裝)과, 만력(萬曆) 35년(1607) 에 장국상(張國祥)이 집록(輯錄)하여 간행한『만력속도장(萬曆續道 藏)』180권, 32질로 분장(分裝)으로, 총 5,485권이다. 1920년대에 상해함분

루(上海涵芬樓)에서는 북경(北京) 백운관(白雲觀)에 소장된 명대(明代)『도장』을 빌려 이를 영인(影印)하여 선장본(線裝本) 1,120책을 만들었다. 1970년대에 대만(臺灣)에서는 함분루본(涵芬樓本)을 축소 인쇄하여 양장본 60책을 만들고, 별도로 목록색인(目錄索引) 1책을 편찬하였다. 1988년에는 상해(上海)에서 또 축소 인쇄하여 거질의 양장본 36책을 만들었다. 『도장』의 내용은 번잡하여, 도교 경서 외에 제자서(諸子書)도 포함하고 있고, 또 의학(醫學)·화학(化學)·생물(生物)·체육(體育)·보건(保健) 그리고 천문(天文)·지리(地理) 등에 대한 각종 논저들도 포함하고 있다. 청(淸)나라 팽정구(彭定求)는 『도장집요(道藏輯要)』를 편찬하였는데, 청말(淸末)에 하용양(賀龍驤) 등이 이를 총287종으로 증보하여 성도(成都) 이선암(二仙庵)에서 판각 인쇄하였다. 민일득(閔一得)은 『도장속편(道藏續編)』 제1집을 편찬하였고, 근세의 수일자(守一子)정복보(丁福保)는 『도장정화록(道藏精華錄)』 100종을 편찬하였으며, 또 소천석(蕭天石)은 『도장정화(道藏精華)』대만자유출판사(臺灣自由出版社) 총 800여 종을 주편(主編)하였다. 최근에 성도(成都)의 파촉서사(巴蜀書社)에서 출판한 『장외도서(藏外道書)』는 명나라 『도장』정통도장과 『만력속도장』에 수록되지 않은 도서(道書) 1,042종을 집성함으로써 더욱 온전한 도서를 갖추게 되었다.

『현도도장(玄都道藏)』
• • •

금(金)·원(元) 두 시대에 편찬한 도장(道藏)의 총칭. 금(金)나라 명창(明昌) 원년(1190)에 시방대천장관(十方大天長觀) 제점(提點) 손명도(孫明道)가 조서를 받들어 도교 경전을 수정하고 유서(遺書)를 널리 구하여 송(宋)나라 때 경판(經板)을 보완하여 새기고 간행하여『도장』을 완성했다. 이는 모두 6,455권으로 602질을 이루었으며, 표제를『대금현도보장(大金玄都寶藏)』이라 하였다. 원(元)나라 태종(太宗) 9년(1237)에 송덕방(宋德方)과 그 제자 진지안(秦志安) 등이 평양(平陽) 현도관(玄都觀)에서 도교 경전을 교감하고 유실된 문헌을 널리 수집하고 산실되어 결손된 것을 보완하여 내마진후(乃馬眞后) 3년(1244)에『도장』을 완성하였다. 이는 총 7,800여 권으로 금나라 때『현도보장(玄都寶藏)』이라는 명칭을 계속 사용하였다.

『만수도장(萬壽道藏)』

● ● ●

송대(宋代)에 중수(重修)하여 간행한 도장(道藏). 숭녕(崇寧) 연간(1102~1106)에『대송천궁보장(大宋天宮寶藏)』을 교정하고 보충하여 총 5,387권을 완성하여『숭녕중교도장(崇寧重校道藏)』이라 칭했다. 정화(政和) 연간(1111~1118)에 다시 두 차례 황제의 명으로 도문(道門)의 일서(逸書)를 찾아 구하고, 경국(經局)을 설립하여 도사(道士)들로 하여금 교정하게 하였다. 그리고 복주(福州) 민현(閩縣)에 보내어 지주(知州) 황상(黃裳)이 조판 작업을 감독하게 하였다. 이는 모두 5,481권으로 540질이며『정화만수도장(政和萬壽道藏)』이라 일컬었다. 도서(道書)가 온전히 갖춰진 도장(道藏)으로 출판된 것은 이로부터 비롯한다.

『개원도장(開元道藏)』

　• • •

　원래 명칭은 『삼동경강(三洞瓊綱)』. 당대(唐代) 도교 경서(經書)의 집대성. 개원(開元) 연간(713~741)에 도장(道藏)의 초보적인 규모를 갖추어 편찬되었기 때문에 『개원도장』이라 부르게 되었다. 그 당시의 도교 경전을 널리 수집하고 오류를 교감하여 "장(藏)"으로 편찬한 것으로 총 3,744권일설에는 5,700권, 다른 일설에는 7,300권이다. 이후 천보(天寶) 7년(748)에 황제의 명으로 전사(傳寫)시켜 널리 유포하였다.

『삼동경강(三洞瓊綱)』

　• • •

　『개원도장(開元道藏)』을 말한다.

『천궁도장(天宮道藏)』

　• • •

　정식 명칭은 『대송천궁보장(大宋天宮寶藏)』. 송대(宋代)에 편찬된 『도장(道藏)』. 대중상부(大中祥符) 5년(1012)에 진종(眞宗)이 장군방(張君房)을 저작좌랑(著作佐郎)으로 임명하여 도교 경전 찬수(纂修) 작업에 전임하도록 하였다. 장군방이 원래 있던 도서(道書)에 각 지역에서 수집한 경본(經本)을 보태고 도서의 종류를 상세히 따져, 삼동사보(三洞四輔) 분류를 참조하여 "도장(道藏)"을 완성하였다. 이는 총 4,565권으로, 천(天)자로부터 궁(宮)자에 이르는 『천자문(千字文)』 일련번호를 채용하여 466자(字)로 책의 목차를 정하였기 때문에 『천궁보장(天宮寶藏)』이라 일컬었다. 천희(天禧) 3년(1019)에 7부를 필사하였다.

『대송천궁보장(大宋天宮寶藏)』
• • •

『천궁도장(天宮道藏)』을 말한다.

『정통도장(正統道藏)』
• • •

현존하는 것 가운데 유일하게 관(官)에서 편찬한 도교 경적(經籍)의 집대성. 명(明)나라 정통(正統) 10년(1445)에 간행하였기에 『정통도장』이라 일컬었다. 일찍이 영락(永樂) 4년(1406)에 제43대 천사(天師) 장우초(張宇初)가 처음 편집을 주관하였고, 영락 8년에 장우초가 세상을 떠나자, 그 제자 장우청(張宇淸)이 천사 직위를 계승하여 편찬 작업을 이어갔다. 정통 10년에 이르러 소이정(邵以正)이 교감하고 간행하였다. 총 5,305권으로 480질로 분장하였고, 삼동(三洞)·사보(四輔)·십이류(十二類) 분류 방식을 따랐으며, 천(天)자에서 영(英)자에 이르는 『천자문(千字文)』 일련번호를 사용하였고, 범협본(梵筴本) 장정(裝訂) 형식으로 만들었다. 만력(萬曆) 35년(1607)에 제50대 천사 장국상(張國祥)이 또 속장(續藏)을 집성(輯成)하여 『만력속도장(萬曆續道藏)』이라 일컬었다. 그 일련번호는 두(杜)자에서 영(纓)자에 이르고, 총 180권으로 32질로 분장하였다. 1923년부터 1926년까지 상해(上海) 상무인서관(商務印書館)에서는 북경(北京) 백운관(白雲觀)에 있는 명대(明代)에 간행된 『정통도장』과 『만력속도장』을 빌려 함분루(涵芬樓) 명의(名義)로 영인하고 이를 축소하여 방책(方冊) 선장본(線裝本) 총 1,476종 1,120책을 만들었다. 전체 도장 목록은 『도장』에 수록된 네 권의 『도장경목록(道藏經目錄)』에 보인다. 상해 상무인서관에서는 또 전체 도장 속에서 중요 전적 176종을 뽑아 별도로 『도장거요(道藏擧要)』398책을 출판하였다. 1970년대에 대만(臺灣) 예문인서관(藝文印書館)에서는 함분루본(涵芬樓本)『도장』을 축소 인쇄하여 양장본 60책을 만들고, 별도로 목록색인(目錄索引) 한 책을 편찬하여, 총 61책을 간행하였다. 1988년에는 상해서점출판사(上海書店出版社), 문물출판사(文物出版社), 천진고적출판사(天津古籍出版社)가 합작하여 축소 편찬된『도장』을 또 축소하여 양장본 36책을 만들어 출판하였다.

『만력속도장(萬曆續道藏)』
• • •

간략하게『속도장(續道藏)』이라 한다. 명(明)나라『정통도장(正統道藏)』의 속편. 만력(萬曆) 35년(1607)에 완성되었기에『만력속도장』이라 하였다. 일련번호는『천자문(千字文)』의 두(杜) 자에서부터 영(纓)자까지를 사용했다. 총 180권, 32질(帙). 제50대 천사(天師) 장국상(張國祥)이 완성했다. 속도장의 각 책들은 그 부류를 구분하지 않았다. 다만 현재의『정통도장』은『도장경목록(道藏經目錄)』네 권을 수록하지 않고 속장(續藏)의 목록을 덧붙여 놓았는데, 그 목록에서는 각 책을 정(正)·부(部)로 배열하였다. 현재의『도장(道藏)』은『정통도장』과『만력속도장』을 합하여 모아 놓은 것이다. "정통도장(正統道藏)" 참조.

『속도장(續道藏)』
• • •

『만력속도장(萬曆續道藏)』을 말한다.

『도장집요(道藏輯要)』

• • •

도교 경적(經籍)의 집성. 청(淸)나라 강희(康熙) 연간에 장원급제하였던 팽정구(彭定求)가 편찬하였다. 명(明)나라『정통도장(正統道藏)』속에서 도서(道書) 약 200종을 가려 뽑아 수록하였다. 가경(嘉慶) 연간(1796~1820)에 장원정(蔣元庭)이 다시 도서 70여 종을 증보하고 아울러『도장집요목록(道藏輯要目錄)』한 권을 편찬하여 도서 279종을 저록하였다. 북경(北京)에서 간행하였다. 책 순서는 이십팔수(二十八宿) 자호(字號)에 따라 28집으로 나누었다. 도교의 중요 경전, 역대 조사(祖師)들의 저작, 과의(科儀)와 계율(戒律), 비석에 쓰인 전기(傳記)와 계보(系譜) 등을 모두 수록하였기 때문에『도장(道藏)』의 정수를 담고 있다고 평가된다. 광서(光緒) 32년(1906)에 성도(成都) 이선암(二仙庵)에서 중간하였는데, 하용양(賀龍驤)이 엮은『도장집요자목(道藏輯要子目)』여러 종을 새롭게 추가하여 총 287종이 되었다. 별도로『도장집요속편(道藏輯要續編)』,『여단합편(女丹合編)』이 간행되어 세상에 전해졌다.

삼동사보십이류(三洞四輔十二類)

• • •

『도장(道藏)』분류의 총칭.『도장』의 총괄적 부류가 셋이기 때문에 "삼동(三洞)"이라 말하며, "동(洞)"은 "통한다[通]"는 뜻이다. 삼동은 동진부(洞眞部), 동현부(洞玄部), 동신부(洞神部)를 말한다. "삼동(三洞)"은 의미상 삼승(三乘)으로 나뉘어, 동진(洞眞)은 상승(上乘)이 되고 동현(洞玄)은 중승(中乘)이 되며 동신(洞神)은 하승(下乘)이 된다.

그 명칭은 남조(南朝) 송(宋)나라 육수정(陸修靜)의 『삼동경서목록(三洞經書目錄)』에서 비롯되었다. 사보(四輔)는 태청부(太淸部), 태평부(太平部), 태현부(太玄部), 정일부(正一部)이다. 이 중 태현은 동진을 보좌하고, 태평은 동현을 보좌하며, 태청(太淸)은 동신을 보좌하고, 정일(正一)은 삼동을 총괄적으로 보좌한다. 사보의 명칭은 송(宋)나라 왕흠약(王欽若)이 『보문통록(寶文統錄)』을 편찬할 때 맹법사(孟法師)의 『옥위칠부경서목(玉緯七部經書目)』에 의거하여 만들었으며, 또 삼동사보 때문에 『삼동사보총목(三洞四輔總目)』을 편찬하였다. 삼동(三洞) 아래에서는 또 다음과 같이 매 동(洞)을 각각 12부류로 나누었다. 그 첫 번째는 문류(本文), 두 번째는 신부(神符), 세 번째는 옥결(玉訣), 네 번째는 영도(靈圖), 다섯 번째는 보록(譜錄), 여섯 번째는 계율(戒律), 일곱 번째는 위의(威儀), 여덟 번째는 방법(方法), 아홉 번째는 중술(衆術), 열 번째는 기전(記傳), 열한 번째는 찬송(贊頌), 열두 번째는 장표(章表)이다. 삼동사보의 분류는 대체적으로 조리가 없고 정의(定義)가 명확하지 않아 사용하기에 불편하다. 현대에 옹독건(翁獨健)이 『도장자목인득(道藏子目引得)』을 편찬하였는데, 『도장』을 검색하는 데 상당히 편리하다.

동진부(洞眞部)

• • •

도교 경서(經書) 분류 가운데 삼동(三洞)의 첫 번째 부(部). 『운급칠첨(雲笈七籤)』 권6에서는 다음과 같이 말한다. 동진(洞眞)은 진에 통한다[通眞]는 뜻이다. 신령스럽고 비밀스러우며 잡되지 않기 때문에 진(眞)이란 명칭을 얻었다. "동진의 가르침은 교주 천보군(天寶君)

이 자취이고, 혼동태무원고상옥황의 기가 본체이다[洞眞之教以教主 天寶君爲迹, 以混洞太無元高上玉皇之氣爲本].”『도장경목록(道藏經 目錄)』의 범례(凡例)에 따르면, 무상법왕(無上法王) 원시천존(元始天 尊)으로부터 나온 것을 동진경(洞眞經)이라 호칭한다. 일반적으로 원 시천존(元始天尊)이 세상에 전했다고 하는 것들과 후인들이 천존(天 尊)의 이름에 가탁하여 조작한 경서들을 모두 수록하였다. 사보(四 輔) 가운데 태현부(太玄部)는 동진부에 대한 보충이다.

동현부(洞玄部)

· · ·

도교 경서(經書) 분류 가운데 삼동(三洞)의 두 번째 부(部).『운급칠 첨(雲笈七籤)』권6에서는 다음과 같이 말한다. 동현(洞玄)은 현에 통 한다[通玄]는 뜻이다. 천지를 생성하며 그 작용이 멈추지 않기 때문 에 현(玄)이란 명칭을 얻었다. “동현의 가르침은 교주 옥보군(靈寶君) 이 자취이고, 적혼태무원무상옥허의 기가 본체이다[洞玄之教以教主 靈寶君爲迹, 以赤混太無元無上玉虛之氣爲本].”『도장경목록(道藏經 目錄)』의 범례(凡例)에 따르면, 삼계의왕(三界醫王) 태상도군(太上道 君)이 발출한 것으로 동현경(洞玄經)이라 호칭한다. 일반적으로 태상 도군(太上道君)이 세상에 전했다고 하는 것들과 후인들이 도군(道君) 의 이름에 가탁하여 조작한 경서들을 모두 수록하였다. 이 동현부에 수록된 것은 영보경(靈寶經)을 기초로 삼기에 대개 경전 제목을 “동 현영보(洞玄靈寶) 무슨무슨[某] 경(經)”이라고 말한다. 사보(四輔) 가 운데 태평부(太平部)는 동현부에 대한 보충이다.

동신부(洞神部)

• • •

도교 경서(經書) 분류 가운데 삼동(三洞)의 세 번째 부(部).『운급칠첨(雲笈七籤)』권6에서는 다음과 같이 말한다. 동신(洞神)은 신에 통한다[通神]는 뜻이다. 귀신을 불러 제어하며 그 효용이 헤아릴 수 없기 때문에 신(神)이란 명칭을 얻었다. "동신의 가르침은 교주 신보군(神寶君)이 자취이고, 명적현통원무상옥허의 기가 본체이다[洞神之教以教主神寶君爲跡, 以冥寂玄通元無上玉虛之氣爲本]."『도장경목록(道藏經目錄)』의 범례(凡例)에 따르면, 시방도사(十方道師) 태상노군(太上老君)이 발출한 것으로 동신경(洞神經)이라 호칭한다. 일반적으로 노군(老君)이 세상에 전했다고 하는 것들과 후인들이 노군의 이름에 가탁하여 조작한 경서들을 모두 수록하였다. 사보(四輔) 가운데 태청부(太淸部)는 동신부에 대한 보충이다.

태현부(太玄部)

• • •

도교 경서(經書) 분류법인 사보(四輔)의 첫 번째 부(部). 동진부(洞眞部)의 보충이다.『도교의추(道教義樞)』와『운급칠첨(雲笈七籤)』권6에 따르면, 태현(太玄)은 "중현(重玄)"을 종지(宗旨)로 삼고,『도덕경(道德經)』의 무위(無爲)를 체(體)로 삼는다. 현재의『도장(道藏)』태현부(太玄部)에 수록된 것은 모두 동진(洞眞)을 보조하는 것에 속하는 책들로, 노군(老君)과 관련된 저작은 적다.

태평부(太平部)

• • •

도교 경서(經書) 분류법인 사보(四輔)의 두 번째 부(部). 동현부(洞玄部)의 보충이다. 『운급칠첨(雲笈七籤)』권6에 따르면, 태평(太平)은 삼일(三一)을 종지(宗旨)로 삼고, "다스리는 도를 훤히 밝힐 것, 수행을 통하여 깨달음을 얻을 것, 뭇 방술을 금기할 것[盛明治道, 及證果修因, 禁忌衆術]"을 논하여 충분히 "큰 어지러움을 맑게 하여 공은 높고 덕은 바르기 때문에 태평이라 호칭한다[澄淸大亂, 功高德正, 故號太平]." 현재의 『도장(道藏)』에 수록된 것은 『태평경(太平經)』을 위주로 하고 있어 앞서 말한 것과 부합하지 않는다.

태청부(太淸部)

• • •

도교 경서(經書) 분류법인 사보(四輔)의 세 번째 부(部). 동신부(洞神部)의 보충이다. 『운급칠첨(雲笈七籤)』권6에 따르면, 태청(太淸)은 태일(太一)을 종지(宗旨)로 삼고, "밝히고 있는 것은 대부분 금단의 요체이며, 또 참위(讖緯)의 법식을 기록하고 있다[所明多是金丹之要, 又著緯候之儀]." 『도교의추(道敎義樞)』의 설명도 동일하다. 현재의 『도장(道藏)』에는 대부분 노장(老莊)과 제자백가의 학설을 수록하고 있고 연단법에 대한 기록은 적어, 앞서 말한 것과는 다르다.

정일부(正一部)

. . .

도교 경서(經書) 분류법인 사보(四輔)의 네 번째 부(部). 삼동(三洞)의 각 부를 관통하며, 삼승(三乘)을 두루 말한다. 『운급칠첨(雲笈七籤)』 권6에 따르면, 정일(正一)은 진일(眞一)을 종지(宗旨)로 삼는데, 태상노군(太上老君)이 한말(漢末)에 친히 강림하여 장릉(張陵)에게 삼천정법(三天正法)을 전수하고, 또 정일의 과의와 법술을 전수하여 그를 천사(天師)로 명하고 후세에 전하게 했다고 한다. 현재의 『도장(道藏)』에 수록된 것은 여전히 삼천정법, 영보대법(靈寶大法), 정일과술을 위주로 하고 있지만, 그 외의 잡저(雜著)도 수록하고 있다.

본문류(本文類)

. . .

도교 경서(經書) 분류법인 십이류(十二類)의 첫 번째 류(類). 『도교의추(道敎義樞)』 「십이부의(十二部義)」에서는 "본(本)"을 시작[始], 근본[根]이라고 해석하여, 경전의 가르침의 시작이자 문자의 근본이라고 말한다. 또 "문(文)"은 분별[分], 이치를 표현함[能詮理]이라고 해석하여, 음양[二儀]을 분별할 수 있고 또 법상(法相)을 구별할 수 있으며, 만사를 판별할 수 있고 또 지극한 이치를 드러낼 수 있다고 말한다. 그래서 "본문은 삼원팔회(三元八會)의 글과 산문체 경문의 기원이 되는 글이 그 예이다[本文者, 三元八會之書, 長行源起之例]"라고 하였으니, 본문이란 경전(經典)의 "진문(眞文)"과 원본(原本)을 가리킨다. 삼동(三洞)의 주요한 경문은 모두 이 부류에 귀속된다.

신부류(神符類)

• • • •

도교 경서(經書) 분류법인 십이류(十二類)의 두 번째 류(類).『도교의추(道教義樞)』「십이부의(十二部義)」에서는 "신(神)"은 헤아릴 수 없음[不測]이란 뜻이고, "부(符)"는 부절[符契]을 말한 것이라고 하여 "이 영적은 어디든 신령스럽게 작용하면서 중생을 이롭게 하니 부절처럼 믿을 수 있다[此靈跡神用無方, 利益衆生, 信如符契]"고 말한다. 그래서 "신부란 용장과 봉전의 글자나 영적과 부서의 글자[神符者, 即龍章鳳篆之文, 靈跡符書之字]"라고 말한다. 초기의『영보오부(靈寶五符)』와『태상진인영보비문내부(太上眞人靈寶秘文內符)』는 "신선[仙]"이 전승한 부절을 얻은 것으로서, 후대에 부적을 밝히거나 해설한 책은 모두 이 부류에 수록되었다.

옥결류(玉訣類)

• • • •

도교 경서(經書) 분류법인 십이류(十二類)의 세 번째 류(類).『도교의추(道教義樞)』「십이부의(十二部義)」에서는 "옥이란 물들임이 없음을 말하고, 결이란 의심할 것이 없음을 말하니, 결정하여 깨달아 알고서 다시는 의심하거나 물들여지지 않음을 말한다[玉名無染, 訣語不疑, 謂決定了知, 更無疑染]", "옥결이란『노자하상공주(老子河上公注)』의 주석문이나『옥결』에서 금서를 해설한 것이 그 예이다[玉訣者, 即河上公釋柱下之文, 玉訣解金書之例]"라고 하였다. 도교 경전의 주해(注解)와 소의(疏義)는 모두 이 부류에 귀속된다.

영도류(靈圖類)

. . .

도교 경서(經書) 분류법인 십이류(十二類)의 네 번째 류(類). 『도교의추(道教義樞)』「십이부의(十二部義)」에서는 "영(靈)"을 현묘함[妙], "도(圖)"를 헤아림[度]으로 해석하여, "현묘함을 헤아려 그려서 세상에 전파한다[度寫玄妙, 傳流下世]"고 하였다. 그래서 "영도란『함경도(舍景圖)』[1]의 오제의 상이나 도국의 삼일의 형과 같은 것들이다[靈圖者, 如舍景五帝之象, 圖局三一之形]"라고 하였다. 이 부류는 대부분 본문의 도해(圖解), 혹은 도상(圖像)을 위주로 하는 저술에 속한다.

보록류(譜錄類)

. . .

도교 경서(經書) 분류법인 십이류(十二類)의 다섯 번째 류(類). 『도교의추(道教義樞)』「십이부의(十二部義)」에서는 "보(譜)"를 "계보[緒]", "록(錄)"을 "기록[記]"이라고 해석하여, "성인의 계보를 기록하여 가르침의 법으로 삼는다. 또 그 기원을 계보화하여 사물에다가 기록하여 보존하게 하는 것이다[緒記聖人, 以爲教法. 亦是緒其元起, 使物錄持也]"고 하였다. 이 부류는 대부분 "천제와 진선[天帝眞仙]"의 계보에 대한 기록으로, 고진(高眞)과 상성(上聖)의 공덕(功德)과 명위(名位) 그리고 세상에서 행한 사적(事跡)이 모두 이 부류에 귀속된다.

---

1. 함경도(舍景圖): 함경도의 '舍'은 『도교의추』에는 '舍'로 되어 있으나, 문맥상 '舍景'을 말한다. 『도교의추』 외의 『운급칠첨』 등에서는 모두 '舍景'으로 되어 있다. '舍景'은 『포박자』 등에서 보면 『함경도』를 말한다.

계율류(戒律類)

· · ·

도교 경서(經書) 분류법인 십이류(十二類)의 여섯 번째 류(類). 『도교의추(道教義樞)』「십이부의(十二部義)」에서는 "계(戒)"를 해방[解]·경계[界]·방지[止]라고 해석하여, "뭇 악의 속박에서 해방시킬 수 있고, 선악의 경계를 구분할 수 있으며, 또 뭇 악을 방지할 수 있다[能解衆惡之縛, 能分善惡之界, 又能防止諸惡也]"고 하였다. 또 "율(律)"을 견주다[率]·곧음[直]·두려움[慄]이라고 해석하여, "죄악을 견주어 헤아리고, 곧게 하여 굽지 않게 하고 두려워하게 한다[率計罪愆, 直而不枉, 使懼慄也]"라고 하였다. 그래서 "계율이란 6정의 10악과 같은 것이 그 예이다[戒律者, 如六情十惡之例]"라고 하였다. 이 부류는 대부분 도교의 계율과 법률에 대한 저작이다.

위의류(威儀類)

· · ·

도교 경서(經書) 분류법인 십이류(十二類)의 일곱 번째 류(類). 『도교의추(道教義樞)』「십이부의(十二部義)」에서는 "위(威)"는 엄숙하여 두려워할 만한 것이고, "의(儀)"는 법도가 되기에 마땅한 것이며 또 자신을 굽혀 사물의 마땅한 도리를 따르기에 위엄 있는 법도가 된다고 하였다. 그래서 "위의란 재법(齋法)의 법식, 청경(請經)의 법도와 같은 것이 그 예이다[威儀者, 如齋法典式, 請經軌儀之例]"라고 하였다. 이 부류는 대부분 도교의 재법(齋法), 참의(懺儀) 그리고 과의제도(科儀制度)에 대한 저작이다.

방법류(方法類)

• • •

도교 경서(經書) 분류법인 십이류(十二類)의 여덟 번째 류(類). 『도교의추(道敎義樞)』「십이부의(十二部義)」에서는 "방(方)"은 방소(方所), "법(法)"은 절도(節度)로 해석하여, 수행하며 자신을 다스리는 데 방소와 절도가 있음을 밝힌 것이라 하였다. 그래서 "방법이란 삼일을 보존하여 지키는 법, 혼백을 제어하는 법과 같은 것이 그 예이다[方法者, 如存三守一, 制魄拘魂之例]"라고 하였다. 이 부류는 대부분 진(眞)을 닦고 성(性)을 기르는 것, 제단을 설치하여 제련(祭煉)하는 것 등과 같은 여러 방법을 논술한 책이다.

중술류(衆術類)

• • •

도교 경서(經書) 분류법인 십이류(十二類)의 아홉 번째 류(類). 『도교의추(道敎義樞)』「십이부의(十二部義)」에서는 "중(衆)"은 많음[多], "술(術)"은 방법[道]이라고 해석하여, "수련의 여러 가지 방법으로서 진(眞)에 들어가는 초보적인 길이다[修煉多途, 爲入眞初道]"라고 하였다. 그래서 "중술이란 광석을 제련하여 단으로 변화시키는 것, 형체를 변화시키고 감추는 것과 같은 것이다[衆術者, 如變丹煉石, 化形隱景之例]"라고 하였다. 이 부류는 대부분 연단(煉丹)·은형(隱形)·음양(陰陽)·오행(五行)·변화(變化)·수술(數術)·약이(藥餌)·양생(養生) 등 각종 방술을 서술한 책이다.

기전류(記傳類)

도교 경서(經書) 분류법인 십이류(十二類)의 열 번째 류(類). 『도교의추(道教義樞)』「십이부의(十二部義)」에서는 "기(記)"를 기록하다[誌], "전(傳)"을 전하다[傳]로 해석하여, 본업(本業)을 기록하여 후세 사람들에게 전하여 보여주는 것이라고 하였다. 그래서 "전기란 도군(道君)의 본업, 황인(皇人)의 행적과 같은 것이다[記傳者, 如道君本業, 皇人往行之例]"라고 하였다. 이 부류는 대부분 뭇 신선들의 전기(傳記), 비명(碑銘), 그리고 산천(山川)에 세워진 도관(道觀)의 지리지(地理志)이다.

찬송류(贊頌類)

도교 경서(經書) 분류법인 십이류(十二類)의 열한 번째 류(類). 『도교의추(道教義樞)』「십이부의(十二部義)」에서는 "찬(贊)"을 업적을 밝힘[表事], "송(頌)"을 공덕을 노래함[歌德]으로 해석한다. 그래서 "찬송이란 오진신송(五眞新頌), 구천구장(九天舊章)과 같은 것이 그 예이다[贊頌者, 如五眞新頌, 九天舊章之例]"라고 하였다. 이 부류는 보허사(步虛詞)·찬송영장(贊頌靈章)·제진보고(諸眞寶誥) 등과 같이 대부분 찬가나 게송에 대한 저작이다.

장표류(章表類)

도교 경서(經書) 분류법인 십이류(十二類)의 마지막 류(類). 『도교의추(道教義樞)』「십이부의(十二部義)」에서는 "장(章)"을 밝히다[明], "표(表)"를 아뢰다[奏]로 해석하여, 마음속 바라는 일을 자세히 밝혀 대도(大道)에 아뢰는 것이라고 하였다. 그래서 "장표란 구재(九齋) 의식을 행할 때 바라는 것을 아룀, 삼회(三會) 의식을 행할 때 아뢰어 청함과 같은 것이 그 예이다[章表者, 如九齋啓願, 三會謁請之例]"라고 하였다. 이 부류는 대부분 재(齋)나 초(醮)를 거행할 때 천제에게 바치는 장주(章奏)·청사(靑詞) 그리고 천상의 궁정[天庭]에서 하달하는 문서이다.

『도장자목인득(道藏子目引得)』

도교 공구서(工具書). 옹독건(翁獨健)이 엮었다. 1935년에 하버드-옌칭 연구소(Harvard-Yenching Institute)에서 간행하였고, 1986년에 상해고적출판사(上海古籍出版社)에서 중판(重版)하였다. 분류 색인, 서명 색인, 작자 색인, 사전(史傳) 색인 등 네 개 색인을 포함하고 있다. 주로 명(明)나라『정통도장(正統道藏)』,『만력속도장(萬曆續道藏)』에 근거하였고, 또 원(元)나라『도장궐경목록(道藏闕經目錄)』, 청(淸)나라『도장집요(道藏輯要)』를 더하였다. 책 앞에는 편집자의 자서(自序)와 서례(敍例)가 있고, 서례 뒤에 "도교종원(道教宗源)", "도교목록범례(道藏目錄凡例)", "사전색인인용서표[史傳引得引書表]", "분류색인번호표[分類引得號數表]", "필획검색[筆畫檢字]", "병음검색[拼音檢字]" 등이 덧붙여져 있다. 이 책은 비교적 완비된『도장』검색 공구서이다.

『도장제요(道藏提要)』

. . . .

도장(道藏)의 도서 목록 개요. 런지위(任繼愈), 쫑쟈오펑(鍾肇鵬)이 편집을 주관하였다. 중국사회과학원(中國社會科學院) 종교연구소(宗教研究所) 도교연구실(道教研究室) 연구원들이 단체로 집필하였다. 1991년 중국사회과학출판사에서 출판하였다. 『도장(道藏)』은 도교 경전과 논저 및 이와 관련된 전적(典籍)을 모은 총서(叢書)이다. 명(明) 나라 『정통도장(正統道藏)』과 『만력속도장(萬曆續道藏)』에 수록된 서적(書籍)은 총 1,473종(총 5,485권)이다. 『제요(提要)』는 각각의 책의 내용에 대해 모두 간단명료하게 소개하고, 작자 미상의 서적은 모두 저술된 시기를 판단하여 제시하였다. 또한 책 뒤에는 『도장』 각 책의 편찬자에 대한 간단한 소개를 덧붙였고, 『정통도장경목록(正統道藏經目錄)』과 『도장』의 서명 그리고 편찬자 색인을 덧붙였다. 이 책은 『도장』을 도장을 읽기 위한 입문서이자 검색할 수 있는 공구서라고 할 수 있다. 1995년에 『도장제요』 수정본을 출판하였다. 2005년에 『도장제요』 제3차 수정본을 출판하였다.

『일체도경음의묘문유기(一切道經音義妙門由起)』

. . . .

간략하게 『묘문유기(妙門由起)』라고 부른다. 도교 서명. 당(唐)나라 사숭현(史崇玄) 등이 편찬하였다. 총 1권. 앞에는 당(唐)나라 현종(玄宗)의 어제(御製) 『일체도경음의서(一切道經音義序)』가 있다. 사숭현은 『묘문유기서(妙門由起序)』에서 장안(長安)의 『장(藏)』에 보이는 도교 경전 2,000여 권에 근거하여 음(音)과 훈(訓)을 만들고 또 별도로

도경을 찾아 구해 부족한 부분을 보충하여 『일체도경음의(一切道經音義)』와 『묘문유기(妙門由起)』 여섯 편을 찬술하였다. 또 경전 목록과 옛 경전 목록 총 113권을 수록하였다. 현대의 진국부(陳國符)의 고증에 따르면, 이 글은 사실 사숭현 등이 칙명을 받들어 『일체도경음의서』를 지은 것인데, 제목이 『묘문유기서』로 틀리게 기록되었다고 한다. 『일체도경음의』는 도교 자전(字典)으로 지금은 일실되었다. 현존하는 『묘문유기』 여섯 편은 도교 경전의 요점을 간추려 6문(門)으로 나누어 도교와 도교 경전의 원류를 서술한 것으로, 일종의 소형 도교 유서(類書)이다. 인용된 도서(道書) 77종은 도교 경전(經典)을 연구하는 데 상당히 참고할 만한 가치가 있다. 『도장(道藏)』 제760책에 수록되어 있다.

『묘문유기(妙門由起)』
• • •

『일체도경음의묘문유기(一切道經音義妙門由起)』를 말한다.

『도문경법상승차서(道門經法相承次序)』
• • •

도교 서명. 당대(唐代)의 도사가 편집하였다. 총 3권. 도교의 소형 공구서(工具書)이다. 도교의 용어 140여 조목을 설명하였다. 이 책은 삼청(三淸) · 삼계(三界)와 같은 도교 신선과 경계(境界) 관련 용어, "존삼수일(存三守一)" 등과 같은 도교 수련 관련 용어, "일승(一乘)" "이역(二域)", "삼화(三華)", "사달(四達)", "오통(五通)" 등과 같은 도교 법수(法數) 관련 용어를 포함하고 있다. 그 속에는 또 불교의 개념

을 취하여 도교 교의를 설명한 용어가 적지 않다. 『도장(道藏)』 제762
책에 수록되어 있다.

『무상비요(無上秘要)』
. . .

도교 유서(類書). 『속고승전(續高僧傳)』 권2 『석언종전(釋彦琮傳)』
의 기록에 따르면, 북주(北周) 무제(武帝) 우문옹(宇文邕)이 통현관
(通玄觀) 학사에게 명하여 편찬하였다고 한다. 『당서(唐書)』「경적
지(經籍志)」, 『신당서(新唐書)』「예문지(藝文志)」, 『송사(宋史)』「예
문지(藝文志)」에는 모두 72권으로 되어 있다. 현재 『도장(道藏)』 제
768~779책에 이 책이 실려 있는데 100권으로 되어 있다. 하지만 문
자가 없어진 것이 31권이기에 실질적으로는 69권이 남아 있다. 그 내
용은 삼동사보집요(三洞四輔集要), 천지산수(天地山水), 중성본적
(衆聖本迹), 궁실관복(宮室冠服), 재의계품(齋儀戒品), 그리고 수진
양생(修眞養生)·복이비승(服餌飛升)의 여러 방술을 포함하고 있다.
그 속에는 도교 경적(經籍) 280여 종이 인용되어 있는데, 대부분 일
실된 도교 경전들이다. 일설에는 수(隋)나라 개황(開皇) 3년(583)에
책이 완성되었다고 하며, 개원(開元) 6년(718)에 만들어진 돈황사본
(敦煌寫本) 『무상비요』 제52권 잔본이 있는데, 이 내용은 나진옥(羅
振玉)의 『설당총각(雪堂叢刻)』에 보인다.

『도교의추(道教義樞)』
. . .

도교 서명. 당(唐)나라 청계도사(青溪道士) 맹안배(孟安排)가 엮

었다. 총 10권. 이 책은『현문대의(玄門大義)』와 103종의 도교 경전을 모은 것을 편집하여 만들었으며, 대략 무측천(武則天) 시기에 책을 완성하였다. 총 37문(門)으로 나뉘는데, 현재는 32문이 남아 있다. 매 문(門)마다 "의왈(義曰)"로 첫머리를 시작하고, 그 다음으로 "석왈(釋曰)"이라 하고 해설하고 있다. 도덕(道德)·법신(法身)·삼보(三寶)·위업(位業)·삼동(三洞)·칠부(七部)·이관(二觀)·삼승(三乘)·육통(六通) 등에서부터 동적(動寂)·감응(感應)·유무(有無)·가실(假實)까지 말함으로써 "지극한 도의 가르침을 드러내고, 대의의 핵심을 기록하고[顯至道之敎方, 標大義之樞要]" 있는데, 논하는 것은 의리(義理)에 한정되며 방술(方術)은 논하지 않고 있다. 『도장(道藏)』제762~763책에 수록되어 있다.

『상청도류사상(上淸道類事相)』
• • •

도교 서명. 당(唐)나라 도사 왕현하(王懸河)가 엮었다. 총 4권. 도교 유서(類書)이다. 도교 경전에서 도사(道士)·신선(神仙)이 거처하는 궁관(宮觀), 석실(石室)과 관련된 글을 집록(輯錄)하였다. 선관품(仙觀品), 누각품(樓閣品), 선방품(仙房品), 보대품(寶臺品), 경실품(瓊室品)석실(石室)을 말한다, 택우영묘품(宅宇靈廟品)의 6품(品)으로 나뉜다. 이 책은 도교 전적(典籍) 백 수십 종을 인용하고 있어, 당(唐)나라 이전의 도교 전적을 고증하여 바로잡는 데 사용된다.『도장(道藏)』제765책에 수록되어 있다.

『삼동주낭(三洞珠囊)』

• • •

　도교 유서(類書). 당(唐)나라 도사 왕현하(王懸河)가 엮었다. 『송사
(宋史)』「예문지(藝文志)」와 『통지략(通志略)』에는 30권으로 기록되어
있다. 현재 판본은 10권이다. 총 35품. 주로 『삼동경(三洞經)』의 정수
(精髓)를 집록(輯錄)하였다. 도서(道書) 150여 종을 인용하였고, 소실
된 몇몇 도교 경전이 보존되어 있다. 『도장(道藏)』제780~782책에 수
록되어 있다.

『운급칠첨(雲笈七籤)』

• • •

　도교 유서(類書). 북송(北宋) 장군방(張君房)이 칙명을 받들어 도
교서를 교정하여 천희(天禧) 3년(1019)에 『대송천궁보장(大宋天宮寶
藏)』4,565권(이미 산실됨)을 편찬하였다. 장군방은 그 후에 또 『대송
천궁보장』을 기초로 하여 그 핵심적인 내용을 취하여 이 책을 집성
(輯成)하였다. 총 122권. 도교에서는 책 상자를 "운급(雲笈)"이라 일
컬었고, 도교서를 삼동(三洞)동진(洞眞)·동현(洞玄)·동신(洞神)과 사보(四
輔)태현(太玄)·태평(太平)·태청(太淸)·정일(正一)로 나누고 이를 통틀어 "칠첨
(七籤)"이라 일컬었기 때문에, "운급칠첨"이라고 이름하였다. 그 내용
은 경전 교리의 핵심, 신선·진인의 계보, 재계(齋戒), 복식(服食), 연
기(煉氣), 내외단(內外丹), 방술(方術), 더 나아가 시가(詩歌)와 전기
(傳記) 등을 포함하고 있다. 대체로 원문을 발췌하면서 논설은 덧붙이
지 않았으며 분류대로 집록하였다. 집록된 경적(經籍)은 대부분 온전
한 모습이 아니다. 가령 신선의 전기나 도교의 영험기(道敎靈驗記) 등

은 산삭된 곳이 있다. 하지만 이 책은 북송 이전의『도장(道藏)』의 주요한 내용을 집대성했을 뿐 아니라, 이미 전해내려 오지 않는 도교 경적의 단편을 적지 않게 보존하고 있어, 도교를 연구하는 데 있어 중요한 자료가 된다.『도장』제677∼702책에 수록되어 있다.

『도추(道樞)』

• • •

도교 서명. 송(宋)나라 증조(曾慥)가 편집하였다. 총 42권, 108편. 종합적 성격의 도교 유서(類書)이다. 도교철학(道敎哲學), 음부(陰符), 황정(黃庭), 태극(太極), 복기(服氣), 연정(煉精), 대단(大丹), 호흡(呼吸), 태식(胎息), 대환금단(大還金丹), 금벽용호(金碧龍虎), 연홍오행(鉛汞五行), 참동계(參同契), 입약경(入藥鏡), 영보(靈寶), 이 모든 것을 집록해 전문적인 편(篇)을 만들고, 여러 학자들의 설을 나열하였다. 각 편의 명칭 아래에는 사언체 운문을 덧붙여서 해당 편의 종지(宗旨)와 전수(傳授)의 유래를 설명한다. 가령 권1『현축(玄軸)』에서는 "마음과 정신을 피로하게 하는 것은 도와 배치된다. 담담하게 마음을 고요히 하는 것이 도의 기틀이다[心勞神疲, 與道背馳. 冥心湛然, 乃道之幾]"라고 하고, 권42『영보(靈寶)』에서는 "정양자 종리권(鍾離權)이 은미한 도를 드러내니 순양자 여동빈(呂洞賓)이 그에 통하였다. 이것을 모아 크게 이루니 뭇 오묘함의 으뜸이다[正陽剖微, 純陽互通, 集厥大成, 衆妙之宗]"라고 말하고 있다. 전체 책에 수록된 도교학자는 조원자(朝元子), 순양자(純陽子), 순수자(純粹子), 화양자(華陽子), 해섬자(海蟾子), 현화자(玄和子), 숭악선인(嵩嶽仙人), 하진인(何眞人), 음진군(陰眞君), 함광자(舍光子), 우진인(于眞人),

임자(任子), 적송자(赤松子), 연라자(煙蘿子), 탐현자(探玄子), 형악진인(衡嶽眞人) 등인데, 모두 본명을 간략하게 소개하고 저작을 인용하였으며, 때에 따라서는 또 증조 자신_{지유자}(至遊子)의 견해를 함께 기록하고 있다. 증조는 남송(南宋) 초기 사람이기 때문에 이 책은 남송 이전의 도교학설을 보존하고 있다. 이 때문에 도교사(道教史)와 도교사상·방술 연구, 주로 단도(丹道)와 기법(氣法)과 관련하여 비교적 큰 가치를 지니고 있다. 『도장(道藏)』 제641~648책에 수록되어 있다.

『천황지도태청옥책(天皇至道太淸玉冊)』

• • •

도교 서명. 명(明)나라 주권(朱權)이 편찬. 총 8권. 『속도장(續道藏)』 본에서는 합하여 상하 2권으로 만들었다. 상권은 원래 판본의 앞쪽 4권이며, 9장으로 나뉘어 있다. 그 안에서 천도(天道)·원기(元氣)·태극(太極)·천지·일월성신·음양오행·노자(老子)가 모습을 바꾸며 세상에 나타난 자취·천사세가(天師世家)·남북종파(南北宗派) 등에 대해 설명하고 있다. 아울러 삼동경서(三洞經書)의 목록과 『불도논형(佛道論衡)』·『홍명집(弘明集)』 내의 도교를 반대한 작품들이 실려 있다. 또 여러 가지 정일법록(正一法籙)·신선의 품계·보강법(步罡法)·행결법(行訣法)·재초의범(齋醮儀範)·도문(道門)의 관제(官制)와 품계·초단직명(醮壇職名)·초단소규(醮壇消規)·궁관청규(宮觀淸規) 등에 관한 단어들이 실려 있다. 하권은 원래 판본의 뒤쪽 4권이며, 10장으로 나뉘어 있다. 그 내용은 궁(宮)·관(觀)·단(壇)·당(堂)의 양식, 천존(天尊)·옥황(玉皇) 등의 신상(神像), 공물·천악(天樂)·선장(仙仗) 등의 기물, 전진(全眞)의 좌발(坐鉢) 의식, 도사의 관복, 수진구결(修眞口訣), 참배 수행의 길일, 재초 때 올리는 제물의 다른 이름, 양의(兩儀)·삼원(三元)·삼시(三尸)·사기(四氣) 등의 숫자와 관련해 쓰이는 명칭 등을 포괄하고 있다. 그 중 수련할 때의 금기사항에 관한 구결과 전진도 수행의식 등에 대한 기록이 상세하다. 이 책은 포괄하고 있는 범위가 넓고 조리가 분명하다. 『도장(道藏)』제1,109~1,111책에 실려 있다.

『상청영보대법(上淸靈寶大法)』

도교 서명. 옛 표제에는 '영전진(甯全眞) 수(授), 왕계진(王契眞) 집(集)'이라고 되어 있다. 총 66권. 그 내용에는 신광대정(神光大定)·중리오기수진(中理五氣修眞)·구중삼십육천(九重三十六天)·제천성수(諸天星宿)·오기변구기(五炁變九炁)·오악진형(五嶽眞形)·풍도산진형(酆都山眞形) 등의 이름이 붙은 도식, 묵조연정(默朝煉頂)·복원기(服元氣)·화령인치병(火鈴印治病)·치병패대부(治病佩帶符)·연형지재(煉形持齋) 등의 방법, 오아진문(五芽眞文)·대련신부록(大煉神符籙) 등의 비문, "천정(天庭)"에 올리는 주장(奏章)·신식(申式)·첩식(牒式)·잡용첩첩(雜用牒帖)·관문(關文) 등의 서식이 있다. 『도장(道藏)』제942~962책에 실려 있다. 별도로 송(宋)의 김윤중(金允中)이 44권으로 편집한 판본과 『상청영보대법목록(上淸靈寶大法目錄)』1권이 『도장』제963~972책에 실려 있다. 『영보령교제도금서(靈寶領教濟度金書)』도 표제에 '영전진 수(授)'라고 되어 있고, 권말에 "영전진이 전했다[甯全眞傳]"라고 덧붙여 있다. 영전진은 북송(北宋)과 남송(南宋) 사이의 인물이므로 왕계진은 남송 시대 사람으로 간주된다.

『도법회원(道法會元)』
• • • •

도교 서명. 편찬자는 미상이지만, 원말(元末)과 명초(明初) 사이에 만들어진 것으로 간주된다. 총 268권. 앞부분에 목록이 있다. 도교 도법 자료를 집대성한 책이다.『청미도법추뉴(淸微道法樞紐)』에는 다음과 같이 실려 있다. "도는 신령스럽게 통하는 지극한 참됨이요, 법은 변화의 깊은 이치이다. 도는 법을 통해 사람을 제도하고 사람은 법을 통해 도를 만나니 변화가 무궁하다.[道者靈通之至眞, 法者變化之玄微. 道因法以濟人, 人因法以會道, 則變化無窮矣.]" "도 속의 도가 있고, 도 속의 법이 있고, 법 속의 법이 있고, 법 속의 도가 있다. 도 속의 도란 한 생각도 일어나지 않아 만물이 모두 고요한 상태를 말한다. 도 속의 법이란 고요하면 용호가 교구하게 하고, 움직이면 벼락처럼 꾸짖는 것을 말한다. 법 속의 법이란 보강(步罡)과 결인(結印), 주문 외우기와 부적 쓰기이니, 이 외에는 모두 술수이다.[有道中之道, 有道中之法, 有法中之法. 道中之道者, 一念不生, 萬物俱寂. 道中之法者, 靜則交媾龍虎, 動則叱咤雷霆. 法中之法者, 步罡掐訣, 念咒書符, 外此則皆數術.]" "만법이 모여 근원으로 돌아간다[會萬法以歸元]"라고 했기 때문에 "회원(會元)"이라 명명하였다. 이 책에는 연도(煉度)·장주(章奏)·부록(符籙)·비결(秘訣) 등의 각종 도법 150여 편이 실려 있는데, 뇌법(雷法)을 위주로 한다. 그 외에 각 파의 원류 및 계율·과의 등의 글이 있는데, 책 속에서 언급하는 작자가 백 명이 넘으며, 송원(宋元) 도교 연구에 중요한 전적이다.『도장(道藏)』제884~941책에 실려 있다.

『청미원강대법(淸微元降大法)』

• • •

　도교 서명. 원대(元代) 청미파(淸微派) 도사가 편집했다. 총 25권. 청미파의 도법을 집대성한 책이다. 전체적으로 천서(天書)와 부록(符籙)을 위주로 하고 있다. 전편과 후편으로 나눌 수 있다. 전편은 도법의 원류를 서술하면서 아울러 부인(符印)과 진결(眞訣) 등을 열거하고 있다. 후편은 각종 도법을 서술하고 있는데 뇌법(雷法)을 위주로 하며, 열거된 부록은 모두 천서(天書)와 운전(雲篆)으로 되어 있고, 금문(今文)으로 주를 달고 있다. 마지막 편의「도법추뉴(道法樞紐)」가 있는데, 어록체로 되어 있으며 도법의 요지를 논하고 있다.『도장(道藏)』제106~110책에 실려 있다.

『무상현원삼천옥당대법(無上玄元三天玉堂大法)』

• • •

　도교 서명. 남송(南宋) 초 노시중(路時中)이 펴냈다. 총 30권. 이 책은 정일파(正一派)의 부록과 도법을 전하면서 옥경산(玉京山)의 입을 빌어 말하고 있기 때문에,『옥당대법(玉堂大法)』이라고도 한다. 포괄하는 내용이 매우 광범위한데, 부주(符咒)와 신상(神像) 및 요사스러운 기운을 물리치거나 병을 치료하는 등의 법술을 수록하고 있다. 주된 요지는 내면을 닦아 도를 이루는 것을 근본으로 하는 것이며, "도는 내 몸 안에 있고, 신은 내 마음에서 나온다[道在我身, 神自心出]"고 여긴다. 내기(內氣)를 외기(外氣)에 합하게 하고, 외신(外神)을 내신(內神)에 부합시키라고 한다. "몸과 신은 하나이며 같은 기이다[身與神爲一, 神與身同氣]"라고 한다.『도장(道藏)』제100~104책에 실려 있다.

『영보영교제도금서(靈寶領教濟度金書)』

도교 서명. 영보파(靈寶派)의 재초과의(齋醮科儀)를 총망라한 책이다. 표제에 "영전진(甯全眞) 수(授), 임영진(林靈眞) 편(編)"이라고 되어 있다. 총 320권. 임천임(林天任)이 지은 임영진 행장에 의하면, 임영진은 온주로(溫州路)의 도록(道錄)이었으나 물러나 궁관에 머물면서 "중생 제도에 대한 책 10권과 부장(符章)의 오의에 대한 책 2권을 지었다[爲濟度之書一十卷, 符章奧旨二卷]"고 한다. 이는 320권과는 부합되지 않는데, 원·명 시기의 도교인들이 계속해서 수정 증보했기 때문에 이처럼 거질(巨帙)이 되었다. 개도(開度)·기양(祈禳)·설단(設壇)·초의(醮儀)·연도(煉度)·소재(消災) 및 번개진설(旛蓋陳設) 등 각종 의식의 규범을 상세히 기록하고 있다. 그 외에『제도금서목록(濟度金書目錄)』1권이 있으며,『도장(道藏)』제208~263책에 실려 있다.

삼현(三玄)

『주역(周易)』,『노자(老子)』,『장자(莊子)』세 책의 총칭.『안씨가훈(顔氏家訓)』「면학(勉學)」에서는 "『주역』,『노자』,『장자』를 통틀어 삼현이라고 한다[莊老周易, 總謂三玄]." 도교에서도 이를 채택했다.

『수진십서(修眞十書)』

도교 서명. 내단을 위주로 하는 도교 논저의 집대성. 총 60권으로, 시기로 보면 위로는『황정경(黃庭經)』에서 시작하여 아래로는 금말

(金末) 왕지근(王志謹)의『반산어록(盤山語錄)』에까지 이른다. 수록된 편명은 60종 안팎으로, 원초(元初) 도교인이 펴낸 것이다. "십서(十書)"라고 한 것은 전문저작 및 단편저작을 10가지로 나누어 수록하였기 때문이다. ① 잡저지현편(雜著指玄篇). 백옥섬(白玉蟾)의『구후도(九候圖)』, 석태(石泰)의『환원편(還源篇)』등 12종의 저작을 포함하고 있다. ② 소정지(蕭廷芝)의『금단대성집(金丹大成集)』5권. ③『종려전도집(鍾呂傳道集)』3권. ④ 잡저첩경(雜著捷徑). 그 속에 진남(陳朴)의『취허편(翠虛篇)』, 연라자(煙蘿子)의『체각가(體殼歌)』등 양생의 도를 논하는 여러 종의 책이 있다. ⑤『오진편(悟眞篇)』5권. 섭사표(葉士表) · 원공보(袁公輔) 주(注). ⑥ 백옥섬의『옥륭집(玉隆集)』6권. ⑦ 백옥섬의『상청집(上淸集)』8권. ⑧ 백옥섬의『무이집(武夷集)』8권. ⑨ 왕지근의『반산어록(盤山語錄)』1권. ⑩『황정경(黃庭經)』도주(圖注). 그 속에 호음(胡愔)의『황정내경오장육부도(黃庭內景五臟六腑圖)』1권과 당(唐)의 양구자(梁丘子)가 주석한『황정내경경(黃庭內景經)』·『황정외경경(黃庭外景經)』이 있다.『수진십서』는 도교의 중요한 전적으로『도장(道藏)』제122~131책에 실려 있다.

『태상십삼경(太上十三經)』

• • •

도교 서명. 청(淸)나라 이함허(李涵虛)의 선집(選輯).『도덕경(道德經)』,『음부경(陰符經)』,『청정경(淸靜經)』,『옥추경(玉樞經)』,『호명경(護命經)』,『일용경(日用經)』,『대통경(大通經)』,『동고경(洞古經)』,『정관경(定觀經)』,『오주경(五廚經)』등 10부를 모아 주석했다. 이 외에 또 본인이 전수받은『명경갑경(明鏡匣經)』·『금곡경(金谷經)』『금곡가(金谷歌)라고도 한다. 자신이 지은 『문종경(文終經)』, 백옥섬(白玉蟾)의 『변혹론(辨惑論)』 등 13종의 경전을 합했기 때문에 『태상십삼경주석(太上十三經注釋)』이라고 부른다. 그 요지는 노자(老子)의 도에는 내외가 있으니 안으로 몸을 다스리고 밖으로 세상을 다스리되, 반드시 먼저 나라가 부강하고 백성이 편안해야 비로소 청정무위(淸靜無爲)할 수 있고, 최후에는 귀근복명(歸根復命)할 수 있다는 것이다. 『문종경(文終經)』에서는 후천 수련에서 연심(煉心)하는 9단계의 방법을 서술하고 있다. 그것은 첫째 수심(收心), 둘째 정기(定氣), 셋째 응신(凝神), 넷째 전규(展竅), 다섯째 개관(開關), 여섯째 축기(築基), 일곱째 득약(得藥), 여덟째 결단(結丹), 아홉째 연심(煉心)으로, 단법(丹法)의 비결이 된다. 『도장정화(道藏精華)』 제2집에 실려 있다.

『도서십이종(道書十二種)』

도교 서명. 청(淸) 유일명(劉一明)이 지었다. 그 속에 『음부경주(陰符經注)』, 『고효가직해(敲爻歌直解)』, 『백자비주(百字碑注)』, 『서유원지독법(西遊原旨讀法)』, 『시결(詩結)』, 『수진변난(修眞辨難)』, 『수진후변(修眞後辨)』, 『신실팔법(神室八法)』, 『수진구요(修眞九要)』, 『무근수해(無根樹解)』, 『황정경해(黃庭經解)』, 『금단사백자해(金丹四百字解)』, 『참동계경문직지(參同契經文直指)』, 『참동계직지전주(參同契直指箋注)』, 『참동계직지삼상류(參同契直指三相類)』, 『오진직지(悟眞直指)』, 『오도록(悟道錄)』이 들어 있다. 권말에 여동빈(呂洞賓)의 『황학부(黃鶴賦)』가 붙어 있다. 유일명은 전진도(全眞道) 용문파(龍門派) 사람이다. 그는 삼교를 회통시키고 유교와 도교를 일원화시켰으며,

송명이학(宋明理學)의 많은 부분을 흡수하여 도교에 융합시켰다. 『도서십이종』에서 내단(內丹)의 도는 성명(性命)을 밝히는 학문이라고 말한다. 1819년 상덕부호국암(常德府護國庵) 간행본과 1913년 상해 강동서국(上海江東書局) 석인본(石印本)이 있다.

『도덕경(道德經)』

『노자(老子)』를 말한다. 『도덕진경(道德眞經)』이라고도 한다. 본래 선진(先秦) 도가의 중요한 저작으로, 도교에서 주요 경전으로 받들였다. 『사기(史記)』「노자한비열전(老子韓非列傳)」에는 "관령 윤희가 '선생께서는 장차 은둔하려 하시니, 부디 저를 위해 책을 써주십시오'라고 하였다. 이에 노자는 마침내 상하편의 책을 써서 도덕의 뜻 오천여 자를 말하고 떠났다[關令尹喜曰, 子將隱矣, 强爲我著書. 於是老子乃著書上下篇, 言道德之意五千餘言而去]"고 한다. 하상공(河上公)이 지은 『노자장구(老子章句)』는 동한(東漢) 시기 작품으로, 81장으로 되어 있으며, 전반 37장을 『도경(道經)』, 후반 44장을 『덕경(德經)』이라고 했기에 『도덕경』이라 부른다. 도교에서는 스스로 자신들의 근원이 노담(老聃)이라고 하며, 그를 "태상노군(太上老君)"으로 높이고 교주로 받들었으며, "도(道)"를 신앙과 이론의 가장 근본적인 기초로 삼았다. 노자는 도의 화신이고, "도"와 "노군"은 일체라고 여기며 신비화한 해석을 부여했다. 현재 『도장(道藏)』 내에는 50여 종의 『도덕진경』 주석서가 있는데, 철학이론·음양변화·내단외단(內丹外丹)·수신치국(修身治國)·역상술수(易象術數) 등 다방면에서 도교 교의를 해석하고 있다. 『도덕경』은 예로부터 도교도에게 중시되었다. 장릉(張陵) 부자가 『노

412

자』오천문(五千文)을 제자에게 가르치기 시작했고, 동한(東漢)의 『태평경(太平經)』은 『도덕경』을 채용하여 그 이론의 기초를 만들었다. 『주역참동계(周易參同契)』, 『오진편(悟眞篇)』, 『도요비결가(道要秘訣歌)』 등의 연단(煉丹) 저작에서도 『도덕경』을 흡수하여 주요 자양분이자 근원으로 삼았다. 『도장』제346책에 실려 있다. 당(唐) 현종(玄宗), 명(明) 태조(太祖), 청(淸) 세조(世祖)와 같은 봉건 제왕들도 『도덕경』에 주를 달았다. 1973년에 장사(長沙)의 마왕퇴3호한묘(馬王堆三號漢墓)에서 백서(帛書) 『노자』갑본(甲本)과 을본(乙本)이 출토됐다. 갑본의 필사 연대를 추산해보면, 늦어도 한(漢) 고조(高祖, 재위 BC 206 ~ BC 195) 시기이다. 지금의 판본과 대조해보면, 배열순서가 『덕경』이 앞에, 『도경』이 뒤에 있으며, 문자는 일부 차이가 있으나 대체적으로는 동일하다. 1993년 겨울 호북성(湖北省) 형문시(荊門市) 곽점(郭店)의 전국초묘(戰國楚墓)에서 출도된 대량의 죽간 가운데 3종의 『노자』발췌본이 있었는데, 이것은 지금까지 발견된 『노자』중 가장 오래된 판본이다.

『노자(老子)』

• • •

『노자도덕경(老子道德經)』이라고도 한다. 『도덕경(道德經)』을 말한다. "노자(老子)"를 참고하라.

『도덕진경(道德眞經)』

• • •

『도덕경(道德經)』을 말한다.

『도덕진경지귀(道德眞經指歸)』

『노자지귀(老子指歸)』를 말하며, 다른 이름으로『도덕지귀론(道德指歸論)』이라고도 한다. 도교 서명. 서한(西漢) 엄준(嚴遵)이 지었다. 엄준의 자는 군평(君平)이고, 촉군(蜀郡) 성도(成都) 사람으로, 은거하면서 점치는 것으로 생계를 유지했다.『주역(周易)』과『노자(老子)』에 뛰어났으며, 일찍이 양웅(揚雄)이 그를 스승으로 섬겼다. 이 책은 원래 13권이나, 원(元) 이후에 1~6권까지가 산실되어 현재 7~13권까지만 남아 있다.『노자』를 상경(上經)과 하경(下經)으로 나누고, 모두 72장으로 구분하고 있는데, 상경이 40장이고 하경이 32장으로, 일반적으로『노자』가 81장인 것과 다르다. 현재 상경이 산실되어 하경만 남아 있다. 이 책은 무위자연(無爲自然)을 종지로 하는데, 수신(修身)의 정법(正法)과 인·의·예 등의 도덕을 통일시켜서 나라를 다스리고 백성을 보살피는 일에 쓰는데, 이는 실제로는 군주의 통치술이다.『도장(道藏)』제 376~377책에 실려 있다.

『노자지귀(老子指歸)』

『도덕진경지귀(道德眞經指歸)』를 말한다.

『도덕지귀론(道德指歸論)』

『도덕진경지귀(道德眞經指歸)』를 말한다.

『도덕진경하상공주(道德眞經河上公注)』

『노자하상공장구(老子河上公章句)』라고도 한다. 도교 서명. 『도덕경(道德經)』을 주석한 책이다. 옛 표제에는 '하상공(河上公) 주(注)'로 되어 있다. 전해지기로는 하상공은 전국시대(戰國時代) 사람인데, 일설에는 한(漢) 문제(文帝) 시기 사람이라고도 한다. 총 4권. 도(道)로 몸을 다스리고 나라를 다스리는 뜻을 밝히고 있으며, 치신양성(治身養性)을 근본으로 하고 있다. 따라서 "몸에서 도를 닦아 기를 아끼고 신을 기르면 수명이 늘어난다[修道於身, 愛氣養神, 益壽延年]"라고 한다. 그리고 "스스로 그러하여 장생하는 도[自然長生之道]"를 "상도(常道)"로 여긴다. 동한(東漢) 시기에는 장(章)과 구(句)의 풀이에만 치우쳐 경전을 해석하는 학문이 성행했다. 근래의 고증에 의하면, 이 책도 실제로는 후한(後漢) 시기 도교도가 짓고서 하상공의 이름에 의탁하여 "장구(章句)"라고 부른 것이다. 『도장(道藏)』 제363책에 실려 있다.

『노자하상공장구(老子河上公章句)』

『도덕진경하상공주(道德眞經河上公注)』를 말한다.

『노자상이주(老子想爾注)』

도교 서명. 오두미도(五斗米道)의 가장 중요한 경전. 『도덕경(道德經)』을 주석한 책이다. 『당현종주도덕진경소(唐玄宗注道德眞經疏)』 「외전(外傳)」에서는 "『도덕경』을 주석한 책 중에 『상이』 2권이 있다.

삼천법사 장도릉이 지은 것이다[道德經箋注, 有想爾二卷. 三天法師 張道陵所著]"라고 한다. 육덕명(陸德明)의 『경전석문서록(經典釋文 敍錄)』에서는 "노자상이이권(老子想爾二卷)"에 "지은이가 확실하지 않다. 장로라고도 하고, 유표라고도 한다[不詳何人, 一云張魯, 或云 劉表]"라고 주석하고 있다. 또 『전수경계의주결(傳授經戒儀注訣)』에 서는 "계사(系師)장로를 말한다가 득도하고 나서, 서쪽 촉 땅으로 가서 사람들을 교화하였다. 촉은 풍속이 천박하여 심오한 말을 깨닫지 못했다. 이에 상이(想爾)를 가지고 가르침을 베풀었다[系師得道, 化道西 蜀, 蜀風淺末, 未曉深言, 托遺想爾, 以訓初回]"라고 하여 역시 장로 가 지은 것으로 보고 있다. 『운급칠첨(雲笈七籤)』 권33의 주석에서 "상이는 아마도 선인의 이름이다[想爾蓋仙人名]"라고 한다. 『노자상 이주』에 나오는 노자의 사상은 대부분 『태평경(太平經)』과 부합하며, "도교(道敎)"라는 단어가 이 책에서 출현한다. 원래의 책은 일찍 산실 되어, 『수서(隋書)』와 『구당서(舊唐書)』의 「경적지(經籍志)」, 『신당서 (新唐書)』 「예문지(藝文志)」에는 모두 기록되어 있지 않았다. 청말(淸 末) 돈황(敦煌)의 석굴에서 육조(六朝) 시기 초본(鈔本)이 잔권(殘卷) 형태로 발견됐다. 현대의 요종이(饒宗頤)가 쓴 『노자상이주교전(老子 想爾注校箋)』이 있다. 초기도교 연구를 위한 중요한 자료이다.

『당현종주도덕진경(唐玄宗注道德眞經)』

도교 서명. 『도덕경(道德經)』을 주석한 책이다. 한대(漢代) 이래로, 대대로 『도덕경』의 주해가 많았다. 당(唐) 현종(玄宗) 이융기(李隆基) 는 여러 주석가들의 주가 정확함과 적절함이 부족하다고 여겼다. 그는 개원(開元) 20년과 21년 사이(732~733)에, 스스로 『도덕경』에 주를 달았고, 세상에서는 현종의 "어주(御注)"라고 칭했다. 총 4권. 그 주석은 안으로는 수신의 근본을 밝히고 밖으로는 나라를 다스리는 방법을 밝혀서, 실로 내성외왕(內聖外王)의 도를 겸하고 있다. 옛 주석에서 좋은 것을 채택했으며, 전체적으로는 대체로 평이하고 소박하다. 다만 일부의 문구를 주관적으로 고친 폐단이 있다. 책이 만들어진 후에, 각 주의 궁관에 반포하고 돌에 새기도록 명했다. 지금도 역주(易州)·형주(邢州)에 아직까지 『도덕경』 석비가 남아 있다. 또 최면(崔沔) 왕허정(王虛正) 조선보(趙仙甫) 등에게 명하여 이 책에 소(疏)를 달게 했다. 이들은 왕필(王弼), 하상공(河上公) 등의 옛 주석을 근거로 삼아 경문에 소를 달았고, 또 그 사이에 현종의 주를 설명하여 10권의 소를 만들었다. 『도장(道藏)』 제355책에 실려 있다. 최면 등의 소는 『도장』 제356~357책에 실려 있다.

『도덕진경광성의(道德眞經廣聖義)』

도교 서명. 당말(唐末)에 두광정(杜光庭)이 지었다. 원래는 30권이나, 『도장(道藏)』본은 50권으로 되어 있다. 책머리에 있는 두광정의 서문에는 역대 『도덕경(道德經)』을 주해한 60여명의 주석가를 열거하고 있다. 이 책의 앞부분 5권은 총론으로, 그 속에서 『도덕경』 전체의 종지를 개괄적으로 서술하고 있으며, 노자의 생애와 활동을 소개하고 있다. 아울러 「당현종어주서(唐玄宗御注序)」에 구절마다 소(疏)를 달아 풀이하고 있다. 6~50권은 81장의 경문에 소를 달아 해석했다. 모두 처음에는 경문을 열거하고, 다음에 당현종(唐玄宗)의 주(注)

를, 다음에 다시 당현종의 소를, 마지막에 두광정의 소의(疏義)를 달았다. 이를 "주" · "소" · "의(義)"로 나누어 구별했다. 두광정의 소의는 널리 많은 설을 취하고 있으나 당현종의 어주를 밝히는 것을 위주로 하고 있기 때문에, 『도덕진경광성의』라고 이름 붙였다. 『도장(道藏)』제440~448책에 실려 있다.

『원시설선천도덕경주해(元始說先天道德經注解)』
• • •

도교 서명. 작자 미상. 이 책은 『도덕경(道德經)』 5천자를 모방하여 만들어졌다. 이 책은 「묘(妙)」 · 「원(元)」 · 「신(神)」 · 「진(眞)」 · 「도(道)」 다섯 편으로 되어 있으며, 매 편은 1천자로 모두 5천자이다. "묘(妙)"를 끝이 없는 지극히 높은 본체로 여기고, 도(道) · 덕(德) 등의 범주는 모두 "묘"에서 파생된 것이라고 한다. 그래서 "묘는 원을 낳고, 원은 신을 낳고, 신은 진을 낳고, 진은 도를 낳고, 도는 덕을 낳는다[妙生元, 元生神, 神生眞, 眞生道, 道生德]"제2장라고 하였는데, 『노자』의 체계와는 확연히 다르다. 책에서는 유무(有無) · 동정(動靜) · 음양(陰陽) · 오행(五行) · 팔괘(八卦) · 구궁(九宮), 도와 덕 및 도법자연(道法自然), 청정무위(淸靜無爲) 등을 상세히 논술하고 있는데, 수양심성(修養心性)과 연기연신(煉氣煉神)을 위주로 하고 있다. 내용은 매우 어렵다. 송(宋)의 이가모(李嘉謀)가 이 책을 주해했는데, 유교와 도교를 섞어 인용하면서 문장에 따라 뜻을 자세히 설명하여 분명하고 막힘이 없다. 『도장(道藏)』제13~14책 및 『도장집요(道藏輯要)』저집(氐集)에 실려 있다.

『도덕회원(道德會元)』

도교 서명. 송말(宋末)·원초(元初) 시기에 이도순(李道純)이 저술했다. 총 2권. 책의 앞머리에 「정사(正辭)」와 「궁리(究理)」 두 편의 글이 있다. 전자는 하상공주(河上公注) 본의 『노자(老子)』 경문을 위주로 하여 여러 판본의 문자의 가감과 착오를 바로잡은 것이고, 후자는 각 주석가의 주해 중 뜻이 모순되는 것을 일일이 제시하고 분석했다. 그러므로 이러한 책명을 삼은 것이다. 정문(正文)은 하상공본에 의거했고, 매 장 뒤에 송(頌)을 두었다. 송은 선종(禪宗)의 게송에 가까워, 명심견성(明心見性)을 촉발시키는 계기가 된다. 『도장(道藏)』 제387책에 실려 있다.

『남화진경(南華眞經)』

『장자(莊子)』를 말한다. 당(唐) 현종(玄宗)이 장자를 남화진인(南華眞人)에 추봉(追封)했기 때문에 『남화진경』으로 고쳐 불렀다. 장자학파의 저작이다. 『한서(漢書)』「예문지(藝文志)」에는 『장자』가 52편이라고 기록돼 있으나, 현재 널리 전해지고 있는 것은 33편뿐이다. 그 중 내편(內篇)인 「소요유(逍遙遊)」, 「제물론(齊物論)」, 「양생주(養生主)」, 「인간세(人間世)」, 「덕충부(德充符)」, 「대종사(大宗師)」, 「응제왕(應帝王)」 7편을 일반적으로 장자가 지은 것으로 본다. 외편(外篇)과 잡편(雜篇)은 그 문인과 후세의 작품이 섞인 것이라고 할 수 있다. "때를 편안히 여기고 순리에 처한다면 슬픔과 기쁨이 끼어들 수 없고[安時而處順, 哀樂不能入]", "무심하게 자연스러운 변화에 맡기는 자가 마땅히 제왕이 되어야 한다[無心而任乎自化者, 應爲帝王]"고 주장하여, "그 요지는 본래 노자의 말을 따르고 있다[其要本歸於老子之言]"
고 한다. 그밖에 신선사상(神仙思想)을 제기했는데, 신인(神人)은 "오
곡을 먹지 않고 바람과 이슬을 마시며, 비룡을 타고 사해의 밖을 노
닌다. 그가 정신을 집중하면 만물이 병들지 않고 해마다 곡식이 무르
익는다[不食五穀, 吸風飲露, 御飛龍而遊乎四海之外, 其神凝, 使物
不疵癘而年穀熟]"라고 하여, 후세 신선파(神仙派)의 절립(絶粒)·벽
곡(辟穀)·수련(修煉)에 많은 영향을 주었다. 진(晉) 곽상(郭象)의 주
(注), 당(唐) 성현영(成玄英)의 『남화진경주소(南華眞經注疏)』 등이
있다. 남송(南宋) 말기의 도사 저백수(褚伯秀)가 지은 『남화진경의해
찬미(南華眞經義海纂微)』 106권이 있는데, 주석가 13명의 설을 한
데 모으고 자기의 의견을 붙였다. 이 책은 장자와 도교사상의 관계
를 연구하는 데 있어 중요한 자료이다. 『남화진경』은 『도장(道藏)』 제
467~482책에 실려 있으며, 『남화진경주소』는 『도장』 제507~519책
에 실려 있다.

『장자(莊子)』
• • •

『남화진경(南華眞經)』을 말한다.

『남화진경주소(南華眞經注疏)』
• • •

『장자주소(莊子注疏)』라고도 한다. 도교 서명. 총 35권. 진(晉) 곽상
(郭象)의 주(注)와 당(唐) 성현영(成玄英)의 소(疏)가 있다. 곽상의 주
는 문장이 간단하면서도 아름답고, 문자에 대한 해석은 하지 않았으

나, 대의에 정통하여 장자 철학의 현명(玄冥)과 독화(獨化)가 지닌 의미를 밝히고 있다. 본문의 밑에 먼저 곽상의 주를 두고, 그 다음에 소를 두었다. 소는 주보다 더욱 상세하여 곽상이 주석한 뜻을 거듭 드러내고, 곽상이 주석하지 않은 구절도 해석하고 있으며, 명물(名物)이나 고훈(故訓)은 모두 풀이하여 밝혔다. 그 주된 뜻은 "도와 덕의 핵심을 펼쳐내고, 중현의 오묘한 뜻을 서술한다[申道德之深根, 述重玄之妙旨]"성현영의 「남화진경주소서(南華眞經注疏序)」는 것이다. 이 책은 여러 『장자(莊子)』 주석서 중에서 가장 자세하면서도 명쾌하다. 곽경번(郭慶藩)의 『장자집석(莊子集釋)』은 곽상주와 성현영소를 온전히 싣고 있으며 논거가 확실하다. 『도장(道藏)』 제507~519책에 실려 있다.

『장자주소(莊子注疏)』

• • •

『남화진경주소(南華眞經注疏)』를 말한다.

『남화진경구의(南華眞經口義)』

• • •

도교 서명. 남송(南宋) 임희일(林希逸)이 지었다. 총 32권. "구의(口義)"는 구두로 강의하였음을 이른다. 임희일은 스스로 불경을 읽은 뒤에 『장자(莊子)』에 대해 "약간 깨우친 바가 있어서[稍有所得]" 이 책을 지었다고 한다. 그의 주석은 분석이 분명하고 조리가 있으며, 문장에 따라 부연 설명하면서 이해하기 어려운 단어나 장황한 말을 하지 않아서 큰 틀에서 『장자』의 뜻을 파악할 수 있다. 『도장(道藏)』 제488~494책에 실려 있다.

『통현진경(通玄眞經)』
• • •

　『문자(文子)』를 말한다. 도교 서명. 당(唐) 현종(玄宗) 천보(天寶) 원년(742)에 문자(文子)가 "통현진인(通玄眞人)"에 추봉(追封)되었기 때문에, 그 책도『통현진경(通玄眞經)』이 되었다.『한서(漢書)』「예문지(藝文志)」의 기록에는『문자』는 9편이며, "(문자는) 노자의 제자로 공자와 비슷한 시기 사람이다. 그런데 '주 평왕이 물었다'라고 한 것을 보면 아마도 가탁하여 쓴 것이다[老子弟子, 與孔子並時. 而稱周平王問, 似依托者也]"라고 한다. 북위(北魏) 이섬(李暹)과 당(唐) 서영부(徐靈府)의 주(注)에는 모두 12편이라고 하며, 문자의 성은 신(辛)이고 이름은 견(鈃)이라고 한다. 규구(葵邱) 복상(濮上) 사람으로, 호는 계연(計然)이고, 범려(范蠡)를 사사했으나, 본래 노자에게 수업받았다고 한다. 근세 학자들의 연구에 의하면, 주평왕(周平王)은 초평왕(楚平王)의 오기(誤記)로 보이며, 문자는 아마도 문종(文種)일 것이라고 한다. 각 장에 모두 "노자왈(老子曰)"을 말머리로 하면서 노자의 "도(道)"를 종지로 삼고, 명가(名家)·법가(法家)·유가(儒家)·묵가(墨家) 사상을 섞어 넣었다. 그래서 당의 유종원(柳宗元)은『변문자(辯文子)』에서 이 책을 "잡박한 글[駁書]"이라고 말한다. 최근에 정현(定縣)지금의 하북(河北) 정주(定州)에서 죽간(竹簡)으로 된『문자』가 출토되었다. 이 출토본에는 통행본에 없는 부분이 있다. 출토본의 총 여섯 장(章)에서 통행본과 같은 내용이 나오는데, 통행본에서는 출토본의 "문자"를 "노자"로, "평왕(平王)"을 "문자"로 바꿨다. 이는 통행본이 진(晉) 이후에『문자』의 잔간(殘簡)에 의거해,『노자(老子)』,『장자(莊子)』,『회남자(淮南子)』 등을 취하여 보충하고 편집하여 개찬(改竄)한 책임을 보여준다. 『도장(道藏)』제520~522책에 서영부의 주석본이 실려 있다. 원대(元代) 도사 두도견(杜道堅)이 지은 『통현진경찬의(通玄眞經贊義)』가 있는데, 『도장(道藏)』제523~524책에 실려 있다.

『문자(文子)』

도교 서명. 주(周)나라 말기에 도가의 은사(隱士)인 문자(文子)가 지었기 때문에 서명으로 삼은 것이라고 전해진다. 당(唐) 현종(玄宗) 때 문자가 "통현진인(通玄眞人)"으로 추봉되어, 그 책도 『통현진경(通玄眞經)』이라 한다. "문자(文子)"와 『통현진경(通玄眞經)』을 참고하라.

『충허진경(沖虛眞經)』

『열자(列子)』를 말한다. 당(唐) 현종(玄宗) 천보(天寶) 원년에 열자가 "충허진인(沖虛眞人)"에 추봉됐기 때문에, 그 책도 『충허진경(沖虛眞經)』이라 하였다. 옛 표제에는 '주(周) 열어구(列御寇) 찬(撰)'이라 되어 있다. 『한서(漢書)』「예문지(藝文志)」에서는 『열자』는 8편이라고 기록돼 있으며, 구설(舊說)에서는 전국시대에 책이 만들어졌다고 한다. 근세 학자들의 연구에 의거하면, 8편의 통행본은 위진(魏晉) 시기의 사람이 결여된 『열자』의 편장에 보충하고 편집하여 책을 만들었다고 한다. 내용은 대부분 민간의 고사와 우화 및 신화와 전설이다. 송대(宋代)의 강휼(江遹)이 지은 『충허지덕진경해(沖虛至德眞經解)』8권이 있다. "지덕(至德)"이 더해진 것은 송나라 진종(眞宗) 경덕(景德) 연간(1004~1007)에 열자가 "충허지덕진인(沖虛至德眞人)"에 가봉(加封)되어 그 책도 『충허지덕진경(沖虛至德眞經)』으로 고쳤기 때문이다. 『충허지덕진경해』는 『도장(道藏)』 제348책에 실려 있다. 주해서에 진(晉) 장담(張湛) 주(注), 남송(南宋) 임희일(林希逸)의 『충허지덕진경구의(沖虛至德眞經口義)』, 강휼의 『충허지덕진경해』 및 근대의 양백준(楊伯峻)의 『열자집석(列子集釋)』 등이 있다.

『열자(列子)』

• • •

도교 서명. 전해지기로는 전국시대 도가의 열자(列子)가 지었기 때문에, 서명으로 삼았다고 한다. 당(唐) 현종(玄宗) 때 열자가 "충허진인(沖虛眞人)"으로 추봉됐기 때문에, 그 책도 『충허진경(沖虛眞經)』이라 칭했다. "열자(列子)"와 『충허진경(沖虛眞經)』을 참고하라.

『관윤자(關尹子)』

• • •

도가 저작. 구본(舊本)에는 '주(周) 윤희(尹喜) 찬(撰)'이라고 되어 있다. 총 1권, 9편. 도교에서는 『문시진경(文始眞經)』이라 한다. 『한서(漢書)』 「예문지(藝文志)」에는 『관윤자』가 9편이라는 기록이 있는데, 『수서(隋書)』 「경적지(經籍志)」와 『당서(唐書)』 「예문지(藝文志)」에는 기록이 없다. 원본은 이미 산실되었고, 남송(南宋) 때 영가(永嘉)의 손정(孫定) 집에서 처음 발견되었는데, 아마도 가탁한 것으로 보인다. 『사고전서총목제요(四庫全書總目提要)』에 의하면, 당(唐)과 오대(五代) 사이의 문장에 능통한 방사(方士)가 지은 것으로, 내용은 불교와 신선방술가의 사상을 유가의 말을 빌려 꾸민 것이라고 한다.

『문시진경(文始眞經)』

. . .

정식 명칭은 『무상묘도문시진경(無上妙道文始眞經)』이다. 『관윤자
(關尹子)』를 말한다. 도교에서 관윤자를 존숭하여 문시진인(文始眞
人)으로 삼았기 때문에, 그 책도 경전이라고 칭하였다. 『도장(道藏)』
에는 우도순(牛道淳)과 진현미(陳顯微)의 주해본이 실려 있다. 『도장』
제347책에 실려 있다. "관윤자"를 참고하라.

『무상묘도문시진경(無上妙道文始眞經)』

. . .

『문시진경(文始眞經)』을 말한다.

『동령진경(洞靈眞經)』

. . .

『항창자(亢倉子)』를 말한다. 『경상자(庚桑子)』라고도 한다. 옛 표제
에는 '주(周) 경상초(庚桑楚) 찬(撰)'이라고 되어 있는데, 바로 『장자
(莊子)』속의 경상초이다. 그 책은 『한서(漢書)』 「예문지(藝文志)」와
『수서(隋書)』 「경적지(經籍志)」에는 실려 있지 않고, 『신당서(新唐書)』
「예문지(藝文志)」에 "왕사원의 『항창자』 2권[王士元亢倉子二卷]"이라
는 기록이 있는데, 사실 당(唐) 개원(開元)과 천보(天寶) 연간 사이에
왕사원(王士元)이 만든 것이다. 이 책은 전도(全道)·용도(用道)·정
도(政道)·군도(君道)·신도(臣道)·현도(賢道)·순도(順道)·농도
(農道)·병도(兵道)의 9편으로 되어 있는데, 대부분 고문체(古文體)
와 기자체(奇字體)로 되어 있으며, 위원숭(衛元嵩)의 『원포경(元苞

經)』과 비슷하다. 전도편에서는 "항창자는 '너의 형체를 온전히 하고, 너의 생명을 감싸 안아라'고 말한다. 그러므로 성인이 만물을 제어하여 그 천성을 온전하게 한다[亢倉子曰, 全汝形, 抱汝生. 故聖人之制萬物也, 全其天也]"라고 한다. 정도편에서는 "다스림이 번거롭고 까다로우면 사람들이 간사하고 거짓되며, 다스림이 줄어들고 일관되면 사람들이 순박해진다[政煩苛則人奸僞, 政省一則人醇朴]"라고 한다. 대체로 『노자(老子)』의 뜻과 서로 들어맞는다. 중간에 『여씨춘추(呂氏春秋)』, 『설원(說苑)』의 말을 채록하여 섞어 놓았는데, "앞뒤가 서로 잘 이어져 있고, 글이 문채가 있으면서도 정취가 있다[聯絡貫通, 行文亦亹亹有致]." 당 천보 원년(742)에 칙령으로 『동령진경』이라 부르게 됐다. 『도장(道藏)』 제319책에 실려 있다. 하찬(何璨)[2] 주석의 『동령진경』은 『도장』 제522책에 실려 있다.

『항창자(亢倉子)』

『동령진경(洞靈眞經)』을 말한다. "항창자(亢倉子)"를 참고하라.

『경상자(庚桑子)』

『동령진경(洞靈眞經)』을 말한다.

---

2. 何璨: 원서에는 '何燦'으로 되어 있으나, 원문에 따라 교감하였다.

『태평경(太平經)』

도교 초기 경전. 한대(漢代)를 전후하여 3종의 『태평경』이 유행했다고 전해진다. 그것은 서한(西漢) 성제(成帝) 때 제(齊) 땅의 감충가(甘忠可)의 『포원태평경(包元太平經)』12권, 동한(東漢) 때 우길(于吉)의 『태평청령서(太平淸領書)』170권, 장릉(張陵)의 『태평동극경(太平洞極經)』144권인데, 모두 산실되었다. 명(明) 『정통도장(正統道藏)』에 실린 『태평경』은 바로 170권의 판본인데 현재 57권만 남아 있다. 이 책은 상당히 많은 권수인데 아마도 한 사람이나 한 시기의 작품이 아닌 것 같다. 내용도 번잡하여 천지 · 음양 · 오행 · 간지(干支) · 재이(災異) · 귀신 및 당시 사회 상황 등을 언급하면서, 종교관과 봉건 윤리관을 선양하고 있다. 또 어떤 편에서는 노동자가 통치계급의 재물 착취를 반대하는 것을 반영하고 있으며, 자급자족과 궁핍한 이들을 구제할 것을 주장하고 있다. 이러한 것들이 장각(張角)의 태평도(太平道)와 장릉의 오두미도(五斗米道)에 상당한 영향을 끼쳤다. 이 책은 동한 말기 사회 상황과 도교 역사를 연구하는 데 중요한 자료의 하나이다. 『도장(道藏)』제73~115책에 실려 있다. 그밖에 당(唐)나라 사람이 초록한 『태평경초(太平經鈔)』10권 및 『태평경성군비지(太平經聖君秘旨)』는 『태평경』을 교정하고 보완하는 데 도움을 준다. 현대에는 왕명(王明)의 『태평경합교(太平經合校)』가 있다.

『태평청령서(太平淸領書)』

도교 서명. 『태평경(太平經)』을 말한다. 총 170권. 『후한서(後漢書)』

「양해전(襄楷傳)」에서 다음과 같이 말한다. "순제 때, 낭야 땅 사람 궁숭이 입궐하여 그 스승 간길이 곡양천에서 얻은 신서(神書) 170권을 바쳤는데, 모두 푸른빛이 도는 흰 비단으로 되어 있고, 붉은색으로 칸을 쳐서 줄을 나누고 청색의 제첨(題簽)에 붉은색으로 제목이 쓰여 있었는데, 『태평청령서』라 불렀다[順帝時, 琅邪宮崇詣闕, 上其師干吉於曲陽泉水上所得神書百七十卷, 皆縹白素朱介靑首朱目, 號太平清領書]." 당(唐) 이현(李賢)은 이를 주석하길, "신서란 지금의 도가의 『태평경』을 말한다. 태평경은 갑·을·병·정·무·기·경·신·임·계로 부가 나뉘어 있는데, 매 부마다 17권으로 되어 있다[神書, 即今道家太平經也. 其經以甲乙丙丁戊己庚辛壬癸爲部, 每部一十七卷也]"고 했다. 또 당 맹안배(孟安排)의 『도교의추(道教義樞)』권2 「칠부의(七部義)」의 기록에는, 한나라 순제 때 궁숭이 그 스승 간길이 얻은 신서 170권을 바쳤는데, 『태평경』이라고 불렀다고 되어 있다. 이로써 『태평청령서』가 『태평경』임을 알 수 있다.

『태평경성군비지(太平經聖君秘旨)』

도교 서명. 작자 미상. 원래 표제에는 "전상상청동군(傳上相靑童君)"이라고 되어 있다. 왕명(王明)은 『태평경합교(太平經合校)』에서 당말(唐末) 여구방원(閭丘方遠)이 편집한 것으로 추측하고 있다. 내용은 주로 "일(一)"이 만사의 근본이기에, 일을 지키면[守一] 만사가 행해진다는 것에 대해 자세히 논술하고 있다. 첫 부분에서 정(精)·신(神)·기(氣)의 관계를 논하면서, "이 셋은 일체이니, 천지인의 기의 뿌리가 된다. 신은 하늘에서 받았고, 정은 땅에서 받았고, 기는 중화에서 받았으며, 서로 더불어 하나가 된다. …… 사람은 본래 혼돈한 기에서 태어났고, 기는 정에서 생겨났고, 정은 신에서 생겨났고, 신은 명에서 생겨났다[三者共一位, 本天地人之氣根, 神者受之於天, 精者受之於地, 氣者受之中和, 相與共爲一. …… 夫人本生混沌之氣, 氣生精, 精生神, 神生明]"라고 한다. 또 오래 살고자 하는 사람은 "마땅히 기를 아끼고 신을 높이며 정을 소중히 해야 하며[當愛氣尊神重精]", "기를 지키고 신과 정을 합쳐야 한다[守氣而合神精]"고 한다. 그 다음으로 수일(守一)의 방법과 효과를 논하면서, 수일할 수 있는 자는 깨달음에 이를 수 있고, 재앙을 없앨 수 있고, 병을 다스릴 수 있고, 장생할 수 있다고 한다. 『도장(道藏)』제755책에 실려 있다.

『태평경초(太平經鈔)』
. . .

도교 서명. 당말(唐末) 여구방원(閭丘方遠)이 발췌한 『태평경(太平經)』선집(選輯)이다. 이 책은 갑(甲)·을(乙)·병(丙)·정(丁)·무(戊)·기(己)·경(庚)·신(辛)·임(壬)·계(癸)의 10부로 되어 있으며, 매 부마다 1권으로 되어 있다. 총 10권. 그 속에『영서자문상경(靈書紫文上經)』의 내용과 불교의 용어들을 집어넣기도 했는데, 특히 갑부(甲部)가 그렇다. 『도장(道藏)』제746~755책에 실려 있다.

『주역참동계(周易參同契)』
. . .

간략하게『참동계(參同契)』라 칭한다. 도교 경전. 동한(東漢) 위백양(魏伯陽)이 지었다. 총 3권. 이 책에서는 건(乾)·곤(坤)·감(坎)·

리(離)・수(水)・화(火)・용(龍)・호(虎)・연(鉛)・홍(汞) 등의 법상(法象)을 빌려서 연단수선(煉丹修仙)의 방책을 밝혔다. 대의는 "대역(大易)"・"황로(黃老)"・"노화(爐火)" 3가의 이치를 한 곳으로 귀결시키면, "대도에 묘하게 계합할[妙契大道]" 수 있다는 것인데, 이 때문에 『참동계』라 하였다. 도가에서 체계적으로 연단을 논술한 최초의 저작이다. 도교에서는 "단경왕(丹經王)"으로 받든다. 송(宋) 주희(朱熹)의 『주역참동계고이(周易參同契考異)』 1권이 있다. 이외에 40여명의 주석이 있다. 대부분 『도장(道藏)』 제621~629책에 실려 있다.

『참동계(參同契)』

『주역참동계(周易參同契)』를 말한다.

『주역참동계분장통진의(周易參同契分章通眞義)』

간략하게 『주역참동계통진의(周易參同契通眞義)』라 칭한다. 도교서명. 오대(五代)의 팽효(彭曉)가 지었다. 총 3권. 팽효는 『참동계』에 대한 후세의 이해가 서로 달라 옳고 그름의 표준이 없었기에, 마침내 상권 40장, 중권 38장, 하권 12장, 총 90장으로 나누고 해석을 덧붙였다고 한다. 권말에 『정기가(鼎器歌)』 1편을 두었고, 팽효 자신이 지은 『명경도결(明鏡圖決)』 1편을 맨 마지막에 덧붙였다. 명대(明代) 백운제(白雲霽)의 『도장목록상주(道藏目錄詳注)』에서는 이 책은 "대체로 건곤을 정기로 삼고, 음양을 제방으로 삼고, 수화를 변화의 기틀로 삼고, 오행을 보조로 삼고 진연을 약조로 삼고 있다[大率以乾坤

爲鼎器, 陰陽爲堤防, 水火爲化機, 五行爲輔助, 眞鉛爲藥祖]"라고 한
다.『주역』의 효상을 빌려 화후의 기틀로 삼고 있다.『참동계』의 오래
된 주석서 중 하나로, 후세의 내단을 말하는 자들이 대부분 이를 근
거로 삼았다.『도장(道藏)』제623책에 실려 있다.

『주역참동계통진의(周易參同契通眞義)』
• • •

『주역참동계분장통진의(周易參同契分章通眞義)』를 말한다.

『음부경(陰符經)』
• • •

정식 명칭은『황제음부경(黃帝陰符經)』이다. 도교의 중요 경전. 옛
표제에는 황제(黃帝)가 지었다고 한다. 도교의 전설에서는 여산노모
(驪山老母)가 당(唐) 이전(李筌)에게 전해주었다고 하며, 또 일설에
는 이전이 황제의 이름을 가탁하여 지었다고 하며, 전국시대 말기 작
품이라고 단정하는 사람도 있다. 책 속에서는 대부분 도가의 수양을
말하고 있는데, 그 사이에 단술(丹術)을 언급하고 있으며, 부분적으
로 종횡가(縱橫家)와 병가(兵家)의 말도 있다. 이 책은 음양오행의 기
정(奇正) 변화에 근거하여 "하늘과 사람이 함께 발동해야만 온갖 변
화의 기틀이 정해진다[天人合發, 萬變定基]"는 도리를 상세히 논하
고 있다. 또 객관 세계를 냉정하게 관찰할 것을 주장하여 "성인은 자
연의 도는 어길 수 없음을 알기에, 그에 따라 제어할 뿐이다[聖人知
自然之道不可違, 因而制之]"라고 한다. 명대(明代) 백운제(白雲霽)의
『도장목록상주(道藏目錄詳注)』에서는 이 책의 요지를 다음과 같이 말

한다. "기틀을 아는 것을 운용으로 삼고, 때에 맞게 먹는 것을 선천으로 삼고, 삼요를 지킴을 제방으로 삼고, 오적을 아는 것을 관집(觀執) 살펴서 집행함으로 삼는다. 그 때를 살펴서 그 조짐에 들어맞게 하고, 그 기미를 살펴서 그 일에 응하여 살리고 죽이는 힘을 운용하니, 신묘한 계략을 귀신이 감추어 놓은 듯하다.[以知機爲運用, 以食時爲先天, 守三要爲堤防, 見五賊爲觀執, 所以觀其時而合其符, 察其機而應其事, 運生煞之柄, 則神機鬼藏矣.]"『도장(道藏)』제27책에 실려 있다. 그밖에『음부경십가집해(陰符經十家集解)』3권 및 이전(李筌), 장과(張果), 건창진(蹇昌辰) 등 여러 사람의 주석본이 있다.

『황제음부경(黃帝陰符經)』

• • •

『음부경(陰符經)』을 말한다.

『음부경십가집해(陰符經十家集解)』

• • •

『황제음부경집해(黃帝陰符經集解)』라고도 한다. 도교 서명. 원래의 표제에는 적송자(赤松子), 장량(張良), 갈현(葛玄), 허손(許遜), 종리권(鍾離權), 여암(呂岩), 시견오(施肩吾,) 최명공(崔明公), 유현영(劉玄英), 조도충(曹道沖) 등 10명이 주석했다고 되어 있으며, 이 때문에 『음부경십가집해』라고 이름 붙였다. 그러나 적송자 장량 갈현 허손 종리권 여암 등은 가탁한 것이 분명하다. 300자 경문본을 채택하여, 3장으로 나눴다. 매 장마다 1권으로, 총 3권이다.『도장(道藏)』본은 1권으로 되어 있다. 그 주석은 내단을 주로 하며 성명겸수(性命兼修)

의 뜻을 말하는데, 이로 보아 남송(南宋) 시기의 전진도(全眞道) 도사가 한 것으로 보인다.『도장(道藏)』제55책에 실려 있다.

『황제음부경집해(黃帝陰符經集解)』

• • •

『음부경십가집해(陰符經十家集解)』를 말한다.

『황제음부경집주(黃帝陰符經集注)』

• • •

도교 서명.『음부경(陰符經)』의 주석을 모은 책이다. 원래의 표제에는 이윤(伊尹), 태공(太公), 범려(范蠡), 귀곡자(鬼谷子), 장량(張良), 제갈량(諸葛亮), 이전(李筌) 7명이 주석했다고 되어 있다.『신당서(新唐書)』「예문지(藝文志)」의 "『집주음부경(集注陰符經)』 1권"이란 기록에서는 위에 열거한 7명 외에 이흡(李洽), 이감(李鑒), 이예(李銳), 양성(楊晟)이 더 있어 모두 11명이다. 주를 모은 사람은 알 수 없으나, 당(唐)나라 사람으로 간주된다.『음부경』의 경문은 400여 자 경문본을 따르며, 편장(篇章)은 나누지 않고 있다. 책머리에 제갈량을 가탁한 서문이 있다. 7명의 주석 중에서 이전의 주를 가장 많이 채택하고 있으며, 나머지 6명의 주도 고루 인용하고 있다. 그 주석에서는 음양변화술이나 강병전승술(強兵戰勝術)을 말하기도 하고, 포일수중(抱一守中)이나 신(神)으로 연정(煉精) 연기(煉氣)하는 내련의 요지를 말하기도 한다.『도장(道藏)』제54책에 실려 있다. 도장본 외에도 여러 판본이 있어서,『사고전서(四庫全書)』,『백자전서(百子全書)』,『한위총서(漢魏叢書)』에도 모두 실려 있다.

『음부경고이(陰符經考異)』

• • •

　도교 서명. 남송(南宋)의 주희(朱熹)가 지었다. 총 1권.『도장(道藏)』본에는 서명이『황제음부경주해(黃帝陰符經注解)』이며, "공동도사추흔주[崆峒道士鄒訢[3]注]"라고 되어 있다. 추흔은 주희(朱熹)의 가명이다. 경문은 414자 본을 채택하고 있으며, 상·중·하 3편으로 되어 있고, 장명(章名)은 표시하지 않았다. 대부분 안어(案語)라는 형식으로 주석을 하고, 경문의 서로 다른 부분을 교감하였다. 주석문 외에, 황서절부록(黃瑞節附錄)이 있는데, 대부분 주자의 설을 인용하여 심성이기(心性理氣)의 설로 경문을 해석했다. 이 책은『음부경(陰符經)』을 교감하는 데 있어 매우 가치가 있다.『도장(道藏)』제58책에 실려 있다.

『황제음부경주해(黃帝陰符經注解)』

• • •

　『음부경고이(陰符經考異)』를 보라.

『황제음부경심법(黃帝陰符經心法)』

• • •

　도교 서명. 금말(金末) 서원일(胥元一)이 지었다. 총 3권. 경문은 414자 본(本)을 채택하고 있으며, 3장으로 되어 있다. 상권은 「발명천리장(發明天理章)」이며, 중권은 「개시양생장(開示養生章)」이고, 하권은 「승욕복명장(勝欲復命章)」이다. 주된 요지는 천리(天理)를 밝히고

---

3. 鄒訢: 도장에는 鄒昕으로 되어 있으나, 원문에 따라 교감하였다.

사욕을 끊는 데 있으며, 밖으로는 인사(人事)를 화락하게 하고 안으로는 마음과 정신을 안정시키는 것이 양생하여 도에 들어가는 문이라고 한다. 서원일의 주석은 성리학의 관점에서『음부경(陰符經)』을 해석한 것으로, 주자(朱子)의『음부경고이(陰符經考異)』를 계승하여 더욱 상세히 밝혔다.『도장(道藏)』제57책에 실려 있다.

『노자화호경(老子化胡經)』

• • •

도교 경전. 진(晉)나라 도사 왕부(王浮) 저술하였다. 동한(東漢) 말에 이미 "노자가 서쪽 오랑캐 땅으로 들어가 부처가 되었다[老子入夷狄爲浮屠]"는 설이 있었다. 이 책은 각종 전설을 더하고 늘려서 그 일을 증명하고 있는데, 노자가 서쪽으로 흘러 들어가 호인(胡人)을 교화시키고 부처가 되었다고 하여 부처를 도교 제자라고 여기고 있다. 이 때문에 도교도들은 불교를 공격할 때 이 책을 주요 근거로 삼았다. 당(唐)나라 때 명승(名僧)들이 이 책을 불태워야 한다고 여러 차례 조정에 상주(上奏)했다. 원대(元代)에 이르러서도 이 책으로 인해 불교와 도교의 논쟁이 일어났다. 헌종(憲宗) 8년(1258)과 지원(至元) 18년(1281) · 21년 · 28년, 4차례에 걸쳐『도경(道經)』을 불태웠는데, 이 책은 이미 없어졌다고 알려졌다. 청말(淸末)에 돈황(敦煌) 석굴에서 잔권(殘卷)_{권1과 권10만 있다}이 발견됐는데, 후에 장부(蔣斧)가 집일(輯佚)한 문고, 나진옥(羅振玉)의 보고(補考), 교감기(校勘記)와 함께 모두『돈황석실유서(敦煌石室遺書)』에 실려 간행되었다.

『황정경(黃庭經)』

• • •

　　도교 경전. 『상청황정내경경(上淸黃庭內景經)』과 『상청황정외경경(上淸黃庭外景經)』의 두 종류가 있다. 이외 『황정중경경(黃庭中景經)』이 있는데, 후인의 작품이라고 의심받고 있으며, 일반적으로는 『황정경』에 『중경경(中景經)』을 포함하지 않는다. 『외경경(外景經)』은 『내경경(內景經)』보다 성서(成書) 연대가 빠르며, 『포박자(抱朴子)』「하람편(遐覽篇)」에 이미 기록이 있다. 왕희지(王羲之)가 이 경을 써주고 거위를 받았다고 하며, 구양수(歐陽修)의 『집고록(集古錄)』에는 영화(永和) 13년에 『황정경』 석본(石本)을 직접 봤다는 기록이 있는데, 이것들은 모두 『외경경(外景經)』을 가리킨다. 후세에도 보통 『황정경』을 말하면 『외경경(外景經)』을 가리킨다. 『내경경』의 「치생장(治生章)」에서 "동현(洞玄)"을 언급하고, 「목욕장(沐浴章)」에서는 "대동경(大洞經)"을 언급하고 있는데, 『동현』과 『대동』은 모두 남북조(南北朝) 시기에 유행하던 도교 경전이다. 또 「상청장(上淸章)」에서 "옥신군(玉晨君)"을 언급하고, 「고분장(高奔章)」에는 "옥청허무노(玉淸虛無老)"가 나오고, 「자청장(紫淸章)」에는 "자청상황대도군(紫淸上皇大道君)"이 나오는데, 이들은 모두 남북조(南北朝) 이전에는 나오지 않는 신명(神名)이다. 또 『내경경』은 『당서(唐書)』「예문지(藝文志)」에서는 보이지 않는다. 따라서 그 성서 시기가 『외경경』보다 늦다고 보는 것이 타당하다. 두 책 모두 7언의 운문으로 양생 수련의 원리를 서술하고 있으며, 역대 도교도 및 수진양성(修眞養性)하는 사람들이 중시하였다. 또 전진파(全眞派)에서는 이 책을 주요 강습 과목의 하나로 삼았다. 『상청황정외경경(上淸黃庭外景經)』과 『상청황정내경경(上淸黃庭內景經)』을 참고하라.

『상청황정내경경(上淸黃庭內景經)』

• • •

도교 경전. 36장으로 되어 있다. 7언의 운문으로 양생 수련의 원리를 서술하고 있다. 무성자(務成子)는 책 제목을 풀이하면서 "이 경전은 허무를 위주로 한다. 그러므로 '황정'이란 말로 이를 나타냈다. 경(景)이란 신을 말한다. 그 경전 속에 13명의 신이 있는데, 모두 몸속의 내경(內景)의 이름이다[此經以虛無爲主, 故用黃庭標之耳, 其景者神也, 其經有十三神, 皆身中之內景名字]"라고 했다. 그리고 서문에서 "그렇기 때문에 갖가지 숙병을 물리친 자는 자신이 이미 혼과 정, 육위의 이름을 얻었다고 말한다. 몸에 혼과 정이 충만하면, 죽고 싶어도 죽을 수 없다. 따라서 내경황정을 불사의 도라고 한다[所以却邪痾之紛若者, 謂我已得魂精六緯之姓名也. 形充魂⁴精而曰欲死, 不可得也, 故曰內景黃庭爲不死之道⁵]"라고 하였다. 이 때문에 그 수련 방법은 "동쪽을 향해 바르게 앉고, 눈을 안으로 비추게 하여 몸속 신(13종)의 형체와 용모 크기를 존상하고서, 그 이름을 불러 각자의 본궁으로 돌아가 지키게 한다[正坐向東, 臨目內想身神形色, 長短大小, 呼其名字, 還塡本宮]"는 것이다. 이는 "성명을 도와 기르고 허무를 지키며, 욕심이 없고 담백한 마음을 가지면 무엇이 걱정인가?[扶養性命守虛無, 恬淡無欲何思慮]"를 주장하는 『외경경(外景經)』의 수련법과는 다르다. 『내경경(內景經)』은 여러 진인의 주석을 모은 주석본과 장국조(蔣國祚) 주석본이 있다. 『도장(道藏)』 제167책에 실려 있으며,

---

4. 魂: 원서에는 '視'로 되어 있으나, 『상청황정내경경』 원문에 따라 교감하였다.

5. 爲不死之道: 원서에는 빠져 있으나, 문맥상 원문에 따라 추가하였다.

또『도장』제679책, 즉『운급칠첨(雲笈七籤)』의 권11~12에 보인다. 『황정경(黃庭經)』과『상청황정외경경(上淸黃庭外景經)』을 참고하라.

『서승경(西升經)』

• • •

도교 서명. 남송(南宋) 조희변(趙希弁)의『소덕선생독서후지(昭德先生讀書後志)』권2에서 "표제에 태상진인윤군 기록이라고 되어 있다. 노자가 서역으로 들어가려고 할 때에, 관령 윤희에게 오천언을 말해주고 나서, 또 비지(秘旨) 36장을 남겼다. 윤희가 이를 서술하여 이 경전을 만들었다[題曰太上眞人尹君紀錄. 老子將遊西域, 旣爲關令尹喜說五千言, 又留秘旨凡三十六章, 喜述之爲此經]"라고 하였다. 진(晉)나라 갈홍(葛洪)의『신선전(神仙傳)』「노자(老子)」에서 이미 이 책에 대한 언급이 있다.『도장(道藏)』제346책과 347책에 3권 39장으로 된 송휘종어주(宋徽宗御注)『서승경』이 실려 있다. 그 내용은 관령 윤희에게 "더러움을 없애고 생각을 멈추며, 마음을 깨끗이 하여 하나를 지키고[除垢止念, 靜心守一]", "하나를 얻음을 묘로 여기고 신선이 되어 날아올라가는 것은 중요하지 않게 여겨라[以得一爲妙, 以飛升爲餘事]"고 거듭 타이른 것이다. 그 은미한 말과 심오한 뜻은『도덕경』과 유사한 점이 있다. 허(虛)에 이르고 유(柔)를 지켜서 자연으로 돌아가기를 주장했다.

『청정묘경(淸靜妙經)』

• • •

정식 명칭은『태상노군설상청정묘경(太上老君說常淸靜妙經)』이다.

도교 서명. 작자 미상. 총 1권. 사람의 마음은 본래 맑고 깨끗하나, 항상 외적인 욕구에 끌려서 어지럽게 된다고 주장한다. 만약 "항상 욕심을 떨쳐버려서 마음이 저절로 깨끗해지게 하고 마음을 깨끗이 하여 신이 저절로 맑아지게 할 수 있다면, 자연스럽게 육욕은 생기지 않고 삼독은 소멸한다[常能遣其欲而心自靜, 澄其心而神自淸, 自然六欲不生, 三毒消滅]." 또 "안으로 마음을 살펴보면, 마음도 그 마음이라고 할 것이 없고, 밖으로 형체를 살펴보면, 형체도 그 형체라 할 것이 없고, 멀리 사물을 살펴보면 물체도 그 물체라고 할 것이 없다. 이 세 가지를 깨닫고 나면, 오직 공만이 보인다[內觀於心, 心無其心. 外觀於形, 形無其形. 遠觀於物, 物無其物. 三者旣悟, 唯見於空]"고 한다. 즉 전부 무(無)임을 깨달아 항상 청정하게 하면, 도는 자연히 얻어진다는 것이다. 이 경전은 도교도들이 평소에 낭송하는 공과경(功課經) 중의 하나이다. 두광정(杜光庭), 왕도연(王道淵), 이청암(李淸庵) 등 여러 종의 주석본이 있다. 『도장(道藏)』제341책에 실려 있다.

『태상노군설상청정묘경(太上老君說常淸靜妙經)』

『청정묘경(淸靜妙經)』을 말한다.

『오두경(五斗經)』

도교 서명. 대개 『태상현령북두본명연생진경(太上玄靈北斗本命延生眞經)』, 『태상현령북두본명장생묘경(太上玄靈北斗本命長生妙經)』, 『태상설남두육사연수도인묘경(太上說南斗六司延壽度人妙經)』, 『태

상설동두주산호명묘경(太上說東斗主算護命妙經)』, 『태상설서두기명
호신묘경(太上說西斗記名護身妙經)』, 『태상설중두대괴보명묘경(太
上說中斗大魁保命妙經)』 등을 가리킨다. 『북두본명연생진경』에는 원
(元) 원통(元統) 2년(1334)에 서도령(徐道齡)의 서문과 집주(集注)가
있다. 그러므로 『북두본명연생진경』은 원대 이전의 저작이 된다. 경
문에 실려 있는 것을 살펴보면, 태상노군을 가탁하여 한(漢) 환제(桓
帝) 영수(永壽) 초년에 촉(蜀) 땅에서 장릉(張陵)에게 준 것으로 되어
있다. 『오두경』의 경문은 모두 조화의 순서를 따른다[五斗經文, 皆
依造化次序]." 그래서 내용도 서로 연관되며, 음양오행 사상이 주도
하고 있다. 오두의 진령(眞靈)을 다음과 같이 말한다. "동두는 수명
을 주관하고, 서두는 이름을 기록하며, 북두는 죽음을 담당하고, 남
두는 탄생을 담당한다[東斗主算, 西斗記名, 北斗落死, 南斗上生]"으
로 널리 알려져 있다. "중두의 기는 사두를 생하니, 처음과 끝을 이루
며 조화의 근원이다[中斗之炁, 生於四斗, 成始成終, 造化之源]." 또
다섯 방위의 오두에 청·백·적·흑·황의 "오제(五帝)"를 끌어다 붙
여 "청제는 혼을 호위한다. 백제는 백을 시중든다. 적제는 기를 기른
다. 흑제는 피를 통하게 한다. 황제는 중간에 거주하며 모든 신이 벗
어나지 않게 한다[青帝護魂, 白帝侍魄, 赤帝養炁, 黑帝通血, 黄帝中
主, 萬神無越]"고 한다. 아울러 "오제의 대마는 모든 신의 으뜸이니,
모든 귀병을 거느려서 여러 흉악을 막아 없앤다[五帝大魔, 萬神之宗,
總領鬼兵, 遏除群凶]"고 한다. 사람이 오두의 진령에게 예를 올리고
인사드리면 재앙을 없애고 복과 수명을 늘릴 수 있다고 여겼다. 『도장
(道藏)』 제341책과 『도장집요(道藏輯要)』 두집(斗集)에 실려 있다.

『황천상청금궐제군영서자문상경
(皇天上淸金闕帝君靈書紫文上經)』
• • •

간략하게 『영서자문상경(靈書紫文上經)』이라 한다. 도교 경전. 총1
권. 전설에 의하면, 후성이군(后聖李君)이 오노상진선도군(五老上眞
仙都君)에게 명하여 청동군(靑童君)에게 주고, 청동군은 왕원유(王
遠遊)에게 주어서 세상에 내려가 선적(仙籍)에 있는 자들을 가르치게
한 책이다. 책 속에는 채음비근탄일기(採飮飛根呑日氣)와 채음음화
탄월정(採飮陰華呑月精)이라 불리는 법, 그리고 삼혼(三魂)을 단속하
는 법, 칠백(七魄)을 제어하는 법 등이 있다. 또 해나 달이 뜰 때에 침
상에서라도 이 법으로 수련하면, "얼굴이 윤택해지고[面生玉澤]", "늙
지 않을[不老]" 수 있다고 한다. 『도장(道藏)』 제342책에 실려 있다.

『영서자문상경(靈書紫文上經)』
• • •

『황천상청금궐제군령서자문상경(皇天上淸金闕帝君靈書紫文上經)』
을 말한다.

『태청중황진경(太淸中黃眞經)』
• • •

간략하게 『중황진경(中黃眞經)』 또는 『중황경(中黃經)』이라고 칭한
다. 『태장중황경(胎藏中黃經)』 또는 『태장론(胎藏論)』이라고도 한다.
도교 경전. 원래 표제에는 "구선군이 지었고, 중황진인이 주석하였다
[九仙君撰, 中黃眞人注]"고 한다. 구선과 중황은 모두 구천(九天)의

신인데, 작자가 구선과 중황에 가탁한 것으로, 아마도 한 사람의 작품이다. 총2권. 18장으로 되어 있다. 경문은 7언의 운문으로 되어 있다. 태식과 양생을 논한 저술이다. 사람의 몸은 형(形)과 신(神)이 합해져 이루어졌다고 여긴다. 사람이 곡식을 먹으면 탐욕이 생기는데, 오미(五味)는 생명을 상하게 하고 많은 욕심은 생명을 감소시켜서, 형과 신이 분리되는 지경에 이르면 죽게 된다고 한다. 그러므로 진을 닦고 양생하는 자는 벽곡(辟穀)하고 존사(存思)하며 태식으로 기를 먹어야 장생할 수 있다고 한다.『도장(道藏)』제568책에 실려 있다.

『중황진경(中黃眞經)』

『태청중황진경(太淸中黃眞經)』을 말한다.

『중황경(中黃經)』

『태청중황진경(太淸中黃眞經)』을 말한다.

『태장중황경(胎藏中黃經)』

『태청중황진경(太淸中黃眞經)』을 말한다.

『태장론(胎藏論)』

『태청중황진경(太淸中黃眞經)』을 말한다.

『영보무량도인상품묘경(靈寶無量度人上品妙經)』

정식 명칭은 『태상동현영보무량도인상품묘경(太上洞玄靈寶無量度人上品妙經)』이며, 『원시무량도인상품묘경(元始無量度人上品妙經)』이라고도 한다. 간략하게 『도인상품묘경(度人上品妙經)』 또는 『도인경(度人經)』이라고 칭한다. 도교 경전. 원래는 1권이나, 후에 부연하여 61권이 됐다. 제1권은 경문이고, 이하 60권은 경문을 부연 설명하여 만든 것이다. 내용은 원시천존(元始天尊)이 개벽하여 사람을 제도한 일과, 과의(科儀)·재법(齋法)·부술(符術)·수련(修煉)·교계(教戒)·연기(緣起) 등을 말하고 있다. 전해지는 말에 의하면, 삼국(三國) 시기 갈현(葛玄)에 의해 세상에 드러났다고 하는데, 갈홍(葛洪)의 『포박자(抱朴子)』와 『신선전(神仙傳)』에는 모두 실려 있지 않다. 남조(南朝) 송(宋)의 육수정(陸修靜)은 이 경전에 의거하여 과의를 만들었고, 당대(唐代)의 이소미(李少微)·설유서(薛幽棲)·성현영(成玄英), 송대(宋代)의 소응수(蕭應叟)·진춘영(陳椿榮), 원대(元代)의 진치허(陳致虛)·설계소(薛季昭), 명대(明代)의 장우초(張宇初) 등이 잇따라 주해(注解)하거나 소(疏)를 지었다. 『도장(道藏)』에서는 이 경전을 첫 부분에 배열했고, 송나라의 진종(眞宗)이 친히 서문을 지었다. 북송(北宋)에서는 도사에게 도직(道職)을 맡길 때, 모두 이 경전으로 시험했다. 이러한 점들에서 그 중요성을 알 수 있다. 『도장』 제1~13책에 실려 있다.

『태상동현영보무량도인상품묘경
(太上洞玄靈寶無量度人上品妙經)』
• • •

　『영보무량도인상품묘경(靈寶無量度人上品妙經)』을 말한다.

『원시무량도인상품묘경(元始無量度人上品妙經)』
• • •

　『영보무량도인상품묘경(靈寶無量度人上品妙經)』을 말한다.

『도인상품묘경(度人上品妙經)』
• • •

　『영보무량도인상품묘경(靈寶無量度人上品妙經)』을 말한다.

『도인경(度人經)』
• • •

　『영보무량도인상품묘경(靈寶無量度人上品妙經)』을 말한다.

『원시무량도인상품묘경사주(元始無量度人上品妙經四注)』
• • •

　『태상동현영보무량도인상품묘경사주(太上洞玄靈寶無量度人上品
妙經四注)』라고도 한다. 간략하게 『도인경사주(度人經四注)』라고 한
다. 도교 서명. 북송(北宋) 진경원(陳景元)이 남제(南齊)의 엄동(嚴
東), 당(唐)의 이소미(李少微)·설유서(薛幽棲)·성현영(成玄英) 등
네 명의 주석을 모아 편집한 것이다. 주석은 경문 구절과 단락에 따

라 해설했다. 엄동의 주석은 문자 자구에 대한 풀이가 상세하다. 이소미의 주석은 경전을 인용하면서 내용에 밝다. 성현영의 주석은 중현(重玄)의 뜻을 명백하게 밝혔고, 설유서의 주석은 익히고 외우는 법을 중시하고 있다. 주석자는 모두 당 이전 사람이고, 경문도 당 이전의 고본(古本)으로서 송·원의 주석본과는 달라서, 『도인경(度人經)』 연구에 중요한 자료이다. 『도장(道藏)』 제38~39책에 실려 있다.

『태상동현영보무량도인상품묘경사주 (太上洞玄靈寶無量度人上品妙經四注)』

· · ·

『원시무량도인상품묘경사주(元始無量度人上品妙經四注)』를 말한다.

『도인경사주(度人經四注)』

· · ·

『원시무량도인상품묘경사주(元始無量度人上品妙經四注)』를 말한다.

『영보무량도인상품묘경부도(靈寶無量度人上品妙經符圖)』

· · ·

도교 서명. 작자 미상. 총 3권. 책머리에 송(宋) 휘종(徽宗) 조길(趙佶)의 서문이 있다. 이 책은 사람들에게 경을 외우게 하고 부적을 복용하게 하는 데 쓰고자 했기 때문에, 『도인경(度人經)』 각 장절에 몇백 편의 영전(靈篆)과 부문(符文)을 첨부하고 아울러 해서(楷書)로 대조해 놓았기 때문에, 도교 부서(符書) 연구에 중요한 자료를 제공하고 있다. 『도장(道藏)』 제67책에 실려 있다.

『태상도인삼광보진묘경(太上導引三光寶眞妙經)』
• • •

　도교 서명. 육조(六朝) 시기 작품이다. 삼광(三光)해, 달, 별을 끌어와 그 진기를 복식하고 운용하며 법에 따라 18년 동안 수행하면, 공이 이루어져 도를 얻고 기가 도와 합해져 수명이 무궁해진다고 말한다. 하지만 경전 속에는 삼광을 끌어들이는 법에 대해 진술한 것이 없다. 『도장(道藏)』에서는 이 경전 앞에 별도로 『태상도인삼광구변묘경(太上導引三光九變妙經)』이 있는데, 삼광을 끌어들이는 법을 서술하고 있다. 아마도 두 경전은 본래 한 책으로서 『도인삼광경(導引三光經)』의 상편과 하편이었을 것으로 생각된다. 『도장(道藏)』 제28책에 실려 있다.

『태상도인삼광구변묘경(太上導引三光九變妙經)』
• • •

　『태상도인삼광보진묘경(太上導引三光寶眞妙經)』을 보라.

『태을원진보명장생경(太乙元眞保命長生經)』
• • •

　도교 서명. 태을원진(太乙元眞)을 가탁하여 여러 신선들에게 "도(道)"를 설법하고 있다. 양(陽)이 쌓이면 신(神)이 되고, 음(陰)이 쌓이면 형(形)이 되며, 음양이 반반씩 합쳐져 몸을 이룬다고 한다. 수도자는 내시(內視)·존신(存神)·인기(引氣)·송주(誦咒) 등을 통하여 양기로 음기를 변화시켜 양기만 있는 상태로 변화하게 되면 아무런 장애 없이 선경에 오르고 생명을 보전하여 장생할 수 있다고 한다. 『도장(道藏)』 제29책에 실려 있다.

『원시동진결의경(元始洞眞決疑經)』
. . . .

　『태상결의경(太上決疑經)』이라고도 한다. 내용은 가탁하여 지은 것
으로, 원시천존(元始天尊)이 태극진인(太極眞人)·천황진인(天眞皇
人)·상상청동군(上相靑童君)의 질문에 하나하나 답을 하고 있다.
그래서 『결의경(決疑經)』이라 명명했다. 주된 요지는, 세간의 유위법
(有爲法)은 모두 무상(無常)한 것으로 생겨난 것은 모두 없어지며, 오
직 세상에서 벗어나 현(玄)에 오르고 도(道)에 이르러야 비로소 항상
존재하여 불생불멸할 수 있음을 설명하는 데 있다. 도를 배우는 사람
은 삼가 밝은 스승을 섬겨서 경전을 외우며 계를 받고 출가하여 조용
히 수련해야 한다. 도를 이룬 후에야 삼계(三界)를 벗어나 구청(九淸)
에 들어갈 수 있다. 경문은 불교 용어를 많이 차용하고 있다. 이 책은
아마도 수(隋)·당(唐) 시기에 나온 것으로 보인다. 『도장(道藏)』제31
책에 실려 있다.

『태상결의경(太上決疑經)』
. . . .

　『원시동진결의경(元始洞眞決疑經)』을 말한다.

『원시천존설현미묘경(元始天尊說玄微妙經)』
. . . .

　도교 서명. 성서 연대 및 작자 미상. 경문은 주로 존사(存思)하여 복
기(服氣)하는 법과 시간에 맞춰 삼일신(三一神)을 존사하는 법을 서술
하고 있다. "현미(玄微)"란, 내단 수련에서 고요한 상태에 들어가서 일

종의 현묘한 고차원의 경지에 도달하는 것을 가리킨다. 오랫동안 수련하면 신선이 될 수 있다고 여긴다. 그 내용은 『운급칠첨(雲笈七籤)』 권49에 실린 『금궐제군오두삼원진일경구결(金闕帝君五斗三元眞一經口訣)』 및 『수오두진일경구결(守五斗眞一經口訣)』과 기본적으로 같아서, 서로 참조가 될 수 있다. 『도장(道藏)』 제31책에 실려 있다.

『무상내비진장경(無上內秘眞藏經)』

간략하게 『진장경(眞藏經)』이라 칭한다. 도교 서명. 성서 연대 및 작자 미상. 전체 경문은 13품으로 되어 있으며, 체계적으로 수도 이론을 논술하고 있다. 도교와 불교를 융합한 것이 특징이다. 도교의 청정무위(淸靜無爲)와 불교의 허공적멸(虛空寂滅)의 이치에 의거하여 진장(眞藏)의 오의(奧義)와 대승(大乘)의 묘법(妙法)을 논증하고 있다. 중생이 수도할 때 반드시 몸속의 진장을 찾아야만 비로소 몸과 마음을 해탈시킬 수 있는데, 이것이 대승의 도이다. 『도장(道藏)』 제14~15책에 실려 있다. 『도장』 동진부(洞眞部) 옥결류(玉訣類)에 『진장경요결(眞藏經要訣)』 1권이 있는데, 바로 이 책의 발췌본이다.

『상청대동진경(上淸大洞眞經)』

정식 명칭은 『상청대동진경삼십구장(上淸大洞眞經三十九章)』이다. 간략하게 『대동진경(大洞眞經)』 또는 『삼십구장경(三十九章經)』이라 칭한다. 상청파(上淸派)에서 으뜸으로 여기는 경전이다. 동진(東晉) 흥녕(興寧) 2년(364)에 남악(南岳) 위부인(魏夫人)이 강필(降筆)한 것을

448

양희(楊義)가 예서(隷書)로 베껴 쓴 것이라고 전해진다. 원본은 1권뿐이었으나 지금은 6권으로 후세에 덧붙인 것이 많다. 지금의 판본은 송대(宋代) 모산종(茅山宗)에서 전해지는 판본에서 나왔다. 권1은 「송경옥결(誦經玉訣)」로, 수련법을 총괄하여 서술하고 있다. 권2에서 권6까지는 39장의 경문으로 되어 있다. 뒤에는 사신법(思神法), 존사도(存思圖), 주어(呪語), 축문(祝文) 등이 붙어 있다. 이 경전에서 말하는 수련법은 경문이나 주문을 외우며 신선이나 진인을 존사하는 것을 위주로 하고 있다. 도홍경(陶弘景)의 『진고(眞誥)』에서는 "만약 『대동진경』을 얻는다면 반드시 금단을 구할 필요가 없고, 이 경전을 만 번 외우면 그 자리에서 신선이 될 수 있다[若得大洞眞經, 則不必求金丹, 誦此經萬遍, 立致神仙]"고 하였다. 『도장(道藏)』제16~17책에 실려 있다.

『상청대동진경삼십구장(上淸大洞眞經三十九章)』

『상청대동진경(上淸大洞眞經)』을 말한다.

『대동진경(大洞眞經)』

『상청대동진경(上淸大洞眞經)』을 말한다.

『삼십구장경(三十九章經)』

『상청대동진경(上淸大洞眞經)』을 말한다.

『태상일승해공지장경(太上一乘海空智藏經)』

　　간략하게 『해공경(海空經)』이라 칭하며, 일명 『칠보장엄(七寶莊嚴)』
라고도 한다. 도교 서명. "일승(一乘)"은 바로 대승(大乘)으로서, 모
든 법 중에서 이것이 중생을 두루 구제할 수 있는 최상승의 법이라는
뜻이다. "해공지장(海空智藏)"이란 "그 몸은 바다와 같고 그 마음은
텅 빈 것 같아서, 그 깨달음이 세상 밖의 일까지 포함하고 있어 바로
지장이다[其身如海, 其心若空, 理包物外, 是爲智藏]"라는 것을 말한
다. 총 10권. 10품으로 되어 있다. 경문은 문답체로 되어 있으며, 도
교와 불교의 설을 가지고 해공의 참 뜻과 이 경을 수행하는 법을 반
복해서 논증하고 있다. 이를 통해 수도자가 무위공적(無爲空寂)의 경
지에 도달할 수 있는데, 이것이 바로 "일승해공지장(一乘海空智藏)"
이다. 그 요지는 허정(虛靜)과 무위(無爲)를 주로 하는데, 쓰고 있는
용어와 문체는 대부분 불교의 경전을 모방했다. 성서 연대는 대략 당
초(唐初)이다. 『도장(道藏)』제20~22책에 실려 있다.

『해공경(海空經)』

　『태상일승해공지장경(太上一乘海空智藏經)』을 말한다.

『칠보장엄(七寶莊嚴)』

　『태상일승해공지장경(太上一乘海空智藏經)』을 말한다.

『태상허황천존사십구장경(太上虛皇天尊四十九章經)』

도교 서명. 총1권. 49장으로 되어 있다. 각 장은 짧은 것은 20여 자이고, 가장 긴 것은 170여 자이다. 이 책에서는 도를 배우는 자를 상·중·하 삼승(三乘)으로 구분한다. 수련하는 방법은 재계(齋戒)·세심(洗心)·청정(淸淨)·단예(斷穢)에서 시작하여, 보시(布施)·적선(積善)·복전 짓기[造福田]·공덕 쌓기[立功德]에 힘쓰는 것이다. 각 장마다 불교 용어가 많으므로 불교의 영향을 받은 것은 확실하다. 그러나 청정(淸靜)을 도의 근본으로 삼고 있으며, 그 주된 뜻은 여전히 도교로 근본으로 두고 있다. 『도장(道藏)』제25책에 실려 있다.

『태상태현여청삼원품계발죄묘경
(太上太玄女靑三元品戒拔罪妙經)』

도교 서명. 총3권. 태현여청(太玄女靑)은 신선의 이름이다. 태현여청에 가탁하여 원시천존(元始天尊)의 뜻을 전달하고 있다. 상원천관(上元天官), 중원지관(中元地官), 하원수관(下元水官)의 세 편으로 구성되어 있다. 삼원일(三元日)과 팔절일(八節日)에 이 경문을 낭송하면, 재앙이 소멸되고 죄가 없어지며, 복을 얻고 장수한다고 한다. 이 책에서는 사람은 허무로부터 나와 본래 형체가 없었는데 기와 맺어져 형체를 이루었기 때문에, 몸과 마음을 진(眞)으로 합하면 무형으로 돌아가 도를 이룰 수 있다고 한다. 고(古)『영보경(靈寶經)』중의 하나이다. 『도장(道藏)』제28책에 실려 있다.

『태상옥패금당태극금서상경
(太上玉珮 珮⁶金璫⁷太極金書上經)』

. . .

『동진옥패금당경(洞眞玉珮金璫經)』이라고도 부른다. 간략하게 『옥
패금당상경(玉珮金璫上經)』 칭한다. 도교 서명. 육조(六朝) 시기에 만
들어졌다. 총 1권. 7장으로 되어 있다. 『무상비요(無上秘要)』·『삼동
주낭(三洞珠囊)』 등에서 모두 이 경전을 인용하고 있다. "옥패란 구
천의 혼과 정이며[玉珮者, 九天魂精]", "금당이란 구천의 백과 영이
다.[金璫者, 九天魄靈]" 즉 옥패와 금당을 해와 달의 혼백(魂魄)과 정
령(精靈)으로 여겼는데, 바로 구천의 신을 뜻한다. 주로 몸 속의 신을
존사(存思)할 것을 말하고 있다. 그 방법에 폐목내시(閉目內視), 연기
(咽氣), 존신(存神)과 경문 낭송[誦經], 주문 외우기[念咒], 부적 삼키
기[服符], 안마(按摩) 등이 있는데, 이를 지속적으로 수련하면, 장생
하고 신선이 될 수 있다고 여겼다. 『도장(道藏)』 제30책에 실려 있다.

『동진옥패금당경(洞眞玉珮⁸金璫⁹經)』

. . .

『태상옥패금당태극금서상경(太上玉珮金璫太極金書上經)』을 말한다.

---

6. 珮: 원서에는 '珮'와 同字인 '佩'로 되어 있으나, 원문에 따라 교감하였다. 이 항목
의 '珮'는 모두 이와 같다.
7. 璫: 원서에는 '鐺'로 되어 있으나, 원문에 따라 교감하였다. 이 항목의 '璫'는 모두
이와 같다.
8. 珮: 원서에는 '珮'와 同字인 '佩'로 되어 있으나, 원문에 따라 교감하였다.
9. 璫: 원서에는 '鐺'로 되어 있으나, 원문에 따라 교감하였다.

『옥패금당상경(玉珮[10]金璫[11]上經)』

. . .

『태상옥패금당태극금서상경(太上玉珮金璫太極金書上經)』을 말한다.

『상방천존설진원통선도경(上方天尊說眞元通仙道經)』

. . .

도교 서명. 총1권. 상·중·하 3편으로 되어 있다. 상편과 중편에서는 "도(道)"가 곧 진일원기(眞一元氣)이고, 또 태극(太極)이라고 한다. 도가 내려와서 덕이 되는데, 가장 높은 덕은 신도(神道)이고, 그다음 덕은 삼강오륜(三綱五常) 등의 봉건 윤리도덕이라고 한다. 도를 닦는 사람은 마땅히 먼저 덕을 닦고 나서 수련해야 도를 얻어 신선이 될 수 있다고 여겼다. 주된 요지는 유교와 도교를 회통시켜 수련해 나가는 데 있다. 하편은 운전(雲篆)으로 쓰여진 진문(眞文)의 유래와 효과에 대해 서술하고 있다. 『도장(道藏)』 제30책에 실려 있다.

『태상영보제천내음자연옥자(太上靈寶諸天內音自然玉字)』

. . .

『제천내음경(諸天內音經)』 또는 『내음옥자경(內音玉字經)』이라고도 한다. 도교 서명. 고(古) 『영보경(靈寶經)』 중의 하나. 고본(古本)은 1권이었는데, 남조(南朝) 유송(劉宋) 때 육수정(陸修靜)이 2권으로 나눴고, 후대에 또 나누어 4권이 되었다. 이 책에서는 동서남북에 각각

---

10. 珮: 원서에는 '珮'와 同字인 '佩'로 되어 있으나, 원문에 따라 교감하였다.
11. 璫: 원서에는 '鐺'로 되어 있으나, 원문에 따라 교감하였다.

8천이 있어 모두 32천이 있는데, 매 하늘마다 8개의 "천서옥자(天書玉字)"가 있어서 32천에 총 256자의 천서가 있다고 한다. 이 글자들은 모두 비현지기(飛玄之氣)가 모여서 자연스럽게 생긴 것이기 때문에 "자연옥자(自然玉字)"라 한다고 전해진다. 이것은 바로 하늘의 신령스런 문자로, 신선이 되려는 자가 이 영문을 얻어 그 음을 알아내고 지니고 다니면서 낭송하면, 장생하고 신선이 될 수 있으며 많은 사람을 제도시킬 수 있다고 한다.『도장(道藏)』제49책에 실려 있다.

『제천내음경(諸天內音經)』

　· · ·

『태상영보제천내음자연옥자(太上靈寶諸天內音自然玉字)』를 말한다.

『내음옥자경(內音玉字經)』

　· · ·

『태상영보제천내음자연옥자(太上靈寶諸天內音自然玉字)』를 말한다.

『삼동신부기(三洞神符記)』

　· · ·

도교 서명. 총 1권. 두 부분으로 되어 있다. 첫 번째 부분은 삼동(三洞) 각 경전 속의 천서(天書)와 신부(神符)에 관련된 명칭과 부결(符訣)을 쓰는 법을 해설하고 있다. 부적을 그리는 데 중요한 것은 정성 어린 마음으로 오로지 집중하는 데 있으며, "뜻 가는대로 붓을 움직여 한 호흡에 부적을 완성해야 한다[意到筆運, 一氣成符]"고 한다. 부적의 점과 획이 약간 다르더라도 얽매일 필요는 없다. 두 번째 부분은 『태상부락오편(太上敷落五篇)』이다. 매 편마다 운전(雲篆)이 있는데, 적게는 20여 자이고, 많게는 50여 자이다. 각 편의 운전(雲篆) 뒤에는 칠언의 찬사(讚辭)가 있다. 『운급칠첨(雲笈七籤)』권7에 이 책의 첫 부분이 기록되어 있다. 이 책은 북송(北宋) 이전에 나온 것으로 간주된다. 『도장(道藏)』제36책에 실려 있다.

『원시오노적서옥편진문천서경
(元始五老赤書玉篇眞文天書經)』

• • •

『동현적서옥편진문경(洞玄赤書玉篇眞文經)』 또는 『동현적서경(洞玄赤書經)』이라고도 부른다. 도교 서명. 고(古) 『영보경(靈寶經)』의 하나이다. 상·중·하, 3권으로 되어 있다. "오노(五老)"란, 동방청제(東方靑帝), 남방적제(南方赤帝), 중앙황제(中央黃帝), 서방백제(西方白帝), 북방흑제(北方黑帝)를 가리킨다. 상권 처음에 본 경전의 출현과 효과에 대해 서술하고 있다. 그 다음에는 전문(篆文)으로 된 5편의 진문(眞文)과 오제(五帝)의 진부(眞符)를 기록하고 있는데, 이것으로써 신을 부르고 귀신을 부릴 수 있으며, 음양의 기를 운용할 수 있다고 한다. 중권에는 「팔위책문(八威策文)」과 오노영부(五老靈符) 등이 있는데, 이것으로써 교룡(蛟龍)을 복종시킬 수 있으며, 몸에 지니고 다니면 온갖 재앙을 면할 수 있다고 한다. 하권에서는 세상 사람들이 이 경전의 말을 지키고 암송하면 복을 부르고 하늘에 오를 수 있다고 한다. 『도장(道藏)』제26책에 실려 있다.

『동현적서옥편진문경(洞玄赤書玉篇眞文經)』

『원시오노적서옥편진문천서경(元始五老赤書玉篇眞文天書經)』을 말한다.

『동현적서경(洞玄赤書經)』

『원시오노적서옥편진문천서경(元始五老赤書玉篇眞文天書經)』을 말한다.

『원시천존설태고경(元始天尊說太古經)』

도교 서명. 3장으로 되어 있으며, 매 장의 경문은 몇 십자 정도이다. 무동(無動)과 무위(無爲)가 만물의 근본이고, 보이지도 않고 들리지도 않는 것을 태현(太玄)이라고 한다. 이 책에서는 "장생의 도는 보려고 하지 말고 들으려고 하지 말며, 사치하지 말고 영예를 멀리하며, 정을 모아 신을 온전히 하며, 마음을 고요하게 하고 무위하는 데 있으니, 이렇게 하면 득도할 수 있다[長生之道, 不視不聽, 不華不榮, 積精全神, 寂寞無爲, 乃得道矣]"고 한다. 금(金)나라 장전자(長筌子)가 내단의 뜻으로 이 경을 주석하고 불교의 설을 곁들였다. 포원수일(抱元守一), 청정무위(淸靜無爲), 적정전신(積精全神)을 수련의 요지로 삼고 있다. 순박함과 참됨으로 되돌아가야 하기 때문에 "태고(太古)"를 서명에 넣었다. 각 장의 처음은 모두 "천존왈(天尊曰)"로 문단을 시작하기 때문에 "원시천존설(元始天尊說)"이라고 하였다. 이 책은 장전자가 주석한『태상적문동고경(太上赤文洞古經)』의 내용과 문자가 대체로 같기 때문에 두 책을 서로 참고할 만하다.『도장(道藏)』제50책에 실려 있다.

『원시천존설십일요대소재신주경 (元始天尊說十一曜大消災神咒經)』

간략하게『십일요경(十一曜經)』이라 칭한다. 도교 서명. 하나의 단편으로 되어 있다. 11요는 태양(太陽)·태음(太陰)·목성(木星)·화성(火星)·금성(金星)·수성(水星)·토성(土星)·나후(羅睺)·계도(計都)·자기(紫氣)·월패(月孛)의 11개의 별을 가리킨다. 도교에서는 11요가 위에서 내려 비추면서 사람의 재난을 주관한다고 여긴다. 가령 오성(五星)이 궤도를 따르지 않고 궁수(宮宿)를 침범하면, 장차 재앙이 생긴다. 만약 이 경전을 암송하면 재앙을 없애고 화를 면할 수 있으며, 제왕을 도와주고 백성들을 평안하게 해준다고 한다.『도장(道藏)』제29책에 실려 있다.

『십일요경(十一曜經)』

『원시천존설십일요대소재신주경(元始天尊說十一曜大消災神咒經)』을 말한다.

『태상승현삼일융신변화묘경(太上昇玄三一融神變化妙經)』

도교 서명. 상·하, 두 권으로 되어 있다. 상권에서는 무상대도(無上大道)를 서술하고 있다. 중생이 윤회의 고통을 만나 해탈할 수 없는 것은 모두 전생에서 소승(小乘)의 수련을 했기 때문이며, 따라서 현생에서 이 업보를 받는 것이라고 한다. 오직 대승(大乘)의 무위(無爲)의 도를 닦아야 삼계를 넘어서서 생사의 굴레에서 벗어날 수 있으니, 이것이 바로 무상대도이다. 그 내용은 명백하게 불교의 영향을 받은 것이다. 하권에서는 삼일(三一)이 신과 융합하여 변화하는 도를 서술하고 있다. "삼일"이란, 바로 현일(玄一)·진일(眞一)·태일(太一)이다. "삼일"은 혼공(混空)하고 허무(虛無)하기 때문에 "혼돈(混沌)"이라고 한다. 천지만물과 도기(道氣)는 모두 "삼일"로부터 화생한 것이다. 『도장(道藏)』제28책에 실려 있다.

『태상개명천지본진경(太上開明天地本眞經)』

도교 서명. 이 경전을 "본진(本眞)"으로 명명한 것은 이 책의 요지가 "대도는 본래 참됨이요, 참됨이 도의 본체이다[大道者, 本眞也, 眞是道之本]"를 논술하는 데 있기 때문이다. 천지가 개벽하여 만물을 양육한 이래로, 상고시대는 순박하여 사람들의 본진이 흐려지지 않아 장수할 수 있었다. 후세에는 풍속이 경박해져서 사람들이 본진을 잃어버림에 따라 몸이 쇠퇴하여 단명하게 되었다. 고대의 성인이 가르침을 펼쳐 마침내 삼교가 일어나, 유교는 근본에 힘쓰고 도교는 근본을 지키며 불교는 근본으로 돌아가고자 하였다. 삼교가 다르지만 참된 근본으로 돌아가는 것은 하나로 같기 때문에 지나치게 따져 "남과 나를 삼교로 나눌[人我三教之分]" 필요가 없다. 이 책의 표제에는 "스승 인수에게 가르침 받다[師仁壽授]"라고 되어 있다. 책 속에서 내단을 도교수련의 요체로 삼으면서 삼교회통의 설을 제창하고 있다. 그 내용을 볼 때, 성서 연대는 북송(北宋) 이후로 간주된다. 『도장(道藏)』 제27책에 실려 있다.

『노자상명경(老子像名經)』

도교 서명. 원래 총 10권이나, 지금은 제6·7·8권이 없어져 일곱 권만 남아 있다. 노자(老子)가 시방(十方)의 진인 등과 함께 시방 무극의 세계를 돌아다니면서 시방의 천존이 변화한 모습의 이름 1160개를 말하는 것을 서술하고 있다. 이 이름을 외우면서 예를 올리고 찬양하면 복을 받아 오랫동안 잘 살 수 있다고 한다. 만약 신상을 만들어 예배하고 공양하면서 널리 전파한다면 헤아릴 수 없는 복을 누린다고 한다. 근대의 고증에 의하면, 남북조(南北朝) 시기의 도교 경전으로 간주된다. 『도장(道藏)』 제345책에 실려 있다.

『오칭부상경(五稱符上經)』

정식 명칭은 『태상무극대도자연진일오칭부상경(太上無極大道自然眞一五稱符上經)』이다. 도교 서명. 육수정(陸修靜)의 『원시구경자미금격목(元始舊經紫微金格目)』에서 "『자연오칭문』 1권이 나와 있다[自然五稱文一卷, 已出]"고 한 것이 바로 이 책이다. 고(古) 『영보경(靈

寶經)』 중의 하나로, 위진(魏晉)시기에 나온 것으로 보인다. 현재 판본은 총 2권이다. 첫머리에서, 대도에 통하면 지극히 영험해져서 귀신을 부릴 수 있기 때문에 "영(靈)"이라 하고, 천지와 서로 돕기 때문에 "보(寶)"라고 한다고 말하고 있다. 그 다음에는 동·서·남·북·중의 다섯 방위를 칭하는 부적이 나오는데, 다섯 방위의 오제(五帝)의 성과 이름을 기록하고, 위로 오성(五星)을 대응시키고 아래로 오악(五嶽)을 배속했다. 신선이 되려는 도사와 복이나 재물을 바라거나 병을 치료하려는 백성들은 모두 이 부적을 써서 지니고 다니거나 삼킬 수 있으며, 그렇게 하면 모두 바라는 대로 된다고 한다. 『도장(道藏)』제352책에 실려 있다.

『태상무극대도자연진일오칭부상경 (太上無極大道自然眞一五稱符上經)』

· · ·

『오칭부상경(五稱符上經)』을 말한다.

『천노신광경(天老神光經)』

· · ·

도교 서명. 송(宋) 채등(蔡登)[12]이 지었다. 총 1권. 원래 표제에는 당(唐) 이정수(李靖修)로 되어 있는데, 가탁한 것이다. 이것은 "신광(神光)"을 살펴서 길흉화복을 점치고 증험하는 책이다. 길흉을 알고자 하면 북두칠성의 보성(輔星)을 관찰해서 보이면 길하다고 주장한다.

---

12. 蔡登: '蘇登'의 오류로 보인다. 『중화도장』 및 관련 연구서에는 '蘇登'으로 되어 있다.

하늘이 어두워 보이지 않으면 다만 "신광"으로 볼 수 있다. 이른바 "신광"은 사람의 눈 속에 있는데, 손으로 눈꼬리를 당기면 멀리 보성을 볼 수 있다. 또 사람들의 머리 위에도 빛이 있는데, 황색이나 적색으로 원형을 이루고 있으면, 이 사람은 덕이 있고 경사가 있다. 청백색의 빛이 있는 자는 간사한 사람이고, 흑색의 빛이 있는 자는 악인이다. 또 사람의 이명(耳鳴)이나 비취(鼻臭)도 길흉을 주관한다고 서술하고 있다. 책 말미에는 "우보법(禹步法)"과 "선현도(先玄圖)" 등이 있다. 『도장(道藏)』제578책에 실려 있다.

『정일법문천사교과경(正一法文天師教科經)』

　• • •

　도교 서명. 총 1권. 북위(北魏) 구겸지(寇謙之)의 『운중음송신과지계(雲中音誦新科之誠)』의 일부분이다. 서설(敍說)에서 도를 받들고 계를 지키는 이치를 강론하고 사람들에게 천사도(天師道)의 5계를 받들어 행할 것을 권하고 있다. 그 다음은 "대도가령계(大道家令戒)"인데, "대도(大道)"는 모든 것을 다 포용하여 만물의 본원이 되며, 또 "신성(神聖)"으로 변화하는데, 역대로 세상에 내려와 사람들에게 "천사도"를 가르치고 24치(治)를 설치하여 백성을 다스린 것도 모두 "대도"가 전수해 준 것이라고 한다. 마지막에서는 북위(北魏) 태화(太和) 5년(481) 이래로, 도문에 퍼진 폐단이 매우 많아 마땅히 도교를 청정하게 한 일에 대해 언급하고 있다. 이 책은 천사도의 역사와 교계를 연구하는 데 매우 가치가 있다. 『도장(道藏)』제563책에 실려 있다.

『대동선경(大洞仙經)』

정식 명칭은 『옥청무극총진대동선경(玉淸無極總眞大洞仙經)』이다. 도교 서명. 총 10권. 『대동진경(大洞眞經)』의 남송(南宋) 전본(傳本)이다. 권1은 "서와 도[序圖]"이며, 13개의 그림이 나열돼 있다. 매 그림마다 해설이 있다. 권2는 이 책의 이름을 해설하고 있다. 권3에서 권10까지는 경문이다. 원대(元代) 위기(衛琪)가 이 경문에 주를 달았다. 그의 주석은 유불도 3가의 설을 널리 채택하였는데, 송유(宋儒) 도학(道學)의 성리(性理)를 내단(內丹)과 선기(禪機)에 섞어 넣었으며, 『역(易)』의 이치를 위주로 하고 있다. 주석문에서 "대동이 곧 『역』의 태극이다[大洞即易太極也]", "『문창』이 바로 『주역』의 일부이다[文昌乃一部周易也]"라고 하는데, 여기서 그 주된 요지를 알 수 있다. 『도장(道藏)』 제51~53책에 실려 있다.

『옥청무극총진대동선경(玉淸無極總眞大洞仙經)』

『대동선경(大洞仙經)』을 말한다.

『대승묘림경(大乘妙林經)』

간략하게 『묘림경(妙林經)』이라 칭하며, 『습승경(習勝經)』이라고도 한다. 도교 서명. 총 3권. 이 책은 원시천존(元始天尊)에 가탁하여 그가 여러 진인(眞人)들과 도를 논한 것을 기록하고 있다. 10품(品)으로 되어 있으며, 매 품의 앞부분은 논설이고, 마지막에 게송이 있다. 제7

「중진설법품(衆眞說法品)」에는 게송이 없다. 게송은 논설의 요지를 개괄하고 있다. 전체의 요지는 대승(大乘)의 오묘한 뜻을 밝히는 것이다. 모든 중생의 심성(心性)은 본래 청정(淸淨)하고 공적(空寂)하나, 미혹됨으로 말미암아 번뇌가 생긴다. 수도자는 마땅히 모든 번뇌를 끊어버리고 공적으로 돌아가야 비로소 도성(道性)을 깨닫고 삼청(三淸)의 경지에 들어갈 수 있다고 한다. 이 책의 이름에서부터 내용, 그리고 사용하는 용어에 이르기까지 모두 불교 공종(空宗)과 선종(禪宗) 이론의 영향을 받았다. 예를 들어 "삼청이 곧 번뇌이다[三淸卽煩惱]"라고 한 것은, 선종의 "보리가 곧 번뇌이다[菩提卽煩惱]"를 바꾼 것이다. 이 책은 『태상삼십육부진경(太上三十六部眞經)』 중 『묘림경(妙林經)』과 이름은 같으나 내용은 다르다. 『도장(道藏)』 제1,049책에 실려 있다.

『묘림경(妙林經)』

『대승묘림경(大乘妙林經)』을 말한다.

『습승경(習勝經)』

『대승묘림경(大乘妙林經)』을 말한다.

『영비경(靈飛經)』

도교 경전. 존사(存思)와 부록(符籙)의 법을 내용으로 하고 있다. 『한무제내전(漢武帝內傳)』에서 "예전에 부광산(扶廣山)에서 청진동자를 만났는데, 이 비자(秘字)로 된 금서(金書)를 가지고 있었다. 그가 말하길, '도를 구해 수명을 늘리는 방법은 무수히 많은 단서가 있지만, 모두 오제의 육갑영비의 술법과 육정육임의 명호를 써서 수명을 늘리길 청해야만 장생구시할 수 있으며 뭇 영들과 온갖 신들을 부릴 수 있습니다'라고 하였다[昔曾扶廣山見靑眞小童, 有此金書秘字, 云'求道益命, 千端萬緖, 皆須五帝六甲靈飛之術, 六丁六壬名字之號, 得以請命延算, 長生久視, 驅策衆靈, 役使百神']"라고 했는데, 바로 이 경전의 효과를 말한 것이다. 현재 『도장(道藏)』 제37책에 『상청경궁영비육갑좌우상부(上淸瓊宮靈飛六甲左右上符)』 1권이 있다. 당대(唐代)의 서예가 종소경(鍾紹京)이 해서체의 작은 글씨로 쓴 『영비경』을 세상에 전했는데, 서체가 매우 정미하다.

『황경집주(皇經集注)』

• • •

도교 서명. 『황경(皇經)』은 『고상옥황본행집경(高上玉皇本行集經)』을 말한다. 명대(明代) 전진도(全眞道) 도사 주현진(周玄眞)이 널리 삼교의 설을 끌어오고, 경문의 장을 나누고 주를 모아 달았다. 총10권. 주현진은 삼교를 회통하여, "삼교는 본래 하나의 이치이고, 성과 도는 둘이 아니다[三敎本一理, 性道無二]"라고 하였다. 그러나 도교를 위주로 하고 있다. 그래서 "원시는 삼교의 으뜸이다[元始爲三敎之首]", "삼교의 말은 『황경』보다 나은 것이 없다[三敎語莫勝於皇經]"라고 하였다. 『도장(道藏)』 제1,060~1,061책에 실려 있다.

『원시천존설재동제군응험경(元始天尊說梓潼帝君應驗經)』

   ● ● ●

도교 서명. 재동제군(梓潼帝君)은 문창제군(文昌帝君)을 말한다. 이 경전의 대의는 사람들에게 권면하여 선한 일을 하도록 하고, 살리기를 좋아하고 도를 받들게 하며, 선악의 응보를 널리 알리는 데 있다. 실제 도교 권선서의 한 종류이다. 성서(成書) 연대는 대략 원대(元代)이다.『도장(道藏)』제27책에 실려 있다.

『태상동방내경주(太上洞房內經注)』

   ● ● ●

도교 서명. 남조(南朝) 도사가 상청파(上淸派)의 여러 경전을 근거로 하여 만들었다. 총 1권.『동방내경(洞房內經)』은『무상비요(無上秘要)』와『운급칠첨(雲笈七籤)』에서도 인용되고 있다. 이 책은 동방(洞房)의 세 신을 존사(存思)하는 법을 말하고 있다. 동방이란 양 미간 바로 위에서 안으로 2촌 들어간 곳으로서, 머리의 구궁(九宮) 중 하나이다. 이 궁의 중앙에는 황노군(黃老君), 왼쪽에는 무영군(無英君), 오른쪽에는 백원군(白元君)이 있는데, 이들이 바로 동방삼신이다. 이 삼신의 이름·모습·거처를 존사하면, 수명을 늘리고 신선이 되어 오를 수 있다고 한다.『도장(道藏)』제59책에 실려 있다.

『영보오부경(靈寶五符經)』

   ● ● ●

간략하게『오부경(五符經)』이라 하며,『동현오부경(洞玄五符經)』이라고도 한다. 옛 도교 경전으로, 남조(南朝) 유송(劉宋) 이전에 나온 것으로 보인다. 상·중·하, 3권으로 되어 있다. 상권에서는 「영보오부(靈寶五符)」의 유래를 서술하고 있으며, 「영보오부서(靈寶五符序)」에 해당한다. 중권에서는 화자기(華子期)가 얻은 "영보방(靈寶方)"에 대해 서술하고 있는데, 그 속에 부적을 먹는 여러 방법과 부록(符籙) 한 가지가 있다. 하권은 부적과 주문으로 「영보오부(靈寶五符)」, 「팔계책(八戒策)」, 「양생부(陽生符)」, 「음생부(陰生符)」 등이 있고, 마지막에는 오아밀주(五芽密咒)를 복용방법 5가지가 있는데, 『영보오아경(靈寶五芽經)』이다. 『도장(道藏)』 제183책에 실려 있다. 제목은 『태상영보오부서(太上靈寶五符序)』라고 되어 있는데, 이 상권의 이름으로 전체를 총괄한다.

『오부경(五符經)』

『영보오부경(靈寶五符經)』을 말한다.

『동현오부경(洞玄五符經)』

『영보오부경(靈寶五符經)』을 말한다.

『동현영보자연구천생신장경(洞玄靈寶自然九天生神章經)』

간략하게 『구천생신경(九天生神經)』, 『생신장(生神章)』 혹은 『생신경(生神經)』이라 칭한다. 도교 서명. 육조(六朝) 시기의 도교 경전이다. 총 1권. 첫머리에서 삼보(三寶)천보(天寶)·영보(靈寶)·신보(神寶)와 삼원

(三元)혼동태무원(混洞太無元)·적혼태무원(赤混太無元)·명적현통원(冥寂玄通元)의 출현을 진술하고 있다. 삼원에서 시기(始氣)·원기(元氣)·현기(玄氣)가 생겨나고, 이 삼기에서 천지와 인물이 생겨난다고 한다. 그러므로 사람이 장수하려면 마땅히 "기를 받들고, 형을 귀하게 여기며, 명을 보배로 삼고, 신을 아껴야 한다[尊其氣, 貴其形, 寶其命, 愛其神]"고 한다. 이 경전을 외우고 지키면 귀신을 제도시키고 범부가 신선이 된다고 한다.『도장(道藏)』제165책에 실려 있다.

『구천생신경(九天生神經)』

『동현영보자연구천생신장경(洞玄靈寶自然九天生神章經)』을 말한다.

『생신장(生神章)』

『동현영보자연구천생신장경(洞玄靈寶自然九天生神章經)』을 말한다.

『지혜본원대계상품경(智慧本願大戒上品經)』

정식 명칭은『태상동현영보지혜본원대계상품경(太上洞玄靈寶智慧本願大戒上品經)』이며, 간략하게『본원대계상품경(本願大戒上品經)』이라 칭한다. 도교 서명. 육조(六朝) 시기의 도교 경전이다. 그 주된 뜻은 사람들에게 선행을 쌓고 공을 세우라고 가르치는 데 있다. 300가지의 선한 일을 하면 지선(地仙)이 될 수 있고, 1,200가지의 선한 일을 하면 신선이 되어 오르는 도를 얻으며, 3,000가지의 공을 세우면 대낮에 신선이 되어 승천할 수 있다고 한다. 선행과 공덕을 세운 자가 독경(讀經)·토납(吐納)·복식(服食) 등을 더하면, 반드시 신선이 될 수 있다. 선행과 공덕이 없는 자는 복식이나 재계를 하더라도 신선이 될 수 없다. 『도장(道藏)』 제177책에 실려 있다.

『태상동현영보지혜본원대계상품경 (太上洞玄靈寶智慧本願大戒上品經)』

『지혜본원대계상품경(智慧本願大戒上品經)』을 말한다.

『본원대계상품경(本願大戒上品經)』

『지혜본원대계상품경(智慧本願大戒上品經)』을 말한다.

『태상동현영보지혜정지통미경 (太上洞玄靈寶智慧定智通微經)』

간략하게 『지혜정지통미경(智慧定智通微經)』이라 칭한다. 도교 서명. 육조(六朝) 시기 도교 경전으로서, 유송(劉宋) 이전에 나왔다. 총 1권. 사미정지요결(思微定志要訣)과 수행십계(修行十戒)를 전하고 있다. 사미정지(思微定志)의 요지는 망신(忘身)·명공(明空)·애도(愛道)하는 데 있다. 십계(十戒)는 살생하지 말 것, 음행(淫行)하지 말 것, 훔치지 말 것, 속이지 말 것, 술 취하지 말 것 등이다. 『도장(道藏)』 제167책에 실려 있다.

『지혜정지통미경(智慧定智通微經)』

* * *

　『태상동현영보지혜정지통미경(太上洞玄靈寶智慧定智通微經)』을
말한다.

『태상동연신주경(太上洞淵神咒經)』

* * *

　간략하게『신주경(神咒經)』이라 칭한다. 도교 서명. 두광정(杜光庭)
의 서문에 의하면, 서진(西晉) 말 금단(金壇) 마적산(馬跡山)의 도사
왕찬(王纂)이 펴냈다고 한다. 총 20권. 서마품(誓魔品)·견귀품(遣鬼
品)·박귀품(縛鬼品)·살귀품(殺鬼品)·금귀품(禁鬼品)·참귀품(斬
鬼品) 등으로 되어 있다. 주요 내용은 삼동(三洞)의 법력을 선양하는
것에서 벗어나지 않으며, 이 경전을 믿는 자는 재앙을 없앨 수 있고,
믿지 않는 자는 화를 입는다고 한다. 또 귀신을 제압하는 각종 부록
(符籙)을 덧붙이고, "지금부터는 도사가 경을 읽으며 길을 가는 곳에
는 마왕이 훼방 놓을 수 없다[自今以去, 道士轉經行道之處, 魔王不
得撓之]"고 주장하고 있다. 두광정의 서문에서 "이제 거듭 민첩한 장
인을 구하고, 거듭 선한 인연을 열어 빨리 이 경전을 판각해야 한다
[今此重求敏手, 再啓勝因, 亟[13]雕刻之]"고 한다. 이 경전의 판각이 함
통(咸通) 연간에 조판된 불경보다 늦지만, 최초로 판각된 도교 경전
이다.『도장(道藏)』제170~173책에 실려 있다.

---

13. 亟: 원서에는 이 앞에 '因'이 있지만,『太上洞淵神咒經』원문에 따라 삭제하였다.

『신주경(神咒經)』
. . .

『태상동연신주경(太上洞淵神咒經)』을 말한다.

『현녀경(玄女經)』
. . .

정식 명칭은 『황제수삼자현년경(黃帝授三子玄女經)』이다. 도교 서명. 작자 미상. "일진의 승과 극[日辰勝尅]"에 대해 서술한 단편으로서, 주로 "약혼과 혼인[許嫁婚娶]"에 대해 말하며, 어떤 것은 부부 사이의 관계나 시부모와의 관계에서의 이로움이나 불리함에 대해 말하기도 한다. 『사고전서총목제요(四庫全書總目提要)』에서 이 책에 대해 "그 발단은 천일성(天一星)이 있는 곳으로 그 날의 길흉을 점치며, 천강성(天罡星)이 머무는 곳으로써 사람과 만나는 때를 점치는 것으로서, 오행가(五行家)의 말에 속한다[其發端以天一所在占日之吉凶, 以天罡加臨占與人期會, 亦屬五行家言]"라고 하는데, 바로 "술수가들이 의탁해서 만든 것[術數家依托所爲]"으로 여긴 것이다. 『도장(道藏)』제136책에 실려 있다.

『황제수삼자현년경(黃帝授三子玄女經)』
. . .

『현녀경(玄女經)』을 말한다.

『태청도인양생경(太淸導引養生經)』
· · ·

　도교 서명. 작자 미상. 총 1권. 행기(行氣)와 도인(導引)의 양생방법을 논술하고 있다. 적송자(赤松子), 영선생(寧先生), 팽조(彭祖), 왕자교(王子喬) 등의 도인법과 하마행기법(蝦蟆行氣法), 귀별행기법(龜鱉行氣法), 안행기법(雁行氣法), 용행기법(龍行氣法) 등이 실려 있다. 이러한 호흡운동으로 몸을 건강하게 하고 병을 치료한다. "행기는 몸속을 보양할 수 있고, 도인은 사지의 병을 치료할 수 있다[行氣者, 則可以補於裏. 導引者, 則可以治於四肢]"고 말한다. 도인은 사지와 몸통의 골절 내 사기(邪氣)를 모두 제거하고 정기(正氣)는 보존시킬 수 있어, 정성들여 부지런히 행하면 골절이 단단하고 강해져서 모든 병이 낫는다고 한다. 또 도인연기법(導引咽氣法)이 있는데, 육기(六氣)가(呵)·신(哂)·호(呼)·허(噓)·취(吹)·객(喀)를 운용하여 오장(五臟)과 오관(五官)의 질병을 함께 치료할 수 있다고 한다.『도장(道藏)』제568책에 실려 있다.

『태상양생태식기경(太上養生胎息氣經)』
· · ·

　도교 서명. 작자 미상. 총 1권. 태식(胎息)으로 양생하는 방법을 논술하고 있다. "복기하는 법은 마음 두기를 갓난아이가 어머니의 태안에 있듯이 하는데, 10개월이 지나면 성취가 있어서 근골이 부드러워진다. 마음을 고요히 하고 생각을 멈추면 온화한 기가 저절로 이른다[凡服氣法, 存心如嬰兒在母胎, 十月成就, 筋骨和柔. 以冥心息念, 和氣自至]"라고 한다. 이는 마음이 고요하고 정신이 안정되며 기가 부드러워지면, 원기(元氣)가 저절로 오고 오장(五臟)이 윤택해지며 모든 맥이 유통되고 진액도 알맞게 나와 배고픔과 목마름이 채워지며, 늙음을 물리치고 수명을 연장할 수 있다는 말이다. "육양시법(六陽時法)", "상청기비법(上淸氣秘法)", "상청법(上淸法)" 등이 있다. 별도로 폐장·심장·간장·비장·신장·담장에 해당하는 복기도법(服氣圖法)이 있다. 『도장(道藏)』제568책에 실려 있다.

『태청조기경(太淸調氣經)』
• • •

도교 서명. 작자 미상. 총 1권. 태식(胎息)·복기(服氣)·조기(調氣)로 양생하는 방법을 소개하고 있다. 『태청도인양생경(太淸導引養生經)』과 『태상양생태식기경(太上養生胎息氣經)』의 내용과 거의 같다. 복기의 본래 이름이 태식이라고 주장한다. 복기하려면 먼저 조기하여서 오장(五臟)의 악기(惡氣)를 제거해야 한다. 그런 다음에 연기(煉氣)하게 되면 관절이 통하거나 모공이 열리는 느낌이 들기도 하며 온몸이 땀에 젖기도 하는데, 이것이 바로 복기의 효과이다. 또 위기법(委氣法)과 폐기법(閉氣法)을 소개하고 있다. 위기(委氣)란 생각을 멈추고 숨을 고르게 하여 가만히 앉아 몸에 맡겨 근골이 없어진 것 같고 의식도 없어진 것 같은 상태로 만들어, 정신을 맑게 하고 기를 단련하는 것이다. 폐기(閉氣)란 입과 코로 숨을 쉬지 않고 마음으로 아픈 곳을 생각하며 의식을 두는 것인데, 오랫동안 행하면 "마음으로 기를 부릴 수 있고, 기와 뜻이 서로 따르며 기를 부림이 신통해진다.[心能使氣, 氣意相從, 使氣如神.]"『도장(道藏)』제 568책에 실려 있다.

『황제구정신단경결(黃帝九鼎神丹經訣)』

• • •

    간략하게 『구정신단경결(九鼎神丹經訣)』이라 칭한다. 도교 서명.
옛 표제에는 호강자(狐剛子)가 서술했다고 되어 있다. 총 20권. 권1이
본래의 경문이고, 권2 이하는 후대 사람의 주석과 발휘(發揮)이다.
본래의 경문은 대략 한(漢) · 위(魏) 시기에 나왔고, 권2 이하는 진
(晉) 이후에 나왔다. 책속에서 "장생학은 약에 달려 있고, 약의 대부
분은 결에 달려 있다[夫長生學者在藥, 藥之大者在訣]"고 주장한다.
또 화단(華丹) · 신부단(神符丹) · 신단(神丹) · 환단(還丹) · 이단(餌
丹) · 연단(煉丹) · 유단(柔丹) · 복단(伏丹) · 한단(寒丹)의 9가지 단약
을 제시하고 있다. 권4와 권5는 산에 오를 때 사악한 기운을 피하는
법과 그 부록(符籙)들인데, 입명산재소고산군부(入名山齋召高山君
符), 벽백사인급능각호랑불범부(辟百蛇印及能卻虎狼不犯符), 황제
옥대편도부(黃帝玉台篇圖符)가 실려 있다. 이 부적들은 "산신과 여러
영들을 모두 사라지게[一切山神百靈皆悉隱沒]" 할 수 있어서 입산수
도를 확실히 책임진다. 권7에서는 대부분 단정(丹鼎)으로 연단하는
것을 말하고 있는데, 예를 들면, 토부법(土釜法) · 육일니법(六一泥
法) · 단로고제법(丹爐固濟法) 등이다. 권8은 다른 약들을 빌려 기타
의 단약을 만드는 것을 말하고 있다. 예를 들면, 황반석수법(黃礬石
水法) · 석담법(石膽法) · 석비법(石脾法) · 초석법(硝石法) 등과 화초
석법삼십육수방(化硝石法三十六水方)이 실려 있다. 권9에서는 금과
은의 정련을 말하고 있는데, 금류법(金鉚法)과 연금법(煉金法) 등이
실려 있다. 권10은 명연약금신음양제복(明煉藥禁慎陰陽制伏)으로,
연약사불산법(煉藥使不散法)과 연약금기법(煉藥禁忌法)을 제시하고

있다. 권10에서 권20까지는 모두 각종 약의 제작법이다. 관련된 약물은 수은(水銀)·연정(鉛精)·단사(丹砂)·웅황(雄黃)·송지(松脂)·자황(雌黃)·유황(硫黃)·증청(曾靑)·자석(磁石)·공청(空靑)·반석(矾石)·반석(礬石)·박초(朴硝)·망초(芒硝)·융염(戎鹽)·황단(黃丹)·종유(鍾乳)·자석영(紫石英)·호분(胡粉)·석염(石鹽)·연백납(煉白蠟)·연석(煉錫) 등 23종이다. 위의 약물의 특성, 조심할 점, 제조법, 복용법에 대해 모두 상세히 설명하고 있다. 중국 고대 과학기술 및 도교연단술의 연구에 많은 자료를 제공하는 책이다. 『도장(道藏)』제584~585책에 실려 있다.

『구정신단경결(九鼎神丹經訣)』

『황제구정신단경결(黃帝九鼎神丹經訣)』을 말한다.

『삼황경(三皇經)』

『삼황문(三皇文)』, 『삼황내문(三皇內文)』이라고도 한다. 『천황문(天皇文)』·『지황문(地皇文)』·『인황문(人皇文)』의 합칭. 도교 서명. 삼국시기 백화(帛和)가 서성산(西城山) 석벽에서 얻었고, 후에 정은(鄭隱)이 갈홍(葛洪)에게 주었다고 전해진다. 황제로부터 나왔다고 가탁하여 이 글이 소유지천(小有之天)의 옥부(玉府)에 있었다고 하는데, 이 때문에 『소유삼황문(小有三皇文)』이라고 한다. 또 서진(西晉)의 포정(鮑靚)이 혜제(惠帝) 원강(元康) 2년(292)에 숭산(嵩山) 유근(劉根)의 석실에서 얻었고 역시 갈홍에게 전했다고 하는데, 이 책은 『소유삼황문』과 다르며, "그 비결은 대유궁에 있었기 때문에[因其秘在大有宮中]" 『대유 삼황문(大有三皇文)』이라고도 한다. 남조 송의 육수정(陸修靜)이 이 경전을 얻어 손유악(孫遊嶽)에게 전했는데, 손유악은 도홍경(陶弘景)에게 전했다. 도홍경은 다른 도교 경전과 재의(齋儀)를 더하여 13권으로 펴냈는데, 『태상동신경(太上洞神經)』에 속한 판본이다. 원래의 글은 "글씨가 부적문 같기도 하고 전문(篆文) 같기도[作字似符文又似篆文]" 한데, 바로 "뭇 신령들을 부리는[劾召萬神]" 글이다. 『도장(道藏)』 제575책 『태청금궐옥화선서팔극신장삼황내비문(太淸金闕玉華仙書八極神章三皇內秘文)』 3권과 『삼황내문유비(三皇內文遺秘)』 1권이 있는데, 『삼황경』도 이러한 부류의 부도(符圖)를 모은 것으로 여겨진다.

『삼황문(三皇文)』

『삼황경(三皇經)』을 말한다.

『고문용호경(古文龍虎經)』

『금벽고문용호상경(金碧古文龍虎上經)』, 『금단금벽잠통결(金丹金碧潛通訣)』 등으로 부르기도 하며, 간략히 『용호경(龍虎經)』 또는 『금벽경(金碧經)』이라고도 한다. 황제(黃帝)가 지었다고 가탁하였다. 『사고전서총목제요(四庫全書總目提要)』에서는 "『용호경』이 고서라고 하지만 아직 확실한 증거는 없다[龍虎經之爲古書, 尚未確驗]"고 한다. 주희(朱熹)는 "이는 후대 사람이 「위백양전(魏伯陽傳)」의 '용호상경'이라는 구절을 보고, 위작하여 이 경을 만든 것이다[是後人見魏伯陽有

龍虎上經一句, 遂僞作此經]"라고 말한다. 『용호경』은 도가의 단결(丹訣)이다. "용호(龍虎)"는 내단 용어로서, 연홍(鉛汞)·감리(坎離)·음양(陰陽)·수화(水火) 등을 가리킨다. "혼연자가 말하길, '연이란 감괘 속의 한 점 진양으로서 이를 용이라고 한다. 홍이란 리괘 속의 한 점 진음으로서 이를 호라고 한다'라고 하였다[混然子曰, 鉛者, 坎中一點眞陽, 謂之龍也. 汞者, 離中一點眞陰, 謂之虎也]."『입약경(入藥鏡)』 주석에 보인다. 이 책은 33장 혹은 26장으로 되어 있으며, 문장이 간략하여 의미가 불분명하고 이해하기 어렵다. 뒤에 "찬족주천화후도(攢簇周天火候圖)"와 "금화상교생약도(金火相交生藥圖)"를 덧붙여, 수련하는 방법을 밝히고 있다. 『도장목록상주(道藏目錄詳注)』에서는 이 책에 대해 "신실·연홍·음양·용호·화후·약물 등의 편에서 말하는 것은 모두 선천유무의 묘리로서 이 책은 단경의 으뜸이 된다[言神室·砂汞·陰陽·龍虎·火候·藥物等篇, 皆先天有無之妙, 爲丹經之祖]"고 한다. 남송(南宋)의 왕도(王道)가 쓴 『고문용호경주소(古文龍虎經注疏)』 3권에는 앞뒤에 서문이 한 편씩 있다. 제일 앞에는 태을궁(太乙宮) 도사 주진일(周眞一)의 "고문용호경주소주차(古文龍虎經注疏奏劄)"가 있다. 『도장(道藏)』 제620책, 『도장제요(道藏輯要)』 두집(斗集), 『도장정화록백종(道藏精華錄百種)』 제6집에 실려 있다.

『금벽고문용호상경(金碧古文龍虎上經)』
• • •

『고문용호경(古文龍虎經)』을 말한다.

『금단금벽잠통결(金丹金碧潛通訣)』

『고문용호경(古文龍虎經)』을 말한다.

『용호경(龍虎經)』

『고문용호경(古文龍虎經)』을 말한다.

『금벽경(金碧經)』

『고문용호경(古文龍虎經)』을 말한다.

『상청황정외경경(上淸黃庭外景經)』

도교 경전. 7언의 운문 형식으로 양생 수련 방법을 전수하고 있다. 서문에 의하면, "황이란 땅의 색이다. 정이란 사방의 가운데 있는 뜰이다. 가까이 몸에서 취하자면 비장이 주가 되고, 멀리 상에서 취하면 천리가 저절로 모이는 곳이다[黃者, 二儀之正色. 庭者, 四方之中庭. 近取諸身, 則脾爲主. 遠取諸象, 而天理自會]"라고 한다. 황(黃)은 비장을 주관하고, 중앙을 주관하며, 사람의 몸에서 중간 부위를 나타낸다. 정(庭)이란 섬돌 앞의 공터인데, "공(空)"으로 뜻이 확장되었다. 경(景)이란 상(象)이다. 즉 정공(靜功) 수련을 통해 현관(玄關)이 나타날 때의 "중공현상(中空現象)"을 말한다. 『외경경(外景經)』에서는 "성과 명을 기르고 허무를 지키며, 욕심 없이 무위하여 어떤 생각도 들지 않게[扶養性命守虛無, 恬淡無爲何思慮]" 하여, 양생하고 장수하는 데 이르길 주장한다. 또 "선인과 도사가 수련하는 목적은 신에 있는 것이 아니며, 정을 쌓는 것은 수명을 늘리기 위한 것이다[仙人道士非有神, 積精所致爲專年]"라고 주장한다. 역대로 도가의 중요한 전적이며, 문인들도 중요하게 여겼다. 왕희지(王羲之)가 쓴 『황정경(黃庭經)』도 『외경경』이다. 양구자(梁丘子)와 무성자(務成子)의 주석이 있다. 『도장(道藏)』 제167책에 실려 있다. 또 『도장』 제679책, 즉 『운급칠첨(雲笈七籤)』 권12에도 보인다. 『황정경』과 『상청황정내경경(上淸黃庭內景經)』을 참고하라.

『태상노군개천경(太上老君開天經)』

• • •

도교 서명. 노군(老君)이 천지가 개벽할 때부터 주(周)나라 초기까지, 여러 차례 내려와 제왕의 스승이 되었는데, 내려올 때마다 1부의 경문을 토해내어 임금과 백성들을 교화하고 세상일을 다스리며, 그들로 하여금 선행을 닦으며 살게 한 내력을 서술하고 있다. 이 책에서는 "노군이 말했다. 비화(秘化)한 처음에, 나의 몸은 허무였다. 무궁한 시간을 거치면서 천만 가지로 변화하였는데, 가장 먼저 스승이 되었다. 삼황 이전에는 신화(神化)의 근본이었다. 내가 후에 삼황오제를 교화하는 스승이 되었고, 삼왕에 이르기까지 모두 선행을 닦으라고 권하였다[老君曰, 秘化之初, 吾體虛無. 經歷無窮, 千變萬化, 先下爲師. 三皇以前, 爲神化之本. 吾後化三皇五帝爲師, 並及三王, 皆勸令修善]"라고 한다. 책 속에서 노군을 교주로 표현할 뿐만 아니라, 창세주이자 구세주라고 한다. 『광홍명집(廣弘明集)』 권12 「결대부

혁폐불승사(決對傅奕廢佛僧事)」에 의하면, "『개천경』은 장반이 지었다[開天經張泮所造]"고 한다. 이 책은 당초(唐初)에 이미 있었다.『속도장(續道藏)』제1,059책에 실려 있다.

『태상노군허무자연본기경(太上老君虛無自然本起經)』

도교 서명. 작자 미상. 총 1권. 우주 생성과 사람의 수련에 대해 논하고 있다. 우주는 "태초(太初)"즉 도의 처음인 적기(赤炁)와 "태소(太素)"사람의 바탕인 황기(黃炁)와 "태시(太始)"기의 시작인 백기(白炁)에서 말미암는다고 한다. 세 기는 서로 포함하며 셋이 하나로[三一] 혼합되어 있다. 이 삼일이 바로 도의 허(虛)·무(無)·공(空)이다. 허는 정(精)으로서 밝으나 형질(形質)이 없고, 무는 기(炁)로서 형(形)은 있으나 질(質)은 없고, 공은 그 안에서 저절로 생겨났다고 한다. 이른바 허무자연(虛無自然)의 법을 지키는 데에는 세 가지가 있다. 크게는 도의 근원을 알고 현묘(玄妙)에 깊이 통하는 것이고, 중간으로는 신(神)을 지키고 욕심을 제거하여 신을 강궁(絳宮)으로 되돌리는 것이며, 작게는 정욕을 없애고 귀와 눈을 닫는 것이다.『속도장(續道藏)』제1,059책에 실려 있다.

『동진태상소령동원대유묘경(洞眞太上素靈洞元大有妙經)』

간략하게 『대유묘경(大有妙經)』이라 칭한다. 도교 서명. 총 1권. 초기 상청파(上淸派)의 중요 경전이며, 상청파의 "삼보기문(三寶奇文)" 중의 하나로 불린다. 원래는 상천대유지궁(上天大有之宮)에서 나왔다고 전해지며, 그래서 『대유묘경』이라고 부른다. 9편의 경(經) · 결(訣) · 과(科) · 찬(讚)으로 이루어져 있다. 주된 요지는 도를 받드는 자들에게 정밀하고 독실하게 수행하고 신(神)을 보존하는 수련을 하도록 하는 것이다. 『도장(道藏)』제1,026책에 실려 있다. 그 중 제3편 『태상도군수원단상경(太上道君守元丹上經)』은 『동진태상도군원단상경(洞眞太上道君元丹上經)』(『도장』제1,032책)과 거의 같다. 제8편 『태상구진명과(太上九眞明科)』는 『도장』 속에 단행본으로 있다.

『대유묘경(大有妙經)』

『동진태상소령동원대유묘경(洞眞太上素靈洞元大有妙經)』을 말한다.

『상청태상제군구진중경(上淸太上帝君九眞中經)』

간략하게 『구진중경(九眞中經)』이라 칭한다. 도교 서명. 총 2권. 초기 상청파(上淸派)의 중요 경전이다. 주요 내용은 구진(九眞) · 오신(五神) · 삼원군(三元君) · 팔제군(八帝君) 등의 신령을 존사하고 예배하는 것이다. 사람의 몸속에 태일(太一)과 오신(五神)이 화생한 아홉의 진군(眞君)이 있으며, 이 구진(九眞)과 오신이 구궁(九宮)과 오장(五臟)에 자리 잡고 지키는데, 이를 존사하고 예배하면 신선이 되어 하늘로 올라갈 수 있다고 한다. 책속에서 또 외단(外丹)과 의약 분야에 대해서도 말하고 있다. 『도장(道藏)』제1,042책에 실려 있다.

『구진중경(九眞中經)』

• • •

『상청태상제군구진중경(上淸太上帝君九眞中經)』을 말한다.

『정일위의경(正一威儀經)』

• • •

도교 서명. 총 1권. 정일파(正一派)에서 경전을 강론하거나 직책을 받을 때의 여러 의식과 규칙 132조를 수록하고 있다. 법복(法服), 입정(入靖), 계주(啓奏), 독경(讀經), 강경(講經), 사사(事師), 봉재(奉齋), 수계(受戒), 참회(懺悔), 예배(禮拜), 소향(燒香), 연등(燃燈), 명종(鳴鍾), 명경(鳴磬), 장주(章奏), 초청(醮請), 법구(法具), 식기(食器), 기용(器用), 거처(居處), 와구(臥具), 구리(屨履), 옥천(井泉), 용수(用水), 음식(飮食), 동지(動止), 유행(遊行), 주관(住觀), 사망(死亡) 등, 모두 29가지의 일에 대해 신고 있다. 정일파 도사가 입도할 때의 수계(受戒) 및 생활하고 기거할 때의 여러 일은 모두 규범을 세워서 과의에 따라 봉행된다. 『도장(道藏)』제564책에 실려 있다.

『고상옥황본행집경(高上玉皇本行集經)』

• • •

간략하게 『옥황경(玉皇經)』 또는 『황경(皇經)』이라 칭한다. 도교 경전. 총 3권. 천존(天尊)이 영보(靈寶)와 청정(淸淨)은 두 가지 법문이 아니라고 말한 것을 서술하고, 옥황(玉皇)이 여러 신으로 화생한 고사에 대해 찬송하고 있다. 청미천궁신통품(淸微天宮神通品), 대신주품(大神呪品), 옥황공덕품(玉皇功德品), 천진호지품(天眞護持品), 보응신험품(報應神驗品)으로 되어 있다. 도사가 재초에서 기도하거나 도문의 공과(功課)에서 외우는 경전이다. 따로 원(元)나라 유처현(劉處玄)의 『고상옥황본행경수(高上玉皇本行經髓)』와 장량(張良)을 가탁한 교정본이 있다. 『도장(道藏)』 제23~24책에 실려 있다.

『옥황경(玉皇經)』
. . .

　『고상옥황본행집경(高上玉皇本行集經)』을 말한다.

『황경(皇經)』
. . .

　『고상옥황본행집경(高上玉皇本行集經)』을 말한다.

『고상옥황심인묘경(高上玉皇心印妙經)』
. . .

　간략하게 『심인경(心印經)』이라 칭한다. 도교 경전. 총 1권. 4언체로 총 200자이다. 내단(內丹)에서 정(精)·기(氣)·신(神)을 수련하는 비결을 총괄하여 논하고 있다. "사람마다 정이 있다. 정은 그 신에 합하고, 신은 그 기에 합하고, 기는 그 진에 합한다. 그 진을 얻지 못하면 모두 억지로 붙인 이름이 된다[人各有精, 精合其神, 神合其氣, 氣合其眞. 不得其眞, 皆是強名]"고 한다. 또 정·기·신을 "상약삼품(上藥三品)"이라고 하며, "신은 형에 의해 생기고, 정은 기에 의해 가득 찬다[神依形生, 精依氣盈]"고 한다. 사람이 자신의 정·기·신을 연양할 수 있으면, 바로 "물에 들어가도 가라앉지 않으며 불에 들어가도 타지 않는다[入水不溺, 入火不焚]"고 하며, "쇠하지도 멸하지도 않아서 소나무나 잣나무가 늘 푸른 것과 같다[不凋不殘, 松柏靑靑]"고 한다. 『도장(道藏)』제24책에 실려 있다.

『심인경(心印經)』
• • •

『고상옥황심인묘경(高上玉皇心印妙經)』을 말한다.

『태상삼십육부존경(太上三十六部尊[14]經)』
• • •

도교 경전. 단편의 도교 경전 36부로 이루어져 있다. 옥청경(玉清境) 12부, 상청경(上清境) 12부, 태청경(太清境) 12부로 되어 있다. 각 경전의 분량은 길지 않고, 양식은 동일하다. 모두 앞에서 경문을 서술하고 마지막에 4자로 된 16구의 게송과 12개의 부적이 있다. 그 내용은 도교와 불교의 설을 취하여 진공(眞空)·허무(虛無)·자연(自然)·심성(心性) 등 수도 이론과 수련 방법을 상세히 진술하고 있다. 도가의 토납(吐納)·환단(還丹)·연기(咽氣)·좌망(坐忘) 등은 모두 방술이지 "도(道)"가 아니라고 한다. 수도하는 자가 귀하게 여기는 것은 "술법으로 도를 밝히는[因術以明道]" 데 있다. 선행을 닦거나 공덕 쌓기, 경을 외우거나 예배하기, 향을 올리거나 재초 거행, 기도나 푸닥거리 등을 강조하고 있다. 이 경전은 당(唐)나라 이전에 나온 것으로 보인다. 옥청경 12부 중에 『도덕경(道德經)』이 있는데, 결코 노

---

14. 尊: 원서에는 '眞'으로 되어 있으나, 원문에 따라 교감하였다.

자(老子)의『도덕경』이 아니다. 태청경 12부 중에『황정경(黃庭經)』이 있는데 역시『황정내외경경(黃庭內外景經)』이 아니다. 모두 이름은 같으나 다른 책이다.『도장(道藏)』제18~19책에 실려 있다. 청대(淸代) 도교도가 여순양(呂純陽)을 가탁해 주해하고,『태상무극대도삼십육부존경주해(太上無極大道三十六部尊經注解)』라고 이름 붙였는데,『도장정화(道藏精華)』제11집에 실려 있다.

『태상무극총진문창대동선경(太上無極總眞文昌大洞仙經)』

간략하게『문창대동선경(文昌大洞仙經)』이라 칭한다. 도교 서명.『대동진경(大洞眞經)』의 남송(南宋) 전본(傳本)이다. 부계(扶乩)를 통한 신내림을 받아 적은 것으로서, 일반적으로 촉본(蜀本) 또는 재동문창경본(梓潼文昌經本)이라고 한다. 총 5권. 권1·2에서는 문창제군(文昌帝君)의 내력과 덕행, 그리고 이 경전의 발생과 요지를 서술하고 있다. 권3에서 권5까지는 원시천왕(元始天王)이 말한 "동장(洞章)" 38장인데,『대동옥경(大洞玉經)』에서 취했다.『대동진경』은 원래 진(晉)나라 때 나왔으며, 본래 상청파(上淸派)의 연양서(煉養書)는 신을 존사하고 주문을 외는 것을 위주로 하는데, 이 책은 산 자와 죽은 자를 제도하는 것과 재앙을 소멸시키고 수명을 늘리는 것을 위주로 하고 있으며,『대동진경』속의 신을 존사(存思)하는 법을 전부 제거했다. 사람들에게 본분에 안주하기를 권하며, 경을 외우고 재초를 거행하며 선행과 공덕 쌓기를 수행의 요체로 삼고 있다. 사실상 남송(南宋)에서 유행하던 도교 권선서의 한 종류이다.『도장(道藏)』제16책에 실려 있다. 원대(元代) 위기(衛琪)가 여기에 주를 단『옥청무극총진문창대동선경(玉淸無極總眞文昌大洞仙經)』10권이 있는데,『도장』
동진부(洞眞部) 옥결류(玉訣類)에 실려 있다.『도장정화록(道藏精華
錄)』속에 청(淸)나라 주규(朱珪)가 교정한『문창제군대동진경(文昌帝
君大洞眞經)』3권이 있다.

『문창대동선경(文昌大洞仙經)』

『태상무극총진문창대동선경(太上無極總眞文昌大洞仙經)』을 말한다.

『노자중경(老子中經)』

『태상노군중경(太上老君中經)』이라고도 한다. 또『주궁옥력(珠宮
玉歷)』이라고도 부른다. 도교 서명. 총 2권. 55편으로 되어 있다. 육
조(六朝) 시기 옛 도교 경전이다. 이 책에서는 도교의 존사(存思)하
고 복기(服氣)하는 방법을 상세히 진술하고 있다. 천지와 사람 몸속
의 모든 신에 대한 존상과 내시(內視)·벽곡(辟穀)·안마(按摩)·복
식(服食)·부록(符籙)·의약(醫藥) 등의 방술을 언급하고 있다.『도장
(道藏)』제839책에 실려 있다.『운급칠첨(雲笈七籤)』권18과 권19에
전체 문장이 실려 있다.

『태상노군중경(太上老君中經)』

『노자중경(老子中經)』을 말한다.

『주궁옥력(珠宮玉歷)』

『노자중경(老子中經)』을 말한다.

『천기경(天機經)』

도교 서명. 대략 당대(唐代)에 나왔다. 작자 미상. 총 1권. 19장으로 되어 있다. 『역(易)』과 『노자(老子)』를 회통시키고, 『음부경(陰符經)』에서 말한 기미 파악의 중요성에 대해 상세히 밝히고 있다. 신(神)의 기미를 알아차려서 "모든 일은 기미에 응해서[擧事應機]", "때를 기다려 움직여야[待時而動]", 성공할 수 있다고 말한다. 『도장(道藏)』 제874책과 『운급칠첨(雲笈七籤)』 권15에 실려 있다.

『삼천내해경(三天內解經)』

도교 서명. 남조(南朝) 도사가 지었다. 총 2권. 도는 본래 허무(虛無)이나, 도로부터 천·지·인·신(神), 만물과 만상이 생겨나온다고 여긴다. 책 속에는 노자(老子)가 화생하고 변화한 고사와 장도릉(張道陵)에게 도를 전해준 일, 오두미도(五斗米道)가 창립되고 변천한 역사가 실려 있다. 사람은 모두 도기(道氣)로부터 나왔기 때문에 도를 잃으면 죽는다고 여겼다. 그러므로 도를 닦는 자는 마땅히 진(眞)을 생각하고 도를 마음에 두며, 그 근본을 견고하게 해야 장생할 수 있다. 『도장(道藏)』 제876책에 실려 있다.

『진용호구선경(眞龍虎九仙經)』

　도교 서명. 용호금단(龍虎金丹)의 도를 상세히 밝히고 있다. 수화(水火)를 대약(大藥)으로 삼으며, "심장은 화이며, 리괘에 응한다. 신장은 수이며, 감괘에 응한다. 도를 닦고 금단을 만드는 일은 용호와 수화에 의지해야만 한다[心爲火, 應離. 腎爲水, 應坎. 凡修道造金丹, 須憑龍虎水火也]"고 말하고 있다. 이 뜻은 내단을 말한 것인데 몸을 닦는 자는 먼저 그 뜻을 깨끗이 해야 하고, "안으로 신을 안정시키고 밖으로 욕심을 제거해야 한다[內安其神, 外去其欲]"고 여긴 것이다. 도교를 근본으로 하고 유교와 불교를 포섭하고 있다. 당(唐)의 나공원(羅公遠)과 섭정능(葉靜能)의 주석이 있다. 『도장(道藏)』 제112책에 실려 있다.

『영보오경제강(靈寶五經提綱)』

　도교 서명. 『생신경(生神經)』, 『청정경(淸靜經)』, 『심인경(心印經)』, 『구고경(救苦經)』, 『생천득도경(生天得道經)』의 5부 경전을 낭송하여 죽은 영혼을 제도하는 재의(齋儀)를 위한 책이다. 그러나 재의(齋儀)의 절차에 관한 내용은 싣지 않고, 다섯 경전의 이론 강령을 제시하여 죽은 영혼이 해탈하여 승천할 수 있는 방법을 제시하고 있다. 예를 들어 『생신경』을 들으면, 생명을 품부 받은 근원을 알게 되어 본원으로 돌아가는 묘를 닦을 수 있다. 『청정경』을 들으면, 성종(性宗)을 깨달아 모든 상(相)이 공(空)하다는 것을 깨우칠 수 있다. 『심인경』을 들으면, 저절로 명학(命學)을 닦고 내단을 연마할 수 있다. 『구고경』

을 들으면, 한 점의 광명을 지킬 수 있어서 지옥에 떨어지지 않는다. 『생천득도경』을 들으면, 복(福)과 혜(慧)를 겸하여 닦아 곧바로 천당에 오를 수 있다. 이 책은 다섯 경전의 핵심을 간단하면서도 명료하게 표현하고 있다. 『도장(道藏)』 제295책에 실려 있다.

『태진옥제사극명과경(太眞玉帝四極明科經)』

간략하게 『사극명과(四極明科)』라 칭한다. 도교 서명. 남조(南朝) 상청파(上淸派)의 법규와 계율에 관한 중요한 책이다. 이 책 속에서는 상청(上淸)의 도를 닦더라도 『사극명과』를 보지 않으면 결코 이룰 수 없다고 한다. "율로써 죄를 억제하고 과로써 잘못을 단속하는데 [律以制罪, 科以檢非]" 법규를 배우지 않고 맹목적으로 행동하면 모든 행동이 착오에 빠질 수 있다고 한다. 총 5권이며, 120가지의 계율이 실려 있다. 책 속에서는 경전과 부록(符籙)의 명칭·내용·효과 및 이를 누설했을 때의 처벌 등이 나열되어 있다. 또 경록 100여 종을 열거하고 있는데, 상청경(上淸經)을 위주로 하며 영보경(靈寶經)과 삼황경(三皇經) 등을 겸하여 언급하고 있다. 도교에서 전수되는 경록(經籙)과 육조(六朝) 도교 문헌을 연구하는 데 중요한 자료이다. 『도장(道藏)』 제77~78책에 실려 있다.

『사극명과(四極明科)』

『태진옥제사극명과경(太眞玉帝四極明科經)』을 말한다.

『태상동현영보업보인연경(太上洞玄靈寶業報因緣經)』

간략하게 『태상업보인연경(太上業報因緣經)』이라 칭한다. 도교 서명. 총 10권. 주된 뜻은 "생사윤회(生死輪回)"와 인과응보(因果報應)의 설을 널리 알리는 데 있다. 그 내용과 형식은 모두 불경에서 흡수했다. 이 책은 수(隋)·당(唐) 이전에 나왔고, 대략 남조(南朝) 시기도교 경전이다. 『도장(道藏)』제174~175책에 실려 있다.

『태상업보인연경(太上業報因緣經)』

『태상동현영보업보인연경(太上洞玄靈寶業報因緣經)』을 말한다.

『구천응원뇌성보화천존옥추보경
(九天應元雷聲普化天尊玉樞寶經)』

『뇌정옥추보경(雷霆玉樞寶經)』이라고도 한다. 도교 서명. 뇌성보화천존(雷聲普化天尊)은 오뇌(五雷)를 관장하고 뭇 생명을 두루 화육하며, 선한 이를 상주고 악한 자를 벌주는 신이다. 총 1권. 상하 양 절(節)로 되어 있다. 상절은 "지도(至道)"를, 하절은 "기수(氣數)"를 말하고 있다. 이 경전은 송대(宋代)에 나왔다. 『도장(道藏)』제25책에 실려 있다. 별도로 백옥섬(白玉蟾) 등이 주석한 『구천응원뇌성보화천존옥추보경집주(九天應元雷聲普化天尊玉樞寶經集注)』 2권이 있는데, 『도장』제50책에 실려 있다. 『도장집요(道藏輯要)』에는 『옥추보경찬해(玉樞寶經贊解)』가 있다. 청대(淸代) 이함허(李涵虛)의 『태상십삼경

주석(太上十三經注釋)』에는 『옥추경약해(玉樞經約解)』가 있는데, 본래 경문의 상절의 "지도" 부분만 실려 있다.

『뇌정옥추보경(雷霆玉樞寶經)』

· · ·

『구천응원뇌성보화천존옥추보경(九天應元雷聲普化天尊玉樞寶經)』을 말한다.

『태상영보정명비선도인경법(太上靈寶淨明飛仙度人經法)』

· · ·

도교 서명. 옛 표제에는 허정양(許旌陽)이 지었다고 되어 있는데, 실제로는 원대(元代) 정명도(淨明道) 도사가 지은 것이다. 총 5권. 책 속에는 정명도에서 전해지는 내련결법(內煉訣法)과 과계의범(科戒儀範)을 모아 놓고 있다. 영보파(靈寶派)의 부주(符咒)를 위주로 하는데, 이 부주는 신을 부르거나 귀신을 쫓으며, 몸을 단련하거나 제도하며, 날아오를 때 쓴다. 『도장(道藏)』제316~317책에 실려 있다.

『태상동현영보선계수회중죄보호경 (太上洞玄靈寶宣戒首悔衆罪保護經)』

· · ·

도교 서명. 원래는 3권이나, 현재 상권이 빠져서 2권만 남아 있다. 천사도(天師道)에서 죄를 고백하고 잘못을 참회하는 방법을 전하고 있다. 사람 몸속에는 잘못을 주관하는 신이 있는데, 때에 따라 오르내리며 그 사람의 선행과 악행을 보고한다고 한다. 죄과(罪過)는 120

가지에서 3,600가지에 이르기까지 17등급으로 나누고 있다. 죄과의 경중에 따라 징벌이 주어진다. 예를 들면, 120가지의 잘못을 하면 그 사람의 "몸이 많이 쇠하고 이익이 적어지게 하고[多衰少利]", 3,600 가지의 잘못을 하면 그 사람을 사망에 이르게 한다. 작은 잘못은 그 죄과가 자신의 몸에만 미치지만, 큰 잘못은 자손에게까지 재앙이 미친다. 오직 정성 어린 마음으로 죄를 참회하고 잘못을 고쳐서 오랫동안 유지해야 화를 복으로 바꿀 수 있다. 또는 도사를 불러서 재초를 거행하거나 승현회과문(升玄悔過文)을 낭송해도 재앙을 소멸하고 벌을 면할 수 있다. 『도장(道藏)』제203책에 실려 있다.

『서산허진군팔십오화록(西山許眞君八十五化錄)』
• • •

도교 서명. 총 3권. 시잠(施岑)진(晉)나라 도사, 허손(許遜)의 제자이 지었다고 하나 가탁한 것이다. 사실은 남송(南宋) 정명파(淨明派) 도사가 부계(扶乩)로 신내림 받아 쓴 것으로 교의를 선전하고 선행을 권하는 내용의 책이다. 책 전체에 85화(化)가 있는데, 전반부 50화는 허진군(許眞君)허손의 생애와 행적을 기록하고 있다. 매 화마다 한 가지 일을 기록하고 있으며, 그 뒤에 칠언율시 한 수를 덧붙여 찬송하고 있다. 51화에서 69화까지는 송대(宋代)의 허손(許遜) 숭배와 허진군이 송(宋) 휘종(徽宗)의 꿈에 나타난 일 등의 신비로운 사적을 기록하고 있다. 69화에서 79화까지는 허손의 스승과 제자 등의 전기를 기록하고 있다. 마지막 6화는 난공(蘭公), 호혜초(胡慧超) 등 허손 교단의 전수자들을 기록하고 있다. 이 책은 정명도 역사를 연구하는 데 중요한 자료이다. 『도장(道藏)』제200책에 실려 있다.

『태상동현보원상경(太上洞玄寶元上經)』

『원일묘경(源一妙訣)』 또는 『태상보원상경(太上寶元上經)』이라고도
한다. 간략하게 『보현(원)경(寶玄(元)經)』이라 칭한다. 도교 서명. 총
1권. 그 주된 요지는 『도덕경(道德經)』을 상세히 논술하면서 "도(道)"
를 천지만물의 본원으로 삼는 데 있다. 도에서 일(一)이 생기는데, 일
은 원기(元氣)이다. 일에서 이(二)가 생기는데, 이는 음양(陰陽)이다.
음양이 합해져 화기(和氣)가 되고, 화기에서 사람이 생기는데, 이것
이 이에서 삼(三)이 생긴다는 것이다. 음양이 서로 사귀어 세 기가 분
포되고 만물이 번식하는데, 이것이 "삼에서 만물이 나온다[三生萬
物]"는 것이다. 책 속에서 5천언을 5덕에 짝지우고, 『노자(老子)』 81
장을 순서대로 일일이 주석을 달고서 그 속에 정미하고 오묘한 뜻이
있다고 여겼으나, 견강부회를 면치 못했다. 이 책은 당(唐)나라 이전
의 도교 경전이다. 『도장(道藏)』 제180책에 실려 있다.

『원일묘결(源一妙訣)』

『태상동현보원상경(太上洞玄寶元上經)』을 말한다.

『보현(원)경(寶玄(元)經)』

『태상동현보원상경(太上洞玄寶元上經)』을 말한다.

『상청오상변화울명경(上淸五常變化鬱冥經)』

• • •

정식 명칭은 『상청오상변통만화울명경(上淸五常變通萬化鬱冥經)』. 도교 서명. 총 1권. 몇 가지 초기 『상청경(上淸經)』을 수집하여 기록한 것인데, 그 중에서도 『비행우경(飛行羽經)』을 위주로 하고 있다. 그 주요 내용은 해·달·별의 여러 신들을 존사하고, 부적을 차고 허공을 밟아 상청으로 날아오른다는 주문을 외우는 것이다. 이는 이른바 "보공상법(步空常法)"으로 바로 상청파(上淸派)의 주요 법술 중 하나이다. 『도장(道藏)』 제166책에 실려 있다.

『관제각세진경(關帝覺世眞經)』

• • •

도교 서명. "관성제군(關聖帝君)"에 가탁하여 "사람은 세상에 태어나서 충효와 절의를 다하여 인도에 부끄러움이 없어야 한다[人生在世, 貴盡忠孝節義等事, 方於人道無愧]"고 한다. 또 행해야 할 선한 일과 경계해야 할 악한 일을 열거한다. 통속적인 권선서(勸善書)이다.

『본명연생심경(本命延生心經)』

• • •

정식 명칭은 『태상현령두모대성원군본명연생심경(太上玄靈斗姆大聖元君本命延生心經)』이다. 도교 서명. 총 1권. 이 책에서 노군(老君)의 말을 언급하기를, 천지에 여러 종류의 상서롭지 못한 것은 "모두 기가 어그러져서 생기니[悉皆乖氣所致]", 두모(斗姆)가 널리 의술로 치료하는 공을 베풀었다고 하였다. 또 두모는 북두칠성의 어미로서 사람의 몸을 주재하는데, 사람 얼굴의 일곱 구멍이 마음에 응하게 하고, 백(魄)의 칠진(七眞)이 북두칠성에 응하게 한다고 하였다. 그 존호(尊號)는 여러 가지인데, "구령태묘백옥구대야광금정조모원군(九靈太妙白玉龜臺夜光金精祖母元君)", "중천범기두모원군(中天梵炁斗母元君)", "자광명철자혜태소원후금진성덕천존(紫光明哲慈惠太素元後金眞聖德天尊)", "대원만월광왕(大圓滿月光王)", "동화자구황군천의대성(東華慈救皇君天醫大聖)" 등이 있다. 도교는 이 신의 공덕력이 불가사의하여 구환칠반(九還七返)의 대단(大丹)을 제련하는 자는 이에 귀의하여 받들어 지키고, 안팎으로 청청함을 유지하고 저절로 영화로움이 생겨나는 것을 증명하면, 도가 눈앞에 있게 된다고 하였다. 『도장(道藏)』제341책에 수록되어 있다.

『태상현령두모대성원군본명연생심경
(太上玄靈斗姆大聖元君本命延生心經)』

· · ·

『본명연생심경(本命延生心經)』을 말한다.

『돈황도경(敦煌道經)』

· · ·

돈황의 유서(遺書) 중에 보존되어 있는 도교 경전. 1900년, 도사 왕원록(王圓籙)이 돈황의 막고굴(莫高窟) 장경동(藏經洞)에서 대량의 고대 문헌과 공문서를 발굴 하였는데, 이들을 세칭 돈황 유서라고 한다. 그 가운데 도교 문서의 필사본이 대략 500여 건으로, 도가 제자서, 도교 경전, 과의(科儀), 유서(類書), 논저(論著), 시사(詩詞), 변문

(變文) 등 약 100여 종에 이른다. 그 필사 연대는 대략 6세 중엽에서 8세기 중엽까지로, 곧 남북조(南北朝) 후기에서 당대(唐代) 중기까지 약 200년간의 시기에 이른다. 그 가운데 특히 당 고종(高宗), 무후(武侯)에서 당 현종(玄宗)에 이르는 시기의 필사본이 가장 많다. 이 시기는 바로 중원 지역에서 도교가 발전하여 흥성하던 때이며,『도장(道藏)』의 편찬이 이루어지기 시작한 시대이다. 하서(河西) 지역의 도교도 발전하여 흥성한 시기로 진입하였다. 이에 따라 여러 도관(道觀)과 도교 경전의 필사본이 출현하였다. 당 소종(肅宗) 때부터 토번(吐蕃)이 하서 지역을 점유하기 시작해 100년이 지나자 토번의 통치자들은 불교를 신봉하였으며, 도교는 서하지역에서는 거의 종적을 감추었다. 불교도가 불경을 필사하면서 때때로 도교 경전 필사본의 제본된 부분을 자르고, 글자가 쓰인 부분을 뒤집어 백지에 글자 연습을 하거나 불경을 필사하였다. 따라서 소수의 도교 경전 필사본은 불경의 사본과 더불어 보존 될 수 있었다. 돈황 도교 경전의 발견은 현존하는『도장(道藏)』의 부족한 부분을 보완해준다. 그 가운데 약 절반에 해당하는 필사본은 명대(明代)『정통도장(正統道藏)』에 수록되지 않은 초기 도교의 고적(古籍)이다. 그 중에『노자화호경(老子化胡經)』,『노자상이주(老子想爾註)』 등은 바로 원(元)나라 때 불타 사라진 중요한 도서(道書)들이다.『태평경목록(太平經目錄)』,『무상비요(無上秘要)』,『태현진일본제경(太玄眞一本際經)』,『영보승현내교경(靈寶升玄內教經)』 등의 필사본은 현존하는『도장』본의 결핍을 메꿔준다. 기타 이미『도장』에도 보이는 경서의 필사본은 교감에 필요한 고본(古本)으로 활용되고 있다. 돈황 유서의 발견의 중국과 외국 학자들의 관심을 불러 일으켰다. 일본 학자 오부치 닌지(大淵忍爾)가『돈황도경목

록편(敦煌道經目錄編)』,『돈황도경도록편(敦煌道經圖錄編)』등을 찬
술하였는데, 참고 가치가 매우 높다.

『오진편(悟眞篇)』

도교 서명. 송(宋)의 장백단(張伯端)이 지었다. 총 1권. 시사(詩
詞) 백편으로 도교의 내단법을 부연 설명하였는데,『참동계(參同契)』
와 함께 내단법을 분명히 드러내었다. 송대(宋代) 이래의 도교 남종
(南宗)의 중요한 전적(典籍)이다. 장백단은 내단을 위주로 하면서 외
단은 배척하였다. 그는 "사람마다 본래 장생의 약을 지니고 있는데
[人人本有長生藥]" "어찌하여 약초를 찾고 띠풀을 태우는 것을 배우
는가?[何須尋草學燒茅]"라고 하였다. "삼황과 사신을 제련하는 것
은 뭇 풀들을 찾는 것과 같이 참된 것이 아니다[休煉三黃及四神, 若
尋眾草更非眞]"라고 사람들에게 말하면서, 진연홍(眞鉛汞)을 알아야
한다고 하며, 단사(丹砂)와 수은은 진연홍이 아니라고 하였다. 내단
에 대해서 "감위인 심중의 실을 취하여 리궁인 배안의 음을 점화하는
것[取將坎位心中實, 點化離宮腹內陰]"이라고 주장한다. 이는 곧 감
(坎) 속의 양기(陽氣)로 리(離) 속의 음정(陰精)을 점화하면, 양기와
음정이 운행하고 교합하여 건의 강건한(乾)한 순양(純陽)의 체를 회
복할 수 있게 된다. 그리하면 내단 수련의 조화(造化)를 마치게 된다.
『도장(道藏)』의『수진십서(修眞十書)』제126~127책에 수록되어 있
다. 섭사표(葉士表), 애공보(袁公輔) 등이 주석한 5권이 있다.『도장』
에는 그밖에 송(宋)나라의 옹보광(翁葆光)의 주소본(註疏本) 4권과,
송나라의 설도광(薛道光), 육서(陸墅), 원(元)나라 진치허(陳致虛) 등

의 『오진편삼주(悟眞篇三註)』 5권이 있으며, 명(明)나라 장위(張位)가 주석한 『오진편주해(悟眞篇註解)』 3권, 청(淸)나라 동덕녕(董德寧)의 『오진정의(悟眞正義)』가 있다.

『오진편삼주(悟眞篇三註)』

• • •

『오진편(悟眞篇)』은 도교 내단 경전이다. 역대로 매우 많은 주해(註解)가 있다. 삼주(三註)는 원제(原題)는 송(宋)나라 설도광(薛道光), 육서(陸墅), 원(元)나라 진치허(陳致虛) 삼가(三家)의 주석이다. 원나라 때 장사홍(張士弘)이 삼가의 주를 모아 한 편으로 만들었다. 그런데 설도광 주는 기본적으로 송나라 옹보광(翁葆光)의 『오진편주(悟眞篇註)』와 같다. 따라서 이른바 "설도광 주"라는 것은 실제로는 옹보광 주이다. 삼가주는 모두 남종(南宗) 음양파(陰陽派) 단법에 속하는데, 진치허(陳致虛) 주석이 이들을 집대성 하였다. 모두 5권으로, 함분루(涵芬樓) 영인(影印)『도장(道藏)』 제63~64책에 수록되어 있다.

『오진편주소(悟眞篇註疏)』

• • •

『도장(道藏)』에는 『자양진인오진편주소(紫陽眞人悟眞篇註疏)』라고 되어 있다. 총 8권. 『오진편』은 도교 내단 경전으로 송나라 옹보광(翁葆光)의 주(註), 진달령(陳達靈)의 전(傳), 원나라 대기종(戴起宗)의 소(疏)가 있다. 옹보광은 장백단(張伯端)의 재전(再傳)제자로 『오진편』의 판본은 오류가 많고, 옛 주석들이 원래의 뜻을 위배되기에 『오진편』 진본(眞本)에 근거하여 주해(註解)했다. 옹보광의 주석은 남종

(南宗) 쌍수파(雙修派) 단법을 전했는데, 후대에 끼친 영향이 크다. 오보광 주 원본은 3권이고 대기종이 소(疏)를 달면서 다시 8권이 되었다. 함분루(涵芬樓) 영인(影印)『도장』제61~62책에 수록되어 있다.

『회남자(淮南子)』

. . .

『회남홍렬(淮南鴻烈)』이라고도 한다. 동한(東漢) 고유(高誘) 주(注) 서(序)에 따르면 "홍은 크다는 뜻이며 열은 밝다는 뜻이다. 도를 크게 밝히는 말이라는 뜻이다[鴻, 大也. 烈, 明也. 以為大明道之言也]." 서한(西漢)의 회남왕(淮南王) 유안(劉安)과 그의 문객 소비(蘇非), 이상(李尙), 오피(伍被) 등이 지었다. 『한서(漢書)』「예문지(藝文誌)」에는 내편(內篇) 21편과 외편(外篇) 33편이 기록되어 있다. 내편은 도에 관한 논의이고 외편은 잡다한 설이 있다. 현재는 내편 21편만 전해지고 있다. 도가 사상을 위주로 하고 도가의 자연, 천도관을 중심으로 한다. "도는 하늘을 덮고 땅을 싣고 있으며, 사방에 펼쳐져 있고 팔극이 열려 있어 높이는 끝이 없고 깊이는 헤아릴 수 없다. 하늘과 땅을 감싸고 있으며 형체가 없는 것에 형체를 준다[夫道者, 覆天載地, 廓四方, 柝八極, 高不可際, 深不可測. 包裹天地, 稟授無形]"고 하였다. 그러므로 "도에 통달한 자는 청정으로 돌아가고 사물을 궁구하는 자는 무위를 이룬다[達於道者, 反於淸靜, 究於物者, 終於無為]." "얻는 것은 때에 달려 있는 것이지 다툼에 달려 있는 것이 아니다. 다스림은 도에 달려 있는 것이지 성인에 달려 있는 것이 아니다[得在時, 不在爭, 治在道, 不在聖]"고 주장한다. 그리고 그밖에 또 "백성에게 이롭게 하고자 한다면 옛것을 본받을 필요가 없다. 일을 이루어고자 한다면 옛 것을 따를 필요는 없다[苟利於民, 不必法古. 苟周於事, 不必循舊]"고 주장한다. 이는 『상군서(商君書)』에서 주장하는 것과 같다. 그리고 「시칙훈(時則訓)」과 「천문훈(天文訓)」에서는 음양오행설을 추종한다. 이 때문에 『한서』 「예문지」와 『사고전서총목제요(四庫全書總目提要)』는 『회남자』를 잡가(雜家)로 분류하였다. 동한(東漢)의 허신(許愼)과 고유(高誘)가 주석을 달았다. 현대에 유문전(劉文典)의 『회남홍렬집해(淮南鴻烈集解)』가 있는데, 그 가운데 「천문훈(天文訓)」은 청(淸)나라 사람 전당(錢塘)의 주(註)를 그대로 인용하였으며, 많은 자연과학사 자료를 보존하고 있다. 『신선전(神仙傳)』에는 유안을 신선으로 보고 있다. 『도장(道藏)』 제863~867책에 수록되어 있다.

『회남홍렬(淮南鴻烈)』

『회남자(淮南子)』를 말한다.

『포박자(抱樸子)』

도교 저작. 동진(東晉)의 갈홍(葛洪)이 지었다. 내편과 외편으로 나뉜다. 내편은 20권(편)으로 되어 있는데, "신선과 방약, 귀신과 요괴의 변화, 양생과 장수, 사기를 몰아내고 화를 물리치는 일[神仙方藥, 鬼怪變化, 養生延年, 禳邪却禍之事]"을 언급하고 있다. 체계가 완전한 "신선가의 언설[神仙家言]"로서 도교 이론에 대한 일정한 발전을 이루었다. 「금단(金丹)」, 「황백(黃白)」 등의 편들은 광물을 이용하여 단약을 제련하고 금과 은을 제련하는 것에 대한 연구이다. 「선약(仙藥)』편과 기타 편들 중에는 식물을 이용한 질병의 치료와 화학과 약물학 발전에 공헌을 했다. 동진(東晉) 사회의 상황과 도교이론 및 도교역사를 연구하기 위한 중요한 자료이다. 현대의 왕명(王明)의 『포박자내편교석(抱樸子內篇校釋)』이 있다. 외편(外篇) 50권(편)은 "인간의 이해득실과 세상사의 좋고 나쁨[人間得失, 世事臧否]"을 상세히 논하고 있다. 이는 안으로는 신선을 추구하고 밖으로는 유학(儒學)을 따르는 갈홍의 기본 입장을 반영한다. 신선 도교 이론과 유교의 강상명교(綱常名教)를 결합한 것이다. 현대의 양명조(楊明照)의 『포박자외편교전(抱樸子外篇校箋)』이 있다. 『포박자내편(抱樸子內篇)』은 『도장(道藏)』제868~870책에 수록되어 있으며, 『포박자외편(抱樸子外篇)』은 『도장(道藏)』제871~873책에 수록되어 있다.

『귀곡자천수영문(鬼谷子天髓靈文)』

도교 서명. 귀곡자(鬼谷子)에 이름을 의탁하고 있으나, 실제로는 당(唐) 이후에 나온 것이다. 총 2권. 도교 부록(符籙) 법술서(法術書)이다. 그 가운데 약간의 부록과 은신법(隱身法), 살두성병(撒豆成兵), 살초성마(撒草成馬) 등의 법술을 언급하고 있다. 『도장(道藏)』제579책에 수록되어 있다.

『태상삼원비성관금금서옥록도
(太上三元飛星冠禁金書玉籙圖)』

도교 서명. 총 1권. 태상노군(太上老君)에 가탁하여, 장도릉(張道

陵)이 전수받았다는 금서(金書)와 옥록(玉籙)에 관한 책이다. 도교의 존사수신법(存思守神法)을 서술하고 있다. "마음은 모든 변화의 주인이다[心為萬化之主]." 마음은 능히 신을 보존할 수 있는데 신은 인간의 몸에 의존한다. 신을 보존할 줄 모르면 신은 떠나가고 마귀가 임한다. 마귀를 복종시키고 귀신을 제어하는 법[伏魔制鬼], 해로운 것을 피하고 재앙을 없애는 법[避害消災], 신을 알고 신을 보존하는 법[知神存神]을 전하고 있다. 『도장(道藏)』제534책에 수록되어 있다.

『태상노군대존사도주결(太上老君大存思圖注訣)』

• • •

『존사도주결(存思圖注訣)』이라고도 한다. 도교 서명. 총 1권이며 모두 10편이다. 주로 존사법(存思法)에 대하여 언급하고 있다. 존사는 반드시 눈을 감고 내시(內視)해야 하며, 오장신(五臟神)을 존사 하는 것을 위주로 한다. 오장의 존사에서는 그 형체와 쓰임을 서술하고 있고, 다음으로 오악(五嶽), 오성(五星), 오제(五帝)의 존사를 서술하고 있으며, 그 다음으로 앉거나 누워서 존사하는 법과 몸을 닦고 덕을 쌓는 것에 대해서 서술하고 있다. 존사법을 말하면서 도형(圖形)과 주문(注文), 주결(咒訣)을 배치하였기에 이러한 서명을 얻었다. 『도장(道藏)』제580책에 수록되어 있다. 『태상노군대존사도주도결』은 『운급칠첨(雲笈七籤)』권43에 수록된 『노군존사도십팔편(老君存思圖十八篇)』의 뒤 10편과 기본적으로 동일한데, 『태상노군대존사도주도결』에는 앞의 8편은 빠져 있다. 그러나 『도장』본에는 원래의 그림이 있고 『운급칠첨』본에는 그림이 없다.

『존사도주결(存思圖注訣)』

• • •

『태상노군대존사도주결(太上老君大存思圖注訣)』을 말한다.

『적송자장력(赤松子章曆)』

• • •

도교 서명. 천사도(天師道)의 장주(章奏)와 부록(符籙) 전문 저서로 대략 남북조(南北朝)시기에 나왔다. 책에서 말하는 상장(上章)은 국가와 자신, 가족, 죽은 이를 위하는 것으로, 모두 복을 빌고 재앙을 물리치는 것이 목적이다. 상장은 반드시 천문(天門)이 열려야 하기 때문에, 이 책에서는 천문(天門)이 열리고 닫히는 때를 나열하고 있다. 그리고 부적 그리는 법[畵符法]과 장주문을 쓰는 법[書章法], 장주문을 밀봉하는 법[封章法]을 싣고 있다. 또한 단장법(斷章法)이 있는데, 이는 즉 장주 몇 통을 모아두었다가 몇 달이 경과한 후에 깨끗한 곳에서 장주를 태우는 것이다. 이 책에는 장주를 할 때 바치는 신물(信物) 135종이 실려 있는데, 곧 신께 바치는 기름, 쌀, 베, 종이 등과 같은 물품의 품종과 수량을 기록한 것이다. 아울러 각종 장주 67통이 실려 있다. 이 책은 총 6권으로 되어 있고, 『도장(道藏)』제335~336책에 수록되어 있다.

『영검자(靈劍子)』

• • •

도교 서명. 허정양(許旌陽)의 이름에 가탁했으나 실제로는 남송(南宋) 정명도(淨明道) 도사의 저작이다. 총 1권, 8편. 신선의 도를 닦는 것을 서술하고 있다. 신선 수련을 하는 자는 먼저 마땅히 선을 행하고 덕을 쌓아야 하며, 가난하고 어려운 사람을 구제해야 하고, 마음을 바르게 하고 기(氣)를 맑게 해야 한다. 그리고 나서 다시 태식(胎息), 도인(導引), 방중(房中), 안마(按摩) 등의 방술을 행해야 능히 신선이 될 수 있다고 여긴다. 유가의 윤리도덕 수양과 도교의 연양술(煉養術)을 서로 결합한 것이 특징이다. 『도장(道藏)』 제320책에 수록되어 있다.

『육선생도문과략(陸先生道門科略)』

. . .

간략하게 『도문과략(道門科略)』이라 칭한다. 남조(南朝) 송(宋)나라 육수정(陸修靜)이 지었다. 총 1권. 그 가운데 천사도(天師道)에 전해지는, 정실(靖室)을 만들고 치(治)를 세워 도민(道民)을 다스리는 법이 기재되어 있다. 도를 받드는 모든 집안은 반드시 정실을 설치하여 신을 제사 지내는 데 사용한다. 모든 도민들은 호적을 만들고 아울러 이 "명적(命籍)"을 삼천(三天)과 택신(宅神)에게 올려야 택신의 보호를 받는다. 만일 이에 따라 등록하지 않을 경우 택신이 하늘로 돌아가게 되어 죽음과 질병이 저절로 이르게 된다. 이 도적(道籍)은 이승과 저승을 모두 주관하는데, 이승의 일로는 도민의 호구(戶口)를 통계 내어 쌀과 돈을 세금으로 거두고, 저승의 일로는 음사(淫祠)를 금지하고 뭇 귀신들을 주벌(誅伐)하여 때에 맞춰 조화롭게 다스린다. 초기 천사도의 제도를 연구하기 위한 중요한 자료이다. 『도장(道藏)』 제761책에 수록되어 있다.

『도문과략(道門科略)』

　•　•　•

『육선생도문과략(陸先生道門科略)』을 말한다.

『등진은결(登眞隱訣)』

　•　•　•

　　도교 서명. 여러 진인들이 강림하여 전수한 것을 양허(楊許)가 썼고, 양(梁)나라 도홍경(陶弘景)이 여러 진인들의 강신을 받아 쓴 것들을 모아서 편찬한 것이라고 전해진다. 이 책은 원래 20여 권이었는데 지금은 3권만 남아 있다. 『당서(唐書)』「경적지(經籍誌)」와 『신당서(新唐書)』「예문지(藝文誌)」에는 25권이라고 기록되어 있고, 도익(陶翊)의 『화양은거선생본기록(華陽隱居先生本起錄)』에서는 24권이라고 한다. 상권은 진부(眞符)와 보장(寶章), 두중구궁(斗中九宮)을 논하고 있다. 중권은 조배(朝拜)·섭양(攝養)·시용(施用)·기거(起居)의 37가지 일, 제마(制魔)·알귀(遏鬼) 등 6가지 일, 복어(服御)·토납(吐納)·존주(存注)·연하(煙霞)의 9가지 일을 싣고 있다. 하권에서는 『황정경(黃庭經)』을 암송하는 법(法)과 입정(入靜), 장부(章符), 청관(請官) 등의 수신양성(修身養性), 연년각로(延年却老), 치병제귀(治病制鬼) 법을 차례로 말하고 있다. 전대의 도서(道書)와 여러 진인이 전한 결(訣)을 모은 것으로 현존하는 비교적 초기의 수진법결(修眞法訣)의 종합 저작이다. 『도장(道藏)』 제193책에 수록되어 있다.

504

『진고(眞誥)』

• • •

　도교 경전명. 남조(南朝) 양(梁)나라 도홍경(陶弘景)이 편찬했다. 총 20권. 『진고서록(眞誥序錄)』에 따르면 모두 7편으로, 제1편은 운제상(運題象), 제2편 견명수(甄命授), 제3편 협창기(協昌期), 제4편 계신추(稽神樞), 제5편 천유미(闡幽微), 제6편 악진보(握眞輔), 제7편 홍진검(翼眞檢)이다. 이 책에서는 신선과 진인이 전수하는 진결(眞訣)의 사항을 말하고 있으며, 아울러 약물(藥物), 도인(導引), 안마(按摩)와 기타 도교의 수양법에 대하여 언급하고 있다. "견명수" 등의 편에는 불교와 유사한 지옥설과 윤회설이 있다. 그래서 주희(朱熹)는 "불교의 『42장경』을 훔쳐서 지었다[竊佛家四十二章經爲之]"라고 말하였다. 책의 내용은 방만하고 잡다하나, 많은 도교사료(道教史料)와 과학기술사 자료를 보존하고 있다. 『도장(道藏)』 제637~640책에 수록되어 있다.

『주씨명통기(周氏冥通記)』

• • •

　도교 서명. 남조(南朝) 양(梁)나라 도홍경(陶弘景)이 지었다. 총 4권. 도홍경의 제자 주자량(周子良)이 신선을 만나 선인(仙人)이 그에게 진결(眞訣)을 전수했다는 사적(事跡)을 기술하고 있다. 천감(天監) 14년(515) 5월에 주자량이 신선을 만나 통한 것을 시작으로 이듬해 7월 주자량이 죽기까지, 주자량과 여러 신선이 꿈속에서 교류한 이야기가 시간의 추이에 따라 서술되어 있다. 모두 133가지 사건이 있다. 앞의 3권에는 24가지 사건이 있는데, 선인이 차례로 내려와 신선이 되는 계율과 요결, 수양 방법을 강론하는 내용이 기술되어 있다. 권4에서는 주자량의 정신이 선경(仙境)의 여러 곳에서 노닌 내용을 서술하고 있다. 『도장(道藏)』제152책에 실려 있다.

『동현영보현문대의(洞玄靈寶玄門大義)』

간략하게 『현문대의(玄門大義)』라 칭한다. 도교 서명. 작자 미상. 이 책은 원래 수대(隋代)의 『현문보해(玄門寶海)』에서 나왔으며, 당대(唐代)에는 『현문대론(玄門大論)』이라고 칭하였다. 모두 20권으로 되어 있다. 송(宋)나라 이후 소실되어 1권만 잔존한다. 그 내용은 도교의 삼승십이부경(三乘十二部經)의 서명의 의미를 해석한 것으로 세 부분으로 나뉘어져 있다. 첫 번째는 총석(總釋)이다. 두 번째는 분석(分釋)으로, 도교 경전의 "본문(本文)", "신부(神符)", "옥결(玉訣)", "영도(靈圖)", "보록(譜錄)", "계율(戒律)", "위의(威儀)", "방법(方法)", "중술(衆術)", "기전(記傳)", "찬송(贊頌)", "표주(表奏)" 등 12류(類)를 12장으로 나누어 해설을 하고 있다. 세 번째는 "명교(明教)", "명행(明行)"의 2장으로 되어 있다. 이 책은 도교 전적(典籍)을 12류로 나누었는데, 후대의 역대 『도장(道藏)』 분류 편목(編目)이 모두 이것을 따르고 있다. 『도장』제760책에 실려 있다.

『현문대의(玄門大義)』

『동현영보현문대의(洞玄靈寶玄門大義)』를 말한다.

『태상혼원진록(太上混元眞錄)』
· · ·

　도교 서명. 총 1권. 은(殷)나라와 주(周)나라 이후 노군(老君)이 여러 차례 강생(降生)했던 신화와 관윤(關尹)에게 도를 전수한 일을 서술하고 있다. 그 사상은 "태허를 최고로 삼고, 진을 보존하는 것을 보배로 삼는다[太虛爲上, 存眞爲寶]", "거짓된 도는 형체를 기르고, 참된 도는 신을 기른다[僞道養形, 眞道養神]"고 하였다. 수련은 "행기(行氣)"와 "삼일을 보존하는 법[存三一之法]"을 위주로 하고, 도인(導引)과 벽곡(辟穀)은 배척한다. 그 가운데 노자가 서쪽으로 가서 서역(西域)과 천축(天竺)을 교화한 일이 언급되어 있는데, 이는 『노자화호경(老子化胡經)』의 영향을 받은 것이 분명하다. 이 책은 대략 당대(唐代)에 나왔다. 『도장(道藏)』제604책에 수록되어 있다.

『양성연명록(養性延命錄)』
· · ·

　『양생연명록(養生延命錄)』이라고도 한다. 도교 서명. 남조(南朝) 양(梁)나라 도홍경(陶弘景)이 지었다. 2권 6편으로 되어 있다. 「교계(教戒)」, 「식계(食戒)」, 「잡계기양(雜戒祈禳)」의 3편이 상권이고, 「복기요병(服氣療病)」, 「도인안마(導引按摩)」, 「어녀손익(御女損益)」의 3편이 하권이다. 이 책은 양생연명의 이론과 방법을 서술하고 있다. 제1편 교계는 양생이론에 중점을 두고 있는데, 상고(上古)시대에서 위진(魏晉)까지의 양생가의 말을 인용하고 있다. 뒤의 다섯 편은 양생의 방법에 중점을 두고 있다. 예를 들어 식계편은 과식해서는 안되며, 식후에는 마땅히 걸어야 한다고 말하고 있다. 잡계편은 희노애락(喜怒

哀樂)의 감정이 지나쳐서는 안되고 지나치면 사람을 상하게 한다고 말하고 있다. 복기요병편은 행기(行氣) 치병(治病)의 방법를 말하고 다. 도인안마편은 신체를 건강하게 하고 병을 예방하고 병을 치료하는 방법을 말하고다. 어녀손익편은 정을 아끼는 것을 보배로 삼는 도와 방중 위생의 도를 말하고 있다. 『도장(道藏)』 제572책에 수록되어 있다.

『양생연명록(養生延命錄)』

『양성연명록(養性延命錄)』을 말한다.

『태청석벽기(太淸石壁記)』

도교 서명. 소원랑(蘇元朗)이 지었다. 후대에 또 초택(楚澤) 선생이 보충하여 집록하였다. 총 3권. 이 책은 외단(外丹)의 단방(丹方) 50여 종을 싣고 있는데 모두 약물의 조제량과 제조법을 다룬다. 하권은 약물의 이름 60여 종과 단약을 복용한 후의 이상 반응을 나열하고 있다. 예를 들어 만일 단약을 먹었을 때 피곤하여 졸리게 되더라도 복용을 멈추지 말아야 뒤에 큰 효과를 볼 수 있다는 것 등을 설명하고 있다. 『도장(道藏)』 제592~583책에 수록되어 있다.

『침중기(枕中記)』

도교 서명. 총 1권. 『통지(通誌)』 「예문략(藝文略)」에는 손사막(孫思邈)이 지은 것으로 기록되어 있다. 전반부의 내용은 당(唐)나라 손사막의『침중방(枕中方)』과 기본적으로 같다. 금계(禁戒), 도인(導引), 행기(行氣) 등의 방법이 실려 있다. 후반부는 부도인(符度仁)의『수진비록(修眞秘錄)』의 2페이지 반이 잘못 들어가 있는데, 이는 착간(錯簡)이다. 이 책에서 사람이 항상 우려하고 두려워하는 마음을 지니고서 좋은 것을 쫓고 해로운 것을 피할 수 있으면, 병을 없애고 양생할 수 있다고 한다. 식의(食宜), 이약(餌藥), 단곡(斷谷) 등의 연년장생술(延年長生術)을 논하고 있다.『도장(道藏)』제572책에 수록되어 있다.

『지언총(至言總)』

• • •

도교 서명. 송(宋)나라 도사 범소연(範翛然)이 편찬했다. 총 5권. 권1은 재계(齋戒)를 논하는데 "심재(心齋)"를 가장 숭상한다. 권2는 양생(養生)을 논하는데, 심성(心性) 수련과 기의 운행, 약물(藥物) 등의 이론을 융합하여 하나의 체계로 설명한다. 권3은 금기(禁忌)를 논한다. 권4는 기법(氣法)을 논한다. 권5는 수련에 도움이 되는 이론들을 논하는데, 선한 자에게는 상을 주고 악한 자에게는 벌을 주는 공과격(功過格)과 안마법(按摩法)이 실려 있다. 이 책은 도교, 유교, 의약 분야 등의 문헌을 널리 인용하고 있으며, 복기(服氣)와 도인(導引)을 위주로 하면서 양생(養生)과 건신(健身)의 도를 말하고 있는데, 취할 만한 것들이 매우 많다.『정통도장(正統道藏)』제703책에 수록되어 있다.

『경도집(庚道集)』

• • •

　도교 서명. 오행설에 따르면 서방(西方)과 경신(庚辛)은 금이라고
말하고 있다. 따라서 황금을 경신으로 여겨 연금의 도를 "경도(庚道)"
라고 비유한 것이다. 연단서(煉丹書)를 집성한 책이다. 수록하고 있
는 연단서의 대부분은 당(唐)·송(宋)시기에 지어진 것이다. 당 이전
의 연단서도 있다. 편집자는 대략 남송(南宋) 때의 사람이다. 총 9권.
내용으로는 『문진자금단대약보결(文眞子金丹大藥寶訣)』, 『월계장춘
단(月桂長春丹)』, 『태상영사대단(太上靈砂大丹)』, 『동파삼황궤법(東
坡三黃匱法)』, 『단양술(丹陽術)』, 『갈선옹구전영사단(葛仙翁九轉靈砂
丹)』, 『승선대단구전영사결(升仙大丹九轉靈砂訣)』, 『서촉옥정진인구
전대단(西蜀玉鼎眞人九轉大丹)』 등이 있다. 최근의 고증에 따르면 남
송(南宋) 때에 편집된 것 같다. 수록된 글들은 매우 간명하다. 내용
은 매우 풍부한데, 약물의 배합과 적당한 조제량 등의 내용은 현존하
는 외단 저작 가운데에서도 드문 것이다. 전진교(全眞教)에서 내단
을 제창한 이래로 외단은 점차 쇠퇴했지만, 이 책은 다행히 이를 모
아서 보존하고 있다. 연(鉛), 홍(汞), 비상(砒霜), 유황(硫黃) 등의 약
물이 화합되는 현상과 그 제조 방법 및 제조 기구에 대하여 상세하게
기록하고 있다. 이밖에도 기타 몇 가지 약물 제조 방법도 있는데, 이
는 『본초강목(本草綱目)』에서 채용되었다. 고대 화학과 약물학 연구
의 중요한 자료 중의 하나이다. 『도장(道藏)』 제602~603책에 수록되
어 있다.

『좌망론(坐忘論)』

• • •

도교 서명. 당(唐)나라 사마승정(司馬承禎)이 지었다. 경신(敬信),
단연(斷緣), 수심(收心), 간사(簡事), 진관(眞觀), 태정(泰定), 득도(得
道) 7편으로 되어 있다. 부록으로 "추익(樞翼)" 1편이 있다. 내용은
좌망안심법(坐忘安心法)과 관련된 것을 논술하고 있는데, 형기(形氣)
의 수련, 심신(心神)의 조화, 장생구시(長生久視)의 관건은 모두 정정
(靜定) 공부에 달려 있다고 여긴다. 북송(北宋)의 성리학자 주돈이(周
敦頤)의 "주정설(主靜說)"의 형성에 영향을 끼쳤다. 『도장(道藏)』제
704책에 수록되어 있다.

『도체론(道體論)』

• • •

도교 서명. 당(唐)나라 통현선생(通玄先生)이 지었다. 총 1권. 3장
으로 되어 있다. 주된 요지는, 도체(道體)는 유(有)도 아니고 무(無)
도 아니며, 시작도 없고 끝도 없으며, 형명(形名)과 오묘하게 떨어져
있으면서 만물의 본체가 된다는 것을 논증하는 것이 주된 요지다. 그
논증 방법으로 도교의 중현(中玄)과 불교의 중관(中觀)을 결합하여
시(是)와 비(非) 둘 다 버리고, 유와 무를 함께 소멸시키며 사구백비
(四句百非)를 끊어냈으니, 확실히 불교와 도교를 융합하여 도의 본체
를 밝힌 것이라 할 수 있다. 『도장(道藏)』제704책에 수록되어 있다.

『복기정의론(服氣精義論)』

* * *

도교 서명. 당(唐)나라 사마승정(司馬承禎)이 지었다. 총 1권. 「오아
론(五牙論)」,「복기론(服氣論)」,「도인론(導引論)」,「부수론(符水論)」,
「복약론(服藥論)」,「신기론(愼忌論)」,「오장론(五臟論)」,「복기요병론
(服氣療病論)」,「병후론(病候論)」 총 9편이다. 「오아론」은 오방(五方)
의 진기(眞氣)를 복식(服食)하면 오장(五臟)이 보양된다는 것을 말하
고 있다. 「복기론」은 기(氣)가 인체의 근원으로 원기(元氣)가 충실해
지면 수명이 길어지는데 "기에 전념하여 부드러움에 이르는 것[專氣
致柔]"을 섭생의 요체라고 말하고 있다. 「도인론」에서는 지체(肢體)
는 기가 잘 운행되는이 중요한데, 도인법으로 기를 운행하여 기혈을
소통시키면 수명이 된다고 말하고 있다. 그 나머지 부분인 「복약론」,
「부수론」 등은 병을 치료하는 구체적 방법을 말하고 있다. 주된 내용
은 양생의 핵심과 섭생의 방법에 대해 진술한 것과, 의료 위생의 도
와 복약법(服藥法), 벽곡법(辟谷法), 섭양법(攝養法)을 논술한 것이
다. 『운급칠첨(雲笈七籤)』 권57에 수록되어 있다. 이 책 앞의 2편은
『도장(道藏)』 제571책에 수록되어 있으며, 『복기정의론(服氣精義論)』
이라고 이름 한다. 뒤의 7편은 『도장(道藏)』 제276책에 수록되어 있
고, 『수진정의잡론(修眞精義雜論)』이라고 이른다.

『천은자(天隱子)』

* * *

도교 서명. 당(唐)나라 사마승정(司馬承禎)이 지었다. 총 8편. 이 책
에서 신선은 "자신의 텅 빈기를 닦고[修我虛氣]", "자신의 스스로 그

러함을 이루어[遂我自然]", 세속인들보다 도가 높아지게 된 사람이라고 한다. 장생하기 위해서는 기(氣)를 기르는 것을 위주로 해야 하고, 점수(漸修)를 해야 한다고 주장한다. "재계(齋戒)", "안처(安處)", "존상(存想)", "좌망(坐忘)", "신해(神解)"를 "오점(五漸)"이라 칭한다. "오점" 수련을 통하여 장생하고 신선이 될 수 있다고 말하고 있다. 이 책은 사실상『좌망론(坐忘論)』의 자매편이다.『도장(道藏)』제672책에 수록되어 있다.

『도전론(道典論)』

• • •

도교 서명. 편찬자는 미상이나, 당대(唐代) 사람이 편집한 것으로 간주된다. 원래는 30권이지만, 현재 4권만 남아 있다. 도교 사전이다. 도교 용어 54개를 열거하고 도교의 전적에 근거하여 해석하고 있다. 크게 다음의 6가지로 분류된다. ① "태군(太君)", "비천(飛天)"과 같은 신명(神名). ② "태상(太上)", "도사(道士)"와 같은 도문(道門)에서 사용하는 호칭. ③ "시해(尸解)"와 같은 신선이 되는 법. ④ "불효(不孝)", "승부(承負)"와 같은 죄보(罪報). ⑤ "재이(災異)", "길조(吉兆)"와 같은 재앙와 상서러움의 징조. ⑥ "도인(導引)", "태식(胎息)"과 같은 수련법. 이 책에서 인용하고 있는 것은 모두 당(唐)나라 이전의 도교 경전이며, 인용문의 출처를 하나하나 다 밝히고 있기 때문에 "교문의 요전[教門要典]"이라고도 불린다. 몇 가지 소실된 도교 경전의 일문(逸文)을 보존하고 있어서 더욱 소중하게 여길 만하다.『도장(道藏)』제764책에 수록되어 있다.

『현강론(玄綱論)』

　•　•　•

　도교 서명. 당(唐)나라 오균(吳筠)이 지었다. 이 책은 도교 이론의 핵심을 총괄적으로 논했기 때문에 "현강(玄綱)"이라고 이름 하였다. 상·중·하 3편으로 되어 있다. 총 33장. 상편「명도덕(明道德)」은 모두 9장으로 되어 있고, 오균의 우주관, 사회관, 윤리관이 나타나 있다. 도덕을 천지, 인물, 귀신의 근원으로 삼고 있다. 중편「변법교(辯法教)」는 모두 15장으로 되어 있고, 도를 배워 신선이 되는 요지와 수도의 구체적 방법에 대해 논술하고 있다. 무위(無為), 무욕(無欲), 자연(自然)을 근본으로 삼는다. 하편「석의체(析疑滯)」는 모두 9장으로 되어 있고, 문답의 형식으로 신선 수련에 대한 세속인들의 각종 의문을 해설하고 있다. 이 책은 당대(唐代) 도교 이론의 중요한 문헌이다. 『도장(道藏)』제727책에 수록되어 있다.

『종현선생문집(宗玄先生文集)』

　•　•　•

　도교 서명. 당(唐)나라 오균(吳筠)이 지었다. 총 3권. 오균의 시호(諡號)가 종현선생(宗玄先生)이기에 종현선생문집이라고 이름하였다. 부(賦) 8편, 논(論) 3편, 시(詩) 108수를 포함하여 모두 119편으로 되어 있다. 오균은 문사(文辭)에 뛰어났다. 그의 사상은 주로「신선가학론(神仙可學論)」,「심목론(心目論)」,「형신가고론(形神可固論)」3편에 기록되어 있다. 과욕(寡欲)으로써 섭생(攝生)하고, 정(精)과 기(氣)를 보양해서 신(神)과 화합시키면 신선이 될 수 있다 한다. 또 고상한 도덕과 뛰어난 공덕을 지닌 사람은 "죽어서도 사라지지 않는다

[死而不亡]"고 하였다. 이는 사실상 "불후(不朽)"를 의미하는 것인데, 여기서의 불후는 육체의 불로장생을 일컫는 것은 아니다. 「형신가고론(形神可固論)」은 섭생과 양생을 통한 장생술을 말하고 있으며, 「수도(守道)」, 「복기(服氣)」, 「양형(養形)」, 「수신(守神)」, 「금단(金丹)」 5장으로 나뉜다. 여기에서 복기(服氣)는 태식(胎息)만은 못하지만, 복기를 하면 장수할 수 있다고 한다. 『도장(道藏)』 제726~727책에 수록되어 있다. 이 책의 시(詩)는 오언(五言)의 형식이며, 『전당시(全唐詩)』 권853에 수록되어 있다.

『현주록(玄珠錄)』
· · ·

도교 서명. 당(唐)나라 도사 왕현람(王玄覽)의 어록으로, 제자 왕태소(王太霄)가 편집했다. 총 2권. "현주(玄珠)"는 구슬처럼 맑고 둥글어서 "마음의 보배[心寶]"로 삼을 만하다는 뜻을 취하였다. 이 책에 수록된 어록은 120여 조목이고, 도(道)와 물(物), 진(眞)과 망(妄) 그리고 공유(空有), 체용(體用), 동적(動寂), 심성(心性) 등의 철학이론을 강론하고 있다. 왕현람은 도교와 불교를 회통하였는데, 불교이론을 도교로 끌어들인 것이 특징이다. 이 책은 당대(唐代)의 불교와 도교 사상을 융합한 도서의 전형이다. 『도장(道藏)』 제725책에 수록되어 있다.

『양생변의결(養生辨疑訣)』
· · ·

도교 서명. 당(唐)나라 시견오(施肩吾)_{시견오(施肩吾) 항목 참조}가 지었다. 수도자는 근본을 알아서 기(氣)와 신(神)을 보존해야 한다고 말한다. 그래서 신과 기를 상합하여, 신과 형(形)을 떨어지지 않게 하면 장수 할 수 있다고 한다. 이 책의 주지(主旨)는 기를 아끼고 정을 보존하는 데 있다. 신선은 빨리 될 수 없으므로 마땅히 장기간 점진적으로 수련하여 공이 이루어지면 저절로 신선이 될 수 있다고 하였다. 『운급칠첨(雲笈七籤)』권88과 『도장(道藏)』제575책에 수록되어 있다. 『도장』본은 일부 삭제된 부분이 있다.

『서산군선회진기(西山群仙會眞記)』
. . .

『회진기(會眞記)』라고 약칭한다. 도교 서명. 양생(養生) 경전(經典). 북송(北宋) 초기의 시견오(施肩吾)가 지었다. 총 5권. 매 권마다 각각 5편으로 되어 있다. 이 책의 요지는 『참동계(參同契)』를 근본으로 하여, 이에 『주역(周易)』을 더하고 의학서를 참고하여, 사람들이 성생활에 빠지지 말며 복이(服餌)를 겁내지 말라고 경계 하는 데 있다. 그리고 마음과 기를 수렴하고, 신을 보존하여 명을 단단히 해서 청정(淸靜)에 합치되게 하는 것에 그 뜻이 있다. 이 때문에 『사고전서총목제요(四庫全書總目提要)』에서는 "도서 중에서 황당하지 않은 책이다 [道書之不甚荒唐者]"라고 하였다. 『도장(道藏)』제116책에 수록되어 있다.

『무능자(無能子)』
. . .

도교 서명. 당말(唐末)의 은사(隱士)로서 자호(自號)가 무능자(無能子)인 사람이 지었다. 총 3권 30편. 현재의 판본은 34편으로 되어 있는데, 끝의 4편은 후대 사람이 덧붙인 것으로 의심된다. 『사고제요(四庫提要)』에서는 8편이 빠졌다고 하였는데 이 역시 확실한 것이 아니다. 상권은 리(理)를 논하고, 중권은 사(史)를 논하며, 하권은 문답(問答)과 견문(見聞), 우언(寓言)으로 되어 있다. 난세의 다툼을 비판하며, 이는 "성인의 잘못[聖人之過]"이라고 여기고 있다. 무위자연(無爲自然)과 성명(性命)의 수련, 신선이 되어 해탈(解脫)하는 도를 제창한다. 『도장(道藏)』제672책에 수록되어 있다. 현대 학자 왕명(王明)의 『무능자교주(無能子校註)』가 있다.

『화서(化書)』

. . .

『담자화서(譚子化書)』라고도 한다. 도교 서명. 오대(五代) 시기의 담초(譚峭)가 지었다. 총 6권. 도화(道化), 술화(術化), 덕화(德化), 인화(仁化), 식화(食化), 검화(儉化) 6편 110장으로 되어 있고, 매 장마다 표제(標題)가 있다. 이 책의 종지(宗旨)는 허무(無變) 변화의 도를 밝히는 것이다. 천지만물의 본원은 "허(虛)"로부터 신(神)으로 변하고, 신으로부터 기(氣)로 변하며, 기로부터 형(形)으로 변한다고 여긴다. 그리고 형은 다시 변하여 허가 된다고 하였다. 물(物)과 허가 서로 전환되며 변화가 끝나지 않으니 이것이 곧 대화(大化)가 유행(流行) 것이다. "허"는 곧 만물의 근본이고 또한 만물의 최종 귀착점이다. 이 책의 「덕화(德化)」, 「인화(仁化)」, 「식화(食化)」, 「검화(儉化)」편의 많은 부분에서 사회의 변화와 흥망성쇠의 도에 대하여 논하고 있다. 사회의 치란과 성쇠는 "사람[人]"에 의하여 결정된다고 하여 사람을 근본으로 삼고 있다. 그리고 "도덕과 인의[道德仁義]"도 사람으로부터 "기인[出發]"한다고 하였다. 그래서 그러한 관건은 통치자의 사상과 언행에 있다고 본다. 「식화」에서는 백성들은 먹는 것이 근본이므로, 통치자가 검소함을 숭상하고 식량을 균등하게 나누어주면 백성들은 기뻐하고 천하는 안정된다고 하였다. 「검화」에서는 『노자(老子)』 "삼보(三寶)"의 검소함을 숭상하고 소박함으로 돌아가는 도를 밝혔다. 마땅히 물과 초목 등의 각종 물자의 절약에 주의를 기울여야 한다고 하며, 검소함을 세상을 구하는 근본으로 삼았다. 이러한 사상은 자연 환경과 생태의 균형을 보호하고 유지하는 것에 대해 참고할 만하다. 『도장(道藏)』 제724책에 수록되어 있다.

『수진비록(修眞秘錄)』

• • •

도교 서명. 부도인(符度人)이 지었다. 「식의(食宜)」, 「월의(月宜)」 2편으로 되어 있으며, 사선(思仙)과 진인의 문답에 가탁하고 있다. 「식의」편은 춘하추동 사계절에 적합한 음식물을 나누어 열거하고 있다. 「월의」편은 12달에 따라 매달 언제 어떤 음식물을 먹는 것이 적합한지를 열거하고 있다. 두 편 모두 날짐승, 들짐승, 과일, 곡식, 채소 100여 가지 항목을 나열하고 있다. 『예기(禮記)』 「내측(內則)」, 『주례(周禮)』 「천관(天官)」, 『태소(太素)』, 『팔소(八素)』, 『양생론(養生論)』 등의 서적을 인용하고 있다. 음식을 먹는 것은 마땅히 사시(四時)에 따라야 하고, 오미(五味)가 적합해야 하며, 오장(五臟)에 유익하고, 질병 치료를 중심으로 해야 한다고 하였다. 『도장(道藏)』 제573책에 수록되어 있다.

『광성집(廣成集)』

• • •

도교 서명. 당말(唐末)·오대(五代)의 두광정(杜光庭)이 지었다. 『도장(道藏)』본은 17권으로 되어 있다. 『사고전서총목제요(四庫全書總目提要)』에는 12권을 수록하고, 뒤의 5권은 빠져있다. 주로 도교에서 신에게 제사 지낼 때의 청사(靑詞), 제초를 거행할 때의 장주문(章奏文), 두광정이 촉왕(蜀王)에게 올린 표문(表文)이 수록되어 있다. 당말 오대 시기의 도교 사료를 보존하고 있다. 『도장(道藏)』 제337~339책에 수록되어 있다.

『여조전서(呂祖全書)』

• • •

도교 서명. 이 책은 원래 명(明)나라 육서성(陸西星) 처음 편찬하였고, 청(淸)나라 이서월(李西月)이 다시 편찬하였다. 상하 2부(部)로 되어 있다. 상부는 『여조연보(呂祖年譜)』로 모두 7권으로 연도를 나누어 여조(呂祖)의 사적(事跡)을 기술하고 있다. 당(唐)나라에서 청나라에 이르기까지 여동빈(呂洞賓)에 관해 전해오는 말과 일화를 전부 찾아 모아놓았기에 여동빈 연구자들에게 참고가 된다. 하부는 『순양선생시집(純陽先生詩集)』으로 일명 『여조편년시집(呂祖編年詩集)』이라고 한다. 총9권으로 되어 있으며 시사(詩詞) 1,000여 수를 수록하고 있다. 대부분 부계(扶乩)를 통한 신내림을 받아 글을 쓴 내용으로, 진위가 뒤섞여 있지만 여동빈 일파가 얼마나 널리 퍼졌나 하는 것과 그 영향을 엿볼 수 있다.

『태상감응편(太上感應篇)』

· · ·

　도교 서명. 송(宋)나라 이창령(李昌齡)이 주석을 달았다. 『송사(宋史)』「예문지(藝文誌)」 자부(子部) 도가류(道家類)에 1권이라고 기록되어 있다. 천도(天道)가 선한 자에게 상을 주고 악한 자를 징벌한다는 것을 선양(宣揚)한다. 천지에는 잘못을 다스리는 신이 있는데, 스승에게 화를 내는 것과, 부형(父兄)에게 대드는 것, 윗사람의 명령을 거역하는 것, 여자가 유순하지 못한 것, 지아비에게 불경한 것, 임금을 몰래 욕하는 것 등의 사람들이 범한 잘못의 정도에 따라 수명을 빼앗는다고 한다. "삼태북두신군(三台北斗神君)은 사람의 머리 위에 죄악을 기록하고 수명을 빼앗는다. 또 삼시신(三尸神)은 사람의 몸속에 있다가 매번 경신일(庚申日)이 되면 하늘에 올라가 선관(仙官)에게 사람들의 죄과를 고한다.[三台北斗神君, 作人頭上錄人罪惡奪其紀算. 又有三尸神, 在人身中, 每到庚申日, 輒上詣天曹, 言人罪過.]" 이는 "악을 행하지 말고, 선을 실천할 것을[諸惡莫作, 衆善奉行]" 권고하는 것이다. 청(淸)나라 초기 혜동(惠棟)의 주석이 있고, 청나라 말기 유월(俞樾)의 찬의(纘義)가 있다. 『도장(道藏)』 제834~839책에 이창령의 주석본 30편이 실려 있다. 유월의 찬의는 『도장정화록(道藏精華錄)』에 수록되어 있다.

『문창제군음즐문(文昌帝君陰騭文)』

· · ·

　간략하게 『음즐문(陰騭文)』이라고 칭한다. 도교 서명. 총 1권. 문창제군(文昌帝君)이 내린 "하늘의 계시[天啓]"라고 전해진다. "음즐(陰

鷙)" 두 글자는 『상서(尚書)』「홍범(洪範)」에서 유래한다. 「홈범」에서는 "하늘이 은밀하게 아래 백성들의 운명을 정해놓고 그 삶을 돕고 화합하게 한다[惟天陰鷙下民, 相協厥居]"고 하였는데, 여기서 "음(陰)"은 은밀하다는 뜻이고, "즐(鷙)"은 운명을 정한다는 뜻이다. 하늘은 비록 말이 없지만 은밀히 사람의 선악 행위를 감독하여 상벌을 내린다는 것을 말하며, 사람들에게 선을 행하고 덕을 쌓는 것을 권한다. 이 책은 명(明)·청(淸) 시기에 광범위하게 유행하였다. 『도장집요(道藏輯要)』성집(星集)에 수록되어 있다.

『음즐문(陰鷙文)』

『문창제군음즐문(文昌帝君陰鷙文)』을 말한다.

『부려비조금화비결(浮黎鼻祖金華秘訣)』

도교 서명. 옛 표제에는 광성자(廣成子)가 짓고 갈현(葛玄)이 주석을 달았다고 되어 있으며, 장백단(張伯端)의 서(序)가 있다. 모두 가탁한 것이다. 총 1권. 12장으로 되어 있다. 『도장정화록(道藏精華錄)』제요에서는 이 책에 다음과 같이 말하고 있다. "약물과 화후, 정기와 단로에 대해서는 이미 다 드려났으나, 금과 수의 교구하는 현묘한 이치, 현관과 탁약의 비결, 회지와 연기의 참된 법에 대해서는 여전히 비밀에 붙여 말하지 않았다. 후에 이 책이 장자양의 서문에다가 갈선옹의 주해까지 갖추어 나오자 비로소 이전에 밝혀지지 않았던 심오한 내용이 모두 갖추어져 드러나게 되었다. 이에 천기의 비밀이 이 책에서 모두 누

설되었다.[凡藥物火候, 鼎器壇爐, 俱已吐露. 然金水交垢之玄, 玄關
橐籥之秘, 灰池煉氣之眞, 猶秘而未言. 後此書得張紫陽序而出之, 更
得葛仙翁註解, 始將前所未發之蘊, 纖悉畢陳. 於是乎天機之秘, 於此
書盡泄.]"『도장집요(道藏輯要)』두집(斗集)에 수록되어 있다.

『고선도인안마법(古仙導引按摩法)』

도교 서명. 작자 미상.『태청도인양생경(太淸導引養生經)』,『영선생
도인양생법(寧先生導引養生法)』『하마행기법(蝦蟆行氣法)』과『귀별등기법(龜鼈等
氣法)』이 덧붙어 있다.『팽조도인법(彭祖導引法)』,『왕자교도인법(王子喬
導引法)』,『도인잡설(導引雜說)』,『도인안마(導引按摩)』,『원감도인법
(元鑒導引法)』,『안마법(按摩法)』까지 모두 8종이다.『도장정화록백종
(道藏精華錄百種)』제3집에 수록되어 있다.

『존신고기론(存神固氣論)』

도교 서명. 작자 미상. 총 1권. 노정(爐鼎)의 위치, 음양전도(陰陽
顚倒), 음양노소(陰陽老少), 수화상구(水火相求), 금목상형(金木相
刑), 오형상반(五刑相返), 왕기성쇠(王氣盛衰), 첨진화후(添進火候),
용호관축(虎龍關軸), 성정동정(性情動靜), 신분색화(身分色化), 태
식진취(胎息眞趣), 적멸무위(寂滅無爲), 형신구묘(形神俱妙) 등 내단
(內丹)의 기본 이론을 논술하고 있다. 별도로 "중원(中源)"편이 있는
데 여기서 내단 이론상에서 "신수화지(神水華池)"가 중요한 까닭을
밝히고 있다.『도장(道藏)』제321책에 수록되어 있다.

『격양집(擊壤集)』

• • •

『이천격양집(伊川擊壤集)』이라고도 한다. 북송(北宋)의 소옹(邵雍, 1011~1077)이 지은 시집(詩集)이다. 총 20권. 이 책에서는 "나아가서는 자기의 도를 행하고, 물러나서는 자기의 온전함을 기른다[進, 行己之道. 退, 養己之全]"고 한다. 소옹은 만년에 도를 품고 스스로 고상하였으며 유유자적하였다. 원래는 유가의 저작인데, 도교에서는 그 선천학(先天學)이 진단(陳摶)에서 나왔고, 그의 『황극경세서(皇極經世書)』는 점복(占卜)을 말하는 술수의 종류이고 또 소옹의 은일한 삶은 황로(黃老)에 가깝다고 여겨 『도장(道藏)』제720~732책에 편입시켰다.

『광성자해(廣成子解)』

• • •

도교 서명. 『광성자해(廣成子解)』는 『장자(莊子)』「재유편(在宥篇)」에서 황제(黃帝)가 광성자(廣成子)에게 묻는 단락을 취해 북송(北宋)의 소식(蘇軾)이 풀이한 책이다. 총 1권. 지극한 도에 대한 황제의 질문에 광성자가 답한 내용을 빌려 이렇게 주장한다. "지극한 도의 정수는 그윽하고 고요하며, 지극한 도의 핵심은 어둑하고 고요하다. 보지도 말고 듣지도 말며, 정신을 껴안아 고요해지면 몸이 저절로 바르게 된다. 반드시 고요하고 맑게 하며 너의 몸을 수고롭게 하지 않고, 너의 정신을 흔들리지 않게 하면 장수할 수 있다.[至道之精, 窈窈冥冥. 至道之極, 昏昏默默. 無視無聽, 抱神以靜, 形將自正. 必靜必淸, 無勞汝形, 無搖汝精, 乃可長生.]" 또 "너의 몸을 삼가 지키면, 만물은 장차 저절로 굳세어진다[愼守汝身, 物將自壯]"고 하였다. 청정무위

(淸靜無爲)하고 보정수일(保精守一)하여 그 조화로움에 합일하면 장수할 수 있다고 주장한다. 『도장정화록백종(道藏精華錄百種)』 제4집에 수록되어 있다.

『학선변진결(學仙辨眞[15]訣)』

· · ·

도교 서명. 북송(北宋)의 장무몽(張無夢)이 지었다. 『도장(道藏)』본에는 작자가 기록되어 있지 않다. 핵심 내용은 근본과 소박함으로 되돌아가 장생하고 근본을 단단하게 하려면 환원(還元)을 귀하게 여겨야 한다는 것이다. 환원(還元)의 방법은 곧 환단금액(還丹金液)에 달려 있다. 「변진(辨眞)」, 「변보(辨寶)」, 「변수은(辨水銀)」, 「변홍(辨汞)」, 「통변(通辨)」 5편으로 나뉘며, 뒤에 「자모가(子母歌)」가 덧붙여 있다. 용호(龍虎), 성정(性情), 빈모(牝牡), 금수(金水), 토목(土木)은 모두 일기(一氣)가 변화한 것이고, 이는 형상으로 비유한 이름이지 실물을 가리키는 것은 아니라고 한다. 연단(煉丹)을 하는 자는 마땅히 천지 변화의 도에 의거하여 정(精)·기(氣)·신(神) 셋을 합하여 하나가 되게 하고, 정신을 되돌려 근원으로 돌아가야 한다고 하였다. 이 책에서 말한 것은 모두 내단(內丹)에 속한다. 『도장』 제60책에 수록되어 있다.

『영보필법(靈寶畢法)』

· · ·

도교 서명. 『도장(道藏)』본 원래의 표제에는 종리권(鐘離權)이 짓

---

15. 眞: 원서에는 '疑'로 되어 있으나, 원문에 따라 '眞'으로 교감하였다.

고, 여암(呂巖)이 전했다고 되어 있어서『도장』에서는『비전정양진인영보필법(秘傳正陽眞人靈寶畢法)』이라고 하였다. 상·중·하 3권으로 되어 있고, 총 10편이다. 상권은 소승(小乘)으로, 안락연년법(安樂延年法)을 기술하고 있으며, 모두 4문(門)이다. 중권은 중승(中乘)으로 장생불사법(長生不死法)을 기술하고 있으며, 모두 3문(門)이다. 하권은 대승(大乘)으로 초범입성법(超凡入聖法)을 기술하고 있으며, 모두 3문(門)이다. 핵심 내용은 정(精)·기(氣)·신(神)을 단련하는 내단법을 논술한 것이다.『도장(道藏)』제874책에 수록되어 있다. 청대(淸代) 신오산인(愼吾散人)이『영보필법』을 발췌하여『영보필법첩요(靈寶畢法捷要)』을 만들었다. 이 책은 구층연단법(九層煉丹法)을 서술하고 있으며『도장정화(道藏精華)』제2집에 수록되어 있다.

『옥청금사청화비문금보내련단결 (玉淸金笥靑華秘文金寶內煉丹訣)』

• • •

『청화비문(淸華秘文)』또는『금보내련단결(金寶內煉丹訣)』이라고 약칭한다. 총 3권. 장백단(張伯端)의 제자 왕방숙(王邦叔)이 스승의 말을 집록(輯錄)하여 만든 것이다. 이 책에는 그림과 논설(論說)이 있으며, 시와 구결(口訣)도 있다. 내단(內丹)의 성명쌍수(性命雙修) 요지를 논술하고 있는데, 이론과 공법 측면에서『오진편(悟眞篇)』보다 상세하고 분명하게 내단법을 서술하고 있다. 중요한 내단 저작중의 하나이다. 그 가운데 정(精)·기(氣)·신(神)의 관계를 논하면서, 심(心)은 군주가 되고, 신은 주인이 되며, 기는 작용이 되고, 정은 기를 따르며 의념은 매개된다고 하였다. 정·기·신 삼자 중에서 신이 가장 중요하고 신으로써 정과 기를 운용하여 정·기·신이 합일되면 원신(元神)이 생긴다고 하였다. 『도장(道藏)』제114책에 수록되어 있다.

『청화비문(淸華秘文)』

『옥청금사청화비문금보내련단결(玉淸金笥淸華秘文金寶內煉丹訣)』을 말한다.

『금보내련단결(金寶內煉丹訣)』

『옥청금사청화비문금보내련단결(玉淸金笥淸華秘文金寶內煉丹訣)』을 말한다.

『상청천심정법(上淸天心正法)』

도교 서명. 북송 도사 요동천(饒洞天)이『천심정법(天心正法)』을 전했다고 한다. 『통지(通誌)』「예문략(藝文略)」에는 3권이라고 기록되어 있다. 남송의 등유공(鄧有功)이 개정하여 2권으로 만들었다. 후에 또 증보(增)되어 지금의『도장(道藏)』7권본이 되었다. 권1과 권2가 바로 원래의『천심정법』이다. 주요한 내용은 부적과 주문으로 신과 귀신을 부리며 사기(邪氣)를 쫓고 병을 치료하는 것이다. 권3에서 권5까지는 부록(符籙)과 주결(咒訣) 수십 종이 실려 있다. 그 가운데 "정법삼부(正法三符)"가 천심정법(天心正法)의 주요한 부록이고, 그 나머지 대부분은 상청파(上淸派)와 정일파(正一派)의 도서(道書)에서 취한 것으로, 『북제부문(北帝符文)』이라고 한다. 끝의 2권에는 연등(燃燈), 제수(除祟) 등의 도법과 각종 부주(符咒)가 실려 있다. 『도장(道藏)』 제318~319책에 수록되어 있다.

『환단중선론(還丹眾仙論)』

도교 서명. 북송(北宋) 양재(楊在)가 편찬했다. 총 1권. 이 책의 첫머리에는 30여 명의 연단가(煉丹家)들의 연단핵심이론을 모아놨으며, 다음으로 여러 가지 연단법들을 나열하였다. 진연(眞鉛)과 진홍(眞汞)은 세간의 일반적인 연과 홍이 아니고, 진연과 진홍은 구결(口訣)이 아니면 얻을 수 없다고 하였다. 이 책에는 이미 소실된 많은 고단경(古丹書)이 보존되어 있어서 외단(外丹)의 중요한 서적이다. 『도장(道藏)』 제113책에 수록되어 있다.

『수진태극혼원도(修眞太極混元圖)』

도교 서명. 송(宋)나라 소도존(蕭道存)이 지었다. 전해지는 말에 따르면 북송(北宋)의 시견오(施肩吾)가 전했다고 한다. 16폭의 그림을 차례로 배열하여 내단(內丹) 수련법을 드러내고 있다. 매 그림마다 설명이 있고, 여러 사람의 의견이 있는데, 내단수련은 그 방법을 얻어야 할 뿐만 아니라, 시기(時機)를 장악하는 것과 화후(火候)도 매우 중요하다고 하였다. 『도장(道藏)』 제68책에 수록되어 있다.

『중양교화집(重陽教化集)』
• • •

　도교 서명. 마단양(馬丹陽)의 문인(門人) 주포일(朱抱一)이 편찬
했다. 총 3권. 왕중양(王重陽)과 그의 제자 마단양이 주고받은 시 약
200여 수가 기록되어 있다. 마단양은 관직에 오른 명문귀족으로 영
해(寧海)의 최고 부자였다. 왕중양은 배를 나누어 열 번에 걸쳐 보내
면서[分梨十化] 시가(詩歌)로 마단양를 가르쳤다. 마단양이 이로 인
해 교화되어 입도하였기 때문에, 서명이 중양교화집이 되었다. 상집
(上集)은 교화하수지(教化下手遲)이고 중집(中集)은 분리십화(分梨
十化)이며, 하집(下集)은 호리향(好離鄕)이다. 주된 내용은 사람들에
게 진(眞)을 닦고 도를 배워, "애욕의 강과 바다[愛河慾海]"에 빠지지
말 것을 권하는 것이다. 또 무위를 근본으로 삼고 청정을 으뜸으로
하는 전진교의 본지(本旨)를 상세히 밝혔다.『도장(道藏)』제795∼796
책에 수록되어 있다.

『중양전진집(重陽全眞集)』
• • •

　도교 서명. 금(金)나라 왕중양(王重陽)이 지었다. 총 13권. 대정(大
定) 28년(1188) 범택(範懌)이 서문에서 왕중양이 세상을 떠난 후에
문인(門人)들에 의하여 수집된 유문(遺文)·시사(詩詞)로 약 1,000여
편이라고 하였다. 그 내용은 대략 다음과 같다. "사람들을 순박함으로
되돌아가 고요히 숨 쉬며 비우고 집중하도록 한다. 그리하여 태초의
영물을 기르고 진여의 묘성을 보며, 본래의 면목을 알게 해서 진상을
회복하게 하고, 오묘한 도에 되돌아오게 한다.[誘人還醇返朴. 靜息虛

凝, 養亘初之靈物, 見眞如之妙性. 識本來之面目, 使復之於眞常, 歸之於妙道.]" 이는 수련 방법상에서 금석부록법(金石符籙法)을 힘써 타파하려한 것이다. 『도장(道藏)』 제793~795책에 수록되어 있다.

『중양입교십오론(重陽立教十五論)』

도교 서명. 금(金)나라 왕중양(王重陽)이 지었다. 총 1권. 전진도(全眞道)가 세워질 때의 종지(宗旨)와 조직(組織), 양신연성(養身煉性)의 방법을 논술한 책이다. 암자에 머물기[住庵], 수행하며 떠돌기[雲遊], 경전 공부[學書], 약의 제조[合藥], 수련할 암자 짓기[蓋造], 도반과 함께하기[合道伴], 정좌[打坐], 생각 끊어내기[降心], 본성 단련[錬性], 오기의 조화[匹配五氣], 성명 수련[混性命], 성인의 도[論聖道], 삼계의 초월[超三界], 육체를 단련하는 법[養身之法], 인간 세상을 벗어나기[離凡世]의 15가지 일을 포괄하고 있다. 전진도(全眞道)의 중요한 논저 가운데 하나이다. 『도장(道藏)』 제989책에 수록되어 있다.

『취허편(翠虛篇)』

도교 서명. 송(宋)나라 진남(陳楠)이 지었다. 진남의 호가 취허자(翠虛子)이기 때문에 그의 호로써 서명을 삼았다. 총 1권. 「자정경(紫庭經)」, 「대도가(大道歌)」, 「나부취허음(羅浮翠虛吟)」, 「단기귀일론(丹基歸一論)」, 「금단시결(金丹詩訣)」과 사(詞) 3편이 포함되어 있다. 이들은 모두 내단(內丹)의 연정화기(煉精化氣)하여 응신(凝神)하는 법을 논한다. 『도장(道藏)』 제742책에 수록되어 있다.

『허진군석함기(許眞君石函記)』
• • •

도교 서명. 총 2권. 이 책은 허손(許遜)의 이름에 가탁하였지만, 실
제로는 남송(南宋) 도교도가 지은 것이다. 모두 9편으로 첫 번째 편
인 「태양원정론(太陽元晶論)」이 책 전체의 강령이 된다. "(대도에는
움직임과 고요함이 있는데) 움직이는 것은 원양으로, 원양은 곧 원정
이고, 원정은 진화를 낳는다[動者元陽也, 元陽即元精, 元精生眞火]"
고 여겼다. 우주 만물과 금단(金丹)의 생성 변화는 모두 "움직임[動]"
으로부터 나온다고 하였다. 또 단도(丹道)는 "사람들이 오금·팔석·
주사·수은으로 만들어 내는 것이 아니다[非人間五金八石朱砂水銀
之所為]"고 하였다. 내단(內丹)에 대해서 강론하고 있는데, 상(象)에
의탁한 은유와 난해한 문장을 썼기 때문에 이해하기가 매우 어렵다.
『도장(道藏)』제601책에 수록되어 있다.

『옥음법사(玉音法事)』
• • •

도교 서명. 총 3권. 도교에서 재초(齋醮)를 거행할 때 부르는 찬송
(贊頌)의 표본이 되는 책이다. 보허사(步虛詞), 봉계송(奉戒頌), 백학
사(白鶴詞), 삼청악(三淸樂), 산화인(散花引), 삼귀의(三皈依), 화하
찬(華夏贊) 등이 실려 있다. 두광정(杜光庭)의 『태상황록재의(太上黃
錄齋儀)』권1에 실려 있는 내용에 따르면, "화하찬은 『옥궤명진경』에
서 나온 것이지만, 지금은 단지 18허성만 사용한다[華夏贊, 出玉匱
明眞經, 今但用十八虛聲]"고 하였다. 상권과 중권에서는 매 글자 옆
에 4성을 표기해 놓았고, 그 아래에 구불구불한 부호가 있는데, 이로

써 성조의 억양과 변화를 나타내고 아울러 전성자(轉聲字)를 표기해 놓았다. 고대 도교 음악을 연구하는데 참고할 만한 가치가 있다. 『도장(道藏)』제333책에 수록되어 있다.

『환원편(還源篇)』

• • •

도교 서명. 송(宋)나라 석태(石泰)가 지었다. 모두 오언절구(五言絶句)로 81수이다. 정(精)을 쌓아 기(氣)로 변화시켜 선천(先天)의 진원기(眞元氣)와 합치되면 내단(內丹)을 이룰 수 있다고 주장한다. 『환원편』의 시에서 말하길, "약은 선천의 기에서 취하고, 화는 태역의 정에서 찾는다. 약과 불을 알 수 있다면 반드시 단이 이루어짐을 볼 것이다[藥取先天氣, 火尋太易精, 能知藥與火, 定里見丹成.]"라고 하였다. 더불어 "몸속에서 내약에서 찾아야지, 단서를 찾아볼 필요가 없다[只尋身內藥, 不用檢丹書]"는 것을 강조하였다. 권의 첫머리 석태(石泰)의 자서(自序)에서는 다음과 같이 말하고 있다. "이전에 역참에서 우연히 자양 장진인 선사를 만났다. 선사께서 간단하고 쉬운 말로 몇 마디 하지 않았는데 그 증험의 효과가 단지 잠깐 사이에 나타났다.[昔年于驛中, 遇先師紫陽張眞人, 以簡易之語, 不過半句, 其證驗之效, 只在片時.]" 권말(卷末)의 후서(後序)에서 또 말하길, "선사의 『오진편』이 말하는 금단의 핵심은 신수화지에 있다[先師悟眞篇, 所謂金丹之要, 在於神水華池]"고 하였다. 따라서 이 책의 내단법은 장백단(張伯端)의 『오진편(悟眞篇)』의 내용과 유사하다고 할 수 있다. 『도장(道藏)』제742책에 수록되어 있다.

『삼론원지(三論元旨)』

• • •

　도교 서명. 작자미상. 책 앞에 서(序)가 있다. "도종장(道宗章)",
"허망장(虛妄章)"(3편), 진원장(眞源章)"(5편)으로 되어 있다. 도(道),
심(心), 성(性)을 각각 논술하였는데, 이 세 가지의 본지(本旨)가 서
로 들어맞기 때문에 삼론원지(三論元旨)라고 이름 한 것이다. "도종
장"은 도의 본뜻을 논술하고 있다. "도의 핵심은 그윽하고 오묘하며,
리의 지극함이다. 신령스럽게 운행되어 막힌 것이 없이 통하게 하고,
본체이면서 하나이니, 만 가지에 응한다.[夫道宗也, 幽微奧妙, 理之
極也. 靈運滯通, 體而一焉, 應乎萬矣.]" 무위(無為), 무극(無極), 도
성(道性), 리성(理性), 허무(虛無), 자연(自然), 지진(至眞), 지정(至
精), 청정(淸靜), 청허(淸虛) 등이 모두 도의 칭호라고 여겼다. "허망
장(虛妄章)"은 마음을 닦는 이론을 논술하고 있다. 밖으로 보이고 들
리는 외경(外景)을 제거하고 안으로 맑게 비우고 생각을 씻어내면 능
히 마음이 도에 도달할 수 있다. 도가 마음에 있게 되면 곧 도가 마음
이고 마음이 도라고 하였다. 허망장에서는 수련의 세 단계를 제시하
고 있다. 첫째, 섭심주일(攝心住一)또는 섭심귀일(攝心歸一)이라고 한다은 안
정(安定)이라고 하며, 둘째, 회심망일(灰心忘一), 멸정(滅定)이라고
하고, 셋째, 오심진일은(悟心眞一)은 태정(泰定)이라고 한다. 진일
(眞一)은 곧 진상(眞常)이니 도와 서로 합일된 것이다. "진원장(眞源
章)"은 주로 "성(性)"에 대해 논한다. 성은 곧 도로서 "도를 성이라고
이름만 다르게 부른 것[夫道之於稱性者異名爾]"이니 이는 바로 성이
정신과 만물의 참된 근원이라는 것이다. "신이란 성의 작용이고, 식
은 신의 작용이다. 원기는 성의 작용이고, 음양의 기는 원기의 작용

이며, 색상은 음양의 기의 작용이다[夫神者性之用, 識者神之用. 夫元氣者性之用, 陰陽氣者元氣之用, 色相陰陽氣之用]", "성의 체는 공에 있어서는 공과 같지만 공이 아니고, 색에 있어서는 색과 같지만 색이 아니니, 능히 공과 색에 두루 있을 수 있으며 항상 적막하고 항상 통하니, 이른다 크기로는 포함하지 않은 것이 없고, 작기로는 들어갈 수 없는 곳이 없다는 것이다[性之爲體, 在空同空而非空, 在色同色而非色, 而能遍空色, 常寂常通, 所謂大無不包, 細無不入]"고 하였다. 그 속에서 또한 도(道), 성(性), 신(神), 식(識), 기(氣), 형(形) 사이의 관계에 대하여 논술하였다. 또 삼승(三乘)의 교의를 결합하여, 상사(上士) · 중사(中士) · 하사(下士)가 수진(修眞)하는 조건과 목표를 나누어 기술하고 있다.『도장(道藏)』제704책에 수록되어 있다.

『환단복명편(還丹復命篇)』

• • • •

간략하게 『복명편(復命篇)』이라 칭한다. 도교 서명. 송(宋)나라 설식(薛式)이 지었다. 시구(詩詞) 55수와 단수가(丹髓歌)가 포함되어 있다. 시가(詩歌)의 형식으로 내단(內丹) 수련법을 논술하고 있다.『도장(道藏)』제742책에 수록되어 있다.

『복명편(復命篇)』

• • • •

『환단복명편(還丹復命篇)』을 말한다.

『동현금옥집(洞玄金玉集)』

• • •

도교 서명. 금(金)나라 마단양(馬丹陽)이 지었다. 총 10권. 시가(詩歌) 900여 수가 집록(輯錄)되어 있는데, 형식에 따라 배열되어 있다. "술, 여자, 재물, 객기와 집착과 애욕, 근심 걱정은 도를 그릇되게 함을 알아야 한다[酒色財氣, 攀緣愛念, 憂愁思慮, 非道識見]", "마음을 맑게 하고 뜻을 고요히 하며, 기를 기르고 신을 온전히 하여, 공과 행이 밝게 드러나면 선인이 될 수 있다[淸心淨意, 養氣全神, 功昭行[16]著, 得做仙人]"고 하였다. 세속을 벗어나 색과 공을 모두 잊고, 마음을 청정하게 하고 무위하면서 성명(性命)을 수련할 것을 주장한다. "명이 맑아지면 장생할 수 있고, 성이 고요해지면 장수할 수 있게 된다. 명은 기의 이름이고, 성은 기의 자이다. 기는 신의 어머니이고, 신은 기의 자식이다. 어머니와 아들이 진일을 이루면 생사를 벗어나게 된다[命淸得長生, 性靜能久視, 命乃氣之名, 性乃氣之字, 氣是神之母, 神是氣之子, 子母成眞一, 眞一脫生死]"고 하였다.『진일음(眞一吟)』에 보인다. 이 시집에는 또한 전진도(全眞道)가 처음 창립되었을 때의 사료들이 반영되어 있다.『도장(道藏)』제789~790책에 수록되어 있다.

『점오집(漸悟集)』

• • •

도교 서명. 금(金)나라 마단양(馬丹陽)이 지었다. 총 2권. 오도(悟道), 수련(修煉), 수화(酬和) 등에 대한 시사(詩詞) 30여 수가 실려 있

---

16. 行 : 원서에는 '둬'으로 되어 있으나, 원문에 따라 교감하였다.

다. 내단 수련에 관한 언급이 가장 많다. 마음을 맑게 하고 욕심을 줄일 것과, 수련하여 도를 이룰 것을 주장하고 있다. 『도장(道藏)』제786책에 수록되어 있다.

『선락집(仙樂集)』

도교 서명. 금(金)나라 유처현(劉處玄)이 지었다. 총 5권. 시사(詩詞)와 가송(歌頌) 500여 수가 포함되어 있다. 모두 전진도(全眞道)의 교지(敎旨)를 선양(宣揚)하고 있다. 노장(老莊)의 청정무위(淸淨無爲)를 근본으로 서술하면서 자(慈)·검(儉)·부쟁(不爭)을 보배로 삼았다. 윤회와 인과의 설을 빌려 사욕을 제거하고, 악을 경계하며 선을 행할 것을 권했다. 『도장(道藏)』제785책에 수록되어 있다.

『운광집(雲光集)』

도교 서명. 금(金)나라 왕처일(王處一)이 지었다. 총 4권. 왕처일이 철사산(鐵査山) 운광동(雲光洞)에 기거하면서 9년을 수도하였기에 『운광집』을 서명으로 삼았다. 왕처일이 지은 시사(詩詞)와 가부(歌賦) 60여 수가 집록되어 있다. 청정무위(淸靜無爲)하여 세속의 연을 끊을 것, 마음을 닦고 성을 기르며 진(眞)을 깨닫고 근본으로 돌아갈 것, 기를 보존하고 신(神)을 길러 내단을 수련함으로써 장생을 추구할 것을 주장한다. 그리고 "마음이 도이고, 도가 마음이다[心是道, 道是心]"라고 여기기 때문에, 수련을 통해 마음을 도와 합일시킬 수 있다고 한다. 『도장(道藏)』제792책에 수록되어 있다.

『금단대성집(金丹大成集)』

· · ·

　도교 서명. 송(宋)나라 말기의 소정지(蕭廷芝)가 저술하였다. 총 5
권. 권1은 『무극도설(無極圖說)』이다. 첫머리에 주돈이(周敦頤)의 「태
극도(太極圖)」 한 폭을 배치하고, 이로써 "도(道)"의 본원을 밝히고 있
다. 그 뒤에 「천심도(天心圖)」 등 여덟 폭의 도상(圖像)으로써 단도(丹
道)를 밝혔다. 또 그 뒤에는 「탁약가(橐籥歌)」, 「금액환단부(金液還
丹賦)」, 「금액환단론(金液還丹論)」 등이 있는데 모두 내단 이론에 속
한다. 권2 「금단문답(金丹問答)」은 모두 93조목으로 내단수련에 대
한 물음에 간단명료한 답을 하고 있다. 권3은 칠언절구(七言絕句) 81
수로 내단의 공법과 비결을 노래하고 있다. 권4는 「낙도가(樂道歌)」,
「강서월(西江月)」, 「남향자(南鄉子)」 등의 시사(詩詞)이다. 권5는 최공
(崔公)의 『입약경주해(入藥鏡註解)』와 여순양(呂純陽)의 『심원춘(沁
園春)』 주해(註解)이다. 『수진십서(修眞十書)』 권9~13에 수록되어 있
다.도장(道藏) 제123책. 『도장정화록(道藏精華錄)』에도 이 책이 수록되어
있는데 그림은 없으며 동덕녕(董德寧)의 집록본(輯錄本)을 쓰고 있는
데, 배열순서가 바뀐 부분이 있다.

『동연집(洞淵集)』

· · ·

　도교 서명. 서명만 같고 다른 두 책을 이른다.
　① 금(金)나라 말의 장전자(長筌子)가 지었다. 총 5권. 권1과 권2
는 『지일서(至一書)』는 72편의 글이 실려 있는데, 대부분 노장(老莊)
의 말을 인용하여 도덕(道德)과 중현(重玄)의 뜻을 밝히고 있다. 나머

536

지 세 권에는 문부(文賦) 31편과 시사(詩詞) 100여 수가 있다. 대체로 청정과욕(淸靜寡欲)과 보신전진(保身全眞)을 으뜸으로 삼는다. 문장이 청아하고 수려하며, 일부분에서는 선(禪)의 이치를 드러내고 있다. 『도장(道藏)』제732~733책에 수록되어 있다.

② 북송(北宋)의 이사총(李思聰)이 편찬했다. 도교의 유서(類書). 총 9권. "삼청(三淸)", "삼계(三界)", "동천복지(洞天福地)"와 천궁(天宮), 성수(星宿), 신령(神靈) 등을 해석하고 있는데 출처는 불분명하다. 『도장(道藏)』제732책에 수록되어 있다.

『자단단경(紫團丹經)』

도교 서명. 자단진인(紫團眞人)의 이름을 가탁하여 서술하였다. 총 1권. 이 책은 심신교구(心腎交媾)와 환정보뇌(還精補腦)로써 내단 수련을 말하고 있다. 또 "내약과 외약, 성명쌍수[內藥外藥, 性命雙修]"를 말하고 있다. 심재(心齋)와 좌망(坐忘), 연기양신(煉氣養神)과 아울러 음양단법(陰陽丹法)을 겸해야 내단을 얻을 수 있다고 주장한다. 10장으로 되어 있다. 그 중에 장백단(張伯端)과 고상선(高象先)의 말을 인용하고 있음으로 이 책은 북송(北宋) 이후에 나온 것이다. 『도장(道藏)』제581책에 수록되어 있다.

『삼극지명전제(三極至命筌蹄)』

도교 서명. 남송(南宋) 말의 왕경승(王慶升)이 지었다. 총 1권. "삼극(三極)"은 천극(天極), 지극(地極), 인극(人極)을 가리킨다. 도석(圖

釋), 논설(論說), 찬송가결(贊頌歌訣)의 세 부분으로 되어 있다. 첫머리에 17개의 도상이 있고, 도상 아래에 칠언시(七言詩)로 된 해석이 있다. 이 시를 통해 단도(丹道)와 성명(性命)의 이치를 밝히고 있다. 그 다음으로는 오거삼승(五車三乘), 즉 양거소승(羊車小乘), 녹거중승(鹿車中乘), 우거대승(牛車大乘) 등으로 삼승오종(三乘五種)의 선도(仙道)를 논술하고 있다. 마지막으로는 찬송가결로 주로 수련의 계율과 도덕규범을 강론하였다. 『도장(道藏)』 제133책에 수록되어 있다.

『금단대요(金丹大要)』
• • •

정식 명칭은 『상양자금단대요(上陽子金丹大要)』이다. 도교 서명. 원(元)나라 진치허(陳致虛)가 지었다. 총 16권. 전진도(全眞道) 북파(北派) 조사(祖師)들의 심법(心法)을 종합하였으며, 금단(金丹)을 이루는 최상승의 도를 논술하고 있다. 금단은 신(神)·기(氣)·정(精)의 조화로 이루어지는데, 그 금단이 이루어지는 과정은 모두 의식에 의하여 주관된다고 여긴다. 그래서 "단을 만들기 위해서 연을 취할 때에는 의식으로써 받아들이고, 화를 거두어 솥에 들이는 것도 의식으로써 보낸다. 팽련하고 목욕시키는 것은 의식으로 지키고, 온양하고 탈화하는 것은 의식으로써 이룬다.[求丹取鉛以意迎之, 收火入鼎以意送之, 烹煉沐浴以意守之, 溫養脫化以意成之.]"「총지(總旨)」라고 하였다. 의념을 그치고 견성명심(見性明心)하며 궁리진성(窮理盡性)해야 단이 이루어지고 도가 성취된다고 한다. 그런데 또 유·불·도 삼교의 도는 오직 일심(一心)일 뿐으로 모두 성(性)과 명(明)을 밝힌 것이니 금단의 도는 곧 성명의 도라고 하였다. 마지막 두 권은 도교도들이 현

(玄)을 논하고 견성(見性)을 해설한 말이다. 『도장(道藏)』 제736~738 책에 수록되어 있다. 이외의 진치허의 저작은 『상양자금단대요도(上陽子金丹大要圖)』와 『상양자금단대요열선지(上陽子金丹大要列仙誌)』,『상양자금단대요선파(上陽子金丹大要仙派)』각 1권이 있다.

『상양자금단대요(上陽子金丹大要)』

『금단대요(金丹大要)』를 말한다.

『대단직지(大丹直指)』

도교 서명. 원(元)나라 구처기(丘處機)가 지었다. 총 2권. 천지의 생성과 인체의 형성 과정에 근거하여 내단의 기본 원리를 밝히고 있다. 이 책에서는 사람은 다음과 같이 해야 한다고 말한다. "먼저 수(水)신기(腎氣)와 화(火)심기(心氣) 두 기가 위아래에서 오르고 내리며 서로 사귀게 한다. 그런 후에 의념으로 수화속의 진정과 진기를 끌어내어 중궁에서 합치게 한다. 그리고 신화로 팽련하고 이를 기로써 온몸으로 순환하게 한다.[先使水火二氣上下相交, 升降相接, 用意勾引, 脫出眞精眞氣, 混合于中宮, 用神火烹煉, 使氣周流於一身]" 그러면 "기가 가득차고 신이 왕성해져서 대단이 이루어진다[氣滿神壯, 結成大丹]." 이 책에서는 도(圖), 결(訣), 결의(訣義) 등을 통해 다음과 같은 9종의 연단(煉丹) 방법을 상술하고 있다. "오행전도(五行顚倒), 용호교구(龍虎交媾)","오행전도(五行顚倒), 주천화후(周天火候)","삼전반복(三田返復), 주후비금정(肘後飛金精)"은 소성법(小成法)으로, 이로써 기가 보충되어 늙지 않고 젊어질 수 있다고 한다. "삼전반복(三田返復), 금액환단(金液還丹)", "오기조원(五氣朝元), 태양연형(太陽練形)", "신수교합(神水交合), 삼전기제(三田旣濟)"는 중성법(中成法)으로, 이로써 장생하고 죽지 않을 수 있다고 한다. "오기조원(五氣朝元), 연신입정(煉神入頂)", "내관기화, (內觀起火), 연신합도(煉神合道)", "기각승선(棄殼升仙), 초범입성(超凡入聖)"은 대성법(大成法)으로, 이로써 신선이 될 수 있다고 한다.『도장(道藏)』제115책에 수록되어 있다.

『섭생소식론(攝生消息論)』
• • •

도교 서명. 원(元)나라 구처기(丘處機)가 지었다. 총 1권. 내용의 많은 부분이『내경(內經)』에 바탕을 두고 있다. 네 계절로 나누어, 해당 계절 앞부분에서 행해야 할 섭생과 소식의 내용을 제시한다. 처음의 몇 구절은 모두『내경』의 문장을 저록한 것이다. 나머지 부분은『내경』의 문장을 따라 뜻을 풀었고, 양생과 섭생에 대한 주의 사항을 덧붙였다. 다음으로 각 계절에 해당하는 장기를 소개하고, 해당 장기와 상응하는 병에 대한 치료법을 전개하고 있다. 가령「춘계섭생소식(春季攝生消息)」은 "간장춘왕[肝臟春旺]"으로 시작하여, "상간장병법[相肝臟病法]"으로 마치고 있고, 다른 계절도 유사하다. 그 핵심은 욕심을 절제하여 몸을 보존하고, 청정 무위하는데 있다.『사고전서총목제요(四庫全書總目提要)』에서는 "이 책이 구처기로부터 나왔는지에 대해서는 증명할 수 없다[其出處機與否, 無可證驗]"고 하고, "청대의 조용(曹溶)이 쓴『학해류편(學海類編)』에 수록된 내용도 열에 아홉이

위조한 것이니 그 내용을 의심하지 않을 수 없다[然曹溶『學海類編』所收偽本十之九, 不能不連類疑之]"고 하였다. 『도장정화록백종(道藏精華錄百種)』제2집에 수록되어 있다.

『장춘자반계집(長春子磻溪集)』

간략하게 『반계집(磻溪集)』이라 칭한다. 도교 서명. 원(元)나라 구처기(丘處機)가 지었다. 총 6권. 구처기는 왕중양(王重陽)으로부터 도를 배우면서 반계(磻溪)에 6년을 거처하였고, 호를 장춘자(長春子)라 하였기에 책의 이름을 "장춘자반계집"이라고 하였다. 이 책에는 시(詩), 사(詞), 가곡(歌曲) 470여 수가 수록되어 있는데 「청천가(靑天歌)」, 「선천음(先天吟)」, 「도세음(度世吟)」, 「보허사(步虛詞)」 등의 전도(傳道) 및 구세(救世)와 관련된 시가(詩歌) 작품 외의 나머지 대부분은 흥에 따른 감정을 노래하거나 사람을 응대하는 내용의 시가가 많이 실려 있다. 『도장(道藏)』제797책에 수록되어 있다.

『반계집(磻溪集)』

『장춘자반계집(長春子磻溪集)』을 말한다.

『수운집(水雲集)』

정식 명칭은 『담선생수운집(譚先生水雲集)』이다. 도교 서명. 금(金)나라 담처단(譚處端)이 지었다. 총 3권. 시(詩), 사(詞), 가(歌), 송(頌)

240여 수가 수록되어 있다. 대부분 주고받은 문답으로, "세상 사람들을 깨우쳐서 선으로 인도하는[警悟世人, 引人為善]" 내용이다. 그밖에 "시문인어록(示門人語錄)" 1편이 있는데 그 내용은 "생사의 윤회가 멈추지 않는 것은 오직 마음 때문임[輪回生死不停, 只為有心]"을 말하고 있다. "유심(有心)"이란, "대개 중생들에게 탐진치 삼독을 일으키는 것이니[蓋緣眾生有貪嗔癡三毒孽]", "만일 어떠한 생각도 생겨나지 않으면 삼독을 생겨나게 하지 않으면, 생사를 벗어날 수 있다[若一念不生, 則脫生死]"는 것이다. 『도장(道藏)』 제798책에 수록되어 있다.

『명학여음(鳴鶴餘音)』
• • •

도교 서명. 원(元)나라 도사 팽치중(彭致中)이 집록(集錄)했다. 총 9권. 종리권(鐘離權), 여순양(呂純陽), 왕중양(王重陽), 마단양(馬丹陽), 구처기(丘處機), 백옥섬(白玉蟾), 담처단(譚處端) 등의 시사(詩詞)와 가부(歌賦) 520여 수를 모아서 수록했다. 주로 청정무위(淸靜無為), 치신연명(治身延命), 이기양성(理氣養性) 등의 내단 수련을 말하고 있다. 『도장(道藏)』 제744~745책에 수록되어 있다.

『해경전도집(海瓊傳道集)』
• • •

도교 서명. 송나라 홍지상(洪知常)이 집록(集錄)했다. 총 1권. 『금단첩경(金丹捷徑)』, 『구쇄연환경(鉤鎖連環經)』, 『여산쾌활가(廬山快活歌)』 3편을 포함하고 있다. 내단(內丹), 화후(火候), 단법(丹法), 참동(參同) 등이 실려 있다. 응기(凝氣), 취신(聚神), 망형(忘形), 절념(絕

念) 등을 통해 형(形)과 신(神)이 모두 오묘해지고 도와 합치되는 경지에 이르게 됨을 말하고 있다. 내단, 신실(神室), 약물(藥物) 등의 간단한 그림을 있고 이에 대해 설명하고 있다. 책 첫머리의 진수묵(陳守默)과 첨계서(詹繼瑞)의 서(序)에 따르면, 백옥섬(白玉蟾)으로부터 전수받은 것이라고 한다. 『도장(道藏)』제1017책에 수록되어 있다.

『해경백진인어록(海瓊白眞人語錄)』
• • •

도교 서명. 남송(南宋) 도사 팽사(彭耜), 사현도(謝顯道), 임백겸(林伯謙), 섭고희(葉古熙), 조수부(趙收夫) 등이 편록(編錄)했다. 총 4권. 그 종사(宗師) 백옥섬(白玉蟾)이 논한 도법의 정수와 연단수행의 도를 기술하고 있다. 백옥섬의 자호(自號)가 해경자(海瓊子)이므로 그의 도를 밝힌다는 의미에서 서명으로 삼았다. 권1은 어록(語錄), 표문(表文), 시가(詩歌)로 되어 있다. 권2는 「학림법어(鶴林法語)」인데, "단서가 만권이라도 수일함만 같지 않다[丹書萬卷, 不如守一]", "계율서가 만권이라도 수일함만 같지 않다[科書萬端, 不如守一]"는 것을 강조한다. 권3은 각종의 승당어록(升堂語錄)과 소참(小參)으로 되어 있다. 당대(唐代)에 불교의 선종(禪宗)이 성행한 이래로, 선사(禪師)들은 대부분 "방할(棒喝)"과 "기봉(機鋒)", 각종의 심오하고 날카로운 말과 시사(詩詞)로 사람들을 깨우쳤다. 백옥섬도 이를 모방하여 다음과 같이 강조하였다. "지극한 도는 마음에 있으니, 마음이 곧 도이다[至道在心, 即心是道]." "마음을 고요히 하면 기가 바르게 되고, 바르게 되면 온전해진다. 기가 온전해지면 신이 조화롭게 되고 조화롭게 되면 신이 모인다. 신이 모이면 만 가지 보배가 맺히게 된다.[心靜則

氣正, 正則全, 氣全則神和, 和則凝, 神凝則萬寶結矣.]」권4에는 「니환진인나부취허음(泥丸眞人羅浮翠虛吟)」『취화편(翠虛篇)』을 참고하라이 부록으로 실려 있다. 그밖에 시가(詩歌)와 서(書), 표(表) 등이 실려 있다. 『도장(道藏)』제1016책에 수록되어 있다.

『금화충벽단경비지(金華沖碧丹經秘旨)』

도교 서명. 상·하 2권으로 되어 있으며, 남송(南宋)말에 만들어졌다. 상권은 백옥섬(白玉蟾)이 팽사(彭耜)에게 전수한 내용으로, 약물(藥物)의 제련법과 화후(火候) 등으로 금액환단(金液還丹) 제련하는 법을 말하고 있다. 그런데 구체적인 제조 방법은 밝히지 않았다. 하권은 난원백(蘭元白)백옥섬을 말한다이 맹후(孟煦)에게 전수한 내용으로, 연홍(鉛汞)의 제련과 구전환단(九轉還丹)의 구체적인 제조법에 대하여 상세히 언급하고 있다. 구전환단의 매 전(轉)마다 정기도(鼎器圖), 약물(藥物), 연법(煉法), 화후(火候), 형질(形質), 공능(功能) 등에 대해서 상세하게 기술하고 있다. 이 책에서는 외단을 말하고 있는데, 송원(宋元) 시대 도교 남종 비전(祕傳)의 매우 드문 외단 저서이다. 『도장(道藏)』제592책에 수록되어 있다.

『성명규지(性命圭旨)』

도교 서명. 작자미상. 윤진인(尹眞人)의 제자가 지은 것으로 전해진다. 윤진인은 원(元) 초기의 윤지평(尹誌平)을 말한다. 그래서 책속에서 "나의 스승 윤진인[吾師尹眞人]"이라고 말하고 있다. 그런데 이 책의 형집(亨集)의『구결함양본원구호명보(口訣涵養本原救護命寶)』에서는 명(明)대 인물인 호경재(胡敬齋)와 나염암(羅念庵, 1504~1564)의 말을 인용하고 있다. 명(明)나라 유학자들의 말이 인용되고 있기 때문에 작자는 윤지평의 제자와 후학임이 확실하다. 책의 앞에는 만력(萬歷) 43년(1615) 신안(新安) 여영녕(余永寧)의 서(序)가 있다. 전진도(全眞道)가 유행한 이래로 삼교합일의 학설이 성행하였다. 그래서 책의 앞머리에 삼성도(三聖圖)를 두고, 시(詩)로써 노군(老君), 석가(釋迦), 공자(孔子) 세 성인을 찬양하고 있다. 원(元), 형(亨), 이(利), 정(貞) 4권으로 되어 있다. 모두 그림과 설명으로 내단(內丹) 수련 과정과 그 상세한 단계를 논하고 있는데, 일관되게 유가와 불가의 종지(宗旨)를 채택하고 있다. 예를 들어 원집(元集)에서는『태극도(太極圖)』를 채용하고 있고『관음밀주도(觀音密咒圖)』도 채용했으며,『비승설(飛昇說)』에서 끝난다. 그 외에 형집(亨集), 리집(利集), 정집(貞集)에도 유 · 불 · 도의 어록이 뒤섞여 있다. 그렇지만 큰 요지는 여전히 도교에 귀결된다. 이 책의 글과 그림의 정밀함은 역대의 도교서들이 미치지 못한다. 그렇기 때문에『도장정화록일백종제요(道藏精華錄一百種提要)』에서 이 책을 칭송하였다.『도장정화록(道藏精華錄)』제7집에 수록되어 있다.

『삼원연수참찬서(三元延壽參贊書)』

• • • •

도교 서명. 원(元)나라 이붕비(李鵬飛)가 편찬했다. 지원(至元) 28년(1291)에 책이 만들어졌다. 총 5권. "삼원(三元)"은『황제내경(黃帝內經)』에서 기백(岐伯)의 말을 취한 것으로, 기백은 "사람의 수명은 천원 60세, 지원 60세, 인원 60세로 총 180세이다[人之壽, 天元六十, 地元六十, 人元六十, 共一百八十歲]"라고 하였다. 만일 사람이 경계하고 삼가는 것을 모르면, 날이 갈수록 정기(精氣)가 손실되어 수명이 줄어든다. 이 책에서는 도가, 유가, 의가들의 저술에서 말하고 있는 조섭(調攝)과 양생(養生)의 도를 인용하고 있다. 정기를 소모하지 않으면 천원을 얻을 수 있고, 규칙적인 생활을 하면 지원을 얻을 수 있으며, 절도 있게 먹고 마시면 인원을 얻을 수 있다. 경계하고 삼가면서 수행을 하면 천지의 화육에 참여할 수 있고, 질병을 없애고 장수할 수 있다고 한다. 그래서 서명을 『삼원연수참찬서』라고 하였다. 『도장(道藏)』 제574책에 수록되어 있다.

『도법심전(道法心傳)』

도교 서명. 원(元)나라 왕유일(王惟一)이 지었다. 총 1권. 「도법심전」과 「도법정미(道法精微)」로 이루어져 있다. 「도법심전」에서는 정기신을 확고하게 머물게 하면 도법이 완전히 갖추어지게 된다고 하고, 천지의 기가 흩어지면 바람과 구름이 되며, 모이면 천둥과 벼락이 된다고 한다. 「도법정미」에서는 13개의 그림을 나열하고, 매 그림 뒤에 논술을 덧붙여 「도법심전」의 이론을 상세히 설명하고 있다. 이 책은 뇌법(雷法)과 단도(丹道)를 위주로 서술하고 있다. 세속의 인연을 끊고, 마음을 청정하게 하는 것을 수도의 근본으로 삼는다. 취기응신(聚氣凝神)과 풍운(風雲) 변화의 도를 장악하는 것을 뇌법의 핵심으로 삼는다. 『도장(道藏)』 제997책에 수록되어 있다.

『정명충효전서(淨明忠孝全書)』

. . .

정명파(淨明派)의 중요한 전적(典籍)이다. 원대(元代) 황원길(黃元吉)이 편집하고, 서혜(徐慧)가 교정했다. 총 6권. 권1에는 진(晉)나라 허손(許遜), 곽박(郭璞)으로부터 호혜초(胡惠超), 유옥(劉玉), 황원길, 서혜 등에 이르기까지 정명파 조사(祖師)와 후계자들의 전기(傳記) 7편이 수록되어 있다. 권2에는 여러 선인과 진인들이 유옥에게 전수해준 정명도와 관련된 교설이다. 정명대도(淨明大道)에서는 "귀하게 여길 것은 충효를 근본으로 세우고 마음을 맑고 밝게 해야 한다[貴在乎忠孝立本, 方寸淨明]"라고 말한다. 그리고 "맑으면 깨끗해지고, 비우면 밝아지니, 더 높을 수 없는 청허의 경지가 정명이다[淸則淨, 虛而明, 無上淸虛之境, 謂之淨明]"라고 한다. 권3에서 권5까지는 유옥의 어록으로 내집, 외집, 별집으로 이루어져 있다. 권6 「중황선생문답(中黃先生問答)」은 황원길의 어록으로 정명도의 역사와 이론 등을 기술하고 있다. 『도장(道藏)』제575책에 수록되어 있다.

『전진집현비요(全眞集玄秘要)』

. . .

도교 서명. 송말(宋末) 원초(元初)의 이도순(李道純)이 지었다. 두 편으로 되어 있다. 하나는 장백단(張伯端)의 「독주역참동계(讀周易參同契)」라는 시(詩)에 대한 주해(註解)이다. 다른 하나는 주돈이(周敦頤)의 「태극도설(太極圖說)」에 대한 주해이다. 이도순의 사상은 삼교 합일을 핵심으로 한다. 이 두 편의 주해 또한 『주역(周易)』을 근본으로 하여 도교와 불교를 융합하고 있다. 『역(易)』의 이치로 해석하는데, 그 요지는 돌이켜 자신에게서 구하여[返求諸己] 심신의 본원을 밝혀서 수성(修性) 연단(煉丹)하는 데 있다. 이는 곧 돌이켜 자신에게서 구하면 신(神)이 움직여 기(氣)가 생겨나고, 기가 모이면 정(精)이 생겨나며, 정이 모여 형체가 생기고 심신이 세워지며, 심신이 세워지면 신이 그 속에서 주관하게 된다는 것이다. 그 수련법은 고요함[靜]으로써 토대를 세우고, 근원을 살펴서 끝을 파악하며, 본원으로 되돌아가는 것을 성명(性命) 수양의 요체로 여긴다. 『도장(道藏)』제119책에 수록되어 있다.

『중화집(中和集)』

• • •

도교 서명. 송말(宋末) 원초(元初)의 이도순(李道純)이 짓고, 그 문인 채지이(蔡志頤)가 편찬하였다. 총 6권. 논설(論說), 어록(語錄), 그리고 시사(詩詞) 등으로 되어 있다. 제1권은 태극(太極)을 논하였고, 제2권은 내단(內丹)을 말하였고, 제3권부터 제6권까지는 성명(性命)과 내단(內丹)의 뜻에 대해 논하였다. 그 학설은 삼교합일이 특징이다. 도교의 "금단(金丹)"이 불교의 "원각(圓覺)"이고, 유교의 "태극(太極)"과 같다고 한다. 삼교에서 중시하는 것은 "정정(靜定)"으로 한 글자로 말하면 "허(虛)"이다. 먼저 토납(吐納), 복기(服氣), 도인(導引), 벽곡(辟穀), 존사(存思), 방중술(房中術)은 피해야 하는데, 이것들을 일러 "방문구품(旁門九品)"이라 하였다. 그 가운데 하품(下品)은 사도(邪道)이고, 상품(上品)이라 해도 기껏해야 병을 없애는 외도일 뿐이라고 한다. 성명쌍수(性命雙修)를 주장하되 선성후명(先性後命)의 내단 수련을 지지한다. "중화(中和)"와 "수중(守中)"을 종지로 삼는다. 내단 수련에는 점법(漸法)과 돈법(頓法)이 있다고 한다. 근기가 얕은 자는 점법을 써서 먼저 명을 닦은 후에 성을 닦는 순서에 따라 수련해 나아간다. 근기가 깊은 자는 돈법을 쓴다. 이는 "최상승(最上乘)"의 법으로, 곧바로 성을 깨달으면 저절로 명을 깨달아 성명이 하나가 되어 단(丹)이 이루어진다. 이 책은 도교의 중요한 전적 가운데 하나이다. 『도장(道藏)』 제118~119책에 수록되어 있다.

『석의지미론(析疑指迷論)』

. . . .

도교 서명. 원(元)나라 우도순(牛道淳)이 지었다. 총 1권. 이 책은 문답체로 쓰여 졌으며, 「석의」, 「지미(指迷)」 두 편으로 나뉜다. 「석의」는 주로 도(道)와 심성(心性)에 대하여 논했으며, 「지미」는 주로 성명(性命)과 내단(內丹)에 대해 논하고 있다. 책 속에서 전진도(全眞道)의 성명(性命)의 이치와 수행의 차례를 드러내어 세인들의 미혹을 깨뜨렸기 때문에 "석의지미(析疑指迷)"라 이름 하였다. 이 책은 전진도의 성명설(性命說)을 자세히 드러내었다. 원대(元代) 내단서 중에서 매우 중요한 책이다. 『도장(道藏)』 제134책에 수록되어 있다.

『영보정명황소권(靈寶淨明黃素書)』

. . . .

정식 명칭은 『고상월궁태음원군효도선왕영보정명황소서(高上月宮太陰元君孝道仙王靈寶淨明黃素書)』이고, 간략하게 『황소서(黃素書)』라 칭한다. 총 10권. 원(元)나라 초기 정명도(淨明道) 도사 부비경(傅飛卿)의 주해가 있다. 정명도의 주요한 전적이다. 정명도에서 전해지는 각종 내련단법 및 부적과 주문을 모은 것이다. 그 주된 내용은 충효와 청렴과 삼감을 근본으로 삼아 심성을 기르고 내단술을 수련하면 단도를 이룰 수 있다고 사람들에게 권하는 것이다. 『도장(道藏)』제314책에 수록되어 있다.

『고상월궁태음원군효도선왕영보정명황소서(高上月宮太陰元君孝道仙王靈寶淨明黃素書)』

『영보정명황소서(靈寶淨明黃素書)』를 말한다.

『황소서(黃素書)』

『영보정명황소서(靈寶淨明黃素書)』를 말한다.

『장삼풍선생전집(張三豊先生全集)』

도교 서명. 청(淸)나라 이서월(李西月)이 장삼풍의 저작을 모아 편성한 것이다. 총 8권. 첫째 권은 『회기(匯記)』로 장삼풍과 관련된 사적과 무당파 기원 및 제자들의 전기를 수집한 것으로 장삼풍의 생애와 그 유파의 자료를 연구하고 상고하여 모은 것이다. 이 책에는 장삼풍의 『대도론(大道論)』, 『현기직지(玄機直指)』, 『도언천설(道言淺說)』, 『현요편(玄要篇)』 등을 수록하고 있다. 장삼풍은 삼교합일설을 제창하였는데, 그는 『대도론(大道論)』에서는 "성명의 참됨을 궁구하고 성현과 신선 및 부처의 이치를 드러냈다[窮性命之眞, 發聖賢仙佛之理]." 『현기직지(玄機直指)』에서는 진을 닦고 성을 길러서 도덕이 함양되는 것을 "축기(築基)"로 보았다. 『현요편(玄要篇)』에서는 단법(丹法)과 도정(道情)의 가사(歌詞) 100여 수를 수록하였는데, 그 가운데 「무근수(無根樹)」라는 가사가 가장 유명하고, 매우 널리 퍼졌다. 『도장집요(道藏輯要)』 필집(畢集)에 수록되어 있다.

『천선금단심법(天仙金丹心法)』

간략하게 『금단심법(金丹心法)』이라 칭한다. 도교 서명. 팔선인 여동빈(呂洞賓)·한상자(韓湘子) 등에 가탁한 저술로, 팔동 신선이 함께 주석하였다. 책머리에 청(淸)나라 유수원(柳守元)의 머리말이 있다. 이 책은 명말(明末)·청초(淸初)에 간행되었다. 총 16권. 내단수련의 이론·방법·과정을 서술하고 있다. 「입지(立志)」, 「단품(端品)」, 「회과(悔過)」, 「천선(遷善)」, 「축기(築基)」, 「연기(煉己)」, 「채약(采藥)」, 「기화(起火)」, 「식화(熄火)」, 「결태(結胎)」, 「양아(養嬰)」, 「적행(積行)」, 「행공(行功)」, 「면벽(面壁)」, 「비승(飛升)」 등 16편으로 나뉘어져 있다. 성명쌍수와 후천의 정·기·신을 배양하여 선천을 회복할 것을 주장하였다. 『도장집요(道藏輯要)』 벽집(壁集)에 수록되어 있다. 『도장집요』본은 16권을 합하여 상·하, 두 권으로 만들었다.

『금단심법(金丹心法)』

『천선금단심법(天仙金丹心法)』이다.

『역근경(易筋經)』

• • •

　　도교 서명. 명(明)나라 때 천태산(天台山) 자응도인(紫凝道人)이 달마(達磨)의 이름에 가탁하여 지었다. "역근(易筋)"은 단련하면 신체를 건강하게 할 뿐만 아니라 근골도 변화시킬 수 있다는 말이다. 총 2권. 책 속에서는 논하여 서술한 것뿐만 아니라 도해(圖解)도 있다. 수련 공법은 "내적인 굳셈[內壯]"을 근본으로 삼는데, 이는 "내적으로 굳센 것을 견고하다고 하고 외적인 강함을 용맹하다고 하니, 견고하면서도 용맹스러울 수 있는 것이 진정한 견고함이다[內壯言堅, 外強言勇, 堅而能勇, 是眞堅也]"라는 의미이다. 중(中)을 지켜 기(氣)를 쌓으면 마음이 외부로 달려 나감이 없으니, 마음을 고요히 하고 중을 지켜야 비로소 "내적인 굳셈[內壯]"에 도달할 수 있다고 한다. 전해지는 판본이 매우 많은데, 『내공도설(內功圖說)』본이 비교적 좋다. 『총서집성(叢書集成)』에 수록되어 있다.

『진전(眞詮)』

• • •

　　도교 서명. 구처기(丘處機)의 5대(代) 제자(弟子)인 보진자(葆眞子) 양도생(陽道生)이 전(傳)하였고, 청(淸)나라 팽정구(彭定求)가 교정하여 출간하였다. 총 3권. 내단수련의 도를 두 가지로 나누었다. 첫째는 허무대도(虛無大道)의 공부이다. 이는 "허가 지극하면 고요함이 이르는데, 고요하게 되면 정은 저절로 기로 변화하고, 기는 저절로 신으로 변화하며, 신은 저절로 허로 되돌아가[虛極靜至, 精自然化氣, 氣自然化神, 神自然還虛]"는 것이다. 이는 도와 더불어 진에 합하면 육체와

552

신이 모두 오묘해져 그 변화를 예측할 수 없고 수명이 무한하게 된다고 여긴 것이다. 둘째는 신(神)으로써 기(炁)를 부리는 공부이다. 이는 "허와 고요함을 체로 삼고 화후를 용으로 삼아 정을 단련하여 기를 이루고, 기를 단련하여 신을 이루며, 신을 단련하여 허에 돌아가는 것[虛靜以爲體, 火符以爲用, 煉精成炁, 煉炁成神, 煉神還虛]"으로, 또한 육체와 신을 합하여 "장생불사"할 수 있는 것이다. 전자는 돈법(頓法)이고 후자는 점법(漸法)이다. 이 두 가지 수련법이 "금단의 진리이자, 대도의 바른 이치이며, 육체에 이익됨이 있으니 이를 수련하면 허를 이룬다[爲金丹之眞諦, 大道之正宗, 體之有益, 修之則成]"고 인식한다. 『도장집요(道藏輯要)』 귀집(鬼集) 6에 수록되어 있다.

『도문십규(道門十規)』

도교 서명. 명(明)나라 장우초(張宇初)가 지었다. 총 1권. 청정(淸靜)이 가르침을 세우는 근본이며, 성명(性命)과 신기(神氣)가 내단의 요체라고 여긴다. 도를 배우고 닦음은 바로 "성명(性命)"이라는 문제를 해결하는 데 달려 있는 것으로서 도학(道學)은 성명(性命)의 학문이라 여기고, 아울러 부란(扶鸞), 부체(附體), 조수(照水), 원광(圓光) 등의 여러 그릇된 주장을 비난하였다. 책 전체는 10장으로 되어 있는데, 도교의 연원과 유파 및 가르침을 세우는 본지와 마땅히 따라야할 규범에 대해 모두 간명하고 핵심적인 사항을 서술하였다. 『도장(道藏)』 제988책에 수록되어 있다.

『환진집(還眞集)』

• • •

도교 서명. 원말 명초에 왕도연(王道淵)이 지었다. 총 3권. 모두 내단(內丹) 수련의 도를 말한다. 상권『금단묘지(金丹妙旨)』는 금단의 큰 요체를 개괄하는데, 가장 체계적이다. "성명을 함께 닦음[性命雙修]", "내관하여 성을 기름[內觀以養其性]", "폐관하여 명을 회복함[閉關以復其命]"을 주장했다. 정기(鼎器)천심(天心), 약물(藥物)정기(精氣), 화후(火候)신기(神氣)를 세 요체로 여기고, 『주역(周易)』 괘상을 빌어 화후(火候) 진퇴의 기틀을 드러냈다. "환단의 도는 신과 기를 합해 본래 성명의 전체를 회복하는 것일 뿐이다[還丹之道, 不過以神氣混合, 而復本來性命之全體]"고 여긴다. 그래서 "본성을 깨달으면[了悟本性]" "만법이 환히 드러난다[萬法昭然]"고 보았다. 이 책의 사상은 유교와 불교를 회통시키고 삼교를 융합한 학설이다. 『도장(道藏)』 제739책에 수록되어 있다.

『제진현오집성(諸眞玄奧集成)』

• • •

도교 서명. 명(明)나라 주재위(朱載壩)가 지었다. 도교 남종 경적(經籍)의 집성. 총 9권. 제1권은 장용성(張用成)의 『금단사백자(金丹四百字)』, 제2권은 석태(石泰)의 『환원편(還原篇)』, 제3권은 설도광(薛道光)의 『환단복명편(還丹復命篇)』, 제4권은 진남(陳楠)의 『취허편(翠虛篇)』, 제5권은 용미자(龍眉子)의 『금액환단인증도서(金液還丹印證圖序)』, 제6권은 백옥섬(白玉蟾)의 『지원편(指元篇)』, 제7권은 소정지(蕭廷之)의 『금단대성집(金丹大成集)』, 제8권은 조우흠(趙友欽)의 『선불동원(仙佛同源)』, 제9권은 허진군(許眞君)의 『석함기(石函記)』이다.

『금단요결(金丹要訣)』

• • • •

도교 서명. 명(明)나라 오수양(伍守陽)이 지었다. 총 1권.『금단대지
(金丹大旨)』,『선천계후천설(先天契後天說)』,『제범은범연진결(制凡
銀凡鉛眞訣)』,『제범사범홍하수진결(制凡砂凡汞下手眞訣)』,『축기설
(築基說)』,『사사접생사진결(死砂接生砂眞抉)』,『보모설(補母說)』등
으로 구성되었다. 주로 연단의 이론과 방법에 대해 논술하였다. 이
책은 "선천(先天)"과 "후천(後天)", 신기(神氣)와 형체(形體)의 상호
관계를 통해 외단(外丹)은 반드시 내단(內丹)과 서로 결합해야 비로
소 "성선(成仙)"할 수 있음을 논증하였다. 이 책에서는 "내단은 암컷
을 지키고 하나를 껴안아 유를 무로 만들어 순음의 체를 응결시켜 이
룬다. 외단은 칠반구환하여 무로부터 유를 만들어 순양의 기를 응결
시키는 것이다. 두 단이 합해야 신선을 이루고 천선을 이루며 대라금
선을 이룬다[內丹者, 守雌抱一, 以有爲無, 凝成一點純陰之體. 外丹
者, 七返九還, 自無而有, 結成一點純陽之氣. 二丹合, 而爲神仙, 爲
天仙, 爲大羅金仙]"고 말하고, 또 "외단이 이루어지지 않으면 내단
은 결성되지 않는다[外丹不成, 內丹不結]"고 하였다. 이 책은 또 연
(鉛) · 은(銀) · 사(砂) · 홍(汞) · 토(土)를 "진(眞)"과 "범(凡)" 두 부류
로 나누었다. 진은 선천의 기(氣)이고 범은 후천의 형(形)인데, 형은
기를 빌어 생하고 기는 형에 의지하여 세워지기 때문에 형과 기를 함
께 사용해야 단이 이루어진다고 여긴다. 책 말미에는 연단에 대한 시
(詩) · 가(歌) 8수가 덧붙여져 있다.『도장집요(道藏輯要)』필집(畢集)
과『도장정화록(道藏精華錄)』제8집에 수록되어 있다.

『천선정리직론(天仙正理直論)』

· · ·

도교 서명. 명(明)나라 오수양(伍守陽)이 편집하였다. 오수양은 또 자신의 사촌동생 오수허(伍守虛)와 함께 주석을 달았다. 총 1권이며, 9장으로 이루어져 있다. 책 앞에는『도원천설(道原淺說)』한 편이 있는데, 이곳에서는 "사람이 생을 얻는 이치[人所以得生之理]"와 양생 연단의 도를 밝혔다. 정문(正文) 9장은 다음과 같다. ①『선천후천이기직론(先天後天二氣直論)』. 이 장에서는 단도(丹道)는 단지 선천(先天)을 쓰며 후천(後天)을 쓰는 것은 꺼림을 밝혔다. ②『약물직론(藥物直論)』. ③『정기직론(鼎器直論)』. ④『화후직론(火候直論)』. ⑤『연기직론(煉己直論)』. ⑥『축기직론(築基直論)』. ⑦『연약직론(煉藥直論)』. ⑧『복기직론(伏氣直論)』. ⑨『태식직론(胎息直論)』. 이 책은 천선(天仙)의 지극히 바른 현묘한 이치에 대하여 분명하면서도 바르고 엄정하게 논술하고, 오류파(伍柳派) 내단 수련법을 체계적으로 소개하여, 사람들로 하여금 의혹됨이 없게 하고 단도(丹道)의 참된 이치를 환히 밝혔기에 "정리직론(正理直論)"이라 한다. 『도장집요(道藏輯要)』필집(畢集)과 『도장정화록(道藏精華錄)』에 수록되어 있다.

『선불합종어록(仙佛合宗語錄)』

· · ·

『오진인단도구편(伍眞人丹道九篇)』이라고도 한다. 도교 서명. 명(明)나라 오수양(伍守陽)이 지었다. 오수양과 제자들이 수도와 연단에 대해 문답한 것을 기록한 어록이다. 주된 요지는 오수양의 말에 의하면, "이 어록은 선도(仙道)를 드러내어 밝히고, 불교의 종지로 겸증하였기 때문에, 합종이라고 명하였다. 후세사람들에게 성명쌍수가 요체가 됨을 알렸다[斯錄闡發仙宗, 而以佛宗爲印證, 故名合宗. 無非使天下後世知性命雙修爲要也]"「선불합종서(仙佛合宗序)」고 한다. 내용은 약물(藥物)·노정(爐鼎)·수원(水源)·화후(火候)·채련(采煉)·목욕(沐浴)·연정기신(煉精氣神)·환허(還虛) 등 여러 방면을 언급하고 있다. 도교 경전을 인용하여 증명하면서도 불교 경전도 근거로 삼고 있다. 도교와 불교를 회통시켜 하나의 체계로 만들었다. 이 책의 지식과 견문은 깊고 넓으며, 서술한 내용이 자세하고, 심오한 내용을 알기 쉽게 표현했다. 이 때문에 연양가(煉養家)들이 떠받드는 책이다. 『도장집요(道藏輯要)』필집(畢集) 및 『도장정화록(道藏精華錄)』에 실려 있다.

『오진인단도구편(伍眞人丹道九篇)』

· · ·

『선불합종어록(仙佛合宗語錄)』을 말한다.

『여단합편(女丹合編)』

· · ·

도교 서명. 청(淸)나라 하용양(賀龍驤)이 펴냈다. 총 19권. 책 속에 명(明)·청(淸) 이래의 여단(女丹)에 관한 저작물 18종을 모아 놓았다. 예컨대, 『남녀단공이동변(男女丹功異同辨)』에서는 여성의 생리적 특성이 남성과 다르기 때문에, 연단에서도 남녀의 구별이 있다고 말한다. 『여단십칙(女丹十則)』·『여단금(女金丹)』에서는 여단은 몸을 보양하고 혈기를 보익(補益)하는 것을 귀하게 여긴다고 말한다. 이 두 편은 여단의 연형(煉形)·함양(涵養)하는 공부에 대해 쉽고 자세하

게 말하고 있다. 『초양경여공수련(樵陽經女功修煉)』과 『여공연기환단
도설(女功練己還丹圖說)』에서는 여성이 연형하고 채약하여 단을 만
드는 방법을 서술하고 있다. 『여단시집후편(女丹詩集後編)』에는 4편
의 시가 수록되어 있고, 아울러 주해가 달려 있다. 『여단요언(女丹要
言)』에서는 안마보건법(按摩保健法)을 설명하고, 아울러 처방전이 있
다. 그 외에 『곤원경(坤元經)』, 『곤결(坤訣)』, 『여수정도(女修程途)』 『손
불이원군법어(孫不二元君法語)』를 말한다, 『곤녕경(坤寧經)』, 『여단촬요(女丹
撮要)』, 『여단휘해(女丹彙解)』, 『여진단결(女眞丹訣)』, 『서지집(西池
集)』, 『여단시집(女丹詩集)』, 『구품연화경(九品蓮花經)』, 『방문록(旁門
錄)』 등이 실려 있다. 광서(光緒) 32년(1906) 성도(成都) 이선암(二仙
庵) 간행본이 있다.

『여청귀율(女靑鬼律)』

도교 서명. 총 6권. "여청(女靑)"은 신선의 이름이며, 태상계율(太
上戒律)을 천사(天師) 장도릉(張道陵)에게 전수해주었다고 한다. 또
책속에 천하 귀신의 이름, 도를 받드는 자가 지켜야 할 계율, 염송할 귀
신 이름, 귀신과 마귀를 물리치는 법 등을 기록하고 있기 때문에 『여청
귀율』이 서명이 되었다고 한다. 남북조(南北朝) 시기 천사도(天師道)
의 중요한 계율 가운데 하나이다. 『도장(道藏)』 제563책에 실려 있다.

『노군음송계경(老君音誦誡經)』

도교 서명. 북위(北魏) 구겸지(寇謙之)가 지었다. 총 1권. 노군에게

서 전수받았다고 가탁하여 말한다. 실제로는 구겸지가 도교를 정돈할 때 편찬한 『운중음송신과지계(雲中音誦新科之誡)』20권『위서(魏書)』「석노지(釋老誌)」에 보인다의 일부분이다. 원본은 없어졌고, 이것은 후대 사람의 발췌본이다. 이 책에 실려 있는 과의(科儀)에서 설치(設治) 서직(署職) 수록(授籙) 연법(煉法) 상장(上章) 등은 모두 개정한 것이다. 북천사도(北天師道)의 중요한 규범이 되는 경전이다. 『도장(道藏)』제562책에 실려 있다.

『동현영보삼동봉도과계영시(洞玄靈寶三洞奉道科戒營始)』

간략하게 『삼동봉도과계영시(三洞奉道科戒營始)』라 칭한다. 도교 서명. 총 6권. 이 책은 수(隋)나라 이전에 나온 것으로, 초기 도교의 계율의범(戒律儀範)이다. 앞부분의 「지수시요(指修時要)」는 계율 규범 512조목[17]을 나열하고 있다. 주된 요지는 인과응보의 설을 널리 알리는 데 있으며, 남녀도사 중 경의 계율을 어긴 자는 응보를 받는다고 한다. 도관 건축, 신상 만들기, 경전 베끼기, 사람들을 제도하고 입도시키기 등에 대해서도 각각의 의범(儀範)과 규장(規章)이 있어서 어겨서는 안 된다. 두 번째 부분은 의범(儀範)으로서, 8종으로 나뉘어 있으며, 모든 송경(誦經) 강경(講經) 칭위(稱位) 법복(法服) 등 모두 명확한 규범과 의주(儀注)가 있다. 도교 과계(科戒)와 의범(儀範)의 중요한 전적이다. 『도장(道藏)』제760~761책에 실려 있다.

---

17. 512조목: 원서에는 '520조목'이라 되어 있으나, 원문에 따라 교감하였다.

『삼동봉도과계영시(三洞奉道科戒營始)』
· · · ·

『동현영보삼동봉도과계영시(洞玄靈寶三洞奉道科戒營始)』를 말한다.

『동현삼원품계경(洞玄三元品戒經)』
· · · ·

정식 명칭은『태상동현영보삼원품계공덕경중경(太上洞玄靈寶三元品戒功德輕重經)』이다.『동현영보삼원품계경(洞玄靈寶三元品戒經)』이라고도 한다. 도교 서명. 이 책은 남조(南朝) 송(宋) 이전의 옛 도교 경전이다. "삼원(三元)"이란 상원천관(上元天官)·중원지관(中元地官)·하원수관(下元水官)을 말한다. 삼관은 "삼원품계죄목(三元品戒罪目)" 180조에 의거하여 선악의 공과를 심사하고 선악을 기록하여 담당관에게 상주(上奏)함으로써 그 생사와 죄복(罪福)을 정하는데, 응보에 착오가 없게 한다. 경중에 상관없이 모든 응보는 그 사람의 공덕과 마음속의 시비선악에 따라 결정된다고 여겼다.『도장(道藏)』 제202책에 실려 있다.

『태상동현영보삼원품계공덕경중경
(太上洞玄靈寶三元品戒功德輕重經)』
· · · ·

『동현삼원품계경(洞玄三元品戒經)』을 말한다.

『태상삼원법(太上三元法)』

. . .

정식 명칭은『태상대도삼원품계사죄상법(太上大道三元品戒謝罪上
法)』이다. 도교 서명. 삼원일(三元日)에 사죄하는 조목들을 기록하였
다.『당육전(唐六典)』권4 "사부랑중(祠部郎中)"에 따르면, "삼원재는
정월 15일에 천관에게 제사 지내는 상원재, 7월 15일 지관에게 제사
지내는 중원재, 10월 15일 수관에게 제사 지내는 하원재를 말한다. 삼
원재일은 모두 법신이 자신의 죄를 뉘우치는 날이다[三元齋正月十五
日天官為上元, 七月十五日地官為中元, 十月十五日水官為下元, 皆
法身自懺恁罪焉]"라고 하였다.『도장(道藏)』제192책에 실려 있다.

『태상대도삼원품계사죄상법(太上大道三元品戒謝罪上法)』

. . .

『태상삼원법(太上三元法)』을 말한다.

『요수과의계율초(要修科儀戒律鈔)』

. . .

도교 서명. 당(唐)나라의 주법만(朱法滿)이 지었다. 총 16권. 이 책
은『구천생신장(九天生神章)』,『태진과(太眞科)』,『본상경(本相經)』,
『진장경(眞藏經)』등의 50여 종의 도서를 인용하였다. 권1은 도교 경
전에서 전해지는 각종 규정을 기술하고 있다. 권2는 지송(持誦)과 강
경(講經)의 의식과 경문을 깨우치고 익히는 것에 대해 서술하고 있
다. 권3은 제자가 스승을 모시는 과의(科儀)에 대해 썼다. 권4에서 권
6까지는 "여러 계율과 원념을 합하여 1,100가지 조목[眾戒及願念合

一千一百條]"을 기록하였다. 권7은 "삼원죄계품목(三元罪戒品目)" 180조목을 나열하였다. 권8과 권9는 재초(齋醮) 과의(科儀)를 기록하였다. 권10은 "치옥(治屋)", "치명(治名)", "치소속(治所屬)", "치실(治室)", "장표(章表)", "치병기일(治病忌日)" 등을 기록하였다. 권11은 죄를 없애고 아들을 얻는 것, 병의 치료, 비가 오기를 비는 등의 재초에 필요한 물품을 나열하고 과의를 서술하고 있다. 권12에서 권14까지는 "반현연(飯賢緣)", "조전당연(造殿堂緣)", "염도연(念道緣)" 등과 같은 여러 잡의(雜儀)를 기록하였다. 권15와 권16은 "도사의 길흉의(道士吉凶儀)"를 기록하였다. 이 책은 도교의 과의와 계율의 유편(類編)으로, 당나라 이전의 도교 과의를 연구하는 데 도움이 된다. 『도장(道藏)』 제205~207책과 『도장집요(道藏輯要)』 장집(張集) 4에 실려 있다.

『영보옥감(靈寶玉鑑)』

• • •

도교 서명. 작자 미상. 총 43권. 도교의 재법(齋法)은 대부분 영보(靈寶)를 으뜸으로 삼기에 영보재법(靈寶齋法)에 대한 개론을 첫머리에 두었고, 그 이하는 수재절차(修齋節次), 영번보개(靈旛寶蓋), 소역발견(召役發遣), 신호추섭(神虎追攝), 분등제기(分燈制器), 숙계조초(宿啟朝醮), 단의법식(壇儀法式), 진문부록(眞文符籙), 비신알제(飛神謁帝), 개명유암(開明幽暗), 변화법식(變化法食), 연도갱생(煉度更生) 등 25문류(門類)를 나누어 열거하였다. 부록(符籙) 문자(文字)를 광범위하게 수집하였고, 도를 수행할 때의 의법(儀法)이 상세하게 실려 있어서, 정일도(正一道)의 재법전서(齋法全書)라고 불린다. 『도장(道藏)』 제302~311책에 실려 있다.

『도문과범대전집(道門科範大全集)』

도교 서명. 원(元)·명(明) 시기의 도사가 두광정(杜光庭)의『태상
황록재법(太上黃籙齋儀)』등의 책을 요약하여 편성했다. 총 87권. 도
교의 과의(科儀)를 서술하였는데, 배장(拜章), 소재(消災), 참양(懺
禳), 안택(安宅), 계초(啟醮), 설단(設壇), 사죄(謝罪) 등을 상세하게
나열하였다. 이 책은 남북이두동단초의(南北二斗同壇醮儀), 북두청
초의(北斗淸醮儀), 북두참등의(北斗懺燈儀), 북두도장의(北斗道場
儀) 등, 오두미도(五斗米道)의 고대 종교 풍속을 보존하고 있다.『도
장(道藏)』제976~983책에 실려 있다.

『초진계율(初眞戒律)』

도교 서명. 청(淸)나라 왕상월(王常月)이 지었다. 총 1권. 순치(順
治) 13년(1656) 3월에 왕상월이 백운관(白雲觀)에서 단을 세우고 전
한 것이다. 이 책에는 삼귀의계(三歸依戒), 적공위근오계(積功爲根
五戒), 초진십계(初眞十戒), 입계요규(入戒要規), 지계위의(持戒威
儀) 등이 있다. 수계(受戒)의 순서, 예배와 참회의 집행, 담소할 때,
앉거나 누울 때 등 의식주 생활 모두에 규정이 있어 이를 어기면 벌
을 받는다. 이 외에도 지수제주품(持受諸咒品), 의건관리도(衣巾冠
履圖), 봉사과계삼십구조(奉師科戒三十九條), 계의사십육조(戒衣
四十六條) 등이 있다. 그 밖에 여진구계(女眞九戒)와 상월부촉게(常
月付囑偈)가 있다. 초진계를 받은 자는 묘행사(妙行師)라는 칭호를
얻는다.『도장집요(道藏輯要)』장집(張集)에 수록되어 있다.

『중극계(中極戒)』

　・・・

　정식 명칭은『중극상청동진지혜관신대계경(中極上淸洞眞智慧觀身大戒經)』이다. 도교 서명. 총 1권. 이 책에서 나열하고 있는 300조목의 계규(戒規)를 중극계라고도 한다. 초진십계(初眞十戒)를 받은 자는 더 받은 자라야 비로소 이 계율을 닦을 수 있다. 모두 300조이다. 마음가짐과 수행에 관한 것에서 사람을 대하는 태도 등까지 모두 규정이 있다. 살생하지 말고 고기를 먹지 말 것, 술과 매운 음식을 먹지 말 것, 도둑질과 음탕한 짓을 하지 말 것, 악담이나 거짓말을 하지 말 것, 어진 이를 시기하거나 교만하지 말 것, 스승을 배반하거나 노인에게 불손하지 말 것, 공적인 일로 앙갚음하지 말 것 등과 같은 계율이 있다. 중극계를 받은 자를 묘덕사(妙德師)라고 칭한다. 『도장집요(道藏輯要)』장집(張集)에 수록되어 있다.

『중극상청동진지혜관신대계경
(中極上淸洞眞智慧觀身大戒經)』

　・・・

　『중극계(中極戒)』를 말한다.

『동현영보재설광촉계벌등축원의
(洞玄靈寶齋說光燭戒罰燈祝願儀)』

　・・・

　도교 서명. 총 1권. 후대 사람이 육수정(陸修靜)의 글을 발췌하고 편집하여 만든 책. 재법(齋法)에서 지켜야 할 목욕과 금계 및 여러 위의

(威儀)에 대한 것을 제외하면, 주로 이론적인 측면에서 재법의 근본 요지를 강론하고 있다. 재법은 사람의 신(身)·구(口)·의(意), 삼업(三業)을 제어하기 위한 것이다. 예절로써 행위를 규범화하여 음탕한 짓이나 도둑질을 방지하고, 경전을 암송함으로써 악담과 거짓된 말을 방지하며, 마음속에 항상 신(神)을 생각하여 탐욕과 성냄을 막는다. 재법의 목적은 사람들이 마음을 씻어내고 행동을 깨끗이 하여 마음에 청정(淸靜)을 품고, 겸손을 근본으로 하여 공경을 일삼아 허정(虛靜)으로 돌아가 도덕에 합치되도록 하는 것이다. 『도장(道藏)』제293책에 실려 있다.

『태상황록재의(太上黃籙齋儀)』

도교 서명. 당말(唐末)·오대(五代)의 두광정(杜光庭)이 육수정(陸修靜) 이래로 널리 전해지는 재의(齋儀)에 근거하여 번잡한 것은 없애고 간소하게 정리하고 편집하여 만든 것이다. 총 58권. 황록재(黃籙齋)는 도교의 여러 재(齋)가운데 하나로, 죽은 자의 넋을 구제하고 재앙을 없애고 복을 부르는 데 쓰이는데, 망령을 제도하는 데 그치지 않고 집안과 국가를 널리 이롭게 하는 데까지 황록재의 공이 미치지 않음이 없다. 송(宋)·명(明) 이후의 영보재의(靈寶齋儀)는 모두 이 책에 근본을 두고 있다. 『도장(道藏)』제270~277책에 실려 있다.

『북극진무보자도세법참(北極眞武普慈度世法懺)』

도교 서명. 묘행진인(妙行眞人)의 이름을 가탁하여 예배와 참회의 법을 강설한 것이다. 총 10권. "수진십계(修眞十戒)" 가운데의 각각 하나의 계율을 1권으로 서술하여 이루어졌다. 사람들로 하여금 마음을 다해 삼청(三淸)의 상성(上聖) 등 수백 위의 신선과 진인에게 조례(朝禮)하며 귀의하도록 하는 것을 일러 "예(禮)"라 한다. 죄를 참회하고, 신에게 죄를 용서하고 복을 내려줄 것을 간청하는 것을 일러 "참(懺)"이라고 한다. 각 권의 계율을 제외하면 예와 참의 방식은 대체적으로 같다.『도장(道藏)』제책567에 실려 있다.

『영보무량도인상경대법(靈寶無量度人上經大法)』

『도인상경대법(度人上經大法)』이라고 약칭한다. 도교 과의(科儀) 집성(集成) 명대(明代)에 편찬되었다. 총 72권이며 88품으로 되어 있다. 그 가운데 재계초의(齋戒醮儀), 건단보두(建壇步斗) 부록주장(符籙咒章), 천서운전(天書雲篆), 내련존사(內煉存思) 및 수양 법식 등이 포함되어 있다. 핵심은 주문을 외우고 부적을 쓰는 데 있는데, 주문은 신선의 언어이고 부적은 하늘의 문자라고 하여, 부적과 주문으로 귀신을 부릴 수 있다고 한다.『도장(道藏)』제85~99책에 실려 있다.

『도인상경대법(度人上經大法)』

『영보무량도인상경대법(靈寶無量度人上經大法)』을 말한다.

『태상삼동신주(太上三洞神咒)』

도교 서명. 도교 주문(咒文)을 집성(集成)했다. 대략 송(宋)·원(元)

시기에 집성되었다. 총 12권. 이 책에서는 뇌정(雷霆)에 관한 주문을 위주로 하며, 또 병을 없애고, 전염병을 몰아내며, 고통에서 구하고, 마귀를 굴복시키는 등의 주문이 있다. 780여 개의 주문을 모아 놓았다. 주문은 대부분 4자로 되어 있는데, 짧은 것은 10여 자이고, 긴 것은 2,000여 자이다. 『도장(道藏)』제33~35책에 실려 있다.

『태상자비도량소재구유참 (太上慈悲道場消災九幽懺)』

• • •

도교 서명. 원래 표제에는 "태극좌선공갈현찬집(太極左仙公葛玄纂集)"으로 되어 있는데, 가탁한 것이다. 당(唐)나라 이함광(李含光)이 이전의 참의(懺儀)를 수집해 편찬한 것이다. 총 10권. 참회문은 주로 경문(經文)으로 되어 있는데, 모두 『태현경(太玄經)』, 『업보경(業報經)』, 『승현경(昇玄經)』등에서 일부를 발췌한 것인데, 『승현경(昇玄經)』을 위주로 한다. 43품으로 되어 있으며, 각 품의 의절(儀節)은 대체적으로 같다. 먼저 도사가 경을 읽고 다음으로 참회를 하며 다음으로 참회문을 읽고 시방의 천존과 진인에게 귀의하는 예를 올리며, 그 뒤에 명복을 빌거나 축원한다. 그 목적은 참주(懺主)를 위해 경법(經法)을 강연하는 데 있는데, 인과응보와 지계(持戒)의 공덕(功德)에 대한 요점을 널리 설명함으로써 조상을 제도하고 삼악도(三惡道)에서 벗어나게 하여 모두 도의 언덕에 오르게 하며, 아울러 나라의 태평과 백성의 안녕을 축원한다. 『도장(道藏)』제297~299책에 실려 있다.

『무상황록대재입성의(無上黃籙大齋立成儀)』

　간략하게 『황록대재입성의(黃籙大齋立成儀)』라 칭한다. 도교 서명.
남송(南宋)의 장숙여(蔣叔輿)가 편찬했다. 장숙여는 스승 유용광(留
用光)의 명을 받아 재법(齋法)을 정리하여 『황록재의(黃籙齋儀)』 36권
을 편찬했다. 현재의 판본은 57권으로 명대(明代)의 도교도들이 증수
(增修)한 것이다. 풍부한 내용을 망라하고 있어 황록재법의 전서(全
書)라고 할 수 있다. 전체 24문(門)으로 나뉘어 있다. 각 문에는 여러
세목(細目)이 있으며 각종 재초(齋醮)와 의궤(儀軌)를 상세하게 나열
하고 있다. 영보(靈寶)의 옛 재법을 발전시키는 데 주력하였는데, 고
법(古法)에 대한 고증과 원류(源流)에 대한 분석은 여러 재의서(齋儀
書) 중에서도 드문 것이다. 제57권은 부록으로 『수서시말(修書始末)』
과 유용광전(留用光傳)이 실려 있는데 이를 통해 이 책의 전수와 형
성 과정을 살펴볼 수 있다. 『도장(道藏)』 제278~290책에 실려 있다.

『황록대재입성의(黃籙大齋立成儀)』

　『무상황록대재입성의(無上黃籙大齋立成儀)』를 말한다.

『태극제련내법(太極祭煉內法)』

　도교 서명. 총 3권. 송말(宋末)의 정소남(鄭所南)이 편찬했다. 이 법
은 삼국(三國) 시기의 갈현(葛玄)으로부터 전해졌다고 하는 영보고전
비법(靈寶古傳秘法)으로, 이로써 제련(祭煉)하여 귀신과 혼령을 제

도하였다고 한다. "제(祭)"란 음식을 차려 귀신의 배고픔과 갈증을 풀어주는 것이다. 또 "련(煉)"이란 정신적으로 해탈하게 만드는 것을 말한다. 정소남은 여러 제련법을 모아 번잡한 것은 없애고 간소화하여 이 책을 편성했다. 제련법은 본래 몇 가지 의식과 부주(符咒)로 되어 있다. 정소남은 여기에서 영혼을 제도하는 근본은 과의에 있지 않고, 제도를 거행하는 자의 수행에 달려 있다고 설명한다. 제도를 행하는 자는 내련 단법을 기초로 하여, 제련의 의식과 부주를 사용하는데 내련(內煉)과 존사(存思)의 지극히 높은 경지에 이르러야 제도의 목적을 이룰 수 있다.『도장(道藏)』제312책에 실려 있다.

『법해유주(法海遺珠)』

도교 서명. 저술된 시기는 원말(元末) 명초(明初)이다. 부록(符籙)과 주법(咒法)의 집성(集成)이다. 총 46권. 부주(符咒)의 비법 40여 종이 수록되어 있는데, 뇌법(雷法)을 위주로 한다. 그 특징은 백옥섬 계통의 뇌법을 계승한 것인데, 뇌법을 시행하는 자는 묵운(默運) 존상(存想) 등의 여러 내련(內煉) 공법과 외계(外界)의 소청(召請)을 서로 결합해야 한다고 주장한다. 내신(內神)과 외신(外神)을 합하여 일체가 되면 능히 그 신령을 나타나게 할 수 있다고 한다. 책 전체의 내용은 광범위하고 잡다하다. 신부록파(新符籙派)를 연구하는 데 중요한 문헌이다.『도장(道藏)』제825~833책에 실려 있다.

『청미신열비법(淸微神烈秘法)』

도교 서명. 원대(元代) 청미파(淸微派) 도사가 지었다. 총 2권. 청미파의 원류와 사승관계, 청미뇌법(淸微雷法), 서부강신(書符降神), 내수습정법(內修習定法) 등을 서술하고 있으며, 부록(符籙)을 위주로 하고 있다. 이 책의 부적은 필획이 간략하고 기도 의식도 비교적 간단하다. 그 이론은 송대(宋代)의 이학(理學)과 선종(禪宗)의 영향을 받았다. 『도장(道藏)』제105책에 실려 있다.

『청미재법(淸微齋法)』

도교 서명. 원대(元代)에 편찬되었는데 작자는 미상이다. 총 2권. 먼저 청미파(淸微派)의 원류를 서술하고 있고, 다음으로 청미파 도법(道法)의 요지를 논하고 있다. 주된 내용으로 청미파 재법(齋法)을 강론하고 있어서 서명을 『청미재법』이라 하였다. 청미재법은 바로 영보재법(靈寶齋法)의 의식(儀式)을 말한다. 24과(科) 9품(品)으로 되어 있다. 뒤에는 재법의 장정(章程) 의식을 서술하고 있다. 『도장(道藏)』제111책에 실려 있다.

『대명현교입성재초의범(大明玄教立成齋醮儀範)』

간략하게 『현교입성재초의(玄教立成齋醮儀)』라 칭한다. 도교 서명. 명나라 태조(太祖) 주원장(朱元璋)이 칙령으로 예부(禮部)에서 도교도를 소집하여 오래된 재초 의범(儀範)의 "번잡함을 없애고 간소화하여 규정을 만든[去繁就簡, 立成定規]" 책이다. 송종진(宋宗眞), 조윤중(趙允中), 부동허(傅同虛), 등중수(鄧仲修), 주현진(周玄眞) 등이 편찬에 참여했다. 이 재초 의범은 송(宋)·원(元) 이래 여러 파의 재의(齋儀)에 비해 매우 간소화된 것이다.『도장(道藏)』제264책에 실려 있다.

『현교입성재초의(玄敎立成齋醮儀)』

『대명현교입성재초의범(大明玄敎立成齋醮儀範)』을 말한다.

『열선전(列仙傳)』

도교 서명. 옛 표제에는 서한(西漢)의 유향(劉向)이 지은 것으로 되어 있다. 총 2권. 후대인은 가탁한 것으로 단정하여 마땅히 동한(東漢)사람이 지은 것이라고 하였다. 적송자(赤松子), 현속(玄俗) 등 신선 70명의 사적(事跡)을 서술하고 있다. 현행본에는 흠문고(歆門高), 유안(劉安), 노래자(老萊子) 세 사람이 추가되어 있다. 명(明)나라 판본에는 매 항목마다 4언의 찬어(贊語)가 있고, 책 말미에는 총괄적인 찬어가 있는데 이는『열녀전(列女傳)』의 체계를 모방한 것이다. 진(晉)나라 이후 신선의 일을 말할 때는 대부분『열선전』에 근거하고 있다. 역대 문인들은 대부분 이 책의 신선 사적을 전고(典故)로 사용한다.『도장(道藏)』제138책에 실려 있다.

『정일제주장보비(正一祭酒張普碑)』

• • •

도교 고(古) 비기(碑記). 옛날에는 사천(四川) 홍아현(洪雅縣)에 있었다. 동한(東漢) 때에 세워졌다. 송(宋)나라 홍괄(洪适)의 『예속(隸續)』권3에 실려 있는데, 다음과 같이 적혀 있다. "희평 2년 3월 1일, 하늘의 귀병 호구 □□[18] 선도를 배워 도를 이루자 현기가 펼쳐져 수명이 연장되었다. 정일이 근원이라고 말하고 으뜸의 기를 펼쳤다. 장보를 제주로 정하고, 맹생(盟生)인 조광, 왕성 황장, 양봉 등에게 12권의 『미경』을 전수해주었다. 제주는 천사도법이 끝없이 펼칠 것을 약속했다.[熹平二年三月一日, 天表鬼兵胡九□□仙歷道成, 玄施延命, 道正一元, 布于伯氣, 定召祭酒張普, 萌(盟)生趙廣, 王盛, 黃長, 楊奉等, 詣受微經十二卷, 祭酒約施天師道法無極才.]" 이 비기는 오두미도(五斗米道)에 관한 진귀한 자료이다.

『신선전(神仙傳)』

• • •

도교 서명. 동진(東晉) 갈홍(葛洪)이 지었다. 총 10권. 고대 전설 속 신선 84명의 사적을 서술했는데, 노자(老子)와 팽조(彭祖)를 제외한 나머지는 『열선전(列仙傳)』에는 싣고 않았다. 『한위총서(漢魏叢書)』본은 『태평광기(太平廣記)』의 내용을 발췌하고 덧붙여 92명으로 늘렸다. 『도장(道藏)』에는 수록되지 않았고, 『도장정화록백종(道藏精華錄百種)』에는 노오(盧敖), 약사(若士), 화자기(華子期), 세 사람이 추가되어 있다.

---

18. □: 이 부호는 결자 표시이다.

『동선전(洞仙傳)』

· · ·

　도교 서명. 『수서(隋書)』「경적지(經籍誌)」에서『동선전』은 10권이라
고 기록되어 있으나 지은이는 기록되어 있지 않다. 『당서(唐書)』「경적
지(經籍誌)」와『신당서(新唐書)』「예문지(藝文誌)」에『동선전(洞仙傳)』
은 10권이고 "견소자가 지었다[見素子撰]"라고 기록되어 있다. 『송사
(宋史)』「예문지(藝文誌)」, 『통지(通誌)』「예문략(藝文略)」도 동일하다.
여기서 견소자는 남조(南朝)의 도사이다. 『숭문총목(崇文總目)』에서는
『동선전』 9권이라고 기록하고 있는데, 당시에 이미 잔결(殘缺)되었던
것으로 의심된다. 『도장결경목록(道藏缺經目錄)』에『동선전』 9권이라
고 되어 있어서 명대(明代)에 이 책이 이미 소실된 것을 알 수 있다. 오
늘날에는 오직『운급칠첨(雲笈七籤)』권110과 권111에 2권으로 된『동
선전』남아 있는데, 이는 장군방(張君房)이 요점만 가려서 발췌한 것이
다. 원군(元君)에서 강백진(姜伯眞)까지 신선 77명의 사적(事迹)을 기
록했다. 『사고전서(四庫全書)』자부(子部) 도가류(道家類) 목록에『동
선전』 1권이 있는데, 이는 절강(浙江)의 왕여율(汪汝瑮)이 바친 것으로
『운급칠첨(雲笈七籤)』의 문장을 베껴서 1권으로 만든 것이다.

『속선전(續仙傳)』

· · ·

　도교 서명. 옛 표제에는 율수(溧水)의 령(令)인 심분(沈汾)이 지은
것으로 되어 있다. 총 3권. 책에는 담초(譚峭)가 기록되어 있고, 양
행밀(楊行密)을 오(吳)나라 태조(太祖)라고 칭한 것을 보아, 지은이
는 마땅히 오대(五代) 남당(南唐) 사람일 것이다. 상권에는 장지화(張

誌和) 등 "비승(飛升)"한 16인이 실려 있고, 중권에는 손사막(孫思邈) 등 "은화(隱化)"한 12인이 실려 있으며, 하권에는 사마승정(司馬承禎) 등 "은화(隱化)"한 8인이 실려 있다. 제138책에 수록되어 있다.

『의선전(疑仙傳)』
• • •

도교 서명. 옛 표제에는 은부(隱夫) 옥간(玉簡)왕간(王簡)이라고도 한다이 지었다고 되어 있다. 총 3권. 도교 신선 인물 22명의 사적을 서술하고 있는데, 모두 당(唐)나라 개원(開元) 이후의 일이다. 『사고전서총목제요(四庫全書總目提要)』에서는 다음과 같이 말한다. 『의선전』 권2 "주자진조영(朱子眞趙穎)" 조목에 의하면, 임금의 수레가 촉(蜀)으로 행차하려 하자 주자진은 홀연히 사라졌고, 조영은 그 단약을 먹고서 과연 200여 년을 더 살았다고 한다. 상고해보면, 당 현종(玄宗)과 희종(僖宗)이 모두 촉으로 행차했다. 현종이 촉으로 행차한 때로부터 200여 년을 미루어보면, 송(宋) 건덕(乾德)과 개보(開寶) 사이로 간주된다. 그러므로 송대 사람이 편찬한 것으로 추정된다. 『도장(道藏)』 제151책에 실려 있다.

『집선전(集仙傳)』
• • •

도교 서명. 『수서(隋書)』「경적지(經箱誌)」 사부(史部) 잡전류(雜傳類)에는 『집선전』은 10권이라고 기록되어 있다. 『태평광기(太平廣記)』에 이 책의 일부가 발췌되어 있으며, 온전한 책은 소실된 지 오래되었다. 지금은 『설부(說郛)』에 기록된 1권만 남아 있는데, 신선의 사적

(事跡)을 기록하고 있다. 『설부』에서는 송(宋)나라 증조(曾慥)가 지었다고 되어 있는데, 이는 틀린 것이다.

『한무제내전(漢武帝內傳)』

• • •

도교 서명. 옛 표제에는 한(漢)나라 동박삭(東方朔) 지은 것으로 되어 있다. 한나라 반고(班固)가 지었다고도 하고, 동진(東晉)의 갈홍(葛洪)의 손에서 나왔다고도 한다. 이는 육조(六朝)의 도사가 가탁한 것으로 간주된다. 총 1권. 한무제의 출생, 신선의 도를 추구했던 일, 그의 장례에 관한 일 등의 신기한 이야기가 쓰여 있으며, 서왕모(西王母), 상원부인(上元夫人)이 한나라 궁전에 강림한 일, 한무제가 접대한 일화를 중점을 두고 묘사했는데, 이러한 일화를 빌려 도교의 부록과 수련을 선양하고 있다. 두광정(杜光庭)의 『용성집선록(墉城集仙錄)』권1과 『역세진선체도통감(歷世眞仙體道通鑒)』후집(後集)의 「금모원군전(金母元君傳)」은 모두 "내전(內傳)"의 문장을 베낀 것이고, 『영보무량도인상경대법(靈寶無量度人上經大法)』권21의 「오악진형품(五嶽眞形品)」의 첫머리 문단 또한 이 책의 문장을 발췌한 것이다. 『도장(道藏)』제137책에 실려 있다. 그밖에 수산각(守山閣) 간행본이 있다.

『한무제외전(漢武帝外傳)』

• • •

도교 서명. 총 1권. 동방삭(東方朔), 권부인(拳夫人), 직구군(稷丘君), 회남왕(淮南王), 이소옹(李少翁), 공손경(公孫卿), 노여생(魯女

生), 봉군달(封君達), 이소군(李少君), 동곽연(東郭延), 윤궤(尹軌), 계료(薊遼), 왕진(王眞), 유경(劉京)의 일을 서술하고 있는데 대부분 한무제가 좋아했던 신선과 관계가 있다.『한무제내전(漢武帝內傳)』의 증보판이다.『도장(道藏)』제137책에 실려 있다.

『침중서(枕中書)』
. . .

『원시상진중선기(元始上眞衆仙記)』간략하게『중선기(衆仙記)』라고 한다라고도 한다. 도교 서명. 구 표제에는 동진(東晉) 갈홍(葛洪)이 지었다고 되어 있으나 의탁한 것으로 보인다. 총 1권. 육조(六朝) 시기 상청파(上淸派)의 책으로, 이 책에서는 현도태진왕(玄都太眞王)으로부터 전수받았다고 말하고 있다. 대부분 신선 도술에 관한 일을 서술하고 있다. 태호씨(太昊氏)로부터 양한(兩漢)의 제왕까지의 전설이 기록되어 있다. 예를 들면 오제 등이 명산을 나누어 다스렸는데, "태호씨는 청제로 대종산을 다스렸고, 전욱씨는 흑제로 태항산을 다스렸다. 축융씨는 적제로 형곽산을 다스렸으며, 헌원씨는 황제로 숭고산을 다스렸고, 금천씨는 백제로 화음산을 다스렸다[太昊氏為靑帝, 治岱宗山. 顓頊氏為黑帝, 治太恒山. 祝融氏為赤帝, 治衡霍山. 軒轅氏為黃帝, 治嵩高山. 金天氏為白帝, 治華陰山]"라고 하였다. 고대 부족의 수령(首領)을 뭇 신선으로 삼은 것은 남방 민족의 옛 역사로부터 나온 것 같다. 또 원시천존(元始天尊)과 태현옥녀(太玄玉女)가 기를 통하여 정을 맺고, 부상대제(扶桑大帝)와 구천현녀(九天玄女)를 낳았다는 내용이 실려 있다.『사고전서총목제요(四庫全書總目提要)』에서는 후대인의 위작이라고 말하고 있다.『도장(道藏)』제73책에 실려 있다.

『원시상진중선기(元始上眞衆仙記)』

• • •

『침중서(枕中書)』를 말한다.

『상청후성도군열기(上淸後聖道君列紀)』

• • •

　도교 서명. 작자 미상. 원래 표제에는 "방제동궁청동군전제자왕원
유(方諸東宮靑童君傳弟子王遠遊)"라고 되어 있다. 총 1권. 전반부에
서는 "후성(後聖)"인 이군(李君)·팽군(彭君)과 "도군(道君)" 4명을
언급하고 있다. 주로 후성 이군의 사적(事跡)을 서술하고 있다. 이군
의 이름은 홍원(弘元)[19]이고, 또 다른 이름은 현수(玄水)이다. 자는 자
광(子光)이며, 또 다른 자는 산연(山淵)이다. 전해지기로는 지황(地
皇)의 후예로 현제(玄帝) 때의 사람이고, 20세에 출가하여 입도했다
고 한다. 후에 자미상진천제(紫微上眞天帝) 옥청군(玉淸君)이 맞이하
여 상청궁(上淸宮)에 올라가 "상청금궐후성제군(上淸金闕後聖帝君)"
에 봉해져 "아래로 10천을 다스리고, 모든 백성을 다스렸다[下治十
天, 封掌兆民]"고 전해진다. 그리고 아래로 태사(太師)와 대상(大相)
등 선관(仙官) 360여 명을 두었다고 한다. 후반부에서는 청동군(靑童
君)이 신선의 골상(骨相)에 대하여 논한 것을 싣고 있다. "천록이 현
궁에 나타나면, 기후가 몸에서 증험된다[天錄顯於玄宮, 則氣候診於

---

19. 弘元: 원서에는 '元一'로 되어 있다. 『도장』 원문에는 "上淸金闕後聖帝君李諸弘
　　元一諱玄水"로 되어 있는데, 『중화도장』에 따르면 '諸弘元'은 '諱弘元'이다. 따라
　　서 이군의 이름은 '弘元'이며, 또 다른 이름은 '玄水'가 된다. 문맥상 이에 따라 교
　　감하였다.

軀形]"고 여겼다. "상선의 상[上仙之相]", "차선의 상[次仙之相]" 등 10여 조목을 상술하고 있다. 유사배(劉師培)의 『독도장기(讀道藏記)』에는 "이 책의 출현은 실제로는 당대 이전이다[此書之出, 實在唐代前]"라고 기록되어 있다. 『도장(道藏)』제198책에 수록되어 있다.

『자양진인내전(紫陽眞人內傳)』
• • •

도교 서명. 자양진인(紫陽眞人) 주의산(周義山)의 자는 계통(季通)이며, 서한(西漢) 시기의 사람이라고 전해진다. 동진(東晉) 시기의 고도서(古道書)이다. 주의산이 득도하여 진인이 된 일을 말하고 있다. 주의산은 어려서부터 신선을 좋아하여 천하의 명산대천을 유람하면서 30여 명의 신선과 진인을 만나 그들로부터 각각 경문(經文), 단법(丹法), 부록(符籙), 법술(法術) 등을 전수 받았으며, 또 100여 년을 수련하여 백일승천 했다고 한다. 이 책의 뒤에는 부록으로 전수받은 도교 경전의 목록이 있는데, 이는 도교 전적을 고증하는 데 있어 참고할 만한 가치가 있다. 『구당서(舊唐書)』, 『신당서(新唐書)』, 『송사(宋史)』의 「예문지(藝文誌)」에는 동진(東晉)의 화교(華僑)가 지었다고 한다. 『도장(道藏)』제152책에 실려 있다.

『삼동군선록(三洞群仙錄)』
• • •

도교 서명. 정일도사(正一道士) 진보광(陳葆光)이 모아 펴냈다. 총 20권. 『무진현지(武進縣誌)』에 따르면, 진보광은 천경관(天慶觀)에서 수업을 받았고, 『신선몽구(神仙蒙求)』3권을 지었으며 만년에는 모봉

(茅峰)에서 살았다고 한다. 이 책의 앞에 소흥(紹興) 24년(1154)에 죽헌(竹軒)에서 쓴 서문이 있어서 대략 남송(南宋) 초기에 책을 완성한 것으로 보인다. 이 책에서는 1,054조목의 신선 이야기를 싣고 있는데, 각 조목마다 네 글자 대구(對句)로 제목을 붙였다. 아울러 200여 종의 책을 인용하여 이야기의 출처를 밝히고 있다. 자서(自序)에서 "제자백가의 책을 망라하고 아래로 패관의 속된 글에 이르기까지 신선의 일을 싣고 있는 것을 모두 모은 것이 바로 이 책이다[網羅九流百氏之書, 下逮稗官俚語之說, 凡載神仙事者, 袁爲是書]"라고 하였다. 그러나 신선의 일이라고 하기에는 부족한 괴이한 일들을 많이 기록하고 있다. 『도장(道藏)』제992~995책에 실려 있다.

『동현영보삼사기(洞玄靈寶三師記)』

• • •

도교 서명. 이 책은 도사(度師) 응이절(應夷節), 적사(籍師) 풍유량(馮惟良), 경사(經師) 전응허(田應虛)의 생애와 그들이 신선이 된 일을 기록하고 있다. 전(田), 풍(馮), 응(應) 삼인은 모두 당대(唐代)의 상청파(上淸派) 도사이다. 도교에서는 자신에게 도를 전해준 스승을 "도사(度師)"라 하며, 그 도사의 스승은 "적사(籍師)"라 하고 적사의 스승을 "경사(經師)"라고 하는데, 이를 "삼사(三師)"라고 한다. 도교에서는 삼사를 조상처럼 높이 받들었다. 이 책의 원래 표제에는 "광성선생류처정찬(廣成先生劉處靜撰)"이라고 되어 있다. 『도장제요(道藏提要)』의 고증에 의하면 이 책은 당말(唐末) 오대(五代) 시기의 두광정(杜光庭)이 지은 것으로 간주된다. 『도장』제198책에 수록되어 있다.

『광황제본행기(廣黃帝本行記)』

• • •

도교 서명. 당(唐)나라 왕류(王瑠)가 지었다. 원래는 3권이다. 상권과 중권은 황제의 성장과정과 천하를 다스린 일을 서술하고 있으나, 사라지고 전해지지 않는다. 현재는 한 권만 남아 있는데 바로 하권이다. 하권은 황제가 수도하여 진인이 된 일을 서술하고 있는데,『도장(道藏)』에 실렸기 때문에 보존될 수 있었다. 이 책에서는 황제가 천하를 다스려 평화롭게 한 뒤에 신선이 되는 법을 탐구하여, 자부선생(紫府先生)으로부터『삼황내문(三皇內文)』을 받고 황개동자(黃蓋童子)로부터『신선지도(神仙芝圖)』를 받았으며, 현녀로부터『구전지결(九轉之訣)』을 전수받고 영선생(寧先生)으로부터『용교경(龍蹻經)』을 전수받고 광성자(廣成子)로부터 장생구시(長生久視)의 도를 전수받아 최후에는 용을 타고 하늘로 올라갔다고 말하고 있다.『도장』제137책에 수록되어 있다.

『선원편주(仙苑編珠)』

• • •

도교 서명. 당말(唐末) 오대(五代)의 도사 왕송년(王松年)이 지었다. 총 3권. 도교 신선의 전기(傳記) 자료를 집성(集成)한 책이다. 작자는『열선전(列仙傳)』,『신선전(神仙傳)』,『원시상진기(元始上眞記)』,『도학전(道學傳)』,『누관전(樓觀傳)』,『영험전(靈驗傳)』,『팔진전(八眞傳)』등에 실려 있는 신선과 진인의 전기를 편집하여, 네 글자의 운문으로 된 정문(正文)을 만들고 일일이 주석하였다. 매 조목 정문은 2구로 되어 있으며, 정문 아래의 주석에서는 앞에서 열거한 신선 전기에 관한 책들을 인용하고 작자가 보고 들은 것을 서술하고 있다. 이 책에서는 300여 명의 신선과 진인의 일을 기록하고 있어서 도교 신선의 사적을 연구하는 데 매우 참고할 만한 가치가 있다. 『도장』 제329~330책에 수록되어 있다.

『도교영험기(道敎靈驗記)』

. . .

도교 서명. 당말(唐末) 오대(五代)의 두광정(杜光庭)이 지었다. 본래 20권이었으나 현재 15권이 전해진다. 그 중 6권 108조목이 『운급칠첨(雲笈七籤)』에 발췌되어 실려 있다. 궁관(宮觀), 경상(經像), 천사(天師), 신령(神靈) 등의 "영적(靈迹)"을 서술하고, 아울러 도교의 역사적 사건도 언급하고 있다. 『사고전서총목제요(四庫全書總目提要)』에서는 "서술하고 있는 글은 다른 도가 서적에 비해 세련되어 문체가 볼만 하다. 그러나 그 내용이 전요(典要)를 근거로 삼음이 부족하고 순전히 신비하고 괴이한 설인 것이 안타까울 뿐이다[所述皆嫻於文字,較他道家之書, 詞采可觀. 惜其純爲神怪之說, 不足據爲典要耳]"라고 한다. 『도장』 제325~326책에 실려 있다.

『용성집선록(墉城集仙錄)』

. . .

도교 서명. 당말(唐末) 오대(五代)의 두광정(杜光庭)이 지었다. 총 6권. 30여 명의 여선(女仙)의 사적(事迹)을 기록하고 있다. 전설에 의하면 서왕모(西王母)가 금용성(金墉城)에 거하면서 여선들을 통솔하였기 때문에 『용성집선록』이라 하였다. 『사고전서총목제요(四庫全書

總目提要)』에서는 이 책과 『운급칠첨(雲笈七籤)』에 실린 내용이 약간 차이가 있다고 한다. 『용성집선록』은 본래 10권이지만 『도장(道藏)』에는 4권이 빠지고 6권만 남아 있다. 원래 판본에는 109명이 실렸는데, 지금은 30여 명만 실려 있다. 『운급칠첨』 제114에서 제116까지 세 권에서 20여 명을 골라 싣고 있다. 『도장』 제560~561책에 실려 있다.

『혼원성기(混元聖紀)』
· · ·

　도교 서명. 송(宋)나라 사수호(謝守灝)가 엮었다. 총 9권. 820장으로 되어 있다. 각종의 신선 전기(傳記) 중 태상노군(太上老君)과 관련된 기록들을 모아 만들었다. 송(宋)나라 진종(眞宗)이 도교를 숭상하여 태상노군을 혼원상덕황제(混元上德皇帝)에 봉했기에 『혼원성기』라고 명명하였다. 이 책의 요지는 "태상노군은 대도의 조상이자 삼재의 근본으로서 방편에 따라 가르침을 베풀었는데, 여러 겁 동안 스승이 되어 나타나기도 하고 숨기도 하면서 얻을 것이 없음을 알고서도 이와 같이 세상에 널리 가르침을 세웠음을 논하는 것이다[論太上老君乃大道之宗祖, 三才之根本, 隨方設教. 歷劫為師, 隱顯有無, 罔得而測, 如是垂世立教]."『도장목록상주(道藏目錄詳註)』권3 『도장』 제551~553책에 실려 있다. 저자의 다른 저작으로 『태상노군연보요략(太上老君年譜要略)』, 『태상노군금서내서(太上老君金書內序)』, 『태상혼원노자사략(太上混元老子史略)』 등이 있는데, 모두 노군의 신화를 서술하고 있으며 『혼원성기』의 자매편이다.

『감수선원록(甘水仙源錄)』

도교 서명. 원(元)나라 이도겸(李道謙)이 엮었다. 총 10권. 전진도(全眞道)에 관한 조서(詔書)와 궁관비지(宮觀碑誌)를 모아서 기록한 것이다. 책머리에는 원(元)나라 지원(至元) 25년(1288)에 쓴 자서(自序)가 있다. 서문에서 중양조사(重陽祖師)가 "금(金) 정륭(正隆) 기묘년 여름에 종남산 감하진에서 신선을 만나 신수를 마시고 진결을 받았는데, 이로부터 모든 인연을 끊고 세상의 모든 것과 어울려 살았다[於金正隆己卯夏, 遇眞仙於終南山甘河鎭, 飮之神水, 付以眞訣. 自是盡斷諸緣, 同塵萬有]"라고 한다. 그래서 『감수선원록』이라고 명명했다. 내용으로는 원 세조(世祖) 지원 6년의 조서, 칠진(七眞)의 비문과 그 제자, 재전제자의 비문, 전진도 궁관의 비명 등이 있다. 이 책은 전진도를 연구하는 데 중요한 사료이다. 『도장(道藏)』제611~613책에 실려 있다.

『금련정종기(金蓮正宗記)』

도교 서명. 표제에는 임간우객(林間羽客) 저력도인(樗櫟道人)즉 진지안(秦誌安)을 말한다이 지었다. 총 5권. 왕중양(王重陽)은 신인(神人)이 "7송이의 금련[七朵金蓮結子]"을 보여 준 것을 구실 삼아 7명의 제자북칠진(北七眞)을 말한다를 거두어 금련의 수를 채웠다. 이것으로 『금련종정기』라고 명명하였다. 북오조(北五祖), 북칠진(北七眞) 등 전진도(全眞道) 조사들이 수도하여 신선이 된 일을 기록하고 있다. 전진도 역사를 연구하는 데 있어 중요한 전적이다. 『도장(道藏)』제75~76책에

실려 있다. 별도로 원(元)나라 유지현(劉志玄)과 사서섬(謝西蟾)이 함
께 지은『금련정종선원상전(金蓮正宗仙源像傳)』1권, 이도겸(李道謙)
의『칠진연보(七眞年譜)』1권,『감수선원록(甘水仙源錄)』10권이 있는
데, 모두『금련정종기』의 자매편이다.

『칠진연보(七眞年譜)』
. . .

　도교 서명. 원(元)나라 이도겸(李道謙)이 엮었다. 총 1권. 원(元)
지원(至元) 8년(1271)에 책이 만들어졌다. 이 책은 전진도(全眞道)
창시자 왕중양(王重陽)과 그 제자 단양진인(丹陽眞人) 마옥(馬鈺),
장진진인(長眞眞人) 담처단(譚處端), 장생진인(長生眞人) 유처현
(劉處玄), 장춘진인(長春眞人) 구처기(丘處機), 옥양진인(玉陽眞
人) 왕처일(王處一), 광녕진인(廣寧眞人) 학대통(郝大通), 청정산
인(淸靜散人) 손불이(孫不二)의 연보를 종합한 것이다. "중양 조사
가 탄생한 해부터[起重陽祖師降世之歲]"(1112), "장춘진인이 승선
한 가을까지[訖長春眞人升仙之秋]"(1227)의 기록이다.『도장』제76
책에 수록되어 있다.

『청미선보(淸微仙譜)』
. . .

　도교 서명. 원(元)나라 진채(陳采)가 지었다. 총 1권. 자서(自序)에
서 다음과 같이 말한다. 원시(元始)로부터 도가 열려 노군(老君)에게
전해지고, 다시 한 번 전해져 진원(眞元), 태화(太華), 관령(關令), 정
일(正一)의 네 파가 되었다. 그 후 열 번 전해져 소응조원군(昭凝祖元

君)에 이르러 다시 하나로 합쳐졌다. 계속해서 여덟 번 전해져 혼은 진인(混隱眞人) 남공(南公)미산(眉山) 남필도(南畢道)에 이르렀고, 남공은 뇌곤(雷困) 황선생(黃先生)황순신(黃舜申)에게 전했고, 황선생은 진채인 나에게 전했다. 이에 이 계보를 만들었다고 한다. 위에서 말한 네 파는 모두 "청미(淸微)"의 이름을 가지고 있어서 저자는 네 파를 합하여 청미파라고 명명하였다. 그러므로 이 책을 『청미선보』라고 하였다. 『도장(道藏)』 제75책에 실려 있다.

『장춘진인서유기(長春眞人西遊記)』

도교 서명. 원(元)나라 이지상(李志常)이 편찬했다. 총 2권. 이지상은 구처기(丘處機)의 제자로 스승을 따라 원 태조(太祖)징기스칸(成吉思汗)의 부름에 응하여 멀리 서역으로 갔는데, 사마르칸트[撒馬爾罕] 깊숙이 들어가 철문관(鐵門關)을 지나 아무다리야강[阿姆河]을 건너서 알로다(斡魯多)즉 행궁(行宮)에서 태조를 만났다고 한다. 이 책은 가는 길에 본 산천과 마을, 그 곳의 풍토와 인정(人情), 진기한 새와 나무, 다른 지방의 언어, 스승과 제자의 문답, 도중에 구처기가 읊은 시 등을 기록하고 있다. 기록한 것은 모두 직접 보고 들은 것이기 때문에 상세하고 확실하여 믿을 만하다. 따라서 서북사지(西北史地)와 중서교통사(中西交通史)를 연구하는 데 중요한 참고 자료가 된다. 청대(淸代)의 서송(徐松)은 서북 지방을 직접 현지 조사한 적이 있는데, 그에 의하면 현지 조사 결과 "그 책의 본래 기록과[與其所素經識]" 대부분 들어맞았다고 한다. 근대의 왕국유(王國維)와 장성랑(張星烺)이 이 책에 주석을 달았는데, 잠중면(岑仲勉)이 이를 사지(史地)의 언어를 고증하는 데 이용하였다. 영어, 불어 번역본이 있다. 책 말미의 부록에는 징기스칸의 조서 등의 문헌이 있다. 『도장(道藏)』 제1056책에 수록되어 있다.

『현풍경회록(玄風慶會錄)』

• • •

도교 서명. 원(元)나라 야율초재(耶律楚材, 1190~1244)가 채록하여 편찬하였다. 총 1권. 대도무위(大道無爲)와 자신을 닦고 나라를 다스리는 방법에 대해 징기스칸(成吉思汗)이 묻고 구처기(丘處機)가 답한 것을 기록하였다. 구처기가 말하기를 "폐하, 수행하는 방법은 다른 것이 없고 밖으로는 음덕을 쌓고 안으로는 정과 신을 견고히 하는 것뿐입니다. 백성을 불쌍히 여기고 보살펴서 천하가 평안하도록 하소서[陛下修行之法, 無他, 當外修陰德, 內固精神耳. 恤民保衆, 使天下懷安]"라고 하였다. 이것이 바로 참되게 제도(濟度)를 실천하는 것으로서 자신을 선하게 하면서 천하를 좋게 만드는 도이다. 『도장(道藏)』 제76책에 수록되어 있다.

『현품록(玄品錄)』

• • •

도교 서명. 원(元)나라 장우(張雨)가 지었다. 장우의 자는 백우(伯雨)이고 다른 자는 천우(天雨)이며, 별호는 정거자(貞居子)이다. 전당(錢塘) 사람이다. 도사가 되어 화양(華陽)과 운우(雲右)를 왕래하며 자칭 구곡외사(句曲外史)라 하였기 때문에, 이 책 표제에 '구곡외사오군해창장천우집(句曲外史吳郡海昌張天雨集)'라고 되어 있다. 주

(周)나라부터 송(宋)나라에 이르기까지 신선(神仙)·방사(方士)·은일(隱逸) 등 135명의 역대 도교인물을 모아 기록하고 있다. 책머리에는 을해년(1335) 가을에 쓴 장우의 자서(自序)가 있다. 『도장(道藏)』제558~559책에 수록되어 있다.

『역세진선체도통감(歷世眞仙體道通鑑)』

도교 서명. 원(元)나라 도사 조도일(趙道一)이 편찬했다. 총 53권. 자서(自序)에 의하면, "유가에는 『자치통감』이 있고 불가에는 『석씨통감』이 있는데 유독 우리 도교만 없다. …… 때문에 고금의 득도한 신선과 진인의 사적을 모아 기록하고 …… 이를 『역세진선체도통감』이라고 이름 붙였다[儒家有資治通鑑, 釋門有釋氏通鑑, 惟吾道敎斯文獨闕. …… 因錄集古今得道仙眞事迹 …… 名之曰歷世眞仙體道通鑑]"고 한다. 황제(黃帝)에서부터 양송(兩宋) 시기의 인물에 이르기까지 745명의 신선을 수록하고 있다. 『도장(道藏)』 제139~148책에 실려 있다. 별도로 5권의 『속편(續篇)』이 있는데, 왕중양(王重陽) 등 금(金)·원(元) 시기의 34명의 사적(事迹)을 언급하고 있다. 『도장』 제149책에 실려 있다. 또 6권의 『후집(後集)』이 있는데, 144명의 여신선이 수록되어 있다. 『도장』 제150책에 실려 있다.

『종남산조정선진내전(終南山祖庭仙眞內傳)』

간략하게 『조정내전(祖庭內傳)』라 칭한다. 도교 서명. 원(元)나라 이도겸(李道謙)이 편찬했다. 총 3권. 종남산(終南山)은 전진도(全眞

道) 창시자인 왕중양(王重陽)이 초기에 수도했던 곳으로서, 그 제자들이 존숭하여 "조정(祖庭)"이라고 하였다. 이 책에는 옥섬진인(玉蟾眞人)을 비롯한 금(金)·원(元) 시기 전진도 도사 37인의 전기가 실려 있다. 여러 명의 비기(碑記)를 참조하여 만들었다. 책머리에 있는 왕명도(王明道)의 서문에서는 "천락진인 이도겸이 여가를 틈타, 조정에 머물렀던 이전의 도사들의 행적을 모아 기록하여 별도의 전기로 만들었다[天樂眞人復於暇日, 編述嘗居祖庭者已往師眞道行, 別爲一傳]"고 하였다. 이 책은 전진도의 중요한 사료이다. 『도장(道藏)』제604책과 『도장집요(道藏輯要)』 익집(翼集)에 실려 있다.

『종남산설경대역대선진비기(終南山說經臺歷代仙眞碑記)』
• • •

도교 서명. 원(元)나라 도사 주상선(朱象先)이 편찬했다. 총 1권. 윤희(尹喜)를 비롯한 35명의 누관파(樓觀派) 도사의 전기이다. 각 전기마다 마지막에 찬사(讚辭)가 있다. 『사고전서총목제요(四庫全書總目提要)』에서는 "주상선의 발문에 의하면 윤희의 동생 윤궤가 『누관선사전』을 지었다고 하며, 이어서 당나라의 윤문조가 30명의 전기를 기록하여 3권으로 만들었다고 한다. 지금의 『비기』는 한 권으로 되어 있고 35명이 기록되어 있는데, 아마도 주상선이 윤문조의 기록을 발췌하고 거기에 윤문조 등 5명을 더했기 때문이다[象先自跋云, 樓觀先師傳者, 尹喜之弟尹軌所撰. 至唐有尹文操者, 續紀三十人, 各列一傳, 爲書三卷. 今碑記僅一卷而有三十五人, 蓋象先節錄文操所傳, 又增入文操等五人耳]"라고 한다. 『도장(道藏)』 제605책에 수록되어 있다.

『한천사세가(漢天師世家)』

．．．

　도교 서명. 명(明)나라 42대 천사(天師) 장정상(張正常) 등이 지었다. 총 4권. 제1권은 서문으로, 홍무(洪武) 9년(1376)에 쓴 송렴(宋濂)의 서, 만력(萬曆) 21년(1593)에 쓴 주천구(周天球)의 서 등 5편의 서문이 실려 있다. 제2권부터 제4권까지는 1대 천사 장도릉(張道陵)부터 제49대 천사 장영서(張永緒)에 이르기까지 모든 천사의 사적(事迹)을 기록하고, 한천사(漢天師)와 관련한 이전의 전설적인 업적들을 모아 밝혔다. 24대 천사 장정수(張正隨)부터는 대부분 당대 제왕이 하사한 "선생(先生)", "진인(眞人)" 등의 봉호(封號)가 있다. 말미에는 명초(明初) 43대 천사 장우초(張宇初)의 후서(後序)와 만력 35년 50대 천사 장국상(張國祥)이 교열했다는 기록이 있다. 『도장(道藏)』제1066책에 실려 있다.

『역대신선통감(歷代神仙通鑑)』

．．．

　도교 서명. 명(明)나라 서도(徐道)가 펴냈다. 총 20권.「선진연파(仙眞衍派)」,「불조전등(佛祖傳燈)」,「성현관맥(聖賢貫脈)」의 3부로 되어 있다. 도(道), 석(釋), 유(儒) 삼교의 신선 전기와 민간 전설을 종합하여 장회체(章回体) 소설로 만들었다. 이 책에는 몇몇의 고대 일화(逸話)를 간직하고 있다.

『진령위업도(眞靈位業圖)』

정식 명칭은『동현영보진령위업도(洞玄靈寶眞靈位業圖)』이다. 도
교 서명. 남조(南朝)시기 양(梁)나라 도홍경(陶弘景)이 지었다. 총 1
권. 이 책에서는 신선의 등급에 따라 순서를 배열하고 있는데, 도교
에서 칭하는 신선들을 일곱 등급으로 나누고, 매 등급마다 하나의 중
위(中位)를 두고 있다. 첫째 중위부터 일곱째 중위까지는 순서대로
원시천존(元始天尊), 옥신도군(玉宸道君), 금궐제군(金闕帝君), 태상
노군(太上老君), 구궁상서(九宮尚書), 정록진군(定錄眞君), 풍도대제
(酆都大帝)이다. 또 각 중위마다 좌위(左位)와 우위(右位)를 세우고,
여러 명의 신선들을 나누어 배치하였다. 주무왕(周武王), 공자(孔子),
진시황(秦始皇) 등 적지 않은 역사적 인물들도 배치되어 있다. 『도장
(道藏)』제73책에 실려 있다.

『동현영보진령위업도(洞玄靈寶眞靈位業圖)』

『진령위업도(眞靈位業圖)』를 말한다.

『상청삼존보록(上淸三尊譜錄)』

『삼존보록옥경(三尊譜錄玉經)』라고도 칭한다. 별칭은『삼존옥전보
록(三尊玉傳譜錄)』,『무상구천장인삼존보록(無上九天丈人三尊譜錄)』
이다. 도교 서명. 이 책은 삼존(三尊)을 존사(存思)하는 법을 서술하
고 있다. 삼존은 삼보(三寶) 또는 삼도사(三度師)라고도 하는데, 원시

상황장인(元始上皇丈人), 무상현로(無上玄老), 금명칠진(金明七眞)을 가리킨다. 수도자가 삼존의 성명과 형상 등을 존사하면 신광(神光)이 수도자의 몸에 내려온다고 한다. 『도장(道藏)』 제73책에 실려 있다.

『삼존보록옥경(三尊譜錄玉經)』

『상청삼존보록(上淸三尊譜錄)』을 말한다.

『삼존옥전보록(三尊玉傳譜錄)』

『상청삼존보록(上淸三尊譜錄)』을 말한다.

『무상구천장인삼존보록(無上九天丈人三尊譜錄)』

『상청삼존보록(上淸三尊譜錄)』을 말한다.

『상방대동진원묘경도(上方大洞眞元妙經圖)』

도교 서명. 이 책의 저술 시기는 송대(宋代)이다. 작자 미상. 이 책에는 『허무자연도(虛無自然圖)』, 『도묘황홀도(道妙恍惚圖)』, 『태극선천도(太極先天圖)』, 『삼의명유도(三儀冥有圖)』, 『기운도(氣運圖)』, 다섯 가지 도상이 있고 각각의 도상에 해설이 붙어 있다. 주된 요지는 아득한 대도(大道)가 진일원양(眞一元陽)의 기를 운행시키는데, 이는 만물의 근본이며 사람이 이를 지킬 수 있다면 수련하여 수명을 늘리

거나 신선이 될 수 있다는 것이다. 이 책과 『상방대동진원음양척강도
서후해(上方大洞眞元陰陽陟降圖書後解)』는 사실상 본래 한 권이다.
『도장(道藏)』 속에서 두 책은 연달아 실려 있다. 이 책의 서론에 따르
면 "열두" 점의 도상이 있다고 하는데, 책에는 다섯 점만 남아 있다.
『상방대동진원음양척강도서후해』에는 일곱 점의 도상이 있는데, 두
책을 합하면 서론에서 말한 "십이" 점과 들어맞는다. 『상방대동진원
음양척강도서후해』에도 도상에 해설이 있으며 『상방대동진원묘경도』
의 체계와 동일한데, 다만 일곱 점의 도상에서만 수련하여 신선이 되
는 도를 말하고 있다. 두 책 모두 『도장(道藏)』 제196책에 실려 있다.

『상방대동진원음양척강도서후해
(上方大洞眞元陰陽陟降圖書後解)』
• • •

『상방대동진원묘경도(上方大洞眞元妙經圖)』를 참고하라.

『수신기(搜神記)』
• • •

① 지괴(誌怪) 소설. 동진(東晉) 시대 간보(干寶)가 지었다. 총 20
권. 『수서(隋書)』「경적지(經籍誌)」와 『구당서(舊唐書)』『신당서(新唐
書)』에는 모두 30권이라고 기록되어 있으며, 『송사(宋史)』「예문지(藝
文誌)」에는 『수신총기(搜神總記)』10권이라고 기록되어 있다. 현재 판
본은 원작이 아니고, 후세 사람이 『법원주림(法苑珠林)』『태평어람(太
平禦覽)』 등의 책에서 모아 만든 것으로 8권뿐이다. 그 내용은 대부분
신선과 요괴의 기이한 일이며, 그 의도는 "신선과 귀신에 관한 일이

거짓이 아님[神道之不誣]"「수신기서(搜神記序)」을 밝히는 데 있다. 그 속에 몇 가지 민간 전설도 보존하고 있다.『비책휘함(秘冊彙函)』『진체비서(津逮秘書)』등의 총서본(叢書本)이 있다.

② 도교 서명. 작자 미상. 총 6권. 책의 앞부분에서 유가·불가·도교의 원류에 대해 말하고 있다. 이 책에서는 옥황상제(玉皇上帝), 현천상제(玄天上帝), 관세음(觀世音), 장무제(蔣武帝), 광평신옹(廣平神翁), 천비(天妃) 등 150명의 신을 싣고 있다. 전·후집으로 된 원대의『수신광기(搜神廣記)』에는 신상(神像)이 실려 있는데, 이 책의 도입부에도 신상이 있다고 하는데 실제로는 실려 있지 않다. 아마도 이 책이『수신광기』의 신상을 삭제하고 수정 증보하여 만들었기 때문으로 보인다.『삼교수신대전(三教搜神大全)』에서는 장천사(張天師)를 7권에 넣었는데 이 책은 2권에 넣고 있다.『삼교수신대전』은『수신기』보다 한 권 더 많은데, 이는『삼교수신대전』이 영락어제본(永樂御製本)『신승전(神僧傳)』에 의거하여 채워 넣은 것이다. 따라서『삼교수신대전』은『수신기』이후에 나온 것으로 추정된다. 책 중에서 "성조지원 6년(聖朝至元六年)" "영락 17년(永樂十七年)" 등의 연대를 언급하고 있어서 책이 만들어진 시기는 원(元)·명(明) 시대로 보이며, 수록된 신은『삼교수신대전』보다 더 많다.『도장(道藏)』제1105~1106책에 실려 있다.

『삼교수신대전(三教搜神大全)』

• • •

정식 명칭은『삼교원류수신대전(三教源流搜神大全)』이다. 작자 미상. 총 7권. 책머리에 근대의 섭덕휘(葉德輝)의 서문이 있고, 책 말미에는 섭덕휘의 발문이 있다. 권1 앞부분에 유(儒)·불(佛)·도(道)의 기원을 싣고 있는 것은『도장(道藏)』본『수신기(搜神記)』와 같다. 옥황상제(玉皇上帝), 서악신(西嶽神), 소령후(昭靈侯), 오온사자(五瘟使者), 당원수(黨元帥), 불타야사선사(佛陀耶舍禪師), 본정선사(本淨禪師) 등 120여 명의 신들을 싣고 있으며 각 신마다 초상화가 있다. 섭덕휘의 발문에 따르면, "이 책은 명(明)나라 사람이 원대(元代) 판각본『화상수신광기』를 증보한 것을 조판한 것이다. …… 여러 승려들에 대한 기록은 영락어제본(永樂御制本)『신승전(神僧傳)』에 실려 있던 것으로, 문장도 모두 고치지 않았다.[此書明人以元板畫像搜神廣記增益繙刻 …… 而諸僧記載悉本永樂禦制神僧傳一書, 文句都無所改竄.]"라고 한다. 이 책의 권4에서 명 성조(成祖) 주체(朱棣)의 시호를 언급하고 있는 것을 보면, 이 책의 완성된 시기는 아마도 영락(永樂) 연간 이후일 것이다.『도장』본『수신기』와 비교하면 공통점과 차이점이 있는데,『도장』본에는 그림이 없기 때문에 이 책이 비교적 연구 가치가 있다. 섭덕휘는 이를 목전손(繆荃蓀)에게서 얻었는데, 목전손은 이 책이 원(元代)본『화상수신광기』의 다른 이름이라고 말했다고 한다. 섭덕휘의 판본은『여루총서麗廔叢書』에 보인다.

『삼교원류수신대전(三教源流搜神大全)』

· · ·

『삼교수신대전(三教搜神大全)』을 말한다.

『신수신기(新搜神記)』

• • •

지괴(誌怪) 소설. 청대(淸代) 이조원(李調元)이 지었다. 총 12권. 도교와 민간 신앙의 여러 신들에 대해 많이 고증하였고, 여러 지역의 신선과 요괴에 대해서도 많이 싣고 있다. 가경(嘉慶) 2년(1797) 만권루(萬卷樓) 간행본이 있다.

『수신후기(搜神後記)』

• • •

지괴(誌怪) 소설. 총 10권.『수신기(搜神記)』와 성격이 비슷하며, 대부분 신선과 괴이한 일들을 기록하고 있다.『수서(隋書)』「경적지(經籍誌)」에는 동진(東晉)의 도잠(陶潛)이 지었다고 기록하고 있다. 다만 현재 전해지는 판본에는 도잠 사후의 일이 기록되어 있으며,『사고전서총목제요(四庫全書總目提要)』에서는 육조(六朝) 시대 사람의 유서(遺書)라고 한다. 노신(魯迅)의『중국소설사략(中國小說史略)』에서는 가탁한 것으로 여긴다.

『동현영보오악고본진형도(洞玄靈寶五嶽古本眞形圖)』

• • •

도교 서명. 원래의 표제에는 "동방삭찬(東方朔撰)"이라고 되어 있으나 가탁한 것으로, 위진(魏晉)시대에 나온 고도서(古道書)로 보인다. 총 1권. 이 책에서는 도교의 영산(靈山)인 오악(五嶽)태산(泰山), 형산(衡山), 숭산(嵩山), 화산(華山), 항산(恒山)과 사산(四山)청성산(靑城山), 여산(廬山), 곽산(霍山), 잠산(潛山)의 뛰어난 지세와 신령스러운 유래가 있는 유적에 대해 서술하고 있다. 산수의 오르내리고 구불구불한 형상을 본떠 그림으로 그려 진형도(眞形圖)로 만들었다. 이 진형도가 있으면 산에 들어가도 헤매지 않고 도적이나 독의 재해를 피할 수 있다고 한다. 아울러 도사가 산에 들어갈 때 부적을 그리고 착용하는 법이 실려 있다. 『도장(道藏)』제197책에 수록되어 있다.

『서악화산지(西嶽華山誌)』

도교 서명. 금(金)나라 왕처일(王處一)이 지었다. 왕처일의 자(字)는 자연(子淵)이고, 호(號)는 연봉일사(蓮峰逸士)이다. 전진도(全眞道) 북칠진(北七眞)의 체현진인(體玄眞人) 왕처일(王處一)과 동시대의 사람이고 이름도 같지만 결코 동일한 사람이 아니다. 총 1권. 이 책은 현재 50여 조목으로 되어 있는데, 화산(華山)의 봉우리와 동굴, 숲과 계곡, 석실과 연못, 궁관(宮觀)과 사묘(寺廟), 신령한 숲과 오래된 나무, 선인과 진인이 수련했던 자취 등에 대해 기술하고 있다. 대체로 땅을 중심으로 선인과 진인이 수련했던 일들을 결부시켜 기록하고 있다. 『도장(道藏)』제160책에 실려 있다.

『모산지(茅山誌)』

도교 서명. 원(元)나라 유대빈(劉大彬)이 지었다. 총 33권. 모산(茅山)의 역사, 궁관, 명승고적, 역대 종사(宗師)와 고도(高道) 그리고 상청파(上淸派)의 경전이나 논저 및 모산파(茅山派)의 주요 문헌 등과 관련된 시가와 산문을 기술하고 있다. 수록된 내용은 상세하고 풍부하며 편집이 체계적으로 되어 있다. 도교 모산종의 주요한 역사 서적이다.『도장(道藏)』제153~158책에 실려 있다.

『태화희이지(太華希夷誌)』

• • •

도교 서명. "태화(太華)"는 화산을 뜻하고, "희이(希夷)"는 진단(陳搏)을 뜻한다. 원(元)나라 장로채(張輅采)가 여러 서적에서 진단(陳搏)과 관련된 사적(事迹)과 속담 전설 고사 등을 모으고 편집해서 만든 책이다. 총 2권. 상권에서는 진단의 생애를 기록하고 있고, 하권에서는 화산에 머물면서 사람들에게 길흉을 말해 준 일들과 여동빈(呂洞賓) 마의도인(麻衣道人) 등과 교제한 일화를 모아 기록하고 있다. 진단의 학문에 대해 탐구하고 기술한 것이 매우 상세하고,『송사(宋史)』「진단전(陳搏傳)」보다 몇 배 많은 분량이다.『도장(道藏)』제160책에 실려 있다.

『추배도(推背圖)』

• • •

도교 서명. 당(唐)나라 정관(貞觀) 연간(627~649)에 이순풍(李淳風)과 원천강(袁天罡)이 지었다고 전해진다. 총 1권. 청(淸)나라 반영인(潘永因)의『송패유초(宋稗類鈔)』에서는 이순풍이 지었다고 한다.『송사(宋史)』「예문지(藝文誌)」의 기록에는『추배도』의 작자가 없다. 총 60개의 도상(圖像)이 있는데, 괘를 나누어 배당하였다. 각 그림 아래에 참어(讖語)가 있고, 아울러 "송왈(頌曰)"로 시작되는 4구의 시가 첨부되어 있는데, 흥망(興亡)과 변란(變亂)의 일을 예언하고 있다. 옛 도참(圖讖)을 계승한 책이다. 제60 도상의 송왈에서 "수도 없이 많은 말을 다하지 못하느니, 등 떠밀려 돌아가 쉬는 것이 낫다[萬萬千千說不盡, 不如推背去歸休]" "원천강이 이순풍의 등을 떠민다[袁推李背]"라고 되어 있는 판본도 있다라고 하여, 『추배도』라고 명명하였다. 이 책은 전해지는 판본이 동일하지 않다. 시구는 불확실하고 애매모호해서 사람들로 하여금 억측하게 만들고 예측이라 부르지만 사실상 모두 사건 이후의 해석에 지나지 않는다. 예컨대 제1 도상은 건괘(乾卦)로 '참어'에서는 "아득히 넓은 천지는 어디가 끝인지 모르고, 일월의 순환은 그칠 줄 모른다[茫茫天地, 不知所止, 日月循環, 周而復始]"라고 하고, '송왈'에서는 "반고로부터 희이에 이르기까지, 호랑이와 용이 싸우듯 정(正)과 기(奇)를 일삼았구나. 거기에 순환의 진리가 있음을 깨달았으니, 시험 삼아 당나라 이후의 일을 논하노라[自從盤古迄希夷, 虎鬥龍爭事正奇, 悟得循環眞諦在, 試於唐後論玄機]"라고 한다. 이것은 세상의 운수는 순환하는 것으로서 한 번 다스려지면 한 번 어지러워져서 왕조가 바뀌기에, 당나라 이후의 다스려지고 어지러워지는 것도 예측할 수 있다고 여긴 것이다. 일이 일어난 뒤에 추가된 해석을 예언이라고 사칭한 것이다. 광서(光緒) 13년(1887)의 필사본이 있는데, 동해야인(東海野人)의 제지(題識)가 있으며 총 67개의 도상이 있다. 별도로 『중국예언칠종(中國預言七種)』 판본이 있다.

『도문통교필용집(道門通教必用集)』
· · · ·

도교 서명. 남송(南宋) 시대 서촉(西蜀)의 도사 여태고(呂太古)가 지었다. 총 9권이며 8편으로 되어 있다. 경전의 해석, 종사(宗師)의

약전(略傳), 자주 쓰이는 도교의 찬(贊)·송(頌)·주(咒)·게(偈)·보장(寶章)·진문(眞文)·보허사(步虛詞) 등과 평소 초재를 지내거나 도를 닦을 때 사용되는 계주(啟奏)·의문(儀文)·결법(訣法) 등을 선별하고 모아서 한 책으로 편집한 것이다. 각 권의 의견이 엇갈리는 곳에는 여태고가 자신의 의견과 주석을 덧붙이고 고증과 설명을 더하고 있다. 「종사전략(宗師傳略)」에서는 장천사(張天師)와 갈선공(葛仙公)에서부터 북송(北宋)의 장무몽(張無夢)과 유종선(劉從善)에 이르기까지 16인을 선별하여 싣고 있는데, 가선상(賈善翔)의 『고도전(高道傳)』에서 그 내용을 취한 것이다. 『고도전』은 이미 사라졌는데, 이 책에서 그 내용의 일부를 보존하고 있기 때문에 더욱 귀하다. 『도장(道藏)』 제984~985책에 실려 있다.

『현문필독(玄門必讀)』

『태상현문공과경(太上玄門功課經)』이라고도 한다. 도교 서명. 청(淸)나라 함풍(咸豐) 연간의 도사 양교무(梁教無)가 편집한 것을, 광서(光緒) 연간의 도사 황명양(黃明襄)과 당영화(唐永華)가 보충하고 편집하여 간행했다. 현재 판본은 1931년 나부산(羅浮山) 도사 진지량(陳至亮)이 교정하여 간행한 것이다. 이 책은 세 부분으로 되어 있다. 첫 번째는 전진도(全眞道) "청규현범법파선종(清規玄範法派仙宗)"과 "장춘진인수훈문(長春眞人垂訓文)"으로서, 도관제도(道觀制度) 의관복식(衣冠服飾) 집사행의(執事行儀) 일용수지법(日用修持法) 등을 일일이 열거하고 상세히 서술하고 있다. 그 다음은 도파(道派)의 계통을 싣고 있는데, 도교 각 파에 대해 간결하면서도 요점 있는 소개를 하고 있다. 마지막에서는 십대동천(十大洞天), 삼십육소동천(三十六小洞天), 칠십이복지(七十二福地), 사십명산(四十名山), 「우공(禹貢)」의 구산(九山), 오악(五嶽), 사대명산(四大名山), 동해십주(東海十洲) 등을 열거하여 수도하기 좋은 명승지를 알려 주고 있다. 『도장정화(道藏精華)』 제9집에 실려 있다.

『도장원류고(道藏源流考)』
• • •

도교 서명. 천궈푸(陳國符)가 지었다. 1949년에 중화서국(中華書局)에서 처음 출판되었고, 1963년에 증보 교정하여 재판되었다. 본문은 크게 두 부분으로 나뉜다. ① 삼동사보(三洞四輔) 경전의 연원(淵源)과 전수(傳授). 삼동사보 각 부의 연원(淵源)·성서(成書)·저록(著錄)·진위(眞僞) 등에 대해 모두 고증하였다. 또 삼동사보 경전의 파생과 변화, 도교 경전의 전수에 대해 고찰하였고, 상청경(上淸經), 영보오부경(靈寶五符經), 삼황문(三皇文) 및 사보(四輔)의 경전에 대해 고증하였다. ② 역대 도교서 목록 및 도장(道藏)의 편찬과 판각. 도교 경전의 목차와 중수(重修), 당(唐)·송(宋)·원(元)·명(明) 역대의 『도장』 편찬, 송·원 시대 『도장』의 소실 상황 등에 대해 고찰하였다. 본문 외 부록으로 「인용전기제요(引用傳記提要)」, 「도장차기(道藏劄記)」, 「도악고략고(道樂考略稿)」, 「남북조천사도고장편(南北朝天師道考長編)」, 「중국외단황백술고론약고(中國外丹黃白術考論略稿)」, 「설주역참동계여내단외단(說周易參同契與內丹外丹)」, 「도학전집일(道學傳輯佚)」의 7가지가 있다. 이 책은 자료가 상세하고 확실하며 고증이 치밀하여 중국 내외 학계에 큰 영향을 끼쳤다. 1983년에 대만(臺灣) 명문서국(明文書局)에서 『도장원류속고(道藏源流續考)』
를 출판하였는데, 속고(續考) 8편이 실려 있다.

『중국도교사(中國道敎史)』
· · ·

도교 서명.

① 푸친쟈(傅勤家)가 지었다. 1937년에 상무인서관(商務印書館)
에서 출판했다. 1984년에 상해서점(上海書店)에서 영인본(影印本)
으로 출판했다. 분량은 많지 않은데도 내용은 도교사 전반을 다루고
있으며 서술은 간결하다. 이 책은 중국인이 근대 과학 관념을 받아
들인 이후 쓰인 첫 도교 통사(通史)이다.

② 런지위(任繼愈)가 주편(主編)했다. 1990년에 상해인민출판사
(上海人民出版社)에서 출판했다. 중국사회과학원(中國社會科學
院) 세계종교연구소(世界宗敎硏究所) 도교연구실(道敎硏究室)에서
집단 저술하였다. 중국 봉건사회의 발전 역사와 연관시켜 도교의 발
생과 발전, 흥성과 쇠퇴의 과정을 밝히고 있다. 2001년에 불확실한
부분을 바로잡고 몇몇 장과 절을 보충하여, 중국사회과학출판사(中
國社會科學出版社)에서 증정본(增訂本)을 출판했다. 2007년에 중
국사회과학원문고(中國社會科學院文庫)에 수록되었다.

③ 칭시타이(卿希泰)가 주편했다. 1988부터 1995년까지 사천인민
출판사(四川人民出版社)에서 4권의 책으로 연속으로 출판했다. 사
천대학종교연구소(四川大學宗敎硏究所)에서 집단 저술하였다. 편
집자는 원시자료를 채용하고 중국 내외의 연구 성과를 상당수 받아
들였다. 자료가 풍부하며 내용이 충실하다.

『신편도장목록(新編道藏目錄)』

• • •

쭝쟈오펑(鐘肇鵬)이 지었다. 1999년에 북경도서관출판사(北京圖書館出版社)에서 출판했다. 선장본(線裝本)이며 2책으로 되어 있다. 『도장(道藏)』의 전통적인 목차는 모두 삼동(三洞) 사보(四輔)의 분류를 따르기 때문에 열람하기 어려워 사용하기 불편하다. 쭝쟈오펑은 삼동사보가 본래 신학체계에 속하기 때문에『도장』을 정리하려면 우선 목차부터 착수하여 신학체계를 돌파해야 한다고 생각했다. 이 책에서는『도장』을 크게 총류(總類), 경론(經論), 사지(史地), 제자(諸子), 도술(道術), 잡저(雜著)의 여섯으로 분류하고, 그 아래로 22개 자목(子目)으로 분류하였다. 『도장』속의 1,500여 종의 책을 자목에 따라 분류하여 체계가 분명하다. 책머리의 긴 서문에서 개편한 이유와 새로운 목차의 체계를 설명하고 있다. 책 뒤에는 저자색인과 서명색인을 두어 열람하기 편하게 만들었다.

『주역참동계고변(周易參同契考辯)』

• • •

도교 서명. 멍나이창(孟乃昌)이 지었다. 1993년에 상해고적출판사(上海古籍出版社)에서 출판했다. 작자는『주역참동계(周易參同契)』를 30여년 연구했으며, 본 책은『주역참동계』와 관련된 논문을 모아놓은 것이다. 이 책에는 8편의 논문이 실려 있다. 전반부 세 편은『주역참동계』전체에 대한 "통고(通考)", "통해(通解)", "통석(通釋)"이다. 후반부 다섯 편은 각각『주역참동계(周易參同契)』내의 "화학지식(化學知識)", "실험과 이론[實驗和理論]", 중국 연단술 중의 "연홍론(鉛汞

論)”, “환단(還丹)”, “내단과 외단의 연관[內外之聯系]” 등의 문제를
서술한 것이다. 멍나이창은 화학지식과 고문헌을 고증하는 능력을
겸비하였기 때문에『주역참동계』연구 중 여러 난제에 대해 체계적인
해석을 할 수 있었다.

『중국도교기공양생대전(中國道教氣功養生大全)』

도교 서명. 리위엔궈(李遠國)이 지었다. 1991년에 사천사서출판사
(四川辭書出版社)에서 출판했다. 이 책에는 6,604개의 표제어가 실
려 있는데, 이를 명사술어(名詞術語), 공법단법(功法丹法), 선방가결
(仙方歌訣), 인물유파(人物流派), 저작문헌(著作文獻)의 다섯 가지로
분류하고 있다. 또한 역대 도교 조사도(祖師圖)와 연공연단도(煉功煉
丹圖) 222점을 정선(精選)하여 싣고 있다. 이 책은 기공양생에 대해
총망라하고 있고 자료가 상세하여 참고할만한 상당한 가치를 지니고
있다.

『천사도사략(天師道史略)』

도교 서명. 쟝지위(張繼禹)가 지었다. 1990년에 화문출판사(華文出
版社)에서 출판했다. 작자는 장천사(張天師)의 후예로 이 시대 중국
정일도(正一道)의 대표적인 인물이다. 이 책은 현대 도교도의 입장에
서 학술계의 연구 성과를 융합하여, 천사도(天師道)의 기원과 역사
에서부터 대만의 천사도 현황과 해외의 전파에 이르기까지의 내용을
체계적으로 논술하고 있다. 부록에는「역대장천사전략(歷代張天師傳

略)」,「천사정일도경록의리약론(天師正一道經錄義理略論)」,「용호산 명승궁관(龍虎山名勝宮觀)」 등이 있다.

『도교재해외(道敎在海外)』

• • •

도교 서명. 천판팅(陳燔庭)이 지었다. 2000년에 복건인민출판사(福建人民出版社)에서 출판했다. 이 책은 결론을 제외하고 두 편으로 되어 있는데, 하나는 "도교의 해외 전파[道敎在海外的傳播]"이고, 다른 하나는 "해외 학술계의 도교 연구[海外學界對道敎的研究]"이다. 두 번째 편은 책 전체의 3분의 2를 차지한다. 이 책은 중국 외의 도교 연구 현황을 알 수 있는 자료이다.

『중국방술대사전(中國方術大辭典)』

• • •

사전. 천용쩡(陳永正)이 주편(主編)했다. 1991년에 중산대학출판사(中山大學出版社)에서 출판했다. 이 책의 취지는 중국 방술의 기본 지식을 전반적으로 소개하는 데 있다. 책 앞의 "중국 방술(中國方術)"이란 글에서 중국 고대 방술의 기원과 그 주요 내용을 체계적으로 논술하고 있다. 본문은 6,396개의 표제어를 싣고 있다. 이는 크게 예측술(預測術), 장생술(長生術), 잡술(雜術)의 세 부분으로 나뉜다. 이를 또 방술일반(方術一般), 갑골복(甲骨卜), 역점(易占), 상점(象占), 몽점(夢占), 성점(星占), 태을(太乙), 육임(六壬), 기문둔갑(奇門遁甲), 잡점(雜占), 상술(相術), 감여(堪輿), 택길(擇吉), 성명(星命), 외단(外丹), 내단(內丹), 기공양생(氣功養生), 복식(服食), 벽곡(辟穀), 방중술

(房中術), 부주(符咒), 무술(巫術), 잡술(雜術), 인물(人物), 저작(著作)
의 25가지 부류로 나누고 있다. 그 중 많은 내용이 도교와 관련 있다.

신선(神仙)

신선(神仙)

. . .

　도교 명사. 도교 신도들이 이상(理想)으로 여기는, 수련하여 도를 얻고 세속을 초탈하여 신통(神通)하게 변화하며 장생불사하는 인물. "신인(神人)" 혹은 "선인(仙人)"이라고도 일컫는다. 『장자(莊子)』「천하편(天下篇)」에 "도의 정미함에서 벗어나지 않는 이를 일러 신인이라 말한다[不離於精, 謂之神人]"라고 하였다. 『석명(釋名)』「석장유(釋長幼)」에서 "늙고서도 죽지 않는 이를 선이라 한다[老而不死曰仙]"고 하였다. 『장자』에서는 신인에 대해 다음과 같이 구체적으로 묘사한다. 막고야(邈姑射) 산에 거처하는 신인은 피부가 눈과 같이 희고 깨끗하며 용모는 처녀처럼 부드럽고 아름답다. 신인은 오곡을 먹지 않고 바람과 이슬을 먹고, 구름을 타고 비룡을 부리며 사해 밖까지 노닌다. 『신선전(神仙傳)』에서는 다음과 같이 말한다. 선인은 몸을 솟구쳐 구름에 들어가 날개 없이 날기도 하며, 용을 부리며 구름을 타고 위로 천계(天階)까지 이르기도 한다. 날짐승으로 변화하여 푸른 구름 위를 떠다니기도 하며, 강이나 바다 속을 헤엄쳐 다니거나 명산 위를 날아다니기도 한다. 원기를 먹고 영지를 먹기도 한다. 인간 세상에 들어와도 사람들이 알지 못하고, 몸을 숨겨 볼 수도 없다고 한다. 낯선 얼굴에 기이한 골격을 가지고 있으며 몸에는 기묘한 털이 있다. 대개 깊고 궁벽한 곳을 좋아하며 세속과 교류하지 않는다. 신선 전설은 춘추전국시대에 북방의 연(燕)·제(齊) 지역과 남방의 형(荊)·초(楚) 지역에서 광범위하게 전해졌다. 진(秦)·한(漢) 시기에 방사(方士)들의 대대적인 선양(宣揚)을 거치면서 궁정과 민간에 미치는 영향이 더욱 커졌다. 진시황(秦始皇)과 한무제(漢武帝)는 특별히 사자를 파견하여 불로장생할 수 있는 선약을 구하였다. 『한서(漢書)』「예문지(藝文志)」의 방기략(方技略)에 신선 10가(家)가 기록되어 있다. 이후로 『열선전(列仙傳)』, 『신선전(神仙傳)』, 『동선전(洞仙傳)』 등 책들이 계속해서 끊임없이 나왔다. 『천은자(天隱子)』는 신선을 다음과 같이 다섯 부류로 나누었다. 사람 사이에 있으면 인선(人仙)이라 부른다. 하늘에 있으면 천선(天仙)이라 부른다. 땅에 있으면 지선(地仙)이라 부른다. 물에 있으면 수선(水仙)이라 부른다. 신통변화(神通變化)할 수 있으면 신선(神仙)이라 부른다. 『선경(仙經)』은 신선을 다음과 같이 세 등급으로 나눈다. 상급의 도사는 몸을 날려 허공으로 날아오르는데, 이들을 천선이라 한다. 중급의 도사는 명산에서 노니는데, 이들을 지선이라 한다. 하급의 도사는 죽은 나서 형체에서 벗어나는데, 이들을 시해선(屍解仙)이라 한다. 『태진과(太眞科)』에서는 또 신선을 상선(上仙), 고선(高仙), 대선(大仙), 신선(神仙), 현선(玄仙,) 진선(眞仙), 천선(天仙), 영선(靈仙), 지선(至仙) 등 아홉 부류로 나누기도 한다. 도교 경전 속에서 신선에 대한 분류법은 각자 다르다.

신인(神人)

• • •

"신선(神仙)"을 보라.

선인(仙人)

• • •

"신선(神仙)", "선품(仙品)"을 보라.

인선(人仙)

• • •

도교 명사. 신체가 강건하며 죽지 않고 장수하는 사람을 가리킨다. 『곡신편(谷神篇)』하권에서 "무릇 명을 닦고자 하는 이는 현재 자신을 보존하여 몸을 단약을 만드는 집으로 삼고, 기를 연홍으로 삼아 양공(陽功)의 동작을 따르며, 외부적으로 약물을 겸용하여 몸을 다스리고 병이 없게 하니, 그를 인선이라고 부른다[夫欲修命者, 保見存以身爲丹房, 氣爲鉛汞, 隨陽功之動作, 外兼藥餌, 治身無病, 號曰人仙]"고 하였다. 도교에서는 인선을 오선(五仙) 가운데 하품(下品)으로 여긴다. 신체가 강건하여 8가지 삿된 병이 해칠 수 없고, 병 없이 평안히 지내며 오랫동안 장수할지라도, 형체는 결국 반드시 허물어지기 때문에 하승(下乘)의 선인(仙人)인 것이다.

천존(天尊)

• • •

도교의 최고 천신(天神)에 대한 존칭. 『진령위업도(眞靈位業圖)』에서는 신선의 지위를 배열하면서 최고의 신을 "원시천존(元始天尊)"이라 칭하였다. 『운급칠첨(雲笈七籤)』권3 "도교삼동종원(道教三洞宗元)"에서 천존을 칭하는 10종의 호칭을 순서에 따라 다음과 같이 말하고 있다. 첫째는 자연(自然), 둘째는 무극(無極), 셋째는 대도(大道), 넷째는 지진(至眞), 다섯째는 태상(太上), 여섯째는 도군(道君), 일곱째는 고황(高皇), 여덟째는 천존(天尊), 아홉째는 옥제(玉帝), 열번째는 폐하(陛下)이다. 도교 경전에서 말하는 천존은 주로 다음과 같다. 삼청(三淸), 즉 원시천존(元始天尊), 영보천존(靈寶天尊), 도덕천존(道德天尊)을 말한다. 삼대천존(三代天尊), 즉 과거원시천존(過去元始天尊), 현재옥황천존(現在玉皇天尊), 미래금궐옥신천존(未來金闕玉晨天尊)을 말한다. 이밖에 또 구천응원뇌성보화천존(九天應元雷聲普化天尊), 태을구고천존(太乙救苦天尊) 등이 있다.

진인(眞人)

• • •

도교 명사. 진(眞)을 닦아 도(道)를 체득한 선인(仙人)을 말한다. "진인"이란 말은 원래 도가(道家)에서 나왔는데, 본성을 존양(存養)하여 대도(大道)를 깨닫고 체득한 사람을 가리킨다. 『장자(莊子)』「대종사(大宗師)」에서는 다음과 같이 말하였다. 진인이 있은 "이후에 진지가 있다. 누구를 진인이라 하는가? 옛날의 진인은 적다하더라도 거스르지 않고, 성공하더라도 우쭐하지 않으며, 일을 미리 도모하지 않고[而後有眞知. 何謂眞人? 古之眞人, 不逆寡, 不雄成, 不謨士]", "삶을 기뻐할 줄 모르고, 죽음을 싫어할 줄 모르며[不知悅生, 不知惡死]" 초연히 세상을 넘어서 있다. 「천하편(天下篇)」에서는 "관윤과 노담은 옛날에 아는 것이 풍부했던 진인이다![關尹老聃乎, 古之博大眞人哉!]"라 하였다. 한진(漢晉) 이후로 도교는 "진인"을 신격화하였다. 『회남자(淮南子)』「본경훈(本經訓)」에서는 "산 것도 아니고 죽은 것도 아니며, 텅 비우지도 않고 가득 차지도 않는 이를 진인이라 한다[莫生莫死, 莫虛莫盈, 是謂眞人]"라고 하였다. 『태평경(太平經)』권42 "구천소선왕재법(九天消先王災法)"에서는 "진인의 직분은 땅을 다스리는 데 있고[眞人職在理地]", 그 등급과 지위는 "대신의 아래 선인의 위에 해당한다[在大神之下, 仙人之上]"고 하였다. 『운급칠첨(雲笈七籤)』에서는 상청(上淸)의 선경(仙境)에 "고진(高眞)", "현진(玄眞)" 등 9종류의 진인이 있다고 기술하고 있다. 당대(唐代) 이후에는 봉건 제왕이 도교를 육성하여, 일반적으로 특정 도가 인물이나 저명한 고도(高道)를 "진인"이라 칭하였다. 예를 들면, 당나라 현종(玄宗)은 장자를 "남화진인(南華眞人)"이라 칭하였고, 열자(列子)를 "충허진인(沖虛眞人)"이라 했으며, 원(元) 세조(世祖)는 구처기(丘處機)를 "장춘연도주교진인(長春演道主教眞人)"으로 봉한 것 등이다.

천선(天仙)

● ● ●

도교 명사. 일반적으로 천부(天府)에 거처하며 몸을 날려 허공으로 날아오를 수 있는 신선을 가리킨다. 『선술비고(仙術秘庫)』에서는 신선을 5등급으로 나누었고, 『포박자(抱朴子)』에서는 신선을 3등급으로 나누었는데, 천선은 항상 첫 번째에 위치한다. 『한무제내전(漢武帝內傳)』에서는 서왕모(西王母)는 아홉 가지 색으로 채색된 용이 끄는 자색 구름의 수레를 타고 있는데, 그 옆에서 50명의 천선이 난새가 끄는 수레를 타고 있다고 기술하고 있다. 이후 후세 전설 속에서는 대부분 아름답고 범속을 초월한 선녀를 지칭하였다.

천군(天君)

• • •

도교 명사, 원래는 천신(天神)에게 올리는 제사 의식을 주재하는 사람을 가리킨다. 『후한서(後漢書)』「동이전(東夷傳)」에서 "여러 나라의 읍에는 각각 천신의 제사를 주관하는 사람이 한 명씩 있는데, 이를 천군이라 부른다[諸國邑各以一人主祭天神, 號爲天君]"고 하였다. 도교는 이러한 호칭을 차용하여 대부분 뇌부(雷部)의 뭇 신들을 천군이라 호칭하였다. 예를 들면 "중천염화율령대신염제등백온천군(中天炎火律令大神炎帝鄧伯溫天君)", "부풍맹리은아요목신한신천군(負風猛吏銀牙曜目辛漢臣天君)"이 있으며, 신선(神仙) 인물로는 『삼교수신대전(三教搜神大全)』속의 "유천군(劉天君)", "사천군(謝天君)" 등이 있다.

도군(道君)

• • •

도교 명사.

① 도교에서 고위직 선관(仙官)의 총칭이다. 『태평어람(太平御覽)』권659에서는 『비요경(秘要經)』을 인용해 "태청구궁에는 모두 요속(僚屬)이 있는데, 그 중 가장 높은 자를 태황, 자황, 옥황이라 하고, 그 다음 높은 자를 총칭하여 대도군이라 한다[太淸九宮皆有僚屬, 其最高者稱太皇紫皇玉皇, 其高總稱大道君]"라고 말한다. 또 권662에서는 양(梁)나라 도홍경(陶弘景)의 『등진은결(登眞隱訣)』을 인용하여 다

음과 같이 말한다. "삼청구궁에도 요속이 있는데, 왼쪽이 오른쪽보다 지위가 높으며 그 고위직을 총칭하여 도군이라 한다. 그 다음 직위로 진인, 진공, 진경이 있고, 그 사이에 어사, 옥랑 등의 여러 작은 호칭이 있으며 관직은 매우 많다.[三淸九宮並有僚屬, 左勝於右, 其高總稱曰道君, 次眞人眞公眞卿, 其中有御史玉郎諸小號, 官位甚多.]"

② 도교 내단 명사. 『태상노군중경(太上老君中經)』에는 "도군은 신령 가운데 하나[道君者, 一也]"라고 한다. 존사(存思)할 때 신령을 말한다.

산선(散仙)

• • •

도교 명사. 천계(天界)의 신선을 관직이 있는 자와 관직이 없는 자 두 부류로 분류하여, 관직을 수여받지 못한 자를 산선(散仙)이라 부른다. 진(晉)나라 갈홍(葛洪)은 『신선전(神仙傳)』에서 유안(劉安)을 일컬어 "후에 산선인이 되어 직책을 얻지는 못했지만 불사를 얻었다[後爲散仙人, 不得處職, 但得不死而已]"라고 하였다. 『운급칠첨(雲笈七籤)』 「재계(齋戒)」에서는 다음과 같이 말하였다. "재초의 제단을 설치하고 도사를 초청하여 향을 사르고 경을 암송하게 하며 3일간 잘못을 빌었다. 그리하자 이 사람이 날아오를 수 있게 되어 구름 속으로 들어가 경소(景霄)에서 책을 받고 산선인이 되었다.[建齋, 請諸道士, 燒香誦經, 三日謝過. 此人卽得飛行, 升入雲中, 於景霄之上, 受書爲散仙人.]" 당(唐)나라 한창려(韓昌黎)는 "상계의 진인도 관부의 일이 많다고 하니, 어찌 산선처럼 난봉을 몰고 종일토록 서로 따라 노니는 것만 하겠는가[上界眞人足官府, 豈如散仙鞭笞鸞鳳終日相追陪]"^{수로급사곡강하화행(酬盧給事曲江荷花行)}라고 하였다.

원군(元君)

• • •

도교 명사. 여선(女仙)의 존칭. 명(明)나라 팽대익(彭大翼)은 『산당사고(山堂肆考)』「여선(女仙)」에서 "도가 높은 남성 신선을 진인이라 하고, 여성 신선을 원군이라 한다[男高仙曰眞人, 女仙曰元君]"고 하였다. 예컨대 서왕모(西王母)를 금모원군(金母元君)이라 칭하고, 후토부인(后土夫人)을 벽하원군(碧霞元君)이라 칭한다. 『노자내전(老子內傳)』에서 "원군에게 신도와 보장을 전수했다[授元君神圖寶章]"고 하였다.

선자(仙子)

• • •

도교 명사. 도교 경전에서 일컫는 선인을 말한다. 『동선전(洞仙傳)』에서 "석실 속에 들어가 여러 선자들을 뵈었다[入石室中, 見諸仙子]"라고 말하였다. 당(唐)나라 맹호연(孟浩然)은 도(道)에 대해 읊은 시에서 "이제야 선자의 집인 줄 알겠구나. 찾아오는 이 하나 없네[方知仙子宅, 未有世人尋]"『유정사관제관주산방(遊精思觀題觀主山房)』라고 하였다. 선자는 선녀(仙女)를 지칭하기도 한다. 백거이(白居易)의 『장한가(長恨歌)』에서는 "영롱한 오색구름 일어나는 누각에는 단아하고 아름다운 선자들이 많구나[樓閣玲瓏五雲起, 其中綽約多仙子]"라고 하였다.

선품(仙品)

• • •

도교 명사. 천계(天界)의 신선은 도를 체득한 깊이에 따라 셋, 다섯, 혹은 아홉 등급의 품계로 나뉜다. ①『포박자(抱朴子)』「논선편(論

仙篇)』에서 다음과 같이 말한다. "상급의 도사는 몸을 날려 허공으로 날아오르는데 이들을 천선이라 한다. 중급의 도사는 명산에서 노니는데 이들을 지선이라 한다. 하급의 도사는 죽고 나서 형체에서 벗어나는데 이들을 시해선이라 한다.[上士舉形升虛, 謂之天仙. 中士遊於名山, 謂之地仙. 下士先死後蛻, 謂之屍解仙.]" ②『선술비고(仙術秘庫)』에서 "법은 삼승으로 나뉘고, 신선은 다섯 등급으로 나뉜다[法分三乘, 仙有五等]"라며, 신선을 천선(天仙)·신선(神仙)·지선(地仙)·인선(人仙)·귀선(鬼仙)으로 나누었다. 또 천선은 무상상승(無上上乘), 신선(神仙)은 상승(上乘), 지선(地仙)은 중승(中乘), 인선은 하승(下乘), 그리고 귀선(鬼仙)은 하하승(下下乘)에 속한다고 하였다. ③『용성집선록(墉城集仙錄)』에서는 "승천한 신선[升天之仙]"을 다음의 아홉 가지 품계로 나누었다. 첫 번째는 상선(上仙), 두 번째는 차선(次仙), 세 번째는 태상진인(太上眞人), 네 번째는 비천진인(飛天眞人), 다섯 번째는 영선(靈仙), 여섯 번째는 진인(眞人), 일곱 번째는 영인(靈人), 여덟 번째는 비선(飛仙), 아홉 번째는 선인(仙人)이다. 여기서는 또 "무릇 이러한 품계는 순서를 뛰어넘을 수 없다[凡此品次, 不可差越]"고 하였다.

위업(位業)

• • •

도교 명사. 덕행 수양의 정도와 그 영향력의 범위에 따라 수도(修道)하여 신선에 도달하는 단계와 지위 역시 구별됨을 가리킨다. 남조(南朝) 양(梁)나라 도홍경(陶弘景)은 『진령위업도(眞靈位業圖)』를 찬술하여 역대의 신선(神仙)과 성현(聖賢)을 일곱 단계, 즉 일곱 가지의 등급으로 구분했다. 매 단계는 또 중(中)·좌(左)·우(右)로 구분되어 배열되는데, 이것이 "위업(位業)"이다. 당(唐)나라 맹안배(孟安排)는 『도교의추(道教義樞)』권1「위업의제사(位業義第四)」에서 다음과 같이 말하였다. "위업이란 신선에 올라 도를 배움에 있어 업(業)의 등급이 달라서 도의 과업을 증험하고 진을 이룸에 있어 높고 낮음의 구별이 있음을 말한다. 삼승(三乘)과 칠호(七號)가 이로부터 분명해지고 십전(十轉)과 구궁(九宮)이 이로부터 분별되니, 이것들은 위업의 결과이다.[位業者, 登仙學道, 階業不同, 證果成眞, 高卑有別. 三乘七號, 從此可明, 十轉九宮, 因玆用辯, 此其致也.]" 또 "위(位)란 단계의 명칭이고, 업(業)은 덕행의 항목이다[位是階序之名, 業是德行之目]" 라고 하였다. 위업의 등급 순서에는 일반적으로 신인(神人), 진인(眞人), 선인(仙人), 도인(道人), 성인(聖人), 현인(賢人), 영인(靈人) 등의 항목이 있다.

선관(仙官)
· · ·

도교 명사. 하늘의 조정[天庭]에서 관직이 있는 신선. 도교에서는 상급의 도사가 도를 얻으면 하늘로 올라가 선관(仙官)이 된다고 한다. 『한무제내전(漢武帝內傳)』에서는 "100년이 되면 서왕모께서 반드시 그대를 천상의 현도(玄都)로 이르게 하여 그대를 곤륜산의 궁중에서 맞이할 것이며, 그대는 선관이 되어 사방을 돌아다니게 될 것이다[比及百年, 阿母必能致汝於玄都之虛, 迎汝於昆閬之中, 位以仙官, 遊於四方]"라고 하였다. 『진령위업도(眞靈位業圖)』에서는 옥청경(玉淸境)의 주인은 원시천존(元始天尊)이고, 구궁(九宮) 이상부터 상청

(上淸) 이하까지 고진(高眞)의 선관은 모두 조정의 연회에 참석할 수 있다고 기술하고 있다.

영관(靈官)

• • •

도교 명사.

① 선관(仙官)의 직책을 말한다.『한무제내전(漢武帝內傳)』에서는 "현도의 서왕모가 옛적에 옥녀를 북촉선인의 배필로 보냈는데, 근래에 다시 불러 명과 복록을 관리하게 했는데 참된 영관입니다[玄都阿母昔[1]以出[2]配北燭仙人, 近又召還, 使領命祿, 眞靈官也]"라고 하였다. 예컨대 "팔십일영관진형직위(八十一靈官眞形職位)"에는 "장법영관(掌法靈官), 장적영관(掌籍靈官), 육천영관(六天靈官), 옥보영관(玉輔靈官)" 등이 있다.

② 도관(道官)을 말한다.『명사(明史)』권74『직관지(職官志)』「승도록사(僧道錄司)」에는 "각조산, 삼모산에는 각각 영관 1명이 있다(정8품이다)[閤皁山三茅山, 各靈官一人(正八品)[3]]"라고 하였다.

옥랑(玉郎)

• • •

도교 명사. 천계(天界)의 선관(仙官) 명칭.『금근경(金根經)』에서는

----

1. 昔: 원서에는 '苦'로 되어 있으나, 원문에 따라 교감하였다.
2. 出: 원서에는 '配'로 되어 있으나, 원문에 따라 교감하였다.
3. (正八品): 원문의 소주이다.

다음과 같이 말하였다. "청궁 안의 북전에는 시렁인 선격(仙格)이 있는데, 이 시렁에는 학선(學仙)들의 장부와 도록, 현명(玄名)이 있다. 시기에 따라 다르지만 금간(金簡)과 옥찰(玉札) 10만 편이 있는데, 이는 영선옥랑이 담당하는 전적들이다.[靑宮之內, 北殿上有仙格, 格上有學仙簿錄及玄名, 年月深淺. 金簡玉劄札有十萬篇, 領仙玉郎之典也.]"『태평어람(太平御覽)』권676 인용

선사(仙使)

• • •

도교 명사. 신선(神仙)의 사자(使者). 남조(南朝) 복지도(伏知道)의 『위왕관여부의안주서(爲王寬與婦義安主書)』에서 "옥산의 청조는 통하기 어려운 선사이다[玉山靑鳥, 仙使難通]"라고 하였다. 해설해 보자면, 이는 서왕모(西王母)가 일찍이 청조(靑鳥)를 사자로 파견한 전고(典故)를 차용한 것이다. 후대에는 제왕의 사신(使臣)을 가리키는 것으로 인용된다.

사자(使者)

• • •

도교 명사. ① 신장(神將). 도교서에 따르면, 일반적으로 신선이 부리며 큰 신통력(神通力)이 있다.『도법회원(道法會元)』에서는 사자 가운데 부관사자(符官使者)가 가장 신통력이 있는 자로, 하늘에 오르고 땅 속에 들어가며 저승을 출입할 수 있다고 한다. ② 도교의 직책[道職]. 방장(方丈)과 감원(監院)의 시종의 호칭.

구성(九聖)

• • •

　도교 명사. 도교 삼청경(三淸境)의 최고 선경(仙境)인 옥청경(玉淸境)에 있는 9가지 유형의 성인(聖人).『운급칠첨(雲笈七籤)』권3「도교삼동종원(道敎三洞宗元)」에서는 옥청경의 구성(九聖)을 다음과 같이 구분하고 있다. 첫째 상성(上聖), 둘째 고성(高聖), 셋째 대성(大聖), 넷째 현성(玄聖), 다섯째 진성(眞聖), 여섯째 선성(仙聖), 일곱째 신성(神聖), 여덟째 영성(靈聖), 아홉째 지성(至聖).

구선(九仙)

• • •

　도교 명사. 천계(天界)에 있는 아홉 가지 유형의 신선.『운급칠첨(雲笈七籤)』권3「도교삼동종원(道敎三洞宗元)」에서는 태청경(太淸境)에 있는 구선(九仙)을 기재하고 있는데 그 순서는 다음과 같다. 첫째 상선(上仙), 둘째 고선(高仙), 셋째 대선(大仙), 넷째 현선(玄仙), 다섯째 천선(天仙), 여섯째 진선(眞仙), 일곱째 신선(神仙), 여덟째 영선(靈仙), 아홉째 지선(至仙).

구진(九眞)

• • •

　도교 명사. 천계(天界)에 있는 아홉 가지 유형의 진인(眞人).『운급칠첨(雲笈七籤)』권3「도교삼동종원(道敎三洞宗元)」에 의하면, 상청경(上淸境)에는 구진(九眞)이 있는데 그 순서는 다음과 같다. 첫째 상진(上眞), 둘째 고진(高眞), 셋째 대진(大眞), 넷째 현진(玄眞), 다섯째 천진(天眞), 여섯째 선진(仙眞), 일곱째 신진(神眞), 여덟째 영진(靈眞), 아홉째 지진(至眞).

금동옥녀(金童玉女)

• • •

"영동옥녀(靈童玉女)"라고도 한다. 도교 명사. 수련하여 도를 체득한 동자(童子)와 동녀(童女)를 가리킨다. 도교 경전에서는 태상도군(太上道君)은 각각 30만 명의 금동과 옥녀가 곁에서 모시고 있으며, 원시천존(元始天尊)은 9,000만 명의 영동과 옥녀가 모시고 있다고 한다.

영동옥녀(靈童玉女)

• • •

"금동옥녀(金童玉女)"를 말한다.

삼청(三淸)

• • •

도교 신(神)의 명칭. 삼청천(三淸天), 삼청경(三淸境)에 거처하는 세 명의 최고 존신(尊神), 즉 옥청원시천존(玉淸元始天尊), 상청영보천존(上淸靈寶天尊), 태청도덕천존(太淸道德天尊)을 가리킨다. 초기 도교에서는 노자(老子)를 교주로 받들었다. 진(晉)나라 갈홍(葛洪)의 『포박자(抱朴子)』에는 이미 노자가 "원군(元君)"을 스승으로 삼았다는 표현이 있다. 남조(南朝) 양(梁)나라 도홍경(陶弘景)이 편찬한 『진령위업도(眞靈位業圖)』에는 "원시천존(元始天尊)"을 최고신으로 높이고 노자의 위에 두었다. 수(隋) · 당(唐) 시기에 이르러 태상도군(太上道君)을 끼워 넣어 원시천존 · 태상노군(太上老君)과 나란히 놓고 "삼청(三淸)"이라 칭했다. 후대에 태상도군은 다시 영보천존(靈寶天尊)으로 개칭되고, 태상노군도 도덕천존(道德天尊)으로 개칭되었다. 도교 경전에서는 다음과 같이 말하기도 한다. 태청경(太淸境)은 대적천(大赤天)으로 신보군(神寶君)이 거하는 곳이고, 상청경(上淸境)은 우여천(禹餘天)으로 영보군(靈寶君)이 거하는 곳이며, 옥청경(玉淸境)은 청미천(淸微天)으로 천보군(天寶君)이 거하는 곳이다. 삼청경(三淸境) 위는 대라천(大羅天)으로 원시천존이 거하는 곳이다.『운급칠첨(雲笈七籤)』권3『도교본시부(道敎本始部)』에 보인다.『도교본시부』에는 또 삼대 천존(天尊)의 설이 있다. 즉 과거원시천존(過去元始天尊), 현재태상옥황천존(現在太上玉皇天尊), 미래금궐천존(未來金闕天尊)을 말하며, 옥황천존은 원시천존의 제자라고 한다. 삼청존신(三淸尊神)은 도교철학 가운데 "삼일(三一)"설의 상징이다.『노자도덕경(老子道德經)』에서는 "도가 하나를 낳고, 하나는 둘을 낳고, 둘은 셋을 낳고, 셋은 만물을 낳는다[道生一, 一生二, 二生三, 三生萬物]"고 하였는데, 이는 무상대도(無上大道)가 변하여 우주의 혼돈한 원기(元氣)가 되고, 이 우주의 원기가 화생하여 음양 두 기가 되고, 다시 음양 두 기가 발전 변화하여 천 · 지 · 인 삼재가 되며, 이로부터 천하의 만사만물이 생겨나게 됨을 의미한다. 하나가 변하여 삼이 되었으므로, 삼은 바로 하나이다. 그러므로 삼청존신은 바로 "도"를 인격신화한 것으로, 도교 경전에서 말한 "일기가 삼청으로 변화한다[一氣化三淸]"는 것이다. 삼청은 삼천(三天)의 선경(仙境)에 거하며 각각 "삼동교주(三洞敎主)"가 된다. 이른바 "삼동(三洞)"이란 도교 진경(眞經)의 3대 분류,

즉 동진(洞眞)·동현(洞玄)·동신(洞神)을 말한다. 원시천존은 동진부(洞眞部)를 주관하고, 영보천존은 동현부(洞玄部)를 주관하며, 도덕천존은 동신부(洞神部)를 주관한다.

원시천존(元始天尊)
• • •

정식 명칭은 "옥청원시천존(玉淸元始天尊)"이며, "천보군(天寶君)"이라고도 불린다. 도교의 최고 존신(尊神)인 "삼청(三淸)" 가운데 첫 번째 자리의 신이다. 원시천존은 도교 경전 속에서 태상노군(太上老君)보다 비교적 늦게 출현하지만 지위는 가장 높다. 남조(南朝) 양(梁)나라 도홍경(陶弘景)이 편찬한 『진령위업도(眞靈位業圖)』에서는 원시천존을 첫 번째 중간 자리[第一中位]의 신으로 높이고 있다. 『태현진일본제경(太玄眞一本際經)』에서는 "더 이상의 으뜸이나 위도 없이 홀로 만물의 시초가 되기 때문에 원시라고 이름한다. 일체의 도를 운행하기에 지극히 존귀하며, 평상시에는 삼청에 거처하지만 뭇 천상에 출현하기에 천존이라 일컫는다[無宗無上, 而獨能爲萬物之始, 故名元始. 運道一切爲極尊, 而常處三淸, 出諸天上, 故稱天尊]"라고 하였다. 도교 경전에서는 다음과 같이 말한다. 천존은 자연의 기를 품부하고, 우주만물이 산생되기 이전에 이미 존재하며, 그 본체는 멸하지 않고 항상 존재하며 천지가 소멸되더라도 털끝만큼도 영향을 받지 않는다. 새로운 천지가 형성될 때마다 천존은 인간 세상에 하강하여 세상 사람들에게 현묘한 도를 전수하는데, 이를 "개겁도인(開劫度人)"이라고 한다. 천존이 제도(濟度)한 이들은 모두 상품(上品)의 천선(天仙)들로서 태상노군(太上老君), 천진황인(天眞皇人), 오방천제(五方天帝) 등의 신선이 포함된다. 새롭게 열린 천지는 모두 연호(年號)가 있는데, 연강(延康), 적명(赤明), 용한(龍漢), 개황(開皇)이라고 한다. 연호 사이의 시간차는 41억만 년이다. 원시천존은 36천 가운데 가장 높은 "대라천(大羅天)"에 거처하며, 이곳의 선부(仙府)는 "현도옥경(玄都玉京)"이라 불린다. 옥경은 땅에 황금이 깔려있고, 중앙과 좌·우의 세 궁전 안에는 선왕(仙王), 선공(仙公), 선경(仙卿), 선백(仙伯), 선대부(仙大夫) 등이 나뉘어 거주하고 있다. 도교 경전의 말에 따르면, "'원'이란 근본이다. '시'란 처음이니, 선천의 기이다. 이 기가 변화하여 세계를 개벽하는 사람이 되니, 즉 반고이다. 변화하여 천계를 주재하는 개조가 되니, 즉 원시이다[元者. 本也. 始者, 初也, 先天之氣也. 此氣化爲開辟世界之人, 即爲盤古. 化爲主持天界之祖, 即爲元始]"라고 하였다. 천계의 최고신인 원시천존은 실질적으로 도교 최고 신앙인 "도"를 신격화한 것이다. 원시천존은 일반적으로 도교 삼청전(三淸殿)의 중앙에 모시며, 머리는 둥근 빛으로 둘러싸여 있고 손은 단환(丹丸)을 쥐고 있다. 혹 왼손은 동그랗게 손가락을 집고 있고 오른손은 펼쳐서 받치고 있는데, 이는 "천지가 아직 형성되기 이전, 만물이 생겨나기 이전[天地未形, 萬物未生]"의 때인 "무극(無極)"을 상징한다.

천보군(天寶君)

· · ·

"원시천존(元始天尊)"을 말한다.

옥청원시천존(玉淸元始天尊)

• • •

"원시천존(元始天尊)"을 말한다.

영보천존(靈寶天尊)

• • •

정식 명칭은 "상청영보천존(上淸靈寶天尊)"이며, "태상도군(太上道君)" 혹은 "영보군(靈寶君)"이라고도 불린다. 도교의 최고 존신(尊神)인 "삼청(三淸)" 가운데 두 번째 자리의 신이다. 남조(南朝) 양(梁)나라 도홍경(陶弘景)이 편찬한 『진령위업도(眞靈位業圖)』에 이미 "상청고성태상옥신원황대도군[上淸高聖太上玉晨元皇大道君]"의 명칭이 있고, 영보천존을 두 번째 중간 자리[第二中位]에 배열하고 있다. 『운급칠첨(雲笈七籤)』에는 다음과 같은 "삼원(三元)"의 설이 있다. 대도(大道)에서 "현묘한 하나가 생겨나고, 현묘한 하나가 나뉘어 삼원이 된다.[生乎妙一, 分爲三元.]" 삼원 가운데 두 번째는 적혼태무원(赤混太無元)인데, 화생하여 영보군(靈寶君)이 된다. 영보군이 거하는 곳은 상청경(上淸境)인데, 이는 우여천(禹餘天)이라고도 불리며 그 기는 원황(元黃)이다. 영보군은 동현교주(洞玄教主)가 되어 동현부(洞玄部) 경전(經典)을 전수하기 때문에 상청영보군(上淸靈寶君)이라 불린다. 후대에 도교궁관에서 모시는 삼청(三淸) 신상에서는 일반적으로 "영보천존(靈寶天尊)"으로 불린다. 『동현본행경(洞玄本行經)』과 『상청대동진경(上淸大洞眞經)』에서는 다음과 같이 기술한다. 상청태상도군(上淸太上道君)은 원래 "일월의 정기[二晨精氣]"이자 "아홉 가지 상서로운 구름의 자주빛 연기[九慶紫煙]"인데, 후에 홍씨(洪氏)

의 태(胎)에 의탁하여 3,700년을 품어지고 나서 서나천(西那天) 울찰산(鬱察山) 부라악(浮羅嶽)에서 탄생하였다. 고선(高仙)을 통솔하며 현도옥경(玄都玉京)을 다스리는데, 각 30만의 금동(金童)과 옥녀(玉女)가 호위한다. 온갖 신들이 들어와 절하며, 천황(天皇)은 도(圖)를 껴안고 있다. 도교의 삼청전(三淸殿)에서 보통 영보천존은 원시천존의 왼쪽에 모셔지며 손에는 태극도(太極圖)를 쥐고 있다.때로 손에 여의주(如意珠)를 쥐기도 한다. 『도장(道藏)』에는 현재『동현영보도요경(洞玄靈寶道要經)』등이 수록되어 있다.

영보군(靈寶君)

• • •

"영보천존(靈寶天尊)"을 말한다.

태상도군(太上道君)

• • •

"영보천존(靈寶天尊)"을 말한다.

상청영보천존(上淸靈寶天尊)

• • •

"영보천존(靈寶天尊)"을 말한다.

도덕천존(道德天尊)

• • •

"태청도덕천존(太淸道德天尊)", "태상노군(太上老君)"이라고도 불린다. 도교의 최고 존신(尊神)인 "삼청(三淸)" 가운데 세 번째 자리의 신이다. 도덕천존의 신형(神形)은 본래 선진시대의 노자(老子)의 형상을 근거로 하여 이를 변화 발전시켜 완성한 것이다. 사마천(司馬遷)의 『사기(史記)』에 따르면, 노자의 성은 이(李)씨이고 이름은 이(耳)이며 자는 담(聃)으로, 도가학파의 창시자이다. 일찍이 주(周)나라 왕조의 수장실(守藏室) 사관을 맡았는데, 이후 주나라가 쇠한 것을 보고 마침내 관직을 사직하고 서쪽으로 떠났는데 간 곳을 알지 못했다고 한다. 『노자』 5,000자를 저술하여 세상에 전하였는데, 도덕(道德)의 의미를 상세히 서술하였기 때문에 『도덕경(道德經)』이라고도 불린다. 동한(東漢) 말에 장릉(張陵)이 오두미도(五斗米道)를 창립하고, 도교서를 만들어 스스로 노군에게 말로 전수받았다고 말했으며, 『노자오천문(老子五千文)』을 경전(經典)으로 삼고 노군을 교주로 받들었다. 장릉이 만든 『노자상이주(老子想爾注)』에 "일자는 도이다[一者, 道也]", "일이 형태를 흩뜨리면 기가 되고, 형태를 모으면 태상노군이 된다[一散形爲氣, 聚形爲太上老君]"라는 표현이 있는데, 이로부터 노자가 신격화되고 도교의 교주가 되어, 장기간 도교 교도들에게 받들어지게 되었다고 전해진다. 도교 경전 속에는 노자의 신격화 전설과 관련된 각종 기록이 있는데, 『포박자(抱朴子)』에서는 노군의 형상을 다음과 같이 묘사하고 있다. 신장은 9척이며, 피부는 누렇고, 콧마루는 높고 입은 새부리처럼 뾰족하며, 눈썹은 5촌이며, 귀는 어깨까지 드리워졌으며, 이마에는 세 가닥 주름이 있고, 발에는 팔괘 문양이 있다. 오색구름 무늬의 옷을 입고 있으며, 금루옥당(金樓玉堂)에 거처하며, 청룡(靑龍)·백호(白虎)·주작(朱雀)·현무(玄武)가 둘러싸고 있다. 외출할 때에는 신수(神獸)가 앞장서 인도하고, 크나큰 우레 소리가 나고 번쩍번쩍 번

개가 치며, 위엄 있는 최고신의 형상을 하고 있다. 『운급칠첨(雲笈七籤)』에서는, 노군의 어머니는 원묘옥녀(元妙玉女)로 태양의 정기를 삼키고서 81년 후에 왼쪽 겨드랑이에서 노자를 낳았는데, "태어날 때 백발이었기 때문에 노자라고 칭하였다[生而白首, 故號爲老子]"고 한다. 『유룡전(猶龍傳)』에서는 다음과 같이 말한다. 삼황오제(三皇五帝) 이래로 노자는 이름과 호칭을 바꾸며 대대로 황제의 스승이 되었다. 신농(神農) 때의 태성자(太成子), 헌원(軒轅) 때의 광성자(廣成子), 제곡(帝嚳) 때의 무성자(務成子), 진한(秦漢) 시기의 하상공(河上公) 등이 모두 노자의 화신(化身)이다. 당대(唐代) 제왕들은 도교를 존숭하여 노자를 선조로 받들어 사당을 세우고 제사 지냈다. 고종(高宗)은 건봉(乾封) 원년(666)에 태상노군을 "태상현원황제(太上玄元皇帝)"로 봉하였다. 현종(玄宗)은 천보(天寶) 13년(754)에 존호를 "대성조고상대도금궐현원천황대제(大聖祖高上大道金闕玄元天皇大帝)"로 격상시키고, 아울러 전국의 모든 주에 현원황제(玄元皇帝)의 사당을 건립하게 하였다. 또 송(宋) 진종(眞宗)은 "혼원상덕황제(混元上德皇帝)"로 봉하였다. 예로부터 지금까지 도교 신도들은 모두 태상노군이 "무상대도(無上大道)"의 화신으로 영원히 존재하면서, 여러 차례 출현하여 세상을 구제하는 지극히 존귀한 천신이라고 믿어왔는데, 이는 도교의 근본 신앙이다. 도교의 삼청전(三淸殿)에서는 도덕천존이 항상 원시천존(元始天尊) 오른쪽에서 모셔져 있고, 손에는 음양선(陰陽扇)을 쥐고 있는데, 이는 만물이 화생하던 "태초(太初)"의 세기를 상징한다.

태청도덕천존(太淸道德天尊)

• • •

"도덕천존(道德天尊)"을 말한다.

태상노군(太上老君)

• • •

"도덕천존(道德天尊)"을 말한다.

사어(四御)

• • •

도교의 천신의 명칭. 어(御)는 제왕에 대한 경칭(敬稱)이다. 삼청(三淸)에 버금가는 지위의 네 명의 천제이다. 즉, 호천금궐지존옥황대제(昊天金闕至尊玉皇大帝), 중천자미북극대제(中天紫微北極大帝), 구진상궁남극천황대제(勾陳上宮南極天皇大帝), 승천효법후토황지기(承天效法后土皇地祇). 도교 경전에서는 "순양의 도가 이루어져 진인이 되는 날이 하늘에 올라 삼청과 사어를 뵙는 때라네[九九道至成眞日[4], 三淸四御朝天節]"라고 말한다. 『도법회원(道法會元)』에서는 "삼청(三淸)"·"사어(四御)"는 "칠보(七寶)"로, 이들은 우주 만물의 창시자로서 천지의 모든 신들을 통솔한다고 말한다. 도교 궁관의 사어전(四御殿)에 있는 사어 존신(尊神)들은 면류관을 쓰고 조복(朝服)을 입고 있으며, 온화하고 점잖으며 고귀한 모습으로, 위엄 있는 인

---

4. 九九道至成眞日: 원서에는 '九九道成成至眞'으로 되어 있으나, 관련 원문에 따라 교감하였다.

간 제왕의 형상이다. 유수원(柳守元)의『삼단원만천선대계략설(三壇圓滿天仙大戒略說)』에서는 "우리 삼청도조, 옥제지존, 오로사어, 구극십화 그리고 고성고진이 현묘한 도를 차례로 전하네[賴我三淸道祖, 玉帝至尊, 五老四御, 九極十華以及古聖高眞, 遞傳妙道]"라고 한다. 옥황대제(玉皇大帝)를 "사어" 위에 배열하기도 한다.

옥황대제(玉皇大帝)

정식 명칭은 "호천금궐무상지존자연묘유미라지진옥황대제(昊天金闕無上至尊自然妙有彌羅至眞玉皇大帝)"이며, 간략하게 "옥황(玉皇)", "옥제(玉帝)"라 일컬으며, "호천금궐지존옥황대제(昊天金闕至尊玉皇大帝)", "현궁고상옥황대제(玄穹高上玉皇大帝)"라 하기도 한다. 도교 천신(天神)인 사어(四御) 가운데 하나. 중국 고대의 종교 신앙에서는 "제(帝)"와 "상제(上帝)"의 호칭이 있었는데, 이는 일(日), 월(月)·풍(風)·우(雨) 등의 자연현상과 인간의 화복(禍福)·생사(生死)·수요(壽夭)·길흉(吉凶) 등 인류 사회를 지배하는 최고신을 가리켰다. 서주(西周) 시기 이후에는 "황천(皇天)", "호천(昊天)", "천제(天帝)" 등으로 일컬어졌다. 남조(南朝) 양(梁)나라 도홍경(陶弘景)은 도교신의 계보를 편성하였는데, 그 속에 이미 "옥황도군(玉皇道君)", "고상옥제(高上玉帝)"라는 명칭이 있었다. 하지만 그 지위는 결코 높지 않고, 단지 옥청삼원궁(玉淸三元宮) 오른쪽 자리의 제11번째와 제19번째 위치에 배열되어 있다. 수(隋)·당(唐) 시기에는 옥황(玉皇) 신앙이 널리 유행하여, 시인 백거이(白居易)의『몽선(夢仙)』에는 "우러러 옥황상제를 알현하니, 앞으로 나아가 머리를 조아리고 정성을 바치네[仰謁玉皇帝, 稽首前致誠]"라는 시구가 있다. 『고상옥황본행집경(高上玉皇本行集經)』에서는 다음과 같은 기록이 있다. 옛적에 광엄묘락국(光嚴妙樂國)이 있었는데, 국왕 정덕(淨德)과 왕후 월광(月光)이 늙도록 자식이 없어 도사를 시켜 기도를 거행했다. 그 후에 태상노군이 안고 있던 아이를 왕후에게 건네주는 꿈을 꾸었는데, 꿈에서 깨고 나서 아이를 잉태하였다. 잉태한 지 1년 뒤 병오(丙午)년 정월 9일 오(午)시에 왕궁에서 아이가 탄생하였다. 태자는 장성한 뒤에 왕위를 계승하였는데, 오래지 않아 나라를 버리고 보명수암산(普明秀岩山)으로 가서 수도하였다. 공이 이루어지자 중생을 제도하였는데, 삼천 겁(劫)이 지나자 비로소 금선(金仙)이 되었고, 또 억겁(億劫)이 지나자 비로소 옥제(玉帝)가 되었다. 이와 별도로 도교 경전에서는 옥제가 삼계(三界)·시방(十方)·사생(四生)·육도(六道)를 총괄한다고 말한다. 그래서 옥황대제가 비록 도교 신의 계보 가운데 지위가 "삼청(三淸)"의 존신에는 미치지 못하지만, 민간신앙 속에서는 도리어 최고의 신으로 대우된다. 명(明)·청(淸) 시기의 속담에는 "천상에는 옥제가 있고, 지하에는 황제가 있다[天上有玉帝, 地下有皇帝]"고 한다. 옥제는 천신(天神)·지기(地祇)·인귀(人鬼)를 통괄하는 천상의 황제이다. 송(宋)나라 진종(眞宗) 대중상부(大中祥符) 7년(1014)에는 옥제를 "태상개천집부어역함진체도옥황대천제(太上開天執符御曆含眞體道玉皇大天帝)"로 봉하였다. 또 송(宋) 휘종(徽宗)은 옥제를 "태상개천집부어역함진체도호천옥황상제(太上開天執符御曆含眞體道昊天玉皇上帝)"로 가봉(加封)하였다. 민간 각지에서는 수많은 옥황묘(玉皇廟)·옥황관(玉皇觀) 등을 건립하였다. 옥황대제는 구장법복(九章法服)을 입고 주관(珠冠)을 쓰고 있으며, 손에는 옥홀(玉笏)을 들고 있다. 매년 정월 9일 "옥황탄신일[玉皇誕]"에 민중의 제사와 기도를 접수받는다. 이날에는 보통 도관에서도 축복을 기원하는 도량을 거행하여, 경을 외우고 참(懺) 의식을 행하며 비바람이 순조롭고 도법(道法)은 흥기하며 나라와 국민은 편안하기를 기도한다. 유교에서도 "옥황대천제(玉皇大天帝)"라고 부르는데, 유교 상제(上帝)의 존호이다. 송유(宋儒) 주희(朱熹)는 도관에서 옥황대제를 제사 지내는 것을 반대했는데, 상제의 지위를 깎아내린다고 여겼기 때문이다. 옥황에 관련된 도관들에는 모두 소상이 있는데, 송(宋)·명(明) 시기의 유학자들은 상제는 형상이 없다고 여겼기 때문에 역시 그것에 대해 반대하였다.

호천금궐무상지존자연묘유미라지진옥황대제
(昊天金闕無上至尊自然妙有彌羅至眞玉皇大帝)

"옥황대제(玉皇大帝)"를 말한다.

호천금궐지존옥황대제(昊天金闕至尊玉皇大帝)

"옥황대제(玉皇大帝)"를 말한다.

현궁고상옥황대제(玄穹高上玉皇大帝)

"옥황대제(玉皇大帝)"를 말한다.

옥제(玉帝)

• • •

"옥황대제(玉皇大帝)"를 말한다.

자미북극대제(紫微北極大帝)

• • •

정식 명칭은 "중천자미북극태황대제(中天紫微北極太皇大帝)"이며, "중천자미북극대제(中天紫微北極大帝)"라 일컫기도 한다. 도교 천신(天神)인 사어(四御) 가운데 하나. 고대의 성신(星辰) 숭배에서 기원한다. 북극은 바로 북극성의 약칭으로 북신(北辰)이라고도 일컫는다. 『운급칠첨(雲笈七籤)』에서는 "북극성은 뭇 신들의 근본이다[北極星者, 衆神之本也]"고 말하고, 북신은 영원히 움직이지 않는 별로서 하늘의 가장 중앙에 위치하며, "그래서 가장 높고 존귀하여 뭇 별들의 우두머리가 된다[故最高最尊, 爲衆星之主也]"고 보았다. 또 북신의 신명(神名)은 "태일군(太一君)"으로 "현단궁(玄丹宮)"에서 정좌(正坐)하고 있다고 하였다. 중국 고대의 성상(星象)에 대한 학설에서는 천상의 성좌(星座)를 인간 제왕·장수·재상과 서로 호응시키고, 자미원(紫微垣)자미궁(紫微宮)이라도 한다을 "상제가 거처하는 곳이다[是上帝之所居也]"고 여겼다. 도교 경전에서는, 북극대제(北極大帝)는 원시천존(元始天尊)의 화신으로 단지 옥황대제(玉皇大帝)의 지배만을 받을 뿐 삼계의 성신(星神)과 산천의 뭇 신을 통솔하기에, 온갖 현상의 종주(宗主)로서 비바람을 일으키고 천둥 번개와 귀신을 부릴 수 있다고 말한다. 이를 통해 북극대제가 도교의 신들의 계보 속에서 "삼청(三淸)"과 옥황대제에 버금간다는 것을 알 수 있다. 『명회요(明會要)』

의 기록에 따르면, 홍치(弘治) 원년(1488)에 급사중(給事中) 장구공(張九功)이 사전(祀典)을 바로잡기를 건의하는 글에 대해서 예부상서(禮部尙書) 주홍모(周洪謨) 등이 조목마다 의논하면서 "지금 북극자미대제라고 하여 사람의 모습으로 형상화하고 대제라고 부르는 것은 그릇된 예전입니다[今北極紫微大帝, 像之爲人, 稱之爲帝, 非典]"라며 마침내 제사를 폐하였다고 한다. 북극대제의 생일은 음력 4월 18일이라고 전해진다.

중천자미북극대제(中天紫微北極大帝)
• • •

"자미북극대제(紫微北極大帝)"를 말한다.

중천자미북극태황대제(中天紫微北極太皇大帝)
• • •

"자미북극대제(紫微北極大帝)"를 말한다.

구진남극대제(勾陳南極大帝)
• • •

정식 명칭은 "구진상궁남극천황대제(勾陳上宮南極天皇大帝)"이며, 간략하게 "구진대제(勾陳大帝)"라 일컫는다. 도교 천신(天神)인 사어(四御) 가운데 하나. 고대의 성신(星辰) 신앙에서 기원한다. 구진(勾陳)은 "구진(鉤陳)"이라 쓰기도 한다. 구진은 천상의 별자리로 자미원(紫微垣)에 위치하는데, 북극성에 가장 가까우며, 총 6개의 별로 이루어져 있다. 옛 사람들은 천인감응설(天人感應說)을 믿고서 이 별이

632

후궁(後宮)을 주재한다거나, 혹은 천자(天子)의 육군(六軍)의 장군을 주재한다거나, 또는 삼공(三公)을 주재한다고 여겼다. 반고(班固)의 『서도부(西都賦)』에서는 "구진의 자리를 본떠 둘러싸고, 야간 순찰하는 부서에서 호위한다[周以鉤陳之位, 衛以嚴更之署]"고 하였다. 『진서(晉書)』「천문지상(天文志上)」에서는 "구진의 입 가운데 있는 하나의 별을 천황대제라 한다. 그 신을 요백보라 하는데, 뭇 영을 주관하여 다스리고, 만신도를 쥐고 있다[勾陳口中一星曰天皇大帝, 其神曰耀魄寶, 主御群靈, 執萬神圖]"고 하였다. 도교에서는 구진 6성을 신격화하여 그가 옥황대제(玉皇大帝)를 보조하여 남극·북극과 천·지·인의 삼재(三才)를 관리하고 뭇 별들을 통솔하며 아울러 인간사의 전쟁을 주관한다고 주장한다. 『도장(道藏)』제901책『도법회원(道法會元)』권82에서는 비를 내리게 하는 기도 정문(呈文)이 있는데, 여기에서는 옥황대제와 구진상궁남극천황대제 등을 머리맡에 배열하고 있다.

구진상궁남극천황대제(勾陳上宮南極天皇大帝)

"구진남극대제(勾陳南極大帝)"를 말한다.

구진대제(勾陳大帝)

"구진남극대제(勾陳南極大帝)"를 말한다.

후토(后土)

• • •

① 정식 명칭은 "승천효법후덕광대후토황지기(承天效法厚德光大后土皇地祇)"이며, "후토황지기(后土皇地祇)", "후토낭랑(后土娘娘)"이라 일컫기도 한다. 도교 천신(天神)인 사어(四御) 가운데 하나. 중국 고대에는 "황천후토(皇天后土)"의 설이 있었다. 후토신은 천계를 주재하는 옥황대제(玉皇大帝)에 상대되는, 대지와 산천을 주재하는 대신(大神)이다. 그 내력에 대해서는 여러 종류의 전설이 있다.『국어(國語)』「노어(魯語)」에서는 후토가 공공(共工)의 아들로서 구주(九州)를 평정하여 지신(地神)이 되었다고 말한다.『좌전(左傳)』에서는 또 신의 명칭을 말하면서 "토를 담당한 신은 후토이다[土正曰后土]"고 하였다.『주례(周禮)』「대사악(大司樂)」에서는 "지기(地祇)"라고 하였다.『예기(禮記)』「월령(月令)」에서는 "후토(后土)"라고 하였다. 서한(西漢) 문제(文帝) 때에는 국가에서 지기(地祇)의 제사를 통일시켜, "동지에는 태일에게 제사 지내고, 하지에는 지기에게 제사 지냈다[冬至祀太一, 夏至祀地祇]." 한 무제(武帝)는 후토만을 위한 사당을 건립하고 친히 제사 지냈는데 "상제에게 올리는 예와 같았다[如上帝禮]" 이때부터 제도화되어 역대 왕조에서 모두 사전(祀典)에 집어넣고 해마다 제사 지냈다. 중국 고대 관념에서는 하늘과 남성은 양, 땅과 여성은 음이라고 여겼기 때문에, 후토신은 한나라 이후에 점차 여신(女神)으로 변천하였다. 당(唐)나라 두우(杜佑)의『통전(通典)』에서는 분음(汾陰)에 후토의 사당이 있는데, 후토가 부인 형상의 소상(塑像)이라고 기록하고 있다. 그래서 민간에서는 후토를 "후토낭랑(后土娘娘)"이라 일컫기도 하였다. 북송(北宋) 정화(政和) 6년(1116)에는

634

휘종(徽宗)이 후토를 "승천효법후덕광대후토황지기(承天效法厚德光大后土皇地祇)"로 봉하고, 옥황대제와 동일한 규격의 의례로 제사 지냈다. 송대 이후 도교에서는 후토를 "사어(四御)" 존신(尊神)의 하나로 배열하고, 후토신이 음양의 생육과 만물의 아름다움, 대지 산하의 빼어남을 관리한다고 보았다. 일부 도관(道觀)에서는 후토전(后土殿)만을 건립하기도 하였고, 민간에서는 후토낭랑사(后土娘娘祠)가 많이 건립되어 매해 음력 3월 18일_{후토신의 탄신일이라고 전해진다}에 후토에게 제사 지낸다. 옛 사람들이 하늘은 양, 땅은 음이라고 여겼기에 또 후토신이 저승[幽都]을 책임지고 맡는다는 설이 생겼다. 동한(東漢) 왕일(王逸)이 주석한 『초사(楚辭)』에서는 "그윽하고 어둡기 때문에 유도(幽都)라 일컫는 것이다[幽冥, 故稱幽都]"라고 하였다. 당(唐)·송(宋) 이래로 사람들은 일반적으로 묘를 쓰거나 성묘할 때, 혹은 상례를 행할 때 후토신에게도 제사를 지냈는데, 이것이 답습되어 풍속이 되었다. 유교에서도 토지신으로 존숭되었다.

② 상서(湘西) 묘족(苗族)의 사신(社神). 전설에 따르면 음력 2월 2일은 후토의 탄신일이기 때문에, 매년 이날에 후토에게 제사 지낸다. 이 제사에서는 후토의 생신을 축하하고, 후토신에게 촌락의 평안과 안녕을 기원하며 묘족에게 기후가 좋아서 크게 풍년이 들기를 기원한다.

후토황지기(后土皇地祇)
• • •

"후토(后土) ①"을 말한다.

승천효법후덕광대후토황지기(承天效法厚德光大后土皇地祇)

"후토(后土) ①"을 말한다.

후토낭랑(後土娘娘)

"후토(后土) ①"을 말한다.

서왕모(西王母)

"구령태묘구산금모(九靈太妙龜山金母)", "태허구광구대금모원군(太虛九光龜臺金母元君)"이라 일컫기도 하며, 민간에서는 "왕모낭랑(王母娘娘)"이라 속칭한다. 도교 여선(女仙) 가운데 가장 높은 존신(尊神). 『열선전전(列仙全傳)』에서는 서왕모의 성은 구(緱)이고, 이름은 회(回)이며, 자는 완금(婉妗)이라고 말한다. 서왕모 신앙은 중국 고대로부터 있었던 것으로 매우 오래된 역사를 지니고 있으며 그 영향 또한 매우 크다. 『산해경(山海經)』의 기록에 따르면, 서왕모는 처음에는 대개 고대 서방의 한 부족의 명칭으로 "사람 모습에 호랑이 이빨을 하고 표범 꼬리가 있고 풀어헤친 머리에 머리 장식을 꽂은[人形, 虎齒, 豹尾, 披髮, 戴勝]" 토템을 숭배하였기 때문에 사람들이 습관적으로 이 부족과 그 성원들을 모두 "서왕모(西王母)"라고 일컬었다. 『상서대전(尙書大傳)』에서는 "순임금 때에 서왕모가 와서 옥피리를 바쳤다[舜之時, 西王母來獻其白玉琯]"라고 하였다. 이 서왕모가 바로 『이아(爾雅)』「석지(釋地)」에서 말한 "사황(四荒)" 가운데 하나이다. 전국시기 이후로 서왕모는 점차 신격화되었다.『장자(莊子)』「대종사(大宗師)」에서는 서왕모가 "그 시작을 알 수 없고, 그 끝을 알 수 없는[莫知其始, 莫知其終]" 대도(大道)를 닦아 얻었다고 하였는데, 이는 이미 한층 더 신비화의 색채를 씌운 것이다.『목천자전(穆天子傳)』에서는, 주(周) 목왕(穆王)이 서쪽으로 정벌하러 갈 때 곤륜산(崑崙山)에 이르러 서왕모를 보고 "즐거워 돌아갈 것을 잊고서[樂而忘歸]" 연회를 즐기던 중에 서왕모가 스스로 천제(天帝)의 딸이라고 하였다고 기록하고 있다. 이후 서왕모는 매우 아름다운 용모에 온화하고 귀티가 나며 서른 안팎으로 보이는 천계의 여선(女仙)으로 바뀌었다. 그리고 "호랑이 이빨, 표범 꼬리[虎齒, 豹尾]" 부족 형상은 사람들에게 사왕모의 사자(使者)인 "서방의 백호신[西方白虎之神]"으로 전해졌다. 또 서왕모와 관련된 다음과 같은 각종의 전설이 전해져 온다. 서왕모는 불사의 약을 관리하는데, 예(羿)의 청에 응해 그에게 약을 준 적이 있다. 후에 항아(嫦娥)가 이를 훔쳐 먹고 달나라로 달아나 선녀가 되었다는 전설이 있다『회남자(淮南子)』「남명훈(覽冥訓)」에 보인다. 서왕모가 수레를 타고 한나라 궁궐로 내려와 한무제(漢武帝)와 만나 선도복숭아 4개를 주어 무제가 불사를 생각하기를 그치지 않게 하였다는 전설이 있다『한무제내전(漢武帝內傳)』에 보인다. 도교가 창립된 이후 서왕모는 도교 신선 계보에 포함되어 지고무상(至高無上)한 여신(女神)이 되었다. 갈홍(葛洪)은『침중서(枕中書)』에서, 서왕모는 원시천왕(元始天王)과 태원성모(太元聖母)의 딸로서 "태진서왕모(太眞西王母)"로 일컬어지며 "다스리고 있는 신선들이 헤아릴 수 없이 많다[所治群仙无量也]"고 하였다. 이후 도교 경전에서는 또 다음과 같이 표명하였다. 서왕모는 "서화의 지극히 오묘한 기[西華至妙之氣]"가 화생한 인물로서 태음(太陰)의 정(精)이자 여선(女仙)의 우두머리이다. 그녀는 태양(太陽)의 정인 동왕공(東王公)과 마주하여 "함께 음기와 양기를 다스려, 천지를 이루고 만물을 기른다[共理二氣. 調成天地, 陶鈞萬品]." 도를 얻어 신선에 오른 뭇 여선들이 모두 그녀에게 예속된다. 승천한 선인들이 하늘의 궁전에 들어가면, 모두 "먼저 서왕모를 뵙고 난 후에 동왕공을 알현하며[先覲西王母, 後謁東王公]", 이후에 비로소 삼청경(三淸境)에 들어가 원시천존을 알현할 수 있다. 명(明)·청(淸) 시기에 옥황대제(玉皇大帝)가 천계의 최고 존신(尊神)이 되었고, 서왕모는 또 옥황대제의 왕후가 되어 늘상 신도들에게 복을 내리고 장수를 내려주었다.

금모(金母)

• • •

"서왕모(西王母)"를 말한다. 『광성집선록(『墉城集仙錄)』에서는 "서왕모는 구령태묘구산 금모이다[西王母者, 九靈太妙龜山金母也]"라고 하였다. 『명의고(名義考)』에서는 "금(金)은 서방의 완성하는 기운으로 어미의 도가 있기 때문에 모(母)라고 말한 것이다[金, 西方成氣, 有母道, 故曰母]"라고 하였다.

옥모낭랑(王母娘娘)

• • •

"서왕모(西王母)"를 말한다.

구령태묘구산금모(九靈太妙龜山金母)

• • •

"서왕모(西王母)"를 말한다.

태허구광구대금모원군(太虛九光龜臺金母元君)

• • •

"서왕모(西王母)"를 말한다.

동왕공(東王公)

• • •

"목공(木公)", "동왕부(東王父)", "동화제군(東華帝君)", "부상대제(扶桑大帝)"라고도 일컫는다. 도교에서 제사를 받드는 존신(尊神)으로 남성 신선들의 명부를 관리한다. 『신이경(神異經)』의 기록에 따르면, 동황산(東荒山) 속에 대석실(大石室)이 있는데 동왕공은 여기에 거처한다. 동왕공의 신장은 한 장(丈)이며, 머리카락은 새하얗고, 사람의 형체에 새의 얼굴을 하고 호랑이 꼬리가 있으며, 흑곰 위에 올라타고서 좌우를 돌아보고 있다. 이는 전설 속 동왕공의 최초의 형상이다. 진(晉)나라 갈홍(葛洪)의 『원시상진중선기(元始上眞衆仙記)』에서는 동왕공의 내력을 다음과 같이 구체적으로 서술한다. 상고 시기에 원시천왕(元始天王)과 태원성모(太元聖母)가 옥경산(玉京山)에서 서로 기를 통해 정을 맺어 천황십삼두(天皇十三頭)를 낳고 원양부(元陽父)라 일컬었다. 원양부는 푸른 바다에 거처하면서 방원(方圓) 삼만리의 땅을 집으로 삼고 3만 6000년을 다스리며 동왕공(東王公)이라 일컫는다. 도교 경전에서는 뭇 신선들이 하늘에 오르면 반드시 먼저 동왕공과 서왕모를 배알한 후에야 비로소 삼청(三淸) 존신(尊神)을 알현할 수 있다고 한다. 도교에서는 또 동왕공을 청령시노군(靑靈始老君)으로도 일컬으며, 단령(丹靈)·황로(黃老)·호령(皓靈)·현녀(玄老)와 함께 "오방오노(五方五老)"라고 부른다.

목공(木公)

"동왕공(東王公)"을 말한다.

부상대제(扶桑大帝)

"동왕공(東王公)"을 말한다.

반고진인(盤古眞人)

"원시천왕(元始天王)"이라고도 일컫는다. 도교에서 존숭하며 받드는 신(神)으로 천지를 개벽하였다. 갈홍(葛洪)의 『침중서(枕中書)』『원시상진중선기(元始上眞衆仙記)』의 기록에 따르면, 음양이 아직 나뉘지 않았고 천지일월(天地日月)이 아직 형체를 갖추기 전에 천지의 정(精)을 품수 받아 스스로 태어난 반고진인(盤古眞人)이 있었는데, 그는 혼돈의 우주를 떠돌아다니며 스스로 "원시천왕(元始天王)"이라 불렀다. 그로부터 네 겁(劫)의 시간이 지나 덮개 같은 거대한 하늘이 형성되어 음양이 서로 나뉘자 하늘로부터 3만 6,000리가 떨어진 거리에 대지가 형성되었다. 원시천왕은 하늘의 중심인 "옥경산(玉京山)"의 궁전 속에 거하면서, 항상 고개를 들어 하늘의 기를 마시고 몸을 구부려 땅의 샘물을 마셔서 소멸되지 않고 영원히 존재하는 상태에 이르렀다. 이후 또 두 겁의 시간이 지나 벼랑에서 샘솟은 신령한 물속에서 더없이 훌륭한 자태의 태원성모(太元聖母)가 탄생하였다. 원시천왕은 태원성모와 "서로 기를 통해 정을 맺고서[通氣結精]" 옥경산의 궁전으로 데리고 왔다. 일 겁의 시간이 지난 후에 천황부상대제(天皇扶桑大帝)를 낳았고, 또 일 겁의 시간이 지나 서왕모(西王母)를 낳았다. 이후에 천황(天皇)이 지황(地皇)을 낳고, 지황이 인황(人皇)을 낳았다. 이후의 신농(神農), 축융(祝融) 등의 성인들은 모두 반고진인의 후손이다. 당(唐)·송(宋) 이후의 도교 경전에서는 점차 반고진인을 원시천존(元始天尊)과 동일한 신으로 묘사하였다. 가령 『역대신선통감(歷代神仙通鑒)』에서는 선천(先天)의 기가 "변화하여 세계를 개벽한 사람이 되었으니 바로 반고이다. 변화하여 천계를 주재하는 시조가 되었으니 바로 원시이다[化爲開辟世界之人, 即爲盤古. 化爲主持天界之祖, 即爲元始]"라고 하였다. 그러나 초기 도교 경전 속에서 원시천왕은 원시천존과 구별되었다. 예컨대 도홍경(陶弘景)의 『진령위업도(眞靈位業圖)』 속에서 원시천존은 최고의 신으로 첫 번째 중앙 자리에 거처하지만, 원시천왕은 네 번째 중앙 자리의 왼쪽 네 번째 신위에 배열되고 있다.

원시천왕(元始天王)

• • •

"반고진인(盤古眞人)"을 말한다.

무상원군(無上元君)

• • •

　도교의 신선. 태상노군(太上老君)의 어머니라고 전해진다.『역세진선체도통감후편(歷世眞仙體道通鑑後編)』의 기록에 따르면, 무상원군은 천상의 현묘옥녀(玄妙玉女)인데 윤씨(尹氏)의 딸로 화생하여 선인(仙人) 이영비(李靈飛)에게 시집갔다. 하루는 태양의 정(精)이 구룡(九龍)을 타고서 속세로 내려와 윤씨의 배 속에서 잉태되었다. 윤씨가 81년을 품고 있다가, 은(殷)나라 무정(武丁) 9년 2월 15일에 자두나무를 붙잡자 왼쪽 겨드랑이에서 노군이 태어났다. 노군은 태어나자마자 걸음을 걸었는데, 아홉 걸음을 걸었을 때 왼손으로는 하늘을 가리키고 오른손으로는 땅을 가리키며, "천지 상하에 오직 도만이 존귀하니, 나는 마땅히 무상도법을 열어 동식물을 포함한 일체 중생을 널리 제도하리라[天上地下, 唯道獨尊, 我當開拓無上道法, 普渡一切動植衆生]"라고 하였다. 무상원군은 마침내 금단(金丹) 비결 72편을 노군에게 전하였다. 그리고 금단을 연양하는 핵심은 성명(性命)을 신중히 닦고 청허(淸虛)를 숭상하며 항상 무위에 처하는 것이라고 알려주고, 이후 수레를 타고 하늘로 올라갔다.

태원성모(太元聖母)

• • •

　"태원옥녀(太元玉女)"라고도 일컫는다. 도교의 신선. 갈홍(葛洪)의『침중서(枕中書)』에서는 그녀가 천지가 형성된 이후에 태어났으며, 태어나면서 말할 수 있었고 우러러 하늘의 기를 들이마셨다고 한다. 동왕공(東王公)과 서왕모(西王母)를 낳았다.

태원옥녀(太元玉女)

• • •

"태원성모(太元聖母)"를 말한다.

삼관대제(三官大帝)

• • •

간략하게 "삼관(三官)"이라고 칭한다. 도교 신의 명칭. 천관(天官), 지관(地官), 수관(水官)을 말한다. 원시 종교의 천(天) · 지(地) · 수(水)에 대한 자연숭배에서 기원한다. 동한(東漢) 중 · 후기에 장릉(張陵)이 촉(蜀)에서 창립한 오두미도(五斗米道)는 전통적인 민간신앙을 흡수하여, 천 · 지 · 수 삼관(三官)을 인간의 화복을 주재하는 대신(大神)으로 존숭하며 받들었다. 『삼국지(三國志)』「장로전(張魯傳)」의 기록에 따르면, 장각(張角)은 태평도(太平道)를 펼쳤고 장로(張魯)는 오두미도를 펼쳤는데, 모두 병자들을 위해 기도하는 법술이 있었다. 이 법술은 병자의 성명과 사죄의 뜻을 쓴 글 세 통을 만들어, 한 통은 산꼭대기에 두고 한 통은 땅에 묻고 한 통은 물에 빠트리는데 이를 "삼관수서(三官手書)"라 일컬었다. 일설에서는 금관(金官) · 목관(木官) · 수관(水官)을 삼관이라 여기는데, 구체적으로 천문(天門)을 지키는 당장군(唐將軍) · 갈장군(葛將軍) · 주장군(周將軍) 세 장군을 말한다. 또 삼관은 요(堯) · 순(舜) · 우(禹) 삼제(三帝)를 가리키며, 이들은 원시천존(元始天尊)이 토해낸 기가 변해서 되었다는 설도 있다. 『중증수신기(重增搜神記)』의 설법이 비교적 널리 퍼졌는데 이는 다음과 같다. 삼관은 진자도(陳子禱)와 용왕의 셋째 딸이 낳은 세 자식으로 모두 신통력이 매우 크고 법력이 끝이 없었다. 그래서 원시천존이 장남을 상원일품구기천관자미대제(上元一品九氣天官紫微大帝)로 봉하고, 현도(玄都)의 원양칠보자미상궁(元陽七寶紫微上宮)에 거주하면서 천제신왕(天帝神王)·상성고진(上聖高眞)·삼라만상성군(三羅萬象星君)을 총괄하여 주관하게 하였다. 차남은 중원이품칠기지관청허대제(中元二品七氣地官清虛大帝)로 봉하고, 무극세계동공청허지궁(無極世界洞空清虛之宮)에 거하게 하고, 오악제군(五嶽帝君)과 24치산천(二十四治山川)·구지토황(九地土皇)·사유팔극신군(四維八極神君)을 총괄하여 주관하게 하였다. 삼남은 하원삼품오기수관동음대제(下元三品五氣水官洞陰大帝)에 봉하고, 금령장락궁(金靈長樂宮)에 거하게 하고, 구강수제(九江水帝)·사독신군(四瀆神君)과 삼하사해(三河四海)의 신을 총괄하여 주관하게 하였다. 이 설은 삼관을 "삼원일(三元日)"과 서로 연계시켜, 천관의 탄신일은 음력 정월 15일, 지관의 탄신일은 7월 15일, 수관의 탄신일은 10월 15일이라고 하였다. 매해 삼원절(三元節)이 되면 삼관 신앙을 가진 이들은 모두 사당에 가서 죄과를 참회하면서 복을 받고 재앙을 피하길 기원하였다. 그래서 삼관을 "삼원대제(三元大帝)"라고도 일컫는다. 삼관 가운데 천관(天官) 신앙이 가장 널리 퍼져 있으며, 민간에서는 천관을 "복신(福神)"으로 여긴다. 옛날에는 지역마다 삼관묘(三官廟)·삼관전(三官殿)·삼관당(三官堂) 등이 있었다. 『도장(道藏)』 속에 『원시천존설삼관보호경(元始天尊說三官寶號經)』『삼관등의(三官燈儀)』 등이 있다.

삼원대제(三元大帝)

• • •

"삼관대제(三官大帝)"를 말한다.

삼관(三官)

* * *

　"삼관대제(三官大帝)"를 말한다.

천관(天官)

* * *

　"삼관대제(三官大帝)"를 보라.

지관(地官)

* * *

　"삼관대제(三官大帝)"를 보라.

수관(水官)

* * *

　"삼관대제(三官大帝)"를 보라.

진무대제(眞武大帝)

* * *

　"현무(玄武)", "진무제군(眞武帝君)", "탕마천존(蕩魔天尊)"이라고
도 일컫는다. 도교에서 숭봉되는 중요한 천신(天神)으로 북방 천계를
관장한다. 원래는 고대 신화 속의 북방의 신이다. 중국 고대 성상학
자(星象學者)들은 해와 달이 하루 동안 지나는 천구(天區)의 항성을
28개의 무리로 나누어 28수(宿)라고 일컬었다. 전국시대 이후로 28
수를 네 부분으로 나누고 이를 사령(四靈)의 이름을 붙여, 동방청룡

(東方靑龍), 남방주작(南方朱雀), 서방백호(西方白虎), 북방현무(北方玄武)로 구분했다. 『초사(楚辭)』「원유보주(遠遊補注)」에서는 "현무는 귀사를 말한다. 북방에 자리하고 있기 때문에 현(玄)이라고 한다. 몸에 비늘과 딱딱한 껍데기가 있기 때문에 무(武)라고 한다[玄武謂龜蛇, 位在北方, 故曰玄, 身有鱗甲, 故曰武]"고 하였다. 한(漢)나라 이래로 귀사(龜蛇)는 북방칠수(北方七宿)두(斗)·우(牛)·여(女)·허(虛)·위(危)·실(室)·벽(壁)를 담당하는 현무신(玄武神)의 상징이 되어, 사람들이 제사 지내며 받들었다. 도교에서 현무 신앙을 흡수한 당초에는 현무가 신들의 계보 속에서 결코 중요한 지위가 아니었다. 『포박자(抱朴子)』에서는 노자(老子)의 형상을 묘사할 때 "앞에는 24주작이 있고 뒤에는 72현무가 있다[前有二十四朱雀, 後有七十二玄武]"고 하였는데, 이는 바로 수호의 신이다. 이후 한대(漢代) 위서(緯書)의 "북방의 흑제는 몸이 현무이다[北方黑帝, 體爲玄武]"는 설을 흡수하고, 여기에 인격화가 덧붙여져 도교의 대신(大神)이 되었다. 도교 경전에서는 다음과 같이 묘사한다. 북방현무는 머리를 풀어헤치고 검은 옷에 금갑(金甲)을 입고 옥대(玉帶)를 둘렀으며, 검을 들고 눈을 부릅뜨고서 거북과 뱀을 발로 밟고 있으며 정수리에는 둥근 광채로 둘러 싸여 있어 용맹스러운 모습을 하고 있다. 송(宋)나라 진종(眞宗) 시기에 선조인 조현랑(趙玄朗)의 이름을 피휘하여 현무를 "진무(眞武)"로 개명하였다. 『원시천존설북방진무묘경(元始天尊說北方眞武妙經)』에서는 다음과 같이 말한다. 진무신(眞武神)은 원래 정락국(淨樂國) 태자인데, 장성하자 용맹하여 천하의 요마를 모두 없애기를 서원(誓願)하고 왕위를 계승하지 않았다. 후에 진인을 만나서 무극상도(無極上道)를 전수받고 태화산(太和山)으로 들어가 수도하였다. 공이 이루어지고 덕이

충만해지자 옥제(玉帝)가 북방을 지키고 진무의 지위를 총괄하라고 명령하였다. 또 태화산(太和山)을 무당산(武當山)으로 이름을 바꾸었는데, 이는 "현무가 아니면 감당할 수 없다[非玄武不足以當之]"는 뜻이다. 송(宋)나라 천희(天禧) 연간(1017~1021)에 "진무령응진군(眞武靈應眞君)"으로 봉해졌다. 원(元)나라 대덕(大德) 7년(1303)에 "원성인위현천상제(元聖仁威玄天上帝)"로 가봉(加封)되어 북방의 최고 신이 되었다. 명(明)나라 영락(永樂) 연간(1403~1424)에 "북극진천진무현천상제(北極鎭天眞武玄天上帝)"로 가봉(加封)하고, 아울러 무당산에 대규모의 궁관과 묘당을 건축하고 천주봉(天柱峰) 정상에 "금전(金殿)"을 건립하고서 진무(眞武) 신상을 받들어 제사 지냈다. 제왕들의 지지로 말미암아 진무 신앙은 명대(明代)에 가장 흥성하여 궁정과 민간에서 널리 진무의 사당이 건립되었다. 사당 안에 받들어진 진무신상 곁에는 항상 귀사이장(龜蛇二將)이 조소되어 있다. 이외에도 금동(金童)·옥녀(玉女)가 조소되어 있는데, 전하는 바에 따르면 진무대제를 대신하여 삼계 속의 공과와 선악을 기록한다고 한다. 『월령광의(月令廣義)』에서는 진무대제의 탄신일을 음력 3월 3일로 기록하고 있다. 『도장(道藏)』 속에 『태상설현천대성진무본전신주묘경(太上說玄天大聖眞武本傳神咒妙經)』, 『북극진무우성진군례문(北極眞武佑聖眞君禮文)』 등이 있다.

진무대군(眞武帝君)

• • •

"진무대제(眞武大帝)"를 말한다.

현무(玄武)

...

"진무대제(眞武大帝)"를 말한다.

현천상제(玄天上帝)

...

"진무대제(眞武大帝)"를 말한다.

탕마천존(蕩魔天尊)

...

"진무대제(眞武大帝)"를 말한다.

귀사이장(龜蛇二將)

...

도교 신의 명칭. 진무대제(眞武大帝)의 부하 신장(神將). 귀사(龜蛇)는 원래 진무의 형상이었는데, 명대(明代)에 진무가 도교 대신(大神)으로 존숭되자, 이에 원래의 귀사의 형상이 점차로 진무에게 복종하는 두 신장으로 변천하였다. 『신선통감(神仙通鑒)』에서는 다음과 같이 기술하고 있다. 상(商)·주(周) 시기에 옥황대제(玉皇大帝)가 진무에게 천계의 신장을 통솔하여, 세상에 내려가 주무왕(周武王)을 도와 주(紂)를 정벌하고 마귀를 제거하라고 명하였다. 이때 주를 돕던 포학한 수(水)·화(火) 두 마왕이 전쟁에서 패해 달아나 숨었고, 창귀(蒼龜)·거사(巨蛇)로 변하였다. 진무가 신령한 위력을 펼치자, 창귀·거사는 진무의 발밑에 항복하고 진무의 부하가 되었다. 옥제(玉

帝)가 창귀를 태현수정흑영존신(太玄水精黑靈尊神)으로 봉하고, 거사를 태현화정적영존신(太玄火精赤靈尊神)으로 봉하였다.

오백영관(五百靈官)

• • •

도교 신의 명칭. 진무대제(眞武大帝)의 부하 신장(神將).『현천상제계성록(玄天上帝啓聖錄)』권1의 기록에 따르면, 현천상제(玄天上帝)진무대제는 원래 정락국(淨樂國) 태자였다. 그가 무당산(武當山)에서 수도할 때, 국왕이 대신에게 명하여 500명의 병사를 거느리고 가서 태자를 찾아 조정으로 돌아오게 하라고 하였다. 후에 이 500명의 무리들은 태자를 따라 도를 배우기를 바랐다. 태자가 진무대제의 지위에 오른 후에 500명의 무리 역시 모두 선도를 증험하여 오백영관이 되었다. 현재 무당산 남쪽의 암궁(岩宮)에는 여전히 금동(金銅)으로 주조하여 만든 영관의 상 오백 존(尊)이 있다.『무당복지총진집(武當福地總眞集)』권7에서는 다음과 같이 말한다. "무당산은 오백영관의 동천복지이다. 현천상제가 노닐던 곳으로, 영관 오백 명을 각각 두어 수도하는 도사들의 보호를 주관하게 하였다.[武當山, 五百靈官洞天福地也. 上帝游年之所, 各設靈官五百員, 主持守衛修道之士.]"

태세(太歲)

• • •

도교 신의 명칭. 천계의 흉신(凶神)으로, 고대의 천체(天體) 숭배(崇拜)에서 기원하며, 세성(歲星)목성과 일정한 관련이 있는 것으로 전해진다. 고대인들은 세성이 12년마다 하늘을 한 바퀴 운행한다고 여기고, 황도를 12등분으로 나눈 후 세성이 매년 머무는 부분을 한 해의 이름으로 삼았다. 이렇게 구획함에 따라 천체는 북쪽에서 동쪽, 남쪽, 서쪽 방향으로 진행해 가기 때문에, 천체의 운동을 "좌선(左旋)"이라고 말한 것이다. 그러나 세성의 운행 방향은 "우선(右旋)"이며, 앞서 말한 방향과는 정반대이다. 고대인들은 시간 계산의 편의를 위하여 세성의 실제 운행 방향과 상반되는 운동을 하는 가상의 "태세"를 두고서 매년 태세가 있는 부분으로 연도를 기록했다. 예컨대 태세가 인(寅)의 자리에 있으면 섭제격(攝提格)이라 부르고, 묘(卯)의 자리에 있으면 단알(單閼)이라 불렀다. 굴원(屈原)의 『초사(楚辭)』「이소(離騷)」에서는 "섭제 해의 바로 음력 정월이라네. 경인일에 나는 태어났네[攝提貞於孟陬兮, 惟庚寅吾以降]"라고 했는데, 이는 인(寅) 해의 음력 정월 경인(庚寅)일에 출생했음을 말한다. 대략 진한(秦漢) 시기부터 민간에서 대부분 태세가 있는 방향이 흉한 방향이라고 여기기 시작했고, 이로부터 허다한 금기들이 생겨났다. 『토풍록(土風錄)』에서는 "술수가들은 태세를 대장군으로 여겼으며, 땅을 파거나 이사하는 자는 반드시 그 방향을 피했다[術家以太歲爲大將軍, 動土遷移者必避其方]"고 하였는데, 속언에서 "누가 감히 태세의 머리 위에서 땅을 파는가?[誰敢在太歲頭上動土?]"라는 것이 이를 말한다. 후에 또 태세는 신격화되었다. 두우(杜祐)의 『통전(通典)』의 기록에 따르면, 북위(北魏) 도무제(道武帝) 때에 이미 "신세십이(神歲十二)"즉 12태세신를 단독으로 제사 지냈다. 원(元)·명(明) 이후에는 국가의 제전(祭典)에 포함시켜 해마다 받들어 제사 지내면서 보국안민(輔國安民)을 기원했다. 『봉신연의(封神演義)』에서는 주왕(紂王)의 아들 은교(殷郊)를 "태세신[太歲之神]"이라고 하였다. 도교에서는 또 "태세

대장군(太歲大將軍)"이라고도 일컬어졌고, 민간신앙에서 지극히 널리 퍼졌다.

태세대장군(太歲大將軍)
• • •

"태세(太歲)"를 말한다.

호법사원수(護法四元帥)
• • •

도교의 네 호법천신(護法天神)의 통칭(統稱). 도교 경전 속에서 호법사원수에 대한 학설은 일치하지 않는다. 『도법회원(道法會元)』에서는 천봉옥진수원진군(天蓬玉眞壽元眞君), 천유인집령복진군(天猷仁執靈福眞君), 익성보덕저경진군(翊聖保德儲慶眞君), 우성진무령응진군(佑聖眞武靈應眞君)으로 기록하고 있다. 이 책 권15에서는 "천봉원수는 보인(寶印)으로 나를 비추고, 천유원수는 검을 들고 나를 호위하며, 익성진군은 창을 들고 나를 수호하고, 현천우무는 수화로 나를 돕네[天蓬元帥寶印照我. 天猷元帥仗劍衛我, 翊聖眞君持戟守我, 玄天寓武水火助我]"라고 하고 있다. 이외에 마(馬)마영요(馬靈耀), 조(趙)조공명(趙公明), 온(溫)온경(溫瓊), 관(關)관우(關羽)을 네 원수로 보는 설도 있다. 명(明)·청(淸) 시기 이후에는 뒤의 설이 매우 유행하였다.

왕령관(王靈官)

• • •

"영관왕원수(靈官王元帥)", "옥추화부천장(玉樞火府天將)"이라고
도 일컫는다. 도교에서 가장 존숭하는 호법 존신(尊神)으로, 항상 산
문(山門) 안에 소상(塑像)이 있으며 궁관(宮觀)을 지킨다. 전해지기로
는 본래 이름은 왕선(王善)으로 송(宋)나라 때 사람이다. 일찍이 서촉
(西蜀)의 도사 살수견(薩守堅)을 스승으로 모시고 도교부록비법을 전
수받아 임영소(林靈素)의 재전(再傳) 제자가 되었다고 한다. 또 도교
경전에는 왕령관이 회음(淮陰) 지방에서 받들어 제사 지내는 작은 신
인데, 훗날 살진인(薩眞人)이 그 사당을 불사르고 부장(部將)으로 삼
았다고 한다. 명(明)나라 영락(永樂) 연간(1403~1424)에 도사 주사
득(周思得)이 왕령관의 법으로 경사(京師)에서 명성을 얻어, 명나라
성조(成祖)가 왕원수를 위해 경사에 특별히 "천장묘(天將廟)"를 건립
하고 해마다 제사 지냈다. 명나라 선종(宣宗)이 "화덕관(火德觀)"으
로 개명하고, 또 왕령관을 "융은진군(隆恩眞君)"으로 봉하고, 추가로
"옥추화부천장(玉樞火府天將)"으로 봉하여, 뭇 천장(天將)의 우두머
리가 되었다. 이후로 전국 각지에 널리 영관묘(靈官廟)가 건립되었
고, 수많은 도교 궁관에서도 특별히 영관전(靈官殿)을 설립하여 도교
의 호법을 진작시켰다. 그 형상은 화난 붉은 얼굴에 곱슬곱슬한 턱수
염이 있고 갑옷 강사포를 둘렀으며, 세 눈으로 매섭게 쏘아보며, 왼
손에는 풍화륜(風火輪)을 들고 있고 오른손에는 채찍을 들고 있다.

왕원수(王元帥)

· · ·

"왕령관(王靈官)"을 말한다.

옥추화부천장(玉樞火府天將)

· · ·

"왕령관(王靈官)"을 말한다.

화광대제(華光大帝)

· · ·

"영관마원수(靈官馬元帥)", "삼안령광(三眼靈光)", "화광천왕(華光天王)", "마천군(馬天君)" 등으로도 불린다. 도교의 호법 천신 가운데 하나. 일설에는 불교의 화광여래(華光如來)가 도교의 신으로 바뀌었다고 한다. 조공원수(趙公元帥), 관성제군(關聖帝君), 온경원수(溫瓊元帥)와 함께 "호법사원수(護法四元帥)"로 불린다. 전해지기로 성은 마(馬)이고 이름은 영요(靈耀)로, 태어날 때 삼지안(三只眼)이 있었다고 한다. 그래서 민간에서는 "마왕야삼지안(馬王爺三只眼)"이라고도 부른다. 『삼교수신대전(三敎搜神大全)』에서는, 일찍이 세 차례에 걸쳐 "죽은 뒤 신령이 되어 나타나[顯聖]" 오백 마리의 불 까마귀[火鴉]를 항복시키고 동해의 용왕을 죽여 대뇨지옥(大鬧地獄)에서 모친을 구하자, 옥황대제(玉皇大帝)가 진무대제(眞武大帝)의 부장(部將)으로 봉하고 천계를 수호하게 하였다고 한다. 명(明)나라 사람 여상두(余象斗)가 편찬한 『오현영관대제화광천왕전(五顯靈官大帝華光天王傳)』『남유기(南遊記)』라고도 한다에서는 화광대제가 "화정(火精)"으로 몸에 금전(金磚)과 화단(火丹)을 감추고 있다고 말한다. 그래서 민간에서는 또 화광대제를 화신(火神)으로 보고, 음력 8~9월 사이에 "화광초(華光醮)"를 거행하여 화재(火災)로부터 벗어나길 기원한다. 특별히 화광대제를 제사하는 사당을 화광묘(華光廟)라 일컫는다. 전설에서는 화광대제의 탄신일이 음력 9월 28일이라고 한다.

마원수(馬元帥)

"화광대제(華光大帝)"를 말한다.

마천군(馬天君)

"화광대제(華光大帝)"를 말한다.

마왕야(馬王爺)

"화광대제(華光大帝)"를 말한다.

화광천왕(華光天王)

"화광대제(華光大帝)"를 말한다.

관성제군(關聖帝君)

●　●　●

간략하게 "관제(關帝)"라고 일컬으며, "탕마진군(蕩魔眞君)", "복마대제(伏魔大帝)" 등으로도 불린다. 도교의 호법 천신 가운데 하나. 화광대제(華光大帝), 조공원수(趙公元帥), 온경원수(溫瓊元帥)와 함께 "호법사원수(護法四元帥)"로 불린다. 삼국시대의 저명한 무장(武將) 관우(關羽)가 신성화되어 관성제군이 되었다. 『삼국지(三國志)』의 기록에 따르면 관우는 자는 운장(雲長)으로 무예가 출중하였다. 그는 동한(東漢) 말년에 천하가 크게 어지러울 때 유비(劉備)에게 의탁하였고, 촉국(蜀國)이 건립되자 전장군(前將軍)으로 봉해졌으며, 사후에 "장무후(壯繆侯)"이라는 시호가 내려졌다. 명(明)·청(淸) 시기에 관우의 사적(事跡)은 나관중(羅貫中)의 『삼국연의(三國演義)』를 통해 과장되게 묘사되어 거의 모든 사람들이 다 알 정도에 이르렀다. 고대의 관운장은 충(忠)·효(孝)·절(節)·의(義)를 한 몸에 지닌 인물의 전형(典型)이었고, 송대(宋代)부터 역대 제왕들의 총애를 받아, 송 철종(哲宗)은 그를 "현령왕(顯靈王)"으로 봉했고, 송 휘종(徽宗)은 "의용무안왕(義勇武安王)"으로 봉했으며, 원대(元代)에는 "현령의용무안영제왕(顯靈義勇武安英濟王)"으로 봉해졌다. 명(明)나라 신종(神宗) 때에는 그 신위(神位)를 "협천호국충의제(協天護國忠義帝)", "천계복마대제·신위원진천존관성제군(天界伏魔大帝神威遠鎭天尊關聖帝君)"으로 진급시켰다. 청대(淸代) 제왕들은 그들이 중원을 통치하게 된 것은 "관성제군(關聖帝君)"의 신우(神佑)에 힘입은 것이라 여겼다. 그래서 관성제군을 극도로 숭상하고 경배하여, 공자를 "문성(文聖)"으로 삼고 관제(關帝)를 "무성(武聖)"으로 삼았다. 순치제(順治帝)는 특별히 추가로 "충의신무영우인용위현호국보민정성수정우찬선덕관성대제(忠義神武靈佑仁勇威顯護國保民精誠綏靖佑贊宣德關聖大帝)"로 봉하였다. 명대부터 청대까지 모두 국가제전(國家祭典)에 포함시켜 제사 지냈다. 『역대신선통감(歷代神仙通鑑)』에서는, 관제의 전신(前身)은 뇌수산(雷首山) 연못의 용신(龍神)으로 황하의 물을 흡입하여 가뭄에 처한 백성들을 구제하였는데, 이 일로 하늘의 궁정에 노여움을 사서 후에 인간 세상으로 태어난 것이니, "충정과 의리의 성품이 갖춰져 있고, 신성의 바탕을 지니고 있다[忠義性成, 神聖之質]"고 하였다. 옛적의 관성제군의 형상은 무신(武神) 또는 재신(財神)이었다. 그는 사명록(司命祿)을 구비하여 과거(科擧)를 돕고 병을 치료하고 재앙을 물리치며, 사악함을 물리치고 제거하며 죄인이나 반역자를 처벌하고 저승을 순찰하며, 상인을 비호하여 재운을 불러일으키는 등의 법력을 지니고 있어, 민중 사회에서 광범위한 경배를 받아 "향을 바치는 사람들이 매우 많아 천지와 함께 영원할 것이다[香火之盛, 將與天地同不朽]"조익(趙翼)의 『해여총고(陔餘叢考)』권35에 보인다라고 하였다. 관제는 대만(臺灣) 지역에서는 또 "가람야(伽藍爺)"·"은주공(恩主公)"으로 불리는데, 매우 많은 사당이 지어져 존숭받고 있다. 전해지기로 관제의 탄신일은 음력 5월 12일이라고 한다. 후세에는 『관제각세진경(關帝覺世眞經)』『관제명성경(關帝明聖經)』등과 같이 관제의 이름을 가탁한 통속적인 권선문(勸善文) 여러 종이 생겼다.

관제(關帝)

∙ ∙ ∙

"관성제군(關聖帝君)"을 말한다.

탕마진군(蕩魔眞君)

• • •

"관성제군(關聖帝君)"을 말한다.

복마대제(伏魔大帝)

• • •

"관성제군(關聖帝君)"을 말한다.

은주공(恩主公)

• • •

"관성제군(關聖帝君)"을 보라.

가람야(伽藍爺)

• • •

"관성제군(關聖帝君)"을 보라.

온경원수(溫瓊元帥)

• • •

　도교의 호법 천신 가운데 하나. 화광대제(華光大帝)·조공원수(趙公元帥)·관성제군(關聖帝君)과 함께 "호법사원수(護法四元帥)"로 불린다. 민간에서는 항상 초제(醮祭)를 행하며 신(神)을 청할 때 그 신명(神名)을 부름으로써 마귀와 요마를 항복시키고 재앙을 떨치며 복을 기원한다. 전해지기로, 절동(浙東) 온주(溫州) 사람으로 성은 온(溫)이고 이름은 경(瓊)이며 자는 자옥(子玉)이며, 일설에는 자가 영청(永淸)이라고도 한다. 그의 어머니가 일찍이 밤에 "화정(火精)"의 신(神)이 배 속으로 들어오는 꿈을 꾸고 아이를 잉태하여 온경을 낳았다고 한다. 7세에 우보(禹步)법을 익혔고, 14세에 삼교와 제자백가의 말을 깨달았다. 26세에 진사과(進士科)를 쳤으나 낙제하자, 이에 안석을 어루만지면서 탄식하며 "살아서 임금에게 몸 바쳐 충성하고 백성에게 혜택을 베풀 수 없다면, 죽은 뒤에 태산의 신선이 되어 천하의 악을 제거하겠노라[生不能致君澤民, 死當爲泰山神, 以除天下惡厲]"라고 말하였다. 사후(死後)에 변화하여 푸른색 얼굴에 붉은색을 발하는 신[靑面赤發之神]이 되었다. 동악대제(東嶽大帝)가 그 용맹함을 듣고 그를 불러 우악신장(佑嶽神將)으로 삼았고, 옥제(玉帝)가 "항금대신(亢金大神)"에 봉하고 "무구소한(無拘霄漢)"이 새겨진 금패(金牌) 하나를 하사하며 수시로 하늘의 궁정[天庭]에 출입하도록 칙령을 내렸다. 송대(宋代)에 "익령소무장군정우후(翊靈昭武將軍正佑侯)", "정복현응위렬충정왕(正福顯應威烈忠靖王)"으로 봉해졌다. 제사 지내는 사당은 "온장군묘(溫將軍廟)"라 불리는데, 온주(溫州)의 "충정왕묘(忠靖王廟)"가 가장 유명하다. 훗날에 또 동악십태보(東嶽十太保) 가운데 하나로 들어갔기 때문에 "온태보(溫太保)"라는 호칭도 있게 되었다.

온태보(溫太保)

• • •

"온경원수(溫瓊元帥)"를 말한다.

현단조원수(玄壇趙元帥)

● ● ●

"조현단(趙玄壇)", "흑호현단(黑虎玄壇)", "조공원수(趙公元帥)"
등으로도 불린다. 도교의 호법 천신 가운데 하나. 화광대제(華光大
帝)·관성제군(關聖帝君)·온경원수(溫瓊元帥)와 함께 "호법사원수
(護法四元帥)"로 불린다. 그 전설의 기원은 비교적 이른 시기에 보인
다. 진(晉)나라 간보(干寶)의 『수신기(搜神記)』에서는, 상제가 세 장
군에게 명하여 귀졸(鬼卒)이 인간 세계에 내려가 사람을 데리고 오
는 것을 감독하게 하였는데, 조공명(趙公明)은 세 장군 가운데 하나
였다고 말한다. 남조(南朝) 양(梁)나라 도홍경(陶弘景)의 『진고(眞誥)』
에서는 조공명을 "땅 아래 무덤 속의 직기오방신[土下塚中直氣五方
神]"이라 일컬었는데, 이는 조원수(趙元帥)가 도교 신령 가운데 출현
한 최초의 모습이다. 수(隋)·당(唐) 시기에 민간에서 전해지기로, 오
방역사(五方力士) 가운데 하나로 하늘에서는 귀(鬼)가 되고 땅에서는
역신(疫神)이 된다고 하는데, 손에는 부채를 쥐고 몸에는 흰 옷을 입
고 있으며, 수(隋)나라 문제(文帝)에 의해 "감응장군(感應將軍)"으로
봉해졌다. 원(元)·명(明) 시기 이후에 조공명은 점점 변화하여 도교
의 호법 천신이 되었다. 『삼교수신대전(三教搜神大全)』에서는 다음과
같이 말한다. 조공명은 원래 종남산(終南山) 사람으로 진(秦)나라 때
산 속으로 피난하였는데, 도를 닦아 공이 이루어지자 옥제(玉帝)가
조서를 내려 그를 영소부원수(靈霄副元帥)로 삼았다. 그는 "호정소
도천혜각혼범기(皓廷霄度天慧覺昏梵氣)"가 화생한 인물로서, 검은
색 얼굴빛에 수염이 가득하고 머리에는 쇠로 된 바리를 이고 있으며,
손에는 쇠로된 채찍을 쥐고 있고 검은색 호랑이를 타고 있으며, 북

방의 기를 주관한다. 항상 천문(天門)의 명(命)을 받들어 삼계(三界)의 일을 맡아 헤아리고 구주(九州)의 일을 검토하여 직전대장군(直殿大將軍)이 되었다. 후에 명을 받들어 인간 세상으로 내려와 장천사(張天師)를 위해 연단로(煉丹爐)를 수호하면서 "정일현단(正一玄壇)"과 "조공원수(趙公元帥)"라는 호칭을 받았다. 전해지기로, 그 부하(部下)에는 팔맹장(八猛將), 육독대신(六毒大神), 오방적신(五方笛神), 이십팔장(二十八將) 등이 있다고 한다. 또 그는 천둥번개를 부릴수 있고 비바람을 부를 수 있으며, 역병과 학질을 제거하고 병과 재앙을 다스릴 수 있으며, 원통함을 송사하고 억울함을 풀어내며 공평하게 매매하게 하여 화합하게 만드는 등 그 신통력이 광대하다고 한다. "그래서 천상의 천성(天聖)이 그를 고상신소옥부대도독 · 오방순찰사 · 이십팔숙도총관 · 상청정일현단비호금륜집법조원수라고 호칭하였다[故上天聖號爲高上神霄玉府大都督五方巡察史二十八宿都總管上淸正一玄壇飛虎金輪執法趙元帥]." 『신수신기(新搜神記)』에서는 그를 촉(蜀)의 단신(壇神)이라 말하기도 한다. 옛날에 민간에서는 대부분 재신(財神) 혹은 문신(門神)으로 받들어 그 신봉자가 매우 많았다.

조현단(趙玄壇)

· · ·

"현단조원수(玄壇趙元帥)"를 말한다.

조공원수(趙公元帥)

· · ·

"현단조원수(玄壇趙元帥)"를 말한다.

흑호현단(黑虎玄壇)

• • •

"현단조원수(玄壇趙元帥)"를 말한다.

북두진군(北斗眞君)

• • •

"북두성군(北斗星君)"으로도 불린다. 도교 신의 명칭. 고대의 성신 (星辰) 숭배에서 기원한다. 사실상 북두칠성(北斗七星)의 신격화이다. 『사기(史記)』 「천관서(天官書)」에서는 북두칠성이 음양을 나누고, 사시(四時)춘하추동 사계절를 건립하며, 오행(五行)금·목·수·화·토을 조절하고, 절도(節度)24절기를 베풀며, 여러 가지 기(紀)연·월·일·성신(星辰)·역수(曆數)를 정한다고 하였다. 북두칠성은 농업의 생산이나 행차 (行次)의 방위와 밀접한 상관관계가 있기 때문에 특별하게 숭상되어 받들어졌다. 도교에서는 북두칠성을 신들의 계보에 들여온 이후에, 인간의 생사와 화복을 주관하고 재앙을 물리치며 복을 불러오는 기능을 담당하는 역할을 부여하였다. 도교 경전에 따르면, 북두신(北斗神)은 항상 삼관(三官)천(天)·지(地)·수(水)과 함께 사방을 순행하면서 인간세상과 저승의 공과(功過)와 선악(善惡)을 조사하는데, 악을 행한 자의 경우 지옥에 들여보내 영원히 고통의 바다에 가둔다. 이후 동악대제(東嶽大帝)와 풍도대제(酆都大帝)가 저승을 주관한다는 설법이 있게 됨에 따라, 북두신의 역할은 점점 변화하여 사망(死亡)을 전문적으로 관리하는 사명신(司命神)이 되었다. 『수신기(搜神記)』에서는 "북두는 죽음을 기록하고, 남두는 탄생을 기록한다[北斗注死. 南斗注生]"고 하였다. 도교 경전에서는 무릇 한 마음으로 북두를 신앙하는 자는 곧 득도성선(得道成仙)하여 사망장부[死籍]에서 영원히 그 이름이 제거된다고 말하고 있다. 『북두본생경(北斗本生經)』에서는 북두칠성은 자광부인(紫光夫人)두모원군(斗姆元君)이 낳은 자식이라고 말하고 있다. 『도장(道藏)』 속에 『태상현령북두본명장생묘경(太上玄靈北斗本命長生妙經)』, 『북두칠원금현우장(北斗七元金玄羽章)』, 『옥청무상령보자연북두본생진경(玉淸無上靈寶自然北斗本生眞經)』, 『북두본명연수등의(北斗本命延壽燈儀)』 등이 있다.

북두성군(北斗星君)
· · ·

"북두진군(北斗眞君)"을 말한다.

구천현녀(九天玄女)
· · ·

간략하게 "현녀(玄女)"라고 칭하며, "원녀(元女)", "구천낭랑(九天娘娘)"으로도 불린다. 도교 신의 명칭. 원래 중국 고대 신화 속의 여신(女神)이었지만, 후대에 도교에서 신봉하게 되어 도교 신들의 계보 속에서 그 지위가 서왕모(西王母)에 버금가는 여성 천신(天神)이 되었다. 『운급칠첨(雲笈七籤)』의 기록에 따르면, 구천현녀는 성모원군(聖母元君)의 제자이자 황제(黃帝)의 스승이다. 황제가 치우(蚩尤)와 탁록(涿鹿)에서 전쟁을 벌이는데, 현녀가 봉황과 채색구름을 타고 아홉 가지 색으로 물들인 옷을 입고 하강하여, 황제에게 육임(六壬)·둔갑(遁甲)·병부(兵符)·인검(印劍)을 내려주고 또 비법(秘法)을 전수하자, 황제가 마침내 제후들을 이끌고 치우에게 크게 승리하였다.

민간전설에서는 구천현녀가 항상 위험과 재난으로부터 구제해 주고 병법(兵法)에 숙련되어 있으면서 하늘을 대신해서 도를 행하는 여선(女仙)의 형상으로 출현한다. 옛날에는 『황제문현녀병법(黃帝問玄女兵法)』이 있어서 세상에 전해졌다고 한다. 『도장(道藏)』속에 『황제수삼자현녀경(黃帝授三子玄女經)』이 있는데, 일진(日辰)과 길흉을 예측하는 10여 조목의 술법을 말하고 있다.

현녀(玄女)

"구천현녀(九天玄女)"을 말한다.

원녀(元女)

"구천현녀(九天玄女)"을 말한다.

구천낭랑(九天娘娘)

"구천현녀(九天玄女)"을 말한다.

두모원군(斗姆元君)

간략하게 "두모(斗姆)"라고 칭하며, "두모(斗母)", "중천범기두모원군(中天梵氣斗母元君)"으로도 불린다. 도교 신의 명칭. "두(斗)"는 북두(北斗)의 뭇 별들을 가리키며, "모(姆)"는 모친이라는 뜻이다. 도교 경전에서 두모는 "북두의 뭇 별들의 어머니이다[爲北斗衆星之母]"라고 하였다. 『옥청무상영보자연북두본생진경(玉淸無上靈寶自然北斗本生眞經)』에서는 다음과 같이 기록하고 있다. 두모는 원래 용한(龍漢) 연간의 주어왕(周御王)이 사랑한 왕비로서 "자광부인(紫光夫人)"이라고 불렸는데, 차례로 어왕(御王)을 위해 아홉 명의 자식을 낳았다. 장자는 천황대제(天皇大帝)사어지일구진상궁남극천황대제(四御之一勾陳上宮南極天皇大帝)를 말한다가 되었고, 둘째아들은 자미대제(紫微大帝)사어지일중천자미북극대제(四御之一中天紫微北極大帝)가 되었다. 나머지 7명의 아들은 각각 탐랑(貪狼) · 거문(巨門) · 녹존(祿存) · 문곡(文曲) · 염정(廉貞) · 무곡(武曲) · 파군(破軍)으로, 즉 북두칠성이다. 도교 궁관에서는 항상 두모전(斗姆殿)을 건립하여 세 개의 눈, 네 개의 머리, 여덟 개의 팔을 지닌 두모의 신상을 받들고 있다. 『도장(道藏)』속에 『태상현령두모대성원군본명연생심경(太上玄靈斗姆大聖元君本命延生心經)』 『선천두모주고현과(先天斗母奏告玄科)』 등이 있다.

두모(斗姆)

• • •

"두모원군(斗姆元君)"을 말한다.

태을구고천존(太乙救苦天尊)

• • •

"태일구고천존(太一救苦天尊)"이라고도 불린다. 도교 신의 명칭. 중국 고대의 "태일(太一)" 신앙에서 기원한다. 『사기(史記)』「천관서(天官書)」에서 "중궁천극성에서 밝은 별 하나가 태일이 항상 거처하는 곳이다[中宮天極星, 其一明者, 太一常居也]"라고 하였다. 이는 성숙(星宿)의 명칭인데, 후대에 변화하여 천신(天神)이 되었다.『봉선서(封禪書)』에서는 "천신 가운데 귀한 자는 태일이다[天神貴者太一]"라고 했는데, 송균(宋均)은 "천일·태일은 북극신의 다른 이름이다[天一太一, 北極神之別名]"라 하였다. 도교에서는 "태일"을 도교 신들의 계보 속으로 들여왔으나 명칭은 혹 달라지기도 한다. 가령 태평도(太平道)에서 신봉하는 신은 "중황태일(中黃太一)"이라고 일컫는다. 남조(南朝) 양(梁)나라 도홍경(陶弘景)의『진령위업도(眞靈位業圖)』에서는 첫 번째 신계(神階)의 오른쪽 자리에 옥천태일군(玉天太一君)과 태일옥군(太一玉君)을 배열하였는데, 그들은 옥청경(玉淸境)에 거하면서 책명(策命)을 얻어 도를 배우며 뭇 진인을 호령한다고 한다. 도교 경전에 따르면, 그는 천계에서 불행하게 지옥으로 떨어진 사람들을 전문적으로 구제하는 대신(大神)으로, 고난을 당한 자가 단지 천존(天尊)의 명호(名號)가 쓰인 부주(符咒)를 지니고 천존에게 기도하거나 천존의 이름을 염송(念誦)하기만 해도 구제 받을 수 있다고 한다.『도장(道藏)』속에『태을원진보명장생경(太乙元眞保命長生經)』, 『태을화부주고기랑의(太乙火府奏告祈禳儀)』,『황제태일팔문역순생사결(黃帝太一八門逆順生死訣)』등이 있다.

태일구고천존(太一救苦天尊)

· · ·

"태을구고천존(太乙救苦天尊)"을 말한다.

태일(太一)

• • •

① 도교 신의 명칭. "태을구고천존(太乙救苦天尊)"을 보라.

② 유교에서 신봉하는 천신(天神). 중국 고대의 "태일(太一)" 신앙에서 기원한다. 한무제(漢武帝)가 류기(謬忌)의 건의를 받아들여 태일을 가장 존귀한 천신(天神)으로 삼고, 오제(五帝)를 태일의 보좌(輔佐)로 삼았다. 경성(京城)인 장안(長安)지금의 협서(陝西) 서안(西安)의 동남쪽 교외에 태일을 제사 지내는 사당을 세우고, 또 감천(甘泉)에 태일 사당을 지었는데, 왕망(王莽)이 상제의 칭호를 개정하여 가장 높은 신을 황천상제태일(皇天上帝太一)이라고 칭하였다. 동한(東漢) 시기에는 황천상제(皇天上帝)라고만 호칭하였는데, 이 칭호는 정현(鄭玄) 때에 이르러 사용되지 않게 되었다. 한(漢)대 유자(儒者)들은 일반적으로 태일신(太一神)을 바로 최고의 신이라고 여기고, 황천상제(皇天上帝)·호천상제(昊天上帝)는 이름만 다를 뿐 실질은 같은 것이라 여겼다. 어떤 사람들은 태일이 황제(黃帝)와 마찬가지로 신선을 이룬 상천(上天)의 사람이라고 여기기도 했다. 어떤 유자는 태일은 바로 북극성이라고 여기기도 했다. 진대(晉代)에는 태일신(太一神)이 일월오성(日月五星), 28수와 동등한 천신 중의 하나로 강등되었다. 이후에 한동안 태일신에 대한 제사가 정지되었다가, 당대(唐代)에 다시 태일에 대한 제사가 회복되었다. 송대(宋代)에는 당대의 구궁신단(九宮神壇)이 태일구궁신(太一九宮神)으로 바꾸자 구궁태일(九宮太一)·십신태일(十神太一)의 설이 있게 되었다. 남송(南宋) 초기에는 또 임안(臨安)지금의 절강(浙江) 항주(杭州)에 태일궁(太一宮)을 건립하였다. 또 태일에 대한 제사를 하늘에 대한 제사와 마찬가지로 대사(大祀)로 정하였다.

벽하원군(碧霞元君)

• • •

　도교 신의 명칭. 온전한 명칭은 "동악태산천선옥녀벽하원군(東嶽泰山天仙玉女碧霞元君)"이며, 민간에서는 속칭 "태산낭랑(泰山娘娘)"이라고 한다. 전해지기로, 태산신(泰山神)의 딸이라고 하며, 황제(黃帝)에 의해 태산(泰山)에 파견되어 서곤진인(西昆眞人)을 맞이했던 옥녀(玉女)라고도 하며, 화산(華山)의 옥녀(玉女)라고도 한다. 일찍이 한진(漢晉)시기에 태산(泰山)의 여신(女神)과 관련된 전설이 있어서, 세상 사람들이 석상을 조각하고 태산 정상에 옥녀지(玉女池)를 만들어 제사 지냈다. 송(宋) 진종(眞宗)이 동쪽으로 태산에서 봉선(封禪)을 행할 때, 명령을 내려 옥녀지를 준설하고 백옥(白玉)을 써서 여신상을 재차 조각하며 이름을 소진사(昭眞祠)로 고치고, 사자를 보내 제사를 지내게 하였다. 명대(明代)에는 처음에 이름을 영응궁(靈應宮)으로 고쳤다가, 또 확장 건설하여 벽하궁(碧霞宮)을 만들고서 "벽하원군(碧霞元君)"이라 하였다. 전설에 따르면, 이 여신은 신통력이 광대하고 자못 영험하여 부녀자들이 자식을 낳게 하고 어린 아이들을 도우며, 심지어 농경(農耕)·상업(商業)·여행(旅行)·혼인(婚姻)·치병(治病) 등도 기도하면 응답이 이루어져 근대까지 북방지역에서 그 신앙이 매우 성행하였다. 도교의 『태산보권(泰山寶卷)』은 태산낭랑의 영험한 행적을 주로 서술하고 있는데, 이 책은 민간에서 널리 유행하였다. 『속도장(續道藏)』에 수록된 『벽하원군호국비민보제보생묘경(碧霞元君護國庇民普濟保生妙經)』에서는, 원군은 바로 구기(九炁)에 응하여 생하였는데, 옥제(玉帝)의 명을 받아 천선(天仙)의 지위에 올라 악부(嶽府)의 신병(神兵)을 총괄하여 인간 세상의 선악을 살핀다고 한다.

태산낭랑(泰山娘娘)

"벽하원군(碧霞元君)"을 보라.

남극선옹(南極仙翁)

"남극노인(南極老人)", "수성(壽星)"으로도 불린다. 도교에서 장수와 요절 등 인간의 생명을 관리하는 천계의 신선. 고대의 별자리[星宿] 숭배에서 기원한다. 『사기천관서(史記天官書)』「정의(正義)」에서는 다음과 같이 말한다. 남극노인성(南極老人星)은 "제왕의 수명연장을 점지하여 응하는데[爲人主占壽命延長之應]", 그의 출현은 바로천하의 평안과 국가의 장구함의 조짐이며, 만일 숨어 보이지 않는다면 전쟁이 있을 수 있다. 후대에는 인간의 건강과 행복, 그리고 장수를 주관하는 신으로 변하였다. 남조(南朝) 양(梁)나라 도홍경(陶弘景)의 『진령위업도(眞靈位業圖)』에서는 "남극노인단릉상진(南極老人丹陵上眞)"이라 칭하고, 태극(太極)의 왼쪽 자리에 배열하였다. 그 형상은 항상 백발노인으로 이마가 높고 머리가 유달리 길며 구불구불한긴 지팡이를 짚고 있다. 항상 새해가 되면 그 도상을 집안에 붙여 놓는데, 이로써 복과 장수, 길함을 표명한다.

남극노인(南極老人)

"남극선옹(南極仙翁)"을 말한다.

수성(壽星)

<!-- • • • -->

"남극선옹(南極仙翁)"을 말한다. 『사기색은(史記索隱)』「봉선서(封禪書)」에서 사마정(司馬貞)은 "수성은 남극노인성이다. 이 별이 보이면 천하가 잘 다스려져 편안하기 때문에, 이를 제사 지내며 복과 장수를 기원한다[壽星, 蓋南極老人星也. 見則天下理安, 故祠之以祈福壽]"고 하였다. 『통전(通典)』에 의하면, 주대(周代)에는 경성(京城) 남쪽 교외에서 수성에 제사 지냈다. 위진남북조(魏晉南北朝) 시기에는 모든 왕조가 수성에 제사 지냈고, 또 종종 수성을 위한 전문 사당을 건립하였다. 당대(唐代)에는 수성단(壽星壇)을 건립하고, 노인성(老人星)과 각항칠수(角亢七宿)에 제사 지냈다. 송대(宋代)에는 추분(秋分)에 수성에 제사 지냈고, 명(明)나라 초기에는 제사 날짜를 변경하여 황제의 탄신일에 수성에 제사 지냈으나 오래되지 않아 제사를 중지하였다. 옛 풍속에서 이 별은 장수를 담당하는 신이다.

남두성군(南斗星君)

<!-- • • • -->

도교 신의 명칭. 남두는 28수 가운데 두수(斗宿)를 말한다. 이는 바로 북방현무(北方玄武) 7수 가운데 첫 번째 별자리로, 북두(北斗)와 상대되기 때문에 남두라 일컫는다. 고대에 이미 남두 신앙이 유행하였다. 『성경(星經)』에서 "남두육성은 천자의 수명을 주관하고, 또 재상의 작록의 지위를 주관한다[南斗六星, 主天子壽命, 亦主宰相爵祿之位]"고 하였는데, 이를 통해 그 중요한 지위를 볼 수 있다. 이후 민간에서 "남두는 탄생을 기록하고, 북두는 죽음을 기록한다[南斗注生,

北斗注死]"는 설이 유행하였는데『수신기(搜神記)』권3에 보인다, 도교에서 이를 흡수하자 남두육성은 신격화되어 인간의 수명을 주관하는 여섯의 성군(星君)이 되었다.『상청경(上清經)』에서는 다음과 같이 말한다. 남두육성에서 첫 번째 천부궁(天府宮)은 사명성군(司命星君)이 되고, 두 번째 천상궁(天相宮)은 사록성군(司錄星君)이 되며, 세 번째 천량궁(天梁宮)은 연수성군(延壽星君)이 되고, 네 번째 천동궁(天同宮)은 익산성군(益算星君)이 되며, 다섯 번째 천추궁(天樞宮)은 도액성군(度厄星君)이 되고, 여섯 번째 천기궁(天機宮)은 상생성군(上生星君)이 된다. 이들을 총괄하여 육사성군(六司星君)이라 일컫는다. 남두성군을 특별히 제사 지내는 사당을 남두성군묘(南斗星君廟)라고 한다. 남두는 오로지 생명 유지를 담당하기 때문에 민간에서는 "연수사(延壽司)"라고도 일컫는다.

태백금성(太白金星)

. . .

"백제자(白帝子)"라고도 불린다. 도교 신의 명칭. 고대의 별자리[星宿] 숭배에서 기원한다. 태양계에서 태양에 근접한 두 번째 행성이 "금성(金星)"이다.『시경(詩經)』「소아(小雅)·대동(大東)」에서 "동쪽에는 계명이 있고, 서쪽에는 장경이 있다[東有啓明, 西有長庚]"고 했는데, 이는 바로 금성이 이른 새벽에는 동방에서 출현하기에 "계명성(啓明星)"이라 불렸고, 황혼녘에는 서방에서 출현하기에 "장경성(長庚星)"으로 불렸던 것을 말한다. 금성은 또 "태백성(太白星)"으로도 불린다. 중국 고대 오행설에 따르면, 서방은 금(金)에 속하고 금의 색은 흰색[白]이기 때문에『천관점(天官占)』에서는 "태백은 서방 금의 정화(精華)이다. 백제의 아들로서 상공인 대장군의 상이다[太白者, 西方金之精. 白帝之子, 上公大將軍之象也]"라고 하였다. 이후 금성은 신격화되어 "태백금성(太白金星)"으로 불리게 되었다. 도교에서 최초의 태백금성신(太白金星神)은 여성으로서, "황색 옷을 입고 머리에 계관을 쓰고 손에서는 비파를 튕긴다[著黃衣, 頭戴雞冠, 手彈琵琶]"『칠요양재법(七曜禳災法)』에 보인다. 『상청십일대요등의(上淸十一大曜燈儀)』에서는 금성이 "늘 네 현을 지닌 악기비파를 지니고, 옆에는 오덕을 지닌 날짐승닭을 데리고 있다[常御四弦⁵之樂, 旁觀五德之禽]"고 한다. 명대(明代) 이후에 태백금성의 형상은 변화하여, 노쇠한 형상으로 비실거리며 인자한 얼굴을 띤 백발의 늙은 신선의 모습이 되었다. 그는 항상 옥황대제(玉皇大帝)의 명을 받들어 각 처를 다니며 위무하는 신선, 즉 하늘 궁정의 황제가 직접 파견한 사자가 되었다.

백제자(白帝子)

• • •

"태백금성(太白金星)"을 말한다.

괴성(魁星)

• • •

도교와 민간에서 추앙하는 문인(文人)의 운명을 주관하는 신이다. 고대의 별자리[星宿] 숭배에서 기원한다. "규수(奎宿)"는 28수 가운데 하나로, 서방 백호 7수 가운데 첫 번째 별이다. 한대(漢代)『효경위

---

5. 弦: 원서에는 '德'으로 되어 있으나, 원문에 따라 교감하였다.

(孝經緯)』「수신계(授神契)」에서는 "규수는 문장을 주관한다[奎主文章]"고 하였다. 후대에 과거제도가 흥기하자, 문인들은 "오경"「시(詩)」, 「서(書)」, 『역(易)』, 『예(禮)』, 『춘추(春秋)』의 다섯 유가경전 시험에 합격한 일등의 명칭을 "경괴(經魁)" 또는 "오경괴(五經魁)"라고 불렀다. "괴(魁)"가 "규(奎)"와 같은 음(音)이고, 또 "우두머리[首]"라는 뜻이 있기 때문에, 후인들은 문운(文運)을 주관하는 규성(奎星)을 "괴성(魁星)"으로 바꾸고 신앙하며 신격화하였다. 괴성의 전형적인 모습은 붉은 머리의 푸른색 얼굴색에 송곳니를 가진 귀(鬼)로서, 자라 머리 위에 서 있고, "괴(魁)"자에서 크게 굽은 갈고리 획처럼 다리 하나를 뒤로 꼬리처럼 일으켜 세우고 있으며, 한 손에는 두(斗)자를 받들고 다른 한 손에는 붓을 잡고 있다. 전해지기로 그가 붓으로 점을 찍는 자는 과거에 급제한다고 한다. 옛날에는 문인들에게 널리 숭배받았다.

규성(奎星)

• • •

"괴성(魁星)"을 보라.

칠요성관(七曜星官)

• • •

도교 신의 명칭. 도교 경전에서는 수(水)·목(木)·금(金)·화(火)·토(土) 등 5개의 큰 행성에 각각 담당하는 한 명의 신(神)이 있다고 여기고, 이를 "오요성군(五曜星君)"이라 불렀다. 오요성군은 동방세성(東方歲星)목성(木星), 남방형혹(南方熒惑)화성(火星), 중앙진성(中央鎭星)토성(土星), 서방태백(西方太白)금성(金星), 북방진성(北方辰星)수성(水星)이다. 훗날 일(日)·월(月)의 신을 추가하여 "칠요(七曜)"라 불렀다. 『도장(道藏)』 동현부(洞玄部)에 『태상칠성신주경(太上七星神咒經)』이 수록되어 있다.

칠요(七曜)

"칠요성관(七曜星官)"을 말한다.

오요성군(五曜星君)

"칠요성관(七曜星官)"을 보라.

이십팔수(二十八宿)

원래는 별자리[星宿]의 명칭이다. 중국 고대의 성상가(星相家)들은 황도(黃道)태양이 지나치는 하늘의 구역의 항성을 28개의 성좌로 나누어 28수라고 일컬었다. 도교에서는 이를 신령(神靈)으로 받들어 각각의 성좌마다 신(神)이 있어 총 28신장(神將)이 있다고 여기고, 이를 또 "이십팔수"라고 일컬었다. 도교 경전에서는 또 동남서북 사방의 28수를 청룡(靑龍)·주작(朱雀)·백호(白虎)·현무(玄武)의 4개조의 천신(天神)으로 나누었다. 동방은 청룡7수로서 각(角)·항(亢)·저(氐)·방(房)·심(心)·미(尾)·기(箕)이고, 남방은 주작7수로서 정(井)·귀(鬼)·류(柳)·성(星)·장(張)·익(翼)·진(軫)이며, 서방은 백호7수로서 규(奎)·루(婁)·위(胃)·묘(昴)·필(畢)·자(觜)·삼(參)이고, 북방은 현무7수로서 두(斗) · 우(牛) · 여(女) · 허(虛) · 위(危) · 실(室) · 벽(壁)이다. 도사들은 재초(齋醮) 의식을 행할 때, 항상 28수 천장(天將)을 소환하여 뭇 요마들을 항복시킨다.

삼십육천강(三十六天罡)

• • •

"삼십육천장(三十六天將)"으로도 불린다. 도교 신의 명칭. 도교 경전에서는 북두(北斗)의 별무리 속에 36천강성(天罡星)이 있는데, 각 천강성마다 신(神)이 있어 총 36신장(神將)이 있다고 말한다. 도사들이 재초(齋醮) 의식을 행할 때, 항상 그 신들을 소환하여 마귀들을 몰아낸다. 『상청천추원회차필도정법(上淸天樞院回車畢道正法)』에서는 "36천강은 하늘의 큰 신왕(神王)이다. …… 칠총태원군은 나를 위해 재앙을 몰아낸다[三十六天罡, 天中大神王. …… 七總太元君, 爲吾驅禍殃]"고 하였다. 『북방진무조사현천상제출신전전(北方眞武祖師玄天上帝出身全傳)』에서는 다음과 같이 말한다. 36천장은 모두 진무대제(眞武大帝)에게 항복한 신들로서, 전부 진무대제에게 종속된 부하이며, 그 명칭은 다음과 같다. 수(水) · 화(火) 귀사이장(龜蛇二將), 조원수(趙元帥) 조공명(趙公明), 현령원수(顯靈元帥) 관우(關羽), 뇌개(雷開) · 구필(苟畢) 이원수(二元帥), 풍륜원수(風輪元帥) 주광택(周廣澤), 진충원수(盡忠元帥) 장건(張健), 화덕원수(火德元帥) 사십형(謝什榮). 영관원수(靈官元帥) 마화광(馬華光), 관타불신도원수(管打不信道元帥) 주언부(朱彦夫), 고교원수(考較元帥) 당귀상(黨歸箱), 인성원수(仁聖元帥) 강석(康席), 혼기원수(混氣元帥) 방교(龐喬), 강생원수(降生元帥) 고원(高原), 강요벽사원수(降妖辟邪元帥) 우전(雨

田), 위령온원수(威靈瘟元帥) 뇌경(雷瓊), 신뢰원수(神雷元帥) 석성(石成), 호구원수(虎丘元帥) 왕철(王鐵)·고동(高銅), 선봉원수(先鋒元帥) 이복룡(李伏龍), 뇌모(雷母) 주패낭(朱佩娘) 등이다. 민간전설에서는 36천강, 28수, 그리고 72지살(地煞)이 연합하여 요마를 항복시킨다고 한다.

삼십육천장(三十六天將)

· · ·

"삼십육천강(三十六天罡)"을 말한다.

칠십이지살(七十二地煞)

· · ·

도교 신의 명칭. 도교에서는 북두(北斗)의 별무리 속에 72개 지살성(地煞星)이 있는데, 각각의 별마다 신(神)이 있어 총 72신장(神將)이 있다고 말한다. 도사들이 재초(齋醮) 의식을 행할 때, 항상 72지살과 36천강(天罡)의 신장을 소환하여 마귀들을 몰아낸다. 『수호전(水滸傳)』 제71회에서는, 송강(宋江) 등이 충의당(忠義堂)에서 나천대초(羅天大醮)를 거행할 때 돌비석 하나를 얻었는데, 앞면에는 양산박(梁山泊) 천강성(天罡星) 36명이 쓰여 있고, 뒷면에는 지살성 72명이 쓰여 있어서, 주무(朱武) 등 72명의 양산박 수령이 72지살이라고 견강부회하였다고 한다.

육십원진(六十元辰)

• • •

"육십갑자(六十甲子)"라고도 불린다. 도교에서 신봉하는, 길함을 추구하고 흉함을 피하는 본명신(本命神). 고대에는 시간을 기록할 때 천간지지법(天干地支法)을 사용하였다. 즉 10천간갑(甲)·을(乙)·병(丙)·정(丁)·무(戊)·기(己)·경(庚)·신(辛)·임(壬)·계(癸)과 12지지자(子)·축(丑)·인(寅)·묘(卯)·진(辰)·사(巳)·오(午)·미(未)·신(申)·유(酉)·술(戌)·해(亥)를 사용하여, 이 천간지지를 순환시키면서 짝을 맞추어 갑자(甲子) 을축(乙丑) 병인(丙寅) 정묘(丁卯) 등 총 60가지의 짝을 이루어 이를 "육십갑자"라고 불렀다. 이 방법을 사용하여 연(年)을 계산하면 60년이 한 주기를 이룬다. 도교에서는 60갑자를 60개의 별자리[星宿]라 일컬으며, 각각의 별자리마다 신(神)이 있다고 여겼다. 그래서 총 60천신(天神)이 있어서 이들이 차례로 각각의 해를 맡는다고 여겼다. 세간에서 어떤 사람이 특정한 해에 출생할 때, 그 해를 담당하는 신이 그 해에 출생한 사람의 본명신이 된다. 예를 들어 갑신년(甲申年)에 출생한 사람의 경우, 그의 본명신은 바로 갑신년을 담당하는 신이 된다. 전해지기로, 본명원신(本命元辰)의 신(神)을 예를 다해 제사 지내면 평생이 순조롭고 매사가 상서롭고 뜻한 대로 되도록 도와준다고 하기에, 중국 민간에서는 "구순성(求順星)"이라고 불린다. 북경(北京) 백운관(白雲觀)에서는 육십원신전(六十元辰殿)을 두어 60갑자신을 제사 지내고 있다.

육십갑자(六十甲子)

• • •

"육십원신(六十元辰)"을 말한다.

676

육정육갑(六丁六甲)

• • •

도교 신의 명칭. 육정신장(六丁神將)과 육갑신장(六甲神將)을 아울러서 칭한 것이다. 그 명칭은 간지(干支)로부터 취하였는데, 12명의 신의 명칭은 다음과 같다. 정묘(丁卯)·정사(丁巳)·정미(丁未)·정유(丁酉)·정해(丁亥)·정축(丁丑), 갑자(甲子)·갑술(甲戌)·갑신(甲申)·갑오(甲午)·갑진(甲辰)·갑인(甲寅). 전해지는 말에 의하면, 육정(六丁)은 음(陰)에 속하며 모두 여신(女神)이고, 육갑(六甲)은 양(陽)에 속하며 모두 남신(男神)이다. 도교 경전에서는 "육정육갑(六丁六甲)"이 진무대제(眞武大帝)의 부하로서 우레와 바람을 부릴 수 있고 귀신을 제어할 수 있다고 말하기에, 도사들이 재초(齋醮) 의식을 행할 때에 항상 부록(符籙)을 써서 소환하여 그 신들에게 "마귀를 몰아내 주기[祈禳驅鬼]"를 청한다. 『후한서(後漢書)』의 기록에 따르면, 한대(漢代) 방사들에게 이미 육정을 부리는 법이 있었다. 즉 먼저 재계(齋戒)한 연후에 육정신을 소환하면 "멀리 있는 사물에 이를 수 있고 길흉을 알 수 있다[可使致遠方物, 及知吉凶也]." 양절왕(梁節王)은 일찍이 이러한 방법을 사용하여 "꿈을 점쳤다[占夢]." 이후에 점차 변화하여 육정육갑신이 되었다. 『노군육갑부도(老君六甲符圖)』에는 다음과 같이 육정육갑의 이름이 기록되어 있다. 육정신장은 정묘신(丁卯神) 사마경(司馬卿), 정축신(丁丑神) 조자임(趙子任), 정해신(丁亥神) 장문통(張文通), 정유신(丁酉神) 장문공(臧文公), 정미신(丁未神) 석숙통(石叔通), 정사신(丁巳神) 최석경(崔石卿)이다. 육갑신장은 갑자신(甲子神) 왕문경(王文卿), 갑술신(甲戌神) 전자강(展子江), 갑신신(甲申神) 호문장(扈文長), 갑오신(甲午神) 위상경(衛上卿), 갑진신(甲辰神) 맹비경(孟非卿), 갑인신(甲寅神) 명문장(明文章)이다. 『도장(道藏)』속에 『영보육정비법(靈寶六丁秘法)』『상청육갑기도비법(上淸六甲祈禱秘法)』등이 수록되어 있다.

육정신장(六丁神將)

"육정육갑(六丁六甲)"을 보라.

육갑신장(六甲神將)

"육정육갑(六丁六甲)"을 보라.

오방영동(五方靈童)

도교 신의 명칭. 오방영동은 동방청령동자(東方靑靈童子) 수집청련화(手執靑蓮花), 남방금휘동자(南方金輝童子) 수집홍련화(手執紅蓮花), 서방진각동자(西方眞覺童子) 수집백련화(手執白蓮花), 북방개명동자(北方開明童子) 수집벽련화(手執碧蓮花), 중앙묘광동자(中央妙光童子) 수집황련화(手執黃蓮花)이다. 이들은 죽은 영(靈)을 인도하여 신선계(神仙界)로 왕생하게 한다. 그들은 또 각각 다음과 같은 성명(姓名)이 있다. 동방청령동자(東方靑靈童子) 전창(田昌), 남방주명동자(南方朱明童子) 유형(宥亨), 서방호령동자(西方皓靈童子) 주충(周忠), 북방현령동자(北方玄靈童子) 고사(髙思), 중앙황령동자(中央黃靈童子) 안면장(顔面章).

오방신녀(五方神女)

• • •

도교 신의 명칭. 『운급칠첨(雲笈七籤)』에서는 다음과 같이 말한다. "동방 신녀의 이름은 청요옥녀, 남방 신녀의 이름은 적규옥녀이며, 중앙 신녀의 이름은 황소옥녀이고, 서방 신녀의 이름은 백소옥녀이며, 북방 신녀의 이름은 현광옥녀이며, 왼쪽은 상양이고, 오른쪽은 승익이니, 이들은 모두 옥녀 이름이다.[東方之神女名曰青腰玉女, 南方之神女名曰赤圭玉女, 中央之神女名曰黃素玉女, 西方之神女名曰白素玉女, 北方之神女名曰玄光玉女, 左爲常陽, 右爲承翼, 此皆玉女之名也.]"

사치공조(四値功曹)

• • •

도교 신의 명칭. 연(年)·월(月)·일(日)·시(時)를 담당하고 있는 천신(天神) 4명을 말한다. 그들은 오로지 천계(天界)의 진신(眞神)들의 공로를 기록하여 옥제(玉帝)에게 아뢰는 것을 담당한다. 이외에 인간들이 하늘의 궁정[天庭]에 표문(表文)을 아뢰고 불사른 뒤에 이 표문은 그들에 의해 전해진다. 공조(功曹)는 본래 관직명으로, 고대에 군현(郡縣)의 가장 높은 관리의 서리(書吏)로서 공로를 기록하는 장부[功勞簿]를 주관하였다. 도교에서 설립한 사치신(四値神)은 그 직무가 군현의 공조(功曹)와 유사하기 때문에 "사치공조(四値功曹)"라고 일컬었다.

천문삼장군(天門三將軍)

* * *

　도교 신의 명칭. 천문(天門)을 지키는 세 신장(神將)으로 당굉(唐宏), 갈옹(葛雍), 주무(周武)를 일컫는다. 도교 경전에서는 다음과 같이 말한다. 세 신장은 원래 주(周)나라 여왕(厲王)에게 충의(忠義)를 다하며 간언하던 신하였는데, 여왕이 정치를 문란하게 하면서 누차 간언을 따르지 않자, 이에 세 사람은 직책을 버리고 남방으로 가서 오왕(吳王)을 도와 초국(楚國)의 공격을 격퇴하였다. 후에 여왕이 사망하고 주(周) 선왕(宣王)이 즉위하자 세 사람은 조정으로 돌아왔고, 태자를 구했던 공으로 큰 상과 작위를 내려 받았다. 이에 당굉(唐宏)은 부령후(孚靈侯), 갈옹(葛雍)은 위령후(威靈侯), 주무(周武)는 협령후(浹靈侯)에 봉해졌다. 송(宋)나라 진종(眞宗)이 태산(泰山)에 올라 대악(岱嶽)에 봉선(封禪)을 행할 때, 남천문(南天門)에서 3명의 천신이 하늘에서 내려오는 것을 보았는데, 이들은 스스로 천제의 명령을 받들어 황제를 호위하러 왔다고 말하였다. 진종은 조정으로 돌아온 후 경사(京師)에 특별히 세 장군을 공양하는 사당을 건립하라는 조서를 내리고, 이들에게 "삼원진군(三元眞君)"이라는 호를 하사하였다. 이후로 민간에서 많은 사당을 건립하고 공양하며 이들을 천문삼장군이라 일컬었다.

삼원진군(三元眞君)

* * *

　"천문삼장군(天門三將軍)"을 말한다. 『삼교수신대전(三教搜神大全)』 권2, "오객삼진군(吳客三眞君)" 조(條)에 따르면, "송나라 대중상부 원년(1008)에 진종이 동쪽에서 대악에 봉선을 행할 때, 천문에서 홀연히 세 신선이 창공에서 내려오는 것을 보았다. 황제가 공경을 표하며 물어보자, 세 신선이 '신들은 천제의 명을 받들어 황제를 호위하러 왔다'고 하였다. 황제가 세 신선을 봉하여 각각 '상원도화진군, 중원호정진군, 하원정지진군'이라 하였다[宋大中祥符元年, 眞宗東封岱嶽, 至天門忽見三仙自空而下. 帝敬問之, 三仙曰, 臣奉天命護衛聖駕. 帝封三仙曰, 上元道化眞君, 中元護正眞君, 下元定志眞君]고 한다. 이 때문에 삼원진군이라고 이름하였다.

뇌신(雷神)

. . .

도교에서 5뢰(五雷)혹은 36뢰를 관리하며 선을 권장하고 악을 징벌하는 뇌부(雷部)의 뭇 신들에 대한 총칭. 중국에서는 아주 오랜 옛날에 뇌신(雷神)에 대한 숭배가 있었다. 『산해경(山海經)』에서는 "뇌택이라는 못 안에는 뇌신이 있는데, 용의 몸에 사람 머리를 하고서 그 배를 두드린다[雷澤中有雷神, 龍身而人頭, 鼓其腹]"라며, 이미 반인반수의 형상을 지닌 뇌신을 말하고 있다. 주(周)·진(秦) 이후에는 "뇌사(雷師)" 혹은 "뇌공(雷公)"이라 불렸는데, 사람들은 뇌신을 경건하게 받들며 제사 지내면서, 그가 선악을 감별하고 선인과 악인을 구별하여 천주(天主)를 대신하여 정의를 주관하여 죄가 있는 이를 죽인다고 여겼다. 도교에서는 민간의 뇌신 신앙을 흡수하고 변화시켜 하나의 온전한 뇌부(雷部) 신계(神系)를 만들었다. 도교 경전에서는 "구천응원뇌성보화천존(九天應元雷聲普化天尊)"이 뇌부를 주재하는 신으로 36명의 뇌신 천군(天君)혹은 총 24명의 천군을 총괄한다고 한다. 여

러 천군 가운데 비교적 잘 알려진 천군은 등(鄧)·신(辛)·방(龐)·류
(劉)·필(畢) 등의 원수(元帥)이다.

구천응원뇌성보화천존(九天應元雷聲普化天尊)

• • •

도교 뇌부(雷部)의 뭇 신들의 최고 존신(尊神).『춘추(春秋)』「합성
도(合誠圖)」에서는 헌원성(軒轅星)이 "비와 우레를 주관하는 신이다
[主雷雨之神也]"라고 하였다. 후대에는 이를 헌원황제(軒轅黃帝)라
고 부회(附會)하였다. 도교 경전에서는 그가 5뢰천뢰(天雷)·지뢰(地雷)·수
뢰(水雷)·신뢰(神雷)·사뢰(社雷)를 관리하고, 중생들의 아버지이자 온갖 영
(靈)의 스승이 되며, 살리고 죽이는 큰 권한을 장악하면서 특히 악인
을 징벌한다고 말한다.『역대신선통감(歷代神仙通鑒)』에서는 다음과
같이 말한다. 천존(天尊)은 신소옥부(神霄玉府)에 거주하는데, 왼쪽
에는 옥추오뢰사원(玉樞五雷使院)이 있고, 오른쪽에는 옥부오뢰사원
(玉府五雷使院)이 있다. 옥부(玉府) 앞에는 36면(面)의 뇌고(雷鼓)가
있어 36명의 천신이 이를 주관하는데, "무릇 우레를 칠 때에는 진왕
천존(天尊)이 친히 본부의 뇌고를 한번 두드리면, 이때 뇌공과 뇌사들이
우레 소리를 일으킨다[凡行雷之時, 眞王親擊本部雷鼓一下, 即時雷
公雷師興發雷聲也]."『구천응원뇌성보화천존옥추보경(九天應元雷聲
普化天尊玉樞寶經)』이 세상에 널리 전해진다.

등원수(鄧元帥)

• • •

도교의 뇌신(雷神). 전해지는 바에 따르면 이름난 충신이라고 한

다. 송대(宋代)에는 "천원등장군(天元鄧將軍)"이라 불렀다. 명대(明代)에는 또 "율령대신등원수(律令大神鄧元帥)"라고 불렸다. 뇌부(雷部)의 천군(天君)이 항상 그를 우두머리로 삼았다.

천원등장군(天元鄧將軍)

• • •

"등원수(鄧元帥)"를 말한다.

신원수(辛元帥)

• • •

도교의 뇌신(雷神). 『삼교수신대전(三教搜神大全)』에 따르면, 성은 신(辛)이고 이름은 흥(興)이며 자는 진우(震宇)이다. 옥제(玉帝)가 뇌부(雷部)의 원수(元帥)로 봉하여, 천명을 받들어 행하고 사악한 요괴와 마귀를 주살하여 멸하게 하였다. 전설에 따르면, 음력 6월 25일이 신원수의 탄신일이다. 뇌신을 정성스레 받드는 사람은 이날에는 채식을 하며 신령의 가호를 간구하는데, 이를 "뇌재(雷齋)"라고 일컫는다.

방원수(龐元帥)

• • •

도교의 뇌신(雷神). 전해지는 바에 따르면, 성은 방(龐)이고 이름은 교(喬)이며 자는 장청(長淸)이고 한강(漢江) 사람이다. 대대로 배로 사람을 나르는 것을 생업으로 삼았으며, 심성이 선량하여 길에 떨어진 물건도 줍지 않았고 항상 재난을 당한 사람을 구원했다고 한다. 한번은 천신(天神)이 부녀자로 변하고서 일부로 그를 시험하고자 강물 속에 빠졌다. 그는 강의 험난한 물살을 두려워하지 않고 자신의 생명을 돌보지 않으며 강물 속으로 뛰어들어 부녀자와 그녀의 부친을 구해내었다. 옥황대제(玉皇大帝)가 특별히 어지(御旨)를 내려 혼기원수(混氣元帥)로 봉하고서 손에 칼을 쥐고 천문(天門)을 호위하게 하였으며, 후에는 뇌부(雷部)의 천군(天君)으로 삼아 마귀를 항복시키고 악을 제거하게 하였다. 『삼교수신대전(三教搜神大全)』에 보인다.

류원수(劉元帥)

. . .

"류천군(劉天君)"이라고도 불린다. 도교의 뇌신(雷神). 이름은 후(後), 동진(東晉) 시기 사람. 어질 적 집안이 가난하여 나진인(羅眞人)의 시독(侍讀)이 되었다. 이후 진인의 가르침을 받고 오뢰장법(五雷掌法)에 정통하게 되어, 비바람을 부를 수 있었으며 백성들을 곤궁함과 위태로움으로부터 구해주었다고 한다. 옥제(玉帝)가 "입화자제진군(立化慈濟眞君)"으로 봉하고, 신소옥부(神霄玉府)의 오뢰사원(五雷使院)을 관장하게 하였다.

필원수(畢元帥)

. . .

도교의 뇌신(雷神). 전해지는 바에 따르면, 본래 성은 전(田) 이름은 화(華)로서, 일찍이 여와(女媧)가 하늘을 보수하는 일을 도왔고, 이후에는 또 오색의 화박풍뢰진(火雹風雷陣)을 연성하여 황제(黃帝)가 치우(蚩尤)와의 전쟁에서 이기도록 도와주어 "용사(龍師)"로 봉해졌다. 옥황(玉皇)이 뇌문(雷門)의 필원수로 봉하여 십이뇌정(十二雷

霆)을 관장하게 하고서, 위로는 천지의 홍수와 가뭄의 일을 관리하게
하고, 가운데로는 어질지 않고 의롭지 못한 사람을 격퇴시키고, 아래
로는 마귀와 요괴들을 주살하게 하였다.

악원수(嶽元帥)

도교의 호법 신장. 악비(嶽飛)를 말한다. 자는 봉거(鵬擧)이며 하남
(河南) 탕음(湯陰) 사람. 남송(南宋) 시기에 금(金)나라와 항전했던 명
장(名將). 사람들은 악비의 대의(大義)와 위엄 있는 그의 민족적 지조
를 경모하고, 몸과 마음을 다하여 국가에 충성한 그의 영웅적 기개를
찬송하며, 또 그가 간신 진회(秦檜)에게 해로움을 당하고 장년에 요
절한 것을 동정하여, 신명(神明)으로 받들어 사당을 세우고 제사 지
냈다. 남송 효종(孝宗)이 "무목(武穆)"이라는 시호를 내렸고, 영종(寧
宗) 때에는 "악왕(鄂王)"으로 봉해졌다. 명대(明代)에 악비 숭배가 매
우 성행하여 경태(景泰) 연간에 특별히 "정충(精忠)"이라는 사당 현판
을 하사하였고, 청(淸)나라 때에는 이러한 숭배가 다소 감소하였다.
항주(杭州)에 악비묘(嶽飛墓)와 악왕묘(嶽王廟)가 있으며, 그의 고향
에도 규모가 큰 사당이 있어 향화(香火)가 왕성하다. 도교에서는 그
를 "악원수(嶽元帥)"라 일컬으면서 호법 신장으로 받든다.

섬전낭랑(閃電娘娘)

"전모(電母)", "금광성모(金光聖母)"라고도 불린다. 도교에서 천계
(天界)의 번개를 주관하는 여신(女神). 고대의 번개신은 본래 남성으

로 "뇌부(雷父)"라고 불렸다. 『삼국지(三國志)』「위서(魏書) · 방기전(方技傳)」주석에서 『관로별전(管輅別傳)』을 인용하여 "하늘이 어제 격문(檄文)을 보내 오성을 불러모아 성부(星符)를 선포하고, 동정에게 조서를 내리고 남기에게 명을 내려 뇌공 · 뇌부 · 풍백 · 우사를 부르게 하였다[天昨檄召五星, 宣布星符, 敕下東井. 告命南箕, 使召雷公電父風伯雨師]"고 하였다. 이후에 여신으로 변하여 뇌공(雷公)의 배우자가 되었고 "뇌모(雷母)"라 불렸다. 송(宋)나라 소식(蘇軾)은 시에서 "깃발을 들고 뇌거(雷車)를 몰며 전모를 부르네[麾駕雷車呵電母]"라고 하였다. 『봉신연의(封神演義)』에서는 또 "금광성모(金光聖母)"라고 일컬었다. 그 형상은 일반적으로 붉은 옷에 흰 바지를 입고 있고, 용모는 단아하며 양손에는 각각 거울을 들고 섬광을 발한다.

전모(電母)

"섬전낭랑(閃電娘娘)"을 말한다.

금광성모(金光聖母)

"섬전낭랑(閃電娘娘)"을 말한다.

우사(雨師)

도교에서 비를 담당하는 신. 유교의 신이기도 하다. 비가 농업 수확에 밀접한 상관관계가 있기 때문에 중국 고대에 우신(雨神)을 몹

시 숭배하였다. 우신 숭배는 서주(西周) 이래로 모두 국가제전(國家祭典)에 포함되었고, 역대로 제사 받들기를 그치지 않았다. 우신과 관련해서는 여러 종류의 전설이 있다. 『한비자(韓非子)』「십과(十過)」에서는 "우사는 길에 물을 뿌린다[雨師灑道]"고 하였다. 『주례(周禮)』「춘관(春官)」의 정현(鄭玄)의 주석에서는 필수(畢宿)를 우사(雨師)라고 여겼다. 『풍속통(風俗通)』「사전(祀典)」에서는 현명(玄冥)을 우사(雨師)라고 여겼다. 『초사(楚辭)』「천문(天問)」에서는 "병이 비를 불러일으킨다[萍號起雨]"라고 하였는데, 왕일(王逸)은 "'병'은 '병예'이니 우사의 이름이다[萍, 萍翳, 雨師名也]"라고 주석하였다. 『산해경(山海經)』「해외동경(海外東經)」의 곽박(郭璞)의 주석에는 "우사는 병예이다[雨師爲屛翳也]"라고 하였다.

풍백(風伯)

• • •

"풍사(風師)", "기백(箕伯)"이라고도 불린다. 도교에서 바람을 주관하는 신(神). 동한(東漢)시대 채옹(蔡邕)의 『독단(獨斷)』에서 "풍백신은 기성(箕星)이다. 기성이 하늘에 나타나면 바람이 일어난다[風伯神, 箕星也. 其象在天, 能興風]"고 하였다. 기성은 28수 가운데 하나로 동방 창룡(蒼龍) 7수에 속하기 때문에 후세에 풍신(風神)을 "기백(箕伯)"이라고도 일컫게 되었다. 당(唐)·송(宋) 이후에는 풍신이 여신(女神)이라는 설이 전해져 "풍이(風姨)" 혹은 "풍후(風後)"라고 일컬었다. 하지만 풍신을 남신으로 인식하는 신앙이 비교적 널리 퍼져 점점 우위를 차지하여 일반적으로 "풍백(風伯)"이라 한다. 『집설전진(集說詮眞)』의 묘사에 따르면, 풍백의 형상은 백발의 노인으로 왼손

에는 수레바퀴를 잡고 있고 오른손에는 부채를 잡고 있다. 그 모습이
마치 부채 바퀴 같아 그 이름을 방도창(方道彰)이라 부르는데, 이 때
문에 풍백은 "풍백방천군(風伯方天君)"이라고 불리게 되었다.

풍사(風師)

"풍백(風伯)"을 말한다.

기백(箕伯)

"풍백(風伯)"을 말한다.

풍후(風後)

"풍백(風伯)"을 보라.

풍이(風姨)

"풍백(風伯)"을 보라.

용왕(龍王)

전설 속에서 구름을 일으키며 비를 내리는 것을 주관하는 신(神).
중국 고대에는 "용이 구름을 일으키고 비를 부른다[龍興雲致雨]"는

전설과 "신룡(神龍)"의 전설이 있었다. 도교에서는 제천용왕(諸天龍王)·사해용왕(四海龍王)·오방용왕(五方龍王) 등이 있어, 원시천존(元始天尊)·태상대노군(太上大道君)의 뜻에 따라 비를 내리고 무덤을 안치시키는 일을 통솔한다고 말한다. 『태상동연청우용왕경(太上洞淵請雨龍王經)』에서는 가뭄을 만나거나 화재를 당했을 때 경전을 암송하면서 용왕을 부르면 널리 큰 비를 내리게 한다고 기록하고 있다. 『태상소제신룡안진분묘경(太上召諸神龍安鎮墳墓經)』에서는 다음과 같이 기록하고 있다. 선인(先人)의 무덤을 안치할 때 "하늘과 땅이 금하는 것[天星地禁]"을 범하여 자손이 재앙을 만나게 될 때, 경전을 암송하면서 용왕을 부르면 재앙을 물리치고 복을 부를 수 있다. 용왕을 일컫는 칭호는 매우 다양하다『도장(道藏)』 제180책에 보인다.

하백(河伯)

• • •

고대 신화 속의 황하(黃河)의 수신(水神)으로 후대에 도교에서 신봉되었다. 하백(河伯)이란 명칭은 『장자(莊子)』의 「추수(秋水)」·「외물(外物)」편과 『초사(楚辭)』의 「구경(九耿)」·「천문(天問)」에서 처음 보인다. 전해지는 바에 따르면, 풍이(馮夷)는 하백을 말하며, 또 음(音)이 "빙이(冰夷)"·"무이(無夷)"로 바뀌기도 했다. 전국시대 위(魏)나라에서는 하백이 아내를 맞는다[河伯娶婦]는 전설이 있었다. 『용어하도(龍魚河圖)』에서는 이 때문에 "하백의 성은 여(呂)이고 이름은 공자(公子)이며, 그 부인의 성은 풍(馮)이고 이름은 이(夷)이다[河伯姓呂名公子, 夫人姓馮名夷]"『후한서(後漢書)』「장형전(張衡傳)」 주석 인용라고 말하였다. 여기서는 풍이가 하백의 처의 이름이 되었는데, 전설이 변화했기에 깊이 조사하여 밝히기가 어렵다. 하백의 형상에 대해, 『산해경(山海經)』「해내북경(海內北經)』에서는 "빙이는 사람의 얼굴을 하고 두 마리 용을 탄다[冰夷人面, 乘兩龍]"라고 하였다. 『시자(尸子)』에서는 우(禹)임금이 홍수를 다스릴 때 황하를 살폈는데, "얼굴은 희고 몸이 기다란 인어가 나오는 것을 보았다. (인어가) '나는 하정이다'라고 말하고, 우에게 하도를 전해주었다[見白面長人魚身出, 曰吾河精也, 授禹河圖]"『광박물지(廣博物志)』 권14 인용라고 하였다. 여기서 하정(河精)·하백(河伯)은 하신(河神)을 말한다. 도교에서는 민간의 여러 신들을 도교 신선 체계 안으로 집어넣었다. 그래서 『진령위업도(眞靈位業圖)』에서는 "태청의 오른쪽 자리[太淸右位]"에 하백을 배열하였다. 이후에 "징청진신하백(澄淸眞神河伯)"『역대신선통감(歷代神仙通鑒)』 권15이 있어서, 하백은 수신(水神)·수선(水仙)이 되었다. 당(唐)나라 이후에 불교가 널리 유행하여 용왕(龍王)·용신(龍神)이 점차 하백의 지위를 대체하였다.

하신(河神)

• • •

"하백(河伯)"을 보라.

문곡성(文曲星)

• • •

도교에서 인간의 공명(功名)과 이록(利祿)을 주재하는 성신(星神). 도교 경전에서는 문곡성을 북두칠성의 네 번째 별이라고 말하는데, 그 유래는 문창성신(文昌星神)과 관련된다. 문곡성은 일반적으로 문인학사(文人學士)들이 신봉한다. 『유림외사(儒林外史)』에서는 과거에 합격한 사인(士人)들은 모두 천상의 문곡성이 속세로 내려온 것이라고 말한다. "문창제군(文昌帝君)"을 참조.

무곡성(武曲星)
• • •

도교에서 인간의 무략(武略)과 공명(功名)을 주재하는 성신(星神). 도교 경전에서는 무곡성이 북두칠성의 여섯 번째 별이라고 말한다. 민간에 전해지기로는 역사상 제갈량(諸葛亮), 악비(嶽飛) 등과 같은 인물은 모두 천계의 무곡성이 속세로 내려온 것이라고 한다.

청룡(靑龍)
• • •

도교 신의 명칭. 원래는 "이십팔수(二十八宿)" 가운데 동방칠수의 명칭이다. 동방칠수인 각(角)·항(亢)·저(氐)·방(房)·심(心)·미(尾)·기(箕)의 형상이 용과 유사하고 동방에 위치해 있는데, "오행(五行)" 관념에서 동방은 목(木)에 속하고 색은 청(靑)색이기에 청룡이라고 명명하였다. 백호(白虎)·주작(朱雀)·현무(玄武)와 함께 사방(四方)의 신(神)으로 불린다. 청룡은 한진(漢晉) 이후에 신격화되어 백호와 함께 도교의 수호신이 되었으며, "맹장신군(孟章神君)"이라고 불린다. 도교 궁관에서는 항상 청룡과 백호를 산문(山門)을 수호하는 신장(神將)으로 삼는다.

맹장신군(孟章神君)

· · ·

"청룡(青龍)"을 말한다.

백호(白虎)

· · ·

도교 신의 명칭. 원래는 "이십팔수(二十八宿)" 가운데 서방칠수의 명칭이다. 서방칠수인 규(奎)·루(婁)·위(胃)·묘(昴)·필(畢)·각(觜)·삼(參)의 형상이 호랑이와 유사하고 서방에 위치하고 있는데, 서방은 금(金)에 속하고 색은 백(白)색이기에 백호라고 명명하였다. 청룡(青龍)·주작(朱雀)·현무(玄武)와 함께 사방(四方)의 신(神)으로 불린다. 백호는 한진(漢晉) 이후에 신격화되어 청룡과 함께 도교의 수호신이 되었으며, "감병신군(監兵神君)"이라고 불린다. 도교 궁관에서는 항상 청룡과 백호를 산문(山門)을 수호하는 신장(神將)으로 삼는다.

감병신군(監兵神君)

· · ·

"백호(白虎)"를 말한다.

주작(朱雀)

· · ·

"주조(朱鳥)"라고도 칭한다. 도교 신의 명칭. 중국 고대 신화 속에서 남방의 신(神). "이십팔수(二十八宿)" 가운데 남방칠수의 명칭을 말한다. 남방칠수인 정(井)·귀(鬼)·류(柳)·성(星)·장(張)·익

(翼)·진(軫)의 형상이 새와 유사하고 남방에 위치하고 있는데, 남방은 화(火)에 속하고 색은 홍(紅)색이기에 주작이라고 명명하였다. 청룡(靑龍)·백호(白虎)·현무(玄武)와 함께 사방(四方)의 신(神)으로 불린다.『예기(禮記)』「곡례상(曲禮上)」에서 "행군할 때 앞은 주작 깃발, 뒤는 현무 깃발, 왼쪽은 청룡 깃발, 오른쪽은 백호 깃발이다[行前朱鳥而後玄武, 左靑龍而右白虎]"라고 하였다. 한진(漢晉) 이후에 도교에서는 항상 주작을 수호 신장(神將)으로 삼고, "능광신군(陵光神君)"이라고 일컫는다.

능광신군(陵光神君)

· · ·

"주작(朱雀)"을 말한다.

오악대제(五嶽大帝)

· · ·

도교 신의 명칭. 오악(五嶽)은 동악(東嶽) 태산(泰山), 서악(西嶽) 화산(華山), 중악(中嶽) 숭산(嵩山), 북악(北嶽) 항산(恒山), 남악(南嶽) 형산(衡山)을 가리킨다. 고대인들은 오악에 모두 산신(山神)이 있다고 여겼기 때문에, 오악을 신앙하며 숭배하고 받들었다. 오악의 신은 당(唐)대에는 왕(王)으로 봉해졌고, 송대(宋代)에는 제(帝)로 봉해졌으며, 당송 이후에는 오악대제(五嶽大帝)라고 총칭하였다. 오악신앙은 중국의 오행설과 관련이 있다. 오행설에서는 동방은 목(木)에 속하고 그 색은 청(靑)색이며, 서방은 금(金)에 속하고 그 색은 백(白)색이며, 북방은 수(水)에 속하고 그 색은 흑(黑)색이며, 남방은 화(火)

에 속하고 그 색은 적(赤)색이며, 중앙은 토(土)에 속하고 그 색은 황(黃)색이라고 여긴다. 그래서 도교 경전 속에 묘사된 오악대제의 복식과 신물(神物)은 모두 오행과 서로 짝을 이룬다. 가령 동악대제의 복식은 청포(靑袍)이고, 북악대제는 흑룡(黑龍)을 타고 있다. 오악 가운데 동악을 가장 존귀하게 여겨서, 고대 제왕들은 제위에 오를 때 항상 태산(泰山)에 올라 봉선(封禪)을 행하며 천제에게 제사 지냈다.

동악대제(東嶽大帝)

• • •

"동악천제인성대제(東嶽天齊仁聖大帝)"라고도 칭한다. 도교 신의 명칭. 도교 경전에서는 동악대제를 인간의 상벌과 생사(生死) 등의 대사(大事)를 주재하는 태산(泰山)의 신이라고 말한다. 중국 고대에는 "오악(五嶽)"설이 있는데, 그 가운데 동악(東嶽) 태산(泰山)은 오악의 우두머리로서 "뭇 산들의 조상이요, 오악의 으뜸이다. 천제의 자식이요 신령의 관부이다[乃群山之祖, 五嶽之宗. 天帝之子, 神靈之府也]." 『삼교수신대전(三教搜神大全)』권1. 진한(秦漢) 이전에 고대인들은 태산은 바로 "지극히 높은 곳[峻極之地]"으로서 사람과 하늘이 서로 상통하는 신의 땅[神地]으로 여겼다. 이에 제왕이 제위에 오르면 반드시 먼저 태산에 올라 봉선(封禪)을 행하며 하늘에 제사 지냈다. 한대(漢代) 이후에는 사람이 죽은 후에 신혼(神魂)이 태산으로 돌아가야 한다는 전설이 성행하여, 이에 태산은 하늘로 오르는 길이라는 뜻이 다시 명부(冥府)의 귀신을 다스리는 저승이라는 뜻으로 바뀌었다. 그래서 고대의 시(詩)에서는 "태산을 유람할 때에는 친구를 다시 못 볼까 늘 두렵다네[常恐遊岱宗, 不復見故人]"라고 하였다. 전설에 따르면 태산 신의 이름은 원상룡(圓常龍)으로 불리는데, 그는 항상 청포(靑袍)를 입고 창벽관(蒼碧冠)을 쓰며 통양인(通陽印)을 허리에 차고 있다. 온갖 신을 통솔하고 귀룡(貴龍)을 거느리며 생사(生死)와 인간세상의 귀천을 주재하여 다스리고 지옥의 뭇 귀신들의 총 책임자가 된다. 그 형상은 용맹스럽고 권세는 혁혁하다. 동한(東漢) 명제(明帝) 시기에 태산의 신을 "태산원수(泰山元帥)"로 봉하였다. 당(唐)나라 현종(玄宗)은 "천제왕(天齊王)"으로 봉하였다. 송(宋)나라 진종(眞宗) 때는 "천제인성제(天齊仁聖帝)"라는 호를 추가하였다. 원(元)나라 세조(世祖)는 "동악천제대생인황제(東嶽天齊大生仁皇帝)"로 봉하였다. 도교와 민간에서는 관습적으로 "동악대제(東嶽大帝)"라고 일컫는다. 옛적에는 전국 각지에 널리 동악묘(東嶽廟)를 건립하고, 항상 음력 3월 28일 동악대제의 탄신일에 제사를 거행하여 재앙을 쫓고 복을 기원하였다.

동악천제인성대제(東嶽天齊仁聖大帝)

●　●　●

"동악대제(東嶽大帝)"를 말한다.

병령공(炳靈公)

●　●　●

도교 신의 명칭. 태산신(泰山神)의 셋째 아들이라고 전해진다. 당(唐)나라 이전에 민간에서는 그를 악신(惡神)으로 여겼는데, "노나라 사람들이 두려워하며 공경하는 것이 천제인 동악대제보다 심하다[魯人畏敬, 過於天齊]"『옥당한화(玉堂閑話)』라고 하였다. 이후 당(唐) 장흥(長興) 연간(930~933)에 명종(明宗) 황제가 병에 걸리자 태산의 승려가 바친 약을 복용하였는데, 병이 호전되어 승려의 청에 응하여 태산의 셋째 아들을 "위웅장군(威雄將軍)"에 봉하였다. 송(宋)나라 대중상부(大中祥符) 7년(1014)에 조서를 내려 "병령공(炳靈公)"에 봉하였다. 이후 민간에서도 그를 화신(火神)의 선조로서 존숭하였다.

서악대제(西嶽大帝)

• • •

도교 신의 명칭. 서악(西嶽) 화산(華山)의 악신(嶽神). 오악 가운데 화산은 한당(漢唐)의 도성인 장안(長安)과 가까이 접해 있기 때문에 장기간 존숭 받았다. 동한(東漢)시기에는 서악신군(西嶽神君)이 구름과 비를 일으키고 만물을 생산하며 정기(精氣)를 통하게 하여 사람에게 유익한 바가 있다는 전설이 전해져, 조정에서 그를 삼공(三公)과 동일한 예로 제사 지냈다. 위서(緯書)에 따르면, 화산의 신의 성은 호(浩)이고 이름은 울수(鬱狩)라고 한다. 당(唐)나라 현종(玄宗) 때에 화산을 당나라 황실의 본명신산(本命神山)으로 여기고, 이에 화산의 신을 "금천왕(金天王)"에 봉하였다. 『운급칠첨(雲笈七籤)』에서는, 소호(少昊)는 백제(白帝)로서 서악을 다스리는데 위로는 남방칠수 가운데 정(井)·귀(鬼)의 정(精)에 응하고 아래로는 진(秦)의 영역을 진압한다고 말한다. 화산 신은 백포(白袍)를 입고 태초관(太初冠)을 쓰고 개천통진인(開天通眞印)을 허리에 차며, 백룡을 타고 선관옥녀(仙官玉女) 4,000여 명을 거느린다. 오금(五金)을 주조하고 정련하는 일과 깃털 달린 날짐승의 일을 관장한다. 송(宋)나라 진종(眞宗) 때에 "금천순성제(金天順聖帝)"로 추봉(追封)되었고, 숙명황후(肅明皇後)로 배향(配享)하였다.

금천왕(金天王)

· · ·

"서악대제(西嶽大帝)"를 말한다.

중악대제(中嶽大帝)

· · ·

　도교 신의 명칭. 중악(中嶽) 숭산(嵩山)의 악신(嶽神). 숭산은 옛 도읍 낙양(洛陽)과 가까이 접해 있기 때문에 오악 가운데 지위가 비교적 높아 동악(東嶽) 태산(泰山)에 버금간다. 『산해경(山海經)』의 기록에 따르면, 그 신의 형상은 사람 머리 세 개를 지니고 있다. 한(漢)나라 사람들은 삼대(三代) 동안 모두 황하(黃河)와 낙수(洛水) 사이에 위치하였기에 숭산(嵩山)을 중악(中嶽)으로 삼았다. 『용어하도(龍魚河圖)』에 따르면, 중악신군(中嶽神君)의 성은 수(壽)이고 이름은 일군(逸群)이라고 한다. 당(唐)나라 무측천(武則天)이 집정할 때에 "임금의 권력은 하늘이 내리신 것[君權神授]"이라는 여론을 조장하면서, 중악신군을 낙수(洛水)의 신으로 크게 봉하고, 숭산의 명칭을 "신악(神岳)"으로 바꾸어 그를 "천중왕(天中王)"으로 존숭하며 그 부인을 영비(靈妃)로 여겼다. 만세통천(萬歲通天) 원년(696)에 추가로 "신악천중황제(神嶽天中皇帝)"로 봉하였다. 송대(宋代)에는 "중천숭성제(中天崇聖帝)"로 봉하고 정명황후(正明皇後)로 배사(配祀)하였다. 오악 가운데 왕(王)과 제(帝)로 봉해진 것은 중악이 모두 최초이다. 도교 경전에서는 중악신군(中嶽神君)은 황포(黃袍)를 입고 황옥태을관(黃玉太乙冠)을 쓰고 신종양화인(神宗陽和印)을 허리에 차며, 황룡을 타고 선관옥녀(仙官玉女) 3만 명을 거느린다고 한다. "오행(五行)" 관

넘에 따르면 중앙은 토(土)에 속하기 때문에, 도교에서 중악을 오토
(五土)의 주인으로 여겼다.

신악(神嶽)
• • •

"중악대제(中嶽大帝)"를 말한다.

천중왕(天中王)
• • •

"중악대제(中嶽大帝)"를 말한다.

남악대제(南嶽大帝)
• • •

도교 신의 이름. 남악(南嶽)인 형산(衡山)의 악신(嶽神)이다. 한대(漢
代)에는 여강군(廬江郡)의 천주산(天柱山)을 남악으로 삼고 제사 지냈
으나, 수(隋)·당(唐) 이후에는 호남(湖南)의 형산(衡山)으로 바꿔서 제
사 지냈다. 도교 경전에서는 남악신군(南嶽神君)이라 일컬으며 이름은
"숭담(崇覃)일설에는 성은 단(丹) 이름은 영치(靈峙)라고 한다"이며, 성신(星辰)의
분야(分野)를 주관하며, 용과 물고기 및 수중생물에 관한 일을 겸하고
있다. 항상 주광포(朱光袍)를 입고 구단일정관(九丹日精冠)을 쓰며,
야광천진인(夜光天眞印)을 차고 적룡(赤龍)을 타며, 7만의 신선을 거
느리고 있다고 한다. 전설에 의하면, 청성산(靑城山)이 그의 장인이며,
곽산(霍山)이 그의 아들이고, 여산(廬山)이 그의 사자(使者)라고 한다.
당(唐) 현종(玄宗) 때 남악신군을 "사천왕(司天王)"에 봉했다. 송(宋)

진종(眞宗) 때 "사천소성제(司天昭聖帝)"로 가봉(加封)했고, 경명황후(景明皇后)를 배사(配祠)했다. 송대부터 민간에 "형악차병(衡嶽借兵)"의 전설이 생겼다. 『계신잡지(癸辛雜志)』에서 다음과 같이 말한다. 형악(衡嶽)의 사당에는 사방의 문마다 시랑신(侍郎神)이 있는데, 북문의 신이 병사의 일을 주관한다. 조정에서는 정벌이 있을 때마다 먼저 관리를 보내 제사를 지내는데, 그 문이 열리는 수치에 따라 출병하는 수를 정했다. 전투가 끝난 뒤에는 즉시 사신을 보내 예를 고했다.

사천왕(司天王)

"남악대제(南嶽大帝)"를 말한다.

북악대제(北嶽大帝)

도교 신의 이름. 북악(北嶽)인 항산(恒山)의 악신(嶽神)이다. 『용어하도(龍魚河圖)』에서는 북악항산군신(北嶽恒山君神)이라 일컬으며, 성은 등(登)이고 이름은 승(僧)이라 했다. 한(漢)·당(唐)에서부터 송(宋)·명(明)에 이르기까지, 하북(河北) 곡양(曲陽)의 항산을 북악으로 삼았다. 청(淸) 순치(順治) 연간(1644~1661)에 산서(山西) 혼원(渾源)의 항산으로 바꾸어 제사 지내고, 본래의 하북 항산은 대무산(大茂山)으로 고쳐 불렀다. 『운급칠첨(雲笈七籤)』에서 북악신군은 원류포(元旒袍)를 입고 태진영관(太眞靈冠)을 쓰며, 장진오진인(長津悟眞印)을 차고 흑룡(黑龍)을 타며, 7,000명의 선인과 옥녀를 거느린다고 묘사하고 있다. 그는 회수(淮水)·제수(濟水)·경수(涇水)·위수(渭水)를 포함한 강·하천·호수·바다를 주로 다스리며, 아울러 호랑이와 표범 등의 길짐승 부류와 뱀과 곤충 등의 부류를 다스린다고 전해진다. 송(宋) 진종(眞宗) 때 "안천현성제(安天玄聖帝)"에 봉하고, 정명황후(靜明皇后)를 배사(配祠)했다. 후대에 민간에서는 "북악대제"라 불렀다.

안천현성제(安天玄聖帝)

"북악대제(北岳大帝)"를 말한다.

풍도대제(酆都大帝)

도교 신의 이름. 저승을 다스리는 명신(冥神)이라고 전해진다. 갈홍(葛洪)의 『원시상진중선기(元始上眞衆仙記)』에 오방귀제(五方鬼帝)에 대한 다음과 같은 설명이 있다. 동방귀제(東方鬼帝)는 도구산(桃丘[6]山)을 다스린다. 남방귀제(南方鬼帝)는 나부산(羅浮山)을, 서방귀제(西方鬼帝)는 번총산(幡塚山)을, 중앙귀제(中央鬼帝)는 포독산(抱犢山)을, 북방귀제(北方鬼帝)는 나풍산(羅酆山)을 다스린다. 남조(南朝) 양(梁)나라 도홍경(陶弘景)이 지은 『진령위업도(眞靈位業圖)』에서는 "풍도북음대제(酆都北陰大帝)"를 신 등급의 제칠중위(第七中位)에 두고 있다. 여기서 주석하길, "염제대정씨(炎帝大庭氏)"

---

6. 丘: 원서에는 '止'로 되어 있으나, 『원시상진중선기(元始上眞衆仙記)』 원문에 따라 교감하였다.

700

로서 이름은 경갑(慶甲)이고, 천하의 귀신의 우두머리이며, 나풍산을 다스리고, 3,000년에 한 번 교체한다고 하였다. 『진고(眞誥)』에 따르면, 나풍산은 북쪽의 계방(癸方)의 땅에 있으며, 산 위에 여섯 채의 깊숙한 귀신 궁이 있는데, 이를 "육천(六天)"이라고 한다. 6궁의 명칭은 순서대로 주절음천궁(紂絶陰天宮), 태살양사종천궁(泰煞惊事宗天宮), 명신내범무성천궁(明晨耐犯武城天宮), 염소죄기천궁(恬昭罪氣天宮), 종령칠비천궁(宗靈七非天宮), 감사연완루천궁(敢司連宛屢天宮)이다. 전설에 의하면, 사람이 죽은 후에 우선 제1궁에 이르러 직무를 받지만, 성현(聖賢)은 먼저 제3궁에 이르게 된다고 한다. 당(唐)·송(宋) 이후에 민간에 전해지기로는, 한대(漢代)의 도사 왕방평(王方平)과 음장생(陰長生)이 사천(四川) 풍도산(酆都山)에서 수도하여 신선이 되었기에 합하여 "음왕(陰王)"이라 불렸는데, 후인들이 음간신왕(陰間神王)이라고 잘못 전하여 풍도가 음왕명부(陰王冥府)의 소재지가 되었다고 한다. 풍도성의 염라전(閻羅殿)도 풍도대제의 궁전이라고 전해지고, 지장보살(地藏菩薩)도 풍도대제라고 전해졌다. 이에 북방의 음왕(陰王)이 다스리는 땅이 나풍산에서 사천의 풍도산으로 옮겨졌고, 이로부터 풍도가 "귀성(鬼城)"이 되었다. 이는 범성대(范成大)의 『오선록(吳船錄)』과 방상영(方象瑛)의 『사촉일기(使蜀日記)』에 보인다.

문창제군(文昌帝君)

• • •

도교 신의 이름. 중국 고대 학문, 문장, 과거를 준비하는 유생의 수호신으로 전해진다. 이 신은 도교 신의 계보에서 매우 높은 지위에 있다. 『역대신선통감(歷代神仙通鑑)』에서는 문창제군이 "위로는 33천의 선적을 주관하고, 중간으로는 인간의 수명과 화복을 주관하며, 아래로는 18지옥과 윤회를 주관한다[上主三十三天仙籍, 中主人間壽夭禍福, 下主十八地獄輪回]"고 한다. 그 기원을 거슬러 올라가보면, 문창제군은 "문창성신(文昌星神)"과 사천(四川) 지방의 "재동신(梓潼神)"이 결합하여 만들어진 신이다. 천상(天象)에서 북두(北斗)의 괴성(魁星) 부근에 문창의 여섯별이 있는데, 그 중 "사록(司祿)"이란 별은 귀천과 작상(爵賞)을 주관하고, "사명(司命)"이란 별은 사람의 수명을 주관한다는 믿음이 민간에서 크게 유행했다. 위서(緯書)인 『효경수신계(孝經授神契)』에서는 "문은 모은 것을 정밀히 하는 것이고, 창은 천기(天紀)를 드날리는 것으로, 보필하는 직책이 함께 모여 천상을 이루었으므로 문창궁이라 한다[文者精所聚, 昌者揚天紀, 輔拂並居以成天象, 故曰文昌宮]"고 한다. 도교에서는 이러한 종류의 신앙을 흡수하여, "문창제군의 사명신[帝君司命之神]"이라 부르고, 좌우로 나누어 좌사명은 한원신(韓元信)으로, 우사명은 장자량(張子良)으로 불렀다. 여기서 분명히 알 수 있는 것은 한(漢) 고조(高祖)의 공신(功臣)을 신격화했다는 것이다. 재동신은 본래 사천 지방의 수호신으로, 장아자(張亞子)또는 장악자(張惡子)라고 부른다. 전설에 의하면, 장아자의 조상은 월리(越離)지금의 사천 월서현(越西縣)에 살았는데, 어머니의 원수를 갚기 위해 재동으로 옮겨 왔고, 진(晉)나라에서 벼슬하여 장군이 되어 전사했는데, 촉인(蜀人)들이 그를 위해 사당을 세우고 제사 지냈다. 당대(唐代)에 여러 차례 영혼으로 나타났고, 당현종(唐玄宗)이 "제순왕(濟順王)"으로 봉했다. 송대(宋代)에는 과거시험으로 선비를 뽑는 것이 중시되었기에, 각지에서 신령에게 공명(功名)과 이록(利祿)을 보우해 주길 기도하는 것이 전반적인 풍조가 되었다. 그 중에서도 촉 지방의 장아자 사당의 영험함이 두드러져 "사대부가 지나갈 때 비바람이 일어나면 반드시 재상에 이르고, 진사가 지나갈 때 비바람이 일어나면 반드시 전시에서 장원에 이른다[士大夫過之, 得風雨送, 必至宰相. 進士過之, 得風雨必至殿魁]"『철위산총담(鐵圍山叢談)』라고 하였다. 왕안석(王安石)이 어린 시절 장아자 사당을 지나갈 때 비와 바람이 크게 일어났는데, 후에 정말로 재상의 지위에 이르렀다고 전해진다. 송(宋)·원(元)의 도사가 재동신의 강림을 받아 서술했다는『청하내전(清河內傳)』에 의하면, 그는 주(周) 초에 태어났고, 이후 73번 화생(化生)하였으며, 서진(西晉) 말에 사천에서 장아자로 태어났다. 옥황대제(玉皇大帝)의 명으로 문창성신의 관청을 맡아 보며 인간의 녹적(祿籍)을 주관한다고 한다. 원(元) 인종(仁宗) 연우(延祐) 3년(1316)에 "보원개화문창사록굉인제군(輔元開化文昌司祿宏仁帝君)"에 가봉(加封)되었다. 그 후로 마침내 문창성신이 재동신과 합하여 하나가 되었다. 명대(明代)에는 "천하의 모든 학궁에 문창의 사당이 세워졌다[天下學宮皆立文昌祠]"고 한다. 청대(清代)에는 매년 음력 2월 3일 문창제군의 탄신일마다 조정에서 관원을 파견해 제사 지내게 했다. 지난날에는 전국 각지에 많은 문창묘가 있어 문창제군의 제사를 모셨다. 그 신상(神像)은 대부분 온화하고 총명한 얼굴에 흰 나귀를 타고 앉아 있으며, 천롱(天聾)과 지아(地啞)라는 두 시동이 곁에서 시중들고 있다. 사천 재동현(梓潼縣) 칠곡산(七曲山)에 전당의 구조가 웅장한 오래된 문창궁(文昌宮)이 있는데, 바로 문창제군의 발상지이다. 『도장(道藏)』에『청하내전』과『문창제군음즐문(文昌帝君陰騭文)』이 실려 있다.

재동제군(梓潼帝君)

• • •

"문창제군(文昌帝君)"을 말한다.

동화제군(東華帝君)

• • •

도교 신의 이름. ①『역세진선체도통감(歷世眞仙體道通鑑)』에 의하면, 그의 성은 왕(王)이고, 이름은 현보(玄甫)이다. 한대(漢代)의 동해(東海) 사람이다. 백운상진(白雲上眞)을 사사했으며, 호는 화양진인(華陽眞人)이다. 후에 종리권(鍾離權)에게 신부(神符)·비법(秘法)·금단대도(金丹大道)를 전해줬다. 다른 도교 경전에 의하면, 그는 본래 청양원기(青陽元氣)가 화생한 신으로서, 태신궁(太晨宮)에 거주하며, 자운(紫雲)을 지붕으로 삼고 청운(青雲)을 해자(垓子)로 삼는다고 한다. 혹은 그가 일찍이 곤륜산(昆侖山)에 은거하다가 뒤에 오대산(五臺山) 자부동(紫府洞)으로 옮겼으며, 호는 "동화자부소양군(東華紫府少陽君)"이라고도 한다. 전진도(全眞道)에서는 북오조(北五祖)의 첫째 조사로 받들어진다.『금련정종기(金蓮正宗記)』에서는 전진(全眞)의 도는 "태상으로부터 금모에게 전해지고, 금모로부터 백운에게 전해지고, 백운으로부터 동화제군에게 전해졌다[自太上傳之於金母, 金母傳之於白雲, 白雲傳之於帝君]"고 한다. 매년 음력 6월 15일에 인간계에 내려왔다가 10월 16일에 하늘로 올라가는데, "인간계에 수백 년간 있었으나, 용모가 조금도 노쇠하지 않았다[在人間數百歲, 殊無衰老之容]"고 전해진다. 동화제군의 탄신일은 음력 2월 초6일이라고 전해진다. ② "동왕공(東王公)"을 말한다.

704

왕현보(王玄甫)

. . .

"동화제군(東華帝君) ①"을 말한다.

삼황(三皇)

. . .

전설 속의 고대 제왕. 중국 도교에서 신으로 받든다. 고서에서는 6
가지의 견해가 있다. ① 천황(天皇)·지황(地皇)·태황(泰皇). 『사기(史
記)』「진시황본기(秦始皇本紀)」. ② 천황·지황·인황(人皇). 『사기』「보삼황본기(補
三皇本紀)」에서 『하도(河圖)』와 『삼오력기(三五歷紀)』를 인용. ③ 복희(伏羲)·여와(女
媧)·신농(神農). 『풍속통의(風俗通義)』「황패편(皇霸篇)」에서 『춘추위운두추(春秋緯運斗
樞)』를 인용. ④ 복희·신농·축융(祝融). 『백호통(白虎通)』. ⑤ 복희·신농·
공공(共工). 『통감외기(通鑒外紀)』. ⑥ 수인(燧人)·복희·신농. 『풍속통의』「황패
편」에서 『예위함문가(禮緯舍文嘉)』를 인용. 도교에서는 주로 ②의 견해를 취한다.

구황(九皇)

. . .

중국 도교 신의 이름. ① 천·지·인에 각각 삼황이 있어 전부 구황
이 된다. 『태평경(太平經)』에서 "하늘에 삼황이 있고, 땅에 삼황이 있
고, 사람에게 삼황이 있다[天有三皇, 地有三皇, 人有三皇]"라고 한
다. 『도장궐경목록(道藏闕經目錄)』하권 「도장존경역대강목(道藏尊
經歷代綱目)」에서는 "위에 삼황이 있고, 가운데에 삼황이 있고, 아
래에 삼황이 있는데, 이 구황으로부터 받은 것을 현경이라 한다. 천
황·지황·인황으로부터 받은 것을 내문이라 한다[上三皇, 中三皇,

下三皇, 九皇所受, 謂之玄經. 天皇地皇人皇所受, 謂內文]"라고 한다. 『도장(道藏)』제342책 『구황도(九皇圖)』에서는 천황·지황·인황을 각각 초(初)·중(中)·후(後)로 나누어 이름을 지어 구황이라고도 한다. 그 형상이 각각 달라서 사람 얼굴에 뱀의 몸이거나 사람 얼굴에 용의 몸이기도 하다. 아울러 "구황은 그 신이 본래 하나이나, 그 응함은 다르다[九皇君其神本一, 其應則殊]"라고 한다. ② 하늘의 북두구성(北斗九星)으로서, 북두구황대도군(北斗九皇大道君)이라고 부른다. 『운급칠첨(雲笈七籤)』 「일월성신부(日月星辰部)」 권24에서 "북두의 아홉 별 중 일곱 별은 드러나 있지만 두 별은 숨어 있다[北斗九星, 七現二隱]"고 한다. 이 말 아래에서 구황군의 담당 직무를 순서대로 열거하고 있다. 그 마지막에는 "위의 구황군과 구천인은 성과 이름을 안으로 숨기고 있는데, 그 이름을 알면 수명을 천년 늘릴 수 있다[右九皇君九天人, 內姓隱諱, 知之延壽千年]"고 한다. 『도장』제1,064책 『북두구성은휘경(北斗九星隱諱經)』에도 같은 말이 있다.

황제(黃帝)

• • •

본래는 역사상 전설의 인물이나, 후에 방사(方士)와 도교에 의해 신으로 받들어졌다. 황제의 성은 공손(公孫)이고 이름은 헌원(軒轅)이며, 유웅국(有熊國) 임금 소전(少典)의 아들이라고 전해진다. 『역세진선체도통감(歷世眞仙體道通鑒)』에 의하면, 그의 어머니가 한 줄기 번갯불이 북극성을 감싸고 있는 꿈을 꾸고서 잉태하여 24개월 만에 황제를 낳았다. 15세에 왕위를 계승하고, 팔괘(八卦)·율력(律曆)·관면(冠冕)·궁실(宮室) 등을 처음으로 만들었다. 후에 염제(炎帝)의 자리를 빼앗아 천하를 통일했다. 치우(蚩尤)가 배반하자 황제가 그와 탁록(涿鹿)의 들에서 싸웠는데, 서왕모(西王母)가 구천현녀(九天玄女)를 내려 보내 황제에게 영부(靈符)·도법(道法)과 『음부경(陰符經)』을 주었고, 마침내 치우를 사로잡아 죽였다. 후에 널리 명산을 돌아다니면서 무광자(務光子), 용성공(容成公), 광성자(廣成子) 등의 선인들을 찾아가 신선이 되는 도를 구했고, 왕옥산(王屋山)에서 구정금단(九鼎金丹)을 연성(煉成)했다. 마침내 왕위를 버리고 청구산(靑丘山)에 들어가 자부선생(紫府先生)을 찾아뵙고 삼황내문(三皇內文)을 받았다. 또 청성산(靑城山)에서 중황장인(中黃丈人)을 알현하고 비밀리에 신선과 진일(眞一)의 법을 전수받았으며, 운대산(雲臺山)에 올라 영봉자(寧封子)를 뵙고 용교선경(龍蹻仙經)을 받았다. 마지막에는 수산(首山)의 동(銅)을 캐서 형산(荊山)에서 보정(寶鼎)을 만들었다. 성공하던 날에 용이 하늘에서 내려와 황제가 용을 타고 하늘로 올라가 신선이 되었고, 다섯 천제(天帝) 중의 하나가 되어 중앙에 거하면서 사방을 주재하였다. 남조(南朝) 양(梁)의 도홍경(陶弘景)이 편찬한 『진령위업도(眞靈位業圖)』에서 신선의 순위를 배열하고 있는데, 황제를 "원포진인헌원황제(元圃眞人軒轅黃帝)"라 칭하고, 셋째 등급의 좌위(左位)에 두고 있다. 『도장(道藏)』에 『황제음부경(黃帝陰符經)』과 『황제구정신단경(黃帝九鼎神丹經)』 등이 있다.

헌원황제(軒轅黃帝)

• • • •

"황제(黃帝)"를 말한다.

헌원(軒轅)

• • •

"황제(黃帝)"를 말한다.

누조(嫘祖)

• • •

"누조(累祖)" 또는 "누조(傫祖)"라고도 한다. 전설에서는 황제(黃帝)의 부인이라고 한다. 『사기(史記)』 「오제본기(五帝本紀)」에서는 "황제가 서릉씨의 딸에게 장가갔는데, 그가 바로 누조이다. 누조는 황제의 정비이다[娶於西陵氏之女, 是爲嫘祖. 爲黃帝正妃]"라고 한다. 누조가 양잠과 명주실을 짜는 방법을 창안했다고 전해진다. 『노사(路史)』 「후기오(後紀五)」에서는 "황제의 비 서릉씨를 누조라고 하는데, 처음으로 누에를 길렀기 때문에 선잠으로도 제사 지낸다[黃帝之妃西陵氏曰累祖, 以其始蠶, 故又祀先蠶]"라고 한다. 이 때문에 후세에서 그녀를 "잠신(蠶神)"으로 여겼다.

소녀(素女)

• • •

고대의 여성 신선. 전설에 의하면, 황제(黃帝)의 시녀로서 50현의 거문고를 잘 탔는데, 그 소리가 너무 구슬퍼서 황제가 금지했으나 연주를 멈추지 않아서 그 거문고를 깨뜨려 25현이 됐다고 한다. 『초사(楚辭)』 「구회(九懷)·소세(昭世)」에서는 "소녀의 은은한 노랫소리 들리고, 왕후의 피리 소리 들리는구나[聞素女兮微歌, 聽王后兮吹竽]"라고 한다. 『산해경(山海經)』에서는 "서남방의 흑수 사이에 도광(都

廣)광도(廣都)라고도 함의 들에 후직을 장사 지냈다. 그 성은 사방 300리로, 천지 사이에 소녀가 태어난 곳이다[西南黑水之間, 有都廣之野. 後稷葬焉. 其城方三百裏, 蓋天地之間, 素女所出也]"라고 한다. 명대(明代)의 양신(楊愼)의 고증에 의하면, 흑수(黑水)의 광도(廣都)는 바로 지금의 성도(成都)라고 한다. 사천(四川) 청성산(靑城山)에 본래부터 "옥녀동(玉女洞)"이 있었는데, 후인들은 이곳이 바로 소녀가 살던 곳이라고 여겼다는 것이다. 그 전설의 유래는 촉(蜀) 땅의 옛 문화와 관련 있는 것으로 보인다. 『소녀경(素女經)』이란 책이 세상에 전해지는데, 그 내용은 황제와 소녀의 방중술에 관한 문답으로, 현재 집일본(輯佚本)이 있으며, 『쌍매영암총서(雙梅影闇叢書)』에 보인다.

홍애선생(洪崖先生)

• • •

고대의 선인(仙人). 전설에 의하면, 황제(黃帝)의 악관(樂官)이었던 영륜(伶倫)으로 뒤에 수도하여 신선이 되었다고 한다. 요(堯) 임금 때 3,000살이었는데, 한(漢)나라 때도 존재해 신선 위숙경(衛叔卿)과 종남산(終南山) 정상에서 바둑을 두기도 했다고 한다. 진(晉)나라 곽박(郭璞)의 『선유시(仙遊詩)』에서 "왼손으로 부구의 소매를 당기고, 오른손으로 홍애의 어깨를 친다[左揖浮丘袖, 右拍洪崖肩]"고 한다.

천비(天妃)

• • •

"마조(媽祖)", "천후(天后)", "천상성모(天上聖母)" 등으로도 불린다. 도교 신의 이름. 전하는 바에 의하면, 원래 이름은 임묵랑(林默

娘)이며, 송대(宋代)의 도순검(都巡檢) 임원(林願)의 딸이다. 10세기에 복건성(福建省) 보전현(莆田縣) 미주도(湄洲島)에서 태어났다. 어려서부터 총명했는데, 도인을 만나 "현미진법(玄微眞法)"을 전수받았다. 커서 성인이 된 후에, 오래된 우물에서 "천서(天書)"를 얻었다. 이로부터 자못 신통력을 갖추고 변화에 통달하여 사람들의 병을 치료해주어 그곳의 백성들로부터 많은 신뢰를 받았다. 『삼교수신대전(三教搜神大全)』의 기록에 의하면, 일찍이 집에서 베를 짜다가 갑자기 쓰러졌는데, 이때 원신(元神)이 몸 밖으로 빠져나와 바다로 가서 조난을 당한 네 명의 오빠를 구해주려고 했다. 그런데 부모는 이를 모르고 풍질(風疾)에 걸린 것으로 여겨 그녀를 흔들어 깨웠고, 결국 세 명만 구했다고 한다. 이 일이 알려지고 나서 묵랑의 명성이 자자해졌는데, 줄곧 결혼은 하지 않았다. 30세가 될 무렵, 가족에게 이별을 고하고 홀로 배를 타고 멀리 떠난 후 돌아오지 않았다. 그녀가 생전에 백성들을 위해 좋은 일을 많이 했기 때문에 모두들 그녀를 그리워했으며, 그녀가 미주도에서 신선이 되어 하늘로 올라갔다는 말이 널리 퍼졌다. 옹희(雍熙) 4년(987)에 섬에 사당을 지어 기리고 매년 제사를 지내며, 마조묘(媽祖廟)라고 불렀다. 그녀는 항상 붉은 옷을 입고 바다 위를 돌아다니다가 재난을 당한 어민과 장사꾼을 신통력으로 구해준다고 전해진다. 송대(宋代) 이후로, 마조는 해상의 재난으로부터 구해주는 여신이 되어 바닷가 인민들로부터 공양을 받았다. 선화(宣和) 연간(1119~1125)에 노윤적(路允迪)이 사신으로 고려(高麗)에 가던 중에 폭풍을 만나 배가 거의 침몰 직전에 다행히 여신의 구조를 받아 무사히 돌아오게 됐다고 한다. 송(宋) 휘종(徽宗)은 특칙(特敕)으로 "순제부인(順濟夫人)"에 봉하고 묘액(廟額)을 하사했다. 원대(元代)에는 해운을 중시했는데, 관부의 선박은 반드시 마조묘에 먼저 제사를 지내고 길일을 점친 뒤에 바다로 나아갔다. 원(元) 세조(世祖)는 조서를 내려 "호국명저천비(護國明著天妃)"에 봉하고 각지에 두루 천비묘를 세웠다. 전해지는 말에 의하면, 명대(明代)에 정화(鄭和)가 원정할 때와 정성공(鄭成功)이 대만에 있을 때, 모두 천비여신의 도움을 받았다고 한다. 명(明)의 숭정제(崇禎帝)는 포상하여 "벽하원군(碧霞元君)"에 봉했다. 청(淸) 강희제(康熙帝)는 "소령현응인자천후(昭靈顯應仁慈天後)"에 봉하고, 국가의 사전(祀典)으로 집어넣었다. 명·청 이후에도 천비 신앙은 계속해서 동남아와 일본 한국 등으로 전해졌다. 현재 홍콩과 대만 지역에서 지극히 숭배되고 있으며, 매년 음력 3월 23일 천비탄신일에는 많은 참배자들로 향화(香火)가 더욱 성행한다.

마조(媽祖)

"천비(天妃)"를 말한다.

천후(天后)

"천비(天妃)"를 말한다.

천상성모(天上聖母)

"천비(天妃)"를 말한다.

팽조(彭祖)

• • •

고대의 선인(仙人). 후에 도교에서 추앙하였다. 전설에 의하면, 성은 전(籛)이고 이름은 갱(鏗)이다. 『열선전(列仙傳)』에서는 그를 일러 "전욱의 손자이자, 육종씨의 둘째아들이다. 하나라에서 은나라 말기까지 8백여 년을 살았다. 늘 계지를 먹고, 도인과 행기에 능했다[帝顓頊之孫, 陸終氏之中子. 歷夏至殷末, 八百餘歲. 常食桂芝, 善導引行氣]"라고 한다. 『신선전(神仙傳)』에 의하면, 은왕(殷王)이 채녀(采女)를 보내 팽조에게 도를 묻게 했는데, 일찍이 "세 살에 모친을 잃었고, 견융의 난을 만나 서역을 떠돌아다닌 것이 100여 년에 이른다[三歲而失母, 遇犬戎之亂, 流離西域, 百有餘年]"고 말했다고 하며, 후에 생을 마친 곳을 알지 못한다고 한다. 『장자(莊子)』「각의(刻意)」에서는 "도인하는 선비와 몸을 기르는 사람과 팽조 같이 오래 사는 사람이 좋아하는 것이다[道引之士, 養形之人, 彭祖壽考者之所好也]"라고 한다. 그래서 후세에는 대부분 팽조를 오래 사는 사람의 상징으로 여긴다.

광성자(廣成子)

• • •

고대 전설의 선인(仙人)으로, 후에 도교에서 추앙하였다. 『장자(莊子)』에 따르면, 오랜 기간 공동산(崆峒山) 바위굴에 은거하고 있었는데, 황제(黃帝)가 직접 찾아와 도를 닦아 장생하는 법에 대해서 자문을 구했다고 한다. 이에 광성자는 "지극한 도의 정(精)은 아득하고 그윽하며, 지극한 도의 극(極)은 깊고 고요하다. 보지도 말고 듣지도 말고 신을 간직하여 조용히 있으면, 형체는 저절로 바르게 될 것이다.

반드시 고요히 하고 반드시 맑게 하여 너의 형체를 수고롭게 하지 말며, 너의 정을 흔들리게 하지 않도록 하면 장생할 수 있을 것이다[至道之精, 窈窈冥冥, 至道之極, 昏昏默默. 無視無聽, 抱神以靜, 形將自正. 必靜必淸, 無勞汝形, 無搖汝精, 乃可長生]"라고 대답했다. 아울러 "수일(守一)"과 "처화(處和)"의 수도 원칙을 제시했다. 스스로 말하길, 이 법으로 몸을 닦아 1,200세에 이르렀으나 얼굴은 아직 노쇠하지 않았으며, "나의 도를 얻은 자는 위로는 황제가 되었고 아래로는 왕이 되었다. 나의 도를 잃은 자는 위에서는 빛을 볼 뿐이고 아래에서는 흙이 될 뿐이다[得吾道者, 上爲皇而下爲王. 失吾道者, 上見光而下爲土]"라고 했다. 마침내 황제에게 『자연경(自然經)』한 권을 주었다. 북송(北宋)의 소식(蘇軾)은 이 내용에 근거하여 『광성자해(廣成子解)』를 지었는데, 청정하게 하여 참됨을 지키면 오래 살고 위태롭지 않다고 주장했다. 도교에서는 "십이금선(十二金仙)" 중의 하나로 받들어진다. 이 일은 『신선전(神仙傳)』과 『헌원본기(軒轅本紀)』에 보인다.

용성공(容成公)

· · ·

고대 전설의 선인(仙人)으로, 후에 도교의 신선으로 존숭됐다. 전설에 의하면, 노자(老子)의 스승이고 이름은 자황(子黃)이며 도동(道東) 사람이다. 또 황제의 스승이었다가 태모산(太姥山)에 은거하여 신선이 되는 도를 닦았다. 후에 공동산(崆峒山)으로 옮겼으며, 정을 지켜 기를 단련하며[保精煉氣] 호흡과 도인술로 200여 살에 이르렀으나 얼굴은 젊은이와 같았다고 한다. 그는 방중양생술(房中養生術)

에 뛰어났다고 전해진다. 『한서(漢書)』「예문지(藝文志)」에 『용성음도(容成陰道)』26권이 있다는 기록이 있는데, 이는 후인이 가탁하여 지은 것으로 일찍이 일실되었다. 『포박자(抱朴子)』「하람편(遐覽篇)」에 열거된 도교 경전 중에 『용성경(容成經)』1권이 있다.

적송자(赤松子)

고대 전설의 선인(仙人)으로, 후에 도교에서 존숭되었다. 『열선전(列仙傳)』에 의하면, 그는 신농씨(神農) 시대의 우사(雨師)로 "신농씨에게 수정을 복용하는 법을 가르쳤으며, 불 속에 들어가 스스로를 태울 수 있었다. 종종 곤륜산에 가서 서왕모의 석실에 머물렀고, 풍우를 따라 오르내렸다. 염제의 딸이 그를 쫓아 신선이 되어 함께 떠났다[服水玉以教神農, 能入火自燒. 往往至昆侖山上, 常止西王母石室中, 隨風雨上下. 炎帝少女追之, 亦得仙俱去]"고 한다. 혹은 적송자가 일찍이 제곡(帝嚳)의 스승이었다고도 한다. 일찍이 금화산(金華山)에서 신선으로 노닐었다고 전해진다. 이 때문에 금화산에 적송사(赤松祠)·적송간(赤松澗)이 있다. 서한(西漢)의 명신 장량(張良)이 유방(劉邦)을 도와 정권을 수립한 후에, 온전히 자신을 지켜서 공을 세운 뒤에 물러나기 위해 한고조(漢高祖) 유방에게 "원컨대 인간사를 버리고 적송자를 따라 노닐고 싶을 뿐입니다[願棄人間事, 欲從赤松子遊耳]"라고 말했다.

영봉자(寧封子)

. . .

"용교진인(龍蹻眞人)"이라고도 한다. 고대 전설의 선인(仙人)으로, 후에 도교에서 존숭되었다. 전설에는 원래 황제(黃帝)의 도정(陶正)이었으며, 신인(神人)을 만나 오색연화법(五色煙火法)을 배웠다고 한다. 후에 황제에게『용교경(龍蹻經)』을 주었고, "오악진인(五嶽眞人)"에 봉해졌다. 개천관(蓋天冠)을 쓰고 주자포(朱紫袍)를 입으며, 삼정인(三庭印)을 차고 오악(五嶽)을 총괄하여 다스렸다. 후에 땔감을 쌓고 스스로 분신했는데 그 형체가 연기를 따라 오르내렸다고 한다. 재속에 남은 유골을 당시 사람들이 영북산(寧北山)에 장사지냈다고 한다. 이 일은『역세진선체도통감(歷世眞仙體道通鑒)』권3에 보인다.

용교진인(龍蹻眞人)

. . .

"영봉자(寧封子)"를 말한다.

청오공(靑烏公)

. . .

고대 전설의 선인(仙人)으로, 후에 도교에서 존숭되었다. 팽조(彭祖)의 제자로 그 진전(眞傳)을 이어받았고, 화음산(華陰山)에서 수도에 전념했다고 전해진다. 400여 년에 걸쳐 총 12번의 시험을 거친 뒤에 비로소 금액을 마시고 하늘로 올라가 신선이 됐다. 신선이 되기 위해 도를 닦는 과정 중에 여러 차례 실패했기 때문에, 태극도군(太極道君)은 그를 "선인(仙人)"이라고만 불렀지 "진인(眞人)"이라고 부르지는 않았다. 옛날부터 풍수지리술을 행하는 사람은 대부분 청오공을 조사로 삼고 제사 드리며 공경한다. 따라서 후인들은 풍수지리술을 "청오지술(靑烏之術)"이라고도 부른다.

광유(匡裕)

· · ·

고대의 선인(仙人). 전설에 의하면, 주(周) 무왕(武王) 시대에 태어났으며, 일곱 형제가 있었는데 모두 함께 산 위에 초가집을 짓고 도를 닦았다. 후에 모두 신선이 되어 떠나고 텅 빈 초가집만 산속에 남았는데, 후에 사람들이 그 산을 "여산(廬山)"이라고 불렀다. 한(漢) 무제(武帝) 때 "여산군(廬山君)"에 봉해졌다.

강태공(姜太公)

· · ·

도교와 중국 민간에서 신봉하는 신. 주(周)나라 초기의 중신 강상(姜尚)으로, 자(字)는 자아(子牙)이며 상(商)나라 말의 기주(冀州) 사람이다. 선대가 여(呂) 땅에 봉해졌기에 여망(呂望)이라고도 불린다. 또 태공망(太公望)이라고 불리는데, 주나라 성왕(成王)을 보좌하여 상나라 주왕(紂王)을 멸망시켰다. 주나라가 건립된 후에 제(齊) 땅의 제후로 봉해졌다. 당(唐) 현종(玄宗) 개원(開元) 19년(731)에 "양경(兩京)과 모든 주에 태공묘를 한 곳씩 두어서 장량을 배향하라[兩京及天下諸州各置太公廟一所, 以張良配享]"는 칙명을 내려, 강태공의 제사를 국가의 사전(祀典)으로 집어넣었다. 소종(蕭宗) 상원(上元) 원년(760)에 "무성왕(武成王)"으로 추봉(追封)되었다. 송(宋) 인종(仁

宗)과 신종(神宗)은 병법과 무술 등을 가르치는 "무학(武學)"을 설치하였는데, 이를 태공묘(太公廟) 옆에 건립하였다. 명대(明代)의 『봉신연의(封神演義)』에서는 그를 원시천존(元始天尊)의 명을 받들어 주관하는 봉신(封神)으로 묘사하고 있다. 이 영향을 받아 민간에서는 가장 권위 있는 신 가운데 하나로 진화했다. 무릇 삿된 귀신을 쫓아내거나 방지할 때는 "강태공이 여기 있으니 조금도 거리낄 것이 없다[姜太公在此, 百無禁忌]"라고 쓰거나 "강태공이 여기 있으니 모든 신은 물러나거라[太公在此, 諸神退位]"라고 쓴다. 전해지는 말에 의하면, 이렇게 하면 아무 일 없이 평안하고 모든 일이 순조롭게 될 수 있다고 한다.

황석공(黃石公)

• • •

도교의 신선. 하비(下邳)치소(治所)는 지금의 강소성(江蘇省) 휴녕(睢寧) 사람으로, 진(秦)나라의 난을 피해 민간에 은거했다고 전해진다. 장량(張良)이 하비의 흙다리 위에서 황석공을 만나 『태공병법(太公兵法)』을 받았다고 한다. 황석공은 책을 주면서 13년 뒤에 나를 찾아 제북(濟北) 곡성산(穀城山) 아래로 오라, 누런 돌[黃石]이 바로 나라고 말했다. 이때부터 장량은 병법을 읽고 외워서 한(漢) 고조(高祖) 유방(劉邦)이 천하를 얻는 것을 도왔다. 13년 뒤에 과연 곡성산에서 누런 돌을 보게 되었고, 그것을 가지고 와 보배처럼 여기고 사당에 모셨다고 한다. 이 일은 『사기(史記)』 「유후세가(留侯世家)」에 보인다. 『황석공소서(黃石公素書)』와 『황석공삼략(黃石公三略)』이 후세에 전해져 내려온다.

악전(偓佺)

• • •

고대의 선인(仙人). 『열선전(列仙傳)』에 의하면, 그는 요(堯) 임금 시기에 괴산(槐山)에서 약초를 캐던 자로서 소나무 열매를 즐겨 먹었으며, 몸에 몇 마디 길이의 털이 났고, 두 눈은 정사각형이었으며, 걸음이 나는 듯이 빨라 달리는 말을 쫓을 수 있었다고 한다. 요 임금에게 소나무 열매를 보내주어, 요 임금이 쉴 새 없이 복용했다고 한다. 당시의 사람들도 복용하여 장수했다고 한다.

귀곡선생(鬼谷先生)

• • •

전국시대(戰國時代) 은자라고 전해지며, 후에 도교에서 신선으로 받들어졌다. 성은 왕(王)이며 이름은 후(詡)이다. 황제(黃帝) 때부터 생존하여 상(商)·주(周)의 여러 대를 거쳤고, 후에 노자(老子)를 따라 서쪽 유사(流沙)로 갔다고 한다. 주나라 말기에 다시 중국으로 돌아와, 한빈(漢濱)의 귀곡산(鬼谷山)에 살면서 도를 전파했기에 호를 "귀곡자(鬼谷子)"라 하였고, 사람들은 "귀곡선생(鬼谷先生)"이라 불렀다. 제자가 수백 명에 이르렀는데, 유독 소진(蘇秦)과 장의(張儀) 두 사람은 신선의 도는 좋아하지 않고 종횡패합술(縱橫捭闔術)을 좋아했다. 귀곡선생은 두 사람에게 공명(功名)과 이록(利祿)에 연연해서 몸을 해치지 말라고 여러 차례 훈계했다. 전설에 따르면 그는 성품을 기르고 생명을 온전히 하는 도술에 뛰어나 "신을 모아 하나를 지키고, 순박하게 지내면서 자신을 드러내지 않았다[凝神守一, 樸而不露]"고 한다. 사람들 사이에서 수백 년간 살았는데, 후에 간 곳을 알지 못했다. 세상에 전해지는 『귀곡자』는 바로 유실된 『소진서(蘇秦書)』의 일부이다. 『도장(道藏)』 제671책에 실려 있다.

귀곡자(鬼谷子)

* * *

"귀곡선생(鬼谷先生)"을 말한다.

왕교(王喬)

* * *

도교의 선인(仙人). 다음과 같은 세 사람이 있다고 전해진다. ① 주(周) 영왕(靈王)의 태자로서, 또 다른 이름은 왕자교(王子喬)이고, 자는 자진(子晉)이다. 나면서부터 신이(神異)했으며, 어려서부터 도를 좋아했고, 생황으로 봉황의 울음소리를 내기를 즐겼다. 후에 이수(伊水)와 낙수(洛水) 사이_{두 강은 지금의 하남(河南) 지역에 있다}에서 노닐었는데, 도사 부구공(浮丘公)이 그를 데리고 숭산(嵩山)으로 갔다. 30년 뒤 7월 7일에 집안사람이 구씨산(緱氏山) 정상에서 그를 봤는데, 그는 백학을 타고 하늘로 날아올라 갔다고 한다. 도교에서는 "우필진인(右弼眞人)"이라고 존칭하며, 동백산(桐柏山)을 다스리고 오월(吳越)의 홍수와 가뭄을 관장한다고 한다. 오대(五代) 시기에 "원필진군(元弼眞君)"에 봉해졌다. 송(宋) 휘종(徽宗) 정화(政和) 3년(1113)에는 "원응진인(元應眞人)"에 봉해졌다. 송 고종(高宗) 소흥(紹興) 연간에 호를 더하여 "선리광제진인(善利廣濟眞人)"이라 하였다. 일반적으로 일컬어지는 선인 왕교는 모두 이 사람을 가리킨다. ② 동한(東漢) 하동(河東) 사람이다. 『역세진선체도통감(歷世眞仙體道通鑑)』 권20의 기록에는, 명제(明帝) 때 상서랑(尙書郎)이었다가 섭현(葉縣)의 현령으로 나갔다고 한다. 전해지는 말에 의하면, 매월 삭망일에 수도로 와서 황제에게 조회했는데 말이나 수레를 볼 수 없었다고 한다. 매 조회일마다 섭문(葉門) 아래 북이 누가 치지도 않았는데 저절로 울렸으며, 이 소리가 수도에서도 들렸다고 한다. 죽고 나서 성 동쪽에 장사지냈으며, 백성들이 섭군사(葉君祠)를 세웠다고 한다. ③ 촉중(蜀中)의 선인(仙人)으로, 건위(犍爲) 무양(武陽) 사람이다. 그 지역에 북평산(北平山)이 있는데, 전설에는 산 위에 "육지(肉芝)"라고 불리는 흰 두꺼비가 있어, 이를 먹은 사람은 불로장생할 수 있다고 한다. 왕교는 도를 좋아하여, 아침저녁으로 산을 바라보며 10여 년을 넘게 참배하여 결국 육지를 먹게 되었다. 후에 동관산(東罐山)에서 득도했다.

안기생(安期生)

• • •

도교의 선인. 낭야(琅邪)지금의 산동(山東) 교남시(膠南市) 낭야대(琅邪臺) 서북쪽 사람이라고 전해진다. 일년 내내 동쪽 해변에서 약을 팔았는데, 사람들은 "천세옹(千歲翁)"이라고 불렀다. 진시황(秦始皇)이 동쪽을 순행할 때 그를 접견하고 수많은 금과 벽옥을 하사했다. 이에 진시황에게 "천년 뒤에 봉래산 밑에서 나를 찾으라[後千歲求我於蓬萊山下]"는 글을 남겼다. 후에 진시황이 서복(徐福)과 노생(盧生) 등 수백 명을 바다로 보내 찾게 했으나, 풍랑을 만나 돌아왔다.『소요허경(逍遙墟經)』 권1에 보인다.

하상공(河上公)

． ． ．

도교의 신선. 한(漢) 초의 사람으로, 황로(黃老)와 도술을 닦았으
며, 강변에 띠풀로 암자를 짓고 『노자(老子)』를 가르쳤다고 전해진다.
한나라 문제(文帝)가 『노자』를 좋아하여, 사람을 시켜 그에게 질문했
다. 하상공은 "도는 존중하고 덕은 귀하게 여겨야 하니 멀리서 물을
수 있는 것이 아니다[道尊德貴, 非可遙問也]"라고 답했다. 문제는 직
접 암자 앞에 와서 꾸짖어 물었다. 하상공은 땅위로 몇 장이나 몸을
솟구쳤고, 문제는 그가 선인(仙人)임을 알고 머리를 숙이고 사죄했
다. 이에 하상공은 평소 쓰던 도덕경장구(道德經章句)를 주면서, "내
가 이 경을 주석한 지 1,700여 년 이래로, 모두 세 사람에게 전해주
었는데, 이어서 그대가 네 번째이다[余注此經一千七百餘年以來, 凡
傳三人, 連子四矣]"라고 말했다. 말을 끝내고 그는 사라졌다. 이 일
은 『신선전(神仙傳)』 권3에 보인다. 후세에 전해지는 『노자하상공장
구(老子河上公章句)』 두 권은 사실 동한(東漢)의 도가(道家)의 유파가
지은 것이다.

동방삭(東方朔, BC 154~BC 93)

． ． ．

도교의 선인(仙人). 서한(西漢)의 염차(厭次)지금의 산동성(山東省) 능현(陵
縣) 동북쪽 사람이다. 『동명기(洞冥記)』의 기록에 의하면, 어릴 때 이름
은 만천(曼倩)이고, 3세에 천하의 비서(秘書)를 한 번 보고 암송했다
고 한다. 태백성(太白星)의 정기를 타고 났다고 전해진다. 한(漢) 무
제(武帝) 때 태중대부(太中大夫)를 역임했으며, 해학적이고 익살스러

운 성격이었다. 무제는 만년에 신선술을 좋아했는데, 동방삭은 박학다식하여 항상 신선과 신령, 요괴 및 세상 밖의 기이한 일 등을 무제에게 말해주었다. 그는 사부(辭賦)에 능했는데, 『답객난(答客難)』이 비교적 유명하다. 『한무제내전(漢武帝內傳)』에서는 동방삭이 훗날 용을 타고 날아가 그 종적을 알 수 없었다고 한다. 『한서(漢書)』「예문지(藝文志)」'잡가(雜家)'에서는 『동방삭(東方朔)』 20편이 있었다고 하나 지금은 실전됐다.

음장생(陰長生)

• • •

도교의 신선. 전해지는 말에 의하면, 신야(新野) 사람이고 동한(東漢) 화제(和帝) 음황후(陰皇后)의 고조부라고 한다. 일찍이 마명생(馬鳴生)에게서 신선의 도술을 배웠는데, 10년 동안 종노릇을 하였다. 그동안 다른 제자 12명은 모두 그만두고 돌아갔는데, 음장생만 예를 지키며 더욱 공손히 모셨다. 후에 마명생을 따라 청성산(靑城山)에 들어가, 『태청신단경(太淸神丹經)』을 받았다. 이어 무당산(武當山)에 들어가 석실(石室)에서 단을 조합하여 수많은 황금을 만들어 빈곤한 사람들에게 베풀었다. 후에 천하를 돌아다니다 평도산(平都山)에서 백일승천하여 신선이 됐다. 인간 세상에서 170년을 살았다고 전해지며, 저서로 『단경(丹經)』 9편이 있는데, 『선원편주(仙苑編珠)』 하권에 보인다.

팔선(八仙)

• • •

도교 선인(仙人)의 명칭. 종리권(鍾離權), 이철괴(李鐵拐), 장과로(張果老), 조국구(曹國舅), 여동빈(呂洞賓), 한상자(韓湘子), 남채화(藍采和), 하선고(何仙姑)의 여덟 신선이라고 전해진다. "팔선"의 고사는 일찌감치 세상에 퍼졌으나 그 이야기들은 일치하지 않다가 명대(明代)에 이르러서야 점차로 정형화됐다. 한대(漢代)에 회남왕(淮南王) 유안(劉安)에게 "팔공(八公)"이 있었는데, 이들은『회남자(淮南子)』를 쓴 저자들로서 후인들이 "회남팔선(淮南八仙)"이라 칭한다. 진대(晉代)에 "촉중팔선(蜀中八仙)"이라고 전해진 이들은 바로 용성공(容成公), 장도릉(張道陵), 엄군평(嚴君平), 이팔백(李八百), 범장생(範長生) 등이다. 당대(唐代)에 널리 알려진 "음중팔선(飮中八仙)"은 이백(李白), 하지장(賀知章), 장욱(張旭), 이적지(李適之) 등 음주에 몰두한 8명의 시인을 가리킨다. 도교에서 말하는 "팔선"은 대체로 원대(元代)에 생겨났으나, 이들 선인은 일련의 과정을 거쳐 구성되었다. 원대 잡극(雜劇)『여동빈삼취악양루(呂洞賓三醉岳陽樓)』속의 "팔선"은 모두 남성 신선으로, 하선고는 빠지고 다른 선옹이 들어 있다. 명대의『삼보태감서양기(三保太監西洋記)』에는 장과로와 하선고가 없고, 별도로 풍승수(風僧壽)와 현호자(玄壺子)가 들어가 있다.『열선전(列仙傳)』에는 장과로가 없고 별도로 유해섬(劉海蟾)이 들어가 있다. 명대에 이르러 오원태(吳元泰)가 지은『팔선출처동유기(八仙出處東遊記)』가 널리 입에서 입으로 전해져서 누구나 다 아는 "팔선"의 이름이 비로소 확정됐다. 명대의 청화자기병에 그려진 서왕모(西王母)를 중심으로 하는 팔선축수도(八仙祝壽圖)의 팔선이 바로 이들이다. "팔선" 중의 어떤 이는 전설 속의 선인이고, 어떤 이는 확실하게 역사상에 있던 인물이다. 명(明)·청(淸) 이래로 민간에서 "팔선"에 관한 각종 전설이 광범위하게 퍼졌는데, 그 중 "팔선과해(八仙過海)"와 "팔선경수(八仙慶壽)" 등이 가장 유명하다.

한종리(漢鍾離)
• • •

"종리권(鍾離權)"이라고도 한다. 도교 "팔선(八仙)"의 하나. 자는 운방(雲房)이고, 호는 정양자(正陽子)이다. 경조(京兆) 함양(咸陽)현재의 섬서(陝西)에 속한다 사람이다. 그의 일생에 관해서는 많은 전설이 있는데, 일설에는 한대(漢代)의 장수라고 하고, 다른 일설에는 진(晉)나라 주처(周處)의 부하장수라고도 한다. 『송사(宋史)』와 『이견지(夷堅志)』에 "종리자(鍾離子)" 혹은 "종리선생(鍾離先生)"이라는 기록이 있고, 진단(陳摶)이 그의 벗이었다고 한다. 진단은 오대(五代)의 진(晉)·한(漢) 시기의 도사이다. 명(明)·청(淸) 시기 도교서에 의하면, 한종리는 일찍이 종남산(終南山)에서 동화진인(東華眞人) 왕현보(王玄甫)를 만나 장생의 진결(眞訣)과 금단화후(金丹火候) 및 청룡검법(靑龍劍法)을 전수받았다. 후에 또 화양진인(華陽眞人)을 만나 태을도규(太乙刀圭)와 화부금단(火符金丹)을 배워 현현지도(玄玄之道)를 확실히 깨우쳤다. 마지막에는 공동산(崆峒山) 자금사호봉(紫金四皓峰)에서 옥갑비결(玉匣秘訣)을 얻어 진선(眞仙)이 됐다. 원대(元代) 마치원(馬致遠)의 『여동빈삼취악양루(呂洞賓三醉岳陽樓)』에서 팔선(八仙)에 대해 서술하면서 "한종리가 손에 군선록을 들고서 나타났다[漢鍾離現掌著群仙錄]"고 한다. 한종리는 당대(唐代)에 여동빈(呂洞賓)을

724

깨우치게 했다고 전해진다. 스스로 "천하도산한종리권(天下都散漢鍾離權)"이라고 칭했는데, "천하에서 제일 한가한 사나이[天下第一閑散漢子]"란 뜻이다. 후인들이 "한(漢)"자를 붙여서 잘못 읽어서 "한종리"라고 부르게 됐다. 그의 형상은 묶은 머리로 쪽을 졌고, 용의 눈동자에 곱슬곱슬한 수염이 났으며, 배를 드러내놓고 태연자약했다고 한다. 전진도(全眞道)에서는 "정양조사(正陽祖師)"로 받들며, 『금련정종기(金蓮正宗記)』에서 북오조(北五祖)의 두 번째 조사에 들어 있다.

종리권(鍾離權)

"한종리(漢鍾離)"를 말한다.

정양자(正陽子)

"한종리(漢鍾離)"를 말한다.

정양조사(正陽祖師)

"한종리(漢鍾離)"를 말한다.

여동빈(呂洞賓)

도교 "팔선(八仙)"의 하나. 전해지기로는 당대(唐代) 사람으로 성은 여(呂)이고 이름은 암(嵒)또는 암(嵓)이며 자는 동빈(洞賓)이다. 원래는 당(唐) 왕조의 종실로 이(李)씨인데, 무측천(武則天)이 당 왕실의 자손을 모두 죽였기 때문에 화를 피해 여씨로 고쳤다. 항상 바위 밑에 살았기에 이름을 암이라 했다. 또 동굴에 거주했기에 자를 동빈이라 했다. 전해지는 말에 따르면 당의 예부시랑(禮部侍郎) 여위(呂渭)의 손자로, 벼슬길에 어려움이 많다는 것을 깨닫고 전향하여 도를 배웠다고도 한다. 『송사(宋史)』 「진단전(陳摶傳)」의 기록에는 여동빈이 "관서 지방의 은둔자로서 검술에 능했으며 나이는 100여 세이다. 걸음이 재빨라서 순식간에 수백 리를 가며 진단의 집에 여러 번 왔었다[關西逸人, 有劍術, 年百餘歲. 步履輕捷, 頃刻數百里, 數來摶齋中]"라고 하며, 도가 높은 자라고 한다. 『전당시(全唐詩)』에는 그가 지은 시가 200수 넘게 실려 있다. 이에 따르면 여동빈은 역사상 실존했던 인물이며, 후세의 도교와 민간에서 그를 여러 신선이야기와 엮음으로서 "검선(劍仙)", "주선(酒仙)", "시선(詩仙)"으로 세상에서 명성을 얻게 된 것이다. 그가 득도하여 신선이 되기 전에, 속세를 유랑하다가 장안(長安)의 술집에서 한종리(漢鍾離)를 만나 "황량일몽(黃粱一夢)"을 꾸고 나서 깊이 깨닫고 제도(濟度)를 원했다. 그 후 생사(生死)와 재색(財色)에 관한 열 가지 시험에서 마음에 아무런 동요가 없게 된 후에 비로소 금액대단(金液大丹)과 영보필법(靈寶畢法)을 전수받았다. 후에 또 화룡진군(火龍眞君)을 만나 일월교배(日月交拜)의 법을 전수받았다. 또 화룡진인에게 천둔검법(天遁劍法)도 전수받았는데, 스스로 "첫 번째는 탐진을 베고, 두 번째는 애욕을 베고, 세 번째는 번뇌를 벤다[一斷貪嗔, 二斷愛欲, 三斷煩惱]"고 하였다. 아울러 천하의 중생을 모두 제도할 것을 맹세하고 장차 신선이 되어 하늘에 오르기를 바랬다. 민간에는 여동빈이 악양루(岳陽樓)에서 세 번 술에 취했다는 고사, 철괴리(鐵拐李)를 제도했다는 고사와 비검(飛劍)으로 황룡을 베었다는 고사 등이 전해진다. 여동빈의 신선 형상은 세간에 광범위하게 전해져 부녀자와 어린이조차도 모두 알고 있다. 송대(宋代)에 "묘통진인(妙通眞人)"에 봉해졌다. 원대(元代)에는 "순양연정경화부우제군(純陽演政警化孚佑帝君)"에 봉해졌다. 후세에 "여순양(呂純陽)"이라고도 칭해진다. 왕중양(王重陽)이 전진도(全眞道)를 세운 뒤에 "북오조(北五祖)"의 하나로 봉해졌기 때문에, 도교에서는 "여조(呂祖)"라고 존칭하기도 한다. 여조의 탄신일은 음력 4월 14일로 전해지며, 이날 도교에서는 많은 재초 의식을 거행한다.

부우제군(孚佑帝君)

• • •

"여동빈(呂洞賓)"을 말한다.

여조(呂祖)

• • •

"여동빈(呂洞賓)"을 말한다.

순양진인(純陽眞人)

• • •

"여동빈(呂洞賓)"을 말한다.

장과로(張果老)

· · ·

도교 "팔선(八仙)"의 하나. 역사서의 기록에 의하면, 장과(張果)는 역사상 실존했던 인물이다. 본래 당대(唐代)의 도사로 술법이 뛰어났으며, 평소 항주(恒州) 중조산(中條山)에 은거하면서 분수(汾水) 유역을 오갔는데, 세상 사람들에게는 그가 수백 년 살았다고 전해지기에 장과로라고 존칭했다. 당(唐) 태종(太宗)과 고종(高宗)이 그의 명성을 듣고 사자를 보내 수도에 들어오기를 청했으나 모두 가지 않았다. 무측천(武則天) 때 어쩔 수 없이 조칙을 받들어 산을 나섰으나 절반쯤 갔을 때 죽은 체하여 역시 성사되지 않았다. 현종(玄宗)이 사자를 보내 억지로 청하자 궁에 들어갔다. 황제는 장과로의 늙은 얼굴을 보고 도인이 어찌 이렇게 늙었냐고 물었다. 장과는 큰소리치며 말하길, 자신은 요(堯)임금 병자년 때 사람으로 시중(侍中)의 직책을 맡고 있었다고 했다. 황제는 철석같이 믿고, 오래지 않아 "은청광록대부(銀靑光祿大夫)"로 임명하고 "통현선생(通玄先生)"이란 호를 내려주었다. 황제는 옥진공주(玉眞公主)를 시집보낼 생각이었으나, 장과는 "공주를 아내로 맞이하는 것은 평지에 살다가 관아에 들어가 사는 것이니, 다른 사람은 기뻐하겠지만 저에게는 두려운 일입니다[娶婦得公主, 平地升公府, 人以可喜, 我以可畏]"라면서 고집스럽게 명을 받들지 않았고, 간곡히 사양하고 산으로 돌아갔다. 항산(恒山) 포오현(蒲吾縣)에 도착하고 나서 얼마 지나지 않아 사망했다. 제자들은 그가 "시해하여 신선이 되었다[尸解成仙]"고 말했는데, 현종은 명을 내려 그곳에 서하관(棲霞觀)을 세우고 제사를 모시도록 했다. 민간 전설에서 그는 항상 등에 도정통(道情筒)을 메고 흰 나귀를 거꾸로 타고 있으며, 사방을 돌아다니면서 도정(道情)을 선창(宣唱)하여 사람들을 교화시킨다고 한다. 타고 있는 흰 나귀는 하루에 만리를 가는데, 밤에는 종이처럼 포개서 상자 안에 넣어 뒀다가 낮에 꺼내서 물을 뿜으면 다시 나귀로 돌아온다고 한다. 후세 사람이 다음과 같은 시를 지었다. "세상에 많은 사람이 있지만 이 늙은이 같은 사람 없네. 나귀를 거꾸로 탄 게 아니라 모든 일을 되돌아보는 것이네.[擧世多少人, 無如這老漢. 不是倒騎驢, 萬事回頭看.]"

장과(張果)

• • •

"장과로(張果老)"를 말한다.

철괴리(鐵拐李)

• • •

"이철괴(李鐵拐)"라고도 한다. 도교 "팔선(八仙)"의 하나. 본래 성은 이(李)이고 이름은 응양(凝陽)_{일설에는 이름이 공목(孔目) 또는 홍수(洪水)라고 한다}이라고 전해진다. 『집설전진(集說詮眞)』의 인용에 따르면, 그는 서왕모(西王母)의 가르침을 받아 동화교주(東華教主)에 봉해졌고, 수도에 가서 한종리(漢鍾離)를 제도하였으며, 자부소명군(紫府少明君)에 가봉(加封)되었다고 한다. 후세에는 대부분 다음과 같이 전해진다. 철괴리는 득도한 은사로서 본래 용모는 크고 훤칠했다고 한다. 그는 노군(老君)의 화산(華山)의 신선 모임에 가기 위해 그 몸을 탕산(碭山)의 동굴 속에 남겨두고 제자에게 7일 동안 잘 지키라고 부탁하고서는 원신(元神)만 몸 밖으로 나와 떠났다. 그 제자가 지키길 6일째

되턴 날, 갑자기 집안의 노모가 위독하다는 소식을 들었다. 어쩔 수 없이 다음날 스승의 시체를 화장하고 집으로 돌아가 어머니를 보살폈다. 이응양이 돌아와 보니 의지할 몸이 없었다. 이에 길가에 굶어 죽은 시체의 몸을 빌려 들어갔는데, 검은 얼굴에 절름발이로 매우 추악한 용모였다. 노군이 그에게 금으로 된 머리테를 주어 헝클어진 머리를 묶게 하고, 쇠지팡이를 주어 저는 발을 보조하게 했다. 늘 약이 든 호리병을 등에 메고서 강호를 떠돌아다니면서 병든 사람을 치료하고 구제했기 때문에, 민간에서는 그를 "철괴 이선생[鐵拐李先生]"이라고 불렀다. 공행(功行)이 원만해진 뒤에 옥황대제(玉皇大帝)에 의해 상선(上仙)에 봉해졌고, 늘 노군을 따라다니며 노닌다고 한다. 원대(元代)의 잡극『여동빈도철괴리악(呂洞賓度鐵拐李岳)』에 그의 고사가 자세히 나온다.

이철괴(李鐵拐)

• • •

"철괴리(鐵拐李)"를 말한다.

조국구(曹國舅)

• • •

도교 "팔선(八仙)"의 하나. 전해지기로는, 송(宋) 인종(仁宗) 조황후(曹皇后)의 첫째 동생으로 이름은 경휴(景休)라고 한다. 타고난 자질이 순수하고 선하며, 부귀를 싫어하고 청허함을 높이 받들었다. 후에 그의 동생 경식(景植)이 불법으로 사람을 해쳤는데, 국구는 이를 매우 수치스럽게 여겼다. 마침내 깊은 산으로 도피해서 전심을 다해 도를 닦았다. 한종리(漢鍾離)와 여순양(呂純陽)을 만나 교화되어 깨우치고 환진(還眞)의 비술을 전수받았으며 신선의 반열에 들어갔다. 또 다른 이야기로는, 그가 출가할 때 황제가 금패 하나를 하사했는데, 후에 황하(黃河)를 건너려다 배삯이 없어 금패를 저당 잡혔다고 한다. 우연히 여순양을 만나 함께 유람했고, 이름을 "팔선"에 올렸다. 그 형상은 늘 머리에 사모(紗帽)를 쓰고 몸에는 홍포(紅袍)를 입고 있으며, 다른 선인(仙人) 은사들과는 차림새가 현저하게 다르다. 『속문헌통고(續文獻通考)』 권243에 다음과 같이 조국구가 여순양과 한종리를 만난 기록이 있다. "여순양이 물었다. '수양을 한다고 들었는데, 무엇을 수양하는가?' 대답했다. '도를 수양합니다.' 다시 물었다. '도가 어디 있는가?' 국구는 하늘을 가리켰다. 다시 물었다. '하늘은 어디 있는가?' 국구는 심장을 가리켰다. 종리권이 웃으며 말했다. '마음이 곧 하늘이고 하늘이 곧 도이니, 이미 본래 면목을 아는구나.'[純陽問曰, 聞子修養, 所養何物? 對曰, 養道. 曰, 道安在? 舅指天. 曰, 天安在? 舅指心. 鍾離笑曰, 心卽天, 天卽道, 卻識本來面目矣.]"

한상자(韓湘子)

• • •

　도교 "팔선(八仙)"의 하나. 전해지기로는, 당대(唐代) 문학가 한유(韓愈)의 질손(姪孫)으로 원래 이름은 한상(韓湘)이며, 일찍이 장경(長慶) 3년(823)에 진사 시험에 붙었고, 벼슬은 대리승(大理丞)에 이르렀다고 한다. 한유가 「좌천지남관시질손상(左遷至藍關示姪孫湘)」이란 시를 지어 주었다. 하지만 여기서의 한상(韓湘)은 관료사회 인물로서 전혀 기인(奇人)도 아니고 선술(仙術)도 없다. 한유에게는 다른 족질(族姪)이 있었는데, 그는 도를 좋아하고 신선술을 배워 "준순주(逡巡酒)"와 "경각화(傾刻花)"를 만들 수 있었다고 한다. 한유가 『서주증족질(徐州贈族姪)』이란 시를 지어 칭찬하기를 "스스로 기이한 술수가 있다고 말하고, 오묘함을 탐구하여 하늘의 조화를 알았다고 하네[自云有奇術, 探妙知天工]"라고 했다. 후인들이 이 두 사람을 뒤섞어 "한상자(韓湘子)"라고 칭했고, 도문의 선인(仙人)이 되었다. 명대(明代)의 양이증(楊爾曾)이 쓴 『한상자전전(韓湘子全傳)』에서 한상자가 종리권(鍾離權)과 여동빈(呂洞賓)의 가르침을 받고 수도하여 신선이 되었다는 전설을 서술하고 있다. 민간에서 『남관보권(藍關寶卷)』등이 널리 전해지고 있으며, 또 여러 종의 창본(唱本)이 있다.

남채화(藍采和)

• • •

도교 "팔선(八仙)"의 하나. 남당(南唐) 심분(沈汾)의 『속선전(續仙傳)』의 기록에 의하면, 원래 구걸하며 다니던 도사로서, 늘 누더기적삼을 입고 한쪽 발에만 신발을 신고 대박판(大拍板)을 가지고 다녔는데, 저잣거리에서 술에 취해 발을 구르며 다음과 같은 노래들을 불렀다고 한다. "발을 구르며 남채화를 노래하네. 세상을 얼마나 살겠는가? 홍안의 젊은 얼굴은 한철 봄나무요, 흐르는 세월은 베틀에 북 지나가는 것과 같네. 옛 사람들 끊이지 않고 떠나서 돌아오지 않는데, 지금 사람들 분분하게 더 많이 오는구나.[踏歌藍采和. 世界能幾何? 紅顏一春樹, 流年一擲梭, 古人混混去不返, 今人紛紛來更多.]" 그 노래들은 대부분 대충 지은 것처럼 보이지만, 속세를 벗어난 신선의 뜻을 담고 있어 사람들이 헤아릴 수 없었다. 그에게 돈을 주면 노끈으로 꿰어 땅에 끌고 가는데, 혹 떨어져 나가도 돌아보지 않았고, 가난한 사람에게 주거나 술집에 주었다. 전설에 의하면, 이후에 그는 호량(濠梁) 지역을 주유했는데, 한 주루(酒樓)에 올라 취해 있더니 구름 위에 가뿐이 올라가 신선이 되어 천천히 떠나갔다고 한다. 원유산(元遺山)이 그의 모습을 시로 읊었는데, 그 내용은 다음과 같다. "장판 치며 크게 노래 부르나 본시 미친 것은 아닌데, 아이들은 돈 백전에 절로 바빠지네. 어느 땐가 남채화를 만나면, 함께 봄바람을 맞고 한바탕 춤추리.[長板高歌本不狂, 兒曹自爲百錢忙. 幾時逢着藍衫老, 同向春風舞一場.]"

하선고(何仙姑)

• • •

도교 "팔선(八仙)"의 하나. 팔선 중 유일한 여선이다. 고대에 일컬어지던 "선고(仙姑)"란, 대부분 도고(道姑) 혹은 민간의 선랑(仙娘)을 말한다. 당(唐)·송(宋) 이래로 수필과 지승(志乘) 속에 기록된 "하선고"는 여러 명이다. 복건(福建), 양광(兩廣), 절강(浙江), 안휘(安徽) 등지에 모두 그녀에 관한 각종 전설이 있는데, 그 중 광주(廣州) 증성(增城)의 하선고가 가장 널리 전해 내려온다. 전하는 바에 의하면, 원래 이름은 하수고(何秀姑)이며, 하태(何泰)의 딸이라고 한다. 15세 때 신인을 만나 그의 가르침대로 운모(雲母) 가루를 먹었는데, 마침내 몸이 나는 듯이 가벼워져 산꼭대기를 왕래하며 산열매를 따먹었으며, 어머니를 극진히 모시며 효도했다고 한다. 훗날 여동빈(呂洞賓)을 만나 복숭아 하나를 받았는데, 먹고 나니 배고프지도 목마르지도 않아서 벽곡을 하게 됐다. 인간사의 길흉을 꿰뚫어보는 것이 상당히 영험했다. 그 지방 사람들이 신령으로 받들고 특별히 누각을 지어 그녀의 거주처로 바쳤다. 무측천(武則天)이 그 명성을 듣고 사자를 보내 불렀는데 오는 도중에 사라져 간 곳을 몰랐다. 현재 광주 증성에는 여전히 하선고의 사당이 있으며, 음력 3월 초7일 하선고 탄신일 때마다 지역 사방에서 사람들이 몰려들어, 가극을 공연하기도 하고 도량을 열기도 하면서 경축 제사를 거행하였는데, 이것이 답습되어 풍속이 되었다. 다른 설에서는 여동빈이 제도한 조선고(趙仙姑)이름이 하(何)이다. 또는 손에 연꽃[荷花]을 들고 있어서 동음자인 하(何)를 성으로 삼았다고도 한다라고 한다.

여산노모(驪山老母)

• • •

"여산노모(黎山老母)" 또는 "여산노(驪山姥)"라고도 한다. 고대의 선녀. 전설에 의하면, 이전(李筌)은 신선의 도를 좋아했는데, 일찍이 숭산(嵩山)의 석벽에서 『황제음부경(黃帝陰符經)』을 얻어 수천 번을 베껴 쓰고 읽었으나 끝내 그 뜻을 깨우치지 못했다. 이에 진(秦) 땅에 들어갔다가 여산 아래에서 한 노모를 만났다. 그 노파는 낡고 해진 옷을 입고 지팡이를 짚고서 혼잣말로 "화는 목에서 나왔으나 화가 발생하면 반드시 극한다[火生於木, 禍發必克]"라고 『음부경』의 한 구절을 읊었다. 이전은 깜짝 놀라 이 구절을 어떻게 아는지 물었다. 노모는 "내가 이 경을 받은 지가 올해로 이미 360년이 됐다네[吾受此經, 已三元六周甲子矣]"라고 말했다. 그리고서 나무 밑에 앉아 이전에게 음부경의 오묘한 뜻을 가르쳐 주었다. 이전은 노모가 차려준 보리밥을 먹고 돌아왔는데, 이후로 벽곡하고 수도하여 선인(仙人)이 되었다

고 한다. 『도장(道藏)』에 실려 있는 『황제음부경이전주소(黃帝陰符經
李筌注疏)』가 바로 여산노모가 전수해준 것이라고 전해진다.

여산노모(黎山老母)

• • •

"여산노모(驪山老母)"를 말한다.

황대선(黃大仙)

• • •

도교 신선. 전해지기로는, 진(晉)나라 도사 황초평(黃初平)으로 절
강(浙江) 금화(金華) 사람이라고 한다. 일찍이 양을 치다가 도사를 만
났는데, 그를 따라 금화산(金華山)에 가서 동굴 속에서 수도하여 신
선이 됐다. 술법에 뛰어나서 "돌에게 소리쳐 양으로 만들었다[叱石成
羊]." 그의 형 황초기(黃初起)도 동생을 따라 수도했는데 벽곡하고 송
진과 복령(茯苓)을 먹고 역시 신선이 되었다고 한다. 전설에는 황대
선이 바로 적송자(赤松子)라고 한다. 금화북산(金華北山)에는 진대
(晉代)에 세워진 적송관(赤松觀)이 있는데, 웅장한 규모로 "강남 도관
중에서 으뜸간다[爲江南道觀之冠]." 옛날에는 동남 지역에 널리 퍼진
신앙이었는데, 화교가 외국으로 진출함에 따라 황대선 신앙도 점차
해외로 퍼져 나갔다. 현재 홍콩의 황대선관(黃大仙觀)이 특히 유명하
여, 1년 내내 많은 사람들이 향을 올리고 참배한다.

마고(麻姑)

• • •

중국 고대의 여선인(女仙人). 그녀에 관한 전설은 상당히 많다. 갈홍(葛洪) 『신선전(神仙傳)』에 의하면, 그녀는 선인 왕방평(王方平)의 누이로서 18~19세 정도로 보이는 외모에 색실로 수를 놓은 옷을 입고 있는데 눈부시게 빛났다고 한다. 오랜 기간 고여산(姑余山)즉 곤유산(昆崙山)에서 수도했고, 동한(東漢) 시기에 채경(蔡經)의 집에 내려왔었는데, "동해가 세 번 변해서 뽕나무밭이 되는 것을 봤다[已見東海三次變爲桑田]"고 말했다고 한다. 다른 설에서는, 성은 여(黎)이고 자는 경선(瓊仙)이며, 당대(唐代)에 쫓겨난 궁인(宮人)이라고 한다. "마고산단하완릉동천(麻姑山丹霞宛陵洞天)"도교 36동천의 하나. 지금의 강서(江西) 남성현(南城縣) 서쪽이라고 전해진다에서 수도하여 신선이 됐다. 당의 서예가 안진경(顏眞卿)은 마고를 위해 『마고선단기(麻姑仙壇記)』를 지었는데, 지금도 아직 남아 있다. 사천(四川) 풍도(酆都)의 "귀성(鬼城)"에 "마고동(麻姑洞)"과 "선고암(仙姑岩)"이 있는데, 전설에는 마고가 수련하던 곳이라고 한다. 민간에서는 음력 3월 3일 왕모낭랑(王母娘娘)의 생신에 마고가 주하(珠河) 강가에 내려와 영지로 담근 술로 축수(祝壽)했다는 고사가 전해져 온다. 옛날에는 흔히 마고를 길상(吉祥)과 장수의 상징으로 여겨 여성의 장수를 기원할 때는 마고상을 많이 주었는데, 이를 "마고헌수(麻姑獻壽)"라고 한다.

갈유(葛由)

. . .

고대 신화 속의 선인(仙人). 전설에 의하면, 서강(西羌) 사람으로 주(周) 성왕(成王) 때 나무로 양을 조각해 파는 것을 생업으로 삼았다고 한다. 일찍이 양을 타고 촉중(蜀中)지금의 사천(四川)에 갔는데, 그곳의 왕과 고관들이 사람을 보내 쫓아가게 하여 아미산(峨眉山) 서남쪽의 수산(綏山)까지 이르렀는데, 쫓아간 자들은 다시 돌아오지 않았다고 한다. 그들은 모두 갈유를 쫓아 산으로 들어가 신선이 됐다고 전해진다. 그래서 민간에는 "수산의 복숭아 하나를 얻으면, 비록 신선은 못 되더라도 호걸은 될 수 있다[若有綏山一桃, 雖不得仙亦豪]"라는 속담이 있다.

팽종(彭宗)

. . .

도교 신선. 팽성(彭城)치소(治所)는 지금의 강소(江蘇) 서주(徐州) 사람이며, 자는 법선(法先)이라고 전해진다. 20세에 두충(杜沖)을 스승으로 모시고 도를 배웠는데, 온갖 어려움을 겪고 나서 금단의 오묘한 도를 전수받았다. 수행할 때 늘 신등(神燈)이 환하게 비쳤고 오색의 상서로운 구름이 감돌았다고 한다. 물에 들어가서 하루 종일 있을 수 있었고, 1년 동안 깨지 않고 잠잘 수 있었다고 한다. 전설에는 그가 150세가 되었을 때 태상노군(太上老君)이 선관(仙官)을 지상으로 보내 맞이하게 하여 천선(天仙)이 되었고, "태청진인(太淸眞人)"에 봉해졌다고 한다. 이 일은『역세진선체도통감(歷世眞仙體道通鑒)』에 보인다.

심희(沈羲)

도교 신선. 오(吳) 땅 사람으로 의술에 정통했으며, 오랜 기간 사방을 돌아다니면서 병자들을 치료했다고 전해진다. 일찍이 촉지(蜀地)지금의 사천(四川)에서 다년간 도를 닦았다. 전해지는 말에 의하면, 그의 선한 마음이 하늘을 감동시켰기 때문에 태상노군(太上老君)이 사자를 보내 그와 그의 부인을 맞이하게 하여 함께 하늘에 올라가 신선이 되었고, "벽락시랑(碧落侍郎)"에 봉해졌다고 한다. 400년 후에 고향으로 돌아와서 그의 10대손 심회희(沈懷喜)를 찾아가 그가 하늘에 올라간 후의 경험을 다음과 같이 이야기해 주었다. 화려한 궁전 안에 동쪽으로 앉아 계신 노군을 뵈었다. 시종들이 매우 많았고 사방의 벽에는 도교 경전이 가득 놓여 있었다. 옥녀가 명을 받고 잔을 들고 와 약을 주었다. 심희 부부는 신단금액(神丹金液)을 한 잔씩 마시고, 선조(仙棗)를 한 알씩 받아먹었다. 또 신부(神符)와 선방(仙方)을 한 장씩 주면서, 다시 인간세계로 내려가 병으로 고통 받는 자들을 구제하고 하늘을 대신해 도를 행하라고 하였다. 전설에는 한대(漢代)의 두태후(竇太後)가 그를 청해 병을 고쳤다고 한다.

자고(紫姑)

"자고(子姑)" 혹은 "갱삼고(坑三姑)"라고도 부른다. 중국 고대 신화 속의 측신(廁神)이다. 남조(南朝) 송(宋)의 유경숙(劉敬叔)이 쓴 『이원(異苑)』 권5에 다음과 같은 내용이 있다. "속세에 자고라는 신이 있다. 예로부터 전해지는 말에 의하면, 본래 어느 집의 첩이었는데 본처의 시기를 받아 늘 더러운 일만 하다가, 정월 15일에 격분하여 죽었다고 한다. 그래서 세상 사람들은 이날 그 형태를 만들어서 밤에 측간이나 돼지우리 옆에 두고 신을 맞이한다. 축문을 읊기를 '자서는 여기 없습니다!'라고 한다. 자서는 남편이름이다. '조고도 돌아갔습니다!' 조고는 본부인을 말한다. '작은 부인께서는 나와 노십시오!' 붙잡고 있는 사람이 무겁게 느끼면 신이 온 것이다.[世有紫姑神, 古來相傳, 云是人家妾, 爲大婦所嫉, 每以穢事相次役, 正月十五日感激而死. 故世人以其日作其形, 夜於廁間或豬欄邊迎之. 祝曰, 子胥不在! 是其婿名也. 曹姑亦歸! 曹即其大婦也. 小姑可出戲! 捉者覺重, 便是神來.]" 당(唐)·송(宋) 시기에 자고의 일이 널리 알려졌는데,『현이록(顯異錄)』의 경우 다음과 같은 내용이 있다. "자고는 내양 사람으로, 성은 하이고 이름은 미이며 자는 여경이다. 수양의 이경이 첩으로 맞이했는데 그 처가 매우 질투하여, 정월 15일 밤에 측간에서 죽였다. 천제가 가엾게 여겨 명하여 측신으로 삼았다.[紫姑, 萊陽人, 姓何, 名媚, 字麗卿, 壽陽李錄納爲妾, 其妻妒之, 於正月十五夜殺於廁中. 天帝憫之, 命爲廁神.]" 또 송나라 소식(蘇軾)의『자고신기(子姑神記)』에 의하면, 그녀는 당(唐) 수공(垂拱) 연간(685~688) 수양(壽陽)지금의 산서(山西)에 속한다 사람으로 먼저 광대에게 시집을 갔는데, 수양자사가 그 남편을 해치고 그녀를 첩으로 들였다고 한다. 심괄(沈括)의『몽계필담(夢溪筆談)』권21에서는 "옛 풍습에 정월 보름날 밤에 측신을 맞이한다[舊俗, 正月望夜迎廁神]"고 한다. 또 명(明)나라 류동(劉侗)·우혁정(于奕正)의『제경경물략(帝京景物略)』권2에서는 "(정월) 보름 전후의 밤에, 부녀자들이 풀을 묶어 인형을 만드는데, 종이에 분을 발라 얼굴을 만들고 머리에 수건을 두르고 치마를 입혀 아가씨라고 부른다. 양쪽에서 여자아이 두 명이 인형을 부축하고서 말똥으로 제사 지내는데, 북을 치면서 마분향가(馬糞薌歌)를 부르고, 세 번 축문을 읊는다. 신이 오면 껑충껑충 뛰는데, 그치지 않고 절하면 길하고 쓰러져 일어서지 않으면 흉하다[望前後夜, 婦女束草人, 紙粉面, 首帕衫裙, 號稱姑娘, 兩童女掖之, 祀以馬糞, 打鼓歌馬糞薌歌, 三祝, 神則躍躍, 拜不已者, 休, 倒不起, 乃咎也]"라고 하는데, 자고를 맞이하는 놀이이다. 『형초세시기(荊楚歲時記)』에는 "정월 보름 저녁에 자고를 맞이하여 그 해의 누에치기와 여러 가지 일들에 대해 점친다[正月十五日, 其夕迎紫姑, 以卜將來蠶桑, 並占衆事]"고 기록되어 있다.

갱삼고(坑三姑)

"자고(紫姑)"를 말한다.

주량(周亮)

도교 신선. 자는 태의(泰宜)이며, 태원(太原) 사람이라고 전해진다. 그의 어머니가 오색 꽃구름이 지붕 위를 둘러싸는 꿈을 꾸고 임신했고, 15개월 뒤에 주량을 낳았다고 한다. 장성한 후에 요탄(姚坦)을 스승으로 모시고 『팔소진경(八素眞經)』과 도술을 배웠는데, 귀신을 부릴 수 있어서 사람들이 헤아릴 수 없이 많은 일을 했다. 선인(仙人) 왕자교(王子喬)가 그 명성을 듣고 불러 만나보고 구광칠명지(九光七明芝)를 주었다. 후에 주량은 변화에 훤히 통달하여, 노인의 형체로 나타났다가 순식간에 소년의 형체로 변할 수 있었다. 전설에 의하면, 주(周) 위렬왕(威烈王) 때 주량이 190세가 넘었을 무렵 천제가 선관을 지상으로 보내 맞이하게 하였고, 주량은 하늘로 올라가 신선이 되었다고 한다. 후에 "진롱궁진인(秦隴宮眞人)"에 봉해졌다. "팔소진인(八素眞人)"이라고도 부른다. 『역세진선체도통감(歷世眞仙體道通鑒)』권9에 그의 전(傳)이 있다.

주전선(周顚仙)

● ● ●

도교 신선. 성명은 분명치 않으며, 건창(建昌) 사람으로 어른이 된 후 남창(南昌)에서 구걸했다고 하며, 말이 진득하지 못하여 사람들이 "주전(周顚)"이라 불렀다. 원말(元末)에 자주 지방관을 찾아가 "태평을 고합니다[告太平]"라고 말했다. 주원장(朱元璋)이 남창을 함락시킬 때, 길가에서 알현하고 따라가면서 금릉(金陵)_{현재 강소(江蘇) 남경(南京)}에 이르기까지 늘 "태평을 고합니다"라고 말했다. 태조가 그를 싫어하여 큰 항아리에 집어넣고 불을 때도록 명했다. 장작이 다 타고 열어보니, 주전은 단정하게 앉아 있었고 정수리에 땀이 조금 났을 뿐이었다. 태조가 진우량(陳友諒)_{일설에는 장사성(張士誠)이라고 한다}을 공격하려고 했는데, 그 여부를 주전에게 물었다. 주전이 고개를 들어 하늘을 쳐다보다가 "하늘에는 그의 자리가 없습니다[天上無他座]"라고 답하였다. 주원장은 출병하였고, 과연 크게 승리했다. 훗날 여산(廬山)에 은거했는데, 그의 소재를 알 수 없었다. 홍무(洪武) 연간에 사자를 보내 불러들이려 하였으나 만날 수 없었다. 태조가 그를 위해 『주전선비기(周顚仙碑記)』을 지었다. 『명사(明史)』「방기(方技)」에 「주전전(周顚傳)」이 실려 있다.

창용(昌容)

• • •

　고대 신화 속의 여선(女仙). 자칭 상(商)나라 왕녀로 호는 창용자(昌容子)이다. 항산(恒山)에서 수도했고 나이는 200여 살이었지만 얼굴은 20대와 같았다고 한다. 평소 산속에서 자초(紫草)를 채취하여 염색집에 팔았고, 돈이 생기면 고아와 과부들에게 보내줬다. 후세에 제사를 모시는 사람이 매우 많았다. 『여선전(女仙傳)』에서는 그녀가 "평소 햇빛 아래 걸어 다녀도 그 그림자를 볼 수 없었고[常行日中, 不見其影]" 또 연형(煉形)할 수 있었으며, 얼마 안 되어 홀연히 하늘로 올라갔다고 한다.

송윤(宋倫)

• • •

　도교 신선. 자는 현덕(玄德)이고 낙양(洛陽) 사람이라고 전해진다. 마음을 다하여 수도하면서 황정(黃精)한약 명칭을 20여 년간 복용하여 정신이 매우 왕성했다. 주(周)나라 여왕(厲王) 때 태상노군(太上老君)의 통진경(通眞經)을 전수받아 대도(大道)를 깨달았다. 도술이 매우 높고, 사람들의 길흉을 예측할 수 있었으며, 하늘 위로 날아다니며 신선과 함께 노닐었다. 병든 사람들과 함께 잠자는 것을 즐겼는데, 병자들이 깨어난 후에 자연적으로 치유가 되었다. 주나라 선왕(宣王) 때 90여 세로 승천하여 신선이 되었다. "태청진인(太淸眞人)"에 봉해졌다.

정령위(丁令威)

. . .

고대 신화 속의 신선. 요동(遼東) 사람이며 영허산(靈虛山)에서 도를 배웠다고 전해진다. 신선이 된 후에는 백학이 되어 고향으로 돌아와, 화표(華表) 위에 서서 다음과 같이 노래했다. "새야 새야 정령위야, 집 떠나 천년 만에 돌아왔네. 성곽은 예와 같은데 사람들은 바뀌었구나. 어찌 신선 공부를 배우지 않아 무덤만 쌓이고 쌓였는가?[有鳥有鳥丁令威, 去家千歲今來歸. 城郭如故人民非, 何不學仙塚纍纍.]"

송무기(宋毋忌)

. . .

"송무기(宋无忌)"라고도 한다. 도교 신선. 『사기(史記)』「봉선서(封禪書)」에서 "송무기, 정백교, 충상, 선문고, 최후는 모두 연나라 사람이다. 방선도를 행하여 형체를 바꾸고 변화하였으며, 귀신의 일에 의지하였다[宋毋忌, 正伯僑, 充尚, 羨門高, 最後, 皆燕人. 為方仙道, 形解銷化, 依於鬼神之事]"라고 하였다. 『집해(集解)』에서는 "위소가 말하길, 모두 옛 사람들의 이름으로 신선을 본받은 자들이다[韋昭曰, 皆慕古人名, 效神仙者]"라고 하였다. 전해지기로 "달 속의 선인[月中仙人]"이라고 하며, 또 "불의 정괴[火之精怪]"라고도 한다. 『박물지(博物誌)』에서는 "불의 정괴는 송무기이다[火之怪為宋毋忌]"라고 하였다.

송무기(宋无忌)

· · ·

송무기(宋毋忌)를 말한다.

정백교(正伯僑)

· · ·

도교 신선. 송무기(宋毋忌)를 참고하라.

충상(充尚)

· · ·

도교 신선. 송무기(宋毋忌)를 참고하라.

선문고(羨門高)

· · ·

도교 신선. 송무기(宋毋忌)를 참고하라.

최부군(崔府君)

· · ·

고대의 신인(神人). 『열선전전(列仙全傳)』에 따르면, 성은 최(崔)이고 이름은 각(珏)이며, 또 자옥(子玉)이라 부르기도 한다. 전하는 바에 의하면, 그의 어머니가 꿈에 아름다운 옥을 삼키고 잉태하여 낳았다고 한다. 어려서부터 총명하여 눈으로 본 것은 다 암송했다. 당(唐) 정관(貞觀) 연간(627~649)에 진사에 합격하여 노주(潞州)치소(治所)는 지금의 산서(山西) 장치(長治) 장자현(長子縣)의 현령(縣令)이 되었다. 낮에는 세상일을 살펴 사람들의 형사 사건을 처리하고, 밤에는 저승의 귀신 사건을 심사하여 판결했다고 한다. 사건을 귀신같이 알아맞히고 그 판결이 정확하여, 사람과 귀신이 모두 공경하며 복종하였기에 최부군이라 이름 하였다. 전하는 바에 따르면 영부(靈符)로 사람을 잡아먹은 호랑이를 불러들였는데, 그 안건을 판결한 후에 호랑이가 계단을 들이받아 자살했다고 한다. 부양현(滏陽縣) 현령 재임 중에 신단(神壇)에 제사를 올려 큰 뱀을 죽이고 홍수를 억제하였다. 이후 옥제(玉帝)에 의해 "자주도토지(磁州都土地)"가 되자 백자명(百字銘)을 써서 두 아들에게 남기고 편히 잠자리에 듦으로써 세상을 떠났는데, 향년 64세 나이였다. 안사(安史)의 난 때, 영험을 드러내어 당(唐)나라 명황(明皇)을 도왔기 때문에 그를 위한 사당이 세워지고 "영성호국후(靈聖護國侯)"에 봉해졌다. 송(宋)나라 고종(高宗) 때, 또 신통력으로 사당의 백마를 이용하여 고종을 위험으로부터 구했다고 전해진다. 송대에 전후로 "호국서제왕(護國西齊王)"과 "호국현응공(護國顯應公)"에 봉해졌다.

호공(壺公)

• • •

도교 신선. 성과 이름은 알려져 있지 않으며, 동한(東漢) 때의 사람이라고 전해진다. 1년 내내 시장에서 약을 팔았는데, 들보에 빈병을 걸어놓고 해가 지면 돌아와 바로 몸을 날려 병 속으로 들어가 그 모습을 볼 수가 없었기에 "호공(壺公)"이라고 불렀다고 한다. 도술이 뛰어나 신부(神符)를 써서 귀신을 쫓아내고 병을 치료하여, 후대에 전해지는 귀신을 부르는 옥부부(玉府符)와 소군부(召軍符)를 모두 "호공부(壺公符)"라 부른다. 비장방(費長房)이 그 도를 배워 그 역시 부적을 써서 귀신을 쫓고 병을 치료할 수 있었다. 『신선전(神仙傳)』에 그 내용이 보인다.

양음(羊愔)
. . .

도교 신선. 태산(泰山) 사람으로 협강현(夾江縣)의 현위(縣尉)를 지냈다고 전해진다. 파직하고 진운(縉雲)에 돌아온 이후에 괄창산(括蒼山)에서 은거하였다. 타고난 성품이 차분하여 영화로움을 부러워하지 않고 장생의 도(道)에 깊이 빠졌다. 어느 날 도사(道士)와 함께 완낭정(阮郎亭)에서 술을 마시다가 갑자기 정신을 잃고 깨어나지 못하였다. 7일 만에 깨어나서 말하기를, 신선을 만나 함께 동부(洞府)에 들어가 영지(靈芝)를 받아먹었다고 하였다. 그리고 동부의 대모군(大茅君) 등 선관(仙官)들이 "자네는 선골(仙骨)이 있으나 아직 날아오르지 못하였으니, 땅위에서 수련에 전념함이 마땅하네."라고 말했다고 하였다. 이후 양음은 벽곡(辟穀) 수도를 하였는데 오직 물과 술만 마시고 백합만을 복용하여 몸이 날아갈 듯 가벼워 하루에 수백 리를 다닐 수 있었다. 그 후 위우산(委羽山)도교의 10대 동천(洞天) 중의 하나에 들어가 다시는 나타나지 않았다.

성공흥(成公興)
. . .

도교 신선. 교동(膠東) 사람으로 자는 광명(廣明)이고, 『구장산술(九章算術)』에 정통하였으며, 일찍이 숭산(嵩山) 도사 구겸지(寇謙之)

의 집에서 고용인으로 있었다고 전해진다. 어느 날 구겸지가 칠요(七曜) 연산을 오래도록 풀지 못하였는데, 성공흥이 그에게 『주비산경(周髀算經)』을 사용하여 추산해보라고 일러주자 비로소 해결할 수 있었다. 이에 구겸지가 스승으로 모시려 하였으나 허락하지 않고, 이후 구겸지를 데리고 화산(華山)에서 약초를 캐면서 수련하였다. 은소(殷紹) 또한 그에게 『구장산술』의 가르침을 구하였지만 뜻을 이루지 못하였다.

모몽(茅濛)
• • •

도교 선인(仙人). 함양(咸陽) 사람으로 자는 초성(初成)이고, "삼모진군(三茅眞君)"의 조상이라고 전해진다. 주(周)나라 왕조가 장차 쇠락할 것을 예측하고, 세상을 꿰뚫어 보고서 관료가 되는 것을 원하지 않았다. 귀곡자(鬼谷子)를 스승으로 모시고 장생술과 양성술(養性術)을 익혀 화산에 들어가 수련하였다. 진시황(秦始皇) 때 비룡을 타고 하늘로 올라가 신선이 되었다고 한다.

삼모진군(三茅眞君)
• • •

도교 선인(仙人). 한(漢)나라 때에 수도하여 신선이 되었다고 전해지는 모영(茅盈), 모고(茅固), 모충(茅衷) 삼형제를 말한다. 모산파(茅山派)가 숭배하는 조사(祖師)이다. 옥황대제(玉皇大帝)가 칙령으로 "구천사명삼모응화진군(九天司命三茅應化眞君)"에 봉했다고 전해진다. 후대에 "삼모진군"이라 칭했으며, 아울러 구곡산(句曲山)을

"삼모산(三茅山)"이라고 칭하고 "모산(茅山)"이라고 약칭하였다. "모영(茅盈)", "모고(茅固)", "모충(茅衷)"을 참고하라.

백석생(白石生)

● ● ●

고대의 전설상의 선인(仙人). 팽조(彭祖) 때에 2,000여 세였다고 하며, 평소에 신선이 되는 비승술(飛升術)을 닦지 않고 장생불사만 추구하며 인간 세상의 쾌락을 버리지 않았다고 전해진다. 집안 형편이 가난하여 돼지를 기르고 양을 쳤는데, 그렇게 벌어들인 돈으로 약을 사는 데 쓰고 약을 복용하며 장생을 추구하였다. 오랫동안 백석산(白石山)의 동굴에 은거하면서 늘 백석을 삶아 먹었기 때문에 "백석생"이라고 불렸다.

윤징(尹澄)

● ● ●

도교 신선. 자(字)는 초묵(初默)으로 훗날 이름을 임(林)으로 바꾸었으며, 분양(汾陽) 사람이라고 전해진다. 태산(泰山)에서 밤에도 빛나는 푸른 영지를 채취하여 먹고서 날듯이 몸이 가벼워져 하루에 600~700리를 갈 수 있었다. 이후 아미산(峨眉山)을 유람할 때 선인(仙人) 송군(宋君)을 만나 삼황경전(三皇經典)과 구단비결(九丹秘訣)을 전수받고, 전심으로 수련에 정진하여 마침내 수련의 공을 이루었다. 전설에 의하면, 윤징은 부적을 던져 흐르는 물을 멈추고 역류시킬 수 있고 도술을 부려 급사한 사람을 부활시킬 수 있으며, 또 귀신과 요괴가 스스로 속박하고 찾아와 죄를 인정하게 할 수 있었다. 인간 세상에서 300년을 살다가 한(漢)나라 소제(昭帝) 때에 승천하여 신선이 되었다. 훗날 "태미진인(太微眞人)"으로 봉해졌다.

황안(黃安)
• • •

고대의 전설상의 선인(仙人). 대군(代郡) 사람으로 전해지며, 오랜 세월 동안 주사(朱砂)를 복용하여 전신이 붉고 얼굴은 어린 아이와 같으며, 늘 신귀(神龜)를 타고 다니며 스스로 인간 세상에서 이미 만여 년을 살았다고 하였다. 한무제(漢武帝)가 그 명성을 경모하여 일찍이 궁으로 초대하여 도에 관해 논하였으며, 아울러 그는 무제와 함께 태산(泰山)에 제를 지냈다. 이후 경성을 떠나고서는 종적을 알 수 없었다.

이서진군(二徐眞君)
• • •

도교 신선. 원래는 오대(五代) 시기 오(吳)나라 대신 서온(徐溫)의 아들이었던 서지증(徐知證)과 서지악(徐知諤)이라고 전해진다. 서온의 양자 서지고(徐知誥)가 오나라 정권을 대체하여 남당(南唐)을 건립한 후 서지증을 강왕(江王)에, 서지악을 요왕(饒王)에 봉하였다. 후에 민(閩) 지방에 병란(兵亂)이 일어났는데, 이서(二徐)가 그곳으로 나아가 평정하여 현지인들의 환대를 받았다. 두 사람이 죽은 후, 민 지방 사람들이 그들을 위해 영제묘(靈濟廟)를 건립하고 동상을 만들어 제사를 지내어 복건(福建)의 지방신(地方神)이 되었다. 송(宋)나라 고종(高宗) 때, 두 신선이 여러 차례 영험함을 드러내어 황제가 친히 "영제궁(靈濟宮)"이라는 묘당(廟堂) 편액을 하사하였다고 전해진다. 명(明) 영락(永樂) 연간(1403~1424)에 성조(成祖)가 경성에 대형 도궁(道宮)을 지어 복건에서 이서의 신상(神像)을 모셔오고 "홍은영제궁(洪恩靈濟宮)"이라는 이름을 하사하였다. 주체(朱棣)의 『어제홍은영제궁비문(御制洪恩靈濟宮碑文)』에 의하면, 성조가 "옥체[龍體]"에 병이 들어 여러 가지 약을 써도 효험이 없자, 이서신군(二徐神君)이 "묵묵히 정령을 움직여 몸을 보살펴 주길[默運精靈, 翊衛朕躬]" 믿었는데, 병이 치유되어 "(이서진군은) 회생의 공이 있고 은혜가 넓고 성대하다[有回生之功, 恩惠博盛]"고 하였다고 한다. 그리하여 이서를 각각 "구천금궐대선진군(九天金闕大仙眞君)"과 "구천옥궐상선진군(九天玉闕上仙眞君)"으로 봉하고, 추가로 "금궐제군(金闕帝君)"과 "옥궐제군(玉闕帝君)"으로 봉하였다. 명나라 헌종(憲宗) 성화(成化) 연간에 추가로 "이궐상제(二闕上帝)"로 봉해지며 크게 총애 받았다. 효종(孝宗) 때에는 신하들의 간언에 따라 이서의 "상제(上帝)" 칭호를 삭제하였으나 여전히 이전처럼 받들어 모셨다.

이주동(爾朱洞)

· · ·

당말오대(唐末五代) 시기의 도사. 자는 통미(通微)로, 성도(成都)지금의 사천(四川)에 속한다 사람이며, "촉나라 사람[蜀人]"이라고 말해지기도 한다. 그의 선조는 원위(元魏)즉 북위(北魏)의 이주족(爾朱族)이다. 어릴 적에 이인(異人)을 만나 환원포일(還元抱一)의 도와 대단(大丹)을 단련하여 죽지 않는 비방(秘方)을 전수받아 호를 "귀원자(歸元子)"라 칭하였다. 봉산(蓬山)에 은둔하였다가 후에 촉나라에 이르러 오랜 세월

동안 성도(成都) 시장거리에서 약을 팔았다. 평소에 저혈주(豬血酒)를 즐겨 마시고 큰 소리로 시를 읊기를 좋아하며 걸음걸이가 나는 듯이 빨랐다고 한다. 당나라 말기에 왕건(王建)이 군사로 성도를 에워싸고서 오래도록 공격해도 점령되지 않자 도성을 함락한 후에 사람들을 모두 학살할 것을 맹세했다. 이에 이주동(爾朱洞)이 신령스러운 법술을 일으켜 왕건을 굴복시킴으로써 도성안의 백성들이 목숨을 보존할 수 있게 되었다. 후에 태수를 멸시한 연유로 죽롱(竹籠)에 갇혀 강물에 던져졌다. 그 뒤 부강(涪江)을 떠다니다가 백석강(白石江)의 두 어부에 의해 깨어나자, 마침내 그 스승이 일찍이 그에게 "백석강으로 떠다니다 이에 신선을 이루네[白石浮水乃成仙]"라고 말한 뜻을 깨닫고 두 어부와 단약(丹藥)을 나누어 먹은 뒤 구름을 타고 승천하여 신선이 되었다.

살진인(薩眞人)

. . .

도교 신선. 전설에 의하면 성씨는 살(薩), 이름은 수견(守堅)이고 서촉(西蜀) 사람이라 한다. 어려서부터 만물을 이롭게 하고 사람을 구제하려는 이상을 지니고 일찍이 의술을 배웠으나, 약을 잘못 사용하여 사람이 죽자 의학을 포기하고 도를 배우게 되었다. 강남 제30대 천사(天師) 허정(虛靜) 선생과 왕시진(王侍辰), 임영소(林靈素)가 도법(道法)이 있다는 말을 듣고 세 사람을 스승으로 모시러 가던 도중에 세 도인(道人)을 만나 그들로부터 주조술(呪棗術)과 오뢰신법(五雷神法)을 전수 받아 그때부터 도법(道法)을 크게 드러내게 되었다. 그 후 옥제(玉帝)의 명을 받들어 살진인을 "천추령위진인(天樞領位眞

人)"으로 소환하자 그는 즉시 신선이 되었다. 후에 "숭은진군(崇恩眞君)"으로 봉해졌다. 전설에 의하면 왕영관(王靈官)이 바로 그의 부하였다고 한다.

장자문(蔣子文)

. . .

고대의 전설상의 신선. 광릉(廣陵)지금의 강소(江蘇) 양주(揚州) 사람이라고 전해진다. 평소에 주색을 즐기고 방탕하고 절도가 없으며, 늘 자기의 골상(骨相)은 맑고 속되지 않아 죽은 후에 신선이 된다고 말하였다. 후한(後漢) 말기에 말릉(秣陵)지금의 강소 남경(南京)의 위관(尉官)을 맡아 도적을 쫓아 종산(鐘山) 아래까지 갔다가 이마에 상처를 입고 얼마 지나지 않아 죽게 되었다. 몇 년 뒤 그의 이전 부하가 종산을 지나다가 장자문이 백마를 타고 수행원들에게 둘러싸여 있는 것을 보고 놀라 몰래 달아나려 하였다. 장자문이 뒤쫓아 와 이르기를 "나는 본 지방의 토지신으로 백성들에게 행복을 가져다주려 한다. 하지만 나를 위해 반드시 사당을 지어야 할 것이니라. 그렇지 아니하면 큰 재앙이 닥치게 될 것이니라[吾乃本地之土地神, 願為百姓造福, 但須為我建造祠廟, 不然將有大禍]"라고 하였다. 머지않아 과연 자연 재해가 빈번하고 무수한 사람들이 죽게 되자, 오(吳)나라 군주 손권(孫權)이 사자를 보내어 장자문을 "중도후(中都侯)"로 봉하고 사당을 짓고 제사를 지내게 하였으며 동시에 종산을 장산(蔣山)으로 개명하였다. 남조(南朝) 시기 양무제(梁武帝) 소연(蕭衍)이 또 그를 "장장무제(蔣莊武帝)"로 봉하였다.

팔공(八公)

. . .

　서한(西漢) 회남왕(淮南王) 유안(劉安) 문하의 8명의 방사(方士).
『회남자(淮南子)』고유(高誘)의 「서목(敍目)」에 의하면, 소비(蘇飛),
이상(李尙), 좌오(左吳), 전유(田由), 뇌피(雷被), 모피(毛被), 오피
(伍被), 진창(晉昌)이다.『녹이기(錄異記)』에서는 팔공을 팔선인(八仙
人)으로 발전시켜 다음과 같이 말하였다. 수염과 눈썹이 하얀 8명의
노인이 문에 이르러 회남왕을 뵙기를 청하였다. 문지기가 통과시키
지 않자 8인은 모두 검은 머리 상투에 얼굴색이 복숭아꽃 같은 열네
댓 살의 동자(童子)로 변하였다. 회남왕이 이를 듣고 마중 나와 성씨
를 물으니 답하기를, 문오상(文五常), 무칠덕(武七德), 지백영(枝百
英), 수천령(壽千齡), 섭만장(葉萬椿), 명구고(鳴九皐), 수삼전(修三
田), 잠일봉(岑一峰)으로, "각각 비바람을 불러일으키고, 천둥 벼락을
고동시키며, 천지를 놀라게 하고, 해가 도는 것을 멈추거나 움직이게
하며, 귀신을 부리고, 마귀를 채찍질하며, 물속과 불속을 출입하며,
산천을 움직이는 등의 변화무쌍한 일을 하지 못하는 것이 없다[各能
吹噓風雨, 震動雷電, 傾天駭地, 迴日駐流, 役使鬼神, 鞭撻魔魅, 出
入水火, 移易山川, 變化之事, 無所不能]"고 하였다. 이때 신하인 오
피(伍被)가 회남왕이 반란을 일으킨다고 밀고하여 한무제(漢武帝)가
사자를 파견하여 사건을 조사하자, 이에 팔공(八公)이 회남왕을 위해
정(鼎)에 약을 끓여 300여 명의 친족들과 함께 그것을 복용하여 같은
날에 신선이 되어 승천하고, 닭과 개들도 약을 핥아먹고 함께 승천하
였다고 한다.

이보문(李譜文)

　• • •

　도교 신선. 북위(北魏)의 도사 구겸지(寇謙之)가 일컫기를, 태상노군(太上老君)의 고손(高孫)인 이보문이 태상(泰常) 8년(423)에 숭악(嵩嶽)에 이르러 구겸지에게 『녹도진경(錄圖眞經)』 60여 권을 수여하고, 또 북방의 태평진군(泰平眞君)북위의 태무제(太武帝)를 가리킨다을 보좌하라고 분부했다고 한다. 『위서(魏書)』 「석노지(釋老誌)」에 이러한 내용이 보인다.

토지신(土地神)

　• • •

　"토지공(土地公)" 또는 "토지야(土地爺)"라고도 부르며, 간략하게 "토지"라고 부른다. 도교 신명(神名). 도교 신계(神系) 중에서 지위가 아주 낮은 작은 신이지만, 민간에서의 신앙은 매우 널리 퍼져 있다. 고대의 "사신(社神)" 숭배에서 비롯되었다. 『효경위(孝經緯)』에서는 "사는 토지신이다. 토지는 넓고 커서 일일이 다 제사를 지낼 수 없다. 그러므로 토지를 사에 봉하여 제사를 지내며 그 공로에 보답한다[社者, 土地之神. 土地廣博不可遍祭, 故封土爲社而祀之, 以報功也]"고 하였다. "사신"에 제사 지내는 날을 "사일(社日)"이라고 칭하며, 일반적으로 춘사(春社)와 추사(秋社)로 나뉜다. 진(秦)·한(漢) 이후 천하의 토지를 총괄하는 사신(社神)이 점차 천제(天帝)와 대응되는 "후토황지기(後土皇地祇)"로 변천하고, 국가에서 전문적으로 제사 지냄에 따라 각 지방과 농촌의 사신들은 점차적으로 토지신으로 변천하였다. 사료에 따르면, 최초로 토지야라 불린 것은 한(漢)나라 시기의 말릉위(秣陵尉) 장자문(蔣

子文)으로서, 그는 죽은 뒤 종산(鐘山)의 수호신(守護神)으로 되었다. 한(漢)·당(唐) 이후 토지묘(土地廟)가 전국각지에 널리 퍼졌는데, 묘당(廟堂)의 토지신은 늘 도포를 입고 모자를 쓴 백발의 노인이었다. 일부 토지야 옆에는 노부인 형상이 세워져 있는데 이를 "토지 할머니[土地奶奶]"라 부른다. 도교 경전에서는 이 두 형상을 "토옹신(土翁神)"과 "토모신(土母神)"라고도 부른다. 옛날 민간에서는 시골 마을마다 모두 토지신에게 제를 지내 해마다 풍년이 들고 집집마다 복이 깃들기를 기도하였다. 명(明)·청(淸) 시기에『토지보권(土地寶卷)』이 널리 퍼졌다.

토지(土地)

토지신(土地神)을 말한다.

사신(社神)

토지신(土地神)을 참고하라.

토지공(土地公)

토지신(土地神)을 말한다.

토지야(土地爺)

토지신(土地神)을 말한다.

성황신(城隍神)

● ● ●

"성황(城隍)"이라고 약칭한다. 도교의 신명(神名). 원래는 민간 신앙의 지방 수호신(守護神)이었는데, 후대에 도교에서 믿고 따르게 되었다. 고대 도시는 대부분 하천에 둘러싸여 보위(保衛)되었다. 『주역』의 태괘(泰卦) 상육(上六) 단사(卦辭)에 "성이 무너져 황으로 돌아간다[城復於隍]"라는 글귀가 있는데, 여기에서 황이 바로 성을 보위하는 하천이다. 『예기(禮記)』「교특생(郊特牲)」에서 천자(天子)가 행하는 "팔납(八蜡)여덟 가지 제사"을 말하였는데, 그 가운데 바로 "수용(水庸)수(水)는 황(隍), 용(庸)은 성(城)이다" 제사가 있다. 이것이 이후에 점차 성황(城隍)에 대한 신앙으로 변천하였다. 처음에는 오월(吳越)지역에서 유행하다가 남북조(南北朝)시기에 정식으로 성황신으로 불리었다. 『북제서(北齊書)』「모용엄전(慕容儼傳)」에서 영성(郢城)춘추 시대 초(楚)나라의 도성. 지금의 호북(湖北) 강릉(江陵) 서북방에 "선대부터 신사 하나가 있었는데 세속에서 성황신이라고 부른다[先有神祠一所, 俗號城隍神]"고 하였다. 당(唐)나라 때에 작위가 봉해졌고, 오대(五代) 시기에 왕으로 가봉(加封)되었다. 송(宋)나라 때에는 국가의 사전(祀典)에 편입되어 부(府)·주(州)·현(縣)에서 모두 사당을 설립하고 제사를 받들었고, 장열(張說)·한유(韓愈)·두목(杜牧) 등이 모두 성황에 대한 제문(祭文)을 지었다. 원(元)나라 때에는 수도에 성황묘(城隍廟)를 짓고 그 신을 "우성왕(佑聖王)"으로 봉하여, 성황은 국가의 큰 수호신이 되었다. 명(明)나라 홍무(洪武) 연간(1368~1398)에는 성황신에 대한 봉상(封賞)이 크게 행해져, 수도 지역 여섯 곳에서는 왕으로 봉해지고, 부·주·현의 성황은 공(公)·후(侯)·백(伯)에 상응하는 작위에 봉해져,

성황신 사당이 전국 각지에 널리 퍼졌다. 그 후에는 사전(祀典)을 정리하여 신(神)의 작위를 취소하고 행정기구에 맞게 호칭하도록 하였다. 그리고 성황묘의 규모도 각급 관공서의 규모에 따라 세우도록 하여, 엄연히 하나의 온전한 음부(陰府) 조정 관리 체계를 형성하였다. 성황신의 직책은 본래 성(城)과 해자(垓字)를 지키고 치안을 보장하는 것이 주된 임무였다. 도교가 그 신앙을 흡수한 후 나라를 지키고 평안하게 다스리며 흉악함을 제거하고 비바람을 조화롭게 하며 죽은 사람의 망혼(亡魂)을 관리하는 등 그 업무가 확대되었다. 심지어 각급 관원이 부임할 때 모두 전례(典例)에 따라 성황묘에 가서 직책을 맡은 것을 알리고 그의 보우(保佑)를 얻어야 한다. 도사가 도장(道場)을 지어 "망혼을 제도하는 도량을 열 때도[超度亡魂]" 성황에게 알리는 문서를 발급해야_{속칭 "성황첩(城隍牒)"} 비로소 망혼을 제단(祭壇)에 불러올 수 있다. 명·청 이후 각 지방의 성황묘에는 성황 옆에 있는 소두(牛頭), 마면(馬面), 흑백무상(黑白無常)의 소상(塑像) 외에 십전(十殿)의 염라대왕 상도 있었다. 이는 분명히 불교의 지옥 관념의 영향을 받은 것이다. 『속도장(續道藏)』에 『태상노군설성황감응소재집복묘경(太上老君說城隍感應消災集福妙經)』 1권이 있다. 여기서는 태상노군의 설법을 빌려 인과응보를 홍보하고, 사람들이 성황에게 정례(頂禮)함으로써 재앙을 없애고 죄를 면할 수 있다고 가르치고 있다.

성황(城隍)

. . .

① "성황신(城隍神)"을 말한다. ② 유교에서 도시를 관장하는 신. 명(明)나라 시기에 정식으로 국가의 사전(祀典)에 편입되었다. 지방

관리는 부임할 때 먼저 성황에게 참배하여야 한다. 지방 관리는 미해결 현안(懸案)이 있을 경우에도 흔히 성황묘(城隍廟)에 가서 성황신에게 계시 받기를 청한다. 또 어떤 소송은 먼저 성황신에게 지시 받기를 기원하는 것도 있다. 성황에 대한 신앙은 송(宋)·명(明) 시기부터 청(淸)나라 시기까지 유교에서 중요한 위치를 차지하였다.

재신(財神)

민간과 도교에서 모시는 재물을 주관하는 신으로, 재신에게 제사를 받들면 재물과 보물을 불러와 부자가 될 수 있다고 여긴다. 각지에서 모시는 재신은 그 수가 많을 뿐만 아니라 문무(文武)의 구별도 있다. 문재신(文財神)에는 범려(範蠡), 재백성군(財帛星君), 복녹수(福祿壽) 삼성(三星) 가운데 녹성(祿星) 등이 있고, 무재신(武財神)에는 종규(鐘馗), 관우(關羽), 조공명(趙公明) 등이 있다. 도관(道觀)에는 일반적으로 조공명이 모셔져 있다. 조공명은 조현단(趙玄壇) 또는 현단대원수(玄壇大元帥)라고 불리며, 간보(干寶)의 『수신기(搜神記)』와 도홍경(陶弘景)의 『진고(眞誥)』 「협창기(協昌期)」에 처음으로 보이는데, 재물을 불러오는 것과 보물을 들여오는 것도 신으로 변화하여 조원수 좌우의 두 장군이 되었다. 송(宋)·명(明) 이래로 더욱 제사가 받들어지고 민간에서 매우 숭배되어 각 지방에 많은 재신묘(財神廟)와 재신전(財神殿)이 지어졌다. 음력 정월 초닷새가 재신의 탄신일이라고 전해지기에 도관에서는 늘 초나흗날 저녁에 "재신 영접[接財神]" 활동을 거행하였는데, 이것이 춘절(春節) 기간의 경사스러운 민속활동의 하나가 되었다. "현단조원수(玄壇趙元帥)"을 참고하라.

약왕(藥王)

• • •

　의약을 주관하는 존신(尊神). 전국(戰國) 시기의 명의 편작(扁鵲)으로, 성은 진(秦)이고 이름은 월인(越人)이다. 발해군막(渤海郡鄚)하북(河北) 임구(任丘) 사람이다. 전하는 바에 의하면, 편작은 사람의 오장과 경락을 볼 수 있어 중의(中醫) 맥학(脈學)의 시조로 여겨진다. 그는 의술의 각 과(科)에 모두 뛰어났고 그 효과가 신통하였다. 진(秦)나라 때에 이르러 진나라 태의령(太醫令)에게 시기를 받아 살해되었다. 후세 사람들은 편작을 의성(醫聖)으로 존숭하고 신으로 받들며 제사 지냈다. 수(隋)·당(唐) 시기의 도사 손사막(孫思邈)도 의약에 정통하고 양생에 능하여 101세까지 수명을 누리고, 『천금방(千金方)』을 저술하여 세상에 전했다. 이 두 사람은 후세에 신령(神靈)으로 받들어지고 약왕(藥王)으로 존숭되어 전국 각지에서 약왕묘(藥王廟)를 지어 모시고 있다.

조군(竈君)

• • •

　"조왕(竈王)", "조신(竈神)이라고도 부른다. 도교의 신명(神名). 궁궐과 민간을 막론하고 고대의 조군 신앙은 지극히 보편적인 것이었다. 『논어(論語)』「팔일(八佾)」에서는 "아랫목에 아첨하느니 차라리 부뚜막에 아첨하는 편이 낫다[與其媚於奧, 寧媚於竈]"고 하였다. 전하는 바에 따르면, 불과 관계가 있는 상고의 신인(神人) 염제(炎帝)와 축융(祝融)도 모두 조신(竈神)이라고 한다. 그러므로 조신 신앙은 원시 씨족사회의 불 숭배와 관련이 있는 것으로 보인다. 『회남자(淮南

子)』「범논훈(犯論訓)』의 "염제가 불을 일으키고 죽은 뒤에는 조왕신이 되었다[炎帝作火, 死而爲竈]"에 대해 고유(高誘)는 "염제 신농은 화덕으로 왕이 되어 천하를 통치하였고, 죽은 뒤에는 조신에 위임되어 제사 지내졌다[炎帝神農以火德王天下, 死, 托祀於竈神也]"라고 주석하였다. 이 또한 부뚜막 제사가 선대의 불을 일으킨 덕에 대한 보답이라는 것을 말한 것이다. 도교에서는 조신을 존숭하여 "곤륜노모(昆侖老母)"로 여기고, 『조왕경(竈王經)』에서는 조신을 "종화노모원군[種火老母元君]"이라고 부른다. 『형초세시기(荊楚歲時記)』에서는 조신이 성이 소(蘇)이고 이름이 길리(吉利)라고 말하고 있고, 『유양잡조(酉陽雜俎)』에서는 또 성이 장(張)이고 이름이 단(單)이며 자는 자곽(子郭)이라 말하고 있다. 조신의 직권은 본래 한 가정의 음식을 주관하는 것이었는데, 후대에는 온 가족의 생사와 화복 등을 관장하는 일로 변천하였다. 민간에서 전해지는 바에 의하면, 조신은 또 옥황대제의 사자(使者)로서 수시로 사람들의 과실을 기록하여 천궁(天宮)에 상주(上奏)한다고 한다. 『태평어람(太平御覽)』에서는 『회남만필술(淮南萬畢術)』을 인용하여, "조신이 그믐날에 하늘로 올라가 인간의 죄를 고한다[竈神晦日, 歸天白人過]"라고 하였다. 그래서 매번 조신 제삿날송(宋)나라 이후에는 주로 섣달 23일에 제사 지냈다이 되면, 사람들은 끈끈한 물엿으로 제를 지내 조신의 입을 봉하여 조신의 상주로 화를 입는 것을 피하고자 하였는데, 이것이 중국 특유의 조신에 대한 제사 풍속을 형성했다. 옛날에 민간에서는 대부분 부뚜막에 조신을 모셨다. 『도장(道藏)』에 『태상동진안조경(太上洞眞安竈經)』과 『태상영보보사조왕경(太上靈寶補謝竈王經)』이 있다.

조왕(竈王)

조군(竈君)을 말한다.

조신(竈神)

조군(竈君)을 말한다.

곤륜노모(昆侖老母)

조군(竈君)을 말한다.

상공(床公)

중국 민간에서 신앙하는 신령. 상파(床婆)와 함께 상신(床神)이 된다. 옛날에 민간에서는 상공을 모시면서 일 년 내내 잠자리가 편안하기를 기원하는 풍속이 있었다. 상신을 모시는 풍습의 기원은 비교적 빨라 송(宋)나라 때에 이미 매우 유행하였다. 송나라 시인 양순길(楊循吉)의 『제야잡영(除夜雜詠)』에서는 "물엿을 사서 조제를 영접하고 물을 따라 상공에게 제사 지낸다[買糖迎竈帝, 酌水祀床公]"라고 하였다. 상신에게 제를 지내는 풍습은 민간에서부터 유행하여 궁궐 안에까지 흘러들었다. 송나라 사람 증삼이(曾三異)의 『동화록(同話錄)』에 의하면, 황제가 일찍이 한림원(翰林院)의 한림 최대아(崔大雅)에게 어명을 내려 상신에게 제시지내는 일을 글로 쓰게 하였다. 상신은 신위(神位)와 직책이 낮아 단지 차와 술, 떡과 과일 같은 것들로 제를 지낸다. 제사 시간은 대부분 조신을 받든 이후이지만, 각 지역에 따라 차이가 있다. 상공 제사는 근대에 이르러 점차 쇠퇴하였다.

상파(床婆)

• • •

중국 민간에서 신앙하는 신령. 상공(床公)과 함께 상신(床神)이 된다. 송(宋)나라 민속에서 상파에 대한 제사활동이 유행하기 시작했다. 송나라 증삼이(曾三異)의 『동화록(同話錄)』에 의하면, 황제가 일찍이 깊은 밤에 한림원(翰林院)의 한림 최대아(崔大雅)에게 어명을 내려 『제상파자문(祭床婆子文)』 한 편을 쓰도록 하였다. 어명을 받든 최대아는 격식(格式)을 알지 못해 막연하였는데, 후에 주승상(周丞相)의 가르침을 받고 민간 격식을 채용하여, "황제께서 아무개로 하여금 상파의 신에게 제사 지내게 하며, '그대는 침상을 관장하니 등등'을 말한다[皇帝遺某人致祭於床婆子之神, 曰, 汝司床簀云云[7]]"라고 고하였다. 상공은 차를 좋아하고 상파는 술을 좋아한다는 설이 있다. 상파에게 제사하는 시간과 장소는 상공과 동일하며, 다만 제물(祭物)이 다르다.

---

7. 汝司床簀云云: 원서에는 "汝有床公好茶床婆好酒之說"이라고 되어 있으나 관련 원문에 따라 교감하였다. 더불어 문맥상 "有床公好茶床婆好酒之說"은 원문 인용이 아닌 해설로 보고 원문 뒤에 배치하였다.

문신(門神)

· · ·

도교와 민간 신앙에서 문을 지키는 신. 액막이를 하고 귀신을 쫓아내며 재난을 물리치고 복을 맞이하고자 문에 많이 붙인다. 고대 "오사(五祀)" 중 하나인 "문사(門祀)"에서 기원하였다. 후대의 문신 종류는 아주 많은데, 주로 "무문신(武門神)"과 "문문신(文門神)" 둘로 나뉜다. 전자는 보통 위엄 있고 사나운 무장(武將) 형상으로, 도교에서는 "문승호위(門丞戶尉)"라 부른다. 대표자로는 신도(神荼)와 울루(鬱壘), 진숙보(秦叔寶)와 울지경덕(尉遲敬德), 마초(馬超), 조운(趙雲), 장비(張飛) 등이 있다. 후자의 대표자로는 천관(天官), 선동(仙童), 가관(加冠)과 진록(進祿), 유해섬(劉海蟾), 상원(狀元), 송자낭랑(送子娘娘) 등이 있다.

신도울루(神荼鬱壘)

· · ·

도교의 신명(神名). 문을 지키면서 오로지 악귀를 잡는 문신(門神)이라고 전해진다. 『산해경(山海經)』의 일문(佚文) 기록에 의하면, 망망대해 가운데에 도삭산(度朔山)이 있는데, 산에는 수 천리를 뒤덮은 큰 복숭아나무가 있고, 동북쪽에는 귀신과 요괴들이 드나드는 "귀문(鬼門)"이 하나 있다. 신도와 울루 두 신인(神人)은 여기를 지키면서 오로지 이 문을 드나드는 귀신과 요괴들을 감시하여 만일 백성을 해치는 악귀가 있으면 "잡아 호랑이에게 먹인다[執以食虎]." 그래서 후대 민간에서는 늘 섣달 그믐날에 복숭아나무로 신부(神符) 속칭 도부(桃符)를 만들어 갈대 끈과 함께 문에 걸고, 동시에 문짝에는

신도와 울루 두 신을 그려 요괴와 귀신을 쫓아내고 불행을 제거하고
자 하였다.

종규(鐘馗)

• • •

　도교 신명(神名). 원래 종규는 고대 신화 속의 인물이었는데, 후대
에 도교에서 믿고 따르게 되었다. 전설에 의하면 천성은 강직하며 오
로지 악귀를 잡아먹는 신이라고 한다. 송(宋)나라 사람의 기록에 의
하면, 종규는 종남산(終南山) 사람으로서 재능이 뛰어나서 상경하여
과거시험에 참가하였는데, 용모가 추하다는 연유로 쫓겨나 계단에
부딪쳐 죽었다. 이에 황제가 도포를 하사하여 정중히 장사를 치렀다.
당(唐)나라 명황(明皇)이 귀신의 장난으로 질병에 걸렸는데, 꿈에 건
장한 사내가 나타나 화를 내며 귀신을 잡아 눈을 도려 내여 삼켰다.
깨어난 후 화가 오도자(吳道子)에게 명하여 그 사나이의 모습을 그려
궁문에 걸어놓았더니 마침내 병이 완쾌되었다. 후세 사람들이 이를
모방하여 섣달 그믐날 밤이나 단오절에 늘 종규의 신상(神像)을 걸어
귀신을 쫓고 액막이를 하였다. 또 근대 사람들의 고증(考證)에 의하
면, 종규의 원래 이름은 "종규(終葵)"로서 고대 "추(椎)"자의 반절자
(反切字)이다. 추(椎)는 고대인들이 "대나(大儺)"제를 지낼 때 귀신을
쫓는 데 쓰던 신령스런 막대기[神棒]이다. 이 때문에 후대인들은 종
규를 귀신을 물리치는 것으로 간주하여 사람의 이름에 쓰기도 하였
다. 예를 들어 북조(北朝) 사람인 요훤(堯暄)은 본래 이름은 종규(終
葵)이고 자는 벽사(辟邪)이다. 종규(終葵)와 종규(鐘馗)의 발음이 같
기에 수(隋)·당(唐) 이후에 종규는 인격화되었고, 아울러 민간에서

집집마다 귀신을 잡는 신장(神將)으로 변천되었다. 후대에 종규가매(鐘馗嫁妹), 종규착귀(鐘馗捉鬼), 종규야렵(鐘馗夜獵) 등의 고사(故事)가 널리 전해졌다.

온신(瘟神)

· · ·

중국 고대 민간 신앙의 신. 고대 사람들의 역병에 대한 두려움에서 기원하였다. 『소문(素問)』에서 "다섯 가지 역병이 이르니 모두가 쉽게 감염되었다[五疫之至, 皆相染易]"라고 하였다. 그래서 후대의 온신은 대부분 다섯 명이다. 수(隋)·당(唐) 시기에 봄 온신 장원백(張元伯), 여름 온신 유원달(劉元達), 가을 온신 조공명(趙公明), 겨울 온신 종사귀(鐘仕貴), 그리고 총관(總管)인 중앙의 온신 사문업(史文業)의 전설이 있었으며, 민간에서는 늘 음력 5월 5일에 제를 지내 재앙을 없애고 병에 걸리지 않게 해달라고 기도를 하였다. 『삼교수신대전(三教搜神大全)』에 따르면, 광부진인(匡阜眞人)이 강남을 유람하다가 다섯 온신을 부장(部將)으로 받아들였다고 하였다.

오온신(五瘟神)

· · ·

"오온사자(五瘟使者)"라고도 부른다. 수(隋)나라 때에 비롯되었다고 전해진다. 『삼교수신대전(三教搜神大全)』의 기록에 따르면, 수나라 개황(開皇) 11년(591) 6월에 다섯 명의 장사가 지면에서 3~5장(丈) 떨어진 공중에 나타났는데, 각각 다섯 가지 빛깔의 도포를 입고 손에는 물건을 쥐고 있었다. 이들 다섯 명은 각각 국자와 항아리, 가

죽 자루와 검, 부채, 망치, 불 주전자를 쥐고 있었다. 이에 황제가 태사(太史) 장거인(張居仁)에게 "이들은 어떤 신인고? 어떤 재화와 복을 주관하는고?[此何神? 主何災福也?]"라고 묻자 장거인이 다음과 같이 대답하였다. "이들은 다섯 방위의 장사들입니다. 하늘에서는 오귀요, 땅에서는 오온이라 하옵니다. 그 오온의 이름은 각각 봄 온신 장원백, 여름 온신 유원달, 가을 온신 조공명, 겨울 온신 종사귀, 그리고 중앙의 총관 온신 사문업입니다. 그들이 나타나는 경우 백성들에게 온역의 질병이 발생하는 것을 주관합니다.[此是五方力士, 在天上爲五鬼, 在地爲五瘟. 名曰五瘟, 春瘟張元伯, 夏瘟劉元達, 秋瘟趙公明, 冬瘟鍾仕貴, 總管中瘟史文業. 如現之者主國民有瘟疫之疾.]" 이해에는 참으로 역병이 들어 병들어 죽어가는 백성들이 매우 많았다. 이에 수문제(隋文帝)는 곧 사당을 세우고, 또 조서를 내려 다섯 방위의 장사들을 장군으로 봉하였다. 즉 청포(靑袍) 장사를 현성장군(顯聖將軍)으로 봉하고, 홍포(紅袍) 장사를 현응장군(顯應將軍)으로, 백포(白袍) 장사를 감응장군(感應將軍)으로, 흑포(黑袍) 장사를 감성장군(感成將軍)으로, 황포(黃袍) 장사를 감위장군(感威將軍)으로 봉하였다. 수(隋)·당(唐) 시기에는 모두 5월 5일을 온신에 대한 제사일로 규정하였다. 후에 광부진인(匡阜眞人)이 이 사당까지 유람 왔다가 오온신을 부장(部將)으로 받아들였다고 전해진다. "온신(瘟神)"을 참고하라.

삼시신(三尸神)

• • •

도교 신의 명칭. 고대인들은 인체 내에 세 가지 벌레가 있다고 여기고, 이들을 상시(上尸), 중시(中尸), 하시(下尸)로 칭하며, 이들이 각각 상, 중, 하 세 단전(丹田)에 머물고 있다고 여겼다. 삼시는 "삼팽 (三彭)" 또는 "삼충(三蟲)"이라고도 불리며, 혼백귀신(魂魄鬼神) 유형에 속한다. 전설에 의하면, 삼시신은 자유롭게 돌아다니기를 좋아하고, 사람들을 일찍 죽게 하여 제사 제물을 받고 싶어 한다. 삼시신은 해마다 경신(庚申)일에 천궁(天宮)에 올라가 사명(司命)에게 사람들의 죄와 잘못을 고발하여, "잘못이 큰 사람은 300일의 수명을 앗아가고 잘못이 적은 사람은 3일의 수명을 앗아간다[大者奪人紀, 小者奪人算]"고 한다. 그래서 도교 경전에서는 신선되기를 추구하는 사람은 반드시 먼저 삼시를 제거하고, 마음을 욕심 없이 깨끗하고 담담하게 하며, 정신을 고요하게 하여 성품을 밝히며, 널리 뭇 선행을 쌓고 복약(服藥)하면서 생명을 길러야 비로소 득도하여 신선이 될 수 있다고 한다. 『삼시중경(三尸中經)』에서는 상시를 팽거(彭倨), 중시를 팽질(彭質), 하시를 팽교(彭矯)라고 칭하였다. 그래서 삼시를 "삼팽"이라고도 칭한다.

오도장군(五道將軍)

• • •

도교 신선. 전설에 의하면 동악대제(東嶽大帝) 수하의 신으로서 인간세상의 생사와 영록(榮祿)을 주관한다. 당대(唐代)의 변문(變文) 『한금호화본(韓擒虎話本)』에서는, 그가 "몸에 황금사슬 갑옷을 걸치고 머리에 봉황의 날개를 쓰고 큰 소리로 읍하고서[身披黃金鎧甲, 頂戴鳳翅, 高聲唱諾]" 천부첩(天符牒)의 명을 받들어 한금호(韓擒虎)에게 음부(陰府)의 염라대왕이 되기를 청했다고 한다. 명(明)·청(淸)시기 소설에서는 늘 오도장군을 염라대왕과 나란히 언급하며 저승의 신으로 간주하고 있다. 옛적에 북방에서는 오도묘(五道廟)를 지어 이 신을 받들었다. 일설에는 오도장군을 "오도장군(五盜將軍)"이라고도 하는데, 이는 도신(盜神)으로 그 꿈을 꾸면 상서롭지 못하다고 한다.

오도장군(五盜將軍)

. . .

중국 민간에서 신앙하는 신령. 두평(杜平), 이사(李思), 오안(伍安), 손립(孫立), 경언정(耿彦正) 다섯 사람이라고 전해진다. 『삼교수신대전(三教搜神大全)』에 따르면, 남조(南朝) 송(宋)나라 영광(永光) 원년(465)에 다섯 도적이 유독 한 지방에서 패권을 장악하고서 끊임없이 난을 일으키며 백성들에게 큰 화를 입혔다. 경화(景和) 연간에 황제가 대장(大將) 장홍(張洪)을 파견하여 신봉현(新封縣) 북쪽에서 다섯 도적을 잡아 죽이게 하였다. 그 후 이 다섯 사람의 망령이 사라지지 않고, 자신들이 죽은 곳에서 사람들을 미혹시키며 재화(災禍)를 일으켰다. 사람들이 그 재난을 두려워하였다. 재화를 두려워하여 마침내 이들을 받들어 모시고 "오도장군(五盜將軍)"이라 불렀다. 후에 이 다섯 사람은 도신(盜神)으로 변하여 모셔졌다. 오도장군(五盜將軍)이 바로 오도장군(五道將軍)이라는 설도 있다.

오통(五通)

. . .

"오성(五聖)"이라고도 부른다. 옛날 민간 전설에서의 요사(妖邪)한 신. 사람에게 재화(災禍)를 입힐 수 있다고 한다. 본래 다섯 형제로서 당(唐)나라 말기에 이미 제사를 지냈으며, 그 사당을 "오통(五通)"

이라 불렀다. 당나라 정우(鄭愚)의 『대위허우사명(大潙虛佑師銘)』에 "소머리 귀졸(鬼卒)인 오통[牛阿旁, 鬼五通]"이라는 어구가 있다. 남송(南宋) 홍매(洪邁)의 『이견지(夷堅誌)』에, 유거(劉擧)가 향시(鄕試)를 볼 때 전당문(錢塘門) 9리 바깥의 서쪽에 있는 "오성행사(五聖行祠)"에서 기도를 한 적이 있다고 적혀있다. 또 이르기를, 절강(浙江) 동쪽에서는 이 신을 오통이라 부르고, 강서(江西)·복건(福建)에서는 목하삼랑(木下三郞) 또는 목객(木客)이라 부른다고 한다. 또 다리가 한쪽인 자를 독각오통(獨脚五通)이라 일컬으며, 지역이 다르면 명칭 또한 다르다고 한다. 송(宋)나라 휘종(徽宗) 대관(大觀) 연간 (1107~1110)에 묘액(猫額)을 하사하고 "영순(靈順)"이라 하였다. 송나라 시기에는 제후에서 왕으로 가봉(加封)하였다. 그 봉호(封號)의 첫 글자가 "현(顯)"이기에 "오현공(五顯公)"이라고도 부른다. 명(明)나라 전예형(田藝蘅)의 『유청일찰(留靑日劄)』에서는, 명태조(明太祖)가 천하를 안정시키고 공신들을 책봉할 때 천만 병사가 전투에서 사망한 후 제사 예전(禮典)을 요청하는 꿈을 꾸고서, 다섯 사람을 한 조로 하여 강남지역 사람들에게 명하여 다섯 자 크기의 작은 사당을 짓게 하고 곳곳에서 제를 지내게 하였기에, 속칭 "오성당(五聖堂)"이라고 하였다고 한다. 『요재지이(聊齋志異)』「오통신(五通神)」에서는 오통이 음란함과 사악함이 법도에서 매우 벗어나고 부녀자를 현혹하여 촌민들이 그를 두려워하였기에, 향을 태우며 그에게 공양하는 것이 매우 성행하였다고 한다. 청(淸) 강희(康熙) 연간(1662~1722)에 탕빈(湯斌)이 강녕(江寧) 순무(巡撫)가 되어 오통의 상(像)과 사당을 제거하여 음사(淫祀)를 타파하려 하였으나 철저히 단절하지는 못하였다. 『도장(道藏)』 제883책에는 『오현영관대제등의(五顯靈觀大帝燈

儀)』가 수록되어 있는데, 여기서는 오신(五神)을 "오현영관대제(五顯靈觀大帝)"로 칭하였다. 여기에서의 오신은 자비를 베풀어 중생을 널리 제도하는 신으로서 "오통" 신과는 다른 듯하다.

오성(五聖)

· · ·

오통(五通)을 말한다.

마신(馬神)

· · ·

"마보(馬步)"라고도 부른다. 민간에서 신앙하는 신령. 말의 보호신이다. 고대에 말은 경작을 하고 전쟁을 하는 데 있어서 필수품이었기 때문에 말에 대한 숭배와 제사의 기원은 매우 일찍 시작 되었다.『고금도서집성(古今圖書集成)』「신이전(神異典)」의 기록에 따르면, 일찍이 주(周)나라 시기에 관방(官方)에서는 마신에게 제사를 지내는 제도를 규정하였다. 봄에는 마조(馬祖)에 제를 지내고, 여름에는 선목(先牧)에 제를 지내며, 가을에는 마사(馬社)에 제를 지내고, 겨울에는 마보에 제를 지냈는데, 수(隋)·당(唐)에 이르러서는 사시사철 마신에게 제를 지냈다. 요(遼)나라 시기에도 마신제가 있어서 마신에 제사를 지냈다. 송(宋)나라에서는 마조에 제를 지냈다. 명(明)나라에서도 주대의 네 마신에게 제사 지내고, 또 "백성들에게도 말을 기르게 하여[編民養[8]馬]" 민간에서 마신 숭배가 매우 성행하였다. 여기에 관

---

8. 養: 원서에는 '羊'으로 되어 있으나, 관련 원문에 따라 교감하였다.

방에서 마신 제창이 더해져 마신묘(馬神廟)는 전국 각지에 널리 퍼졌다. 청(淸)나라 때에는 음력 6월 23일을 마신 제사일로 규정하여 "무릇 병영 및 무직(武職)에서 말을 타는 사자, 말과 마차를 관리하는 자는 모두 23일에 양으로 제를 지내야 한다[凡營伍及武職, 有馬差者, 蓄養車馬者, 均於廿三日, 以羊祭之]"고 하였다. 마신에게 제사할 때는 단지 양 만을 사용하고 검은 가축 고기로는 제사하지 않는다. 마신은 네 개의 팔과 세 개의 눈을 지닌 형상이기에 민간에서는 "마왕야는 세 개의 눈을 가지고 있다[馬王爺三只眼]"는 속담이 있다.

화신(花神)

. . .

중국 민간에서 믿는 신령. 온갖 꽃을 총괄하는 신으로, 꽃을 보호하는 신이기도 하다. 고대 자연숭배에서 기원되었다. 화신에는 두 신이 있는데, 하나는 여이(女夷)이고, 다른 하나는 화고(花姑)이다. 『이견지(夷堅志)』에서 인용된 『신선전(神仙傳)』에 따르면, 윤주(潤州) 학림사(鶴林寺)의 두견화는 크기가 매우 크고 매년 늦봄에 화려하게 꽃을 피우는데, 일찍이 붉은 치마의 아리따운 세 여인이 함께 나무 아래에서 노니는 것이 보여 이들이 화신이라고 전해지게 되었다. 후대 사람들은 이들을 온갖 꽃을 총괄하는 신이라 칭하였다. 『월령광의(月令廣義)』「세령일(歲令一)」의 기록에 의하면, 여이는 봄과 여름에 만물의 생장을 주관하는 신이자 화신이기도 하다. 화고는 위부인(魏夫人)의 제자로서 꽃 재배에 능하여 호(號)를 "화고"라 하였는데 마침내 화신이 되었다. 봄에 밭에서 화고에게 제를 지낸다. 또 『주정여문(鑄鼎余聞)』에서는 2월 12일이 화신의 탄신일이라고 한다.

오로신(五路神)

• • •

"오로재신(五路財神)"이라고도 부른다. 재물신의 일종이다. 명(明)나라 때부터 강남 각 지방에 오로신 제사가 있었는데, 청(清)나라 때부터는 재물신이라 불렸다. 그 내원은 세 가지 설이 있다. ① 하오로(何五路)이다. 『집설전진(集說詮眞)』에서는 『무석현지(無錫縣誌)』를 인용하여, 오로신의 성씨는 하(何)이고 이름은 오로(五路)인데 원(元)나라 말기에 왜적과 싸우다가 전사하여 그의 제를 지냈다고 한다. ② 오사(五祀) 중 하나인 행신(行神)이다. 즉 노두행신(路頭行神)이다. 『주정여문(鑄鼎余聞)』에 의하면, 오로는 재물신으로 다섯 길이란 동·서·남·북·중앙을 가리키는데, 이는 문을 나서면 다섯 방향에서 모두 재물을 얻을 수 있다는 것을 뜻한다. ③ 오현신(五顯神)이다. 『소주부지(蘇州府誌)』에 따르면, 청(清) 강희(康熙) 연간에 탕빈(湯斌)이 강녕(江寧) 순무(巡撫)로서 오현신(五顯神) 제사를 금지하자, 오현신이 오로신으로 개명되었다. 민간에서는 정월 초닷새 날에 오로신에게 제사를 지낸다. 『청가록(清嘉錄)』에서는 이날은 노두신(路頭神)의 탄신일로서 징을 울리고 폭죽을 터뜨리며, 가축과 술로 제물을 진열하는 것을 앞 다투어 행하는 것을 길하게 여겨 일찍 일어나 노두를 맞이하는데, 이를 "접노두(接路頭)"라고 한다고 한다. 소설 『봉신연의(封神演義)』의 영향을 받아 민간에서는 조공원수(趙公元帥), 초보천존(招寶天尊) 소승(蕭升), 납진천존(納珍天尊) 조보(曹寶), 초재사자(招財使者) 진구공(陳九公), 이시선관(利市仙官) 요소사(姚少司)를 오로신이라 하기도 한다.

개로신(開路神)

● ● ●

"험도신(險道神)", "천맥장군(阡陌將軍)"이라고도 부른다. 중국 민간에서 신앙하는 신령. 민간에서 장례식을 할 때 영구(靈柩)가 길을 여는 것을 전문적으로 책임진다.『주례(周禮)』「하관(夏官)·방상시(方相氏)」에 의하면, "방상시는 곰 가죽을 뒤집어쓰고 황금빛으로 네 개 눈을 그리고, 검은색 상의에 붉은색 치마를 두르고, 창을 쥐고 방패를 휘두르며[方相氏掌蒙熊皮, 黃金四目⁹, 玄衣朱裳, 執戈揚盾]" 한편으로는 100명의 노예를 거느리고 집안 구석구석을 뒤져 역귀(疫鬼)를 쫓아내고, 다른 한편으로는 대상(大喪)에서 상구(喪柩)를 선도하며 앞에서 길을 연다고 하는데, 이것이 개로신이다.『삼교수신대전(三教搜神大全)』에서는 "(개로신이) 바로『주례』의 방상시이다. 헌원 황제가 전국을 주유할 때 그의 정실 누조(嫘祖)가 길에서 죽자 둘째 왕후에게 잘 살펴 보호하라 명하고 방상시를 고용하여 어둠에 대비했는데, 이것이 그 시초인 듯하다[乃周禮之方相氏是也. 相傳軒轅黃帝周遊九垓, 元妃嫘祖死於道, 令次妃好如監護, 因買相以防夜, 蓋其始也]"라고 하였는데, 그 뒤로 방상시가 귀신을 쫓는 것이 널리 행해지는 종교의식이 되었다.『봉신연의(封神演義)』에서는 또 그를 두 종류의 신으로 신격화시켰다. 민간의 상례에 많이 쓰인다. 출빈(出殯) 때에 개로신이 입는 옷은 도복(道服)과 비슷하며, 왼손에는 옥인(玉印)을 쥐고 오른손에는 방천극(方天戟)을 쥐고 있다. 무덤에 이르면 방천극으로 무덤 네 귀퉁이를 두드려 묘실(墓室) 주위의 귀신들을 내쫓는다.

---

9. 目: 원서에는 '月'로 되어 있으나,『주례(周禮)』원문에 따라 교감하였다.

삼하백(三河伯)

• • •

중국 민간에서 신앙하는 신령. 수신(水神)의 명칭. 도교에서의 자연신(自然神) 숭배가 반영된 것이다. 삼하는 낙하(洛河), 황하(黃河), 회하(淮河)를 가리킨다. 『도법회원(道法會元)』에 의하면, 삼하를 병칭하여 수부(水府)라 부르고 각각 주관하는 신명이 있다. 『천황지도태청옥책(天皇至道太淸玉冊)』에 따르면, 삼하백은 바로 낙하백(洛河伯), 황하백(黃河伯), 회하백(淮河伯)으로서 삼하의 신이며 각각 제사지내는 사당이 있다. 낙하백의 제를 지내는 사당은 낙주(洛州)에 있고, 황하백의 제를 지내는 사당은 번계(番界)에 있으며, 회하백의 제를 지내는 사당은 사주(泗州)에 있다.

삼수부(三水府)

• • •

중국 민간에서 신앙하는 신령. 수신(水神)의 명칭. 장강(長江)의 신에서 분화되어 나왔다. 오대(五代) 시기에 비롯되었다. 양행밀(楊行密)이 회남(淮南)을 근거로 삼았기에, 오(吳)나라 건정(乾貞) 원년(927) 정월에 마당(馬當) 지역을 상수부(上水府) 영강왕(寧江王)으로 봉하고 산의 남쪽에 사당을 세웠다. 채석(采石) 지역을 중수부(中水府) 정강왕(定江王)으로 봉하고 채석산 아래에 사당을 세웠다. 금산(金山) 지역을 하수부(下水府) 진강왕(鎭江王)으로 봉하고 금산사(金山寺) 내에 사당을 세웠다. 세 사당에 삼수부의 신을 모시고 해마다 제사를 지냈다. 지나는 사람은 반드시 가축, 견직물들을 준비하여 기도를 하였다. 장강은 사독(四瀆) 중 하나로, 한선제(漢宣帝) 때 사독을 상사(常祀)의 대상으로 정했다. 당(唐)나라 때에는 장강을 "광원공(廣源公)"으로 봉하고, 송(宋)나라 때에는 장강을 "광원왕(廣源王)"으로 봉하였는데, 대대로 강독에 제사를 지낸 신은 장강을 통괄하는 신이다. 민간에서는 양자강 삼수부 또는 수부(水府) 삼관(三官) 설도 있다. 즉 양자강을 상, 중, 하 세부분으로 나누는데, 각각 주관하는 강신(江神)이 있어 모두 왕으로 칭하였다. 송나라 진종(眞宗) 때에 강을 "광원왕"으로 가봉(加封)하는 동시에 오대(五代)를 계승하여 삼수부를 가봉함으로써 삼수부신은 강신과 병존하게 되었다.

지모지존(地母至尊)

· · ·

중국 민간에서 신앙하는 신령. 지모(地母) 제사는 유래가 오래되었는데, 이는 고대 토지 제사와 여성 숭배에서 변해 온 것이다. 고대에는 지모를 "지기(地祇)"라고도 불렀다. 사람들은 원래 지모를 "천공(天公)"과 병렬시켜 선천의 조물주로 여겼다. 『삼교수신대전(三教搜神大全)』 「후토황지지(后[10]土皇地祇)」에서는 다음과 같이 말한다. 천지가 나뉘기 이전에는 하나로 뒤섞여 있었다. 이의(二儀)가 처음으로 나뉘자 음양이 자리가 정해졌다. 그래서 맑은 기는 올라가 양(陽)인 하늘이 되고, 탁한 기는 내려가 음(陰)인 땅이 되었다. 양인 하늘은 오태(五太)가 서로 전하다가 오천(五天)이 자리가 정해지자, 위로는 해와 달이 펼쳐지고 하늘의 상이 들쑥날쑥 생겨났다. 음인 땅은 오황(五黃)이 서로를 억제하다가 오기(五氣)가 응결하여 강과 바다를

---

10. 后: 원서에는 '居'로 되어 있으나, 관련 원문에 따라 교감하였다.

생성하고 산과 수풀이 나타났다. 그래서 천양(天陽)과 지음(地陰), 천공(天公)과 지모(地母)라고 하였다. 『세략(世略)』에서는 "땅이란 바로 천지가 처음 나뉜 황토이다. 그래서 토모라 말한다[土者, 乃天地初判黃土也,[11] 故謂土母焉]"고 하였다. 『태평어람(太平御覽)』 권36에서는 『물리론(物理論)』을 인용하여 "땅은 그 괘를 신이라 하고, 그 덕을 모라 하며, 그 신을 기라 한다[地者, 其卦曰神, 其德曰母, 其神曰祇]"고 하였다. 고대의 "사신(社神)", "지기(地祇)" 나아가 "지황(地皇)"에 이르기까지 그 원형은 모두 "지모" 숭배이다.

동정군(洞庭君)

• • •

중국 민간에서 신앙하는 신령. 동정호(洞庭湖)의 신. 당(唐)나라 이조위(李朝威)의 『유의전(柳毅傳)』에 처음 보이는데, 다음과 같이 말한다. 동정군은 "얼굴은 붉고 이는 뾰족하며 머리는 빨갛고 야차처럼 사납다. 한 손으로는 이마를 가리고 눈을 덮은 채로 바라보며, 다른 한 손가락으로는 호숫가를 가리키는데, 그를 따르는 신들도 그렇다. 배로 왕래하는 자는 반드시 제사를 해야 하고, 배안의 사람들은 감히 한마디라도 망언을 해서는 안 되며, 특히 손가락으로 사물을 가리키거나 이마를 가려서는 안 된다. 만일 부주의하게 이를 범하게 되면 풍랑의 위험이 있게 된다.[赤面, 獠牙, 朱髮, 獰如夜叉, 以一手遮額, 覆目而視, 一手指湖旁, 從神亦然. 舟往來者必臨祭, 舟中之人, 不敢一字妄語, 尤不可以手指物及遮額, 不意犯之, 則有風濤之險.]" 후에

---

11. 也: 원서에는 '地'로 되어 있으나, 관련 원문에 따라 교감하였다.

유의(柳毅)가 용녀(龍女)를 위해 동정호 용왕에게 서찰을 전해 주었다는 고사의 영향을 받았다. 민간에서는 유의를 신격화하여, 그가 훗날 용왕의 지위를 계승하여 동정군이 되었다고 하였다. 청(淸)나라 포송령(蒲松齡)의 『요재지이(聊齋志異)』에 다음의 내용이 실려 있다. 당나라의 유의가 용녀를 만났는데, 동정군이 둘을 혼인시켰다. 이후 동정군이 유의에게 왕위를 물려주었다. 또 유의의 용모로는 물의 괴물을 굴복시킬 수 없어, 귀신의 얼굴을 부착하고 낮에는 쓰고 밤에는 벗었다. 그런데 오래되면서 점차 벗는 것을 잊고 습관적으로 쓰게 되어 마침내 얼굴과 합해져 하나가 되었는데, 유의가 거울을 보면서 스스로 부끄러워했다. 그래서 강과 호수에서 배를 타고 놀 때 혹 손으로 물건을 가리키면 자기를 가리키는지 의심하였고, 손으로 이마를 덮어 가리면 자기를 엿보는지 의심하였다. 이에 풍파가 갑자기 일어나 배가 많이 뒤집혔다.

광리홍성대왕(廣利洪聖大王)

• • •

중국 민간에서 신앙하는 신령. 바다의 신으로, "축융(祝融)"이라고 전해진다. 축융은 남방민족의 시조이다. 원래는 황제의 후손으로 남해 일만이천리 끝까지를 관할하였는데, 후에 남해의 신으로 모셔졌다. 지금 광주(廣州) 동쪽 교외의 남해신묘(南海神廟)가 대대로 제를 지내던 곳이었다. 당(唐)나라 현종(玄宗) 천보(天寶) 연간(742~756)에 "광리영부왕(廣利靈孚王)"으로 봉해졌고, 청(淸)나라 옹정제(雍正帝)가 또 "남해조명용왕지신(南海照明龍王之神)으로 가봉(加封)하였다. 민간에서는 "광리홍성대왕"으로 불린다.

임수부인(臨水夫人)

• • •

"순의부인(順懿夫人)", "대내부인(大奶夫人)", "진사부인(陳四夫人)"이라고도 불린다. 중국 민간에서 신앙하는 신령. 도교 여산파(閭山派)에서 창시자로 받들고 있다. 뱀요괴 제거를 담당하며 분만을 도우며 촉진한다. 신앙은 주로 복건(福建) 일대에 집중되어 있고, 대만에도 전해졌다. 절강(浙江) 남부지방에서도 제사를 지낸다. 이 신은 민간 전설에서 시작되었으며, 전적(典籍)의 기록은 일치하지 않는다.『삼교수신대전(三教搜神大全)』에 의하면, 임수부인의 성은 진(陳)이고 이름은 진고(進姑)이며, 복주(福州) 나원(羅源) 하도(下渡) 사람이다. 당(唐)나라 대력(大曆) 원년(766)에 태어났다. 아버지는 배호부(拜戶部) 낭중(郎中)이고 어머니는 갈씨(葛氏)이다. 오빠는 진이상(陳二相)이고 의형제는 진해청(陳海淸)이다. 서량(西涼) 가흥(嘉興) 원년(417)에 뱀요괴가 재앙을 일으키고 사람을 잡아먹으며 고전현(古田縣) 임수촌(臨水村) 영기동(靈氣洞)을 점령하였다. 이에 마을 사람들은 사당을 세우고, 해마다 중양절(重陽節)에 동남동녀 두 사람을 바쳐 해를 끼치지 못하도록 하였다. 후에 관음보살이 이곳을 지나다가 이 곳의 악한 기운이 충천한 것을 보고, 이에 손톱 하나를 잘라 한 줄기 금빛으로 변화시켜 갈씨 부인 배 속으로 잉태시키자 마침내 부인이 태어났다. 17살에 여산(閭山)에 들어가 도법을 배우고 동왕녀(洞王女)가 전한 구뇌파묘강법(驅雷破廟罡法)을 전수받고서, 고향에 돌아와 뱀요괴를 세 토막 내어 고향 사람들의 뱀요괴 우환을 없앴다. 후에 당나라 황후(皇后)가 난산이 있자, 임수부인은 또 법술로 태자를 빨리 낳게 하였다. 그래서 칙령을 내려 "도천진국현응숭복순의대

778

내부인(都天鎭國顯應崇福順意大奶夫人)"으로 봉하고, 고전(古田)에 그녀의 사당을 짓자 사모(蛇母)가 진압되어 해를 입지 않았다. 이로부터 그 법술이 세상에 크게 퍼져, 동남동녀를 보호하고 분만을 촉진하며 갓난아이를 지켜주어 요괴가 해를 끼치지 못하게 하였다. 사금란(謝金鑾)의 『대만현지(臺灣縣志)』에서는, 임수부인은 복주 사람 진창(陳昌)의 딸로서, 일찍이 몸에 붉은 옷을 입고 임수향(臨水鄉)에서 검을 들어 뱀을 잘라 백성들의 해를 제거하였다고 한다. 이에 고향 사람들이 백사동(白蛇洞) 옆에 사당을 세워 제사를 지내니 이후에 신령스런 기적이 더욱 나타났다고 한다. 송(宋)나라 이종(理宗) 순우(淳佑) 연간(1241~1252)에 "숭복소회자제부인(崇福昭惠慈濟夫人)"에 봉하고 "순의(順懿)"라는 편액을 하사하였으며 후에는 또 "천선성모청영보화벽하원군(天仙聖母靑靈普化碧霞元君)"으로 가봉(加封)하였다.

법주공(法主公)

• • •

"도천성군(都天聖君)", "장공법주(張公法主)" 등으로도 불린다. 대만의 민간과 도교에서 신봉하는 신. 송(宋)나라 시기에 복건(福建)에 사는 삼형제가 천주(泉州) 구담(九潭)에 말썽을 부리는 뱀요괴가 있다는 것을 알고, 위험을 무릅쓰고 구담에 뛰어들어 주술을 부려 제거한 후 신선으로 변하여 하늘로 올라갔다. 민중들은 그 은덕에 감사하여 그가 신선이 되어 승천한 곳에 사당을 짓고 공양을 드리며, 사당의 주존(主尊)을 법주공이라 칭하였다. 후대에는 상업의 흥성과 병치료를 위해 기도하였다. 신통력이 크다고 전해져, 복건과 대만 등의 지역에서 도사들에게 상당히 신봉되고 있다.

도천성군(都天聖君)

• • •

"법주공(法主公)"을 말한다.

보생대제(保生大帝)

• • •

도교 신의 명칭. 본명은 오본(吳本)이고, 송(宋)나라 시기 동안_{同安,} 지금의 복건(福建) 하문(廈門) 사람이라고 전해진다. 일찍 과거에 급제하여 어사(御史)를 지냈고, 의술이 출중하여 늘 사람들의 병을 치료하였는 데 영험하기가 신과 같았다고 한다. 세상을 떠난 지 며칠 된 친구를 다시 살려낸 적이 있고, 또 인종(仁宗) 황후의 유방 질병을 치료한 적 도 있다. 별세한 후 많은 백성들이 그의 공덕을 추모하여 자금을 모 아 사당을 짓고 공양을 드렸다. 역대 조정에서도 누차 작호(爵號)를 가봉(加封)하였다. 오본이 하얀 사슴을 타고 승천하여 신선이 되었다 고도 전해진다. 후세 황실에서는 "보생대제"로 봉하였다. 대만 지역 에서 특히 숭배한다.

광택존왕(廣澤尊王)

• • •

"보안존왕(保安尊王)" 또는 "곽성왕(郭聖王)"이라고도 부른다. 중 국 민간과 도교에서 신앙하는 신. 복건(福建) 천주(泉州)와 대만 지 역에서는 천하의 태평과 집안의 평안을 보우(保佑)하는 복신(福神) 으로 여기고 있다. 전설에 의하면, 본래 성은 곽(郭)이고 이름은 홍복 (洪福)이라 한다. 어려서 부모를 잃어 생활이 빈곤하였으며, 후에 사람들에게 오랫동안 양치기로 고용되었는데, 본성이 성실하고 선량하여 암암리에 늘 신의 도움을 받았다고 한다. 한번은 주인을 위해 용혈(龍穴)을 찾는 지관(地官)을 감동시켜, 지관의 지시에 따라 부모님들의 유골을 용혈에 묻고 즉시 떠났다. 후에 돌 위에서 좌선(坐禪)하여 신선이 되었다. 주위 백성들이 남안현(南安縣)지금의 복건에 속한다에 봉산사(鳳山寺)를 짓고 목동 신상(神像)을 만들어 공양하면서 일이 있으면 기도를 하였는데, 자못 영험하였다 한다. 매년 음력 2월 22일은 존왕의 탄신일로서 참배객이 끊이질 않는다. 청(淸)나라 광서(光緒) 연간(1875~1908)에 칙령에 의해 "광택존왕"에 봉해졌다고 전해진다.

보안존왕(保安尊王)

· · ·

"광택존왕(廣澤尊王)"을 말한다.

곽성왕(郭聖王)

· · ·

"광택존왕(廣澤尊王)"을 말한다.

개장성왕(開漳聖王)

· · ·

"성왕공(聖王公)", "진성왕(陳聖王)", "위혜성왕(威惠聖王)"이라고도 불린다. 중국 민간에서 신앙하는 신. 본래 성은 진(陳)이고 이름은 원광(元光)으로, 오대(五代)의 민태조(閩太祖) 왕심지(王審知)의 용맹한 장수였다고 한다. 그는 병사들을 이끌고 용계(龍溪), 남정(南靖), 해징(海澄) 등 7개 현을 평정하고, 계속하여 전력을 다해 용계에 장주(漳州) 부치(府治)를 설치하고, 동시에 널리 어진 정치를 펼쳐 현지인들의 환대를 크게 받았다. 죽은 뒤에 위령왕(威靈王)으로 추봉(追封)되었다. 오늘날 복건(福建)과 대만 지역에 신봉자들이 매우 많다.

성왕공(聖王公)

개장성왕(開漳聖王)을 말한다.

진성왕(陳聖王)

개장성왕(開漳聖王)을 말한다.

위혜성왕(威惠聖王)

개장성왕(開漳聖王)을 말한다.

청수조사(淸水祖師)

중국 민간과 도교에서 신봉하는 신. 전설에 의하면, 속세의 성은 진(陳)이며 복건(福建) 사람이라 한다. 어릴 적에 가정이 빈곤하여 출가 수행하여 마침내 득도하였다. 늘 백성을 위해 병을 치료하였는데 신통한 효과가 있었다. 큰 가뭄이 든 해에 법술을 써서 비를 내리게 하여 민중을 구제하였다. 오랫동안 청수암(淸水岩)에서 살아서 청수조사라 하였다. 세상을 떠난 후, 복건 각지에서 광범하게 사당을 짓고 공양하였다. 오늘날 복건과 대만 지역에 신봉자들이 매우 많다.

이랑신(二郎神)

• • •

중국 고대 신화 속의 인물로서 후에 도교에서 신봉되었다. 관련된 전설이 매우 많은데, 주요한 전설은 다음과 같다. ① 촉(蜀)의 군수 이빙(李冰). 진(秦)나라 소왕(昭王) 51년(BC 256)에 빙(冰)은 촉의 군수로서 수해를 다스렸는데, 언덕을 뚫고 세 강을 터서 면적이 아주 넓은 비옥한 논밭에 물을 대어 천서평원(川西平原)에 복을 가져왔다. 후세 사람들은 그 덕에 감사하여 사당을 세우고 제를 지냈는데, 진한(秦漢)이래로부터 끊긴 적이 없었다. 전설에 의하면, 이빙이 물을 다스릴 때 교룡(蛟龍)이 말썽을 일으키자, 이빙이 소 모양으로 변하여 강에 뛰어들어 교룡과 싸워서 죽였다고 한다. 이에 "촉나라 사람들이 그 패기를 사모하여 뭇 건장한 이들을 모두 빙아라고 이름하였다.[蜀人慕其氣決, 凡壯健者因名冰兒也.]"고 한다. 송(宋)나라 개보(開寶) 연간(968~976)에 "광제왕(廣濟王)"에 봉해졌다. ② 이이랑(李二郎). 전하는 바에 의하면, 이빙이 물을 다스릴 때 그의 아들 이랑(二郎)이 힘을 많이 썼다고 한다. 이에 후세 사람들이 그를 "이랑신"으로 모시고, 관구(灌口)지금의 사천(四川) 도강언(都江堰) 서북쪽에 사당을 세우고 호를 "호국영응왕(護國靈應王)"이라 하였다. 송나라 때에 국가의 사전(祀典)에 편입되었고 특별히 "혜영후(惠靈侯)"에 봉해졌다. 정화(政和) 연간(1111~1118)에 "소혜현영진인(昭惠顯靈眞人)"으로 개봉(改封)

되었다. 청(淸)나라 때에는 "승적광혜영현왕(承續廣惠英顯王)"으로 봉해졌다. ③ 청성(靑城) 도사 조욱(趙昱). 조욱의 자는 중명(仲明)이고 스승은 도사 이각(李珏)으로서 촉(蜀)에 은둔하였다고 전해진다. 수양제(隋煬帝)가 그가 현명한 것을 알고 가주(嘉州)지금의 사천(四川) 낙산(樂山) 태수로 기용하였다. 강의 늙은 교룡이 백성을 해치자 조욱은 용맹하게 물에 뛰어들어 교룡을 베었다. 수(隋)나라 말기에 천하가 크게 어지러워지자 관직을 버리고 은거하여 종적을 감추었다. 후에 가주에 강물이 크게 불어났을 때, 촉나라 사람들은 조욱이 백마를 타고 활을 끼고 사냥개를 끌고 강물 위를 지나가는 것을 보았다. 백성들이 그 은덕을 고마워하여 강어귀에 사당을 세우고 "관구이랑신(灌口二郎神)"이라고 불렀다. 송(宋)나라 진종(眞宗) 때에 "청원묘도진군(淸源妙道眞君)"에 봉해졌다. 이외에 양전(楊戩) 또는 등하(鄧遐)를 이랑신이라고도 한다. 옛날에는 이랑묘(二郎廟)가 전국 각지에 널리 퍼져 있었다. 셋 중에서 두 번째 설이 가장 널리 유포되었고 영향 또한 비교적 크다.

마두낭(馬頭娘)

• • •

속칭 "마명왕(馬明王)"이라 한다. 중국 고대 신화 속의 잠신(蠶神)이다. 전하는 바에 의하면 말머리에 사람 몸을 지닌 소녀였다고 한다. 순황(荀況)의 『잠부(蠶賦)』에서는 "몸은 여자이고 머리는 말머리[身女子而頭馬首]"라고 하였는데, 이 때문에 마두낭이라고 명명하였다고 한다. 간보(干寶)의 『수신기(搜神記)』에는 다음의 내용이 실려 있다. 고대의 한 부락의 추장이 먼 길을 떠나게 되었는데 집에 딸

과 종마만 남게 되었다. 딸은 아버지가 그리워 말에게 농담으로 "네
가 만약 나를 위해 아버지를 돌아오게 할 수 있다면, 나는 너에게 시
집가겠다[爾能爲我迎得父還, 吾將嫁汝]"고 하였다. 이에 말이 즉시
고삐를 끊고 아버지가 있는 곳에 달려가 그를 태우고 돌아왔다. 이로
부터 말은 먹이를 먹지 않고 딸이 드나드는 것을 볼 때마다 기뻐하기
도 하고 노여워하기도 하며 발을 들고 분연히 일어서는 시늉을 하였
다. 아버지가 딸의 농담을 들은 후 곧바로 말을 죽이고 껍질을 마당
에 말렸다. 아버지가 집을 나가자 그 딸이 말 껍질을 발로 차며 인간
마누라를 얻을 욕망을 품지 말았어야 했다고 말을 꾸짖었다. 그런데
말 껍질이 갑자기 벌떡 일어서더니 딸을 감고 날아가 큰 뽕나무 위
에 머물렀다. 딸은 누에로 변하여 실을 토하며 누에고치를 만들었다.
『태평광기(太平廣記)』권479에서는『원화전습유(原化傳拾遺)』를 인용
하여 "누에 여인의 옛 자취는 오늘날의 [촉(蜀)] 광한에 있다. … 오늘
날 그 무덤은 십방, 면죽, 덕양 세 현의 경계에 있는데, 매년 잠신에
게 기도하는 자들이 사방팔방에서 모여들고 있다[蠶女舊跡, 今在廣
漢. … 今家在什邡綿竹德陽三縣界, 每歲祈蠶者, 四方雲集]"고 하였
다. 도교 궁관에서는 그 소상(塑像)을 만들고, 여자가 말 껍질을 쓰고
있다 하여 마두낭이라 부르면서, 마두낭에게 누에치기와 뽕나무 재
배를 기원한다. 당(唐)나라『승이기(乘異記)』에서는 "잠신을 속칭하여
마명보살이라 이른다[俗謂蠶神爲馬明菩薩]"고 하였다.

마명왕(馬明王)

• • • •

마두낭(馬頭娘)을 말한다.

청의신(靑衣神)

• • •

중국 민간 전설의 신. 후에 도교에서 신봉되었다. 전하는 바에 의하면, 사천(四川) 지역에서 양잠업(養蠶業)의 풍년을 돕는 잠신(蠶神)이라 한다. 『삼교수신대전(三敎搜神大全)』에 따르면, 청의신은 고대촉(蜀)나라의 "잠총씨(蠶叢氏)"로서 애초에는 촉후(蜀侯)였는데 후에촉왕(蜀王)으로 불렸으며, 늘 푸른 옷을 입고 향촌을 순행하며 백성들에게 양잠 일을 가르쳤다고 한다. 백성들이 그 은덕을 고마워하여사당을 세우고 제를 지냈다. 천서(川西) 일대에 사당이 매우 많다. 민간에서는 "청의신"이라 부른다. 사천의 청신현(靑神縣)은 여기에서비롯되어 이름이 지어졌다고 전해진다.

화합(和合)

• • •

중국 고대 민간 전설 속에서 남녀의 사랑을 상징하는 신의 명칭. 늘 두 개의 형상으로 그린다. 더벅머리에 웃는 얼굴로 한 명은 연꽃을 쥐고 다른 한 명은 둥근 함을 들고 있는데, 조화와 화합의 뜻을 취한 것이다. 옛날에 민간에서 혼례를 치를 때에는 화합(和合)의 형상을 즐겨 나열함으로써 길함을 도모하였다. 대청에 화합의 상을 일 년내내 걸어놓는 자도 있었다. 또 『서호유람지(西湖遊覽誌)』에서는 다음과 같이 말한다. "송나라 때 항주에서는 납일(臘日)에 만회가가(萬回哥哥)에게 제를 지낸다. 그 형상은 더벅머리에 웃음 띤 얼굴로 몸에는 푸른 옷을 입고 왼손에는 북을 떠받들고 오른손에는 방망이를쥐고 있는데, 그를 화합신이라 한다. 화합신에게 제를 지내면 사람이

만 리 바깥에 있더라도 집으로 돌아올 수 있다 하여 만회(萬回)라 하였다.[宋時杭城以臘日祀萬回哥哥, 其像蓬頭笑面, 身著綠衣, 左手擎鼓, 右手執棒, 云是和合之神. 祀之可使人在萬里之外, 亦能回家, 故曰萬回.]" 애초에는 한 신이였으나 후에 두 신으로 변화여 "화합이선(和合二仙)"이라 칭하였다.

화합이선(和合二仙)

. . .

화합(和合)을 참고하라.

도술

도술(道術)

. . .

　중국 고대의 자연과 사회를 포괄하는 일체의 원리와 방법에 대한 총칭. 『장자(莊子)』「천하편(天下篇)」에는 "옛날에 도술이라 말하는 것은 과연 어디에 있는가? 대답하였다. 없는 곳이 없다[古之所謂道術者, 果惡乎在? 曰, 無乎不在]"고 하였다. 후대 도교에서는 도술을 도교의 방술(方術)을 가리키는 말로 계속 사용하였고, "선술(仙術)"이라고도 칭했다. 『운급칠첨(雲笈七籤)』권45 『비요결법(秘要訣法)』「서사(序事)」에서는 "도란 텅 빈 무의 지극한 진이다. 술이란 변화의 오묘한 기술이다. 도는 형체가 없기에 술을 사용해서 사람을 구제한다. 사람은 신령하기 때문에 수련을 통해서 도를 깨달을 수 있다[道者虛無之至眞也. 術者變化之玄伎也. 道無形, 因術以濟人. 人有靈, 因修而會道]"고 하였다.

방술(方術)

. . .

　고대 방사(方士)들이 행했던 술수. 천문(天文)·역산(曆算)·점험

(占驗) · 성상(星相) · 의약(醫藥)무의(巫醫)를 포괄한다 · 복서(葡筮) · 풍수
[堪輿] · 둔갑(遁甲) · 신선술[神仙] · 방중(房中) · 황백술[冶煉黃白]
등을 가리킨다. 『후한서(後漢書)』「방술열전(方術列傳)」에는 화타(華
佗) · 비장방(費長房) · 좌자(左慈) · 해노고(解奴辜) · 감시(甘始) · 왕
진(王眞) 등의 방사들이 "아득하고 심오한 것을 찾아서 사람들에게
맞추어 적용하였고[探抽冥賾, 參驗人區]", "화와 복을 정하고 의심쩍
은 일을 없애 주며, 신명에게 그윽이 도움을 받아 앞으로 올 일을 알
아[定禍福, 決嫌疑, 幽贊於神明, 遂知來物]" 각종 미래의 자취를 미
리 알렸다는 기록이 실려 있다. 그들이 단약을 제련하여 채취하고,
복식(服食)을 통해 양생하며, 귀신에게 제사 지내고, 기도와 주문으
로 재앙을 물리치는 방법 등은 도교에서 계승되어 수련과 제도(濟度)
의 중요한 방법이 되었다.

토납(吐納)

· · ·

양생 수련 명사. 원래는 고대 양생 방법의 한 종류이다. 즉, 폐 속
의 탁한 기를 전부 입으로 내쉬어 배출하고, 다시 코로 천천히 맑고
새로운 공기를 들이 마시는 것으로 "토고납신(吐故納新)"이라고 부르
는데, 이 말은 『장자(莊子)』 「각의(刻意)」에 나온다. 이후에 도교에서
계승 발전되어, 토납(吐納)으로 '생기(生氣)'를 흡입하고 '사기(死氣)'
를 배출하여 장수할 수 있다고 여겼다. 혜강은 『양생론(養生論)』에서
"숨을 내쉬고 들이쉬면서 토납함으로써 복식하여 양생한다[呼吸吐
納, 服食養生]"고 하였다. 『태평어람(太平御覽)』 권668에서는 『태상
삼원경(太上三元經)』을 인용하여 "진인과 도사는 항상 토납으로 육

액을 조화한다[眞人道士常吐納以和六液]"고 하였다. 『한무제내전(漢武帝內傳)』에서는 "토납으로 수명을 연장할 수 있다[吐納可以延年]", "도를 이루어 지위가 선인이 된 사람은 육기를 토납하여 입 속에서 감미로운 향이 난다[道成則位爲仙人, 吐納六炁, 口中甘香]"고 하였다. 『운급칠첨(雲笈七籤)』권32에서는 "기를 뱉어내는 여섯 가지는 취(吹)·호(呼)·희(唏)·가(呵)·허(噓)·신(呬)인데, 모두 기를 나가게 한다. …… '취'는 열(熱)을 제거하고, '호'는 풍(風)을 제거하고, '희'는 번뇌를 제거하고, '가'는 기를 내리며, '허'는 막힌 것을 흩어지게 하고, '신'은 피로를 풀게 한다[吐氣六者, 謂吹呼唏呵噓呬皆出氣也……吹以去熱, 呼以去風, 唏以去煩, 呵以下氣, 噓以散滯, 呬以解極]"고 한다.

도인(導引)

• • •

'도인(道引)'이라고도 칭한다. "기를 이끌어 조화롭게 하고 신체를 펴서 부드럽게 한다[導氣令和, 引體令柔]"는 의미이다. 도교 수련의 명사. 원래는 중국 고대의 신체를 건강하게 하고 병을 물리치는 일종의 양생 방법이었다. 후세의 도교가 흡수하여 수련방법의 하나로 삼았다. 중의학 역시 이를 채용하였다.

도인이라는 용어는 『장자(莊子)』「각의(刻意)」, "깊이 숨을 내쉬고 들이쉬어 옛것을 뱉어내고 새로운 것을 들이마시며, 곰이 나무를 잡고 서고 새가 날개를 펴는 것처럼 하는 것은 수명을 늘이기 위한 것일 뿐이다. 이는 도인을 하는 사람, 몸을 기르는 사람, 팽조와 같이 오래 산 사람들이 좋아 하는 것이다[吹呴呼吸, 吐故納新, 熊經鳥伸,

爲壽而已矣, 此導引之士, 養形之人, 彭祖壽考者之所好也]"에서 최초로 보인다. 『소문(素問)』 「이법방의론(異法方宜論)」에서는 "그 치료는 도인과 안교로 해야 한다[其治宜導引按蹻]"고 하였는데, 왕빙(王冰)은 "도인은 근육과 뼈, 사지와 관절을 움직이는 것이다[導引, 謂搖筋骨, 動支節]"라고 주석하였다. 『포박자(抱朴子)』 「별지(別旨)」에서는 "몸을 펴기도 하고 굽히기도 하며, 구부리기도 하고 우러러 보기도 하며, 걷기도 하고 눕기도 하며, 한 발로 서기도 하며, 펄쩍 뛰기도 하고 멈추기도 하며, 천천히 걷기도 하고, 소리를 내기도 하고 호흡을 하기도 하는데, 이들은 모두 도인이다[或伸屈, 或俯仰, 或行臥, 或倚立, 或躑躅, 或徐步, 或吟或息, 皆導引也]"라고 한다. 『일체경음의(一切經音義)』에서는 "사람들이 스스로 몸을 비비기도 하고 문지르기도 하며, 손과 발을 펴기도 하고 오므리기도 하여, 피로를 제거하니, 이를 도인이라고 한다[凡人自摩自捏, 伸縮手足, 除勞去煩, 名爲導引]"고 적고 있다.

1973년 장사(長沙) 마왕퇴(馬王堆)에서 서한(西漢)시기 묘에서 비단에 그려진 『도인도(導引圖)』가 출토되었는데, 44종의 도인 자세가 그려져 있었다. 수(隋)나라 소원방(巢元方)의 『제병원후론(諸病源候論)』에는 도인치료법 260여 종이 실려 있다. 『운급칠첨(雲笈七籤)』 권32에서 권34까지 도인법을 상세히 실어 놓고, "도인법은 오래하면 사람의 수명을 연장하는데, 기를 조절하여 서로 따르게 하고, 혈맥을 통하게 하여 온갖 병을 물리친다[導引之法, 深能益人延年, 與調氣相須, 令血脈通, 除百病]"라고 하였다. 도교에는 『태청도인양생경(太清導引養生經)』이 있는데, 『도장(道藏)』 제 568책에 수록되어 있다.

복기(服氣)

• • •

'식기(食氣)'라고도 하고 '함기(舍氣)', '연기(煉氣)'라고도 한다. 내
단 수련의 방술. 원래는 고대의 호흡을 통한 양생의 방법이었다. 혜
강(嵇康)의 『양생론(養生論)』에서는 "숨을 내쉬고 들이쉬며 토납함으
로써 복식하여 양생한다[呼吸吐納, 服食養生]"고 한다. 『진서(晉書)』
「장충전(張忠傳)」에서는 "장충이 태산에 은거하면서, 마음을 고요하
게 하고 욕심을 줄이며, 청허하게 하며 복기하였다[忠隱於泰山, 恬靜
寡欲, 淸虛服氣]"고 적고 있다. 이는 후세의 도교에 의해 계승·발전
되어 호흡을 통해 "일월의 정화[日精月華]"를 복식할 수 있다고 여겨
졌고, 신선을 수련하는 하나의 방법으로 간주되었다.

도교의 복기법의 종류는 매우 많다. 『태청조기경(太淸調氣經)』에서
는 다음과 같이 말한다. "코로는 길게 기를 들이마시고 입안에 침이
가득차면 삼킨다. 그런 뒤에 뱉는데 조금만 뱉고 많이 들이 마신다."
복기할 때에는 마땅히 다음 사항을 주의를 해야 한다. ① 코로 기를
들이 마시고 입으로 기를 뱉으며, 호흡은 가늘고[細], 길고[長], 깊고
[深], 고르게[勻] 해야 한다. ② 복기를 할 때는 반드시 그윽하고 고요
하며 공기가 맑고 신선한 곳을 선택해서 이른 시간에 숲속에서 행해
야 한다. ③ 복기는 도인(導引)·안마(按摩)와 결합시킬 수 있다. ④
복기는 음식을 절제하여 지나치게 배부르게 하지 않아야 한다. ⑤ 복
기를 할 때는 의념(意念)의 활동에 주의해야 하니, 일체의 잡념을 제
거하여 심리 상태를 편안하게 하여야 한다. 마음을 고요히 하여 일
(一)을 지키고, 신을 응결하여 기를 모아서, 심기(心氣)가 화평하게
하고 신기(神氣)가 합일하게 하여야 한다.

도교에는 복기와 관련된 책이 매우 많은데, 예를 들면, 사마승정(司馬承禎)의『복기정의론(服氣精義論)』『도장(道藏)』제571책, 연령선생(延齡先生)이 모은『신구복기경(新舊服氣經)』『도장(道藏)』제570책,『태청복기구결(太淸服氣口訣)』『도장(道藏)』제569책,『태청조기경(太淸調氣經)』『도장(道藏)』제569책,『태청왕로구전복기법(太淸王老口傳服氣法)』『운급칠첨(雲笈七籤)』권59 등이 있다.

행기(行氣)

• • •

내단 수련의 방술. "복기(服氣)"와 같다. 진(晉)나라 갈홍(葛洪)의 『포박자(抱朴子)』「지리편(至理篇)」에 "복약하는 것이 장생의 근본이지만, 아울러 행기를 겸할 수 있는 자는 그 이로움이 매우 빠르게 나타난다. 만일 약을 얻을 수 없을지라도 단지 행기하여 그 다스림을 온전히 한 자 역시 수백 세를 살 수 있다[服藥雖爲長生之本, 若能兼行氣者, 其益甚速. 若不能得藥, 但行氣而盡其理者, 亦得數百歲]"고 하고, 또 "행기를 잘하는 자는 안으로는 양생하고, 밖으로는 악을 물리친다[善行氣者, 內以養生, 外以卻惡]"고 한다.

『운급칠첨(雲笈七籤)』권32 "복기요병(服氣療病)"에서 행기(行氣)・식기(食氣)・복기(服氣)에 대해 "단지 코로 신선한 기를 마시고 입으로 탁한 기를 토하는 것을 토고납신이라 한다.『복기경』에서 말하였다. 도는 기이니, 기를 보존하면 도를 얻고, 도를 얻으면 오래 존재한다. 신은 정이니, 정을 보존하면 신이 밝아지고, 신이 밝아지면 오래 산다[但令鼻納口吐, 所謂吐故納新也. 服氣經曰, 道者, 氣也, 保氣則得道, 得道則長存. 神者精也, 保精則神明, 神明則長生]"고 하였다. 같은 책 권

33 "행기(行氣)"에서는 다음과 같이 말한다. "행기의 법은 밀실에서 문을 닫고, 눈을 감고 옆으로 누워 두 치 높이의 베개를 벤다. 듣지도 보지도 생각하지도 말고, 기쁘거나 성내거나 근심하거나 노하지도 말고, 폐기하면서 숨을 센다. 처음에는 셋을 셀 때 한 호흡이 되고, 다섯을 셀 때 한 호흡이 되고, 아홉을 셀 때 한 호흡이 되게 한다. … 일천을 셀 때 한 호흡이 되는 데에 이르면 신선에 가까워진다.[行氣之法, 密室閉戶, 瞑目偃臥, 枕高二寸, 無聞無見無思, 不動喜怒憂恚, 閉氣數息. 初時三息五息九息. … 至於千則近乎仙矣.]" 행기의 여러 법은 같은 책 "제가기법(諸家氣法)"『운급칠첨』권56~62에서 상세하게 서술하고 있다.

함기(含氣)

"복기(服氣)"를 말한다.

포기(布氣)

도교 방술 명사. 수(隋)·당(唐) 이래로 복기(服氣)를 말한 도교 경전 가운데 종종 기를 채취하고 밖으로 기를 내어 보내 사람들의 병을 치료하는 것을 포기라고 일컬었다. 『운급칠첨(雲笈七籤)』권60 『환진선생복내원기결법(幻眞先生服內元氣訣法)』「포기결(布氣訣)」에서는 다음과 같이 말하고 있다. 포기를 통해 사람의 병을 치료하고자 하면, 먼저 병든 사람의 질환이 있는 오장 부위를 따라 가면서, 사방(四方)의 기를 취하여 병든 사람의 몸에 넣어 준다. 병자로 하여금 질환이 있는 오장에 상응하는 방위를 바라보게 하고 환자의 마음과 생각이 고요하게 한다. 그러고 나서 기를 넣어준다. 기를 넣어주는 것이 끝나면 곧 기를 삼키게 한다. 그러면 귀신이 스스로 도망가고 삿된 기가 영원이 끊어진다. 포기는 기공(氣功) 치료방법의 일종이다.

태식(胎息)

• • •

내단 수련 방술. 『후한서(後漢書)』「왕진전(王眞傳)」에 "태식(胎息)·태식(胎食)의 방술에 두루 능했다[悉能行胎息胎食之方]"고 하였는데, 이현(李賢)은 여기에 다음과 같이 주석하였다. "『한무내전(漢武內傳)』에서 말하였다. 왕진의 자는 숙경이며, 상당 땅 사람이다. 폐기를 하여 삼키는 것을 수련했는데, 이를 태식(胎息)이라고 한다. 혀 아래 침샘을 자극하여 침을 삼키는 것을 익혔는데, 이를 태식(胎食)이라고 한다. 왕진이 그것을 행하며 200여 일을 벽곡하였는데, 피부색이 빛나고 아름다웠으며, 힘은 여러 사람을 합친 것과 맞먹었다.[漢武內傳曰, 王眞字叔經, 上黨人, 習閉氣而呑之, 名曰胎息. 習嗽舌下泉而咽之, 名曰胎食. 眞行之, 斷穀二百餘日, 肉色光美, 力並數人.]"『포박자(抱朴子)』「석체(釋滯)」에서는 "태식을 할 수 있는 자는 코와 입으로 숨을 쉬지 않아 사람이 태반에 있을 때와 것과 같다[得胎息者, 能不以鼻口噓吸, 如人在胞胎之中]"라고 하였다. 그러므로 기공(氣功)을 단련하여 깊은 경지에 이른 자는 마치 태아가 엄마 배 속에 있어서, 코로 숨을 쉬지 않는 것과 같다. 그러므로 태식이라고 이름 한다. 『도장(道藏)』에는 『고상옥황태식경(高上玉皇胎息經)』, 『태식경주(胎息經注)』, 『태상양생태식기경(太上養生胎息氣經)』등 여러 종이 수록되어 있다.

삼시(三尸)

· · ·

'삼팽(三彭)'·'삼충(三蟲)'이라고도 한다. 도교 용어. 왕충(王充)의
『논형(論衡)』「상충편(商蟲篇)」과 『삼국지(三國志)』「화타전(華佗傳)」에
서 말한, 사람 몸속의 세 종류의 벌레[三蟲]를 지칭한다. 이를 '삼시
신(三尸神)'이라고도 한다. 『포박자(抱朴子)』「미지(微旨)」에서는, "사
람 몸속에 삼시가 있다고 하는데, 삼시라는 것은 형체가 없지만 실지
로는 혼령과 귀신에 속한다[言身中有三尸, 三尸之爲物, 雖無形而實
魂靈鬼神之屬也]"고 하였다. 『태상삼시중경(太上三尸中經)』에서는,
상시(上尸)는 이름이 팽거(彭倨)이고 사람의 뇌 속에 있고, 중시(中
尸)는 이름이 팽질(彭質)이며 사람의 배 속에 있으며, 하시(下尸)는
이름이 팽교(彭矯)로 사람의 발에 있다고 하였다.『운급칠첨(雲笈七籤)』권81
에 보인다. 『옥궤경법(玉櫃經法)』·『유양잡조(酉陽雜俎)』에서는 상시의
이름을 청고(靑姑), 중시의 이름을 백고(白姑), 하시의 이름을 혈고
(血姑)라고 하였다. 송(宋)나라 섭몽득(葉夢得)의 『피서록화(避署錄
話)』하권에서는 다음과 같이 말한다. "도가에 삼시라는 말이 있는데,
이를 삼팽이라고도 한다. 사람 몸속에 모두 이 삼충이 있어서 사람의
잘못을 기록하였다가 경신일이 되면 사람이 잠을 자는 틈을 타서 올
라가, 상제에게 고한다고 한다. 그러므로 도를 배우는 자는 경신일이
되면 번번이 잠을 자지 않는데, 이를 수경신이라고 한다. 간혹 약을
먹어 삼충을 죽이기도 한다.[道家有言三尸, 或謂之三彭. 以爲人身
中皆有是三蟲, 能記人過失, 至庚申日, 乘人睡去, 而讒之上帝. 故學
道者至庚申日, 輒不睡, 謂之守庚申. 或服藥以殺三蟲.]" 전하는 바에
따르면, 신선되기를 구하는 자는 반드시 먼저 삼시를 제거하고, 담담

히 무욕하여 정신을 안정시키고 본성을 밝게 하여 널리 선을 쌓으며, 약을 복용해 수명을 늘여야 비로소 도를 얻을 수 있다고 한다.

삼충(三蟲)

① "삼시(三尸)"를 말한다.

② 사람 뱃속의 벌레. 『후한서(後漢書)』「화타전(華佗傳)」에서 "화타가 칠엽청첩산을 주며 …… 오랫동안 복용하면, 삼충을 제거하고 오장을 이롭게 하며, 몸이 가벼워져 사람의 머리가 희어지지 않게 한다고 말하였다[佗授以漆葉靑黏散……言久服, 去三蟲, 利五臟, 輕體, 使人頭不白]"고 하였다. 『논형(論衡)』「상충편(商蟲篇)」에서는 "황보융이 말하기를 몸을 다스리는 요체는 아침마다 옥천침을 복용하여 사람으로 하여금 안색이 젊어지게 하고, 삼충을 제거하고 이빨을 튼튼하게 한다[皇甫隆曰, 治身之要, 當朝朝服玉泉, 使人丁壯有顏色, 去三蟲而堅齒也]"고 하였다.

삼팽(三彭)

"삼시(三尸)"를 말한다.

수경신(守庚申)

도사가 수련하는 방술 중의 하나. 경신일(庚申日)에 밤새 정좌하여 자지 않기 때문에 수경신이라고 명명하였다. 도교에서는 사람 몸속에 삼시신(三尸神)이 있어 매년 경신일에 하늘로 올라가 사람의 죄과를 말하는데, 이날에 만약 청정하게 재계하고 잠을 자지 않아 삼시신이 하늘로 올라가지 못하게 하면, 재앙을 면할 수 있다고 생각한다. 고영보도서(古靈寶道書)인『원시오노적서옥편진문천서경(元始五老赤書玉篇眞文天書經)』하권에서는 수경신에 관한 설이 기록되어 있는 것으로 보아 남북조(南北朝) 시기에 이미 이러한 풍속이 있었음을 알 수 있다. 송(宋)나라 섭몽득(葉夢得)의『피서록화(避暑錄話)』에는 다음과 같은 기록이 있다. 당말(唐末) 도사 정자소(程紫霄)가 종남산(終南山) 태극관(太極觀)에서 사람들이 수경신을 하는 것을 보고, 웃으며 말하였다. 삼시가 어찌 여기에 있겠는가? 나의 스승께서 수경신에 가탁하여 악을 행하는 자를 두렵게 하였을 뿐이다. 마침내 대중에게 시를 지어 말했다. "수경신을 행하지 않아도 의혹이 없으니, 이 마음은 항상 도를 따르네. 옥황이 이미 스스로 행하고 그칠 것을 아니, 너에게 삼팽설의 시비를 맡기노라[不守庚申亦不疑, 此心常與道相依. 玉皇已自知行止, 任爾三彭說是非]." 수경신의 다른 한 방법은 참삼시(斬三尸)이다.『운급칠첨(雲笈七籤)』권82에 실린『신선수경신법(神仙守庚申法)』에서는 다음과 같이 말했다. "경신일에 밤새 자지 않고 있다가 하시가 교대할 때 이를 베어 죽여 돌아가지 못하게 한다. 다시 경신일에 밤새 자지 않고 있다가 중시가 교대할 때 이를 베어 죽여 돌아가지 못하게 한다. 다시 경신일에 밤새 자지 않고 있다가 상시가 교대할 때 이를 베어 죽여 돌아가지 못하게 한다. 삼시가 모두 사라지면, 사명신이 사자의 장부에서 나의 이름을 삭제하여 장생록에 기록하니, 마침내 하늘로 올라가 천인과 노닐게 된다.[常以庚申日, 徹夕不眠, 下尸交對, 斬死不還. 復庚申日,

徹夕不眠, 中尸交對, 斬死不還. 復庚申日, 徹夕不眠, 上尸交對, 斬死
不還. 三尸皆盡, 司命削去死籍, 著長生錄, 上與天人遊.]"

오시(五尸)

· · ·

 "오신(五神)", "오귀(五鬼)"라고도 한다. 도교 방술 명사. 오장 내의
다섯 종류 사기(死氣)_{탁기(濁氣)}를 가리킨다. 『운급칠첨(雲笈七籤)』 권82
에서 『동장(洞章)』을 인용해 말한다. "태상의 세 기는……죽음을 물리
치고 생명을 가져오려면, 삼귀를 제거하고 오신을 쓸어내야 한다. 오신
은 다른 말로 오시이고 삼귀는 삼충이다. 충과 시가 서로 이름을 부르
면 신이 뒤섞이고 귀가 어지럽혀진다. 삼시는 상시·중시·하시이다.
오시는 청시·적시·황시·백시·흑시이다.[太上三氣……卻死來生,
消除三鬼, 滌蕩五神. 五神一曰五尸, 三鬼一曰三蟲, 蟲尸互名, 參神亂
鬼. 三尸, 上尸中尸下尸也. 五尸, 靑尸赤尸黃尸白尸黑尸.]" 도교에서
는 수경신을 통해 생기(生氣)를 일으키고 삼시·오시를 제압해서, 다
섯 종류의 사기(死氣)로 하여금 저절로 소멸되게 하여 장생을 구한다.

오신(五神)

· · ·

 "오시(五尸)"를 말한다.

오귀(五鬼)

· · ·

 "오시(五尸)"를 말한다.

삼시오도문(三尸五道門)

• • •

"오고오도문(五苦五道門)"이라고도 한다. 도교 방술 명사. 『운급칠첨(雲笈七籤)』권81의 기록에 따르면, 사람의 색(色) · 애(愛) · 탐(貪) · 경(競) · 신(身) 다섯 종류의 죄업을 가리킨다. 즉, 색루고심문(色累苦心門); 색욕에 얽매여 마음을 괴롭히는 문, 애루고신문(愛累苦神門); 사랑에 얽매여 정신을 괴롭히는 문, 탐루고형문(貪累苦形門); 탐욕에 얽매여 몸을 괴롭히는 문, 화경고정문(華競苦精門); 화려함을 다투느라 정을 괴롭히는 문, 신루고혼문(身累苦魂門); 몸에 얽매여 혼을 괴롭히는 문을 말한다. 또 이 다섯 가지 고도(苦道)는 항상 사람 몸에 거처하면서 "사람을 진의 길로 이끄는 것을 막고, 신선을 수양하는 학문을 끊게 만든다[遏人招眞之路, 斷人修仙之門]"고 한다. 도를 배우는 자는 마땅히 삼시(三尸)를 주술로 베어버리고 오루(五累)를 끊어 없애서 오고(五苦)를 넘어서야 도를 얻어 진(眞)을 이룰 수 있다.

오고오도문(五苦五道門)

• • •

"삼시오도문(三尸五道門)"을 말한다.

삼시삼악문(三尸三惡門)

• • •

"삼시도(三尸道)" 또는 "삼도계(三徒界)"라고도 한다. 도교 방술 명사.『운급칠첨(雲笈七籤)』권81의 기록에 따르면, 사람이 도(道)를 얻어

진(眞)을 이루는 데 방해가 되는 색(色)·애(愛)·탐(貪), 세 종류의 정욕을 가리킨다. 이 세 가지는 "항상 사람 몸속에 거하면서 삼관의 입구를 막고, 삼명의 뿌리를 자르며, 신선을 배우는 길을 막으며, 날아오르는 혼을 억누른다[常居人身中, 塞人三關之口, 斷人三命之根, 遏人學仙之路, 抑人飛騰之魂]"고 한다. 배우는 자가 "마땅히 이 세 욕망을 없애 삼시의 뿌리를 제거하면 도는 저절로 이루어진다[宜遣諸欲, 滅落尸根, 道自然成]"고 한다. "삼시오도문(三尸五道門)"을 참고하라.

삼시도(三尸道)

"삼시삼악문(三尸三惡門)"을 말한다.

삼도계(三徒界)

"삼시삼악문(三尸三惡門)"을 말한다.

벽곡(辟穀)

"단곡(斷穀)", "절곡(絕穀)", "휴량(休糧)"이라고도 한다. 도교 방술 명사. 오곡을 먹지 않는 것을 말한다. 도교는 인체 내에 삼시(三尸) 혹은 삼팽(三彭)이라고 부르는 삼충(三蟲)이 있다고 여긴다. 『태청중황진경(太淸中黃眞經)』에서는 다음과 같이 말한다. 상시(上尸)는 뇌궁(腦宮)에 거처하며, 중시(中尸)는 명당(明堂)에 거처하고, 하시(下尸)는 복위(腹胃)에 거처하면서, 인체를 해치는 삿된 마귀로 인욕이 생겨나는 근원이다. 삼시의 생존은 곡기(穀氣)에 의존하기에 만약 사람이 오곡을 먹지 않아 곡기를 끊게 되면 삼시는 곧 죽고, 인체 내의 삿된 마귀 역시 소멸한다. 그러므로 장생하고자 하면 마땅히 벽곡을 행해야 한다. 벽곡을 할 때에는 결코 일체의 것을 전혀 먹지 않는 것이 아니라 오히려 약물(藥物)은 먹어야 하고 또한 도인(導引) 등의 공부를 함께 해야 한다. 『사기(史記)』「유후세가(留侯世家)」에서는 "유후는 천성적으로 병이 많아, 도인을 하고 곡식을 먹지 않았다[留侯性多病, 即導引不食穀]"고 하였는데, 배사(裴駰)의 집해(集解)에서는 "벽곡약을 복용하면서 고요히 거처하고 행기하였다[服辟穀藥, 而靜居行氣]"고 하였다. 『포박자(抱朴子)』「겁혹편(怯惑篇)」에서는 "낯선 곳의 깊은 산 속을 다니면서도 여러 약초를 캐서 벽곡할 수 있다는 것을 알지 못하는 자[因走之異界深山中, 又不曉采掘諸草木藥可以辟穀者]"라고 하였다. 벽곡은 "절곡(絕穀)"이라고도 한다. 『포박자(抱朴子)』「지리편(至理篇)」에서는 장량(張良)즉 유후(留侯)가 "도인을 수련하고 절곡을 1년 하자 신선의 도에 들어맞았다[遂修導引, 絕穀一年, 規輕擧之道]"고 하였다. 또한 벽곡은 "단곡(斷穀)"이라고도 한다. 『포박자(抱朴子)』「도의편(道意篇)」에서는 "기를 머금고 곡기를 끊으면 백일 만에 아이의 상태로 되돌아 갈 수 있다[吞氣斷穀, 可得百日以還]"고 하였다. 또한 벽곡은 "휴량(休糧)"이라고도 한다. 『포박자(抱朴子)』「논선편(論仙篇)」에서는 "신선의 법은 냄새나고 비린 것을 끊고, 음식을 끊어 장을 맑게 하고자 한다[仙法欲止絕臭腥, 休糧淸腸]"고 하였다. 일반적으로 고대 한어에서, 벽(辟)·단(斷)·절(絕)·휴(休)는 그 의미가 같거나 비슷한데, "그치네[止]"라고 해석할 수 있기 때문에 이러한 이름이 생겼다.

1973년 12월에 마왕퇴한묘(馬王堆漢墓)에서 출토된 백서(帛書)에는 『각곡식기(卻穀食氣)』편이 있다.

절곡(絕穀)
. . .

"벽곡(辟穀)"을 말한다.

단곡(斷穀)
. . .

"벽곡(辟穀)"을 말한다.

휴량(休糧)
. . .

"벽곡(辟穀)"을 말한다.

악고(握固)
. . .

도교 명사. 양생수련 중에 도인(導引)과 안마(按摩)를 할 때 행하는 일종의 방법. 원래는 『도덕경』 55장의 "뼈는 약하고 근육은 부드럽지만 주먹 쥔 손아귀의 힘은 강하다[骨弱筋柔而握固]"라는 말에서 나왔다. 당(唐) 현종(玄宗)은 "갓난아기는 뼈는 약하고 근육은 부드럽지만 주먹 쥔 손아귀는 강할 수 있다[赤子骨弱筋柔而能握拳牢固]"라고 주석하였다. 『운급칠첨(雲笈七籤)』 권32에서는 "바르게 누워 눈을 감고 주먹을 쥐고 폐기하여 숨을 쉬지 않고 마음속으로 200까지 수를 헤아리고 나서 입으로 숨을 뱉어낸다[正偃臥瞑目握固, 閉氣不息, 於心中數至二百, 乃口吐氣出之]"고 하고, 또 "혼과 백의 문을 잡고 닫는 것을 악고라고 하니, 그렇게 하면 혼백이 문호에서 편안하다. 이는 정을 견고하게 하면서 눈을 밝게 하며, 나이를 먹지 않고 백을 돌이키는 법이다. 하루 종일 악고할 수 있으면 삿된 기와 온갖 독이 들어올 수 없다[拘魂門, 制魄戶, 名曰握固, 與魂魄安門戶也. 此固精明目, 留年還魄之法. 若能終日握之, 邪氣百毒不得入]"라고 하였는데, 주석에서는 "악고법은 엄지손가락을 굽혀 네 손가락 아래에 두는 것이다[握固法, 屈大拇指於四小指下]"라고 말한다. 또『도문통교필용집(道門通教必用集)』권7 "칙단의(敕壇儀)"의 주석에서는 "악고는 엄지손가락을 중지의 중간 마디에 집어넣고 네 손가락을 손바닥 중심에 모으는 것이다[握固, 以大拇指掐中指中節, 四指齊收於手心]"라고 말하고 있다.

방중술(房中術)
• • •

고대 방사들이 주장한 방술로, 남녀가 교합할 때 욕망을 절제하여 양생하며 정(精)을 보존하는 도이다.『한서(漢書)』「예문지(藝文志)」의 방기략(方技略)에는 황제(黃帝), 용성(容成) 등 팔가(八家)를 기록하며, "즐기되 절도가 있으면 화평하고 장수한다. 미혹되어 절도를 살피지 않으면 질병이 생기고 성명을 훼손한다[樂而有節, 則和平壽考. 及迷者弗顧, 以生疾而隕性命]"라고 하였다. 방중은 방술(方術)의 한 유파이다.『후한서(後漢書)』「방술열전(方術列傳)」에는 냉수광(冷壽光), 감시(甘始) 등의 인물이 등장한다. 이후 도교에 흡수되었다. 도가는 음양이 화합하는 것은 자연의 이치로서 음양이 사귀지 않으면 막혀 통하지 않아 질병을 일으킨다고 여긴다. 방중술은 남녀의 교합의 도와 절욕과 위생의 도를 추구하는데, 오두미도는 이를 "남녀합기술[男女合氣之術]"이라고 불렀다. 방중술은 일찍이 동진시기 갈홍(葛洪)의 『포박자(抱朴子)』에서 논술되었다. 『수서(隋書)』·『구당서(舊唐書)』·『신당서(新唐書)』 등의 「예문지(藝文志)」 의방류(醫方類)에서 고루 그 책들을 수록하고 있다. 그러나 도교 청수파(淸修派)와 전진교도(全眞教道)들은 방중술을 반대한다. 방중술에 관한 책들은 대부분 전해 내려오지 않는다.

남녀합기(男女合氣)

"방중술(房中術)"을 말한다.

정(精)

도교 수련 명사. 여러 학파의 해석이 일치하지 않는다. 선진시기의 제자백가에서도 이미 정 개념이 제기되었다. 『관자(管子)』 「수지(水地)」에서 "사람은 물이니, 남녀가 정기를 합하면 물이 흘러 형체가 된다[人, 水也, 男女精氣合, 而水流形]"라고 한다. 『내경(內經)』에서는 정기(精氣)을 들이마시고 내쉬는 것에 대해서 말했다. 도교는 이러한 설을 계승하고 발전시켰다. 『태평경(太平經)』에서는 "정(精)"을 "삼일(三一)"의 하나로 여겨, 정은 땅으로부터 받은 것으로, 정을 중시하는 것이 장수의 도라고 인식한다. 『현문대론(玄門大論)』에서는 정을 "텅 비어 오묘한 지혜가 빛나는 공[虛妙智照之功]"으로 여기며, 『토납경(吐納經)』에서는 정을 "혈맥의 시내가 흐르는 것[血脈之川流]"이며, "사람이 말미암아 생겨나는 것[人之所由生]"으로 말한다. 도교 내단학이 흥기함에 따라, 내단가들은 정을 연단(煉丹)할 약물 중의 하나라고 여겼다. 내단가들은 생명의 근원이 정에 있다고 여기고, 정의 상태에 따라 생명이 노쇠할지 아니면 영원히 청춘을 보존할지를 결정된다고 보았다. 『도추(道樞)』「백문편(百問篇)」에서 종리권(鍾離權)의 말을 인용하여 '정은 수중의 기[水中之氣]'라고 하였다. 정의 기능은 생명을 화육하는 것이다. 내단가들은 선천(先天)과 후천(後天)의 정을 구분해 후천의 정은 내단수련의 약물이 될 수 없고 단지 선천의 정, 즉 원정(元精)만을 수련에 사용할 수 있다고 말한다. 원정은 몸속의 무형의 정으로 생명의 근원이다. 지극히 고요해지면 정이 움직이고, 움직이면 몸속에 수액(水液)을 생산하는데, 이것이 생명의 원천이다.

기(氣)
• • •

도교 수련 명사. 기는 고대 중국인들에게 생명원소의 하나로 여겨졌다. 선진(先秦) 시기에 정기설(精氣說)이 있었고, 양한(兩漢) 시기에는 원기설(元氣說)이 있었다. 그러므로 기는 중국철학의 중요 범주가 되었다. 도교는 기를 양생학에 원용하여 생명운동의 에너지로 여겨, 기가 있으면 살고 기가 없으면 죽는다고 여겼다. 『운급칠첨(雲笈七籤)』 권56 「원기론(元氣論)」에서, "사람과 사물은 모두 일원의 기를 품부받아 생성되었다. 생성과 성장하는 것들에서 가장 존귀한 것은 사람의 기만한 것이 없다[人與物類, 皆稟一元之氣而得生成. 生成長養, 最尊最貴者莫過人之氣也]"고 하였다.『상청동진품(上淸洞眞品)』에서 다음과 같이 말한다. 사람이 태어날 대, 천지의 원기를 품부 받아 신(神)과 형(形)을 이루고, 원일(元一)의 기를 부여 받아 액(液)과 정(精)을 이룬다. 품부 받은 천기(天氣)가 감소되어 소모되면 신은 흩어지고, 지기(地氣)가 감소되고 소모되면 형체는 병이 든다. 원기(元氣)가 감소되고 소모되면 수명은 고갈된다. 도교 내단 수련술에서는 "기를 아낌[愛氣]"을 매우 강조하는데, 장수하려면 반드시 기를 아껴야 한다고 생각한다. 내단가들은 또한 선천기(先天氣)와 후천기(後天氣)를 구분하여 선천기는 선천에서 품부 받은 원정(元精)의 기, 즉 선천일기(先天一氣)이고, 후천기는 호흡의 기라고 본다. 내단수련은 바로 선천일기를 채취하여 단전으로 삼아, 후천기와 내외로 혼합하여 환단(還丹)을 이루는 것이라고 본다.

신(神)

• • •

도교 수련 명사. 도교는 수련을 할 때 사람의 정신 작용을 매우 중시하여, 정신의 작용이 사람의 생명 현상을 주재한다고 본다.『서승경(西升經)』「사정장(邪正章)」에서 "거짓된 도는 형체를 기를 뿐이지만 참된 도는 신을 기른다. 참된 신은 도에 통하기에 사라질 수도 존재할 수도 있다. 신은 형체를 날게 할 수도 있고 또 산을 옮길 수도 있다[僞道養形, 眞道養神, 眞神通道, 能亡能存. 神能飛形, 並能移山]"고 하였다. 그러므로 도교는 존신(存神)과 연신(煉神)을 장생의 핵심으로 삼는다. 도교는 오장 육부의 신을 구상하고서, 이 신들이 각기 성명(姓名)과 복색(服色), 장단대소(長短大小)의 차이가 있다고 생각한다. 『운급칠첨(雲笈七籤)』권12 『추송황정내경경법(推誦黃庭內景經法)』에서는 청허진인(淸虛眞人)의 말을 인용해 다음과 같이 말한다. 『황정내경옥경(黃庭內景玉經)』을 수련할 때, 마땅히 제(帝)와 군(君)이 신으로 깃들어 혼화(混化)한 도를 따라야 한다. 몸속의 신의 형색, 장단과 대소를 존상(存想)하며 그 이름과 자(字)를 불러 신이 본래의 궁에 깃들게 하여야 한다. 이 법을 수련하지 않으면 진신(眞神)이 지켜지지 않아, 기를 잃고 신을 피로하게 하여 수명연장에 도움이 되지 않는다. 내단가는 신을 연단(丹)할 약물의 하나로 보고, 그 작용은 영명한 지각과 주재로서, 축기(築基)에서 환허(還虛)에 이르기까지 모두 신이 주재한다고 본다. 아울러 진홍(眞汞)·황아(黃芽)·일혼(日魂)·옥액(玉液) 등은 신을 대신해서 부르는 명칭이다.

의(意)

• • •

　도교 방술 명사. 의념(意念)과 심의(心意)를 가리킨다. 도교 내단의 축기(築基) 공부는 의념의 단련을 특별히 강조하면서 의념으로 단전(丹田)을 지키는 것을 중요시한다. 이는 의념을 조절하여 상·중·하 삼단전에 두는 것이다. 모든 내단 종파들은 의념으로 단전을 지키는 것을 내단 점법(漸法)의 입문 과정으로 삼는다. 전진도(全眞道) 북종단법은 의념 수련의 필요성을 더욱 강조하여 식심견성(識心見性)을 명확하게 주장하였는데, 심의(心意)를 청정하게 함을 핵심으로 삼았다. 내단가들은 또 임맥(任脈)과 독맥(督脈) 두 맥을 통하게 하는 것을 "의념으로 이끔[意導]"이라고 불렀다. 이는 의념으로 기를 이끌어

임독맥에 기가 통하게 하는 것으로, 후천의 기혈이 잘 통하게 하여 병을 낫게 하고 신체를 강하게 할 수 있다고 보았다. 도교 내단의 모든 수련과정에서 의념 활동의 중요성은 강조된다. 『청화비문(靑華秘文)』에서는 의념은 정(精)·기(氣)·신(神)을 제어하여 합일시키는 수련의 매개 작용을 할 뿐만 아니라, 금단(金丹)의 도에서는 시작에서부터 끝까지 의념의 작용이 분리될 수 없다고 인식한다. 도교 내단학이 밝힌 "의(意)"에 대한 이론, 즉 어떻게 의념을 사용할 것인가라는 것은 현대 기공 수련에서 상당히 계승되고 있다.

육기(六氣)

• • •

도교 방술 명사. 원래는 고대의 도가 양생술에서 호흡하여 복식한다고 말하던 여섯 종류의 정화(精華)의 기이다. 『초사(楚辭)』「원유(遠遊)」에 "육기를 먹고 이슬을 마시며 정양을 머금고 아침 기운을 머금는다[餐六氣而飮沆瀣兮, 漱正陽而含朝霞]"라고 하였다. 이에 대해 왕일(王逸)은 "오곡을 버려 멀리하고 도의 자양분을 먹는다. 태양의 정기를 머금고 원부를 먹는다[遠棄五穀, 吸道滋也. 餐呑日精, 食元符也]"고 주석하였다. 이러한 내용이 이후에 도교에서 계승 발전되었다. 『능양자명경(陵陽子明經)』에서는 다음과 같이 말한다. "봄에는 조하를 먹는다. 조하란 태양이 막 떠오르려 할 때의 적황의 기이다. 가을에는 윤음을 먹는다. 윤음이란 태양이 지고난 이후의 적황의 기이다. 겨울에는 항해를 먹는다. 항해란 북방의 한밤중의 기이다. 여름에는 정양을 먹는다. 정양이란 남방의 한 낮의 기이다. 이들은 천지 현황의 기와 함께 하니, 이것들이 육기이다.[春食朝霞, 朝霞者, 日始

欲出赤黃氣也. 秋食淪陰, 淪陰者, 日沒以後赤黃氣也. 冬飮沆瀣, 沆瀣者, 北方夜半氣也. 夏食正陽, 正陽者, 南方日中氣也. 並天地玄黃之氣, 是爲六氣也.]”『장자(莊子)』「소요유(逍遙遊)」에서는 “천지의 바람을 타고 육기의 변화를 통제한다[若夫乘天地之正, 而御六氣之辯]”고 하였는데, 이에 대해 육덕명(陸德明)은 석문(釋文)에서 이이(李頤)의 말을 인용해 “아침은 조하이고, 한낮은 정양이며, 저녁은 비천이고, 한밤은 항해이니, 천현과 지황과 함께 육기가 된다[平旦爲朝霞, 日中爲正陽, 日入爲飛泉, 夜半爲沆瀣, 天玄·地黃爲六氣]”고 하였다. 이 두 가지 해석은 약간 차이가 있다. 진(晉)나라 갈홍(葛洪)의 『포박자(抱朴子)』「석체편(釋滯篇)」에 따르면, 하루 동안에 12시진이 있는데, 한밤중에서부터 한낮에 이르는 여섯 시진은 생기(生炁)'기(炁)'는 '기(氣)'로 쓰인 데도 있다가 되고, 한낮에서 한밤중에 이르는 여섯 시진은 사기(死炁)가 된다고 하였다. 그리고 “행기는 마땅히 생기의 시간에 해야 하며, 사기의 시간에는 하지 말아야 한다. 그러므로 선인이 육기를 먹는다는 것은 이것을 말한다[夫行炁當以生氣之時, 勿以死炁之時也. 故曰仙人服六炁, 此之謂也]”라고 하였다.

연기(煉氣)

• • •

도교 연양 방술. 토납(吐納)·복식(服食) 등의 방술을 통하여 자신에 내재한 정기(精氣)를 단련하는 것이다. 포조(鮑照)의 『대회남왕악부(代淮南王樂府)』에서 “회남왕은 장생을 좋아해 복식하고 연기하며 선경을 읽었다[淮南王, 好長生, 服食煉氣讀仙經]”고 하였다. 『신오대사(新五代史)』「두로혁전(豆盧革傳)」에서는 “단사를 복식하고 기를 단

련하여 장생을 추구한다[服丹砂煉氣, 以求長生]"고 하였다. "복기(服
氣)"·"태식(胎息)" 항목을 참고하라.

연형(煉形)

· · ·

도교 연양 용어. 자신의 신체를 수련하는 것을 말한다. 『송사(宋
史)』「견서전(甄棲傳)」에서 "나이 75세에 허원양을 만났다. 허원양이
말하기를, 너는 풍체가 빼어나고 신이하니 비록 늙었지만 신선이 될
수 있다. 이 때문에 신체를 단련하고 원기를 기르는 비결을 전해준
다.[年七十有五, 遇許元陽語之曰, 汝風神秀異, 雖老尚可仙也, 因授
煉形養元之訣.]"고 하였다. 『운급칠첨(雲笈七籤)』권72의 『진원묘도
수단역험초(眞元妙道修丹歷驗抄)』에서는 "지극한 도의 참된 핵심은
본성을 바르게 하고 신체를 단련하여 장생하는 것을 으뜸으로 삼는
다[夫至道眞旨, 以凝性煉形長生爲上]"고 하였다.

승교(乘蹻)

· · ·

도교 방술 명사. "교(蹻)"는 원래 신발이라는 뜻의 "리(履)"의 별칭이
고, 또한 빨리 행하는 모습이 되기도 한다. 이러한 의미에서 하늘을 나
는 비행술로도 쓰였다. 조식(曹植)의 『고한행(苦寒行)』에는 "하늘을 날
아 술사를 쫓으니 멀리 봉래산에 이르렀네[乘蹻追術士, 遠在蓬萊山]"
라고 적고 있다. 또 『포박자(抱朴子)』「잡응편(雜應篇)」에는 다음과 같
이 말하고 있다. "하늘을 날 수 있는 자는 천하를 주유하고 산하에 얽
매이지 않는다. 승교의 도에는 세 가지가 있다. 첫째는 용교이고, 둘째

는 호교이며, 셋째는 녹로교이다. 부적을 마시고 정밀하게 생각하여 천리를 가고자 하면 한 시진 동안 생각하면 된다. 밤낮으로 12시진을 생각하면 하루 만에 1만 2,000리를 갈 수 있다. 하지만 이것을 넘을 수는 없다.[若能乘蹻者, 可以周流天下, 不拘山河. 凡乘蹻道有三法, 一曰龍蹻, 二曰虎蹻, 三曰鹿盧蹻. 或服符精思, 若欲行千裏, 則以一時思之. 若畫夜十二時思之, 則可以一日一夕行萬二千裏. 亦不能過此.]"

또 『포박자』「하람편(遐覽篇)」에는 『용교경(龍蹻經)』과 『녹로교경(鹿盧蹻經)』을 언급하고 있다. 이밖에 『상청태상개천용교경(上清太上開天龍蹻經)』이 있는데, 이 책은 『도장(道藏)』제 1,037책에 수록되어 있다.

삼혼(三魂)

• • •

도교 연양 명사. 『태현(太玄)』에서는 삼(三)을 목(木)으로, 사(四)를 금(金)으로 여긴다. 중의학에서는 간(肝)은 동방(東方)의 목에 속하고 혼(魂)을 간직하며, 폐(肺)는 서방(西方)의 금에 속하고 백(魄)을 간직한다고 여긴다. 도교는 이를 부연하여 사람에게는 삼혼칠백(三魂七魄)이 있다고 한다. 『포박자(抱朴子)』「지진편(地眞篇)」에서는 "신과 통하려면 금과 수로 형체를 나누어야 한다. 형체가 나뉘면 저절로 그 몸속의 삼혼칠백이 드러난다[欲得通神, 當金水分形, 形分則自見其身中之三魂七魄]"라고 한다. 삼혼의 명칭은, 첫째는 태광(胎光)이고, 둘째는 상령(爽靈)이며, 셋째는 유정(幽精)이다. 도교에서는 수련하는 자는 삼혼에 의해 제압당하지 않아야 하는데, 그러기 위해서는 잡된 음기를 제어하여 맑은 양기가 몸속에 오래 머물도록 해야 한다. 이렇게 되면 "신과 기가 항상 견고해지고 정화의 기가 흩어지지 않게 되면 사람이 쇠하거나 늙지 않는다[神氣常堅, 精華不散, 則人不衰不老]" 아울러 도교에서는 삼혼을 제어하는 법도 언급하고 있다. 『운급칠첨(雲笈七籤)』 권54의 「혼신(魂神)」에 보인다. "칠백(七魄)"을 참조하라.

칠백(七魄)

도교 연양 명사. 도교는 간(肝)은 혼(魂)을 간직하고 폐(肺)는 백(魄)을 간직한다는 중의학의 학설을 부연하여 사람의 몸에 삼혼칠백(三魂七魄)이 있다고 한다. 『운급칠첨(雲笈七籤)』 권54의 「혼신(魂神)」에서 칠백의 명칭을 말하는데, 첫째는 시구(尸狗), 둘째는 복시(伏矢), 셋째는 작음(雀陰), 넷째는 탄적(呑賊), 다섯째는 비독(非毒), 여섯째는 제예(除穢), 일곱째는 취폐(臭肺)라고 한다. "이것은 모두 칠백의 명칭으로, 몸속에 있는 탁한 귀신이다[此皆七魄之名也, 身中之濁鬼也]." 아울러 도교에서는 칠백을 제어하는 법도 말하고 있다. "삼혼(三魂)"을 참조하라.

기문둔갑(奇門遁甲)

도교 방술 명사. 원래는 한대(漢代)의 술수 중의 하나였다. 『사고전서총목제요(四庫全書總目提要)』에서는 다음과 같이 말한다. 『역위건착도(易緯乾鑿度)』에서 태을행구궁(太乙行九宮)을 기록한 것이 매우 상세한데 둔갑법(遁甲法)은 실제로 여기에서 기인했다. 그 법은 구궁(九宮)을 근본으로 삼고 삼기(三奇)·육의(六儀)·팔문(八門)·구성(九星)을 위(緯)로 삼아 길흉을 살펴 이를 피하게 하는 것이다. 해는

을(乙) 방위에서 생겨나고, 달은 병(丙) 방위에서 밝으며, 정(丁) 방위는 남극(南極)으로서 별들이 촘촘하게 있다. 그러므로 을 · 병 · 정을 기(奇)라고 부른다. 갑(甲)은 양(陽)의 첫머리로서 근본이 되고, 무(戊) · 기(己) · 경(庚) · 신(辛) · 임(壬) · 계(癸)의 육의(六儀)는 각각 나뉘어 짝지어져 구궁(九宮)에 배치되어 부사(符使)를 일으키기 때문에 둔갑(遁甲)이라고 부른다. 이 학설을 신비롭게 만든 자가 황제(黃帝), 풍후(風後) 그리고 구천현녀(九天玄女)에게서 비롯되었다고 가탁하여 말하였지만, 실제로 이 학설은 남북조(南北朝) 시대에 성행했다. 기문둔갑술은 고대 천문(天文) · 율력(律曆)의 학문을 기초로 삼고, 이를 사물과 인사에 이르기까지 미루어 적용한 것으로 진대(晉代)시기 도교에서 이미 유행했다. 갈홍(葛洪)의 『포박자내편(抱朴子內篇)』「등섭(登涉)」에서 『옥검경(玉鈐經)』을 인용하여, 명산에 들어가려 할 때에는 둔갑비술(遁甲秘術)을 몰라서는 안 된다고 하고 있다. 더불어 『태을둔갑(太乙遁甲)』과 『둔갑중경(遁甲中經)』을 인용하고, 또 내가 어릴 적에 입산하려는 뜻이 있었기 때문에 60여 권의 둔갑서(遁甲書)를 배웠는데, 그 핵심을 발췌하여 모아 놓았다고 하고 있다. 연구에 따르면, 갈홍은 『둔갑주후입성낭중비(遁甲肘後立成囊中秘)』1권, 『둔갑반복도(遁甲返覆圖)』1권, 『둔갑요용(遁甲要用)』4권, 『둔갑비요(遁甲秘要)』1권, 『삼원둔갑도(三元遁甲圖)』3권 등을 지었는데, 이는 위진(魏晉)시기에 도교에서 둔갑과 관련된 책이 적지 않았음을 분명히 보여준다. 도사들은 입산수도할 때에 길함을 추구하고 흉함을 피하는 데 특히 유념했기 때문에, 둔갑술은 도교에서 광범위하게 이용되었다. 도사들은 또 이 때문에 둔갑반(遁甲盤)을 제작하여 편리하게 시간과 방위의 길흉을 헤아릴 수 있었다. 고대에는 둔갑술을 전쟁에서 운용하기도 하였다. 둔갑술은 팔문(八門), 즉 휴(休)·생(生)·상(傷)·두(杜)·경(景)·사(死)·경(驚)·개(開)와 관련되면서 "팔문둔갑(八門遁甲)"이라고도 불렸다.

오둔(五遁)

• • •

도교 방술 명사. "둔(遁)"은 형체를 감추는 것을 가리킨다. 전하는 바에 따르면, 중국 고대 신선가와 방사에게 다섯 종류의 은둔(隱遁) 방법이 있었다고 한다. 이 용어는『회남자(淮南子)』「본경훈(本經訓)」의 "그러므로 마음·입·귀·눈의 네 기관의 작용을 닫고, 오둔(五遁)을 그치면 도와 하나가 된다[故閉四關, 止五遁則與道淪[1]]"고 말한 곳에서 처음 보인다. 후대에 도교에서 이를 계승하여 신선은 금(金)·목(木)·수(水)·화(火)·토(土)의 오행을 빌려 형체를 숨길 수 있다고 여겼기에 오둔(五遁)이라 하였다. 명(明)나라 사조제(謝肇淛)의『오잡조(五雜俎)』「인부이(人部二)」에서는 다음과 같이 말한다. "한나라 때의 해노고(解奴辜)·장초(張貂)는 모두 몸을 숨기는 데 능하여 출입할 때 문을 거치지 않았는데, 이들이 후세의 둔형의 시조이다. 개상(介象)·좌자(左慈)·간길(幹吉)·맹흠(孟欽)·나공원(羅公遠)·장과(張果)의 무리와『진서』의 여자 무당 장단(章丹)·진림(陳琳) 등의 술수가 모두 여기에 근본을 둔다. 이를 통해 신선이 될 수 있다고 하지만 실제로는 그렇지 않다. 그 법에는 금둔, 목둔, 수둔, 화둔, 토둔의 다섯 가지가 있는데, 다섯에 해당하는 사물을 보면 숨

---

1. 淪: 원서에는 '論'으로 되어 있으나, 원문에 따라 교감하였다.

을 수 있다. 토둔이 가장 빠른데, 이는 토가 없는 곳이 없기 때문이다.[漢時解奴辜張貂皆能隱淪², 出人不由門戶, 此後世遁形之祖也. 介象左慈幹吉孟欽羅公遠張果之流, 及晉書女巫章丹陳琳等, 術皆本此, 謂爲神仙, 其實非也. 其法有五, 曰金遁, 曰木遁, 曰水遁, 曰火遁, 曰土遁, 見其物則可隱. 惟土遁最捷, 蓋無處無土也.]"

시해(尸解)

• • •

도교 용어. 육체를 버려두고 신선이 되어 떠나가는 것을 말한다. 『후한서(後漢書)』 「왕화평전(王和平傳)」에서 이현(李賢) 등이 주석에서 "시해란 등선이라는 말을 가탁하여 시체를 남겨두고 신선이 되는 것[尸解者, 言將登仙, 假托爲尸以解化也]"이라 하였다. 『태극진인비선보검상경서(太極眞人飛仙寶劍上經敍)』에서는 "시해란 시체 형체가 변하는 것이다. 본진을 단련하여 시체라는 허물을 벗는 것이다. 다음으로 몸의 형질을 변하시켜 몸이 속한 오행에 은둔시키고 사라지는 것이다. 비록 시해선은 신선의 품격에서 지위가 낮지만, 품부받아 이은 것이 결코 가볍지 않다[夫尸解者, 尸形之化也, 本眞之煉蛻也, 軀質遁變也, 五屬之隱適也. 雖是仙品之下第, 而其稟受所承, 未必輕也]"고 하였다. 『태극진인유대산(太極眞人遺帶散)』에서는 "시해란 모두 하나의 사물에 기탁한 이후에 떠나는 것이다. 혹은 칼과 검에 혹은 대나무나 지팡이에, 심지어 물과 불, 무기 등에도 시해된다[凡尸解者, 皆寄一物而後去, 或刀或劍, 或竹或杖, 及水火兵刃之解]"고 하였다.

---

2. 淪: 원서에는 '論'으로 되어 있으나, 원문에 따라 교감하였다.

비승(飛升)

• • •

도교 명사. 수련을 통해 신선이 되어 하늘에 오르는 것을 말한다. 『삼천내해경(三天內解經)』 상권에서는 "장릉(張陵)이 마침내 환한 대낮에 하늘에 올라 친히 천사의 직무를 받았다[張遂白日昇³天, 親受天師之任也]"라고 하였다. 『포박자(抱朴子)』 「논선편(論仙篇)」에서는 『선경(仙經)』을 인용해 "상사는 형체를 날려 허공으로 오르니, 이를 천선이라고 한다[上士擧形昇⁴虛, 謂之天仙]"라고 하였다. 『속선전(續仙傳)』 상권에서는 비승한 사람 16명 만을 열거하였다. 예를 들면 황제(黃帝)는 용을 타고 하늘에 올랐고, 장천사(張天師)는 환한 대낮에 하늘에 올랐으며, 허정양(許旌陽)은 집을 통째로 들어 올려 하늘에 올랐고, 남채화(藍采和)는 학을 타고 하늘에 올랐다고 한다. 이러한 사례들을 도교에서는 모두 비승했다고 부른다. 또는 등선(登仙)·등진(登眞)·승하(升遐)·승선(升仙)·승진(升眞) 등으로 부르기도 한다.

연단(煉丹)

• • •

도교 방술 중에 하나. 고대 방술에서 기원했다. 원래는 화로와 솥 속에서 광석 약물을 제련하여 "장생불사(長生不死)"의 단약금단(金丹)을 말한다을 만드는 것을 가리킨다. 후대에 도사들은 이 방술을 확충하여 화로와 솥 속에서 광석 약물을 제련하는 "외단(外丹)" 외에, 또 인체

---

3. 昇: 원서에는 '升'으로 되어 있으나, 원문에 따라 교감하였다.
4. 昇: 원서에는 '升'으로 되어 있으나, 원문에 따라 교감하였다.

를 화로와 솥으로 빗대어 몸속의 정(精)·기(氣)·신(神)을 단련하는 것을 "내단(內丹)"이라고 불렀다. "연단"은 외단과 내단을 총괄하여 부르는 명칭이다. 소식(蘇軾)의 쓴 시 「송건도사귀여산(送蹇道士歸廬山)」에서 "면면히 끊어지지 않는 은은한 바람 속에 내외단이 한순간에 만들어졌네[綿綿不絕微風裏, 內外丹成一彈指]"라고 하였는데, 진사도(陳師道)가 "도가에서는 금석을 제련하여 외단을 이루고, 용호교구하고 태식하며 토고납신하여 내단을 이룬다[道家以烹煉金石爲外丹, 龍虎胎息, 吐故納新爲內丹]"라고 주석하였다. "외단(外丹)"과 "내단(內丹)"을 참조하라.

외단(外丹)

. . .

"금단(金丹)"이라고도 칭한다. 도교 연단술이다. 내단(內丹)과 상대가 되는 용어이다. 외단은 연홍(鉛汞)을 중심 재료로 삼고 여기에 기타 약물로 만든 원료를 배합하여 화로와 솥 속에서 제련하여 화합물을 완성하는 것이다. 최초로 제련하여 이루어진 물질을 "단두(丹頭)"라고 부르는데, 이것은 단지 "점화(點化)"의 작용만 할뿐이며 복식해서는 안된다. 다시 지속적으로 제련하여야 복식할 수 있는 단약이 이루어진다.

이를 도교에서는 "금단(金丹)" 혹은 "선단(仙丹)"이라고 부른다. 『포박자(抱朴子)』 「금단편(金丹篇)」에서 다음과 같이 말했다. "금단이라는 것은 제련을 오래할수록 변화가 더욱 오묘해진다. 황금은 불 속에 들어가서 백번 제련해도 소멸되지 않고, 땅에 묻어도 하늘이 다할 때까지 썩지 않는다. 이 두 가지 물질을 복용하여 인체를 단련하면 사람은 늙거나 죽지 않을 수 있다.[夫金丹之爲物, 燒之愈久, 變化愈

妙. 黃金入火, 百煉不消, 埋之, 畢天不朽. 服此二物, 煉人身體, 故能令人不老不死.]"『통유결(通幽訣)』에서는 "약으로 몸을 굳건하게 하는 것은 외단이다[藥能固形, 外丹也]"라고 하였다. 외단술은 본래 진한(秦漢) 방사(方士)들이 황금과 은을 제련하던 방술에서 기원했기에 "황백술(黃白術)"이라고도 불렸다. 후대에 도교에 의해 계승·발전되어 금액환단(金液還丹)의 뜻을 지닌 "금단"이라고 불렸다. 그 화학물질은 종종 독이 있었기 때문에, 이를 복용하여 수명을 연장할 수도 없었을 뿐만 아니라 도리어 자주 중독되어 죽었다. 외단술의 실패는 내단이 발전할 수 있는 길을 열어주었다. 외단이 비록 사람을 장생하거나 신선이 되게 할 수는 없었지만, 연단(煉丹)의 과정에서 일정한 경험과 교훈을 축적시켜 중국 고대 약물학과 화학에 일정한 공헌을 하였다. 중국 고대 자연과학사 연구에 상당한 가치가 있다. 외단과 관련된 주요한 저작에는『주역참동계(周易參同契)』,『포박자내편(抱朴子內篇)』등이 있다.

내단(內丹)

• • •

도교 연단술. 외단(外丹)과 상대가 되는 용어이다. 내단은 인체를 화로와 솥으로 삼고, 정(精)·기(氣)·신(神)을 약물로 삼는다. 일정한 시간의 수련을 거치고 나서 신으로 정과 기를 운용하여 정·기·신 세 가지가 일체가 되어 단(丹)을 이룬 것을 "성태(聖胎)"라고 부른다. 그 수련과정은 축기(築基), 연정화기(煉精化氣), 연기화신(煉氣化神), 연신환허(煉神還虛)를 통해 "도(道)"로 되돌아가는 것으로 총 4단계이다. 도교 이론에 따르면 도로부터 신·기·정을 생성되고,

이들이 응결되어 형체를 이루어 "사람[人]"이 되는데, 이는 "순행(順行)"의 과정이다. 내단을 단련하는 것은 사람의 정·기·신이 수련을 통해 "도"로 복귀하는 것으로, 이는 "역행(逆行)"의 과정이다. 내단 학설은 중국 고대의 기공과 의학 및 철학 사상을 흡수하고 종합하여 완성한 도교의 최고 이론이다. 그러나 그 속에도 일종의 종교 신비주의의 성분이 섞여 있다. 내단이라는 명칭은 육조(六朝) 시기에 최초로 보인다. 남조(南朝) 진(陳)나라의 천태종(天台宗) 2대 조사 혜사(慧思)의『입서원문(立誓願文)』에서 "외단의 힘을 빌려 내단을 수행하니, 중생을 편안하게 하려면 먼저 스스로 편안해야 한다.[借外丹力修內丹, 欲安衆生先自安]"라고 하였다. 내단의 유파는 많지만, 주로 남종(南宗)·북종(北宗)으로 나뉜다. 북송(北宋)의 장백단(張伯端)이 남방에 단도(丹道)를 전한 것이 발전하여 남종이 되었고, 금(金)나라 왕중양(王重陽)이 창시한 전진도(全眞道)가 북방에 단도를 전한 것이 발전하여 북종이 되었다. 내단은 성명(性命)의 학문이다. 남종은 명(命)을 먼저 수련하고 이후에 성(性)을 수련하는 선명후성(先命後性)을 주장하였고, 북종은 성을 먼저 수련하고 이후에 명을 수련하는 선성후명(先性後命)을 주장하였다. 두 종파 모두 성명을 함께 수련하는 성명쌍수(性命雙修)를 주장하였으며, 공부의 착수처와 중점을 두는 부분이 서로 다르다. 내단과 관련된 저작은 수백 종인데, 중요한 저작으로는『주역참동계(周易參同契)』이 책은 외단도 함께 말한다.,『오진편(悟眞篇)』및『종려전도집(鍾呂傳道集)』,『입약경(入藥鏡)』등이 있다.

황백술(黃白術)

• • •

중국 고대 방사와 도사들이 금과 은을 제련하던 방술.『포박자(抱朴子)』「황백편(黃白篇)」에서 "황이란 금이다. 백이란 은이다. 고대 사람들이 그 도를 숨기면서 소중히 여겨 그 명칭을 직접 부르려 하지 않았다. 그래서 은밀하게 말했을 뿐이다[黃者, 金也. 白者, 銀也. 古人秘重其道, 不欲指斥, 故隱之雲爾]"고 하였다.「황백편」에서는 황백술과 관련된 여러 법과 황백술을 좋아한 사람들을 열거하고 있다. 황백술은 고대 야금술(冶金術)의 발전에 일정한 영향을 끼쳤다.

노정(爐鼎)

• • •

도교 연단 명사. "노(爐)"는 원래 불을 지피던 기구, 즉 화로이고, "정(鼎)"은 고대의 용기, 즉 솥이다. 방사(方士)와 도사(道士)가 노와 정으로 단약을 제련하는 도구로 삼았다. 그들은 화로를 안치하고 솥을 설치하는 것[安爐立鼎]을 종종 음양오행설과 결합하여 해석해냈다. 후대에 그 의미가 확대되어 내단술의 용어가 되었다. 도교에서는 노정을 심신(身心)에 비유하여, 신(身)을 옥로(玉爐)로 삼고 심(心)을 금정(金鼎)으로 삼아 화로불로 끓이는 형상으로 금단(金丹)을 수련하는 법을 묘사하였는데, 이는 아직 하승(下乘)에 속한다. 중승(中乘)은 건곤(乾坤)을 정로로 삼으며, 상승(上乘)은 천지(天地)를 정로로 삼는다. 최상의 일승(一乘)은 태극(太極)을 노로 삼고 태허(太虛)를 정으로 삼는다. 도교에서는 단법의 수련 정도에 따라 선도(仙道)의 단계를 증험할 수 있다고 여긴다. 또 내단에서는 니환(泥丸)을 상정(上鼎)으로 삼고 단전(丹田)을 하로(下爐)로 삼아 하거(河車)를 운행할 때 미려(尾閭)에서 니환(泥丸)에 이르는 것을 '정에 들어가 광물질은 제거하고 금만 남긴다[入鼎去礦留金]'고 말하고, 니환에서 단전으로 내려가는 것을 '노에 들어간다[入爐]'고 말하는데, 이는 단(丹)이 맺어지는 곳이다.

단두(丹頭)

• • •

　도교 연단 명사. 연단가들은 화로를 사용해 솥 속의 연홍(鉛汞)과 기타 약물을 제련하는데, 처음 단계에서 만들어진 단약(丹藥)은 기장쌀과 같은 형태로서 "점화(點化)" 작용을 일으키는 것이다. 이는 단(丹)을 단련하는 토대가 되는데, 이를 단두라고 한다. 내단가들은 연과 홍으로써 음정(陰精)과 양기(陽氣)를 비유한다. 연단의 초기에 음양이 서로 감응하고 수화(水火)가 근본이 되어 몸 안에서 진일(眞一)의 체(體)가 생성되는데, 내단가들은 이를 단전(丹田)에 심어 따뜻하게 기르면서 보호하면 단두가 날마다 조금씩 자라난다고 여긴다. 장백단(張伯端)의 『오진편(悟眞篇)』에서 "언월로 속에는 옥예가 생겨나고, 주사정 속에는 수은이 고르게 되네. 오직 화후를 조화롭게 해야만 황아가 점점 자라난다네[偃月爐中玉蕊[5]生, 朱砂鼎內水銀平. 只因火力調和後, 種得黃芽漸長成]"라고 하였는데, 이에 대해 동덕녕(董德寧)은 "여기에서 황아란 황아인 연[납]을 가리키는 것이 아니라 단두를 비유한 것이다[此黃芽者, 非指黃芽之鉛, 乃是丹頭之喻]"라고 주석하였다.

---

5. 蕊: 원서에는 '芯'으로 되어 있으나, 원문에 따라 교감하였다.

점화(點化)

• • •

외단술 용어. 제련하는 과정에서 약물을 첨가하여 변화를 일으켜 단의 완성을 촉진하는 것을 가리킨다. 『경도집(庚道集)』 권3의 "황아금정구전법(黃芽金鼎九轉法)"과 권6의 "단양술(丹陽術)"에 다양한 점화법이 수록되어 있다. 『국로담원(國老談苑)』에서 "하란귀진이 숭산에 은거하자, 진종이 불러서 물었다. '그대가 점화의 술이 있음을 알고 있소. 말해 줄 수 있겠소.' 귀진이 아뢰었다. '신은 제왕의 술로써 말씀드리고자 합니다. 요순의 도로 천하를 점화하시길 바랍니다[賀蘭歸眞隱居嵩山, 眞宗召問曰, 知卿有點化之術, 可以言之. 歸眞奏曰, 臣請言帝王之術, 願以堯舜之道, 點化天下]"라고 적고 있다. 이는 점화의 뜻을 확대한 것이다. 또 신선과 진인이 "손가락으로 가리켜 보여[指點]" 세상 사람들의 미혹을 깨뜨리고 도를 깨우치게 하는 것 역시 점화라고 한다.

화후(火候)

• • •

도교 연단 명사. 외단가들이 연단의 과정에서 화력(火力)을 조절하는 것을 가리키거나, 외단을 제련하면서 온도의 고저와 시간의 장단을 장악하는 것을 가리켜 말한 것이다. 『제가신품단법(諸家神品丹法)』 권2에서 "만권의 단경의 비밀은 화후에 있다[萬卷丹經秘在火候]"고 하였다. 음양과 하루의 시진(時辰)을 결합한 설에서는 화(火)는 태양진기(太陽眞氣)이고, 하루는 12시진이며 60시진에 한 갑자(甲子)가 끝난다고 본다. 그러므로 5일이 1후(候)가 되며, 얼마간의 화후를 일전(一轉)이라 하는데, 구전(九轉)에 단(丹)이 이루어진다고 본다. 내단가들은 화(火)의 효험에 대하여 흩어지면 기(氣)가 되고 모이면 화가 되며 변하면 수(水)이 된다고 여긴다. 그리고 그 작용은 "일기를 응결하여 진원을 흩어지지 않게 하는 데[凝此一氣使眞元不散]" 있다고 본다. 이들은 화후는 동정(動靜) 비유한 것으로, 연단할 때 다음과 같이 하여야 한다고 말한다. "동과 정을 모두 잊어 고요하지 않은 가운데 고요하고 움직이지 않은 가운데 움직이니, 이를 음양이 중에 거한다고 말한다. 진토토는 중의 다른 이름이다에서 합해질 수 있다면 신선의 도가 이루어진다.[動靜相忘, 不靜中靜, 不動中動, 所謂陰陽處中. 眞土會合, 神仙之道畢矣.]" 『진전(眞詮)』에서는 "화후는 본래 일기가 나아가고 물러나는 절차에 맡길 뿐이다[火候本只於一氣進退之節]"고 하였다. 내단에서 "화(火)"는 "원신(元神)"의 비유이다. 의념으로 호흡과 운기(運氣)의 완급을 조절하여 연단 단계와 순서를 통제한다. 화후의 운용에는 문팽(文烹)과 무련(武煉)이 있고, 시작과 휴식, 선후와 완급이 있다. 각 단계에는 그 단계의 화후가 있다. 단계마다 변화가 다양하여 때에 맞게 행한다. 『오진편(悟眞篇)』에서는 "주사와 흑연만 알고 화후를 알지 못하는 것은 막힌 것과 같다. 수행의 힘에 전적으로 의지하더라도 화후에서 조금의 차이가 나면 단을 이룰 수 없다[縱識朱砂與黑鉛, 不知火候也如閑. 大都全藉修持力, 毫發差殊不作丹]"고 하였다.

구환단(九還丹)

. . .

도교 연단 명사. "환(還)"은 "단사가 불살라져서 수은이 되는데 그 변화가 누적되어 다시 단사가 되는 것[丹砂燒之成水銀, 積變又還成

丹砂]"을 말한다. "구환(九還)"은 "구전(九轉)"이다. 『은단경(隱丹經)』에서 "아홉 번 환단하여 구전에 합한다[九還丹合九轉]"고 하였다. 또 내단가들은 "금액환단(金液還丹)"을 "구환(九還)"이라고도 부른다. 『주역참동계(周易參同契)』 중편에서는 "9가 복귀하고 7이 돌아오며, 8이 돌아오고 6이 거처한다[九還七返, 八歸六居]"고 하였는데, 이에 대해 동덕녕(董德寧)은 "9란 금의 성수이다[九者, 金之成數]"라고 주석하고 있다. 하도(河圖)에 따르면 9는 금(金)이기에, 9가 돌아온다는 것은 금이 돌아오는 것이다. 동덕녕은 "환이니, 반이니, 귀니, 거라는 명칭은 바로 후천이 선천을 회복한다는 의미[所以還返歸居之名者, 即是後天復先天之義]"라고 본다.

구단(九丹)

• • •

도교 연단 명사. 『포박자(抱朴子)』 「금단편(金丹篇)」에서는 구단은 장생의 요체로 그 중 하나의 단(丹)만 얻어도 신선이 될 수 있다고 말하고 있다. 구단은 단화(丹華), 신부단(神符丹), 신단(神丹), 환단(還丹), 이단(餌丹), 연단(煉丹), 유단(柔丹), 복단(伏丹), 한단(寒丹)이다. 『태상태진과경(太上太眞科經)』에는 또 선방구품(仙方九品)이 있는데, 그것은 태화자연용포지예(太和自然龍胎之醴), 옥태경옥지고(玉胎瓊液之膏), 비단자화유정(飛丹紫華流精), 주광운벽지유(朱光雲碧之腴), 구천홍화신단(九泉虹華神丹), 태청금액지화(太淸金液之華), 구전상설지단(九轉霜雪之丹), 구정지영(九鼎之英), 운광수석유비(雲光水石流飛)이다. "구전금단(九轉金丹)"과 "구환단(九還丹)"을 참조하라.

구전금단(九轉金丹)

"구전환단(九轉還丹)"이라고도 한다. 도교 연단 명사. 구전(九轉)은 금단(金丹)이 반복해서 제련된다는 의미이다. 도교도들은 제련하는 시간이 오래되고 반복하는 횟수가 많을수록 약효가 더욱 충족되어 복용 후 신선을 더욱 빨리 이룰 수 있다고 여겼고, 또 제련 횟수는 구전이 가장 귀하다고 보았다. 『포박자(抱朴子)』 「금단편(金丹篇)」에서는 일전(一轉)한 단을 복용하면 3년 만에 신선이 되고, 이전(二轉)한 단을 복용하면 2년 만에 신선이 되며, 삼전(三轉)한 단을 복용하면 1년 만에 신선이 되고, 사전(四轉)한 단을 복용하면 반년 만에 신선이 되며, 오전(五轉)한 단을 복용하면 100일 만에 신선이 되고, 육전(六轉)한 단을 복용하면 40일 만에 신선이 되며, 칠전(七轉)한 단을 복용하면 30일 만에 신선이 되고, 팔전(八轉)한 단을 복용하면 10일 만에 신선이 되며 구전(九轉)한 단을 복용하면 3일 만에 신선이 된다고 한다. 『천황지도태청옥책(天皇至道太淸玉冊)』 권8에 따르면 일전은 강단(降丹), 이전은 교구단(交媾丹), 삼전은 양양단(養陽丹), 사전은 양음단(養陰丹), 오전은 환골단(換骨丹), 육전은 환육단(換肉丹), 칠전은 환오장육부단(換五臟六腑丹), 팔전은 육화단(育火丹), 구전은 비승단(飛升丹)이라고 한다.

구전환단(九轉還丹)

"구전금단(九轉金丹)"을 말한다.

신단(神丹)

• • •

도교 연단 명사. 도교는 먹어서 "장생불사(長生不死)"할 수 있는 단약(丹藥)을 신단이라고 하였다. 『진고(眞誥)』「견명수제일(甄命授第一)」에서는 "옛날에 부선생이 어려서부터 도를 좋아하여 초산에 들어가 석실에서 칠년 동안 수련하자 태극노군이 그에게 왔다. 그에게 나무로 된 송곳을 주고서 두께 다섯 척 가량의 석판을 뚫으라고 하면서 '이 석판을 뚫으면 도를 얻게 될 것이다'라고 하였다. 부선생이 밤낮으로 석판을 뚫어 47년이 되자 석판을 모두 뚫게 되었다. 마침내 신단을 얻게 되자, 이에 태청으로 올라가 남악진인이 되었다[昔有傅先生者, 其少好道, 入焦山, 石室中, 積七年, 而太極老君詣之. 與之木鑽, 使穿一石盤. 厚五尺許, 云穿此盤, 便當得道. 其人乃晝夜穿之, 積[6]四十七年, 鑽盡石穿. 遂得神丹, 乃升太淸爲南嶽眞人]"고 말하고 있다.

금단(金丹)

• • •

"금액환단(金液還丹)"·"금액대단(金液大丹)"이라고도 한다. 도교 연단 명사. 고대 방사(方士)와 도사(道士)들이 황금을 제련하여 "금액(金液)"을 만들거나 또는 납과 수은 등 팔석(八石)을 제련하여 황금색의 약금(藥金)환단(還丹)을 만들었기 때문에 금단이라고 명명하였다. 도교도들은 이를 복용하면 불로장생한다고 여겼다. 동진(東晉) 시기 갈홍(葛洪)의 『포박자(抱朴子)』「금단편(金丹篇)」에서 "무릇 금단은 오래

---

6. 積: 원서에는 '極'으로 되어 있으나, 원문에 따라 교감하였다.

제련하면 할수록 변화가 더욱 오묘해진다. 황금은 불에 들어가 백번 제련해도 소멸하지 않고, 땅에 묻어도 하늘이 끝날 때까지 썩지 않는다. 이 두 가지를 복용하여 인체를 단련하면 사람을 늙지 않고 죽지 않게 할 수 있다[夫金丹之爲物, 燒之愈久, 變化愈妙. 黃金入火, 百煉不消, 埋之, 畢天不朽. 服此二物, 煉人身體, 故能令人不老不死]"고 하였다. 당(唐)·송(宋) 이전에는 금단은 외단을 제련하는 것을 가리켰다. 그러나 송·금(金) 시기 이후에는 내단을 수련하는 것을 가리켰다. 송나라 장백단(張伯端)의 『오진편(悟眞篇)』에서는 "신선을 배우는 것은 바로 천선을 배우는 것이니 금단이 가장 적합하다[學仙須是學天仙, 唯有金丹最的端]"고 하였다. 『오진외편(悟眞外篇)』 「금단사백자병서(金丹四百字並序)」에서 "칠반구환금액대단이란 7은 화의 수이고 9는 금의 수로서, 화로서 금을 제련하여 본원으로 되돌리는 것인데, 이를 금단이라고 한다[七返九還金液大丹者, 七乃火數, 九乃金數, 以火煉金, 返本還元, 謂之金丹也]"라고 하였다. 여기서 논한 것은 내단을 가리키며, 외단의 노정(爐鼎), 단사(丹砂), 연홍(鉛汞)의 명칭을 빌려 포일수중(抱一守中), 연원양소(煉元養素), 수심양성(修心養性), 연정기신(煉精氣神) 등을 상세히 서술한 것이다.

금액환단(金液還丹)

• • •

"금단(金丹)"을 말한다.

828

환단(還丹)

• • •

도교 연단 명사.

① 금단의 별칭. "환(還)"은 되돌아간다는 뜻으로, 『포박자(抱朴子)』
「금단편(金丹篇)」에서 "단사가 불살라져서 수은이 되는데 그 변화가
누적되어 다시 단사가 되는 것[丹砂燒之成水銀, 積變又還成丹砂]"이
라고 하였다. 수은이 산화되면 홍색의 산화물이 되는데 이는 또 원래
단사의 색과 같기 때문에 환단이라 명명하였다. 전하는 바에 따르면
"되돌리는 공능[反還之功]"이 있으면 늙은이도 청년으로 되돌리고,
죽은 자도 다시 살리며, 고목도 꽃피울 수 있다고 한다.

② 구단(九丹) 중 하나. 이외에 소환단(小還丹)·대환단(大還丹)·
금액환단(金液還丹)·옥액환단(玉液還丹) 등 다양한 명칭이 있다.

팔석(八石)

• • •

도사들이 "연단(煉丹)"할 때 상용하는 여덟 종류의 광석 약물. 단경
(丹經)에 기록된 구체적인 약물은 일치하지 않는다. ① 주사(硃砂),
웅황(雄黃), 운모(雲母), 공청(空靑), 유황(硫黃), 융염(戎鹽), 초석(硝
石), 자황(雌黃). 『주역참동계(周易參同契)』에서 "팔석이 벼리를 바룬
다[八石正綱紀]"라고 하였는데, 진현미는 "팔석은 외약이다[八石, 外
藥也]"라고 주해하였다. ② 파사(巴砂), 월사(越砂), 웅황(雄黃), 자황
(雌黃), 증청(曾靑), 반석(礬石), 자석(磁石), 석담(石膽). 『구전유주신
선구단경(九轉流珠神仙九丹經)』하권에 보인다. ③ 석중(石衆), 석뇌
(石腦), 유단(流丹), 유주(流珠), 비절(飛節), 황자(黃子), 석수(石髓),

계영(桂英). 『오악진형서론(五嶽眞形序論)』 「포씨패시용(鮑氏佩施用)」에 보인다.

오석산(五石散)

· · ·

중국 고대 방사(方士)나 도사(道士)들이 만들어 복용하는 가루약의 일종. 『사기(史記)』 「편작창공열전(扁鵲倉公列傳)」에 최초로 보인다. 오석산은 비록 약용으로 만들었지만, 서한(西漢) 시대의 명의인 순우의(淳於意)가 이미 지적했듯이 그 약성이 맹렬하기에 복용할 때 신중하지 않으면 매우 위험하다. 후대 방사와 도사들이 오석산을 만들어 복용하는 것을 장생술로 삼았다. 곽박(郭璞)의 『유선시(遊仙詩)』에서 "왕손은 팔진을 나열했고 안기생은 오석을 제련했네[王孫列八珍, 安期煉五石]"라고 하였다. 『포박자(抱朴子)』 「금단편(金丹篇)」에 따르면, 그 성분은 단사(丹砂), 웅황(雄黃), 백반석(白礬石), 증청(曾青), 자석(磁石) 등의 오석(五石)이다. 『제병원후론(諸病源候論)』에 따르면, 오석산은 통상 종유석(鍾乳石) 유황(硫黃) 백석영(白石英) 자석영(紫石英) 적석지(赤石脂) 등 다섯 종류의 광물질 약물을 제련하여 만든다고 한다. 이러한 광물질을 제련하여 만든 오석산은 복용 후에 몸속에서 열이 나서 찬 음식을 먹고 얇은 옷 입기를 좋아하게 되기 때문에 "한식산(寒食散)"이라고도 하였다.

한식산(寒食散)

· · ·

"오석산(五石散)"을 말한다.

교리화조(交梨火棗)

  도교 경전에서 말하는 두 종류의 "선과(仙果)". 『진고(眞誥)』「운상이(運象二)」에서는 "옥례금장과 교리화조는 날아오르게 하는 약이니 금단에 비할 것이 아니다[玉醴金漿, 交梨火棗, 此則騰飛之藥, 不比於金丹也]"라고 하였다. 『여해집(蠡海集)』에서는 "노씨가 말한 교리화조에서 리_배는 봄에 꽃피고 가을에 열매가 익어 밖으로는 푸르지만 안으로는 희고, 설리_{속살이 눈처럼 흰 배의 일종} 또한 은은하게 푸르다. 그러므로 교리라고 하니, 금과 목이 서로 사귄다는 뜻이 있다. 조_{대추}는 맛이 달고 색은 붉어 양이 되니 양의 토에서 사물을 생성한다는 뜻이 있다. 그러므로 화조라고 한다. 또 리의 꽃은 희고 열매는 푸른데 맛은 달아서 또한 그 뜻이 있다[老氏之言交梨火棗者, 蓋梨乃春花秋熟, 外蒼內白, 雖雪梨亦微蒼, 故曰交梨, 有金木交互之義. 棗味甘而色赤, 爲陽, 有陽土生物之義, 故曰火棗. 又梨花白, 實蒼而味甘亦其義也]"라고 하였다.

금장옥예(金漿玉醴)

  "영액(靈液)", "신수(神水)", "예천(醴泉)"이라고도 한다. 도교 내단 명사. 타액을 가리킨다. 『운급칠첨(雲笈七籤)』 권56에서 『원기론(元氣論)』을 인용해 "옥예금장은 입속의 진액을 먹는 것이다[玉醴金漿, 乃是服煉口中津液也]"라고 한다. 『본초강목(本草綱目)』 권52에서는 다음과 같이 말하고 있다. "사람의 혀 아래에 네 구멍이 있고, 그 중 두 구멍은 심장의 기와 통하고 두 구멍은 신장의 액과 통한다. 심장

의 기가 혀 아래에 흘러 들어가서 신수가 되고 신장의 액이 혀 아래
에 흘러 들어가서 영액이 된다. 도가에서는 이를 금장옥예라고 한다.
…… 그래서 이를 장부에 흘러가게 하면 사지가 윤택해진다. 그러므
로 수양가는 진액을 삼키고 기를 거두어들인다. 이를 맑은 물을 영근
에 주입한다고 말한다.[人舌下有四竅, 兩竅通心氣, 兩竅通腎液. 心
氣流入舌下爲神水, 腎液流入舌下爲靈液. 道家謂之金漿玉醴. ……
所以灌漑臟腑, 潤澤肢體, 故修養家咽津納氣, 謂之淸水灌靈根.]"원
화(元和)"를 참조하라.

영액(靈液)

　•　•　•

　"금장옥예(金漿玉醴)"를 말한다.

신수(神水)

　•　•　•

　"금장옥예(金漿玉醴)"를 말한다.

예천(醴泉)

　•　•　•

　"금장옥예(金漿玉醴)"를 말한다.

옥액(玉液)

　•　•　•

　도교 내단 명사. 입속의 진액을 말한다. 『황정내경경(黃庭內景經)』

「구위장제삼(口爲章第三)」의 "입은 옥지로서 태화궁이다.[口爲玉池太和宮]"라는 경문에 대해, 무성자(務成子)는 "입속에 있는 진액은 옥액으로 예천이라고도 하고 옥장이라고 한다. 물을 저장하고 있는 곳을 지라고 한다[口中津液爲玉液, 一名醴泉, 亦名玉漿, 貯水爲池]"고 주석하고 있다. "금장옥예(金漿玉醴)"와 "원화(元和)"를 참조하라.

원화(元和)
· · ·

도교 내단 명사. 도사가 수련을 할 때, 기를 머금고 입을 양치할 때 생기는 진액을 가리킨다. 『태청중황진경(太淸中黃眞經)』에서 "기욕을 제거하고 안으로 형과 신을 길러 오로지 몸을 고요하고 안정되게 수련하면 몸이 옥과 같이 되고, 오곡을 제거하고 원화를 삼키면 하늘로 올라가 참된 부록을 얻는다[內養形神除嗜欲, 專修靜定身如玉, 但服元和除五穀, 必獲寥天得眞籙]"고 하였다. "금장옥예(金漿玉醴)"를 참조하라.

오아(五牙)
· · ·

"오아(五芽)"라고도 한다. 도교 수련 용어. 오행금(金)·목(木)·수(水)·화(火)·토(土)의 생기(生氣)가 오아이다. 『황정내경경(黃庭內景經)』「상념장(常念章)」에서 "오아를 양치하는 것을 존사하면 주리거나 목마르지 않다.[存漱五牙不饑渴]"라고 하였는데, 그 의미는 천지간의 오행의 생기를 복식하여 오장에 배합하면, "수명을 연장하고 얼굴은 아이 상태로 되돌릴 수[延年駐壽, 色反童嬰]" 있다는 것이다. 전하는 바에 따르면,

이 수련법은 오장에서 영기(靈氣)가 생하게 하고 정(精)과 신(神)을 강건하게 하여 "통하지 않음이 없게 한다[驅使無所不通也]"고 한다.

오아(五芽)
• • •

"오아(五牙)"를 말한다.

연홍(鉛汞)
• • •

중국 고대 방사와 도사들이 단약을 제련할 때 사용하던 주요 원료. "연(鉛)납", "홍(汞)수은"은 원래 두 종류의 화학 원소인데, 후대의 도교도들이 신비화시키고 음양오행의 설로 부회하여 내단 수련 이론의 용어로 만들었다. 연은 태음인 달의 정화에서 생겨나고, 홍은 태양인 해의 정수에서 생겨난다고 여기고, 모두 일월의 신령스러운 기이자 천지의 지극한 보배로 인식했다. 또 "홍"으로 심장을 비유한다. 심장은 화(火)에 속하며 심장 속에는 정양(正陽)의 정(精)을 간직하고 있기 때문에 홍이라고 부르며, 이를 진홍(眞汞)이라고도 부른다. '연'으로 신장을 비유한다. 신장은 수(水)에 속하고 신장 속에는 원양(元陽)의 진기(眞氣)를 간직하고 있기 때문에 연이라고 부르며, 이를 진연(眞鉛)이라고도 부른다. 내단의 연홍은 사실상 외단 용어를 차용하여 정기신(精氣神)을 대표한 것이다. 도교도들은 연과 홍이 합하여 작용하고 서로 사귀며 제압하는 것은 해와 달이 서로 합하고 용과 호랑이가 서로 사귀는 것과 같으며, 이는 모두 천지음양의 이치를 벗어나지 않는 것으로 여겼다. "수화(水火)", "용호(龍虎)"를 참조하라.

용호(龍虎)

• • •

도교 연단 명사. 내단에서는 음양오행설로 다음과 같이 말한다. 용(龍)은 양(陽)으로 리괘(離卦)에서 생성되는데, 리는 화(火)에 속한다. 그러므로 "용은 화 속에서 나온다[龍從火裏出]"고 말한다. 호(虎)는 음(陰)으로 감괘(坎卦)에서 생성되는데, 감은 수(水)에 속한다. 그러므로 "호는 물가에서 생겨난다[虎向水邊生]"고 말한다. 도교도들은 이 두 가지가 합해져서 "도본(道本)"이 되며, 각각 "원신(元神)"과 "원정(元精)"을 대표한다고 여긴다. 또 성(性)은 목(木)에 속하고 목은 동방(東方)을 대표하며 괘(卦)로서는 진괘(震卦)가 되고, 청룡(青龍)으로 비유된다. 정(情)은 금(金)에 속하고, 금은 서방(西方)을 대표하며 괘로서는 태괘(兌卦)가 되고, 금은 백색이므로 백호(白虎)로 비유된다. 금은 목을 극(克)하기 때문에 정은 대체로 성을 손상시킨다. 이팔(二八)의 참된 정기를 사용하여 금과 목을 교합하여 하나로 만들면, 금과 목 사이에 틈이 없어져 용호(龍虎)가 스스로 복종하여 단을 이룬다. 인체의 작용으로 말하면, 간장은 용이 되고, 신장은 호가 된다. 도교에서는 용호의 근본은 원칙적으로 진일(眞一)에 있는데, 이는 용호가 서로 섞인 것이고 음양이 융합하는 것으로, 그 이름을 달리하면 용과 호가 되지만, 그 근본을 합하면 일체가 된다고 여긴다. 외단에서도 용은 양에 속하고 호는 음에 속하며 연홍을 용호라고 부르는데, 이는 음양의 화합이라는 뜻을 취한 것이다. "연홍(鉛汞)"과 "수화(水火)" 항목을 참조하라.

수화(水火)

• • •

도교 연단 용어. 일반적으로 음양을 가리킨다. 『금벽고문용호상경
주소(金碧古文龍虎上經注疏)』에서 "수는 음이다. 화는 양이다[水, 陰
也. 火, 陽也]"라고 하였다. 내단가들은 선천진일(先天眞一)의 "신수
(神水)"와 선천허령(先天虛靈)의 "신화(神火)"는 형상이 없는 천연적
인 수화(水火)라고 인식한다. 그러므로 "하늘에서는 해와 달이 수화
이고, 『역』에서는 감괘와 리괘가 수화이며, 선(禪)에서는 정(定)과 혜
(慧)가 수화이며, 성인에게는 명(明)과 윤(潤)이 수화이며, 의학에서
는 심장과 신장이 수화이며, 단도에서는 정(精)과 기(氣)가 수화이다.
여러 가지로 이름은 다르지만 모두 비유이다[天以日月爲水火, 易以
坎離爲水火, 禪以定慧爲水火, 聖人以明潤爲水火, 醫道以心腎爲水
火, 丹道以精氣爲水火. 種種異名, 無非譬喻]"『중화집(中和集)』권3「금단혹문
(金丹或問)」라고 하였다. 내단가들은 인체에서는 "위로 타오르는 것은 모
두 화가 되고 아래로 적시는 것은 모두 수가 된다[上而炎者皆爲火, 下
而潤者皆爲水]"고 여긴다. 원신(元神)은 화이고 원기(元氣)는 수로서,
신과 기를 융합하여 "수화기제(水火旣濟)"하고 음양이 조화하여 삼원
(三元)·구궁(九宮)·오장(五藏)·백절(百節)을 굳게 지키고 오래 보
존해야 단이 이루어져 죽지 않을 수 있다고 여긴다. "연홍(鉛汞)", "용
호(龍虎)"를 참조하라.

황아(黃芽)

• • •

도교 연단 명사. 외단에서 연과 홍을 솥 안에 같이 넣는데, 솥은 토

기로 만든다. 연(鉛)과 홍(汞)이 토(土)를 만나면 송곳니[牙] 모양의 물질이 생성되는데, 그 색이 황색으로 변화하고 생명이 막 싹트는 모습이 나타난다. 그러므로 황아라고 하였다. 이것은 연의 정화이고 또 대약의 뿌리인데, 이것을 다시 제련하여 금단을 이룬다. 내단에서는 이를 차용하여 고요한 가운데 움직이는 상징으로 삼는다. 『주역참동계(周易參同契)』 권상(卷上)에서 "현이 황아를 머금고 있다. 오금의 주인이다[玄含黃芽, 五金之主]"라고 하였는데, 유염(兪琰)은 "현이 황아를 머금는다는 것은 수중에서 연이 생성된다는 것이다. 연이 오금의 주가 되어 북방의 아득하고 어둑한 속에 있다가 토를 얻어 황아를 생성한다. 황아란 금화이다[玄含黃芽者, 水中産鉛也, 鉛爲五金之主, 在北方玄冥之內, 得土而生黃芽, 黃芽即金華也]"라고 주석한다. 또 『주역참동계(周易參同契)』 권중(卷中)에서는 "그것을 제어하려면 황아를 근본으로 삼아야 한다[將欲制之, 黃芽爲根]"라고 하였는데, 유염은 "황아는 진연이다[黃芽, 即眞鉛也]"라고 주석한다. 『오진편(悟眞篇)』에서는 "화력이 조화된 이후에라야 씨앗이 황아가 되어 점차 자란다[只因火力調和後, 種得黃芽漸長成]"고 하였는데, 동덕영(董德寧)은 "이는 황아의 연을 가리키는 것이 아니라 단두를 비유한 것이다[非指黃芽之鉛, 乃是丹頭之喩]"라고 주석하였다. 『취허편(翠虛篇)』 「금단시결(金丹詩訣)」에서는 "단두는 선천기이니, 황아를 제련하여 옥영을 발생시킨다[丹頭只是先天氣, 煉作黃芽發玉英]"라고 하였다. 이러한 종류의 설명들은 단두가 움트는 모양을 가리키는 것으로, 이를 "곤에서 생겨나 토에서 싹이 움튼다[生於坤, 萌蘖於土]"고 한다. 그러므로 황아라는 이름을 취했다.

추석(秋石)

● ● ●

　도교 연단 명사. 황아(黃芽)의 다른 이름. 연단 과정 중에 가을에 서리가 내리는 듯한 상태가 되면 황아가 안에서 영글어지는데, 그 색은 흰색에서 황색으로 변화한다. 그러므로 추석이라고 한다. 『주역참동계(周易參同契)』 권상(卷上)에 "옛날 기록에는 용호라 쓰여 있고, 황제는 금화라 찬미하였고, 회남자는 추석을 단련한다고 하였고, 지양은 황아를 아름답게 여겼다[古記題龍虎, 黃帝美金華, 淮南煉秋石, 至陽嘉黃芽]"라고 하였는데, 유염(俞琰)은 "옛날 기록의 용호, 황제의 금화, 회남자의 추석, 지양의 황아는 그 은미한 뜻을 가탁하여 말한 것일 뿐이다[古記之龍虎, 黃帝之金華, 淮南之秋石, 至陽之黃芽, 無非托號以寓其微意而已]"라고 주석하였다. 그러므로 이름은 다르지만 실제로는 같은 것이다.

하거(河車)

● ● ●

　도교 내단 명사. 내단에서 "북방정기(北方正氣)"라고도 하는데, "원양(元陽)" · "진기(眞氣)"의 작용을 갖추고 있다. 즉 원기가 임맥과 독맥의 두 맥을 통하여 위아래로 운행한다는 전문용어로, 이 용어는 원래 비유에서 나왔다. 미려혈(尾閭穴)로부터 위로 올라가 협척혈(夾脊穴) · 옥침혈(玉枕穴)을 거쳐 니환(泥丸)에 이른 다음에 아래로 작교(鵲橋)현응(玄膺) · 중루(重樓)기관(氣管)로 내려가 단전에 들어가는데, 이것이 한 번의 순환이다. 내단에서는 이를 하거로(河車路)라고 부른다. 최희범(崔希範)의 『입약경(入藥鏡)』에서도 "근규에 돌아가고 명관에 회복하려면 미려를 관통하고 니환을 통해야 한다[歸根竅, 復命關, 貫尾閭, 通泥丸]"고 하는데, 이 역시 이러한 수련 공부를 가리킨다. 이러한 수련으로, "양을 기르고 음을 단련함[養陽煉陰]", "혈과 기를 서로 통하게 함[交通氣血]", "원양을 끌어옴[接引元陽]", "원신을 단련하여 보충함[煉補元神]"이 가능하다.『도추(道樞)』「전도중편(傳道中篇)」수련의 과정에는 대소(大小)의 구별이 있다. "오행이 전도되고 용과 호가 사귀어 황아를 변화시키는 것[五行顚倒龍虎交而變黃芽者]"은 소하거(小河車)인데, 이를 "소주천(小周天)"이라고도 부른다. 토대를 닦는 백일의 수련 기간 안에 소주천을 볼 수 있다. "세 단전을 반복하고 주후비금정하여 정을 니환으로 들어가게 하고 연을 뽑아내고 홍을 더하여 대약을 이루는 것[三田返復, 肘後飛金晶, 還精入泥丸, 抽鉛增汞, 而成大藥者]"은 대하거(大河車)인데, 이를 "대주천(大周天)"이라고도 부른다. 감리교구(坎離交垢)한 이후에 볼 수 있다. "금옥의 액으로 형체를 단련하고, 형체를 단련한 이후 기를 단련하고, 기를 단련한 이후에 신을 단련하고, 신을 단련하여 도에 합함으로써 완성에 이르는 것[以金玉之液煉形, 煉形而後煉氣, 煉氣而後煉神, 煉神合道, 乃臻於成者]"을 자하거(紫河車)라고 부른다. 도교서에서는 또 인체의 위장을 천하(天河)라고 부른다. 『도추(道樞)』「백문(百問)」에서는 "수부의 진일의 기가 하늘[위장]로부터 와서 입과 코에 통하는 것을 하거라고 한다[水府眞一之氣從天內來, 通於口鼻, 故曰河車者也]"고 한다.

대주천(大周天)

• • •

"하거(河車)"를 보라.

소주천(小周天)

• • •

"하거(河車)"를 보라.

삼하거(三河車)

• • •

도교 내단 명사. 약을 채취하여 화후를 진행할 때, 불을 더하고 연(鉛)을 뽑아내는 것을 소하거(小河車)라고 한다. 대약이 점차로 완성될 때, 위로는 보충하고 아래에서는 제련하는 것을 대하거(大河車)라고 한다. 환단하여 형체를 제련하여 도와 합하고 신선의 반열에 들어가는 것을 자하거(紫河車)라고 한다. 『천황지도태청옥책(天皇至道太淸玉冊)』권8에 보인다. "하거(河車)"를 참고하라.

단전(丹田)

• • •

도교 내단 명사. ① 인체의 배꼽 아래, 남자의 경우는 정실(精室)에 해당하고 여자의 경우는 자궁에 해당하는 부위를 가리킨다. 『황정경(黃庭經)』에서 "단전 속의 정기가 미묘하고 …… 옥방 가운데 신령스러운 문호이네[丹田之中精氣微……玉房之中神門戶]"라고 하였는데, 양구자(梁丘子)는 "남자는 여기에서 정을 갈무리 하고 여자는 여기에서 피를 간직하기 때문에 문호라고 한다[男以藏精, 女以約血, 故曰門戶]"라고 주석하였다. 내단가는 단을 단련하는 곳으로 여긴다. 그러므로 단전이라고 부른다. ② 단전에는 세 가지가 있다고 한다. 배꼽 아래를 하단전이라고 부르고, 명치를 중단전이라고 부르며, 양미간을 상단전이라고 부른다. 갈홍(葛洪)의 『포박자(抱朴子)』 「지진편(地眞篇)」에 보인다. ③ 진영녕(陳攖寧)은 "배꼽 안의 빈 곳으로 황정을 말한다.[在臍內空處, 即黃庭也]"라고 한다. 『황정경강의(黃庭經講義)』에 보인다. ④ 중의학에서도 이 명칭을 사용하는데, 복부의 배꼽 아래 네 개의 혈자리를 가리킨다.

상단전(上丹田)

"단전(丹田)②"를 보라.

중단전(中丹田)

'규중(規中)'·'황정(黃庭)'·'현빈(玄牝)'이라고도 한다. '단전(丹田)②'를 보라.

규중(規中)

"중단전(中丹田)"을 말한다.

황정(黃庭)

"중단전(中丹田)"을 말한다.

현빈(玄牝)
• • •

"중단전(中丹田)"을 말한다.

하단전(下丹田)
• • •

"단전(丹田)②"를 보라.

곤륜(昆侖)
• • •

도교 내단 명사. 『황정내경경(黃庭內景經)』에서 "태일유주가 곤륜
을 안정케 하네[太一流珠安昆侖]"라고 하였는데, 무성자(務成子)는
다음과 같이 주석하였다. "태일유주는 눈의 정인데, 『동신경(洞神經)』
에서는 '머리는 삼태군이며 또 곤륜인데, 이는 상단전을 가리킨다'고
하였다. 또 말하기를 '배꼽은 태일군인데 역시 곤륜이며, 이는 하단전
을 가리킨다'고 하였다[太一流珠謂目精, 洞神經云, 頭爲三台君, 又
爲昆侖, 指上丹田也. 又云, 臍爲太一君, 亦爲昆侖, 指下丹田也]"라
고 하였다.

금심삼첩(琴心三疊)
• • •

도교 내단 명사. "삼첩(三疊)"은 상·중·하 세 단전을 가리킨다.
한편으로는 정수리천정(天頂)·배꼽·황정배꼽 아래을 가리키기도 한다.
도사들이 내단 수련을 할 때, 반드시 삼첩이 화합하여 하나가 되고

마음은 조화롭고 신은 즐거워져야 단도(丹道)의 기초가 이루어진다. 『황정내경경(黃庭內景經)』「서(敍)」에서 "『황정내경경』은 일명 『태상금심문』이라고 한다[黃庭內景者, 一名太上琴心文]"고 하였는데, 무성자(務成子)는 "금(琴)이라는 것은 화합한다는 뜻으로, 이것을 외우면 육부를 화평하게하고 심신(心神)을 편안히 할 수 있어서 신선이 될 수 있게 한다[琴者和也, 誦之可以和六府, 寧心神, 使得仙矣]"라고 주석하였다. 『황정내경경(黃庭內景經)』「상청장(上淸章)」에서 "마음으로 삼단전을 화합하니 태선이 춤춘다[琴心三疊舞胎仙]"라고 하였는데, 무성자는 "금(琴)은 화합함이다. 삼첩(三疊)은 삼단전으로, 여러 궁과 더불어 중첩한다는 의미이다[琴, 和也. 三疊, 三丹田, 謂與諸宮重疊也]"라고 주석하였다. 또 『대단직지(大丹直指)』권하(卷下)에서는 "금단의 비결은 하나의 성과 하나의 명에 있을 뿐이다. 성이란 하늘에 해당되니, 항상 정수리에 숨어 있고, 명이란 땅에 해당되니 항상 배꼽에 숨어 있다. 정수리는 성의 뿌리이고 배꼽은 명의 꼭지이다. 이 뿌리와 꼭지가 천지의 근원이자 시초이다. 배꼽 아래는 황정이다. 정이 항상 정수리와 배꼽을 지키니 이를 삼첩이라고 한다[金丹之秘, 在於一性一命而已. 性者天也, 常潛於頂, 命者地也, 常潛於臍. 頂者性根也, 臍者命蒂也. 一根一蒂, 天地之元也, 祖也. 臍下, 黃庭也. 庭常守乎頂與臍, 是謂三疊]"라고 한다.

삼화취정(三華聚頂)

• • •

도교 내단 명사. "삼화(三華)"는 옥화(玉華)·금화(金華)·구화(九華)를 합하여 부르는 명칭이다. 실제로는 정(精)·기(氣)·신(神)의 별칭이다. 삼화취정은 정이 변화하여 기가 되고, 기가 변화하여 신이 되며, 정기신이 상단전에서 모여 합하는 것을 가리킨다. 이때의 상태가 풀에서 꽃이 피어 씨가 맺히는 것처럼 내단이 단련되어 이루어진 것을 말한다. 『잠확유서(潛確類書)』에서는 "정을 단련해 기로 변화시키고, 기를 단련해 신으로 변화시키며, 신을 단련해 허로 돌이키는 것을 삼화취정이라고 부른다[煉精化氣, 煉氣化神, 煉神還虛, 名爲三華聚頂]"고 한다.

삼화(三華)

"삼화(三花)"라고도 한다. 도교 내단 명사. "삼화취정(三華聚頂)"을 보라.

성태(聖胎)

"영아(嬰兒)"라고도 한다. 도교 내단 용어. 내단가들은 모체 속의 태아로써 정(精)·기(氣)·신(神)을 응결하여 이루어진 단(丹)을 비유한다. 금단의 별명. 진박(陳朴)의 『내단결(內丹訣)』에서는 연단의 구전(九轉) 과정을 다음과 같이 말한다. 일전(一轉)에서는 생기(生氣)가 유통되어 음양이 화합하고 단이 하강하기 시작한다. 이전(二轉)에서는 참된 정이 단을 이루어 내려와 단전에 간직된다. 삼전(三轉) 때에는 성태가 상(像)을 이루는데 영아와 같은 모습이다. 사전(四轉) 때에는 성태의 신(神)이 충족되어 혼백이 모두 갖추어진다. 오전(五轉)을 지나고 나면 성태가 길러져 이루어지고 신이 자유롭게 통한다. 단이 육전(六轉)에 이르면 안팎으로 음양이 모두 충족되어 성태에 신이 온전하며 사람의 몸과 더불어 합해져 일체가 된다. 칠전(七轉)을 지나고 나면 오장이 바뀌어 신선의 장부(臟腑)로 변화한다. 단이 이루어고 나서 팔전(八轉)을 하면 '지대(地帶)'가 배꼽 가운데 생겨나 영아가 탯줄[臍帶]이 있는 것과 같아서 두루 태식(胎息)을 할 수 있다. 구전에 단이 완성되고 공이 충만해져 몸이 도와 합하고 지대가 저절로 떨어지고, 발아래에 구름이 생겨나 하늘 궁궐에 오른다. 이를 "환골탈태[脫胎換骨]"라고 부르는데, 범인의 태를 벗어나 성인의 태로 바뀌는 것이고, 범인의 뼈를 벗어나 신선의 뼈로 바뀌는 것이다.

영아(嬰兒)

• • •

"성태(聖胎)"를 말한다.

수삼일(守三一)

• • •

도교 연양 방법 중의 하나. 『태평어람(太平御覽)』 권668에서 『태상태진과(太上太眞科)』를 인용하여 "일이 인체에 있게 하고 세 곳을 진압하게 한다. 움직이거나 멈추거나 잊지 않고 삼일을 지킬 수 있으면, 삼시가 저절로 떠나가고 구충이 저절로 소멸하며 약물을 빌릴 필요 없고 금기와 방비가 필요 없다[一在人身, 鎭定三處. 能守三一, 動止不忘, 三尸自去, 九蟲自消, 不假藥餌, 不須禁防]"라고 한다. 『운급칠첨(雲笈七籤)』 권49에서는 『동신경(洞神經)』을 인용하여 수삼일(守三一)을 다음과 같이 해석한다. 허(虛)·무(無)·공(空)을 지키는 것이 대승(大乘)이 되고, 신(神)을 지켜 육체를 단련하는 것이 중승(中

乘)이 되고, 기(氣)를 지켜 조화를 이루는 것이 소승(小乘)이 된다. 이 밖에 존수신중삼궁삼일(存守身中三宮三一)의 법이 있다. "삼일(三一)"을 참조하라.

천목(天目)
· · ·

도교 내단 수련 명사. 수련할 때, 먼저 심신을 편안하고 느긋하게 하여 정신을 집중하고 기를 모으고, 다음으로는 눈은 의념을 따라가도록 하되 두 미간 사이에서 만나게 하여, 내시(內視)하며 생각을 되돌리게 하면 홀연히 깨닫고 일체를 분명하게 살피는 것을 가리킨다. 이를 "천목이 열렸다[天目開]"고 한다. 『보천수(補天髓)』권3에서는 천목을 "미간 중심에서 위로 삼 푼에 위치하며, 화를 모으는 곳[在眉中心上三分, 爲聚火之所]"이라고 한다.

내시(內視)
· · ·

"내관(內觀)"이라고도 한다. 수련 방법의 일종. 『손진인비급천금요방(孫眞人備急千金要方)』「양성(養性)·도림양성(道林養性)」에서 "항상 황제의 내시법을 익혀 존상 사념하되 오장을 마치 경쇠 걸린 듯이 보고 오색이 분명해질 때까지 멈추지 말라[常當習黃帝內視法, 存想思念, 令見五臟如懸磬, 五色了了分明, 勿輟也]"고 한다. 아울러 외부의 일들을 생각하지 말며 "헛된 생각, 잡된 생각을 하지 말라[不得浮思外念]"고 한다. 그렇지 않고 "마음으로 하고 싶은 일을 떠올리면 악하고 삿된 것이 크게 일어나[心想欲事, 惡邪大起]" 수련 효과가 없다고 한다.

내관(內觀)

"내시(內視)"이다.

존상(存想)

"존사(存思)"라고도 하며, 간단히 "존(存)"이라고도 한다. 도교 수련 명사. 정밀하게 생각하고 집중하여 기와 신을 모아 응결하는 내관의 법. 『삼동주낭(三洞珠囊)』 「좌망정사품(坐忘精思品)」에서 갈선공(葛仙公)의 『오천문경서(五千文經序)』를 인용하여, "고요히 존사하며 진을 바라면 온갖 오묘함이 감응하여 모인다. 몸속의 모습을 내관하면 신과 기가 오랫동안 유지된다. 몸이 도와 덕에 젖어들면 온갖 신들이 복종하고, 화가 구음에서 사라지고 복이 시방에서 생겨난다[靜思期眞, 則衆妙感會. 內觀形影, 則神氣長存. 體洽道德, 則萬神震伏, 禍滅九陰, 福生十方]"고 기록하고 있다. 『운급칠첨(雲笈七籤)』 권43에서 『노군존사도(老君存思圖)』를 인용하여 서술한 것처럼, 존상의 대상은 많게는 18종류에 이르지만 "삼보(三寶)"를 위주로 한다. 삼보는 도보(道寶)무형의 형상으로 태상(太上)이다, 경보(經寶)자연의 오묘한 경문으로 보경(寶經)이다, 사보(師寶)현중대법사(玄中大法師)로 고상노군(高上老君)이다이다. 이 가운데 오로지 신체 내외의 여러 신들을 존상의 대상으로 삼는 것을 "존신(存神)"이라고 부른다.

존사(存思)

. . .

"존상(存想)"을 말한다.

존신(存神)

. . .

도교 수련 명사. 내시(內視) 양생법이다. 도교는 인체의 오장과 백맥에 그 장기를 주관하며 원기도(道)와 상응하는 신이 있다고 여기는데, 이 오장의 신을 곧바로 내관하면 수명을 연장할 수 있다고 여긴다. 『천은자(天隱子)』에서는 "존이란 나의 신을 살피는 것을 말하고, 상이란 나의 몸을 생각하는 것을 말한다[存, 謂存我之神, 想, 謂想我之身]"고 하고 있다. 『태평경(太平經)』, 『황정경(黃庭經)』, 『노자중경(老子中經)』등은 모두 몸속의 여러 신들에 대해서 서술하고 있다. 『무상비요(無上秘要)』「신신품(身神品)」에는 사람의 몸속에는 삼만 육천의 신들이 있어서 "날마다 존상하되 잠시도 잊지 않고 계속해서 이어가면 장생하여 불사한다[日日存之, 時時相續, 念念不忘, 長生不死]"고 기록하고 있다.

지념(止念)

. . .

도교 내단 수련 명사. 정관(定觀)의 처음 단계로 잡념을 제거하고 일체의 사려를 멈추는 것이다. 『정관경(定觀經)』에서는 "한 생각이 일어나는 것을 알아 차렸으면 바로 없애고 안정에 힘써야 한다[若覺一念起, 須除滅務令安靜]"고 한다. 『좌망론(坐忘論)』에서는 "도를 배우는 처음에는 편안히 앉아 대상을 벗어나 마음을 거두어 무소유에 머물며, 한 사물에도 얽매이지 않게 해야 저절로 허무에 들어가 마음이 도와 합해진다. …… 모든 근심은 망심을 따라 생겨난다. 형체는 고목 같고 마음은 불 꺼진 재와 같이 되면 온갖 병이 모두 사라진다[學道之初, 要須安坐, 收心離境, 住無所有, 不著一物, 自入虛無, 心乃合道. …… 所有計念, 從妄心生. 若枯體灰心, 則萬病俱泯]"고 한다. "정관(定觀)"을 참조하라.

좌망(坐忘)

· · ·

도교 수련 명사. 마음과 법이 서로 응하며 사물과 나를 모두 잊는 경지를 가리킨다. 『장자(莊子)』 「대종사(大宗師)」에서 "사지를 버리고 총명을 물리치고 형체와 지혜를 버려 대도와 하나가 되는 것을 좌망이라고 한다[墮支體, 黜聰明, 離形去智, 同於大通, 此謂坐忘]"라고 하였는데, 곽상은 "좌망에 어찌 잊지 못할 것이 있겠는가? 자취도 잊고 자취를 일으키는 것도 잊으니, 안으로는 한 몸을 자각하지 않고 밖으로는 천지가 있음을 알지 못하게 된다. 그런 연후에 탁 트여 변화와 일체가 되어 통하지 않은 바가 없게 된다[夫坐忘者, 奚所不忘哉? 既忘其迹, 又忘其所迹者, 內不覺其一身, 外不識有天地, 然後曠然與變化爲體而無不通也]"고 주석한다. 당(唐)나라 사마승정(司馬承禎)은 『좌망론(坐忘論)』을 저술하여 좌망의 의미를 더욱 드러내어 밝혔다.

심재(心齋)

• • •

　도교 방술 명사. 심재라는 용어는『장자(莊子)』「인간세(人間世)」에 나온다. 「인간세」에서 "감히 심재(心齋)에 대해 묻습니다. 뜻을 순일하게 하여 귀로 듣지 말고 마음으로 들어라. 마음으로 듣지 말고 기로 들어라[敢問心齋? 若一志, 無聽之以耳, 而聽之以心. 無聽之以心, 而聽之以氣]"고 하였다. 기는 텅 비어서 만물에 응대한다. 도는 오직 텅 빈 데에 모이니, 텅 비우는 것이 바로 심재이다. 이러한 심재의 수양 방법은 텅 비우는 것을 핵심으로 하는데, 듣는 것을 멈추는 것에서 시작하여 자신을 잊게 되는 경지에 들어가는 것이다.

　이후에 도교에 흡수되어 높은 단계의 정공(靜功) 수행법이 되었으며, 장자심재법(莊子心齋法) 혹은 장자청식법(莊子聽息法)이라고 불린다. 이 수련법에 대해 현대의 진영녕(陳攖寧)은『정공요양법문답(靜功療養法問答)』에서 다음과 같이 해석한다. 오로지 의념을 하나로 집중하여 방해되는 것을 제거하고 호흡을 듣는 데에 집중해야 하는데, 호흡 소리는 들리지 않기 때문에 귀로 듣지 않고 의념으로 듣게 된다. 수련이 깊어지면 심과 기가 하나가 되어 의념을 통해 들을 필요가 없게 되니, 이는 듣는 것을 자연스러움에 맡기는 것으로, 들리는 데로 맡겨 두는 "들음[聽]"이다. 의념이 하나가 된 후에는 듣는 것을 그치게 되어 점차 혼돈의 경지에 들어가 마음의 지각 작용이 모두 사라져 최후에는 자기도 모르게 허의 경지에 들어가게 되는데, 이것이 심재이다.

정관(定觀)

• • •

도교 명사. 수련 양생 방법 중에 하나.『태청존신연기오시칠후결
(太淸存神煉氣五時七候訣)』에서 "태식정관(胎息定觀)"『운급칠첨(雲笈七
籤)』권33 인용이라고 하였는데, 정(定)이란 땅이 움직이지 않는 것과 같
이 마음이 평정되는 것이요, 관(觀)이란 하늘이 항상 땅을 비추는 것
처럼 지혜로서 살피는 것이다. 정은 무념을 체로하고 혜는 가없이 살
펴 정혜쌍수(定慧雙修)하기에 정관이라고 한다. 수도하는 선비는 먼
저 외부의 일을 모두 끊어서 마음에 거리낌이 없게 해야 한다. 그런
후에 정좌(靜坐)하고 내관(內觀)하여 온갖 생각을 모두 소멸시키고
망상이 일어나지 않게 하며, 잠시도 멈추지 않고 밤낮으로 부지런히
수행하면, 망념은 제거되고 지혜로운 마음은 사라지지 않게 된다. 이
수련을 오래 하면 자연스럽게 도를 얻는다고 한다.

입정(入靜)

• • •

도교 수련 용어.『태평경(太平經)』에서는 도를 구하는 법은 고요함
[靜]이 근본이라고 하였다.『노군청정심경(老君淸淨心經)』에서는 다
음과 같이 말한다. 사람의 마음은 고요한 상태를 좋아하지만 욕망이
그것을 흔든다. 오랫동안 욕망을 제거하면 마음은 저절로 고요해진
다. 수련의 요체는 잡념을 제거하는 데 있다. 한 마음을 맑고 고요하
게 하여 마음이 고요해지면 몸이 편안해지고 신(神)도 안정되어 질병
과 삿됨이 저절로 제거되고 도(道)에 합한다고 한다. "입정(入靜)"은
"입정(入靖)"이라고도 한다. 정(靖)은 정실(靜室)을 가리키는데, 안정

된 장소에 들어가 번거로움을 없애 심신을 안정하는 의미이다. 『진고(眞誥)』권7에는 "정실에 들어가 향을 사르고 북쪽을 향해 진설하고 두 군에게 빈다[入靜燒香, 北向陳乞於二君]"고 하였다. 이는 정실에 들어가 신에게 제사하고 기도한다는 의미이다.

입정(入靖)
• • •

"입정(入靜)"을 말한다.

오시칠후(五時七候)
• • •

도교 수련 용어. 도사들이 존신(存神)하고 연기(煉氣)할 때 반드시 거쳐야 하는 몇 개의 단계를 가리킨다. 수련 공부는 이러한 단계를 따라 낮은 단계에서 높은 단계에 도달한다. 오시(五時)란 다음과 같다. 제1시는 마음에 동함이 많아 고요함이 적은 단계이고, 제2시는 마음에 고요함이 적어 동함이 많은 단계이며, 제3시는 마음에 동함과 고요함이 반반인 단계이고, 제4시는 마음에 고요함이 많아 동함이 적어서 하나의 대상에 오로지 집중하는 단계이고, 제5시는 마음이 한결같이 순수하고 고요하여 어떤 일에 접촉되더라도 동하지 않는 단계이다. 이 오시 단계를 거치고 나서 칠후(七候)에 들어간다. 칠후는 다음과 같다. 제1후는 오래 묵은 병이 사라지고 육정(六情)이 고요해지니 이를 득도(得道)라고 한다. 제2후는 안색이 아이의 얼굴로 되돌아가고 몸과 마음이 편안하며 신령과 통하여 밝아진다. 제3후는 천살까지 살 수 있으니, 이를 선인(仙人)이라고 부른다. 제4후는 몸을 수련하여 기(氣)를 이루니, 이를 진인(眞人)이라고 부른다. 제5후는 기를 수련하여 신을 이루니 이를 신인(神人)이라고 한다. 제6후는 신을 수련해 색(色)과 합치되니 이를 지인(至人)이라고 한다. 제7후는 이 세상을 초월하고 윤리를 뛰어넘고 모든 행위가 그치게 되니 이를 구경(究竟)이라고 한다. 『운급칠첨(雲笈七籤)』「잡수섭(雜修攝)」, 『옥간잡서(玉澗雜書)』에 보인다. 『동현영보정관경(洞玄靈寶定觀經)』에서 말하는 칠후(七候)와는 그 내용이 조금 다르다.

구수(九守)

• • •

도교 용어. 수도하거나 양생할 때 지켜야 하는 아홉 가지 수칙을 가리킨다. 첫째는 조화로움을 지키는 것[守和]으로, "만물은 음을 업고 양을 껴안으며, 충기로써 조화를 삼는다[萬物負陰而抱陽, 沖氣以爲和]"고 한다. 둘째는 신을 지키는 것[守神]으로, "사람의 이목을 어찌 그리 오래 수고롭게 하고도 그치지 않을 수 있겠는가. 사람의 정신을 어찌 그리 밖으로 치달리게 하니 고달프지 않을 수 있겠는가[人之耳目, 何能久勞不息, 人之精神, 何能馳騁而不乏]"라고 한다. 그러므로 반드시 지켜 잃지 않게 해야 하는 것이다. 셋째는 기를 지키는 것[守氣]으로, "혈기를 오롯이 내부에 있게 하여 밖으로 달아나지 않게 하면, 가슴과 배에 가득하여 기욕이 적어진다[血氣專乎內而不越外, 則胸腹充而嗜欲寡]"는 의미이다. 그러므로 마땅히 기를 지켜야 한다. 넷째는 인을 지키는 것[守仁]으로, "인과 의를 행하는 자는 죽음으로도 두렵게 할 수 없다[爲仁義者不可以死亡恐]", 작위하고 얽매이지 않을 수 있다. 다섯째는 간소함을 지키는 것(守簡)^{"수절(守節)"이라 하기도}

한다으로, 음식으로는 주림을 채울 뿐이고, 옷으로는 추위를 모면할 뿐이니, "실정에 맞추어서 남는 것을 사양하고, 많이 쌓는 것을 탐하지 않는 것[適情辭餘, 不貪多積]"이다. 여섯째는 변화하려는 것을 지키는 것[守易]으로, "양에 맞게 먹고 몸에 맞게 옷을 입고, 몸을 편안히 노닐고, 실정에 맞게 행한다[量腹而食, 度形而衣, 容身而遊, 適情而行]"라고 한다. 빈천하거나 부귀하거나 간에 성명을 잃지 않는 것이다. 일곱째는 맑음을 지키는 것[守淸]으로, 정신이 맑으면 앎도 밝아지고, 앎이 공평하면 마음도 평안해지니, "정신이 맑고 뜻이 평안해야 사물의 실정을 제어할 수 있다[神淸意平, 乃能制物之情]"라고 한다. 여덟째는 가득 차려는 것을 지키는 것[守盈]으로, 하늘의 도는 남는 것을 덜어내고 부족한 곳을 채우니, "가득차면 덜어내는 것[盈即損]"이기에 가득 채우려 하지 않으려 한다. 아홉째는 유약함을 지키는 것[守弱]으로, "천하의 핵심은 저기에 있는 것이 아니라 나에게 있고, 다른 사람에게 있는 것이 아니라 내 몸에 있다. 몸이 얻어지면 만물이 갖추어진다[天下之要, 不在於彼而在於我, 不在於人而在於身, 身得則萬物備]", "그러므로 성인은 그 정신을 간직해 기르고, 그 기를 조화롭고 부드럽게 하고 그 몸을 편안하고 온화하게 하여 도와 더불어 가라앉고 뜬다[故聖人持養其神, 和弱其氣, 平夷其形, 而與道沉浮]"라고 한다. 사물에 감촉되면 응하고 일이 닥치면 움직이며 부득이하여 쓰고 감히 천하에 감히 앞서지 않는다. 이 아홉 가지를 지키면 무욕할 수 있고, 얽매이지 않을 수 있으며, 시비가 없어져 만물과 현묘하게 같아지고 저절로 무위하게 된다. 『운급칠첨(雲笈七籤)』 권91에 보인다.

854

육갑(六甲)

• • •

① 중국 고대 술수의 하나.『신선전(神仙傳)』「좌자(左慈)」에 "도술을 배웠는데 특히 육갑에 밝았다[乃學道, 尤明六甲]"라고 한다.『한서(漢書)』「예문지(藝文志)」의 "오행가(五行家)"에는『풍고육갑(風鼓六甲)』·『문해육갑(文解六甲)』이 기록되어 있는데, 모두 일실되었다.

② 부록(符籙) 명칭.『도장(道藏)』에『상청경궁영비육갑좌우상부(上淸瓊宮靈飛六甲左右上符)』라는 책이 있는데, 신부(神符)의 책이다.

③ 도교 신의 명칭. "육정육갑(六丁六甲)"을 참고하라.

구궁(九宮)

• • •

"두중구궁(頭中九宮)"이라고도 한다. 수련 용어. 사람의 뇌를 아홉 부분네 정방향, 네 모서리, 중앙으로 나누어 모두 신령이 거주하는 곳으로 여겨 구궁이라고 이름하였다.『황정내경경(黃庭內景經)』의 양구자(梁丘子) 주석에는 "구실은 머릿속의 구궁의 방과 사람의 아홉 구멍을 말한다[九室謂頭中九宮之室及人之九竅]"고 한다.『동진태상도군원단상경(洞眞太上道君元丹上經)』에서는 다음과 같이 말한다. "사람의 머리에는 구궁이 있는데, 양미간 사이로 한 치 들어간 곳은 명당궁이 되고, 두 치 들어간 곳은 동방궁이 되며, 세 치 들어간 곳은 단전궁이 되고, 네 치 들어간 곳은 유주궁이 되며, 다섯 치 들어간 곳은 옥제궁이 된다. 명당 위로 한 치 되는 곳은 천정궁이 되고, 동방 위로 한 치 되는 곳은 극진궁이 되며, 단전 위로 한 치 되는 곳은 현단궁이 된다. 유주 위로 한 치 되는 곳은 태황궁이 된다.[凡一頭中有九宮, 兩眉間

上, 卻入一寸爲明堂宮. 卻入二寸爲洞房宮. 卻入三寸爲丹田宮. 卻入四寸爲流珠宮. 卻入五寸爲玉帝宮. 明堂上一寸爲天庭宮. 洞房上一寸爲極眞宮. 丹田上一寸爲玄丹宮. 流珠上一寸爲太皇宮]."『황정내경경(黃庭內景經)』의 양구자(梁丘子) 주석도 이 설과 같다. 이함허(李涵虛)의 주석은 이것과 조금 다른데, 구궁의 명칭이 명당궁(明堂宮)·동방궁(洞房宮)·니환궁(泥丸宮)·유주궁(流珠宮)·옥제궁(玉帝宮)·천정궁(天庭宮)·극진궁(極眞宮)·현단궁(玄丹宮)·천황궁(天皇宮)으로 되어 있다.

구궁진인(九宮眞人)

도교 수련 용어. 인체 내의 모든 관절에 모두 신이 있으며, 심장과 신장 등 아홉 개 장기에도 각각 하나의 신이 거주한다고 한다. 그 이름은 다음과 같다. 심장은 강궁진인(絳宮眞人), 신장은 단원궁진인(丹元宮眞人), 간장은 난대궁진인(蘭臺宮眞人), 폐장는 상서궁진인(尚書宮眞人), 비장은 황정궁진인(黃庭宮眞人), 담은 천영궁진인(天靈宮眞人), 소장은 현영궁진인(玄靈宮眞人), 대장은 미령궁진인(未靈宮眞人), 방광은 옥방궁진인(玉房宮眞人)이다.『금단대요(金丹大要)』「정기신설(精氣神說)」에 보인다. "구궁(九宮)"을 참고하라.

명문(命門)

도교 수련 용어. '하단전(下丹田)'을 말한다.『운급칠첨(雲笈七籤)』권81의 "치비신설술(治脾腎舌術)"에서 "명문을 닫아 막아 지키기를 옥도와 같이하라[閉塞命門如玉都]"고 하였는데, 주석에는 "신궁은 수명을 주관하므로 명문이라 한다[腎宮主壽, 故曰命門]"고 되어 있다. 『황정외경경(黃庭外景經)』에서는 "뒤에는 유궐이 있고 앞에는 명문이 있다[後有幽闕前命門]"는 원문에 무성자(務成子)는 "배꼽이 명문이다[臍爲命門]"라고 주석한다. 증조(曾慥)의 『도추(道樞)』「황정편(黃庭篇)」에서는 "명문이란 무엇인가? 성명의 문이니 단지 오른쪽 신장만이 아니다[夫命門者何也? 性命之門, 非獨右腎而已也]"라고 하였다. 대개 "명문은 배꼽 아래 한 치 세 푼에 있는데, 이름을 옥환이라고 하고, 몸에서는 하단전이 된다[命門在臍之下一寸有三分, 名曰玉環, 身爲下丹田]"라고 하였는데, 이는 신장과 배꼽을 포괄해서 말한 것이다.

니환(泥丸)

• • •

도교 수련 용어. 뇌 즉 상단전(上丹田)을 가리킨다. 『황정내경경(黃庭內景經)』「지도장(至道章)」에 "뇌의 신인 정근의 자는 니환이라네[腦神精根字泥丸]"라는 경문에 대해, 무성자(務成子)는 "니환은 뇌의 상이다[泥丸, 腦之象也]"고 주석하고 있다. 『도추(道樞)』「평도편(平都篇)」에서는 "뇌란 한 몸의 영으로, 온갖 신의 명굴이자 진액의 산원이며, 혼정의 옥실이다[夫腦者一身之靈, 百神之命窟, 津液之山源, 魂精之玉室]"라고 한다. 또 "뇌 가운데 둥근 텅 빈곳으로부터 진이 흘러나와 몸을 적시면 온갖 혈이 곧바로 서고 수많은 구멍에서 연기가 나 덕이 천지에 가득하고 크게 우주와 하나가 되니 그러므로 니환이라고 한다. 니환이란 몸에서 상급의 신이다[夫能腦中圓虛以灌眞, 萬穴直立, 千孔生煙, 德備天地, 混同大方, 故曰泥丸. 泥丸者, 形之上

神也]"고 한다. 니환은 사람의 대뇌이고 도교에서는 "신진(神眞)"이 있는 곳으로 여긴다. 수련에서 가장 중요한 관건이 되는 부위이다.

삼원팔회(三元八會)

• • •

도교 용어. 창힐(倉頡)이 문자를 만들기 이전에 하늘에서 운기(雲氣)가 응결되어 이루어진 문자로 이를 통해 원시경전을 드러낸 것을 말한다. 『운급칠첨(雲笈七籤)』「삼동경교부(三洞經教部)」에서 『도문대론(道門大論)』을 인용해 다음과 같이 말한다. "삼재를 삼원이라고 하는데, 삼원이 세워지고 나면 오행이 모두 갖추어져 오행은 오위가 된다. 삼과 오가 화합하면 이를 팔회라고 한다[三才謂之三元, 三元既立, 五行鹹具, 以五行爲五位. 三五和合, 謂之八會]"고 하고, 삼원은 "삼보장인의 삼기에 대응되는데, 삼기는 오덕을 갖추고 있다[應指三寶丈人之三氣, 三氣自有五德]"고 하였는데, 삼기와 오덕이 합하여 팔회가 된다. 『진고(眞誥)』1권에서는 "삼원팔회의 책이 있는데 문장의 시조이다[有三元八會之書, 建文章之祖]"라고 한다. 『운급칠첨(雲笈七籤)』「도교본시부(道教本始部)」에는 "팔회의 서체는 오묘한 기에 의해 이루어진 것이고, 팔각의 수망체는 허공에서 응결되어 운전을 이룬 것이다. …… 대개 자연스럽게 이루어진 천서로 창힐이 만든 것과 관련이 없다.[其八會之字, 妙氣所成, 八角垂芒, 凝空雲篆. …… 蓋是自然天書, 非關倉頡所作.]" 『운급칠첨』「삼동경교부」의 "팔현(八顯)"이라는 조목에서는 "팔현은 첫째, 천서로서 팔회이다. 둘째, 신서로서 운전이다. 셋째, 지서로서 용봉의 상이다[八顯者, 一曰天書, 八會是也. 二曰神書, 雲篆是也. 三曰地書, 龍鳳之象也]"라고 한다.

화합사상(和合四象)

. . .

도교 내단 용어. 사상(四象)은 역학에서 소양(少陽)·노양(老陽)·소음(少陰)·노음(老陰)의 괘상(卦象)으로, 춘하추동의 사시(四時)를 가리킨다. 내단가들은 이를 차용해 눈과 귀, 코와 혀를 가리켰다. 눈빛을 인으로 간직하는 것은 청용의 상, 숨을 조화롭게 하는 것은 백호의 상, 입을 닫는 것은 주작의 상, 귀에 들리는 소리를 닫는 것은 현무의 상으로 인식했다. 『금단사백자(金丹四百字)』에서 "눈빛을 안으로 간직함, 귀에 들리는 소리를 막음, 숨을 조화롭게 함, 입을 닫아 말하지 않음, 이는 화합사상이다[以舍眼光, 凝耳韻, 調鼻息, 減舌氣, 是爲和合四象]"라고 한다. 사상이 화합하면 백(魄)인 목(木)과 혼(魂)인 금(金), 정(精)인 수(水)와 신(神)인 화(火)가 모두 의(意)인 중(中)에 모인다. 이는 내단 수련과정에서 중요한 요점 가운데 하나이다.

오기조원(五氣朝元)

. . .

도교 내단 용어. 오기(五氣)는 오장의 기를 가리키는 것이지만, 원래는 상단전(上丹田)을 가리켰다. 오기는 본래 태극(太極)에서 근원하지만, 보통 사람들은 욕구에 따르게 되어 오기가 소모되어 흩어진다. 내단 수련을 거쳐서 오기를 자신에게 되돌리는 것을 오기조원이라고 부른다. 『성명규지(性命圭旨)』에서는 다음과 같이 말한다. "오직 성인만이 근원으로 되돌리는 도를 알아 환원의 이치를 얻었다. 몸이 동하지 않으면 정이 견고해져서 수는 근원에 모인다. 심이 동하지 않으면 기가 굳세어져서 화가 근원에 모인다. 진성이 고요하면 혼이 간직되어 목이 근원에 모인다. 망정이 사라지면 백이 복종하여 금이 근원에 모인다. 온 몸이 편안해지면 뜻이 안정되고 토가 근원에 모인다.[惟聖人知回機之道, 得還元之理. 身不動則精固而水朝元. 心不動則氣固而火朝元. 眞性寂則魂藏而木朝元. 妄情忘則魄伏而金朝元. 四大安和則意定而土朝元.]" 이를 오기조원이라고 부르는데, 오기가 모두 정수리에서 모이는 것이다. 『금단사백자(金丹四百字)』에서는 눈이 보지 않으면 혼(魂)이 간장에 있게 되고, 귀가 듣지 않으면 정(情)이 신장에 있게 되며, 혀가 소리 내지 않으면 신(神)이 심장에 있게 되고, 코가 향을 맡지 않으면 백(魄)이 폐장에 있게 되며, 사지가 동하지 않으면 의(意)는 비장에 있게 된다. 그러므로 오기조원이라고 부른다고 한다. 이 수련의 핵심은 신을 안정시켜 내면을 지켜내면서, 마음이 외부 사물에 의해 털끝만큼도 동하지 않게 함으로써, 오기가 오장에서 누설되지 않고 정수리에 모이게 하는 데 있다.

용장봉문(龍章鳳文)

• • •

도교 용어. 운전(雲篆)으로 쓰인 경문을 가리킨다. 그 글자의 필획이 구불구불하게 겹쳐져 용과 봉황의 모습과 비슷한 형상을 띤다. 『운급칠첨(雲笈七籤)』권7에서 『영보경(靈寶經)』을 인용하여, "적명의 때에 도록[圖]이 열렸는데, 운행의 도수가 그러했다. 원시천존이 세상을 안정시키고 다섯 편을 내려 주었는데, 붉은색으로 쓴 옥결(玉訣)과 팔위의 용문으로 되어 있었다. 이 책이 겁운을 제정하여 하늘이 장존할 수 있도록 하였으니, 이것이 용장이다[赤明開圖, 運度自然. 元始安鎭, 敷落五篇, 赤書玉字, 八威龍文, 保制劫運, 使天長存,

此之龍章也]"라고 하였다. 또 『자봉적서경(紫鳳赤書經)』을 인용하여 "이 경전의 원문은 태상육합자방의 속에 간직되어 있다. 여섯 개 머리가 달린 거대한 사자가 담장을 끼고 지키고, 옥동과 옥녀가 봉문(鳳文)을 곁에서 호위하면서 지킨다[此經舊文藏在太上六合紫房之內. 有六頭獅子巨獸夾牆, 玉童玉女侍衛鳳文]"라고 한다.

하도낙서(河圖洛書)

고대 유가의 『주역(周易)』과 「홍범(洪範)」 두 책에서 유래했다고 전해진다. 『주역』「계사전(繫辭傳)」에서는 "하수에서 도가 나오고, 낙수에서 서가 나오니 성인이 이를 법도로 삼았다[河出圖, 洛出書, 聖人則之]"고 하였고, 『서경(書經)』「고명(顧命)」에서는 "천구와 하도는 동쪽에 행랑에 배열하였다[天球, 河圖, 在東序]"고 하였다. 『위공전(僞孔傳)』과 공영달(孔穎達)의 주석은 모두 "하도는 팔괘로 복희씨가 천하에서 왕 노릇을 할 때, 용마가 하수에서 나와, 용마의 등 무늬를 본떠 팔괘를 그리고 이를 하도라고 하였다[河圖, 八卦, 伏羲氏王天下, 龍馬出河, 遂則其文, 以畫八卦, 謂之河圖]"고 하였다. 이것이 바로 『주역』의 기원에 관한 전설이다. 『서경』「홍범」에서 "하늘이 우임금에게 홍범구주를 내려 주니 떳떳한 윤리가 펼쳐졌다[天乃錫禹洪範九疇, 彝倫攸敘]"라고 하였는데, 공안국(孔安國)의 서전(書傳)에서는 "하늘이 우임금에게 준 것은 낙수로부터 나온 글이다. 낙수에서 나온 신령스러운 거북의 등에 무늬가 있었는데, 등에 배열되어 있는 수가 구에 이르렀고, 우임금이 이에 따라 차례를 매겨 구류를 이루어 상도가 순서대로 펼쳐졌다[天與禹, 洛出書, 神龜負文而出, 列

於背, 有數至於九, 禹遂因而第之, 以成九類, 常道所以次序]"고 하였
다. 유흠(劉歆)은 「홍범(洪範)」을 낙서로 여겼다. 송(宋)나라의 주희
(朱熹)는 『주역본의(周易本義)』에서 "하도"와 "낙서"를 가장 먼저 배
열하였으며, 구수(九數)를 하도로, 십수(十數)을 낙서로 여겼는데 그
연원이 진단(陳摶)으로부터 나왔다. 그러나 유목(劉牧)은 그 이름을
바꾸어 십수를 하도로, 구수를 낙서로 여겼다.[7] 모기령(毛奇齡), 황
종희(黃宗羲), 호위(胡渭)와 같은 청대 학자들은 이러한 이론을 반대
한다. 호위는 낙서는 후대 사람이 구궁도(九宮圖)의 도식을 근본으
로 해서 연역해 낸 것인데, 주희가 이를 베껴 그림으로 만든 것으로,
실제로는 도가가 『역(易)』의 이치를 빌려 수련술로 만든 것이라고 여
긴다. 도교는 하도와 낙서의 그림을 도교에 본래 있었던 전적으로 여
긴다. 『일체도경음의묘문유기명경법(一切道經音義妙門由起明經法)』
에서 『둔갑개산도(遁甲開山圖)』를 인용하여 다음과 같이 말한다. "명
산의 석실에 도경을 감춘 곳이 삼십 곳인데, …… 그 석실 중에 한 곳
에 기경묘도(奇經妙圖), 황제의 가르침[黃帝發命], 하도와 낙서의 그
림[河洛之文] 등이 있는데, 그 수를 헤아릴 수 가 없다.[名山石室, 藏
道經有三十所, ……其一室有奇經妙圖, 黃帝發命, 河洛之文, 不可稱
計]" 이 밖에도 도교 경전 중에 『상청하도내현경(上淸河圖內玄經)』·
『상청하도보록(上淸河圖寶篆)』과 같이 "하도"를 제목으로 삼는 것이
있는데, 이 두 책은 하도와는 본래 무관하며 단지 그 이름만 빌려 경

---

7. 일반적인 학설로는 북송시대 유목이 하도를 구수로, 낙서를 십수로 여겼고, 이후
   남송의 주희가 하도를 십수로, 낙서를 구수로 여겼다고 본다. 원서의 필자는 일반
   적인 학설과 반대로 서술하고 있다.

문의 글을 높인 것이다. 연단가들의 저술에서는 하도로써 연단 현상을 설명하기를 좋아한다. 『오진편(悟眞篇)』에서는 다음과 같이 말한다. "3·5·1, 세 글자는 예나 지금이나 명확하게 아는 자는 실로 적다. 동삼(東三)과 남이(南二)는 함께 오를 이루고, 북일(北一)과 서사(西四)가 함께 오를 이룬다. 무(戊)와 기(己)가 저절로 생수 오에 거처하니, 삼가가 서로 만나 영아를 맺는다. 영아는 진기를 머금어서 십개월만에 태가 원만해져 성스러운 기틀로 들어간다.[三五一都三個字, 古今明者實然稀. 東三南二同成五, 北一西方四共之, 戊已自居生數五, 三家相見結嬰兒. 嬰兒是一含眞氣, 十月胎圓入聖基.]" 이 글에서 동삼(東三)은 곧 하도에서 삼(三)으로, 목(木)에 속하고 진괘(震卦)에 속한다. 남이(南二)는 화(火)에 속하고, 리괘(離卦)에 속한다. 무(戊)와 기(己)는 하도 중궁의 토(土)이고, 그 수는 오(五)가 된다. 북일(北一)은 천일생수(天一生水)이고 수(水)에 속하고 감괘(坎卦)에 속한다. 서사(西四)는 태괘(兌卦)에 속하고 금(金)에 속한다. 동삼(東三)과 남이(南二)와 함께 오(五)를 이루니 목(木)과 화(火)가 같은 궁(宮)이며, 북일(北一)과 서사(西四) 또한 오이니, 금(金)과 수(水)가 같은 궁이다. 이 두 궁과 중앙의 토오(土五)가 결합을 진행하여 영아를 맺을 수 있다. 이는 하도(河圖)와 팔괘(八卦)를 이용해 내단 수련을 해설한 것이다.

천서(天書)

• • •

도교 용어. 몇 가지 견해가 있다.

① 문자와 유사한 하늘의 운기(雲氣)를 지칭하는데, 도교에서는 이를 "자연천서(自然天書)"라고 부른다. "여러 천의 위에 칠보로 된 아득

한 돈대에 감추어져 있는데, 도가 있으면 보이고, 도가 없으면 숨는다 [秘於諸天之上, 藏於七寶玄臺, 有道即見, 無道即隱]『운급칠첨(雲笈七籤)』 권3『도교소기(道敎所起)』에 보인다고 여긴다.

② 운전(雲篆) 등으로 쓰여진 경문을 가리킨다. 『도문대론(道門大論)』에서는 "삼원팔회의 문장과 팔용운전의 문장은 모두 천서이다[三元八會之文, 八龍雲篆之章, 皆是天書]"라고 한다.

운전(雲篆)
• • •

도교에서 사용하는 문자의의 일종. 글자체가 전서(篆書)와 비슷하지만 필획이 많으며 구불구불하게 겹쳐진 형태인데, 하늘의 운기(雲氣)가 변화하여 이루어진 것이라고 생각해 운전이라고 부른다. 『운급칠첨(雲笈七籤)』 권7에서 "전이란 쓰는 것이다. 운서를 써서 모아 놓았기에 운전이라고 한다[篆者撰也, 撰集雲書, 謂之雲篆]"고 한다. 글자체가 복잡하여 알기 힘들고 함의도 이해하기 매우 힘들다. 도교에서 "용장봉문(龍章鳳文)"이라는 것도 운전의 일종이다. 『도장(道藏)』에는 『운전도인묘경(雲篆度人妙經)』 1권이 수록되어 있다. 후대에는 더욱 복잡해져 운전으로써 부적(符籍)을 그렸는데, 이로써 신(神)과 귀(鬼)를 부릴 수 있고 병을 낳게 할 수 있다고 한다.

옥첩금서(玉牒金書)
• • •

"자간(紫簡)"이라고도 한다. 도교 용어. 금과 옥으로 장식하거나 옥간(玉簡)에 금으로 글자를 써서 만든 진귀한 도교 경전을 가리킨다.

『운급칠첨(雲笈七籤)』권7에서는 다음과 같이 말한다. 『삼원포경(三元布經)』정식 명칭은 『상청삼원옥검삼원포경(上淸三元玉檢三元布經)』이다은 모두 금단에 대한 내용을 새긴 책이다. 천연의 구름무늬의 비단 주머니에 넣어서 삼원보신(三元寶神)의 문장으로 봉하고 구천(九天)의 대유궁(大有宮)에 간직하였는데, 이를 옥첩금서라고 부른다. 이 때문에 "자색의 옥으로 간을 만들고 금으로 글을 쓰고, 금실로 엮고 푸른 실로 매었다[以紫玉爲簡, 生金爲文, 編以金縷, 纏以靑絲]." 그러므로 "자간"이라고도 부른다.

자간(紫簡)

• • •

"옥첩금서(玉牒金書)"를 말한다.

단서묵전(丹書墨篆)

• • •

"단간묵전(丹簡墨篆)"이라고도 한다. 도교 용어. 붉은 옻칠을 한 죽간에 검은 먹으로 글을 쓴 것을 가리킨다. 『운급칠첨(雲笈七籤)』권7에서는 이렇게 적고 있다. "단간이란 붉게 옻칠을 한 죽간으로, 화가 양을 주관하는 것을 밝힌 것이다. 묵전이란, 검은 먹으로 쓴 글로 수가 음을 주관한 것을 밝힌 것이다. 사람이 이로써 장생을 배워 불사를 추구하기 때문에 단간묵전이라고 부른다.[丹簡者, 乃朱漆之簡, 明火主陽也. 墨篆者, 以墨書文, 明水主陰也. 人學長生, 遵之不死. 故名丹簡墨篆.]"

단간묵전(丹簡墨篆)

• • •

"단서묵전(丹書墨篆)"을 말한다.

도규(刀圭)

• • •

고대에 약을 계량하던 도구. 모양이 칼과 비슷한데, 중간은 패였고 앞이 뾰족한 홀[圭]의 모양이라서 도규라고 이름 하였다. 도규 하나 는 방촌 크기 숟가락의 10분의 1에 해당하니 그 크기는 대략 오동나 무 씨앗만하다. 『포박자(抱朴子)』「금단편(金丹篇)」에서 "아홉 번째 단 의 이름은 한단이고, 도규 하나의 한단을 먹으면 그날로 신선이 된다 [第九之丹名寒丹, 服一刀圭, 即日仙也]"고 한다. 『주역참동계(周易參 同契)』에서는 "도규가 가장 신령하다[刀圭最爲神]"고 하였는데, 유염 (兪琰)이 주석을 달아 "칼끝의 모서리만큼 작은 것으로 많지 않음을 말한 것이다[刀頭圭角些子而已, 言其不多也]"라고 하였다.

단부(丹釜)

• • •

외단 용기. 단을 제련할 때 사용하는 약물을 담는 솥. 흙을 사용해 만든 것을 토부(土釜)라고 하고, 금속을 사용해 만든 것은 금속부(金 屬釜)라 한다. 토부는 일반적으로 황토나 적토를 불에 구워 만든다. 금속부는 철이나 동을 주조하여 만든다. 금속과 약물이 쉽게 화학반 응을 일으켜 독소를 만들거나 변화를 일으켜 "오금에 독이 있어 함부 로 쓸 수 없다[五金有毒, 不可輒用]"『구정신단경법(九鼎神丹經法)』권7라고 하였다. 그래서 단을 제련할 때 모두 토부를 사용했다.

수법(水法)
. . .

외단 용어. 연단가는 용해제를 사용해 물에 녹지 않는 고체를 물에 녹을 수 있는 액체로 만든다. 이러한 종류의 조작 기술을 수법(水法)이라 하였다. 전하는 바에 따르면 한(漢)나라 시기 회남왕(淮南王)이 신선술을 좋아해서 팔공(八公)이 수법을 모아 진상했다고 한다. 현재 『도장(道藏)』에 『삼십육수법(三十六水法)』이 수록되어 있다. 그 중에 가장 일반적으로 통용되는 것이 염수(鹽水)이고, 이외에 반석수(礬石水) 웅황수(雄黄水) 단사수(丹砂水) 자석수(磁石水) 유황수(硫磺水) 등 수십 종이 있다.

비(飛)
. . .

"비상(飛上)"·"비주(飛走)"·"비류(飛流)"라고도 한다. 외단 용어. 연단술의 제련 과정에서 약물을 고체에서 기체로 변하게 하거나 액체를 고체 분말로 승화시키는 현상을 말한다. 『운급칠첨(雲笈七籤)』 권71에서 손사막(孫思邈)의 『태청단경요결(太淸丹經要訣)』 「복홍요법(伏汞要法)」을 인용해 "수은[汞]이 불을 만나면 비상하여 머물게 할 수 없다[夫汞遇火則飛, 不能使住]"라고 하였다. 홍은 수은으로, 고온의 상태에서 승화하여 증기가 된다. 유황은 공기 중에서 고온을 만나면 연소되어 이산화황(SO_2)의 기체가 된다. 이러한 것을 '비(飛)'라고 부른다. 그러므로 순양진인(純陽眞人)의 『약석제(藥石制)』에서는 "능히 비주하는 금석약을 제복할 수 있으면, 수은이 제복되어 사유황에 머문다[能伏飛走金石藥, 水銀伏住死硫磺]"고 하였다.

축기(築基)

· · ·

"연기(煉己)"라고도 한다. 내단 용어. 기초를 잘 다지고 기본 수련을 잘 한다는 의미이다. 『맥망(脈望)』 권7에서, "축기란 정을 단련하는 것이다[築基者, 煉精也]"고 한다. 내단의 기본 수련은 사람의 나이와 신체에 따라 다르다. 나이가 어린 아동 시기에는 정과 기가 누설되지 않았기에 일반적으로 바로 '소주천(小周天)'을 수련할 수 있다. 성인이 된 이후에는 정과 기가 누설되고, 노년에 이르면, 정(精)·기(氣)·신(神)이 모두 쇠퇴됨으로 반드시 정·기·신을 보충해야 한다. 그래서 축기는 주로 중년층과 노년층을 대상으로 한다. 우선 몸과 마음을 맑고 깨끗하게 하고 마음을 안정시키고 사려를 끊어 일체의 잡념을 제거하고 호흡을 고르게 하면, 마음이 안정되고 몸이 편안해지며, 정은 견고해지고 기가 통하며 신이 안정되니, 이것이 축기 수련이 이루어진 것이다.

내경(內景)

· · ·

연양 용어. ① "내상(內象)"이라고도 한다. 체내에 있는 오장과 기혈과 경락 등을 가리킨다. 『황정내경경(黃庭內景經)』 양구자(梁丘子) 주석에서 "내라는 것은 마음이고 경(景)이라는 것은 상이다. 외상은 일월과 성신, 구름과 노을의 모습을 비유한 것이고, 내상은 근골, 장

868

부의 모양을 비유한 것이다. 마음이 몸 안에서 거처하면서 일체의 상을 존사한다. 그러므로 내경이라고 한다[內者, 心也. 景者, 象也. 外象論即日月星辰, 雲霞之象, 內喻即筋骨, 藏府之象. 心居身內, 存觀一體之象, 故曰內景也]"고 하였다. 내경은 또한 체내의 경락을 가리키기도 한다. 이시진(李時珍)의 『칠경팔맥고(七經八脈考)』를 참조하라. ② 인체의 신을 가리킨다. 『황정경(黃庭經)』 주석에서 "경이란 신이다[景者, 神也]"라고 한다. ③ 물[水]과 음(陰)을 가리키기도 한다. 인체나 외물(外物)을 물에 비추면 그림자가 물속에 있게 된다. 그러므로 "내경"이라고 한다. 햇빛과 불빛이 사람과 사물을 비추면 그림자가 밖에 있게 되므로 "외경(外景)"이라고 한다. 해와 화는 양(陽)이기에 외경은 양이자 화이다. 수는 음이기에 내경은 음이다. 『운급칠첨(雲笈七籤)』 권55의 『사신결(思神訣)』에서는 "음은 내경이고 내신이 된다[陰爲[8]內景, 爲內神也]"라고 한다.

외경(外景)

• • •

연양 용어. ① "외상(外象)"이라고도 칭한다. 일월성신(日月星辰)이나 산천초목처럼 사람이 마주하는 천지 사물과 주위환경을 가리킨다. ② 외경은 양(陽)으로 외신(外神)을 비유한다. 『운급칠첨(雲笈七籤)』 권55의 『사신결(思神訣)』에서는 "양은 외경이고 외신이다[陽爲外景, 爲外神也]"라고 한다. "내경(內景)"을 참조하라.

---

8. 爲: 원서에는 '在'라고 되어 있으나 원문에 따라 교감하였다.

내약(內藥)

. . .

내단 용어. 내단에서는 사람의 몸을 노정(爐鼎)으로 삼고 정(精)·기(氣)·신(神)을 약물(藥物)로 삼는다. 초급단계의 "연정화기(煉精化氣)"에서는 정과 기를 화합하여 선천(先天)의 원기(元氣)가 되는데, 이것이 '외약(外藥)'이다. 한 단계 높은 "연기화신(煉氣化神)"에서는, 원기의 운행으로 원정(元精)과 원기(元氣)를 응결시키는데, 이것이 원신(元神)이 된다. 이것이 '내약'이다. 또 한 단계 더 높은 "연신환허(煉神還虛)"의 단계에서는, 안으로 구전(九轉)을 진행하여, 원정, 원기, 원신 세 가지를 함께 "도(道)"로 귀착하게 하고 "허(虛)"로 되돌린다. 이것이 "대약(大藥)"이다. 구전수련이 이루어지면, 도와 함께하고 진(眞)과 합해진다. 이도순(李道純)의 『중화집(中和集)』「금단내외이약도설(金丹內外二藥圖說)」에서는 "내약은 선천의 한 점 진양이다[內藥, 先天一點眞陽是也]"라고 하고, 또 "내약은 선천의 허무한 텅빈 기로, 없어지지 않는 원신이다[內藥, 先天虛無空氣, 不壞元神]"라고도 한다.

외약(外藥)

. . .

"내약(內藥)"을 참고하라.

현관(玄關)

. . .

"현규(玄竅)", "현관일규(玄關一竅)"라고도 한다. 수련 용어.

① 내단 용어로는 단전을 가리킨다. 『맥망(脈望)』에서는 "현관일규

는 시각과 청각을 되돌리는 것이다[玄關一竅, 收視反聽]"라고 하였다.

② 도에 들어가는 문은 원래 정해진 장소가 없음을 가리킨다. 백거이(白居易)의 『숙죽각(宿竹閣)』이라는 시에서 "힘들게 따로 도를 닦지 말게나, 바로 여기가 현관이라네[無勞別修道, 即此是玄關]"라고 하였다.

현규(玄竅)

"현관(玄關)"을 말한다.

목욕(沐浴)

내단 용어. 정기(精氣)가 독맥(督脈)을 따라 위로 올라가 니환(泥丸)에 이르러 중루(重樓)목구멍에 내려오고, 다시 배꼽아래 하단전에 도달하는데, 이처럼 하거(河車)를 운전하면 사람의 몸에서 열이 나며 땀이 나오는 현상을 가리킨다. 소정지(蕭廷芝)의 『금단문답(金丹問答)』에서는 "진기가 훈증되면 신수가 흘러나오니 이것이 목욕이다[眞氣熏蒸, 神水灌漑爲沐浴]"라고 하였다. 또 태상(太上)이 말하기를 "단 샘물로 물을 대어 그 더러운 것을 씻어낸다. 화지입을 가리킨다로부터 나와서 이후에 곤호(坤戶)단전을 가리킨다에 귀착한다[灌以甘泉, 滌其垢汚, 出自華池, 後歸坤⁹戶]"고 하였는데, 이것이 목욕이다.

---

9. 坤: 원서에는 '神'이라고 되어 있으나 원문에 따라 교감하였다.

삼전(三全)

• • •

내단 용어. 정(精)이 가득차고, 기(氣)가 충족되며, 신(神)이 왕성한 것을 가리킨다. 내단가들은 내단을 수련하는 입문 공부에서는 우선 "축기(築基)"가 필요하다고 여긴다. 그래서 병이 있는 사람은 우선 질병을 치료해야 하고, 소모된 부분은 마땅히 보충해야 한다. 병을 물리치고 부족한 것을 보충하여 심신을 건강하게 해야 정이 가득차고, 기가 충족되며 신이 왕성해질 수 있다. 이것이 '삼전'이다. 삼전이 되어야 비로소 내단을 수련할 수 있고, "정을 단련하여 기로 변화[煉精化氣]"시키는 "소주천(小周天)" 수련을 진행할 수 있다. 그러므로 "대단이 누설되지 않게 하기 위해서는 삼전을 이루어야 하니, 고행으로도 이루기 어려워 악연을 한탄한다[大丹不漏要三全, 苦行難成恨惡緣]"라고 한다. 그래서 병이 있는 상태로 연단하면 정과 신이 쇠미하여 노력해도 공이 없다.

활자시(活子時)

• • •

내단 용어. 소주천 수련 시각을 가리킨다. 자시(子時)는 본래 12시진 가운데 하루를 시작하는 시각이다. 일 년을 기준으로 보면, 24절기에서 "동지날 일양이 생기는[冬至一陽生]" 때가 자시가 된다. 단가들은 "천과 인이 일체[天人一體]"이므로, "천과 인이 합일[天人合一]"할 수 있다고 여긴다. 그래서 내단가들은 "자시"를 소주천 수련의 시작 시각으로 삼았다. 그러나 결코 한밤중인 자시에 수련을 시작할 필요는 없다. 단지 몸을 편안하게 하고 마음을 안정시키고 호흡이 고르고 잡념을 제거해 하단전의 기가 움직이는 것이 느껴지면 바로 수련할 수 있다. 이러한 시각은 수련자가 스스로 안배하기에 "활(活)"이라고 부른 것이다. 『입약경(入藥鏡)』에서는 "하루 12시진에서 언제든 의념을 두면 수련을 할 수 있다[一日內, 十二時, 意所到, 功可爲]"라고 한다. 그래서 "활자시"라고 부른다. 『환단복명편(還丹復命篇)』에서는 "연단할 때 동지를 기다릴 필요가 없다. 몸속에서 저절로 일양이 생긴다[煉丹不用尋冬至, 身中自有一陽生]"라고 한다. 이러한 내용은 모두 정해진 시각에 얽매이지 말라는 뜻이다.

정자시(正子時)
. . .

내단 용어. 대주천 수련 시각을 가리킨다. 내단가는 자시(子時)에 일양이 생성되는 시각을 중시한다. 소주천은 활자시(活子時)에 수련한다. 소주천은 정을 단련하여 기로 변화[煉精化氣]시키는 단계인데, 이 수련법이 능숙해지면, 기를 단련하여 신으로 변화[煉氣化神]시키는 대주천의 단계로 진입한다. 대주천 수련과정에서 신체는 가볍고 편안하며, 신은 맑고 기는 상쾌하며 마음의 상태는 고요하여 홀연히 태허의 경지에 접어들게 되는데, 이것이 바로 "정자시"가 도래한 상태이다.

황파(黃婆)
. . .

내단 용어. 의념(意念)의 다른 이름이다. 내단 수련을 할 때, 축기(築基), 소주천(小周天), 대주천(大周天), 하거(河車) 운행 등의 전 과

정에서 모두 의념의 통제가 필요하다. 축기를 시작할 때 의념으로 단전을 지킨다. 그러고 나서 의념으로 정과 기의 운행을 제어함으로써, 정(精)·기(氣)·신(神)이 화합하여 단을 이루게 한다. "의념"은 내단 수련의 처음부터 끝까지 관통하면서 조정하거나 통제하는 작용을 한다. "황파(黃婆)"라고 불리는 것은 "황"은 토(土)의 색깔로 중앙을 나타내며, "파"는 매파(媒婆)를 나타낸다. 그래서 황파는 바로 매파(媒婆)·중개(中介)를 의미하는 "은어(隱語)"이다. 『오진편(悟眞篇)』에서 "황파가 알아서 화합하도록 중매하여 부부가 한마음이 되게 하네[黃婆自解相媒合, 遣作夫妻共一心]"라고 하였다. 여기서 부부는 정기신의 음양이 조화로운 것을 비유한 것이다. 전진도(全眞道)는 심성수양에서 의념을 성실하게 하여 잡되지 않고 순일(純一)해야 한다고 말한다. 『청화비문(靑華秘文)』에서는 "의념이 어찌 매개 역할만할 뿐이겠는가. 금단의 도는 처음부터 끝까지 의념의 작용을 벗어날 수 없다[意者, 豈特爲媒而已, 金丹之道自始至終作用不可離也]"라고 한다. 내단 수련은 의념의 통제가 핵심이니, 입정(入靜)의 상태에서 머리는 맑아지고 공중에 뜬 것과 같은 느낌이 생기면 동시에 어떤 환각이 생겨나니, 오직 마음이 맑고 뜻이 굳세야만 이것을 제어할 수 있다. 의념이 순수하지 않으면 주화입마(走火入魔)를 벗어날 수 없다.

상약(上藥)

· · ·

내단 용어. 내단 수련의 정(精)·기(氣)·신(神)을 가리킨다. 『고상옥황심인경(高上玉皇心印經)』에서 "상약의 삼품은 신과 기, 정이

다[上藥三品, 神與氣精]"라고 한다. 내단가는 연정화기(煉精化氣),
연기화신(煉氣化神), 연신환허(煉神還虛)를 최고의 경지로 삼는다.
정·기·신을 내약으로 삼은 것이지, 결코 금석과 초목 등 외약을 가
리킨 것이 아니다. 그러므로 정·기·신이 "상약(上藥)"이 되며 일반
적인 약물은 이에 비할 수 없다고 본다.

차녀(姹女)
. . .

　연단 용어. ① 외단(外丹) 용어. 차녀는 홍(汞)의 은어이다. 홍은 바
로 수은으로, 고온을 가하면 산화수은이 된다. 위백양(魏伯陽)의 『주역
참동계(周易參同契)』에서 "강가의 차녀는 영험하며 가장 신묘하다.
불을 만나면 날아가 티끌조차 볼 수 없다[河上姹女, 靈而最神. 得火
則飛, 不見埃塵]"라고 한다. ② 내단(內丹)에서는 외단 용어인 '차녀'
를 빌려 마음의 작용에 비유한다. 마음에는 식신(識神)이 있어 외부
환경과 사물에 감응하면 마음이 산란해지며, 정신이 안정되지 못한다.
그러므로 연정화기(煉精化氣)·연기화신(煉氣化神)의 내단 수련 공부
는 반드시 먼저 뜻을 참되게 하고 마음을 바르게 하여 마음이 안정되고
신과 기를 맑아지면, 수련에 들어갈 수 있다. 『오진편(悟眞篇)』에서 "차
녀가 잠행하니 저절로 방향이 있다[姹女潛行自有方]"라고 한다.

구환(九還)
. . .

　연단 용어. ① 외단(外丹) 용어. 구전(九轉)을 뜻한다. 구환단(九還
丹)은 구전금단(九轉金丹)을 말한다. ② 내단(內丹) 용어. 사람의 감

정은 외부 사물에 이끌려 움직이는데, 조금이라도 미혹되면 잘못된 길로 내달려 사도(邪道)에 들어가 그 본성을 잃게 된다. 그러므로 반드시 오랫동안의 수련을 통해 본성이 정(情)을 억제하고 연정화기(煉精化氣), 연기화신(煉氣化神)의 수련을 해야 한다. 이러한 수련 과정이 구환(九還)이다. 이도순(李道純)의『중화집(中和集)』에서 "구는 금(金)의 성수이며, 환은 근원으로 돌아감을 뜻하니, 이것은 성(性)으로 정(情)을 다스리는 것일 뿐이다. 정은 금에 속하는데 정이 성으로 돌아가기 때문에 '구환(九還)'이라고 한다[九乃金之成數, 還者, 還元之義, 則是以性攝情^{10}而已. 情屬金, 情^{11}來歸性, 故曰九還]"고 한다.

칠반(七返)

. . .

　내단 용어.『원시천존설득도료신경(元始天尊說得道了身經)』에서 "음이 다 사라지고 양이 순수해지는 것을 칠반이라고 한다[陰盡陽純爲七返]"고 한다. 이도순(李道純)의『중화집(中和集)』「금단내외약도설(金丹內外藥圖說)」에서는 "마음으로 생각을 단련하는 것을 칠반이라고 한다[以心煉念謂之七返]"고 하고, 같은 책「금단혹문(金丹或問)」에서는 "무엇을 칠반이라고 합니까? 칠은 화(火)의 성수이고, 반은 근본으로 돌아간다는 뜻이니 이것은 연신환허일 따름이다. 신은 화에 속하는데 신을 단련하여 허로 돌아가기 때문에 칠반이라고 한다[何謂七返. 曰七爲火之成數, 返者反本之義, 煉神還虛而已. 神屬火,

---

10. 以性攝情: 원서에는 '以情攝性'이라고 되어 있으나 원문에 따라 교감하였다.
11. 情: 원서에는 '金'이라고 되어 있으나 원문에 따라 교감하였다.

煉神返虛, 故曰七返]"고 하였다. 『제진내단집요(諸眞內丹集要)』에서
는 "칠은 화의 성수이고, 신은 화에 속한다. 신을 단련하여 허로 돌아
가니, 이를 일러 칠반이라고 한다[七乃火之成數, 神屬火. 煉神還虛,
謂之七返]"라고 한다.

대환단(大還丹)

· · ·

"양단(陽丹)"이라고도 한다. 내단 용어. 『운급칠첨(雲笈七籤)』 권88
에서 『도생지(道生旨)』를 인용하여 "양단으로는 신선되어 오를 수 있
고, 음단은 몸이 날라 다닐 수 있다. 양단은 곧 대환단이고, 음단은
내단 수련으로 근본으로 되돌릴 수 있는 이치이다[夫陽丹可以上升,
陰丹可以輕舉. 陽丹即大還之丹, 陰丹即是內修返本之理]"라고 하였
다. 『도추(道樞)』「화양편華陽篇」에서는 "뇌에서 정수가 생기고, 이 정
수가 뇌로 되돌리는 것을 대환단이라고 이름한다[腦中生髓, 以髓返
腦, 其名曰大還丹]"고 한다.

여단법(女丹法)

· · ·

"여금단(女金丹)"이라고도 칭한다. 내단 용어. 도교는 남녀의 성별
이 달라 생리와 심리상에서 서로 차이가 있기 때문에 내단 수련을 할
때 남녀의 수련법도 다르다고 한다. 남성은 연정화기(煉精化氣)의 수
련법에서 시작하지만, 여성은 연형환양(煉形還陽)의 수련법에서 시
작한다. 원대(元代)의 진치허(陳致虛)는 『오진편주(悟眞篇注)』에서
"여인의 신선 수련법은 유방을 기가 생성되는 곳을 삼기에 그 수련

법이 더욱 간단하다. 그러므로 남자의 신선 수련법을 연기라고 하고, 여인의 신선 수련법을 연형이라고 한다. 여인의 수련은 먼저 유방에서 기를 쌓은 이후에 화로를 안치하여 솥을 세우고 태음연형의 법을 행한다[若女人修仙, 則以乳房爲生氣之所, 其法尤簡. 故男人修仙曰煉氣, 女人修仙曰煉形. 女人修煉先積氣於乳房, 然後安爐立鼎, 行太陰煉形之法]고 적고 있다. 그 방법은 다음과 같다. 온 몸을 이완시키고 눈을 감고 마음을 유쾌하게 하며 신을 기른다. 두 손으로는 유방을 감싸고 가볍고 부드럽게 안마하면서 누른다. 이러한 수련을 오래 하면 유방이 어린아이의 것처럼 수축된다. 이런 상태가 되면 연형의 수련이 이루어진 것이다. 남자가 정액을 누설하지 않아 양기가 상승하여 니환에 도달하게 하는 것을 "항백호(降白虎)"라고 하며, 여성이 월경이 단절시켜 혈액을 심장으로 올리는 것을 "참적룡(斬赤龍)"이라고 한다. 여성은 이러한 기초위에서 다시 남자의 수련법을 사용한다. 이 이후에는 남녀의 수련법은 동일하고 구전(九轉)의 수련을 통해 단(丹)을 이룬다.

삼경(三景)

· · ·

일(日) · 월(月) · 성(星)의 삼광(三光)을 말한다. 『영보도인경(靈寶度人經)』에서 "삼경을 밝힌다[開明三景]"라고 하였는데, 엄동(嚴東)의 주(注)에서는 "삼경은 삼광이다. 삼광은 일 · 월 · 성[三景, 三光也. 三光即日月星]"이라고 하였다. 내단가들은 일 · 월 · 성을 정(精) · 기(氣) · 신(神)에 비유한다.

협척(夾脊)

. . .

"녹로관(轆轤關)", "쌍관(雙關)"이라고도 한다. 인체의 혈자리 명칭이다. 사람의 척추뼈는 24마디인데, 미려혈에서부터 위로 18번째 마디에 "협척"이 있다. 그 부위는 사람이 엎드리거나 누울 때, 두 팔꿈치가 연결되는 지점의 척추뼈에 해당한다. 그러므로 "주후관(肘後關)"이라고도 부른다. 내단을 수련할 때 정기(精氣)는 미려(尾閭)로부터 위로 협척까지 올라가 바로 머리 정수리인 니환(泥丸)에 통하고, 내려가 중루(重樓)목구멍을 거쳐 직접 단전(丹田)에 도달한다. 이것이 "소주천(小周天)" 수련이다.

쌍관(雙關)

. . .

"협척(夾脊)"을 말한다.

녹로관(轆轤關)

. . .

"협척(夾脊)"을 말한다.

삼관(三關)

. . .

내단 수련 용어. 미려(尾閭)·협척(夾脊)·옥침(玉枕)을 가리킨다. 『금단대성집(金丹大成集)』에서 "뒤통수를 옥침관이라고 하고, 협척을 녹로관이라 하며, 수와 화가 교차하는 곳을 미려관이라고 한다[腦後

曰玉枕關, 夾脊曰轆轤關, 水火際曰尾閭關]"고 하였다. 내단을 수련하는 자는 내기(內氣)를 독맥(督脈)을 따라 아래에서 위로 올려 이 세 관건이 되는 부위를 통과하게 한다. 그러므로 삼관(三關)이라고 한다.

삼거(三車)

· · ·

연양(煉養) 용어.

① 사자거(使者車), 뇌거(雷車), 파거(破車)를 말한다. 수련의 깊이에 따라 다른 효과를 비유한다. 만일 사람이 질병을 앓고 있으면, 신(神)과 기(氣)를 모아 질병을 집중적으로 공격하여 낫게 하는 것을 "사자거(使者車)"라고 한다. 정공(靜功) 수련을 할 때 고요한 가운데 움직임이 있어 귀에서 우레소리가 들리는데, 이를 "뇌거(雷車)"라 한다. 마음이 다른 사물에 부림을 당하여 감정이 이끌리고 뜻이 흔들리면 의념이 불순해지고 심지어 주화입마(走火入魔)에 이르게 된다. 그러면 진기가 모두 흩어져 없어지고, 기혈은 모두 텅 비게 되어 끝내 죽음에 이른다. 이를 "파거(破車)"라 한다.

② 소하거(小河車)·대하거(大河車)·자하거(紫河車)를 말한다. 내단 수련의 세 단계이다.

③ 양거(羊車)·녹거(鹿車)·우거(牛車)를 말한다. 내단 수련의 세 단계를 비유한 것이다. 운기(運氣)할 때, 미려(尾閭)에서 협척(夾脊)에 이르기까지는 호흡이 완만하게 진행되니, 양이 수레를 끄는 것처럼 미세하고 느리다. 협척에서 옥침(玉枕)에 이르기까지는 행기(行氣)가 빠르게 진행되니 사슴이 수레를 끄는 것처럼 신속하게 앞으로 나아간다. 옥침에서 니환(泥丸)에 이르기까지는 옥침의 혈이 지극히 작고 미미해

통과하기 어렵기 때문에 반드시 큰 힘을 써서 뚫어야 하니, 소가 수레를 끄는 것과 같이 힘을 내어 맹렬히 뚫고 지나가야 한다.

천중(天中)

. . .

내단 용어. 콧구멍을 가리킨다. 『황정내경경(黃庭內景經)』에서 "천중의 산은 정성을 드려 부지런히 수련해야 한다[天中之嶽精謹修]"고 하였는데, 이에 대한 양구자(梁丘子)의 주석은 다음과 같다. "천중의 산은 코이다. 일명 천대라고도 한다. 『소마경』에서 '코는 그 좌우를 자주 문질러주고자 하는 것은, 사람의 기를 안정되게 하려는 것이다'라고 하는데, 이를 이른바 중악에 물대기라고 한다.[天中之嶽, 謂鼻也. 一名天臺. 消魔經云, 鼻欲數按其左右, 令人氣平. 所謂漑灌中嶽.]"

천고(天鼓)

. . .

연양(煉養) 용어. ① 두 손 바닥으로 두 귀를 강하게 누른 상태에서 손으로 뒷머리를 치면 두 귀에서 천둥소리가 들리는데, 이를 "격천고(擊天鼓)" 혹은 "명천고(鳴天鼓)"라고 한다. ② 위아래 이빨을 서로 부딪칠 때 나는 소리를 "천고"라고 한다.

천부(天符)

. . .

연양(煉養) 용어.
① 연양의 과정에서 말로 전할 수 없는 정미하고 신비한 것을 가리

킨다. 『주역참동계(周易參同契)』상권에서 "혀를 묶어 말하지 않으면 도를 끊는 죄를 얻을 것이요, 자세히 기록하여 책으로 만들면 하늘의 부를 누설할까 두렵다[結舌欲不語, 絕道獲罪誅, 寫情著竹帛, 恐泄天之符]"고 하였다. 하늘의 부와 "천기를 누설할 수 없다.[天機不可泄露]"는 말은 그 의미가 대략 비슷하지만, "천기(天機)"라는 말의 뜻이 비교적 광범위한 반면에 "천부(天符)"는 내단 수련의 오묘한 비밀을 가리킨다.

② 하늘의 부명(符命), 즉 천명을 받는다는 뜻이다. 『여씨춘추(呂氏春秋)』「지도(知度)」에 "저 천부는 고정되지 않고 변화한다[唯彼天符, 不固而周]"라고 하는데, 그 의미는 천부는 고정되어 불변하는 것이 아니라 운행하여 변화가 끝이 없다는 것이다.

천원(天元)

• • •

내단 용어. 일종의 신단(神丹)을 가리킨다. 『현부론(玄膚論)』에서 말하기를, "천원은 신단이다. 신단은 다음과 같다. 위에는 수를 두고 아래에는 화를 두어서, 신실 가운데에서 제련하면, 질이 없는 상태에서 질이 생성되는데 구전을 거치면 백설을 이루고, 이 백설을 3년 동안 제련하면, 변화하여 신부가 된다. 이를 먹으면 홀연히 신선이 된다[天元謂之神丹. 神丹者, 上水下火, 煉於神室之中, 無質生質, 九轉數足而成白雪. 三年加煉, 化爲神符. 得而餌之, 飄然輕擧]"라고 한다.

천심(天心)

. . .

　"천지지심(天地之心)"이라고도 한다. 내단 용어. 낳고 낳아 그침이 없으며, 변화하여 날마다 새롭다는 의미이다. 『주역(周易)』「복괘(復卦)」단사(彖辭)에서 "복괘에서 천지의 마음을 볼진저[復其見天地之心乎]"라고 한다. 『주역참동계(周易參同契)』에서는 "역은 천심을 통괄한다[易統天心]"라고 한다. 왕중양(王重陽)의 『천수영문주(天髓靈文注)』에서는 "천심은 오묘하고 원만한 참된 마음이다. 불교에서는 또한 오묘하게 밝은 진심이라고 하였다. 마음은 본래 오묘하게 밝아 오염됨도 얽매임도 없는 청정한 본체인데, 조금이라도 오염되거나 얽매이면, 이를 망이라고 한다. 이 마음이 태극의 근본이며, 허무의 신령함이자, 음양의 근원이며, 천지의 마음이다. 그러므로 천심이라고 한다[天心者妙圓之眞心也. 釋氏亦謂妙明眞心. 心本妙明, 無染無著, 淨淸之體, 稍有染著, 卽名之妄也. 此心是爲太極之根, 虛無之神, 陰陽之祖, 天地之心, 故曰天心]"라고 하였다. 수련을 통해 천심의 경지에 도달하면 천과 인이 일체가 되어 합일되니, 이것이 "천심을 얻음[得天心]"이 된다.

오허(五虛)

. . .

　내단 수련 용어. 『황경집주(皇經集注)』권8「호지품오장(護持品五章)」에서 "다섯 가지가 텅 비어고, 여섯 가지가 없어진다[五虛六耗]"고 하였는데, 주석에서는 "정·신·기·혈·신, 이 다섯 가지가 텅 빈 것이다[精神氣血身, 五虛]"라고 한다.

심정(心定)

• • •

내단 수련 용어. 평상시 일상생활에서 편안하거나 혼란하거나 곤란하거나 고난하거나 간에, 어떠한 환경 속에서든 마음이 도에 합하여 외부 사물에 방해받지 않고 고요히 안정되어 부동심의 경지에 이르는 것을 가리킨다. 현전자(玄全子)의 『진선직지어록(眞仙直指語錄)』상권에서 "갈 때나 머물 때나, 앉을 때나 누울 때나, 단지 마음을 안정되게만 하면 모두 도이다[行住坐臥, 只要心定, 皆是道]"라고 한다.

삼궁(三宮)

• • •

내단 명사. 삼단전을 가리킨다. 『황정내경경(黃庭內景經)』에서 "삼궁에 현단을 둘 수 있다면, 태일유주가 곤륜에서 안정된다[若得三宮存玄丹, 太一流珠安昆侖]"고 하였는데, 양구자(梁丘子)가 "삼단전의 궁이므로 삼궁이라고 한다[三丹田之宮, 故曰三宮]"고 주석하였다.

복식(服食)

• • •

또한 "복이(服餌)"라고도 한다. 도교의 수련술. 복식에는 초목약물(草木藥物), 광물(礦物), 단약(丹藥) 3대 종류가 있다. 초목의 부류는 영지(靈芝)를 위주로 삼고, 광물의 종류에는 단사(丹砂)·금옥(金玉) 등이 있다. 단약의 경우는 금단(金丹)을 으뜸으로 삼는다. 『포박자(抱朴子)』「선약편(仙藥篇)」과 「금단편(金丹篇)」은 복식과 연단술을 전적으로 말하고 있다. 이러한 약물의 효용에 대해 수련하는 자는 적게는

병을 치료하고 신체를 강하게 할 수 있으면, 많게는 수명을 연장할
수 있고, 금단을 복식하면 장생하여 신선이 될 수 있다고 여긴다. 복
식으로 장생불사한다는 것을 믿을 수 없지만, 약물을 복식하여 병을
낫게 하고 신체를 건강하게 할 수 있으니, 의약학과 영양학에 일정한
공헌이 있다.

복이(服餌)

"복식(服食)"을 말한다.

오주(五廚)

복기(服氣) 수련법이다. 일기(一氣)가 화평하고 넉넉하면 사람의
마음이 유쾌하고 기쁘며 신(神)이 맑고 기가 상쾌해진다. 맑고 화평
한 기가 오장(五臟)에 가득 차면 오장의 신이 번성하고 충족되어 기
욕(嗜欲)이 적어지는데, 이를 몸을 닦고 삶을 지키는 도라고 여긴다.
동·남·서·북·중앙의 다섯 방위의 조화로운 기가 오장을 기르는
것을 사람이 주방에서 음식을 취하는 것에 비유하였으므로 "오주(五
廚)"라고 이름 하였다. 당(唐)나라 시대에 윤음(尹愔)이 주석한 『노자
설오주경(老子說五廚經)』 1권이 『정통도장(正統道藏)』 제533책에 수
록되어 있다.

선천기(先天氣)

· · ·

"원시조기(元始祖氣)"라고도 한다. 원기(元氣)를 말한다.『최공입약경(崔公入藥鏡)』에서, "선천기와 후천기가 있는데, 이것들을 얻은 자는 항상 취한 듯하다[先天氣, 後天氣, 得之者, 常如醉]"라고 하였다. 이 글에 대해 왕도연(王道淵)은 주석을 내어 "선천기란 곧 원시의 조기이다[先天氣者, 乃元始之祖氣也]"라고 하였다. 선천기는 후천기의 본원이 되기에 "조기(祖氣)"라고도 한다. "원기(元氣)"를 참고하라.

후천기(後天氣)

· · ·

호흡의 기를 가리킨다. 내단가들은 사람이 호흡하는 기는 선천조기(先天祖氣)인 원기(元氣)로부터 생겨난다고 여긴다. "원기"를 참고하라.

선천신(先天神)

· · ·

"원신(元神)"을 말한다. 사람의 정신 활동의 원동력으로, 선천정기를 품부 받아서 생겨나며, 생명의 근본이 된다. 후천적으로 감각하거나 사유할 수 있는 "식신(識神)"과는 구별된다. '식신'은 외부 환경과 접촉하면 사물에 의해 어지럽게 되어 밤낮으로 사려하여 안정되지 못한다. 이는 먹구름이 해를 가리듯 식신이 원신을 은폐한 것이다. 오직 마음을 청정하고 안정되어 사려를 없애서 오묘한 우주의 본원과 운행을 꿰뚫어 볼 수 있으면 원신이 저절로 드러난다. 이것이 대철대오(大徹大悟)이며, 대자유(大自在)를 얻음이며, 대해탈(大解脫)을 얻은 것이다.

원신(元神)

· · ·

"선천신(先天神)"을 참고하라.

진연(眞鉛)

· · ·

내단 용어. 내단 수련에서 신(神)을 가리킨다. 내단 수련 과정에서 진성(眞性)·진령(眞靈)이 드러난 것이다. 인생과 우주에 대한 궁극적인 깨달음은 진연의 자각적인 발현에 의한 것이다.

진홍(眞汞)

· · ·

내단 용어. 선천조기(先天祖氣)를 말한다. "원기(元氣)"의 별칭이다.

체용빈주(體用賓主)

· · ·

내단 수련 용어. "체(體)"는 우주만물의 본체로서, 맑고 고요하며 저절로 그러하여 두루 운행하여도 위태하지 않는 "도(道)"를 가리킨다. "용(用)"은 도로 말미암아 생겨난 삼라만상의 모든 표상과 기능, 작용을 가리킨다. 체가 있어야 비로소 용이 있을 수 있다. 빈주(賓主)는 사람의 의념과 사유를 가리킨다. 앞의 생각[前念]이 객(客)이 되고, 뒤의 생각[後念]이 주(主)가 된다. 생각을 일으킴[起念]이 객이 되고, 생각을 끝맺음[結念]이 주가 된다. 우도순(牛道淳)의 『석의지미론(析疑指迷論)』 「석의(析疑)」에서 다음과 같이 말한다. "진을 수련하고자 하면, 반드시 체용빈주를 분명히 알아야 한다. 무슨 말인가? 체용을 밝게 알지 못하는 자는 정욕을 버릴 수 없다. 음양객주를 깨치지 못하면, 허무의 지극한 신에 합할 수 없다. 무엇을 체용이라고 하는가? 텅 비어 고요한 것은 체이고, 깨달아 밝은 것은 용이다. 체용이 모두 온전하면 도의 근원에 합하게 된다. 무엇을 빈주라고 하는가? 답하기를, 앞의 생각[前念]이 객이 되고, 뒤의 생각[後念]이 주가 된다. 일어나는 생각에 얽매이지 말아야 하니, 본래 뿌리나 단서가 없기 때문이다. 그러므로 밝은 진인이 말하기를 '생각이 일어나면 그것을 알자마자 그친다'고 하였는데, 이 한 구절이 체용빈주을 온전히 갖추었다.[若要修眞, 須明體用賓主, 何謂也? 若不明體用者, 情欲不能遣也. 如未曉陰陽客主, 則不能契了虛無之至神. 奚謂體用? 虛寂爲體, 覺照爲用. 體用兩全, 洞合道原. 曰何名賓主? 答曰, 前念爲賓, 後念爲主. 念起不著, 本無根緖. 故洞明眞人云, 念頭起, 覺時休. 此一句體用賓主俱全也.]"

명칭 · 재계 · 의례 · 절일

천사(天師)

· · ·

도교 명사. 천사의 칭호는 일찍이 『장자(莊子)』「서무귀(徐無鬼)」와 『황제내경소문(黃帝內經素問)』에 보인다. 『장자』「서무귀」에서는 황제가 양성(襄城)의 목마동자(牧馬童子)를 천사로 칭하였고, 『황제내경소문』에서는 황제가 기백(岐伯)을 천사로 칭하였는데, 모두 존경의 말이다. 동한(東漢) 시기에는 도를 전하는 자를 천사라고 하였다. 『태평경(太平經)』 권35에는 "지금 천사께서 왕을 위하여 태평세의 길을 열어주셔서 태평의 참된 경전이 나왔다[今天師爲王者開闢太平之階路, 太平之眞經出]"고 한다. 한나라 순제(順帝) 때 장도릉(張道陵)이 촉(蜀) 땅의 학명산(鶴鳴山)지금의 사천(四川) 대읍현(大邑縣) 경내에서 오두미도를 창립하고, 이후에 도를 믿는 사람들이 그를 천사로 여겼다. 그 자손이 천사라는 존호를 계승하여 지금까지도 전승되고 있다. 장도릉이 스스로를 천사라고 칭했다고도 한다. 이응(李膺)의 『촉기(蜀記)』에서는 "장도릉이 구사에서 학질에 앓다가 주문으로 귀신을 부리는 술수에 관한 책을 얻어 마침내 귀신을 부리는 법을 터득하였고, 학명산에 들어가 스스로 천사라고 칭하였다[張道陵瘧於丘社中, 得咒

鬼術書遂解使鬼法, 人鶴鳴山, 自稱天師]"고 하고 있다. 『위서(魏書)』
「석노지(釋老志)」에 따르면, 북위(北魏)시기 구겸지(寇謙之)는 스스로
말하기를 태상노군(太上老君)을 만나 천사의 직위를 받았다고 한다.

선생(先生)

* * *

　도교 명사. 일정한 학식을 갖추거나 법위(法位)를 받은 도사를 칭
한다. 『부재위의경(敷齋威儀經)』에서는 학문하는 선비로서 세상을 등
지며 산수에 노닐 뜻을 가진 자로, 높은 좌석에 앉아 경전을 읽으면
서 어리석은 이를 교화하여 일체의 학인(學人)을 제도하는 사람이라
고 한다. "어떤 사람이 깊고 오묘한 이치를 찾아내고 재주와 학식이
아득하고 깊으면서도 뜻이 대중을 구제하는데 있으면, 현정선생, 유
현선생, 원유선생, 선도선생 혹은 창현선생으로 부를 수 있다.[其人
鉤深致遠, 才學玄洞, 志在大乘, 當稱玄靜先生, 或遊玄先生, 或遠遊
先生, 或宣道先生, 或暢玄先生.]" 『태상단간묵록경(太上丹簡墨錄經)』
에서는 "만약 법위를 받을 때 진일 소권이나 태일 소권이라는 호칭을
받은 자라면, 선생의 직위를 쓸 수 있다[若受法位至眞一太一素券之
號, 可署先生之位]"라고 하였다. 또한 일반적인 도사를 지칭한다. 당
(唐)나라 은요번(殷堯藩)의 「중원일관제도사보허(中元日觀諸道士步
虛)」 시에는 "현도관에서 제사가 열리니 신선의 음식으로 선생이 예
를 올리네[玄都開祕錄, 白石禮先生]"라고 하고 있다.

방사(方士)

　　중국 고대 신선의 설이나 기이한 술수를 즐겨 말하는 사람. 방사는 전국시대 연(燕)·제(齊) 일대의 바닷가 지역에서 기원하였다. 불사의 약을 제련하거나 장생하여 신선이 된다는 등의 방술로 통치자의 신임을 구했다. 예를 들면 진시황 때의 서복(徐福), 한(漢)나라 문제(文帝, 재위 BC 179 ～ BC 157) 때의 "기운을 보고 주나라의 정(井)을 찾고자 했던[望氣取井]" 신원평(新垣平), 한무제(漢武帝, 재위 BC 140 ～ BC 87) 때 "조왕신에게 제사하여 복을 구할 것[祠竈]"을 주장한 이소군(李少君), "귀신을 부를 수 있다[取鬼]"고 하여 한무제의 부인을 불러냈던 이소옹(李少翁), "신과 소통할 수 있다[通神]"고 말한 난대(欒大), 삼국시대 때에 "곡식을 끊어 불로장생을 구했던[辟穀]"는 좌자(左慈) 등이다. 한대의 저작에서는 도사라고도 하였다. 또 『황제내경소문(黃帝內經素問)』「오장별론(五藏別論)」에는 "내가 방사에게 들기론[余聞方士]"이라는 표현이 있는데, 왕빙(王冰)은 "방사란 방술에 밝은 선비이다[方士, 謂明悟方術之士也]"라고 주석하였다. 이때의 방사는 의술에만 정통한 사람을 가리킨다. 도교는 "신선방술(神仙方術)"을 계승하였으므로 방사는 도사의 전신이다.

종민(種民)

　　도교에서 쌓아 놓은 선행이 있어서 수련을 통해 진(眞)을 이룰 수 있는 사람을 지칭한다. 『태평경(太平經)』에는 천지가 멸망할 때, 오직 선행을 쌓은 종민(種民)만이 재난을 면할 수 있다고 한다. 그러나 종민들 간의 지식이 여전히 도교의 지식과 차이날 수 있기에, 도교의 교화를 받아야 비로소 수련을 계속하여 성스러움을 이룰 수 있다고 본다. 또 도교의 보배로운 경전과 부록, 비밀스럽게 간직한 옥함(玉函)을 가벼이 전수할 수 없는데, 오직 종민만이 이를 전수받을 조건을 갖추고 있으며, 종민만이 수련하여 진(眞)을 이룰 수 있다고 본다.

도사(道士)

• • •

① 도교 경전과 계율을 받들어 지키며, 각종 제초, 제사, 기도 의식을 숙지한 사람. 일반적으로 도교 신앙을 직업으로 가진 사람을 지칭한다. 서한(西漢) 이전에는 "도사"라는 명칭이 없었다. 조여시(趙與時)는 『빈퇴록(賓退錄)』에서 "『황제내전(黃帝內傳)』에 '도사가 예를 행한다'라는 글이 있지만, 이것은 도가 있는 선비를 말하는 것이지 지금의 도사가 아니다[黃帝內傳雖有道士行禮之文, 但謂有道之士, 非今之道士也]"라고 하였다. 동한(東漢) 시기에 장릉(張陵)이 "오두미도(五斗米道)"를 창시하고, 후대 사람들이 비로소 그 무리를 "도사"라고 불렀다. 『태소랑서경(太霄琅書經)』에서는 "사람 중에 대도(大道)를 행하는 사람을 도사라고 불렀다. 사(士)란 무엇인가? 이치를 따르는 것이자 도를 일삼는 것이다. 몸과 마음이 이치를 따르면 오직 도만 따르게 되니, 도를 따르는 것은 일이 된다. 그러므로 도사라고 한다[人行大道, 號爲道士. 士者何也? 理也事也, 身心順理, 唯道是從, 從道爲事. 故稱道士]"라고 하였다. 『일체도경음의묘문유기(一切道經音義妙門由起)』에서는 "도사라고 칭하는 까닭은 그가 상도를 힘써 노력하기 때문이다[所以稱之爲道士者, 以其務營常道故也]"라고 하였다.

아울러 도사에는 여섯 단계의 구분이 있다고 말한다. 첫째 천진도사(天眞道士), 둘째 신선도사(神仙道士), 셋째 산거도사(山居道士), 넷째 출가도사(出家道士), 다섯째 재가도사(在家道士), 여섯째 제주도사(祭酒道士)이다. 금(金)·원(元) 교체기에 전진교(全眞敎) 등의 교파가 흥기하여 "전진도사(全眞道士)", "정일도사(正一道士)"의 명칭이 있게 되었다. 또 도사의 옷차림과 신선을 추구하는 것 때문에 이들을 "황관(黃冠)", "여관(女冠)", "우인(羽人)", "우사(羽士)" 등으로 부르기도 하였다.

② "방사(方士)"를 가리킨다. 한나라 때 서문군혜(西門君惠)라는 인물이 있었는데, 『한서(漢書)』 「왕망전(王莽傳)」과 『후한서(後漢書)』 「광무제기(光武帝紀)」에서는 모두 그를 도사라고 부르고 있는데, 환담(桓譚)의 『신론(新論)』에서는 그를 "방사(方士)"라고 칭하고 있다.

도인(道人)

• • •

① 도교 명사. 원래 도술을 가진 사람을 일컫는 말이었다. 『한서(漢書)』 「경방전(京房傳)」에 "도인이 비로소 떠나갔다[道人始去]"라고 하였는데, 안사고(顏師古)가 "도인은 도술을 가진 사람을 일컫는다[道人, 謂有道術之人也]"고 주석하였다. 이후에 도교의 도사 역시 도인이라고 칭하였다. 예를 들어 남오조(南五祖)의 하나인 백옥섬(白玉蟾)이 스스로 "경산도인(瓊山道人)"이라고 칭한 것이 이에 해당한다.

② 화상(和尙)의 옛 명칭. 『석림연어(石林燕語)』에 "남조 진송(晉宋) 시기에 불교가 처음으로 행해질 때 아직 승려[僧]라는 명칭이 없었고, 이를 통상 도인이라고 불렀다[晉宋間佛敎初行, 未有僧稱, 通

日道人]." 『남제서(南齊書)』 「고환전(顧歡傳)」에는 "도사와 도인화상은 유가와 묵가가 논쟁하였고, 또 도인과 도사끼리도 시비를 변론하였다[道士與道人戰儒墨, 道人與道士辯是非]"라고 기록하고 있는데, 남북조(南北朝)시대에는 사회적 관습으로 불교도를 도인이라고 부르고 도교도를 도사라고 불렀다.

오등도사(五等道士)
• • •

도교 명사. 도교는 도사를 다섯 가지 등급으로 나눈다. 즉 천진도사(天眞道士), 신선도사(神仙道士), 산거도사(山居道士), 출가도사(出家道士), 재가도사(在家道士)이다. 『천황지도태청옥책(天皇至道太淸玉冊)』 권8에 보인다.

황관(黃冠)
• • •

도사의 별칭. 일설에는 도사가 머리카락을 묶는 관(冠)을 금속이나 목재로 만드는데, 그 색깔이 황색이어서 황관(黃冠)이라고 불렀고, 이 때문에 도사의 별칭이 되었다고 한다. 또 다른 설에는 수(隋)나라 때 이파(李播)에게서 기원하였다고도 한다. 『신당서(新唐書)』 「방기전(方伎傳)」에 "이순풍의 아버지 이파가 수나라 고당에서 벼슬을 하다가 관직을 버리고 도사가 되었는데, 그의 호가 황관자이다[李淳風父播, 仕隋高唐尉, 棄官爲道士, 號黃冠子]"라고 기록하고 있다. 이에 후세 사람들이 황관을 도사라고 칭하였다. 당구(唐求)의 『제청성산범현관(題靑城山範賢觀)』에는 "첩첩 산중 산길 어려움을 마다않네. 진결을 찾아 황관에게 물어보네[數里緣山不厭難, 爲尋眞訣問黃冠]"라고 노래하고 있다.

여관(女冠)

여자 도사를 말한다. 당(唐)나라 때에 남녀 도교도들이 모두 황관(黃冠)을 썼는데, 습관적으로 남자 도사만 황관이라고 불렀다. 여자 도사는 여황관(女黃冠)이라고 부르지 않고 여관(女冠)이라고 불렀다. 고대로부터 남자는 20세가 되면 관을 하였는데 황관이라고 분명히 밝히지 않으면, 도사와 속인의 구별이 드러나지 않았다. 그러나 여자의 경우는 원래 관을 하지 않았기에 관을 쓴 사람은 여자 도사가 분명했다. 그러므로 "여관"이라고 불렀다. 『구당서(舊唐書)』「측천황후기(則天皇后紀)」에는 "불교를 도교의 위에 두어, 비구와 비구니를 도사와 여관의 앞에 자리하라고 명령하였다[令釋教在道法之上, 僧尼處道士女冠之前]"라고 쓰여 있고, 『송사(宋史)』「휘종기(徽宗紀)」에는 "선화 원년에 여관을 여도로 하고, 비구니를 여덕이라고 고치도록 조칙을 내렸다[宣和元年, 詔改女冠爲女道, 尼爲女德]"고 하고 있다. 가끔 여자 도사를 여황관(女黃冠)이라고 칭한 경우가 있기도 하다.

도고(道姑)

여자 도사를 가리킨다. 『동강시화(桐江詩話)』에서 다음과 같이 말하였다. "창성씨는 여남땅에 있는데, 그 씨족은 더욱 도를 받드네. 남녀 황관자가 열에 여덟아홉이네. 이때에 창도고(暢道姑)라는 여관이

있었는데, 자태가 아름다워 인간세계 신선 같았네.[暢姓汝南有之,
其族尤奉道, 男女爲黃冠者十八九. 時有女冠暢道姑, 姿色妍麗, 神仙
中人也.]"

우인(羽人)

. . .

도사의 별칭. 원래는 신화 속의 비선(飛仙)을 지칭했다. 『초사(楚
辭)』「원유(遠遊)」에 "우인을 따라 단구에 노니니, 불사의 옛 마을에
머무네[仍羽人於丹丘兮, 留不死之舊鄕]"라는 내용이 있는데, 왕일
(王逸)이 "『산해경(山海經)』에 우인의 나라가 있다고 한다[山海經言
有羽人之國]"고 주석하였다. 홍흥조(洪興祖)가 주석을 보충하여 "우
인은 비선이다[羽人, 飛仙也]"라고 하였다. 도사들이 날아올라 신선
이 된다고 말하였기에 도사를 달리 우인이라고 부른 것이다. "우의
(羽衣)"를 참조하라.

우의(羽衣)

. . .

새의 깃털로 만든 의복. 『한서(漢書)』「교사지상(郊祀志上)」에 "오리
장군도 우의를 입고 백모 위에 서서 인을 받았다[五利將軍亦衣羽衣,
立白茅上受印]"고 하였는데, 안사고(顏師古)가 주석을 내어 "우의
는 새의 깃털을 사용해 만든 의복으로, 신선이 하늘을 나는 뜻을 취
한 것이다[羽衣, 以鳥羽爲衣, 取其神仙飛翔之意也]"라고 하였다. 오
리장군(五利將軍)은 한무제(漢武帝) 때의 방사(方士)인 난대(欒大)이
다. 방사는 도사의 전신으로, 도사 역시 하늘을 날아 신선이 될 수 있

다고 말하였기에 세상 사람들은 "우의"로 도사를 가리켰다. "우인(羽人)"을 참고하라.

우객(羽客)

. . . .

① "우인(羽人)"이다. 유신(庾信)의 『공죽장부(邛竹杖賦)』에 "우객을 기다려서 서로 전해주네[待羽客以相貽]"라고 하는데, 예번(倪璠)이 "우객은 우인이다. 『산해경』에 우인의 나라에는 죽지 않는 백성이 있다[羽客, 羽人也. 山海經有羽人之國, 不死之民]"고 주석하였다.

② 도사를 말한다. 『빈퇴록(賓退錄)』에 따르면 남당(南唐) 보대(保大) 연간(943~957)에 이영(李璟, 재위 943~961)이 도사 담자소(譚紫霄)에게 금문우객(金門羽客)이라는 명칭을 내려주었다고 하였다. 『사물이명록(事物異名錄)』「선도부(仙道部)」에 "『태소랑서경』에 '대도를 행하는 이를 도사라고 한다'고 하였고, 또 연사(煉師), 우객(羽客), 황관자(黃冠子)라고도 한다[太霄琅書經人行大道, 號曰道士, 又曰煉師, 曰羽客, 又曰黃冠子]"고 하였다. 우인(羽人)을 참고하라.

우사(羽士)

. . . .

도사의 별칭. "우(羽)"에 "비승(飛升)"의 뜻이 포함되어 있다. 도사들이 날아올라 신선이 된다는 말을 즐겨 말하였기에 도사를 우사라고 부른다. "우의(羽衣)"와 "우인(羽人)을 참조하라.

동자(童子)

• • •

　도교에서 법사(法事)를 처음으로 배우는 선동(仙童)을 가리킨다. 천존(天尊)이 설법을 할 때, 항상 상지동자(上智童子), 금광동자(金光童子), 시원동자(始元童子) 같은 동자 몇 명이 옆에서 열을 지어 모신다.

단공(端公)

• • •

　남자무당의 옛 명칭. 『잠서(潛書)』「억존(抑尊)」에는 "촉땅 사람이 신을 섬길 때 반드시 무당에게 빙의시켰는데, 무당을 단공이라 불렀다[蜀人之事神也, 必馮巫, 謂巫爲端公]"고 한다. 상(湘), 악(鄂), 검(黔), 계(桂) 등의 지역에도 이 명칭이 있다.

도관(道官)

• • •

　중국 봉건왕조에서 도교 사무를 관리하던 관원. 일반적으로 도사가 그 직무를 맡았다. 『속통지(續通志)』「직관략(職官略)」의 기록에 따르면, 금(金)나라의 도교 관리는 "수(帥)와 부(府)에 관청을 두어 정은 도록(道錄)이라고 부르고 부는 도정(道正)이고 부르는데, 3년 기간으로 직무를 맡았다[於帥府置司, 正曰道錄, 副曰道正, 以三年爲任]"고 한다. 명(明)나라 홍무(洪武) 15년(1382)에는 관직을 다음과 같이 두었다. 중앙에는 "도록사(道錄司)"를 두고, 좌우정(左右正) 1·2인, 좌우연법(左右演法) 2인, 좌우지령(左右至靈) 2인, 좌우현의(左右玄義) 2인을 두었다. 부(府)에는 "도기사(道紀司)"를 두고, 도기(都紀) 부도기(副都紀) 각 1인을 두고, 주(州)에는 "도정사(道正司)"를 두고, 도정(道正) 1인을 두며, 현(縣)에는 "도회사(道會司)"를 두고, 도회(道會) 1인을 두었다. 모두 관직이었지만, 봉록을 주지는 않았다. 동시에 신락관(神樂觀)에는 제점(提點) 1인, 지관(知觀) 1인을 관직으로 두었고, 용호산(龍虎山)에는 정일진인(正一眞人) 1인, 법관(法官) 찬교(贊教) 장서(掌書) 각 2인을 두었다. 각조산(閣皂山)과 모산(茅山)에는 각각 영관(靈官) 1인을 두었다. 태화산(太和山)에는 제점(提點) 1인을 두었다. 『황조문헌통고(皇朝文獻通考)』「직관고(職官考)」의 기록에 따르면, 청(淸)나라는 명나라의 제도를 계승하여 중앙에서부터 부, 주, 현에 이르기까지 설치된 관직명과 관원의 수가 모두 명나라와 같았다.

도록사(道錄司)

• • •

명(明)·청(淸) 시대에 도교사무(道敎事務)를 관리하기 위해 중앙에 세운 관청의 명칭이다. "도관(道官)"을 참고하라.

연법(演法)

• • •

명(明)·청(淸) 시대 도교 관직명.

지령(至靈)

• • •

명(明)·청(淸) 시대 도교 관직명.

현의(玄義)

명(明)·청(淸) 시대 도교 관직명. 청대에는 청나라 성조(聖祖)인 현엽(玄燁)의 이름을 피휘하여 "원의(元義)"로 바꾸었다.

법단(法壇)

"경당(經堂)", "재단(齋壇)"이라고도 한다. 도교 명사. 도사가 제단을 세우고 법을 시행하거나 기도를 거행하는 장소이다. 도교 정일파(正一派)가 대부분 채용해왔다. 『도장(道藏)』에 수록된 『영보영교제도금서(靈寶領教濟度金書)』, 『상청영보대전(上淸靈寶大全)』 등의 책에 단을 세우는 법도와 단에 오르는 규범이 많이 기록되어 있다.

도량(道場)

규모가 비교적 큰 도교의 송경(誦經) 예배 의식을 가리킨다. 최초로 역사 기록에 나타난 것은 북위(北魏) 태무제(太武帝) 시광(始光, 424~428) 초에 구겸지(寇謙之) 등 숭산(嵩山) 도사들이 평성(平城) 지금 산서(山西) 대동(大同) 동북쪽에서 개최한 천사도량(天師道場)이다. 『위서(魏書)』「석노지(釋老志)」에 보인다.

연사(煉師)

옛날에 "양생(養生)"과 "연단(煉丹)"의 방법을 터득한 도사에 대한 존칭. 『당육전(唐六典)』권4에 "도사 중에 덕이 높고 생각이 맑은 자를 연사라고 한다[其德高思淸者, 謂之煉師]"라고 기록하고 있다.

방장(方丈)

· · ·

도관의 일을 맡아보는 사람의 명칭. 도관의 주인이지만 실질적으로는 명예직으로, 도관의 사무는 관여하지 않고 계율을 전수한 이후에 물러나 후원에 거처한다. 계율을 전할 기간에는 방장을 율사(律師)라고 부르기도 하는데, 이는 그가 계율에 정통하여 태상도군(太上道君)을 대신해 계율을 전수할 만하고, 사람들의 스승이 될 만하기 때문이다. 방장은 반드시 삼당대계(三堂大戒)를 받고 계율 의식에 정통하면서도 대중의 신망을 받는 도가 높은 사람 중에서 선택된다. 해당 도관에 조건에 합당한 사람이 없을 경우 다른 곳에서 청해 올 수 있다. 임기는 여러 해 혹은 10년으로 동일하지 않다. 비용이 필요하면, 필요한 모든 비용은 도관에서 지불한다.

주지(住持)

· · ·

도관의 일을 맡아보는 사람의 명칭. 도교 궁관(宮觀)의 책임자. 그 직책은 방장(方丈)과 비슷하다. 일반적으로 전진도(全眞道) 총림(叢林)에서는 이런 직책을 두고 정일도(正一道)에는 이러한 직책을 두지 않지만, 몇몇 예외가 있기도 하다. 가령 소주(蘇州)의 현묘관(玄妙觀)은 정일도 도관이지만, 이러한 직책의 집사(執事)를 두고 있다.

감원(監院)

• • •

"주지(主持)", "당가(當家)"라고도 부른다. 도관의 일을 맡아보는 사람의 명칭. 도관의 실질적인 주관자로, 도관의 크고 작은 사무를 관리한다. 지위는 비록 방장(方丈)보다 낮지만 실권은 더 많다. 총림의 도중(道衆)이 공동으로 추천하여 선출하고, 임기는 3년이며 연임할 수 있다. 또한 과실이 있을 경우에 공적인 논의를 통해 임기를 폐기하고 바꿀 수 있다. 감원은 대부분 총명하고 능력 있는 자를 선발하여 맡긴다.

고공(高功)

• • •

도교 법사의 고유 명칭. 도교에서 비교적 경서에 통달하고 종교 의식과 규범에 익숙하며, 종교 의식을 이끌어가는 도사를 가리킨다. 법단에서 윗자리에 거처한다. 『도장(道藏)』 제942~962 책의 『상청영보대법(上淸靈寶大法)』에 기록된 제초 과의 중에 고공(高功)이 도사와 신도를 이끌어 각종 의식의 법도를 진행한 것을 자세히 기록하고 있다. 가령 "단을 오를 때 고공이 앞에 서고, 단을 나올 때 고공이 뒤에 위치한다[凡升壇則高功居前, 出壇則高功居後]" 등과 같이 말하고 있다.

지객(知客)

• • •

도관의 일을 맡아보는 사람의 이름. 손님을 접대하거나 응수하는 것을 주관하고, 감원(監院)을 도와 도관의 크고 작은 사무를 처리한

902

다. 또한 감원의 후보가 될 수 있다. 지객은 교제에 뛰어나면서도 계율을 열심히 행하는 사람 중에 선택한다. 지객은 여럿인데, 그 중에 한 사람을 수석 지객으로 삼는다.

당주(堂主)

• • •

도관의 일을 맡아보는 사람의 이름. 오주(五主) 중의 하나로, 시방당(十方堂), 운수당(雲水堂)을 관리하는 집사(執事)로, 오로지 떠도는 외부도사들이 와서 묵는 것을 관리한다. 떠도는 도사들은 모두 시방당과 운수당에서 머물게 되는데, 당주는 이 도사들이 계와 의례를 지키는지, 율을 어기는지 등의 일을 감찰한다. 별도로 양생당주(養生堂主)가 있는데, 도관의 노약자나 병든 자나 불구자를 도관 내부에 머물게 하면서, 그들의 생활을 살피고 치료를 돌본다.

전주(殿主)

• • •

도관의 일을 맡아보는 사람의 이름. 하나의 신전(神殿)을 관리하는 책임을 진 집사(執事)이다. 가령 여조전(呂祖殿)에 전주(殿主) 한 사람을 두는데, 청소를 하고, 향을 피우고, 제기를 관리하고 안전을 도모하는 등의 일이 모두 그의 책임이다. 전주를 맡은 사람은 대부분 도관에서 오래 동안 있으면서, 공로가 있는 연로한 도사이다. 그는 향과 지전(紙錢)을 팔수도 있고, 점을 보는 사람에게 점표를 팔 수 있으며, 신도들의 보시(布施)를 요구할 수도 있다.

경주(經主)

• • •

도관의 일을 맡아보는 사람의 이름. 도사들과 신도들에게 경전을 나누어주고 돌려받는 일, 하루 세 차례의 송경(誦經) 공부, 예배와 조회의 관리를 책임진다. 이 밖에도 도관의 도서를 관리하고 판매하는 것도 그의 책임이다.

주주(廚主)

• • •

도관의 일을 맡아보는 사람의 이름. 또 도주(都廚)라고도 하는데, 주방의 일과 음식을 관리하는 책임을 진다. 공적인 회의를 통해 뽑는다.

삼도(三都)

• • •

도관의 일을 맡아보는 사람의 이름. 도관(都管), 도강(都講), 도주(都廚)를 가리킨다. 일설에는 도당(都堂), 도강(都講), 도사(都事)라고도 한다. 도관은 감원(監院)의 조수로, 도관에서 상주하면서 일을 주관하는 총무이다. 도관에서 일어나는 크고 작은 사무 즉, 금전을 출납하거나 출입자 기록을 관리하거나 예물을 주고받거나 하는 일 등을 모두 처리한다. 일반적으로 도관에서 나이가 많고 덕이 많은 사람이 담당하며, 감원의 다음 지위로 대우한다. 도강은 여러 경전의 강의와 의례 등의 일을 관리하는데, 도교경전에 능통한 자라야 맡을 수 있다. 도주는 주방의 각종 사무, 도사와 신도들의 세끼 식사를 관리하는데, 일을 공정하게 처리하는 사람 중에 선발하여 맡는다.

오주(五主)

· · ·

도관의 일을 맡아보는 사람의 이름. 당주(堂主), 전주(殿主), 경주
(經主), 화주(化主), 정주(靜主)를 가리킨다. 일설에는 정주(靜主) 대
신 주주(廚主)가 포함되어 있기도 한다. 당주는 떠도는 외부도사들이
머무는 것을 관리하는 일과 그들이 계율을 지키는지 어기는지를 살
피는 일 등을 감독한다. 전주는 전당(殿堂)의 청소 및 향과 등과 제
기를 관리하며 아울러 경사(經師)를 감독한다. 경주는 경전 · 과의 ·
예법 · 금기에 밝은 사람이 담당하는데, 대체로 도사들과 신도들에게
경전을 나누어주고 돌려받는 일, 세 차례의 송경 시간과 초하루와 보
름날 때 예배 등의 일을 관리한다. 정주는 정실(靜室)과 수행하거나
정좌하는 일을 관리하는데, 도와 덕에 통달한 사람이 담당한다. 화주
의 직책은 현명하고 어진 사람을 이끌어 복(福)과 선(善)으로 교화하
고, 어진 사람과 군자를 모집하여 성경(聖境) 영단(靈壇)에서 공덕을
쌓게 하는데, 인과(因果)에 밝고 접대를 잘 하는 사람이 담당한다.

삽팔두(十八頭)

· · ·

도관의 일을 맡아보는 사람의 이름. 문두(門頭), 화두(火頭), 수두
(水頭), 채두(菜頭), 반두(飯頭), 고두(庫頭), 장두(莊頭), 당두(堂頭),
고두(鼓頭), 향두(香頭), 다두(茶頭), 창두(倉頭), 마두(磨頭), 연두(碾
頭), 원두(園頭), 조두(槽頭), 정두(淨頭), 청두(圊頭) 등을 가리킨다.
일설에는 향두 대신 종두(鐘頭)가 포함되어 있기도 한다. 문두는 산
문(山門)을 열고 닫는 일을 맡는다. 산을 출입하는 사람이 휴대한 것

을 조사하여 도관 안에 공공기물을 휴대하여 산문을 나가지 못하게 하며, 야간에 마음대로 산문을 열지 못하게 한다. 화두는 화기(火氣)를 맡아 다스린다. 매일 세 차례 불 때는 일을 조절하며 일의 경중에 따라 순서에 맞게 나누고, 주방에서 불을 사용할 때 더럽혀진 땔감이 부엌에 들어오지 못하게 막는다. 수두는 마실 물을 담당한다. 물통을 들고 음료수를 운반하여 식사시간에 제공하고, 또 물속에 벌레가 있으면 가려내 방생하며 그 물은 솥에 붓지 않는다. 다두는 깨끗한 샘물을 정결하게 마련하고 옥로(玉露)를 끓여서 선성(仙聖)과 고진(高眞)에게 바친다. 고두(庫頭)는 일체의 재계에 쓰이는 곡물과 공물, 그리고 기름, 소금, 간장, 채소, 금, 은, 주옥, 재물, 그릇 등의 물건을 관리한다. 이 물건들을 출입할 때는 장부에 반드시 기록하여 알맞게 보관한다. 당두는 재당(齋堂)의 일을 주관하는데, 당을 정결하게 하고 향과 불을 피우며, 제물을 올리고 음식을 물리며, 시간을 알려 재계하게 한다. 당에서 도중(道衆)이 그릇을 부딪치거나 젓가락을 떨어뜨리면 당두가 대나무 꼬챙이로 찌르면서 벌준다. 고두(鼓頭)는 하루의 일과 시간을 담당하는데, 큰 북을 울려 알린다. 정두는 청소를 담당하는데, 계단과 뜰은 반드시 깨끗하게 하고 물을 뿌려 먼지를 가라앉히고 더러운 것을 쓸어내 흙먼지가 날리지 않게 한다. 원두는 사계절마다 채소를 심고 가꾸며, 채소를 훔쳐가는 도둑을 방지한다. 마두와 연두는 곡식을 키질하고, 고르고, 깨끗하게 씻고, 쌀은 정결하게 하고, 면은 가늘고 길게 해야 한다. 청두는 분변을 치우는 것을 담당하는데, 깨끗하게 청소하고 화장실의 청결을 유지한다. 이와 같은 일들이 있는데 그 일들은 명확하게 나뉘어 있어 각자 해당된 일을 맡는다.

법사(法師)

• • •

덕이 높고 나이가 많으며, 도교 경전에 정통한 도사를 가리킨다.
『당육전(唐六典)』에는 법사, 위의사(威儀師), 계율사(戒律師)로 구분
하고 있는데, 이들을 통칭하여 법사라고 부른다. 일반적으로는 도사
(道士)에 대한 존칭으로 쓰인다.

삼고(三姑)

• • •

도술을 수련한 여성을 가리킨다. ① 여자도사[女冠]는 "도고(道姑)"
라고 부르고, ② 불교에서 여성으로서 출가하여 비구니가 된 사람을
"니고(尼姑)"라고 부르며, ③ 점괘를 보거나 사주팔자를 보는 일에 종
사하는 부녀자를 "괘고(卦姑)"라고 부른다.

팔계(八戒)

• • •

도교의 수양 계율. 심신을 청결히 하고 삿된 생각을 뿌리째 없애기
위해 우선 계율을 지켜야 한다. 팔계는 ① 살생하지 않고, ② 음란한
욕심을 내지 않고, ③ 도둑질하지 않고, ④ 헛된 말을 하지 않고, ⑤
술에 취하지 않고, ⑥ 높고 넓은 침상에 함부로 눕지 않고, ⑦ 향수를
사용해 치장하지 않으며, ⑧ 가무(歌舞)를 즐겨 하지 않는다. 『운급칠
첨(雲笈七籤)』 권40 『수지팔계제문(受持八戒齋文)』에 수록되어 있다.

도복(道服)

• • •

도교의 복식. 『태상출가전도의(太上出家傳度儀)』에서는 도복은 천존노군(天尊老君)의 법복으로, 진인과 성인이 보호하여 간직하며, 사람과 하늘이 찬양하여 우러르는 것이라고 말한다. 또 일상생활에서 항상 보호하여 간직해야한다. 더러운 물건에 둘 수 없고 세속의 옷과 뒤섞을 수도 없으니, 그렇지 않으면 악한 업보를 부른다고 한다.

계의(戒衣)

• • •

도교에서 계를 받을 때 입는 의상. 황색이며, 소매의 넓이는 두 척네 치이며, 소매의 길이는 체구에 따른다.

도건(道巾)

• • •

도사가 쓰는 모자. 9종으로 혼원건(混元巾), 구량건(九梁巾), 순양건(純陽巾), 태극건(太極巾), 하엽건(荷葉巾), 고산건(靠山巾), 방산건(方山巾), 당건(唐巾), 일자건(一字巾)이 있다. 이밖에도 전진도 도사들이 쓰는 것도 9종이 있는데, 민소간(閔小艮)의 『청규원묘(淸規元妙)』의 기록에 따르면 다음과 같다. 첫째는 당건(唐巾)으로, 여동빈(呂洞賓)이 썼었기 때문에 여조건(呂祖巾)이라고도 한다. 둘째는 중화건(沖和巾)으로 나이 많은 도사가 쓴다. 셋째는 소요건(逍遙巾)으로 젊은 도사가 쓴다. 넷째는 윤건(綸巾)으로 추울 때 쓴다. 다섯째는 호연건(浩然巾)으로 눈이 올 때 쓴다. 여섯째는 자양건(紫陽巾)이고,

일곱째는 일자건(一字巾)으로 평상시에 쓴다. 여덟째는 삼교건(三教巾)으로 중극계(中極戒)를 받을 때 쓴다. 이상의 모자는 모두 삼베로 만든 것으로 검은 색이다. 아홉째는 구양건(九陽巾)으로 도교의 다른 교파인 구류(九流)에 물들어 있어 아직 전진(全眞)을 수련하지 않은 선비가 쓰는데, 성긴 비단으로 만든다.

하피(霞帔)

· · ·

도사들의 복식. 위에 구름과 노을 꽃무늬가 있으며, 어깨와 등에 두른다. 『일체도경음의묘문유기(一切道經音義妙門由起)』에서 『삼동봉도과계(三洞奉道科戒)』를 인용해 다음과 같이 말하고 있다. "대동법사는 원시관을 쓰고 황색 아랫도리옷에 자주색 윗옷을 입는데, 상청법복처럼 오색구름의 하피를 걸친다. 삼동강법사는 원시관을 쓰고 황색 윗옷을 입고, 아홉 색 구름의 하피를 걸친다.[大洞法師, 元始冠, 黃裙紫褐, 如上淸法, 五色雲霞帔. 三洞講法師, 元始冠, 黃褐, 九色雲霞帔.]"

조판(朝板)

· · ·

"옥판(玉板)", "옥홀(玉笏)"이라고도 불린다. 도교 의례에 사용하는 기물. 『태평어람(太平御覽)』에서 도교경전을 인용해 다음과 같이 말하고 있다. 도관에서 경을 받들 때와 진관오제(眞官五帝)를 모실 때, 주관하는 자와 말을 전하는 자는 모두 관을 쓰고, 옥판을 들고 조회하면서 절을 하는데, 이를 조판이라고 한다. 『승현경(昇玄經)』에서는 태상노군(太上老君)이 능양감(陵陽監)들에게 가르침을 내릴 때에 이들이 머리를 조아리고 일어나 홀(笏)을 잡고 동(東)과 서(西)로 나누어 섰다고 하였다. 도관에서 의례를 할 때, 도사는 조판을 잡고서 신상(神像)에 절을 한다.

당건(唐巾)

• • •

도교의 복식. 본래 고대 관(冠)의 이름으로, 제왕(帝王)의 관이었으나, 도사가 개조하여 바꾸었다. 여순양(呂純陽)이 관의 좌우에 고리를 달고, 두 개의 띠[飄帶]를 드리었는데, 이를 "순양건(純陽巾)" 또는 "여조건(呂祖巾)"이라고 불렀다고 전해진다. 『현문필독(玄門必讀)』「당건(唐巾)」에서는 "당건은 고대로부터 전해진 건이 아니라 여조로부터 지금에까지 전해진 것이다. 한 쌍의 둥근 고리는 해와 달로 나뉘고, 두 개의 띠는 뜬 구름을 쓸어내는 것[唐巾不是古來巾, 呂祖流傳到至今, 一對連環分日月, 兩條飄帶掃浮雲]"이라고 한다.

순양건(純陽巾)

• • •

"당건(唐巾)"을 보라.

우화(羽化)

• • •

도교 명사. 옛날에 신선이 되는 것을 우화(羽化)라고 하였는데, 그것은 변화하여 날아오르는 뜻을 취한 것이다. 『진서(晉書)』「허매전(許邁傳)」에는 "명산을 두루 돌아다니다, 이후에 그 마친 곳을 헤아릴 수 없으니, 도를 좋아하는 자들이 우화했다라고 하였다.[偏遊名山, 後莫測所終, 好道者謂之羽化.]"라고 하였다. 후세에 도교도들이 세상을 떠나면 우화했다고 불렀다.『서언고사(書言故事)』「도교류(道教類)」에 "도사가 죽으면 우화 또는 선화했다고 말한다[道士亡, 曰羽化, 曰仙化]"고 기록하고 있다.

출가(出家)

전진도의 도사가 집을 떠나 도관에 거처하는 것을 "출가(出家)"라고 한다.

삼재(三才)

천(天)·지(地)·인(地)의 총칭.『주역(周易)』「설괘전(設卦傳)」에는 "하늘의 도를 세워 음과 양이라고 하고, 땅의 도를 세워 유와 강이라고 하며, 인간의 도를 세워 인과 의라고 한다. 삼재를 거듭했기에 역이 여섯 획으로 괘를 이룬다[立天之道, 曰陰與陽. 立地之道, 曰柔與剛. 立人之道, 曰仁與義. 兼三才而兩之, 故易六畫而成卦]"고 하였다. 또 천지, 사람, 만물을 삼재로 보는 경우도 있다.『음부경(陰符經)』에는 "천지는 사람이 훔치고, 사람은 만물이 훔치고, 만물은 사람이 훔친다. 세 가지 훔침이 알맞게 되면, 삼재가 편안해진다[天地, 人之盜. 人, 萬物之盜. 萬物, 人之盜. 三盜既宜, 三才既安]"고 한다.『태평경(太平經)』은 천·지·인을 삼통(三統)으로 삼고, 삼통은 모두 원기로부터 생겨난다고 여긴다.『운급칠첨(雲笈七籤)』권3「도교삼동종원(道教三洞宗元)」에는 "세 기가 변화하여 삼재를 생성하고, 삼재가 많아지면, 만물이 이에 갖추어진다[三氣變生三才, 三才既滋, 萬物斯備]"고 한다.

삼광(三光)

. . .

도교에서 해 · 달 · 별에 대해 총칭하는 말. 『황제내경경(黃庭內景經)』에서 무성자(務成子)는 『도기경(道機經)』을 인용해 "하늘에 삼광인 해 · 달 · 별이 있다[天有三光日月星]"고 주석하였다. 『태평경(太平經)』에는 『삼광식결(三光蝕訣)』이 실려 있다. 기타 경전에는 해 · 달 · 별을 "삼정(三精)"이라고 한 것이 있다.

방외(方外)

. . .

도교 명사. "방내(方內)"와 상대되는 말로, 세속의 예교를 벗어난 것을 가리킨다. 이 말은 『장자(莊子)』 「대종사(大宗師)」편에서 "공자가 말하기를 저 사람은 방외에서 노니는 자이고, 나는 방내에서 노니는 자이다[孔子曰, 彼遊方之外者也, 而丘遊方之內者也]"라고 하였는데, 성현영(成玄英)은 소(疏)에서, "방이란 경계이다. 저 두 사람은 살고 죽는 것을 동일하게 여기고, 가르침에 얽매이지 않기에 마음이 경계 밖에서 노닌다. 그러나 중니와 자공은 당대의 큰 유자로, 그른 것을 재단하려는 의를 행하고, 규범에 맞는 예를 따르며, 슬픔과 즐거움도 중도에 맞게 뜻을 가다듬어서 경계의 안에서 노니니, 그들과 다른 자이다[方, 區域也. 彼之二人齊一死生, 不爲教迹所拘, 故遊心寰宇之

外, 而仲尼子貢, 命世大儒, 行裁非之義, 服節文之禮, 銳意哀樂之中, 遊心區域之內, 所以爲異之者也]"라고 하였다. 『문선(文選)』에 하후효약(夏侯孝若)의 「동방삭찬(東方朔贊)」의 주에서 사마표(司馬彪) 말을 인용해 말하기를 "방은 일상이다. 저 사람은 마음이 일상의 도의 가르침 밖에서 노니는 자라고 말한 것이다[方, 常也. 言彼遊心於常教之外也]"라고 하였다. 후세 사람들이 이 내용을 빌려와 방외의 용어로 도사와 승려를 지칭하였다.

방내(方內)
• • •

도교 명사. "방외(方外)"와 상대되는 말로, 세속의 예교를 따르는 것을 가리킨다. "방외"를 참고하라.

도문(道門)
• • •

① 도에 들어가는 문. 한(漢)나라 엄준(嚴遵)의 『도덕지귀론(道德指歸論)』권1에서 "고요함은 텅 빔의 문이고, 텅 빔은 도의 문이다[靜爲虛戶, 虛爲道門]"라고 하였다. ② 도가 · 도교를 가리킨다. 원(元)나라 하문언(夏文彦)의 『회도보감(繪圖寶鑒)』권3에서 "도사 이팔사는 공주 의정 사람으로, 도문의 존상을 잘 그렸다[道士李八師, 邛州依政人, 工畫道門尊像]"라고 하였다. 명(明)나라 장우(張羽)는 『정거집(靜居集)』권5 「승군한야(僧君寒夜)」시1에서 "산수는 적막하니 새가 울며 쉬는데, 도문은 청정하니 사람 드무네[山水蕭條啼鳥歇, 道門清靜俗人稀]"라고 노래하였다.

도문과의(道門科儀)

• • •

    도교 명사. 도교의 각종 법규, 제도 및 의식의 조문을 가리킨다. 『도장(道藏)』 위의류(威儀類)는 모두 과의(科儀)의 전적이다. 『운급칠첨(雲笈七籤)』 권40에 과의를 통해, "학문이 높은 선비는 삼천정법, 사극명과를 받는다[凡上學之士受三天正法, 四極明科]"라고 하고, 같은 책 권41에서 『조진의(朝眞儀)』를 인용해 "참배하기 하루 전에 법에 따라 복숭아나무를 끓인 물로 목욕하고, 파, 염교, 부추, 마늘, 치즈 등은 먹지 않는다[凡朝禮, 先一日以桃湯澡浴如法, 並不得食蔥薤韭蒜乳酪等]"고 한 것과 같은 예이다. 『요수과의계율초(要修科儀戒律鈔)』는 각종 규범 및 제도화된 과의를 기록한 것이다. 『정일위의경(正一威儀經)』, 『삼동수도의(三洞修道儀)』, 『영보영교제도금서(靈寶領教濟度金書)』, 『현문십사위의(玄門十事威儀)』, 『동현영보도학과의(洞玄靈寶道學科儀)』 등은 모두 과의에 따라 봉행하는 규범을 기록한 책이다.

의범(儀範)

• • •

    도교 재초의식의 총칭. 의(儀)는 과의를 가리키고, 범(範)은 법도를 가리킨다. 『금록대재계맹의(金籙大齋啓盟儀)』에서 "태일재로부터 아래로 22품을 외재라고 하는데 모두 의범이 있고 도교경전에 갖추어져 있다[自太一齋而下二十二品, 謂之外齋, 皆有儀範, 具在藏中]"고 한다. 송(宋)·원(元)시대 이래로 의범이라는 말은 광범위하게 전해져왔다. '과의'와 같다.

재계(齋戒)

• • •

  중국 고대에는 제사 전에 목욕하고 옷을 갈아입고, 술을 마시지 않으며, 파와 마늘 같이 맵고 향이 나는 채소를 먹지 않음으로써 정성과 공경을 표시하였는데, 이를 재계라고 부른다. 『예기(禮記)』 「곡례상(曲禮上)」에 "재계하여 귀신에게 고한다[齋戒以告鬼神]"고 하였고, 『맹자(孟子)』 「이루하(離婁下)」에서는 "악한 사람이라도 목욕하고 재계하면 상제에게 제사할 수 있다[雖有惡人, 齋戒沐浴, 則可以祀上帝]"고 한다. 도교에서는 재계를 다음과 같이 여긴다. 재(齋)란 가지런히 함이니, 그 가지런하지 않음을 가지런히 하는 것이고, 계(戒)란 그침이니, 그치지 못함을 그치게 하는 것이다. 중생들이 헛되이 탐(貪)·진(瞋)·치(癡)·애(愛)의 마음을 내고, 음란하고 살인하고 도적질하는 망령된 생각을 내니, 재계를 두어 이러한 것을 금지하고 경계한 것이다. 재계란 심신을 통제하는 법이다. 계를 받지 않으면 나쁜 습관을 없앨 수 없고 마음을 기를 수 없으며, 원기(元氣)를 회복할 수 없다. 원기를 회복하지 못하면 제 명(命)을 다할 수 없다. 마음이 안정되지 않으면 원신(元神)이 귀착하지 못하고 진성(眞性)이 드러나지 못한다. 그러므로 대도(大道)는 본성 깨닫는 것을 체(體)로 삼고 수명 기르는 것을 용(用)으로 삼지 않음이 없다. 『태상허황천존사십구장경(太上虛皇天尊四十九章經)』에는 "재계란 도의 근본이고 법의 교두보이다. 그대가 도를 배우고자 하면 재계를 청정하게 받들고, 늘 바른 진을 생각하면 삿대고 허망함이 저절로 없어질 것이다[齋戒者, 道之根本, 法之津梁. 子欲學道, 淸齋奉戒, 念念正眞, 邪妄自泯]"라고 한다.

재초(齋醮)

• • •

　도교에서 제단을 세우고 제사하면서 기도하는 일종의 의식. 도교에서는 재초의식을 통해서 재계를 하고 귀신을 제사 지내고, 신의 힘을 빌려 복을 구하고 재앙을 면하기를 바란다. 재(齋)는 단(壇)을 세우지 않고 오직 신명을 공경히 예를 올리는 것이다. 초(醮)를 지낼 때는 단을 설치한다. 이를 도교에서는 "초단(醮壇)"이라고 부르고, 세속에서는 "타초(打醮)", "주도량(做道場)"이라고 부른다. 그 법은 몸과 마음을 깨끗이 하고 단을 세우고 공물을 설치하며, 제문을 써서 신령에게 기도하는 것이다. 『운급칠첨(雲笈七籤)』 권103 『익성보덕진군전(翊聖保德眞君傳)』에는 다음과 같이 말한다. 단을 쌓는 법에는 아홉 등급의 방식이 있는데, 윗부분의 세 등급은 국가(國家)를 위해 설치하고, 중간의 세 등급은 신료(臣僚)들을 위해 세우며, 아래의 세 등급은 사서인(士庶人)을 위해 세운다. "신하와 서인이 제왕을 위해 천지신명께 기도할 때는 기곡복시단(祈穀福時壇)을 세우고 1,200위를 모신다. 간혹 부모와 스승을 위해 재앙을 물리치고 복을 비는 초(醮)를 위해서 단을 만들기도 하는데, 의례에 따라 더하기도 한다.[如臣庶上爲帝王祈祐, 當作祈穀福時壇, 凡一千二百位. 或爲父母師尊禳災祈福, 當爲醮設壇, 隨儀增益也.]" 또 "정해진 때가 아닌데도 기도하고 제사할 경우에는 이 세 단의 규모에 미치지는 못하지만, 정결한 시문과 신선하고 귀한 꽃과 과일을 갖추고 북을 두드려 신을 모으고 간절하게 기도하여 고해야 한다[倘非時禱祀, 不及備此三壇, 亦當精潔詞章, 鮮異花果, 扣鼓集神, 懇禱而告]"고 한다. 『도장(道藏)』 제265책에 수록된 『나천대초설초의(羅天大醮設醮儀)』, 『나천대초조조의(羅

天大醮早朝儀)』등은 재를 올리거나 초단을 설치하는 각종 의식을
싣고 있다.

재법(齋法)

• • •

도교 명사. 재계(齋戒)의 방법을 가리킨다. 『운급칠첨(雲笈七籤)』
권37 「재계」에서 다음과 같이 말한다. 재(齋)는 가지런히 함이다. 삼
업(三業)을 가지런히 하는 것이다. 밖으로는 먼지와 때에 오염되지
않도록 하며, 안으로는 오장을 깨끗하게 비워낸다. 진(眞)을 내려오
게 하고 신(神)을 이르도록 하여, 도와 함께하고 진에 합치하게 한다.
그 방법은 다르며 대략 세 가지가 있다. 첫째는 설공재(設供齋)로, 덕
을 쌓아 죄를 풀 수 있다. 둘째는 절식재(節食齋)로, 신(神)과 조화하
여 수명을 유지할 수 있다. 셋째는 심재(心齋)로 곧 그 마음을 씻어
내어 욕망을 없애는 것이다. 즉 정신을 씻어내어 세속에 얽매이는 것
을 없애며, 지혜를 배격하고 사려를 끊는 것이다. "사려하지 않으면
도에 전념할 수 있고, 욕망이 없으면 도를 즐길 수 있으며, 세속에 얽
매임이 없으면 도와 합할 수 있다[無思無慮則專道, 無嗜無欲則樂道,
無穢無累則合道]." 『현문대론(玄門大論)』에서는 재법에 대략 몇 가지
가 있다고 말한다. 첫째 조식(粗食), 둘째 소식(蔬食), 셋째 절식(節
食), 넷째 복정(服精), 다섯째 복아(服牙), 여섯째 복광(服光), 일곱째
복기(服氣), 여덟째 복원기(服元氣), 아홉째 태식(胎食)이다. 이는 재
법의 또 하나의 분류이다.

참법(懺法)

. . .

도교 재초(齋醮) 명사. 예배를 통해 참회하는 방법과 의식. 장릉(張陵)이 백성들에게 잘못을 자백하고 죄를 뉘우치는 것을 가르칠 때에 이미 참회하는 법이 있었다. 재초 과정은 재초 전에 먼저 재주(齋主)가 지은 죄를 참회하는 글을 쓰고, 재초 중에는 고공(高功)이 이를 소리 내어 읽으며 신령(神靈)에게 잘못을 뉘우치고 죄를 빈다. 참법에 관해서 『도장(道藏)』에 『태상자비구유발죄참(太上慈悲九幽拔罪懺)』, 『옥황유죄석복보참(玉皇宥罪錫福寶懺)』 등 수십 종이 있다. 『참법대관(懺法大觀)』은 모두 6권인데, 여기에 옥청천보법참(玉淸天寶法懺), 상청영보법참(上淸靈寶法懺), 태청신보법참(太淸神寶法懺), 태상노군전참(太上老君專懺), 대범두모심참(大梵斗姥心懺)과 천관사복(天官賜福), 지관사죄(地官赦罪), 수관해액(水官解厄), 대라팔동(大羅八洞), 삼모진군(三茅眞君) 등에 관한 참법까지 모두 32종이 수록되어 있다.

청사(靑詞)

. . .

"녹장(綠章)"이라고도 한다. 재초(齋醮)를 거행할 때 천신(天神)에게 바치는 축원문이다. 처음에는 "청사(淸詞)"라 이름 하였는데, 이는 "삼청에 대한 제사[祀三淸]"를 가리켰다. 이후 푸른 등나무 종이 위에 붉은 글자를 써서 청사라 부르게 되었다. 당(唐)나라의 이조(李肇)는 『한림지(翰林志)』에서 "태청궁 도관에서 신에게 바치는 모든 제문은 푸른 등나무 종이에 붉은 글씨를 썼기 때문에 청사라 한다[凡太

清宮道觀薦告詞文, 用青藤紙書朱字, 謂之青詞]"라고 하였다. 청사는
송(宋)나라 사람들의 문집에서 자주 발견되며, 변려(騈儷)체로 쓰는
데 후에 이것이 하나의 문체가 되었다. 육유(陸游)의 시에 "밤에 녹장
을 지어 통명전에 고하니, 봄비에 해당화가 떨어지지 않기를 비네[綠
章夜奏通明殿, 乞借春陰護海棠]"라는 글귀가 있다. 명(明)나라 때 도
교가 성행하면서 신하들이 앞 다투어 청사를 지어 총애를 얻고자 하
였는데, 고정신(顧鼎臣), 원위(袁煒), 이춘방(李春芳), 엄눌(嚴訥), 엄
숭(嚴嵩) 등이 차례로 청사로 총애를 얻었다. 사람들은 이들을 청사
재상(宰相)이라고 비꼬았다. 이러한 종류의 문장은 『대성전서(大成
全書)』와 『광성의제(廣成儀制)』에 집록되어 있다. 청(淸)나라의 공자
진(龔自珍)은 "세상의 생기(生氣)는 비바람과 번개가 의지하는데, 만
마리 말이 똑같이 벙어리가 되었으니 참으로 슬프다. 내가 권하노니,
하늘님이시어 다시 떨쳐 내시고, 인재를 내리시되 한 가지 규격에만
맞추지 마소서[九州生氣恃風雷, 萬馬齊暗究可哀, 我勸天公重抖擻,
不拘一格降人材]"라는 문장을 지었는데, 이는 바로 공자진이 진강
(鎭江)을 건널 때 도사를 위해 지은 청사이다. 그밖에 『문체명변(文體
明辨)』「청사」가 있다.

우보(禹步)

● ● ●

방술의 하나. 『동신팔제원도경(洞神八帝元度經)』「우보치령(禹步
致靈)」제4에서 다음과 같이 말한다. "우보는 하우가 만든 법술이다.
신령을 소환해서 부리는 보법으로서 만 가지 술법의 근원이요, 현묘
한 이치의 핵심이다. 옛날 대우가 물길을 다스렸는데 물의 깊이를 알

수 없어 검은 곱자를 가지고 헤아려 그 일을 처리했다. … 우가 남해 바닷가에 이르러 어떤 새가 술법을 행하여 큰 돌을 뒤집어 굴러가게 하는 것을 보았다. 그 새는 술법을 행할 때 꼭 보법을 행하였다. 우는 그 보법을 모방하여 마침내 방술을 만들었다. 돌아와 방술을 행해 보니 번번이 효험이 있었다. 이를 우가 만든 것이라 하여 우보라 한다.[禹步者, 蓋是夏禹所爲術. 召役神靈之行步, 以爲萬術之根源, 玄機之要旨. 昔大禹治水不可預測高深, 故設黑矩重望, 以程其事 … 屆南海之濱, 見鳥禁咒, 能令大石翻動. 此鳥禁時, 常作是步. 禹遂模寫其行, 令之入術. 自玆以還, 術無不驗. 因禹制作, 故曰禹步.]" 이른바 "우보법(禹步法)"은 먼저 왼발을 들어 옮기고, 이어 오른발이 왼발은 지나게 하고, 이어 왼발이 오른발을 뒤따르게 하며 합친다. 다음에는 오른발을 들어 옮기고, 이어 왼발이 오른발을 지나게 하고, 다시 이어 왼발이 오른발을 뒤따르게 하며 합친다. 그리고 다음으로 왼발을 들어 옮기고, 이어 오른발이 왼발을 지나게 하고, 다시 이어 왼발이 오른발을 뒤따르게 하며 합친다. 이와 같이 3보를 걸으면 길이는 2장 1척에 해당하고 모두 아홉 걸음이 된다. 『포박자(抱朴子)』「선약편(仙藥篇)」과 「등섭편(登涉篇)」에 실려 있다. "보강답두(步罡踏斗)"를 참고하라.

보허성(步虛聲)

· · ·

도사가 재단(齋壇)에서 찬송을 할 때 낭송하는 사장(詞章)의 곡조이다. 마치 여러 신선들이 아득하게 허공을 보행하는 것이 노래를 읊조리는 소리 같다하여 보허성이라 이름 하였다. 『이원(異苑)』에서 "진사왕조식(曹植)이 산을 유람할 때, 홀연히 공중에서 경전을 암송하는 소리를 들었는데, 맑으면서도 깊고 뚜렷하면서 밝아 그 소리를 알아들은 자가 바로 그것을 받아 적어 신선성이라는 곡조를 만들었다. 도사들이 그것을 본떠서 보허성을 지었다.[陳思王遊山, 忽聞空裏誦經聲, 淸遠遒亮, 解音者則而寫之, 爲神仙聲. 道士效之, 作步虛聲.]"라고 하였다. 당대(唐代)의 장적(張籍)의 "제단 위에 두숙이 이르니, 이에 응하여 공중에서 보허성이 들리네[卻到瑤壇上頭宿, 應聞空裏步虛聲]"라는 시와 허혼(許渾)의 "하늘에서 부는 바람이 보허성 같네[天風吹下步虛聲]" 등의 시구(詩句)가 있다. 『도장(道藏)』 동현부(洞玄部) 찬송류(贊頌類)에 『옥음법사(玉音法事)』 3권(제333책)이 수록되어 있는데, 권상(卷上)과 권중(卷中)에 보허사(步虛詞)가 실려 있고 매 글자 아래의 주석에 음표와 곡조가 있다.

지송(持誦)

．．．

도교 명사. 경전을 받들어 지니고 소리 내어 읽는 것을 일컫는다. 『상청황정내경경(上淸黃庭內景經)』 「상청장(上淸章)」 제1에서 "옥서를 정밀하게 연구해야 하니, 만 번을 읊조리면 삼천에 오르고, 천 가지 재앙이 소멸되고 백 가지 병이 낫는다. 호랑이와 이리의 흉포한 해침도 거리낄 것이 없고 또한 늙지 않고 영원히 살게 된다[玉書可精研, 詠之萬過升三天, 千炎以消百病痊. 不憚虎狼之兇殘, 亦以卻老年永延]"라고 하였다. 이에 대한 무성자(務成子)의 주(註)에서는 "진경을 존중하고 지니면서 독송하여 은덕을 입으면, 재앙과 병이 저절로 제거되고, 호랑이와 이리도 범하지 못하니, 늙어서도 다시 젊어져 수명이 연장된다[眞經尊重持誦蒙恩, 災病自除, 虎狼不犯, 衰年轉少, 壽命延長]"라고 하였다.

연도(煉度)

. . .

도교 명사. 사람이 부적을 복용하면 신(神)을 단련할 수 있고, 귀신이 부적을 얻으면 제도될 수 있다고 하여 "연도"라 이름 하였다. 『상청영보대법(上淸靈寶大法)』「수화연도품(水火煉度品)」권37에서는 "도를 닦는 도사는 부적을 복용하여 기를 맑게 하고, 몸과 신을 안으로 단련해야 한다. … 살아있는 사람이 부적을 복용하면 신을 단련할 수 있고, 귀신이 부적을 얻으면 제도될 수 있다. 이것이 연도의 본래 뜻이다[修眞之士, 莫不服符淸焈, 內煉身神. … 生人服之, 可以煉神, 而鬼魂得之, 亦可度化. 是煉度之本意也]"라고 하였다. 단련[煉]은 살아 있는 사람의 경우 형(形)을 단련하고 신(神)을 단련하는 것이고, 죽은 사람은 혼을 단련하고 시신을 단련하는 것을 말한다. 단련하여 더럽고 탁한 것을 씻어내야 비로소 제도되어 승천할 수 있다. 후대에는 재초에서 참회하는 기도로 죽은 혼을 제도하는 법사(法事)를 일러 "연도"라 하였다.

부수(符水)

. . .

도교 명사. 부록(符籙)을 그리거나 또는 부록을 태워 물속에 넣고 그것을 마시면 병을 낫게 할 수 있다고 한다. 『삼국지(三國志)』권8 「장로전(張魯傳)」의 주석에서 『전략(典略)』을 인용하여 다음과 같이 말하였다. "태평도는 천사가 구절장을 잡고 부축을 행하면서 병든 사람으로 하여금 엎드려 절하며 과오를 뉘우치게 하고, 부수를 마시게 하였다. 이에 병세가 날로 호전되어 치료가 되는 자는 도를 믿는다고 하였고, 병이 치료되지 않은 자는 도를 믿지 않는다고 하였다[太平道者, 師持九節杖, 為符祝, 教病人叩頭思過, 因以符水飲之. 得病或日淺而愈者, 則云此人信道, 其或不愈, 則為不信道]"는 기록이 있다. 『송서(宋書)』「양흔전(羊欣傳)」에 "평소에 황로를 좋아하여 늘 직접 부적을 썼다. 병이 들어도 약을 복용하지 않고 부수를 마실 뿐이다[素好黃老, 常手自書章. 有病不服藥, 飲符水而已]"라고 하였다. 『운급칠첨(雲笈七籤)』권57에 "부수론(符水論)"이 있다.

제련(祭煉)

∙ ∙ ∙

도교의 제초 명사. 죽은 자에 대하여 "시식(施食)", "추천(追薦)" 또는 "초도(超度)제도(濟度)"를 행하는 일종의 의식이다. 도교에서는 제련을 통하여 죽은 자가 생전의 죄과에 대한 용서를 받아, "천계(天界)"에 빨리 오를 수 있고 "귀도(鬼道)"에서 벗어날 수 있다고 한다. 태극선옹(太極仙翁) 갈현(葛玄)이 이 법을 행하였다고 전해지므로 "태극제련법(太極祭煉法)"이라고도 칭한다. 「태극제련내법서(太極祭煉內法序)」에서 "이른바 '제'라는 것은 음식을 진설하여 배고픔과 갈증을 없애는 것이고, '련'은 정과 신으로 어두움을 열어주는 것을 말한다[所謂祭者, 設飲食以破其饑渴也. 所謂煉者, 以精神而開其幽暗也]"라고 하였다. 여기서 "제(祭)"란 음식을 진설(陳設)하여 배고프고 갈증 나는 귀신과 혼령을 위로하는 것이고, "련(煉)"은 망혼(亡魂)을 초도한다는 의미를 말한다. 「태극제련내법의략(太極祭煉內法議略)」에서 제련의 핵심은 마음을 고요하게 하고 신을 잘 보존하여 신으로써 귀신을 제도하는데 있다고 하였다. 만일 단지 음식만을 진설하고 정과 신을 다하지 않으면 귀신과 혼령은 "초생(超生)"을 얻을 수 없다고 하였다.

부록(符籙)

· · ·

"부자(符字)", "묵록(墨籙)", "단서(丹書)"라고도 한다. 도교 명사. 필획이 글자인 듯 아닌 듯 구불구불하게 그린 일종의 도형이다. 도교에서는 이것으로 "신령과 귀신을 부릴 수 있고[遣神役鬼]", "마귀와 사기를 진압[鎭魔壓邪]"할 수 있다고 한다. 『용어하도(龍魚河圖)』에는 하늘이 현녀(玄女)를 보내 황제(黃帝)에게 병신신부(兵信神符)를 내려주어, 치우(蚩尤)를 굴복시켰다는 내용이 실려 있다. 동한(東漢) 때 장릉(張陵), 장각(張角) 등이 모두 부록을 써서 사람들의 "병을 치료하고[治病]" "악귀를 쫓아냈다[驅鬼]" 이후에 정일파(正一派) 도사들이 그 법을 널리 전했다. 중국 고대 봉건 제왕 중에 친히 도단에 나아가서 부록을 받은 일이 있었다. 『수서(隋書)』「경적지(經籍志)」에 "북위 태무제척발도(拓跋燾)는 친히 수레를 타고 가서 부록을 받았다. 이로부터 도업이 크게 행해졌고 매번 황제가 즉위할 때마다 반드시 부록을 받는 것을 전례로 삼았다. … 후주가 위를 계승하여, 위나라가 그랬던 것처럼 도법을 숭상하여 받들고 매 황제마다 부록을 받았다[太武親備法駕而受符籙焉. 自是道業大行, 每帝卽位, 必受符籙, 以爲故事. … 後周承魏, 崇奉道法, 每帝受籙, 如魏之舊]"고 하였다.

『수서』「경적지」에 부록 17부 103권이 기록되어 있다.『도장(道藏)』에는 부적만 수록한 책 혹은 부록을 덧붙여 수록한 책 등 많은 종류의 책이 있다.

개도(開度)

· · ·

도교 명사. 개화시키고 제도한다는 의미이다.『삼십육부진경(三十六部眞經)』에서 "뭇 중생을 개화시키고 제도하여, 도의 언덕에 오르게 한다[開度群品, 俾登道岸]"라고 하였다.

개광(開光)

· · ·

도교의 명사. ① 도교 궁관에 대체로 신상(神像)을 안치한 후에 길일을 택하여 행하는 개막 의식으로, 개광전례(開光典禮)라고 칭한다. 신상은 개광 후에 참배하고 공양할 수 있다. ② 도교의 연호.『운급칠첨(雲笈七籤)』권102에서『동현본행경(洞玄本行經)』을 인용하여 "원시천존은 기축년을 개광 원년으로 하였다[元始天尊, 以開光元年歲在己丑]"고 언급하고 있다.

전계(傳戒)

· · ·

도교 명사. 전진도(全眞道) 입교의 중요한 의식이다. 전계 의식은 성대하고 엄숙하다. 도사들은 반드시 시방총림(十方叢林) 궁관에서 고도(高道)나 율사 또는 고명한 방장으로부터 "삼단대계(三壇大戒)초진계(初眞戒), 중극계(中極戒), 천선계(天仙戒)"를 받아야 비로소 진정한 전진도 도사가 된다.

수록(授籙)

• • •

도교 명사. 정일도(正一道) 입교의 중요한 의식. 전진도(全眞道)의 "전계(傳戒)"와 성격이 같다. 일반적으로 용호산(龍虎山), 무당산(武當山), 모산(茅山) 등의 저명한 궁관에서 거행한다. 도사가 단에 나아가 도단의 법사에게서 법록을 전수받는데, "삼보(三寶)"인 "도(道)", "경(經)", "사(師)"에 귀의하고, 아울러 "구계(九戒)"를 봉행하며 도사의 법규와 계율을 철저히 지킬 것을 선서한다. 수록 의식 후의 도사는 "법사(法師)"라고 칭할 수 있게 된다.

수부(受符)

• • •

도교 명사. 진사(眞師)로부터 부록을 전수 받는 것이다. 도법의 열쇠라 하여, 특별히 중시되어 비밀리에 전승된다고 한다. 『유용전(猶龍傳)』권2에 의하면, 원시천왕(元始天王)이 입에서 동원내관옥부(洞元內觀玉符)를 뱉어내어 노군(老君)에게 전수하자, 노군은 머리를 조아리고 명을 받들어 하늘의 의례에 따라 천일 동안 재계하고 동쪽을 향하여 부록을 삼켰다고 한다.

맹위(盟威)

· · ·

도교 명사. 맹수(盟授)를 갖춘 위엄 있는 의식이다. 천사도(天師道)는 제주(祭酒)치(治)의 우두머리에게 인(印)과 검(劍)을 맹세의 징표로 주는 의식을 행하는데 이를 정일맹위(正一盟威)라고 일컫는다.『동현영보현문대의(洞玄靈寶玄門大義)』「석옥결(釋玉訣)」제3에서 "일 중에 다시 일이 있다는 것은 옥결 속에서 다시 경을 전수하는 일과 맹위의 일을 거듭 밝힌 것과 같다[事中復有事, 如玉訣中復明傳經及盟授威儀之事]"라고 하였다.『도장(道藏)』제760책

육임(六壬)

· · ·

술수의 일종. 도교에서는 이를 이용하여 점법으로 쓴다. "둔갑(遁甲)", "태을(太乙)"과 합하여 삼식(三式)이라 칭한다. 오행은 수(水)를 가장 첫머리로 삼는데 천간(天干) 중에서 임(壬)과 계(癸)는 모두 수에 속한다. 여기서 임은 양수(陽水)이고 계는 음수(陰水)인데, 음을 버리고 양을 취하는 까닭에 임이라고 이름하였다. 그리고 육십갑자(六十甲子) 중에서 임은 여섯임신(壬申), 임오(壬午), 임진(壬辰), 임인(壬寅), 임자(壬子), 임술(壬戌)이 있으므로 "육임(六壬)"이라 하였다. 육임은 모두 720과(課)가 있는데 일반적으로 64과체(課體)로 총괄되며, 이를 사용하여 길흉화복을 점친다. 그 기원은 매우 오래되었는데, 전설상으로 구천현녀(九天玄女)가 황제(黃帝)에게 내려주어 치우(蚩尤)를 물리쳤다고 한다. 한대(漢代)의『오월춘추(吳越春秋)』와『월절서(越絕書)』에 이미 기록되어 있다.『수서(隋書)』「경적지(經籍志)」,『신당서(新唐書)』

「예문지(藝文志)」, 『송사(宋史)』「예문지(藝文志)」에 육임에 관한 책의 서목이 기록되어 있으나 그 책들은 모두 소실되었다. 『도장(道藏)』의 『태상육임명감부음경(太上六壬明鑒符陰經)』이 있다. 명대(明代) 사람 곽재래(郭載騋)의 『육임대전(六壬大全)』 12권과 원상(袁祥)의 『육임대전(六壬大全)』 33권은 후대에 점치는 사람들이 첨칠 때 사용하는 주요한 근거가 된다. 육임은 간지를 새긴 두 목반(木盤)위는 천반(天盤)이라 하고, 아래는 지반(地盤)이라 한다을 같은 축 위에 포개놓고 천반을 돌려 저절로 멈춘 이후에, 위아래로 합해진 간지(干支)와 시진(時辰)에 근거하여 길흉을 정한다. 이여진(李汝珍)이 지은 소설 『경화연(鏡花緣)』 제75, 76회에도 육임을 배열하는 방법이 기록되어 있다.

보강답두(步罡踏斗)

● ● ●

도교의 법사가 제단을 세우고 초제를 지낼 때 북두칠성에 예배드리는 걸음걸이의 자태와 동작. 발걸음을 옮기는 모습이 북두칠성을 하나하나 밟는 것 같아 이렇게 불린다. 도교에서는 이러한 동작으로 능히 신령(神靈)을 부릴 수 있다고 생각하였다. 『운급칠첨(雲笈七籤)』 권61에는 걷고 밟는 자태를 다음과 같이 기록했다. "먼저 왼발을 내딛는데, 한번은 반보, 한번은 한 보를 걷고, 한번은 앞으로, 한번은 뒤로 걷고, 한번은 왼발, 한번은 오른발로 걸으며, 처음과 마지막을 같은 발모양을 하고, 다리를 가로로 한번 세로로 한번 두어, 동작이 서로 이어지게 하는 모습이 정(丁)자 형태를 이룬다[先擧左, 一跬一步, 一前一後, 一陰一陽, 初與終同步, 置脚橫直, 互相承如丁字形]." 이러한 보법은 하(夏)나라 우(禹)임금이 창안했다 하여 "우보(禹步)"라고도 한다.

진택(鎭宅)

• • •

도교 법술의 하나. 고대의 민간에서 기원하며, 집을 지을 때 담벼락 모서리에 진택석(鎭宅石)이라는 돌을 묻어, 이로써 "사특한 마귀를 쫓아 집을 편안하게 한다[驅逐邪魔, 以安家宅]"고 하여 진택이라고 이름하였다. 『형초수시기(荊楚歲時記)』에서는 "12월이 저물 무렵에 집의 네 군데 모서리를 파서 각각 하나의 큰 돌을 묻어 진택한다[十二月暮, 掘宅四角, 各埋一大石以鎭宅]"라고 하였다. 이후에 도사들은 부록(符籙)을 사용하여 진택을 하였다. 정일파(正一派)가 이 법술을 많이 행하였다. 『도장(道藏)』제37책의 『태상비법진택영부(太上秘法鎭宅靈符)』에 72도(道)의 진택부(鎭宅符)가 실려 있는데, "흉악한 귀신을 진압[厭鎭兇惡之鬼]"하고, "소나 말 등의 가축을 죽이거나 해치는 귀신을 진압[厭牛馬六畜死傷鬼]"하며, "가족을 해치는 집귀신을 제거[厭除家鬼克害人口]"하는 등의 내용이 포함되어 있다. 그 외에 『도장(道藏)』에는 『무상삼원진택영록(無上三元鎭宅靈籙)』 등이 있다.

급급여율령(急急如律令)

• • •

도교의 부주(符呪) 용어. 한대(漢代)의 공문에서는 "여율령(如律令)"이라는 문구를 상용했고, 후에 무당과 도사가 이를 모방하여, "신을 부르고 귀신을 잡는[召神拘鬼]" 부주의 끝 구절에 "급급여율령" 한마디를 첨가함으로써 법률 명령과 같이 즉시 집행해야 함을 표시했다. 혹은 "율령"이 신귀(神鬼)의 이름으로서 날듯이 걸을 수 있다고 하였다. "급급여율령"은 "율령"과 같이 신속해야 함을 뜻한다. 『토풍록(土風錄)』에서 "령은 음이 령이고 곧 율령인데 뇌부에 속하는 신의 이름으로서, 걷는 것에 능하기에 속력을 내고자 할 때 이것을 이용한다[令, 音伶, 律令, 雷部神名, 善走, 用之欲其速]"라고 하였다. 『삼교수신대전(三敎搜神大全)』에서 "뇌부에는 건아라는 신의 이름이 있는데, 걷는 것에 능하고, 그 속도가 번개와 같다[雷部有神名曰健兒, 善走, 與雷相疾速]"고 하였다. 이 설은 견강부회한 것으로 근거는 불충분하다.

묘림경이십칠계(妙林經二十七戒)
● ● ●

"원시천존이십칠계(元始天尊二十七戒)"라고도 한다. 도교의 계율명. 『운급칠첨(雲笈七籤)』 권38에 기재되어 있는데, 이는 원시천존이 사중(四衆)출가 남녀와 재가 남녀에게 말한 범해서는 안 되는 27계라고 전해진다. 27계는 다음과 같다. 타인의 물건을 절도하지 말 것, 타인의 재물을 함부로 취하지 말 것, 거짓되고 현혹하는 말을 하지 말 것, 증오로 사람을 죽이지 말 것, 탐욕스럽고 분노하며 아둔하고 잔인하지 말 것, 노인에게 불손하거나 사람을 업신여기지 말 것, 저주하거나 독한 마음을 품지 말 것, 욕하지 말고 언성도 높이지 말 것, 타인을 헐뜯거나 비방하지 말 것, 사악한 말로 이간질하지 말 것, 타인의 장단점을 함부로 평가하지 말 것, 타인의 잘못에 대해 말하는 것을 즐기지 말 것, 남이 잘 한 것을 폄훼하여 자신을 치켜세우지 말 것, 교만하지 말 것, 독약으로 해치지 말 것, 투서하여 선한 사람을 헐뜯지 말 것, 경전의 가르침을 가벼이 여기지 말 것, 성인의 글을 폄훼하지 말 것,

위세에 의지하여 남을 깔보지 말 것, 색을 탐하지 말 것, 살생을 즐겨 하지 말 것, 미혹될 정도로 술을 탐하지 말 것, 생명을 죽여 삿된 신에 게 제사를 지내지 말 것, 산림을 불태우지 말 것, 스승이나 윗사람을 평가 하지 말 것, 재물에 대해 인색하지 말 것, 남의 사사로운 비밀을 말하지 말 것.

노군이십칠계(老君二十七戒)

도교의 계율명. 『운급칠첨(雲笈七籤)』 권38에 기재되어 있으며, 9 행 27계가 있다. 무위(無爲), 유약(柔弱), 수자물선동(守雌勿先動)여성 성을 지켜 먼저 움직이지 않는 것을 행하는 것이 상최삼행(上最三行)이고, 무 명(無名), 청정(淸靜), 제선(諸善)여러 선을 행하는 것이 중최삼행(中最 三行)이고, 충효, 지족(知足), 추양(推讓)양보하는 것을 행하는 것이 하 최삼행(下最三行)이다. 이십칠계는 다음과 같다. 정신을 낭비하지 말 것, 피를 머금은 것을 먹거나 미색을 즐기지 말 것, 원기를 상하게 하 지 말 것, 보화를 탐내지 말 것, 도를 잊지 말 것, 함부로 행동하지 말 것, 지엽적인 것을 도라고 하지 말 것, 살생하지 말 것, 공명을 탐하지 말 것, 이것이 상구계(上九戒)이다. 이목구비의 즐거움을 추구하지 말 것, 늘 겸양할 것, 만사에 신중하여 마음을 어지럽히지 말 것, 삿된 글 을 익히지 말 것, 호의호식 하지 말 것, 명욕을 쫓지 말 것. 영화로움 을 억지로 구하지 말 것, 조급하게 행동하지 말 것, 과분하게 행동하 지 말 것, 이것이 중구계(中九戒)이다. 남과 시비득실을 다투지 말고 피할 것, 여러 가지 악을 행하지 말 것, 빈천을 싫어하여 부귀를 억 지로 구하지 말 것, 꺼리고 싫어하는 것을 많이 만들지 말 것, 성인의 이름을 가탁하여 자신의 이름을 내세우지 말 것, 함부로 부르지 말 것, 횡포를 부리지 말 것, 귀신에게 기도하거나 제사 지내지 말 것, 자만하지 말 것, 무력을 즐기지 말 것, 이것이 하구계(下九戒)이다.

삼품계(三品戒)

도교의 계율명. 도인이 수행해야할 상·중·하 삼품의 계율을 말한다. 『설십계(說十戒)』에서는 다음과 같이 말한다. "계율은 여러 가지가 있고, 사람의 품격 또한 다양하다. 상품의 사람은 스스로 계율을 범하는 것이 없어서 지킬 것도 없다. 중품의 사람은 마음에 자기 기준이 있어서 상황에 따라 바뀌니, 계율로 스스로를 다스리려야 하기에 십계나 오계를 받아 스스로 지켜야 한다. 하품은 다시 두 품이 있다. 그 가운데 상품의 사람은 스스로 계율을 받들려고는 하니 백구십구계를 주거나 관신삼백대계를 주거나, 혹은 천이백위의지계를 주어 스스로 지켜서 이를 벗어나지 않게 한다. 하품의 사람은 금수와도 같아 사람의 형체를 가졌으나 사람의 마음은 없다. 설령 계율을 받더라도 평생 달라지는 것이 없다.[戒有多種, 人亦多品. 上品之人, 身先無犯, 亦無所持. 中品之人, 心有上下, 觀境即變, 以戒自制, 或受十戒五戒以自防護. 下品之中復有二品, 上品者身欲奉戒, 或受一百九十九戒, 或受觀身三百大戒, 或受千二百威儀之戒以自防保, 令無越逸. 下品者, 身同禽獸, 雖有人形而無人心. 縱受其戒, 終無所益.]"

오계(五戒)

• • •

도교의 계율명. 『초진계(初眞戒)』에 따르면, 도교에는 "노군오계(老君五戒)"가 있다. 이는 즉 "첫째 살생하지 말고, 둘째 육식과 술을 즐기지 말고, 셋째 마음과 말을 다르게 하지 말고, 넷째 도적질하지 말고, 다섯째 음란한 짓을 하지 말라[一者不得殺生, 二者不得葷酒, 三者不得口是心非, 四者不得偸盜, 五者不得邪淫]"는 것이다. 처음 입도한 출가도사와 재가도사는 반드시 이 오계를 먼저 받들어 지켜야 한다. "언행을 삼가고[言行不苟]", "나쁜 생각을 모두 없애고[惡念盡消]" 나서야 "초진십계(初眞十戒)"를 받을 수 있다.

노군오계(老君五戒)

• • •

"오계(五戒)"를 참고하라.

초진십계(初眞十戒)

• • •

도교의 계율명. 『초진계율(初眞戒律)』에서 규정하기를 처음 입도하는 자는 출가도사나 재가도사에 구분 없이, 십계를 받아야한다고 하여 이와 같이 이름하였다. 그 내용은 다음과 같다. 첫째, 불충(不忠), 불효(不孝), 불인(不仁), 불신(不信)을 하지 말라. 둘째, 몰래 도적질을 하거나 음모를 꾸며 남에게 피해를 주어 자신의 이익을 취하지 말라. 셋째, 살생하지 말라. 넷째, 음란함을 경계하라. 다섯째, 타인을 해하여 자신의 공을 이루지도 말고 혈육을 갈라놓지도 말라. 여섯째, 현자를 폄훼하여 자신을 높이지 말라. 일곱째, 술을 마시거나 고기를 먹지 말라. 여덟째, 지나치게 탐하지 말라. 아홉째, 어질지 않은 자와 사귀지 말라. 열째, 경솔하게 말하거나 웃지 말라. 먼저 귀의계(歸依戒)와 노군오계(老君五戒)를 받은 후에 비로소 이상의 십계를 받을 수 있다.

계율(戒律)

． ． ．

도교 명사. 도사가 도를 닦을 때 반드시 준수해야하는 규율과 법규이다. 계율을 받드는 목적은 "나쁜 마음과 삿된 욕망[恶心邪欲]"을 억제하여, 방종하지 않게 하는 데 있다. 기본 계율은 오계(五戒)이고, 또 팔계(八戒), 십계(十戒), 원시천존이십칠계(元始天尊二十七戒), 육십계(六十戒), 백이십구계(一百二十九戒), 삼백계(三百戒), 그리고 많게는 일천계(一千戒)까지 있다. 전진도(全眞道)에는 도를 닦는 데 깊고 얕음의 정도가 있기 때문에, 얕은 정도에서 깊은 정도로 순서에 따라 차례대로 초진계(初眞戒), 중극계(中极戒), 천선대계(天仙大戒)를 수행해야 한다. 여도사는 여진구계(女眞九戒)를 수행해야 한다.

공과격(功過格)

． ． ．

도교에서 계율을 집행하기 위한 것으로, 사람들에게 선행으로 공덕을 쌓기를 권하고, 그릇된 악행을 저지르는 것을 방지하게 하는 것이다. 행한 일을 "선행과 악행"으로 나누어 날마다 기록하고, 이로써 공적과 과오를 살핀다고 하여 공과격이라 이름하였다. 송(宋)나라 범중엄(范仲淹), 소순(蘇洵) 등의 "공과격"에서 기원한다고 하는데, 이는 청(淸)나라 석성금(石成金)의 『전가보(傳家寶)』에 보인다. 명대(明代) 원료범(袁了凡)이 제창한 후부터 공과격이 세상에 크게 행해졌다. 도교에서는 이 법을 따라서 정식화하였다. 『태미선군공과격(太微仙君功過格)』에서 "공격(功格)" 36조, "과율(過律)" 39조를 세웠다. 타인의 질병을 고치고, 목숨을 살리고, 경전의 가르침을 전수하고, 타인을 위해 기도하여 액을 쫓고, 타인에게 선행을 권하는 것 등은 모두 공적으로 기록하고, 불인(不仁)·불선(不善)·불의(不義)·불궤(不軌)한 일을 행하는 것 등은 모두 과오로 기록한다. 공과를 날마다 기록하여, 한 달에 한 번 작게 따지고, 일 년에 한 번 크게 따져서, 선이 많은 사람은 복을 받게 되고, 과가 많은 사람은 재앙을 당한다고 하는데, 이로써 도사가 선을 행하고 악을 피하는 것을 고무시킨다.

신종모고(晨鍾暮鼓)

. . .

도교 궁관에서 아침저녁으로 종과 북을 치는 의식. 도교에서는 이를 통해 온갖 영(靈)을 불러들이고, 궁관의 위의(威儀)를 장엄하게 하며, 산악의 기상을 드높일 수 있다고 여겼기 때문에, 매일 아침저녁으로 이를 빠뜨리지 않았다. 불교 사원에도 이와 같은 의식이 있다.

십념(十念)

. . .

재초(齋醮)를 행할 때에 마음속으로 10가지 은혜를 잊지 않고 생각하는 것을 가리킨다. 즉 첫째 도(道)의 은혜를 생각하고, 둘째 경전의 은혜를 생각하고, 셋째 스승의 은혜를 생각하고, 넷째 하늘의 은혜를 생각하고, 다섯째 부모의 은혜를 생각하고, 여섯째 선신(善神)의 은혜를 생각하고, 일곱째 시주(施主)의 은혜를 생각하고, 여덟째 좋은 친구의 은혜를 생각하고, 아홉째 과거의 은혜를 생각하고, 열째 현재의 은혜를 생각하는 것이다. 『태상대도옥청경(太上大道玉淸經)』「하원품제11(下元品第十一)」에서 다음과 같이 말하고 있다. "만일 선남선녀가 이 십념을 수행한다면 10가지 선한 도가 생기게 된다. 하나의 선 가운데에 10명의 신이 도와 지키기 때문에, 백신의 몸이라 이름한다. 사람이 십념을 하지 않는 것을 백악이라 이름하니, 이른바 100가지 부류의 선신이 도리어 그 몸을 해친다는 것이다. 상급의 선비는 십념으로 그 몸이 진선이 되고 중급의 선비는 십념으로 수명을 더욱 오래 늘릴 수 있게 되고, 하급의 선비는 십념으로 오래살 수 있게 된다.[若有善男女修此十念, 生十善道. 一善之中, 十神扶衛, 故名百神之身. 人無十念, 名為百惡, 所謂百種善神翻賊其身. 上士十念身得眞仙, 中士十念身得延壽, 下士十念身得長年.]"

위의(威儀)

● ● ●

위엄 있고 장중한 의범(儀範)을 가리킨다. 당대(唐代)의 도교 전적 여러 곳에서 "위의"로써 의식을 지칭하고 있다. 『금록대재계맹의(金籙大齋啓盟儀)』에서 도교의 각 재(齋)에는 "그 위의 절도는 총240조목[其威儀節度, 總二百四十條]"으로, "재를 올리는 선비는 몸을 단정히 하여 마음을 비우고 하나에 힘쓰고 규율을 준수하며, 위의를 모두 갖추는 것을 귀하게 여겨야 한다[登齋之士, 則貴乎端虛勉一, 遵守成規, 備盡威儀]"라고 하였다.

숙계(宿啟)

• • •

과의(科儀)의 술어. 미리 고지한다는 뜻이다. 정식의 재초(齋醮)를 행하기 하루 전 낮이나 저녁에 거행하는 의식을 가리킨다. 『영보옥감(靈寶玉鑒)』 권13에서 다음과 같이 말하고 있다. "숙계는 정식으로 재초를 행하기 하루 전에 길한 시간을 택하여 단을 세우고 좌석을 설치한다. 그리고 참가자들에게 임무를 나눠주고 계율을 설하며, 과의를 선포하여 도중을 독려하고, 삼계에 알린다. 바로 이런 숙계를 하는 저녁은 정식의 재초를 행하는 날이 아니다.[宿啟者, 正齋前一日, 取吉時, 建壇設席. 補職說戒, 宣科勵衆, 關聞三界. 即是啟告之夕, 非正齋行道之日也.]" 그 의식에는 부적을 태우고, 주문을 외우고, 향을 올리고, 신에게 보고하는 것 등이 있다.

도정(道情)

• • •

도교의 가곡으로서 경전을 전하여 도를 포교할 때 사용한다. 경전을 강론하여 도를 전할 때 단에 올라 먼저 도정을 한 곡 부르는데, 이를 "압좌문(押座文)"이라 한다. 그런 후에 강론을 시작하는데, 구어체로 경전의 뜻을 해석하고 고사와 비유를 써서 그 뜻을 밝힌다. 강론을 끝낸 후에는 또 도정을 한 곡 부르는데, 이를 "해좌문(解座文)"이라 한다. 시작과 끝의 도정은 도교 고유의 찬송 시가로, 강론하고 해석할 때는 통속적이고 쉬운 말로 경전의 의미를 설명한다. 행각도사는 도통(道筒)을 치고 도정을 노래하며 탁발을 한다. 도정은 북송(北宋) 시기에 형성되어 후에 송사(宋詞)와 원곡(元曲)의 장단구(長短句)

와 음운(音韻)을 흡수하여 도교의 음악문학 장르를 이루었다. 그 내용은 선을 권하고 잘못을 고칠 것을 권하고, 도교 사상을 발양하는 것이다. 도정은 노래할 때는 가곡인데, 그 문사(文詞)만 보면 교화시(教化詩)로서, 하나의 문체를 이루었다. 정판교(鄭板橋)의 『도정십수(道情十首)』 등이 널리 유행하였다.

삼록칠품(三籙七品)

도교의 재법(齋法)을 가리킨다. 삼록(三籙)은 금록재(金籙齋)·옥록재(玉籙齋)·황록재(黃籙齋)이고, 칠품(七品)은 삼황재(三皇齋)·자연재(自然齋)·상청재(上淸齋)·지교재(指教齋)·도탄재(塗炭齋)·명진재(明眞齋)·삼원재(三元齋)이다. 『해경백진인어록(海瓊白眞人語錄)』 권2 『학림법어(鶴林法語)』에 실려 있다.

금록재(金籙齋)

도교 재초(齋醮)의 하나. 제왕이 기후가 적절할 것을 기도하고 나라의 태평과 백성의 안녕을 기도하는 재초를 가리킨다. 금록은 천제(天帝)의 조서(詔書)를 말한다. 『영보옥감(靈寶玉鑒)』 권1 「설초변(設醮辯)」과 남조(南朝) 육수정(陸修靜)의 『동현영보오감문(洞玄靈寶五感文)』에서는 금록재를 동현영보(洞玄靈寶)의 9가지 재법 가운데 첫 번째로 두고, "금록재는 음양을 조화시키고 국왕을 제도한다[金籙齋, 調和陰陽, 救度國王]"고 하였다. 『운급칠첨(雲笈七籤)』 권37의 『십이재(十二齋)』 가운데에서 금록재는 여전히 첫 번째에 위치하는데, "금록재는 위로 하늘의 재앙을 없애고, 제왕을 보호한다. 『간문』에서는 또 사우도 아울러 위한다고 말한다[金籙齋, 上消天災, 保鎭帝王. 簡文亦云, 兼爲師友]"라고 하였다. 송(宋)나라의 백옥섬(白玉蟾)은 도교의 재초 의식을 삼록(三籙) 칠품(七品)으로 나누면서 삼록의 첫 번째를 바로 금록재라 하였다. 아울러 금록재는 "위로 하늘의 재앙을 없애고 국왕을 보호하는데 오직 제왕만이 그것을 행한다[上消天災, 保鎭國王, 惟帝王用之]"라고 하였다.

옥록재(玉籙齋)

● ● ●

도교 재초(齋醮)의 하나. 왕후장상(王侯將相)이 복을 빌고 장수를 기원하고, 나라의 보호와 백성의 안녕을 빌며, 재앙을 물리치고 잘못을 비는 재초를 가리킨다. 옥록과 금록은 서로 짝을 이루는데, 존귀함을 표현한 것이다. 옥록재 의식은 당(唐)나라 즈음에 시작되어 송(宋)나라에서 성행하였다. 송나라 여원소(呂元素)는 『도문정제(道門定制)』에서 두광정(杜光庭)이 정한 27종의 재초를 인용하여 다음과 같이 말한다. "옥록재는 중원지관이 주관하는 재초로, 육궁의 보호와 후궁의 안녕을 기원한다. 위로는 제왕을 위하는 재초인데 대신과 절도사들이 나라를 위해 기도하는 것 또한 받들 수 있도록 허락한다.[玉籙齋, 中元地官主之, 保佑六宮, 輔寧妃後. 上以爲帝王之齋, 或大臣藩鎭爲國祈禳, 亦許修奉.]" 송나라 백옥섬(白玉蟾)은 재초 의식을 삼록(三籙) 칠품(七品)으로 나누면서, 옥록은 삼록의 하나라고 하였다. 아울러 옥록재는 "백성들을 제도하고, 복을 빌고 잘못을 비는 재초로, 오직 후비와 신료들이 이를 행한다[救度人民, 請福謝過, 惟後妃臣寮用之]"고 하였다.

황록재(黃籙齋)

• • •

　도교 재초(齋醮)의 하나. 죽은 이의 혼령을 제도하는 재초로 도망
도량(度亡道場)[1]이다. 황(黃)은 여러 색 가운데 으뜸이고, 록(籙)은 만
진(萬眞)의 부적이다. 황록에 대하여 송(宋)나라 백옥섬(白玉蟾)은 다
음과 같이 해석하였다. "황중(黃中)은 기를 다스리고 만진을 총괄한
다. 어두운 곳에서 나와 밝은 곳으로 들어가게 하고 생명을 구제하고
죽은 자를 제도한다. 록(籙)은 또한 기록을 뜻하는 것으로, 귀신의 명
부를 기록한다는 것이다. 황은 또한 주관한다는 뜻으로 귀신의 일을
주관한다는 것이다.[黃中理氣, 總御萬眞, 出幽入明, 濟生度死. 籙者,
亦籙之義, 籙鬼神之籍耳. 黃者, 亦主之義, 主鬼神之事耳.]" 『운급칠
첨(雲笈七籤)』권37 『육종재(六種齋)』에서 "황록재는 조상들을 구제
하는 것이다[黃籙齋, 救世祖宗]"라고 하였다. 남조(南朝)의 육수정
(陸修靜)은『동현영보오감문(洞玄靈寶五感文)』에서 황록재를 "동현
영보 재법[洞玄靈寶之齋]" 아홉 가지 가운데 제2법이라고 하였고, "9
대 조상의 죄의 뿌리를 뽑는[拔九祖罪根]" 재초라고 하였다. 『운급칠
첨』권37 『십이재(十二齋)』에서는『현문대론(玄門大論)』을 인용하여
"세 번째는 황록재로서 지옥에서 건져내어 죄의 뿌리를 뽑아 저승의
7대 조상을 개도한다[三者黃籙齋, 拯拔地獄罪根, 開度九幽七祖]"라
고 하였다. 송(宋)나라 백옥섬(白玉蟾)은 재초 의식을 삼록(三籙) 칠
품(七品)으로 나누면서, 황록은 삼록의 하나로 "생명을 구제하고 죽

---

1. 도량(道場)은 크게 복을 빌기 위한 "기복도량[祈福道場, 양사도량(陽事道場)]"과
　망자 제도를 위한 "도망도량[度亡道場, 음사도량(陰事道場)]"으로 나뉜다.

은 자를 제도하며 아래로 지옥과 저승의 고통으로부터 빼내준다. 선비와 서인들이 널리 행한다[濟生度死, 下拔地獄九幽之苦, 士庶通用之]"라고 하였다.

청정재(淸淨齋)

• • •

도교 재법(齋法)의 하나. 명대(明代) 도사가 편찬한 『영보무량도인상경대법(靈寶無量度人上經大法)』에서 말하길, "내재에는 네 가지가 있는데, 첫 번째는 심재이고, 두 번째는 상재이며, 세 번째는 청정재이고, 네 번째는 장재이다[內齋者有四, 一則心齋, 二則常齋, 三則淸淨齋, 四則長齋]"라고 하였다. 그 가운데 청정재는 "오곡을 끊고, 인간사를 단절하며, 산림에 거하며 원기를 마시고, 계율을 지키며, 대상과 감관을 잊고, 가족과 헤어지고, 교우 관계를 단절함[斷五谷, 絕人事, 居山林, 飮元氣, 持戒律, 忘塵根, 散胞胎, 杜義友]"을 지칭한다. 세속을 벗어나서 마음을 다해 수도하고, 심신을 청정하게 하여 도(道)에 합치하는 수련법이다.

자연재(自然齋)

• • •

도교 재법(齋法)의 하나. 『운급칠첨(雲笈七籤)』권37에서 『현문대론(玄門大論)』을 인용하여 "자연재는 일체의 존재를 구제하는데, 자연의 운행 속에서 때에 따라 수행한다[自然齋救度一切存亡, 自然之中修行時節]"라고 하였다.

지교재(指教齋)

. . .

도교 재법(齋法)의 하나. 천재(天災)나 역병이 유행할 때 지교재를 행한다. 이 재법의 목적은 죄의 용서를 빌고 복을 빌며, 재앙을 물리치고 병을 없애는 데 있다. 『운급칠첨(雲笈七籤)』 권37에서 인용한 『현문대론(玄門大論)』에 실려 있다.

명진재(明眞齋)

. . .

도교 재법(齋法)의 하나. "저승의 영혼들의 잘못을 참회시키는[懺悔九幽]" 것이 목적이다. 역대 조종(祖宗)의 영혼을 제도하기 위하여 베풀어진다.

상청재(上淸齋)

. . .

도교 재법(齋法)의 하나. "신선되기를 구하고 진을 생각하며, 몸을 단련해 형체를 감추는 것[求仙念眞, 煉形隱景]"이 목적이다.『운급칠첨(雲笈七籤)』 권37에서 인용한 『현문대론(玄門大論)』에 실려 있다.

삼황재(三皇齋)

. . .

도교 재법(齋法)의 하나. 제왕을 보조하고 국경을 안전하게 유지하며, 국가와 제왕의 복을 기원하는 데 그 목적이 있다.『운급칠첨(雲笈七籤)』 권37에서 인용한 『현문대론(玄門大論)』에 실려 있다.

삼원재(三元齋)

• • •

① 삼원은 천·지·인 삼재(三才)를 가리킨다. 상원(上元)은 하늘이 주관하고, 중원(中元)은 땅을 주관하고, 하원(下元)은 사람을 주관한다. 상원재 9일 동안 경전을 읽으며 거닐면서, 진(眞)과 신(神)을 생각하고 단을 모아 신선되기를 구한다. 중원재 6일 동안 자신이 과의를 범하고 계율을 어긴 것 등의 지난 죄가 없어지기를 빈다. 하원재 3일 동안 죽은 조상을 제도하여 지옥을 벗어나 하늘에 오르도록 한다. 『무상비요(無上秘要)』 권57 『태진상원재품(太眞上元齋品)』에 실려 있다.

② 삼원은 정월 15일, 7월 15일, 10월 15일을 가리킨다. 이 세 날에 재계를 거행하여, 도를 배우는 도인들이 이때 과오를 뉘우치고 사죄한다. 『운급칠첨(雲笈七籤)』 권37에 실려 있다. "삼원일(三元日)" 항목을 참조하라.

도탄재(塗炭齋)

• • •

도교 재법의 하나. 초기 도교의 황건(黃巾) 도사는 손을 등 뒤로 묶고, 황토를 얼굴에 칠하고 "잘못을 고백하고 죄를 빌었다[首過謝罪]." 후대에는 변하여 고행을 통한 제도를 주된 내용으로 하는 도탄재가 되었다. 『운급칠첨(雲笈七籤)』 권37에서 『현문대론(玄門大論)』을 인용하여 "도탄재로 죄를 없애고 재앙을 물러나게 하며, 복을 빌고 목숨을 연장한다[塗炭齋, 拔罪謝殃, 請福延命]"라고 하였다.

나천대초(羅天大醮)

• • •

대형 재초 의식. 나천은 대라천(大羅天)이며, 천(天)의 삼계(三界) 위의 가장 높은 층차를 이른다. 『무상비요(無上秘要)』권4에서는, 천에는 욕계(欲界), 색계(色界), 무색계(無色界) 등의 삼계 28천이 있으며, "삼계 위에는 끝없이 넓은 대라[三界之上, 渺渺大羅]"가 있고, 대라천에는 신선이 거처하는 옥경산(玉京山)이 있는데, "옥경산에는 저절로 생겨난 칠보수 한 그루가 하나의 하늘을 두루 덮고 있으며, 여덟 그루 나무가 팔방으로 대라천을 두루 덮고 있다[玉京山自然生七寶之樹, 一株彌覆一天, 八樹彌覆八方羅天]"고 하였다. 나천으로 재초의 이름을 삼음으로써 강신(降神)을 청한 신령의 품위가 높고 수가 많음을 말한 것이다. 송(宋)나라 여원소(呂元素)의 『도문정제(道門定制)』권3에서 "하원일에 행하는 황록재는 신하와 서민들이 함께 행해 널리 집안과 국가를 위하는데, 황록재가 끝나고 나면 나천대초 1,200분위를 진설한다[下元黃篆齋, 臣庶同修, 普資家國, 罷散設羅天大醮一千二百分位]"고 하였다. 여기서 분위는 신위(神位)를 말한다. 신위를 올리고 내리는 순서와 진위(眞位)의 호칭은 송나라 진종(眞宗)이 승상 왕흠약(王欽若)에게 명하여 대중상부(大中祥符) 연간(1008~1016)에 고쳐 확정해 수도의 궁관과 천하의 명산복지(名山福地)에 반포했다. 『도장(道藏)』에 『나천대초설초의(羅天大醮設醮儀)』, 『나천대초삼조의(羅天大醮三朝儀)』와 『태상동현영보천존설나천대초상품묘경(太上洞玄靈寶天尊說羅天大醮上品妙經)』 등이 있다. 나천대초는 일반적으로 3일, 5일, 7일 등 거행하는 기간이 다르다. 그 과의(科儀) 내용이 풍부하고 참여하는 도사의 수가 매우 많으며 의식이 휘황찬란하고 성대하다.

뇌법(雷法)

· · ·

일종의 법술(法術). 북송말(北宋末)의 임영소(林靈素), 왕문경(王文卿, 1093~1153)으로부터 시작되었다. 신소파(神霄派)의 중요한 법술이다. 뇌법으로 능히 비바람을 불러일으키고, 가뭄을 막고 재앙을 면하게 하며, 복을 빌 수 있다고 한다. 뇌법은 내단 수련을 체(體)로 삼고 부록과 주술을 용(用)으로 삼아, 능히 귀신을 꾸짖어 쫓거나 부를 수 있으며, 비바람과 천둥번개를 불러일으킬 수 있다고 한다. 그 이론은 천인감응론(天人感應論)을 기초로 하며, 방법은 종교성을 띤다. 하지만 천문을 관측하고 맑은 날과 비 오는 날을 예측하는 등의 측면은 고대 기상학의 경험과 지식을 포함하고 있다. 『도장(道藏)』에 『뇌법의현편(雷法議玄篇)』이 있다.

발로(發爐)

· · ·

재초(齋醮) 용어. 재초 전에 거행하는 의식을 가리킨다. 즉 재초를 시작할 때 고공(高功) 법사가 재초단(齋醮壇) 앞에서 재초를 거행하는 뜻을 신령에게 고하는 것이다.

산화(散花)

· · ·

도교 재초 의식에서 음송(吟誦)에 사용하는 "산화사(散花詞)". 불교에서 불보살에게 절을 하며 헌화하는 것에서 기원한다. 도교 재초 중의 산화 의식은 생화를 사용하지 않고 "산화사"를 노래한다. 산화사는 일반적으로 오언이나 칠언의 시구로서, 문사(文詞)가 매우 아름답고 뜻이 심오하며 음률이 그윽하고 장중하다. 송(宋)나라 진종(眞宗)의 산화사에서는 "천상은 늘 봄이니, 때를 따지지 않고 꽃이 피네. 상서로운 이슬이 요대를 적시니, 향기가 더욱 짙게 퍼지네[天上春常在, 花開不計時. 瑤臺沾瑞露, 芳氣更蕃滋]"라고 하였으며, 또 "이름난 꽃은 어디에 가서 딸 수 있을까, 궁관에 가서 고진께 바치려 하네[采得名花何處去, 將來宮館奉高眞]"라고 하였다. 송나라 여태고(呂太古)의 『도문통교필용집(道門通教必用集)』에 여러 가지 산화사가 수록되어 있다. 산화사는 음률이 그윽하고 아름다우며 반주가 함께 어우러져, 우아하고 아름다운 도교 음악 문학 장르를 이루었다. 홍콩 전진도파(全眞道派)의 과의(科義)에는 "산화과(散花科)"가 있다.

법기(法器)

· · ·

재초(齋醮) 과의(科儀)에서 사용하는 기구를 가리킨다. 법기에는 번(幡), 법척(法尺), 법검(法劍), 영패(令牌), 구절장(九節杖) 등이 있다. 번은 단장(壇場) 위와 단장 주위에 세워놓는 깃발로, 인혼번(引魂幡)·접혼번(接魂幡)·사죄번(赦罪幡) 등 20여 종이 있다. 법척은 복숭아나무 가지로 만들며 귀신을 쫓는 데 쓴다. 법검은 재단(齋壇) 위에서 사용하며, 신장(神將)을 부리거나 요괴와 마귀를 없애는 데 사용한다. 영패는 고대의 호부(虎符)로, 일반적으로는 박달나무로 제작하며 길이는 대략 6촌이고 위는 원형이고 아래는 방형으로서 천원지방(天圓地方)을 상징한다. 정면에는 "오뢰호령(五雷號令)"이라는 네 글자를 새겨넣고, 양 측면에는 일월성신(日月星辰)을 그려넣는다. 도사는 영패를 사용하여 부적을 그리거나, 영패로 탁자를 치고 소리를 지르는데, 이로써 신장을 부린다. 구절장은 길이가 5척 5촌인 아홉 마디의 대나무 장대로 제작한다. 과의에서 구절장으로 하늘을 가리키며 하늘을 열고 천신(天神)에게 예를 행하고, 땅을 가리키며 지신(地祇)을 영접한다. 구절장은 천신을 불러 묻고, 지옥의 고통을 없애는 작용을 한다.

영패(令牌)

"법기(法器)"를 보라.

구절장(九節杖)

"법기(法器)"를 보라.

등의(燈儀)

재초(齋醮) 의식에서 상용하는 연등(燃燈). 재초는 일반적으로 해가 진 후 저녁에 거행한다. 등을 밝히는 의미는 위로는 천당을 비추고 아래로는 지옥을 비추는 데 있다. 『요수과의식율초(要修科儀式律鈔)』에서 『금록간문(金籙簡文)』을 인용하여 "연등 위의는 공덕이 지극히 크다. 위로는 여러 하늘을 비추고 아래로는 여러 땅을 비춘다. 팔방구야가 두루 밝게 드러낸다[燃燈威儀, 功德至重. 上照諸天, 下照諸地. 八方九夜, 並見光明]"라고 하였다. 연등의 수는 재초의 규모에 따라 다르다. 소형은 3개에서 9개의 등잔에 불을 밝히고, 중형은 20여 개에서 49개의 등잔에 불을 밝히며, 대형은 수백 개에서 1,200개

에 이르는 등잔에 불을 밝힌다. 아울러 이를 관리하는 "시등(侍燈)"을
두어 불이 꺼지는 것을 방지한다. 『도장(道藏)』에 『현제등의(玄帝燈
儀)』, 『삼관등의(三官燈儀)』, 『토사등의(土司燈儀)』 등이 있다.

태상노군탄(太上老君誕)

● ● ●

　도교에서 교주로 신봉하는 노자의 탄신일이다. 노자의 생몰연대
는 정확히 고증할 수 없다. 다만 『사기(史記)』에서는 주(周)나라의 수
장실(守藏室) 태사(太史)라고 기록하고 있다. 『열선전(列仙傳)』에서
는 이를 더 앞당겨 "은나라 때에 태어났으며, 주나라의 장서실 관리
가 되었다[生於殷時, 爲周柱下史]"고 하였다. 후대의 노자 전기에 관
한 책, 예를 들어 송(宋)나라 가선상(賈善翔)의 『유용전(猶龍傳)』, 사
수경(謝守灝)의 『혼원성기(混元聖紀)』 및 『태상노군연보요약(太上老
君年譜要略)』 등에서 그 일을 사실로 보고 모두 노자가 은(殷)나라 무
정(武丁) 9년 2월 15일에 태어났다고 하였다. 후대에 도관에서는 이
날에 도량(道場)을 행하고 『도덕진경(道德眞經)』을 외우며 이를 기념
했다. 이날에는 귀족과 서민들이 모두 참배하여, 향불이 끊이지 않고
수많은 화려한 등잔으로 전례 없는 성황을 이루었는데, 이를 "노군회
(老君會)"라 칭한다.

노군회(老君會)

● ● ●

　태상노군탄(太上老君誕)을 보라.

옥황성탄(玉皇聖誕)

도교에서 신봉하는 옥황대제(玉皇大帝)의 탄신일이다. 『도장집요(道藏輯要)』기집(箕集)의 『고상옥황본행집경(高上玉皇本行集經)』과 『속도장(續道藏)』제1105~1106책의 『수신기(搜神記)』권1에서 옥황대제가 병오년(丙午年) 정월 9일에 태어났다고 한다. 후대에 도관에서 매년 이날에 제사를 거행하며 기념했다.

반도회(蟠桃會)

중국 신화에서 서왕모(西王母)가 반도연(蟠桃宴)으로 신선들을 초청한 성대한 연회. 음력 3월 3일은 서왕모의 탄신일로, 이날 서왕모가 반도회를 크게 열어 신선들이 와서 축하했다고 한다. 도교에서는 매년 이날 성회를 열어 기념했는데, 세속에서 이를 반도회라 불렀다.

여조탄신(呂祖誕辰)

도교에서 받드는 여동빈(呂洞賓)의 탄신일. 전해지는 말에 따르면, 당(唐)나라 정원(貞元) 14년(798) 4월 14일 사시(巳時)에 한 마리의 흰 학이 하늘로부터 내려와, 여동빈의 어머니 방으로 날아 들어가는 것을 여러 사람이 보았는데, 그때 그의 어머니가 잠자다가 또한 이 꿈을 꾸었고, 놀라 깨어나서 여동빈을 낳았다고 한다. 이는 묘선시(苗善時)의 『순양제군신화묘통기(純陽帝君神化妙通紀)』에 보인다. 후세에 도관에서 이날에 재초를 거행해 기도한다.

오납일(五臘日)

. . .

간략하게 "오납(五臘)"이라 칭한다. 도교에서는 음력 정월 1일을 "천납(天臘)"으로 삼고, 5월 5일을 "지납(地臘)"으로 삼으며, 7월 7일을 "도덕납(道德臘)"으로 삼고, 10월 1일을 "민세납(民歲臘)"으로 삼고, 12월 8일을 "왕후납(王侯臘)"으로 삼는다. 오납일은 오제(五帝)가 모이는 날로, 이날에 재계하고 초재를 행하면 복을 얻고 화를 면할 수 있다고 한다. 『천황지도태청옥책(天皇至道太淸玉冊)』권7에 보인다.

오납(五臘)

. . .

"오납일(五臘日)"을 말한다.

천황절(天貺節)

. . .

민간의 기념일. 북송(北宋)의 대중상부(大中祥符) 연간(1008~1016)에 송나라 진종(眞宗)이 6월 6일에 천서(天書)가 다시 내려졌다고 말하고, 이날을 "천황절"로 정하였다. 곧 하늘이 신서(神書)를 내렸다는 의미이다. 도교에서도 이날을 기념일로 삼아, 각 궁관에서는 모두 간직한 경전과 서화를 햇볕에 쬐인다. 민간에서도 이날에 모피와 의복 및 서적 등을 햇볕에 쬐여 벌레 먹는 것을 방지하였는데, 이것이 풍속이 되었다.

연구절(燕九節)

• • •

"연구(燕九)"라고도 부른다. 또 "연구(宴九)", "연구(宴丘)"라고도 쓴다. 도교의 기념일. 전진도 용문파 조사 구처기(丘處機)가 금(金)나라 황통(皇統) 8년(1148) 정월 19일에 태어나, 이날을 "구조탄(丘祖誕)"이라고도 부른다. 용문파 조정(朝廷)인 북경 백운관(白雲觀)에서 매년 이날에 성대한 묘회(廟會)를 거행하는데, 도교를 신봉하고 구처기를 존숭하는 사람들과 백성들이 구름처럼 백운관에 이르러 복을 빌고 재앙을 면하기를 바란다. 명(明)나라 이래로 북경지역의 풍속이 되었다.

구조탄(丘祖誕)

• • •

"연구절(燕九節)"을 보라.

원성절(元成節)

• • •

도교의 기념일. 북송(北宋)의 중화(重和) 원년(1118)에 송나라 휘종(徽宗)이 청화제군(青華帝君)의 생일인 음력 8월 9일을 원성절로 삼을 것을 반포하였다. 도교에서는 8월 9일을 청화제군이 강림하고 동두(東斗)도 하강한다고 여겨 원성절로 삼는다.

삼원일(三元日)

· · ·

간략하게 "삼원(三元)"이라 칭한다. 도교의 재계일. 음력 정월 15일인 상원일(上元日), 7월 15일인 중원일(中元日), 10월 15일인 하원일(下元日)을 가리킨다. 천(天)·지(地)·수(水)의 삼관(三官)이 공(功)과 과(過)를 살피는 때라고 전해진다. 이후에 '삼관탄신일'이라고도 불렸다. 삼관 신앙은 동한말(東漢末)의 오두미도(五斗米道)에서 기원하는데, 이후에도 폐지되지 않고 계승되었다. 『태상동현영보삼원품계혹덕경중경(太上洞玄靈寶三元品戒或德輕重經)』에는 "상원의 천관, 중원의 지관, 하원의 수관[上元天官, 中元地官, 下元水官]"이라는 기록이 있다. 아울러 "천·지·수의 삼관과 그 삼관에 소속된 구궁·구부의 120명의 관리들이 삼품을 서로 계승하여 사람들의 생과 사, 죄와 복, 공과 과의 경중을 따지고, 그 기록을 교차하여 비교하면서 연·월·일을 한정하는 데 착오가 없게 한다. 신선을 공부한 것과 선한 공을 세운 것, 악을 행한 것과 죄에 대한 응보를 각각 소속된 바에 따라 해당 고관들이 모두 기록한다[天地水三官九宮九府一百二十曹, 三品相承, 生死罪福, 功過深重, 責役考對, 年月日限, 無有差錯. 其學仙善功, 行惡罪報, 各隨所屬, 考官悉書之焉]"라고 말한다.

삼회일(三會日)

· · ·

도교의 재계일. 음력 정월 7일, 7월 7일 및 10월 5일로, 삼관(三官)이 인간의 공(功)과 과(過)를 따져보는 날을 가리킨다. 그러므로 재계를 거행하여 복을 빌고 재앙을 제거한다.

성황탄(城隍誕)

• • •

도교의 기념일. 음력 5월 28일은 성황이 탄신한 날이다. 이날 각지의 성황묘(城隍廟)에서는 제초하고, 분향하며 연등하고 예배하며 축하한다. 민중들은 성황묘에 모여 향을 사르며 절하고 복을 빌며 재앙을 면하기를 바라는데, 이것이 풍속이 되었다. "성황신(城隍神)"을 참조하라.

중화절(中和節)

• • •

"천정절(天正節)"이라도 한다. 도교의 기념일. 음력 2월 1일에 익성보덕진군(翊聖保德眞君)이 하강한다고 전해오는데, 이날이 중화절이다. 『천황지도태청옥책(天皇至道太淸玉冊)』권7에 이 내용이 실려 있다.

천정절(天正節)

• • •

"중화절(中和節)"을 말한다.

천기절(天祺節)

• • •

도교의 기념일. 음력 4월 1일에 남방칠숙성군(南方七宿星君)이 하강한다고 전해오는데, 이날이 천기절이다. 『천황지도태청옥책(天皇至道太淸玉冊)』권7에 이 내용이 실려 있다.

선천절(先天節)

• • •

　도교의 기념일. 음력 7월 1일에 서방칠숙성군(西方七宿星君)이 하강한다고 전해오는데, 이날이 태상노군(太上老君)이 원시천존(元始天尊)을 조회하는 날로서 선천절이다. 『천황지도태청옥책(天皇至道太淸玉冊)』권5에 이 내용이 실려 있다.

천응절(天應節)

• • •

　도교의 기념일. 음력 11월 5일에 천봉원수(天蓬元帥)가 하강한다고 전해오는데, 이날이 천응절이다. 『천황지도태청옥책(天皇至道太淸玉冊)』권7에 이 내용이 실려 있다.

선경·명산·궁관

삼십육천(三十六天)

· · ·

도교 명사. 도교에서는 신선이 거처하는 천계는 36개의 하늘이 있고, 각 하늘마다 득도한 천신(天神)이 다스린다고 한다. 이는 『위서(魏書)』「석노지(釋老志)」에 처음 보인다. "하늘과 땅 사이에 36천이 있고, 그 속에 36궁이 있으며, 각 궁에는 한 명의 주인이 있다. 최고로 높은 천신은 무극지존이고, 다음은 대지진존이며, 다음은 천부지재음양진존이고, 다음은 홍정진존이다.[二儀之間有三十六天, 中有三十六宮, 宮有一主. 最高者無極至尊, 次曰大至眞尊, 次天覆地載陰陽眞尊, 次洪正眞尊.]" 이는 순서에 따라 배열한 것이다. 후세의 도교는 또 아래에서 위로 삼십육천을 다음과 같이 육중천으로 정리했다. ① 욕계육천(欲界六天): 태황황증천(太皇黃曾天), 태명옥완천(太明玉完天), 청명하동천(淸明何童天), 현태평육천(玄胎平育天), 원명문거천(元明文擧天), 칠요마이천(七曜摩夷天). ② 색계십팔천(色界十八天): 허무월형천(虛無越衡天), 태극몽예천(太極濛翳天), 적명화양천(赤明和陽天), 현명공화천(玄明恭華天), 요명종표천(曜明宗飄天), 축락황가천(竺落皇笳天), 허명당요천(虛明堂曜天), 관명단정천

(觀明端靜天), 현명공경천(玄明恭慶天), 태환극요천(太煥極瑤天), 원재공승천(元載孔升天), 태안황안천(太安皇崖天), 현정극풍천(顯定極風天), 시황효망천(始黃孝芒天), 태황옹중천(太黃翁重天), 무사강유천(無思江由天), 상설완락천(上撲阮樂天), 무극담서천(無極曇誓天). ③ 무색계사천(無色界四天): 호정소도천(皓庭霄度天), 연통원동천(淵通元洞天), 한총묘성천(翰寵妙成天), 수락금상천(秀樂禁上天). ④ 사범천(四梵天), 즉 사종민천(四種民天): 상융천(常融天), 옥륭천(玉隆天), 범도천(梵度天), 가혁천(賈奕天). ⑤ 삼청천(三淸天): 태청천(太淸天), 상청천(上淸天), 옥청천(玉淸天). ⑥ 대라천(大羅天). 삼청천과 대라천은 합하여 "성경사천(聖境四天)"이라고도 부른다. 삼십육천은 모두 삼보군(三寶君)이 다스린다.『운급칠첨(雲笈七籤)』권21에 보인다.『도장(道藏)』제555책『유용전(猶龍傳)』권2에 실려 있는 것과는 글자가 조금 다르다.

삼십이천(三十二天)
• • •

  도교 명사. 삼십육천(三十六天) 중에서 삼청천(三淸天)과 대라천(大羅天)을 제외한 사범천(四梵天)과 삼계욕계·색계·무색계, 이십팔천(二十八天)을 말한다.『위서(魏書)』「석노지(釋老志)」에는 "부처가 옛날에 서호에서 도를 얻고 삼십이천에서 연진궁주가 되었다[佛者, 昔於西胡得道, 在三十二天, 爲延眞宮主]"고 한다. "삼십육천"을 참고하라.

구천(九天)

• • •

① 옛 전적에서 하늘의 중앙과 팔방을 가리키는 말이다. 『여씨춘추(呂氏春秋)』「유시람(有始覽)」에서는 중앙은 균천(鈞天), 동방은 창천(蒼天), 동북방은 변천(變天), 북방은 현천(玄天), 서북방은 유천(幽天), 서방은 호천(顥天), 서남방은 주천(朱天), 남방은 염천(炎天), 동남방은 양천(陽天)이라고 한다. 『회남자(淮南子)』「천문훈(天文訓)」은 이와 조금 다르다. 동북방은 민천(旻天), 서방은 호천(皓天)으로 되어 있고 나머지는 같다. 『광아(廣雅)』「석천(釋天)」 역시 조금 다르다. 동방은 호천(皞天), 남방은 적천(赤天), 서방은 성천(成天)으로 되어 있고 나머지는 같다. 『태현경(太玄經)』의 경우는 일중천(一中天), 이선천(二羨天), 삼도천(三徒天), 사벌경천(四罰更天), 오수천(五晬天), 육곽천(六郭天), 칠함천(七咸天), 팔치천(八治天), 구성천(九成天)으로 되어 있다. ② 무속에서 제사하는 신. 『사기(史記)』「봉선서(封禪書)」에는 "구천무가 구천을 제사한다[九天巫, 祠九天]"고 기록하고 있다. 『사기』「효무본기(孝武本紀)」에는 "감천에 구천묘를 세웠다[立九天廟於甘泉]"고 기록하고 있다. 또 「삼보고사(三輔故事)」에는 "호무가 신명대에서 구천을 섬긴다[胡巫事九天於神明臺]"라고 한다. ③ 도교 명사. 중국 고대 "구천(九天)"설을 계승하여 발전시킨 것이다. 삼청현원시삼기(三淸玄元始三炁)가 각각 삼기(三炁)를 생성하여 구기(九炁)를 이루고, 이 구기가 구천(九天)을 이룬다고 한다. 즉 울단무량천(鬱單無量天), 상상선선무량수천(上上禪善無量壽天), 범감수연천(梵監須延天), 적연도술천(寂然兜術天), 파라니밀불교락천(波羅尼密不驕樂天), 동현화응성천(洞玄化應聲天), 영화범보천(靈化梵

輔天), 고허청명천(高虛淸明天), 무상무결무애천(無想無結無愛天)이
다.『도장(道藏)』제555책『유용전(猶龍傳)』권2에 보인다.

삼청경(三淸境)

　• • •

　"삼청천(三淸天)", "삼천(三天)"이라고도 한다. 삼십육천(三十六天)
가운데 대라천(大羅天)에 버금가는 최고 천계로, 신선이 거처하는 최
고 선경(仙境)이다. 대라천이 생성한 현원시삼기(玄元始三炁)가 변화
해 이루어진 것이다.『도교의추(道敎義樞)』권7에서『태진과(太眞科)』를
인용해 "대라천에서 생겨난 현원시삼기가 변화하여 삼청천이 된다. 첫
째는 청미천옥청경으로 시기가 이룬 것이고, 둘째는 우여천상청경으로
원기가 이룬 것이며, 셋째는 대적천태청경으로 현기가 이룬 것이다[大
羅生玄元始三炁, 化爲三淸天. 一曰淸微天玉淸境, 始氣所成. 二曰禹
餘天上淸境, 元氣所成. 三曰大赤天太淸境, 玄氣所成]"라고 하였다.

삼청천(三淸天)

　• • •

　"삼청경(三淸境)"을 말한다.

청미천(淸微天)

　• • •

　정식 명칭은 "청미천옥청경(淸微天玉淸境)"이다. 도교의 최고 선경
(仙境)인 "삼청경(三淸境)" 중의 하나이다. 시기(始氣)가 변화하여 생
성되었고 원시천존(元始天尊)이 여기에 거처한다.『삼천정법경(三天

正法經)』에 따르면, 구천진왕(九天眞王)과 원시천왕(元始天王)은 모두 시기(始氣)에 앞서 생겨났고, 구진제(九眞帝) 중의 상삼진(上三眞)이 여기에서 생겨났다고 한다.

청미천옥청경(淸微天玉淸境)

• • •

"청미천(淸微天)"을 말한다.

우여천(禹餘天)

• • •

정식 명칭은 "우여천상청경(禹餘天上淸境)"이다. 도교의 최고 선경(仙境)인 "삼청경(三淸境)" 중의 하나이다. 원기(元氣)가 변화하여 생성되었고 영보천존(靈寶天尊)태상도군(太上道君)이 여기에 거처한다. 『삼천정법경(三天正法經)』에 따르면, 구진제(九眞帝) 중의 중삼진(中三眞)이 여기에서 생겨났다고 한다.

우여천상청경(禹餘天上淸境)

• • •

"우여천(禹餘天)"을 말한다.

대적천(大赤天)

• • •

정식 명칭은 "대적천태청경(大赤天太淸境)"이다. 도교의 최고 선경(仙境)인 "삼청경(三淸境)" 중의 하나이다. 현기(玄氣)가 변화하여 생

성되었고 도덕천존(道德天尊)태상노군(太上老君)이 여기에 거처한다. 『삼
천정법경(三天正法經)』에 따르면, 구진제(九眞帝) 중의 하삼진(下三
眞)이 여기에서 생겨났다고 한다.

대적천태청경(大赤天太淸境)

"대적천(大赤天)"을 말한다.

삼천(三天)

"삼청경(三淸境)"을 말한다. 『운급칠첨(雲笈七籤)』 권3에 "삼청경이
란 옥청·상청·태청이다. 또 삼천이라고도 부른다. 삼천이란 청미
천·우여천·대적천이다[其三淸境者, 玉淸上淸太淸是也. 又名三天.
其三天者, 淸微天禹餘天大赤天是也]"라고 하였다.

옥청(玉淸)

도교에서 말하는 "삼청경(三淸境)" 중의 하나. 삼청경 중에 "청미천
(淸微天)"을 말하며, 원시천존(元始天尊)천보군(天寶君)이라고도 불린다이 다
스리는데, 최고선경(最高仙境)이라고 불린다. 도홍경(陶弘景)의 『수
선부(水仙賦)』에는 "금궐에서 구현을 맞이하고, 옥청에서 삼소를 배
알한다[迎九玄於金闕, 謁三素於玉淸]"라고 하였다.

상청(上淸)

• • •

도교에서 말하는 "삼청경(三淸境)" 중의 하나. 삼청경 중에 "우여천(禹餘天)"을 말하며, 영보천존(靈寶天尊)태상도군(太上道君)이라고도 불린다이 다스리는데, 상청선경(上淸仙境)이라고 불린다. 심빈(沈彬)의 『억선요(憶仙謠)』에는 "근래 시와 술에 미쳐도 얻을 수 없으니, 도리어 용을 타고 상청을 노니는 것을 생각한다네[詩酒近來狂不得. 騎龍却憶上淸遊]"라고 하였다.

태청(太淸)

• • •

① 도가에서 말하는 천도(天道)이다. 『장자(莊子)』「천운(天運)」에서는 "예의로써 음악을 진행하고, 태청으로써 음악을 맺는다[行之以禮儀, 建之以太淸]"라고 하였는데, 성현영(成玄英)은 소(疏)에서 "태청은 천도이다[太淸, 天道也]"라고 하였다. 『포박자(抱樸子)』「잡응(雜應)」에는 "위로 40리를 오르면 태청이라고 하는데, 태청의 기는 매우 강하다[上升四十里, 名爲太淸, 太淸之中, 其氣甚剛]"라 하였는데, 이는 천공(天空)을 가리킨다.

② 도교에서 말하는 삼청경(三淸境) 중의 하나. 삼청경 중에 "대적천(大赤天)"을 말하며, 도덕천존(道德天尊)태상노군(太上老君)이라고도 불린다이 다스리는데, 태청선경(太淸仙境)이라고 불린다.

대라천(大羅天)

• • •

도교에서 말하는 삼십육천 가운데 가장 높은 천(天)이다. "도경 중에서 최고 장소[道境極地]"이다. 『운급칠첨(雲笈七籤)』권21에서 『원시경』에서 말하였다. 대라천은 더 이상의 하늘이 없는 곳으로, 오직 대범(大梵)의 기가 여러 천을 감싸고 태공의 위에 있는 곳이다. …… 그러므로 노래하길, 삼계의 위는 까마득한 대라천이니, 그 위로는 어떠한 형상도 없는 무색근(無色根)으로 구름만이 층층이 높고 높다[元始經云, 大羅之境, 無復眞宰, 惟大梵之氣, 包羅諸天, 太空之上. …… 故頌曰, 三界之上, 眇眇大羅, 上無色根, 雲層峨峨]"고 하였다.

선경(仙境)

• • •

도교에서 말하는 선인이 거처하는 세속을 초월한 청정하며 아름다운 곳. 삼청경(三淸境)과 같이 하늘에 있기도 하고, 십주삼도(十洲三島)처럼 바다에 있기도 하며, 십대동천(十大洞天), 삼십육소동천(三十六洞天), 칠십이복지(七十二福地)처럼 명산의 동부(洞府)에 있기도 한다. 『항진인승선기(桓眞人升仙記)』에는 다음과 같이 묘사하고 있다. "오랜 세월 동안 밤이 없는 산천이 있으며, 보개(寶蓋)가 있는 층탑은 사시 동안 맑고 아름답다. 금항아리에는 불사의 술이 가득하고 유리병에는 장생의 단약이 간직되어 있다. 활짝 핀 복숭아꽃은 천년을 가고, 진주처럼 영글어진 운영은 만년을 가네.[有長年之光景, 日月不夜之山川. 寶蓋層臺, 四時明媚. 金壺盛不死之酒, 琉璃藏延壽之丹. 桃樹花芳, 千年一謝, 雲英珍結, 萬載圓成.]"

962

구유(九幽)

지하의 아득하고 깊은 곳으로, 도교에서는 지옥을 가리킨다. 도교에서는 사람이 죽은 이후에 살아 있을 때의 죄악의 경중에 따라 구유지옥(九幽地獄)에 들어간다고 여긴다. 첫째는 유명(幽冥)이고, 둘째는 유음(幽陰)이며, 셋째는 유야(幽夜)이고, 넷째는 유풍(幽酆)이며, 다섯째는 유도(幽都)이고, 여섯째는 유치(幽治)이며, 일곱째는 유관(幽關)이고, 여덟째는 유부(幽府)이며, 아홉째는 유옥(幽獄)이다. 모두 사람들이 죽은 뒤에 머무는 곳이다. 남조 송사장(宋謝莊)의 「위조신여옹주자리원개서(爲朝臣與雍州刺史袁凱書)」에서는 "덕은 구유에 통하였고, 공은 이요에 이르렀다[德洞九幽, 功貫二曜]"『예문유취(藝文類聚)』 권25에서 인용라고 하였다. 『한태축유태산(韓太祝遊太山)』에서는 "그대가 동봉 정상에 오르지 못한 것이 애석하네. 밤에 구유에서 금륜이 나오는 것을 볼 수 있다네[恨君不上東峰頂, 夜看金輪出九幽]"라고 하였다.

구소(九霄)

도교 선계의 명칭. 구천(九天) 밖에 있는 천상의 지극히 높고 먼 곳을 가리킨다. 『태청옥책(太淸玉冊)』 권8에서는 구소의 명칭을 신소(神霄)·청소(靑霄)·벽소(碧霄)·단소(丹霄)·경소(景霄)·옥소(玉霄)·낭소(琅霄)·자소(紫霄)·태소(太霄)라고 한다. 『수진태극혼원도(修眞太極混元圖)』에서는 구소의 명칭을 풍소(風霄)·운소(雲霄)·연소(煙霄)·기소(氣霄)·하소(霞霄)·청소(靑霄)·벽소(碧霄)·단소(丹霄)·경소(景霄)라고 한다. 도교 경전에서는 다음과 같이 구소 각각을 주관하는 천제가 있다고 말한다. 첫째는 신소옥청대제(神霄玉清大帝), 둘째는 청소호생대제(靑霄好生大帝), 셋째는 벽소총생대제(碧霄總生大帝), 넷째는 강소태평대제(絳霄太平大帝), 다섯째는 경소중극대제(景霄中極大帝), 여섯째는 옥소호원대제(玉霄皓元大帝), 일곱째는 낭소시청대제(琅霄始靑大帝), 여덟째는 자소합경대제(紫霄合景大帝), 아홉째는 태소휘명대제(太霄暉明大帝)이다.

십주삼도(十洲三島)

• • •

도교에서 말하는 신선이 거처하는 명산 명소. 『운급칠첨(雲笈七籤)』 권26의 『해내십주기(海內十洲記)』에서는 동방삭(東方朔)이 한 무제(漢武帝)에게 큰 바다 속에 조(祖)·영(瀛)·현(玄)·염(炎)·장(長)·원(元)·류(流)·생(生)·봉린(鳳鱗)·취굴(聚窟) 등 십주(十洲)가 있다고 하였다. 삼도(三島)의 설은 책마다 조금씩 다르다. 『사기(史記)』 「진시황본기(秦始皇本紀)」에는 "제나라 사람 서불 등이 임금에게 글을 올려 바다 가운데 봉래산·방장산·영주산의 삼신산이 있는데 선인이 살고 있다고 하였다[齊人徐市等上書, 言海中有三神山, 名曰蓬萊·方丈·瀛洲, 仙人居之]"고 한다. 『한서(漢書)』 「교사지(郊祀志)」에는 "이 삼신산은 발해에 있다고 전하며, 인간 세상과 거리가 멀지 않아 갔다 온 사람이 있는데, 여러 신선들과 불사의 약이 모두 거기에 있다[此三神山者, 其傳在渤海中, 去人不遠, 蓋嘗有至者, 諸仙人及不死之藥皆在焉]"고 한다. 『운급칠첨(雲笈七籤)』 권26에는 곤륜(昆侖)·방장(方丈)·봉구(蓬丘)즉 봉래라고 기록되어 있다.

삼신산(三神山)

· · ·

"십주삼도(十洲三島)"를 보라.

봉래(蓬萊)

· · ·

"봉구(蓬丘)"라고도 한다. 신선이 산다는 중국 고대 신화 속의 산이다. 도교에서는 신선이 거처하는 십주삼도(十洲三島) 중의 하나라고 한다. 『운급칠첨(雲笈七籤)』 권26의 『해내십주기(海內十洲記)』에 "봉구는 봉래산이다. 동해의 동북 해안에 있는데 둘레가 오천 리이다[蓬丘, 蓬萊山是也, 對東海之東北岸, 周圍五千里]", "옛날에 우임금이 홍수를 모두 다스리고 나서, 교거를 타고 약수를 건너 이 산에 도착하여 북하에 상제를 제사하고 구천에 큰 공을 돌렸다[昔禹治洪水既畢, 乃乘蹻車, 度弱水, 而到此山祠上帝於北阿, 歸大功於九天]"고 한다.

봉구(蓬丘)

· · ·

"봉래(蓬萊)"를 말한다.

곤륜(昆侖)

· · ·

신선이 산다는 중국 고대 신화 속의 산이다. 도교에서는 신선이 거처하는 십주삼도(十洲三島) 중의 하나라고 한다. 『운급칠첨(雲笈七籤)』 권26의 『해내십주기(海內十洲記)』에 "곤륜은 서해의 술지와 북해의 해지에 걸쳐 있다. 땅은 사방 일만 리이고, 해안에서 십삼만 리 떨어져 있고, 약수가 주위를 돌고 있다[昆侖在西海戌地, 北海之亥地. 地方一萬里, 去岸十三萬里, 又有弱水周回繞匝]"라고 기록하고 있다. 곤륜산에는 현보당(玄圃堂)·곤륜궁(昆侖宮) 등 금과 옥으로 만든 누대가 있는데, 이곳에 서왕모(西王母)가 거처한다. 도교의 신선이 거처하는 곳 중에서도 중요한 자리이다.

동천복지(洞天福地)

도교에서 말하는 신선이 거처하는 명산 명소. "십대동천(十大洞天)"·"삼십육소동천(三十六小洞天)"과 "칠십이복지(七十二福地)"가 있다. 당(唐) 때의 두광정(杜光庭)이 쓴『동천복지악독명산기(洞天福地嶽瀆名山記)』가 있다『도장(道藏)』제331책에 보인다.

십대동천(十大洞天)

도교에서 말하는 선인이 거처하는 명산의 동천(洞天).『운급칠첨(雲笈七籤)』권27의 기록에 따르면 다음과 같다. ① 왕옥산동(王屋山洞): 소유청허지천(小有淸虛之天)이라고도 한다. 산서(山西) 원곡현(垣曲縣)과 하남(河南) 제원시(濟源市) 사이의 왕옥산(王屋山)이다. ② 위우산동(委羽山洞): 대유공명지천(大有空明之天)이라고도 한다. 절강(浙江) 대주시(台州市) 황암구(黃岩區)의 위우산(委羽山)이다. ③ 서성산동(西城山洞): 태현총진지천(太玄總眞之天)이라고도 한다. 청(淸)대 목각판본『섬서한중서성자백산보천십대동천제삼태현극진동천시방총림유후보안관휴수진도(陝西漢中西城紫柏山普天十大洞天第三太玄極眞洞天十方叢林留侯保安觀鐫修眞圖)』에 근거하면, 지금의 섬서(陝西) 한중(漢中)의 유패현(留壩縣) 자백산(紫柏山)이다. ④ 서현산동(西玄山洞): 삼원극진지천(三元極眞之天)이라고도 한다. 서악(西岳)인 화산(華山)이다. ⑤ 청성산동(靑城山洞): 보선구실지천(寶仙九室之天)이라고도 한다. 사천(四川) 도강언시(都江堰市)의 청성산(靑城山)이다. ⑥ 적성산동(赤城山洞): 상청옥평지천(上淸玉平之天)이라고도 한다. 절강(浙江) 천태현(天台縣) 적성산(赤城山)이다. ⑦ 나부산동(羅浮山洞): 주명휘진지천(朱明輝眞之天)이라고도 한다. 광동(廣東)의 증성(增城)·박라(博羅)·하원(河源) 지역 사이에 있는 나부산(羅浮山)이다. ⑧ 구곡산동(句曲山洞): 금단화양지천(金壇華陽之天)이라고도 한다. 강소(江蘇)의 구용(句容)·금단(金壇)·율수(溧水)·율양(溧陽) 지역 경계에 있는 모산(茅山)이다. ⑨ 임옥산동(林屋山洞): 원신유허지천(元神幽虛之天)이라고도 한다. 강소(江蘇) 소주시(蘇州市) 오중구(吳中區)의 서동정산(西洞庭山)이다. ⑩ 괄창산동(括蒼山洞): 성덕은현지천(成德隱玄之天)이라고도 한다. 절강(浙江)의 선거(仙居)·임해(臨海) 지역 사이에 있는 괄창산(括蒼山)이다.

삼십육동천(三十六洞天)

• • •

"삼십육소동천(三十六小洞天)"을 말한다. 도교에서 말하는 신선이 거처하는 명산의 승경(名山勝境). 『운급칠첨(雲笈七籤)』 권27의 기록에 따르면, 다음과 같다. 곽동산동(霍桐山洞), 동악태산동(東嶽泰山

洞), 남악형산동(南嶽衡山洞), 서악화산동(西嶽華山洞), 북악상산동(北嶽常山洞), 중악숭산동(中嶽嵩山洞), 아미산동(峨嵋山洞), 여산동(廬山洞), 사명산동(四明山洞), 회계산동(會稽山洞), 태백산동(太白山洞), 서산동(西山洞), 소위산동(小潙山洞), 잠산동(潛山洞), 귀곡산동(鬼谷山洞), 무이산동(武夷山洞), 옥사산동(玉笥山洞), 화개산동(華蓋山洞), 개죽산동(蓋竹山洞), 도교산동(都嶠山洞), 백석산동(白石山洞), 구루산동(岣嶁山洞), 구의산동(九疑山洞), 동양산동(洞陽山洞), 막부산동(幕阜山洞), 대유산동(大酉山洞), 금정산동(金庭山洞), 마고산동(麻姑山洞), 선도산동(仙都山洞), 청전산동(青田山洞), 종산동(鍾山洞), 양상산동(良常山洞), 자개산동(紫蓋山洞), 천목산동(天目山洞), 도원산동(桃源山洞), 금화산동(金華山洞).

칠십이복지(七十二福地)

• • •

도교에서 말하는 신선이 거처하는 대지(大地)와 명산.『운급칠첨(雲笈七籤)』권27의 기록에 따르면, 다음과 같다. 지폐산(地肺山), 개죽산(蓋竹山), 선개산(仙磕山), 동선원(東仙源), 서선원(西仙源), 남전산(南田山), 옥유산(玉溜山), 청여산(清嶼山), 울목동(鬱木洞), 단하동(丹霞洞), 군산(君山), 대약암(大若岩), 초원(焦源), 영허(靈墟), 옥주(沃洲), 천로영(天姥嶺), 약야계(若耶溪), 금정산(金庭山), 청원산(清遠山), 안산(安山), 마령산(馬嶺山), 아양산(鵝羊山), 동진허(洞真墟), 청옥단(青玉壇), 광천단(光天壇), 동령원(洞靈源), 동궁산(洞宮山), 도산(陶山), 삼황정(三皇井), 난가산(爛柯山), 늑계(勒溪), 용호산(龍虎山), 영산(靈山), 천원(泉源), 금정산(金精山), 각조산(閣皂

山), 시풍산(始豐山), 소요산(逍遙山), 동백원(東白源), 발지산(鉢池山), 논산(論山), 모공단(毛公壇), 계롱산(雞籠山), 동백산(桐柏山), 평도산(平都山), 녹라산(綠蘿山), 호계산(虎溪山), 창용산(彰龍山), 포복산(抱福山), 대면산(大面山), 원신산(元晨山), 마제산(馬蹄山), 덕산(德山), 고계람수산(高溪藍水山), 남수(藍水), 옥봉(玉峰), 천주산(天柱山), 상곡산(商谷山), 장공동(張公洞), 사마회산(司馬悔山), 장재산(長在山), 중조산(中條山), 교호어징동(菱湖魚澄洞), 면죽산(綿竹山), 노수(瀘水), 감산(甘山), 곤산(琨山), 금성산(金城山), 운산(雲山), 북망산(北邙山), 노산(盧山), 동해산(東海山). 이상의 복지는 모두 "상제가 진인에게 명하여 다스리게 하였는데, 그 대부분은 그 진인이 도를 얻은 장소이다[上帝命眞人治之, 其間多得道之所.]"라고 한다.

오악(五岳)

• • •

"악(岳)"은 "악(嶽)"으로 쓰기도 한다. 중국 오대 명산의 총칭. 동악(東岳)인 태산(泰山), 남악(南岳)인 형산(衡山), 서악(西岳)인 화산(華山), 북악(北岳)인 항산(恒山), 중악(中岳)인 숭산(嵩山)을 말한다. 여러 신선들이 거처하는 곳으로 전해진다. 『주례(周禮)』「춘관(春官)·대종백(大宗伯)」에 산짐승의 피를 바쳐 "오악(五岳)"을 제사 지낸 글이 있다. 고대 중국 봉건 제왕들은 대부분 오악에 가서 제사를 지냈다. 당(唐) 현종(玄宗, 재위 712~756)과 송(宋) 진종(眞宗, 재위 997~1022)은 일찍이 오악을 왕(王)과 제(帝)에 봉했고, 명(明) 태조(太祖, 재위 1368~1398)는 오악을 신(神)으로 존숭하였다. 『이아(爾

雅)』「석산(釋山)」에는 두 종류의 오악설이 있는데, 후대에 그 설에 대해 서로 다른 해석이 있었다. 한(漢) 선제(宣帝, 재위 BC 74~BC 49)는 태산(泰山)산동(山東) 소재을 동악, 곽산(霍山) 즉 천주산(天柱山)안휘(安徽) 소재을 남악, 화산(華山)협서(陝西) 소재을 서악, 항산(恒山)하북(河北) 소재을 북악, 숭산(嵩山)하남(河南) 소재을 중악(中岳)으로 확정했다. 그 이후에 또 바꾸어 지금의 호남(湖南)의 형산(衡山)을 남악으로 삼았다. 명(明)대에 비로소 지금의 산서(山西) 혼원(渾源)의 항산(恒山)을 북악으로 삼았고, 청(淸)대에는 북악에 대한 제사를 이곳에서 지냈다. 도교는 오악을 숭상하여 각 산에 악신(嶽神)이 있다고 여겼다. 『도장(道藏)』에는 『오악진형도(五嶽眞形圖)』가 있다. 『도장집요(道藏輯要)』「악독명산기(嶽瀆名山記)」의 기록에 의하면, 동악인 태산의 악신은 천제왕(天齊王)이고, 남악인 형산의 악신은 사천왕(司天王)이며, 서악인 화산의 악신은 금천왕(金天王)이고, 북악인 항산의 악신은 안천왕(安天王)이며, 중악인 숭산의 악신은 중천왕(中天王)이며, 각각 수만 명의 선관(仙官)과 옥녀(玉女)을 거느리며 그 지역을 다스린다고 한다.

태산(泰山)

• • •

도교 명산. 산동(山東) 중부에 있다. 서쪽으로 경호철도[京滬鐵路]가 지나가며, 제남(濟南)과 태안(泰安) 사이에 길게 걸쳐져 있다. 고대에는 "대산(岱山)" 혹은 "대종(岱宗)"으로도 불렸는데, 춘추시기에 태산으로 개칭하였다. 중국의 유명한 오악 가운데 하나로, 동쪽 지역에 위치해서 동악(東岳)이라고 부른다. 총면적은 426km²이고, 주봉(主峰)은 태안시 북쪽에 위치하며, 해발 1,532.7m이다. 주봉의 높이는 화산(華山)과 항산(恒山) 다음으로 오악 가운데 세 번째로 높다. 고대인들은 동방을 만물이 새로이 생겨나고 봄이 시작되는 곳으로 여겼다. 그래서 태산에 "오악의 어른[五岳之長]", "오악 가운데 가장 존귀하다[五岳獨尊]"는 명성이 있다. 고대 제왕들은 처음 제위에 오를 때나 태평한 시기에 대부분 태산에 와서 봉선대전(封禪大典)을 거행하여 천지에 고하는 제사를 지냈다. 하(夏)·상(商)·주(周) 삼대에 72명의 군주가 제사를 지냈다고 전해지나, 그에 대한 기록은 진시황(秦始皇) 때 비로소 나타난다. 『사기(史記)』 「봉선서(封禪書)」에서 그 일을 기록하고 있다. 산세는 웅장하면서 드높고 풍경은 장엄하게 아름다우며, 산에는 명승고적이 매우 많아, 중국의 명산 중에 으뜸이다. 도교에서는 태산을 "뭇 산들의 조상이자, 오악의 으뜸이며, 천지의 신이자, 신령이 모이는 곳[群山之祖, 五嶽之宗, 天地之神, 神靈之府]"『속도장(續道藏)』 『수신기(搜神記)』이라고 여긴다. 또한 "제이소동천(第二小洞天)"으로 부르며, 태산의 신을 "동악천제인성대제(東嶽天齊仁聖大帝)"로 떠받들었다. 누차에 걸쳐 도사들이 이곳에서 수련하였다. 문물 고적으로는 왕모지(王母池)·남천문(南天門)·홍문궁(紅門宮)·만선루(萬仙樓)·두모궁(斗姆宮)·호천각(壺天閣)·벽하사(碧霞祠)·옥황관(玉皇觀)·대묘(岱廟)·장춘관(長春觀) 등이 있다. 그 중에 장춘관은 금대(金代) 도사 구처기(丘處機)의 여제자 자수신(訾守愼)이 수련한 곳이다. 태산은 중국의 산악공원 중의 하나이자 천연의 역사·예술 박물관이다. 건국 후에 여러 차례 명승고적, 유람도로, 등산로 등을 정비하였다. 세계지질공원(世界地質公園), 전국중점풍경명승구(全國重點風景名勝區), 세계자연문화유산(世界自然文化

遺産)으로 지정되어 있으며, 아울러『세계유산명록(世界遺産名錄)』에 수록되었다.

형산(衡山)

. . .

도교 명산. 호남(湖南) 중부에 있다. 옛날에는 "남악(南嶽)"으로 불렸으며, 중국의 오악 가운데 하나이다.『산해경(山海經)』곽박(郭璞)의 주석에서 "형산은 남악이다[衡山, 南嶽也]"라고 하였다. 한(漢) 무제(武帝)가 일찍이 안휘(安徽)의 곽산(霍山)을 남악으로 불렀는데, 수(隋) 문제(文帝)가 다시 형산을 남악으로 삼았다. 산세가 웅장하여, 굽이굽이 수백 리에 걸쳐서 72개 봉우리가 있다. 주봉(主峰)인 축융(祝融)_{해발 1,290m}과 천주(天柱) · 부용(芙蓉) · 자개(紫蓋) · 석름(石廩) 등 다섯 봉우리가 가장 빼어나다. 순(舜) 임금이 남방을 순행할 때, 우(禹) 임금이 치수할 때, 모두 이곳을 지나갔다고 전해진다. 옛날부터 도교와 불교의 명산이었다. 위진(魏晉) 시기에 위화존(魏華存)이 여기서 수련하여『황정내경경(黃庭內景經)』을 얻고 도를 깨달아 승천하였다. 후에 정토종(淨土宗) 혜사(慧思) 스님도 이 산에 들어와 불교를 전하였다. 이로부터 도교와 불교는 이 산에서 평화롭게 거처하면서 지금에까지 이르고 있다. 산 속에는 도관과 사찰이 무수히 퍼져 있다. 도교에서는 "제삼소동천(第三小洞天)"으로 부르고, "주릉동천(朱陵洞天)"이라고도 부르며, 형산의 신을 "사천황(司天王)"로 떠받들고, "남악대제(南嶽大帝)"라고 부른다. 당(唐) 개원(開元) 초년에 사마승정(司馬承禎)이 이곳에 와서 도를 닦으며 구진관(九眞觀) 북쪽에 백운암(白雲庵)을 지었다. 오대(五代) 시기 도사 섭사도(聶師

道) 역시 이곳에서 도를 닦았다. 유명한 도관으로는 남악대묘(南嶽大廟) · 황정관(黃庭觀) · 현도관(玄都觀) · 전덕관(銓德觀) 등이 있고, 사찰로는 축성사(祝聖寺) · 장경전(藏經殿) · 방광사(方廣寺) · 남대사(南台寺) · 복엄사(福嚴寺) 등이 있다. 높은 축융봉, 수려한 장경전, 깊숙한 방광사, 기이한 수렴동(水簾洞)옛 이름은 주릉동(朱陵洞)이 남악의 4대 절경이다. 전국중점풍경명승구(全國重點風景名勝區)로 지정되어 있다.

화산(華山)

．．．

도교 명산. 섬서(陝西) 화음시(華陰市) 남쪽에 있다. 옛날에 "서악(西岳)"이라고 불렸으며, 중국의 유명한 오악 가운데 하나이다. 산은 동서남북과 중앙의 다섯 봉우리로 구성되었으며, 주봉(主峰)인 태화산(太華山)은 해발 2,154.9m이다. 북쪽으로는 황하(黃河)를 바라보고, 남쪽으로는 진령(秦嶺)과 연결된다. 『수경주(水經注)』에서는 화산에 대해, "멀리서 바라보면 꽃 모양이다[遠而望之若花狀]"라고 하였는데, 이 때문에 화산이라고 불렸다. 또 서쪽으로 소화산(少華山)을 마주하기에 태화(太華)이라고 불린다. 화산은 기이하게 우뚝 솟아오른 그 빼어난 풍광으로는 천하의 으뜸이다. 요임금, 순임금 및 주(周) 무왕(武王)이 화산에 순행하였다고 전해진다. 도교에서는 "제사소동천(第四小洞天)"이라고 부르고, 역대의 도교도들이 수련한 곳이다. 북위(北魏) 시기에 구겸지(寇謙之)가 성공흥(成公興)을 따라 화산에 들어가 도를 수련했었고, 북주(北周) 무제(武帝) 때에는 도사 초광(焦曠)이 화산의 운대관(雲台觀)에서 거처하였으며, 누관도(樓觀道) 도

사 왕연(王延)이 화산 운대관의 초광에게 가서 스승으로 섬겼다. 당
(唐) 금선공주(金仙公主)가 화산에서 수도하였는데, 당 현종(玄宗)이
선고관(仙姑觀)을 세우고, 화산을 "금천왕(金天王)"에 봉했다. 전하
는 바에 따르면, 북오조(北五祖)의 유해섬(劉海蟾)과 북송(北宋)의 저
명한 도사 진단(陳摶)이 모두 이곳에서 수도하였다고 한다.『송사(宋
史)』「진단전(陳摶傳)」에 따르면, 진단은 먼저 무당산(武當山)에 은거
하였다가, 이후에 "화산 운대관으로 옮겨갔으며, 또 소화 석실에 머
물렀다. 매번 잠을 자면 수백일 동안 일어나지 않았다[移居華山雲台
觀, 又止少華石室. 每寢處, 多百餘日不起]"고 한다. 진단은 자신이
죽을 때에 연화봉(蓮花峰) 아래 장초곡(張超谷)에서 변신할 것이라고
말했다고 한다. 진단은 도교에서 노화산파(老華山派)의 조사로 받들
어진다. 전진도(全眞道)가 흥하고 나서 화산은 전진도장(全眞道場)이
되었고, 북칠진(北七眞) 중의 한 사람인 학대통(郝大通)이 전진도 화산
파를 열었다. 화산의 산기슭에서부터 정상에 이르기까지 곳곳에서 명
승고적과 천연의 기이한 경치를 볼 수 있다. 도교 궁관으로는 산 아래
에는 옥천원(玉泉院) · 순양관(純陽觀) · 선고관(仙姑觀) 등이 있고,
산 위에는 동도원(東道院) · 서도원(西道院) · 군선관(群仙觀) · 옥모
궁(王母宮) · 진악궁(鎭嶽宮) · 옥녀사(玉女祠) · 취운궁(翠雲宮) 등이
있다. "화산을 오르는 길은 예로부터 한가지 길[華山自古一條路]"로서
아래에서 위로 남북 한 줄기인데, 그 길이는 대략 10km이다. 전국중점
풍경명승구(全國重點風景名勝區)로 지정되어 있다.

항산(恒山)

• • •

　"태항산(太恒山)", 원악(元嶽), "상산(常山)"이라고도 부른다. 도교 명산. 산서성(山西省) 동북부에 있다. 서쪽으로 관잠산(管涔山)으로 연결되고, 동쪽으로는 하북성(河北省)으로 연결되어 수백 리에 걸쳐 있어 변방에까지 가로지른다. 옛날에는 "북악(北嶽)"으로 불렸으며, 중국의 유명한 오악 가운데 하나이다. 전하는 바에 따르면, 4,000년 전에 순임금이 서방으로 순행하여 이곳에 이르러 산세가 웅장함을 보고, 북악으로 봉했다고 한다. 주봉(主峰)은 현무봉(玄武峰)으로 혼원현(渾源縣) 동남쪽에 있으며, 해발 2,016.1m이다. 동서 봉우리로 나뉘는데, 동쪽은 천봉령(天峰岭)이고, 서쪽은 취병산(翠屛山)이다. 두 봉우리가 서로 마주하는 사이로 흐린 물이 흐른다. 예부터 병가들이 반드시 쟁취해야 할 천연의 요새라고 하였다. 천봉(天峰)과 취병산(翠屛山)은 기암괴석이 즐비하고, 고목들이 하늘을 찌를 듯하며 사시사철 푸른 소나무와 잣나무 사이로 누대와 전각들이 즐비하다. 도교에서는 "제오소동천(第五小洞天)"이라고 부른다. 『항악지(恒嶽志)』의 기록에 따르면, 모산파(茅山派) 조사인 서한(西漢)시기의 모영(茅盈)이 나이 18세에 항산에 들어와 수년간 도를 닦았으며, 이후에 구곡산(句曲山)으로 은거하였다고 한다. 『태평광기(太平廣記)』에는 팔선 중의 하나인 장과(張果) 역시 일찍이 이곳에서 수도하였다고 한다. 옛날에 18명승지가 있었는데, 지금도 조전(朝殿)·회선부(會仙府)·구천궁(九天宮)·현공사(懸空寺) 등 10여 곳이 남아 있다. 그밖에 금기대(琴棋台)·출운동(出雲洞)·자지곡(紫芝峪) 등 자연관광지가 있다. 전국중점풍경명승구(全國重點風景名勝區)로 지정되어 있다.

숭산(嵩山)

• • •

　도교 명산. 하남(河南) 등봉시(登封市) 서북쪽에 있다. 옛날에는 "외방(外方)"이라고 불렸고, 하우(夏禹) 때는 "숭고(嵩高)"라고 불렸으며, 서주(西周) 시기에는 "악산(嶽山)"이라고 불렸으며, 동주(東周) 시기에는 "중악(中嶽)"이라고 불렸고, 오대(五代) 시기 이후에는 "중악숭산(中嶽嵩山)"이라고 불렀다. 중국의 유명한 오악 가운데 하나이다. 태실산(太室山)해발 1,491.7m과 소실산(少室山)해발 1,512m으로 이루어져 있다. 역사상 산봉우리가 자리한 방위와 생김새, 명인들의 유적 등에 근거하여, 태양(太陽)·소양(少陽)·명월(明月)·옥주(玉柱)·만세(萬歲)·봉황(鳳凰)·현련(懸練)·와룡(臥龍)·옥경(玉鏡)·청동(靑童)·황개(黃蓋)·사자(獅子)·계명(雞鳴)·송도(松濤)·석만(石幔)·태백(太白)·나한(羅漢)·백록(白鹿) 등 72개 봉오리로 나뉜다오유(五乳)·준극(峻極) 두 봉오리는 넣지 않았다. 주봉(主峰)인 숭정(嵩頂)은 또 준극봉(峻極峰)으로 불리는데, "숭고가 끝없이 높다[嵩高峻極]"와 "하늘에 까지 솟아오른다[峻極於天]"라는 옛말이 있었다. 도교에서는 "제육소동천(第六小洞天)"이라고 부르며, 숭산의 신을 존숭해 중천왕(中天王)으로 받든다. 산에는 유불도 삼교가 모두 있다. 도교가 이 산에서 흥기한 것은 비교적 이른 시기로, 주(周) 영왕(靈王)의 태자 왕자진(王子晉)이 이곳에서 신선이 되어 하늘로 올랐다고 하며, 진(晉)나라 도사 포관(鮑靚)이 원강(元康) 2년(292) 이 산에 올라 석실(石室)에서 옛『삼황문(三皇文)』을 얻었다고 전해진다. 북위(北魏) 도사 구겸지(寇謙之)는 일찍이 성공흥(成公興)을 따라 이 산에 들어와 7년 동안 도를 배웠다. 당(唐) 모산파(茅山派) 제11대 종사 반사정(潘師正)은

이 산의 소요곡(逍遙谷)에서 20여 년간 수도했다. 당나라 이전(李筌) 역시 소실산(少室山)에 은거했고, 이 산의 호구암(虎口岩)에서 『황제음부경(黄帝陰符經)』을 얻었다고 전해진다. 산에는 명승고적이 무수하게 펼쳐져 있다. 유명한 도교 궁관으로는 중악묘(中嶽廟) 등이 있으며, 불교 사찰로 숭악사탑(嵩嶽寺塔)·소림사(少林寺)·회선사(會善寺)·법왕사탑(法王寺塔)·영태사(永泰寺)·초조암(初祖庵) 등이 있다. 전국중점풍경명승구(全國重點風景名勝區)로 지정되어 있다.

모산(茅山)

• • •

도교 명산. 강소성(江蘇省) 서남부에 있다. 구용(句容)·금단(金壇)·율수(溧水)·율양(溧陽) 등의 지역에 걸쳐 있다. 원래는 "구곡산(句曲山)"이라고 불렸는데, 『모군내전(茅君內傳)』에서 "산이 구(句)자처럼 굽어 있어서 구곡산이라 하였다[山形曲折似句字, 故名]"고 하였다. 또 "사산(巳山)"이라고도 불리는데, 산의 형태가 사(巳)자와 비슷하여 이름을 얻었다. 도교에서는 "제일복지(第一福地)"·"제팔동천(第八洞天)"으로, "금단화양동천(金壇華陽洞天)"이라고 부른다. 도교 모산파(茅山派) 발원지이다. 서한(西漢) 경제(景帝) 때, 모영(茅盈)·모고(茅固)·모충(茅衷) 삼형제가 이곳에서 도를 닦아 신선이 되었다고 전해진다. 후세 사람들이 이들을 "삼모진군(三茅眞君)"이라고 부르고, 세 형제가 집을 지었던 세 산봉우리를 대모(大茅)·중모(中茅)·소모(小茅)라 일컬었다. 이 때문에 "삼모산(三茅山)"이라고 이름을 바꾸고, 모산(茅山)이라 약칭했다고 한다. 이후로 갈현(葛玄)·갈홍(葛洪)·양희(楊羲)·허밀(許謐), 남조 시대 송(宋)의 육수정(陸修靜)과 양(梁)의 도홍경(陶弘景), 당(唐)의 오균(吳筠) 등이 모두 이곳에서 수도하였다. 도홍경 이후에는 도교 모산파가 형성되고 발전하여 당나라 때에 당시의 도교 주류가 되었고, 제왕이 모산의 부록을 받는 영예를 누렸다. 원대(元代)가 되어서는 정일파(正一派)의 중심 도장이 되었다. 후대에 전진도(全眞道)가 널리 확장되자 모산의 다섯 개 도관도 전진도를 받아들였다. 모산에는 일찍이 "세 개의 궁과 다섯 개의 관[三宮五觀]"이 있었는데, 이들은 구소궁(九霄宮)·원부궁(元符宮)·숭희궁(崇禧宮)·덕우관(德佑觀)·인우관(仁佑觀)·옥신관(玉晨觀)·백운관(白雲觀)·건원관(乾元觀)이다. 항일전쟁 시기에 훼손되어 겨우 구소궁과 원부궁의 일부 건축물만 남아 있다. 최근에 구소궁, 원부궁, 건원관 등의 궁관의 산문(山門)·전당(殿堂)·도사(道舍) 등을 중건하였다. 1998년 10월에 원부궁 옆에 높이 33m의 태상노군(太上老君) 동상과 78무(亩)의 도조광장(道祖廣場)이 완공되었다.

구곡산(句曲山)

"모산(茅山)"이다.

청성산(青城山)

도교 명산. 사천(四川) 도강언시(都江堰市) 서남쪽에 있다. 옛날에는 "장인산(丈人山)"으로 불렸고, "적성산(赤城山)"이라고도 불렸다. 푸른 산[青山] 네 개가 합하여 형상이 마치 성곽과 같기에 청성산이라고 불린다. 황제가 청성산을 오악장인(五嶽丈人)에 봉하였다고 전해진다. 동한(東漢) 시기에 장도릉(張道陵)이 이곳의 뒷산^{학명산(鶴鳴山), 지금의 사천(四川) 대읍현(大邑縣)에 속한다}에서 띠풀을 엮어 단을 설치하고 오두미도(五斗米道)를 창립하였다. 그의 아들인 장형(張衡), 손자인 장로(張魯) 또한 이곳에서 법통을 이었다. 진(晉)나라 범장생(範長生), 수(隋)나라 조욱(趙昱) 및 당(唐)나라 두광정(杜光庭) 등이 이곳에 와서 도를 수련하였다. 도교에는 "제오동천(第五洞天)"이라고 부른다. 천사가 "항마(降魔)"한 척필조(擲筆槽), 시검석(試劍石), 천사가 손수 심은 은행나무(銀杏樹), 천사지(天師池), 당 현종(玄宗)이 손수 쓴 비문, 당 때 조각한 삼황석상(三皇石像), 당 때 주조한 비룡철정(飛龍鐵鼎), 두광정의 독서대(讀書台), 설창(薛昌)의 단정(丹井), 오대(五代)의 천사상(天師像), 명대(明代)의 목조 문병(門屏) 등의 문물 고적이 있다. 도관으로는 건복궁(建福宮)·천사동(天師洞)^{옛날의 상도관(常道觀)}·상청궁(上淸宮)·옥청궁(玉淸宮)·조사전(祖師殿) 등이 있다. 이 중에 천사동과 조사전은 전국중점궁관(全國重點宮觀)이다. 명대에는 청성산 도교가 정일도(正一道)에 속했으며, 명 말기에 급속하게 쇠퇴하였다. 청(淸) 강희(康熙) 연간(1662~1722)에 무당산(武當山) 전진도(全眞道) 용문파(龍門派) 도사 진청각(陳淸覺)이 청성산으로 와서 도를 전했는데, 이로부터 전진도 용문파가 이곳에서 발전하였다. 주봉(主峰)은 청성산으로 해발 1,600m이다. 뒤로는 민산(岷山)을 기대고 있으며, 36개의 봉우리, 72개의 동굴, 108개의 풍경이 있어서 "청성천하유[靑城天下幽]"라고 이름났다. 전국중점풍경명승구(全國重點風景名勝區)로 지정되어 있다.

용호산(龍虎山)

원래 이름은 "운금산(雲錦山)"이다. 도교 명산. 강서(江西) 귀계시(貴溪市) 서남쪽에 있다. 용산(龍山)과 호산(虎山) 두 산으로 이루어져 있다. 전해지기로는, 동한(東漢) 시기에 도교 창시자인 장도릉(張道陵)이 이곳에서 연단(煉丹)을 하였는데, "단이 완성되자 용과 호랑이가 나타났기 때문에 산의 이름으로 삼았다[丹成而龍虎見, 因以山名]"고 한다『용호산지(龍虎山志)』. 일설에는 두 봉오리가 서로 마주하고 있는 것이 마치 용이 머리를 쳐들고 호랑이가 웅크린 듯하여 용호산이란 이름을 얻었다고 한다. 도교에서는 "제삼십이복지(第三十二福地)"라고 부른다. 장도릉의 후예가 대대로 이곳에 거처하였다. 도교 정일도(正一道)의 발원지이다. 원래 용호관(龍虎觀)은 산 속의 바위 위에 서향으로 자리 잡고 있었다. "정일관(正一觀)"이라는 편액이 있었고, 도교 정일파의 가장 중요한 궁관이었지만 현재는 겨우 담장만 남아 있다. 용호산은 사방 둘레가 200㎢이고, 풍광이 아름답고 산수가 수려하다. 기이하고 빼어난 산봉우리가 48좌인데, 평균 높이는 200m이며, 가장 높은 곳은 1,122m이다. 산속에는 "칠중천(七重天)"·"선녀산화(仙女散花)"·잔도(棧道) 등의 유적과 세차게 떨어지는 폭포 등의 절묘한 풍경이 있다. 전국중점풍경명승구(全國重點風景名勝區)로 지정되어 있다.

종남산(終南山)

"남산(南山)"·"중남산(中南山)"·"주남산(周南山)"·"태일산(太一

山)"으로도 불린다. 도교 명산. 섬서(陝西) 서안시(西安市) 남쪽에 있다. 종남산은 진령(秦嶺) 가운데 서쪽 주지현(周至縣)에서부터 동쪽으로 남전현(藍田縣)에 이르는 지역의 총칭으로, 취화산(翠華山)·남오대(南五台)·규봉산(圭峰山)·여산(驪山) 등의 산봉우리를 포함하고 있다. 한무제(漢武帝)가 이곳에서 태일신(太一神)에게 제사 지냈다. 전진교(全眞敎) 창시자인 왕중양(王重陽)과 북오조 중 종리권(鍾離權)·여동빈(呂洞賓)·유해섬(劉海蟾)이 이곳에서 도를 닦았다고 전해진다. 『주지현지(周至縣志)』에 의하면, 적곡(赤谷) 남쪽 5리에 있는 영양동(迎陽洞)이 있는데, 종리권의 수련터라고 전해진다. 남산추(南山湫)·금화동(金華洞)·옥천동(玉泉洞)·일월암(日月岩) 등의 명승고적이 있다.

나부산(羅浮山)

• • •

도교 명산. 광동(廣東) 동강(東江) 북쪽 연안, 박라(博羅)·증성(增城)·하원(河源) 등의 지역에 걸쳐 있다. 주봉(主峰)은 비운정(飛雲頂)으로 해발 1,283m이다. 도교에서는 "제칠동천(第七洞天)"·"제삼십사복지(第三十四福地)"라고 부른다. 동진(東晉) 시기 함화(咸和) 연간(326~334)에 갈홍(葛洪)이 이곳에서 수도하면서 단을 제련하고, 의술을 행하면서 약물을 채취하였으며, 피도허(辟都虛)후대에 충허(沖虛)라고 불림·고청(孤靑)·백학(白鶴)·수요(酥醪)의 네 개 암자를 건립하였다. 백학암은 갈홍의 동쪽 암자라고 전해진다. 고청은 서쪽 암자로 칠성단이 있으며 갈홍의 휴식처라고 전해진다. 수요암은 북쪽 암자로 갈홍이 약물을 채취하고 연단(煉丹)을 한 장소라고 한다. 당(唐)

천보(天寶) 연간에 암자는 점차로 도관으로 확장·증축되었고, 북송(北宋) 원우(元祐) 2년(1087)에 "충허관(沖虛觀)"이라는 편액이 하사되었다. 남조(南朝) 양(梁) 무제(武帝) 때에 불교가 나부산으로 들어오면서 화수(華首)·명월(明月)·용화(龍華)·영상(延祥)·보적(寶積)의 다섯 사찰이 연달아 지어졌다. 현재는 충허고관(沖虛古觀)·수요관(酥醪觀)·황룡관(黃龍觀)·갈홍연단조(葛洪煉丹灶)·세약지(洗藥池) 등의 옛 유적지가 남아 있다. 산속의 까마득한 절벽과 기이한 계곡, 층층이 쌓인 돌과 우거진 수풀이 주명(朱明)·도원(桃源)·야락(夜樂) 등의 18개 동천(洞天)과 백수리(白水漓)·수렴동(水簾洞) 등 980여 곳에 세차게 떨어지는 폭포를 만들어내고 있다. 전국중점풍경명승구(全國重點風景名勝區)로 지정되어 있다.

각조산(閣皂山)

• • •

도교 명산. 강서(江西) 장수시(樟樹市) 동남쪽에 있다. 산의 형상이 누각과 같고 색이 검어서 각조산이라고 이름하였다. 속칭 합산(閤山)이라고 하고, 갈령(葛嶺)이라고도 부른다. 주봉(主峰)은 능운봉(凌雲峰)으로, 해발 800여 m이다. 도교에서는 "제삼십육복지(第三十六福地)"라고 부른다. 전해지기로는, 삼국시대 오(吳)의 갈현(葛玄)이 여러 산을 탐방하며 연단할 곳을 찾다가 이 산을 선택하였고, 가화(嘉禾) 2년(233)에 동쪽 봉우리에서 와운암(臥雲庵)을 건립하고 구전금단(九轉金丹)을 제련하였다고 한다. 진(晋)나라 정영위(丁靈威) 역시 이곳에서 연단하였다. 북쪽에 정선봉(丁仙峰)·정진인단(丁眞人壇)이 있는데, 정영위가 연단하고 수도하였던 곳으로 전해진다. 당

(唐) 선천(先天) 원년(712)에 각조산 도사 손지량(孫智諒)이 황제의
명을 받고 궁궐에 들어가 제초를 행했다. 이에 황제가 각조주관(閣皂
主觀)이란 이름을 하사하여 각조관(閣皂觀)이 되었다. 이에 손지량
은 띠풀집을 대전(臺殿)으로 고쳤으며, 각조산의 도교가 날로 번영하
였다. 송(宋) 때에 각조산 도교가 전성기에 달했으며, 조정에서 칙령
으로 용호(龍虎)·각조(閣皂)·모산(茅山)의 세 산을 도교 부록(符籙)
을 전하는 성지로 삼았다. 이 당시 산 속에는 도교 건축물이 60여 곳
에 1,500여 칸에 달했으며, 산에 머무는 도사가 수천 명에 달했다. 원
(元) 지원(至元) 29년(1292)에 화재로 인해 불타버렸다. 명(明) 초기
에 중수하였지만, 송 때의 규모에 미치지는 못했다. 명 선덕(宣德) 8
년(1433)에 다시 화재로 인해 불타버렸고, 이후에는 각조산 도교가
점차로 쇠퇴하였다. 현재 남아 있는 주요한 건축물으로는 접선교(接
仙橋)·산문(山門)·일천문(一天門)·천사단(天師壇)·대만수숭진궁
(大萬壽崇眞宮)·자양선원(紫陽書院)·갈선사(葛仙祠)·석성암(石
城庵) 등이 있는데, 모두 최근에 중건하였다.

무당산(武當山)

• • •

대무당산(大武當山)·태화산(太和山)이라고도 한다. 도교 명산. 호
북성(湖北省) 서북부에 있다. 72봉(峰), 24간(澗), 11동(洞), 3담(潭),
9천(泉), 10지(池), 9정(井), 10석(石), 9대(臺) 등의 명승지가 있다.
주봉(主峰)인 천주봉(天柱峰)단강구시(丹江口市) 내에 위치은 해발 1,612.1m
이다. 도교에서 신봉하는 진무대제(眞武大帝)가 이 산 속에서 42년
을 수련하여 신선이 되어 하늘에 올랐다고 전해진다. 세상 사람들

은 진무(眞武)가 아니면 이곳을 감당할 수 없다고 여겼기에 무당(武當)이라 이름 붙였다. 도교에서는 칠십이복지(七十二福地) 중의 하나라고 말하며, 역대로 방사와 도사들이 은거하면서 수련한 명승지이다. 한(漢)나라의 음장생(陰長生), 진(晉)나라의 사윤(謝允), 당(唐)나라의 여순양(呂純陽), 오대(五代)의 진단(陳摶), 송(宋)의 적연자(寂然子), 원(元)의 장수청(張守淸), 명(明)의 장삼풍(張三豐) 등이 모두 이곳에서 수련하며 도를 전했다. 도관의 건립은 당 정관(貞觀) 연간(627~649)에 시작되었고, 균주(均州) 태수인 요간(姚簡)이 산 속에 오룡사(五龍祠)를 세웠다. 송·원 시대 이래로 대대로 도관을 새로 짓거나 중수하거나 확대하여 명대시기에 크게 성행했다. 영락(永樂) 10년(1412)에 성조(成祖)가 공부시랑(工部侍郎) 곽진(郭璡) 등에게 명하여 독군부(督軍夫) 30여만 명으로 산 위에 대규모의 도교 궁관을 짓게 하였는데, 7년에 걸쳐 8개의 궁(宮), 2개의 도관(觀), 36개의 묘당(庵堂), 72개의 암묘(岩廟), 39개의 교량(橋梁), 12개의 정각(亭閣) 등의 거대한 건축군을 완성하였다. 청(淸)대에 이르기까지도 무당산 도관은 "팔백리관산[八百里官山]"으로서 수많은 마을을 관리하였다. 현존하는 건축물들은 기본적으로 명 초기의 체계를 유지하고 있는데, 현존하는 주요 건물로는 금전(金殿), 태화(太和)·남암(南岩)·자소(紫霄)·오룡(五龍)·우진(遇眞)·옥허(玉虛) 등 여섯 개의 궁관, 복진(復眞)·원화(元和)·태상(太上)·팔선(八仙)·경대(瓊台) 등 다섯 개의 도관, 그리고 마침정(磨針井)·현악문(玄嶽門)·낭매사(榔梅祠)·조천궁(朝天宮) 등이 있다. 전국중점풍경명승구(全國重點風景名勝區)로, 『세계유산명록(世界遺産名錄)』에 수록되었다.

태화산(太和山)

* * *

"무당산(武當山)"이다.

무이산(武夷山)

* * *

　도교 명산. 복건(福建) 무이산시(武夷山市) 남쪽에 있다. 붉은색의 사암으로 이루어진 낮은 산이다. 해발 600m 전후로 네 면이 계곡으로 둘러 쌓여 있어 외부의 산과 서로 연결되지 않는다. "동남지역에서 가장 기이하고 아름다운 산[奇秀甲於東南]"이라는 명성이 있다. 도교에서는 "제십육소동천(第十六小洞天)"이라고 부른다. 명(明)나라 장우초(張宇初)가 쓴 『무이산지서(武夷山志序)』에 따르면, "옛날에 신인이 상제로부터 이 산을 다스리라는 명을 받고 산봉우리에 내려와서, 스스로 무이군이라고 칭하였다. 이 때문에 무이산이라는 이름을 얻었다[昔有神人受帝命統錄地仙, 降於山巔, 自稱武夷君. 山因此得名]"고 한다. 또 『이선록(異仙錄)』에서는 진시황 2년에 신선이 이 산에 강림하여 자칭 무이군이라고 하면서 여러 신선들을 다스렸는데, 이 때문에 무이산이라 불렸다고 한다. 대략 당(唐)대에 이르러 무이산에 비로소 도교가 들어오게 되었다. 『무이산지(武夷山志)』에 의하면, 당 천보(天寶) 연간(742~756)에 처음으로 도교 궁관인 천보전(天寶殿)이 건립되었다. 남당(南唐) 원종(元宗) 이영(李璟)은 그 동생 이양좌(李良佐)를 도교에 입도시켜 수련하게 하고, 천보전을 옮겨 짓고서 회선관(會仙觀)이라고 이름을 바꾸었으며, 아울러 이양좌를 연도충화선생(演道冲和先生)에 책봉하였다. 송(宋)대에 이르러 무이산

도교는 날로 번성하였다. 진종(眞宗) 대중상부(大中祥符) 2년(1009)에 300여 칸의 건물로 중수하였고, "충우조광관(沖佑詔廣觀)"이라는 편액을 내렸다. 남송(南宋) 영종(寧宗, 재위 1195~1224) 때에 도사 백옥섬(白玉蟾)이 충우관에서 도법을 강론하였고, 스스로를 무이산인(武夷散人)이라고 부르며 지지암(止止庵)에 거처하였다. 원대(元代)에는 무이산에 모산종(茅山宗) 도사 장덕무(張德懋)·조사기(趙嗣琪)가 산 속에서 수련하였다. 또 "전진도의 학문[全眞之學]"이 산속에 전래되었다. 원 태정(泰定) 5년(1328)에는 충우관이 "충우만년궁(沖佑萬年宮)"으로 개칭되었다. 또한 새로이 몇몇 도관이 건립되었다. 명(明) 신종(神宗) 만력(萬曆) 30년(1602)에 황제의 명으로 충우관에 『도장(道藏)』을 하사하였다. 청(淸)대 이래로 무이산 도교는 점차 쇠퇴하였다. 무이산 도교 궁관은 역사상 99개가 있었다는 설이 있지만, 현재는 겨우 무이궁(武夷宮)과 도원동(桃源洞) 두 곳만 남아 있다. 전국중점자연보호구(全國重點自然保護區)이자 전국중점풍경명승구(全國重點風景名勝區)로, 『세계유산명록(世界遺産名錄)』에 수록되었다.

학명산(鶴鳴山)

· · ·

"곡명산(鵠鳴山)"이라고도 한다. 도교 명산. 사천(四川) 대읍현(大邑縣)에 있다. 해발 1,000m로, 산세가 웅장하며 산림이 무성하다. 두 계곡이 산을 둘러싸고 있는데, 그 모습이 날개를 펼치고 날아오려는 검은 학과 같아 학명산이라는 이름을 얻었다. 도교의 발원지이며, 유명한 풍경 유람지구이다. 『후한서(後漢書)』「유언전(劉焉傳)」, 『삼국지(三國志)』「장로전(張魯傳)」, 『화양국지(華陽國志)』 등의 역사

기록에 따르면, 동한(東漢) 말에 패(沛) 땅 사람 장릉(張陵)이 촉(蜀)에 들어가 학명산에서 도를 배우고 오두미도(五斗米道)를 창립하였다고 한다. 학명산은 이러한 이유로 도교의 성지가 되었다. 초기 도교에는 이른바 24치(治)가 있었는데, 학명산도 그 중에 하나이다. 전해지기로는, 산에 도관이 처음 건립된 것은 한(漢)나라와 진(晉)나라의 교체기라고 한다. 송(宋) 때에 중건되었고, 원(元)·명(明)·청(淸) 때에도 증수되었다. 현존하는 주요 도교 건축물로는 영선교(迎仙橋)·송선교(送仙橋)·삼관묘(三官廟)·해원정(解元亭)·문창궁(文昌宮)·대학헌(待鶴軒)·청학정(聽鶴亭)·태청궁(太淸宮)·노군전(老君殿)·영선각(迎仙閣)·팔괘대(八卦台) 등이 있다. 산에는 24동(洞)이 있는데, 유명한 것은 천곡동(天谷洞)·설소동(雪消洞) 등이다. 당의 두광정(杜光庭), 송의 진단(陳摶), 명의 장삼풍(張三豐) 등이 이 산에 은거하여 수도하고 가르침을 전하였다.

두천산(竇圌山)

· · ·

도교 명산. 사천(四川) 강유시(江油市) 북쪽에 있다. 당대(唐代) 창명(彰明)지금의 강유에 속한다 주부(主簿)인 두천(竇圌)자는 자명(子明)이 이곳에 은거하였기에 산의 이름이 되었다고 한다. 산기슭에서 정상까지는 대략 5천m이고, 산림이 푸르고 경치가 빼어나다. 산꼭대기 세 봉우리는 땅 위에 우뚝 솟아 있는데 높이가 100m를 넘는다. 동악(東嶽)·두진(竇眞)·노반(魯班)이라고 불리는 세 봉우리 정상에는 각기 오래된 사당이 하나씩 있다. 세 봉우리 중에 오직 동악만이 험한 길을 통해 갈 수 있고, 두진·노반 두 봉우리는 상하 두 가닥의 철선으로 구성된 현교(懸橋)로 연결되어 있다. 봉우리 아래에는 운암사(雲岩寺)가 있는데, 당 때 처음 건축되었으나, 명(明) 말기에 화재로 훼손되었고, 청(淸) 옹정(雍正) 3년(1725)에 중수되었다. 절 앞의 산문(山門) 밖에는 이백(李白)이 쓴 두천산비(竇圖山碑)가 있고, 절 안에는 도교 문물인 "비천장(飛天藏)"이 간직되어 있다.

노산(嶗山)

• • •

　옛날에는 "노산(勞山)" · "뇌산(牢山)" 또는 "당산(唐山)" · "오산(鰲山)"이라고도 불렀다. 도교 명산. 산동(山東)의 청도시(靑島市) 노산구(嶗山區) 경내에 있다. 동쪽으로는 노산만(嶗山灣)을 마주하고 있고, 남쪽으로는 황해(黃海)에 인접해있으며, 산과 강이 서로 연결되어 풍경이 매우 아름답다. 주봉(主峰)의 이름은 "거봉(巨峰)"인데, 속칭 "노정(嶗頂)"이라고 부른다. 해발 1,232.7m이다. 역사 기록에 따르면, 진시황(秦始皇)과 한무제(漢武帝)가 선약(仙藥)을 구하기 위해 이 산을 올랐다고 한다. 당(唐) 현종(玄宗)도 도사 왕민(王旻) · 이화주(李華周)를 파견해 이 산에 들어가 약을 제련하게 하였고, 아울러 노산의 이름을 "보당산(輔唐山)"이라고 바꾸었다. 북송(北宋) 초기에 화개진인(華蓋眞人) 유약졸(劉若拙)이 이곳에 도장을 세웠다. 구처기(丘處機) 역시 이곳에서 도를 닦았다. 송원(宋元) 시기 이래로 사원과 도관이 차례대로 건축되면서 도교의 명산이 되었다. 옛날에는 9개 궁과 8개의 도관, 72개의 암자가 있었다는 말이 있는데, 현재는 태청궁(太淸宮) · 상청궁(上淸宮) · 태평궁(太平宮) · 화루궁(華樓宮) 등만이 남아 있다. 산에는 맑은 샘과 동굴, 바위 괴이한 바위와 돌이 많고, 사자봉(獅子峰)·노승봉(老僧峰)·낙타두(駱駝頭)·소세대(梳洗台)·금병암(錦屛岩)·취병암(翠屛岩)·벽락암(碧落岩)·비래석(飛來石)·명하동(明霞洞)·유용동(猶龍洞)·신수천(神水泉)·용담폭(龍潭瀑)·조음폭(潮音瀑) 등의 명승지가 있다. 전국중점풍경명승구(全國重點風景名勝區)로 지정되어 있다.

곤유산(昆嵛山)

. . .

옛날에는 "고여산(姑餘山)"이라고 하였다. 산동(山東)의 연태시(烟台市)와 문등시(文登市) 사이에 있다. 주봉(主峰)인 태박정(泰礴頂)은 해발 923m로 교동(膠東) 지역의 최고봉이다. 곤유산은 심산유곡에 푸른 샘과 폭포가 있어 옛날부터 "신선이 사는 산 중의 으뜸[仙山之祖]"이라고 불렸다. 『원사(元史)』의 기록에 따르면, 금(金) 대정(大定) 7년(1176)에 왕중양(王重陽)이 동쪽으로 가서 바닷가를 지나다가 이 산에서 경전을 강의하고 법을 전하여, 전진도(全眞道)를 창립하였다고 한다. 그를 따르던 무리인 마단양(馬丹陽)·담처단(譚處端)·학대통(郝大通)·왕처일(王處一)·유처현(劉處玄)·구처기(丘處機)·손불이(孫不二)을 "북칠진(北七眞)"이라고 부르는데, 이들 모두 이곳에서 수련을 했다. 산에는 도교 유적이 매우 많은데, 예를 들면 성경산(聖經山)의 『도덕경(道德經)』마애석각(磨崖石刻)·성수암(聖水嵒)의 옥허관비(玉虛觀碑) 등이 있다. 주봉(主峰) 정상에는 삼황궁(三皇宮) 감실(龕室)이 있다. 봉우리 북쪽과 동쪽에는 또 악고전(嶽姑殿)·신선관(神仙觀) 등이 있다.

노군암(老君岩)

• • •

도교 명승지. 복건(福建) 천주시(泉州市) 북쪽 교외의 청원산(清源山) 서쪽으로, 나산(羅山)·무산(武山)의 아래에 있다. 송(宋) 때에 나산 아래에는 북두전(北斗殿)이 있었고, 무산 아래에는 진군전(眞君殿)이 있었으며, 그 사이에 원원동(元元洞)이 있어 도교 묘관(廟觀)이 집중되어 있던 곳이었다. 건축물들은 오래되어 무너졌고, 지금은 단지 노천에 있는 노군(老君)의 조각상만이 남아 있다. 상의 높이는 5.1m, 두께는 7.2m, 너비는 7.3m이다. 이 상은 한 덩어리의 천연암석을 깎아서 만들었는데, 표정과 자태가 온화하고 다정하며, 머리와 얼굴, 눈과 수염 등 세부적인 조각은 정밀하면서도 과장되지 않고 독창적인 예술성이 있다. 석상의 옷 주름이 분명하고, 선이 부드러우면서 힘이 있어 송대의 조각 기법과 품격을 갖추고 있다. 보기 힘든 도교의 거대한 조각상이다.

대척산(大滌山)

• • •

절강(浙江) 항주시(杭州市) 여항구(餘杭區) 서남쪽에 있다. 도교 삼십육동천(三十六洞天) 중의 하나천목산동(天目山洞)과 동일한 동천이다로, 대척현개동천(大滌玄蓋洞天)이라고 부른다. 당(唐) 고종(高宗) 때 이곳에 천주관(天柱觀)을 건립하였는데, 오대(五代) 말에 천주궁(天柱宮)으로 이름을 바꾸었다. 송(宋) 대중상부(大中祥符) 5년(1012)에 동소궁(洞霄宮)으로 이름을 바꾸고 또 이곳에서 『도장(道藏)』을 편수하였다. "동소궁(洞霄宮)"을 참고하라.

천태산(天台山)

· · ·

절강성(浙江省)의 천태(天台)·영해(寧海)·봉화(奉化) 등의 지역에 걸쳐 있다. 천태·적성(赤城)·동백(桐柏) 등의 산을 포함하고 있는데, 그 중에 적성산은 도교 십대동천(十大洞天) 중의 하나이다. 삼국시대에 갈현(葛玄)이 여기서 수도하였다. 후에 진대(晉代)의 위부인(魏夫人)·왕현보(王玄甫)·허매(許邁), 당대(唐代)의 사마승정(司馬承禎)·사자연(謝自然), 송대(宋代)의 장무몽(張無夢)·진경원(陳景元) 등과 같은 도가 높은 도사[高道]들이 모두 천태산에서 수도하였다. 명(明)·청(淸) 이래로 도관들이 훼손되고 허물어진 반면에, 불교 사원들이 흥기하였다. 이에 널리 불교 사원과 묘당이 건립되어 천태산은 또 불교의 명산이 되었다.

천산(千山)

· · ·

"천타연화산(千朵蓮花山)"·"적취산(積翠山)"으로도 불린다. 요녕(遼寧) 안산시(鞍山市) 동쪽에 있다. 전해지기로는, 999개 봉우리가 있다고 하는데, 그 수가 1,000개에 가까워 "천산(千山)"이라고 부른다고 한다. 동북지방의 삼대 명산 중의 하나이다. 청(淸) 초기 전진교(全眞教) 도사 곽수진(郭守眞)과 제자 유태림(劉太琳)이 이곳에서 도를 전하면서 궁관(宮觀)을 세웠다. 천산에는 9개의 궁(宮)과 13개의 관(觀)이 있었는데, 세월이 오래되어 대부분 허물어져 폐허가 되었다. 지금은 무량관(無量觀)과 선안관(善安觀)만이 여전히 남아 있고 또한 가장 유명하다.

왕옥산(王屋山)

• • •

  도교 명산. 산서(山西) 원곡현(垣曲縣)과 하남(河南) 제원시(濟源市) 사이에 있다. 왕옥은 태행산(太行山)의 등마루를 이루고 산은 세 겹으로 쌓여 있어 왕궁과 같아서 "왕옥(王屋)"이라고 칭해졌다고 한다. 도교 십대동천(十大洞天) 중의 으뜸으로, "소유청허지천(小有淸虛之天)"으로 불리고, "천하제일동천(天下第一洞天)"으로 부른다. 서성왕군(西城王君)왕포(王褒)이 다스린 곳이다. 당(唐) 때 사마승정(司馬承禎)이 왕옥산에 거처하였다. 개원(開元) 연간에 황제의 명으로 양대관(陽台觀)이 건축되었다. 오대(五代) 시기에 내단가(內丹家) 연몽자(煙夢子)가 양대관에 거처하며 많은 저술을 남겼다. 『열자(列子)』에 실려 있는 "우공이산(愚公移山)"의 이야기에서 우공이 옮긴 산이 바로 이 산이다. 산의 남쪽 기슭에 우공촌(愚公村) · 우공동(愚公洞) · 우공정(愚公井) 등의 명승지가 있다.

시방총림(十方叢林)

• • •

  "시방상주(十方常住)"라고도 한다. 도교 궁관(宮觀) 조직을 관리하는 체제 중의 하나. 시방총림은 전국 각지에 분포한 중점(重點) 종교 활동 장소로, 북경의 백운관(白雲觀) · 심양의 태청궁(太淸宮) · 성도의 청양궁(靑羊宮) · 섬서의 주지루관(周至樓觀) 등이 있다. 시방총림의 재산은 교단의 도중(道衆)이 공유하고, 방장(方丈)과 감원(監院) 등과 같은 중요 집사(執事)는 도중의 선거로 뽑고, 일반적인 집사도 도중이 공적인 논의를 통하여 추천한다. 집사의 임기는 정해져 있고, 선거에 의해 연임할 수 있다. 직무에 부적합한 이는 협의에 의해 파면한다. 시방총림 안의 집사에는 방장(方丈)·감원(監院)·객당(客堂)·요방(寮房)·고방(庫房)·장방(賬房)·경당(經堂)·전조(典造)·운수당(雲水堂)·영빈(迎賓) 등이 있다. 시방총림은 계(戒)를 전할 수는 있지만, 제자를 둘 수는 없다. 총림에서 전계(傳戒)를 선포할 때, 소묘(小廟)로부터 추천받은 제자들이 모여서 삼당대계(三堂大戒) 초진계(初眞戒)·중극계(中極戒)·천선계(天仙戒)를 받는다. 법통의 계승이란 측면에서 정일파(正一派) 도사는 전진파(全眞派) 시방총림의 방장과 율사(律師)가 될 수 없다는 규정이 있다. 전진도(全眞道) 시방총림은 도중의 종교 생활에 대해 엄격함을 요구한다. 총림 내에서 매달 초하루와 십오일은 재일(齋日)으로서, 이날 아침과 저녁으로 『옥황경(玉皇經)』·『삼관경(三官經)』·『진무경(眞武經)』 등을 암송해야 한다. 옥황대제(玉皇大帝)의 탄신일, 태상노군(太上老君)의 탄신일, 삼청절(三淸節)과 같은 도교 절일에는 매번 총림 내부에서 성대하고 장엄한 재초(齋醮)를 거행하는데, 도단(道壇)을 세우고 경을 암송하며, 경축하는 등의 일을 행한다. 시방총림에 상주하는 도사는 대부분 총림에 등록된 도사 중에서 우수한 사람을 뽑는다. 시방총림의 규모는 비교적 크고, 하는 일도 많으며, 도사 또한 많기 때문에 정비되고 엄격한 조직 기구와 관리체계가 있다.

자손묘(子孫廟)

• • •

"소묘(小廟)"라고도 한다. 전진도(全眞道) 궁관의 조직 형식 중의 하나이다. 도교의 궁관은 전진도와 정일도(正一道)로 나뉘는데, 전진도 궁관은 또 시방총림(十方叢林)과 자손묘(子孫廟)로 나뉜다. 자손묘는 규모의 크기에 상관없이 모두 소묘라고 칭한다. 소묘의 묘당 재산은 사적으로 소유하고, 스승과 제자 사이에 서로 전해진다. 제자가 스승의 법통을 계승하고 나면 그 재산 역시 계승한다. 소묘는 제자를 불러 모을 수 있지만, 계(戒)를 전할 수는 없고 또 종판(鐘板)을 걸 수도 없다. 자손묘 내에서는 스승이 주지가 되고, 묘(廟)에 거처하는 도사는 비교적 적다. 그러므로 복잡한 조직 기구가 없고 가정집과 매우 유사하다. 소묘는 일반적으로 시방총림(十方叢林)의 도사를 접대할 수 없다. 도교에서는 이를 불유단(不留單)이라고 한다. 통상 작은 도시와 농촌의 궁관이 자손묘에 속한다.

자손총림(子孫叢林)

"자손상주(子孫常住)"라고도 한다. 도교 궁관의 조직을 관리하는 형식 중의 하나. 자손총림은 시방총림과 자손묘의 사이에 있는 조직이다. 대부분 자손묘가 흥하여 발전한 이후 종판(鐘板)을 걸고, 유단(留單)이 대중을 접대할 수 있고, 아울러 관내에 체류하고 있는 시방총림(十方叢林)의 도사에게 일정한 직무를 주고 도관 사무를 공동으로 관리한다. 자손총림 역시 계(戒)를 전할 수 있지만, 계를 전한 이후에는 바로 총림의 규정에 따라 제자를 모을 수 없다. 그러므로 자손총림은 실상 자손묘가 승격한 것이다.

궁관(宮觀)

• • •

도교에서 신을 제사하거나 수련을 하거나, 법사(法事)를 행하는 곳으로, 도궁(道宮)과 도관(道觀)의 합칭. 천사도(天師道)는 도를 전하거나 수련을 하는 정실(靜室)을 "치(治)"라고 불렀는데, 후대에 당(唐) 고종(高宗)의 이름을 피휘하기 위해 "치"를 "화(化)"로 바꾸었다. 천사도 교도 중에서 집에서 수련을 하고 신을 모시는 정실을 "정(靖)" 혹은 "려(廬)"라고 불렀다. 『사기(史記)』 「봉선서(封禪書)」에 따르면, 한무제(漢武帝)가 비렴관(蜚廉觀)·감천궁(甘泉宮)·익수관(益壽觀) 등을 만들었다. 궁(宮)은 본래 제왕의 거처이고, 관(觀)은 높은 곳에서 아래를 내려다본다는 뜻이 있다. 이후에 도교에서 이러한 의미를 계승하여 사용했다. 남북조(南北朝) 시기에는 관(館)이라 불렀는데, 북주(北周) 무제(武帝) 시기에는 관(館)을 관(觀)으로 바꾸었다. 당(唐) 이후에는 궁(宮)과 관(觀)을 아울러 사용하였다. 『대동옥경(大洞玉經)』에는 화양지궁(華陽之宮)·회방지궁(會方之宮)·만화지궁(萬華之宮)·옥영지궁(玉映之宮) 등이 기록되어 있고, 『영서경(靈書經)』에는 동영지관(洞靈之觀)·구영지관(九靈之觀)·자양지관(紫陽之觀) 등이 기록되어 있다. 『태평어람(太平御覽)』 권67에 보인다. 전진도(全眞道) 궁관과 정일도(正一道) 궁관은 각각 장구한 발전 역사가 있다. 전진도는 또 도사들이 모두 거주할 수 있는 대도관(大道觀)인 시방총림(十方叢林)과 스승과 제자 사이에 서로 전해지는 자손묘(子孫廟)로 나뉜다. 궁관의 건축은 대동소이한데, 일반적으로 궁관의 앞에 산문(山門)·화표(華表)를 두고, 산문 안으로 중심축을 두고서 몇 개의 대전당(大殿堂)을 건축한다. 정전(正殿)에서는 대부분 왕령관(王靈

官)·옥황대제(玉皇大帝)·사어(四禦)·삼청(三淸)을 제사하고, 정
전 양측에는 배전(陪殿)을 두어 일반적인 도교의 존신(尊神)을 제사
한다. 간혹 시방(十方)·운수객당(雲水客堂) 및 집사방(集事房)을 두
기도 한다. 도교의 일상적인 종교 활동과 재초 의식, 단(壇)을 세우고
계(戒)를 전하거나 신선 탄신을 축하하는 일 등은 대부분 궁관에서
행해진다.

도궁(道宮)

"궁관(宮觀)"을 보라.

도관(道觀)

"궁관(宮觀)"을 보라.

정(靖)

"궁관(宮觀)"을 보라.

려(廬)

"궁관(宮觀)"을 보라.

도원(道院)

　ㆍ　ㆍ　ㆍ

　도교 명사. 출가 도사가 거처하는 사당. 궁(宮)ㆍ관(觀)에 비해 비교적 규모가 작다. 오대(五代) 왕주(王周)가 쓴 『도원시(道院詩)』에, "한낮에 찾아오는 이 드물어, 주렴을 드리운 도원은 고즈넉하네[白日人稀到, 簾垂道院深]"라고 한다. 송대(宋代) 등목(鄧牧)의 『동소도지(洞霄圖志)』 권1에는 "지금 악사(岳祠) 오른쪽에 도원을 세우고, 봉산도원이라는 편액을 걸었다[今建道院於岳祠右, 區名鳳山道院]"고 한다.

이십사치(二十四治)

　ㆍ　ㆍ　ㆍ

　도교 명사. "치(治)"는 오두미도의 포교 거점이다. 24치 중에서 으뜸이 되는 곳[首治]은 양평치(陽平治)로서, 장릉(張陵)과 그 자손들이 수령(首領)도공(都功)이라고 불렀다을 맡았다. 24치는 대부분이 지금의 사천(四川) 구역 안에 위치했는데, 첫 번째는 양평치, 두 번째는 녹당치(鹿堂治), 세 번째는 학명치(鶴鳴治), 네 번째는 이원치(漓沅治), 다섯 번째는 갈괴치(葛璝治), 여섯 번째는 경제치(庚除治), 일곱 번째는 진중치(秦中治), 여덟 번째는 진다치(眞多治), 아홉 번째는 창리치(昌利治), 열 번째는 예상치(隸上治), 열한 번째는 용천치(湧泉治), 열두 번째는 조경치(稠梗治), 열세 번째는 북평치(北平治), 열네 번째는 본죽치(本竹治), 열다섯 번째는 몽진치(蒙秦治), 열여섯 번째는 평개치(平蓋治), 열일곱 번째는 운대치(雲台治), 열여덟 번째는 진구치(濜口治), 열아홉 번째는 후성치(後城治), 스물 번째는 공모치(公慕治), 스물한 번째는 평강치(平岡治), 스물두 번째는 주부치(主薄治),

스물세 번째는 옥국치(玉局治), 스물네 번째는 북망치(北邙治)이다. 『삼동주낭(三洞珠囊)』권7과『촉중광기(蜀中廣記)』권71,『운급칠첨 (雲笈七籤)』권28 등에 치의 위치가 실려 있는데, 약간씩 다르다.

태청궁(太淸宮)

• • •

도교 궁관 이름. "태청(太淸)"은 신선이 거처하는 곳이라고 전해지 기 때문에 도교에서는 일반적으로 태청을 궁관이름으로 사용한다. 유명한 곳으로는 녹읍(鹿邑)의 태청궁, 심양(沈陽)의 태청궁, 노산(嶗 山)의 태청궁 등이 있다.

상청궁(上淸宮)

• • •

도교 궁관 이름. "상청(上淸)"은 신선이 거처하는 곳으로 전해지기 때문에 도교에서는 일반적으로 상청을 궁관 이름으로 사용한다. 유 명한 곳으로는 용호산(龍虎山)의 상청궁, 노산(嶗山)의 상청궁, 청성 산(靑城山)의 상청궁 등이 있다.

동악묘(東嶽廟)

• • •

도교 궁관 이름. 도교에서 받드는 동악천제대제(東嶽天齊大帝)의 사당이다. 유명한 곳으로는 북경(北京) 동악묘, 포현(蒲縣) 동악묘, 만영(萬榮) 동악묘, 상요(上饒) 동악묘, 신향(新鄕) 동악묘 등이 있다.

북경동악묘(北京東嶽廟)

• • •

    도교 궁관. 북경시(北京市) 조외대가(朝外大街)에 있다. 화북(華北)에 위치한 정일파(正一派)의 제일 큰 규모의 도관이다. 원(元) 지치(至治) 2년(1322)에 현교대종사(玄教大宗師) 장유손(張留孫)의 제자인 오전절(吳全節)이 처음 건립하여 동악태산신(東嶽泰山神)인 천제인성대제(天齊仁聖大帝)를 제사 지냈다. 이듬해에도 계속해서 동무와 서무를 짓고 그 사이에는 전각 4채를 지어 인성궁(仁聖宮)이라고 이름 붙였다. 태정(泰定) 2년(1325)에 노국대장공주(魯國大長公主) 상가길랄(桑哥吉剌)의 기부금으로 동악대제의 침궁(寢宮)을 건설하였고, 천역(天曆) 원년(1328)에 소덕전(昭德殿)이라고 이름 붙였다. 명(明) 정통(正統) 12년(1447)에 동무와 서무의 행랑에 72사(司)를 설치했다. 만력(萬曆) 3년(1575)에 신종이 태후의 뜻을 받들어 궁궐에서 돈을 내어 수리하였다. 청(清) 강희(康熙) 37년(1698)에 화재로 사당이 훼손되어 좌우의 도원(道院)만 남았으나, 이듬해에 재건하였으며 건륭(乾隆) 26년(1761)에 다시 수리하였다. 현존하는 건축물은 청대에 중수한 것이지만, 북경동악묘의 중심축 부분의 건물구조와 무랑(廡廊)의 두공(鬥拱)과 잠목(替木)을 응용한 것 등은 모두 원대의 건축 구조를 유지하고 있다. 사당은 정원(正院)·동원(東院)·서원(西院) 세부분으로 나뉜다. 동원에는 낭낭전(娘娘殿)·복마대제전(伏魔大帝殿) 등이 있고, 서원에는 동악보전(東嶽寶殿)·옥황전(玉皇殿)·약왕전(藥王殿)이 있으며, 정원에는 극문(戟門)·대종보전(岱宗寶殿)·육덕전(育德殿) 등이 있다. 전각 내에는 원래 동악대제(東嶽大帝)·시신상(侍臣像)·신주(神主) 등이 있었으나 지금은 남아 있지 않다. 원내에는 원·명·청 삼대 왕조의 비석림(碑石林)이 서 있는데, 대략 110개의 비석이 있다. 그 중에 원대 조맹부(趙孟頫)가 쓴 『장천사신도비(張天師神道碑)』속칭 도교비(道敎碑)는 서법서체가 수수하면서도 고풍스럽고 웅장하면서도 힘이 있어 원대의 중요한 서예 작품이라고 할 수 있다.

백운관(白雲觀)

• • •

도교 궁관. 북경시(北京市) 서편문(西便門) 밖에 위치해 있다. 전진도(全眞道) 3대 조정(祖庭) 중의 하나로, 전진천하제일총림(全眞天下第一叢林)이라고 불린다. 당(唐) 개원(開元) 27년(739)에 천장관(天長觀)을 건축하였다. 금(金) 대정(大定) 7년(1167)에 중건하였고, 태화(泰和) 3년(1203)에 태극궁(太極宮)으로 이름을 바꾸었다. 정대(正大) 원년(1224)에 구처기(丘處機)가 '서유(西遊)'에서 돌아와 이곳의 주지를 맡고 장춘궁(長春宮)으로 이름을 바꾸었다. 명(明) 홍무(洪武) 27년(1394)에 장춘궁은 전란으로 훼손되었는데, 곧 바로 장춘궁 아래에 백운관을 확대 건축하였다. 이것이 지금의 백운관이다. 현존하는 건축물은 대부분 청(淸)대 중수된 것으로 중원(中院)·동원(東院)·서원(西院)·후원(後院)의 4개의 원으로 구성되었다. 주요한 건축은 중원으로, 중심축 선상에 영벽(影壁)·영성문(欞星門)·산문(山門)·영관전(靈官殿)·옥황전(玉皇殿)·노율당(老律堂)칠진전(七眞殿)·처순당(處順堂)구조전(丘祖殿)·사어전(四禦殿)윗자리가 삼청각(三淸閣)이다 등이 있다. 중심축 좌우로는 종고루(鍾鼓樓)·장경각(藏經閣)·조천루(朝天樓)·동서객당(東西客堂)·종사전(宗師殿)·풍진전(豐眞殿)·

유선전(儒仙殿)·약왕전(藥王殿) 등이 배치되어 있다. 동원의 건축물은 남극각(南極閣)·두모각(斗姥閣)·나공탑(羅公塔)·재당(齋堂) 등이 있다. 서원의 건축물로는 팔선(八仙)·여조(呂祖)·원군(元君)·문창(文昌)·원신(元辰)의 다섯 채 전당과 일사당원(一祠堂院) 등이 있으며, 후원은 후화원(後花園)으로 소봉래(小蓬萊)라고 부른다. 후원의 내부는 계대(戒台)와 운집산방(雲集山房)이 중심이 되고 돌로 산을 만들고 땅을 파내어 연못을 만들어 낭(廊)으로 둘렀다. 운화선관(雲華仙館)·우학정(友鶴亭)·퇴거루(退居樓)·묘향정(妙香亭) 등의 건물이 그 사이에 분포되어 있다. 전체 건축물은 구조가 배치가 완벽하고 구조도 합리적이며, 비석이 즐비하고, 푸른 나무가 그늘을 드리워 환경이 수려하고 고즈넉하다. 도관 내의 처순당은 구처기의 유골이 매장된 곳이다. 현존하는 건축물은 대부분 청(淸)대에 중수된 것이다. 1956년, 1981년, 1999년에 몇 차례 보수하였다. 매년 설날 묘회(廟會)에 많은 사람이 모인다. 도관 내에 중국도교협회(中國道敎協會)가 있다.

옥황관(玉皇觀)

• • •

도교 궁관. 산서(山西) 장치(長治) 현성(縣城)에서 남쪽으로 20km에 떨어져 있는 남송촌(南宋村)에 있다. 창건 연대는 알 수 없으나, 원(元)·명(明)·청(淸) 때에 보수되었다. 현존하는 건축 규모는 비교적 크다. 도관 앞에 낙대(樂台)가 있고, 옆에는 동서로 행랑이 있으며, 문무(門廡)는 오봉루(五鳳樓)로 지어졌고, 좌우로 종루(鍾樓)·고루(鼓樓)·동배전(東配殿)·서배전(西配殿)·향정(享亭)·좌재사(左

齋舍) · 우재사(右齋舍) · 옥황전(玉皇殿) · 이타전(二垜殿) 등이 있
다. 그 중 오봉루와 서배전은 원나라 때의 건축물이다. 그 나머지 건
축물은 명 · 청대에 중건되었다.

회선관(會仙觀)

● ● ●

도교 궁관. 산성(山城) 무향(武鄉) 현성(縣城)에서 동남쪽 25km에
있는 감장촌(監漳村)에 있다. 계곡 옆에 도관을 세웠다. 창건 연대는
분명치 않다. 비문(碑文)에 따르면, 원(元) 지원(至元) 3년(1266)에
도 이미 있었으며, 명(明) 정덕(正德) · 가정(嘉靖) 때에 여러 차례 수
리하였다. 현존하는 건축물은 희대(戲台) · 관공묘(關公廟) · 옥황전
(玉皇殿) · 삼청전(三淸殿)이 있고, 동과 서로 내내묘(奶奶廟) · 각왕
전(閣王殿) 및 낭방(廊房)이 있다. 정전(正殿)인 삼청전(三淸殿)은 금
대(金代)에 세워지고 원대에 중수되었다. 홑처마 헐산식(歇山式) 지
붕이다. 정전의 꼭대기에는 채색된 서까래가 놓여 있고, 단청을 칠했
으며 화려하고 웅장하다. 전체 건축물은 산을 등지고 강을 끼고 있어
산수의 풍경이 아름답고 매혹적이다.

용양관(龍祥觀)

● ● ●

도교 궁관. 산서(山城) 평순(平順) 현성(縣城)에서 서북쪽으로
40km 떨어져 있는 왕곡촌(王曲村)에 있다. 금(金) 대정(大定) 3년
(1163)에 예부상서가 주청하여 처음 건축되었고, "용상(龍祥)"이라
는 편액이 하사되었다. 명(明) · 청(淸) 시대에 건축물이 증축되고 보

수되었다. 도관은 산을 등지고 지어졌으며, 건물의 남향으로 배치되어 있다. 현재 산문(山門)·삼청전(三淸殿)·서배전(西配殿)·호천각(昊天閣) 등의 건물이 있다. 호천각은 3층 높이로 산비탈에 쌓아올렸다. 주위에는 산림이 울창하게 둘러싸서 풍경이 아름답다.

옥황묘(玉皇廟)

• • •

도교 궁관. 산서(山西) 진성시(晉城市) 동쪽 13km의 부성촌(府城村) 언덕 위에 있다. 북송(北宋) 희녕(熙寧) 9년(1076)에 창건되었고, 금(金) 태화(泰和) 7년(1207)에 중건되었다. 원(元) 지정(至正) 15년(1355)에 산문(山門)·종루와 고루(鍾鼓樓)가 증축되었고, 명(明)·청(淸) 시대에 또 수리했다. 현재 삼진원락(三進院落)으로 되어 있다. 정북쪽으로 옥황전(玉皇殿)이 있는데, 옥황대제(玉皇大帝)와 보천성군(普天星君)의 소상(塑像)을 모시고 있다. 동무(東廡) 내에는 삼원(三元)·사성(四聖)·구요성군(九曜星君)의 소상이 있고, 서무(西廡) 내에는 십이진수(十二辰宿)와 육태위(六太尉) 등의 상이 있다. 원대에 만든 28수(宿)의 소상이 벽돌로 쌓은 신대(神臺) 위에 배열되어 있는데, 남신(男神)은 표정이 기세가 등등하고 여신(女神)은 온화하고 고요하여 둘 다 생동감 있게 표현되어 있다. 이어 만들어진 개·토끼·호랑이·쥐 등의 동물 형상은 오묘하게 실제 동물을 닮았다. 사당 내부의 비랑(碑廊)은 송·금·원·명·청의 역대 비각(碑刻)을 수장하고 있는데, 이는 도교사를 연구하거나 도교 예술을 연구하는 데에 진귀한 유물이다.

이선관(二仙觀)

• • •

도교 궁관. 산서(山西) 진성시(晉城市) 동남쪽 12.5km에 위치한 태행산(太行山)의 가운데 봉우리 아래에 있다. 송(宋) 대관(大觀) 원년(1107)에 건축하기 시작해 정화(政和) 7년(1117)까지 지었다. 현존하는 건축물은 동(東配殿)·서배전(西配殿)·악대(樂台)·향정(香亭)·정전(正殿) 등이 있다. 그 중 악대와 향정은 명(明)·청(淸) 시대 건축물이다. 정전은 3칸으로 좌우에 각기 정전을 타고 넘는 네 기둥이 있는데 송대의 건축 양식이다. 정전 내에는 나무로 만든 "천궁벽장(天宮壁藏)"이 있는데, 조각이 정밀하고, 금빛과 푸른빛이 휘황하다. 후조(後槽)의 선대(仙台)에는 이선고(二仙姑) 소상(塑像)이 있고, 양측으로 네 사람의 시녀상(侍女像)이 서 있다. 모두 채색되어 있다. 인물의 용모가 수려하며, 신체가 길고 수려하여 송대 소상 중에 빼어난 작품이다.

진성대묘(晉城岱廟)

• • •

도교 궁관. 산서(山西) 진성시(晉城市) 서남쪽 13km에 있는 야저촌(冶底村)에 있다. 북송(北宋) 원풍(元豐) 3년(1080)에 창건되어 금(金) 대정(大定) 연간(1161~1189)에 개축되었다. 명(明) 가정(嘉靖) 연간(1522~1566)에 중수되었다. 산문(山門) 내에 동서로 낭무(廊廡)가 있고, 가운데 사각형의 연못이 있다. 연못 북쪽에 십자헐산식(十字歇山式) 지붕 형식의 종루(鍾樓) 한 채가 있다. 종루의 북쪽 후원(後院)에는 동서로 배전(配殿)이 각 3칸 있고, 정중앙은 천재전(天齊殿)이다. 천재전의 내부에는 재천대제(齊天大帝)와 시자(侍者)의 채색 소상(塑像)이 있다. 모두 청(清)대에 다시 치장한 것이다.

선옹묘(仙翁廟)

. . .

"순양궁(純陽宮)"이라고도 부른다. 도교 궁관. 산서(山西) 고평시(高平市) 서북쪽 10km에 있는 백방촌(伯方村)에 있다. 처음 건축된 시기는 알 수 없다. 명(明) 가정(嘉靖) 17년(1538)에 중수되었다. 현존하는 건축물의 규모는 광대하다. 전면부에는 산문(山門)·종루(鐘樓)·고루(鼓樓)가 있고, 후면부는 악정(樂亭)·선옹전(仙翁殿)·동배전(東配殿)·서배전(西配殿)과 복도로 구성되어 있다. 선옹전에는 여동빈(呂洞賓)을 모시고 있는데, 그를 선옹이라고 부르며, 사당의 이름으로 삼았다. 전각의 넓이는 5칸으로, 현산식(懸山式) 건물이다. 전각의 지붕에는 유리로 정교하게 만든 용(龍)·봉(鳳)·화훼(花卉)·역사(力士) 등의 어처구니가 갖추어져 있으며, 이들 어처구니는 색조가 아름답고 순박하여 명대(明代) 유리공예 작품 중에서 아름다운 작품이다.

대악묘(岱嶽廟)

. . .

도교 궁관. 산서(山西) 하곡(河曲) 현성(縣城)의 동쪽 6km에 있는 성관진(城關鎮) 대악전촌(岱嶽殿村)에 위치해 있다. 금(金) 천회(天會) 12년(1134)에 창건되었고 명(明)·청(清) 시기에 수리되었다. 광대한 규모로, 중심축으로 산문(山門)·악정(樂亭)·대악전(岱嶽殿)·

거사전(居士殿)이 있고, 그 동쪽으로는 옥왕묘(嶽王廟) · 관제묘(關帝廟) · 포공사(包公祠) · 일월궁(日月宮) · 옥황각(玉皇閣)이 있으며, 서쪽으로는 용왕묘(龍王廟) · 영관전(靈官殿) · 지장전(地藏殿) · 성모전(聖母殿)이 있다. 대악묘 전체에는 전당(殿堂)이 15채, 소상(塑像)이 15존, 벽화가 대략 104㎡에 이르며, 비석은 11기가 있다. 주요 건축물은 대악전인데, 보존이 완벽하며 3칸으로 산꼭대기에 단단하게 서 있고, 등마루 판 아래에 "대청 동치 3년에 새롭게 이 사당을 세운다[大淸同治三年新建此廟]"라고 쓰여 있다.

후토묘(后土廟)

• • •

도교 궁관.

① 산서(山西) 개휴시(介休市) 북쪽 경계에 있다. 창건된 연대는 알 수 없다. 비석에 기록에 따르면, 남송(南宋) 대명(大明) 원년(457)과 양(梁) 대동(大同) 2년(536)에 중수하였다고 한다. 이후에 지진으로 훼손되어 원나라 연우(延祐) 5년(1318)에 다시 건축하였다. 현존하는 전당은 대부분 명(明) · 청(淸)시대 건축물이다. 후토묘는 오진원락(五進院落)으로 구성되며, 영벽(影壁) · 산문(山門) · 과전(過殿) · 낭방(廊房) · 삼청루(三淸樓) · 종루(鐘樓) · 고루(鍾鼓樓) · 후전(後殿) 등을 포함하고 있다. 궁관의 지붕은 대부분 겹처마로 되어 있어 기세가 웅장하다. 그 가운데 삼청루가 가장 빼어난데, 삼중의 처마가 앞으로 나와 건물을 안으면서 뒤로는 희대(戱臺)와 연결된다. 지붕은 유리기와로 된 십자헐산식인데, 연꽃모양의 기와와 용모양의 기와, 짐승의 머리 모양의 기와 등이 유리로 만들어졌다. 사묘의 건축은 전

부 유리기와로 조성되었고, 조형미가 아름답고 정교하게 제작되었다.
　② "성모묘(聖母廟)"이다.

태부관(太符觀)
・　・　・

　도교 궁관. 산서(山西) 분양시(汾陽市) 북동쪽 15km에 있는 상묘촌(上廟村)에 있다. 처음 창건된 연대는 알 수 없다. 금(金) 승안(承安) 5년(1200)에 이곳에서 초제를 지냈다는 비문이 있다. 명(明)·청(淸) 시대를 거치면서 수리해 비로소 지금의 규모를 갖추었다. 현존하는 건축물은 산문(山門)·동배전(東配殿)·서배전(西配殿)·호천대제전(昊天大帝殿) 등이 있다. 산문은 3칸으로, 편방(牌坊)과 같은 형식인데 삼색으로 채색된 용(龍)이 둘러싸고 있으며, 타일로 문 밖의 두 벽을 붙였다. 동배전은 후토성모(后土聖母)를 모시고, 서배전은 오악대제(五嶽大帝)를 모신다. 중심 건물은 호천대제전인데, 내부 공간은 3칸이고 지붕은 하나의 용마루로 이루어졌다. 전각 내의 정중앙에는 옥황대제(玉皇大帝)를 모시고, 좌우로는 시자(侍者) 3인이 있는데, 모두 명나라 때의 소상(塑像)다.

성모묘(聖母廟)
・　・　・

　도교 궁관. 사당이 후토성모(后土聖母)를 주로 제사하기에 '성모묘'라는 이름을 얻었다. 산서(山西) 분양시(汾陽市) 북서쪽 2km에 있는 미전촌(米田村)에 있다. 당(唐)나라 때에 처음 건축되었고, 명(明) 가정(嘉靖) 28년(1549)에 중건되었다. 주요 건축물로 정전(正殿)·종루

(鍾樓)·고루(鼓樓)·악루(樂樓) 등이 있었으나, 현재는 정전 1채만
남아 있다. 정전의 내부 공간은 3칸이고 방의 크기는 10m²이며, 지붕
은 하나의 용마루로 이루어졌다. 전각의 내부는 동쪽과 서쪽, 북쪽의
세 벽이 벽화로 가득 차 있다. 북쪽 벽에는 부조로 된 성모상이 있는
데, 그림의 제목은『연락도(燕樂圖)』로 성모의 궁궐 생활을 표현하고
있다. 동쪽 벽의 그림 제목은『영가도(迎駕圖)』인데, 성모가 궁을 나
와 영접하는 풍경을 표현하고 있다. 서쪽 벽은 그림의 제목이『순행
도(巡幸圖)』인데, 성모가 궁으로 되돌아가는 모습을 묘사했다. 채색
된 벽화는 금가루를 붙여서 화면이 장엄하고 거침이 없으며, 그림에
등장하는 인물이 매우 많고, 누각과 다리, 회랑이 근엄하게 표현되어
필력의 극치를 보여준다.

포현동악묘(蒲縣東嶽廟)

• • •

  도교 궁관. 산서(山西) 포현(蒲縣) 현성(縣城)의 동쪽 2km에 있는
미백산(米柏山)의 꼭대기에 있다. 산에는 잣나무가 무성하고 울창
하다. 그래서 일반인들이 '백산사(柏山寺)'라고도 부른다. 사당의 규
모는 크고 높으며, 제대로 갖춘 구조이다. 산문(山門)·능소전(凌宵
殿)·악루(樂樓)·의사청(議事廳)·헌정(獻亭)·동악행궁대전(東嶽
行宮大殿)·후토사(后土祠)·성모사(聖母祠)·청허궁(淸虛宮)·지
장사(地藏祠)·지옥(地獄)·각루(角樓) 및 둘러 싼 누대와 회랑 등 60
여 채의 건물이 있다. 창건 연대는 알 수 없지만, 금(金) 태화(泰和) 5
년(1205)에 이미 있었다. 현존하는 동악행궁(東嶽行宮)은 원대(元代)
의 지진 이후에 중건된 것으로, 지붕은 겹처마 헐산식(歇山式)이다.

기둥은 전부 돌기둥에 조각이 되어 있으며, 『목란화사(木蘭花詞)』5수가 새겨져 있다. 전각 내부에는 동악황비호(東嶽黃飛虎)와 시자(侍者)의 소상(塑像)이 있다. 가장 뒤편의 땅은 평평하다가 밑으로 내려가는데, 15개의 가마터 같은 동굴이 18층의 지옥을 상징하고 있으며, 내부에는 오악대제(五嶽大帝)·십전각군(十殿閣君)과 육조판관(六曹判官) 등의 소상이 있다. 소상의 크기는 사람과 비슷하며, 각종의 귀리(鬼吏)·도산(刀山)·유과(油鍋)·연마(碾磨)·거해(鋸解) 등으로 구분되며, 모두 120여 개에 이른다. 이는 중국의 도관 중에서도 드문 명대(明代)의 소상으로 매우 아름답다.

영락궁(永樂宮)

• • •

"대순양만수궁(大純陽萬壽宮)"이라고도 부른다. 도교 궁관. 산서(山西) 예성현(芮城縣) 북쪽 3km에 있는 용천촌(龍泉村) 동편에 있다. 궁전의 규모는 웅장하고, 배치는 빼어나며, 전각은 우뚝하여 기세가 장관이다. 궁관의 터전은 원래 예성 서쪽 20km의 영락진(永樂鎭)에 있었다. 도교와 관련된 서적과 궁관 내의 비문의 기록에 따르면, 전진도(全眞道) 북오조(北五祖) 중의 한 사람인 여동빈(呂洞賓)의 옛 거처를 개조해 만들었다. 처음의 이름은 여공사(呂公祠)였는데, 금(金) 말기 여동빈의 신화가 널리 퍼지면서 그를 제사하는 사람이 많아졌고, 사당도 점차로 증축되고 확대되어 도관이 되었다고 한다. 원(元) 태종(太宗) 3년(1231)에 화재로 훼손되었다. 당시는 전진도가 흥성하였고, 구처기(丘處機) 등의 사람들이 조정에서 총애를 입었으며, 조사 여동빈도 존숭되었다. 그래서 화재가 난 다음해에 황제의 명으로 관(觀)을 궁(宮)으로 승격시키고, 여동빈 진인의 호를 "천존(天尊)"으로 봉하면서, 하동남북양로도교제점(河東南北兩路道敎提点)이었던 반덕중(潘德沖) 주지를 파견하여 이 궁을 건립하게 하였다. 중통(中統) 3년(1262)에 이르러 궁관의 중심 뼈대가 완성되었고, 지원(至元) 31년(1294)에 용호전(龍虎殿)이 완성되었으며, 태정(泰定) 2년(1325)에 삼청전(三淸殿)의 벽화가 완성되었고, 지정(至正) 18년(1358)에 순양전(純陽殿) 벽화가 준공되었다. 건축은 110여 년 동안 지속되어 거의 원나라 조정의 시작과 종말을 함께했다. 명(明)·청(淸) 시기에는 소규모의 수리와 벽화 보수작업만 진행되어 비교적 완전한 상태로 원대 예술과 보물을 간직하고 있다. 궁의 뼈대가 되는 건축물이 5채인데, 바로 궁문(宮門)·용호전(龍虎殿)·삼청전(三淸殿)·순양전(純陽殿)·중양전(重陽殿)이다. 이들 건물은 중심축 선상에 수직으로 배열되어 있다. 그 가운데 궁문은 청(淸)대의 건축물이고 나머지 건축물은 원대의 건축물이다. 삼청전이 가장 크고 전면에 위치하여 일반적인 사당에서 주된 전각이 뒷부분에 있는 것과는 전혀 다르다. 이러한 배치는 궁궐에서 황궁을 배치하는 방식과 비슷하다. 각각의 전각은 정밀하고 아름다운 원대 벽화가 그려져 있는데 총면적은 1㎢에 이른다. 그림의 화제도 풍부하고 필법도 뛰어나 중국 회화사의 걸작이다. 영락궁의 옛 터전은 삼문협(三門峽) 댐 공사로 수몰되어 1959년부터 건축물 전부와 벽화가 새 터전으로 옮겨 원형을 보전하고 있다. 전국중점문물보호단위(全國重點文物保護單位)로 지정되어 있다.

만영동악묘(萬榮東嶽廟)

· · ·

도교 궁관. 산서(山西) 만영현(萬榮縣) 해점진(解店鎭) 동남쪽 경계에 있다. 남향으로 대로를 접하고 있다. 창건된 연대는 알 수 없지만, 당(唐) 정관(貞觀) 연간(627~649)에도 이미 있었다. 원(元) 지원(至元) 28년(1291)에서 대덕(大德) 원년(1297)에 이르기까지 중건되었으며, 명(明) · 청(淸)시대에도 여러 차례 중수되었다. 현존하는 건축물로 비운루(飛雲樓) · 오문(午門) · 희전(獻殿) · 향정(享亭) · 동악대제전(東嶽大帝殿) · 각왕전(閣王殿) 등이 있다. 비운루는 산문 내에 있는데, 사당이 해점진에 있기 때문에 사람들은 해점루(解店樓)라고 부른다. 해점루는 평면적인 사각형의 3층 건물로, 지붕은 십자헐산식(十字歇山式)이며 높이가 22m이다. 맑은 날에는 10여 리 밖에서도 그 누대의 모양을 볼 수 있다. 구름이 지나가면, 층층이 쌓인 누대의 꼭대기가 구름을 뚫고 높이 솟은 느낌이 들게 한다. 누대 안에는 나무 계단을 통해 정상에 오를 수 있다. 올라가 난간에 기대어 멀리 바라보면, 만영현의 풍모를 낱낱이 볼 수 있다. 전국중점문물보호단위(全國重點文物保護單位)로 지정되어 있다.

심양태청궁(沈陽太淸宮)

· · ·

도교 궁관. 요녕(遼寧) 심양시(沈陽市) 서순성가(西順城街)에 있다. 도교 동북용문파(東北龍門派) 조사(祖師) 곽수진(郭守眞)이 청(淸) 강희(康熙) 2년(1663)에 창건하였다. 처음 이름은 "삼교당(三敎堂)"이었는데, 건륭(乾隆) 44년(1779)에 "태청궁"으로 이름을 바꾸었고,

동북지역 도교 제일총림[東北道敎第一叢林]이 되었다. 이후에 몇 번 중수하고 확대 건축하였다. 태청궁은 원래 사진원락(四進院落)으로 지어졌고 면적이 5km²에 달한다. 주요 건축물로는 관제묘(關帝廟)·노군전(老君殿)·옥황각(玉皇閣)이 있고, 그밖에 영관전(靈官殿)·산문(山門)·여조루(呂祖樓)·구처루(丘祖樓)·법당(法堂)·곽조비루(郭祖碑樓)·곽조석탑(郭祖石塔) 등이 있다. 문화대혁명 시기에 영관전·비루(碑樓)·석탑(石塔) 등이 파괴되었고 나머지 건축물도 훼손되었으나 현재는 대부분 복구되었다.

무량관(無量觀)

· · ·

"무량관(無量觀)" 혹은 "노관(老觀)", "상원(上院)"이라고도 부른다. 도교 궁관. 요녕시(遼寧市) 천산(千山) 동북부에 있다.『봉천통지(奉天通志)』권96에서 인용한『요양현지(遼陽縣志)』의 기록에 따르면, 청(淸) 강희(康熙) 6년(1667)에 도사 유태림(劉太琳)이 처음 건축하였다. 도관 내의 주요 건축물로는 관음전(觀音殿)·노군전(老君殿)·삼관전(三官殿)·대선당(大仙堂) 등이 있다. 관음전은 강희 41년에 건립되었는데, 관음각(觀音閣)이라고 불리다가 이후에 중수되면서 종루(鍾樓)도 건립되었다고 한다. 노군전(老君殿)은 강희제 초기에 건립되었다가 이후에 중수되었으며, 2층 구조이다. 삼관전은 도광(道光) 26년(1846)에 건립되었으며, 전체 구조는 노군전(老君殿)과 같다. 무량관 앞에 영롱탑(玲瓏塔)·갈공탑(葛公塔) 및 취선대(聚仙臺) 등이 있다. 탑의 그림자가 산빛에 물든 풍경은 천산의 명승이라고 불린다. 유명한 서각(西閣)은 무량관 우측에 있고, 바위에 의지해 건축

되었으며, 울창한 숲 사이에 있어 아득하게 보인다. 다시 위로 서쪽
으로는 나한동(羅漢洞)이 있고, 북쪽으로는 옥황각(玉皇閣)·진의강
(振衣崗)이 있으며, 동북쪽으로는 관음각(觀音閣)·팔보긴(八步緊)·
삼십삼천(三十三天) 등의 명소가 있다.

오룡궁(五龍宮)

● ● ●

도교 궁관.

① 요녕시(遼寧市) 천산(千山) 중부의 오룡곡(五龍谷) 안에 있다.
청(淸) 건륭(乾隆) 3년(1738)에 도사 서복흥(徐復興)이 창건하였고,
이후여 여러 차례 중수하였다. 현존하는 건축물은 정전(正殿)·전전
(前殿)·배전(配殿)·종루(鐘樓)·고루(鼓樓) 등이 있다. 정전은 3칸
으로 문에 "북극현천(北極玄天)"이라는 편액이 걸려 있으며, 정전의
내부는 진무(眞武)·약왕(藥王)·구조(丘祖)·영관(靈官)의 신상(神
像)을 모시고 있다. 전전은 자항도인(慈航道人)·용녀(龍女)·선재
(善財) 등의 신상을 모시고 있다. 네 면은 돌담으로 둘러 싸여 있는
데, 높이가 5m이다. 멀리서 바라보면, 마치 외로운 성이 땅에서 솟아
오른 것 같다. 주위로 다섯 봉오리의 산이 있는데, 남·서·북 삼면
이 구불구불 비스듬히 올라가다 궁관 앞에 산이 돌출되면서 모인다.
이 모습이 다섯 마리 용이 여의주를 가지고 노는 형세이기 때문에 오
룡궁이라고 불린다. 주위 사면의 풍광이 아름답고, 앞에는 용담(龍
潭)의 계곡물이 잔잔히 흘러간다. 뒷부분에는 깎아지른 봉오리와 절
벽이고, 고목이 높이 솟아 있다. 그 절벽 위에 옥황각(玉皇閣)과 대선
당(大仙堂)이 푸른 나무와 바위 사이에 가려져 있다. 궁관 앞에 거대

한 바위가 있는데, 누운 소가 되새김질을 하는 형상이다. 그 바위 아래 월아정(月牙井)이 있는데, 오랫동안 마르지 않고 물맛도 달다. 사람들은 "오룡수(五龍水)"라고 부르며, 천산의 으뜸으로 여긴다.

② "흥성오룡궁(興聖五龍宮)"이다.

자상관(慈祥觀)

• • •

도교 궁관. 요녕시(遼寧市) 천산(千山) 중부의 오룡궁(五龍宮)의 북서쪽 산비탈에 있다. 청(淸) 가경(嘉慶) 연간(1796~1820)에 도사 서본단(徐本丹)이 창건하였다. 동치(同治) 5년(1866)과 1940년에 수리하였고, 1979년에는 대규모로 수리하였다. 현존하는 건축물은 정전(正殿)·칠성사(七聖祠)·객당(客堂)·배방(配房) 등인데, 거대하고 평평한 바위 위에 세워져 있다. 정전에서는 자항도인(慈航道人)을 모신다. 주변에는 오래된 소나무가 그림자를 드리우고, 근처에는 사자석(獅子石)·상두애(象頭崖)·탐송봉(探松峰)·감송애(嵌松崖)·쇄추송(掃帚松)·여예천(如醴泉)·현합동(玄合洞)·노동(老洞)·건양송(朝陽松)·편복동(蝙蝠洞)·해라봉(海鑼峰) 등 11개의 명승고적이 있어, 사람들이 이를 자상관 11경이라고 부른다. 풍경이 지극히 아름답다.

천성관(天成觀)

• • •

도교 궁관. 요녕시(遼寧市) 객라심(喀喇沁) 왼쪽 편의 몽고족 자치현 청안로(淸安路)에 있다. 청(淸) 강희(康熙) 6년(1667)에 도사 하일진(夏一振)이 자금을 모아 창건하였다. 현존하는 주요 건축물은 대전(大殿) · 각루(閣樓) · 종루(鍾樓) · 고루(鼓樓) · 배전(配殿) 등이고, 대부분이 이층으로 된 누각이다. 이 도관은 광대한 건축 규모와 독특한 풍격을 지니고 있어 관외의 유명한 도관 중에 하나이다.

호두관제묘(虎頭關帝廟)

• • •

　도교 궁관. 흑룡강성(黑龍江省) 호림시(虎林市) 호두진(虎頭鎮) 정남쪽에 있다. 오소리강(烏蘇里江) 좌측 연안으로부터 50여 m 떨어져 있다. 묘당은 산을 등지고 강을 끼고 있는 곳에 터를 잡고 있다. 청(青) 옹정(雍正) 연간(1723~1735)에 창건되었는데, 내지(內地)에서 와서 삼을 채취하던 사람들이 기부한 돈으로 건축하였다. 이 건축물은 흑룡강성 내의 비교적 이른 시기에 건축된 도관의 하나이다. 가경(嘉慶) 14년(1809)에 중수되었고, 1927년에 또 크게 수리하였다. 사당은 목조건물로 전전(前殿) · 정전(正殿)으로 나뉜다. 전전과 정전은 서로 잇닿아 앞뒤로 배열되어 있으며, 건물은 정남향을 바라보고 있다. 상방(廂房) · 배전(配殿) 건물은 없다. 사방으로 벽돌 담장을 쌓았고, 남쪽 담장 가운데 부분에 산문(山門)이 있다. 전전(前殿)은 여섯 개의 들보로 이루어진 권붕식(卷棚式) 구조이고, 각종의 병기(兵器)가 진열되어 있다. 정전(正殿)은 다섯 개의 들보로 이루어진 낭무(廊廡) 형태의 구조이고, 관제(關帝) 등의 소상(塑像) 7위를 모시고 있다. 소상의 뒤쪽에는 "삼국쟁웅(三國爭雄)" 등의 여러 폭의 채색벽화가 있다. 이 사당은 전형적인 청대의 소형 도관 건축물로서, 여러 차례 파괴되었지만, 현재는 새롭게 수리되었다.

해상백운관(海上白雲觀)

. . .

　　도교 궁관. 상해시(上海市) 대경로(大境路)에 있다. 청(淸) 광서(光緖) 8년(1882) 전진도(全眞道) 도사 서지성(徐至誠)에 의해 창건된 뇌조전(雷祖殿)을 지금의 터로 옮긴 것이다. 광서 12년과 19년에 두 차례의 증축하여, 두모전(斗母殿)·삼청전(三淸殿)·여조전(呂祖殿)·구조전(丘祖殿) 등을 새로이 건축했다. 총면적은 대략 14무(畝)이다. 광서 14년에 서지성이 북경으로 가서 북경 백운관(白雲觀)의 분원[下院]이라는 명칭을 얻고, 청나라 조정으로부터 명나라 『정통도장(正統道藏)』한 질을 하사받았고, 뇌조전을 "해상백운관(海上白雲觀)"으로 이름을 바꾸었다. 현존하는 건축물은 한 채의 사합원(四合院) 식의 건물로 청나라 말기에 세웠다. 1980년대 초와 1990년대 말에 중건했다. 중심이 되는 건물은 영관전(靈官殿)·영보전(靈寶寶殿)이고, 이층에는 노군당(老君堂)과 뇌조전(雷祖殿)이 있다. 건물의 두 행랑은 법당(法堂)이다. 명대(明代)에 주조된 옥황(玉皇)과 진무(眞武)의 청동상을 모시고 있다. 청나라 조정으로부터 받은 『정통도장(正統道藏)』은 상해도서관(上海圖書館)에 소장되어 있다. 상해의 유명한 전진도관이다.

상해성황묘(上海城隍廟)

. . .

　　도교 궁관. 상해시(上海市) 방빈중로(方浜中路)에 있다. 원래는 금산묘(金山廟)로, 한대(漢代)의 대장군 박육후(博陸侯) 곽광(霍光)을 제사하던 곳이었기 때문에, 곽광행사(霍光行祠)로 불렸다. 명(明) 영락(永樂) 연간(1403~1424)에 상해 지사 장수약(張守約)이 건물을 고쳐 성황묘(城隍廟)로 만들었다. 태조(太祖) 주원장(朱元璋)은 칙령으로 상해 성황신으로 진유백(秦裕伯)을 봉하였는데, 이로 인해 진유백을 제사하였다. 500년간 대대로 증축하였다. 청(淸) 말기에 파괴되었고, 민국(民國) 연간에 또 두 차례의 화재를 만나 거의 허물어졌다. 1926년에 황금영(黃金榮)·두월생(杜月笙) 등의 사람들이 자금을 모아 수리하고, 다음해에 철근과 콘크리트로 옛 대전(大殿)을 모방하여 완성하였다. 번성할 때의 주요 건축물로는 산문(山門)·전전(前殿)·중전(中殿)·침전(寢宮)·성수전(星宿殿)·각왕전(閻王殿)·재신전(財神殿)·문창전(文昌殿)·허진군전(許眞君殿)·옥청궁(玉淸宮) 등의 전각이 있었다. 현재는 산문(山門)·전전(前殿)·중전(中殿)과 루청(樓廳)이 있다. 전전은 곽광(霍光) 대장군을 모시는데, 양 옆으로는 네 명의 판관(判官)이 "공과 과를 기록[記錄功過]"하고 있으며, 또 여덟 명의 하인이 나뉘어 두 줄로 서 있다. 전전에서 중전(中殿)에 이르는 길 양 옆에는 60원진신(六十元辰)의 신상(神像)이 늘어서 있다. 중전은 성황 진유백 부부를 모시고 있다. 상해의 유명한 도관이다.

상해태청궁(上海太淸宮)

• • •

도교 궁관. 상해시(上海市) 원심로(源深路)에 있다. 원래 이름은 "상해흠사앙전(上海欽賜仰殿)"이었는데, 2008년에 현재의 이름으로 바꾸었다. 또 "동악행궁(東嶽行宮)"이라고도 한다. 삼국시기에 처음 건축되었는데, 오나라 대제인 손권(孫權)이 그의 어머니를 위해 지었다고 전해진다. 민간에서는 "금사낭전(金師娘殿)"이라고 부른다. 금사낭(金師娘)은 금사낭(金四娘)이라고도 부르는데, 민간에서는 누에를 보호하고, 메뚜기[蝗蟲]를 쫓는 신으로 존숭한다. 당(唐) 정관(貞觀) 연간(627~649)에는 당나라가 천하를 소유한 것은 동악태산(東嶽泰山) 신의 보호 때문이라고 여기고, 동악대제(東嶽大帝)를 존숭했다. 그래서 태종 이세민(李世民)은 대장 진숙보(秦叔寶)에게 감독하라고 명령하여 이 전각을 세우게 하고, 동악행궁(東嶽行宮)으로 삼았다. 청대(淸代)에 이르러서도 대전(大殿)의 상량에는 여전히 "신관 진숙보 감독하여 짓다[信官秦叔寶監造]"라는 글자가 있었다고 하는데, 지금은 존재하지 않는다. 이처럼 황제가 우러러 공경하는 마음으로 하사하여 건축하였기 때문에 흠사앙전(欽賜仰殿)이라고 불린다. 건륭(乾隆) 35년(1770)에 중건되었다. 1982년에 새롭게 중건하면서 옛 모습을 회복하였다. 현재 건축물은 이진원락(二進院落)으로 되어 있다. 중앙축을 따라 산문(山門)·정전(正殿)·후전(後殿)이 있고, 양쪽으로는 종루(鍾樓)·고루(鼓樓)·두모궁(斗姥宮)·삼관전(三官殿)·토지전(土地殿)·여조전(呂祖殿) 등이 있는데, 대부분 새롭게 건축한 것이다. 정전은 두공(斗拱)이 정밀하게 조각되어 있으며, 처마 아래에는 애신각라(愛新覺羅) 육섬(毓蟾)이 쓴 "흠사앙전(欽賜仰殿)"이라는 편액이 있다. 정전의 가운데에 동악대제를 모시고, 동쪽 첫머리에 동악대제의 아들인 병령공(炳靈公)을, 서쪽 첫머리에는 동악대제의 딸인 벽하원군(碧霞元君)을 모시고 있다. 후전은 삼청전(三淸殿)으로 상하 이층의 구조이다. 삼청전의 아래는 사어(四禦)를 모시고, 위에는 삼청존신(三淸尊神)을 모신다. 상해의 유명한 정일파(正一派) 도교 궁관이다.

상해흠사앙전(上海欽賜仰殿)

"상해태청궁(上海太淸宮)"이다.

숭복도원(崇福道院)

도교 궁관. 상해시(上海市) 포동(浦東) 삼림진(三林鎭)에 있다. 처음 건축된 연대는 알 수 없으나, 송(宋) 선화(宣和) 원년(1119)에 "성당(聖堂)"이라는 편액이 하사되었기 때문에 성당이라고 불렸다. 명(明)·청(淸) 시기에 여러 차례 훼손되었지만, 그때마다 중수되었다. 민국(民國) 시기에 지방의 관리 임조전(任兆銓) 등이 재물을 희사하여 중수하였다. 주로 북방현천상제(北方玄天上帝)를 받든다. 현재는 수리해서 새롭게 단장되어 있다. 산문(山門)·중전(中殿)·후전(後殿)·배방(配房)의 건축물이 있다. 사당 내부에는 두 기의 귀사석비(龜蛇石碑)가 있는데, 명(明) 가정(嘉靖) 때 세워진 것으로 문화재의 가치가 있다.

조천궁(朝天宮)

도교 궁관. 강소(江蘇) 남경시(南京市) 수서문(水西門)과 막수호(莫愁湖) 옆에 있다. 전해지기로는, 오왕(吳王) 부차(夫差)가 이곳에 야성(冶城)을 건설했었는데, 규모가 큰 철을 주조하는 방(坊)을 만들었고, 또 지세가 높아 야산(冶山)이라고 불렀다고 한다. 동진(東晋) 태원(太元) 15년(390)에 여기에 야성사(冶城寺)를 세웠다. 이것이 남조

(南朝) 유송(劉宋) 때에 총명관(總明觀)이 되었고, 당(唐)나라 때에는 태청궁(太淸宮)으로 바뀌었다. 오대(五代) 시기 오왕 양부(楊溥, 재위 920~937)는 이를 자극궁(紫極宮)으로 바꾸었다. 북송(北宋)시기에는 문선왕(文宣王)의 묘를 세우고 이후에 천경관(天慶觀)·상부궁(祥符宮)으로 바꾸었다. 원(元)나라 때에는 현묘관(玄妙觀)·영수궁(永壽宮)으로 바꾸었고, 명(明) 홍무(洪武) 17년(1384)에 중수하면서 조천궁(朝天宮)으로 바꾸었다. 궁내에는 습의정(習儀亭)이 있는데, 문무 관원들이 천자를 알현하는 예의를 학습하던 곳이다. 현존하는 건축물은 청(淸) 동치(同治) 5년(1866)에 중건한 것으로 가운데는 문묘(文廟)이고, 동쪽은 부학(府學)이며, 서쪽은 변공사(卞公祠)이다. 뒤쪽이 야산인데, 위에 경일정(敬一亭)이 있고, 동쪽에는 비운각(飛雲閣)이 있다. 경일정과 비운각에 오르면, 멀리 종산(鍾山)이 보인다.

현묘관(玄妙觀)

• • •

도교 궁관. 강소(江蘇) 소주시(蘇州市) 관전가(觀前街)에 있다. 진(晉) 무제(武帝) 함녕(咸寧) 2년(276)에 창건되었고, 처음 이름은 진경도원(眞慶道院)이었다. 당(唐) 개원(開元) 2년(714)에 개원궁(開元宮)으로 바꾸었다. 송(宋) 대중상부(大中祥符, 1008~1016) 때 다시 천경관(天慶觀)으로 이름을 바꾸고, 원(元) 지원(至元) 원년(1264)에 현묘관(玄妙觀)으로 이름을 바꾸었다. 명(明) 홍무(洪武) 4년(1371)에 도교를 정리하면서 현묘관을 "정일총림(正一叢林)"으로 정했다. 청대(淸代)에는 성조(聖祖)의 이름인 현화(玄燁)를 피휘하느라 원묘관(圓妙觀)·원묘관(元妙觀)으로 이름을 바꾸었다. 민국(民國) 이후 옛 이름인 현묘관을 회복했다. 옛 도관의 규모는 매우 컸으나, 여러 차례 훼손과 재건축을 거쳤다. 현존하는 큰 건축물로는 정산문(正山門) 및 삼청전(三淸殿)이 있다. 삼청전은 남송(南宋) 순희(淳熙) 6년(1179)에 중건되었는데, 당시의 유명한 화가인 조백구(趙伯駒)의 동생 조백기(趙伯騎)가 설계하였다. 전각은 겹처마 헐산식(歇山式)의 지붕과 높은 누대로 되어 있고, 정면에는 평평한 월대(月台)가 있어 기세가 웅장하다. 중국 최대 규모이며, 오래된 도관 전당 건축 중의 하나이다. 삼청전은 길이가 45m가 넘고 폭이 25m가 넘는다. 너비는 9칸이고, 길이는 6칸이다. 삼청전의 남쪽 면은 월대와 더불어 석조난간으로 둘러 싸여 있다. 난간과 월대는 기본적으로 인물과 날짐승, 들짐승이 부조되어 있다. 삼청전 가운데는 벽돌로 만든 수미좌(須彌座)가 있는데, 높이가 1.75m로, 상중하 세부분으로 나뉘고, 화려하게 조각되어 있다. 수미좌 위는 삼존(三尊)의 삼청상인데, 흙으로 빚는 것으로 신상의 외부는 금으로 장식되어 있으며, 자태가 신비하고 엄숙하다. 남송시대의 유물이다. 이 도관은 건국 이후에 여러 차례 수리하였고, 삼청전 주위와 대전(大殿), 정산문(正山門) 사이에 길을 내고, 광장과 공터를 정리하여 나무를 심었다. 때문에 삼청전과 정산문이 기본적으로 옛 도관의 모습을 회복하였다. 현묘관의 삼청전은 전국중점문물보호단위(全國重點文物保護單位)로 지정되어 있다.

조하용왕묘(皂河龍王廟)

• • • •

도교 궁관. 강소(江蘇) 숙천시(宿遷市) 서북쪽 조하진(皂河鎭)의 남쪽에 있다. 대운하 바로 옆에 있으며, 서쪽으로 황하고도(黃河古道)

를 마주하고 있다. 청(淸) 강희(康熙) 연간(1662~1722)에 건립되었고, 가경(嘉慶) 18년(1813)에 중수되었다. 전해지기로는, 건륭제(乾隆帝)가 세 번 강남(江南)으로 내려 왔는데, 세 번 다 조하(皂河) 마두(碼頭) 연안의 이 곳에서 휴식 하였다고 한다. 이 때문에 건륭행궁(乾隆行宮)이라 불린다. 사당은 남향으로 배치되어 있고, 차례대로 산문(山門)·종루(鍾樓)·고루(鼓樓)·어비정(禦碑亭)·이전(怡殿)·낭방(廊房)·대왕묘(大王廟)·영관전(靈官殿)·곤룡척(東西滾龍脊)·우왕묘(禹王廟)·동궁(東宮)·서궁(西宮) 등이 있다. 모두 청대 북경의 관청 건축 양식에 따라 지어졌다. 사당 주위는 담장으로 둘러져 있고, 그 안에 삼진원락(三進院落)의 건물이 있다. 영관전(靈官殿)과 대우묘(大禹廟) 사이에 10여 m 높이의 큰 잣나무가 있다. 어비정 안에는 건륭어비(乾隆御碑)가 있는데, 시기가 다른 4개의 건륭 황제의 비문이 새겨져 있다. 이 도관은 1983년에 수리 복구되었다.

구소궁(九霄宮)

. . .

정식 이름은 "구소만복궁(九霄萬福宮)"이고, 간략하게 "정궁(頂宮)"이라고 칭한다. 도교 궁관. 강소(江蘇) 모산(茅山) 대모봉(大茅峰) 꼭대기에 있다. 원(元) 연우(延祐) 3년(1316)에 칙령으로 건축하되었고, "성우관(聖佑觀)"이라는 편액을 하사받았다. 대모진군(大茅眞君) 모영(茅盈)을 제사 지낸다. 명(明) 만력(萬曆) 26년(1598)에 "구소만복궁"으로 이름을 바꾸었다. 번성한 때에는 궁관 내에 장경(藏經)·성사(聖師) 두 누각(樓閣), 태원(太元)·고진(高眞)·이성(二聖)·영관(靈官)·용왕(龍王)의 다섯 전당(殿堂), 육상(毓祥)·요수

(繞繡)·이운(怡雲)·예진(禮眞) 등의 여섯 도원(道院)이 있었다. 좌우 양측에는 도사(道舍)·객당(客堂) 등의 건축물이 있었는데, 백여 개의 기둥이 있는 규모였다. 전체 궁관은 웅장하고 장관을 이루었으며, 황금빛으로 휘황찬란하였다. 청(淸) 말기 태평천국(太平天國)의 난리와 항일전쟁을 겪으면서 도궁은 하나씩 훼손되었다. 현재 존재하는 건축물은 1983년 중건한 것으로 주요한 건물로는 영관전(靈官殿)·장경루(藏經樓)·태원보전(太元寶殿)·이성전(二聖殿)의 사진원락(四進院落)이 있다. 궁의 앞에는 광장이 있고, 동과 서로 산문(山門)이 한 채씩 있다. 궁으로 들어가면 영관전(靈官殿)이고, 그 내부에는 삼대영관(三大靈官)을 받드는데, 정중앙은 왕선(王繕)이고, 동쪽은 청룡(靑龍)이며, 서쪽은 백호(白虎)이다. 장경루를 지나 위로 가면 주된 건물이 태원보전이다. 태원보전의 내부 정중앙은 삼모진군모영(茅盈)·모고(茅固)·모충(茅衷)을 모시고, 사대공조(四大功曹)가 양측에서 시립하고 있다. 태원보전의 뒤에는 비승대(飛升台)가 있는데, 대모진군이 이곳에서 날아올라 신선이 되었다고 전해진다. 비승대 뒤의 건물은 이성전(二聖殿)인데, 삼모진군의 부모상을 모신다. 이성전의 좌우로는 별도로 백학청(白鶴廳)·양진선관(養眞仙館)·영욱도원(迎旭道院)·의곡도원(儀鵠道院)·재당(齋堂)·도사(道舍) 등의 건물을 세워져 있다. 궁 안에는 다양한 도교 문물이 진열되어 있는데, 그 중 가장 유명한 것은 송나라 철종(哲宗)이 모산 도사 유혼강(劉混康)에게 하사한 네 가지 보물, 즉 옥인(玉印)·옥규(玉圭)·옥부(玉符)·합연(哈硯)이 있다. 궁의 동쪽은 포박봉(抱樸峰)인데, 갈홍(葛洪)이 이곳에서 도를 닦고『포박자(抱樸子)』를 지었다고 전해진다.

원부궁(元符宮)

● ● ●

　정식 이름은 "원부만녕궁(元符萬寧宮)"이고, 간략하게 "인궁(印宮)"이라고 칭한다. 도교 궁관. 강소(江蘇) 모산(茅山)의 적금봉(積金峰) 아래에 있다. 남북조(南北朝) 시기 양(梁)나라 도홍경(陶弘景)이 이곳에서 수련하였다. 송(宋) 철종(哲宗, 재위 1085~1100) 시기에 확대 건축되었고, 숭녕(崇寧) 5년(1106)에 원부만년궁(元符萬寧宮)으로 이름을 바꾸었다. 『강남통지(江南通志)』에 "송나라 가우(嘉祐) 연간에 촉(蜀)땅 사람 왕략(王略)이 오두막을 짓고 여기에서 연단하였다. 휘종이 원부궁이라는 편액을 내리고, 중수를 명하였다[宋嘉祐中蜀人王略結廬煉丹於此, 徽宗賜額元符宮, 命重修]"라고 기록되어 있다. 주요 건축물로는 궁문(宮門) · 옥화문(玉華門) · 천영만복전(天寧萬福殿) · 옥책전(玉冊殿) · 구석전(九錫殿) · 경복만년전(景福萬年殿) · 비천법륜전(飛天法輪殿) · 종루(鍾樓) · 장경각(藏經閣) · 대유당(大有堂) · 동고당(東庫堂) · 서운당(西雲堂) · 보전전(寶篆殿) · 구진당(九眞堂) · 북극각(北極閣) · 잠신암(潛神庵) 및 13방(房)의 도원(道院)이 있어 규모가 웅장하고 기세등등하다. 청(淸) 말기에 전쟁으로 대부분의 건축물이 훼손되었고, 민국(民國)에 이르러서 겨우 영관(靈官) · 태원(太元) · 삼청(三淸)의 세 전각과 동수(東秀) · 서재(西齋) · 면재(勉齋) · 취선(聚仙)의 도원만 남았다. 항일전쟁 기간에 극소수의 도사(道舍)를 제외하고는 전부 일본군에 의해 불타버렸다. 현재 남아 있는 건물로는 산문(山門) · 영관전(靈官殿) · 만수대(萬壽台) · 태원전(太元殿) 및 도원 2방이 있는데, 모두 최근에 지은 것이다. 궁 밖에는 봉호(蓬壺) · 옥계(玉桂) · 화양의 세 개 천연석동굴(天然石洞) 및 초왕간(楚王澗)·상우춘영벽(常遇春影壁) 등의 명승지가 있다. 강남 도교의 명승지이다.

포박도원(抱樸道院)

• • •

도교 궁관. 절강(浙江) 항주시(杭州市) 보석산(寶石山) 서쪽의 갈령 (葛嶺)에 있다. 기록에 따르면, 동진(東晋) 시기 도사 갈홍(葛洪)이 유 람하다 이곳에 이르러 이 지역의 풍경이 아름다울 뿐만 아니라 홍벽 석(紅碧石)이 많이 나는 것을 보고 이곳에 땅을 다져서 집을 짓고 도 를 닦으며 단약을 제련하였다고 한다. 당(唐)나라 때, 갈선사(葛仙祠) 가 세워졌고 편액을 "초양산방(初陽山房)"이라 하였다. 원대(元代)에 전쟁으로 훼손되었다. 명대(明代)에 중건되었으며, 속칭 갈선암(葛 仙庵)이라고 불렸고, 편액에는 마노산거(瑪瑙山居)라고 하였다. 이 후에 여러 차례 중수되었다. 현재는 포박도원이라고 부르는데, 갈홍 이 스스로 포박자라고 불렀기 때문이다. 도원은 남향의 배치구조로, 앞으로는 서호(西湖)를 마주하며 갈령을 등지고 있다. 주요 건축물로 는 패방(牌坊)·정(亭)·산문(山門)·갈선전(葛仙殿)·홍매각(紅梅 閣)·포박려(抱樸廬)·반한당(半閑堂) 등이 있다. 갈선전은 벽돌 목 제 구조물로 헐산식(歇山式) 지붕이며, 내부에는 갈홍의 소상(塑像) 을 모시고 있으며, 그 양측으로 순양제군(純陽帝君)과 자항도인(慈航 道人)을 모시고 있다. 도원에는 아직도 쌍전천(雙錢泉)·연단대(煉丹 台)·연단정(煉丹井)과 갈선암비(葛仙庵碑) 등의 유적과 문물이 남아 있다. 전국중점도교궁관(全國重點道教宮觀) 중의 하나이다.

동소궁(洞霄宮)

• • •

도교 궁관. 절강(浙江) 항주시(杭州市) 여항구(余杭區) 대척산(大滌山) 중봉(中峰) 아래에 있다. 한(漢) 원봉(元封) 3년(BC 108)에 대척동(大滌洞) 앞에 궁단(宮壇)을 세웠다. 당(唐) 고종(高宗) 때, 이곳에 천주관(天柱觀)을 건립하였다. 건영(乾寧) 2년(895)에 전류(錢鏐)가 개축하였다. 북송(北宋) 대중상부(大中祥符) 5년(1012)에 칙령을 받들어 동소궁으로 이름을 바꾸었고, 당시 중국 남방 도교의 중심이 되었다. 남송(南宋) 시기에 이르러 전국 도교 중심 중의 하나가 되었는데, 전·현직 대신들을 모두 동소궁에서 추천하였다. 원(元) 말기에 전쟁으로 훼손되었으나 명(明) 초기에 중건되었다. 번성한 시기에는 전각과 궁관이 지극히 웅장하였고 점유한 면적도 80여 무(畝)에 달했다. 현재 이진원락(二進院落)이 남아있는데, 청나라 말기에 건립된 것이다. 도교에서는 36소동천(小洞天), 72복지(福地) 중의 하나로 "대척동천(大滌洞天)"이라고 부른다. 원나라 등목(鄧牧)이 편찬한 『동소도지(洞霄圖志)』 6권이 남아 있다.

금화관(金華觀)

• • •

"황대선관(黃大仙觀)"이라고도 부른다. 도교 궁관. 절강(浙江) 금화시(金華市) 북쌍용동(北雙龍洞) 남측에 있다. 적송자(赤松子)와 안기생(安期生)이 이곳에서 신선이 되어 하늘로 올라갔다고 전해진다. 황초평(黃初平)이 바위에게 소리쳐 양으로 만들었다는 전설도 있다. 당(唐)나라 때 처음 건축되었다. 금화관은 적송궁(赤松宮)에 속한 도관으로 쌍룡(雙龍)·빙호(冰壺)·조진(朝眞) 삼동(三洞)의 향화(香火)를 관장하였다. 후에 전란으로 훼손되었다. 북송(北宋) 정화(政和) 7년(1117)에 동천복지(洞天福地)로 중건되었고 또 "천하명산(天下名山)"이라는 편액이 붙여졌다. 이후에 점차 폐허가 되었다가 1934년에 재건되었다. 현존하는 건축물은 1990년에 원래 터전에 중건한 것으로, 주요 건축물로는 산문(山門)·종루(鍾樓)·상헌(爽軒)·대전(大殿) 등이 있다. 대전 안에는 황대선의 좌상(坐像)을 모시고 있고, 도관의 우측에는 흰 돌이 쌓여 있는데 마치 진짜 양떼의 모습과 같다.

위우산대유궁(委羽山大有宮)

• • •

도교 궁관. 절강(浙江) 대주시(台州市) 황암구(黃岩區) 남쪽의 위우산(委羽山)에 있다. 전해지기로는, 선인 유봉림(劉奉林)이 이곳에서 학을 타고 날다가 학이 깃털을 떨어뜨렸는데, 이 때문에 산의 이름이 되었다고 한다. 산의 동북쪽에 동굴이 있는데, 『등진은결(登眞隱訣)』과 『진고(眞誥)』에서는 "위우산은 천하 제2동천이니 대유공명지동천이라고 부른다[委羽山, 天下第二洞, 號大有空明之洞天]"고 한다. 이 동굴 앞에 대유궁(大有宮)이 있는데, 삼국시대 오(吳)나라 적오(赤烏) 연간의 위우사(委羽寺) 옛터였고 이후에 도관이 되었다. 청(靑) 강희(康熙) 15년(1676)에 대유궁으로 바뀌었다. 현재 산문(山門)·영관전(靈官殿)·영소보전(靈霄寶殿)·삼청각(三淸閣)·조사당(祖師堂) 등의 건축물 4~50여 칸이 남아 있다. 궁의 내부에는 옥황(玉皇)·여조(呂祖)·구진인(丘眞人)·문태사(聞太師)·삼청(三淸) 등의 금박목조상이 있다. 비문(碑文)에 따르면, 옥황상은 명대

(明代)의 만들어진 것이고, 나머지는 강희(康熙) 연간(1662~1722)에 만들어진 것이다.

소호중묘(巢湖中廟)
· · ·

"중묘(中廟)", "충묘(忠廟)", "성비묘(聖妃廟)", "성모묘(聖姥廟)"라고도 불린다. 도교 궁관. 안휘(安徽) 소호시(巢湖市) 소호(巢湖)의 북쪽 연안 봉황기(鳳凰矶)에 있다. 봉황바위는 붉은 사암으로 구성된 작은 반도로, 소호로 뻗어 있고, 수면으로부터 10m 위로 솟아 있다. "평평한 바위가 물가에 맞닿아 있는데, 그 형태는 나는 봉황과 같다[突石臨流, 形如飛鳳]." 묘당은 소주(巢州)지금의 소호시와 노주(廬州)지금의 합비시(合肥市) 가운데 있기 때문에 중묘(中廟)라고 불린다. 오(吳)나라 적조(赤鳥) 2년(239)에 처음 창건되었다고 전해지며, 송(宋)·원(元)·명(明)·청(淸)대를 거치면서 여러 차례 중수되었다. 벽하원군(碧霞元君)을 제사 지낸다. 현존하는 전각은 청나라 말기 건축물이다. 전각에 올라 멀리 바라보면 안개가 자욱한 수면이 가없이 펼쳐져 있고, 호수의 풍광과 산의 경치가 한눈에 들어와 마음이 탁 트이고 기분이 상쾌해진다.

곽산남악묘(霍山南嶽廟)
· · ·

도교 궁관. 안휘(安徽) 곽산현(霍山縣) 곽산(霍山) 속에 위치하는데, 현성(縣城)에서 3km 떨어져 있다. 이곳은 또 소남악(小南嶽)이라고도 불린다. 『육안현지(六安縣志)』에서는 "곽산은 남악인데, 높이가 1,130장이고, 봉우리와 뫼가 빼어나 엄숙히 나는 난새와 같다. 한 무제 원봉 5년(BC 106)에 남쪽으로 순행하다가 이곳에 이르러, 대를 세우고 봉선제를 지냈다[霍山曰南嶽, 高1130丈, 峰巒聳秀, 儼若飛鸞. 漢武帝元封五年南巡至此, 建台拜封]"고 한다. 사당은 이곳에서 봉선제를 지낸 것을 기념하여 세웠다. 한나라 때 처음 건축하였고, 이후 왕조마다 수리하였다. 현존하는 건축물은 청대(淸代)의 건축물로 규모가 광대하다. 사당 전체는 봉대(封台) 위에 세워져 있다. 동대(東台)에는 120개의 계단이 있고, 서대(西台)에는 60개의 계단이 있다. 사당의 옆으로는 천지(天池)·용추(龍湫)·옥정(嶽井)·풍동(風洞)·석창동(石窗洞)·백호애(白虎崖)·시심애(試心崖)·어풍정(禦風亭)·만권당(萬卷堂) 등의 명승지가 있다. 천지는 입구가 네모나고 바닥은 비스듬하고, 지름이 어른 키만하다. 가물거나 장마가 지거나 간에 넘치지도 마르지도 않는다. 석창동은 한말(漢末)에 좌혜(左慈)가 은거한 곳이라고 전해진다. 사당문 처마에 현대 서예가인 우우임(于右任)이 "소남악(小南嶽)"이라고 쓴 글씨가 석각되어 있다. 사당 내부에는 한나라 때부터 청나라에 이르는 석각 12점이 남아 있다. 사당은 세 면이 담장으로 둘러싸여 있고, 주위에는 고목들이 하늘을 덮고 있으며, 운무 사이로 어렴풋하게 가파른 절벽 위에 서 있다. 예전에는 피서로 좋은 명승지였다.

도덕중궁(道德中宮)

• • • •

도교 궁관. 안휘(安徽) 박주시(亳州市)에 있다. 역대로 노자(老子)를 기념하는 제사를 지내던 건축물이다. 동한(東漢) 시기 연희(延

熹) 8년(165)에 처음 건축되었다. 당(唐) 현종(玄宗), 송(宋) 진종(眞宗) 등이 친히 이곳에 와서 노자를 제사 지냈다. 명(明)·청(淸) 시기에 세 차례의 대규모 수리와 증축을 했다. 1991년에 또 중수했으며, 아울러 노자의 상도 새롭게 모시고, 도덕경(道德經)도 석비에 새롭게 새겼으며, 노자의 사적(史跡)을 거대한 폭의 벽화로 그렸다. 현존하는 건축물로는 산문(山門)·배전(拜殿)·대전(大殿)·동서배전(東西配殿)이 있고, 노자와 관련된 문헌자료를 진열하였는데, 박주시의 유명한 인문경관(人文景觀)이다.

와양천정궁(渦陽天靜宮)

• • •

속칭 "중태청궁(中太淸宮)"·"노자묘(老子廟)"라고 부른다. 도교 궁관. 안휘(安徽) 와양현(渦陽縣) 정점촌(鄭店村)에 있다. 정점(鄭店)은 옛 이름이 복영진(福寧鎭)으로 노자(老子) 출생지이다. 후대 사람들이 이곳에 궁을 건립하고 받들었다. 동한(東漢) 연희(延熹) 8년(165)에 처음 창건되었고, 당대(唐代)에 노자를 당나라의 시조로 받들고 지극히 존숭하여 여러 차례 책봉을 더했으며, 아울러 이 사당을 조묘(祖廟)로 삼아 궁과 전각을 계속해서 건축했다. 궁의 벽면은 황금색으로 휘황찬란하고, 규모는 웅장하며 화려하여 제왕의 도읍에 뒤지지 않는다. 현종(玄宗) 천보(天寶) 2년(743)에 이 궁을 태청궁(太淸宮)으로 봉하였다. 당 말기에 병란으로 훼손되었다. 북송(北宋) 천희(天禧) 2년(1018)에 수리하여 규모가 당나라 때보다 커졌다. 원(元) 태조(太祖) 이후 도교가 다시 부흥하자 이 궁도 중건되었고, 이름도 천정궁(天靜宮)으로 바꾸었다. 지순(至順) 3년(1332)에 다시 칙령으

로 수리하고 기념비를 세웠다. 이 궁은 세 면이 물로 둘러 싸여 있고
한 면은 산에 의지하고 있어서 배산임수(背山臨水)의 형세이다. 원
래 궁이 점유한 땅은 3,000무에 달한다. 노군전이 중앙에 위치하며,
동쪽으로는 동악묘(東嶽廟)·문예당(問禮堂)이 있으며, 남쪽으로는
유성원(流星院)·성모전(聖母殿)·구룡정(九龍井)이 있고, 서쪽으로
는 태소궁(太筲宮)·옥황전(玉皇殿)이 있고, 북쪽으로는 삼청전(三淸
殿)·순양전(純陽殿)이 있다. 이 밖에도 영관전(靈官殿)·송경당(誦
經堂)·종루(鍾樓)·객방(客房)·마구(馬廄) 등의 건축물이 있다. 궁
내 전각 사이로 숲이 있는데, 소나무와 잣나무가 어울려 푸르고 장엄
하면서도 엄숙한 분위기를 자아내며, 전각과 함께 거대한 건축물군
을 이룬다. 여러 차례 병화와 비바람을 거치면서 깎이고 침식당해 겨
우 동악묘(東嶽廟)·구룡정(九龍井)이 남았고, 나머지는 모두 터전만
남았다. 1995년 10월에 주전(主殿)인 노군전(老君殿)이 복구되어 완
성되었고, 낙성식과 신상의 개광의식(開光儀式)을 행했다.

미주마조묘(湄洲媽祖廟)

• • •

　도교 궁관. 복건(福建) 보전시(甫田市) 미주도(湄洲島)에 있다. 북
송(北宋) 옹희(雍熙) 4년(987)에 창건되었다. 명(明) 홍무(洪武) 7년
(1374)에 침궁(寢宮)·향정(香亭)·고루(鼓樓)·산문(山門)이 증축되
었다. 청(淸) 강희(康熙) 22년(1683)에 종루(鍾樓)·고루(鼓樓)·소장
루(梳妝樓) 등이 건축되었다. 이 당시의 전당과 누각은 16채였고, 각
방과 제당 등이 90여 칸이었다. 규모가 웅장하여 "해상용궁(海上龍
宮)"이라는 칭호가 붙었다. "문화혁명(文化革命)" 시기에 전체 사당

이 훼손되었다. 현재 존재하는 건출물은 최근에 중건한 것으로, 주요한 건축물로는 산문(山門)·의문(儀門)·종루(鍾樓)·고루(鼓樓)·태자전(太子殿)·정전(正殿)·침전(寢殿) 등이 있다. 정전에서는 마조(媽祖)의 소상(塑像)을 받들고 있다. 묘당이 바다를 임하고 있어 아침저녁으로 파도 소리가 들리는데, 이 소리를 "미서조음(湄嶼潮音)"이라고 칭송하여 부른다. 사당 뒤에 바위 절벽에는 "승천고적(升天古跡)"·"관란(觀瀾)" 등의 석각이 새겨져 있다. 이곳의 마조묘(媽祖廟)는 중국 각 항구 연안과 동남아 각국에 두루 퍼져 있는 마조묘의 조묘(祖廟)이다.

진무묘(眞武廟)
• • •

도교 궁관. 복건(福建) 천주시(泉州市) 동해향(東海鄕) 석두가(石頭街)에 있다. 송대(宋代)에 처음 건축되었는데, "군수가 해신을 바라보는 곳[爲郡守望祭海神之所]"이었다. 명(明)·청(淸) 시기에 수리되었다. 현존하는 건축물로는 진무전(眞武殿)·사각정(四角亭)·산문(山門) 등이 있는데, 여전히 명·청시대의 건축 풍격을 보전하고 있다. 산문의 두공(斗栱)은 영롱하고 아름다우며, 민(閩) 지방 남쪽 건축물의 특성을 갖추고 있다. 사당 내부에는 명(明) 가정(嘉靖) 12년(1533)에 쓰여진 "탄해(呑海)" 비각과 만력(萬曆) 44년(1616)에 만들어진 "삼해용천(三蟹龍泉)"이라는 우물 등의 부속 문물이 있다. 사당의 규모는 크지 않지만 보존상태가 온전하여 천주(泉州)의 해외교류의 중요 유적이다.

덕운관(德雲觀)

• • •

　도교 궁관. 복건(福建) 남평시(南平市) 서계원촌(西溪源村)에 있다. 북송(北宋) 선화(宣和) 연간(1119~1125)에 창건되었다. 남송(南宋) 가희(嘉熙) 2년(1238)에 이종(理宗)이 "덕운관(德雲觀)"이라는 사액을 내렸고, 명(明) 효종(孝宗, 재위1487~1505) 때, "현진보전(玄眞寶殿)"·"성군보전(聖君寶殿)"에 봉하였고, 이후에 명예가 더욱 증대되었다. "문화혁명(文化革命)" 시기에 훼손되었는데, 현재는 성군보전(聖君寶殿)과 현진보전(玄眞寶殿)이 중건되었다. 매년 음력 2월 5일, 6월 29일, 7월 7일, 7월 23일, 9월 16일 등의 날에는 덕운관에 사람들이 많이 모이는 때로, 분향하는 사람들과 관광객이 끊이지 않는다. 복건성 북부의 도교 주요 거점이다.

충우만년궁(沖佑萬年宮)

• • •

　속칭 "무이궁(武夷宮)"이라고도 한다. 도교 궁관. 복건(福建) 무이산(武夷山) 구곡계곡(九曲溪) 입구와 대왕봉(大王峰) 기슭 사이에 있다. 당(唐) 천보(天寶) 연간(742~756)에 처음 건축되었다. 처음 이름은 천보전(天寶殿)이었으나, 남당(南唐) 시기에는 회선관(會仙觀)으로, 송대(宋代)에서는 충우관(沖佑觀)으로, 원대(元代)에서는 만년궁(萬年宮)으로, 명대(明代)에서는 충원관(沖元觀)으로 불렸으나, 청대(淸代)에서 지금의 이름으로 바뀌었다. 유명한 도교 활동 중심지 중의 하나로, 송대의 저명한 학자인 육유(陸遊)·신기질(辛棄疾)·주희(朱熹)·유자휘(劉子翬) 등이 도관의 업무를 주관하였다. 송·명 두 왕조에서 규모가 확대되어 전각이 300여 칸에 이르렀고, 청대 중기부터 점차로 쇠퇴하여 허물어졌다. 현존하는 건축물은 1990년에 중건한 삼청전(三淸殿)과 그 좌우로 두 개의 정(亭)이 있다.

무이궁(武夷宮)

"충우만년궁(沖佑萬年宮)"이다.

만수궁(萬壽宮)

"철주궁(鐵柱宮)"이라고도 한다. 도교 궁관. 강서(江西) 남창시(南昌市) 취화가(翠花街) 서쪽과 기반가(棋盤街) 동쪽 사이에 있다. 동진(東晋) 시기 도사 허손(許遜)허진군(許眞君)을 제사하기 위해 세워졌다. 궁관의 좌측에는 샘이 있어 강물의 수위에 따라 불었다 줄었다 한다. 궁관 가운데에는 철기둥이 있는데, 허손이 모기를 쫓기 위해 주조한 것이라고 전해진다. 당(唐) 함통(咸通) 연간(860~874)에 철주관(鐵柱觀)으로 불렸으며, 북송(北宋) 대중상부(大中祥符) 2년(1009)에 연진관(延眞觀)으로 이름을 바꾸었고, 송(宋) 영종(寧宗)이 "철주연진지궁(鐵柱延眞之宮)"이라는 어서를 내렸다. 명(明) 세종(世宗)은 "묘제만수궁(妙濟萬壽宮)"이라는 이름을 내렸다. 명 가정(嘉靖) 연간(1522~1566)에 지금의 명칭으로 불렸다. 청나라 때 여섯 번 중수하였다. 현존하는 건축물은 하나의 전(殿)과 두 개의 원(院)으로 구성되어 있다.

철주궁(鐵柱宮)

• • •

"만수궁(萬壽宮)"이다.

서산만수궁(西山萬壽宮)

• • •

도교 궁관. 강서(江西) 신건현(新建縣) 서산(西山)에 있다. 『신건현지(新建縣志)』와 『서산만수궁통지(西山萬壽宮通志)』에 따르면, 동진(東晉) 시기 도사 허손(許遜)이 일찍이 정양현(旌陽縣)의 수령이 되어 청렴하게 생활하며 백성들을 위해 해가 되는 것을 제거하고 이익을 증대시켰는데, 후에 관직을 버리고 동쪽으로 와 이곳에서 수련하며 연단하였다고 한다. 후대 사람이 그를 기념하기 위해 허선사(許仙祠)를 세웠는데, 이것이 만수궁의 전신이다. 남북조(南北朝) 시대에는 사당을 개조해 유유관(遊帷觀)으로 만들었다. 북송(北宋) 대중상부(大中祥符) 3년(1010)에는 도관을 승격해 궁으로 만들었고, 진종(眞宗)이 직접 쓴 "옥륭(玉隆)"이라는 편액을 하사하였다. 정화(政和) 6년(1116)에 휘종(徽宗)이 칙령을 내려 서경(西京)낙양(洛陽)의 숭복궁(崇福宮)을 본떠 중건하게 하고, 아울러 "옥륭만수궁(玉隆萬壽宮)"이라는 친필 편액을 하사하였다. 원(元) 지정(至正) 12년(1352)에 전체가 불탔다. 명(明) 정덕(正德) 15년(1520)에 대전을 크게 중건하였고, 무종(武宗)이 "묘제만수궁(妙濟萬壽宮)"이라는 편액을 하사하였다. 만력(萬曆) 10년(1582)에 나머지 전각들을 새롭게 건립했다. 청(淸) 건륭(乾隆) 4년(1739)에 옛 도관의 모습을 회복하였으나, 함풍(咸豊) 11년(1861)에 화재로 훼손되었다. 동치(同治) 6년(1867)에 전삼전(前三殿)·중삼전(中

三殿)·후삼전(後三殿)을 건립하고, 좌측으로 문창궁(文昌宮)을 두었으며, 우측으로는 소요진(逍遙津)을 세웠다. 게다가 희대(戱台)·산문(山門)을 건립하여 강서성의 유명한 큰 사당이 되었다. 그러나 건축물 대부분은 항일전쟁 시기에 훼손되었고, 건국 이후에 겨우 정전만 남았는데, 근년에 지속적으로 중건하고 있다. 궁의 내부에는 진대(晉代)에 심어진 3그루의 잣나무가 있는데, 오래됐지만 아직도 푸르고 무성하다. 그 중에 정전 앞 우측에 있는 나무는 허손이 직접 심었다고 전해진다. 궁의 앞에는 진대의 철기둥과 오래된 샘물이 맑게 솟아나는데, 팔각의 울타리로 잘 보존되고 있다.

용호산상청궁(龍虎山上清宮)
• • •

　도교 궁관. 강서(江西) 귀계시(貴溪市) 상청진(上清鎭) 동쪽에 있다. 장도릉(張道陵)의 4대 손인 장성(張盛)이 서진(西晉) 영가(永嘉) 연간(307~313)에 한중(漢中)으로부터 용호산(龍虎山)으로 이주한 이후에 건축하였다. 이곳은 역대로 천사(天師)의 도장이자 신을 제사하는 장소였다. 원래 이름은 전록단(傳籙壇)이었는데, 당대(唐代)에 진선관(眞仙觀)으로 이름을 바꾸었다. 정화(政和) 3년(1113)에 상청정일궁(上清正一宮)으로 이름을 바꾸었다. 원(元) 지대(至大) 연간(1308~1311)에 정일만수궁(正一萬壽宮)으로 이름을 바꾸었다. 청(淸) 강희(康熙) 26년(1687)에 태상청궁(太上清宮)으로 불렸으며, 간단히 상청궁(上清宮)이라 불렀다. 전체 궁관의 규모는 매우 광대하고 기세가 대단해 강서에 이름을 날렸다. 이후에 훼손되어 현재는 복지문(福地門)·구곡항(九曲巷)·하마정(下馬亭)·오조문(午朝門)·종루(鍾樓) · 용호선봉(龍虎仙峰) · 옥문전(玉門殿) · 동은원(東隱院) 및 원대와 명대(明代)의 석각(石刻) 등 진귀한 물품이 남아 있다. 용호산상청궁은 역사상 저명한 도교 궁관 중에 하나로, 정일도(正一道)의 조정(祖庭)이다.

천사부(天師府)

정식 명칭은 "사한천사부(嗣漢天師府)"이다. 도교 역대 장천사(張天師)의 관저이다. 강서(江西) 귀계시(貴溪市) 상청진(上淸鎭)에 있다. 한(漢) 순제(順帝) 때 장도릉(張道陵)이 사천(四川)의 학명산(鶴鳴山)에서 수도하여 도교의 시조가 되었다. 서진(西晉) 영가(永嘉) 연간(307~313)에 그의 4대 손인 장성(張盛)이 한중(漢中)으로부터 이주하여 용호산(龍虎山)에 거처했다. 당(唐) 천보(天寶) 7년(748)에 장도릉의 15대 손인 장고(張高)가 한조천사(漢祖天師)에 봉해지면서, 전답이 하사되었고 세금이 면해졌다. 송(宋) · 원(元) · 명(明) · 청(淸)대에도 그 도를 존숭해 그 자손을 관리로 삼았고, 천사부를 중수했다. 역대로 각 조정에서 새롭게 중수하거나 건축하여 방과 건물이 500여 칸에 달했고, 점유한 토지는 5만여 m²에 달했다. 현존하는 주요 건축물은 부문(府門) · 이문(二門) · 현단전(玄壇殿) · 법록국(法籙局) · 제거서(提擧署) · 옥황전(玉皇殿) · 천사사제(天師私第) · 만법종단(萬法宗壇) · 횡금량사합원(橫金梁四合院) · 진무전유지(眞武殿遺址) · 토지묘(土地廟) · 칙서각(敕書閣) 및 영지원(靈芝院) · 후화원(後花園) · 백화지(百花池) 등이 있다. 전체 건축물은 8괘 형태로 펼쳐져 있고, 최고급 귀족들의 저택 양식인 왕부(王府) 궁전식(宮殿式)

의 형태이다. 그 전각과 누각의 처마 끝은 하늘을 향하고 기둥에 상량을 층층이 쌓았으며, 붉은 벽에 유리기와를 올렸고 들보와 용마루는 조각하거나 채색하였다. 그 규모가 광대하고 기세가 웅장하다. 원내에는 고목이 하늘을 가리고 있어 풍경이 아름답다. 그 중 옥황전은 원래 천사가 법을 강의하던 큰 건물로, 1992년에 재건축되었고 전각 내부에는 높이 9.99m의 옥황대제(玉皇大帝)를 모시고 있으며, 좌우에는 금동옥녀(金童玉女)가 있고, 동서에는 악비(嶽飛), 주언(朱彦) 등 12천장(天將)이 있다. 천사사제(天師私第)는 대대로 천사의 주택으로, 천사부의 주요한 건물이다. 그 면적은 대략 2km²로, 전청(前廳)·중청(中廳)·후청(後廳)의 3개 청과 동서의 복도에 방들과 꽃담장과 행랑방으로 구성되어 있으며, 건축물이 화려하다. 저택의 전청(前廳)은 본래 객청(客廳)인데, 삼성당(三省堂)장천사(張天師)의 도성(都省) · 허진군(許眞君)의 태성(泰省) · 갈선옹(葛仙翁)의 현성(玄省)으로 불린다. 이 건물은 장천사 장교(掌敎)가 후대의 주교(主敎)에게 강의하던 장소였다가 1985년에 천사전(天師殿)으로 재건축되었다. 전각 내에 한가운데에는 검을 들고 꿇어 앉지 않는 천사 장도릉의 상이 있고, 동과 서로는 단정히 앉은 제30대 천사 장계선(張繼先), 제43대 천사 장우초(張宇初)의 상이 있다. 장도릉 상의 앞의 동쪽과 서쪽에는 검(劍)과 인(印)을 들고 서 있는 왕장(王長)과 조단(趙丹)의 상이 있는데, 이들은 장도릉과 동시에 득도한 인물이다. 만법종단(萬法宗壇)은 천사 저택의 서쪽에 있는데, 명나라 가정(嘉靖) 5년(1526)에 칙령에 의해 세워졌고, 1985년 이후에 중건되었다. 이 건물은 도교 최고의 법단이자 온갖 신들이 모이는 곳이며, 또한 장천사가 도교 교주이면서 천하의 도교 사무를 관장하는 상징을 나타내기도 한다. 문 앞에는 "만법종단(萬法宗壇)"이라는 편액이 높이 걸려 있고, 원(院) 내에는 세 전각을 두었는데, 원래는 장천사가 신을 제사하던 곳이었다. 현재는 국내와 해외의 도교 제자들이 신과 조상에게 참배하거나 부록을 받거나 전하는 성지로 쓰인다. 그 중 정전인 삼청전에서는 삼청(三淸)·사어(四禦)·삼관(三官)·오로(五老) 등 15존의 신상을 모시고 있다. 그리고 법단(法壇)과 신번(神幡)이 배치되어 있다. 동배전(東配殿)은 영관전(靈官殿)으로, 호법신(護法神)인 왕영관(王靈官)을 모시고 있다. 서배전(西配殿)은 재신전(財神殿)으로, 재물신인 조현단(趙玄壇)을 모시고 있다. 전국도교중점궁관보호단위(全國道敎重點宮官保護單位)로 지정되어 있다.

상요동악묘(上饒東嶽廟)

• • •

도교 궁관. 강서(江西) 상요시(上饒市) 남쪽 교외 낭야산(琅邪山)에 있다. 남송(南宋) 소흥(紹興) 연간(1131~1162)에 처음 건축된 이후 역대 왕조마다 중수되고 확장되었다. 원래의 묘당 규모도 비교적 크지만, 현존하는 정전(正殿)과 휴양사(睢陽祠)의 면적은 2km²에 달한다. 정전은 벽돌과 나무로 구성되어 있고 경산식(硬山式) 지붕으로 되어 있다. 전청과 후청으로 나뉘고, 두 개의 천정(天井)이 있다. 문 앞에는 삼중으로 계단이 설치되어 있고, 계단 사이에는 9마리 용이 부조되어 있다. 정전의 오른쪽은 휴양사이고, 좌측은 성모전(聖母殿)이며, 후면은 문창각(文昌閣)인데, 문창각의 전면은 희대(戲台)이다. 사당 뒤편은 벽운봉(碧雲峰)인데, 해발 250여 m로 올라가서 아래를 내려보면 상요시 전체 풍광을 조망할 수 있다.

삼청궁(三淸宮)

• • •

　도교 궁관. 강서(江西)의 옥산현(玉山縣)과 덕흥현(德興縣)이 교차하는 곳인 삼청산(三淸山)에 있다. 삼청궁은 원대(元代)에 처음 건축되었고, 명(明) 경태(景泰) 연간(1450~1457)에 중건되었다. 현존하는 건축물은 정전(正殿)·후전(後殿) 등으로, 총 건축면적은 518m² 이고, 점유하고 있는 면적은 2,300m²이다. 정전은 세 칸의 이진원락(二進院落) 형태이며, 산에 기대어 세워져 앞쪽으로 기울어져 있다. 대문은 세 기둥으로, 처마에는 세로로 "삼청복지(三淸福地)"라는 편액이 걸려 있다. 대전의 정중앙에는 옥청(玉淸)·상청(上淸)·태청(太淸)의 신상(神像)이 배열되어 있고, 여러 신선들이 양측으로 배열되어 있다. 뒤쪽의 감실에서는 왕우(王佑)_{명나라 때에 삼청궁을 중수한 도인}와 반공(潘公)을 모셔 놓고 있다. 돌계단을 따라 올라가면, 삼청궁의 후전(後殿)인데, 안에는 불교의 관음과 십팔 나한을 모시고 있다. 궁의 앞은 사각형의 평원(平院)인데, 평원 앞에는 화강암으로 된 패방(牌坊)이 있다. 여기에 삼청궁(三淸宮)이라는 세 글자가 크게 새겨져 있는데, 이 글씨는 명나라 자정대학사(資政大學士) 병부상서(兵部尙書) 손원정(孫元貞)이 쓴 것이라고 한다. 이 패방과 정전 사이에 석향로(石香爐) 두 개가 있는데, 하나는 정전 앞 수지(水池) 속에, 다른 하나는 패방 뒤에 있다. 이 패방 양쪽으로 사당이 하나씩 있는데, 옥령관(王靈官)과 괴성신(魁星神)을 모시는 곳이다.

갈선사(葛仙祠)

• • •

　도교 궁관. 강서(江西) 연산현(鉛山縣) 갈선산(葛仙山) 정상에 있다. 갈선산은 무이산(武夷山)의 지맥으로, 주봉이 해발 1,096.3m이다. 동한(東漢) 시기에 갈현(葛玄)이 이곳에서 수련하여 신선이 되었다고 전해지며, 그 때문에 갈선사라고 이름 붙였다고 한다. 북송(北宋) 원우(元祐) 7년(1092)에 처음 지어졌으며, 태극전(太極殿)이라고 불렀고 갈선옹을 제사 지냈다. 원(元), 명(明), 청(淸)을 거치면서 여러 차례 수리하였는데, 훗날 화재로 훼손되었다. 1929년에 원래 모습에 따라 중건하였다. 사당의 문은 팔괘의 문양이 드러나 있고, 편액에는 "대갈선전(大葛仙殿)"이라고 쓰여 있다. 전각의 길이는 29.9m이고, 폭은 17m이며, 면적은 496m²이다. 전각 위쪽에는 단이 있고, 단 위에는 갈현의 행상(行像)과 좌상(坐像)이 하나씩 있으며, 횡으로 된 편액이 6개 있다. 단의 아래에는 오래된 우물이 있는데, 갈현이 팠다고 전해진다. 전각 문밖의 우측에는 삼관전(三官殿)·영관전(靈官殿)이 있고, 다시 계단을 통해 가면 옥황전(玉皇殿)·지모루(地母樓)·자제사(慈濟寺)·용지(龍池)로 통한다. 사당에서 서북쪽으로 2.5km 되는 곳의 산비탈에는 낭전(娘殿)이 있는데, 이곳에서는 갈현의 어머니를 제사 지낸다. 사당에서 동남쪽으로 약 2km 되는 곳의 산비탈에 야전(爺殿)이 있는데, 이곳에서는 갈현의 아버지를 제사 지낸다. 사당 주위로는 시검석(試劍石)·상마석(上馬石)·하마석(下馬石)·식심암(息心岩)·선인족적(仙人足跡)·비승대(飛升台)·세안선천(洗眼仙泉) 등의 고적이 있다. 매년 6월 초하루는 갈선산 "개산문(開山門)" 날이고, 시월 초하루는 "관산문(關山門)" 날인데, 이때에 분향객이 구름처럼 모인다. 8월 20일은 갈선옹이 태어난 날로, 가장 성대하게 행사를 치른다.

제남북극각(濟南北極閣)

. . .

도교 궁관. 산동(山東) 제남시(濟南市) 대명호(大明湖) 동북쪽 연안에 위치해 있다. 원대(元代)에 처음 건축되었고, 명(明) 영락(永樂) 연간(1403~1424)에 중수되었다. 전각은 연안의 높은 대 위에 건축되어 있는데, 산문(山門) · 종고루(鍾鼓樓) · 전전(前殿) · 후전(後殿) · 동배전(東配殿) · 서배전(西配殿)으로 조성되었으며, 사방이 담장으로 둘러싸여 있다. 사당 내부에는 원래부터 원(元) · 명(明) · 청(淸) 각 시기에 만들어진 소상(塑像)이 있었고, 원대에 만들어진 귀사상(龜蛇像)과 진무제군(眞武帝君)의 소상이 가장 진귀하였지만, 애석하게도 문화대혁명 때에 훼손되었다. 현존하는 소상은 문화대혁명 후기에 원형을 복원한 것이다. 전전(前殿)의 내부 정중앙에는 진무제군을 모시고 있고, 그 외 사대천군(四大天君) · 사신(四神) 및 선진(仙眞) · 풍백(風伯) · 우사(雨師) · 전모(電母) · 뢰공(雷公) 등의 소상이 있다. 후전은 진무대제의 부모를 모시고 있다. 높은 대에 위치해 있어서 눈을 들어 멀리 바라보면 호수의 풍광과 산색이 한눈에 들어온다.

동진관(洞眞觀)

. . .

"신허궁(神虛宮)"이라고도 부르며, 속칭 "대암(大庵)"이라 한다. 도교 궁관. 산동(山東) 제남시(濟南市) 장청구(長淸區) 오봉산(五

峰山) 동쪽의 지선봉(志仙峰) 아래에 있다. 금(金) 태화(泰和) 연간 (1201~1208)에 처음 건립되었고, 원(元) · 명(明) 시기에 증축되었다. 명(明) 만력(萬曆) 연간(1573~1620)에 칙령을 내려 산을 깎아 중수(重修)하도록 하고, 도장(道藏) 한 질을 내려 주었다. 건축물은 산세를 따라 빙 둘러 지어졌으며 남향으로 배치되어 있다. 옥황묘(玉皇廟) · 낭랑묘(娘娘廟) · 진무묘(眞武廟) · 삼원궁(三元宮) · 청제궁(靑帝宮) 등의 독립 원락(院落)이 있다. 관내에는 오래된 잣나무들이 늘어서 있는데 물을 머금은 듯 짙푸르다. 오래된 은행나무가 한그루 있는데, 그 둘레는 6.5m 높이는 약 30m로, 궁관을 처음 건축할 때 심어진 것으로 추정된다. 또 오래된 비석이 수십 기(基) 있는데 그 중 『최선생상찬(崔先生像贊)』이 쓰인 비석이 가장 진귀하다. 최진정(崔眞靜) 선생은 금(金)나라 때 도인으로, 이곳에서 수련하여 득도했다고 전해진다. 비석 정면에는 심사원(沈士元)이 그린 화상(畫像)이 있으며, 원호문(元好問) · 유기(劉祁) · 두인걸(杜仁傑)의 상찬(像贊)이 있는데 주(籀) · 전(篆) · 예(隸) 세 종류의 서체로 나뉘어 쓰였다. 비석 뒷면에는 최진정의 간략한 전기(傳記)가 쓰여 있다. 이 비석은 글씨[書] · 그림[畫] · 조각[刻]이 모두 빼어나 후대의 많은 금석학자들이 저술에서 언급하고 있다.

노산태청궁(嶗山太淸宮)

• • •

간략하게 "하궁(下宮)"이라 부르며, "하청궁(下淸宮)"이라고도 부른다. 도교 궁관. 산동(山東) 노산(嶗山) 동남쪽 반도봉(蟠桃峰) 아래 노산만(嶗山灣)에 있다. 서한(西漢) 건원(建元) 원년(BC 140)에 창건되었으며, 당시에는 원래 삼관대제(三官大帝)를 모셨기에 삼관묘(三官廟)라고 불렀다가, 훗날 태청궁(太淸宮)으로 개칭하였다. 송(宋) 태조(太祖)가 화개진인(華蓋眞人) 유약졸(劉若拙)을 위하여 여기에 도장을 세웠다. 금(金) 명창(明昌) 6년(1195)에 전진도사 구처기(丘處機)·유처현(劉處玄) 등이 곤유산(昆崙山)으로부터 와서 태청궁에서 도(道)를 강론하였는데, 이후로 태청궁의 도중(道衆)들이 유처현의 전진도 수산파(隨山派)를 따르게 되었다. 이로부터 태청궁은 수산파의 조정(祖庭)이 되었다. 명(明) 만력(萬曆) 연간(1573~1620)에 무너지자 감산화상(憨山和尙)이 궁 앞에 해인사(海印寺)를 건립하였다. 그러나 사원이 오래지 않아 허물어지자 다시 궁을 건립하면서 더 확장하였다. 현재 삼관전(三官殿)·삼청전(三淸殿)·삼황전(三皇殿) 세 건물이 남아 있다. 궁 안에는 기이한 화초들이 사계절 내내 만발해 있다. 한나라 때의 측백나무[漢柏], 당나라 때의 느릅나무[唐楡], 송나라 때의 은행나무[宋銀杏]가 모두 오랜 시간동안 풍상을 겪으면서 현재까지도 우뚝 높이 솟아 있고 그 잎도 매우 무성하고 짙푸르다. 능소화 덩굴이 측백나무를 휘감고 있는데 마치 구불구불한 모습이 용과 같아 "고백반룡(古柏盤龍)"이라고 불린다. 삼청전 앞에 있는 푸른 연못을 태청궁의 도사들은 신수천(神水泉)이라 일컫는데, 큰 가뭄이 든 해에도 마르지 않았다고 한다. 삼황전 내벽에는 원세조(元世祖) 쿠빌라이(忽必烈)의 호교문비(護敎文碑)와 칭기즈칸이 하사한 금호부문(金虎符文)이 박혀있다. 밝은 달이 하늘에 떠오를 때면 파도가 높이 치는데, 이를 "태청수월(太淸水月)"이라 부른다. 이는 노산의 절경 가운데 하나이다.

노산상청궁(嶗山上淸宮)

· · ·

　간략하게 "상궁(上宮)"이라 부른다. 도교 궁관. 산동(山東) 노산(嶗山) 동남쪽 산기슭 깊은 계곡 속에 있다. 원래 산 위에 있었으며 노산묘(嶗山廟)라 불렸는데, 한대(漢代) 정강성(鄭康成)이 여기서 장막을 치고 제자들을 가르쳤다고 전해진다. 송(宋) 초기에 재건하였고, 이때 태종(太宗)이 상청(上淸)이란 이름을 하사하였다. 이후에 산사태로 허물어졌다. 원(元) 대덕(大德) 연간(1297~1307)에 화산파(華山派) 도사 이지명(李志明)이 지금의 터에 중건하였고, 이후 역대 왕조마다 증수(增修)하였다. 현존하는 건축물은 두 개의 원락(院落)으로 나뉜다. 전원(前院)의 문 안 양쪽에 각각 오래된 은행나무가 한 그루씩 심어져 있는데, 잎과 가지가 매우 우거지며 노산 은행나무들 중 으뜸이다. 후원(後院)은 정전(正殿)과 동서의 배전(配殿) 그리고 도사들의 거처[道舍]로 되어 있다. 정전에서는 옥황대제(玉皇大帝)를 모시고, 배전에서는 전진칠자(全眞七子)를 모시고 있다. 후원 안에는 모란 한 그루가 심어져 있어 매해 봄이 되면 옥과 같은 흰 꽃이 피는데, 이는 포송령(蒲松齡)이 저술한 『요재지이(聊齋志異)』에서 "향옥(香玉)"이라는 화선(花仙)이라고 전해진다. 원대의 구처기(丘處機)가 이곳에 머물 때 새긴 글들이 남아 있는데, 그 중 『청옥안(靑玉案)』이라는 사(詞)와 칠언절구 시(詩) 10수가 가장 유명하다. 상청궁 앞으로 약 250m 떨어진 곳에는 구처기의관총(丘處機衣冠塚)이 있는데, 예전에는 구조분(丘祖墳)이라 불렸다. 이외 영선교(迎仙橋)와 조진교(朝眞橋)가 있다. 그리고 성수천(聖水泉)이 오산석(鰲山石) 아래에서 흘러나오는데, 그 샘물이 맑고 투명하면서 감미롭고 청량하다. 노산의 유명한 샘물 가운데 하나이다.

태평궁(太平宮)

• • •

도교 궁관. 산동(山東) 노산(崂山) 동쪽의 상원산(上苑山) 북쪽 산기슭, 앙구만(仰口灣) 가에 있다. 애초 이름은 "태평흥국원(太平興國院)"이며, "상원(上苑)"이라고도 불린다. 송(宋) 태조(太祖)가 화개진인(華蓋眞人) 유약졸(劉若拙)을 위해 칙령을 내려 건립한 도장이다. 금(金) 명창(明昌) 연간(1190~1196)에 중수(重修)하였다. 현재 정전(正殿)인 삼청전(三淸殿)과 배전(配殿)인 삼관전(三官殿)·진무전(眞武殿)이 남아 있다. 태평궁 서쪽으로는 절벽이 우뚝 솟아 있는데, 그 아래로는 유용동(猶龍洞)이라 불리는 천연의 석굴이 있다. 석굴 안은 높고 널찍하다. 석굴 외부의 위에는 "혼원석(混元石)" 세 글자와 성도(星圖)가 새겨져 있고, 석굴 옆에는 용과 같은 모습의 돌 위로 "유용동(猶龍洞)" 세 글자가 새겨져 있다. 궁의 북쪽 산비탈 아래 계곡 사이로 물이 흐르는데, 백룡(白龍)이 거기서 노는 것을 농부가 보았다고 전해지기에 백룡간(白龍澗)이라고 불린다. 백룡간 아래로 큰 바위들이 가로로 양쪽 언덕에 걸쳐져 있고 물이 그 바위들 틈 아래로 흐르는데, 이를 선인교(仙人橋)라 일컫는다. 다리를 지나면 산비탈에 큰 바위가 있는데, 바위 위에 구처기(丘處機)가 노산을 노래한 칠언절구 시 20수와 서문이 새겨져 있다. 궁의 북쪽의 사자봉에는 구름이 자욱하여 "사령횡운(獅嶺橫雲)"이라 불리는 빼어난 풍경이 있다.

화루궁(華樓宮)

• • •

도교 궁관. 산동(山東) 노산(崂山) 남쪽 곤륜산(昆侖山)현무봉(玄武峰)

이라고도 일컫는다 중턱에 있다. 원(元) 태정(泰定) 2년(1325)에 도사 유지견(劉志堅)이 창건했다. 명(明)·청(淸)·민국(民國) 시기마다 중수(重修)하였다. 현재 노군전(老君殿)·옥황전(玉皇殿)·관제전(關帝殿) 세 건물이 남아 있다. 궁관은 산에 기대어 골짜기를 바라보고 있는데 지세가 높아 앞이 확 트였다. 궁의 북쪽에는 커다란 바위 하나가 있는데 그 위에 "벽락암(碧落岩)" 세 글자가 새겨져 있다. 바위 아래의 금액천(金液泉)은 노산의 유명한 샘 가운데 하나이다. 궁의 서북쪽에는 커다란 바위들이 겹겹이 포개져 있는데, 이를 능연고(淩煙崮)라고 부른다. 능연고 맨 위에는 웅덩이가 있는데, 여기에 고인 물은 넘치지도 않고 마르지도 않는다. 이 웅덩이를 옥녀분(玉女盆)이라 부른다. 능연고 아래에는 암자동(岩子洞)이라 불리는 동굴이 있는데, 유지견의 뼈를 묻은 곳이다. 궁 앞은 남천문(南天門)으로 바위 벼랑 위에 우뚝 서 있는데, 동쪽·서쪽·남쪽 삼면이 모두 깊은 골짜기를 바라보고 있다. 궁 동쪽에는 석대(石臺)가 수십 장의 높이로 우뚝 솟아 있는데, 마치 매우 높은 누각이 하늘에 맞닿아 있는 듯하다. 선녀가 세수하고 빗질하던 누각[梳洗樓]이라고 전해지며 취선루(聚仙樓)라고도 불리는데, 이곳이 노산의 명승 "화루첩석(華樓疊石)"이다.

대묘(岱廟)

• • •

도교 궁관. 산동(山東) 태산(泰山) 남쪽 산기슭에 있다. 태산은 대산(岱山)이라고도 불리는데, 태산의 신(神)인 "동악천제인성대제(東嶽天齊仁聖大帝)"를 제사 지내기 때문에 대묘라는 이름을 얻었다. 역대 제왕들이 태산에 봉선(封禪)을 행하고 나라의 큰 의식을 거행하던 곳이다. 사료에 "진나라 때에는 치(畤)라는 제사 터를 만들었고, 한나라 때에는 궁도 세웠다[秦時作畤, 漢亦起宮]"고 실려 있고, 당(唐)나라 때에 크게 확장하여 건립했으며, 북송(北宋) 선화(宣和) 4년(1122)에는 "전각·침궁·대청·문·정자·창고·별관·망루·누각·행랑·곁채 등 모두 합하여 813칸의 규모가 되었으며[凡爲殿寢堂閣, 門亭庫館, 樓觀廊廡[1], 合八百一十有三楹]", 금(金)·원(元)·명(明)·청(淸) 각 시기마다 모두 증수(增修)하였다. 궁전과 동일한 방식으로 건축하였다. 주전(主殿)인 천황전(天貺殿)이 중심이 되고 회랑(回廊)이 이를 둘러싸고 있는데, 좌우로 종루(鍾樓)와 고루(鼓樓)가 서로 마주하고, 앞에는 인안문(仁安門)·배천문(配天門)이 있고, 뒤에는 침궁(寢宮)이 세 채 있다. 좌측에는 한백원(漢柏院)·동어좌(東禦座)·화원(花園)이 있고, 우측에는 당괴원(唐槐院)·도사원(道舍院) 등이 있다. 총 면적은 9.6km²에 달하는데, 합리적인 배치와 치밀한 짜임새로 웅장하고 장엄한 건축물이다. 사당은 황금색 기와에 붉은색 용마루로 되어 있고, 오래된 측백나무들이 하늘을 찌를 듯하며, 비석들이 숲처럼 빽빽이 늘어서 있다. 오래된 문물(文物)로 동정(銅亭)과 철탑(鐵塔) 등도 있다. 전국중점문물보호단위(全國重點文物保護單位)로 지정되어 있다.

벽하사(碧霞祠)

· · ·

도교 궁관. 산동(山東) 태산(泰山)의 맨 꼭대기 남쪽에 있다. 원래

---

1. 廡: 원서에는 '蕪'라 되어 있으나 문맥상 '廡'의 오타로 보인다.

명칭은 "소각사(昭覺祠)"였으며, 금대(金代)에는 "소진관(昭眞觀)"으로 불렸고, 명대(明代)에는 "벽하영우궁(碧霞靈佑宮)"으로 불렸다. 청(淸) 건륭(乾隆) 연간(1736~1795)에 지금의 이름으로 개칭했다. 북송(北宋) 대중상부(大中祥符) 연간(1008~1016)에 건립되었고, 명·청시기에 증수(增修)되어 거대한 규모의 건축군을 이루었다. 높은 산에서 벼락 맞는 것을 방지하기 위해 금속 주조물과 토목, 벽돌, 석조가 결합된 설계를 채용하였다. 벽하사는 산문(山門)을 경계로 하여 내원(內院)과 외원(外院)으로 나뉜다. 산문 바깥의 동·서·남쪽에는 각각 하나의 문이 있는데 "신문(神門)"이라 불린다. 남문에 세워진 가무루(歌舞樓)는 동문과 서문의 신각(神閣)과 서로 통하고, 종루(鍾樓)와 고루(鼓樓)는 산문 좌우로 서로 마주보고 있다. 산문 안에서 중심이 되는 건축물은 벽하원군전(碧霞元君殿)으로, 가로로 4칸 크기에 팔각의 겹처마 지붕 구조로 되어 있다. 전각의 꼭대기는 360이랑의 구리 기와로 되어 있는데, 이는 "천체가 한 바퀴 도는 도수를 본떴다[象周天之數]." 전각 안의 정중앙에는 금박의 벽하원군 동상이 모셔져 있다. 동배전과 서배전은 각각 3칸인데 철 기와로 지붕을 덮었으며, 서배전에서는 송자낭랑(送子娘娘) 동상을, 동배전에서는 안광낭랑(眼光娘娘) 동상을 각각 모시고 있다. 배전 남쪽에 어비정(禦碑亭) 두 채가 동서로 나뉘어 세워져 있다. 벽하사 중앙의 향정(香亭)은 만세루(萬歲樓)라고도 불린다. 만세루 양측에 명대의 구리 비석이 세워져 있는데, 하나는 만력(萬曆) 43년(1615)의 "태산천선금궐(泰山天仙金闕)"비이고 다른 하나는 천계(天啓) 5년(1625)의 "태산영우궁(泰山靈佑宮)"비이다. 전국도교중점개방궁관(全國道教重點開放宮觀)로 지정되어 있다.

중악묘(中嶽廟)

• • •

　도교 궁관. 하남(河南) 숭산(嵩山) 남쪽의 태실산(太室山) 기슭에 있다. 중악묘는 황개봉(黃蓋峰)을 등지고 있으며, 오악묘(五嶽廟) 가운데 보존이 비교적 잘 되어 있는 곳이다. 처음 명칭은 태실사(太室祠)였으며, 한(漢) 무제(武帝) 시기에 증축되었고, 대략 북위(北魏) 시기에 지금의 이름으로 개칭했다. 당(唐) 현종(玄宗) 개원(開元) 18년(730)에 정비하여 새롭게 단장하라는 명령이 내려졌고 당 중엽에 지금의 터로 정해졌다. 청(淸) 건륭(乾隆) 연간(1736~1795)에 거듭 보수·정비하였고, 도회사(道會司)라는 기구를 두어 현(縣) 전체의 도교사무(道敎事務)를 주재하게 하였다. 현존하는 중악묘는 기본적으로 청대에 중수(重修)된 이후의 규모를 보존하고 있으며, 하남에서 규모가 가장 큰 묘당 건축물이다. 산을 따라 남쪽이 낮고 북쪽으로 점차 높아지면서 대칭을 이루고 있다. 중화문(中華門)에서 시작하여 요삼정(遙參亭)·천중각(天中閣)·배천작진방(配天作鎭坊)·숭현문(崇聖門)·화삼문(化三門)·준극문(峻極門)·숭고준극방(崧高峻極坊)·중악대전(中嶽大殿)·침전(寢殿)을 거쳐 어서루(禦書樓)에 이르기까지 총 11개의 원락으로, 길이는 1.3km에 달하고 면적은 약 100km²이다. 루(樓)·각(閣)·궁(宮)·전(殿)·대(臺)·랑(廊)·비루(碑樓) 등 모두 400여 칸의 건축물이 있다. 중악묘 안에는 당(唐)·송(宋) 이래의 오래된 측백나무 300여 그루가 있고, 금속으로 만든 기물과 석각(石刻) 비석 등이 백여 기(基)가 있다. 한(漢)나라 때의 태실석궐(太室石闕)·석인옹중(石人翁仲), 북위(北魏) 때의 "중악숭고영묘지비(中嶽嵩高靈廟之碑)", 북송(北宋) 때 주조한 "사대철인(四大鐵

人)", 명(明)나라 때의 "오악진형지도비(五嶽眞形之圖碑)" 등의 문물
이 가장 유명하다.

여조암(呂祖庵)

• • •

도교 궁관. 하남(河南) 낙양시(洛陽市) 북쪽 교외의 망산(邙山)에
있다. 청(淸) 건륭(乾隆) 연간(1736~1795)에 창건되었고, "팔선(八
仙)" 가운데 하나인 여동빈(呂洞賓)을 제사 지낸다. 이후 여러 차례
재건과 증축을 거쳐 비로소 일정 규모를 갖추게 되었다. 1981년에
수리를 통해 새로운 면모를 드러내었다. 현존하는 건축물은 산문(山
門)·권붕(卷棚)·대전(大殿)·이전(二殿) 등 26칸이 있는데, 동향으
로 배치되어 있고 산을 따라 세워져 있다. 낙양(洛陽)의 유명한 피서
(避署) 명승지이다.

가응관(嘉應觀)

• • •

도교 궁관. 하남(河南) 무척(武陟) 현성(縣城) 동쪽으로 13km에 있
는 묘공촌(廟公村)에 있다. 남쪽으로 4km에 황하(黃河)가 있다. 청
(淸) 옹정(雍正) 초기에 창건되었다. 황하의 제방을 보수하던 때에 옹
정제가 왕림하였는데, 이때 바위를 옮겨 터를 메웠기 때문에 가응관
앞의 제방을 어패(禦壩)라 부르게 되었다고 전해진다. 현재 전우(殿
宇)·누정(樓亭) 등 100여 칸의 건축물이 남아 있는데, 규모는 웅장
하고 구조는 치밀하다. 주요 건축물로는 산문(山門)·종루(鍾樓)·고
루(鼓樓)·어비정(禦碑亭)·전전(前殿)·배전(配殿)·대전(大殿)·

우왕전(禹王殿) 등이 있다. 산문 정중앙에 돌이 박혀 있는데, 그 돌에 "칙건가응관(敕建嘉應觀)"이라 새겨 있다. 그 아래 문을 둘러싼 돌에는 다섯 마리의 분룡(奔龍)과 해수(海水)·운기(雲氣) 등이 새겨 있다. 산문 바깥의 청석(靑石) 대좌(臺座) 위에는 철로 주조한 사자 한 쌍이 있는데, 정교하게 주조되었고 특이한 형상을 하고 있다.

신향동악묘(新鄕東嶽廟)

• • •

도교 궁관. 하남(河南) 신향시(新鄕市) 동관(東關)에 있다. 오대(五代) 후당(後唐) 청태(淸泰) 2년(935)에 처음 건립되었고, 송(宋)·금(金)·원(元)·명(明) 시기마다 중수되었다. 현존하는 건축물은 대전(大殿)·배전(拜殿) 그리고 문루(門樓) 등이 있는데, 모두 청대(淸代)에 건립된 것이다. 그 중 대전의 경관이 훌륭하고 장대하다. 대전의 너비는 5칸이고, 홑처마 헐산식(歇山式) 지붕 구조이다. 대전 정면의 바깥 액방(額枋) 정중앙에는 "동악제천(東嶽齊天)"이라는 금박이 된 편액이 걸려 있는데, 필적이 고풍스러우면서도 힘이 있다. 대전 안의 추녀 안기둥에는 반룡(盤龍)이 부조되어 있는데, 조각이 정교하고 뛰어나다. 중심축 양쪽은 새로 지은 긴 회랑 안쪽에 북조(北朝)부터 명대에 이르는 역대 비각(碑刻)들이 놓여 있다. 이 묘당은 수리하여 새롭게 복원된 것이다.

봉선관(奉仙觀)

• • •

"형량관(荊梁觀)"이라고도 불린다. 도교 궁관. 하남(河南) 제원시(濟源市) 서북쪽에 있다. 당(唐) 수공(垂拱) 원년(685)에 건립되었다.

현재 산문(山門)·옥황전(玉皇殿)·삼청전(三淸殿) 등이 남아 있다. 삼청전은 금(金)나라 초기에 건립되었다. 건물 너비는 5칸이고, 홑 처마 현산식(懸山式) 지붕 구조이다. 처마 기둥은 굵직한 팔각형 석재이며, 처마 아래에는 매우 커다란 두공(斗拱)이 있다. 삼청전은 내부 기둥을 줄인 감주(減柱) 구조를 채용하여, 두 개의 내주(內柱)만으로 꼭대기 대부분의 중량을 지탱하고 있다. 그 기법이 호방하고 구상이 독특하다. 이곳 지역민들은 이 삼청전이 가시나무와 뽕나무, 감나무와 대추나무를 써서 대들보와 기둥을 세워 만든 구조이기 때문에, 봉선관을 형량관(荊梁觀)이라고도 부른다고 한다. 봉선관 안에는 당(唐)나라 때 만든 태상노군(太上老君) 석상비(石像碑)가 있다. 그 비는 창건할 당시에 조각하여 세운 것으로 이심기(李審幾)가 서문을 짓고 저거지열(沮渠智烈)이 글씨를 썼다. 근대의 섭창치(葉昌熾)가 편찬한 『어석(語石)』에서는 문장과 필체가 힘이 있으면서도 아름다워 당나라 때 도교 비석의 으뜸이라고 높이 칭찬하고 있다.

양태궁(陽台宮)

• • •

　도교 궁관. 하남(河南) 제원시(濟源市) 서북쪽의 왕옥산(王屋山) 화개봉(華蓋峰) 남쪽 산기슭에 있다. 당(唐)나라 사마승정(司馬承禎)이 이곳에서 수도하였다. 양태궁에 현존하는 옥황각(玉皇閣)은 유리 기와로 된 삼중 처마로 되어 있는데, 높이는 약 20m로 규모와 기세가 장엄하다. 명(明)나라 때 만들어진 20개의 석주(石柱)에는 산수(山水)·인물(人物)·화조(花鳥)·운룡(雲龍)이 조각되어 있는데, 마치 살아 있는 듯 생동감이 넘친다. 옥황각 안에 있는 8개의 내주(內柱)

는, 지름은 대략 두 아름 정도이고 높이는 16m이다. 삼중 처마 아래에는 층마다 청(淸)나라 때 만든 용머리 두공(斗拱)이 겹겹이 포개져 있는데, 옥황각 지붕의 황록색 유리기와와 서로 어울려 눈부신 장관을 이룬다. 옥황각 앞의 대라삼경전(大羅三境殿)은 건물의 너비는 5칸이고 길이는 4칸으로, 하남성에서 현존하는 규모가 가장 큰 명대의 전각(殿閣)인데, 송원(宋元) 건축물의 특징도 지니고 있다. 대라삼경전 앞에는 사라수(娑羅樹)와 천년된 향나무가 있어 사람들을 매료시킨다.

주구관제묘(周口關帝廟)

• • •

도교 궁관. 하남(河南) 주구시(周口市) 내에 위치해 있으며, 남쪽에 있는 사하(沙河)와 500m 거리에 있다. 청(淸)나라 초엽 주구(周口)가 사하의 수상 운송이 발달함에 따라 하남 동남부 상업의 중요한 집산지가 되자, 하남의 산서(山西)지역 상인들이 자금을 모아 이곳에 관제묘(關帝廟)를 건립하였다. 청 순치(順治)·강희(康熙) 연간에 처음 건립된 이후 여러 차례에 걸쳐 건축공사가 이루어졌다. 현존하는 건축 규모는 장대하여 부지 면적이 16,590m²나 된다. 주요 건축물로는 대전(大殿)·이전(二殿)·희루(戲樓)·춘추각(春秋閣) 등이 있는데, 목조(木雕)와 석조(石雕)가 많이 사용되었고 또 채색을 하여 건축물에 입체감을 주었다. 대전 앞에는 건륭(乾隆) 시기에 건립된 석패방(石牌坊)이 있는데 조각이 매우 정밀하다. 쇠로 된 두 개의 깃대봉은 높이가 21.5m로 쌍룡이 휘감고 있고 사당 앞에 세워져 있어 장관을 이룬다.

녹읍태청궁(鹿邑太淸宮)

• • •

도교 궁관. 하남(河南) 녹읍현(鹿邑縣) 현성(縣城) 동쪽으로 5km에
있는 은산(隱山)에 있다. 이 지역은 원래 초(楚)나라 고현(苦縣)으로
노자(老子)의 고향이다. 동한(東漢) 연희(延熹) 연간(158~167)연간
에 처음 건립된 이래 역대로 계속 보수해왔다. 『하남통지(河南通志)』에 보인
다. 현존하는 청대(淸代)의 대전(大殿), 당대(唐代)의 『도덕경(道德經)』
주석을 새긴 비(碑), 그리고 송(宋) 진종(眞宗)의 글을 새긴 비는 보존
상태가 매우 좋다. 이외에 원(元)·명(明)·청(淸) 각 시기의 제기(題
記)를 새긴 비석이 여러 곳에 있다. 궁의 북쪽에는 노자가 승천한 곳
이라고 전해지는 노군대(老君臺)가 있다. 대의 높이는 13m로 원형이
고 면적은 706m²이다. 대 위에는 세 칸의 정전(正殿)이 있고, 벽에는
두 기의 석비(石碑)가 있다. 왼쪽은 "유용유적(猶龍遺跡)"이 새겨져
있고, 오른쪽은 "도덕진원(道德眞源)"이 새겨져 있다. 동서로 각 한
칸의 편전(偏殿)이 있다. 또 송(宋)나라 진단(陳摶)이 쓴 "활짝 열어
제치고 하늘 끝까지 달릴 듯한 말이로다. 기이하고 뛰어나니, 사람들
가운데 용이로다[開張天岸馬, 奇逸人中龍]"라는 문구가 행서(行書)
로 비석에 새겨져 있다. 대 아래의 호수는 물결이 넘실거리고 푸른
측백나무가 둘러싸고 있어 풍경이 매혹적이다.

무한장춘관(武漢長春觀)

• • •

도교 궁관. 호북(湖北) 무한시(武漢市) 무창(武昌) 대동문(大東門)
밖의 쌍봉산(雙峰山) 남쪽 기슭에 위치해 있다. 원대(元代) 초기에 구

처기(丘處機)를 제사 지내기 위해 세워졌다고 전해지는데, 이곳은 무창의 요충지로 군사 전술가들이 필히 다투는 지역이었기 때문에, 장춘관의 건물은 여러 차례 무너졌다가 다시 세워졌다. 현존하는 건축물은 청(淸) 동치(同治) 3년(1864)에 명대(明代) 건축 양식을 모방하여 중수한 것이다. 장춘관은 앞에서 뒤로 산을 따라 올라가며 건설되었는데, 가운데에 다섯 개의 주요 건물이 있고, 좌우로 네 개의 사원이 있다. 누각은 우뚝 솟아 웅장하고 화려하여 "초 지방의 명소로, 신도들이 운집하는 곳이자 도사들이 귀의하는 곳이다[江楚名區, 道子雲集之處, 黃冠歸依之所]"라는 칭송을 받는다. 지금도 영관전(靈官殿)·태청전(太淸殿)·칠진전(七眞殿)·삼황전(三皇殿) 등 중심부의 건축물과 대사각(大士閣)·장경각(藏經閣)·요(寮) 등의 부속 건축물이 있다. 건축물은 우아하고 풍경은 맑고 그윽하다. 그리고 비각 등의 문물이 보존되어 있다.

장춘관(長春觀)

• • •

"무한장춘관(武漢長春觀)"을 말한다.

개원관(開元觀)

• • •

도교 궁관. 호북(湖北) 형주시(荊州市) 서문(西門) 안에 있다. 당(唐) 개원(開元) 연간(713~741)에 건립되었기 때문에 이 명칭을 얻었다. 이후 역대 왕조에 걸쳐 여러 번 개축하였다. 개원관은 남향식 배치 구조이며, 산문(山門)·뇌신전(雷神殿)·삼청전(三淸殿)·조사전(祖師殿) 네 부분으로 조성되었다. 주요 건축물은 삼청전(三淸殿)인데, 지붕은 홑처마 헐산식(歇山式) 구조로 높은 용마루에 여러 겹의 두공(斗栱)으로 되어 있어 정교하고 수려하다. 조사전은 높은 대(臺)에 세워져 있는데 짙푸른 기와와 붉은 담이 웅장하여 장관이다. 개원관에는 많은 원(元) · 명(明) 시기의 문물이 보존되어 있다.

태휘관(太暉觀)

• • •

도교 궁관. 호북(湖北) 형주시(荊州市) 시성(市城) 서쪽으로 1km 정도 떨어진 곳에 있다. 명(明) 홍무(洪武) 26년(1393)에 상헌왕(湘獻王) 주백(朱柏)이 송(宋) · 원(元) 시기에 원래 초전(草殿)이 있던 터에 건설하였다는 기록이 남아 있다. 숭정(崇禎) 8년(1635)에 중수(重修)하였으며, 청대(淸代)에 여러 차례 보수하였다. 높이 솟아오른 누각은 호북에서 으뜸으로, 새무당(賽武當)이란 이름으로 세상에 널리 알려졌다. 현재 남아 있는 건축물로 산문(山門) · 삼청전(三淸殿) · 조성문(朝聖門) · 금전(金殿) · 배전(配殿) 등이 있다. 금전(金殿)은 높고 커다랗고 평평한 돈대 위에 우뚝 솟아 있는데, 건물의 너비와 길이는 각각 3칸이며, 가로 세로 각 10m이다. 겹처마에 추녀마루가 거듭된 구조이며, 두공(斗栱)과 대들보에 화려한 색칠을 했고, 지붕은 구리 기와로 덮여 황금빛과 푸른빛이 휘황찬란하다. 돈대 뒤에 있는 맑은 연못은 푸른 물결이 잔잔하게 일렁이고 언덕에는 버드나무가 줄지어 늘어서 있어, 풍경이 매혹적이다.

원우궁(元祐宮)

• • •

도교 궁관. 호북(湖北) 종상시(鍾祥市) 시내의 남쪽에 있다. 명(明) 가정(嘉靖) 28년(1549)에서 37년에 걸쳐 건축되었는데, 총 면적이 14km²로 규모가 매우 장대하다. 명 말기에 부분적으로 전쟁으로 인한 화재를 입었고, 청대(淸代)에 여러 번 보수하였다. 현존하는 궁문(宮門)·종루(鍾樓)·고루(鼓樓)는 명대의 건축물이다. 만수궁(萬壽宮)은 청 초기에 명대의 원우궁 대전(大殿)을 중수한 것으로 궁의 중심 건축물이다. 그 뒤에 삼동각(三洞閣) 옛 터와 좌우로 선법전(宣法殿)과 연성전(衍聖殿)의 배전(配殿)이 있다. 궁 앞의 좌우 측면에는 청 동치(同治) 4년(1865)에 중건한 연장방(延禧坊)과 보사방(保咋坊) 허물어졌다이 있는데, 모두 목조 건물이다.

우진궁(遇眞宮)

• • •

도교 궁관. 호북(湖北) 무당산(武當山) 북쪽 기슭에 있으며, 현악문(玄嶽門)으로부터 1km 거리에 위치해 있다. 『태화산지(太和山志)』의 기록에 따르면, 명(明) 홍무(洪武) 연간(1368~1398)에 장삼풍(張三豐)이 이곳에서 암자를 지어 수련했기 때문에 회선관(會仙館)이라고 불렸다고 한다. 민간에서는 장삼풍이 "진선(眞仙)"이라고 전해진다. 명 태조(太祖)·성조(成祖) 시기에 조서를 내리고 사람을 파견해 그를 보고자 하였으나 장삼풍이 피하여 보지 못했다. 영락(永樂) 15년(1417)에 이곳에 진선전(眞仙殿)·산문(山門)·낭무(廊廡)·방장(方丈)·재당(齋堂) 등 크고 작은 전당 296칸을 짓고, 아울러 "우진궁"이라는 이름을 하사하였다. 현재 남아 있는 주요 건축물들은 대개 온전한 상태로, 앞에서부터 뒤로 유리팔자산문(琉璃八字山門), 동서의 배전(配殿), 좌우의 낭무(廊廡), 재당(齋堂), 그리고 진선전(眞仙殿) 등이 차례대로 있다. 진선전(眞仙殿)은 무전식(廡殿式) 지붕 형식으로, 높은 돈대 위에 우뚝 세워져 있다. 진선전 안에는 장삼풍 좌상(坐像)을 모시고 있다. 몸은 베옷을 두르고 짚신을 신고 있는데, 형상이 생동감 있고 풍채에 품위가 있다. 궁 왼쪽에는 망선대(望仙台)가 있고, 오른쪽에는 흑호동(黑虎洞)이 있으며, 앞으로는 동류수(東流水)를 마주하고 있고, 뒤로는 봉황산(鳳凰山)을 기대고 있다. 마치 천혜의 성곽 같아서 옛적에는 황토성(黃土城)이라는 칭호가 있었다.

원화관(元和觀)

∙ ∙ ∙

도교 궁관. 호북(湖北) 무당산(武當山) 기슭에 있다. 원화관은 옛길로 산에 들어가려면 반드시 경유해야 하는 곳이다. 『태화산지(太和山志)』의 기록에 따르면, 옛적에 원제(元帝) 때 원화천교부(元和遷校府)라는 불렸기 때문에 원화관(元和觀)이라고 이름 붙였다고 한다. 명(明) 영락(永樂) 11년(1413)에 건립하기 시작하여 16년에 완공되었다. 가정(嘉靖) 31년(1552)에 크게 고쳤으며, 청대(淸代) 이후로 여러 번 보수하였다. 원화관의 주된 구조는 정방형으로 질서가 있고, 정원은 넓으며, 돌난간으로 된 층계는 구불구불 굽어 있고, 전당과 가옥들은 크기가 일정하다. 중심 건축물은 높은 돈대 위에 건립되었는데, 건물 안에는 목조에 금박을 입힌 진무대제(眞武大帝) 신상(神像)을 모셨고, 구리로 주조하고 금을 입힌 영관(靈官), 육정(六丁) 등의 신상을 진열하고 있다. 이외 구리로 주조한 뛰어난 수많은 예술품과 기타 문물이 수장되어 있다.

복진관(復眞觀)

. . .

　도교 궁관. 일반적으로 "태자파(太子坡)"라고 부른다. 호북(湖北) 무당산(武當山) 천주봉(天柱峰) 동북쪽에 있으며, 현악문(玄嶽門)으로부터 대략 1.5km 거리에 있다. 산 정상을 오르는 주요한 자리에 있는데, 뒤로는 가파른 바위를 등지고 있고, 앞으로는 깊은 계곡을 마주하고 있어 형세가 험준하다. 정락국(淨樂國) 태자가 입산수도하던 초기에 일찍이 이곳에 머물렀기 때문에 명칭을 태자파라고 했다고 전해진다. 명(明) 영락(永樂) 10년(1412)에 칙령을 받들어 건립되었고, 청(淸) 강희(康熙) 연간(1662~1722)에 세 차례 중수되었다. 현재는 대체로 당시의 규모를 유지하고 있다. 홍문(紅門)산문(山門)은 첫 번째 비탈 위에 세워져 있다. "태자파" 세 글자가 써진 편액이 있고, 주위를 붉은 담으로 둘러싸고 있으며 길은 구불구불하다. 중심축 선상으로 용호전(龍虎殿)·정전(正殿)·후전(後殿)·(配殿) 등이 있으며, 우측으로는 별도로 정원을 바꾸어 접대용 객당(客堂)을 만들었다. 도관 앞에는 바위에 기댄 5층 높이의 오운루(五雲樓)라는 이름의 누각 한 채가 세워져 있다. 위쪽으로는 장경루(藏經樓)가 있는데, 바위를 마주하며 홀로 높은 돈대 위에 세워졌다. 왼쪽에는 구불구불한 오솔길을 따라 돌계단이 위로 놓여 있고, 어릴 적의 태자 상을 모신 작고 정교한 높은 누각이 있다. 누각에 올라서면 깊은 골짜기가 내려다보이며, 널리 뭇 산들이 펼쳐지고 멀리 산정상이 보여서 풍경을 전망하기 좋은 곳이다.

자소궁(紫霄宮)

• • •

    도교 궁관. 호북(湖北) 무당산(武當山) 천주봉(天柱峰) 동북쪽 전기봉(展旗峰) 아래에 있다. 명(明) 영락(永樂) 11년(1413)에 처음 건립되었으며, 무당산에서 비교적 온전하게 보존된 도교 궁관이다. 중로(中路), 동로(東路), 서로(西路) 세 구역으로 나뉜다. 중로는 동천문(東天門)을 경유하여 용호전(龍虎殿)으로 들어가는데, 비정(碑亭), 시방당(十方堂), 자소전(紫霄殿)을 거쳐 부모전(父母殿)에 이른다. 점차 층계가 높아지는데 산을 따라 층층이 계단을 쌓았고 전당과 누각들이 즐비하게 늘어서 있다. 용호전 안에는 청룡과 백호가 조소(雕塑)되어 있고, 시방당에는 영관(靈官)을 받들고 있다. 자소전은 정전(正殿)으로 건물 너비는 5칸이고, 겹처마 헐산식(歇山式) 구조이다. 푸른 기와에 붉은색 담장으로 되어 있으며 웅장하고 화려하다. 자소전 안에는 수미단(須彌壇) 위에 석조로 된 신감(神龕)이 있다. 자소전 안에는 네 마리의 금룡(金龍)과 두 마리의 금봉(金鳳)으로 장식되어 있는데, 용은 선회하며 날고 봉황은 춤추고 있어 자태가 생동감이 넘친다. 신감 안에는 명(明)나라 때 황제의 명으로 제작한, 노년·중년·청년 시기의 진무대제(眞武大帝)를 형상한 금박동상의 좌상을 모시고 있다. 양 옆으로 금동옥녀(金童玉女), 사대원수(四大元帥), 수장(水將)·화장(火將)이 시립해 있는데, 모두 5척 정도의 높이의 채색동상으로 표정도 제각각 달라 생동감이 넘친다. 이는 명나라 때 동(銅)으로 주조된 진귀한 예술품이다. 부모전(父母殿)의 정중앙에는 진무대제의 부모를 모시고 있고, 그 왼쪽에는 자항도인(慈航道人) 소상(塑像), 오른쪽에는 삼소(三霄)·송자(送子) 두 여신의 상을 모시고 있다. 동로와 서로 양 측면에는 각각 원락(院落)을 만들었다. 부모전의 서쪽의 작은 방은 1931년에 홍군(紅軍) 3군사령부(三軍司令部)에 의해 하용(賀龍)의 집무실로 쓰였다. 전국중점문물보호단위(全國重點文物保護單位)로 지정되어 있다.

태상관(太上觀)
• • •

"태상관(太常觀)"이라고도 불린다. 도교 궁관. 호북(湖北) 무당산(武當山) 전기봉(展旗峰) 북쪽에 있다. 명(明) 영락(永樂) 16년(1418)에 칙령으로 건설되었고, 청(淸) 도광(道光) 원년(1821)에 중수되었으며, 1992년에 보수하였다. 현재 남아 있는 건축물은 산문(山門)·대전(大殿)·좌우배전(左右配殿) 등이 있다. 사합원(四合院) 방식으로 구성되어 있고, 총 면적은 5km²에 달한다. 대전(大殿)에는 태상노군(太上老君)을 모시고 있다. 태상노군은 백발홍안에 인자하고 선한 얼굴을 하였고, 가만히 바라보고 있으며 표정이 태연하다. 위에는 전서(篆書)체로 "현묘지문(玄妙之門)"을 금색 안료로 쓴 편액을 달아놓았는데, 이는 도광 원년에 균주(均州)의 호원(胡源)이 쓴 것이다. 태상관 주위를 둘러보면 오래된 측백나무와 푸른 대나무가 서로 어울려져 풍경이 맑고 그윽하다.

태을진경궁(天乙眞慶宮)
• • •

"남암궁(南岩宮)" 또는 "남암석전(南岩石殿)"이라고도 불린다. 도교 궁관. 호북(湖北) 무당산(武當山) 남암(南岩) 위에 위치해 있다. 남악산 봉우리는 가파르게 솟아있고 수목은 푸르고 울창하며, 위로는 파란 하늘과 접해있고 아래로는 깊은 골짜기를 마주하고 있어, 무당산 삼십육암(三十六岩) 가운데 풍경이 가장 아름다운 곳이다. 『태화산지(太和山志)』기록에 따르면, 당(唐)·송(宋) 시기에 이곳에서 도사가 수련했으며, 원대(元代)에 도사가 이곳에 도관을 창건했고, 지대(至大) 원년(1308)에 "태을진경만수궁(太乙眞慶萬壽宮)"이란 호를 하사받았는데, 후에 대부분 파손되었다. 명(明) 영락(永樂) 11년(1413)에 중건하였다. 이때 전당이 640여 칸이었고 "대성남암궁(大聖南岩宮)"이란 편액을 하사받았는데, 청(淸) 말기에 파손되었다. 현재는 단지 원대에 세워진 석전(石殿)과 명대에 세워진 남천문(南天門)·비정(碑亭)·양의전(兩儀殿) 등의 건축물과 원군전(元君殿)·남훈정(南熏亭) 등의 유적지만이 남아 있다. 석전은 연우(延祐) 원년(1314)에 처음 세워졌는데, 석체(石砌)와 방목(仿木)으로 짜여져 있고, 대들보와 기둥의 첨단(檐檀)·두공(斗供)·문창(門窗)을 모두 석재로 조각하고 맞붙여 쌓아 만들었다. 석전 안에는 삼청(三淸)·사어(四禦) 그리고 진무대제(眞武大帝) 등의 여러 금박동상이 모셔져 있는데, 장엄하고 엄숙하며 풍모가 생동감 있다. 네 벽과 대들보 위에는 500개의 영관(靈官)들의 조상이 있는데, 모두 한 척(尺) 가량의 키에 제각각 다른 표정을 짓고 있다. 전해지기로는 정락국(淨樂國) 왕이 무당산(武當山)에 태자를 찾기 위해 보낸 500명의 호위병이 도를 닦아 이루었다고 한다. 왼쪽의 신감(神龕) 안에는 "태자와룡상(太子臥龍床)"이 조각되어 있는데, 형상이 매우 생동감 있다. 석전 오른쪽의 황경당(皇經堂) 담장 위에는 "복수(福壽)" 두 글자가 새겨져 있는데, 진단(陳摶)이 이곳에서 수련할 때 손수 쓴 것이라고 전해진다. 석전 앞에는 구름과 용이 부조(浮彫)되어 있는 석량(石梁)이 있는데, 길이는 1m이고 폭은 30여 cm 정도로, 공중에서 난간 밖으로 뻗어 있다. 앞 부분의 용머리 위에는 작은 향로(香爐)가 놓여져 있는데, 세간에서는 용두향(龍頭香)이라 부른다. 옛적에 많은 참배객들이 공경과 정성을 표시하기 위해, 대부분 그 위를 무릎으로 걸어가 공손하게 용두향의 향을 불사르며 위험을 꺼리지 않았다. 용머리는 멀리 천주봉(天柱峰) 정상을 바라보고 있는데, 구름과 안개로 둘러싸여 때때로 가려졌다 가 나타나기에 자못 선계의 누각과 같은 경치를 갖추었다.

남암궁(南岩宮)

* * *

"태을진경궁(天乙眞慶宮)"을 말한다.

흥성오룡궁(興聖五龍宮)

* * *

간략하게 "오룡궁(五龍宮)"이라고 칭한다. 도교 궁관. 호북(湖北) 무당산(武當山) 천주봉(天柱峰) 북쪽에 있다. 당(唐) 정관(貞觀) 연간 (627~649)에 균주(均州) 태수 요간(姚簡)이 무당산에서 기우제를 지 낼 때 다섯 마리 용이 허공 속에서 날아 내려오는 것을 보고 이곳에 오룡사를 지었다고 전해진다. 송(宋)·원(元) 시기에 여러 차례 다른 궁명을 하사받았다. 원(元) 말기에 전쟁으로 인한 화재로 훼손되었 다. 명(明) 영락(永樂) 11년(1413)에 옛터에 전당(殿堂)과 사당 850칸 을 중건하고 "흥성오룡궁(興聖五龍宮)"이란 편액을 하사하였다. 그 러나 신해핵명(辛亥革命) 이후에 또 대부분 훼손되었다. 현재는 단지

궁문(宮門), 홍장(紅牆), 비정(碑亭), 그리고 연못과 오래된 우물 등만
이 남아 있다. 궁문 안에는 수장(水將)과 화장(火將)의 소상(塑像)이
있는데, 장대하고 위엄이 있다. 현군전(玄君殿) 터 가운데에는 대리
석 석좌(石座) 위에 진무제군(眞武帝君) 동상이 받들어져 있는데, 주
조가 매우 정교하고 치밀하다. 전 오른쪽에는 수많은 원(元)·명(明)
시기의 비각(碑刻)이 있는데 이 궁의 흥망성쇠의 전모가 기록되어 있
다. 이곳 주위로 명승고적이 매우 많으며, 주변 환경이 청정하고 고
요하며 아름답다.

태화궁(太和宮)

●　●　●

　도교 궁관. 호북(湖北) 무당산(武當山) 천주봉(天柱峰) 중턱의 자
금성(紫金城) 남천문(南天門) 바깥에 있다. 명(明) 영락(永樂) 14년
(1416)에 건립되었다. 현재 남아 있는 건축물은 조배전(朝拜殿)·종
루(鍾樓)·고루(鼓樓)·정전(正殿)·전전전(轉展殿)·황경당(皇經
堂) 등이다. 정전에는 "대악태화궁(大嶽太和宮)"이라는 편액이 걸려
있고, 내부에는 진무대제(眞武大帝) 좌상을 모시고 있다. 감(龕) 위에
는 금동(金童)·옥녀(玉女)가 양측 면에서 시중들고 있다. 감 아래에
는 등백문(鄧伯文)·조공명(趙公明)·온천군(溫天君)·마천군(馬天
君)·수화양장군(水火兩將軍) 등의 신상(神像)이 모셔져 있다. 정전
을 바로 마주한 곳은 소련봉(小蓮峰)으로, 그 위에는 전전전(轉展殿)
이 세워져 있다. 전전전 안에는 영락(永樂) 14년에 천주봉 정상에서
이곳으로 옮겨온, 원(元) 대덕(大德) 11년(1307)에 주조된 동전(銅殿)
이 있다. 소련봉 오른쪽 아래에는 황경당(皇經堂)이 있는데, 청대(淸

代)에 재건된 것으로 편액에 "백옥경중(白玉京中)" 네 글자가 쓰여 있다. 난액(蘭額)과 통선(楅扇) 위에는 도가 인물의 고사가 부조(浮彫)되어 있는데 생동감 있게 느껴진다. 황경당 안에는 삼청(三淸)·옥황(玉皇)·진무(眞武)·자항도인(慈航道人)·여동빈(呂洞賓)·영관(靈官) 등이 모셔져 있다. 태화궁 근처에는 조성문(朝聖門)·천을루(天乙樓)·천학루(天鶴樓)·천우루(天雲樓)·천지루(天池樓) 등의 건축물과 옛터가 있다. 태화궁은 우뚝 솟은 험한 준령 아래에 있고, 전당과 누각은 산을 따라 바위 옆에 세워져 있어 그 배치가 절묘한데, 주위로는 수목이 무성하고 운무가 어슴푸레하여 유람할 만한 명승지이다.

금전(金殿)

• • •

도교 궁관. 호북(湖北) 무당산(武當山) 천주봉(天柱峰) 정상에 있다. 명(明) 영락(永樂) 14년(1416)에 건립되었다. 높이는 5.54m, 너비는 4.4m, 길이는 3.15m이며, 모두 동으로 주조하고 금으로 도금했다. 방목(仿木) 구조의 건축물로서 겹처마의 중첩 등마루 구조이다. 지붕의 날개각은 나는 듯 들려 있고, 등마루는 신선과 짐승들로 장식되어 있는데, 형상이 생동감 있고 뚜렷하다. 금전의 기틀은 화강암을 정밀하게 다듬어 이를 쌓아 만들고 둘레는 석조 난간으로 둘러쌌다. 전 가운데는 진무대제(眞武大帝)를 모시고 있고, 옆에서 시좌하는 금동옥녀(金童玉女)는 책과 보배를 들고 있으며, 양쪽 행랑에 서 있는 수장(水將)·화장(火將), 두 장수는 깃발과 검을 들고 있다. 신안(神案) 아래에는 구장(龜將)·사장(蛇將), 두 장수가 안치되어 있다. 금전 양 옆에는 진무대제의 부모를 모시고 있다. 전 앞에는 금종(金

鍾)·옥경루(玉磬樓)가 설치되어 있는데, 대부분 동으로 주조하였고, 명(明) 가정(嘉靖) 연간에 만들어졌다. 금전은 무당산에 있는 고건축(古建築) 및 주조 공예의 정수(精髓)로서 보기 드문 보물이라는 명성을 얻었으며, 1956년에 전국중점문물보호단위(全國重點文物保護單位)로 지정되었다.

석주관(石柱觀)

· · ·

도교 궁관. 호북(湖北) 건시현(建始縣) 현성(縣城) 서쪽으로 45km 거리에 있는 망평산(望坪山)에 있다. 망평산의 봉우리를 석주(石柱)라 부르는데, 평지에서 우뚝 솟아 있으며 높이는 약 50m, 둘레는 223m이다. 200여 개의 돌계단 있으며 빙빙 돌면서 올라간다. 석주관은 그 정상에 있기에 봉우리 이름으로 관의 명칭을 삼았다. 명(明) 가정(嘉靖) 연간(1522~1566)에 창건되었고, 이후 몇 번 훼손되었다. 현재 남아 있는 건축물은 청(淸) 건륭(乾隆) 원년(1736)에 중수한 것이며, 주요 건물로 전당(前堂)·후전(後殿)이 있다. 전당은 3칸으로 탁 트여 시원하고 품위가 있다. 후전은 저층 3칸으로 되어 있는데, 그 위에 다시 3층 누각을 건립했다. 누각은 육각의 찬첨식(攢尖式) 지붕 형식이며, 층마다 높이 들린 처마가 있으며, 우뚝 솟아 수려해 보인다. 석주관 아래에는 "노월(撈月)"이라는 이름의 연못이 있는데, 바람이 맑고 달이 밝을 때면 연못에 도관의 모습이 은은히 비치는데, 이를 "망평언월(望坪偃月)"이라 부른다.

운록궁(雲麓宮)

. . .

도교 궁관. 호남(湖南) 장사시(長沙市)의 상강(湘江) 서쪽 해안에 있는 악록산(嶽麓山) 우측 봉우리 정상에 있다. 도교에서는 "동진허복지(洞眞虛福地)"라고 일컫는다. 명대(明代) 창건되었다. 강희(康熙)『악록지(嶽麓志)』의 기록에 따르면, 옛적에 있었던 궁관은 오래전에 무너졌다고 한다. 건륭(乾隆) 연간(1736~1795)에 5칸의 전각을 지었는데, 후에 이를 삼청전(三淸殿)으로 삼았는데, 쇠를 제련해서 기와를 만들고 돌을 세워 기둥을 만들었다. 함풍(咸豊) 2년(1852)에 훼손되었고, 동치(同治) 2년(1863)에 보수하였다. 궁 오른쪽에 망상정(望湘亭)이 있어 상강(湘江)과 장사시(長沙市) 구역을 내려다 볼 수 있는데, 멀리 있는 풍경도 선명하게 보인다. 망상정 아래에는 배악석(拜嶽石)이 있는데, 비래석(飛來石)이라고도 한다. 바위는 사각형으로 너비가 1장(丈)인데, 형악산(衡嶽山)을 우러러보고 절할 수 있기 때문에 배악석이라 이름 붙였다. 문 밖에는 오래된 나무의 나뭇가지가 갈라진 부분에 종(鍾)이 있는데, 이를 비래종(飛來鍾)이라 한다.

남악대묘(南嶽大廟)

. . .

도교 궁관. 호남(湖南) 형산(衡山)의 남악진(南嶽鎭)에 있다. 중국 오악묘(五嶽廟) 가운데 규모가 가장 크고, 총체적으로 건물 배치가 가장 온전히 갖춰진 고건축군(古建築群) 가운데 하나이다. 영성대(欞星門)·반룡대(盤龍亭)·정천문(正川門)·어비정(御碑亭)·가응문(嘉應門)·정전(正殿)·침궁(寢宮)·후문(後門)·동서편문(東西便

1068

門)·사각루(四角樓)가 조성되어 있고, 총면적은 98km²이다. 세간에는 태안(泰安)의 대묘(岱廟)와 등봉(登封)의 중악묘(中嶽廟)와 함께 불리곤 한다. 『남악지(南嶽志)』의 기록에 따르면, 당(唐) 초기에 사천 곽왕묘(司天霍王廟)를 세웠고, 개원(開元) 13년(725) 남악진군사(南嶽眞君祠)를 세웠으며, 송(宋)나라 대중상부(大中祥符) 5년(1012)에 후전(後殿)을 세웠다. 이후 중건과 증축을 여러 번 거쳤는데, 현재의 대전(大殿)은 청(淸) 광서(光緖) 8년(1882)에 중건되었다. 겹처마 헐산식(歇山式) 구조로서, 높이는 22m, 너비는 7칸이다. 72개의 석주(石柱)가 있는데, 이는 남악(南嶽) 72개 봉우리를 상징한다. 기둥의 머리와 처마아래, 난간 등에 꽃과 짐승들의 형상이 부조되어 있는데, 마치 살아있는 듯 생생하다. 가응문, 어비정, 침궁 등은 송(宋)·명(明) 시기의 건축구조를 여전히 보존하고 있어, 역사적으로나 예술적으로나 비교적 높은 가치를 지닌다.

황정관(黃庭觀)

· · ·

도교 궁관. 호남(湖南) 형산(衡山) 집현봉(集賢峰) 아래 있고, 남악대묘(南嶽大廟)로부터 약 1km 떨어진 곳에 있다. 송(宋) 진전부(陳田夫)의 『남악총승집(南嶽總勝集)』의 기록에 따르면, 황정관은 "천주봉(天柱峰) 아래에 있고, 당(唐)나라 때 건립되었다[在天柱峰下, 唐建]." 이때 명칭은 위각(魏閣)이었고, 진대(晉代) 위부인(魏夫人)을 제사 지냈다. 청(淸) 건륭(乾隆) 연간(1736~1795)에 이곳으로 옮겨졌다. 산문(山門)의 상인방에는 "산부재고(山不在高)", 우측에는 "환족선관(換足仙關)"이라고 쓰여 있다. 정전(正殿)·과전(過殿)·좌상방(左廂房) 등이 있는데, 모두 청대(淸代)의 벽돌 목제 구조물이다. 문 밖에는 비선석(飛仙石)이 있다. 위부인은 남악(南嶽)에서 16년을 수행하여 『태상황정내경경(太上黃庭內景經)』을 얻었고, 진(晉)나라 함화(咸和) 9년(334)에 검을 자신으로 위장하고 신선이 되어 떠났다고 전해지며, 세상에서는 남악부인(南嶽夫人)이라 일컫는다.

삼원궁(三元宮)

• • •

도교 궁관. 광동(廣東) 광주시(廣州市) 월수산(越秀山) 남쪽 기슭의 청천가(淸泉街)에 위치해 있다. 동진(東晉) 시기에 남해(南海) 태수 포정(鮑靚)이 처음 건립했으며, 애초 명칭은 월강원(越崗院)이었다. 당(唐)나라 때 오성사(悟性寺)로 개명하였고, 명(明) 만력(萬曆) 연간(1573~1620)에 중건하고, 이때 삼원궁(三元宮)이라 개칭하였다. 삼원궁은 현재 광주시에 남아 있는 도관 가운데 역사가 비교적 오래되고 규모가 큰 곳이다. 궁은 남향으로 배치되어 있고, 전당은 산에 기대어 평평한 돈대 위에 건립되었다. 산문(山門)은 건륭(乾隆) 51년(1786)에 세워졌고, 문의 상단에 "삼원궁(三元宮)"이 새겨져 있다. 문 양쪽에 "삼원고관, 대월의 명산[三元古觀, 百粵名山]"이라는 대련(對聯) 글귀가 석각되어 있는데, 청(淸)나라 유현정(遊顯廷)이 쓴 것으로 필법이 웅장하여 막힘이 없고 힘이 넘친다. 문 안에는 왕령관(王靈官)을 모시고 있기 때문에 영관전(靈官殿)이라고 부르기도 한다. 주요 건축물은 삼원전(三元殿)인데, 삼원궁의 중심에서 산문을 마주하고 있으며, 청(淸) 동치(同治) 연간(1862~1874)에 건립되었다. 삼원전에는 원시천존(元始天尊)·태상도군(太上道君)·태상노군(太上

老君)의 신상(神像)을 모시고 있다. 전당(殿堂)의 배랑(拜廊)은 동·
서로 구별되는데, 종루(鍾樓)·고루(鼓樓)와 맞닿아 있고 뒤로는 노
군전(老君殿)이 있다. 동쪽에는 객당(客堂)·재당(齋堂)·구조당(舊
祖堂)·여조전(呂祖殿)이 있고, 서쪽에는 발당(鉢堂)·신조당(新祖
堂)·포고전(鮑姑殿) 등이 있다. 궁 안에는 역대의 비각(碑刻)이 보존
되어 있는데, 삼원궁의 역사가 기재되어 있다.

오선관(五仙觀)

• • •

  도교 궁관. 광동(廣東) 광주시(廣州市) 혜복서로(惠福西路)의 파산
(坡山)에 있다. 오선관은 광주의 별명인 "양성(羊城)"·"혜성(穗城)"
에서 기원한 고적이다. 전설에 의하면, 주(周) 이왕(夷王) 때에 다섯
명의 선인(仙人)이 입에 벼이삭[穀穗]을 문 다섯 마리의 양(羊)을 타
고 초정(楚庭)광주의 옛 명칭에 강림하여 벼이삭을 마을 사람들에게 나누
어 주고 이들에게 영원히 기근이 없기를 축원했는데, 축원을 마치자
선인들은 모두 사라지고 양은 돌로 변했다고 한다. 오선관은 원래 다
섯 선인과 다섯 마리 양의 신상이 있었고, 곡신(穀神)의 제사를 받들
었다. 북송(北宋) 시기에 십현방(十賢坊)에 세워졌는데, 후에 서호(西
湖)의 약주(藥洲)로 옮겨졌으며, 명대(明代)에 다시 이곳으로 옮겼다.
현재는 대전(大殿)과 산문(山門)이 남아 있다. 산문 앞에는 명대(明
代)의 석조 기린(麒麟) 한 쌍이 있다. 대전은 광주에서 그 수가 많지
않은 명대 목조 건축물 가운데 하나이다. 대전 앞뒤의 벽감(壁嵌)에
는 북송(北宋) 때부터 청말(淸末)에 이르는 옛날 비석들이 있고, 여기
에 오선관이 역대로 건설되고 변천된 사항이 기록되어 있다. 대전 원

편에는 자연적으로 생긴 바위가 있는데, 윗부분에 오목하게 들어간 형상이 각인되어 있는데, 속칭 선인모적(仙人姆跡)이라고 한다.

조묘(祖廟)

・ ・ ・

도교 궁관. 광동(廣東) 불산시(佛山市)에 있다. 북송(北宋) 원풍(元豊) 연간(1078~1085)에 처음 건립되었고, 애초 명칭은 "북제묘(北帝廟)"였다. 원(元) 말기에 전쟁으로 인한 화재로 훼손되었다가 명(明) 홍무(洪武) 5년(1372)에 중수되었고, 그 후 여러 차례 보수하였다. 연대가 오래되었고 불산시에 있는 여러 사당 가운데 으뜸이기 때문에 세속에서 조묘라고 부르게 되었다. 명 경태(景泰) 3년(1452)에 "영응사(靈應祠)"라는 봉호를 하사받았다. 현재 남아 있는 건축물의 전체 면적은 약 3km²에 달하고, 대부분 명(明)·청(淸) 시기에 건축되었다. 평평한 직사각형 형태로 중심축을 따라 대칭 분포되어 있다. 남쪽에서 북쪽으로 차례대로 조벽(照壁)·만복대(萬福台)·대원(大院)·영응패방(靈應牌坊)·금향지(錦香池)방생지(放生池)·석사(石獅)·종루(鍾樓)·고루(鼓樓)·산문전(山門殿)·중전(中殿)·대전(大殿)·경진루(慶眞樓) 등이 있다. 정교한 설계와 소박한 조형, 치밀한 구조와 뛰어난 기예로 독자적인 특색을 갖추고 있는 중국 건축군 가운데 하나이다. 특히 장식 공예가 정교하고 화려한 것으로 유명하다. 기와와 등마루 위의 촘촘한 석만(石灣) 도기, 사원 벽의 전조(磚雕)·회소(灰塑)·감자(嵌瓷), 신전 안의 목조(木雕)·석각(石刻), 그리고 금향지 안의 구사(龜蛇) 대석조(大石雕) 등, 구상이 독특하고 묘사가 정밀하며 지방의 농후한 민간 공예 색채를 풍부하게 지니고 있다. 전당 안에는 대동경(大銅鏡)·대동정(大銅鼎)·대철정(大鐵鼎)이 진열되어 있고, 무게가 수천 근에 달하는 북제(北帝) 동상을 모시고 있는데, 모두 명·청 시기의 진귀한 문물이다. 전국중점문물보호단위(全國重點文物保護單位)로 지정되어 있다.

충허고관(沖虛古觀)

• • •

도교 궁관. 광동(廣東) 나부산(羅浮山) 동쪽 기슭의 주명동(朱明洞) 남쪽에 있다. 애초 명칭은 "도허(都虛)"이며, 동진(東晉) 함화(咸和) 연간(326~334)에 건립되었다. 이곳은 갈홍(葛洪)이 건립한 네 암자 가운데 남암(南庵)이자, 그가 도를 닦으며 연단을 행하고 의술을 행하며 약초를 채집한 곳이다. 동진 안제(安帝) 의희(義熙) 초년에 갈홍사(葛洪祠)를 세웠고, 당(唐) 천보(天寶) 연간에 확장하여 관(觀)이 되었다. 북송(北宋) 원우(元祐) 2년(1087)에 철종(哲宗)이 "충허관(沖虛觀)"이라는 편액을 하사하였다. 후에 전쟁으로 인한 화재를 겪었으며, 현재 남아 있는 건축물은 청(淸) 동치(同治) 연간(1862~1874)에 중수한 것이다. 이 부근에 갈홍이 연단하던 부뚜막 등의 고적이 있다.

황룡관(黃龍觀)

• • •

도교 궁관. 광동(廣東) 나부산(羅浮山) 남쪽 기슭에 있다. 진(晉)나라 갈홍(葛洪)이 나부산에서 연단하던 서암(西庵) 유적이다. 오대(五代) 시기에 창건되었고, 애초 명칭은 천화궁(天華宮)이었다. 청(淸)

강희(康熙) 시기에 다시 세우고 황룡관(黃龍觀)으로 개칭하였다. 가경(嘉慶) 시기에 재건되었으나, 후에는 허물어진 담벼락만 남아 있게 되었다. 1995년에 중건되었다. 중심 건축물은 삼청전(三淸殿)이고, 그 아래 조사전(祖師殿)이 있으며, 여순양(呂純陽)·왕중양(王重陽)·구처기(丘處機)의 전진파(全眞派) 세 명의 대사(大師)를 모시고 있다. 주위에는 묘연지(妙蓮池)·은취암(隱翠岩)·팔괘동(八卦洞)·황룡폭포(黃龍瀑布) 등의 명승고적이 있다. 황룡관 안에는 도교학원(道教學院)이 있다.

보도진궁(普渡震宮)

• • •

"보선당(普善堂)"이라고도 한다. 도교 궁관. 광서성(廣西省) 북해시(北海市) 다정로(茶亭路)에 있다. 요지금모(瑤池金母)와 지모원군(地母元君) 등을 제사 지내고 있는데, 동변촌(東邊村)의 오금천(吳錦泉) 등이 교포로부터 모금하여 세웠다. 청(淸) 광서(光緒) 24년(1898)에 건립됐다. 건물은 남향으로 배치되어 있으며, 중천전(中天殿)·금모전(金母殿)·지모전(地母殿)으로 구성되어 있다. 벽돌 목재 구조물로 너비는 3칸, 길이는 1칸이다. 석회와 모래로 만든 통기와를 얹었으며, 담장에는 벽화를 그렸다. 현재 금모전과 지모전만 남아있으며, 중천전 옛터에는 보도진궁 문루가 세워져 있다. 궁내 정원의 경치는 운치 있으며 평온하다.

동화관(東華觀)

● ● ●

도교 궁관. 중경시(重慶市) 개선로(凱旋路) 모퉁이에 있다. 원(元) 지원(至元) 연간에 창건되었으며, 명(明) 천순(天順) 7년(1463)과 정덕(正德) 11년(1516)에 중수했다. 『촉중명승기(蜀中名勝記)』에서는 『구지(舊志)』를 인용하여 다음과 같이 말한다. "성 안에 동화관이 있다. 동화관 뒤쪽으로 동화 18동(洞)이 있는데 모두 서로 통한다. 동화진군이 여기에서 득도했다고 전해진다[城中有東華觀, 後有東華十八洞皆相通, 相傳東華眞君於此得道]." 후전(後殿)은 민국(民國) 연간에 화재로 무너졌고, 현재에는 전전(前殿)만 남아 있다. 전전은 홑처마 헐산식(歇山式) 건축물로서 너비는 3칸이며, 지붕은 녹색 유리통기와로 덮여 있다. 건축양식으로 볼 때, 명대(明代) 중엽의 건축물에 해당한다.

청양궁(靑羊宮)

● ● ●

도교 궁관. 사천성(四川省) 성도시(成都市) 시내 서남쪽에 있다. 당(唐)나라 때 처음 세워졌다. 한(漢) 양웅(揚雄)의 『촉왕본기(蜀王本紀)』에서는 "노자(老子)가 관령(關令) 윤희(尹喜)에게 『도덕경(道德經)』을 지어주고는, 떠나가면서 '그대는 천일 동안 도를 닦은 후에 성도 청양사에서 나를 찾아라'라고 말했다[老子爲關令尹喜著『道德經』, 臨別曰 : '子行道千日後, 於成都靑羊肆尋吾']"고 한다. 당(唐) 낙붕구(樂朋龜)의 『서천청양궁비명(西川靑羊宮碑銘)』에서는 "태청선백이 청제의 동자에게 촉나라에 청양(靑羊)으로 변해 나타나라고 명했다[太淸仙伯敕靑帝之童化羊於蜀國]"라고 한다. 이 때문에 청양사

로 이름을 삼았다. 청(淸)나라 초에 중건했다. 주요 건물로는 산문
(山門) · 영관전(靈官殿) · 혼원전(混元殿) · 팔괘정(八卦亭) · 삼청전
(三淸殿) · 두모전(斗姥殿) · 황루전(皇樓殿) · 당왕전(唐王殿) · 삼진
전(三眞殿) · 삼관전(三官殿) · 칠진루(七眞樓) · 공덕사(功德祠) · 소
서천(小西天) · 운수당(雲水堂) 등이 있다. 삼청전이 주전이다. 삼청
전 내 중앙에 삼청(三淸)의 금박 소상(塑像)이 모셔져 있다. 삼청상
앞에 구리로 주조한 청양(靑羊) 한 쌍이 있다. 좌측의 외뿔청양은 청
(靑)의 대학사(大學士) 장붕핵(張鵬翮)이 북경(北京)에서 구입한 것으
로, 옹정(雍正) 원년(1723)에 청양궁으로 옮겨왔다. 이 양은 12간지
의 특징을 한 몸에 갖고 있어, 양의 수염[羊胡] · 말의 주둥이[馬嘴] ·
소의 몸[牛身] · 닭의 눈[雞眼] · 쥐의 귀[鼠耳]² · 용의 뿔[龍角] · 원숭
이의 머리[猴頭] · 토끼의 등[兔背] · 뱀의 꼬리[蛇尾] · 돼지의 궁둥이
[豬臀] · 개의 배[狗肚] · 호랑이의 발톱[虎爪]을 지니고 있는 독특한
형상이다. 우측의 쌍뿔양은 도광(道光) 9년(1829)에 주조된 것으로서
외뿔양과 짝을 이루고 있다. 삼청전 앞의 팔괘정은 밑받침은 사각형
이고 정자는 원형으로, 천원지방(天圓地方)을 형상하고 있다. 정자에
는 반룡(盤龍)을 새긴 8개의 돌기둥이 있는데, 그 조각이 정밀하고 아
름답다. 정자는 위아래 두 층으로 나뉘어 있는데, 지붕은 황색의 유
리기와가 덮여 있다. 팔괘정에는 81마리의 반룡(蟠龍)이 조각되어 있
는데, 이는 노자팔십일화(老子八十一化)를 상징한다. 별도로 64괘가

---

2. 원문에서는 鼠目이나, 중국과 국내 백과사전에서는 '쥐의 귀'로 되어 있다. (有鼠
耳 · 牛身 · 虎爪 · 兔背 · 龙角 · 蛇尾 · 马嘴 · 羊胡 · 猴头 · 鸡眼 · 狗肚 · 猪臀) 앞에
서 닭의 눈이 나왔으므로 쥐의 귀가 맞다고 보고 수정했다.

새겨져 있는데, 이는 팔괘가 변화해서 생긴 것을 나타낸다. 정자 정 중앙에는 노자가 푸른 소를 타고 함곡관(函谷關)을 지나가는 소상이 모셔져 있고, 그 좌우 각각에 시자의 상이 세워져 있다. 청양궁에서 는 매년 음력 2월 5일 노자탄신일에 화회(花會)와 등회(燈會)가 열리 는데, 이는 성도(成都)의 전통적인 민속 성회(盛會)이다.

이선암(二仙庵)
• • •

도교 궁관. 사천성(四川省) 성도시(成都市) 시내 서남쪽에 있다. 청 양궁(靑羊宮)과 이웃해 있다. 청(淸) 강희(康熙) 연간(1662~1722)에 건립됐다. "이선암(二仙庵)"이라는 강희제 친필 편액이 있다. 앞쪽에 는 영관전(靈官殿)이 있고, 그 후원 가운데 석벽이 있는데 석벽 위쪽 에는 마치 용이 살아 움직이듯 한 붓놀림으로 흘려 쓴 초서가 있다. 이를 멀리서 보면 뚜렷하고 가까이서 보면 흐릿하여 매우 신묘한데, 장삼풍(張三豐)이 손수 썼다고 전해진다. 주전(主殿)은 여조전(呂祖 殿)과 이선전(二仙殿)이다. 여조전 우측에는 내학정(來鶴亭)이 있는 데, 그 안에 여순양(呂純陽)과 한상자(韓湘子)의 신상이 있다. 이 때 문에 "이선암"이라고 불린다. 이선암에는 광서(光緖) 연간에 판각된 『도장집요(道藏輯要)』 판목이 있는데, 배나무 목판으로 양면으로 조 각돼 있으며 모두 13,000여 판이다. 후대에 파손되거나 없어진 부분 을 1980년대에 메우고 수선하였다. 도교의 중요한 문물이다.

이왕묘(二王廟)

● ● ●

도교 궁관. 사천성(四川省) 도강언시(都江堰市) 서문(西門) 밖 도강언 제방에 위치해 있다. 본래는 촉왕(蜀王) 두우(杜宇)를 기리던 "망제사(望帝祠)"이다. 남제(南齊) 건무(建武) 원년(494)에 익주자사(益州刺史) 유계련(劉季連)이 "망제사"를 "숭득묘(崇得廟)"로 고치고, 도강언의 건설자 이빙(李冰)의 제사를 모셨다. 오대(五代) 후촉(後蜀) 시기에 이빙은 "대안왕(大安王)"·"응성영감왕(應聖靈感王)"에 봉해졌다. 송대(宋代)에 "광제왕(廣濟王)"으로 고쳐 봉해졌고, 그의 아들 이이랑(李二郎)의 소상(塑像)이 추가되었다. 원(元)나라 때, 이빙 부자는 "성덕광유영혜왕(聖德廣裕英惠王)"과 "영렬소혜영인유왕(英烈昭惠靈仁裕王)"에 봉해졌다. 청대(淸代)에 이빙 부자는 "부택흥제통우왕(敷澤興濟通佑王)"과 "승적광혜현영왕(承績廣惠顯英王)"에 봉해졌다. 여기에서 이왕묘라는 이름이 나왔다. 민국(民國) 연간에 이르러 주전(主殿)은 이왕대전(二王大殿)·노왕전(老王殿)·노군전(老君殿)의 3중이 되었다. 배전(配殿)은 16채로, 청룡전(靑龍殿)·백호전(白虎殿)·삼관전(三官殿)·영관전(靈官殿)·성황묘(城隍廟)·토지전(土地殿)·옥황전(玉皇殿)·낭랑전(娘娘殿)·용신전(龍神殿)·성모전(聖母殿) 등이다. 지금의 "이왕묘" 편액은 풍옥상(馮玉祥)이 쓴 것이다. 현재 도사가 전당을 관리하고 있으며, 악신상(樂神像)을 다시 만들었다. 중국의 전국중점문물보호단위(全國重點文物保護單位)로 지정되어 있다.

청성산상청궁(靑城山上淸宮)

• • •

도교 궁관. 사천(四川) 청성산(靑城山)의 산마루에 있다. 진대(晉代)에 처음 건립되었다가 이후에 허물어졌다가 당(唐) 현종(玄宗) 때 다시 건설했고, 오대(五代) 때 왕연(王衍)이 중건했으나 명말(明末)에 화재로 훼손됐다. 현재 남아 있는 전각은 청(淸) 동치(同治) 연간(1862~1874)에 건설된 것이다. 대전(大殿)에 삼청상을 모시고 있으며, 궁내에 마고(麻姑)가 목욕하던 곳이라고 전해지는 마고지(麻姑池)와 원앙정(鴛鴦井)이 있다. 대전 우측에는 『도덕경(道德經)』과 『음부경(陰符經)』 전문을 새긴 녹나무 목판이 보존돼 있다. 또 대전 좌측에는 장대천(張大千)이 서태비(徐太妃)와 화예부인(花蕊夫人) 및 강건선녀(絳巾仙女)를 그린 석비 2기가 보존돼 있다. 산문 밖 서쪽 석벽에는 황운호(黃雲皓)가 쓴 "천하제일명산(天下第一名山)"·"청성제일봉(靑城第一峰)"이 새겨져 있다. 궁관 동쪽 멀지 않은 곳에 포마평(跑馬坪)과 기간(旗杆)이 있는데, 전해지기로는 명말(明末) 장헌충(張獻忠)이 의병을 일으켜 군사훈련을 하던 곳이라고 한다. 궁 뒤로 수백 미터를 올라가면 산꼭대기에 도달하는데, 해발로는 약 1,600m에 달한다. 이곳에 호응정(呼應亭)이 있는데, 여기서 일출과 운해 및 드물게 나타나는 자연적 발광현상인 성등(聖燈) 등의 3대 자연경관을 볼 수 있다.

건복궁(建福宮)

• • •

도교 궁관. 사천(四川) 청성산(靑城山)의 산 어귀의 장인봉(丈人峰) 아래에 있다. 원래 이름은 장인관(丈人觀)으로, 청성장인영봉진군(靑

城丈人寧封眞君)을 제사 지냈다. 당(唐) 개원(開元) 18년(730)에 처음 세워졌다. 희종(僖宗) 중화(中和) 원년(881)에, 황제의 명으로 영봉자(寧封子)를 오악장인(五嶽丈人)·희이진군(希夷眞君)에 봉했다. 송(宋) 신종(神宗) 원풍(元豐) 3년(1080)에는 청성산장인관구천장인(青城山丈人觀九天丈人)이란 호를 더하여 "저복정명진군(儲福定命眞君)"에 삼았다. 효종(孝宗) 순희(淳熙) 2년(1175)에 "회경건복궁(會慶建福宮)"이란 이름을 하사받았고 줄여서 "건복궁(建福宮)"이라 불렀는데, 그 이름이 지금까지 이르고 있다. 궁관 안에는 예로부터 영봉자의 신상이 있었고, 사방 벽에는 오대(五代)의 화가 손태고(孫太古)가 그린 황제를 비롯한 32명의 선인(仙人)과 진인(眞人)의 상(仙眞像)이 있었는데, 지금은 남아 있지 않다. 현존하는 건축물은 청(清) 광서(光緒) 14년(1888)에 중건한 것이다. 내산문(內山門) 문액(門額)에는 임삼(林森)이 쓴 "건복궁" 세 글자가 있다. 후전(後殿) 앞에는 394자로 된 기다란 대련이 있는데, 청대(清代) 통강현(通江縣) 사람 이선제(李善濟)가 지은 글로서 청성산의 역사와 연혁을 개괄하고 있다. 현존하는 전원(前院)과 정전(正殿)은 1992년에 개축한 것으로 영봉진인(寧封眞人)과 두광정(杜光庭)의 신상을 모시고 있다.

천사동(天師洞)

• • •

"고상도관(古常道觀)"이라고도 한다. 도교 궁관. 사천(四川) 청성산(青城山)에 위치해 있다. 청성산에서 가장 큰 도교 궁관이다. 도교에서는 "제오동천(第五洞天)"이라 칭하며, 신선들이 모이는 곳이라고 한다. 수(隋) 대업(大業) 연간(605~618)에 처음 건립됐다. 원래 이름은 연경관(延慶觀)인데, 당대(唐代)에 상도관(常道觀)으로 고쳤다가, 송대(宋代)에는 소경관(昭慶觀)이라 불렸고, 이후에는 당대의 이름을 쓰고 있다. 현존하는 전각은 청대(淸代)에 건축된 것으로, 주요 건축물로 산문(山門)·청룡전(靑龍殿)·백호전(白虎殿)·삼청전(三淸殿)·삼황전(三皇殿)·황제사(皇帝祠)·천사동(天師洞) 등이 있는데, 건축물들이 장엄한 구조를 이루고 있다. 산문은 겹처마 헐산식(歇山式) 지붕의 누각식으로 건축되었는데, 위에는 금빛 글자로 "고상도관(古常道觀)"[3]이라고 쓴 편액이 걸려 있다. 좌측에는 청룡전, 우측에는 백호전이 있는데 각 전 안에 청룡과 백호의 신상을 모시고 있다. 삼청전은 천사동의 주전(主殿)으로, 전 내에는 원시천존(元始天尊)·영보천존(靈寶天尊)·도덕천존(道德天尊)의 신상을 모시고 있다. 삼청전의 위층인 "무극전(無極殿)"에는 청대 강희제(康熙帝) 시기에_{일설에는 명대(明代)라고 한다} 제작된 양각 목조 병풍이 있는데, 무늬가 정밀하고 아름답다. 대전에는 "단대벽동(丹臺碧洞)"이란 편액이 있는데, 이는 강희제 친필 하사본의 복제품이다. 삼청전의 원내 좌측에는 큰 은행나무가 있는데, 동한(東漢) 말 장도릉(張道陵)이 손수 심은 나무라고 전해진다. 삼청전 뒤편에 황제사가 있는데, "고황제사(古皇帝祠)"라는 편액은 근대의 우우임(于右任)이 직접 쓴 것이다. 황제사에는 헌원황제(軒轅皇帝)의 신상이 모셔져 있다. 삼황전은 복희(伏羲)·신농(神農)·헌원(軒轅)의 삼황이 모셔져 있기 때문에 부르는 이름으로, 전내에 『대당개원신무황제서비(大唐開元神武皇帝書碑)』·『용문파벽동종도맥연원비(龍門派碧洞宗道脈淵源碑)』·

---

3. 古常道觀: 원서에는 '古道常觀'으로 되어 있으나, 문맥상 오기로 보고 교감하였다.

『팽춘선진인중수상도관비(彭椿仙眞人重修常道觀碑)』등의 문물이 있다. 천사동 안에는 장천사의 석각상이 있으며, 또 광서(光緒) 연간 (1875~1908)에 만든 제30대 천사 장계선(張繼先)의 소상(塑像)도 있다. 궁관 동쪽으로 멀지 않은 곳에 삼도석(三島石)이 있는데, 높이 솟은 바위가 셋으로 쪼개진 모양으로 천사 장도릉이 마귀를 복종시킬 때 쪼개졌다고 전해지며, 지금은 바위 위에 "항마(降魔)"두 글자가 새겨져 있다. 또 부근에 상천제(上天梯)·세심지(洗心池)·척필조(擲筆槽) 등의 도교 명승지가 있다.

고상도관(古常道观)

● ● ●

"천사동(天師洞)"을 말한다.

순양관(純陽觀)

● ● ●

도교 궁관. 사천성(四川) 신진현(新津縣) 현성(縣城) 서북쪽 1.5km에 있다. 웅대한 규모로 120묘(亩)의 면적을 차지하고 있다. 원래는 청(淸) 함풍(咸豊) 연간(1851~1861)에 세워진 "여선사(呂仙祠)"라는 작은 묘당(廟堂)이었다. 광서(光緒) 27년(1901)에 왕대경(王大經) 등이 수리하여 순양전(純陽殿)을 세웠다. 1917년에서 1937년 사이에 영조(靈祖)·천왕(天王)·문창(文昌)·무성(武聖)·삼관(三官)·충효열성(忠孝列聖)·관악이성(關嶽二聖)·두모(斗姥)·대충전(大忠亭)·지효정(至孝亭)·삼파(三婆)·용화(龍華) 등의 전각이 잇달아 세워졌고, 아울러 각 전의 소상(塑像)도 완성됐다. 동시에 화원(花

園)·선로지(仙露池)·녹의정(綠漪亭)·패방(牌坊)·청사(靑獅)· 백상구룡감(白象九龍龕)·석각파롱(石刻笆籠)·시비(詩碑)·오복당 (五福堂) 등의 건축물도 세워졌다. 궁관 전체로 보면 황학루(黃鶴樓) 가 앞에서 다른 전각을 이끌고 있고, 그 중심축 선상에 영조전·부우 제군전(孚佑帝君殿)·통현제군전(洞玄帝君殿)·무성전·문창전·삼 관전·오성전(五聖殿)·관악이성전 등이 있다. 좌우 양쪽으로 대충 정(大忠亭)·지효정(至孝亭) 및 사방으로 둘러싼 낭방(廊房) 등이 있 다. 또 궁관 내에 유가의 명사에 대한 공양을 위주로 하면서 도교와 불교에서 존숭하는 신의 소상(塑像)도 겸용하고 있는 통속적인 자선 기구가 있는데, 이를 충효당(忠孝堂)이라고도 칭한다. 1985년 이래로 주 건물을 새롭게 수선하고서 대외적으로 개방했다.

운대관(雲臺觀)

· · ·

도교 궁관. 원래 이름은 "우성사(佑聖寺)"이다. 사천(四川) 삼태현 (三台縣) 현성(縣城) 남쪽으로 약 50km 떨어진 운대산(雲臺山)에 있 다. 남송(南宋) 소희(紹熙) 연간(1190~1194)에 창건됐다. 명(明) 만 력(萬曆) 32년(1604)에 화재로 훼손됐다. 현존하는 건축물은 명말 (明末)·청초(淸初)에 중건한 것으로, 삼황관(三皇觀)·회룡각(回龍 閣)·장랑정(長廊亭)·권동문(券洞門)·십전(十殿)·성황묘(城隍 廟)·천왕전(天王殿)·구간방(九間房)·영관전(靈官殿)·공진루(拱 辰樓)·종고루(鍾鼓樓)·정전(正殿) 등이 있다. 누대와 전각들이 높 이 솟아오른 측백나무들과 함께 길게 늘어선 것이 1km에 달한다. 그 중 권동문은 명 만력 연간에 세워진 것으로, 문은 큰 벽돌과 섬돌로 만들어졌고, 윗부분에는 벽돌로 두공(斗拱)을 이루고 있으며, 멀리서 보면 흡사 궁궐과 같다. 문의 편액에는 "건원동천(乾元洞天)"이라 적혀 있다. 풍경이 맑고 그윽하다.

팔선궁(八仙宮)
. . .

도교 궁관. 원래 명칭은 "팔선암(八仙庵)"이다. 섬서(陝西) 서안시(西安市) 동관(東關) 장락방(長樂坊)에 있다. 원래는 당(唐) 흥경궁(興慶宮) 옛터에 속하며, 송대(宋代)에 처음 창건됐다. 궁관 앞에는 한 기의 비석이 있는데, 그 위에 "장안주사(長安酒肆)" 네 글자가 새겨져 있고, 그 옆에 "여순양 선생이 종리권 선생을 만나 도를 이룬 곳[呂純陽先生遇鍾離權先生成道處]"이라고 적혀 있다. 종리권이 장안(長安)의 주점에서 "황량몽(黃粱夢)"으로 여동빈(呂洞賓)을 깨우쳐 도를 이루게 한 곳이라고 전해진다. 또 송대에 팔선(八仙)이 이곳에서 연회를 베풀었다고 전해져서, 마침내 팔선의 사당을 짓고 제사 지냈다. 원대(元代)에 전진도(全眞道)가 흥기하고 나서, 이곳에 사당을 크게 지어 팔선암(八仙庵)이라고 이름을 지었다. 명대(明代)에는 유명한 궁관이 되었다. 청(淸) 강희(康熙, 1662~1722) 초에, 도사 임천연(任天然)이 전각을 수리하고 증축하여 이곳에서 법단을 열고 계를 전하였고, 이로 인해 전진도의 시방총림(十方叢林)의 하나가 되었다. 가경(嘉慶) 11년(1806), 도사 동청기(董淸奇)가 팔선암의 주지가 되어, 서과원(西跨院)을 증축하였다. 8개국연합군이 북경(北京)을 침입했을 때(1900), 광서제(光緖帝)가 자희태후(慈禧太后)와 함께 서안으로 피신하여 팔선암에 머물렀기 때문에 칙령으로 "만수팔선궁(萬壽

八仙宮)"에 봉했다. 이 때문에 이후에 "팔선궁"이라 불렀다. 현존하는 전각은 모두 명(明)·청(淸) 이후에 건축된 것으로, 중로(中路)·동로(東路)·서로(西路) 및 서화원(西花園)으로 나뉜다. 중로에는 영관전(靈官殿)·팔선전(八仙殿)·두모전(斗姆殿)이 있다. 동로에는 여조전(呂祖殿)·약왕전(藥王殿)이 있다. 서로에는 구조전(丘祖殿)과 주지(住持)의 거처가 있다. 그 중 주된 전당은 팔선전으로서 그 안에 팔선의 상이 모셔져 있다. 전국도교중점궁관(全國道教重點宮觀)의 하나이다.

중양궁(重陽宮)

• • •

도교 궁관. 섬서(陝西) 호현(鄠縣) 서쪽 10km 지점인 조암진(祖庵鎭)의 북쪽에 위치한다. 원래 전진도(全眞道) 조사 왕중양(王重陽)의 뼈를 묻은 곳이다. 처음에는 "조정(祖庭)" 또는 "조암(祖庵)"이라 불렀다. 왕중양의 제자 왕처일(王處一)이 주청하여 이곳에 "영허관(靈虛觀)"을 세웠고, 구처기(丘處機)가 청하여 "중양궁(重陽宮)"으로 개명했다. 원(元)나라 지원(至元) 2년(1265)에 "중양만수궁(重陽萬壽宮)"으로 개명했다. 원대 북방 도교의 집합지로, 번성기에는 도사가 만여 명에 달했고 궁전과 누각은 5천여 칸에 달했다. 적지 않은 비각(碑刻)이 남아 있는데, 그 중 31기를 한 건물에 모아 보존하고 이를 조암비림(祖庵碑林)이라 부르는데, 고고학과 예술적 측면에서 높은 가치를 지니고 있다.

누관(樓觀)

• • •

　"자운루(紫雲樓)"라고도 칭한다. 도교 궁관. 섬서성(陝西省) 종남산 (終南山) 기슭에 있다. 전해지기로는 주(周)나라 윤희(尹喜)가 이곳에 서 띠를 엮어 루(樓)를 만들어 기거했고 후대인이 도관을 세웠기 때 문에, 누관이라 불렀다고 한다. 또 노자(老子)가 서쪽으로 가다가 이 곳에 이르러『도덕경(道德經)』을 지어 윤희에게 주었고, 후에 이 터를 "설경대(說經臺)"라고 했다고 한다. 북조(北朝) 시기에 많은 이름난 도사들이 이곳에 모여 들어서 당시에 저명한 도관이 되었다. 수(隋) 개황(開皇, 581~600) 초에 개수했다. 당(唐) 무덕(武德, 618~626) 초에 증축하고, 종성관(宗聖觀)으로 개명했다. 송(宋)·원(元) 시기 에 여러 차례 이름을 바꿨다. 원(元)나라 중통(中統) 원년(1260)에 명 에 따라 관(觀)을 궁(宮)으로 고쳐서 종성궁(宗聖宮)이라 칭했다. 가 장 이른 도교 궁관 중의 하나이다. 청(淸) 말기에 누관의 중심을 설경 대로 옮겼기에, 마침내 "누관대(樓觀臺)"라 칭했다. 이름난 유적으로 설경대·장경각(藏經閣)·여조동(呂祖洞)·앙천지(仰天池)·서진정 (棲眞亭)·노자묘(老子墓) 등이 있다. 그리고 당(唐)·송(宋)·원(元) 의 역대 서예가가 직접 쓴 비각(碑刻)이 있다.

자운루(紫雲樓)

• • •

　"누관(樓觀)"을 말한다.

금대관(金臺觀)

. . .

도교 궁관. 섬서(陝西) 보계시(寶鷄市) 기차역 북쪽 약 500m 지점에 있다. 명대(明代) 장삼풍(張三豐)이 수도하던 곳이다. 명초에 세워졌으며, 중원(中院)과 동원(東院) 서원(西院)으로 구성되어 있다. 붉게 칠한 기둥과 정교하게 새긴 난간이 매우 웅장하고 아름답다. 시내의 서북쪽 고원에 위치해 있어서, 누대에 올라가면 시 전체를 내려다볼 수 있다. 관내에 박물관을 열어, 근래에 이 시에서 출토된 문물을 전시하고 있다.

선유관(仙遊觀)

. . .

도교 궁관. 섬서성(陝西) 인유현(麟遊縣) 현성(縣城) 북쪽 교외에 위치해 있다. 도교의 적각선(赤脚仙)이 이곳에 노닐었다고 전해져 선유관이라고 이름 붙였다. 초당(初唐)의 왕발(王勃)이 『선유관증도사시(仙遊觀贈道士詩)』에서 "들판의 꽃은 이슬을 받들고, 산속 나뭇잎은 바람을 노래하네. 수풀 샘에 밝은 달이 떠 있고, 옛 친구와 함께 술 마시며 시를 읊조리네[野花常捧露, 山葉自吟風. 林泉明月在, 詩酒古人同]"라고 묘사하였다. 금(金) 명창(明昌) 연간(1190~1196)에 연교관(演敎觀)으로 개명했다. 명대(明代)에 영양원(永陽園)을 증축했다. 현존하는 대전(大殿)은 너비가 5칸으로, 원래는 들보와 도리에 오대(五代)·송(宋)·금(金)·원(元)·명(明)·청(淸)의 시기에 중수했던 해와 달이 모두 적혀 있었는데, 이미 덧칠로 인해 알아보기 어렵다. 다만 흙으로 빚은 불상 내부의 십자 나무틀에 당(唐) 대화(大

和) 3년(829)이라는 문구가 적혀 있다. 이에 의하면 이 대전이 당대 (唐代)에 건축되었음을 미루어 알 수 있으나, 이후 여러 차례의 보수로 인해 당대의 품격은 잃어버렸다.

백운산묘(白雲山廟)

"백운관(白雲觀)"이라고도 칭한다. 도교 궁관. 섬서(陝西) 가현(佳縣) 현성(縣城) 동쪽 5km 지점의 백운산(白雲山)에 있다. 정상에 항상 흰 구름이 감도는 산에 묘관을 지었기 때문에, '백운산묘'라고 이름 붙였다. 명(明) 만력(萬曆) 33년(1605)에 창건됐고, 청(淸) 옹정(雍正) 2년(1724)에 중수하고 증축했다. 현존하는 건축물로는 전(殿)·무(廡)·정(亭)·각(閣)·루(樓)·대(臺) 등 53채가 있는데, 구름이 첩첩이 포개져 있고 소나무와 잣나무가 어우러져 있어서 멀리서 보면 구름 위에 떠 있는 선궁(仙宮) 같기 때문에 "백운승경(白雲勝景)"이라는 칭호가 있다. 묘 내에 명(明) 신종(神宗) 주익균(朱翊鈞)이 선사한 『도장(道藏)』 한 부모두 5,000여 권와 "백운승경(白雲勝景)"이라는 신종 친필 편액 한 부가 보관되어 있다.

옥천원(玉泉院)

도교 궁관. 섬서(陝西) 화산(華山) 북쪽 기슭 계곡 입구에 있다. 화산을 올라갈 때 반드시 거쳐야 하는 곳이다. 옥천원 내에 맑은 우물이 하나 있는데, 산꼭대기의 진악궁(鎭嶽宮) 내의 옥정(玉井)과 통하며 샘물이 옥처럼 맑고 깨끗해서 옥천원이라 불렀다고 전해진다. 원래는 송초(宋初)에 진단(陳摶)이 은거하여 수도하던 곳이다. 송 황우(皇祐) 연간(1049~1054)에 진단의 제자 가득승(賈得升)이 이곳에 희이사(希夷祠)를 세워 진단을 제사 지냈다. 그 뒤로 각 왕조마다 수리했으며 현존하는 건축물은 청말(淸末)에 중건한 것이고, 1959년과 1985년에 두 차례에 걸쳐 보수했다. 옥천원은 동·중·서, 세 부분으로 이루어져 있다. 중간은 주건물인 희이사인데, 남향으로 배치돼 있으며, 사합원(四合院) 방식의 전당 건축물이다. 주전인 노군전(老君殿)에는 진단노조(陳摶老祖)의 소상(塑像)이 모셔져 있다. 동편과 서편은 객당(客堂)과 도사(道舍)이다. 원내에 송 대중상부(大中祥符) 3년(1010)에 가득승이 쓴 『건초비(建醮碑)』가 있는데, 이는 송대 도교 재초과의(齋醮科儀) 연구에 중요한 자료이다. 옥천원의 서쪽부분에는 회랑(回廊)·석방(石舫)·무우정(無憂亭)·함청전(含靑殿)·희이동(希夷洞)·산손정(山蓀亭)·납량정(納凉亭) 등의 건축물이 있다. 희이동에는 돌에 새긴 진단의 와상(臥像)이 있는데, 조각이 정밀하고 아름다우며 살아 있는 것처럼 생동감이 있다. 동쪽부분에는 회랑·화타묘(華佗墓) 등의 건축물이 있다. 옥천원에는 비석과 제기(題記) 및 편액이 많다. 그 중에 송대 미불(米芾)이 쓴 「제일산(第一山)」비와 명말(明末)·청초(淸初) 왕굉찬(王宏撰)이 제작한 「화산전도(華山全圖)」비 등이 유명하다. 전국도교중점궁관(全國道敎重點宮觀)의 하나이다.

서악묘(西嶽廟)

• • •

도교 궁관. 섬서(陝西) 화산(華山)의 악진(嶽鎭) 동쪽 끝에 있고, 서쪽으로 화음시(華陰市)에서 약 1.5km 떨어져 있다. 현지(縣誌)의 기록에 따르면, 한무제(漢武帝) 때 건립되었으며 북주(北周) 천화(天和) 2년(567)과 당(唐) 개성(開成) 원년(元年, 836)에 중수되었다. 북송(北宋) 건륭(建隆) 2년(961)에 크게 보수하였고, 명대(明代)와 청대(淸代)를 거치면서 여러 차례 보수 공사를 했다. 건축물이 매우 웅장한데, 특히 금성문(金城門)과 호령전(灝靈殿)은 그 기세가 웅장하고 아름다워 역대 제왕들이 섬서에 왔을 때 대다수가 이곳에 머물렀다고 한다. 서악묘 내에는 비석들이 매우 많다. 현존하는 가장 이른 시기의 비석은 북주 시대의 화음묘비(華陰廟碑)이다. 진귀한 비석으로는 명대에 각인된 화산도(華山圖)와 청나라 건륭제(乾隆帝)의 어서(禦書) "악련영수(嶽蓮靈澍)" 등의 석각이 있다. 전국중점문물보호단위(全國重點文物保護單位)로 지정되어 있다.

진악궁(鎭嶽宮)

* * *

도교 궁관. 옛 명칭은 "상궁(上宮)"이다. 섬서(陝西) 화산(華山)의 옥녀봉(玉女峰), 연화봉(蓮花峰), 낙안봉(落雁峰) 사이의 골짜기에 위치해 있다.『대원기해한도선중수옥정암(大元己亥韓道善重修玉井庵)』이라는 석비 기록에 따르면, 원대(元代)에는 진악궁을 옥정암(玉井庵)이라고 불렀다고 한다. 현존하는 건축물은 청(淸) 말과 민국(民國) 초기에 건축된 것으로 1982년에 중수(重修)되었고 규모도 더 확장되었다. 전당(殿堂)은 절벽을 등지고 건축되었으며 하나의 원락(院落)만이 있다. 화산의 여러 봉우리에서 규모가 비교적 큰 궁관이다. 정전(正殿)은 3칸이고, 서악대제(西嶽大帝) 소호금천씨(少昊金天氏)의 상을 모시고 있다. 궁관 내에 바위 동굴이 있는데, 그곳에는 옥황대천존현궁고상제(玉皇大天尊玄穹高上帝)를 모시고 있으며, 동굴 밖에는 암벽에 "화악관상원진악궁(華嶽觀上院鎮嶽宮)"이라는 글씨가 새겨져 있다. 서쪽에는 약왕동(藥王洞)이 있으며, 약왕신상을 모시고 있다. 궁관 앞에는 우물이 있는데, 깊이가 30m에 달하며 둘레는 그 절반 정도이다. 옥정(玉井)이라고 부른다. 우물 위에 누각을 건축하였고, 물맛이 달고 진하다. 전해지기로는, 산기슭의 옥천원(玉泉院)의 샘물이 이 우물과 서로 통한다. 옥정의 동북쪽으로 멀지 않은 곳에 절구와 같은 돌 웅덩이가 있는데, 모두 28개로 구슬이 꿰인 것처럼 연결되어 있다. 물은 절벽 끝에서부터 흘러 중심부에 이르러 작은 폭포를 형성하는데, 이는 화산의 절경 가운데 하나이다.

난주백운관(蘭州白雲觀)

. . .

도교 궁관. 감숙(甘肅) 난주시(蘭州市) 빈하(濱河) 동로(東路)에 있다. 청(淸) 도광(道光) 19년(1839)에 창건되었다. 총독 호송액(瑚松額)이 주청하여 건립되었고 여조(呂祖)를 모시고 있다. 처음 건축되었을 때 면적은 30무(亩)였다. 건물은 남향으로 배치되어 있다. 중심축 선상에 주요 건축물인 동원(東院)과 서원(西院)이 서로 마주하고 있으며, 북쪽에는 정대(亭臺)와 누각(樓閣)이 있고, 정원 안에 조성된 산과 작은 다리가 있으며, 구불구불한 회랑이 꾸며져 있다. 현존하는 건축물로는 산문(山門) · 희루(戲樓) · 전전(前殿) · 중전(中殿) · 후전(後殿) · 좌우상방(左右廂房) · 종고루(鍾鼓樓) 등이 있다. 산문은 우뚝하게 세워져 있는데, 왼쪽 · 중앙 · 오른쪽의 아치형 대문은 기세가 웅장하다. 최근에 보수하였는데, 상인방(上引枋)에 남색 바탕에 금색 글씨를 쓴 "백운관(白雲觀)" 편액을 걸어 두었다. 문 앞에 좌우 양측에 커다란 홰나무가 어우러져 있으며 주위가 청정하다.

옥천관(玉泉觀)

• • •

　속칭 "성북사(城北寺)"라고도 하고 "숭영사(崇寧寺)"라고도 한다. 도교 궁관. 감숙(甘肅) 천수시(天水市) 북쪽 천정산(天靖山) 자락에 있다. 원(元) 대덕(大德) 3년(1299)에 처음 건축되었다. 현존하는 건축물은 명(明)·청(淸)시기에 중건된 것이다. 성벽에 접하면서 산세를 따라 점차 높아진다. 중심축을 따라 아래에서 위로 산문(山門)·우선교(遇仙橋)·대문(大門)·통선교(通仙橋)·청룡전(靑龍殿)·백호전(白虎殿)·인간천상방(人間天上坊)·옥천각(玉泉閣)·제일산패방(第一山牌坊)·삼청전(三淸殿)이 있다. 산 정상에는 작은 사당이 있는데, 위(魏)나라 충현(忠賢)의 생사당(生祠堂)이라고 전해진다. 중심축 곁으로는 뇌조묘(雷祖廟)·삼관전(三官殿)·제갈사(諸葛祠)·탁공사(托公祠)·삼청각(三淸閣)·선승정(選勝亭)·정관정(靜觀亭)·창성전(蒼聖殿)·옥천정(玉泉井)이 있다. 옥천정 위로는 육각정(六角亭)이 있다. 또 신선동(神仙洞)이 있는데, 원나라 때 육씨(陸氏)와 마씨(馬氏) 성을 가진 두 진인이 우화한 곳이라고 전해진다. 삼청전의 상량에는 검은 글씨로 "명나라 가정 36년 세차 정유 겨울에 중건했다[明嘉靖三十陸年歲次丁酉季冬重建]"고 쓰여 있다. 산은 산림이 울창하고 구불구불한 오솔길이 깊은 곳까지 통해 있다. 옥천관에서 멀리 바라보면, 산천과 성곽이 모두 한 눈에 들어온다. 매년 음력 정월 9일에 도관에 모이는 조관회(朝觀會) 풍습이 지금까지 이어진다.

을달묘(圪墶廟)

• • •

도교 궁관. 감숙(甘肅) 영대현(靈台縣) 현성(縣城)에서 동남쪽으로 약 7㎞에 있는 을달산(圪墶山)에 있다. 명(明) 영락(永樂) 3년(1405)에 창건되었으나, 1920년 지진으로 훼손되었고, 후에 다시 복구하였다. 면적은 30여 무(畝)이다. 세 면은 탁 트여 있고 서쪽 면의 동문(洞門)으로 출입한다. 사원 내에 건축물은 벽돌 목제 구조이며, 보살전(菩薩殿) · 성모궁(聖母宮) · 관제묘(關帝廟) · 약왕묘(藥王廟) · 문창묘(文昌廟) · 종고루(鍾鼓樓) · 옥황루(玉皇樓) · 위타전(韋馱殿) 및 상방(廂房)이 있다. 을달묘에는 조상(塑像) · 벽화(壁畵)가 잘 보존되어 있다. 묘 내에 큰 모과나무 한 그루가 있는데 500년이 넘었다고 전해지며, "모과나무가 먼저 있었고 이후에 을달묘가 있었다[先有木瓜樹, 後有圪墶廟]"라는 설이 있다. 주위는 수목이 어우러져 있어 풍경이 매혹적이다. 매년 음력 4월 초팔일에 묘회(廟會)가 열린다.

대북지남궁(臺北指南宮)

• • •

도교 궁관. 대만 대북시(臺北市) 남쪽 교외의 후산(猴山)에 있다. 청(淸) 광서(光緖) 7년(1881)에 창건되었다. 애초 명칭은 순풍사(肫風社)였다. 광서 17년에 개축하면서 지남궁(指南宮)으로 이름을 바꾸었다. 팔선(八仙) 중의 한 명인 여동빈(呂洞賓)을 모신다. 후에 다시 확대 건축하여 대만 전체에서 가장 큰 신사(神祠)가 되었으며, 각종 신선과 부처의 상을 모시고 있다. 궁관은 산허리에 건립되어 지세가 비교적 높기 때문에, 산기슭에서 궁관 앞까지 돌계단이 1,100개가 놓여 있으며, 대북시 전체를 조망할 수 있다. 매년 음력 8월 2일은 궁의 창립 기념일이고, 5월 18일은 주신(主神) 여동빈의 제사일인데, 이때 분향하러 많은 사람이 모인다. 궁관 안에 대만 도교학원(道教學院)이 설립되어 있다.

대북보안궁(臺北保安宮)

• • •

　도교 궁관. 대만 대북시(臺北市) 합밀가(哈密街)에 있다. 청(淸) 가경(嘉慶) 10년(1805)에 처음 건립되기 시작해서 도광(道光) 10년 (1830)에 준공되었다. 대북 대룡동(大龍峒) 중심 지역에 위치하기 때 문에 속칭 "대룡동대도공묘(大龍峒大道公廟)"라고 불린다. 이후에 여러 차례 증축하고 수리하였다. 전전(前殿)·정전(正殿)·후전(後 殿)·영소보전(靈霄寶殿)의 사진원락(四進院落) 구조로 조성되었다. 정전은 궁관 안의 주전(主殿)으로 겹처마 헐산식(歇山式) 구조의 건 축물이다. 정전 안의 감실(龕室)은 황금빛과 푸른빛이 휘황찬란하며, 감실 안에는 보생대제노조(保生大帝老祖)·이조(二祖)·삼조(三祖) 에서부터 육조(六祖), 그리고 평안조(平安祖)·백초조(白礁祖)를 모 시고 있다. 후전의 명칭은 신농전(神農殿)으로, 신농대제를 모신다. 영소보전은 웅장하며, 최상층에 옥황대제(玉皇大帝)와 무극천지존 신(無極天至尊神)의 상(像)을 모신다. 궁관 밖의 가까이에 있는 공묘 (孔廟)에 "인성원(鄰聖苑)"을 건립하였는데, "공자 사당의 맑은 물[孔 廟之鄰]"이라는 뜻을 취한 것이다. 인성원 내에는 못가에 정자가 있 고, 꽃과 나무가 울창하며, 자미각(紫微閣)·춘추정(春秋亭) 등이 세 워져 있다. 또 보생대제의 사적(事迹)을 표현한 의호후(醫虎喉)·점

룡안(點龍眼)·사선과맥(絲線過脈) 등의 명소가 있다. 매년 음력 3월
15일 보생대제 탄신일에는 만 명을 웃도는 신도들이 궁관에 모이고,
보생대제에게 감사를 표하는 주신희(酬神戲)가 공연되며, 향화(香火)
가 성대하게 행해지는데, 대만 전역에서 매우 유명하다.

북투관도궁(北投關渡宮)

• • •

　도교 궁관. 대만 대북시(臺北市) 서북(西北) 끝자리의 담수하(淡
水河)가 바다로 들어가는 곳에 위치해 있다. 청(淸) 순치(順治) 18년
(1661)에 처음 창건되었다. 전해지기로는, 이 해에 복건성(福建省)
보전현(莆田縣) 미주도(湄洲島)의 천후궁(天後宮)으로부터 두 개의
성모(聖母) 금상(金像)을 받아 지금의 자리에 사당을 세우고 모셨으
며, 처음에는 "관도조궁(關渡祖宮)"이라고 불렀다고 한다. 대만의 일
제 점령기인 1922년에 화재로 훼손되었으나, 후에 다시 중수하여 건
립하였다. 주로 마조(媽祖)·문창제군(文昌帝君) 등을 봉양한다. 관
도(關渡) 일대의 민중 종교 활동은 대부분 마조묘(媽祖廟)를 중심으
로 하는데, 이 궁관 역시 대북시에서 역사가 유구하고 규모가 비교적
큰 마조묘이다.

송산자우궁(松山慈佑宮)

• • •

　도교 궁관. 대만 대북시(臺北市) 정석리(頂錫里) 팔덕로(八德路)
에 있다. 청(淸) 건륭(乾隆) 18년(1753)에 창건되었다. 이 궁관의 원
래 이름은 "석구마조궁(錫口媽祖宮)"으로, 주로 모시는 신명은 천상

성모마조(天上聖母媽祖)이다. 이 궁관은 가경(嘉慶) 6년(1801), 도광(道光) 6년(1826) 그리고 1917년 세 차례 크게 중수하였고, 1981년부터 1985년에 이르기까지 재차 확장하여 궁관의 모습이 광대하고 장엄하며 화려하다. 궁관 내부에는 수많은 청대의 진귀한 문물이 보존되어 있다. 또 1976년에 궁내에 5층 규모의 도서관을 건립하였다. 매년 음력 3월 23일에 마조 탄신을 경축하는데, 이때에 마조가 십삼가장(十三街莊)을 순행하면서 평안을 기원하며 경내를 살펴보는 행사를 거행한다. 이 행사에 선남선녀 신도들이 대오를 이루어 사자춤과 용춤을 추며 요란한 소리의 징과 북을 치는데, 매우 장관을 이룬다.

창화원청관(彰化元清觀)

· · ·

도교 궁관. 대만 창화현(彰化縣) 경내에 있다. 청(清) 건륭(乾隆) 28년(1763)에 복건(福建) 천주(泉州) 출신의 신도들이 건설하였고, 가경(嘉慶) 연간에 중수하였다. 주로 옥황대제(玉皇大帝)를 모시며, 매년 음력 정월 9일 옥황탄신일에 많은 사람들이 와서 참배한다. 궁관 밖의 광장에는 "용담(龍潭)"이 있고, 그 안에는 석조로 된 와룡(臥龍)이 있으며, 방생지(放生池) 등도 있다.

북항마조묘(北港媽祖廟)

· · ·

"조천궁(朝天宮)", "성묘(聖廟)"라고도 부른다. 도교 궁관. 대만 운림현(雲林縣) 북항진(北港鎭)의 북항계(北港溪) 우측의 강가에 있다. 북항은 대만 초기에 대륙과 왕래하는 주요한 항구였다. 복건(福建)

등지에서 온 개척자들 대부분이 이곳을 통해 대만에 들어왔다. 청 (淸) 강희(康熙) 33년(1694)에 민(閩) 지방의 부씨(傅氏) 성을 가진 사람이 복건에서 대만으로 옮겨오면서, 미주(湄洲)의 조천각(朝天閣) 마조(媽祖) 신상을 가지고 와서 북항에 사당을 짓고 제사를 지냈다. 건륭(乾隆) 16년(1751)에 신전(神殿)·배정(拜亭)·반실(畔室) 등을 크게 수리하였고, 그 이후에도 여러 차례 중수하였다. 광서(光緒) 31년(1905)에 지진으로 크게 훼손되었으나, 1908~1912년에 중건되었다. 대만에 거주하는 사람들은 마조를 독실하게 믿는데, 마조를 항해를 보호하는 신으로 인식할 뿐만 아니라 해마다 풍작을 이루고 국경을 지켜 백성을 편안하게 하는 신으로 여기기 때문이다. 북항마조묘는 대만 전체 300여 곳에 이르는 마조사당 가운데 규모가 가장 크다. 정전(正殿)은 마조를 모시고, 후전(后殿)은 마조의 부모를 모신다. 매년 음력 1월에서 3월에 이르기까지 대만 각지로부터 분향하러 오는 단체가 끊이지 않는데, 분향객이 많게는 수십만에 이른다. 마조 탄신일인 음력 3월 12일[4]을 전후해서 분향객이 가장 많다.

마공마조묘(馬公媽祖廟)

• • •

간략하게 "마조묘(媽祖廟)"라고 부른다. 도교 궁관. 대만 팽호현(澎湖縣) 마공진(馬公鎭)에 있다. 명(明) 만력(萬曆) 21년(1593)에 건립되었다고 전해진다. 대팽(臺澎) 지역 최초의 마조묘(媽祖廟)이다. 청

---

4. 3월 12일 : 원서에는 마조탄신일을 음력 3월 12일이라고 하였으나 오류로 보인다. 마조탄신일은 3월 23일이다.

(淸) 강희(康熙) 23년(1684)에 마조가 청나라 조정으로부터 "천후(天后)"로 봉해지자, 묘 역시 천후궁(天后宮)으로 개칭되었다. 정전(正殿)에는 천후신상(天后神像)을 모시고 있다. 정전 오른쪽에는 절효사(節孝祠)가 있고, 뒤편에는 청풍각(淸風閣)이 있다. 1919년에 천후궁을 중건할 때『손유용퇴홍모번위마랑(孫有容退紅毛番韋麻郞)』이라는 석비 하나가 발견되었다. 이에 따르면, 손유석(孫有容)은 명나라 만력(萬曆) 연간에 도사(都司)로서, 군대를 이끌고 팽호(澎湖)에 이르러 네덜란드 제독 반 바르비크 등의 침입을 몰아냈다.

천후궁(天后宮)

"마공마조묘(馬公媽祖廟)"를 말한다.

홍콩청송관(香港靑松觀)

간략하게 청송관(靑松觀)이라 칭한다. 도교 궁관. 홍콩 청산공로(靑山公路) 기린위(麒麟圍)에 있다. 1950년에 처음 창건되었는데, 원래 궁관의 터는 구룡(九龍) 위청가(偉晴街)였다. 1960년에 지금의 터로 옮겼다. 주요 건축물로는 산문(山門)·정전(正殿)·종루(鍾樓)·고루(鼓樓)·운수당(雲水堂)·순양전(純陽殿)·이화재(怡和齋)·청화당(淸華堂)·요화지(瑤華池)·백락소원(百樂小苑)·구룡벽(九龍壁) 등이 있는데 모두 산세를 따라 건립되었다. 궁관의 뒤편에 작은 연못이 있고, 연못 위에 구름다리와 정자가 세워져 있어 분향하는 사람과 여행객의 휴식처가 된다. 이 궁관은 여조(呂祖)가 훈시한 "충

(忠) · 효(孝) · 염(廉) · 절(節) · 의(義) · 신(信) · 인(仁) · 혜(惠) · 예(禮)"의 아홉 종류의 미덕을 쫓아 행하고 있다. 홍콩에서 양로원, 진료소, 중 · 고등학교, 유치원 등의 사회복지시설을 운영하여 오랫동안 사회를 위해 봉사하였다. 1977년 이후 이 도관은 해외 전도에 힘을 쏟아 차례로 미국 샌프란시스코, 캐나다 밴쿠버, 호주 시드니 등지에 도관의 분원을 건립하였다.

청송관(青松觀)
· · ·

"홍콩청송관(香港青松觀)"을 말한다.

홍콩봉영선관(香港蓬瀛仙館)
· · ·

간략하게 "봉영선관(蓬瀛仙館)"이라 칭한다. 도교 궁관. 홍콩 분령산(粉嶺山) 기슭 백부촌(百福村)에 있다. 1930년에 창건하였고, 이후에 여러 차례 중수하였다. 주요한 건축물로는 산문(山門) · 석방(石坊) · 호법전(護法殿) · 동재(東齋) · 서재(西齋) · 삼성보전(三聖寶殿) · 봉래각(蓬萊閣) · 종복정(從福亭) · 명대(明台) · 곤당(坤堂) · 국포(菊圃) · 완공기념당(阮公紀念堂) 등이 있다. 주로 태상노군(太上老君) · 여동빈(呂洞賓) · 구처기(丘處機) 등 도교 신선과 진인을 제사 지낸다. 도관 주위는 산수가 빼어나고 풍경이 아름답다. 항구에 유치원과 노인복지시설, 청년 수련원 등 사회복지 기구를 세워서 일상적으로 자선활동과 도교 교육 사업을 행하고 있다.

봉영선관(蓬瀛仙館)

• • •

"홍콩봉영선관(香港蓬瀛仙館)"이다.

홍콩원현학원(香港圓玄學院)

• • •

간략하게 원현학원(圓玄學院)이라 칭한다. 도교 궁관. 홍콩 구룡(九龍) 지역의 전만(荃灣) 구역에 있다. 1946년에 광동(廣東) 나부산(羅浮山) 도사 조율수(趙聿修) 등이 창건하였다. 이 원현학원은 홍콩에서 유·불·도 삼교를 함께 받드는 궁관의 총단(總壇)이다. 그래서 삼교가 합일된 도원(道院)이라고 말해진다. 이 원현학원의 이름에서 "원(圓)"은 불교를 가리키고, "현(玄)"은 도교를 가리키며, "학(學)"은 유교를 가리킨다. 이 궁관의 도교는 정일(正一)·전진(全眞) 양대(兩大) 어느 파에도 포함되어 있지 않다. 이 도교는 실제로는 당(唐) 중엽에 일어나서 점차로 형성되었으며, 그 교의는 당말(唐末) 송초(宋初)의 "남종(南宗)"에 속한다. 송(宋)·원(元) 시기를 거치면서 발전하여 명(明)·청(淸) 시기에 유행하였지만, 지금은 전승되는 곳이 매우 적다. 이 원현학원은 "충(忠)·효(孝)·인(仁)·애(愛)·예(禮)·의(義)·염(廉)·치(恥)" 여덟 글자를 근본으로 삼아 선행을 실천한다. 진료소, 아동의원, 양로원 등의 사회복지기구를 운영하며, 홍콩 도교연합회의 주요한 회원 기구이다. 원현학원 안에는 삼교의 수장을 함께 배치하였다. 원현학원은 특히 천단(天壇)을 모방한 삼교대전(三教大殿)과 높이 솟은 패방(牌坊)으로 유명하다.

원현학원(圓玄學院)

• • •

"홍콩원현학원(香港圓玄學院)"이다.

황대선관(黃大仙觀)

• • •

　도교 궁관. 홍콩 구룡(九龍)의 동북쪽 죽원구(竹園區)에 있다. 1921
년에 도사 양인암(梁仁菴)이 그 아들 양균전(梁鈞轉)과 함께 광동(廣
東)에서 홍콩으로 와서 창건하였다. 원래는 개인의 수련 장소였으
나, 1956년에 대중에게 정식으로 개방되었다. 이 궁관은 적송자(赤
松子)와 황대선(黃大仙)을 받들기 때문에 "적송황선사(赤松黃仙祠)"
라고도 부른다. 황대선은 진대(晉代) 도사 황초평(黃初平)이다. 궁관
가운데 기린각(麒麟閣)은 공자(孔子)를 받들고, 우향정(盂香亭)은
연등불(燃燈佛)을 모시고, 삼성당(三聖堂)은 관우(關羽)·관음(觀
音)·여조(呂祖)를 모신다. 삼교합일의 사당이다. 궁관에는 "황대선
첨(黃大仙籤)"이라는 점괘를 뽑는 곳이 있어, 신자 무리 중에 찾는
자가 매우 많다. 황대선관은 분향이 왕성할 뿐만 아니라 유람 명승지
이기도 하다.

마카오마조묘(澳門媽祖廟)

• • •

　속칭 "천후묘(天後廟)"라고도 하고, "마각묘(媽閣廟)"고도 한다. 도
교 궁관. 마카오의 동남쪽에 있다. 명(明)나라 홍치(弘治) 원년(1488)
에 처음 건립되었다. 묘당 건물은 산을 등지고 바다를 마주하고 있으

며, 산을 따라 건립되었다. 산문(山門)에 들어서면 "남국파념(南國⁵ 波恬)"이라고 새겨진 패방(牌坊)과 석전(石殿)이 나온다. 석전 안에는 한 척의 서양식 석선[洋石船]이 있는데, 이 석선 윗면에는 중국 고대의 돛단배를 새겼고, 석선 위의 큰 깃발에는 "이섭산천(利涉山川)"이라고 쓰여 있다. 이는 이 해에 마조가 배를 타고 고향인 복건성(福建城)에서 마카오로 오는 모습을 나타낸 것이다. 전설에 따르면, 마조는 이곳에서 신선이 되어 하늘로 올라갔다고 한다. 주요 건축물로는 산문 · 마조각(媽祖閣) · 홍인전(弘仁殿) · 관음각(觀音閣) 등이 있다. 묘당 안에는 고목이 하늘 높이 솟아 있고 누각의 처마는 하늘로 나는 듯이 뻗어 있어 풍광이 매우 아름답다. 마카오에서 가장 오래된 도관이다.

마카오연봉묘(澳門蓮峰廟)

. . .

도교 궁관. 마카오 제독로(提督路)에 있다. 명대(明代)에 처음 건립되었으며, 원래 명칭은 "천비묘(天妃廟)"였다. 처음에 건립되었을 때는 규모가 비교적 작았고, 천후낭랑(天后娘娘)을 받들었다. 청대(清代)에서부터 여러 번 확장하여 대묘(大廟)가 되었다. 주묘(主廟)에서는 관음(觀音)과 천후(天后)를 모시고 있으며, 그 외에 무제전(武帝殿) · 인수전(仁壽殿) · 의령전(醫靈殿) · 신농전(神農殿) · 금화낭랑두모전(金花娘娘豆母殿) 등이 있다. 19세기 중엽 임칙서(林則徐)가 마카오를 돌며 검열할 때, 마카오의 포르투갈 관리들을 이곳에서 접견

---

5. 國: 원서에는 '圓'으로 되어 있으나, 마카오마조묘 패방의 원문에 따라 교감하였다.

했다. 지금 묘당 앞 공터에 임칙서의 전신 석상이 세워져 있는데 이를 기념한 것이다. 마카오 삼대 고묘(古廟) 중의 하나이다.

마카오북제고묘(澳門北帝古廟)

· · ·

　도교 궁관. 마카오 타이파(凼仔) 시내 중심에 있다. 처음 건립된 시기는 알 수 없지만, 묘당 내부의 비석의 기록에 따르면 적어도 150여 년 역사를 지닌다. 주로 북방현천상제(北方玄天上帝: 北帝)를 모신다. 도관 전체는 장엄하면서도 엄숙한 분위기를 자아내며, 건축물은 고색창연하고 단아하다.

마카오연계묘(澳門蓮溪廟)

· · ·

　도교 궁관. 마카오 신교(新橋) 영락희원(永樂戲院) 안에 있다. 마카오의 지형은 마치 연꽃과 같아 옛날에는 "연도(蓮島)"라고 불렀다. 그리고 대륙에서 마카오로 통하는 길을 연화경(蓮花徑)이라고 불렀으며, 길이 끝나는 곳에 솟아 있는 산을 연화산(蓮花山), 혹은 연봉(蓮峰)이라고 불렀다. 연봉의 남쪽에 작은 계곡에 있는데, 이를 연계(蓮溪)라고 부른다. 묘당이 연계의 우측 언덕에 세워졌기에 연계묘(蓮溪廟)라고 부른다. 이 묘당은 청(淸) 도광(道光) 연간(1821~1850)에 처음 세워졌다. 화광(華光)·북제(北帝)·재백(財帛)·문창(文昌) 등, 모시는 신이 매우 많다. 규모가 매우 크며 향화(香火)가 매우 성행한다.

부록 1

도교장천사세계표(道教張天師世系表)

제1대천사	장도릉: 張道陵, 34~156
제2대천사	장형: 張衡, ?~179
제3대천사	장로: 張魯, ?~216
제4대천사	장성: 張盛, 대략 한말(漢末) 서진(西晉) 시기 활약
제5대천사	장소성: 張昭成, 생졸년 미상, 일설에는 향년 119세
제6대천사	장초: 張椒, 서진(西晉) 시기 활동, 향년 100여 세
제7대천사	장회: 張回, 생졸년 미상
제8대천사	장형: 張迥, 남조(南朝) 제(齊) 고제(高帝, 재위 472~482) 시기 활동, 향년 90세
제9대천사	장부: 張符, 생졸년 미상, 향년 93세
제10대천사	장자상: 張子祥, 수대(隋代) 시기 활동, 향년 120세
제11대천사	장통현: 張通玄, 생졸년 미상, 향년 97세
제12대천사	장항: 張恒, 당(唐) 고종(高宗, 재위 650~683) 시기 활동, 향년 98세

제13대천사	장광: 張光, 생졸년 미상, 향년 104세
제14대천사	장자정: 張慈正, 생졸년 미상
제15대천사	장고: 張高, 당(唐) 현종(玄宗)과 숙종(肅宗) 연간 (712~762) 활동
제16대천사	장응소: 張應韶, 생졸년 미상, 향년 90여 세
제17대천사	장순: 張順, 생졸년 미상, 향년 87세
제18대천사	장사원: 張士元, 생졸년 미상, 향년 92세
제19대천사	장수: 張修, 생졸년 미상
제20대천사	장심: 張諶, 당(唐) 회창(會昌)과 함통(咸通) 연간 (841~873) 활동, 향년 100여세
제21대천사	장병일: 張秉一, 생졸년 미상, 일설에는 향년 92세
제22대천사	장선: 張善, 생졸년 미상, 일설 향년에는 87세
제23대천사	장계문: 張季文, 오대(五代) 시기 활동, 일설에는 향년 87세
제24대천사	장정수: 張正隨, 송(宋) 대중상부(大中祥符) 연간 (1008~1016) 활동, 향년 87세
제25대천사	장건요: 張乾曜, 송(宋) 인종(仁宗, 재위 1023~1063) 시기 활동, 향년 85세
제26대천사	장사종: 張嗣宗, 송(宋) 인종(仁宗, 재위 1023~1063) 시기 활동, 향년 81세
제27대천사	장상중: 張象中, 송(宋) 인종(仁宗, 재위 1023~1063) 시기 활동

제28대천사	장돈복: 張敦復, 송(宋) 희녕(熙寧, 1068~1077) 연간 활동, 향년 53세
제29대천사	장경서: 張景瑞, 생졸년 미상, 향년 52세
제30대천사	장계선: 張繼先, 1092~1128
제31대천사	장시수: 張時修, 생졸년 미상, 향년 61세
제32대천사	장수진: 張守真, ?~1176
제33대천사	장경연: 張景淵, 송(宋) 효종(孝宗, 재위 1163~1189) 시기 활동
제34대천사	장경선: 張慶先, ?~1209
제35대천사	장가대: 張可大, 1217~1262
제36대천사	장종연: 張宗演, 1244~1292
제37대천사	장여체: 張與棣, ?~1294
제38대천사	장여재: 張與材, ?~1316
제39대천사	장사성: 張嗣成, ?~1344
제40대천사	장사덕: 張嗣德, ?~1352
제41대천사	장정언: 張正言, ?~1359
제42대천사	장정상: 張正常, ?~1378
제43대천사	장우초: 張宇初, ?~1410
제44대천사	장우청: 張宇清, ?~1427
제45대천사	장무승: 張懋丞, 1387~1444

제46대천사	장원길: 張元吉, 1435~?
제47대천사	장현경: 張玄慶, ?~1509
제48대천사	장언우: 張彦頨, 1490~1550
제49대천사	장영서: 張永緒, ?~1565
제50대천사	장국상: 張國祥, ?~1611
제51대천사	장현조: 張顯祖, 명(明) 신종(神宗, 재위 1572~1620) 시기 활동
제52대천사	장응경: 張應京, ?~1651
제53대천사	장홍임: 張洪任, ?~1667
제54대천사	장계종: 張繼宗, 1666~1715
제55대천사	장석린: 張錫麟, ?~1727
제56대천사	장우륭: 張遇隆, 청(淸) 건륭(乾隆, 재위 1736~1795) 연간 활동
제57대천사	장존의: 張存義, 1751~1779
제58대천사	장기륭: 張起隆, ?~179
제59대천사	장옥: 張鈺, 청(淸) 가경(嘉慶) 연간(1796~1820) 활동
제60대천사	장배원: 張培源, ?~1859
제61대천사	장인정: 張仁晸, 1841~1903
제62대천사	장원욱: 張元旭, ?~1924
제63대천사	장언푸: 張恩溥, 1904 ~1969

도교 기념일표(道教節日表)

정월(正月)	• 초구일(初九) 옥황대제(玉皇大帝) 탄신일 • 십오일(十五) 상원절(上元節), 상원천궁(上元天官) 탄신일 • 십구일(十九) 장춘조사 구처기(長春祖師 丘處機) 탄신일, 연구절(燕九節) • 이십팔일(二十八) 허진군(許真君) 탄신일
이월(二月)	• 초일일(初一) 중화절[中和節, 천정절(天正節)] • 초팔일(初八) 방춘절(芳春節), 진무재제 하강(真武下降) • 십오일(十五) 진원절(真元節), 태상노군(太上老君) 탄신일
삼월(三月)	• 초삼일(初三) 왕모반도회(王母蟠桃會), 진무조사(真武祖師) 탄신일 • 이십삼일(二十三) 천비(天妃) 탄신일
사월(四月)	• 초일일(初一) 천기절(天祺節) • 초팔일(初八) 갈선공 갈현(葛仙公 갈현(葛玄)) 탄신일 • 십사일(十四) 순양조사 여조(純陽祖師呂祖) 탄신일 • 이십팔일(二十八) 약왕(藥王) 탄신일

오월(五月)	• 초일일(初一) 연생절(延生節), 노군이 삼천정법을 장천사(도릉)에게 전해 준 날(老君傳三天正法於張天師(道陵)) • 십오일(十五) 태산노군이 학명산에 강림한 날(太上老君降臨鶴鳴山) • 이십팔일(二十八) 천휴절(天休節), 성황탄신일(城隍誕) • 하지(夏至) 영보천존(靈寶天尊) 탄신일
유월(六月)	• 초육일(初六) 천황절(天貺節) • 이십사일(二十四) 이낭신(二郎神) 탄신일
칠월(七月)	• 초일일(初一) 선천절(先天節) • 십오일(十五) 중원절(中元節), 중원지궁(中元地官) 탄신일
팔월(八月)	• 초삼일(初三) 북두성군(北斗星君) 하강일 • 초구일(初九) 원성절(元成節) • 십오일(十五) 태음(太陰) 탄신일, 헌원황제(軒轅黃帝)가 용을 타고 하늘로 올라간 날, 허진군(許真君) 가족을 데리고 하늘로 올라 간 날
구월(九月)	• 초오일(初五) 여조(呂祖) 신선이 되러 하늘로 올라간 날 • 초구일(初九) 구황대제(九皇大帝) 탄신일, 제일대천사장도릉(第一代天師張道陵) 신선이 되어 하늘로 올라간 날
시월(十月)	• 십오일(十五) 하원절(下元節), 하원수관(下元水官) 탄신일 • 이십사일(二十四) 융성절(隆聖節) • 이십칠일(二十七) 자미북극대제(紫微北極大帝) 탄신일

십일월 (十一月)	• 초오일(初五) 천응절(天應節) • 동지(冬至) 원시천존(元始天尊) 탄신일
십이월 (十二月)	• 초일일(初一) 군선회봉래(群仙會蓬萊) • 이십이일(二十二) 천관(天官) · 판관(判官) · 오악영관(五嶽靈官) · 풍도대제(酆都大帝)가 인간의 공과(功過)를 따져서 수명을 연장하거나 줄이는 날 • 이십오일(二十五) 삼청옥제(三淸玉帝)가 함께 만나는 날

수정판 후기

『道教小詞典』은 상해사서출판사(上海辭書出版社)에서 2001년에 발행한 뒤 지금까지 10여 년이 지났다. 이 책은 원래『종교대사전(宗教大詞典)』속의 도교 항목이었으나, 몇 가지 항목들을 수정하고 보완하면서 전문적인 소사전으로 만들었다. 현재에서 보면 내용적으로 몇 가지 부족한 점이 있다. 이번에 출판하면서 수정하였다. 중요한 것은 다음과 같다.

(1) 표제어를 130항목 추가하였다.

(2) 원래 책의 잘못된 10여 곳을 수정하였다.

(3) 부록에 도교 기념일표(道教節日表)을 보충하여 붙였다.

이러한 수정과 보완이 소사전의 내용을 더욱 풍부하과 충실하게 할 것이다. 소사전의 편찬 원칙은 표제어로서 적당할 것, 해설이 간명하면서도 핵심적일 것, 일반적이고도 쉬울 것이었다. 도교서 중에 고도의 신비적인 내용, 현학적이어서 추측할 수 없는 학설, 특히 내단술 중의 은어와 괴이한 글들에 대해서는, 현대 사람들도 이해할 수 없기 때문에 과감하게 삭제하였다. 일상의 술어들은 내단양생과 심성수양의 체험에 근거하여 보다 분명하고 명확하게 해설하여 독자들의 학문과 수양에 보탬이 되게 하였다.

이번 수정 작업에는 고향친구인 룽칭(隆清) 동지의 큰 도움을 받았다. 충심으로 감사함을 밝힌다.

쫑자오펑(鍾肇鵬)

2010年 2月13日 음력 그믐날 북경에서

1111

역자 후기

역자는 도교를 연구하면서 의무처럼 언젠가 도교 사전을 번역하리라 생각해왔다. 이러한 생각을 갖게 된 것은 도교 경전을 번역하거나 도교사를 정리하거나 혹은 논문을 작성하면서 도교 개념을 제대로 설명하는 한글판 도교사전이 없어서 겪어야 했던 불편함 때문이었다.

주지하는 바와 같이 사전이란 학문연구에 있어 기초가 되는 공구이다. 어떤 분야이든 사전은 그 학문 분야에서 핵심적인 개념과 흐름, 학파 등에 대한 기본 정보를 제공하기에, 사전만 제대로 읽어도 그 학문 분야에 대한 지도를 그릴 수 있다. 물론 연구자들에게 올바른 연구의 방향도 제시하는 것도 사전의 기능 중에 하나이다.

이 책은 중국에서 발간된 ≪도교소사전(道敎小辭典)≫(任繼愈 주편, 上海辭書出版社, 2010)을 번역한 것이다. ≪도교소사전≫은 앞서 출간된 다른 사전을 검토한 후에 작성되었고 또한 최근에 내용이 증보개정이 되어, 항목과 내용면에서 여느 사전에 결코 뒤지지 않는다. 이 책은 항목이 1,632개로 구성되어 있으며, 번역 원고는 거의 5,000매에 이른다. 규모는 크지 않지만 항목과 내용면에서 대형 사전에 비해 손색이 없고 종합적이다.

또한 이 책은 일반적인 사전 형태이지만, 몇 가지 특징이 있다. 먼저, 도교를 주제별로 다룬다는 점이다. 9개의 대항목으로 분류를 하고, 대항목의 해당하는 표제어들을 선정해 해설을 한다. 서술에서도 특징이 있다. 각 표제어를 서술하는 방식에서 도교 경전에서 해당 내용을 인용하고, 이를 바탕으로 해설하고 있다는 점이다. 이러한 서술방식은 어떤 표제어가 어떤 경전에서 연원하여 어떤 과정을 거쳐 하나의 개념으로 정착되었는지를 보여주는 것이어서, 표제어의 역사를 확인하게 한다. 물론 해당 도교 경전을 찾아볼 수 있도록 안내하는 역할도 한다.

번역자들은 매주 모여, 내용을 토론하고 도교 경전의 원문을 확인하면서 번역했다. 박용철 교수, 신진식 교수, 최재호 선생, 이대승 선생의 노고에 진심으로 감사를 표한다. 아울러 이 번역작업과 출판에 재원을 지원해주신 대순사상학술원과, 항상 도교 연구를 응원해주시는 SKTelecom사의 손길승 명예회장님 이하 여러 분들에게도 진심으로 감사의 말씀을 전한다.

아울러 밝힐 내용은 이 책의 저작권에 관련한 것이다. 2014년 말, 이 사전을 번역하기로 마음 먹고 상해사서출판사와 연락을 취해, 긍정적인 답변과 MS워드 파일을 전달받았다. 저작권 문제를 담당하는 상해고적출판사의 張良一 선생은 저자들에게 저작권 문제를 알아보아서 연락을 주기로 하였다. 그렇게 번역 작업이 진행되어 상당량을 번역한 다음, 2017년 2월에 다시 상해사서출판사와 연락을 취했다. 그런데 문제가 발생했다. 이 사전의 주편이었던 钟肇鹏 선생과 任继愈 선생이 서거하였고, 사전의 여러 항목은 주편이었던 분들의 기획 아래 여러 연구자들이 작성한 것이어서 그들이 누구인지를 출판사에서는 알 수 없다는 것이었다. 이러한 이유로 저작권 문제를 자신들은 처리할 수 없고, 특별히 저작권에 대해 문제를 삼지 않겠다는 내용이었다. 아울러 자신들의 출판사에서 나온 다른 책들에도 관심을 가져 달라는 요청을 덧붙였다.

　이 사전이 번역 출간되는 사항을 위와 같이 설명하면서, 번역자를 대표해서 이봉호가 삼가 쓴다.

2018년 10월

색 인